Keats
Notfallradiologie

Theodore E. Keats

Notfallradiologie

Ein Ratgeber für Radiologen und Ärzte in der Notaufnahme

Übersetzt von

Eduard M. Walthers

Mit Beiträgen von

P. Armstrong, W. S. Cail, W. G. Mason jun., K. W. Mori, P. A. Mori, T. L. Pope jun., H. O. Riddervold, K. K. Wallace jun.

2., neubearbeitete und erweiterte Auflage

770 Abbildungen
mit 1659 Teildarstellungen

SEMPER BONIS ARTIBUS

Gustav Fischer Verlag
Stuttgart · New York · 1989

Anschrift des Autors
Theodore E. Keats, Professor and Chairman, Department of Radiology University of Virginia School of Medicine, Charlottesville, Virginia, USA.

Anschrift des Übersetzers
Dr. med. Eduard M. Walthers,
Rodsweg 2, D-3550 Marburg/Lahn 16.

Authorized translation of the original English language edition «Emergency Radiology», Second Edition, Theodore E. Keats, M.D.

Satz: Typobauer Filmsatz GmbH, Scharnhausen
Druck und Einband: Friedrich Pustet, Graph. Großbetrieb, Regensburg
Printed in Germany

CIP-Titelaufnahme der Deutschen Bibliothek

Notfallradiologie : ein Ratgeber für Radiologen und Ärzte in der Notaufnahme / Theodore E. Keats. Übers. von Eduard M. Walthers. Mit Beitr. von P. Armstrong ... – 2., neubearb. u. erw. Aufl. – Stuttgart ; New York : Fischer, 1989
Einheitssacht.: Emergency radiologe ‹dt.›
ISBN 3-437-11252-X
NE: Keats, Theodore E. [Hrsg.]; Armstrong, Peter [Mitverf.]; EST

Für *J. Clifford Findeiss*, M. D.,
William T. Haeck, M. D., und *Marta Prado*, A. R. N. P.,
von den Emergency Medical Services Associates,
die ursprünglich diese Anleitung formulierten,
und für *John A. Goree*, M. D., und *Richard L. Bean*, M. D.,
die uns halfen, diese zu lehren

Autorenverzeichnis

Peter Armstrong, M. D.
Professor of Radiology
University of Virginia School of Medicine
Charlottesville, Virginia

Wayne S. Cail, M. D.
Assistant Professor of Radiology
University of Virginia
Charlottesville, Virginia

W. Gray Mason, M. D.
Radiologist-in-Chief
Wolfson Childrens's Hospital at Baptist Medical Center
Jacksonville, Florida

Kurt W. Mori, M. D.
Attending Radiologist (Interventional Radiology)
Baptist Medical Center and Memorial Hospital
Jacksonville, Florida

Paul A. Mori, M. D.
Chairman, Department of Radiology, Nuclear Medicine, and Ultrasound
Baptist Medical Center
Attending Radiologist
Memorial Hospital
Jacksonville, Florida

Thomas Lee Pope, Jr., M. D.
Assistant Professor of Radiology
University of Virginia School of Medicine
Charlottesville, Virginia

Hans O. Riddervold, M. D.
Associate Professor of Radiology
University of Virginia School of Medicine
Charlottesville, Virginia

K. K. Wallace, Jr., M. D.
Associate Professor of Radiology
Eastern Virginia Medical School
Chairman, Department of Radiology
Virginia Beach (Va.) General Hospital

Vorwort zur zweiten Auflage

Wir sind sehr über die Resonanz unserer Leser der ersten Auflage dieses Buches erfreut. Es war überraschend für uns zu erfahren, daß diesem Buch so viel Interesse von Radiologen wie auch von Notfallmedizinern entgegengebracht wurde, was uns zeigt, daß ein echtes Bedürfnis nach einem knappen und bündigen Werk bestand, das sich mit der Radiologie im Bereich der Notfallmedizin befaßt.

Um den praktischen Nutzen in dieser Auflage noch zu mehren, haben wir den Rahmen erweitert und auch die nichtkonventionellen Techniken wie Szintigraphie, Computertomographie, Sonographie und Kernspintomographie mehr berücksichtigt. Diese Diagnoseverfahren gelten zwar nicht primär als Notfallmethoden, doch ist deren Beitrag für den schwerkranken Patienten oft so wichtig, daß das Wissen um deren Anwendung und folglich um die Notwendigkeit des raschen Einsatzes eine wesentliche Information für Ärzte im Notfallbereich darstellt. Zu den weiteren Ergänzungen zählen eine Reihe von Normvarianten der oberen Extremität und von ganz besonderer Wichtigkeit ein Kapitel über pädiatrische Notfälle, von dem wir glauben, daß es der Leser als sehr nutzbringend empfinden wird. Die kindlichen Notfälle unterscheiden sich so stark von denen Erwachsener in ihrer Manifestation, daß diese eine gesonderte Betrachtung erfordern.

Ich möchte an dieser Stelle meiner Sekretärin, Frau Patricia West, und meiner Editionsassistentin, Frau Dr. phil. Carol Chowdry, für deren unschätzbare Hilfe bei der Vorbereitung und Bearbeitung des Manuskripts Dank sagen.

Theodore E. Keats

Vorwort zur ersten Auflage

Books delight us when prosperity sweetly smiles; they stay to comfort us when cloudy future frowns. They lend strength to human compacts and, without them, grave subjects may not be propunded.

Richard De Bury, Philoblion,
Grolier Club ed., vol. II, p. 22

Das Bedürfnis nach einem Lehrtext dieser Art zeigte sich mehreren der Autoren dieses Buches durch acht Jahre Erfahrung in einem Kursus über Radiologie für Notfallmediziner nach abgeschlossenem Examen. In ihrer Rolle als Notaufnahmeärzte müssen sie dem Patienten gegenüber «Mädchen für alles» sein, besonderes aber in den Stunden, wo ihnen nicht der sofortige Zugang zu den Spezialisten des Hauses gegeben ist. Gerade in der Radiologie ist dieses Problem besonders akut, ist doch dieses Fachgebiet so wichtig, um unter Notaufnahmebedingungen die Diagnose stellen zu können.

Dieser Text ist ganz dem Grundgedanken gewidmet, daß er dem Notfallarzt im Krankenhaus helfen soll, «über die Nacht zu kommen». Sein Rahmen beschränkt sich deshalb auf die Problemstellungen, die man vornehmlich in der Notaufnahmeeinheit sieht – es soll also nicht eine umfassende Abhandlung des gesamten Feldes der Radiologie sein. Folglich liegt sein Schwerpunkt auf der Diagnose von Traumata und Akuterkrankungen und auch auf einigen der Normvarianten, die mit Krankheiten verwechselt werden können. Dem Leser, der bestimmte Themen tiefergehend studieren will, werden auch Literaturempfehlungen an die Hand gegeben.

Es ist unsere Hoffnung, daß dieses Buch dem Notarzt, der sich bei der Beurteilung von Röntgenbildern oft auf seine eigenen Kräfte verlassen muß, ein hilfreicher Arbeitsbegleiter sein möge.

Theodore E. Keats

Zur deutschen Ausgabe

Selbstverständlich gilt das im Vorwort des amerikanischen Originals Gesagte auch für den Arzt in der Notaufnahme und im Nachtdienst, der kein Radiologe oder in der Weiterbildung zum Arzt für Radiologie ist, ohne Einschränkung. Manchem Kollegen steht gerade nachts in der Notaufnahme kein Radiologe als Helfer sofort zur Verfügung. In vielen Kliniken ist jedoch ein radiologischer Nachtdienst anwesend oder zumindest rufbereit, so daß der «Kämpfer allein auf weiter Flur» sicher nicht die Regel ist. Doch ist das Buch auch für diese Situation ein Helfer für alle Beteiligten, denn es zeigt sowohl dem Arzt in der Notaufnahme als auch dem Radiologen die Problematik des anderen, hilft zu einer gemeinsamen Betrachtung und auch Sprache und ist nicht zuletzt ein praktischer Ratgeber für den Radiologen, insbesondere für den Kollegen in der Facharztweiterbildung, der dieses Buch sicher mit dem gleichem Nutzen studieren dürfte wie sein Kollege aus den Nachbardisziplinen. Um dieses Buch für den deutschen Kollegen – sei er nun Radiologe oder Nichtradiologe – zu aktualisieren, sind überall da, wo es angebracht erschien, als Fußnoten Hinweise auf die besondere Situation oder andere Gepflogenheiten bei uns angebracht, seien es nun Einstelltechniken oder aber gesetzliche Bestimmungen.

Der Übersetzer

Inhaltsverzeichnis

1
Schädel

Hans O. Riddervold
Thomas Lee Pope jun.

Der Schädel ist neben der Wirbelsäule in der Notfallmedizin eine der anatomischen «Angstregionen» bei der Beurteilung. Die Schwere der möglichen Verletzung und die oft anzutreffenden Schwierigkeiten bei der klinischen Feststellung einer eventuellen intrakraniellen Läsion machen die angemessene Untersuchung und Beurteilung gerade dieser Gegend zu einer der schwierigsten Aufgaben für den Arzt in der Notaufnahme. Deshalb ist es zwingend erforderlich, daß er über ein gründliches Wissen darüber verfügt, wie ihm die Röntgendiagnostik in bestimmten Situationen helfen kann und warum er sie anfordern sollte.

Bei einem Patienten mit einem Schädeltrauma sind Schädelübersichtsaufnahmen, Schädel-Nativ-CT und Schädel-CT nach Kontrastmittelgabe sowie die Kernspintomographie die diagnostischen Erstuntersuchungen. All diese ergänzen sich gegenseitig, jede hat ihre verschiedenen Stärken und Schwächen; in vielen Situationen ist denn auch eine Kombination von ihnen erforderlich, um einen Schädel-Hirn-Verletzten vollständig aufzuarbeiten. In der akuten Notfallsituation wird dagegen wahrscheinlich die Serie der Schädelübersichten die erste Screening-Untersuchung sein. Dieses Kapitel behandelt in erster Linie Akutfälle und wird vorrangig die Stärken und die möglichen Schwächen der Übesichtsaufnahmen betonen. Auch wird der angemessene Einsatz der Computertomographie besprochen. Weiterführende Abhandlungen zu CT-Befunden des Schädels unter akuten Notfallbedingungen finden Sie in anderen Quellen.

Eine wahre Fülle an Literatur hat die Indikationen und die diagnostische Wirksamkeit von Schädelaufnahmen beim Unfallpatienten abgehandelt (1-3). Die Effizienzstudien von Bell und Loop in den frühen siebziger Jahren an insgesamt 1500 Patienten (1) erarbeiteten eine Gruppe von 21 Kriterien mit hoher diagnostischer Ausbeute, anhand der bei 1065 Patienten 92 Schädelfrakturen entdeckt wurden. Dagegen ergab eine Auflistung von nachgeordneten Kriterien (low-yield criteria im amerikanischen Sprachgebrauch) nur eine einzige Fraktur bei insgesamt 475 Patienten. Phillips (4) wandelte diese Kriterien weiter ab und fand so einen signifikaten Anstieg positiver Befunde bei einer gleichzeitig um 40% verminderten Zahl der angeforderten Röntgenuntersuchungen.

In einer interdisziplinären Studie unter der Federführung von Masters (5) wurden 7035 Patienten mit einem Schädeltrauma in den Notaufnahmeeinheiten von 31 Krankenhäusern untersucht. Die Autoren teilten die Patienten in die Kategorien niedriges, mäßiges und hohes Risiko ein (Tab. 1-1). Das Weglassen der Schädelübersichtsserie hätte danach in der Gruppe mit niedrigem Risiko nicht dazu geführt, daß eine wesentliche intrakranielle Verletzung übersehen worden wäre; in den Gruppen mit mäßigem und hohem Risiko war die Schädelserie wohl angebracht und lohnend. Die Auswertergruppe zog daraus die Schlußfolgerung, daß der Einsatz einer Management-Strategie wie dieser ganz wesentlich die Strahlenbelastung und auch Kosten reduzieren könnte, ohne dabei die Qualität zu beeinträchtigen. Es war jedoch eine leichte Modifikation dieser Strategie bei Kindern nötig, weil sich bei Kindern akute Schädel-Hirn-Traumen anders manifestieren als bei Erwachsenen (5, 6). Zu diesen Modifikationen empfehlen wir Ihnen, die beiden Quellen heranzuziehen.

Alle Kriterien für die Indikation von Röntgenaufnahmen des Schädels nach einem Trauma sind lediglich als Leitschnur mit Vorschlagscharakter anzusehen und sollen nicht die genaue Anamneseerhebung und die gründliche körperliche Untersuchung ersetzen. Diese beiden liefern denn nun auch wahrscheinlich die hilfreichsten Informationen bei der Beurteilung von Schädelröntgenaufnahmen beim traumatisierten Patienten.

Ein weiterer, seltener diskutierter, aber dennoch nicht minder wichtiger Grund für die Anfertigung von Schädelaufnahmen nach einem Unfall ist der «Kunstfehler-Aspekt». Ein Großteil der medizinisch-juristischen Auseinandersetzungen resultiert aus dem Unterbleiben der Diagnose einer Fraktur oder einer Luxation. Eine Sieben-Jahres-Übersicht der amerikanischen Versicherungsgesellschaft «St. Paul Fire and Marine Insurance Company» zeigte, daß 25% aller Ansprüche auf «unterlassener oder Fehldiagnose» aufbauten und 5% auf unterlassenen oder Fehldiagnosen bei Frakturen und Luxationen (7). Deshalb kann die Berücksichtigung des «Kunstfehler-Aspekts» ein wichtiges Teilmotiv sein, um Röntgenaufnahmen vornehmen zu lassen, was natürlich auch weitgehend von Erfahrung und Wissensstand des Arztes, dem Verständnis des Patienten und der Kommunikation zwischen beiden abhängig ist.

Selbstverständlich hat die Computertomographie die radiologische Untersuchung beim Schädel-Hirn-Trauma revolutioniert. Die CT beschreibt akkurat den Zustand des Schädelinhalts und kann wegen ihrer hervorragenden Dichteunterscheidungsfähigkeit auch Informationen zu einer akuten Blutung oder einer Kontusion liefern (8-10). Verständlicherweise ist die CT dadurch eine der Hauptsäulen der Diagnostik beim Trauma geworden; sie sollte auch beim Verdacht auf eine bedeutsame intrakranielle Verletzung durchgeführt werden. Der Arzt in der Notaufnahme wird in aller Regel nicht dazu herangezogen, ein Notfall-

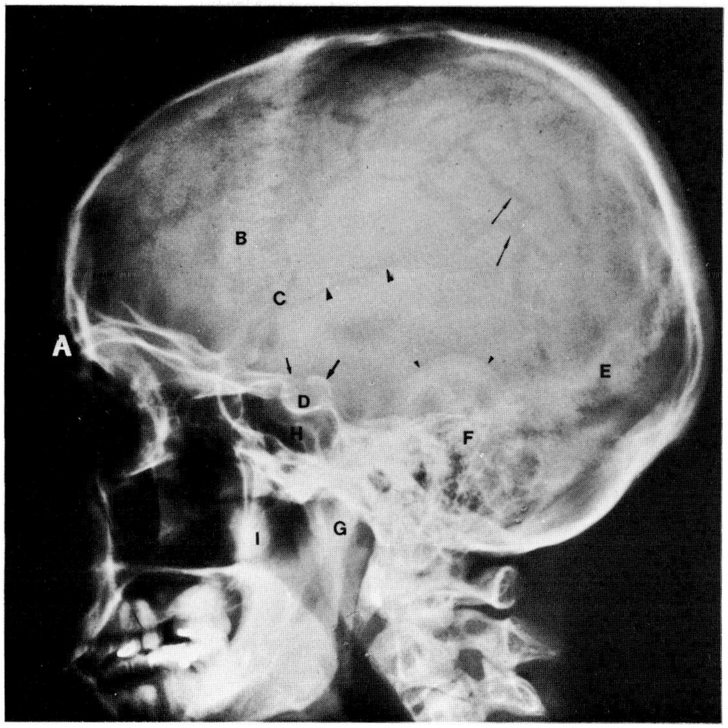

Abb. 1-1: Normalbefund einer seitlichen Schädelaufnahme. A = Sinus frontalis; B = Sutura coronaria; C = Rinne für den Hauptast der A. meningea media. Große Pfeilspitzen = Ramus posterior der A. meningea media; D = Sella turcica; E = Sutura lambdoidea; F = lufthaltige Mastoidzellen; G = Collum und Caput mandibulae; H = Sinus sphenoidalis; I = Processus coronoideus mandibulae; große schlanke Pfeile = Venenkanäle in der Diploe; kleine Pfeilspitzen = Oberrand der Ohrmuschel; größerer Pfeil bei D = Processus clinoideus posterior; kleinerer Pfeil bei D = Processus clinoideus anterior.

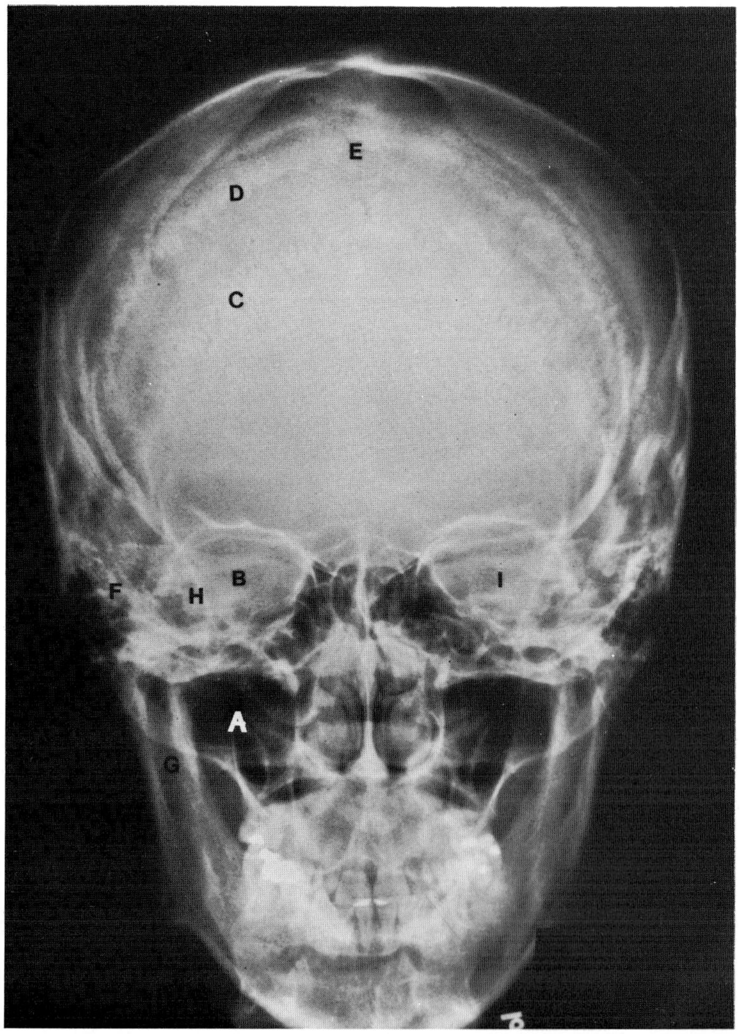

Abb. 1-2: Normalbefund einer a.-p. Schädelaufnahme. A = Kieferhöhle; B = Orbita; C = Sutura lambdoidea; D = Sutura coronaria; E = Sutura sagittalis; F = lufthaltige Mastoidzellen; G = Ramus mandibulae; H = Ala maior ossis sphenoidalis (schräge Orbitalinie); I = Canalis acusticus internus.

schädel-CT zu beurteilen, jedoch sollte er die Situationen kennen, in denen ein Schädel-CT angemessen ist. Trotz all ihrer bekannten Vorteile ist die CT-Untersuchung manchmal durch Übersichtsaufnahmen oder eine konventionelle Tomographie zu ergänzen, und zwar besonders deshalb, weil bei der routinemäßigen CT-Technik gering dislozierte Frakturen übersehen werden können (vergleichen Sie hierzu den Abschnitt «Pathologische Veränderungen»).

Die Kernspintomographie wird bislang beim akuten Schädel-Hirn-Trauma nur spärlich eingesetzt, hat sich aber schon bei subtilen pathologischen Veränderungen als wertvoll erwiesen, die die CT nicht nachweisen konnte. Nach der Stabilisierung des Patienten kann die Kernspintomographie ein wichtiges Werkzeug bei der Abklärung von Residualveränderungen bei der Verlaufskontrolle solcher Patienten sein (11).

Tab. 1-1: Vorgehensstrategie zur radiologischen Diagnostik bei Patienten mit einem Schädel-Hirn-Trauma*[1]

Niedriges Risiko	Mäßiges Risiko	Hohes Risiko
Mögliche Befunde Keine Symptome Schwindel Kopfschwartenhämatom Kopfschwartenrißwunde Kopfschwartenkontusion oder -abledering Fehlen von Kriterien für mäßiges oder hohes Risiko	**Mögliche Befunde** Anamnestisch wechselnder Bewußtseinszustand zum Unfallzeitpunkt oder später Zunehmender Kopfschmerz Alkohol- oder Medikamentenintoxikation Unsicherer oder nicht glaubhafter Unfallhergang Alter unter 2 Jahren (außer Bagatellverletzung) Posttraumatischer Anfall/Anfälle Erbrechen Posttraumatische Amnesie Polytrauma Ernsthafte Gesichts(schädel)verletzung Zeichen einer Schädelbasisfraktur[2] Mögliche offene penetrierende oder imprimierte Schädelfraktur[3] Verdacht auf Kindesmißhandlung	**Mögliche Befunde** Eingetrübtes Bewußtsein, nicht eindeutig auf Alkohol, Drogen oder andere Ursachen (z.B. metabolische Störung oder Krampfleiden) zurückzuführen Herdförmige neurologische Zeichen Zunehmende Bewußtseinstrübung Offene penetrierende Schädelverletzung oder tastbare Impressionsfraktur
Empfehlungen Nur Beobachtung; Entlassung des Patienten mit Merkblatt zum Schädel-Hirn-Trauma (mit Vorsichtshinweisen zum Subduralhämatom) und eine Begleitperson zur Überwachung	**Empfehlungen** Ausgedehnte enge Überwachung (achten Sie auf Zeichen der Hochrisikogruppe) CT-Untersuchung und neurologisches Konsil erwägen Schädelaufnahmeserie kann (selten) weiterhelfen, wenn sie positiv ausfällt; sie schließt aber im Normalfall keine intrakranielle Verletzung aus	**Empfehlungen** Neurochirurgisches Konsil oder Notfall-CT oder beides

*Aus: Masters S. J., McLean, P.M., Arcause J.S., et al.: N. Engl. J. Med. 316: 84, 1987. Mit freundlicher Erlaubnis.

[1] Die ärztliche Feststellung der Verletzungsschwere kann die Neuzuordnung in eine Gruppe höheren Risikos erforderlich machen. Jedes Einzelkriterium aus einer Gruppe höheren Risikos erfordert die Einteilung des Patienten zur jeweils höchsten anwendbaren Risikogruppe.

[2] Zu den Zeichen einer Schädelbasisfraktur zählen Blutung oder Liquoraustritt aus dem Ohr, Liquoraustritt aus der Nase, ein Hämatotympanon, das Battle-Zeichen (= Ekchymosen oder Mastoidregion; Anm. d. Übers.) und ein Monokel- oder Brillenhämatom («Waschbärenauge»).

[3] Zu den Umständen, die mit einer offenen oder imprimierten Schädelfraktur einhergehen, zählen folgende: Wunden durch Gewehrschuß, andere Geschoßprojektile und Granatsplitter; Kopfschwartenverletzungen durch einen festen zugespitzten Gegenstand (einschließlich von Tierzähnen); penetrierende Verletzung von Augenlid und Bulbus; im Kopf festsitzender Fremdkörper; Mord- oder Totschlagversuch (gesichert oder nur Verdacht) mit jedem beliebigen Gegenstand; Austritt von Liquor cerebrospinalis; ferner die Zeichen einer Schädelbasisfraktur.

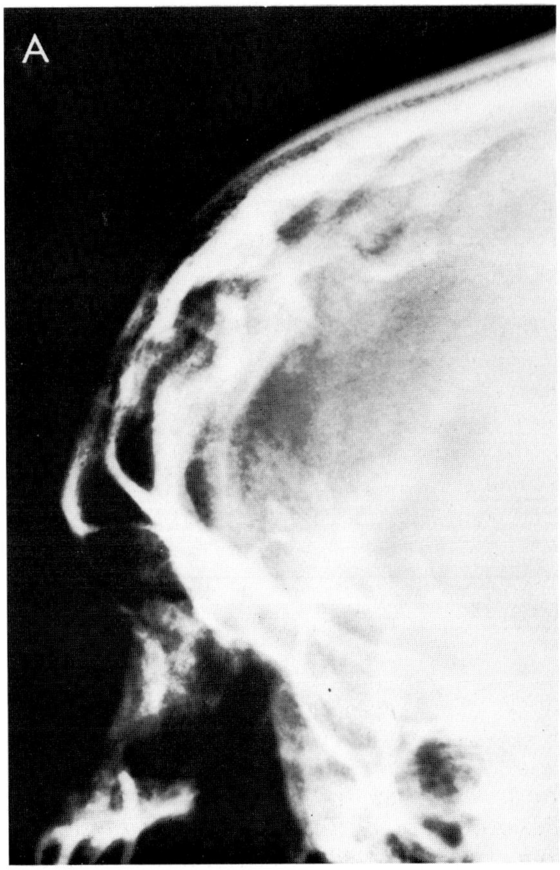

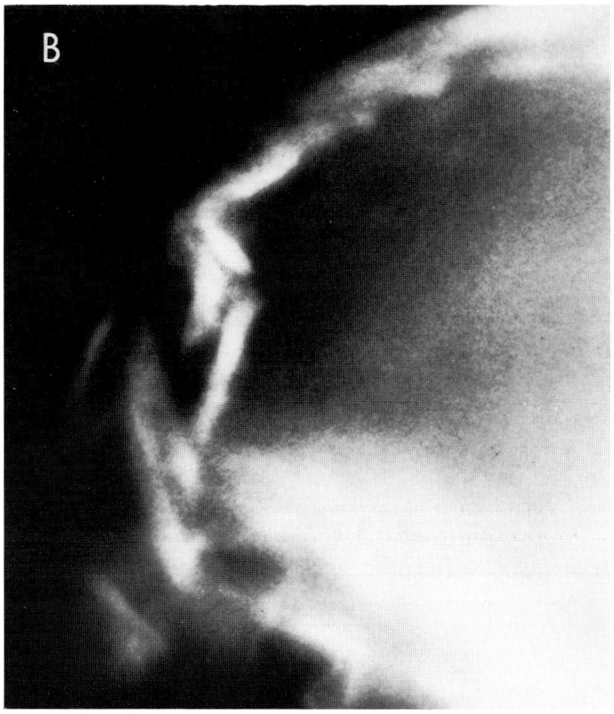

Abb. 1-3: A. Seitliche Zielaufnahme bei einem 40jährigen Patienten nach einem Autounfall; der Befund wurde zuerst als Hyperostosis frontalis interna gedeutet.
B. Die Tomographie am folgenden Tage zeigte eine Impressionsfraktur des Schädels mit Beteiligung der Stirnhöhlenhinterwand.

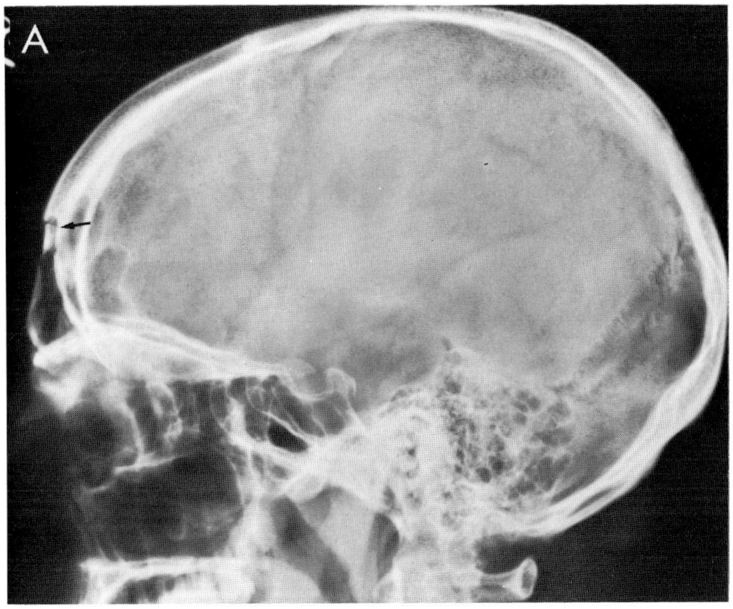

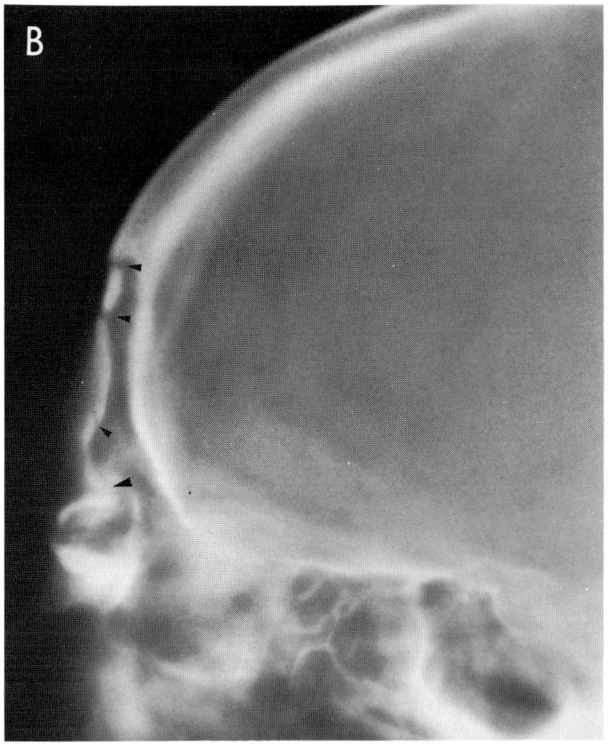

Abb. 1-4: A. Fraktur der Vorderfläche der Stirnhöhle (Pfeil). **B.** Die Tomographie zeigt das ganze Ausmaß der Verletzung (Pfeile). Diese Fraktur besitzt keine Verbindung zu den Meningen.

Technik

Liegen bei Notfallpatienten mit einem akuten Schädel-Hirn-Trauma eines oder mehrere Kriterien des mäßigen oder hohen Risikos vor, dann sind Übersichtsaufnahmen des Schädels im allgemeinen die röntgenologische Erstuntersuchung. Wir werden hier die Zeichen der normalen und der pathologisch veränderten Anatomie in den Schädelübersichtsaufnahmen in den Vordergrund stellen.
Unsere Routine-«Schädelserie» besteht beim Unfallpatienten aus einer Aufnahme im Liegen (Rückenlage) bei seitlichem Strahlengang quer über den Röntgentisch sowie einer Aufnahme, bei der dann die Gegenseite unter gleichen Aufnahmebedingungen der Filmkassette anliegt, einer a.-p. Aufnahme sowie einer Caldwell*- und einer Towne**-Aufnahme (im deutschen Sprachgebrauch: «Hinterhaupts»- oder halbaxiale Aufnahme, und salopp mitunter nur als «dritte Ebene» bezeichnet (Anmerkung des Übers.). Hierbei ist wahrscheinlich die Seitaufnahme im Liegen mit dem Gesicht nach oben die wichtigste davon, denn sie kann Luft-Flüssigkeits-Spiegel anzeigen, die auf eine potentiell ernste intrakraniale Verletzung hindeuten, was wir später noch besprechen werden. Hat man den Verdacht auf Impressionsfrakturen, so sind Durchleuchtung und Tangentialaufnahmen oft von Nutzen, um die exakte anatomische Lage und die Impressionstiefe solcher Frakturen zu bestimmen. Nur selten setzen wir heute noch wegen der allgemeinen Verfügbarkeit der Computertomographie die konventionelle Tomographie am Schädel ein. Schließlich ist die CT natürlich die beste Methode, ernsthafte intrakranielle Pathologika aufzudecken, welche Schädelübersichtsaufnahmen nicht ausschließen können.

Anatomie

Die Anatomie des Schädels (Abb. 1-1 und 1-2) kann verwirrend sein und den Anfänger ängstigen, doch sollte der Notaufnahmearzt mit einigen der wichtigeren «Landmarken» vertraut sein. Auf den Seitaufnahmen sollte man den Sinus sphenoidalis (Keilbeinhöhle), die Sella turcica, die Kranz- sowie die Lambdanaht und schließlich die Furchen von vorderem und hinterem Ast der Arteria meningea media bestimmen. Auch sollten die anderen im Film dargestellten Regionen – besonders Gesichtsschädel und obere Halswirbelsäule – routinemäßig mit ausgewertet werden. Die Zirbeldrüse sowie jegliche andere verkalkten Strukturen sollte man ebenfalls, sofern diese sichtbar sind, zuordnen. Die Nachzeichnung der Hirnwindungen (Impressiones digitatae) an der Kalotte sollte man nicht mit traumatischen Veränderungen verwechseln und diese auch als Normalbefund werten. Desgleichen sollte man nicht die Venenseen (Lakunen), kleine oder auch größere und unregelmäßige Gebiete verminderter Strahlendichte innerhalb der Diploe mit krankhaften Vorgängen durcheinanderbringen.
Auf der Towne-Aufnahme (siehe Fußnote S. 7) sollte man die Stellung der Zirbeldrüse, wenn diese verkalkt und lokalisierbar ist, ausmessen und bestimmen, ob sie innerhalb der Zwei-Millimeter-Abweichung von der Mittellinie gelegen ist.
Am Schädel kann die normale Variation der anatomischen Details ein echtes Problem sein. Lesen Sie bitte deshalb den Anhang «Normvarianten» dieses Kapitels, um sichergehen zu können, daß Sie solche Befunde nicht fehlinterpretieren.

* Caldwell-Aufnahme: P.-a. Aufnahme in Bauchlage mit kaudaler Zentralstrahlkippung (15–28°) zur Nasennebenhöhlendarstellung (vgl. Kap. 2, S. 65 und 67).

** Towne-Aufnahme: Nach vorne überkippte a.-p. Aufnahme des Schädels, ähnlich der Aufnahme nach Altschul-Uffenorde; gut geeignet zur Darstellung der Felsenbeine. Dabei wird in Rückenlage das Kinn zum Sternum gezogen; der Zentralstrahl läuft in kraniokaudaler Richtung (ca. 35°).

Pathologische Veränderungen

Schädelfrakturen gehören wahrscheinlich zu den wichtigsten Verletzungen, die man beim Unfallpatienten diagnostiziert. Eingeteilt werden diese grob in geschlossene oder offene sowie in Impressionsfrakturen und nichtimprimierte Frakturen. Bei den geschlossenen Frakturen sind die darüber liegenden Weichteilgewebe nicht eröffnet. Offene Frakturen ermöglichen den Kontakt der Hirnhäute mit der Außenwelt; dazu zählt man auch Frakturen, die mit den Nasennebenhöhlen kommunizieren. In beiden Situationen ist das Risiko einer Meningitis erheblich (Abb. 1-3). Eine Ausnahme von diesem letzteren Frakturtyp ist der Stirnhöhlenvorderwandbruch. Bei diesem bleibt die Stirnhöhlenrückwand intakt und die Hirnhaut folglich vor einer Infektion geschützt (Abb. 1-4).
Frakturen ohne Impression weisen keine wesentliche Verschiebung auf, doch kann es hierbei oft schwierig sein, sie von den Suturen oder Gefäßfurchen bzw. -kanälen abzugrenzen. In diesen Fällen ist es dann recht hilfreich, wenn man die normale Lage der Suturen und den normalen Verlauf der wichtigen Gefäße kennt. Die Beachtung der scharfen Frakturränder im Gegensatz zu den oft sehr unregelmäßigen sklerotischen Rändern von Gefäß- und Suturenlinien kann dabei ein wichtiger Lösungsschlüssel sein (Abb. 1-5 und 1-6).
Im CT kann man lineare, nicht imprimierte Frakturen übersehen, wenn die Schnittebene nicht die Fraktur senkrecht schneidet oder wenn die Fraktur nur geringfügig disloziert ist. In diesen Fällen kann man die Übersichtsaufnahmen als Ergänzungsuntersuchung verwenden (Abb. 1-7 und 1-8).
Ein weiterer Typ der Schädelfraktur, die Nahtsprengung, bedeutet eine traumatische Trennung an den Nahtlinien. Ohne genaues Absuchen des Films und ohne gute klinische Korrelation können diese schwer aufzufinden sein (Abb. 1-9 und 1-10).
Von Impressionsfrakturen spricht man, wenn das Knochenfrag-

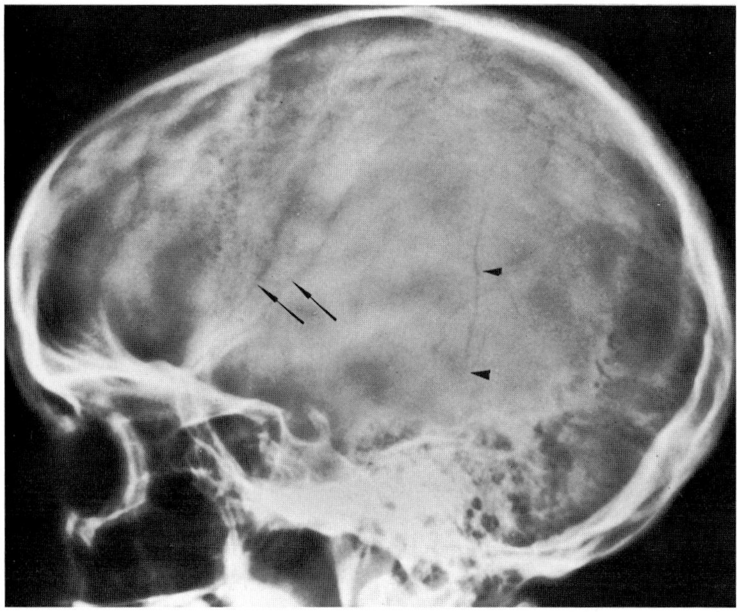

Abb. 1-5: Vierzigjähriger Mann mit einer temporoparietalen Schädelfraktur (Pfeilspitzen) infolge eines Autounfalls. Die Gefäßfurchen der Aa. meningeae mediae sind durch Pfeile gekennzeichnet.

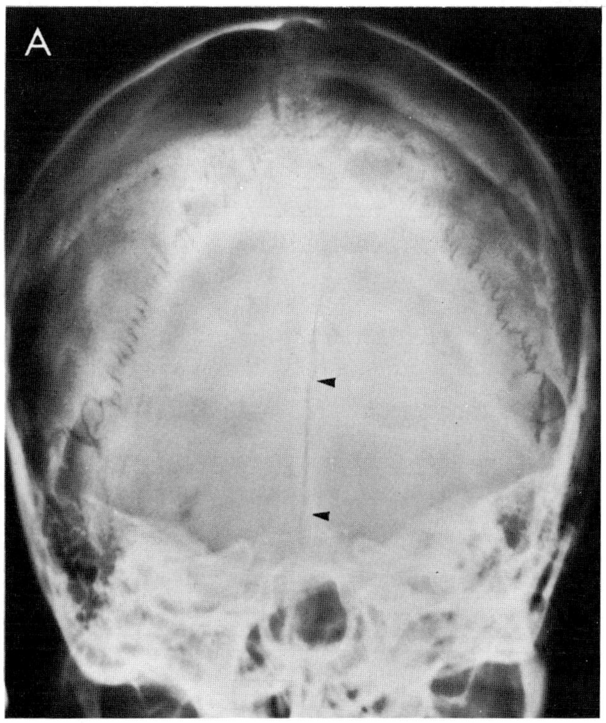

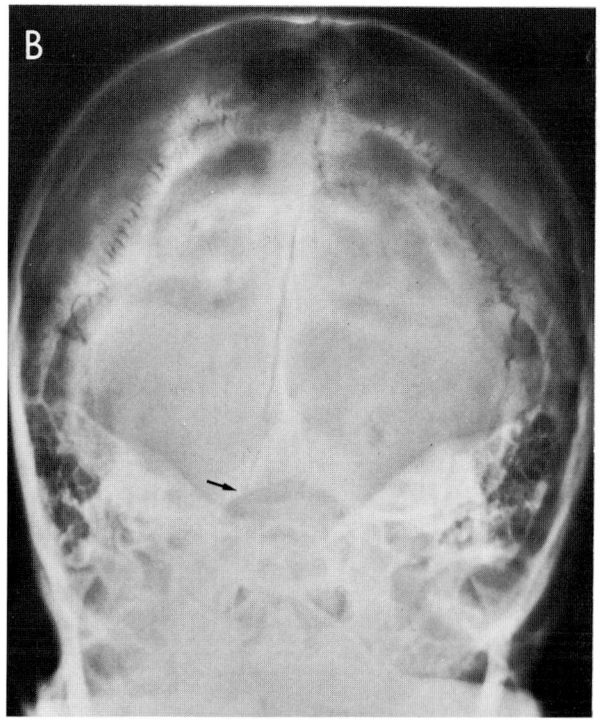

Abb. 1-6: A. Aufnahme nach Towne bei einem fünfzigjährigen Mann, der einen Motorradunfall erlitt. Das Röntgenbild zeigt eine Aufhellung in Projektion auf den zentralen Schädelanteil, welche als Sutura metopica (Pfeilspitzen) fehlgedeutet werden könnte.

B. Eine etwas überkippte Towne-Aufnahme mit stärkerer Kopfsenkung zeigt, daß diese Linie bis ins Foramen magnum reicht, womit hier eine Fraktur des Hinterhauptsbeines bewiesen ist (Pfeil).

ment bis unter die normale innere Kalottenbegrenzung herabgedrückt ist. Wie schon oben erwähnt, können Durchleuchtung oder Tangentialaufnahmen erforderlich werden, um das genaue Ausmaß dieser Frakturen zu bestimmen. Natürlich kann bereits die körperliche Untersuchung in vielen Fällen eine Impressionsfraktur (Abb. 1-11 bis 1-14) aufdecken. Man sollte auch daran denken, daß solche Frakturen eine intrakraniale Verletzung verursacht haben könnten, und deshalb doch meist eine computertomographische Untersuchung durchführen lassen (Abb. 1-14).

Frakturen ganz bestimmter Regionen sollten unabhängig von ihrem Typ eine weitere Abklärung veranlassen: So sind beispielsweise Schläfenbeinbrüche oft mit einem Epiduralhämatom vergesellschaftet, weil eine Ruptur der darin verlaufenden A. meningea media eingetreten ist (Abb. 1-15). In ähnlichen Fällen kann eine Seitabweichung der Pinealis auf den Nativaufnahmen ein sehr dienliches Zeichen sein. Die Seitabweichung von der Mittellinie sollte beiderseits zwei Millimeter nicht überschreiten; ist sie größer als 2,5 mm, so sollte man eine CT-Untersuchung veranlassen, um eine potentiell lebensbedrohliche Ursache dieser Abdrängung auszuschließen (Abb. 1-16).

Die Folgezeichen einer Nasennebenhöhlenverletzung können bedeutsame intrakraniale Krankheitsprozesse anzeigen. Wichtigstes hiervon ist ein Luft-Flüssigkeits-Spiegel in der Keilbeinhöhle, den man auf einer Seitaufnahme in Rückenlage sehen kann. Dieser Befund in einer Schädelübersicht stellt eine hinreichende Indikation für ein Notfall-CT dar, weil hier der Prozentsatz einer intrakraniellen Verletzung, besonders aber von Schädelbasisbrüchen, sehr hoch ist. Bei einer Schädelbasisfraktur tritt Liquor in die Keilbeinhöhle über und verursacht einen Luft-Flüssigkeits-Spiegel (Abb. 1-17 A). Welche Projektionsmethode man auch immer anwendet, solche Frakturen sind durchweg schwierig darzustellen, ein großer Prozentsatz wird auch röntgenologisch nie gefunden. Gerade deshalb ist es so wichtig, dieses sekundäre Zeichen zu erkennen und eine CT-Untersuchung bei den Fällen anzufordern, wo der Verdacht auf einen Schädelbasisbruch gegeben ist. Diese dient dann gleich zweierlei Zwecken: Sie kann einen Schädelbasisbruch nachweisen – oder auch nicht – und wird oft eine intrakranielle Begleitverletzung aufzeichen (Abb. 1-17 B und 1-18). Wie schon erwähnt, gilt eine Schädelfraktur, die mit der Keilbeinhöhle, den Siebbeinzellen oder der Stirnhöhlenhinterwand kommuniziert, als «offen» und bedarf wegen der Möglichkeit der Infektion (Meningitis) der antibiotischen Abdeckung.

Veränderungen der Weichteilgewebe können ernsthafte Krankheitsgeschehen vortäuschen. Beispielsweise werden Kopfschwartenrisse wegen ihrer sichtbaren Konfiguration im Röntgenbild oft als linienförmige und nichtimprimierte Schädelfraktur fehldiagnostiziert. Doch ist dies meist klinisch völlig augenscheinlich (Abb. 1-19 und 1-20). Einen traumatischen Pneumozephalus, der oft eine schwere Schädigung signalisiert, sollte man nie übersehen (Abb. 1-21). Selbstverständlich kann aber ein Pneumozephalus auch eine Operationsfolge darstellen und hat dann nicht die gleiche Bedeutung wie ein traumatischer (Abb. 1-22).

Systemische Krankheiten, die mit dem Einlieferungsgrund Trauma nichts zu tun haben, sollte man nicht mit traumatischen Schädelveränderungen verwechseln. Osteolytische Metastasen durch ein Plasmozytom oder ein Mammakarzinom können erstmals im blutbildenden Mark der Kalotte zu sehen sein und sollten dann nicht fehldiagnostiziert werden (Abb. 1-23 und 1-24). Die verdickte Kalotte – als Ergebnis einer Hydrozephalusbehandlung oder einer Phenytointherapie kann man zwar fälschlich für krankhafte Vorgänge halten, sie bietet jedoch einen charakteristischen Röntgenaspekt (Abb. 1-25). Darüber hinaus sollte man nicht bei einem Kind abnorm weite Schädelnähte übersehen oder falsch einschätzen, denn sie können einen gesteigerten intrakraniellen Druck, Metastasen (besonders eines Neuroblastoms) oder ein Deprivationssyndrom widerspiegeln; oft können solche Befunde auch eine sofortige Intervention erzwingen (Abb. 1-26).

Schließlich sollte man auch noch die gesamte Filmperipherie nach Pathologika absuchen, die durch die Blickkonzentrierung auf die Mitte dem Auge entgehen können. Wir konnten feststellen, daß solche – im wahrsten Sinne des Wortes – Randbefunde oft übersehen werden, werden keine echten Anstrengungen unternommen, diese Fehler zu vermeiden. Oft zeigen sich bislang klinisch nicht vermutete Frakturen oder Luxationen der Halswirbelsäule auf Schädelaufnahmen. Auch Luft-Flüssigkeits-Spiegel in der Kieferhöhle können dem Blick entgehen, wenn die Bildperipherie nicht sorgsam studiert wird (Abb. 1-27 bis 1-29).

In diesem Kapitel haben wir versucht, den Leser in einige der am häufigsten in einer Schädelroutineserie anzutreffenden pathologischen Veränderungen einzuführen und ihm gewisse Richtlinien vorzuschlagen, denen man folgen sollte, wenn man beim Akutfall eine Schädelserie anfordert. Das Wissen um die geeigneten Indikationen zu Schädelaufnahmen und um die normale Anatomie des Schädels ist für ein gutes Notfall(raum)-Management einfach zwingend erforderlich. Daneben sollte der Leser erkennen, daß die Übersichtsaufnahmen, CT und Kernspintomographie einander ergänzende Untersuchungen sind, denen allesamt Stärken und Schwächen innewohnen. Dieses Wissen wird dem Notfallarzt helfen, Fallgruben zu vermeiden.

Literatur

1. Bell R.S., Loop J.W.: The utility and futility of radiographic skull examination for trauma. N. Engl. J. Med. 284:236, 1971.
2. Masters S.J.: Evaluation of head trauma: Efficacy of skull films. A.J.R. 135:539, 1980.
3. Cumnins R.O.: Clinicians' reasons for overuse of skull radiographs. A.J.R. 135:549, 1980.
4. Phillips L.A.: A study of the effect of high yield criteria for emergency room skull radiography (FDA 78–8069). Washington, D.C., Bureau of Radiological Health, U.S. Public Health Service, Dept. of Health, Education, and Welfare, 1978.
5. Masters S.J., McClean P.M., Aracause J.S., et al.: Skull x-ray examinations after head trauma; recommendations by a multidisciplinary panel and validation study. N. Engl. J. Med. 316:84, 1987.

6. Thornburg J.R., Master S.J., Campbell J.A.: Imaging recommendations for head trauma: A new comprehensive strategy. A.J.-R. 149:781, 1987.
7. Claims analysis. Malpractice Digest 2:1, 1980.
8. Daves K.R., Taveras J.M., Roberson G.H., et al.: Computed tomography in head trauma. Semin. Roentgenol. 12:53, 1977.
9. Claussen C.D., Lohcamp F.W., Krastel A.: Computed tomography of trauma involving brain and facial skull. J.Comput.Assist.Tomogr. 1:472, 1977.
10. Allen J.H.: Computed tomographic scan findings in closed head trauma. Comput. Tomogr. 1:115, 1977.
11. Han S., Kaufman B., Alfidi R.J., et al.: Head trauma evaluated by magnetic resonance and computed tomography: A comparison. Radiology 150:71, 1984.
12. Quinn S.F., Smathers R.L.: The diagnostic significance of post traumatic sphenoid sinus effusions: Correlation with head computed tomography. CT: JCT 8:61, 1984.

Literaturempfehlungen

Williams A.L., Haughton U.M.: Cranial Computed Tomography. A Comprehensive Text. St. Louis, C.V. Mosby Co., 1985.
Rogers L.F.: Radiology of Skeletal Trauma. New York, Churchill Livingston Inc., 1982.
Harris J.H., Harris W.H.: The Radiology of Emergency Medicine. Baltimore, Williams & Wilkins Co., 1981.
Siebert C.E., Swanson W.R., Debiase J.: Computed Tomography and Head Trauma. Denver, Swedish Medical Center, 1976.

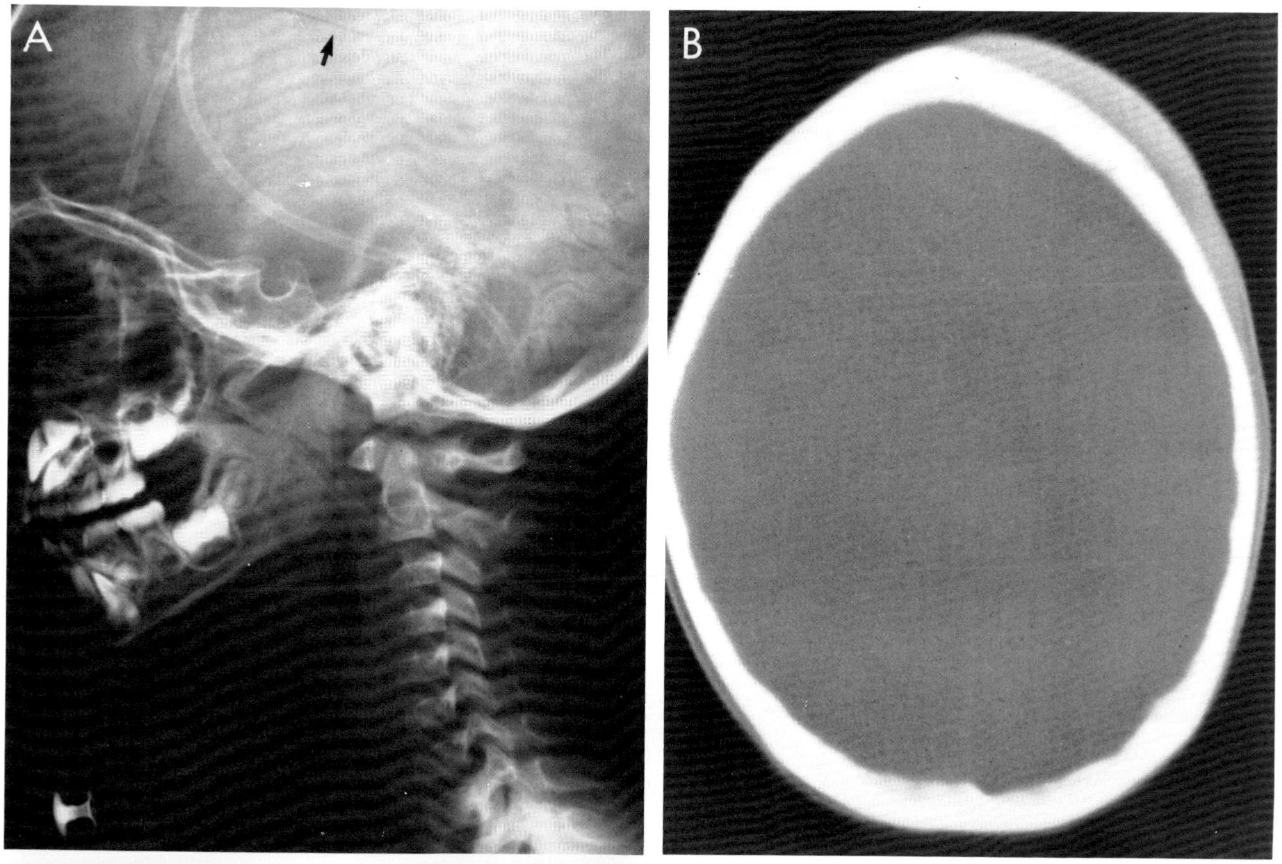

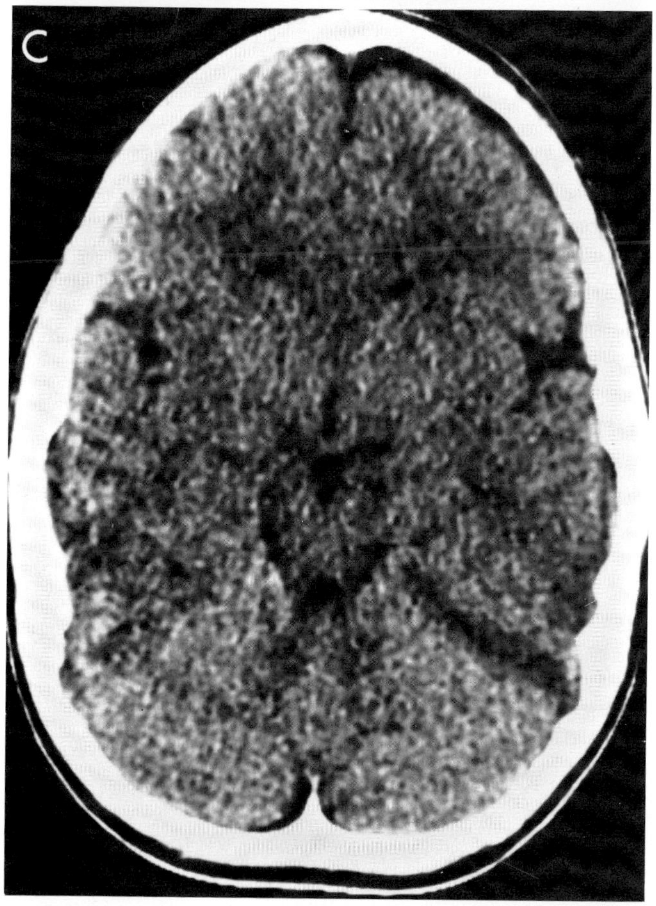

Abb. 1-7: A. Seitliche HWS-Aufnahme eines 5jährigen Knaben nach einem Verkehrsunfall, welche eine geradlinige und nicht imprimierte parietale Kalottenfraktur (→) zeigt. **B.** Die am Aufnahmetag durchgeführte CT-Untersuchung zeigt eine Weichteilschwellung, dagegen aber selbst in der Knochenfenstertechnik die Fraktur nicht gut, da die Fragmente nur minimal gegeneinander verschoben sind. **C.** Eine CT-Untersuchung ergibt dann 10 Tage später ein zystisches Hygrom. Auch diesmal ist die Kalottenfraktur nicht zu sehen.

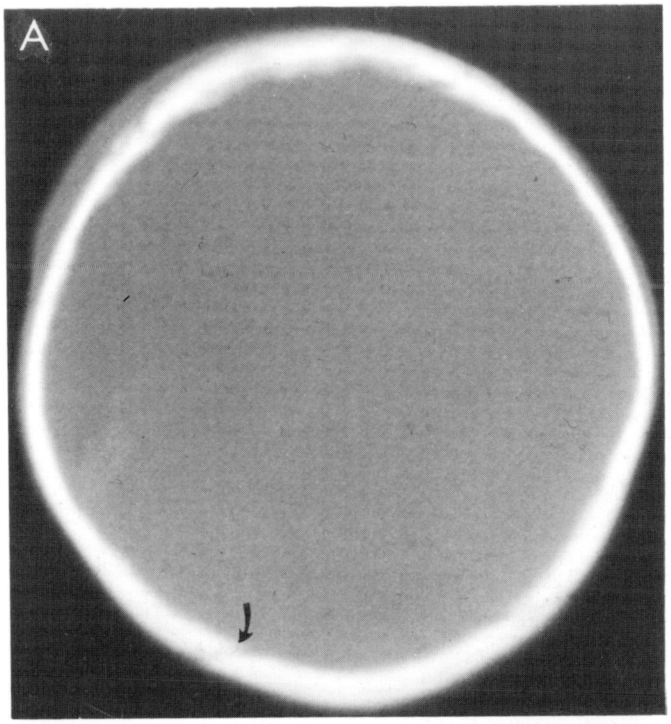

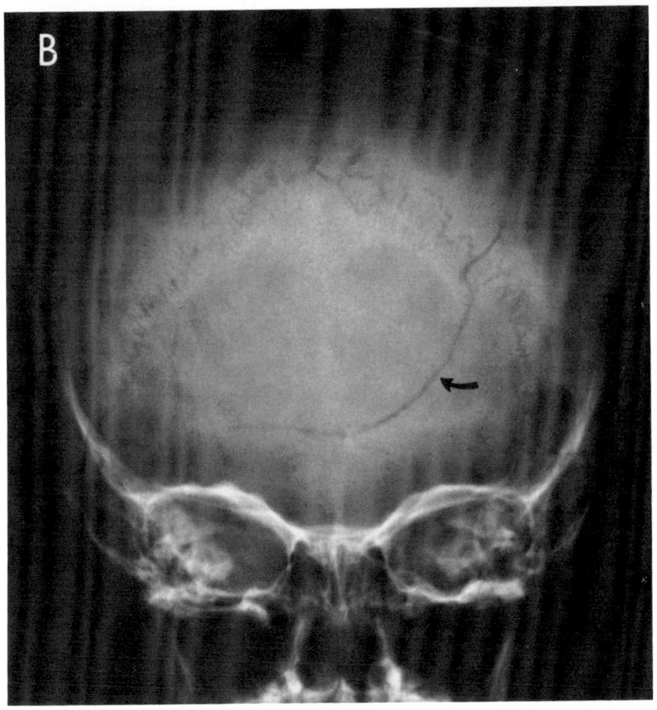

Abb. 1-8: A. Nativ-CT des Schädels bei einem 27jährigen Mann vor Anfertigung der Röntgenübersichtsaufnahmen. Es zeigt lineare und nicht dislozierte okzipitale Schädelfrakturen (→). **B.** Die Towne-Aufnahme der routinemäßigen Schädelserie zeigt diese Fraktur wesentlich anschaulicher (→). In vielen Fällen ergänzen sich die CT- und die konventionellen Schädelaufnahmen (vg. Text).

Abb. 1-9: Klaffende Fraktur (= Sprengung) der linken Lambdanaht. Beachten Sie die asymmetrische Erweiterung dieser Naht (Pfeilspitzen). Die rechte Lambdanaht wird durch den Pfeil markiert.

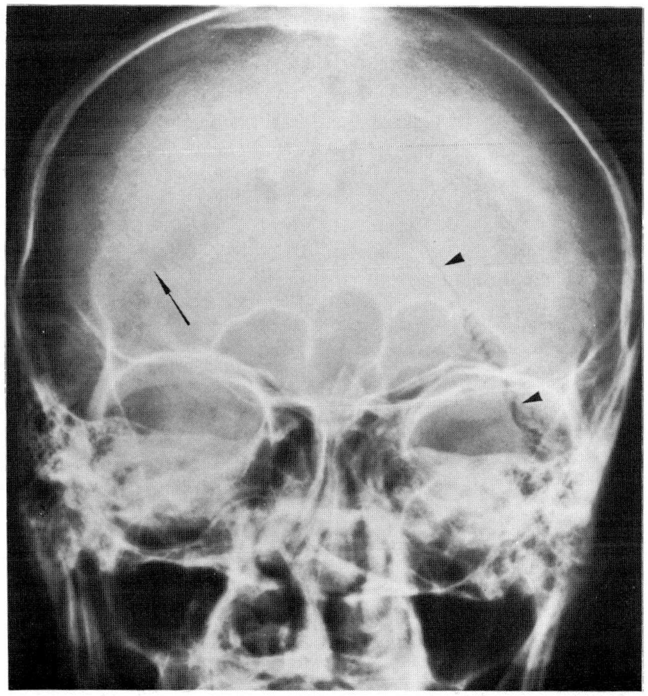

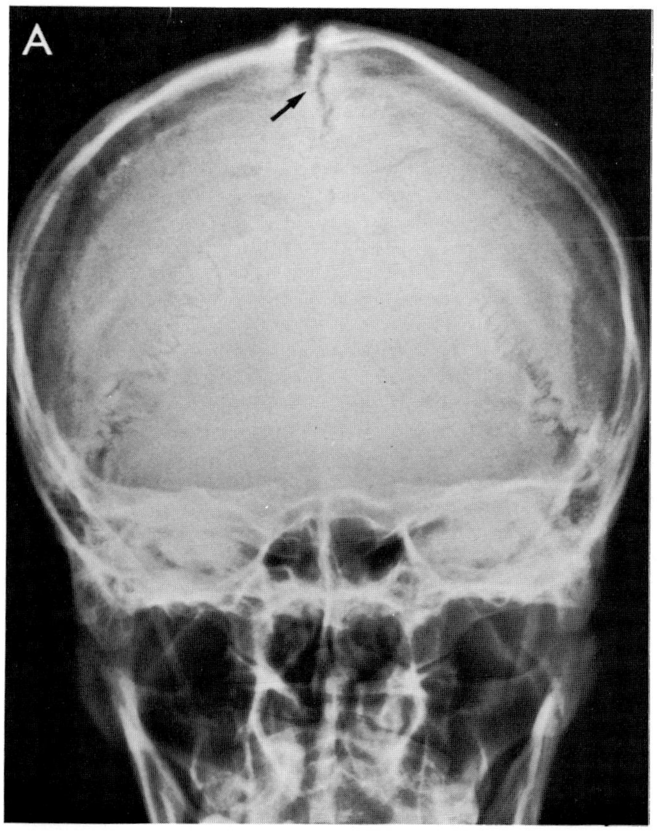

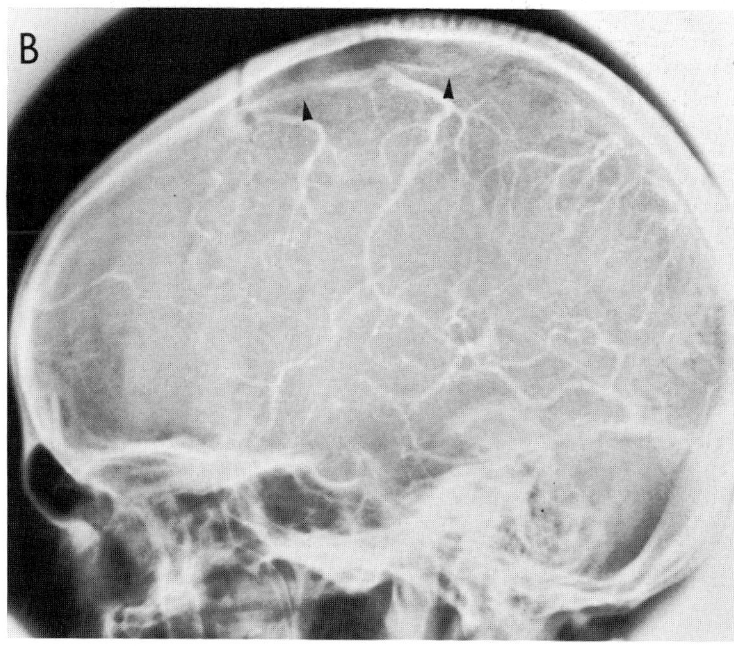

Abb. 1-10: A. Klaffende Fraktur der Pfeilnaht (Pfeil). **B.** Venöse Phase des Angiogramms beim gleichen Patienten, die eine 9 mm weite Abdrängung des Sinus sagittalis superior von der Lamina interna der Kalotte durch eine epidurale Raumforderung zeigt – hier ein Hämatom (Pfeilspitzen).

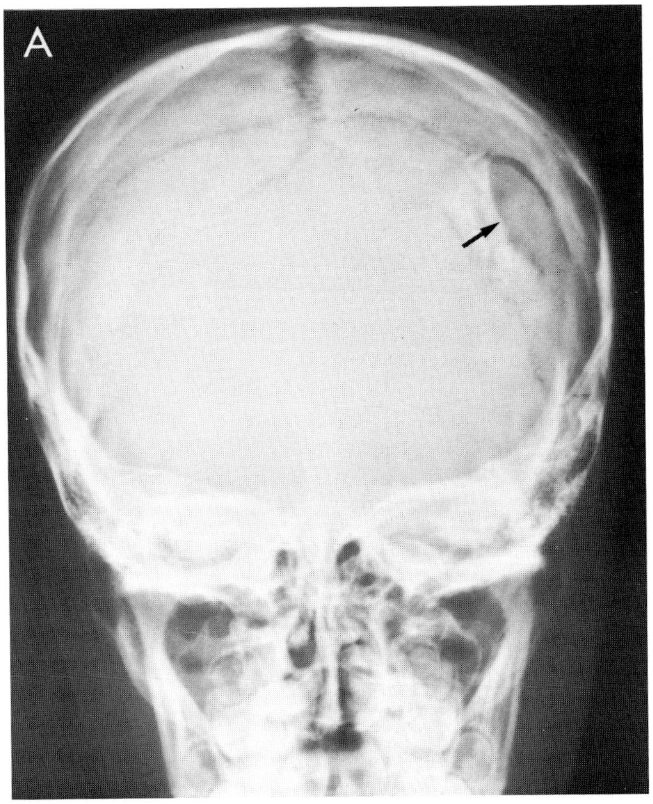

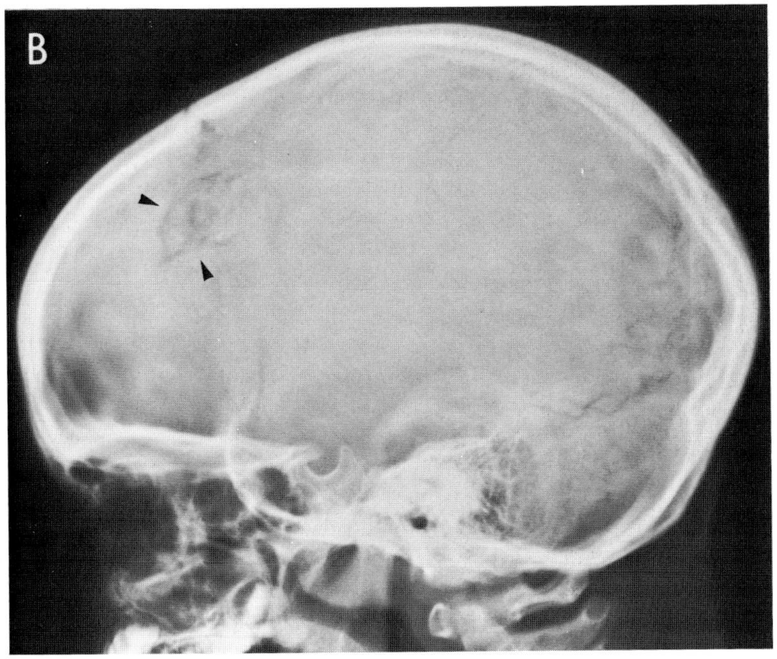

Abb. 1-11: A. Linksseitige frontoparietale Impressionsfraktur des Schädels auf der a.-p. Aufnahme. **B.** Die Seitaufnahme bestätigt die Fraktur (Pfeilspitzen). Alle vorliegenden Schädelaufnahmen sollten immer sorgsam auf solche Verletzungen abgesucht werden.

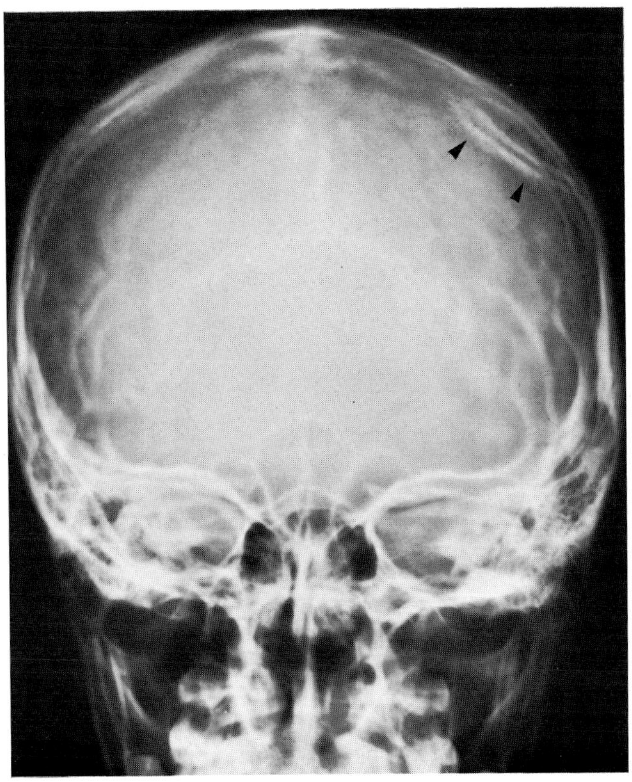

Abb. 1-12: Impressionsfraktur der linken Parietalgegend bei einem Patienten durch einen Schlagstock (Pfeilspitzen). Diese Fraktur war auf der zugehörigen Seitaufnahme nicht zu erkennen.

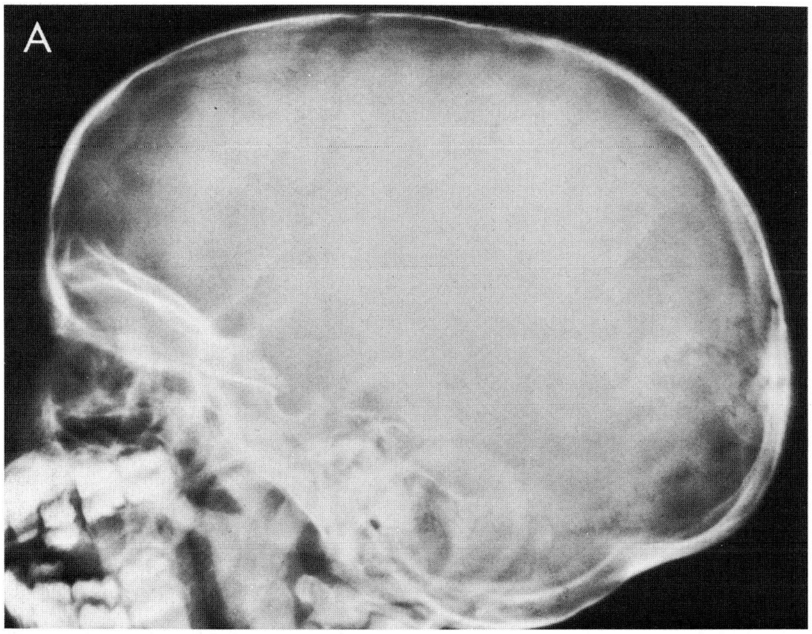

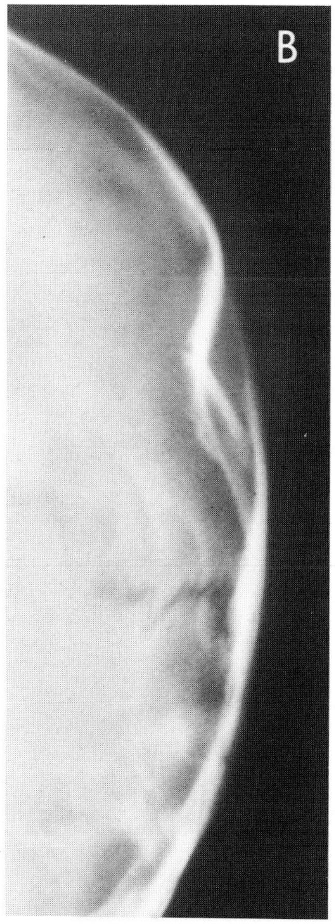

Abb. 1-13: A. Die seitliche Schädelaufnahme eines Kindes, das auf den Kopf aufgeschlagen war, zeigt keine Fraktur. **B.** Eine Tangentialaufnahme dagegen läßt die charakteristische «Tischtennisball»-Fraktur des Schädels erkennen.

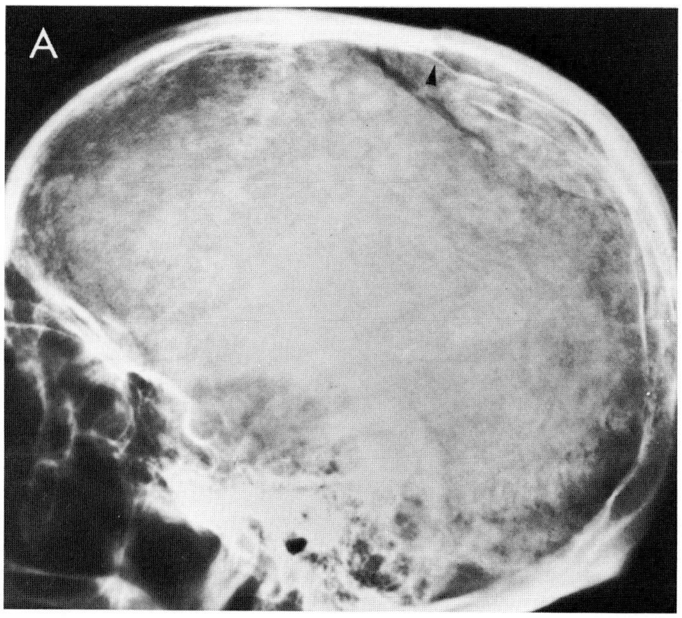

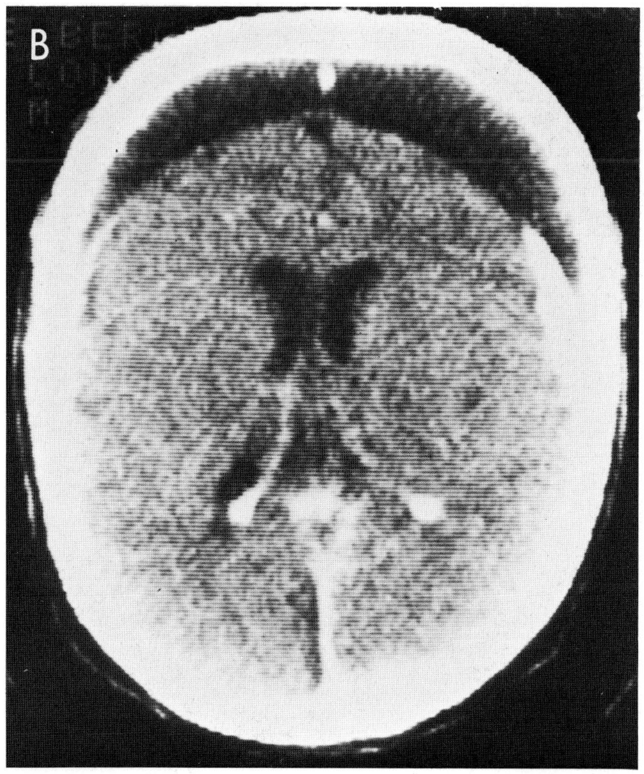

Abb. 1-14: A. Die seitliche Schädelaufnahme eines 61jährigen Mannes zeigte nach einem Autounfall eine parietale Impressionsfraktur. **B.** Im Computertomogramm sieht man eine ausgedehnte beidseitige subdurale Flüssigkeitsansammlung. Impressionsfrakturen sind häufig mit intrakraniellen Verletzungen kombiniert.

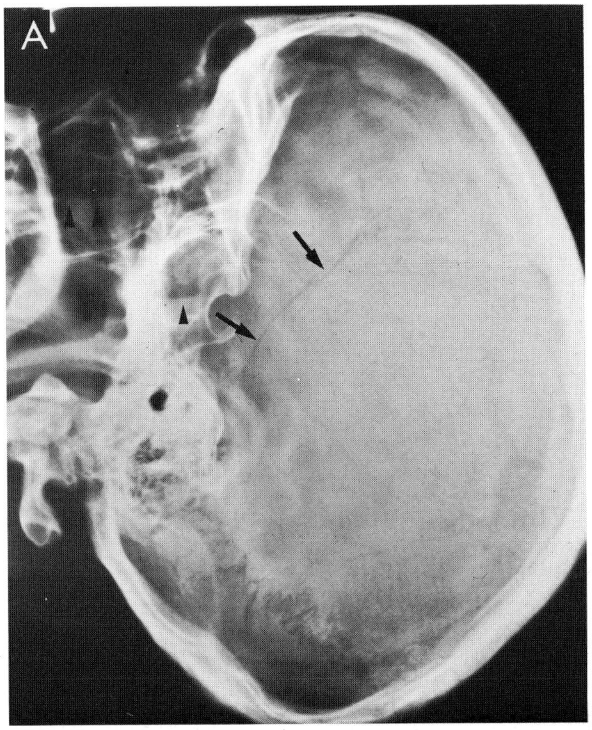

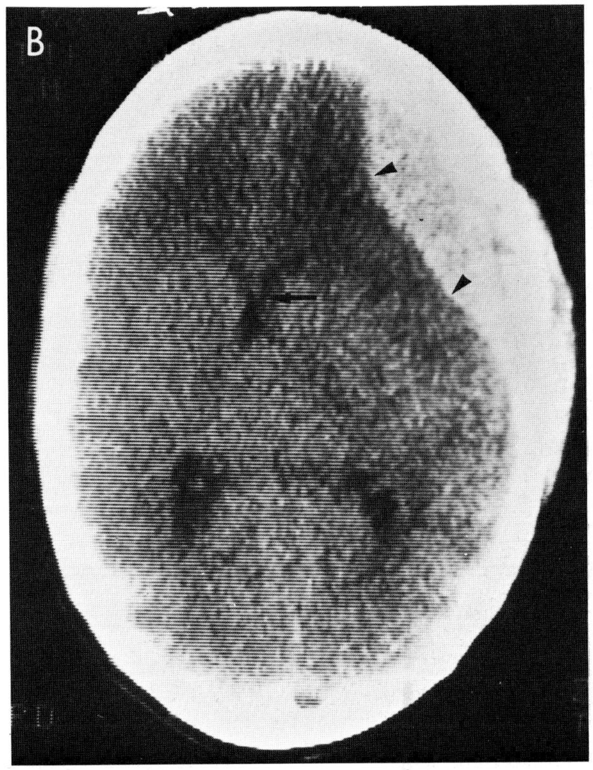

Abb. 1-15: A. Die seitliche Schädelaufnahme im Liegen zeigt eine geradlinige temporoparietale Schädelfraktur (große Pfeile), daneben aber auch Luft-Flüssigkeits-Spiegel in der Kiefer- und der Keilbeinhöhle (Pfeilspitzen).

B. In der CT-Aufnahme erkennt man ein großes Epiduralhämatom mit ausgeprägtem Hirnödem und einer Verschiebung der Mittellinienstrukturen nach links (Pfeil).

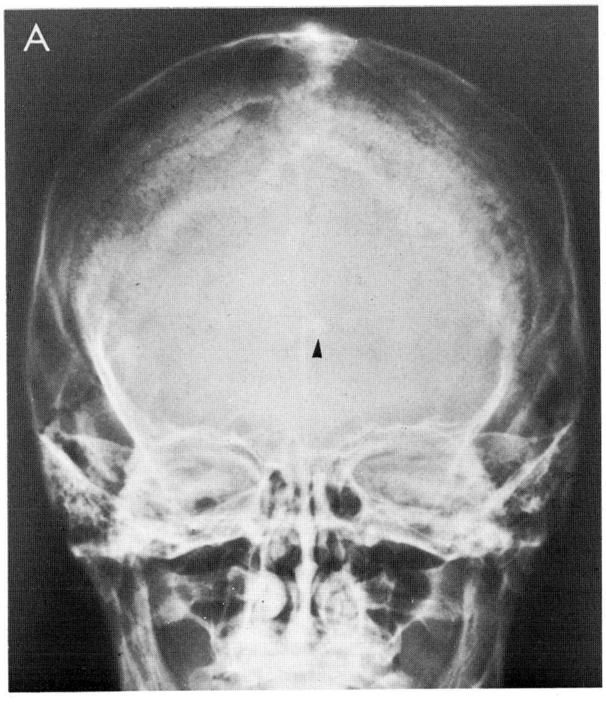

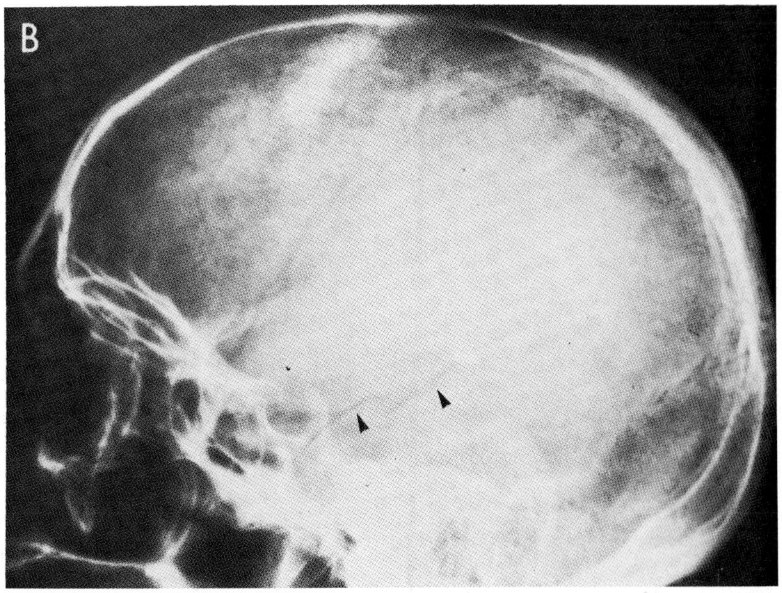

Abb. 1-16: A. A.-p. Aufnahme des Schädels mit einer Seitverschiebung der verkalkten Zirbeldrüse um 5 mm nach links (Pfeilspitze).

B. Die Seitaufnahme des gleichen Patienten zeigt eine temporoparietale Schädelfraktur (Pfeilspitzen); ein darunter gelegenes epidurales Hämatom wurde durch die CT-Untersuchung nachgewiesen. Noch bevor das Hämatom entleert werden konnte, verstarb dieser Patient auf dem Operationstisch.

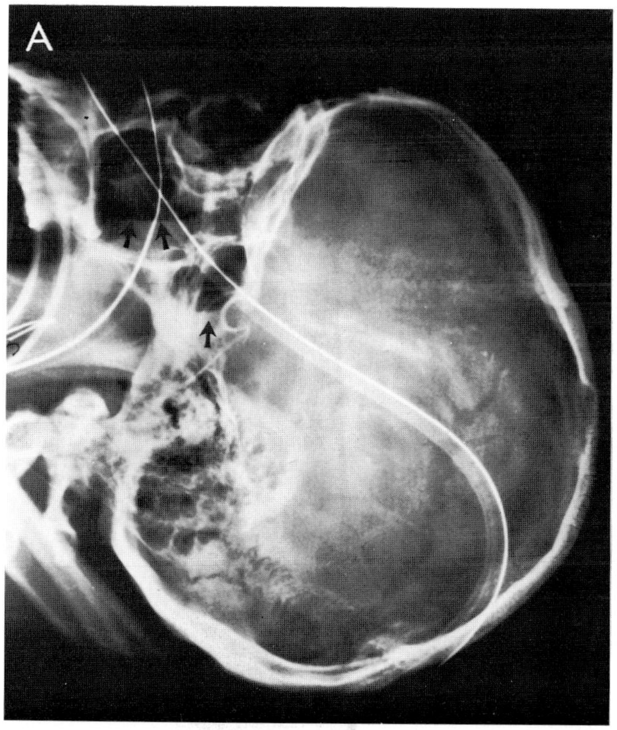

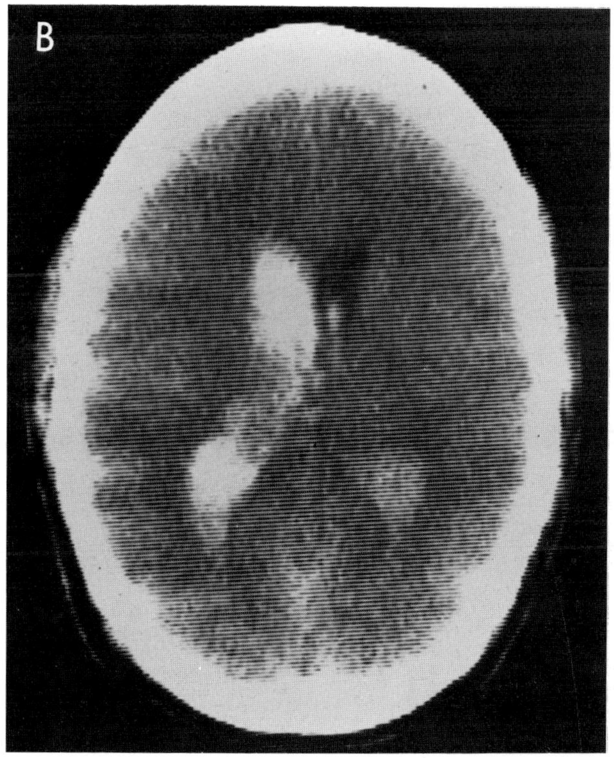

Abb. 1-17: A. Seitliche Schädelaufnahme im Liegen eines 16jährigen Mädchens, das einen Autounfall erlitt; die Aufnahme zeigt einen Flüssigkeits-Luft-Spiegel in der Kieferhöhle (Doppelpfeil) und in der Keilbeinhöhle (einzelner Pfeil).

B. Die daraufhin angefertigte CT-Aufnahme ergab eine intrazerebrale Blutung. Luft-Flüssigkeits-Spiegel in der Keilbeinhöhle können eine ernste intrakranielle Verletzung anzeigen.

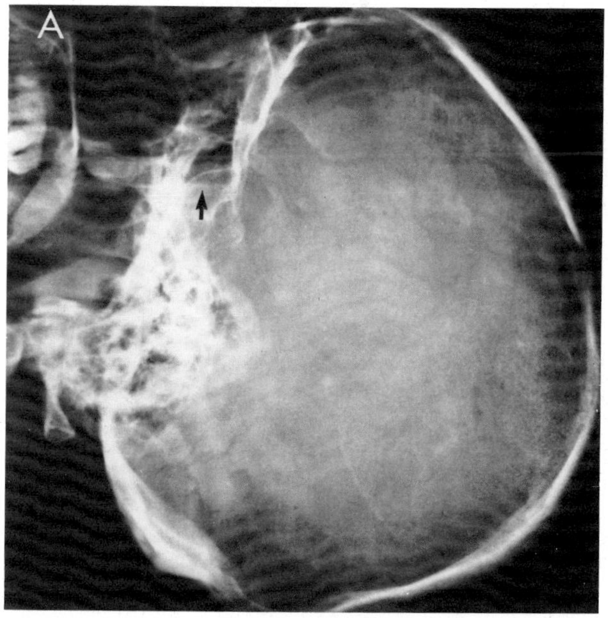

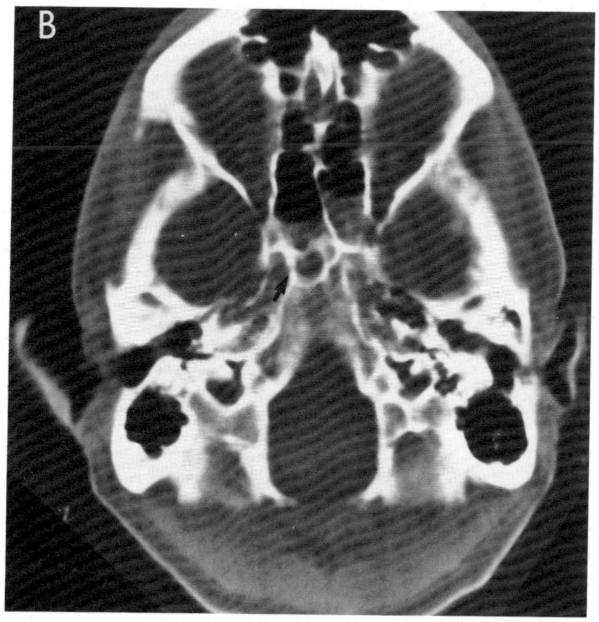

Abb. 1-18: A. Die seitliche Schädelaufnahme in Rückenlage zeigt bei diesem 36 Jahre alten Mann nach einem Sturz von der Leiter einen Luft-Flüssigkeits-Spiegel in der Keilbeinhöhle (→).

B. Das Schädel-CT ergibt eine nur gering dislozierte Fraktur (→). Diese Fraktur wäre auf Schädelübersichtsbildern auf keinen Fall erkennbar gewesen. Ein Luft-Flüssigkeits-Spiegel in der Keilbeinhöhle stellt immer eine hinreichende Indikation für eine Schädel-CT-Untersuchung dar!

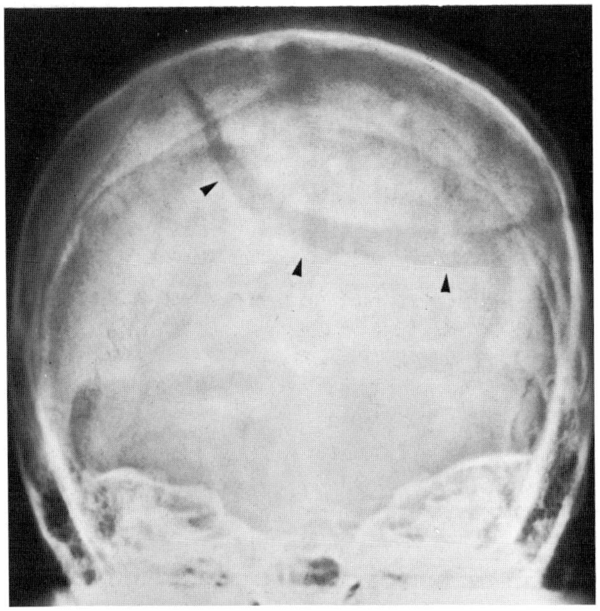

Abb. 1-19: Skalpierungs- oder Ablederungsverletzungen können auf einer Towne-Aufnahme Schädelfrakturen imitieren (Pfeilspitzen). Dies sollte jedoch klinisch eindeutig sein.

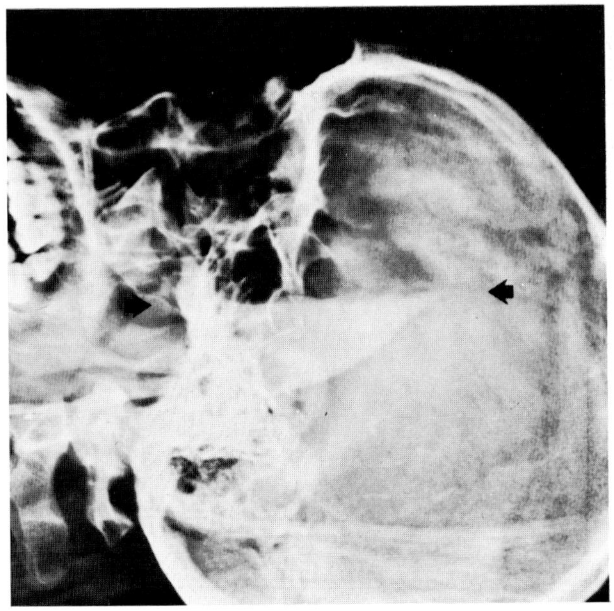

Abb. 1-20: Seitliche Schädelaufnahme im Liegen eines bei einem Verkehrsunfall verletzten 45jährigen Mannes. Der Pfeil weist auf einen Flüssigkeits-Luft-Spiegel innerhalb einer großen Skalpierungsverletzung.

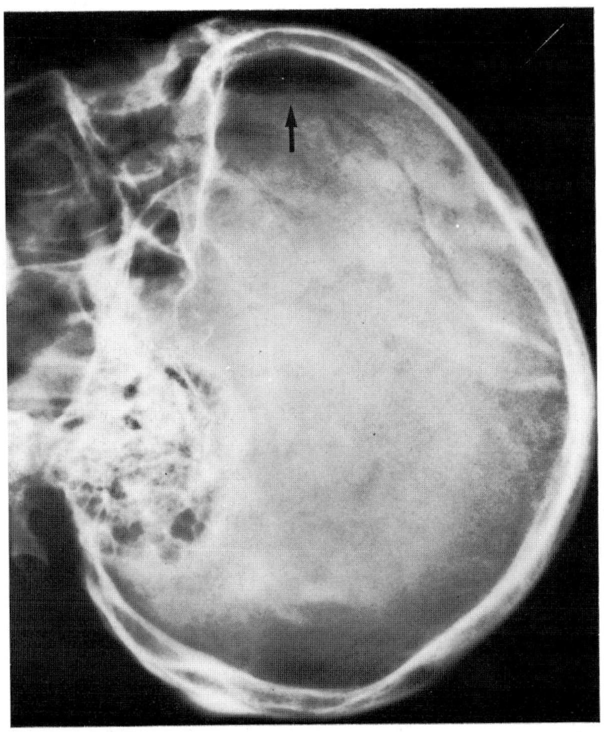

Abb. 1-21: Seitliche Röntgenaufnahme eines 45jährigen, bei einem Verkehrsunfall verletzten Patienten. Der Pfeil zeigt auf einen Pneumozephalus. Ein Pneumozephalus geht immer mit einer offenen Fraktur und oft mit einer schweren intrakraniellen Verletzung einher.

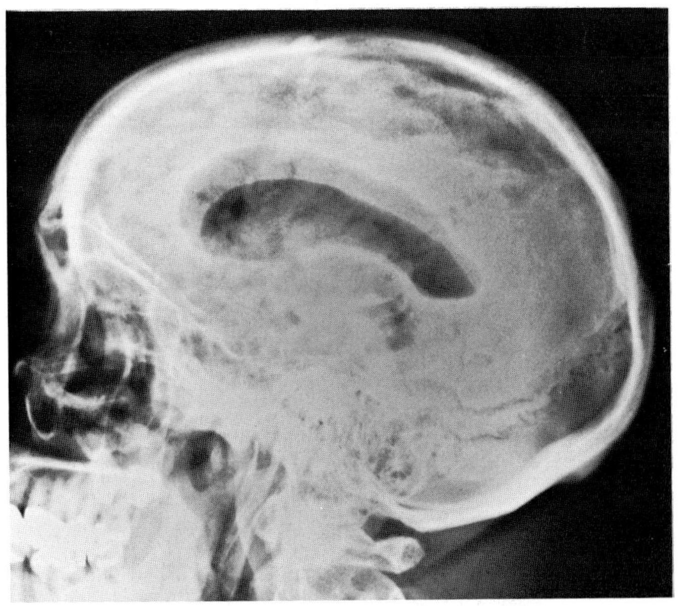

Abb. 1-22: Seitliche Schädelaufnahme eines 55jährigen Patienten vier Tage nach einer beidseitigen Nasenpolypenentfernung und rechtsseitiger Ethmoidalzellausräumung. Hier findet sich infolge des chirurgischen Eingriffs eine deutliche intraventrikuläre Luftansammlung.

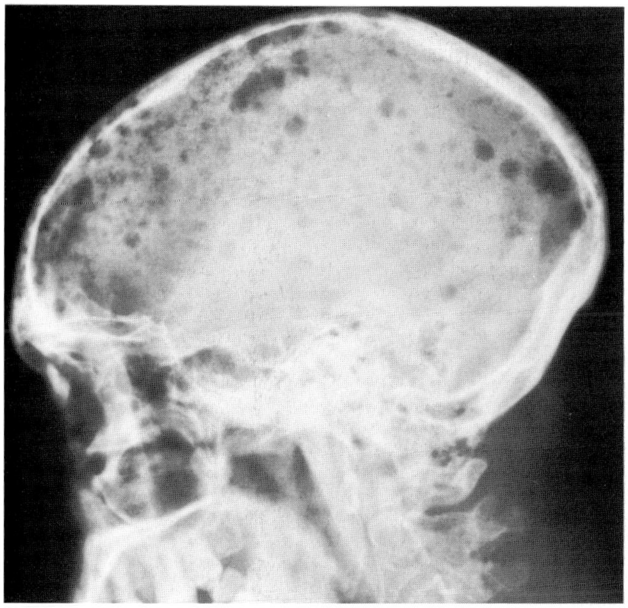

Abb. 1-23: Die seitliche Schädelaufnahme dieser 52jährigen Frau zeigt multiple osteolytische Defekte in der Kalotte durch ein multiples Myelom.

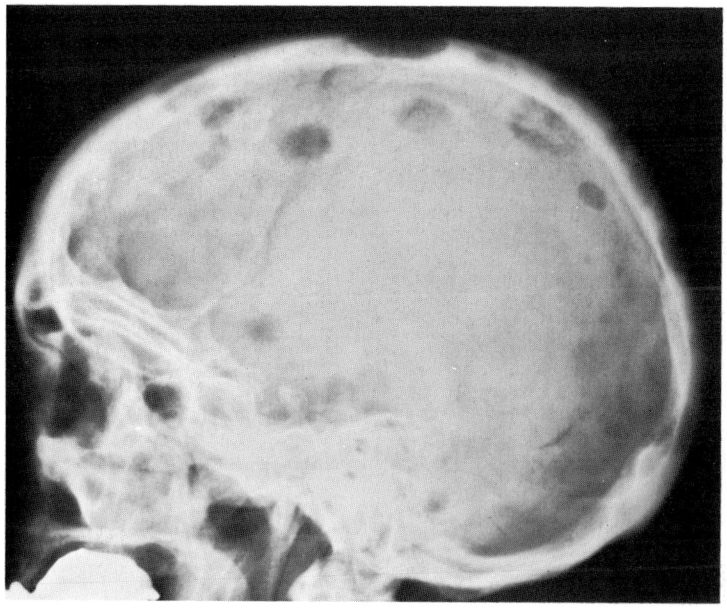

Abb. 1-24: Seitliche Schädelaufnahme einer 42jährigen Frau mit klinisch bekanntem Mammakarzinom. Osteolytische Destruktionen sind für das metastasierende Mammakarzinom charakteristisch.

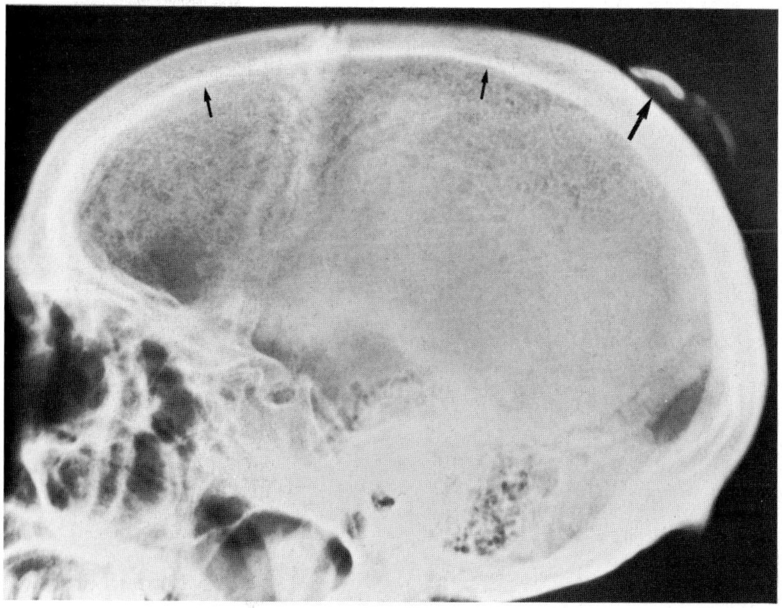

Abb. 1-25: Seitliche Schädelaufnahme eines 21jährigen Mannes mit einem schweren Anfallsleiden, der gestürzt war. Deutliche Verdickung der Kalotte infolge der Hydantoin-Therapie (kleine Pfeile). Ferner erkennt man ein verkalktes Hämatom in der hinteren oberen Parietalregion durch wiederholte Stürze (großer Pfeil). Das CT war nach dem Sturz bei diesem Patienten normal.

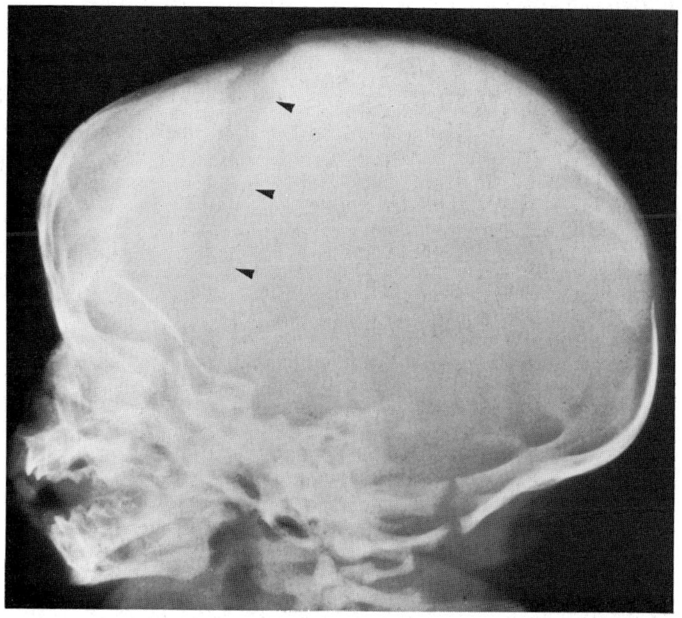

Abb. 1-26: Die seitliche Schädelaufnahme dieses Neugeborenen zeigt eine deutlich erweiterte Kranznaht (Pfeilspitzen). Ursache war ein Hydrozephalus bei einem Arnold-Chiari-Syndrom.

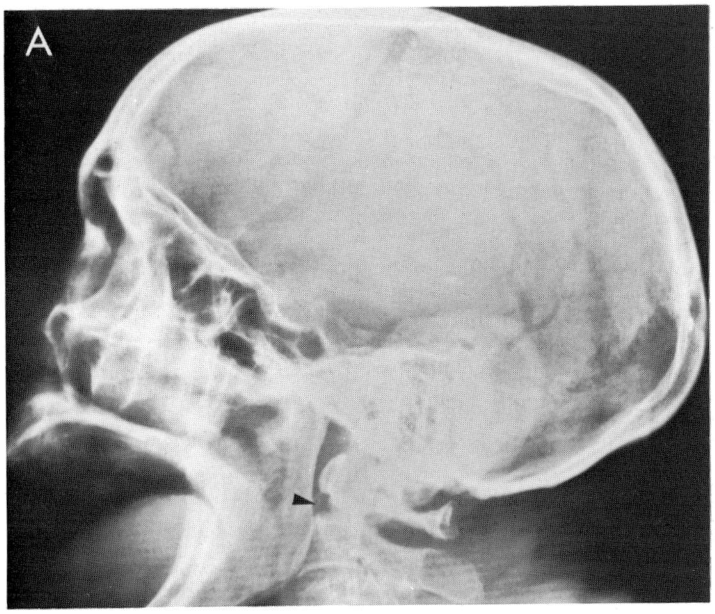

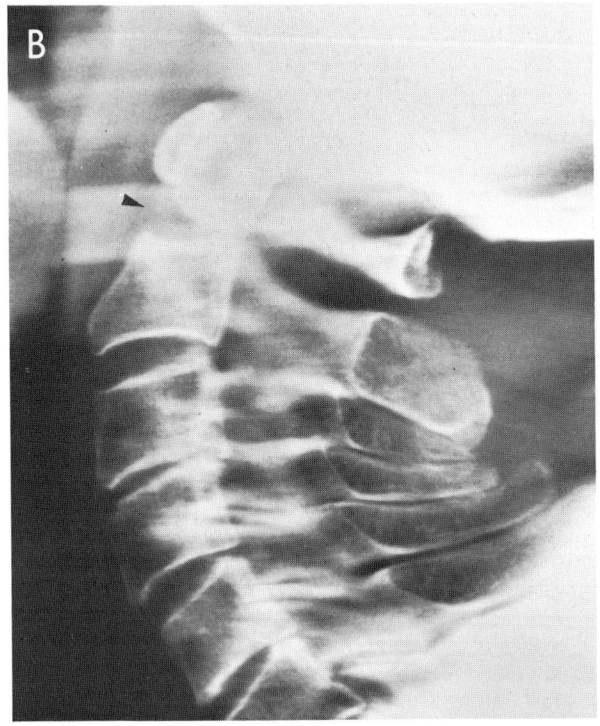

Abb. 1-27: A. Seitliche Schädelaufnahme eines 75jährigen Mannes mit einem Schädeltrauma und einem subduralen Hämatom. Diese Aufnahme erweckte den Verdacht auf eine Fraktur des Dens (Pfeilspitze).
B. Die Tomographie bestätigte das Vorliegen einer Densfraktur (Pfeilspitze). Cave: Auch die Randgebiete des Films können wesentliche pathologische Befunde enthalten!

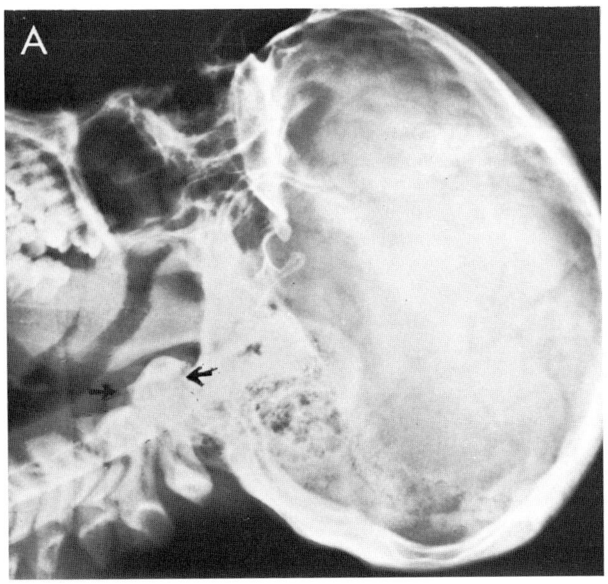

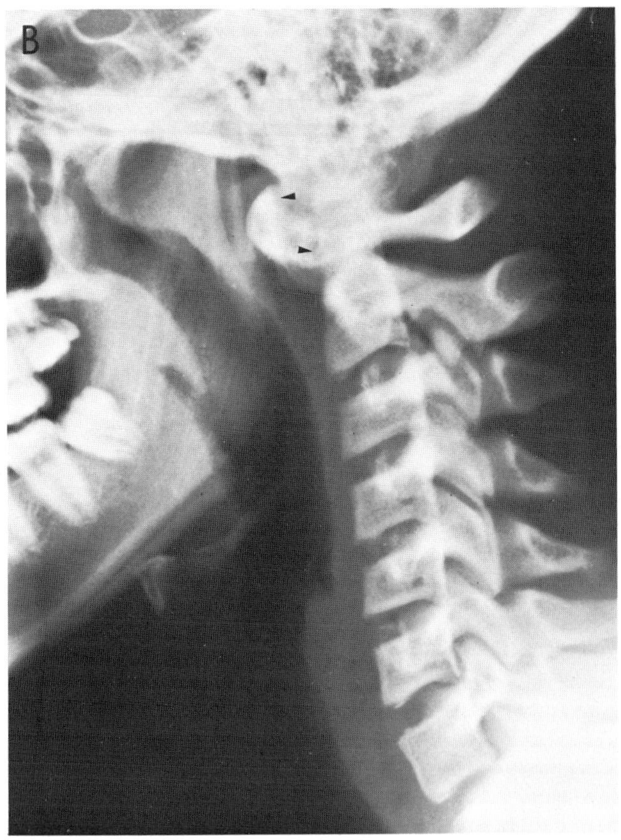

Abb. 1-28: A. Seitliche Schädelaufnahme eines 15jährigen Knaben nach einer Verletzung beim Fußballspielen. Die Erweiterung zwischen dem Arcus anterior des Atlas und dem Dens fiel bereits auf dieser Aufnahme auf (Pfeile). **B.** Die Aufnahme der Halswirbelsäule zeigt die vergrößerte Distanz zwischen dem vorderen Atlasbogen und dem Dens (Pfeilspitzen). Durch den Riß des Ligamentum transversum entsteht hier eine instabile Verletzung.

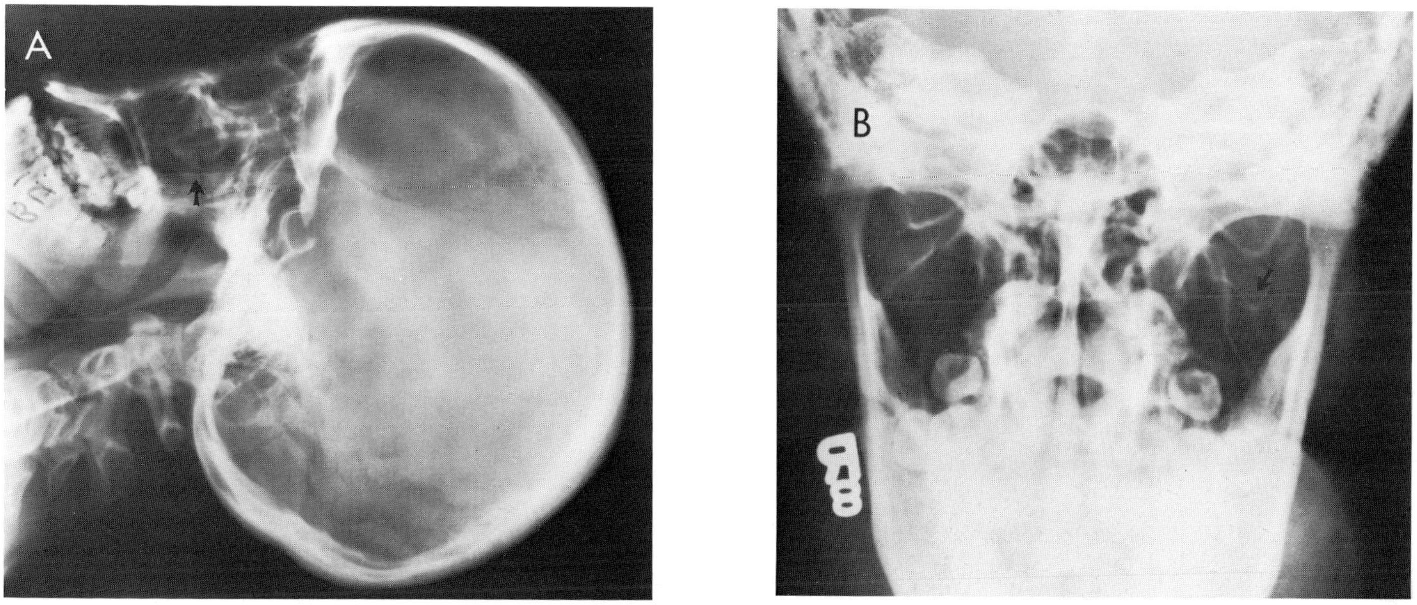

Abb. 1-29: A. Seitliche Schädelaufnahme im Liegen von einem 24jährigen Patienten, den ein Pferd ins Gesicht getreten hatte. Diese zeigt einen Luft-Flüssigkeits-Spiegel in der Kieferhöhle (Pfeil), der auf den Erstaufnahmen übersehen worden war.

B. Eine überkippte Towne-Einstellung (El Gammal-Projektion) des Schädels deckt eine Fraktur der posterolateralen Wand der linken Kieferhöhle auf (Pfeil).

Normvarianten

Theodore E. Keats

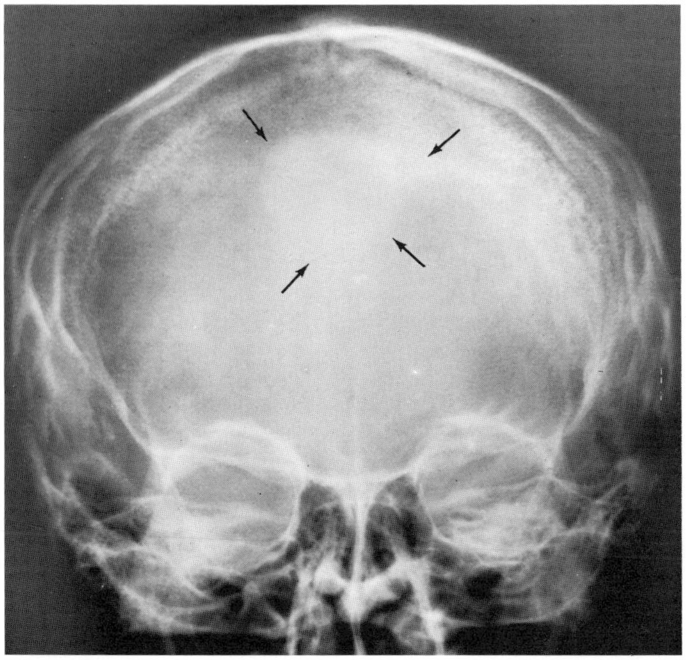

Abb. 1-30: Die Anordnung der Haare – in diesem Falle ein Pferdeschwanz – kann ungewöhnliche Verschattungen bedingen.

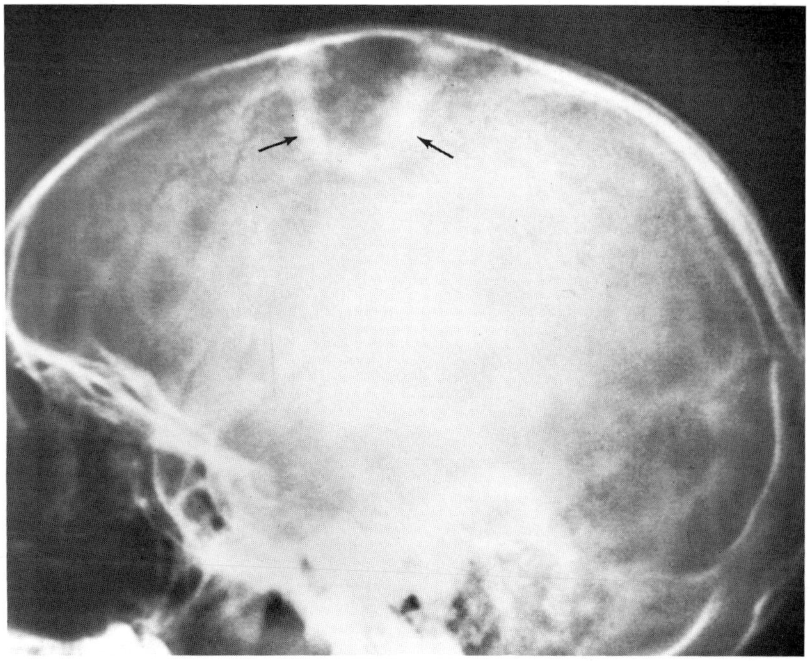

Abb. 1-31: Auf dieser Aufnahme rufen Haarzöpfe eine ungewohnte Verschattung am Vertex hervor.

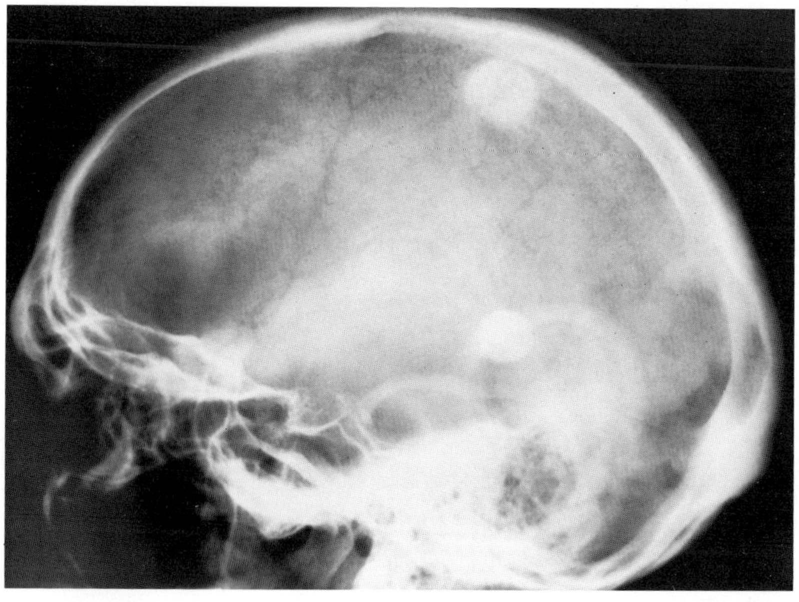

Abb. 1-32: Hier täuschen Haarzöpfe mit elastischen Bändern sklerotische Veränderungen vor.

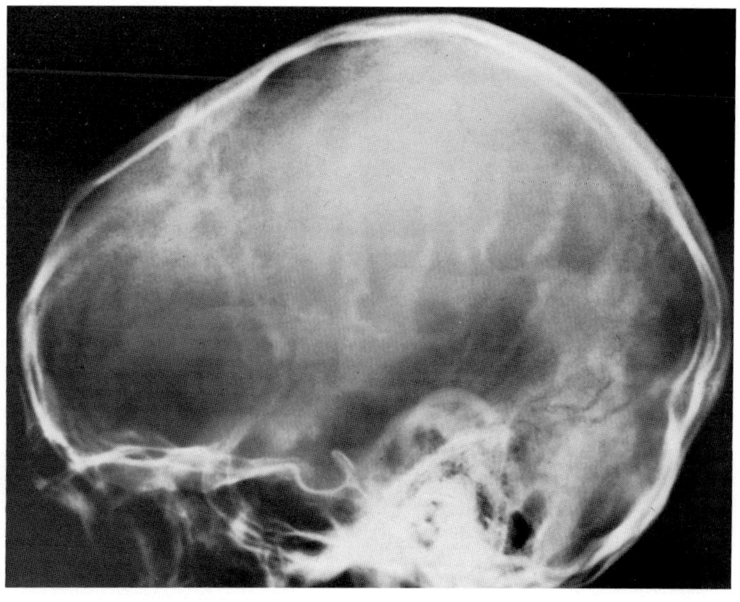

Abb. 1-33: Viele kleine Zöpfe («Kornähren») erzeugen außergewöhnliche Verschattungen in der Frontal- und Parietalregion.

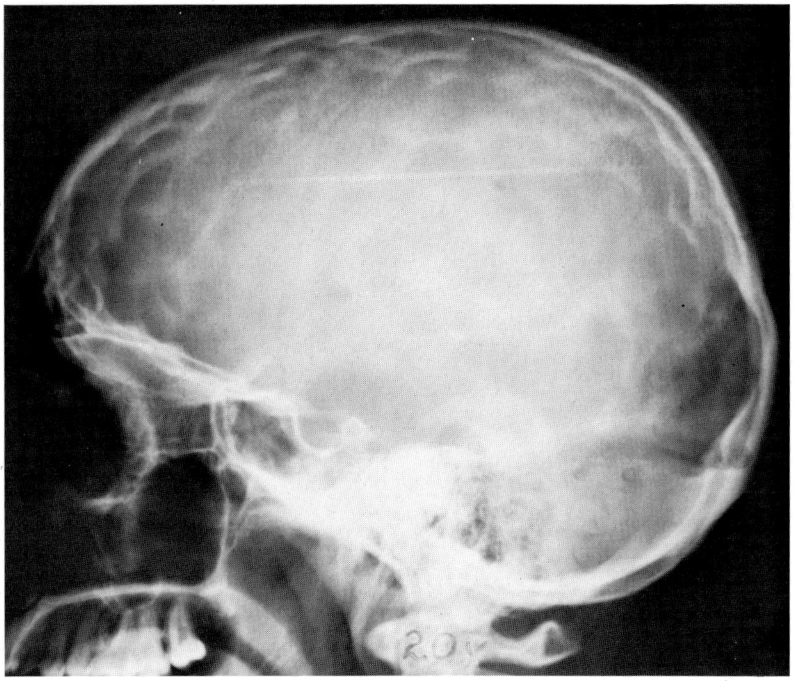

Abb. 1-34: Deutliche Impressiones digitatae. Deren Ausprägung variiert in weiten Grenzen, insbesondere zwischen dem vierten bis zum zehnten Lebensjahr. Sie bedeuten allein noch keinen gesteigerten intrakraniellen Druck. (Quelle: Macaulay, D.: Digital markings in the radiographs of children. Brit. J. Radiol. **24**, 637 (1951).)

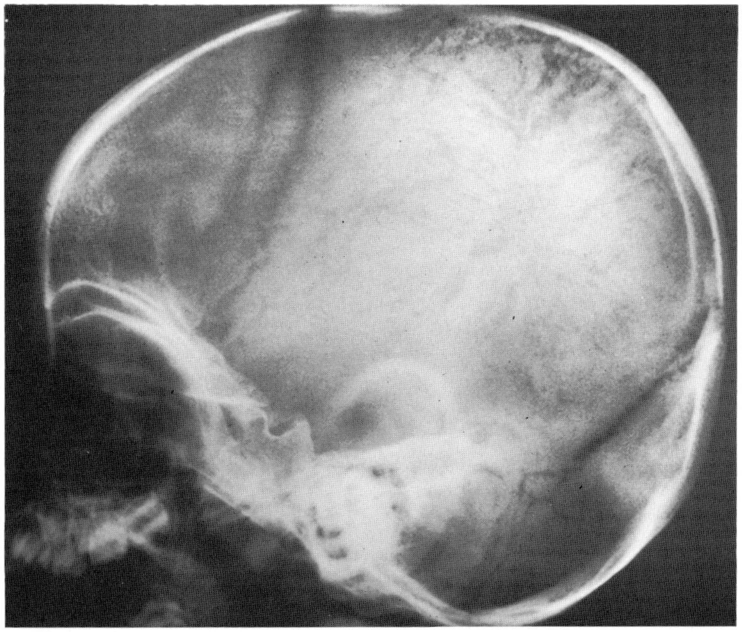

Abb. 1-35 (oben): Deutliches Muster der Diploegefäße bei einem Kind.

Abb. 1-36 (rechts): Gefäßfurche (Sinus sphenoparietalis), die eine Fraktur vortäuscht.

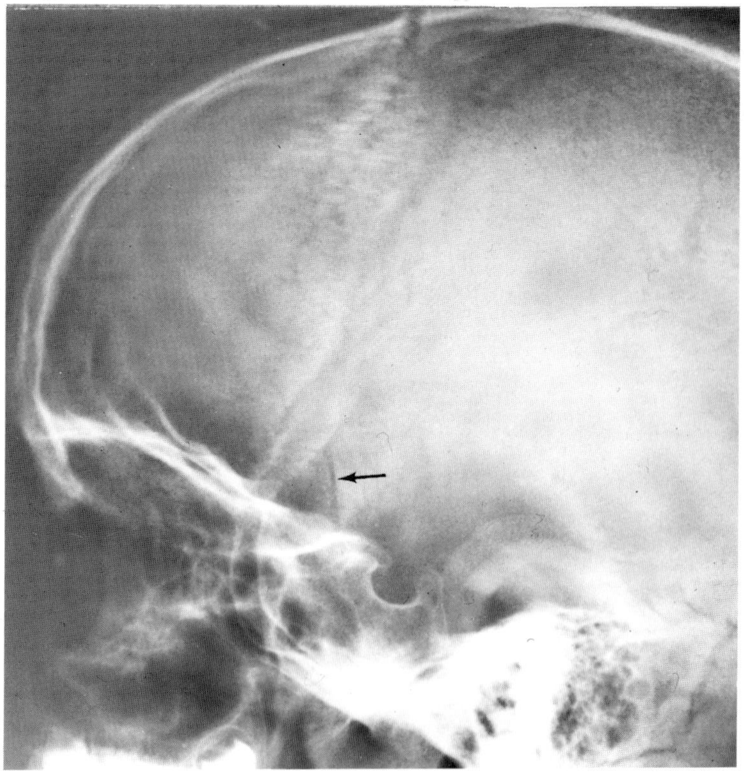

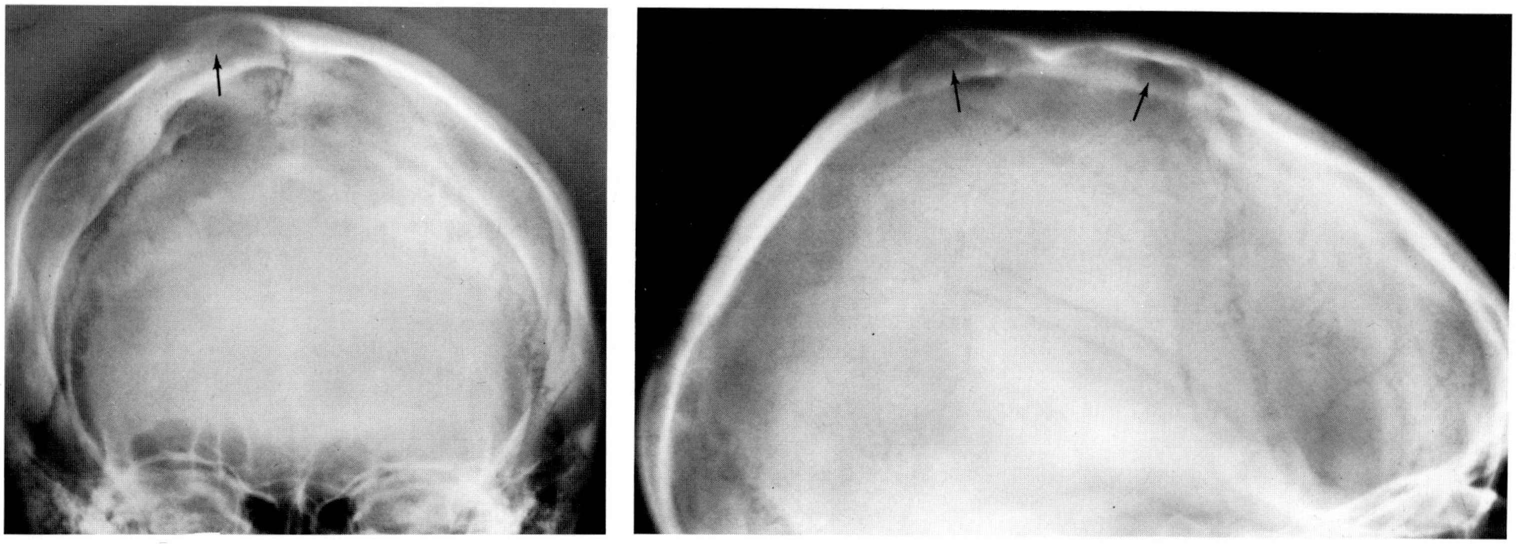

Abb. 1-37: Tiefe, aber noch typische Pacchionische Granulationen in der Kalotte. Die Tabula externa erscheint vermehrt gebogen, die Tabula interna fehlt offensichtlich. Die Unkenntnis solcher Befunde führt leicht dazu, hier die fälschliche Diagnose einer Erosion der Tabula interna der Kalotte zu stellen.

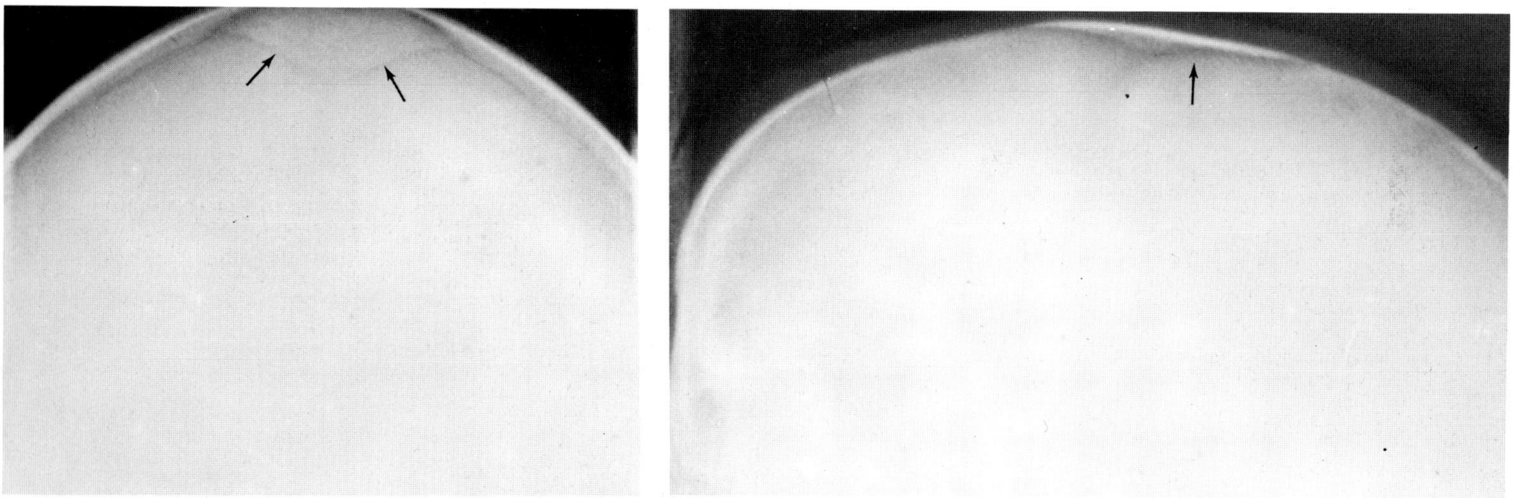

Abb. 1-38: Vorderer Fontanellenknochen.

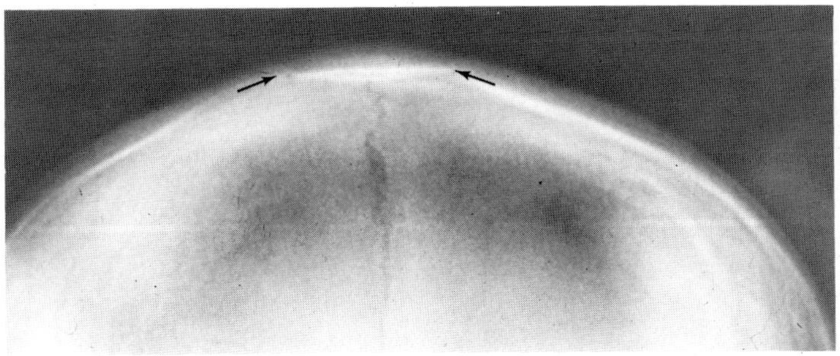

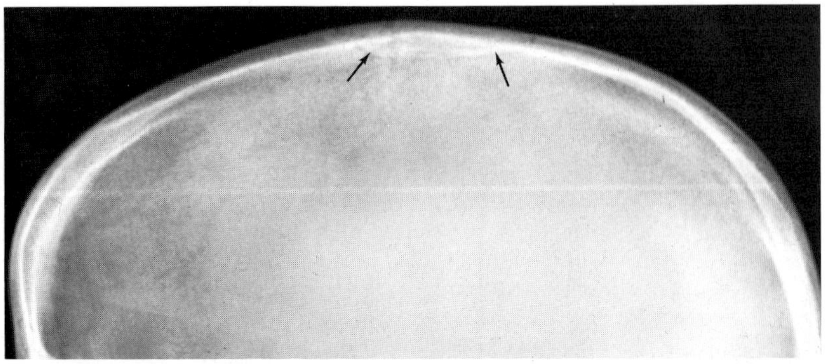

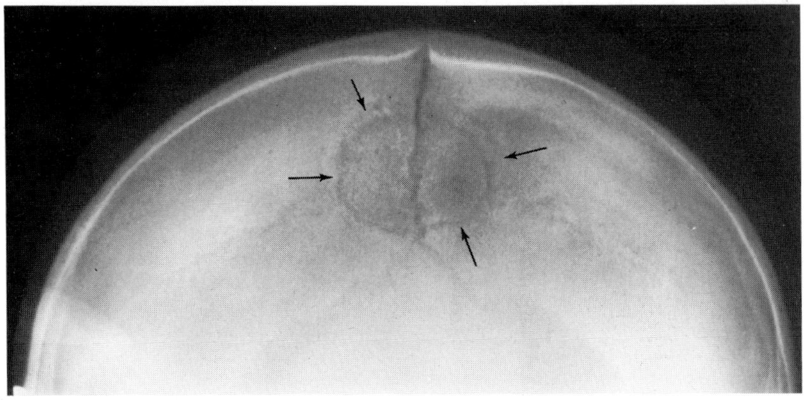

Abb. 1-39: Fusionierender vorderer Fontanellenknochen bei einem dreijährigen Knaben. Dieses Erscheinungsbild ist auf einer Seitaufnahme möglicherweise mit einer Impressionsfraktur zu verwechseln. (Quelle: Girdany, B.R., Blank, E.: Anterior fontanel bones. Am. J. Roentgenol. 95: 148, 1965.)

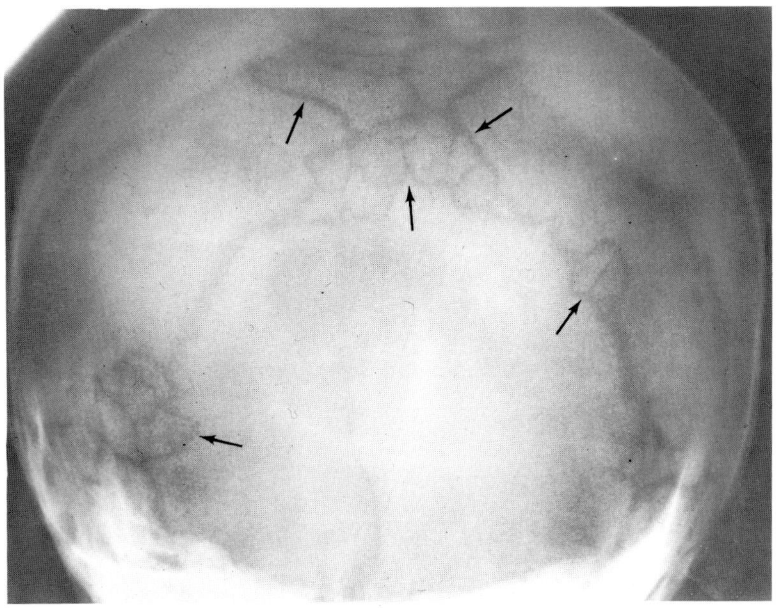

Abb. 1-40: Nahtknochen (Ossa suturarum) bei einem 7jährigen Kind. Diese treten sowohl als Normvariante wie auch bei Osteogenesis imperfecta oder der Dysostosis cleidocranialis auf.

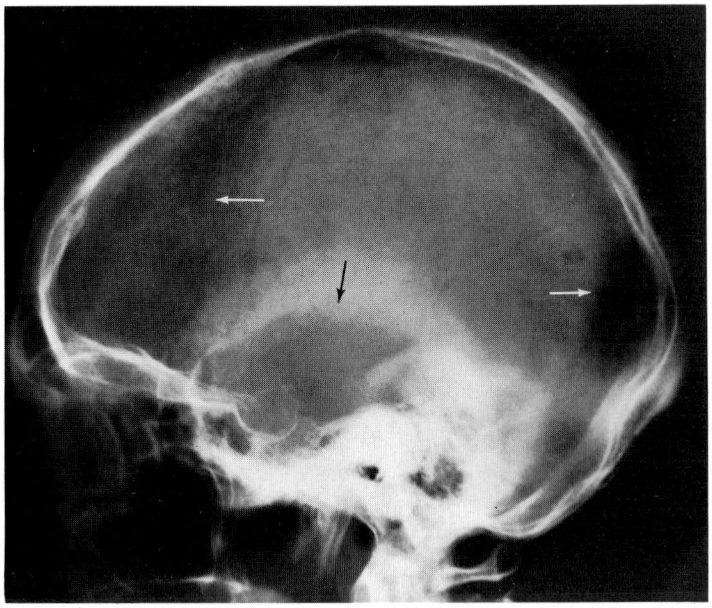

Abb. 1-41: Normale Aufhellungszonen in der Frontal-, Parietal- und Okzipitalregion des Schädels beim alternden Menschen.

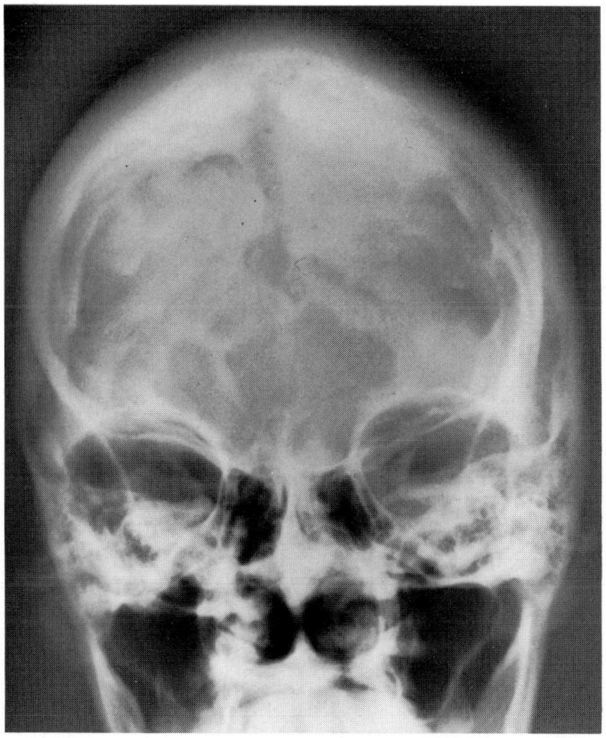

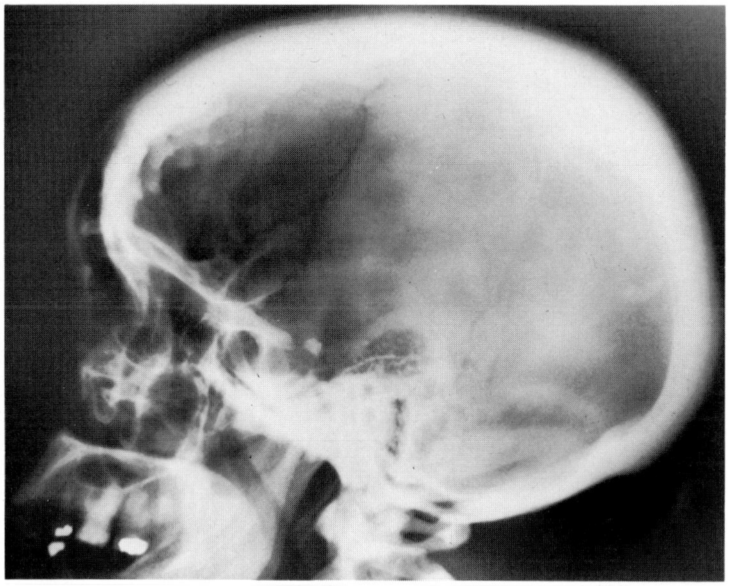

Abb. 1-42: Benigne generalisierte frontale Schädelhyperostose bei einer 38jährigen Frau.

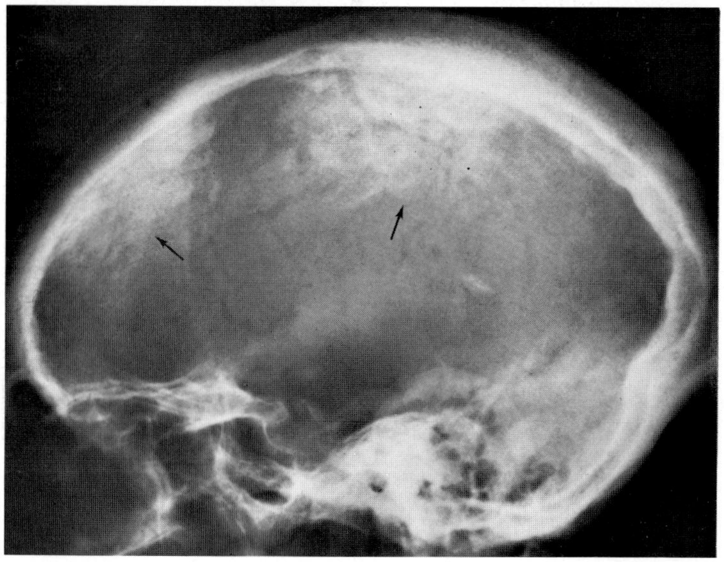

Abb. 1-43: Benigne kraniale Hyperostose bei einer 65jährigen Frau. Es liegt eine diffuse Kalottenverdickung wie auch eine umschriebene Hyperostosis interna im Bereich von Schläfen- und Stirnbein vor.

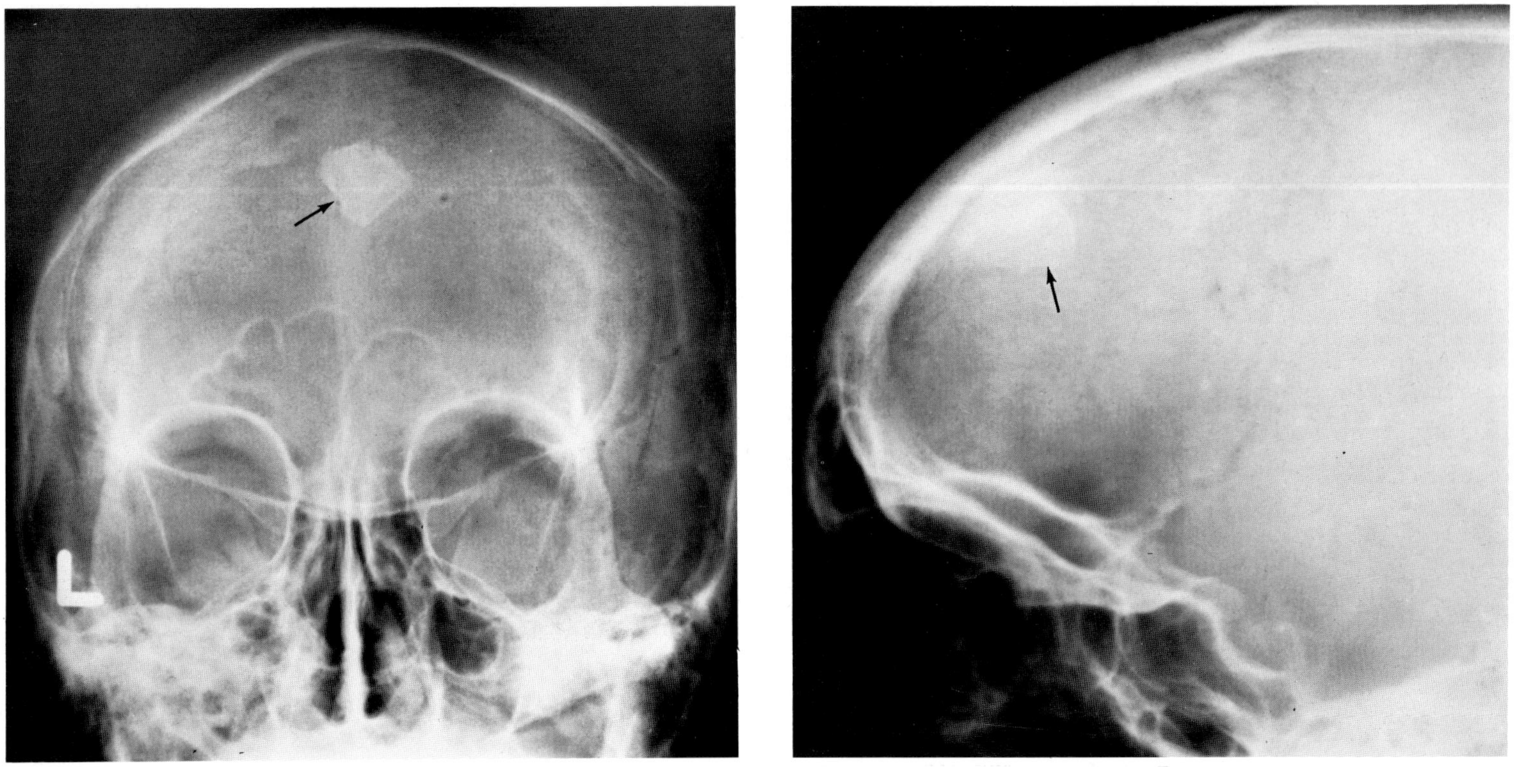

Abb. 1-44: Umschriebene herdförmige Duraverkalkung in der Stirnregion.

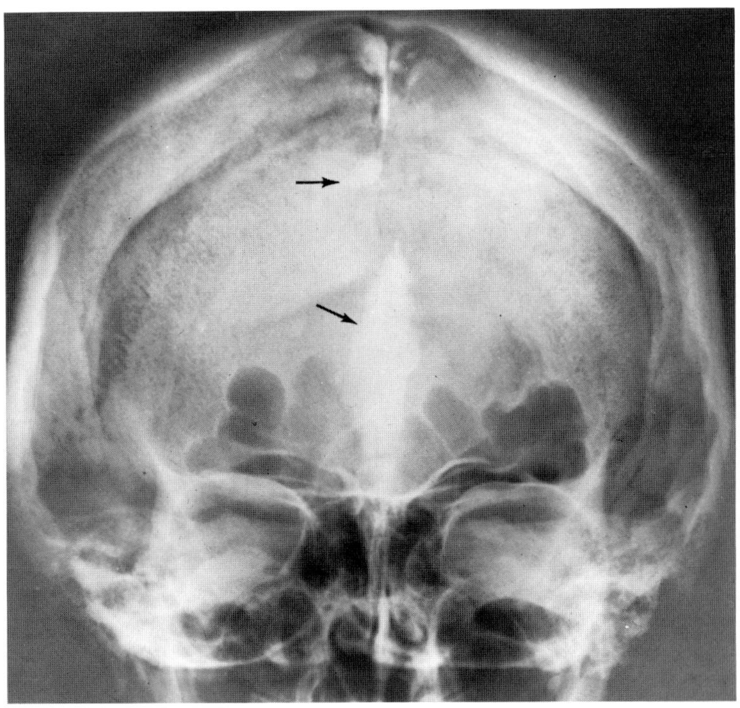

Abb. 1-45: Hochgradige Verkalkung der Falx cerebri.

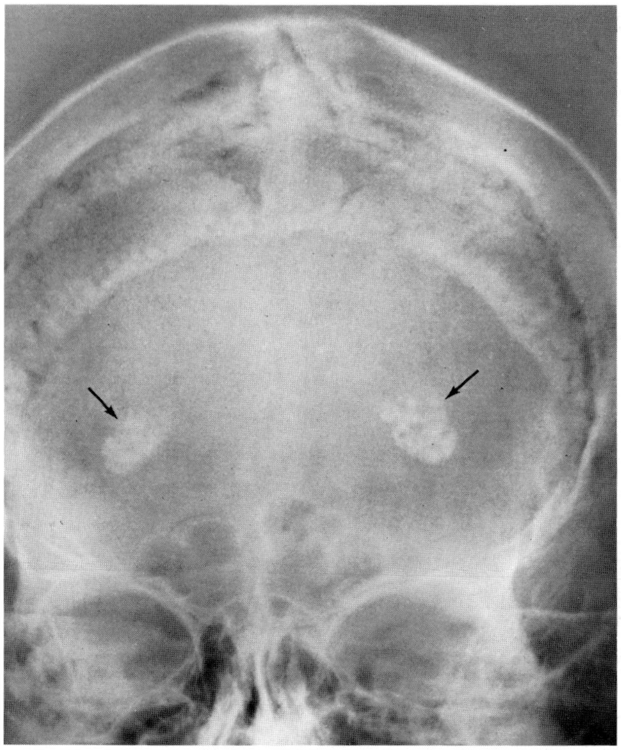

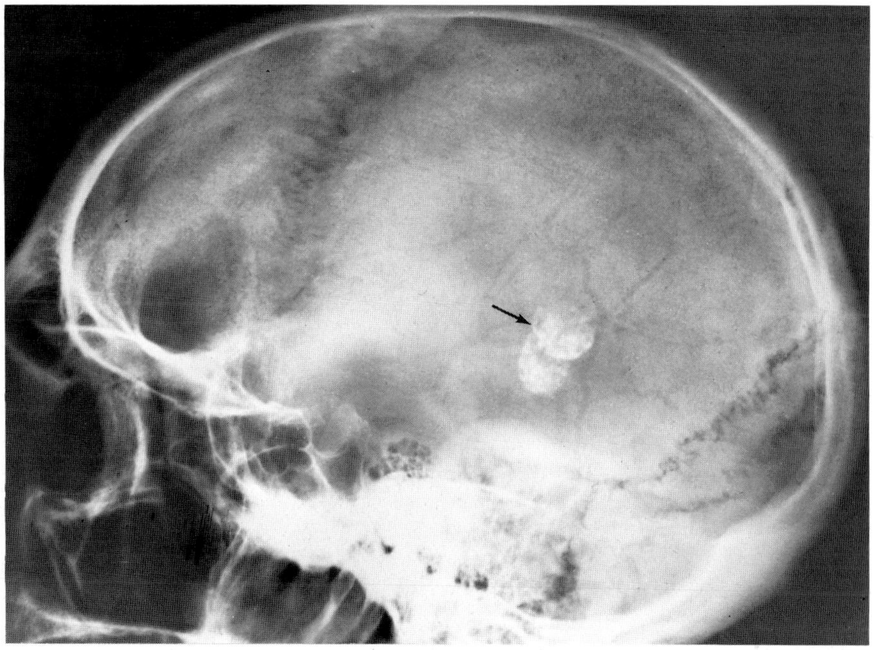

Abb. 1-46: Beiderseitige Plexus-chorioideus-Verkalkung in den Seitenventrikeln.

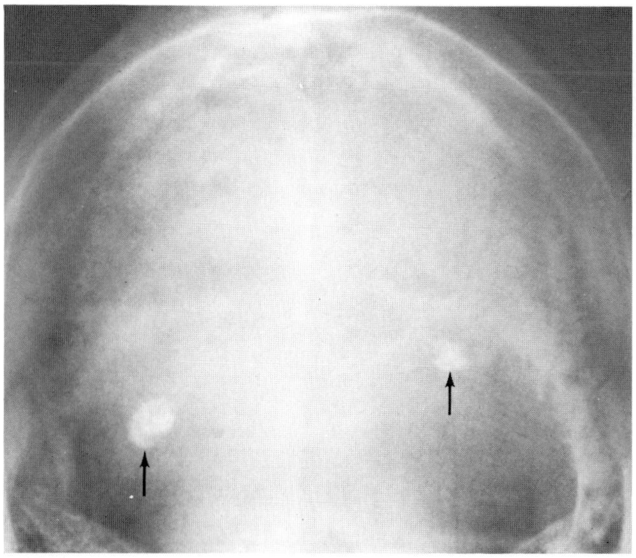

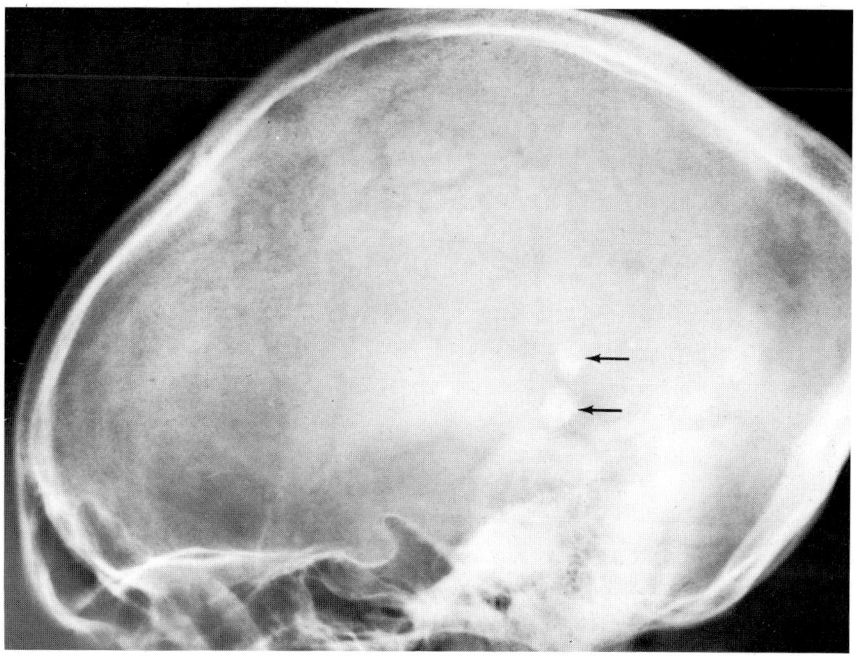

Abb. 1-47: Normale asymmetrische Lage der verkalkten Plexus chorioidei. Aus diesem Zeichen kann man nicht sicher eine intrakranielle Anomalie ableiten.

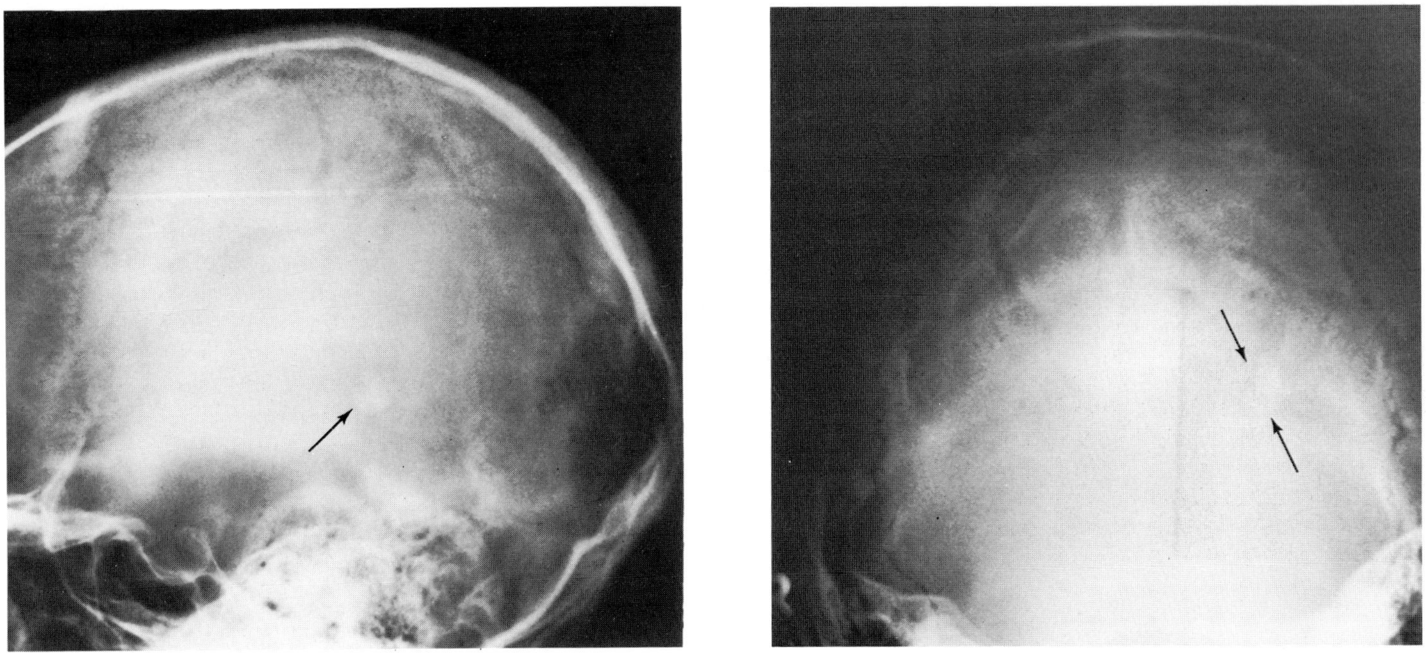

Abb. 1-48: Einseitige Verkalkung eines Plexus chorioideus.

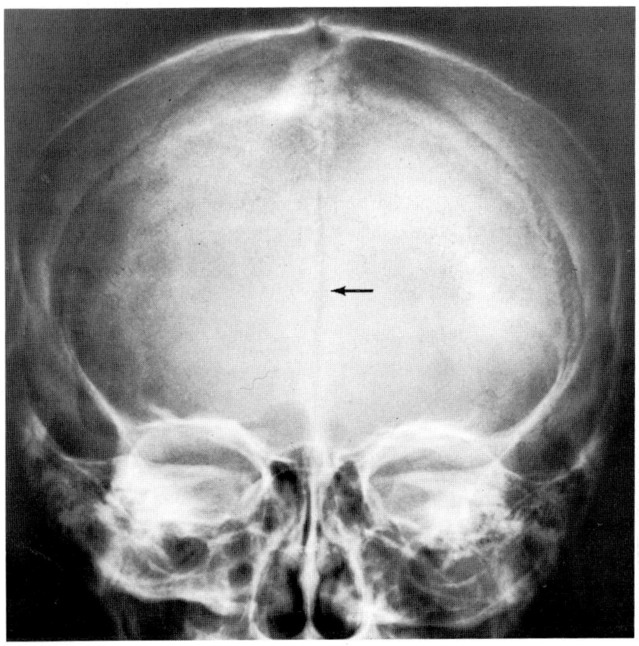

Abb. 1-49: Persistierende Sutura metopica bei einem jungen Erwachsenen, die man nicht mit einer Fraktur verwechseln sollte. Diese Sutur kann bis ins Erwachsenenalter bestehen bleiben.

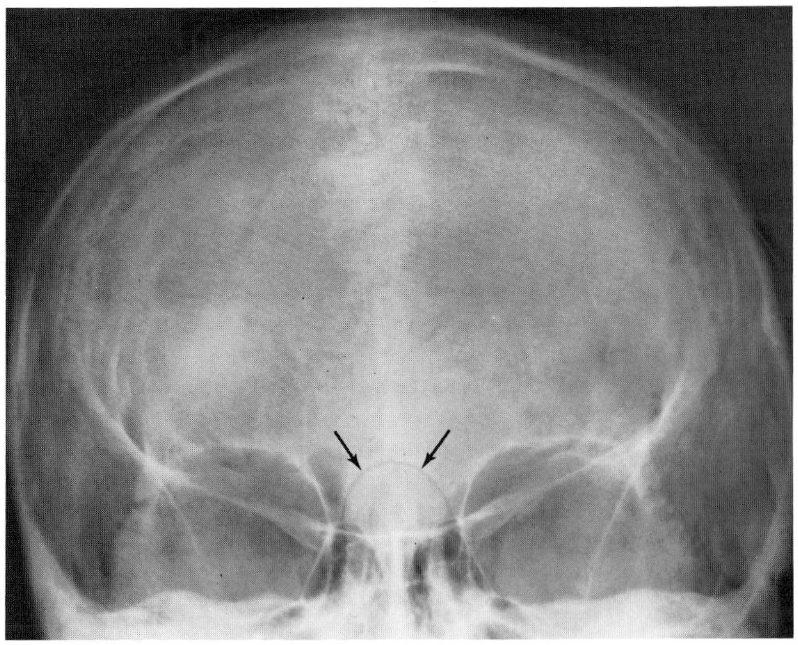

Abb.1-50: Besonders auffällige Sutura nasofrontalis – nicht mit einer Fraktur zu verwechseln. Diese Naht kann bis in das Erwachsenenalter bestehen bleiben.

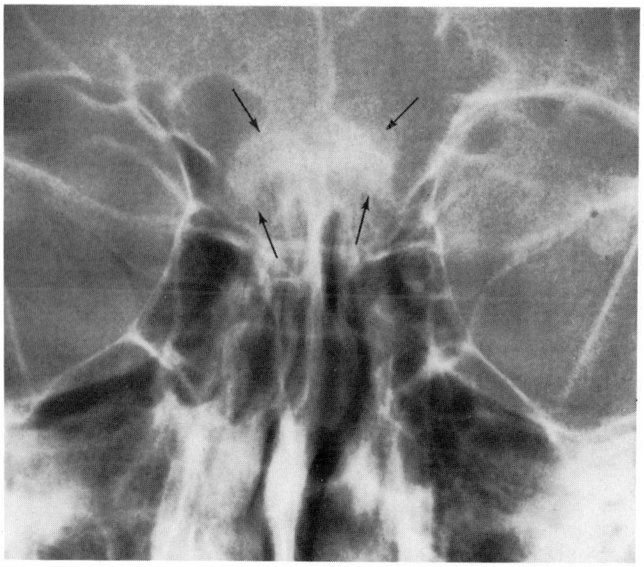

Abb. 1-51: Sklerosierung der Sutura nasofrontalis, die als Meningeom der vorderen Schädelgrube fehlgedeutet werden kann.

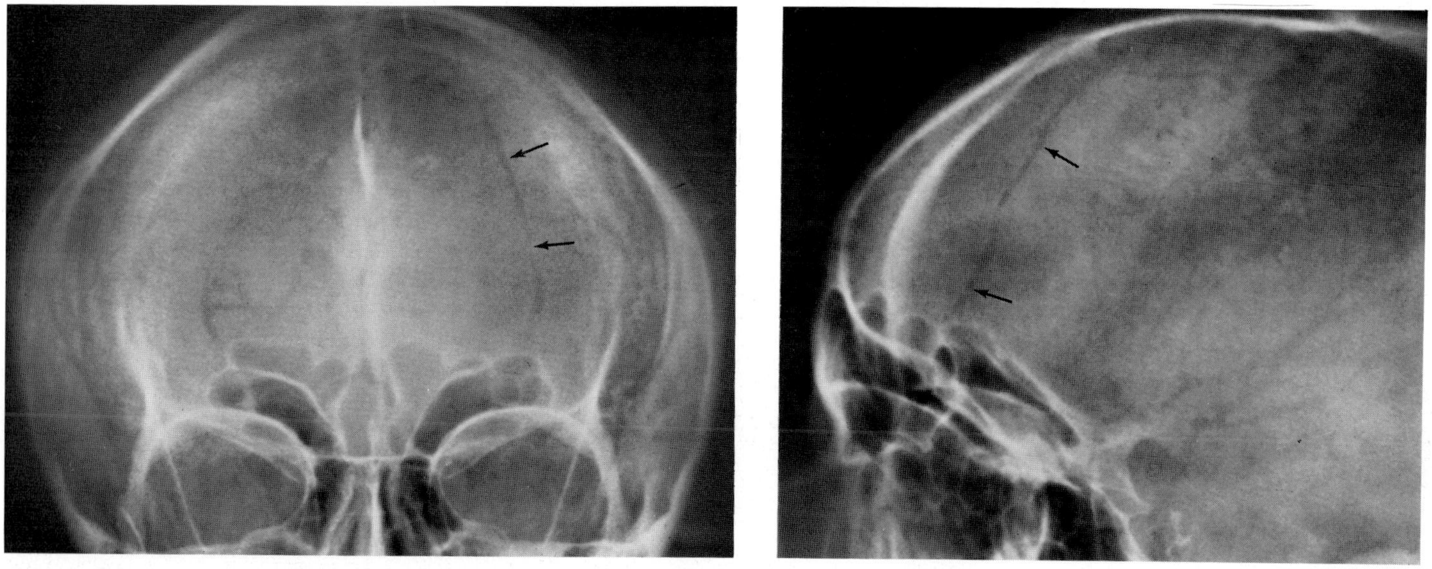

Abb. 1-52: Gefäßkanal, der eine Schädelfraktur vortäuscht. (Quelle: Schunk, H., Maruyama, Y.: Two vascular grooves of the external table of the skull which simulate fractures. Acta Radiol. (Stockh.) 54: 186, 1960).

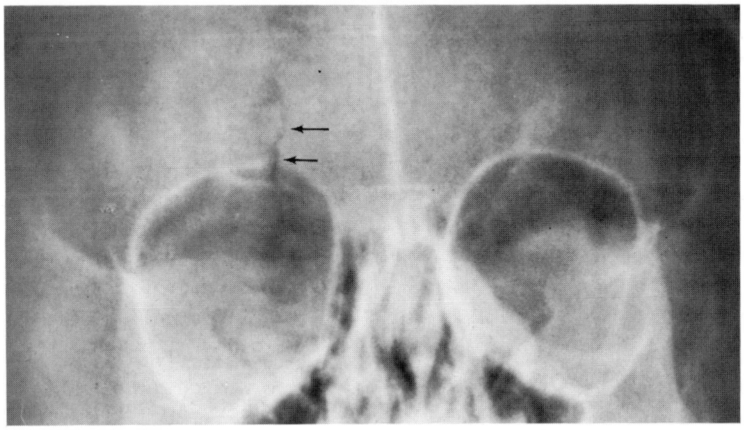

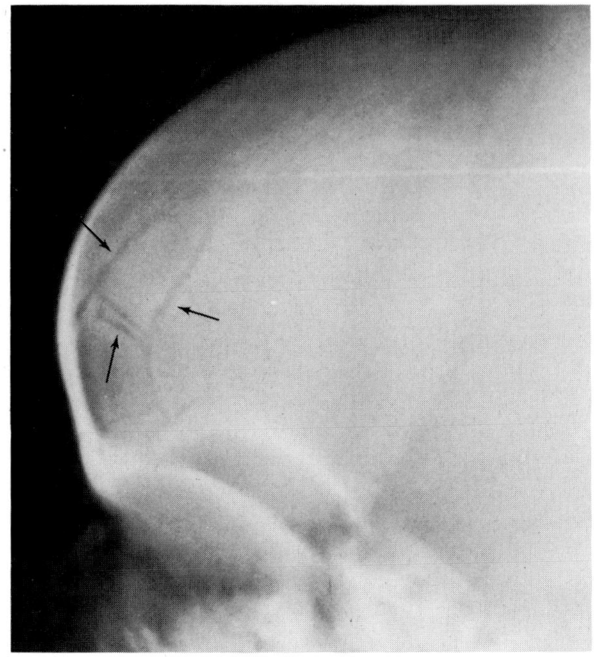

Abb. 1-53: Zwei weitere Beispiele von Gefäßkanälen im Stirnbein, die mit Frakturen verwechselt werden könnten.

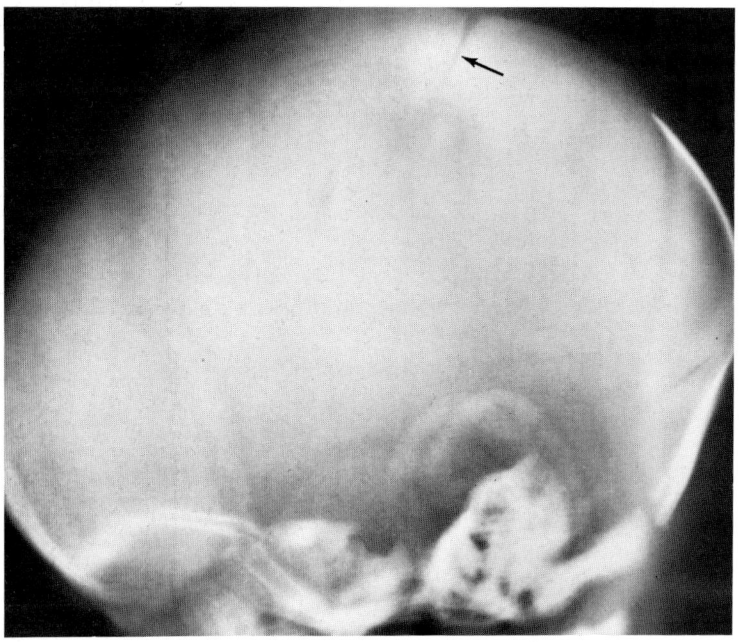

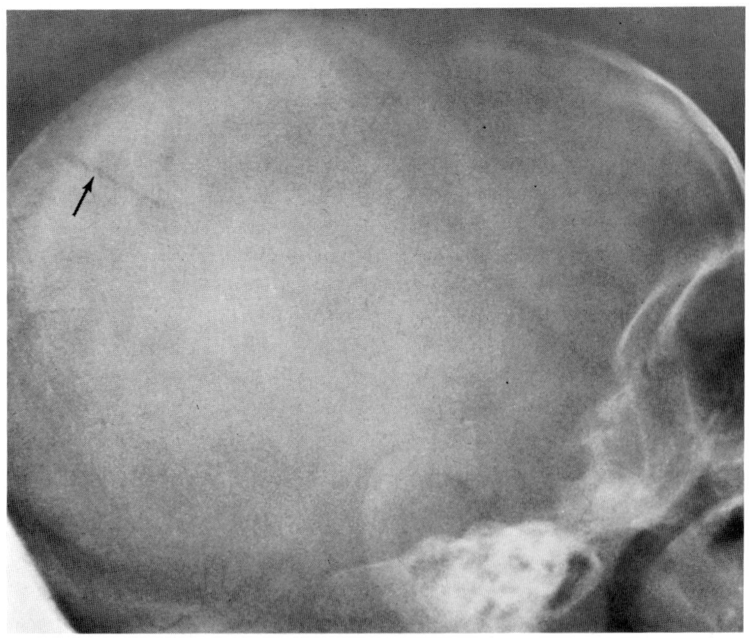

Abb. 1-54: Zwei Neugeborene mit parietelen Fissuren durch streifenförmig persistierende Membranknochenmatrix. Diese Fissuren verschwinden im Verlaufe der weiteren Reifung und werden oft als Frakturen fehlgedeutet.

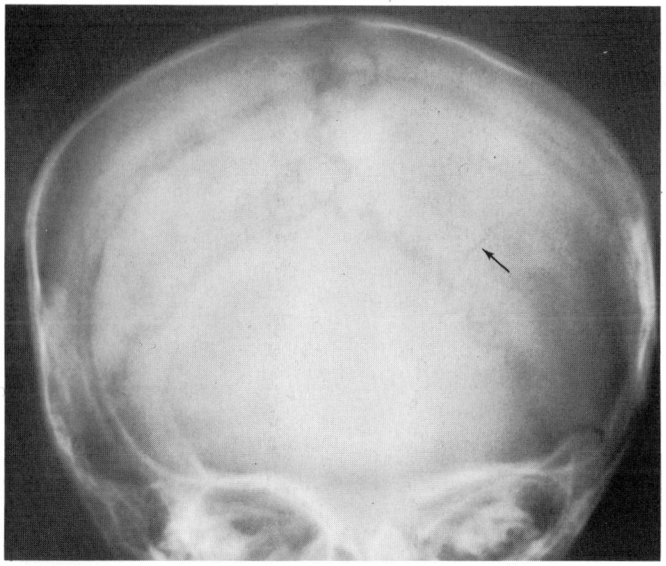

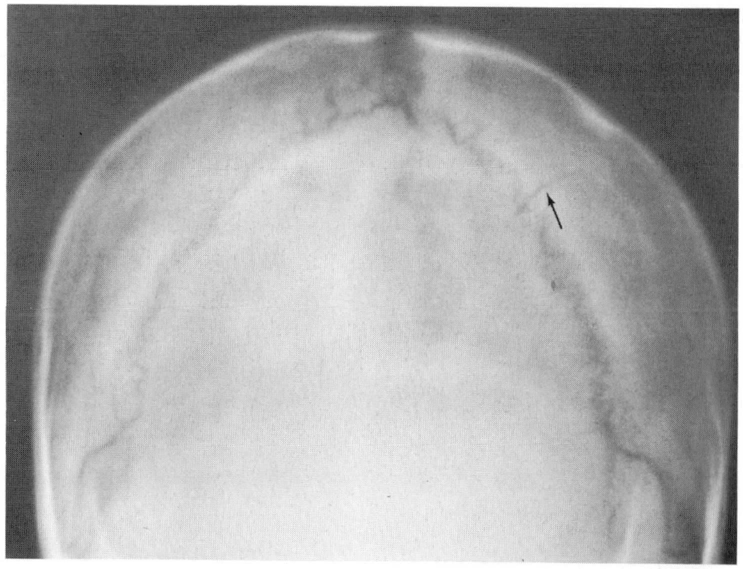

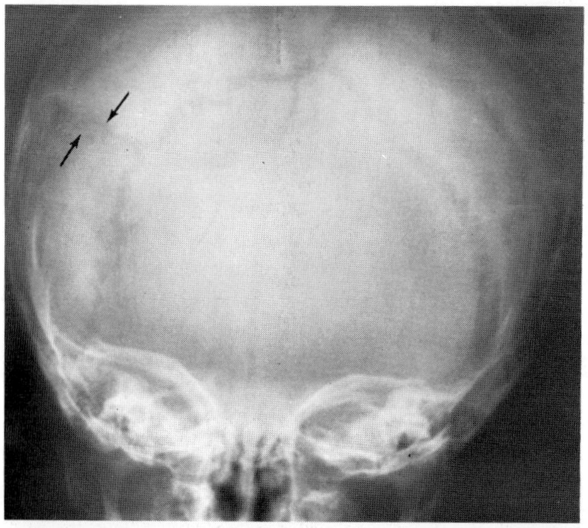

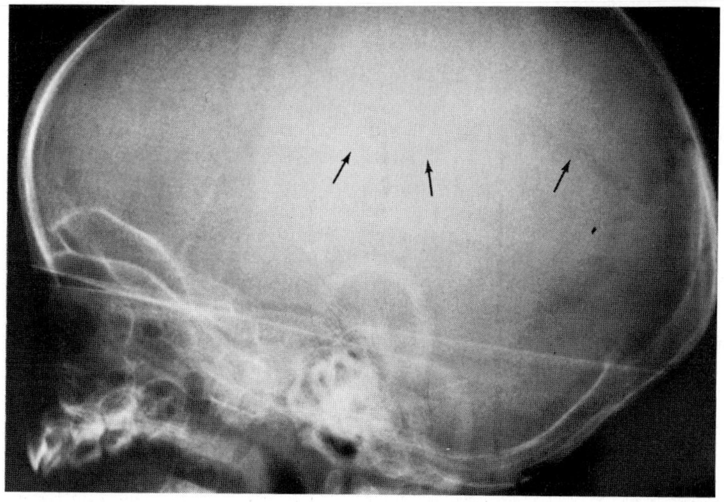

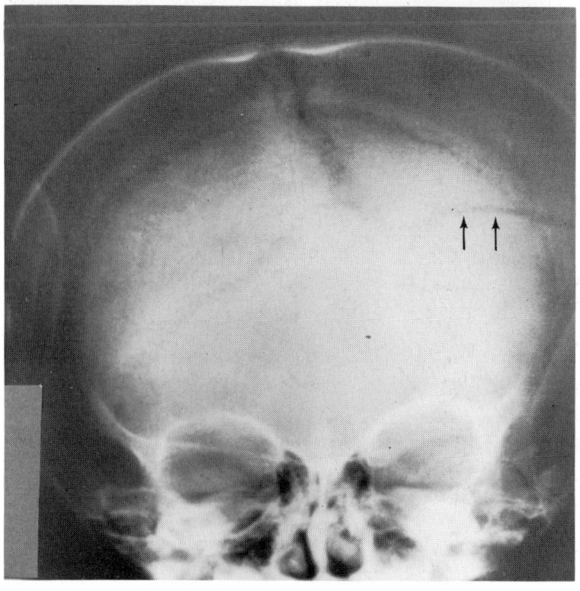

Abb. 1-55 (oben): Persistenz der Parietalfissur bei einem einjährigen Kind; Vortäuschung einer Fraktur.

Abb. 1-56 (Mitte): Einseitige intraparietale Naht, die das Scheitelbein in ein oberes und ein unteres Segment teilt. Diese Sutur kann auch beidseitig vorkommen und verläuft von der Kranz- bis zur Lambdanaht. (Quelle: Shapiro, R.: Anomalous parietal sutures and the bipartite parietal bone. Am. J. Roentgenol. 115: 569, 1972.)

Abb. 1-57 (links): Einseitige intraparietale Naht. Tritt diese nur unilateral auf, kann dies den Schädel asymmetrisch verformen: die Seite mit dieser Naht ist dann größer als die Gegenseite – wie hier gezeigt.

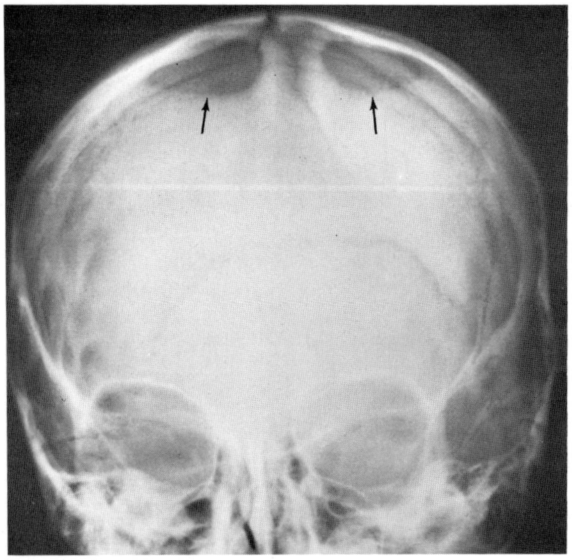

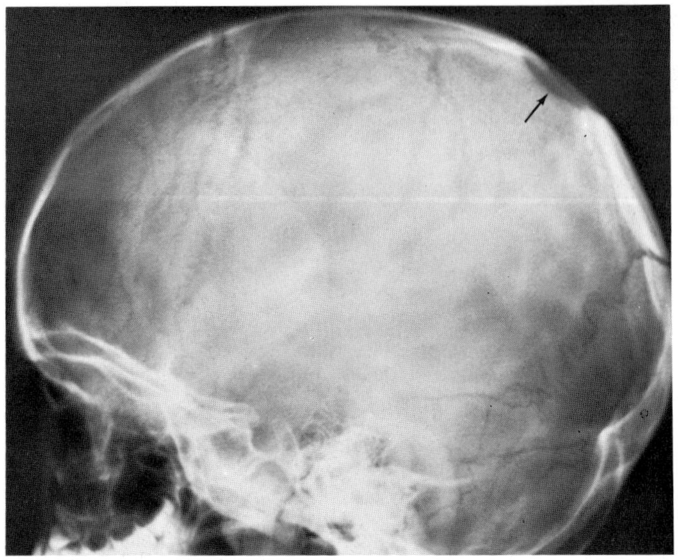

Abb. 1-58: Foramina parietalia. Diese angeborenen Defekte variieren in ihrer Größe sehr, zeigen aber eine konstante Lokalisation und sind oft in ihrer Größe symmetrisch. Klinisch sind sie unbedeutend, außer bei der Differentialdiagnose gegenüber Kalottendefekten einschließlich Trepanationslöchern.

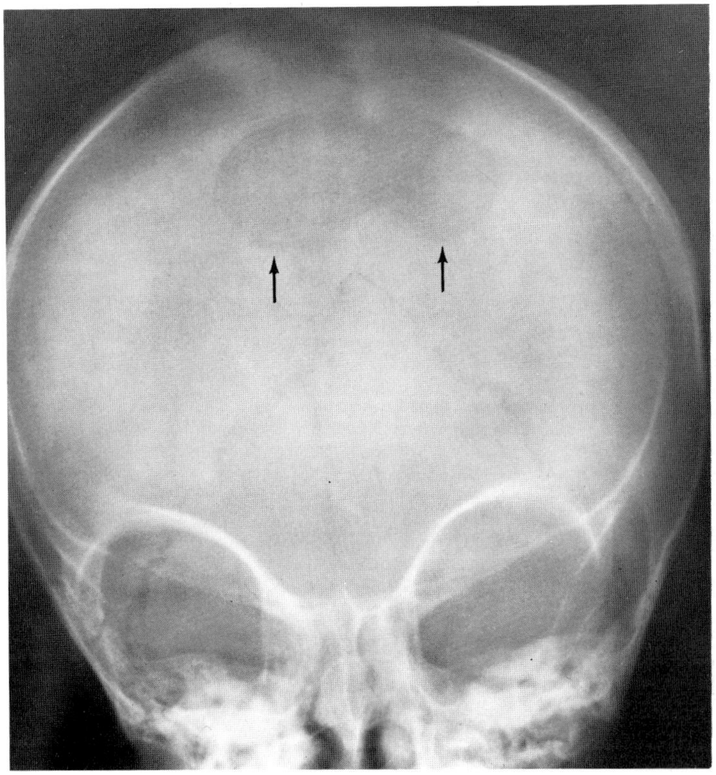

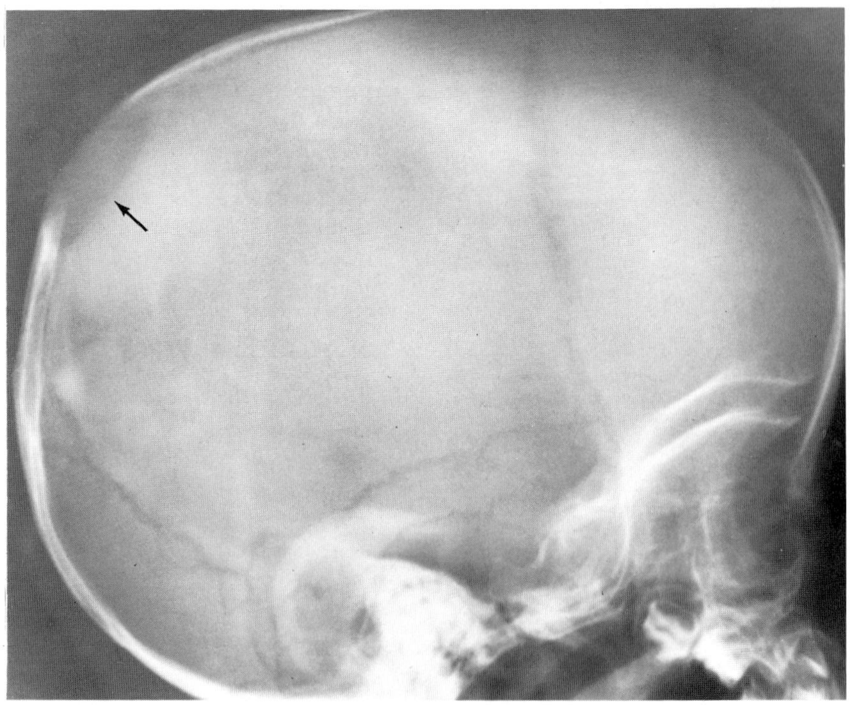

Abb. 1-59: Foramina parietalia bei einem 15 Monate alten Kind, hier jedoch ohne den trennenden Mittellinienstreifen.

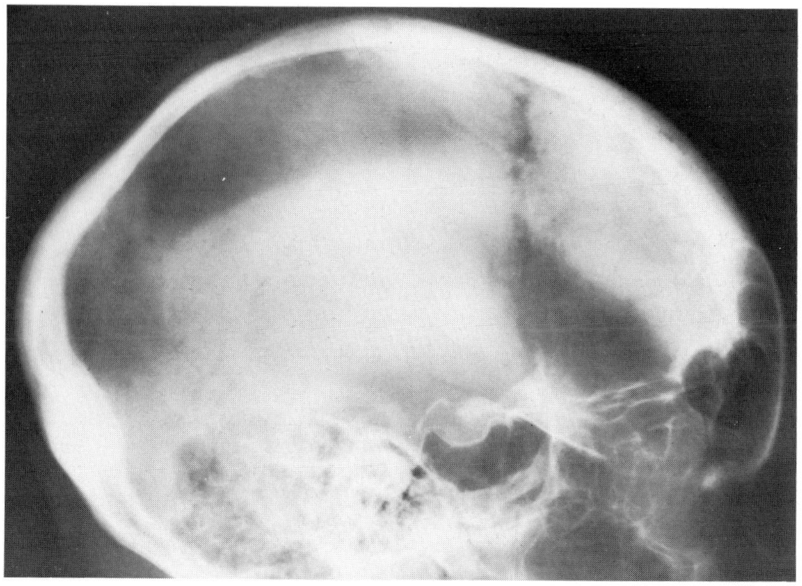

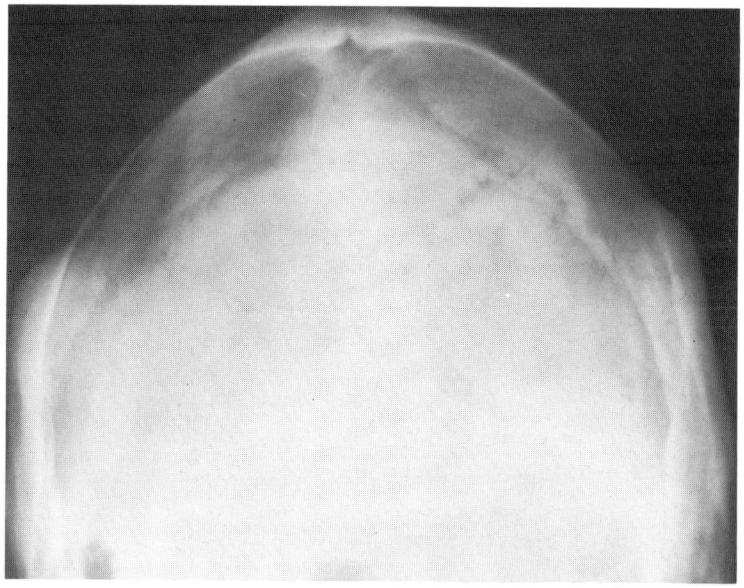

Abb. 1-60: Parietale Kalottenverdünnung als Ausdruck einer postmenopausalen Osteoporose. Unter der charakteristischen Bewahrung der Lamina interna ist die Lamina externa aufgelöst. Beachten Sie auch eine ähnliche umschriebene Kalottenverdünnung auf der Seitaufnahme. (Quelle: Steinbach, H. L., Obata, W. G.: The significance of thinning of the parietal bones. Am. J. Roentgenol. 78: 39, 1957.)

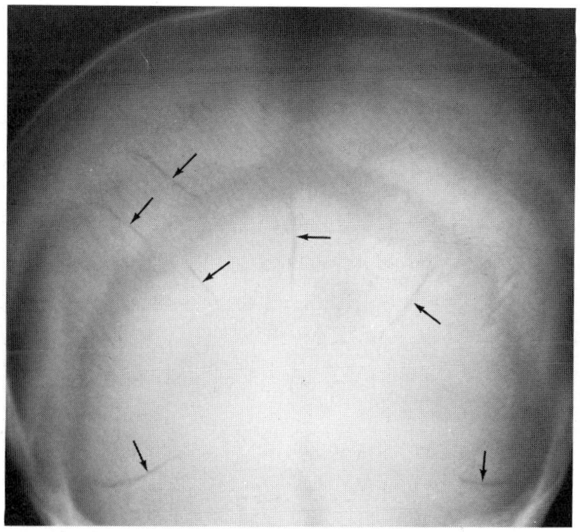

Abb. 1-61: Okzipital- und Parietalfissuren durch persistierende Streifen membranösen Knochens, bei Säuglingen ein häufiger Befund, der Frakturen vortäuschen kann. Deutlich zu erkennen sind hier die Suturae mendosae (mendosus = falsch, lügnerisch; Sutura mendosa ist der Rest der Verschmelzungslinie zwischen der Ober- und der Unterschuppe des Os occipitale; Anm. d. Übers.).

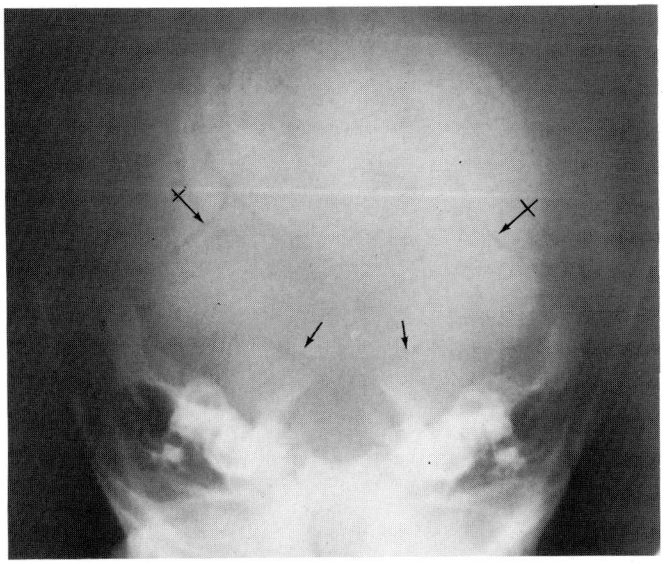

Abb. 1-62: Die Synchondrosen zwischen den supra- und exookzipitalen Anteilen des Hinterhauptsbeins bei einem sechs Wochen alten Kind (↔). Auch die Suturae mendosae sind zu erkennen (→).

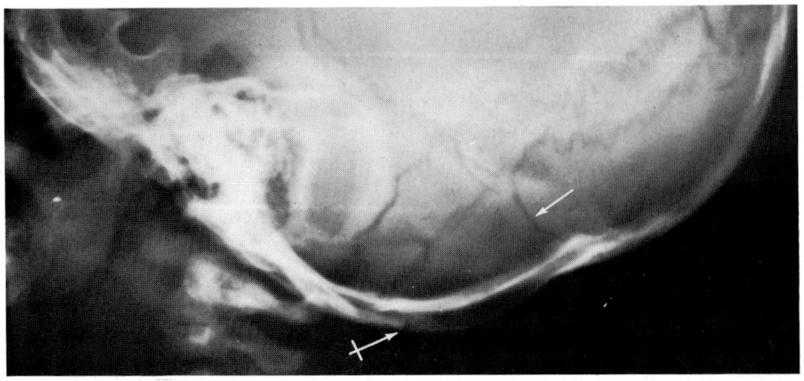

Abb. 1-63: Sutura mendosa (→) und die Synchondrose zwischen dem supra- und dem exookzipitalen Anteil des Hinterhauptsbeins (↔) auf der Seitaufnahme bei einem ein Monat alten Kind.

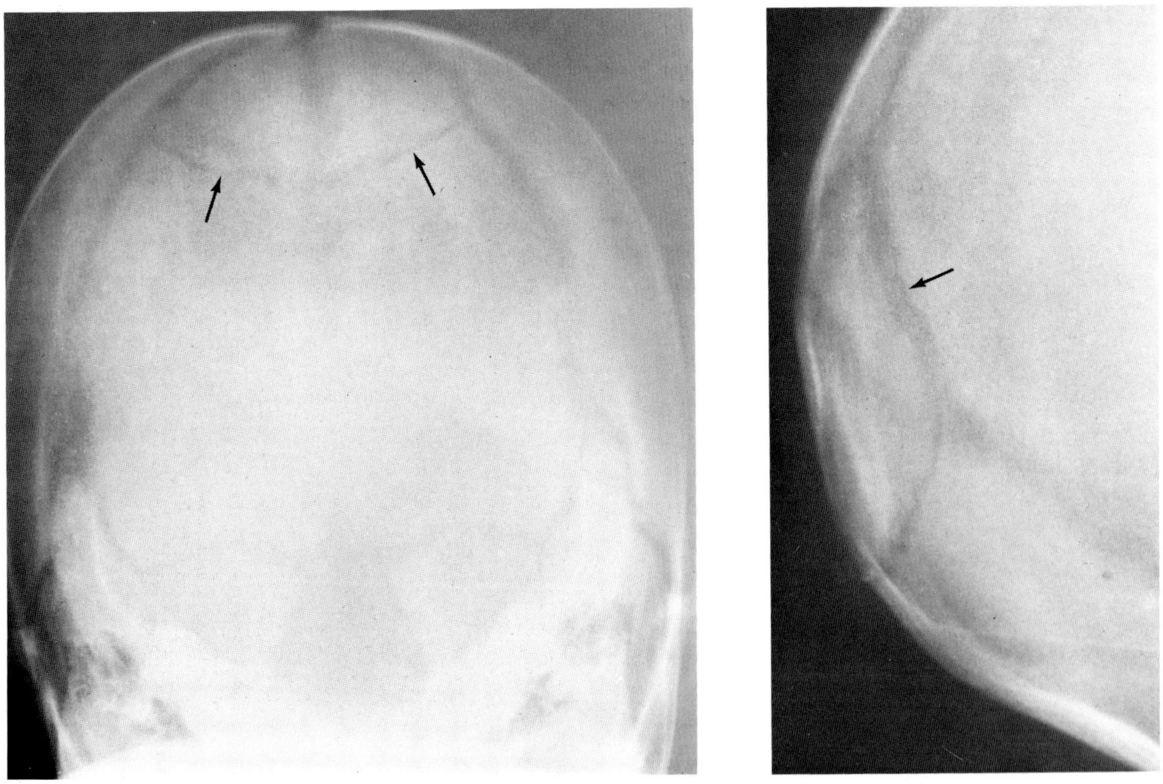

Abb. 1-64: Normales, großes Os interparietale bei einem drei Monate alten Kind in der Frontal- und der Seitaufnahme.

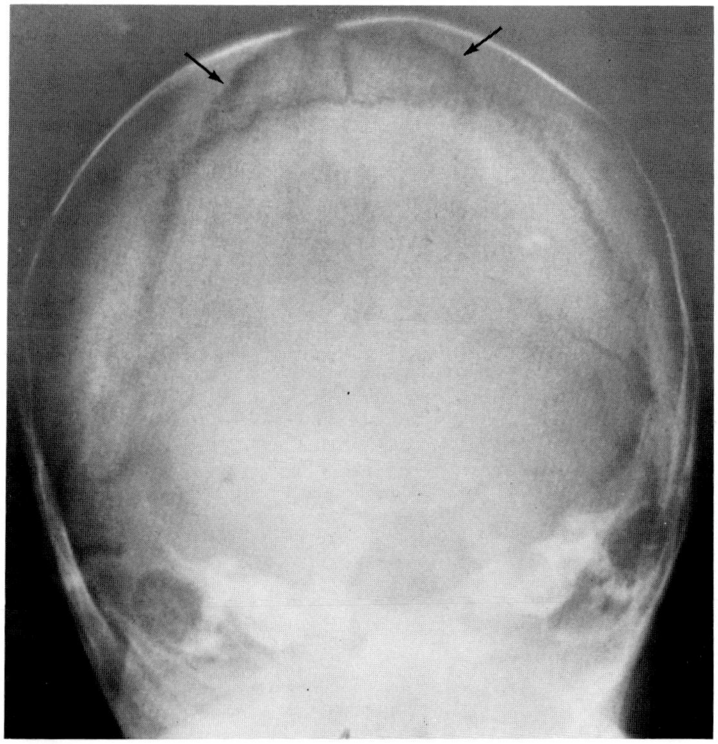

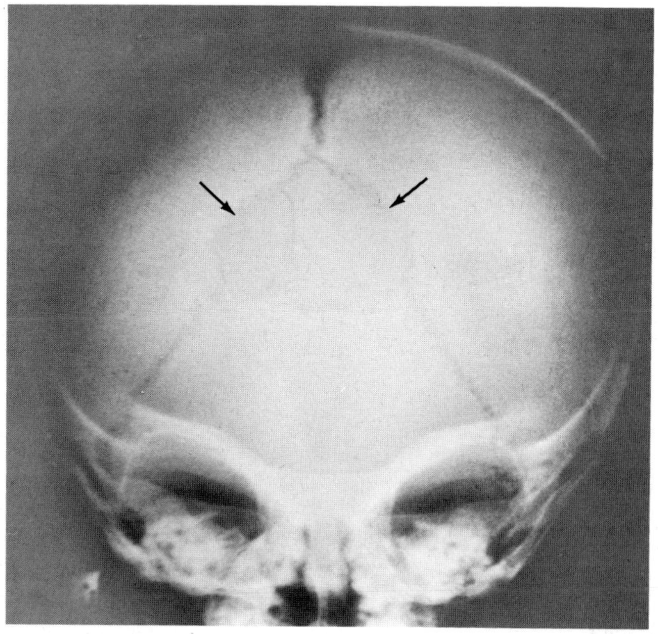

Abb. 1-65: Zwei Beispiele von bipartiten Ossa interparietalia (Inkabein). Dieses sollte nicht mit einer Fraktur verwechselt werden. (Quelle: Shapiro, R., Robinson, F.: The os incae. Am. J. Roentgenol. 127: 469, 1976.)

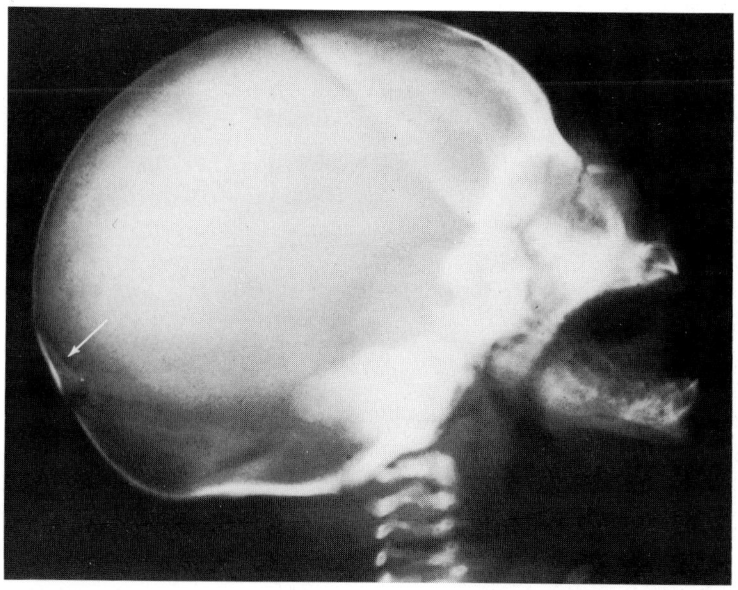

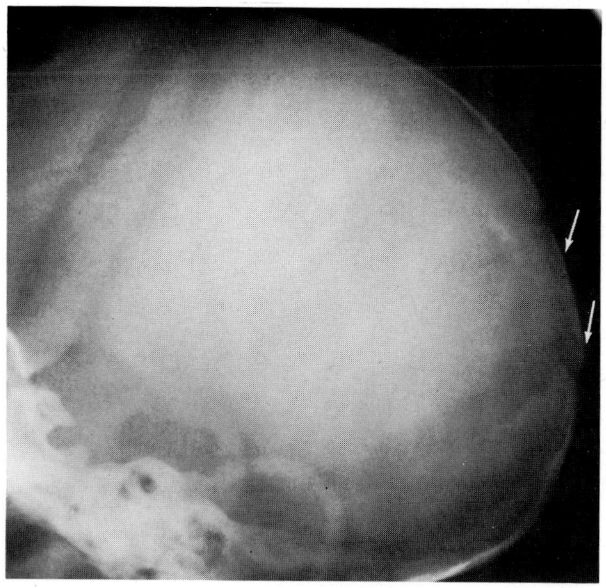

Abb. 1-66: Zwei Beispiele dafür, wie ein Inkabein auf der Seitaufnahme einer Fraktur vortäuschen kann.

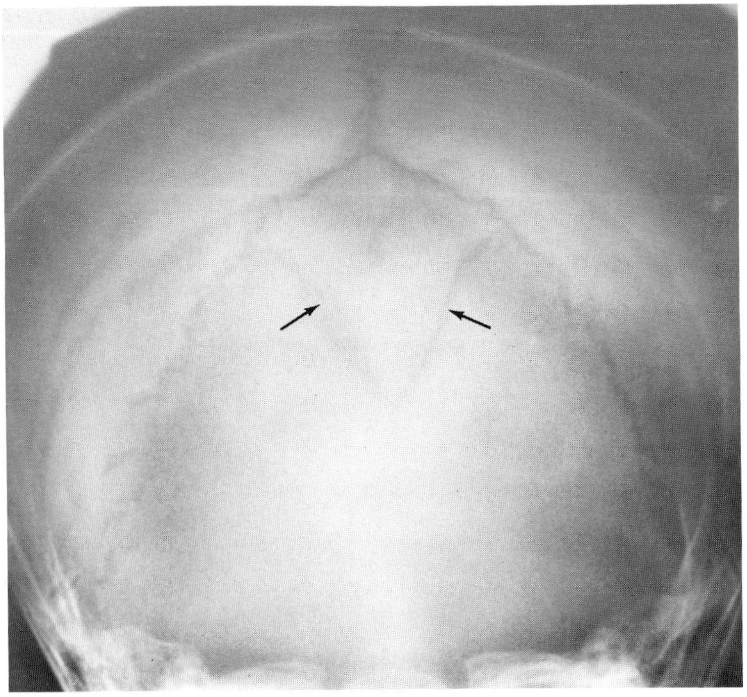

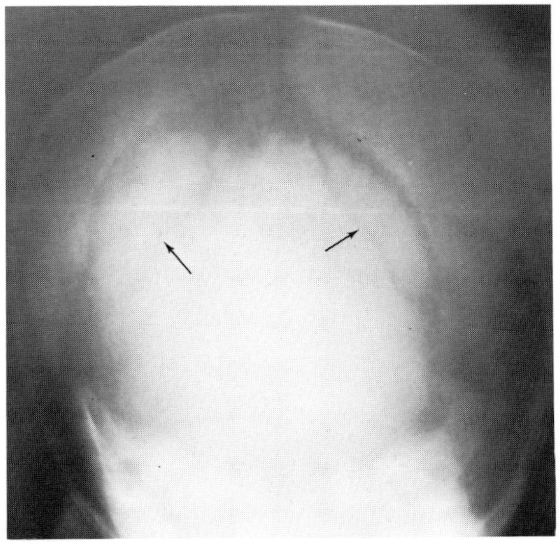

Abb. 1-67: Keilförmiges Os interparietale.

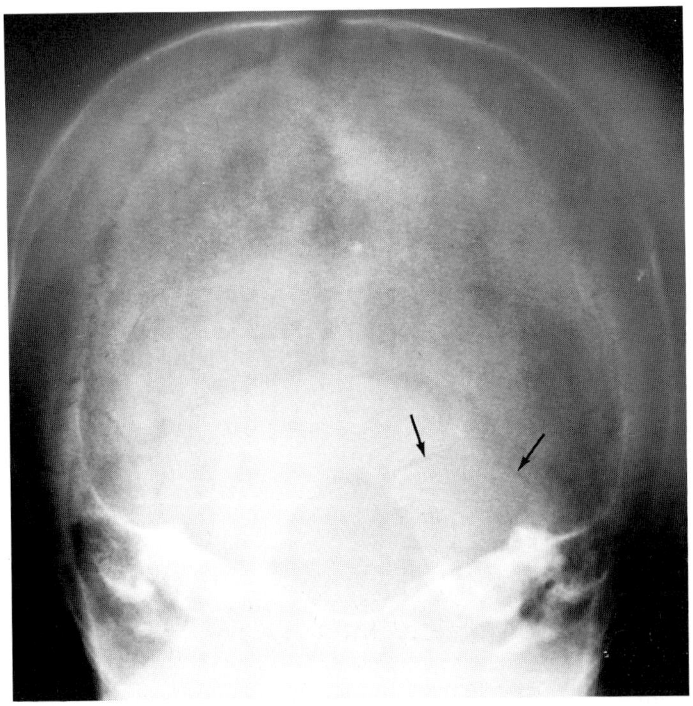

Abb. 1-68: Asymmetrischer Verschluß der Synchondrose zwischen supra- und exookzipitaler Portion des Hinterhauptsbeins bei einem 15 Monate alten Kleinkind. Die offene Sutur kann für eine Fraktur gehalten werden.

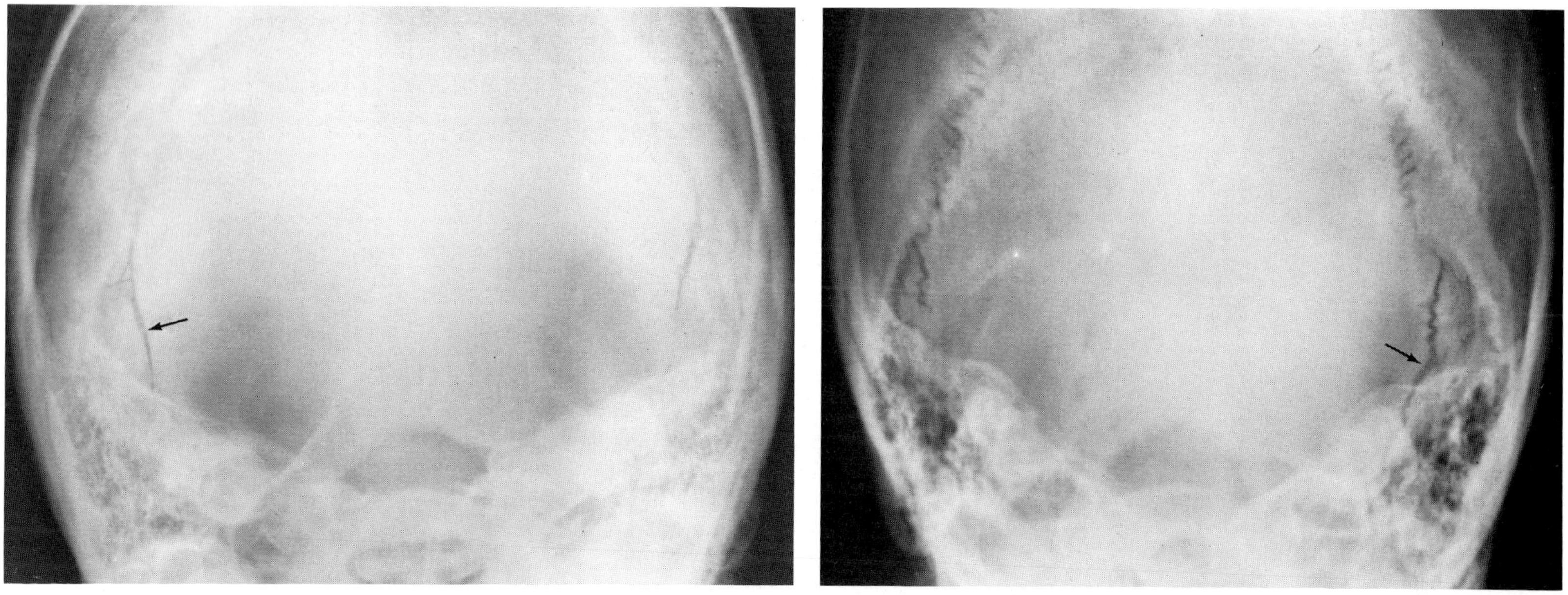

Abb. 1-69: Zwei Beispiele für das asymmetrische Hervortreten einer einzelnen Sutura occipitomastoidea, welche eine Fraktur vortäuscht.

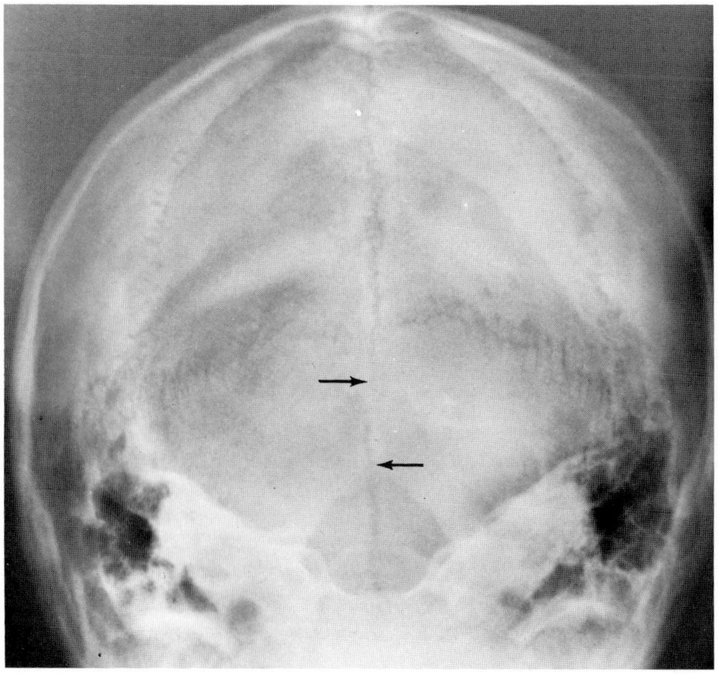

Abb. 1-70: Die Sutura metopica kann auf einer Towne-Projektion erkennbar sein und Anlaß zu einer Verwechslung mit einer Fraktur geben. Beachten Sie, wie diese durch das Foramen magnum hindurchzieht (im Gegensatz zu einer ähnlich aussehenden medianen Fraktur des Hinterhauptsbeins; Anm. d. Übers.)

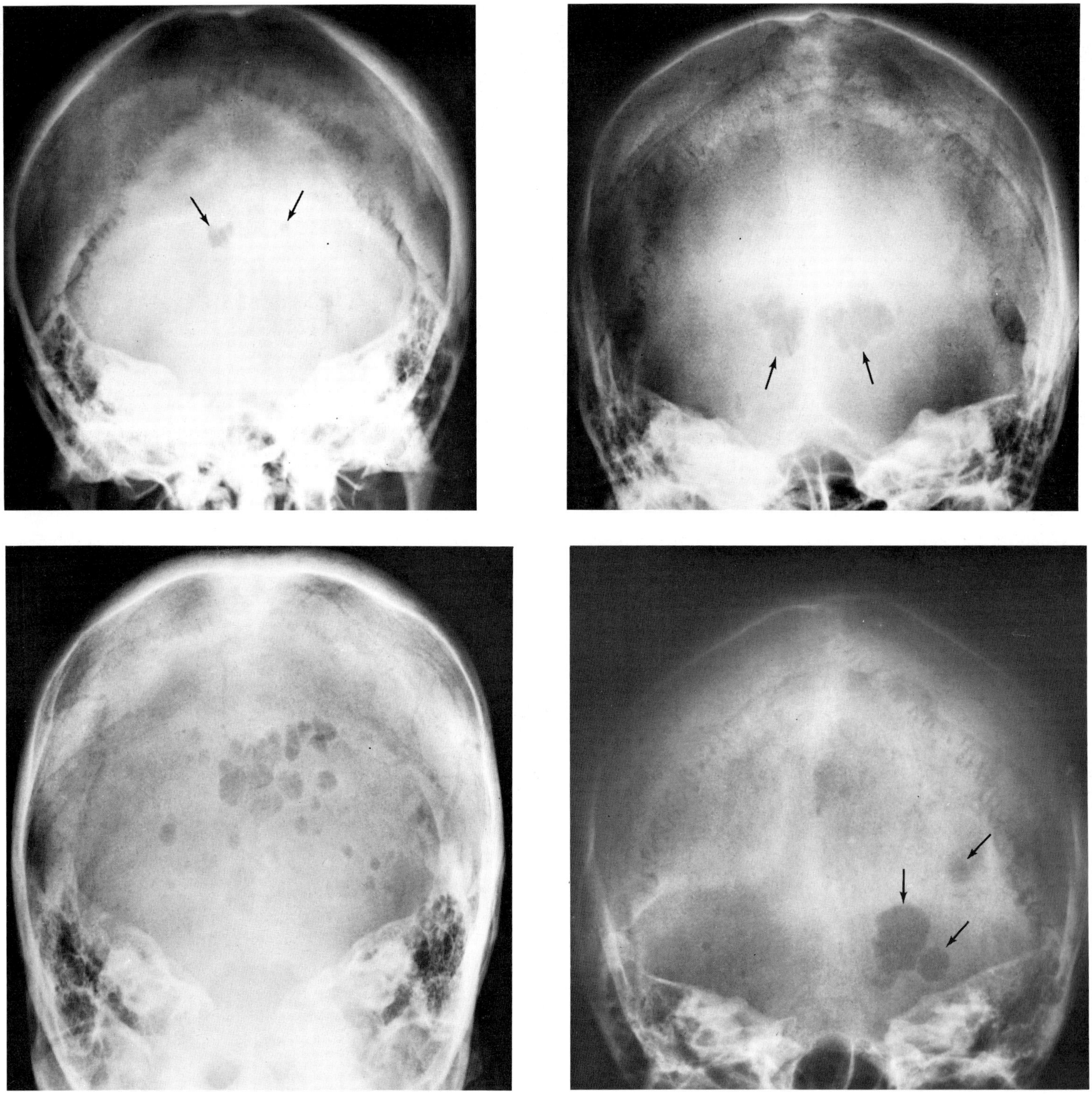

Abb. 1-71: Okzipitale Venenlakunen. Diese zeigen nach Zahl und Erscheinungsbild eine große Streubreite. Meist sieht man sie nahe der Mittellinie des Os occipitale, überwiegend bei älteren Menschen. Sie liegen im Diploeraum und sind klinisch bedeutungslos. (Aus: Keats, T.E.: Four normal anatomic variations of importance to radiologists. Am. J. Roentgenol. 78: 89, 1957. Wiedergabe mit freundlicher Genehmigung des Verlags.) Es spricht einiges dafür, daß gleich aussehende Aufhellungsbezirke im Hinterhauptsbein durch ektopes Nervengewebe entstehen. Auch diese sind ohne klinische Bedeutung. (Quelle: Goldring, S., et al.: Ectopic neural tissue of the occipital bone. J. Neurosurg. 21: 479, 1964.)

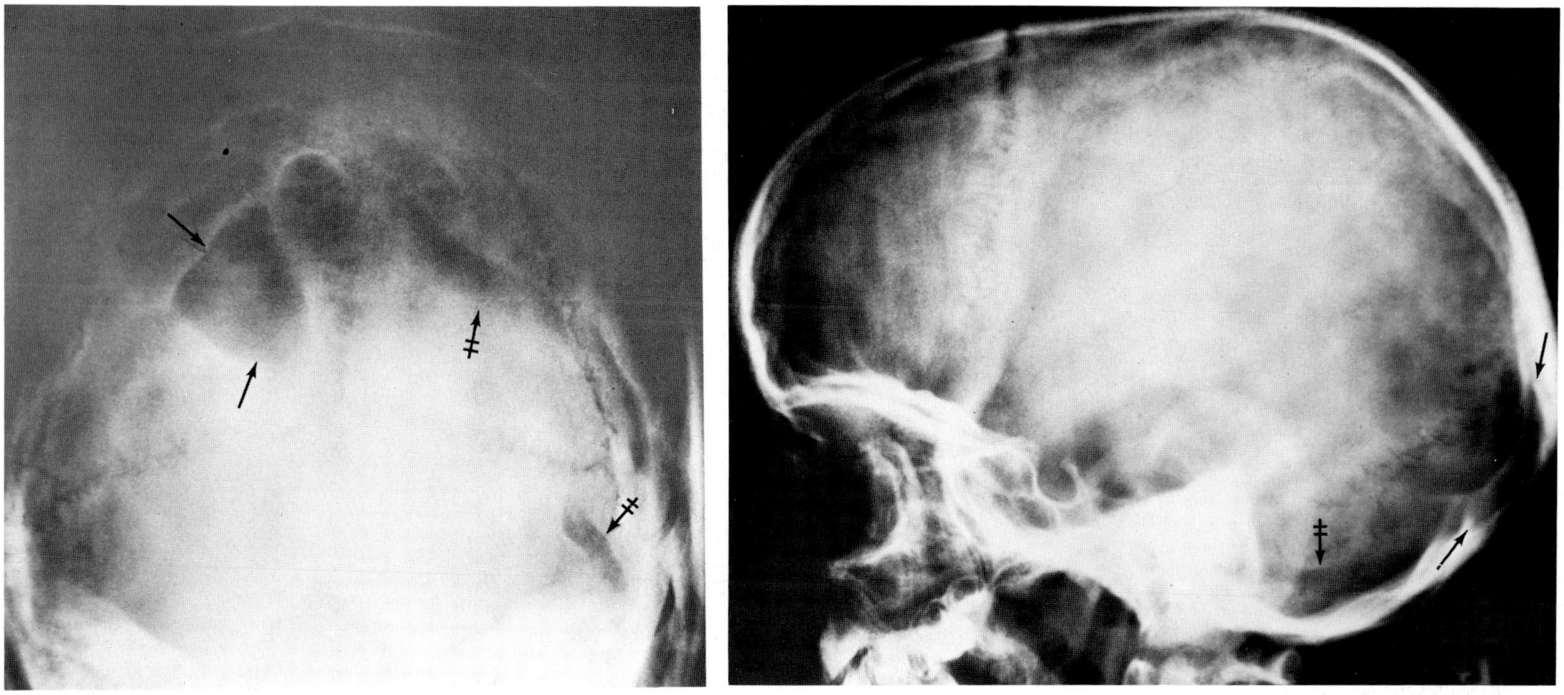

Abb. 1-72: Das Os occipitale kann eine Vielzahl symmetrischer oder asymmetrischer Verdünnungszonen in der Nähe der Mittellinie aufweisen, die eine Erosion der Tabula interna imitieren können. Einige von ihnen weisen Beziehungen zum Verlauf des Sinus transversus beiderseits auf. Wichtig ist es hier, die Harmlosigkeit dieser Varianten zu erkennen. Die Pfeile mit den Querbalken zeigen hier die Venensinus an.

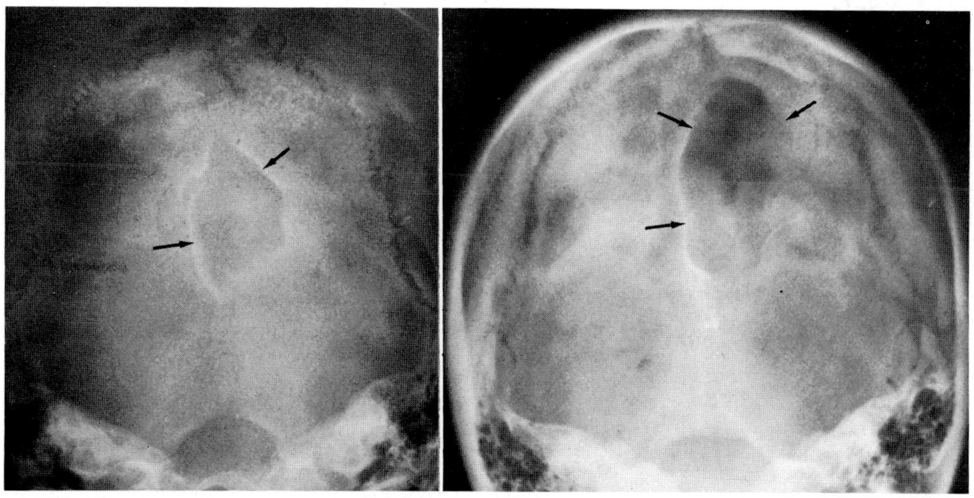

Abb. 1-73: Weitere Beispiele für eine Verdünnung des Hinterhauptsbeins. Beachten Sie die Ähnlichkeit mit einer Erosion der Tabula interna.

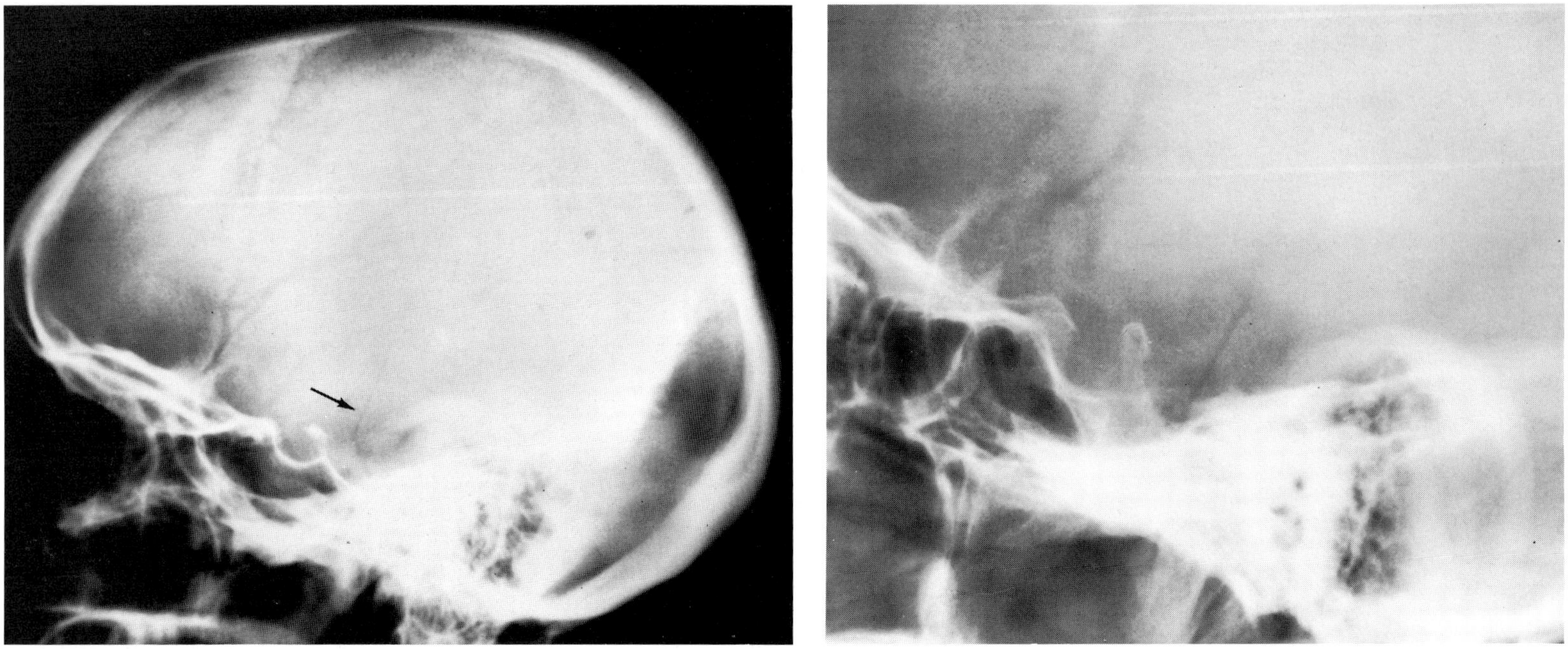

Abb. 1-74: Zwei Beispiele für Gefäßfurchen der A. meningea media, welche eine Schädelfraktur vortäuschen. (Quelle: Schunk, H., Maruyama, Y.: Two vascular grooves of the external table of the skull which simulate fractures. Acta Radiol. (Stockh.) 54: 186, 1960.)

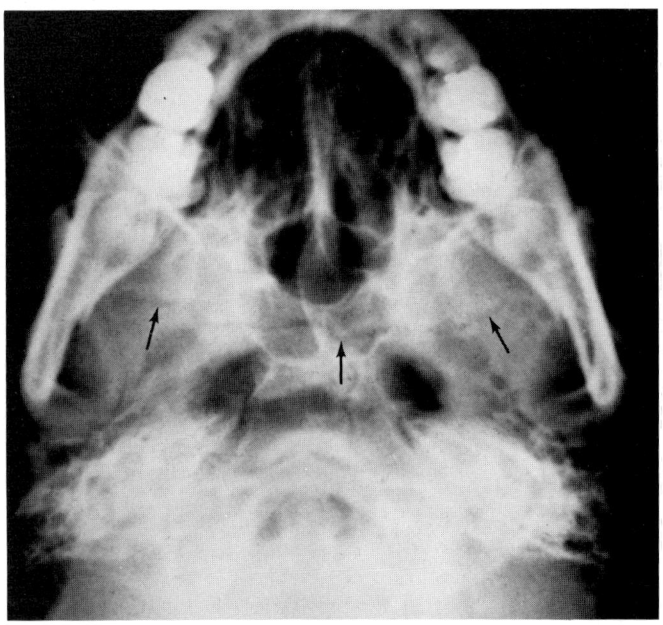

Abb. 1-75: Vortäuschung einer Fraktur auf einer Schädelbasisaufnahme durch die Sutura coronaria.

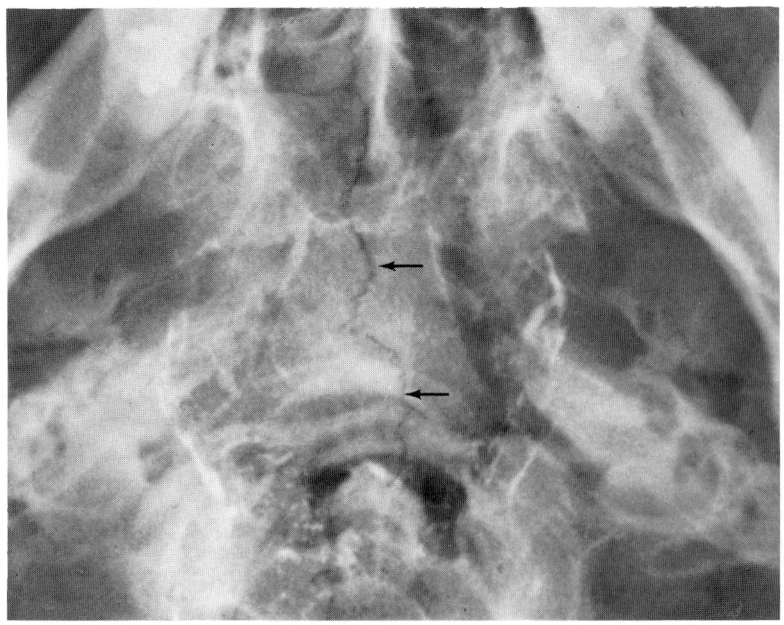

Abb. 1-76: Vortäuschung einer Fraktur auf einer Schädelbasisaufnahme durch die Sutura sagittalis.

Abb. 1-77: Die Synchondrosis sphenooccipitalis bei einem zwei Jahre alten Knaben. Normalerweise verschließt diese sich etwa beim Eintritt in die Pubertät, kann aber auch bis zum 20. Lebensjahr persistieren. Manchmal wird sie mit einer Fraktur verwechselt.

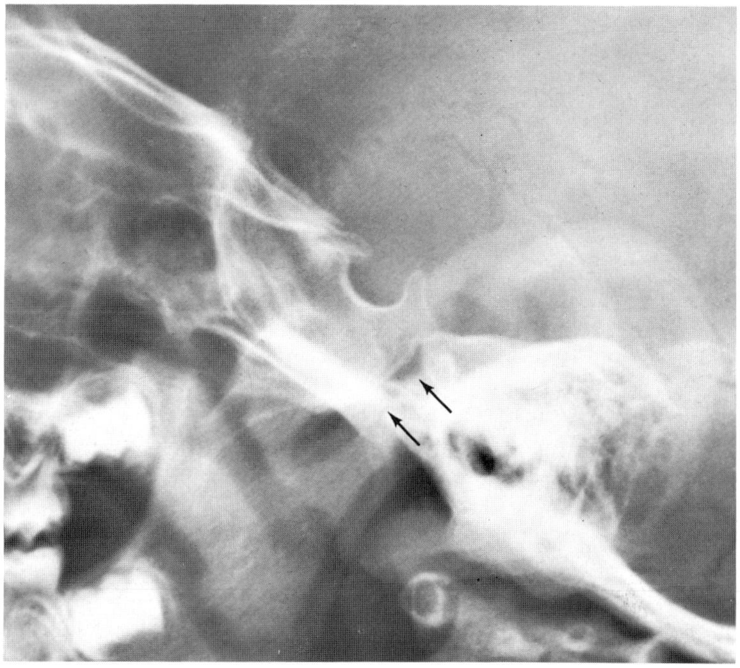

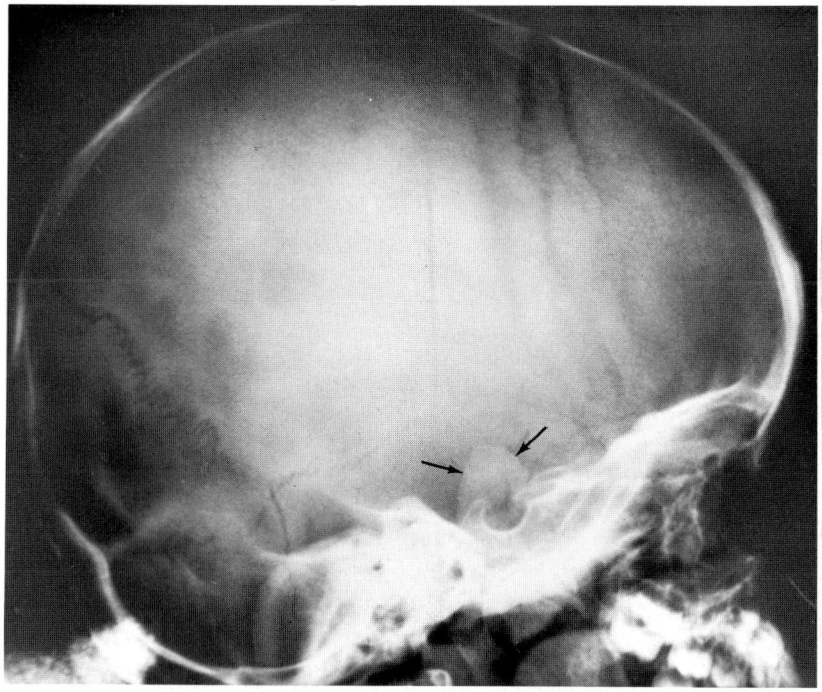

Abb. 1-78: Eine umgeschlagene Ohrmuschel täuscht eine supraselläre Verkalkung vor.

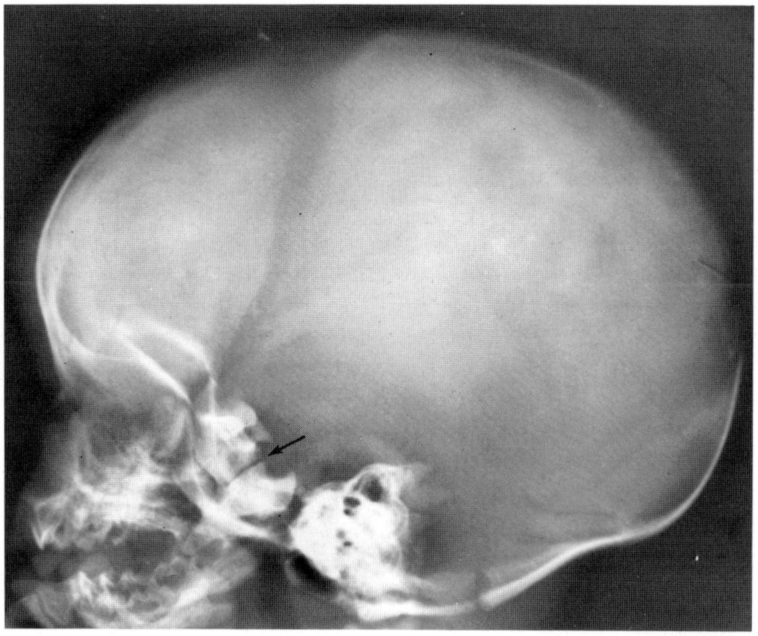

Abb. 1-79: Die Synchondrosis intersphenoidalis bei einem Neugeborenen. Dieses Bild sollte nicht mit einer Fraktur, einem persistierenden basipharyngealen Kanal oder der Synchondrosis sphenooccipitalis verwechselt werden. Sie hat keine pathologische Bedeutung und verschwindet in der Regel etwa im dritten Lebensjahr. (Quelle: Shopfner, C.E., et al.: The intersphenoid synchondrosis. Am. J. Roentgenol. 104: 184, 1968.)

2 Gesichtsschädel

Wayne S. Cail

Die Mehrzahl der Patienten, die wir heute mit Gesichtsverletzungen sehen, hat einen Verkehrsunfall erlitten. Diese Patienten haben dann wahrscheinlich oft auch ernsthafte Begleitverletzungen, meist der Halswirbelsäule, des Schädels und des Schädelinhalts. Bei der Erstbehandlung dieser Patienten muß man vorrangig darauf achten, die Atemwege freizuhalten, eine bestehende Blutung unter Kontrolle zu bekommen und eine Schockbehandlung einzuleiten, erst dann folgen die Beurteilung und Behandlung der Begleitverletzungen.
Die Abklärung beginnt dann bei den Gesichtsverletzungen mit einer systematischen körperlichen Untersuchung. Viele Frakturen im Gesichtsbereich lassen sich bereits allein anhand von Inspektion und Palpation diagnostizieren. In diesen Fällen dient die Röntgenuntersuchung lediglich der Bestätigung sowie der Dokumentation dieser Diagnose. In anderen Fällen ist die Röntgenuntersuchung ganz wesentlich, um Gesichtsfrakturen genau zu bestimmen. In einer jeden Situation sollte man aber unter keinen Umständen den Patienten durch Bewegungen gefährden, die die meisten Aufnahmen des Gesichtsschädels erfordern. Deshalb lasse man die Röntgenuntersuchung erst im weiteren Verlauf der Notfallbehandlung vornehmen; sie kann, wenn es sein muß, auch um mehrere Tage verschoben werden.

Einteilung der Frakturen

Es erscheint uns nützlich, die Frakturen des Gesichtsschädels nach ihrer Lokalisation in solche des unteren, des mittleren und des oberen Gesichtsdrittels einzuteilen.

Unteres Drittel (Mandibula):
- Alveolarfortsatz
- Symphyse
- Korpus
- Angulus
- Ramus
- Processus coronoideus
- Processus condylaris

Mittleres Drittel:
- Nasenregion
- Jochbogen
- Zygomatikomaxillärer Komplex
- Orbitaboden und mediale Orbitawand (Blow-out-Frakturen)
- Maxilla (LeFort-Frakturen)

Oberes Drittel:
- Orbitaoberkante
- Stirnhöhle
- Stirnbein

Frakturen des unteren Gesichtsdrittels

Mandibulafrakturen

Die Mandibula hat durch ihr Vorstehen eine sehr exponierte Lage innerhalb des Gesichtsskeletts und ist deshalb besonders für direkte Traumata besonders prädisponiert. Da ihr Processus condylaris in der Fossa glenoidalis mit dem Schädel artikuliert, wird ein Schlag oder Stoß gegen das Kinn die Kraft auf die Schädelbasis übertragen, wenn nicht zuvor schon die Mandibula bricht.
Eine Kontinuitätsunterbrechung kann zur Fehlstellung des Unterkiefers führen, oft auch zur Verlagerung von Zunge und Weichteilgewebe des Mundbodens mit der Folge einer Atemwegsbehinderung oder -verlegung. Kurz nach der Verletzung schon kann die Schwellung der Zunge und der Weichteile die Atemwege noch stärker bedrohen.
Die Röntgenuntersuchung der Mandibula beginnt mit einer seitlichen Schrägaufnahme von rechts und von links (Abb. 2-1). Bei dieser Technik soll der Strahlengang direkt in einem solchen Winkel durch den Mundboden verlaufen, daß sich die tubusnahe Seite der Mandibula nicht auf die der Kassette anliegende Unterkieferhälfte projiziert. Bei dieser Aufnahmetechnik stellt man den Hals des Processus condylaris und den Processus coronoideus bis zum zweiten Prämolaren dar.
Am leichtesten erreicht man eine seitliche Schrägaufnahme beim stehenden Patienten; sie ist aber auch in Bauchlage des Patienten mit streng seitlich und der Kassette anliegendem Kopf möglich. Beide Techniken haben den Vorteil, daß die Mandibula nach vorne fällt und so die Luftwege freigibt. Andernfalls kann man den Patienten auch in Rückenlage bringen und seinen Kopf zur Seite drehen. Alle Versuche, eine schräge Seitaufnahme allein durch Röhrenkippung zu erzielen, ohne hierbei den Kopf des Patienten zur Seite zu drehen, werden an der Überlagerung durch den Thorax oder durch die Schultern des Patienten scheitern.

P.-a. Aufnahme der Mandibula im vertikalen Strahlengang (Abb. 2-2): Hierbei liegt der Patient auf dem Bauch und beugt den Kopf so weit nach vorne, bis die Orbitomeatallinie (Deutsche Horizontale oder auch Ohr-Augen-Ebene genannt), die den äußeren Augenwinkel mit dem äußeren Gehörgang verbindet, senkrecht zur Oberfläche des Röntgentisches steht. Dann zielt das Röntgenstrahlenbündel senkrecht zur Schädelbasis und der Zentralstrahl durch die mittleren Schneidezahnlücken. Diese p.-a. Aufnahme zeigt den unteren Anteil des Ramus, den Angulus und das Korpus beider Mandibulahälften. Dagegen ist die Symphyse an der Kinnspitze wegen der Überlagerung von Halswirbeln nur schwierig auszuwerten.

Deutlicher erhält man die Symphyse auf einer um 15° nach kaudal gekippten okzipitomentalen Aufnahme (Abb. 2-3). Der Patient liegt wieder in Bauchlage, streckt aber jetzt den Kopf, bis Kinn und Nasenspitze der Tischplatte aufliegen. Die Röhre wird um 15° fußwärts gekippt, der Zentralstrahl weist auf das Kinn. Auch diese Aufnahme zeigt den Processus coronoideus der Mandibula recht klar.

Die beste Darstellung der Symphyse erzielt man mit einer Okklusivaufnahme (= axiale intrabukkale Aufnahme) (Abb. 2-4). Bei dieser hält der Patient den Film im Mund zwischen den Vorderzähnen und dabei den Nacken völlig gestreckt. Der Zentralstrahl wird senkrecht auf den Film gerichtet; das Strahlenbündel erreicht die Mandibula von unten (kaudal).

Die Standardaufnahme im postero-anterioren Strahlengang verdeckt leider auch Processus condylaris, Processus coronoideus und den oberen Anteil des Ramus mandibulae durch die relativ dichten Schatten von Felsenbein, Processus mastoideus und Jochbein. Besser stellt man diese Region mit einer Towne**-Aufnahme dar (Abb. 2-5). Der Patient liegt jetzt auf dem Rücken, die Orbitomeatallinie verläuft senkrecht zur Kassettenebene, und der Zentralstrahl zielt um 30° fußwärts durch die Kondylenhöhe*.

Eine Panoramaaufnahme der Mandibula kann man auch erhalten, wenn man eine Röntgenspezialeinrichtung hierfür benutzt (Abb. 2-6). Allerdings muß der Patient fähig sein zu sitzen, während die Röntgenröhre und die Filmkassette um seinen Kopf rotieren.

Mit Ausnahme der Towne**- und der Okklusivaufnahme, die aber nur relativ beschränkte Mandibulaanteile abbilden, erfordern die übrigen bislang diskutierten Aufnahmeverfahren doch recht erhebliche Eigenbewegungen des Patienten. Muß der Patient in Rückenlage verbleiben, dann ist man gezwungen, eine a.-p.-Aufnahme hinzunehmen. Da die Röntgenstrahlen den Schädel von frontal nach hinten durchsetzen, ist die Entfernung Zielorgan (Mandibula) – Filmebene vergrößert, wodurch die Detailfeinzeichnung der Mandibula gegenüber den dorsal gelegenen Anteilen im Vergleich zu p.-a.-Aufnahmen abnimmt. Man kann auch eine Seitaufnahme des Patienten in Rückenlage vornehmen, ohne daß dieser seinen Kopf zur Seite dreht (Abb. 2-7). Leider jedoch projiziert diese Aufnahme mit dem Strahlengang quer über den Tisch beide Unterkieferhälften übereinander und läßt vor allem den Processus coronoideus besonders verdeckt.

Unterkieferbrüche beschreibt man nach ihrer Lokalisation (Abb. 2-8). Der Alveolarfortsatz ist relativ schwach und kann unabhängig vom Hauptanteil der Mandibula frakturieren. Andererseits ruft eine direkte Gewalteinwirkung gegen eine Unterkieferhälfte häufig eine indirekte Fraktur der anderen hervor. Beidseitige Frakturen können in jeglicher Kombination auftreten, am häufigsten sind hier aber doppelseitige Kondylus- und Angulusfrakturen sowie die Kombination einer Korpusfraktur der einen mit einer Angulusfraktur der Gegenseite.

Da die Mandibulakrümmung bei einem Trauma zunehmend verformt wird, neigen die äußere und die innere Kortikalislamelle dazu, unabhängig voreinander zu frakturieren. Die Frakturstellen an der wangen- und der zungenseitigen Kortikalisoberfläche können weit auseinander liegen und auf den Röntgenbildern, besonders auf den Schrägaufnahmen, als Doppelfraktur mißdeutet werden.

Alveolarfortsatzfrakturen ereignen sich am häufigsten im Bereich der Schneidezahnregion, weil diese Gegend einem direkten Trauma eher ausgesetzt ist. Sie sind oft mit ausgeschlagenen oder fehlgestellten Zähnen kombiniert (Abb. 2-9 und 2-10).

Eine Symphysenfraktur tritt nur selten isoliert auf (Abb. 2-11 A). Verläuft diese Fraktur von der Lippen- zur Zungenfläche in sagittaler Richtung, dann ist sie relativ stabil (Abb. 2-11 B). Häufiger aber zeigt diese Fraktur einen schrägen Verlauf, so daß die an der Mandibula ansetzenden Muskeln zur Verlagerung oder gar Überlappung der Fragmente führen werden. Ist eine Symphysenfraktur mit beidseitigen Brüchen von Processus condylaris, Ramus oder Angulus vergesellschaftet, dann wird das vordere Unterkieferfragment durch die an ihm ansetzenden Muskeln nach hinten gezogen (Abb. 2-12). Die damit verbundene Innenrotation läßt den Angulus seitlich stärker vortreten und führt auf einer dorsoventralen Aufnahme zum Eindruck einer Verbreiterung des Unterkiefers. Dieser Eindruck der Mandibulaverbreiterung zeigt eine instabile Mehrfachfraktur des Unterkiefers an, die zur vollständigen Atemwegsverlegung führen kann.

Frakturen durch den Unterkieferkörper bevorzugen die Region der Schneidezähne, da dies die Stelle der stärksten Krümmung des knöchernen Mandibulabogens ist (Abb. 2-13). Brechen beide Unterkieferkörper, dann kann das zentrale vordere Fragment entweder durch die direkte Gewalteinwirkung oder aber durch den Zug der hier inserierenden Muskeln nach unten und hinten gezogen werden (Abb. 2-14). Die Aufhebung der Kinn-

* Anm. d. Übers.: Eine gute Übersicht dieser Region erhält man auch mittels der Clementschitsch-Aufnahme, bei der der Patient entweder sitzt oder in Bauchlage liegt. Nase und Stirn liegen der Kassette an. Der Zentralstrahl geht parallel zur Deutschen Horizontale durch die Nasenwurzel.

** Siehe Fußnote S. 7.

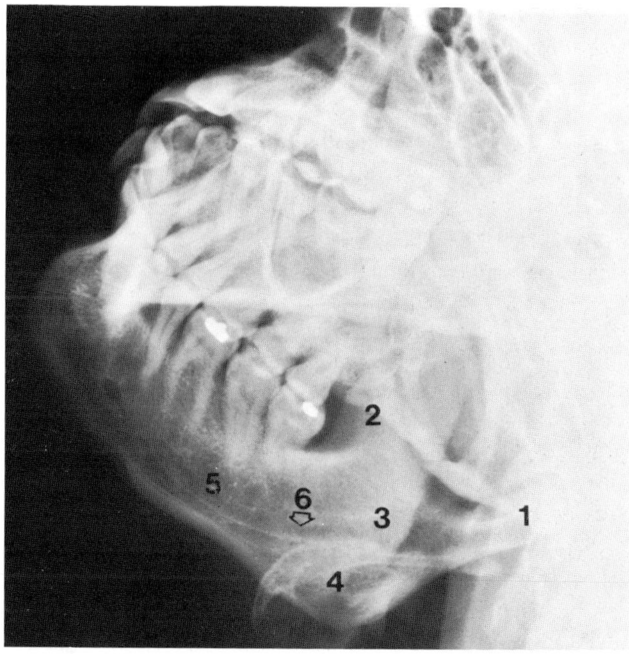

Abb. 2-1: Seitliche Schrägaufnahme der Mandibula. 1 = Processus condylaris; 2 = Processus coronoideus; 3 = Ramus mandibulae; 4 = Angulus mandibulae; 5 = Corpus mandibulae; 6 = Canalis mandibulae.

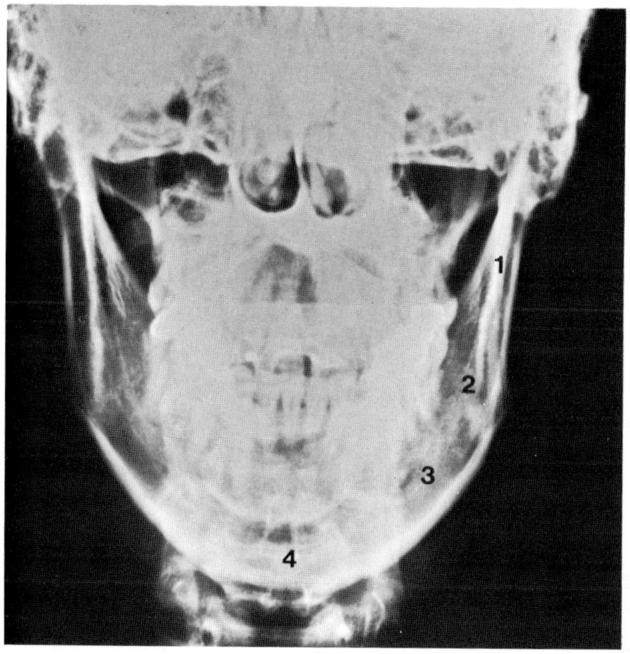

Abb. 2-2: P.-a. Aufnahme der Mandibula. 1 = Ramus mandibulae; 2 = Angulus mandibulae; 3 = Corpus mandibulae; 4 = Symphysis mandibulae.

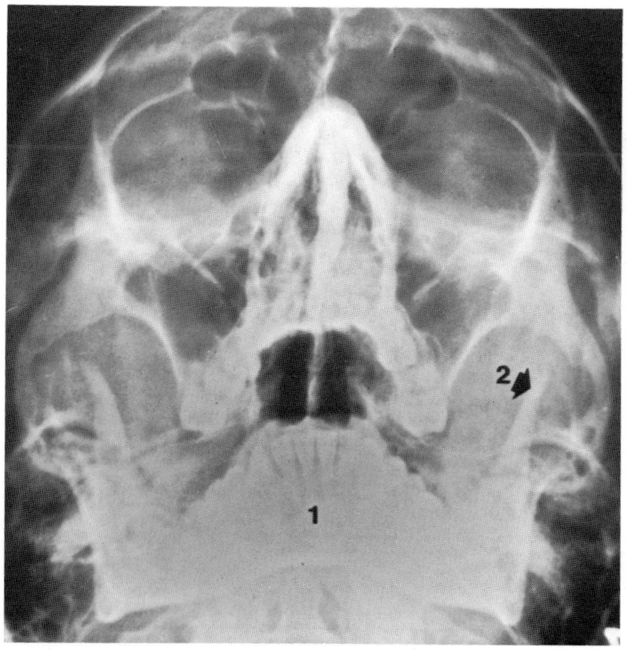

Abb. 2-3: Okzipitomentale Aufnahme mit 15° Kippung. 1 = Symphysis mandibulae; 2 = Processus coronoideus.

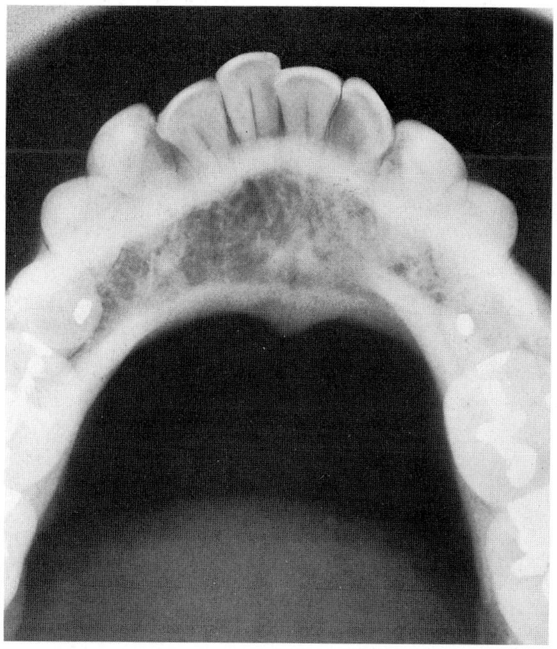

Abb. 2-4: Okklusionsaufnahme der Symphysis mandibulae mit den Fossae digastricae und der Spina musculi genioglossi.

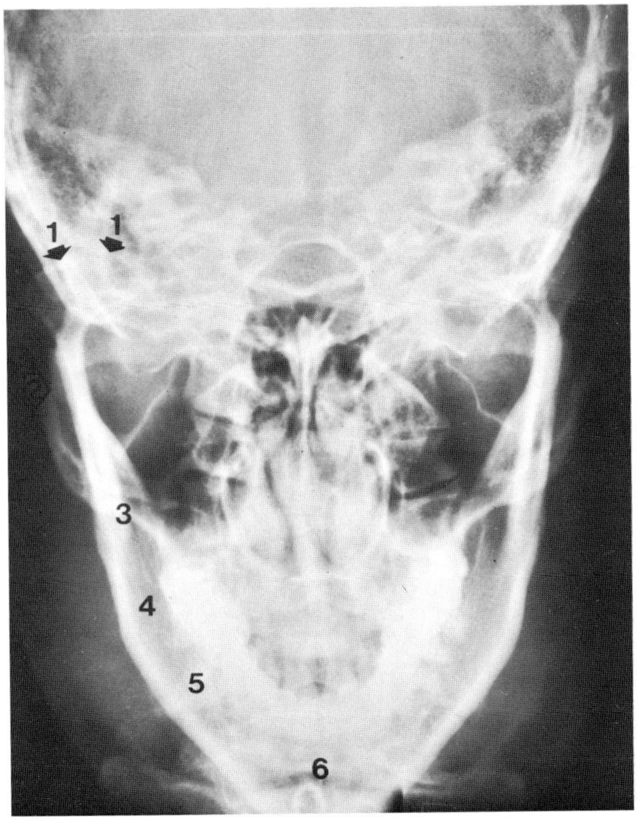

Abb. 2-5: Towne-Projektion. 1 = Processus condylaris; 2 = Processus coronoideus; 3 = Ramus mandibulae; 4 = Angulus mandibulae; 5 = Corpus mandibulae; 6 = Symphysis mandibulae.

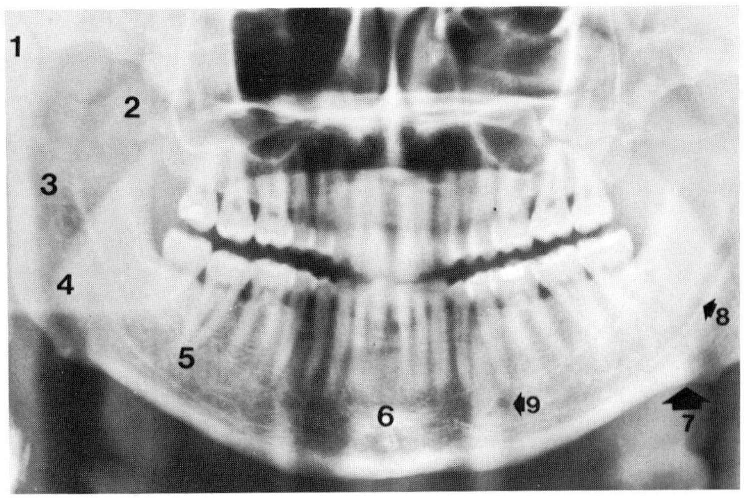

Abb. 2-6: Panoramaaufnahme der Mandibula. 1 = Processus condylaris; *2 = Processus coronoideus; 3 = Ramus mandibulae; 4 = Angulus mandibulae; 5 = Corpus mandibulae; 6 = Symphysis mandibulae; 7 = grubenförmige Vertiefung vor dem Angulus; 8 = Canalis mandibulae; 9 = Foramen mentale.*

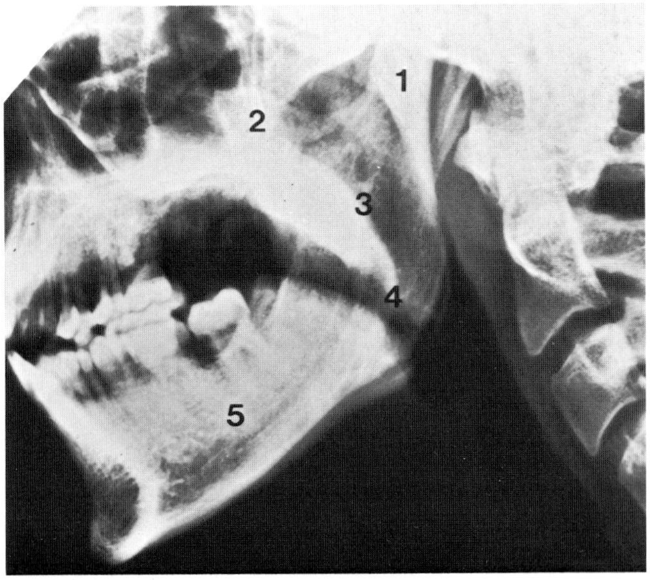

Abb. 2-7: Seitaufnahme der Mandibula. 1 = Processus condylaris; 2 = Processus coronoideus; 3 = Ramus mandibulae; 4 = Angulus mandibulae; 5 = Corpus mandibulae.

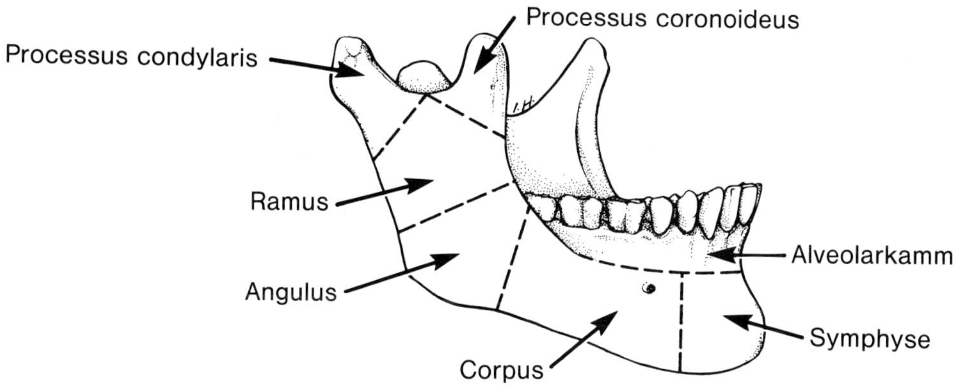

Abb. 2-8: Anatomische Regionen des Unterkiefers.

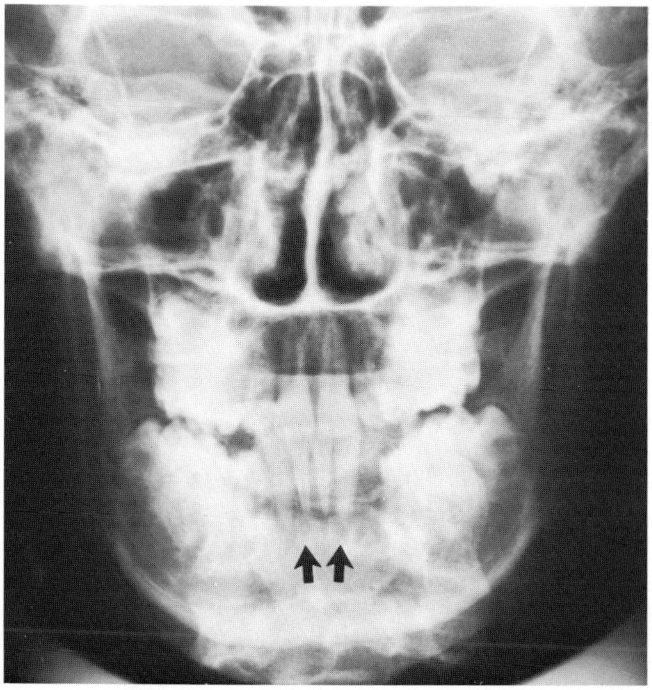

Abb. 2-9 (links): P.-a. Aufnahme der Mandibula mit Lockerung der unteren Schneidezähne.

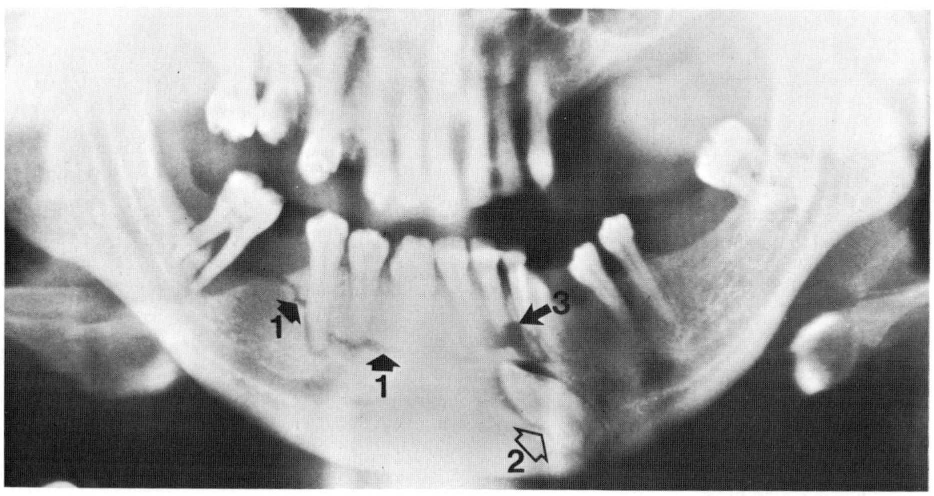

Abb. 2-10: Panoramaaufnahme der Mandibula mit einer Alveolarfraktur (1), die sich bis in die Symphysis mandibulae erstreckt (2), und Zahnfraktur (Avulsionsfraktur) (3).

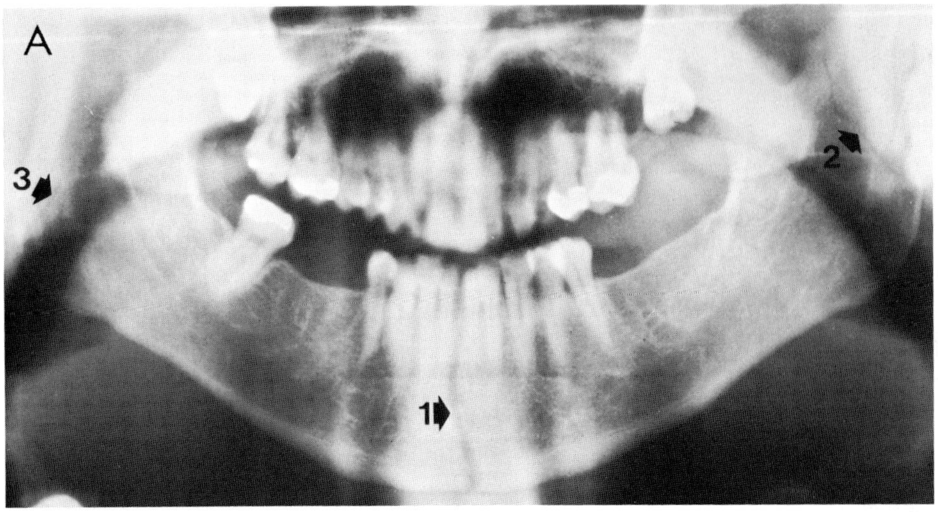

Abb. 2-11: A. Panoramaaufnahme mit Symphysenfraktur (1) und beidseitigen Astfrakturen (2 und 3).

B. P.-a. Aufnahme der Symphysenfraktur (1).

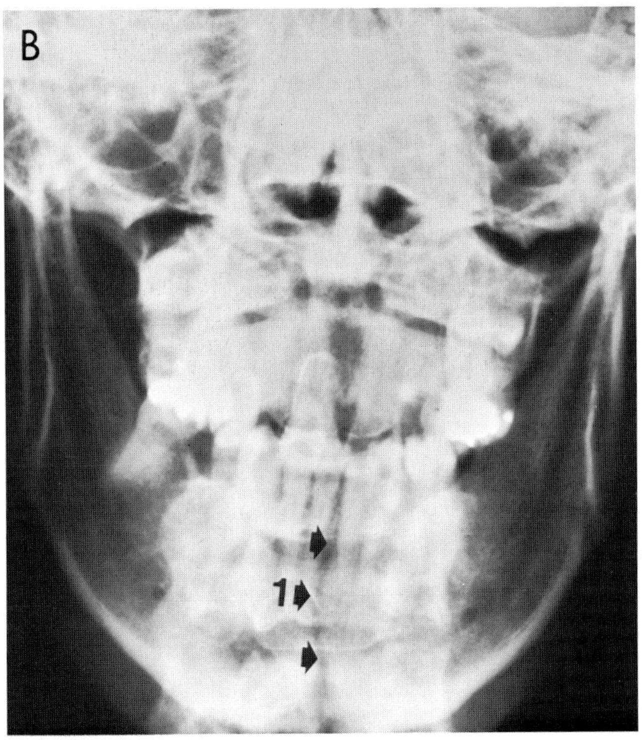

C. Okklusionsaufnahme (= intrabukkale axiale Aufnahme) mit Darstellung der Symphysenfraktur (1).

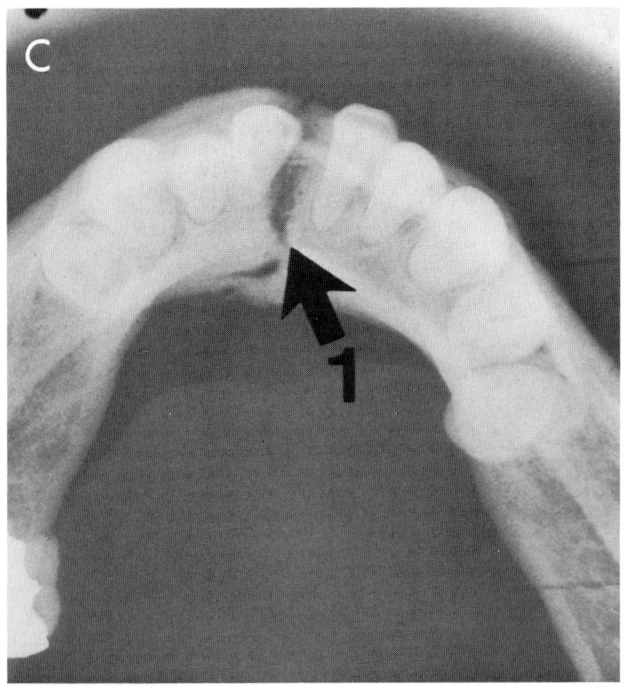

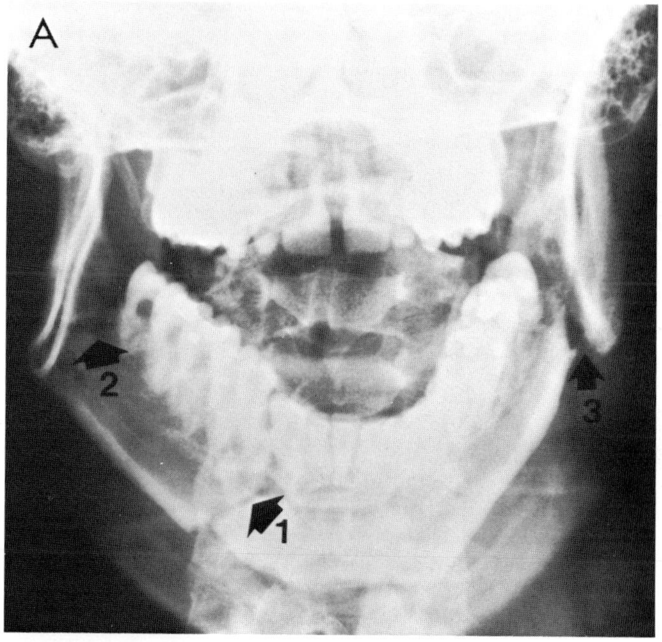

Abb. 2-12: **A.** P.-a. Aufnahme, die eine Schrägfraktur des Corpus mandibulae (1) und fehlgestellte Frakturen beider Kieferwinkel (2 und 3) zeigt. Die Mandibula erscheint seitlich verbreitert. **B.** Die schräge Seitaufnahme der rechten Unterkieferhälfte zeigt die Kieferwinkelfraktur (2) und eine subkondyläre Fraktur (4). **C.** Die schräge Seitaufnahme der linken Kieferhälfte zeigt eine Fraktur des linken Kieferwinkels (3) mit Fragmentüberlappung.

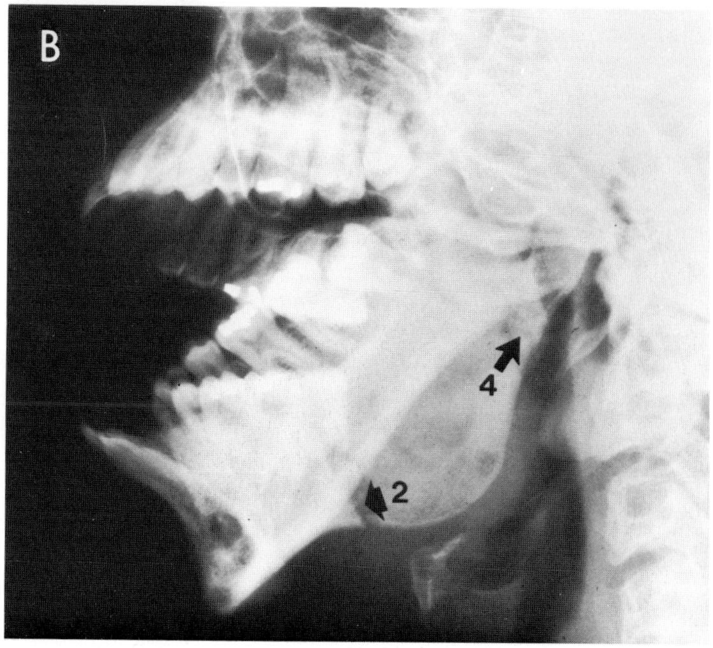

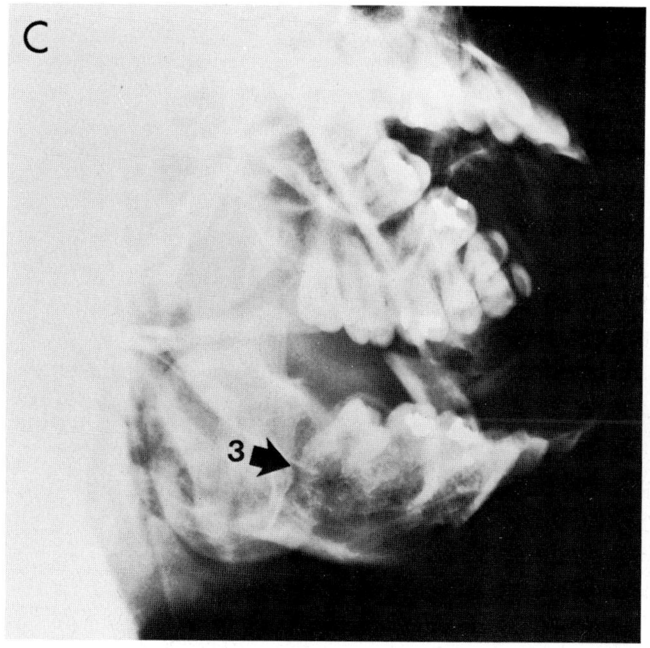

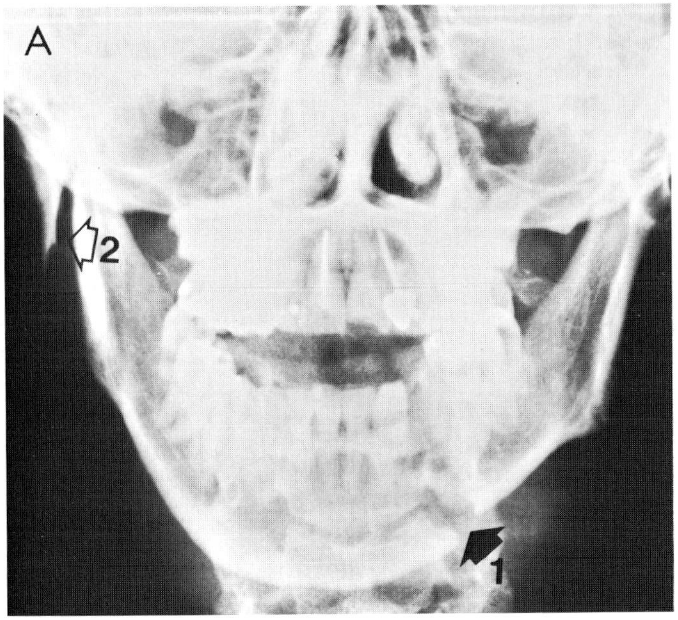

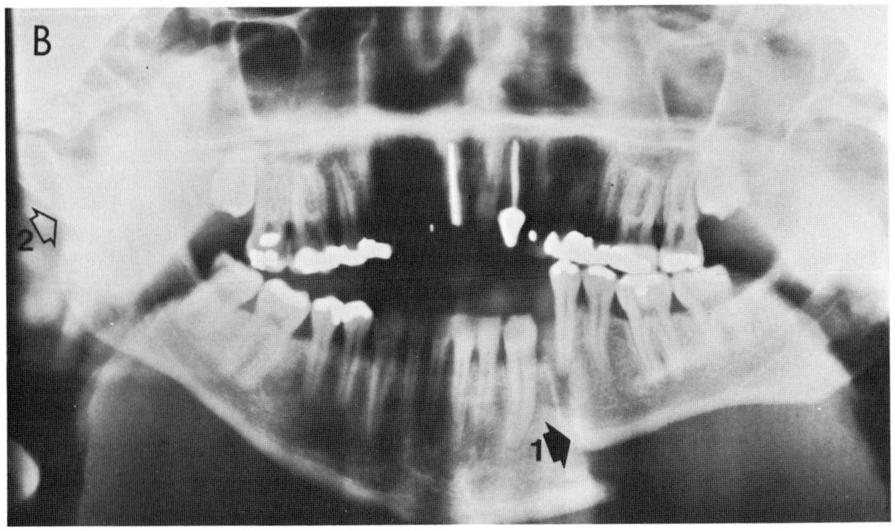

Abb. 2-13: A. P.-a. Aufnahme der Mandibula bei einer Fraktur des Korpus (1) und des Halses des rechten Processus condylaris (2). Das Kondylenfragment ist gegenüber dem Ramus nach lateral verschoben. **B.** Die Panoramaaufnahme zeigt eine Fraktur des Korpus (1), die bis in die Wurzel des linken Eckzahns reicht. Die Abknickung des Halses des Processus condylaris nach vorn ist hier ebenfalls dargestellt (2).

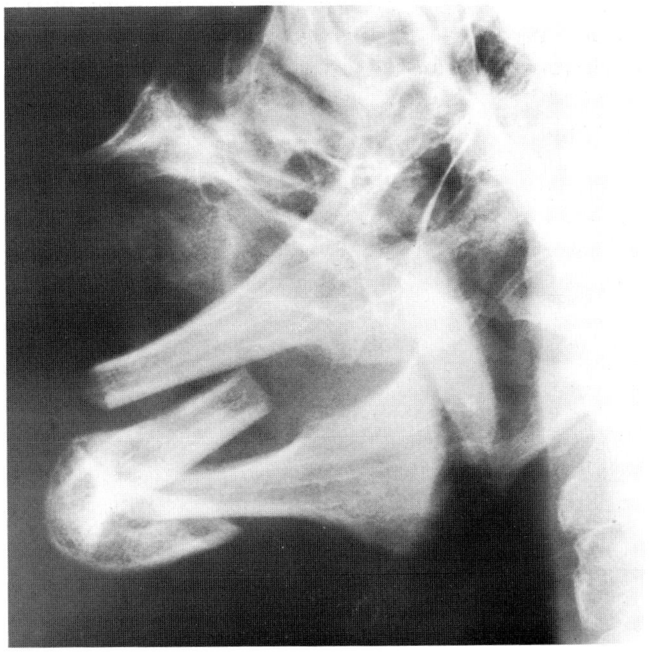

Abb. 2-14: Seitliche Schrägaufnahme einer zahnlosen Mandibula mit beidseitigen Korpusfrakturen. Das zentrale Fragment ist nach unten und hinten disloziert.

kontur kann man dann klinisch und auch röntgenologisch sehen. Da der Mittelteil des Unterkiefers nach hinten verschoben wird, fallen die Zunge und die Weichteile des Mundbodens in den Pharynx und verlegen den Atemweg.
Am Ramus mandibulae setzen drei sehr kräftige Muskeln an – der M. temporalis, der M. pterygoideus medialis und der M. masseter –, deren Zugrichtung überwiegend nach oben und nach medial weist. Verläuft eine Fraktur des Angulus nach unten und ausgehend vom Alveolarfortsatz nach hinten, dann wird das dorsal gelegene Fragment nach oben gezogen, und es handelt sich dann um eine ungünstige horizontale Fraktur (Abb. 2-15). Diese Aufwärtsbewegung kann dann dadurch begrenzt werden, daß ein noch im hinteren Fragment sitzender Weisheitszahn mit einem Partnerzahn der Maxilla zur Okklusion kommt. Durch den Zug der oben genannten Muskeln kann das hintere Fragment aber auch nach medial verzogen werden.
Astfrakturen des Unterkiefers wird man auf den Schrägaufnahmen leicht erkennen können (Abb. 2-16). Die Fragmentfehlstellung ist meist nur gering; dies ist Folge der Schienungswirkung von M. pterygoideus medialis und M. masseter. Deshalb kann auch die Frakturlinie auf einer p.-a. Aufnahme nur schlecht sichtbar sein.
Die Fraktur des Processus coronoideus ist eine seltene Verletzung. Die Fragmentfehlstellung wird meist durch den M. temporalis in Grenzen gehalten. Reißt aber dessen Ansatz am Ramus auch aus, kann der Kondylarfortsatz nach oben verzogen werden. Diesen Bruchtyp erkennt man am besten auf einer seitlichen Schrägaufnahme (Abb. 2-17).
Frakturen des Processus condylaris sind am häufigsten unterhalb der Ansatzstelle der Kiefergelenkskapsel gelegen. Diese extrakapsulären Frakturen, die auch subkondyläre genannt werden, verlaufen von der Unterkiefergrube aus nach hinten (Abb. 2-18). Bleiben Periost und Bänder intakt, kommt es zu keiner Fehlstellung des Kieferköpfchens gegenüber der Kiefergelenkspfanne (Fossa glenoidalis), und der Kondylushals wird gegenüber dem Unterkieferast seine normale Stellung bewahren. Häufiger kommt es aber zu einer vorderen und/oder inneren Knickbildung des Kondylushalses gegenüber dem Ramus mandibulae (Abb. 2-19). Bei einer Fragmentüberlappung gar liegt das Gelenkfortsatzfragment meist lateral vom Unterkieferast (Abb. 2-13 A). Eine subkondyläre Fraktur mit gleichzeitigem Riß der Kiefergelenkskapsel und Bänderrissen wird es dem Gelenkfortsatz erlauben, unter dem Zug des M. pterygoideus lateralis nach innen und nach vorne aus der flachen Gelenkpfanne herauszurutschen (Abb. 2-20).
Zu einer Fraktur des Gelenkfortsatzes kann es auch innerhalb des Ansatzes der Kiefergelenkskapsel kommen (Abb. 2-21 A). Dieser Bruchtyp zieht in der Regel die Gelenkoberfläche nicht in Mitleidenschaft; häufig luxiert aber der Gelenkfortsatz nach medial und vorne aus der Gelenkpfanne heraus (Abb. 2-21 B).

Frakturen des mittleren Gesichtsdrittels

Frakturen der Nasenregion

Ein Trauma des zentralen Mittelgesichts kann isolierte Nasenbeinfrakturen hervorrufen (Abb. 2-22 A und B). Jedoch erfaßt die Mehrzahl dieser Brüche auch den Stirnfortsatz der Maxilla. Oft wird der Nasenscheidewandknorpel aus seiner Verbindung mit dem Vomer gerissen und das Nasenseptum frakturiert. Bei schweren Traumata setzt sich die Fraktur des Nasenseptums bis in die Lamina cribriformis des Os ethmoidale fort, während nasomaxilläre Frakturen bei ihrer Ausdehnung das Tränenbein und das Planum orbitale des Siebbeins durchsetzen.
Bei Erwachsenen sind Brüche der Nasengegend leicht zu erkennen. Die Deformität durch die Frakturfehlstellung ist bei der körperlichen Untersuchung augenfällig, besonders wenn man sie noch vor dem Angehen einer größeren Weichteilschwellung sehen kann. Die Röntgenaufnahmen dienen hier nur zur Bestätigung und Dokumentation der klinischen Diagnose. Andererseits können sich Ödem und Unterblutung sehr schnell ausbreiten und die wahre Natur eines Bruches bei der körperlichen Untersuchung verbergen. Dann werden die Röntgenaufnahmen zur Diagnosestellung schon wichtiger. Nichtsdestotrotz kann es vorkommen, daß die Röntgenuntersuchung das Ausmaß der Fragmentfehlstellung nicht angemessen nachweist und die Notwendigkeit einer Reposition der klinischen Entscheidung überlassen bleibt.
Die Röntgenuntersuchung der Nasengegend beginnt mit einer Seitaufnahme (Abb. 2-23). Bei geeigneter Technik stellt diese die Nasenweichteile und einen Teil des oberen seitlichen Nasenknorpels neben dem Knochenprofil mit dar.
Die Waters-Aufnahme* (Abb. 2-24) fertigt man an, indem der Patient auf dem Bauch liegt und Nase und Kinn der Tischplatte direkt aufliegen. Die Streckung des Kopfes wird so eingestellt, daß die Orbitomeatallinie mit der Filmebene einen Winkel von ungefähr 37° bildet. Anschließend stellt man den Zentralstrahl senkrecht zum Film ein; er verläuft durch den Nasenansatz. Dies projiziert die Felsenbeinoberkanten beiderseits über den unteren Maxillarand. Die Waters-Aufnahme zeigt den köchernen Bogen des Nasenskeletts und das Nasenseptum.
Eine Verschiebung der Nasenknochen kann man gut mit einer axialen Aufnahme darstellen (Abb. 2-25). Am leichtesten stellt man diese Projektion ein, wenn der Patient auf dem Rücken liegt und zwischen den Zähnen einen Okklusivfilm hält. Der Zentralstrahl weist dabei von oben vom Kopfe her nach unten (kraniokaudaler = axialer Strahlengang). Diese Aufnahme zeigt den Anteil des Nasenskeletts, der sich zwischen der Glabella (Nasenwurzel) und dem Alveolarfortsatz der Maxilla erstreckt.

* Anm. d. Übers.: Wenn der Patient sitzen kann, dürfte hier die Anforderung einer Nasennebenhöhlenaufnahme genügen, denn die Waters-Aufnahme ist als Terminus technicus im deutschen Sprachbereich nahezu unbekannt; ansonsten bitte exakten Einstellungswunsch an die MTA weitergeben.

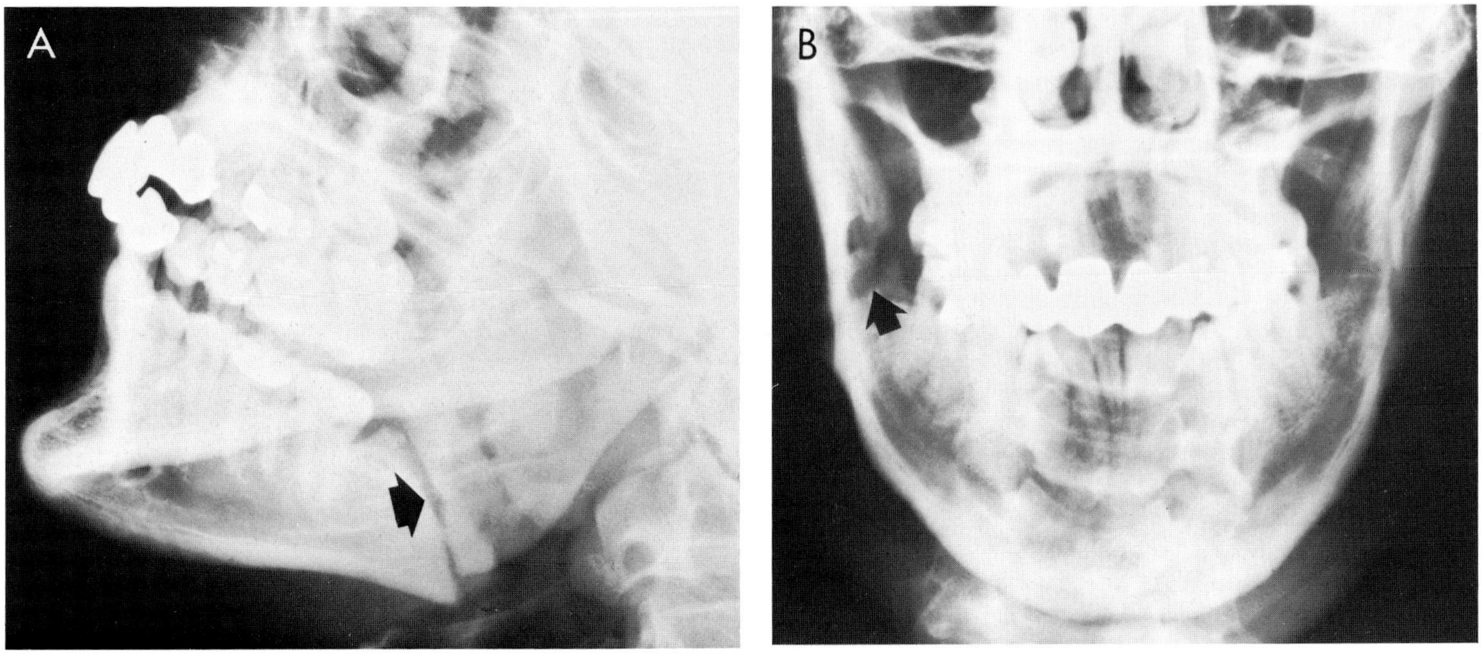

Abb.2-15: A. Seitliche Schrägaufnahme einer Kieferwinkelfraktur, die bei streng seitlicher Aufnahme ungünstiger zu erkennen ist. **B.** P.-a. Aufnahme der Kieferwinkelfraktur.

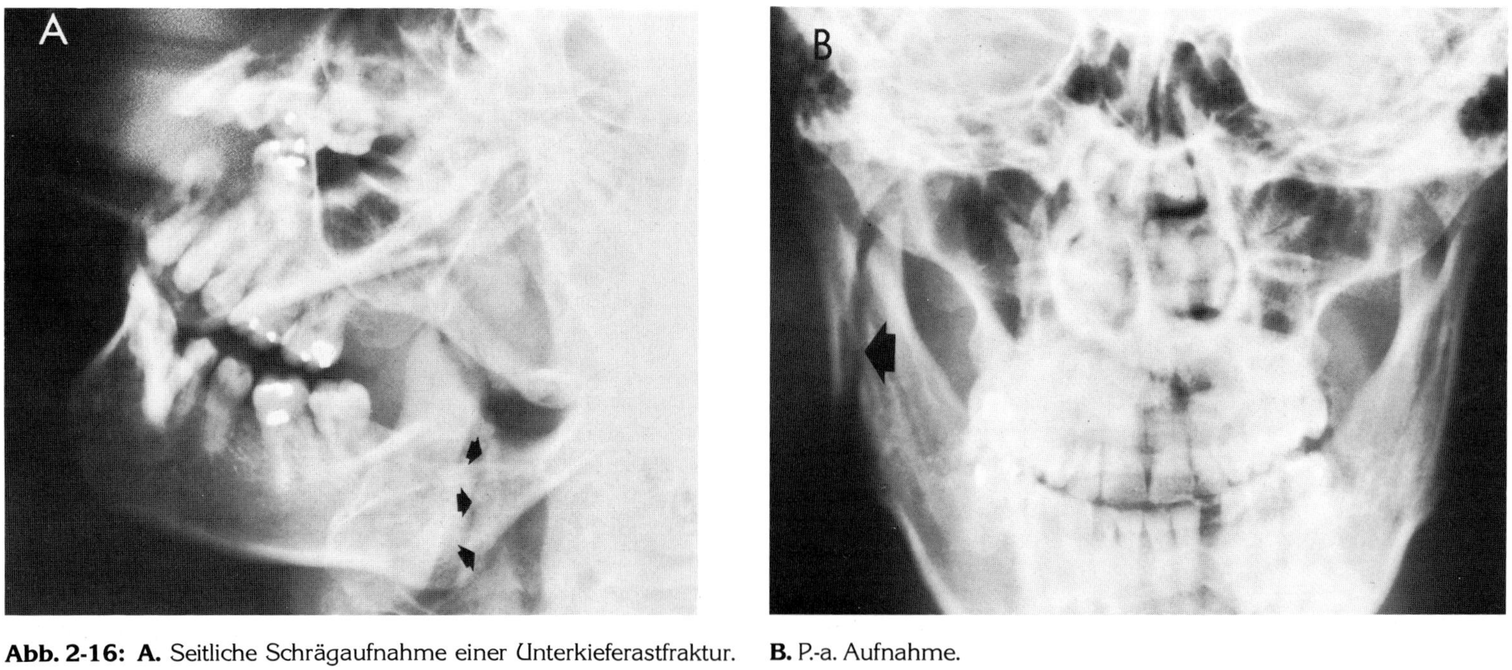

Abb. 2-16: A. Seitliche Schrägaufnahme einer Unterkieferastfraktur. **B.** P.-a. Aufnahme.

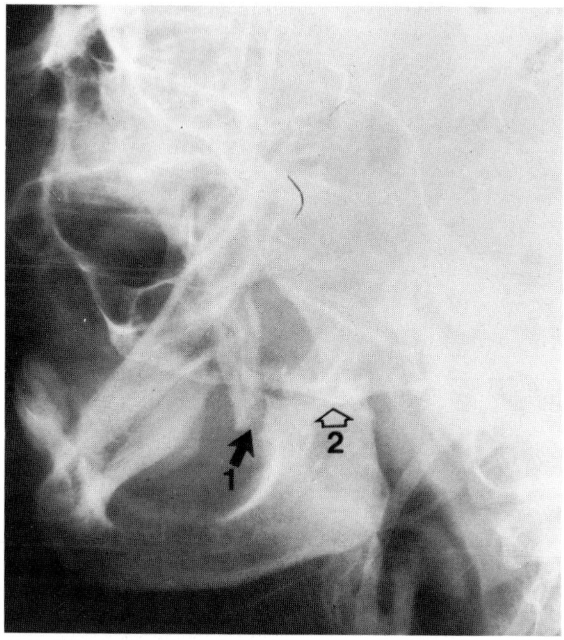

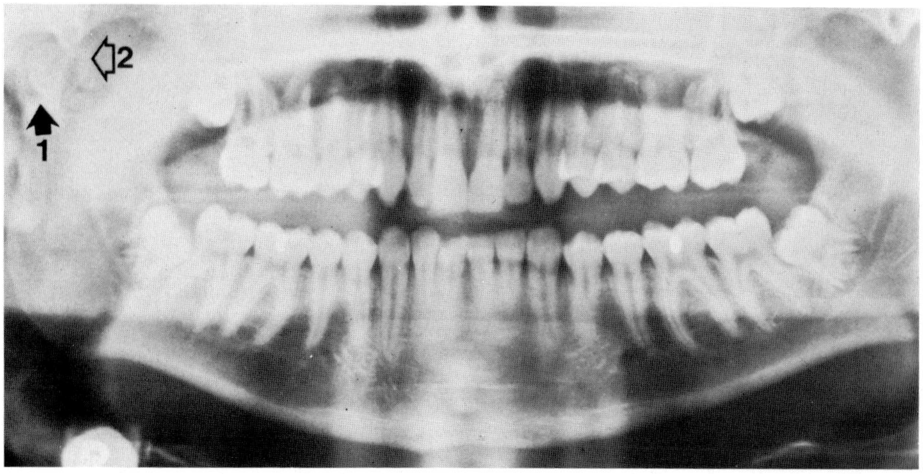

Abb. 2-17 (links): Seitliche Schrägaufnahme, die eine Fraktur des Processus coronoideus (1) und eine subkondyläre Fraktur zeigt (2).

Abb. 2-18 (oben): Panoramaaufnahme mit einer rechtsseitigen subkondylären Fraktur (1). Der Processus condylaris (2) ist dabei rotiert und aus der Fossa glenoidalis heraus nach vorne disloziert.

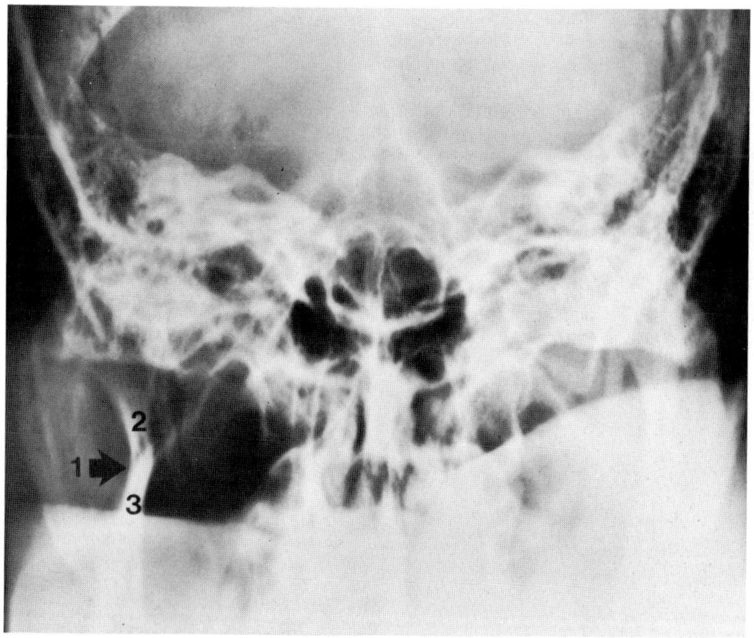

Abb. 2-19: Towne-Aufnahme einer subkondylären Fraktur (1) mit medialer Abknickung des Kondylusfragments (2) gegenüber dem Ramus mandibulae (3).

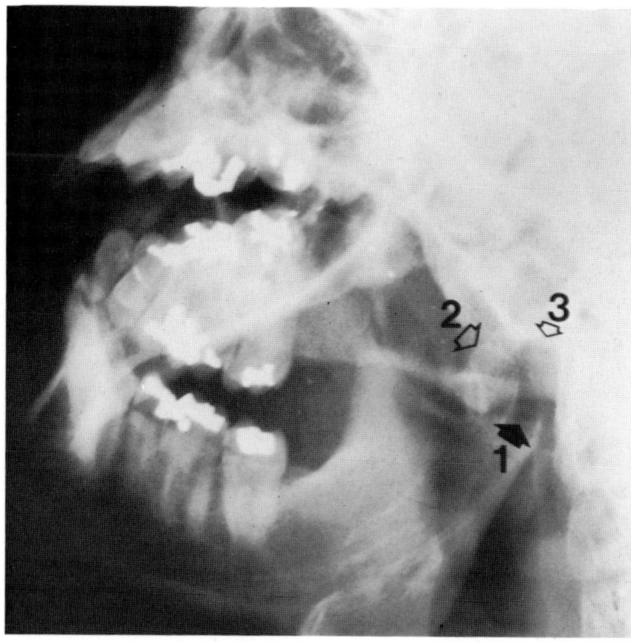

Abb. 2-20: Seitliche Schrägaufnahme einer subkondylären Fraktur (1). Der Processus condylaris (2) ist dabei aus der Fossa glenoidalis heraus nach vorne disloziert (3).

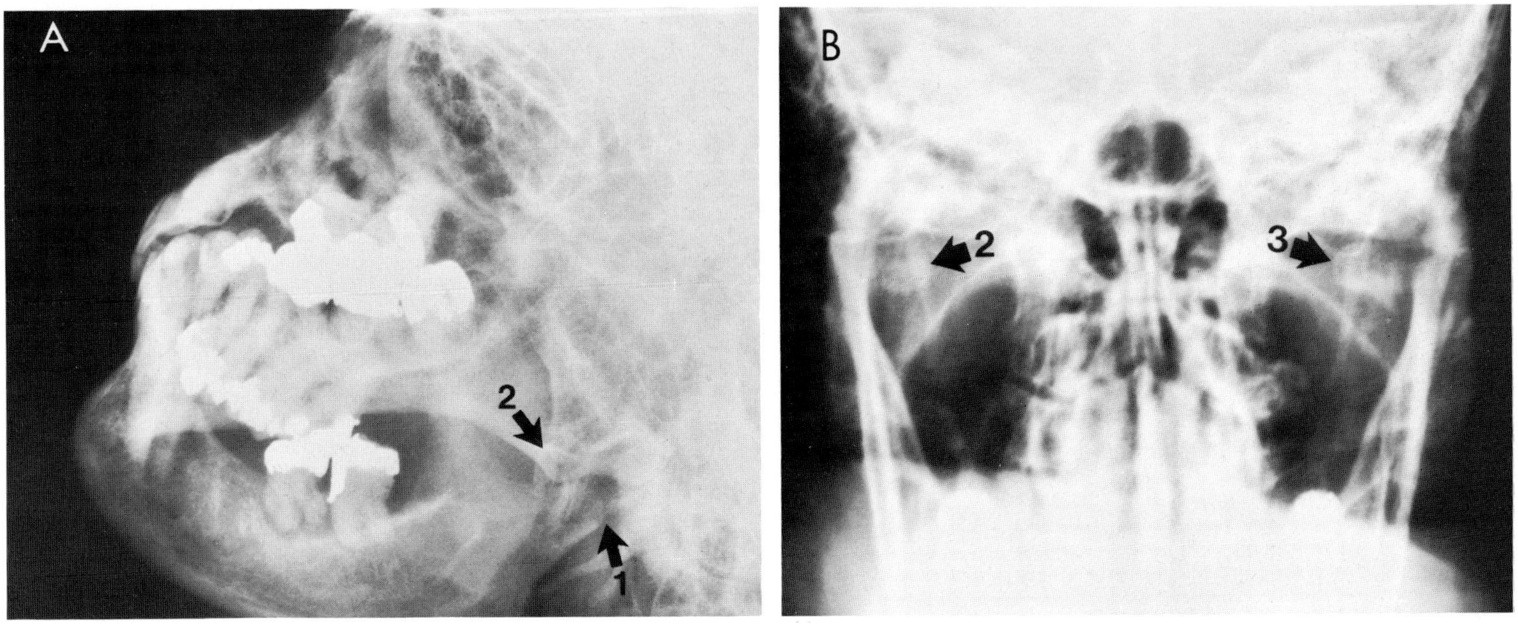

Abb. 2-21: A. Seitliche Schrägaufnahme einer Kondylenfortsatzfraktur (1). Der Processus condylaris (2) ist hier nach vorne disloziert. **B.** Die Towne-Aufnahme zeigt, daß der Processus condylaris auch nach medial verschoben ist (2). Ferner besteht eine linksseitige Kondylenfraktur mit ähnlicher Fehlstellung (3).

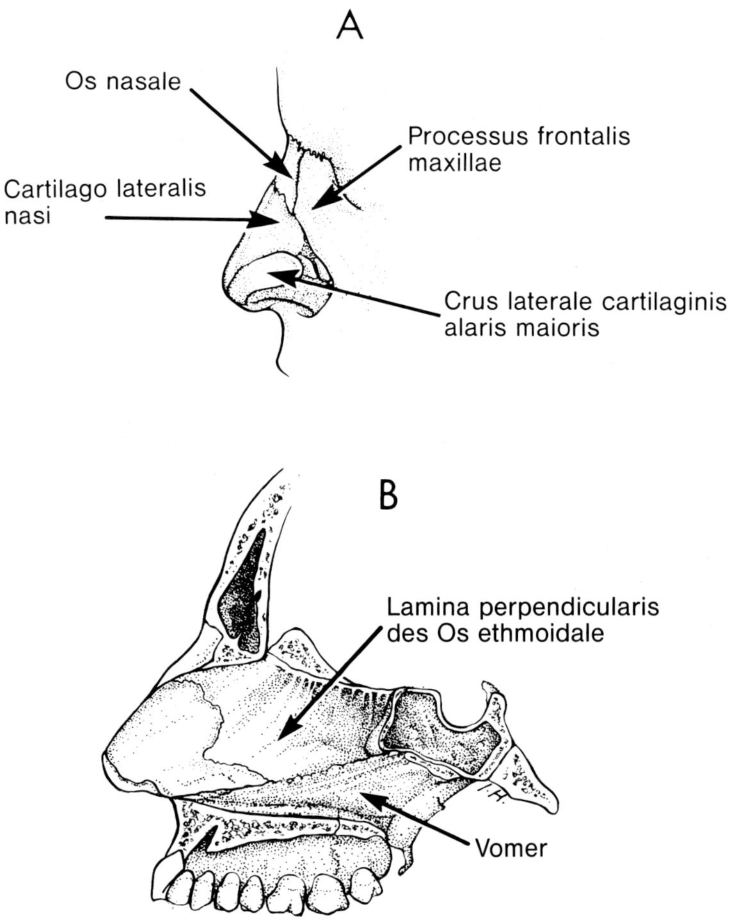

Abb. 2-22: A. Äußere Nasenstrukturen. **B.** Nasenseptum.

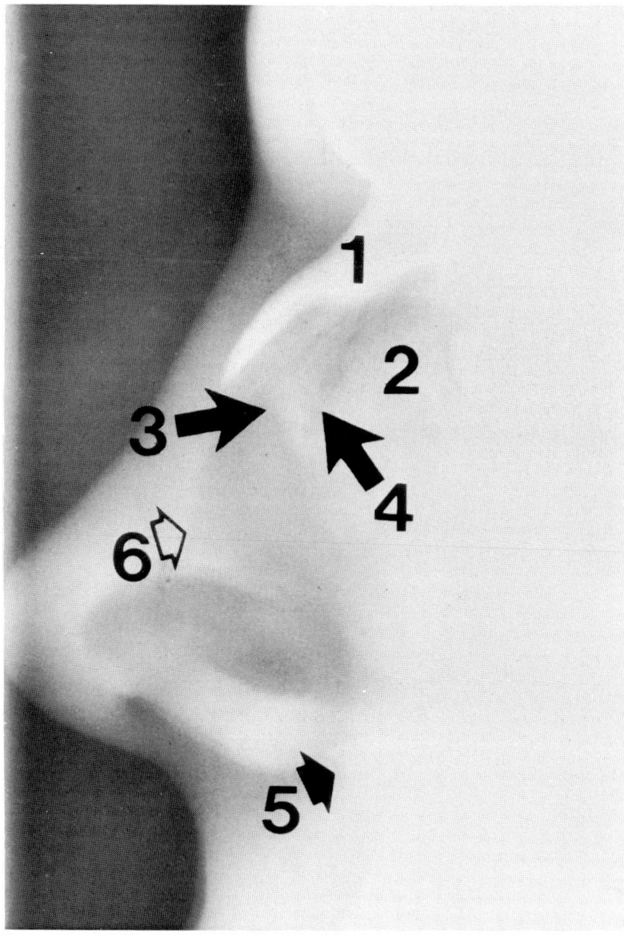

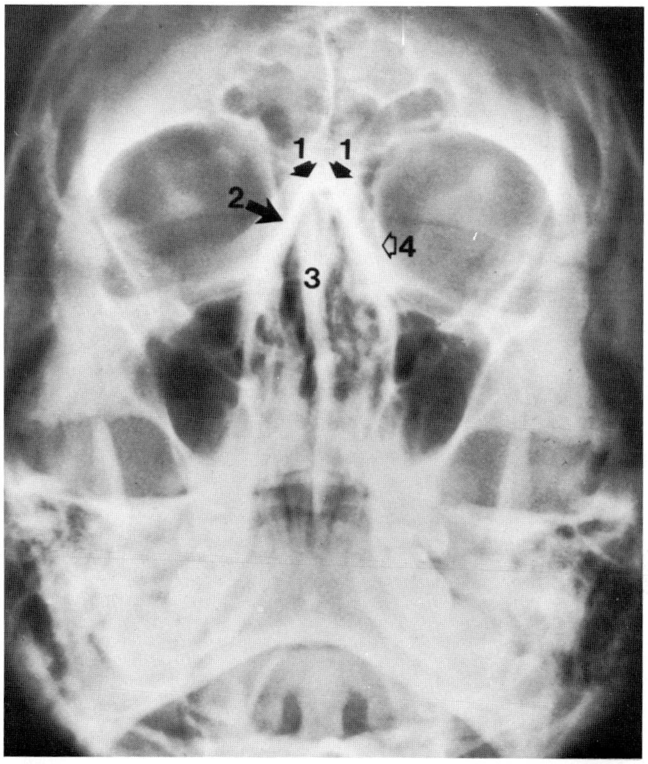

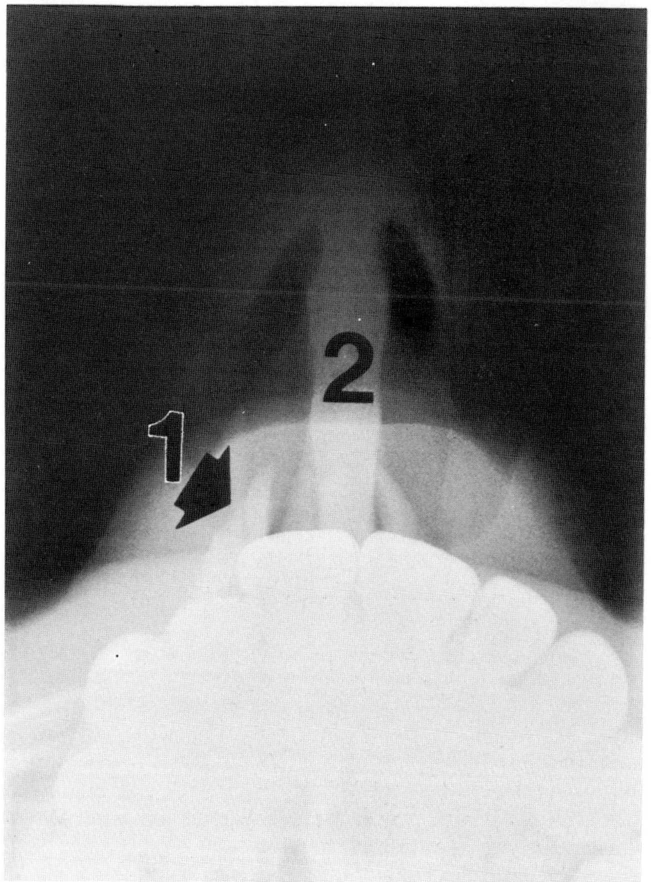

Abb. 2-23 (oben links): Seitaufnahme der Nase. 1 = Os nasale; 2 = Processus frontalis maxillae; 3 = unterer Rand des Os nasale; 4 = Sutura nasomaxillaris; 5 = Spina nasalis anterior; 6 = oberer Nasenknorpel.

Abb. 2-24 (oben rechts): Normale Aufnahme nach Waters. 1 = Ossa nasalia; 2 = Processus frontalis der Maxilla; 3 = Nasenseptum; 4 = vorderer Anteil der Orbitawand, gebildet durch das Os ethmoidale.

Abb. 2-25 (rechts): Axiale Aufnahme der Nase. 1 = Sutura nasomaxillaris; 2 = Septumknorpel.

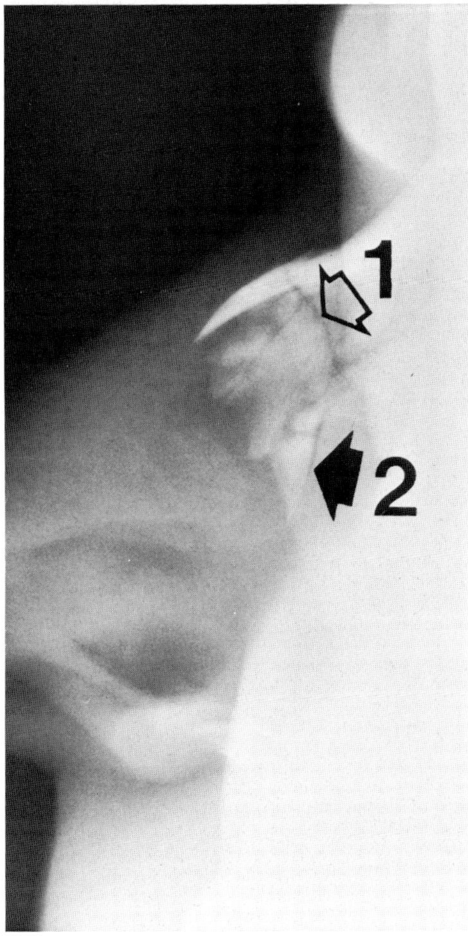

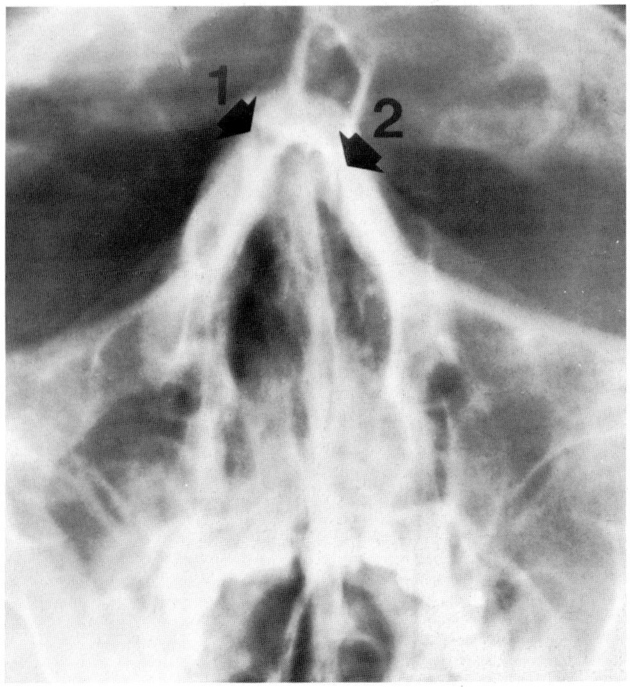

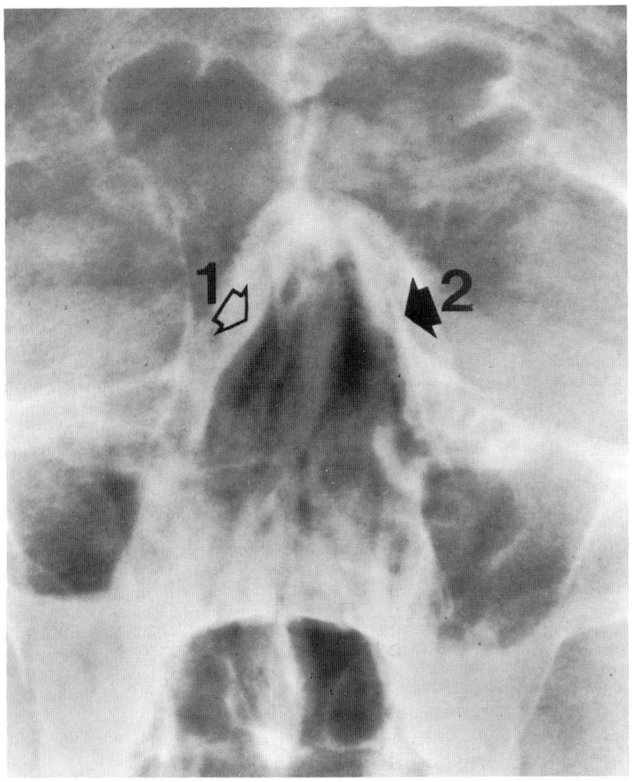

Abb. 2-26 (oben links): Die Seitaufnahme zeigt eine Fraktur beider Nasenbeine (1), die sich bis in den Stirnfortsatz der Maxilla fortsetzt (2).

Abb. 2-27 (oben rechts): Aufnahme nach Waters, die eine laterale Fehlstellung des rechten Nasenbeins und des rechten Maxillastirnfortsatzes (1) und eine mediale Fehlstellung des linken Nasenbeins (2) zeigt.

Abb. 2-28 (unten rechts): Aufnahme nach Waters, die eine beiderseitige Nasenbeinfraktur mit Fragmentverschiebung von rechts nach links und Herabdrängung des Maxillastirnfortsatzes rechts (1) bei gleichzeitiger Lateralverschiebung des linken Stirnfortsatzes (2) zeigt.

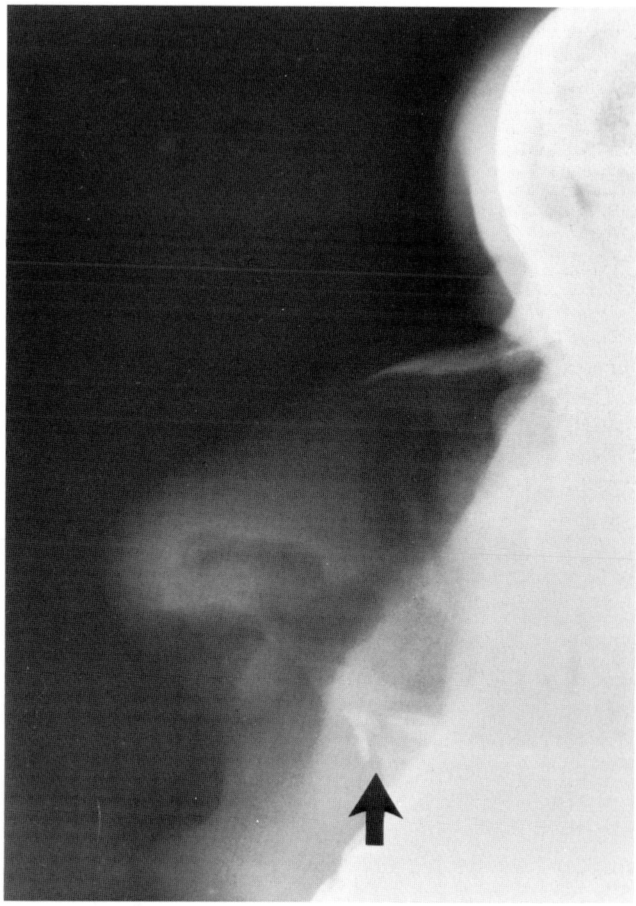

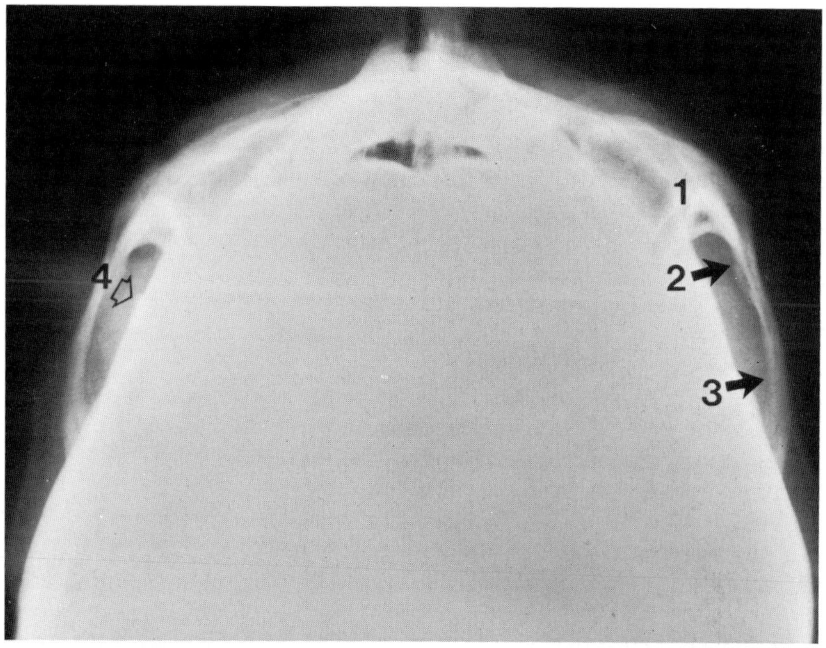

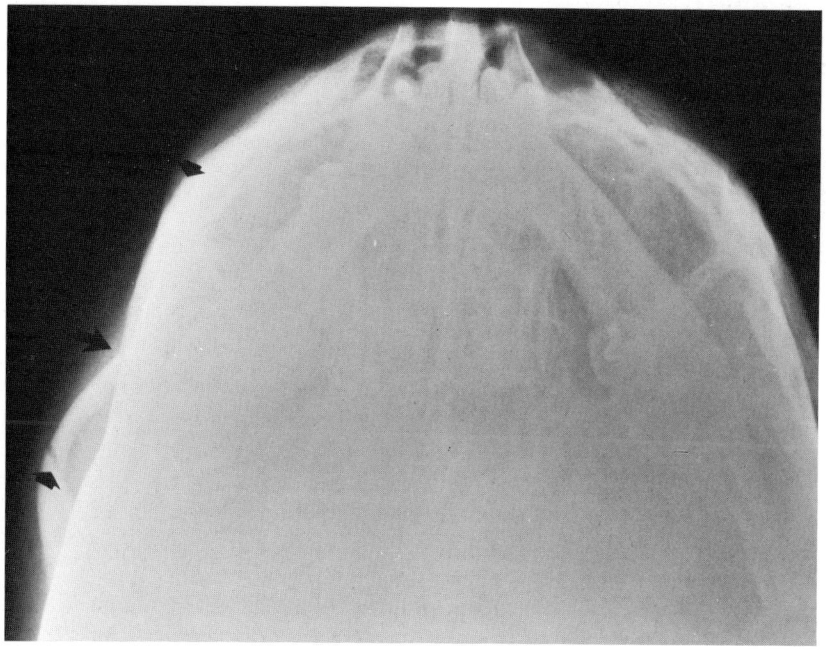

Abb. 2-29 (oben): Seitaufnahme einer isolierten Fraktur der Spina nasalis anterior der Maxilla.

Abb. 2-30 (oben rechts): Modifizierte basale Jochbogenaufnahme. 1 = Corpus des Os zygomaticum; 2 = Processus temporalis des Os zygomaticum; 3 = Processus zygomaticus des Os temporale; 4 = der medial vom Jochbogen gelegene Processus coronoideus der Mandibula.

Abb. 2-31 (unten rechts): Axiale Aufnahme, die Jochbogenfrakturen mit einer V-förmigen Impression der Fragmente zeigt.

Eine seitliche Einstauchungsverletzung der Nase führt zu einem Abriß des Stirnfortsatzes der Maxilla gegenüber dem restlichen Oberkieferknochen auf der betroffenen Seite. Nasenbein und Stirnfortsatz der Maxilla werden dann nahe an ihren Suturen mit dem Stirnbein von diesem getrennt (Abb. 2-26).
Die einwirkende Gewalt kann den Stirnfortsatz der Maxilla auf der Verletzungsseite zur Mittellinie hin abdrängen und dabei auch das Nasenbein und den Stirnfortsatz der Gegenseite frakturieren (Abb. 2-27). Es kommt zu einer gewissen Verdrehung um das Gebiet der Abtrennung am Stirnbein herum (Abb. 2-28). Oft liegt auch eine begleitende Trümmerfraktur des Nasenseptums vor.
Kommt die Gewalteinwirkung direkt von vorne, werden beide Nasenbeine von ihrer Gelenkverbindung mit dem Stirnbein abgetrennt und nach hinten in die Nasenhöhle eingetrieben. Die Stirnfortsätze der Maxilla werden dabei gebrochen und nach außen getrieben. Meist erfolgt daneben eine Trümmerfraktur des äußeren Nasenskeletts.
Bei schweren Verletzungen werden auch die Tränenbeine und die orbitalen Flächen des Os ethmoidale in Mitleidenschaft gezogen. Dies erlaubt eine Seitverschiebung der medialen Augenwinkelbänder und erweckt den Eindruck einer verbreiterten Distanz zwischen beiden Augen (Hypertelorismus).
Die Fraktur der Spina nasalis anterior der Maxilla geht zwar oft mit einer Begleitfraktur der Nase einher, kann jedoch auch als isolierte Verletzung auftreten (Abb. 2-29). Eine solche Fraktur der Spina nasalis anterior kann zu einer ausgeprägten Schmerzempfindlichkeit im Bereich der Oberlippenmitte an der Verbindungsstelle zur Nase führen.

Frakturen des Jochbogens

Ein direkter seitlicher Schlag gegen das Gesicht kann zu einer isolierten Fraktur des Jochbogens führen, der durch schlanke Fortsätze des Joch- und des Stirnbeins gebildet wird.
Frakturen des Jochbogens kann man auf einer Waters-Aufnahme (vgl. Fußnote S. 57) sehen, besser jedoch noch auf einer modifizierten Schädelbasisaufnahme (Abb. 2-30). Für diese Projektion liegt der Patient auf dem Rücken und streckt den Hals so weit wie möglich, damit die Orbitomeatallinie möglichst parallel zur Filmebene zu liegen kommt. Diese Kopfhaltung ist allerdings recht unangenehm und kann auch für Patienten mit weiteren Verletzungen unmöglich sein. Diese Aufnahme dient der Darstellung der Jochbögen und erscheint daher nicht geeignet, die anatomischen Details der Schädelbasis zu zeigen*.

* Anm. d. Übers.: Beste Darstellung des Jochbogens durch die Aufnahme nach Zimmer: Rückenlage, Kinn nach vorne geschoben und Mund geöffnet. Median-Sagittalebene senkrecht zu Tisch und Kassette. Zentralstrahl (bei geschlossenem Mund) von Unterrand des Unterkiefers (Eckzahnhöhe) bis Mitte Augenrand-Ohröffnung. Anschließend öffnet der Patient den Mund. Ergebnis: Freiprojektion des gesamten Jochbogens.

Meist werden die Fragmente des Jochbogens nach innen gedrückt (Abb. 2-31). Bricht der Jochbogen vollständig zusammen, dann meist in Form von drei Fragmenten unter Annahme einer V-förmigen Gestalt. Da der Koronoidfortsatz der Mandibula mit dem daran inserierenden Musculus temporalis medial vom Jochbogen liegt, kann der nun diesem aufliegende kollabierte Jochbogen die Bewegung des Unterkiefers einschränken.

Frakturen des Jochbein-Maxilla-Komplexes

Ein auf den Jochbeinbereich einwirkendes Trauma ruft meist eine schwerere Verletzung als nur eine isolierte Jochbogenfraktur hervor. Neben dem schlanken Temporalfortsatz besitzt das Jochbein auch Gelenkfortsätze zum Keilbein, zum Stirnbein und zur Maxilla. Der Orbitafortsatz des Jochbeins bildet zusammen mit dem daran anschließenden großen Keilbeinflügel die Orbitaaußenwand. Sein Stirnfortsatz formt die Orbitaaußenkante, während sein Oberkieferfortsatz zur Orbitaunterkante und zum Orbitaboden mit beiträgt. Dicke und Stärke erkennt man an der zygomatikomaxillären Sutur, während dagegen medial davon die nach vorne und außen zeigende Wand der Kieferhöhle nur aus relativ schwachem Knochen aufgebaut ist.
Ein Schlag gegen die Backenknochengegend wird nur mit geringer Wahrscheinlichkeit einen Bruch des Oberkieferfortsatzes des Jochbeins nach sich ziehen (Abb. 2-32); stattdessen kommt es medial der Sutur zur Fraktur, die sich dann ausgehend vom Pfeiler der Maxilla nach oben fortsetzt und die Vorderaußenwand der Kieferhöhle nahe dem Foramen infraorbitale durchzieht, um dann über die Orbitaunterkante und zurück über den Orbitaboden bis zur Fissura orbitalis inferior zu verlaufen. Diese Bruchlinie schließt sich kreisförmig, indem sie nach unten über die Kieferhöhlenhinterwand bis zum Maxillapfeiler weiterverläuft. Frakturen treten auch durch die Sutura zygomaticofrontalis hindurch auf und erstrecken sich dann zwischen dem Orbitafortsatz und dem großen Keilbeinflügel bis zur Fissura orbitalis inferior herab. Schließlich bricht noch der Jochbogen etwa einen Zentimeter hinter der Sutura zygomaticotemporalis.
Die Röntgenuntersuchung eines Patienten mit Verdacht auf ein Trauma im Jochbeinbereich beginnt mit einer Aufnahme nach Waters (Abb. 2-33) (s. S. 57). Frakturen des Jochbein-Maxilla-Komplexes führen zu einer Konturunterbrechung des Maxillapfeilers, wobei man die Bruchlinie nach oben bis zum Foramen infraorbitale verlaufen sieht. Meist zeigt sich hierbei die Kieferhöhle durch eine Einblutung oder ein Schleimhautödem verschattet.
Auf einer Waters-Aufnahme (s. S. 57) ruft der Orbitaboden zwei parallele Linien hervor (Abb. 2-34). Die obere der beiden Linien entspricht der tastbaren Orbitaunterkante, die untere dem etwa einen Zentimeter dahinter gelegenen Orbitaboden, der durch die Ränder des Foramen infraorbitale unterbrochen wird. Deshalb kann die Waters-Aufnahme eine Unterbrechung dieser Linien zeigen, wenn die Fraktur sich über die Orbitaunterkante oder den Orbitaboden hinaus erstreckt.

Auch erkennt man eine Sprengung der zygomatikofrontalen Naht auf einer Waters-Aufnahme (Abb. 2-35 A), besser jedoch auf der Aufnahme nach Caldwell (Abb. 2-35 B) (vgl. S. 7). Der Patient wird hierzu in Bauchlage gebracht und der Kopf mit dem Gesichtsschädel so gegen die Kassette gelagert, daß die Orbitomeatallinie senkrecht zur Filmebene steht. Der Zentralstrahl zeigt um etwa 28° fußwärts und geht durch die Glabella. Bei dieser Technik projizieren sich die Felsenbeinoberkanten nicht unterhalb des Orbitabodens. Neben einer Sprengung der Jochbein-Stirnbein-Naht zeigt diese Aufnahme auch eine Trennung des Orbitafortsatzes vom großen Keilbeinflügel mit der Ausdehnung der Bruchlinie nach unten bis in die Fissura orbitalis inferior hinein.

Obwohl man eine Jochbogenfraktur auch auf einer Waters-Aufnahme entdecken kann, führt doch eine modifizierte Aufnahme der Schädelbasis (oder die Aufnahme nach Zimmer, s. S. 64) zur besten Detailerkennbarkeit. Ähnlich wie bei der isolierten Jochbogenfraktur kann eine Einwärtsverschiebung des Jochbein-Maxilla-Komplexes die Unterkieferbewegung einschränken. Darüber hinaus kann auch wegen der stärkeren Gewalteinwirkung die Mandibula selbst brechen (Abb. 2-36).

Wird die verletzende Kraft durch einen Körper mit kleinem Aufprallquerschnitt hervorgerufen, so kann die Fraktur auch nur einen kleinen Anteil des Jochbein-Maxilla-Komplexes durchsetzen. In der Regel betrifft dies Segmente der Orbitakante, wie z.B. eine Medialverschiebung des Jochbeinstirnfortsatzes oder eine auf die untere Orbitakante begrenzte Fraktur (Abb. 2-37 und 2-38).

Blow-out-Frakturen der Orbita

Eine Verletzung der Orbita kann den Orbitarand intakt lassen, dabei aber den Orbitaboden frakturieren. Die hintere Hälfte des Orbitabodens wird durch den dünnen Orbitafortsatz der Maxilla gebildet (Abb. 2-39). Dieser dünnwandige Knochen, der die Augenhöhle von der Kieferhöhle abtrennt, wird durch die infraorbitale Furche (Fissura infraorbitalis inferior) weiter geschwächt. Auch ist der mediale Orbitarand in der Gegend des Planum orbitale des Os ethmoidale relativ schwach ausgebildet.

Der Mechanismus der Blow-out-Fraktur ist in sich etwas gegensätzlich. Bei den meisten Fällen einer solchen Fraktur geht man von dem Postulat aus, daß ein nach außen konvex geformter Gegenstand mit größerem Durchmesser als dem der Orbitahöhle zu einem plötzlichen Anstieg des intraorbitalen Drucks führt. Dieser Druckanstieg wird auf die nicht komprimierbaren umgebenden Fettschichten und Knochenwände übertragen, was zu einem «Ausbersten (engl. = ‚blow-out») in die benachbaren Sinus führt. Zumindest wurde dieser Mechanismus in Versuchen mit Tierleichen bestätigt. Doch konnte eine solche Fraktur auch am mazerierten Schädel durch eine allein auf den unteren Orbitarand einwirkende Gewalt bewirkt werden.

Doppelsehen (Diplopie) ist ein häufiges Symptom bei der Erstvorstellung des Patienten. Die früher angenommene Erklärung der Bewegungseinschränkung des Augapfels war eine Einklemmung des Musculus rectus inferior des Bulbus. Es wurde postuliert, daß zum Zeitpunkt des Aufpralls der Inhalt der Augenhöhle durch den Defekt im Orbitaboden herniiert. Da diese Kraft quasi verpufft, neigen die Fragemente dazu, in ihre Normalstellung zurückzukehren, wobei sie den Musculus rectus inferior einklemmen. Doch konnte gezeigt werden, daß eine solche Muskelfixierung durch einen Knochendefekt ein seltenes Ereignis ist. Hier könnten die Fettschichten zwischen dem unteren Rektusmuskel und dem Musculus obliquus inferior eine wichtigere Rolle spielen. Diese enthalten nämlich Bindegewebsstränge, die die Muskelscheiden und das Periost des Orbitabodens miteinander verbinden. Eine vermehrte Spannung dieser fibrösen Bänder durch ein Ödem, eine Blutung oder eine Einklemmung der Fettpolster selbst könnte die Ursache der eingeschränkten Augapfelbeweglichkeit sein. Es wurde andererseits aber auch in die Diskussion geworfen, daß die Bewegungsstörung von einer direkten Verletzung der Muskeln oder von deren Nerven zum Zeitpunkt des Aufpralls herrührt.

Ein Enophthalmus des Patienten zum Zeitpunkt seiner Erstvorstellung kommt von einem Prolaps von Orbitainhalt in die benachbarten Knochenhöhlen. Eine verzögerte Entwicklung des Enophthalmus kann auch durch einen allmählichen Prolaps von Orbitainhalt durch einen Knochendefekt hindurch geschehen. Sie kann aber auch Ergebnis einer Narbenbildung mit Retraktion des Augenhöhleninhalts ohne einen solchen Prolaps sein. Der Enophthalmus scheint mit der Größe der Orbitabodenfraktur zu korrelieren. Auch können größere Frakturen der medialen Orbitawand mit einem Prolaps von Augenhöhleninhalt in das System der Siebbeinzellen eine wichtige Rolle spielen.

Die Röntgenuntersuchung beginnt bei der Möglichkeit von Blow-out-Frakturen mit einer Waters-Aufnahme (Abb. 2-40) (s. S. 57). Die Orbitaunterkante erscheint dann intakt, während die Linie des hinteren Orbitabodens unterbrochen und fehlgestellt sein kann. Die Verdachtszeichen einer Weichteilverschattung am Dach der Kieferhöhle (Abb. 2-41), ein Luft-Flüssigkeits-Spiegel in der Kieferhöhle oder ein Orbitaemphysem (Abb. 2-42) werden darin deutlich zu sehen sein.

Die Caldwell-Aufnahme* (s. S. 7) gibt eine bessere Darstellung des Bodens und der medialen Wand der Orbita (Abb. 2-43). Auch hier wird der Boden durch zwei Linien dargestellt, doch projiziert sich im Gegensatz zur Waters-Aufnahme die Orbitaunterkante unterhalb des hinteren Orbitabodenanteils. Die obere Linie, die das Planum orbitale der Maxilla darstellt, erstreckt sich von der Fissura orbitalis inferior bis zur medialen Orbitawand und wird von dem hinteren Anteil der infraorbitalen Rinne unterbrochen. Die Lamina orbitalis des Siebbeins, die den Hauptan-

* Anm. d. Übers.: In der Regel dürfte die Anforderung einer Orbita- oder Orbitaspezialaufnahme genügen. Jede Röntgenabteilung dürfte hier eine feste Einstelltechnik besitzen. Darüber hinaus gibt es eine Reihe spezieller Orbitaeinstelltechniken, deren Besprechung hier aber sicher zu weit führen dürfte.

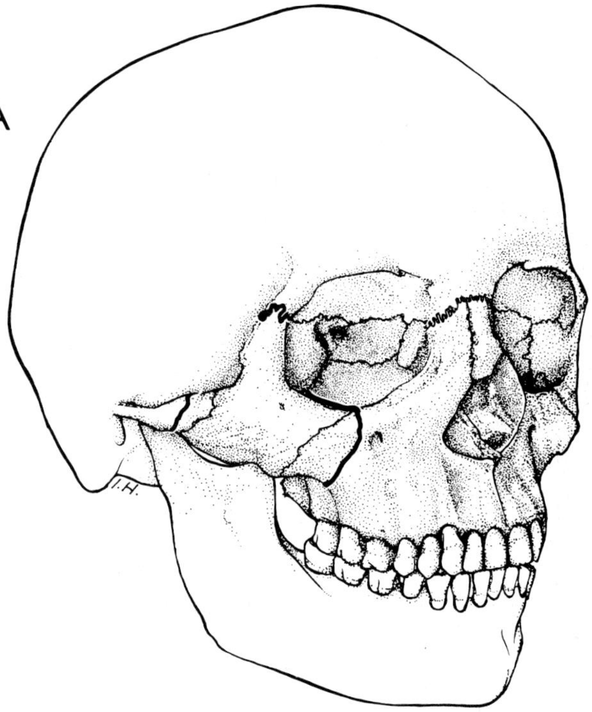

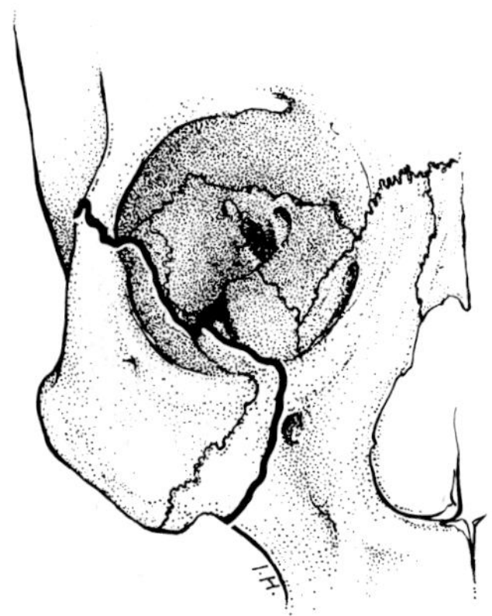

Abb. 2-32: A und B. Schematische Darstellung einer komplexen Fraktur von Os zygomaticum und Maxilla.

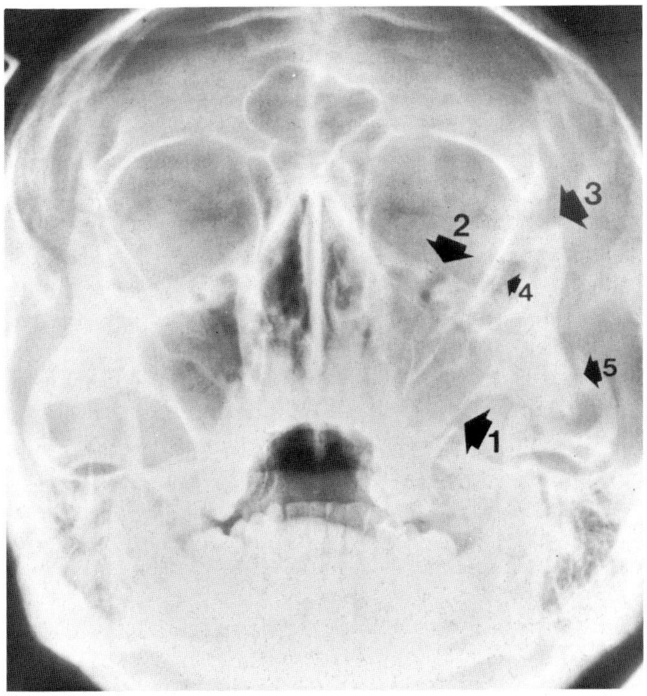

Abb. 2-33: Waters-Aufnahme einer zygomatikomaxillären Fraktur. Die Fraktur verläuft von der seitlichen Wand der Maxilla (1) bis in den vorderen unteren Orbitarand (2). Die Sprengung der Sutura zygomaticofrontalis (3) dehnt sich über den Processus orbitalis des Jochbeins (4) bis zur Fissura orbitalis inferior aus. Die Jochbogenfraktur ist insofern auffällig (5), als der Komplex rotiert und nach medial fehlgestellt ist.

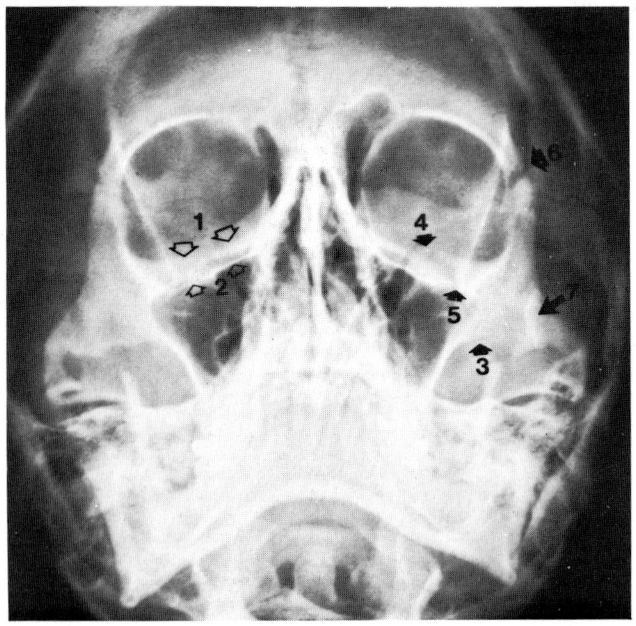

Abb. 2-34: Diese Waters-Aufnahme zeigt einen normalen unteren Orbitarand (1) und einen intakten Orbitaboden (2) rechts. Eine Fraktur des zygomatikomaxillären Komplexes auf der linken Seite verläuft vom Pfeiler der Maxilla (3) durch den unteren Orbitarand (4) und erfaßt auch den Orbitaboden (5). Die Fraktur an der Sutura zygomaticofrontalis erscheint als Aufhellung (6), wogegen die Jochbogenfraktur durch Fragmentüberlagerung (7) eine vermehrte Strahlendichte aufweist.

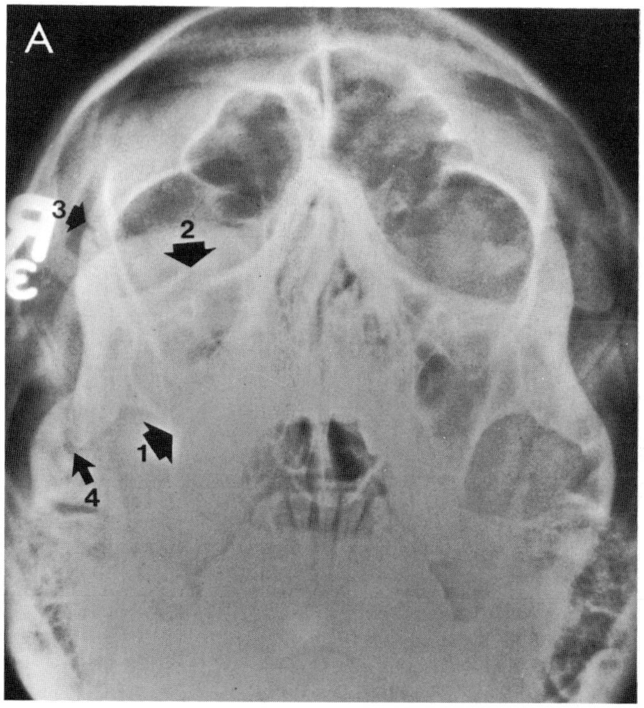

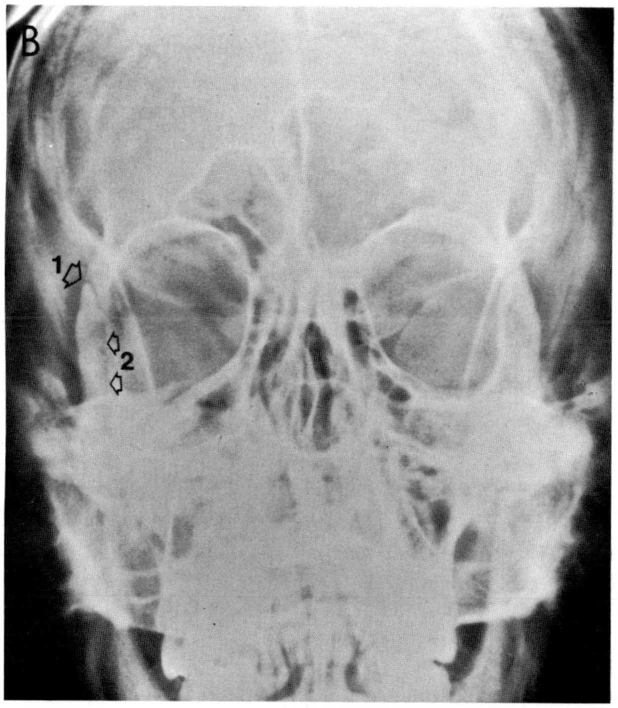

Abb. 2-35: A. Diese Waters-Aufnahme zeigt eine Fraktur des zygomatikomaxillären Komplexes mit einer Unterbrechung der seitlichen Kieferhöhlenwand (1), des unteren Orbitarandes (2), des Stirnfortsatzes des Jochbeins (3) und des Jochbogens selbst (4).

B. Deutlicher kommt die Fraktur der Sutura zygomaticofrontalis (1) auf einer Caldwell-Aufnahme heraus; sie erstreckt sich bis in den Processus orbitalis des Jochbeins (2).

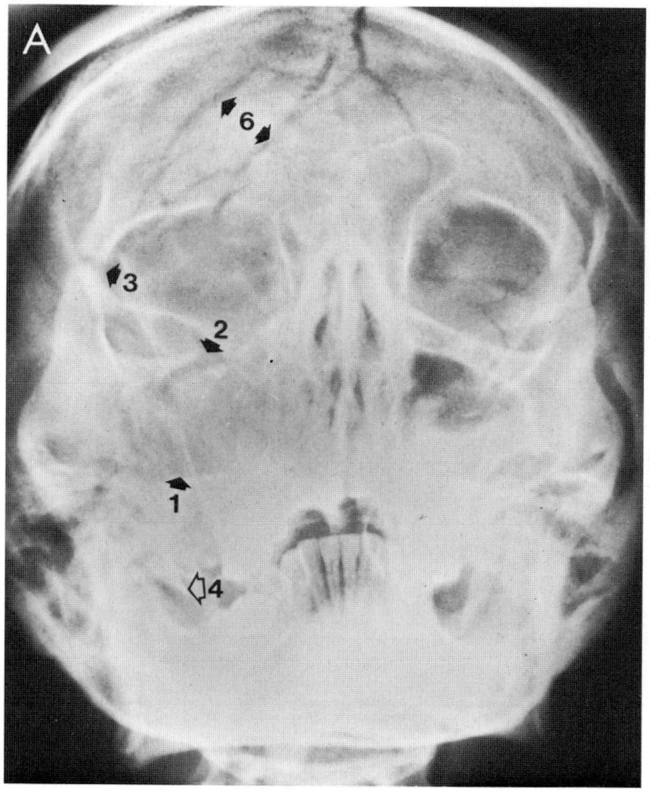

Abb. 2-36: Waters-Aufnahme einer Fraktur, die von der seitlichen Kiefernhöhlenwand (1) bis zum unteren Orbitarand (2) reicht, mit Sprengung der Sutura zygomaticofrontalis (3). Es scheint auch eine Mandibulafraktur vorzuliegen (4). Daneben hat der Patient eine Trümmerfraktur des Stirnbeins erlitten (6). **B.** Die Panoramaaufnahme bestätigt die Fraktur des Processus coronoideus der Mandibula (4) und zeigt darüber hinaus deren Verlauf durch den Unterkieferwinkel (5).
kante und der vorderen Kieferhöhlenwand zeigt.

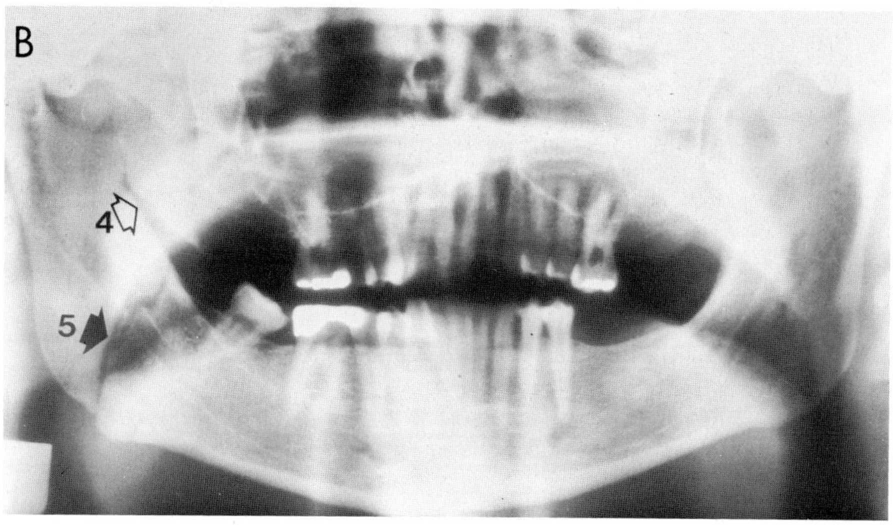

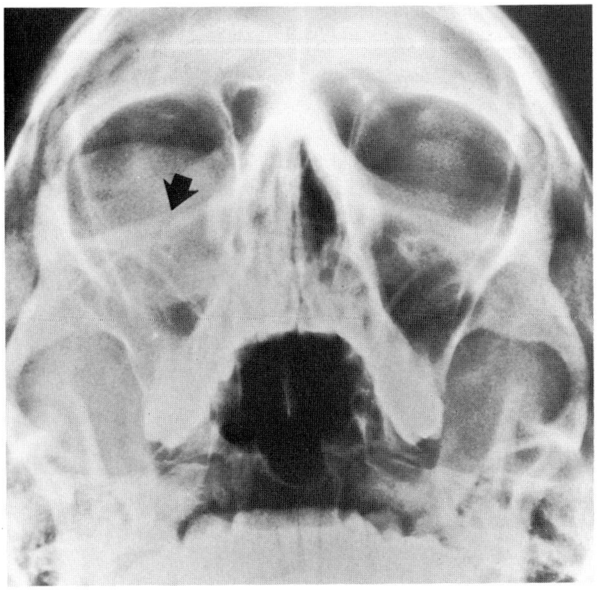

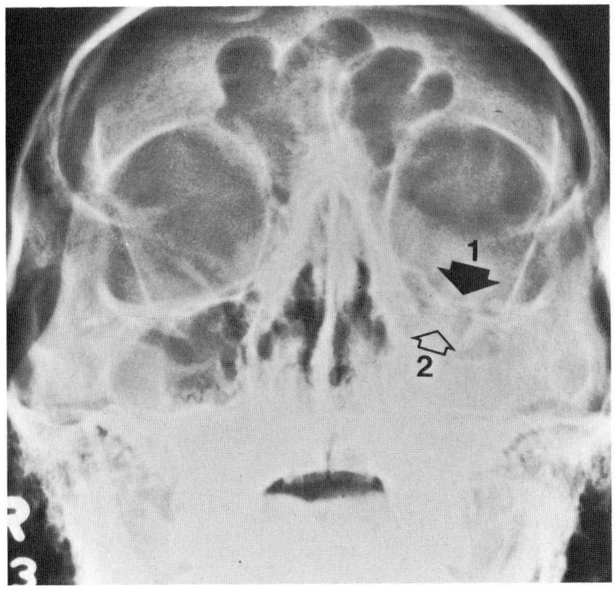

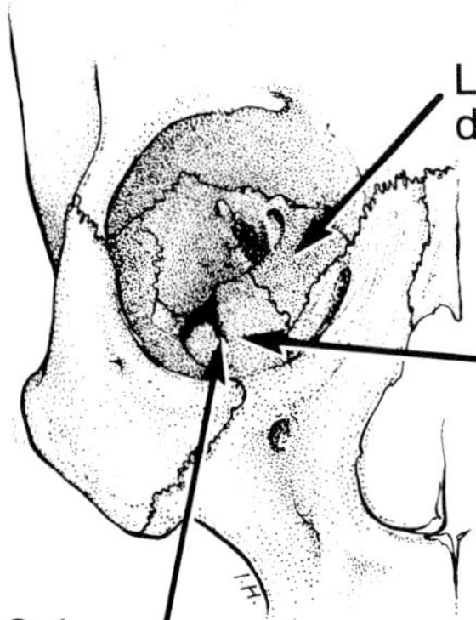

Abb. 2-39: Anatomie der knöchernen Orbita.

Abb. 2-37 (oben links): Waters-Aufnahme, die eine isolierte Fraktur der Orbitaunterkante und der vorderen Kieferhöhlenwand zeigt.

Abb. 2-38 (oben rechts): Waters-Aufnahme einer Trümmerfraktur der unteren Orbitakante (1) mit Beteiligung des hinteren Anteils des Orbitabodens (2).

Abb. 2-40 (unten links): Waters-Aufnahme einer «Blow-out-Fraktur» der linken Orbita. Die untere Orbitakante (1) ist intakt, während die Linie, die den Orbitaboden darstellt, eine Unterbrechung zeigt (2). Am Rand sieht man ein disloziertes Fragment (3).

Abb. 2-41 (unten rechts): Waters-Aufnahme einer «Blow-out-Fraktur» der rechten Orbita. Die untere Orbitakante ist intakt (1). Eine Weichteilmasse verschattet das Dach der rechten Kieferhöhle (2).

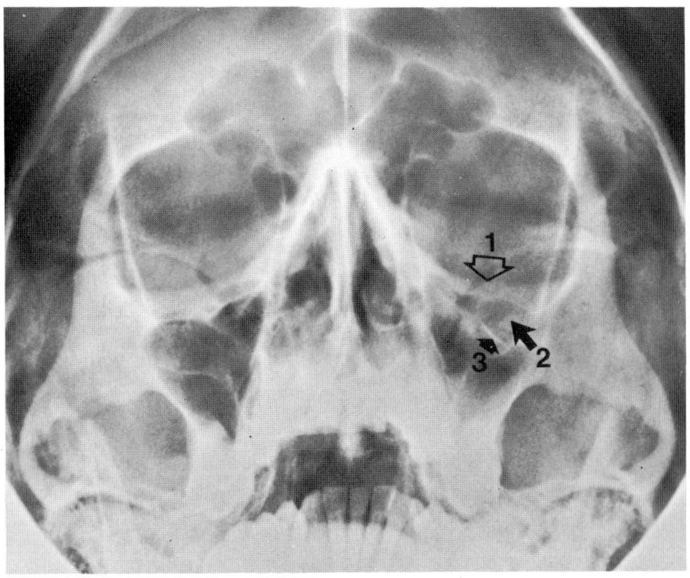

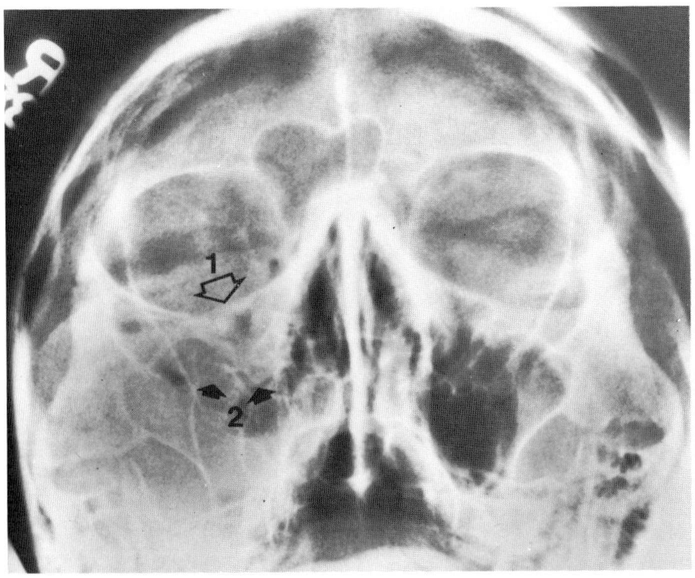

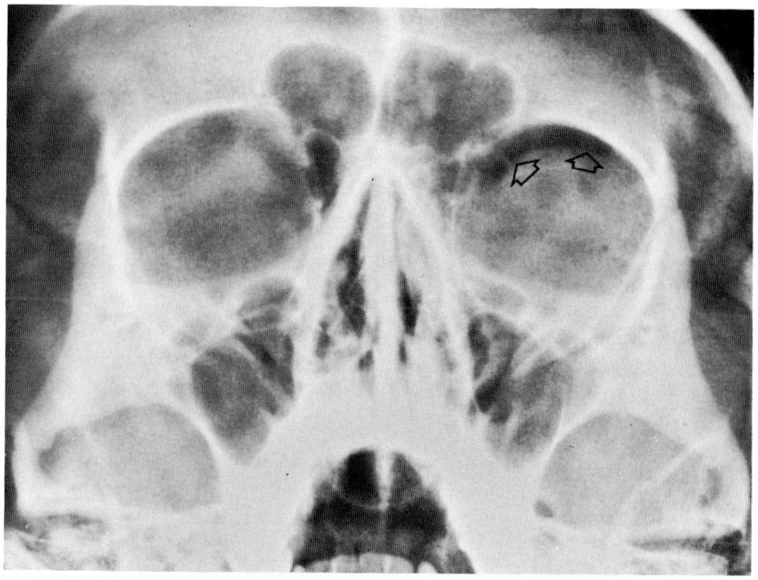

Abb. 2-42: Diese Waters-Aufnahme zeigt ein Orbitaemphysem rechts.

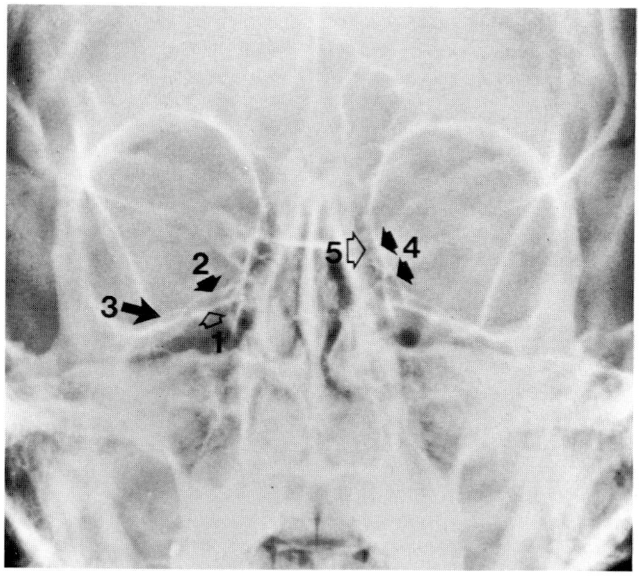

Abb. 2-43: Caldwell-Aufnahme. 1 = Orbitaunterkante; 2 = orbitale Kieferhöhlenhöhle; 3 = hinterer Anteil der Incisura infraorbitalis; 4 = hinterer Anteil der Lamina orbitalis ossis ethmoidalis; 5 = medialer Orbitarand.

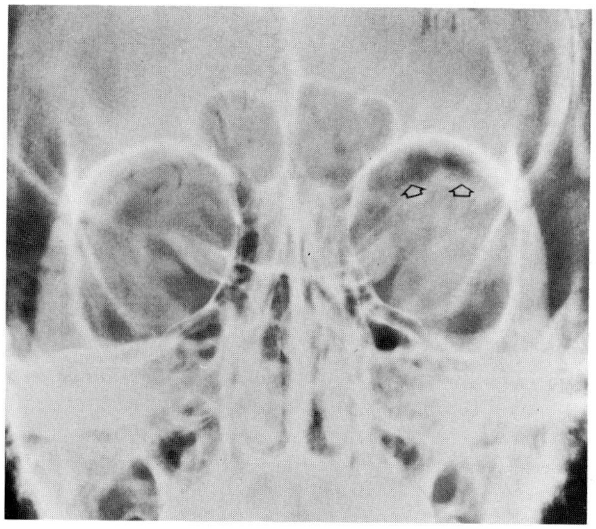

Abb. 2-44: Caldwell-Aufnahme, die ein Orbitaemphysem zeigt.

teil der medialen Orbitawand bildet, stellt sich als Linie dicht lateral der medialen Orbitakante dar.
Die Caldwell-Aufnahme kann eine Blow-out-Fraktur der Orbita als Stufenbildung oder als Impression des Planum orbitale des Siebbeins zeigen. In einigen Fällen kann auch ein Teil oder das gesamte Planum orbitale zu fehlen scheinen. Ferner vermag diese Aufnahme einen Weichteilschatten zu zeigen, der sich in die Kieferhöhle projiziert, sowie das Vorliegen eines Orbitaemphysems (Abb. 2-44).
Zu Frakturen der medialen Orbitawand kommt es bei experimentell erzeugten Blow-out-Frakturen in einem hohen Prozentsatz. Die meisten dieser Brüche sind nur klein und können sich einzig durch eine einseitige Trübung der Siebbeinzellen zu erkennen geben. Große Defekte wiesen dagegen eventuell eine Medialverschiebung des Panum orbitale ossis ethmoidalis in einer Caldwell-Aufnahme auf.
Die meisten Chirurgen stimmen heute darin überein, daß eine Blow-out-Fraktur keine chirurgische Notfallindikation darstellt, d. h. das Vorliegen einer solchen Fraktur allein stellt noch nicht den Anlaß für eine Operation dar. Die genaue Abklärung, ob eine solche Fraktur operiert werden muß, wird zunächst einmal aufgeschoben, damit sich Ödem und Blutung zurückbilden können; erst das Persistieren einer Diplopie oder des Enophthalmus ist dann die Operationsindikation. Deshalb ist die röntgenologische Klärung nicht vordringlich und sollte auch so lange verschoben werden, bis der Patient die für eine Waters- bzw. Caldwell-Aufnahme erforderliche Lagerung tolerieren kann. Die Darstellung der Orbita mit einer «umgekehrten Waters-Aufnahme» oder einer «umgekehrten Caldwell-Aufnahme» bei einem Patienten in Rückenlage liefert nur völlig unzureichende Details. In diesem Fall wird dann eine Nachuntersuchung nach dieser unzulänglichen Erstuntersuchung erforderlich sein*.

LeFort-Frakturen

Das Mittelgesicht erstreckt sich unterhalb der schräg abfallenden vorderen und mittleren Schädelgrube nach unten. Eine zentrale Stützung erfährt es durch den Vomer und die Lamina perpendicularis des Siebbeins sowie die seitlichen Ethmoidanteile. Lateral verbinden die Jochbeinfortsätze das Mittelgesicht mit dem Schädel. Schließlich liefern noch die Processus pterygoidei des Keilbeins eine hintere Befestigung. Dieser Aufbau ermöglicht es, daß das Mittelgesichtsskelett den durch den Kauakt übertragenen senkrecht gerichteten Kräften Widerstand leisten kann. Andererseits führen aber Kräfte von vorne, oben oder seitlich leicht zu einem Abriß dieses Komplexes von der Schädelbasis.

* Anm. d. Übers.: Einen wesentlichen Anteil zur Abklärung von Blow-out-Frakturen der Orbita vermag die konventionelle Tomographie (auch im a.-p. Strahlengang) zu leisten; sie sollte deshalb immer dann eingesetzt werden, wenn dies therapeutische Konsequenzen nach sich ziehen wird.

Das Verständnis der Frakturlinien im mittleren Gesichtsdrittel geht auf die experimentellen Studien an Leichenschäden durch René LeFort im Jahre 1901 zurück. Er beobachtete damals, daß sich diese Bruchlinien in drei Kategorien einteilen lassen (Abb. 2-45).
Eine LeFort I-Fraktur beginnt an der Unter- und Außenseite der vorderen Nasenöffnung. Sie verläuft über die Vorderaußenseite der Kieferhöhle nach lateral und unter dem Maxillapfeiler hindurch. Dann wendet sie sich leicht nach oben durch den unteren Anteil der lateralen und medialen Keilbeinflügel. Die Fraktur schließt sich kreisförmig, indem sie durch die mediale Kieferhöhlenwand bis zu ihrem Ausgangspunkt zurück verläuft. Eine LeFort I-Fraktur entwickelt sich meist beidseitig und geht mit einer Fraktur durch den Vomer einher.
Eine LeFort II-Fraktur entsteht durch eine erhebliche Gewalteinwirkung gegen das Mittelgesicht in einem Bereich, der sich von der Glabella bis zum Alveolarfortsatz der Maxilla erstreckt. Die Fraktur beginnt quer in den Nasenbeinen dicht unterhalb der Sutura frontonasalis beidseits, erstreckt sich symmetrisch durch die Stirnfortsätze der Maxilla und schließlich nach unten durch die Tränenbeine. Ab diesem Punkt zieht die Frakturlinie beiderseits nach vorne und lateral zur Orbitaunterkante, und zwar medial der der Sutura zygomaticomaxillaris. Beim Abstieg durchsetzt sie die Vorderaußenwand der Kieferhöhle und verläuft durch oder dicht neben dem Foramen infraorbitale. Sie unterquert dann den Maxillapfeiler, wendet sich abrupt nach oben und durchsetzt die Hinteraußenwand der Kieferhöhle. Die Fraktur der Keilbeinflügel erfolgt in deren Mittelabschnitten. Innerhalb der Nasenhöhle werden die medialen Kieferhöhlenwände frakturiert; eine weitere Bruchlinie durchsetzt das Nasenseptum und erfaßt auch die Lamina perpendicularis ossis ethmoidalis sowie den Vomer.
LeFort III-Frakturen geschehen meist durch einen Schlag von vorne gegen ein noch weiteres Mittelgesichtsgebiet. Eine Verschiebung der Mittelgesichtsstrukturen nach hinten läßt auch die Jochbögen brechen. Diese Fraktur kann auch Ergebnis eines Schlags von außen gegen die Wangenregion sein, der zu kräftig ist, um noch durch einen alleinigen Jochbogenbruch aufgefangen zu werden. Das Mittelgesicht verdreht sich dann scharnierartig um das Siebbein, wobei die Kraftübertragung eine Fraktur mit Lateralverschiebung des gegenüberliegenden Jochbeins erzeugt. Der Bruch durchsetzt beide Nasenbeine sowie die Stirnfortsätze der Maxilla in der Nachbarschaft der frontonasalen und der frontomaxillaren Naht. Er durchsetzt dann die Tränenbeine und läuft weiter nach hinten über die Lamina orbitalis des Siebbeins weiter. Meist kommt es dabei zu einem Trümmerbruch der Lamina. Die Frakturlinie wendet sich nach unten zum medialen Anteil der Fissura orbitalis inferior beidseits, sie durchsetzt die obere und hintere Oberfläche der Maxilla in der Fossa sphenopalatina, um dann den hinteren Anteil der Nasenhöhle zu erreichen. Die zur Nase gerichteten Oberflächen der Massae laterales und der Lamina perpendicularis des Siebbeins brechen dann auch noch. Die Keilbeinflügel werden an ihrer Basis vom Keilbeinkörper abgesprengt. Die

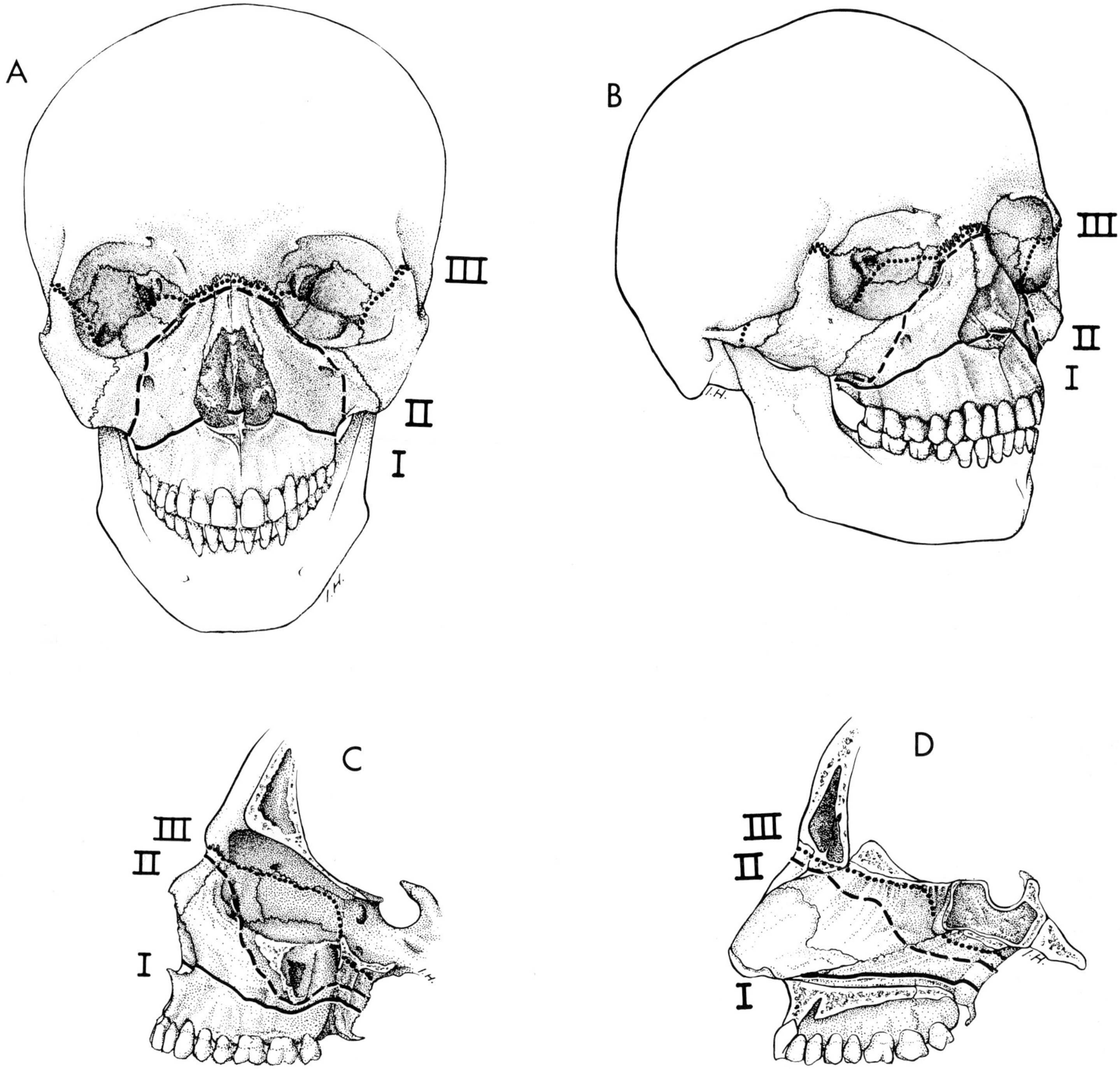

Abb. 2-45: A–D. Schematische Zeichnung der LeFort-Frakturen.

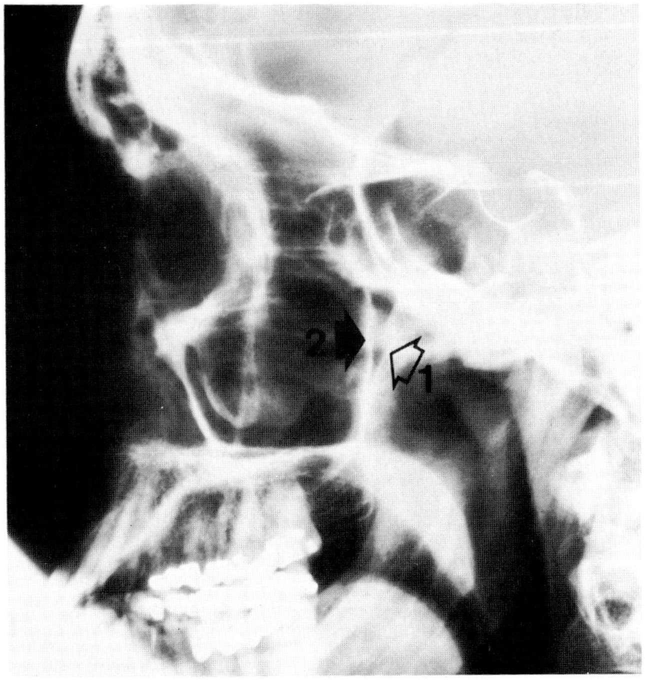

Abb. 2-46: Seitaufnahme der Vorderflächen des Planum pterygoideum beidseits (1) und der Hinterwand der Maxilla (2).

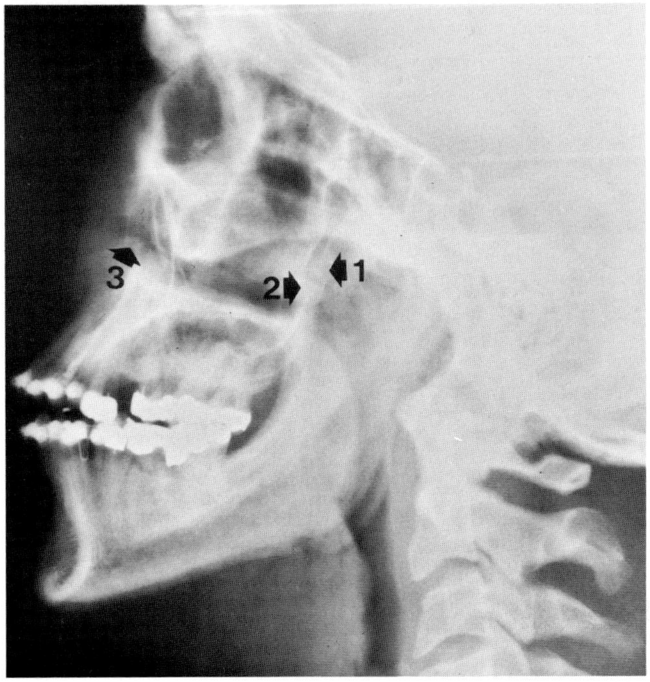

Abb. 2-47: Seitaufnahme einer LeFort I-Fraktur. Es liegt eine Kontinuitätstrennung des Planum pterygoideum (1), der Hinterwand der Maxilla (2) und der vorderen Maxillafläche (3) vor.

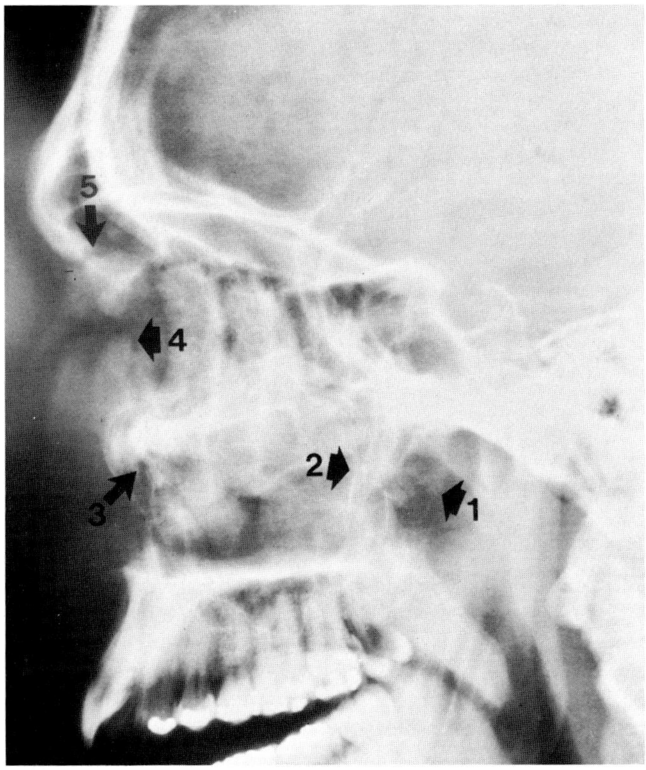

Abb. 2-48: Seitaufnahme einer LeFort II-Fraktur. Eine Aufhellungszone erstreckt sich durch die Plana pterygoidea (1); die Hinterwand der Maxilla zeigt eine Kontinuitätstrennung (2). Nach oben verläuft eine Frakturlinie durch die Maxillavorderwand (3) bis zur medialen Orbitawand (4). Eine weitere Fraktur nahe der Sutura frontonasalis (5).

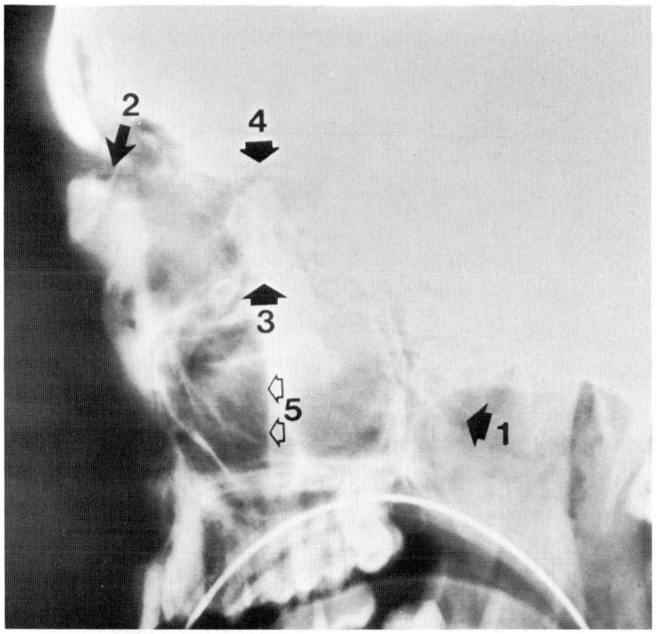

Abb. 2-49: Seitaufnahme einer LeFort III-Fraktur. Die Plana pterygoidea sind unterbrochen (1), die Sutura frontonasalis ist gesprengt (2). Eine weitere Frakturlinie erstreckt sich nach hinten bis in die mediale Orbitawand (3). Schließlich beruht noch eine Aufhellungslinie (4) auf einer Fraktur der Sutura zygomaticofrontalis. Der Flüssigkeitsspiegel (5) ist Ausdruck einer Einblutung in die Kieferhöhle.

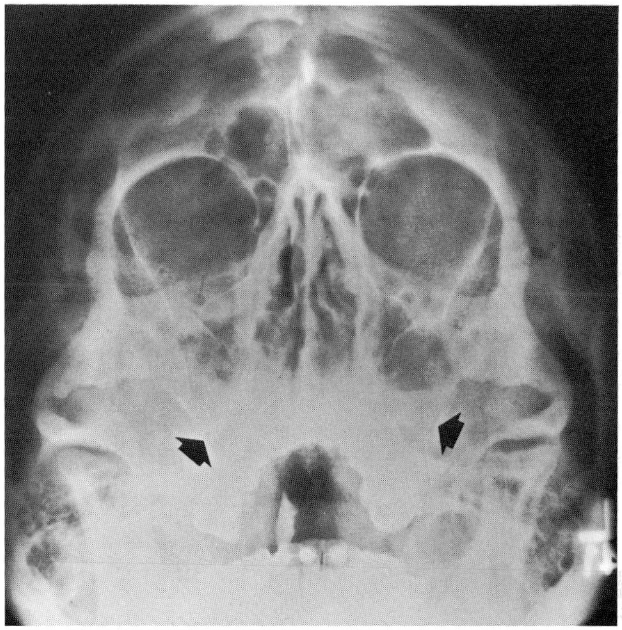

Abb. 2-50: Waters-Aufnahme einer LeFort I-Fraktur mit Unterbrechungen der Seitenwände beider Maxillen. Man sieht in der linken Kieferhöhle einen Flüssigkeitsspiegel, in der rechten dagegen eine massive Schleimhautanschwellung.

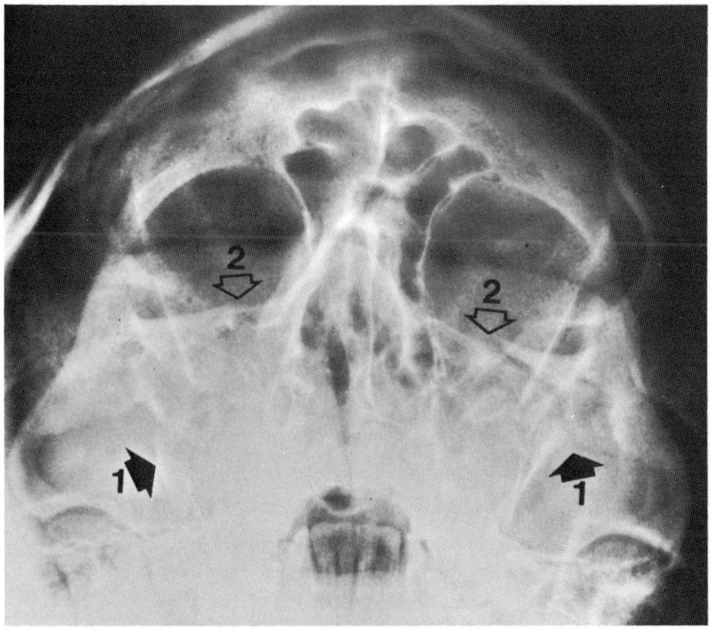

Abb. 2-51: Waters-Aufnahme einer LeFort II-Fraktur mit Unterbrechung beider Kieferhöhlenseitenwände (1) und der Orbitaunterränder (2).

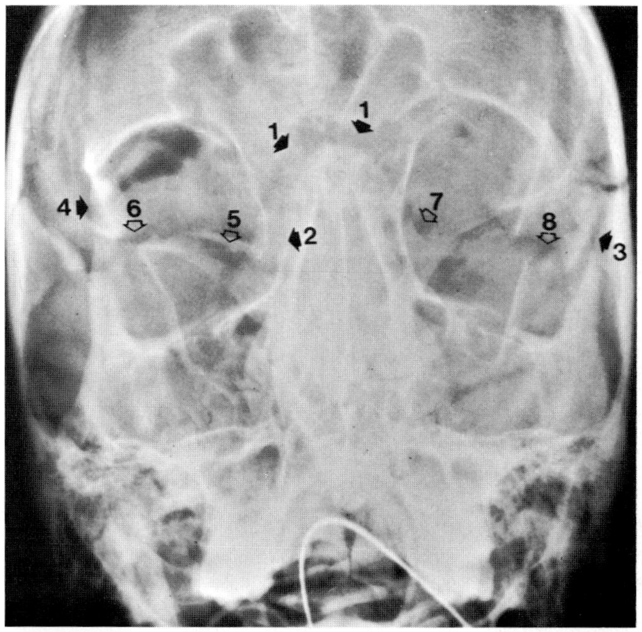

Abb. 2-52: Waters-Aufnahme einer Le Fort III-Fraktur. Sie zeigt eine Sprengung der Sutura nasofrontalis (1) und eine Unterbrechung des Orbitawandanteils des Os ethmoidale (2), welche durch eine Verschiebung des Mittelgesichts nach links sichtbar wird. Der Stirnbeinfortsatz des Jochbeins ist links (3) und rechts (4) frakturiert. Ferner sieht man Frakturen mit Beteiligung der Ala minor (5 und 7) und der Ala maior (6 und 8) des Os sphenoidale beidseits.

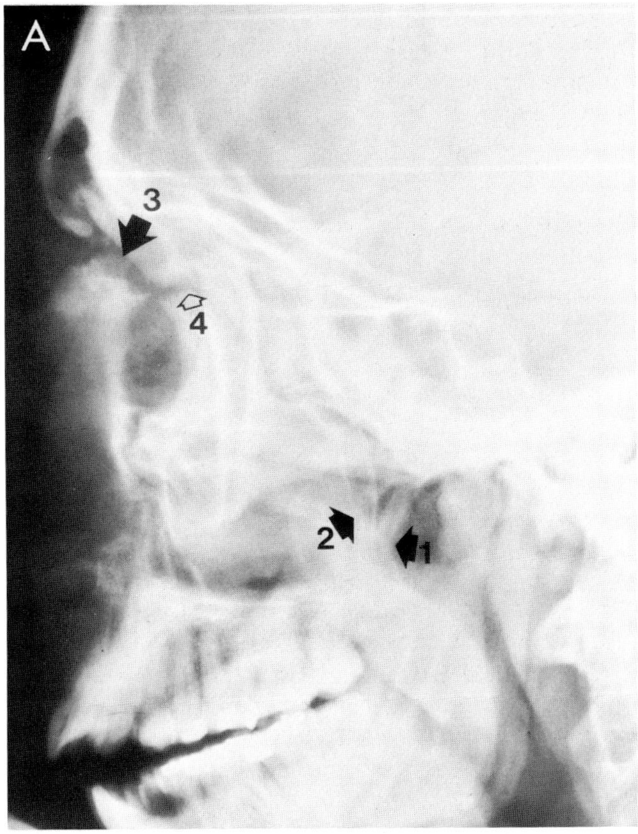

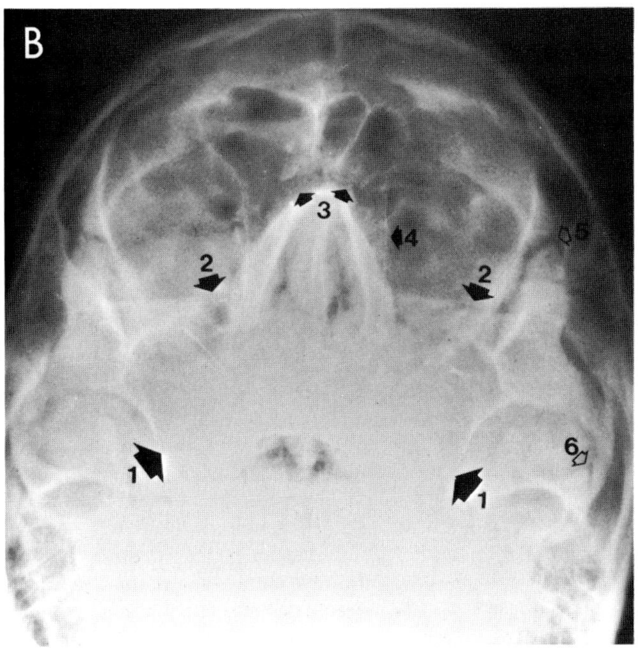

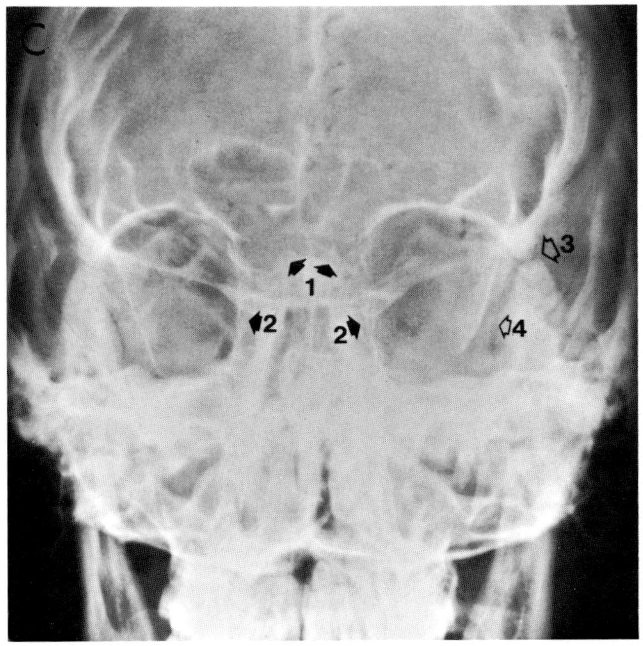

Abb. 2-53: A. Seitaufnahme bei einer Unterbrechung des Planum pterygoideum beidseits (1) und der Maxillahinterwand (2). Die Sutura frontonasalis ist gesprengt (3), ferner eine Sutura zygomaticofrontalis (4). **B.** Waters-Aufnahme einer beiderseitigen Fraktur der Kieferhöhlenseitenwände, der Orbitaunterränder (2), der Sutura nasofrontalis (3) des vorderen Orbitawandanteils des Os ethmoidale (4), was insgesamt einer Le Fort II-Fraktur entspricht. Ferner sind die Sutura zygomaticofrontalis (5) und der Jochbogen (6) gebrochen. **C.** Eine Caldwell-Aufnahme zeigt die Sprengung der Sutura nasofrontalis (1) und der Orbitaflächen des Os ethmoidale (2). Die Fraktur an der Sutura zygomaticofrontalis (3) reicht bis in den Orbitafortsatz des Jochbeins (4).

Verschiebung der Nasenbeine nach hinten kann die Lamina cribriformis des Siebbeins frakturieren und die Dura zerreißen, was zusammen zu einem Liquoraustritt aus der Nase führt. Zusätzlich mögliche Frakturen ereignen sich durch die Orbita- und Stirnbeinfortsätze der Jochbeine und durch den Jochbogen. Auf diese Weise wird das gesamte mittlere Gesichtsschädeldrittel von der Schädelbasis abgerissen.

Es ist offensichtlich, daß die LeFort-Frakturen charakteristischerweise die Keilbeinflügel erfassen. Seitliche Röntgenaufnahmen des Gesichts (Abb. 2-46) zeigen dann die Unterbrechung der Keilbeinflügel und der posterolateralen Wand der Maxilla beidseits. Die Lage der Keilbeinflügelfrakturen kann dann in solchen Fällen auf die Schwere der Verletzung Hinweise geben. Die seitliche Aufnahme einer LeFort I-Verletzung wird auch die Frakturen zeigen, die die Vorderaußenwand der Maxilla betreffen (Abb. 2-47). LeFort II-Frakturen zeigen auf einer Seitaufnahme die Unterbrechung der Nasenbeine und der Maxillastirnfortsätze (Abb. 2-48), während bei LeFort III-Frakturen diese Abtrennung höher erfolgt, nämlich an der frontonasalen und der frontomaxillären Naht (Abb. 2-49).

Die Waters-Aufnahme (vgl. S. 57) arbeitet die Natur dieser Verletzungen genauer heraus. Bei einer LeFort I-Fraktur zeigt sie Frakturen der lateralen und der medialen Maxillawand und des Vomers (Abb. 2-50). Die LeFort II-Fraktur erkennt man an der Unterbrechung der äußeren Maxillawände und der Orbitaunterkanten (Abb. 2-51). Die Nasenbeine und die Orbitafortsätze beider Oberkieferknochen können abgetrennt erscheinen. Auch kann man eine Fraktur des Nasenseptums erkennen. Bei einer LeFort III-Aufnahme verdeutlicht die Waters-Aufnahme die Abtrennung an der frontonasalen und der frontomaxillären Sutur (Abb. 2-52). Die Nasenbeine, die Stirnfortsätze der Maxilla und das Nasenseptum können hierauf zertrümmert und verschoben erscheinen, wenn gleichzeitig eine Fraktur des Nasoethmoidalkomplexes vorliegt. In der Regel sind die Sprengungen der Jochbein-Stirnbein-Nähte gut dargestellt, und Frakturen der Jochbogen können ebenfalls sichtbar sein. Die Außenwände der Maxillen zeigen sich bei einer reinen LeFort III-Verletzung unversehrt.

Zu Kombinationen der LeFort-Frakturen kommt es häufig; ist erst einmal auf der Seitaufnahme eine Abtrennung von Teilen des Mittelgesichts gesichert worden, dann kann es wesentlich praktischer sein, die auf einer Waters-Aufnahme erkennbaren Einzelkomponenten zu identifizieren als den Bruch nach einem Typ zu klassifizieren (Abb. 2-53).

Kraftfahrzeugunfälle sind die häufigste Ursache von LeFort-Verletzungen. Bei diesen Unfallopfern sind periphere Skelett- wie aber auch Wirbelsäulenverletzungen häufig vorhanden und machen mitunter die Lagerung zur optimalen Darstellbarkeit des Mittelgesichts riskant. Die Seitaufnahme des Gesichts kann man auch erhalten, indem der Patient auf dem Rücken liegt und seine Augenbrauen nach oben zeigen (im amerikanischen Sprachgebrauch eine «Brow-up lateral»-Aufnahme). Auch kann man eine «umgekehrte» Waters-Aufnahme anfertigen, um grob das Verletzungsausmaß abzuschätzen, wobei der Patient auf dem Rücken liegt. Bevor man jedoch eine endgültige Versorgung von LeFort II- und LeFort III-Frakturen plant, kann man mittels einer Tomographie mit geringer Schichtdicke mehr Informationen gewinnen.

Frakturen des oberen Gesichtsdrittels

Frakturen des oberen Gesichtsdrittels schließen die Orbitaoberkante und die Stirnhöhle mit ein. Wegen der Kontiguität des Zentralnervensystems mit diesen Strukturen hat die neurologische Funktionsuntersuchung Vorrang vor der Beurteilung einer Gesichtsverletzung. Die Röntgenuntersuchung der intrakraniellen Strukturen mittels CT kann hier viel wichtiger sein als das Darstellen verdächtiger Frakturen des Gesichtsschädels.

Die Orbitaoberkante kann durch ein umschriebenes Trauma brechen. Die Waters-Aufnahme (vgl. S. 57) zeigt eine Unterbrechung der dichten Kortikalislinie, die den oberen Orbitarand darstellt (Abb. 2-54 A). Auf der Caldwell-Aufnahme ruft die palpable Orbitaoberkante keine scharf begrenzte Kortikalislinie hervor, sie erscheint aber als Zone etwas vermehrter Dichte in der oberen Orbita (Abb. 2-54 B). Die darüber gelegene dichte Kortikalislinie stellt das Orbitadach dar. Doch zeigt die Caldwell-Aufnahme Frakturen der Orbitaoberkante, insbesondere dann, wenn die Fragmente nach unten verschoben sind.

Frakturen des mittleren Anteils der Orbitaoberkante können auch die Stirnhöhle erfassen (Abb. 2-55 A). Häufiger jedoch frakturiert diese aber isoliert ohne Orbitarandfraktur. Der Bruch kann auf die Stirnhöhlenvorderwand begrenzt sein oder aber beide Wände durchsetzen. Isolierte linienförmige Frakturen der Stirnhöhlenhinterwand sind ein seltenes Ereignis. Frakturen, die primär die oberen Stirnbeinanteile betreffen, können auch bis in die Stirnhöhle hinein reichen und eine oder beide Wände erfassen (Abb. 2-56).

Bei der Fraktur kann es sich um eine strichförmige oder aber um eine Trümmerfraktur handeln; die Fragmente können in situ verbleiben oder imprimiert werden. Während einerseits ein Bruch durch eine Weichteilzerreißung hindurch ganz eindeutig eine offene Fraktur darstellt, handelt es sich andererseits auch bei einem Bruch, der die Mukosaschicht zerreißt, um eine offene Fraktur – wegen der Verbindung zur Außenwelt über die beiden Stirnhöhlenausführungsgänge.

Die Caldwell-Aufnahme (vgl. S. 7) zeigt eine linienförmige Fraktur der Stirnhöhle als eine strahlentransparente Spalte (Abb. 2-55 B). Eine Abnahme der Strahlendurchlässigkeit einer Stirnhöhle kann Ausdruck eines Mukosaödems oder einer Einblutung sein. Ein Luft-Flüssigkeits-Spiegel ist aber hierbei ungewöhnlich. Handelt es sich um eine Trümmer- und Impressionsfraktur, dann kann die vermehrte Strahlendichte auch auf einer Fragmentüberlagerung beruhen (Abb. 2-57 A). Eine seitliche Aufnahme des Gesichts zeigt die vordere und die hintere innere Oberfläche der Stirnhöhlen im Bereich der Mittellinie. Eine Impression der Fragmente und die Beteiligung der Hinterwand

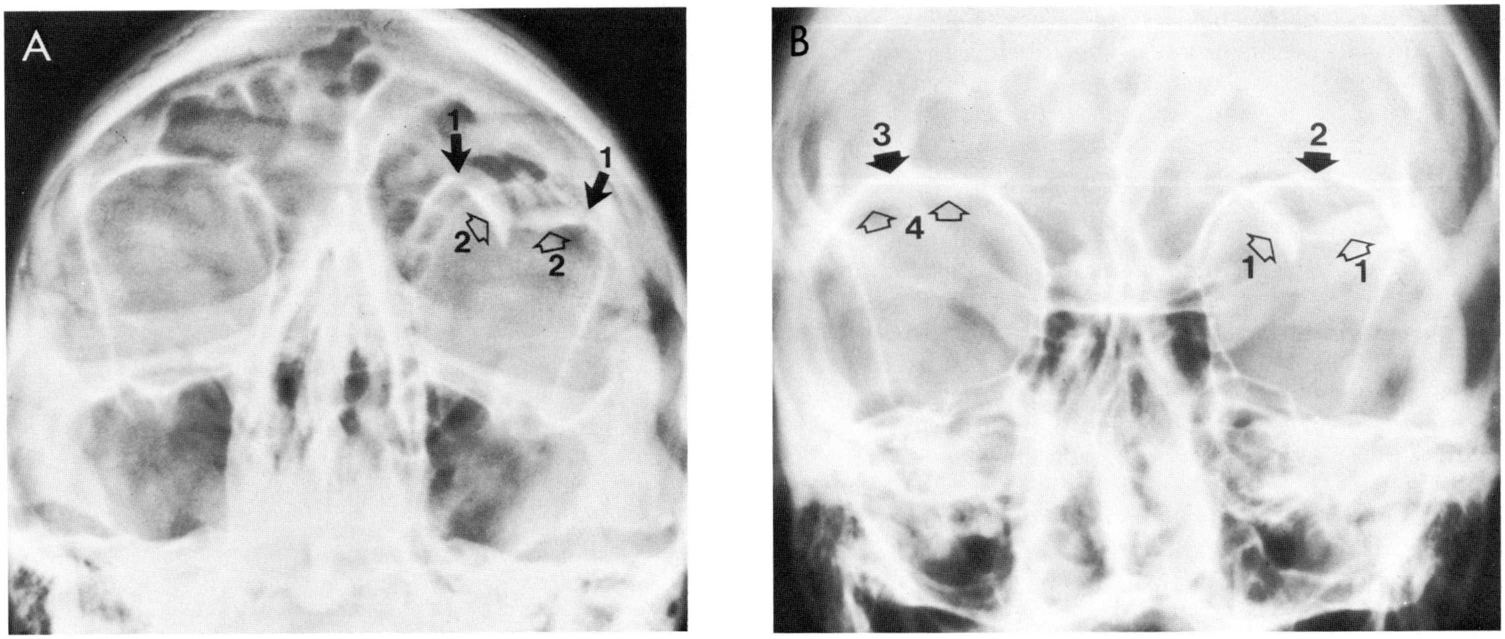

Abb. 2-54: A. Waters-Aufnahme bei einer Unterbrechung der Orbitaoberkante (1) mit Kaudalverschiebung der Fragmente (2).

B. Die Caldwell-Aufnahme zeigt eine Kaudalverschiebung der frakturierten linken Orbitaoberkante (1). Das Orbitadach selbst (2) ist hierbei intakt. Die Pfeile auf der rechten Seite weisen auf das normale Orbitadach (3) und die Unterkante des oberen Orbitarandes (4).

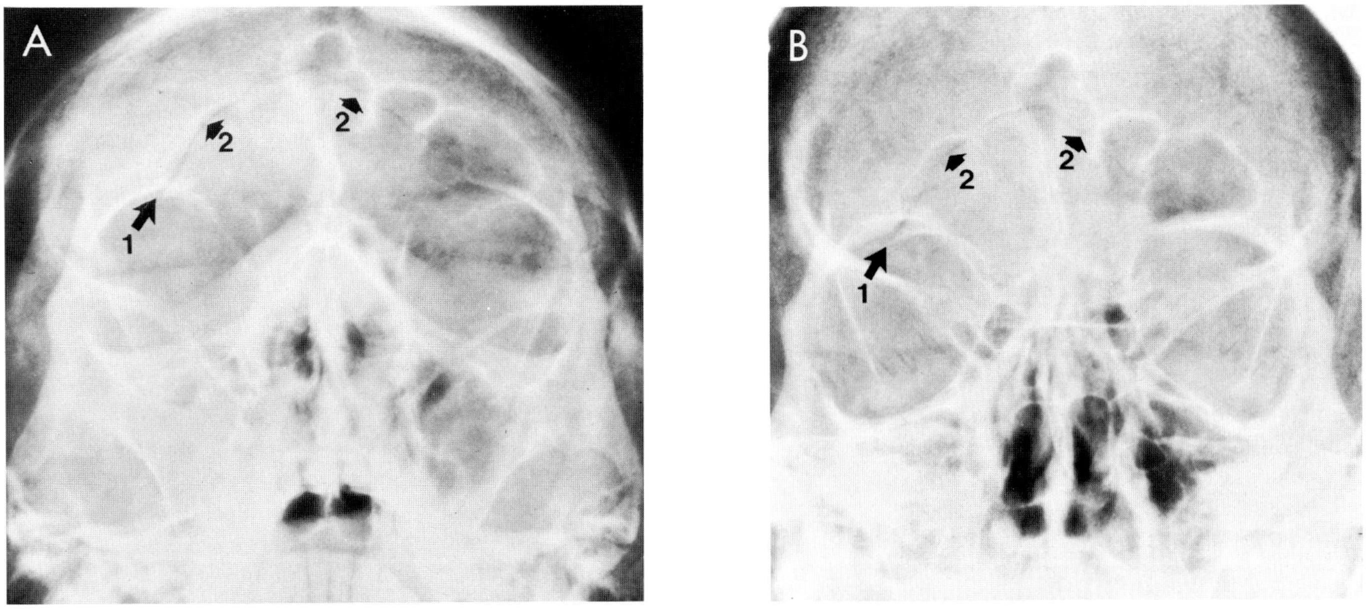

Abb. 2-55: A. Waters-Aufnahme mit Unterbrechung der Orbitaoberkante (1) und einer geradlinig verlaufenden Fraktur (2), die über die Stirnhöhlen hinweg verläuft. Die rechte Stirnhöhle erscheint durch eine umschriebene Schleimhauteinblutung oder ein Ödem vermindert strahlendurchlässig.

B. Die Caldwell-Aufnahme zeigt die Stirnhöhlenfraktur und die Stirnhöhlenverschattung rechts deutlicher.

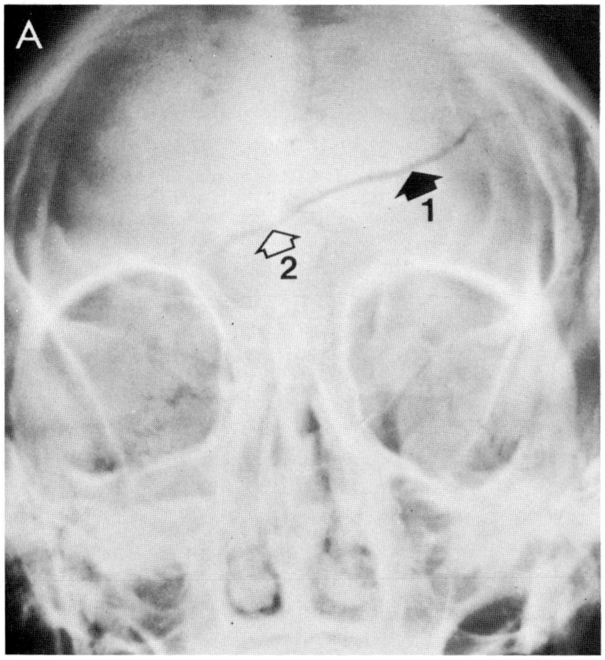

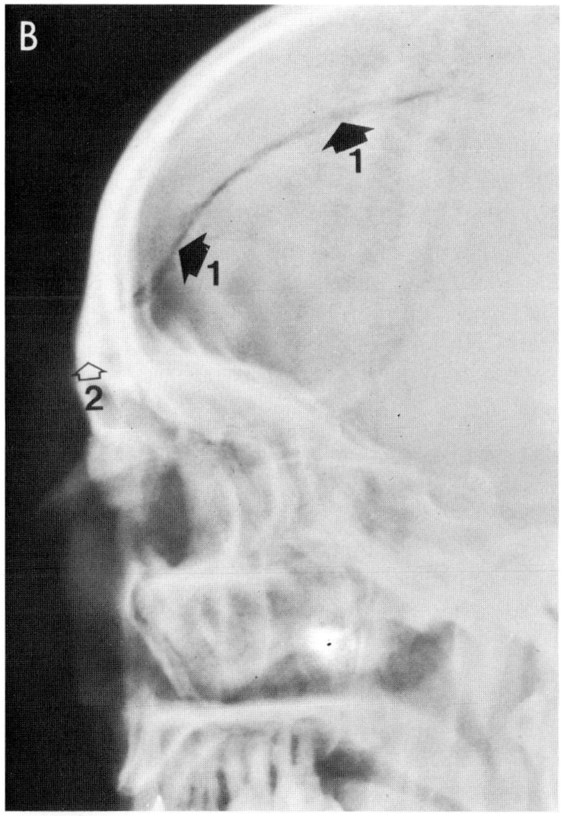

Abb. 2-56: A. Diese Caldwell-Aufnahme zeigt eine Stirnbeinfraktur (1), die die Stirnhöhlen durchsetzt (2). Durch Einblutung sind die Stirnhöhlen vermindert strahlentransparent. **B.** Seitaufnahme mit einer gerade verlaufenden Fraktur (1), die sich bis in die Stirnhöhle erstreckt (2).

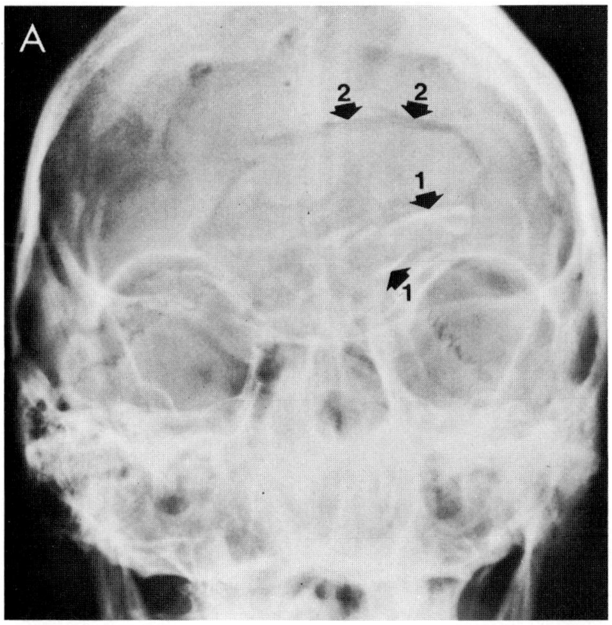

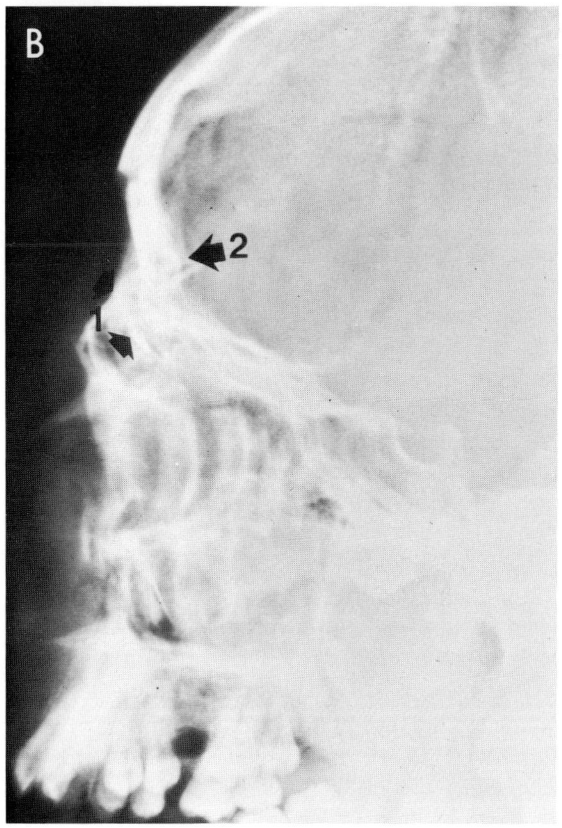

Abb. 2-57: A. Caldwell-Aufnahme einer Impressionstrümmerfraktur der Stirnhöhle. Die Überlappung der Fragmente erzeugt eine verminderte Strahlentransparenz (1), während andererseits durch Fragmenttrennung unregelmäßige Aufhellungszonen entstehen (2). **B.** Die Seitaufnahme zeigt die Impression der Fragmente der Vorder- (1) und der Hinterwand (2).

wird hier besser sichtbar sein (Abb. 2-57 B). Jedoch wird man lineare Frakturen, besonders aber diejenigen, die nicht streng horizontal verlaufen oder die die seitlichen Sinusanteile durchsetzen, nicht deutlich erkennen. Die Bestimmung einer Schädigung der Dura mater durch eine geradlinige Fraktur der Stirnhöhlenhinterwand kann schwierig sein, wenn die Seitaufnahme keine intrakranielle Luftansammlung zeigt.

Computertomographie bei Gesichtsschädelverletzungen

Die Computertomographie (CT) ist eine wesentliche radiologische Untersuchung zur Abklärung von Patienten mit Schädeltrauma. Zum Studium von Gesichtsschädelfrakturen kann man für die Darstellung von Feindetails auch die hochauflösende Knochentechnik verwenden.

Die meisten umschriebenen Frakturen kann man mit Hilfe der routinemäßigen konventionellen Aufnahmen angemessen nachweisen, dagegen werden mittels dieser Aufnahmen komplexe Mittelgesichtsfrakturen, Blow-out-Frakturen der Orbita und schwere Stirnhöhlenfrakturen oft nur unvollständig dargestellt. Die CT hat den weiteren großen Vorteil, daß sie in der Lage ist, auch Weichteilkomplikationen, die mit knöchernen Verletzungen einhergehen, zu demonstrieren (Abb. 2-58 und 2-61 D).

CT-Schnitte der Gesichtsregion erhält man am einfachsten in horizontaler Schnittführung. Die Standard-Scans werden parallel zur Orbitomeatallinie mit Schichtdicken von zwei bis fünf Millimetern erstellt. Diese Schnittbilder liefern die beste Beurteilbarkeit von Vorder- und Hinterwand der Kieferhöhlen, medialer und lateraler Orbitawand, Jochbogen sowie Stirnhöhlenvorder- und -hinterwand.

Die Analyse dieser Transversalschnitte reicht in der Regel aus, eine Mittelgesichtsfraktur zu klassifizieren. Frakturen vom Typ LeFort I zeigen eine Unterbrechnung beider Kieferhöhlen, während Orbitainnen- und -außenwand normal erscheinen (Abb. 2-59). LeFort II-Frakturen durchsetzen beiderseits die mediale Orbitawand sowie beide Kieferhöhlen; dabei bleiben jedoch die lateralen Orbitawände intakt (Abb. 2-60 A-C). LeFort III-Frakturen erkennt man an der beiderseitigen Fraktur der Kieferhöhlen, der medialen und lateralen Orbitafraktur wie auch der Jochbogenbrüche (Abb. 2-61).

Die vollständige Abklärung einer Mittelgesichtsfraktur erfordert jedoch zusätzliche CT-Bilder in der Koronarebene. Dabei muß der Patient den Hals überstrecken, damit eine Schnittführung parallel zum Unterkieferast möglich ist. Diese Schnittbilder liefern den besten Überblick über Orbitaboden und Orbitadach, die Siebbeinplatte, die Kieferhöhleninnenwand und den Processus pterygoideus (vgl. Abb. 2-60 D-F). Leider können jedoch andere Verletzungen die Lagerung eines Unfallopfers zur koronaren Schnittführung verbieten oder unmöglich machen, auch finden viele Patienten diese koronare Lagerung als zu unbequem, um sie zu dulden. Ferner werden Versuche, bei Patienten mit ausgiebigen Zahnfüllungen koronare Schnittbilder zu bekommen, wegen der Bildstörungen durch Metallartefakte erfolglos bleiben.

Blow-out-Frakturen der Orbita klärt man am besten mit horizontaler und koronarer Schnittführung ab. Die transversal geführten Schnitte zeigen die Beziehung zwischen der gebrochenen medialen Orbitawand und dem M. rectus medialis (Abb. 2-62 A), während koronare Bilder besser die Fragmentfehlstellungen nachweisen. Koronare Schnitte sind besonders wichtig, Ortitabodenfrakturen und die Verlagerung von Knochenfragmenten in die Kieferhöhle hinein zu erkennen. (Abb. 2-62 B). Der Prolaps von Orbitafett und M. rectus inferior ist gewöhnlich bei koronarer Schnittführung zu erkennen (Abb. 2-62 C). Am besten jedoch stellt man die genaue Lagebeziehung des geraden unteren Augenmuskels zur Orbitabodenfraktur durch schräg sagittale Bilder dar, die entweder durch Computer-Bildrekonstruktion aus Transversalschnitten berechnet werden oder durch eine spezielle Lagerung des Patienten zu erhalten sind.

Literatur

1. Towe N.L., Killey H.C.: Fractures of the Facial Skeleton, 2. Aufl. London, E. & S. Livingstone Ltd., 1968.
2. Harris L.E., Harris W.M.: The Radiology of Emergency Medicine, 2. Aufl. Baltimore, Williams & Wilkins, 1981.
3. Gerlock A.J., Sinn D.P., McBride K.L.: Clinical and Radiographic Interpretation of Facial Fractures. Boston, Little, Brown & Co., 1981.
4. Hammerslag S.B., Hughes S., O'Reilly G.V., et al.: Another look at blow-out fractures of the orbit. A.J.N.R. 3:331–336, 1982.
5. Hammerslag S.B., Hughes S., O'Reilly G.V., et al.: Blow-out fractures of the orbit: A comparison of computed tomography and conventional radiography with anatomical correlation. Radiology 143:487–492, 1982.
6. Rowe L.D., Miller E., Brandt-Zawadzki M.: Computed tomography in maxillofacial trauma. Laryngoscope 91:745–757, 1981.
7. Jend H.H., Rossman I.J.: A systematic approach to the diagnosis of transethmoidal fractures in CT. Europ. J. Radiol. 5:8–11, 1985.
8. Gentry L.R., Manor W.F., Turski P.A., et al.: High resolution CT analysis of facial struts in trauma: I. Normal anatomy. A.J.R. 140:523–532, 1983.
9. Gentry L.R., Manor W.F., Turski P.A., et al.: High resolution CT analysis of facial struts in trauma: 2. Osseous and soft-tissue complications. A.J.R. 140:533–541, 1983.
10. Kreipke D.L., Moss J.J., Franco J.M., et al.: Computed tomography and thin-section tomography in facial trauma. A.J.R. 142:1041-1045, 1984.
11. Ball J.B.: Direct oblique sagittal CT of orbital wall fractures. A.J.N.R. 8:147, 1987.

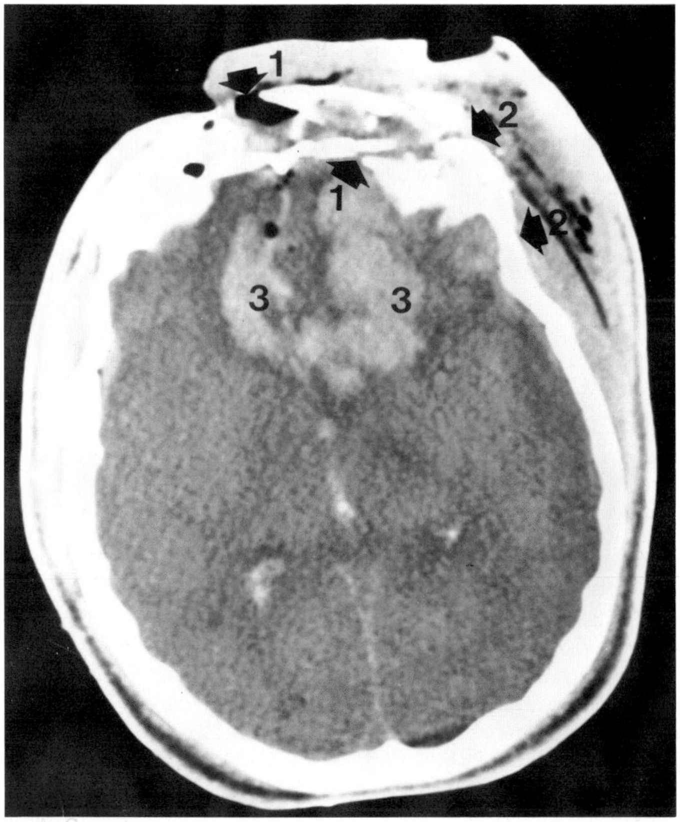

Abb. 2-58: Ein CT in horizontaler Schnittführung zeigt Frakturen von Vorder- und Hinterwand der Stirnhöhle (1) und des Stirnbeins (2). Es liegen eine ausgedehnte Weichteilschwellung und ein Unterhautemphysem vor, ferner eine Einblutung in beiden Frontallappen des Gehirns (3).

Abb. 2-59: A. Das CT- Bild bei horizontaler Schnittführung zeigt eine LeFort-Fraktur vom Typ I und eine Fraktur des zygomatikomaxillären Komplexes links. Mediale und laterale Wand beider Kieferhöhlen sind bodennah (1) und längs des Nasenseptums (2) gebrochen. Auch der Jochbogen ist gebrochen (3).
B. Der horizontale CT-Schnitt zeigt, daß die Vorderwand der rechten Maxilla (1) und der rechte Jochbogen (2) intakt sind. **C.** Dieser horizontale CT-Scan zeigt eine Fraktur der linken Orbitaaußenwand (1) bei unversehrter medialer Wand (2).

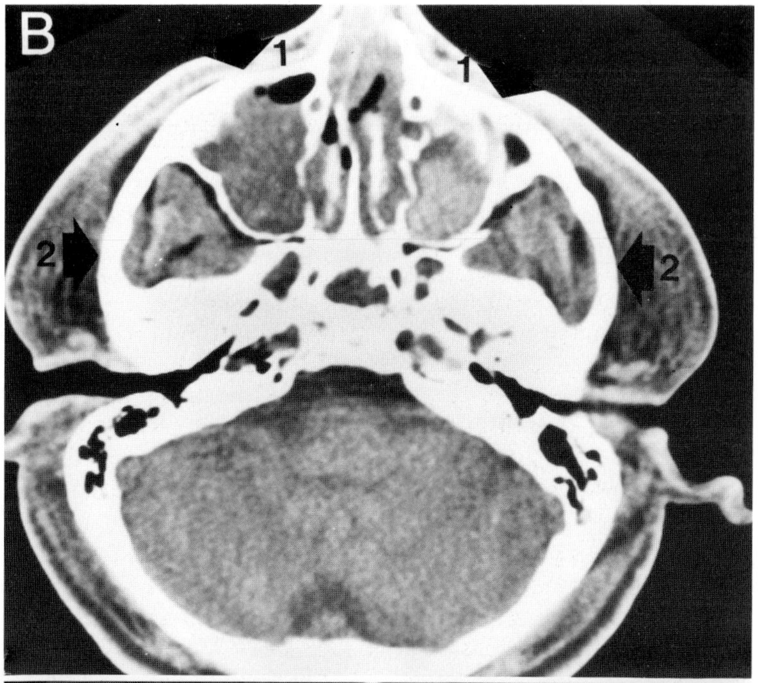

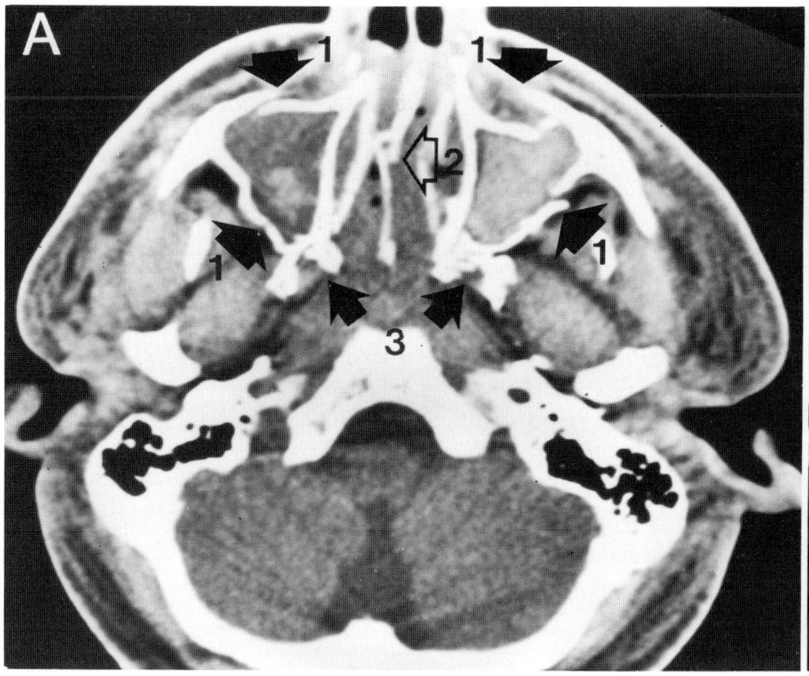

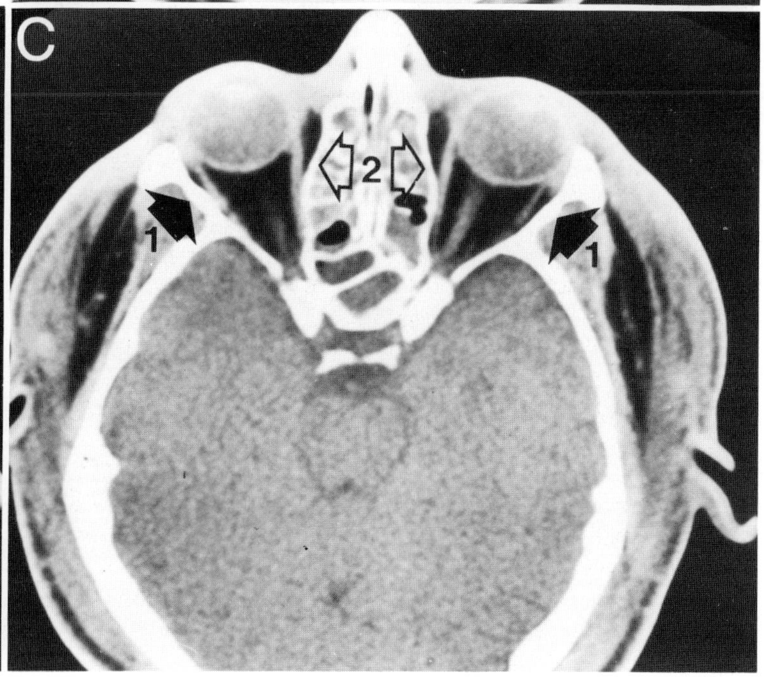

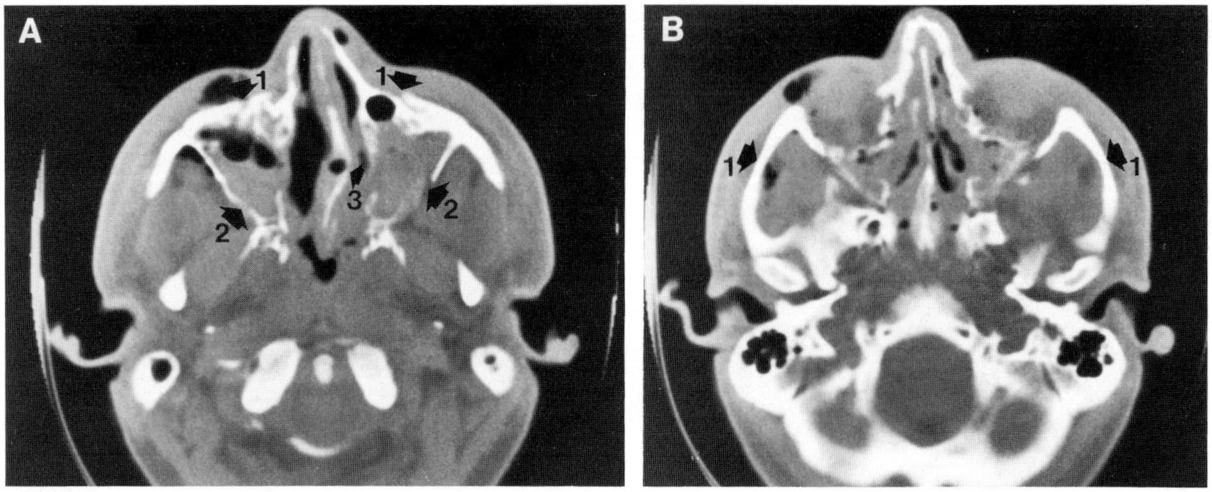

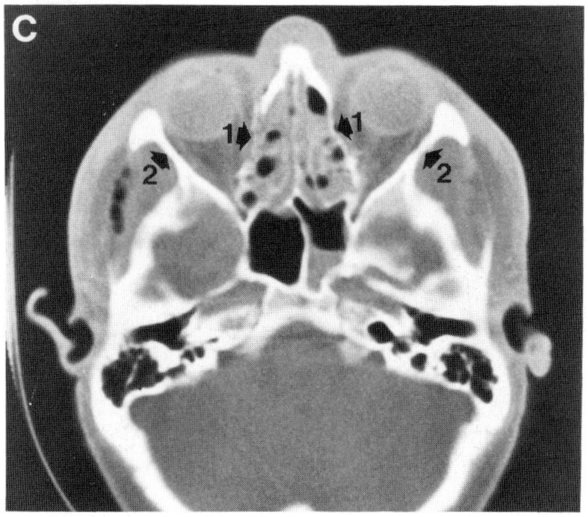

Abb. 2-60: A. Horizontaler CT-Schnitt einer LeFort II-Fraktur mit Unterbrechung der Vorderwand (1) und der Außenwand (2) der Kieferhöhlen und einer Nasenseptumfraktur. **B.** Das CT-Bild zeigt die Jochbögen intakt (1). **C.** Horizontales CT-Bild mit Darstellung von Frakturen der medialen Orbitawand beiderseits (1). Die lateralen Orbitawände (2) sind unverletzt. **D.** Koronarer CT-Schnitt mit Frakturen der medialen Orbitawände (1), des Nasenseptums (2) und der Lamina cribriformis (3). **E.** Koronares CT-Bild mit Darstellung der Unterbrechung der Außenwand beider Kieferhöhlen (1) sowie des Orbitabodens beidseits (2). **F.** Koronares CT-Bild: Frakturen der Processus pterygoidei (1).

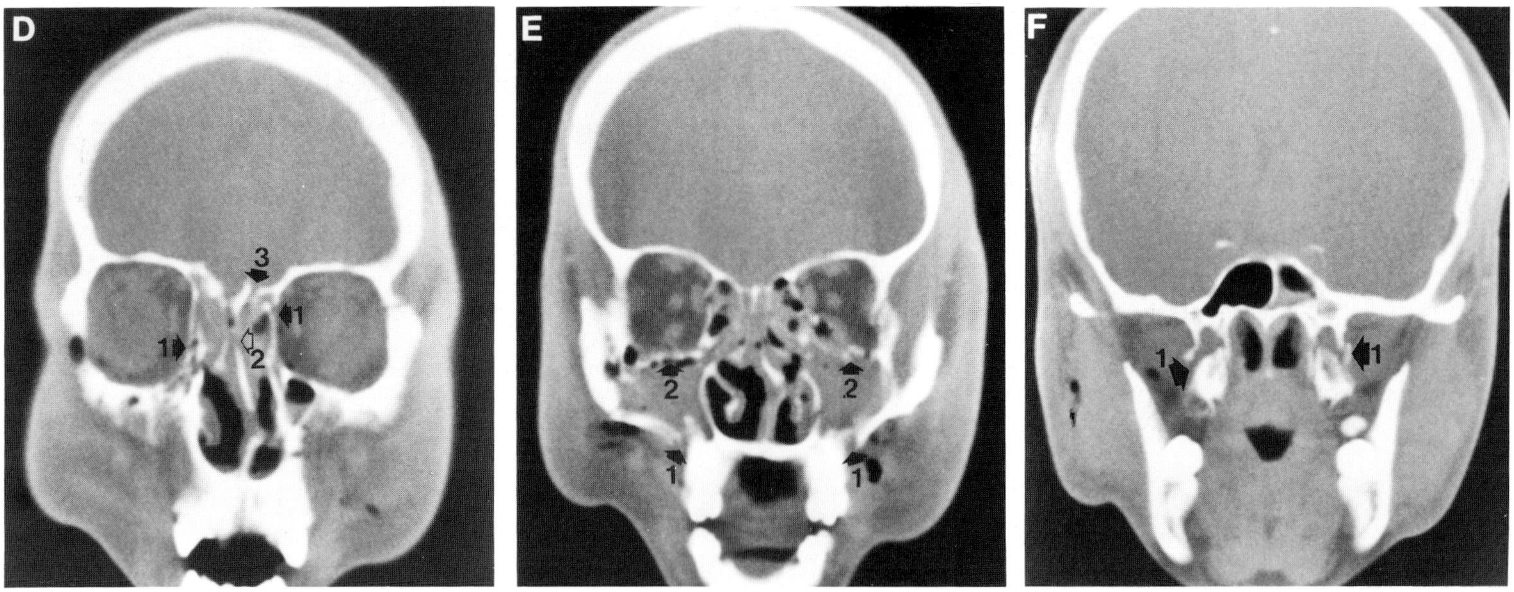

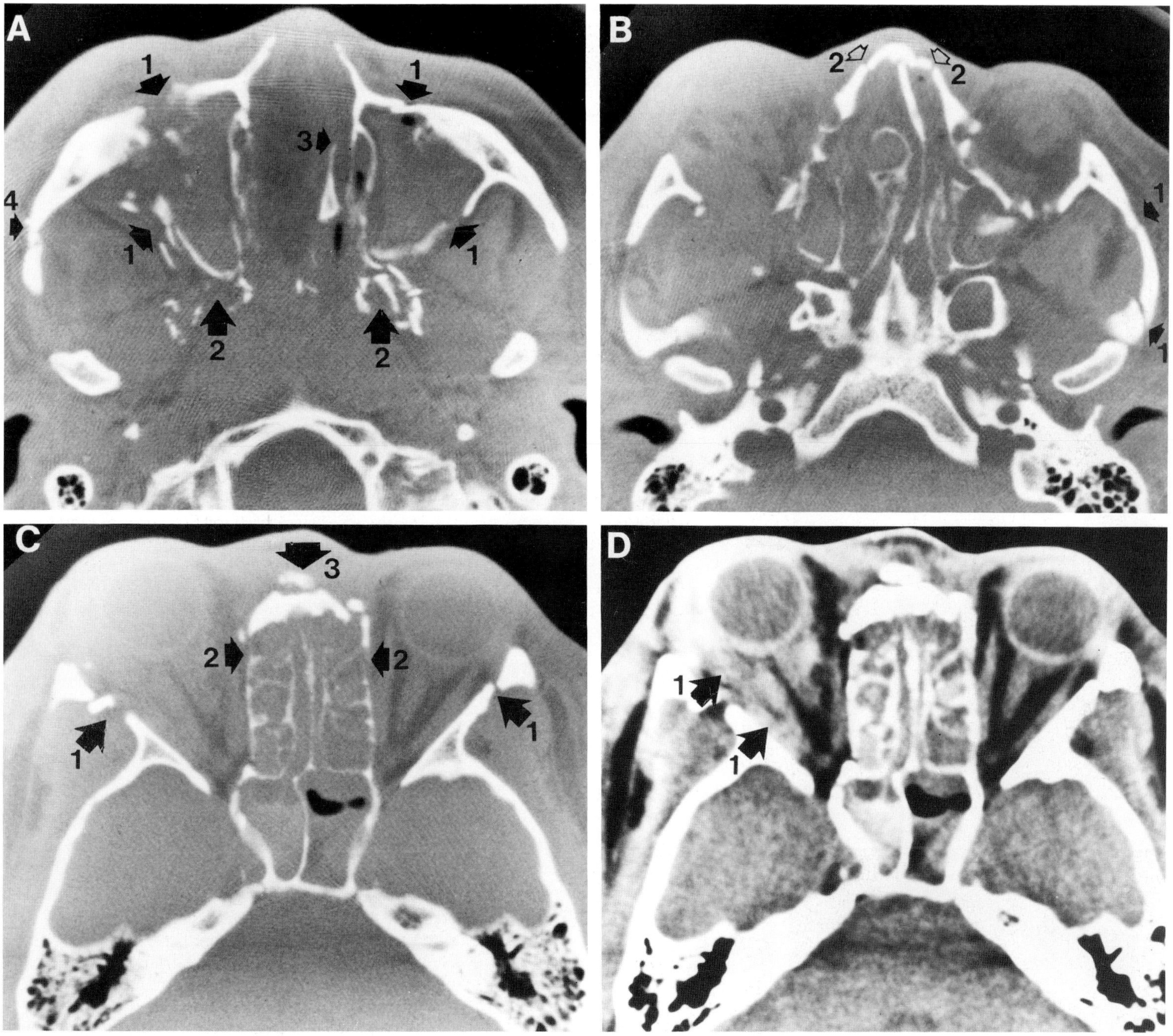

Abb. 2-61: A. Horizontales CT-Bild mit Frakturen vom Typ LeFort II und III bei ausgedehnten beiderseitigen Kieferhöhlenfrakturen (1). Dargestellt sind ferner Frakturen der Pterygoidfortsätze (2), des Nasenseptums (3) und des rechten Jochbogens (4). **B.** Horizontales CT-Bild nach Frakturen des linken Jochbogens (1) und des Nasenbeins beidseits (2). **C.** Horizontales CT-Bild mit Darstellung von Frakturen der lateralen (1) und der medialen (2) Orbitawand und des Nasenwurzelbereiches (3). **D.** Horizontales CT-Bild, welches eine Weichteilschwellung über dem Auge und ein intraorbitales Hämatom (1) zeigt. Siebbeinzellen und Keilbeinhöhle sind mit Blut angefüllt.

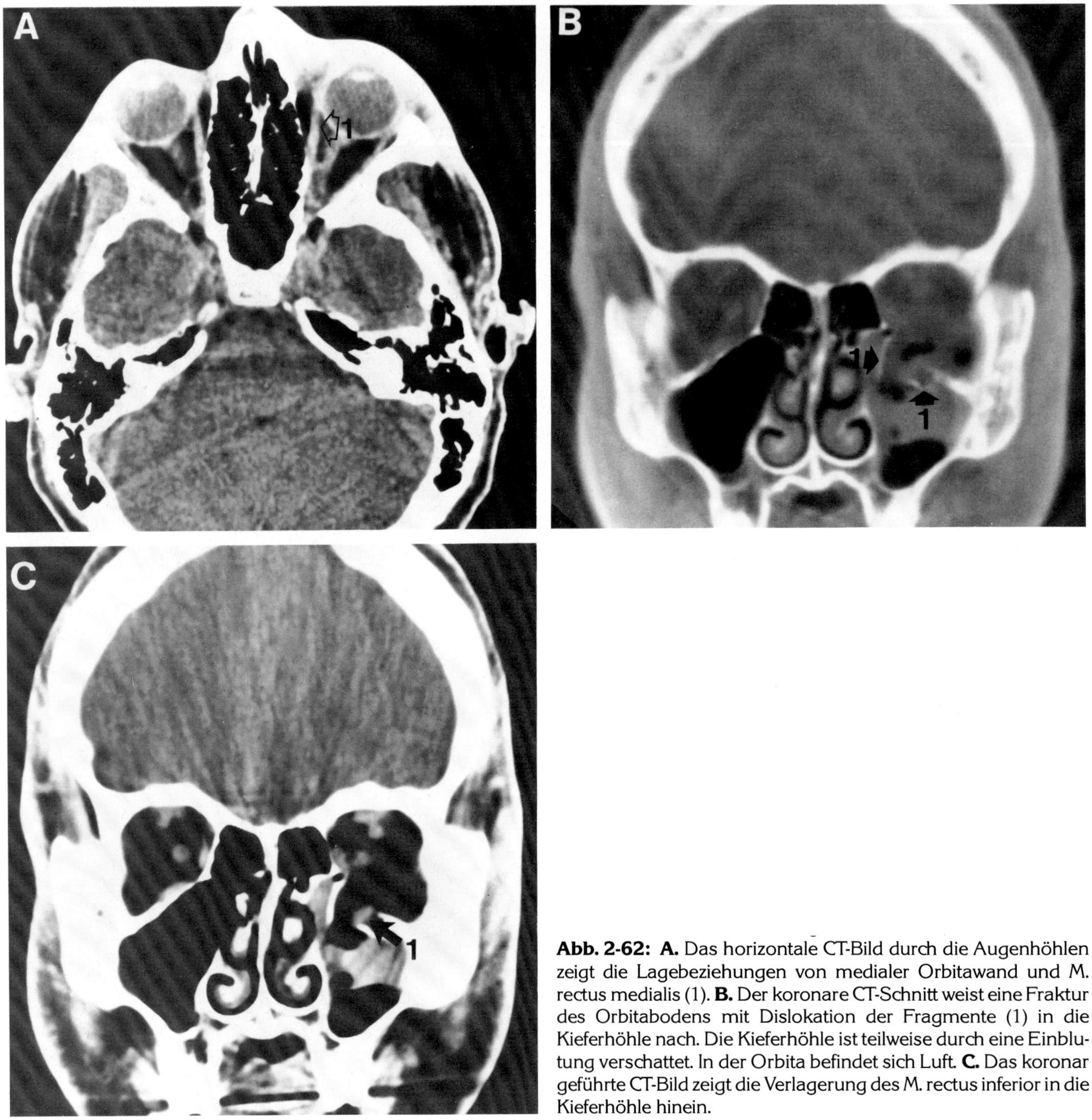

Abb. 2-62: A. Das horizontale CT-Bild durch die Augenhöhlen zeigt die Lagebeziehungen von medialer Orbitawand und M. rectus medialis (1). **B.** Der koronare CT-Schnitt weist eine Fraktur des Orbitabodens mit Dislokation der Fragmente (1) in die Kieferhöhle nach. Die Kieferhöhle ist teilweise durch eine Einblutung verschattet. In der Orbita befindet sich Luft. **C.** Das koronar geführte CT-Bild zeigt die Verlagerung des M. rectus inferior in die Kieferhöhle hinein.

Normvarianten

Theodore E. Keats

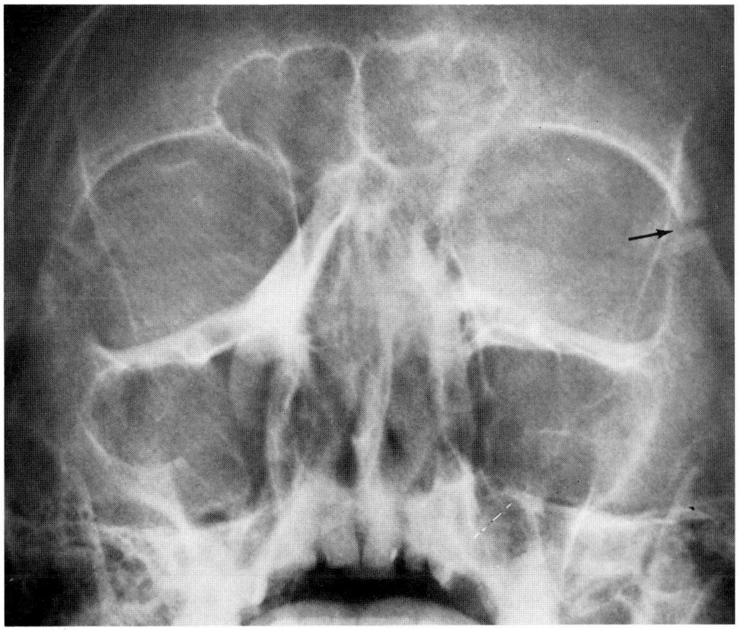

Abb. 2-63: Vortäuschung einer Fraktur durch die Sutura zygomaticofrontalis bei leichter Rotation des Kopfes.

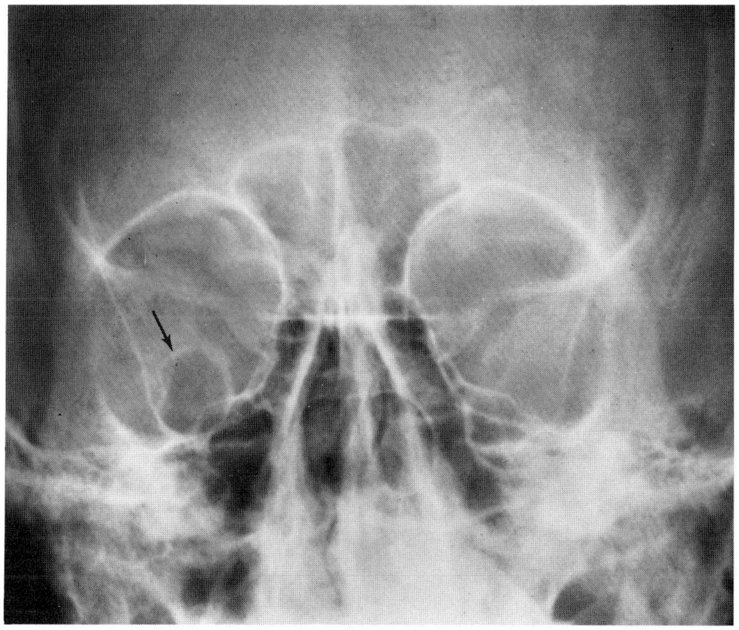

Abb. 2-64: Außergewöhnlicher Aspekt durch die Ausdehnung einer lufthaltigen Cellula ethmoidalis in die Ala maior ossis sphenoidalis.

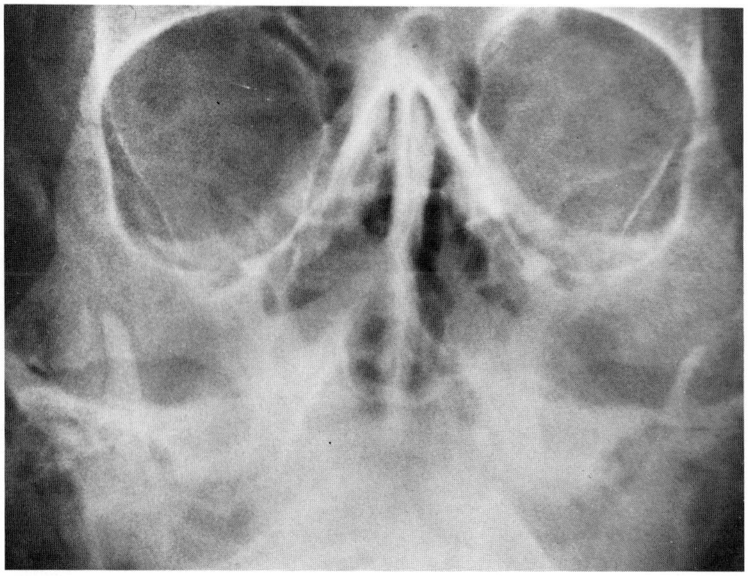

Abb. 2-65: Hypoplasie beider Kieferhöhlen, welche eine Kieferhöhlenerkrankung vortäuscht.

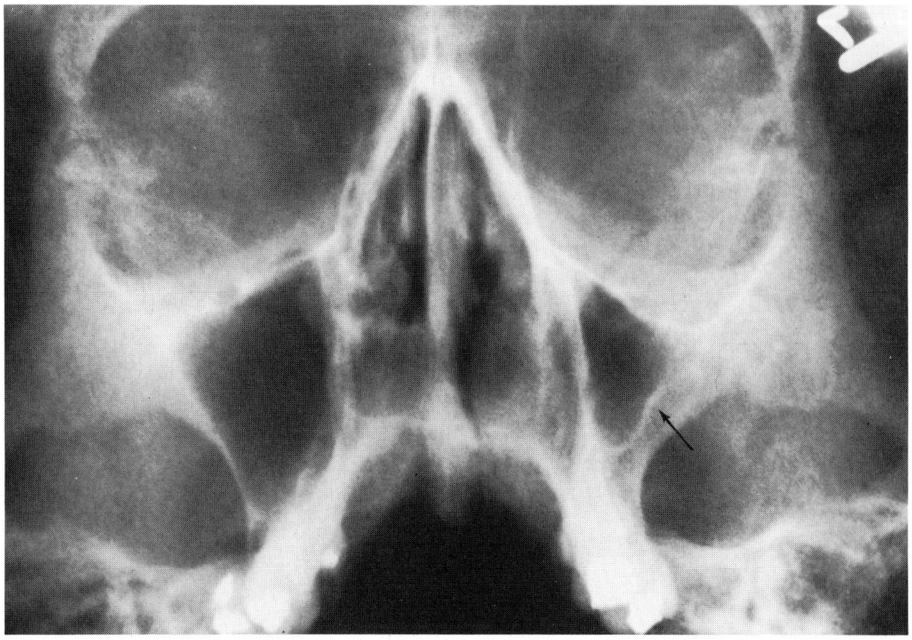

Abb. 2-66: Hypoplasie der linken Kieferhöhle. Beachten Sie die gleichseitige Orbitavergrößerung, ein Befund, der die Kieferhöhlenhypoplasie häufig begleitet. (Quelle: Bierny, J.P., Dryden, R.: Orbital enlargement secondary to paranasal sinus hypoplasia. Am. J. Roentgenol. 128: 850, 1977.)

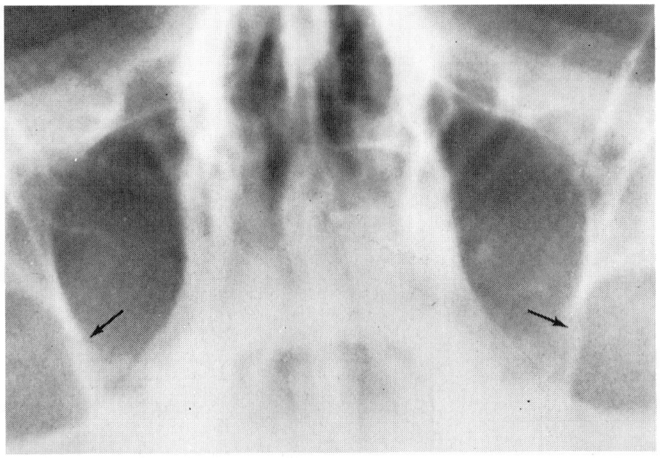

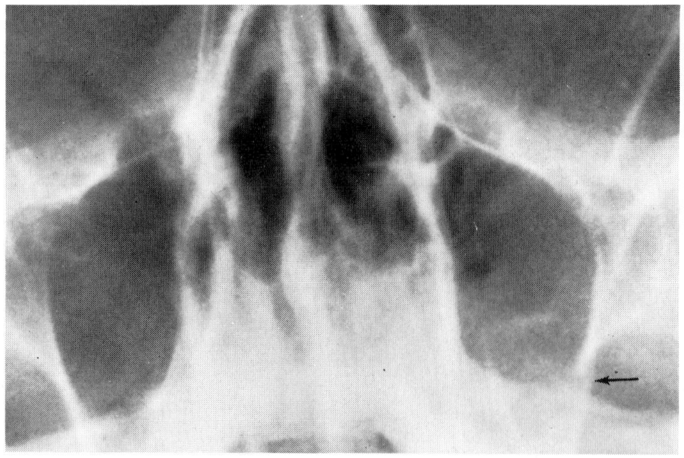

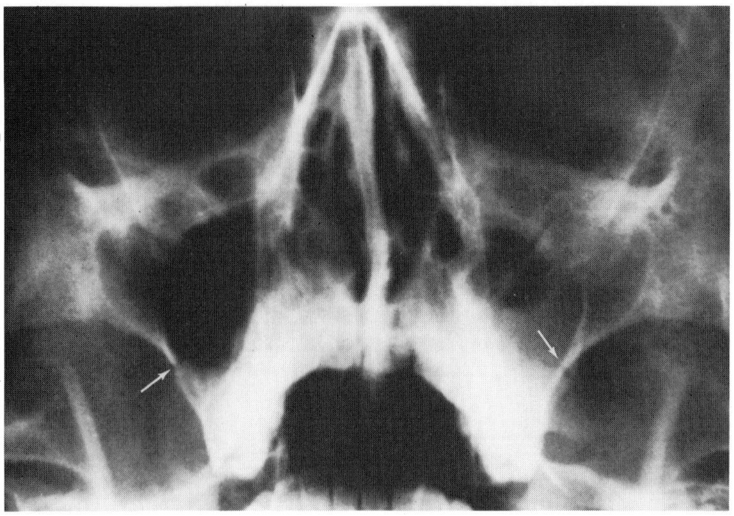

Abb. 2-67: Vorgetäuschte Fraktur der lateralen Kieferhöhlenwand durch den Canalis alveolaris posterior superior. (Quelle: Chuang, V.P., Vines, F.S.: Roentgenology of the posterior superior alveolar foramina and canals. Am. J. Roentgenol. 118: 426, 1973.)

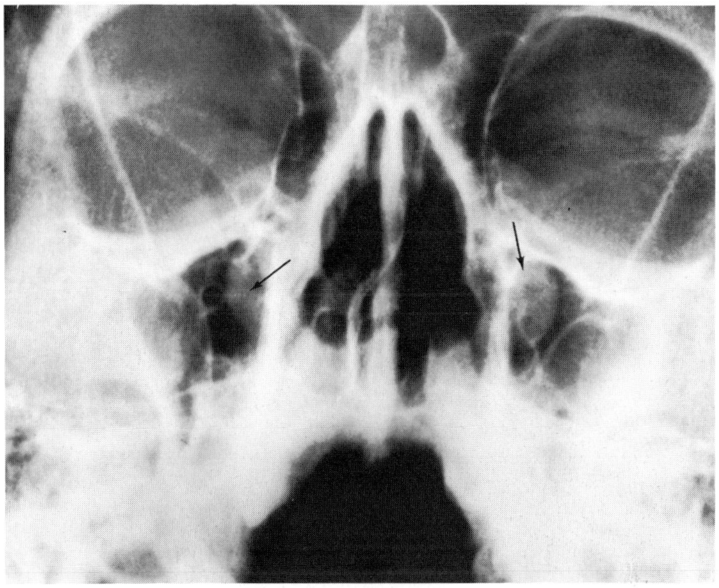

Abb. 2-68: Projektion der Nasenflügel auf die Kieferhöhlen mit Vortäuschung von Polypen.

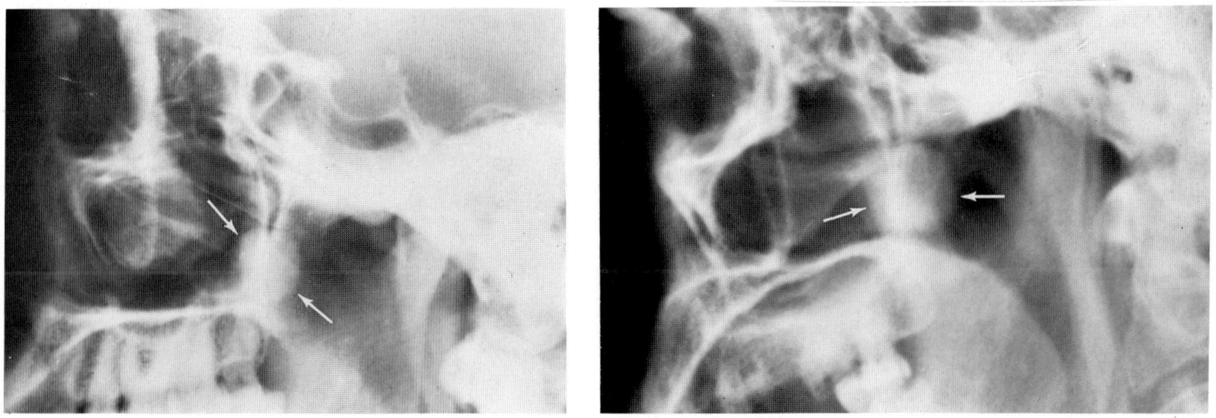

Abb. 2-69: Zwei Beispiele für die Vortäuschung eines Kieferhöhlentumors durch die Projektion der Nasenmuschel auf den Processus coronoideus mandibulae.

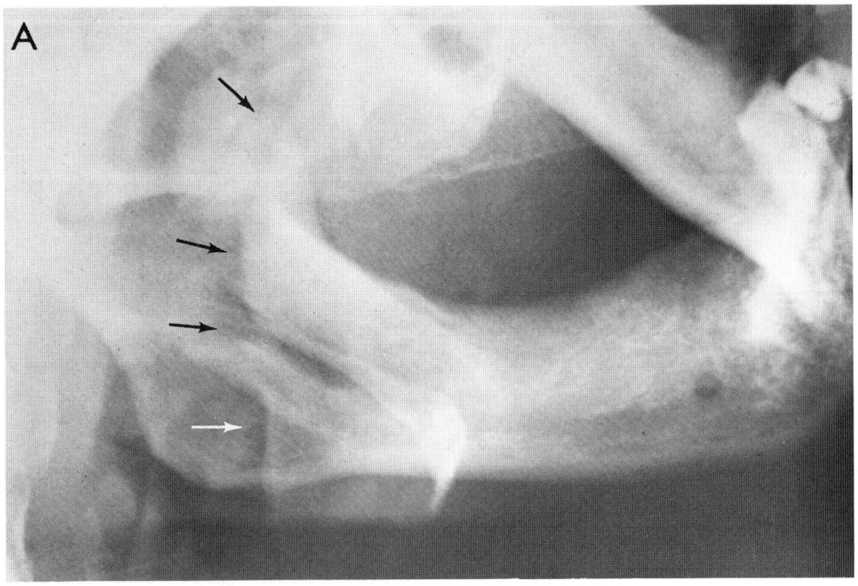

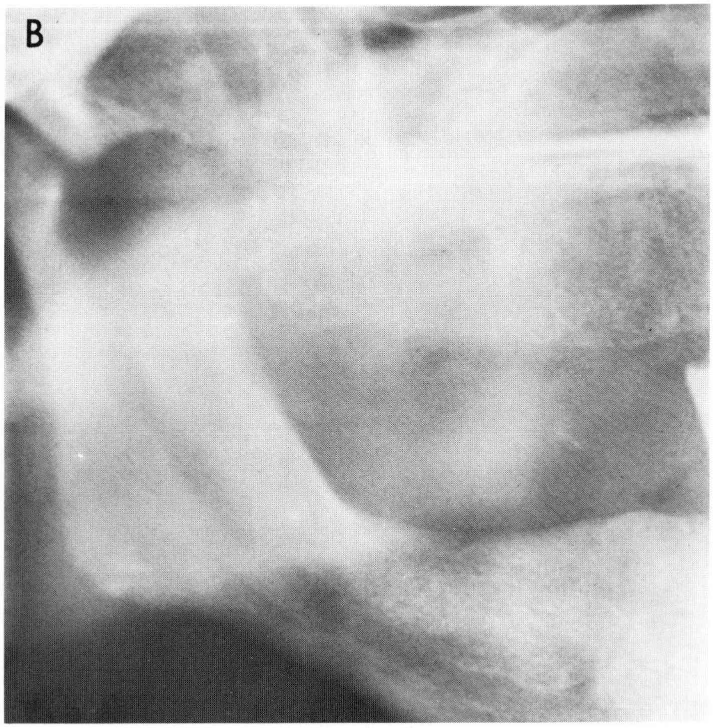

Abb. 2-70. A. Die Überlagerung des Pharynxschattens über dem Zungengrund mit der darüber gelegenen Mandibula imitiert das Bild einer Fraktur. **B.** Eine bei der gleichen Untersuchung vorgenommene Panoramaaufnahme zeigt, daß hier keine Fraktur vorliegt.

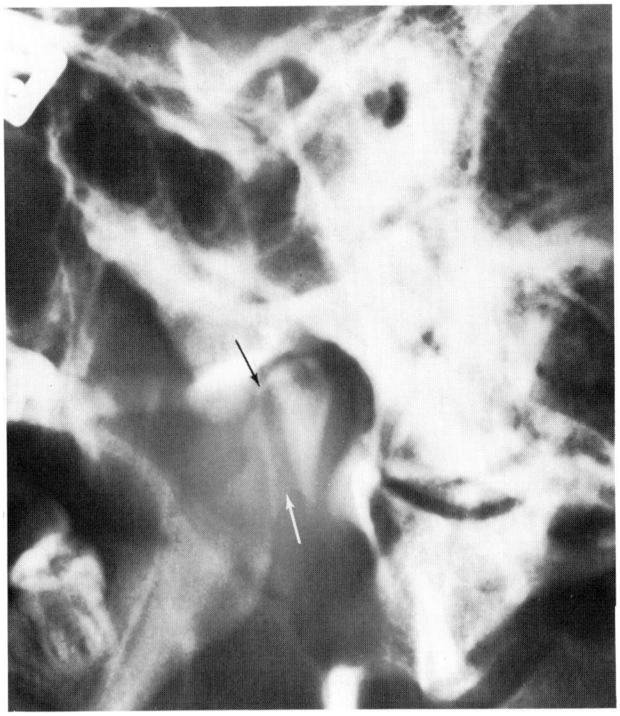

Abb. 2-71: Die Überlagerung des Luftwegs führt zu einer scheinbaren Fraktur des Processus condylaris mandibulae.

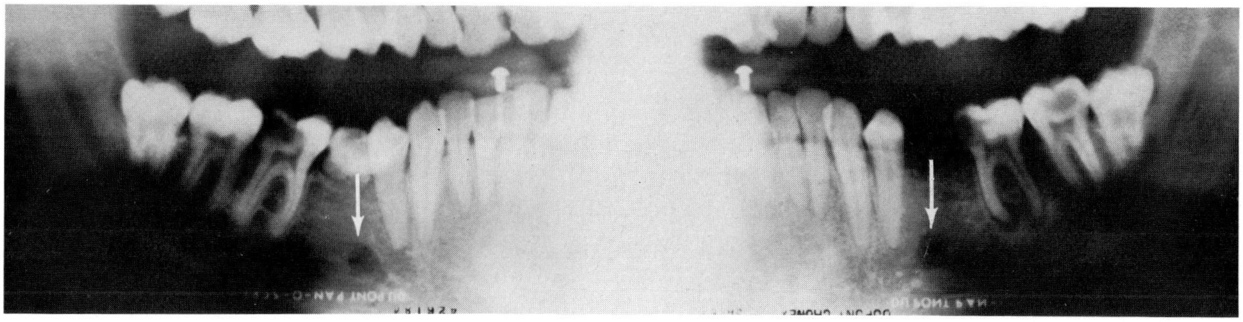

Abb. 2-72: Normaler Aspekt der Foramina mentalia.

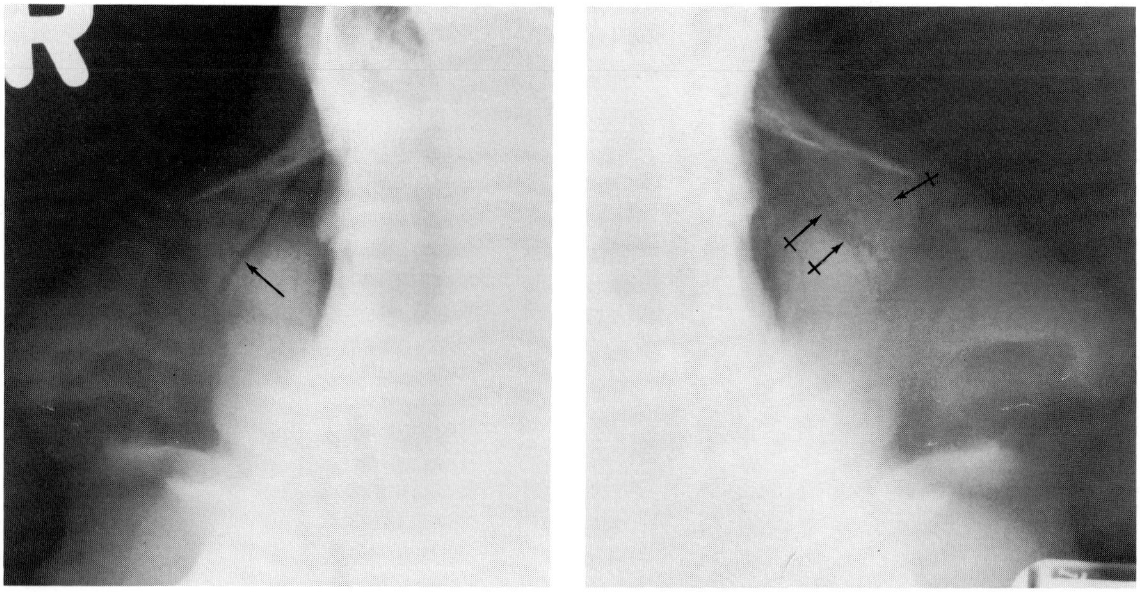

Abb. 2-73: Normales Os nasale. Beachten Sie die Sutura nasomaxillaris (→) und die Rinnen der Nn. nasociliares (→). Dagegen sollten keine Vertiefungen über das Nasendach hinwegziehen. (Quelle: De Lacey, G. J., et al.: The radiology of nasal injuries: Problems of interpretation and clinical relevance. Br. J. Radiol. 50: 412, 1977.)

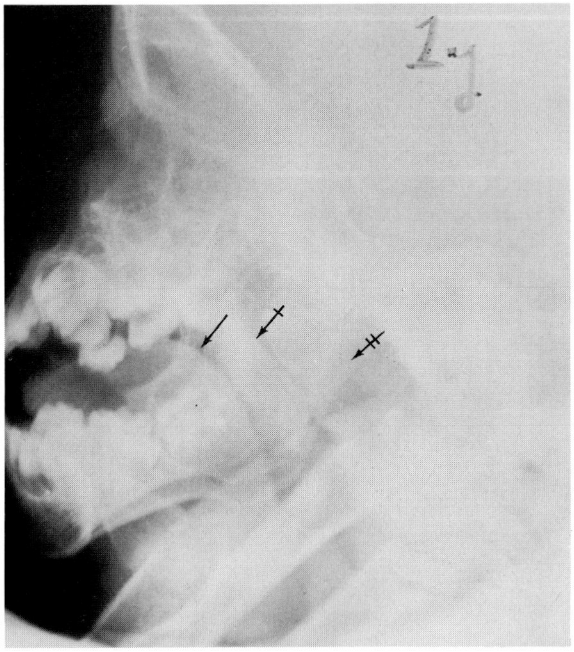

Abb. 2-74: Normale Form der Weichteilgewebe von Mund und Oropharynx bei einem einjährigen Kind während des Schluckakts; Zunge (→), Palatum molle (⇸) und Adenoide (⇻).

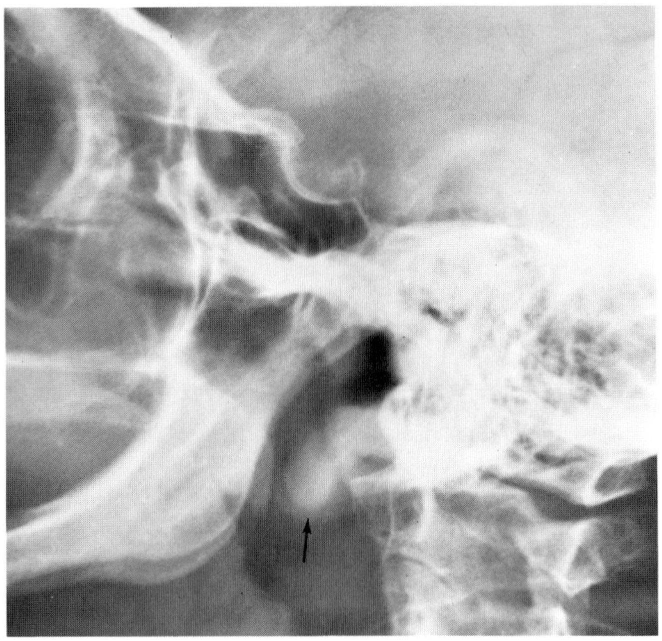

Abb. 2-75: Der Schatten des Ohrläppchens simuliert hier eine Raumforderung im Nasopharynx.

3
Wirbelsäule

Thomas Lee Pope jun.
Hans O. Riddervold

Dieses Kapitel beginnt mit einer Beschreibung der Halswirbelsäulenverletzungen, es folgt dann die Erörterung kombinierter thorakolumbaler Traumata. Den Abschluß des Kapitels bildet dann schließlich die Diskussion häufig anzutreffender nichttraumatischer Wirbelsäulenveränderungen.

Halswirbelsäule

Unfallverletzungen der Wirbelsäule und ganz besonders der Halswirbelsäule (HWS) sind für den Arzt in der Notaufnahme zunehmend häufiger zu bedenken. Die röntgenologische Beurteilung der HWS stellt eine der den Arzt am stärksten fordernden Situationen bei der Abklärung eines Traumas dar. Die potentiell ernsthafte Natur dieser Verletzungen sowie die damit gekoppelte oft verwirrende Anatomie dieser Region machen die HWS zu einer schwierig beurteilbaren Gegend.

Es gibt eine ganze Reihe von wissenschaftlichen Abhandlungen über die Komplikationen beim HWS-Trauma (1-3), doch handelt es sich bei den meisten um ins Detail gehende Diskussionen, die speziell für Radiologen oder Orthopäden gedacht sind. Einige anatomische und pathologische Basisbegriffe sollten jedoch unserer Meinung nach zusammen mit dem Wissen um einige mögliche diagnostische Fallen sowie um Normvarianten den Notaufnahmearzt befähigen, die potentiell ernsthaften Verletzungen herauszufinden und diese Patienten dann «heil über die Nacht zu bringen».

Techniken

Die meisten Patienten mit Verdacht auf eine HWS-Verletzung kommen bereits mit einer Immobilisierung des Kopfes und des oberen Halsabschnitts durch eine Halskrawatte oder ähnliche Stützmaßnahmen in der Klinik an. Dies erschwert naturgemäß die gründliche körperliche Untersuchung. Übersichtsaufnahmen der Halswirbelsäule sind beim akut verletzten Patienten ganz wesentlich. Da es unter Umständen passieren kann, daß der Arzt in der Notaufnahme geholt werden kann, um diese Bilder zu beurteilen, betonen wir hier, wie wichtig es ist, mit diesen Aufnahmen vertraut zu sein. Unwahrscheinlich ist es wohl dagegen, daß der Notaufnahmearzt gebeten wird, Computertomographiebilder der Wirlbelsäule zu beurteilen. Doch ist die Kenntnis möglicher Stärken und Schwächen dieser und anderer Zusatzuntersuchungen beim Traumapatienten wichtig; wir werden diese auch später diskutieren.

Als erste und wichtigste Aufnahme der HWS sollte man hier bei guter Lagerung und Zentrierung sowie genügender Belichtung eine im seitlichen Strahlengang quer über den Tisch bei Rükkenlage des Patienten anfertigen (Neutralstellung der HWS). *Alle* sieben Hals- und den ersten Brustwirbelkörper sollte man in dieser Projektion erkennen können, gerade auch deshalb, weil der HWS-BWS-Übergangsbereich ein so häufiger Verletzungsort ist. Ansonsten leicht diagnostizierbare Frakturen oder Luxationen können in dieser Region übersehen werden, wird diese Grundregel nicht eingehalten. Natürlich kann die Darstellung dieser Gegend auch besondere Manöver wie Schulterzug nach unten oder die sogenannte «Schwimmerprojektion» erfordern (Abb. 3-1). Führen beide Techniken nicht zum gewünschten Erfolg, kann schließlich als ultima ratio die Tomographie nötig werden (Abb. 3-2).

Wenn die Seitaufnahmen in Rückenlage keine krankhaften Veränderungen zeigen, besteht unser routinemäßiges Vorgehen in folgenden weiteren Aufnahmen der HWS: eine A.-p.-, beide Schrägaufnahmen sowie die Darstellung des Dens durch den offenen Mund. Wir versuchen in aller Regel erst sicherzustellen, daß der Dens dargestellt ist, bevor wir überhaupt irgendwelche Schlußfolgerungen aus den Röntgenaufnahmen ziehen. Sind alle unsere Nativaufnahmen zwar unauffällig, besteht aber weiterhin klinisch der dringende Verdacht auf eine HWS-Läsion, dann fertigen wir eventuell Flexions- und Extensionsaufnahmen der HWS an. Hierbei muß sich aber der Patient *selbst* bewegen! *Nie* sollte jemand anderes als der Patient selbst den Kopf bewegen. Flexions-Extensions-Aufnahmen könnten auch ernsthafte und klinisch bislang nicht vermutete Verletzungen aufzeigen (Abb. 3-3).

Während der lateralen Funktionsaufnahme kann die Durchleuchtung von Nutzen sein, um eine Erweiterung oder Subluxation, besonders des Zwischenwirbelraumes C 1/C 2 zu prüfen, jedoch machen wir von diesem Manöver nur selten Gebrauch. Sind die Flexions-Extensions-Aufnahmen normal oder führen diese bei hohem klinischem Verdacht nicht weiter, dann können andere Übersichtsaufnahmen ganz hilfreich sein. Einige Autoren empfehlen die «Pfeiler»-Aufnahme, eine Spezialeinstellung, die die Massae laterales en face zeigt (4), doch wurde deren Nutzen beim Unfallpatienten von anderer Seite in Frage gestellt (5). Uns hat sich diese Projektion nicht als besonders nützlich erwiesen. Eine weitere Alternative sind um 60° gedrehte «Trauma»-Schrägaufnahmen, die den Vorteil haben, daß der

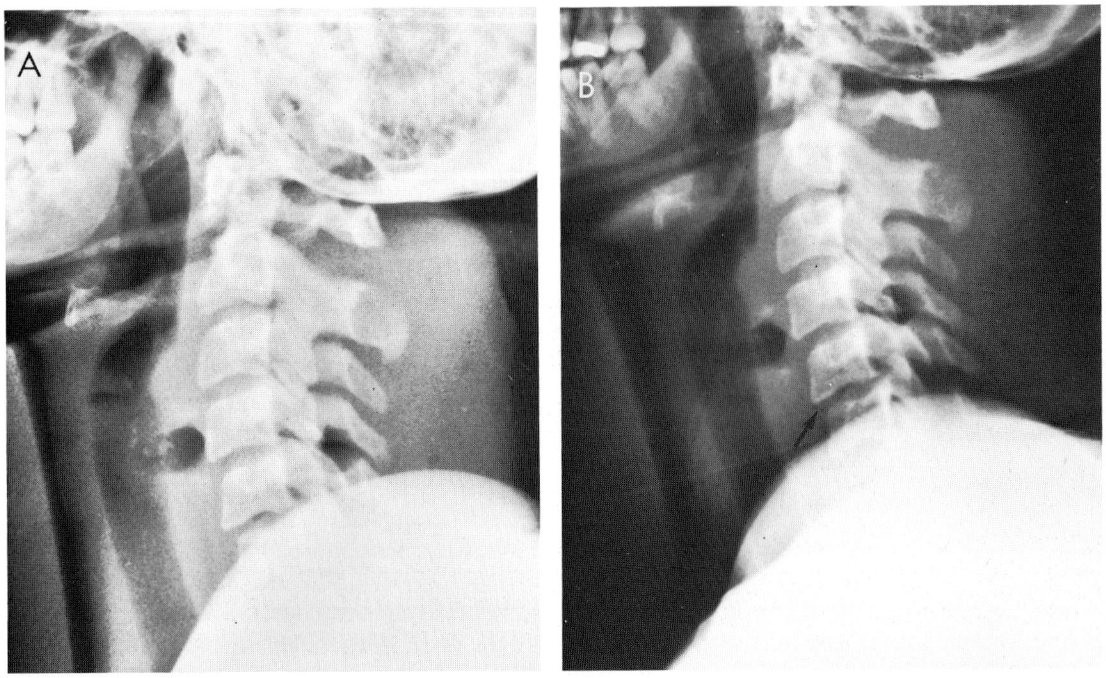

Abb. 3-1: A. Diese Seitaufnahme der HWS zeigt diese nur vom ersten Halswirbel bis zur Oberkante des sechsten HWK.
B. Die Wiederholungsaufnahme der HWS unter Schulterzug nach unten gibt jetzt den Blick bis zur Oberkante von HWK 7 frei. Die vordere Subluxation von HWK 5 gegenüber HWK 6 (Pfeile) war dagegen auf der Erstaufnahme entgangen. Wenn immer möglich, sollten auf einer Aufnahme der HWS alle Halswirbel sichtbar sein.

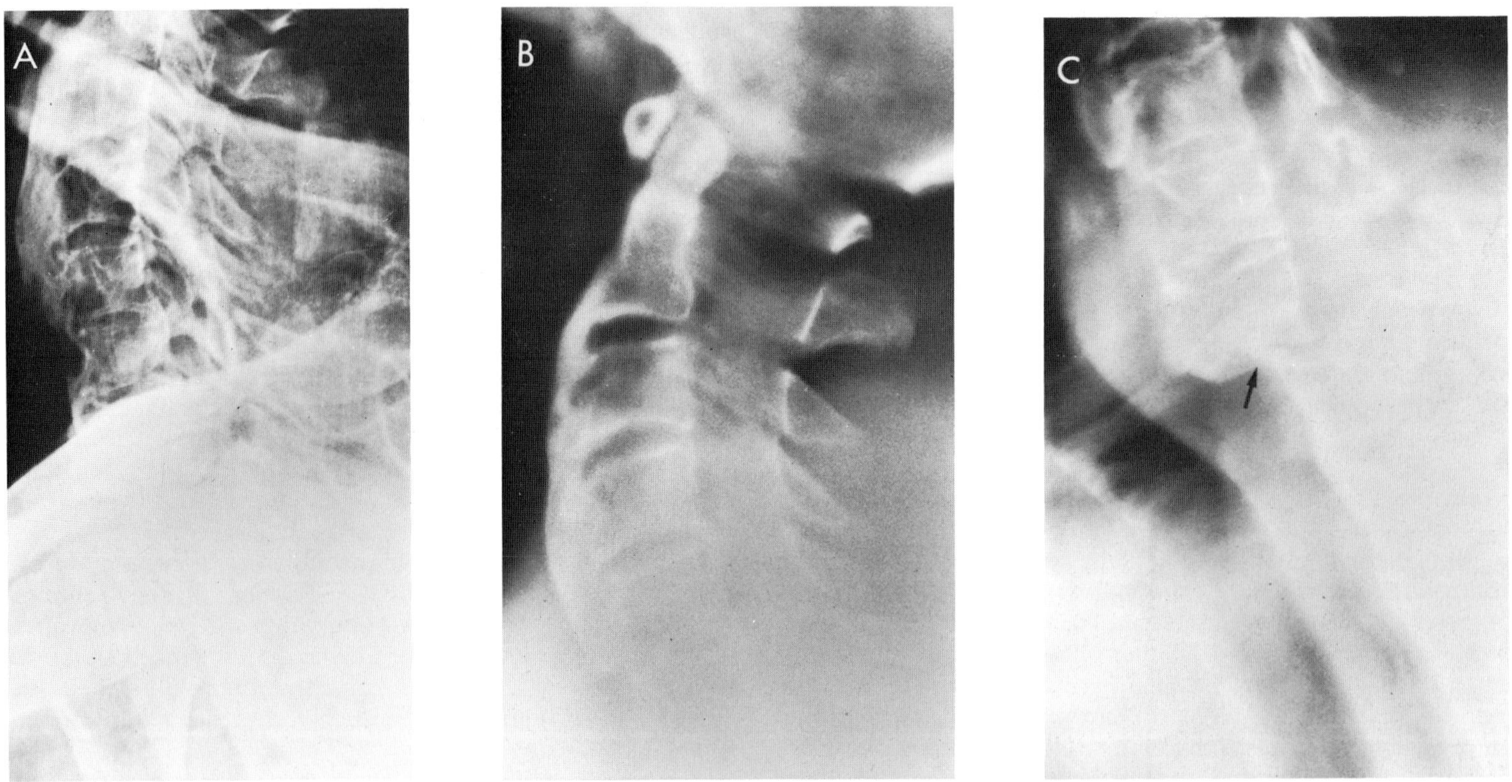

Abb. 3-2: A. Seitaufnahme der HWS bei einer 65jährigen Frau mit Morbus Bechterew, die die Treppe herabgestürzt war. Die Oberkante von HWK 7 ist sichtbar, keine Fraktur erkennbar. **B.** Seitliches Tomogramm vom folgenden Tage: Auch dieses zeigt keine Fraktur. Darstellung nur bis Grundplatte von HWK 6. **C.** Die Wiederholung der seitlichen Tomographie nach drei Wochen wegen fortdauernder Schmerzen enthüllt eine anteriore Subluxation von HWK 7 gegenüber BWK 1 um 17 mm (Pfeil). Glücklicherweise zeigte die Patientin keinerlei neurologische Ausfälle. Bei jedem Verdacht auf ein HWS-Trauma sollte man die untere HWS und die obere BWS röntgenologisch darstellen.

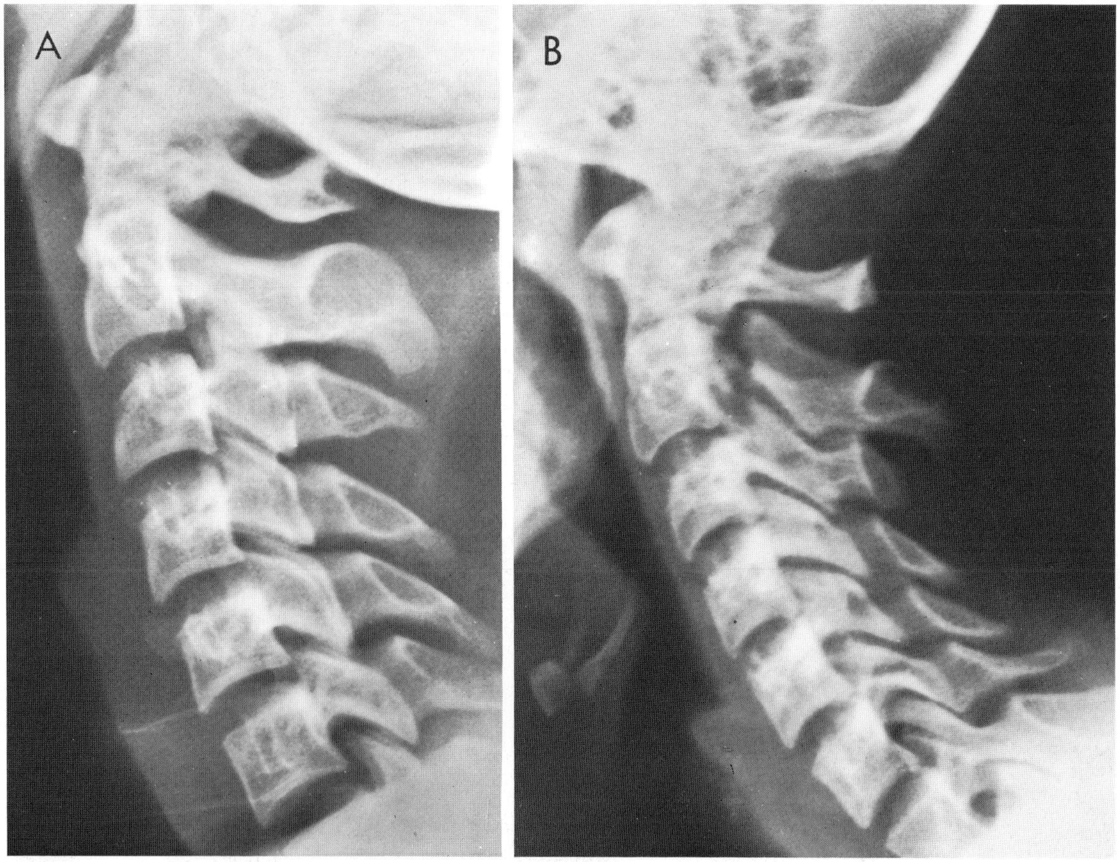

Abb. 3-3. A. Seitliche HWS-Aufnahme im Liegen bei einem 40jährigen Mann nach einem Autounfall ohne Nachweis einer Anomalie. **B.** Wegen der Schmerzen wurde eine Flexionsaufnahme angefertigt, welche eine unerwartete «Erhängungsfraktur» von C 2 zeigte. Flexions-Extensions-Aufnahmen können bei subtilen pathologischen Veränderungen oder bei der Erhebung eines angemessenen klinischen Befundes von unschätzbarem Wert sein. Doch muß in einer solchen Situation der Patient selbst den Kopf bewegen.

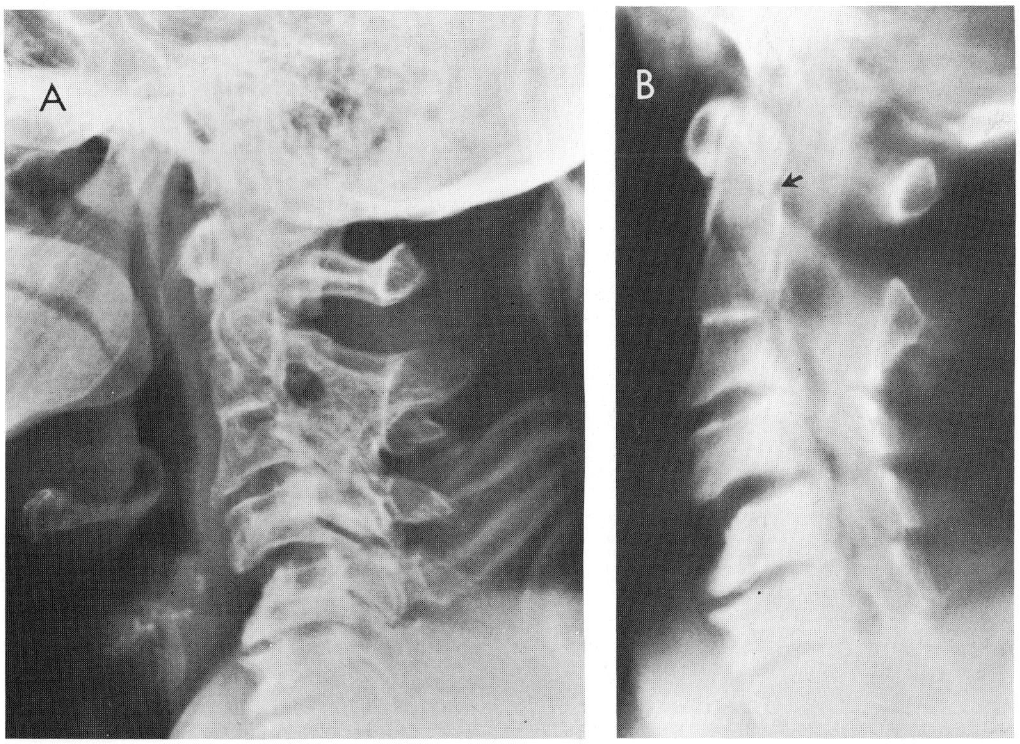

Abb. 3-4: A. Seitliche Aufnahme der HWS in Rückenlage bei einem 68jährigen Mann nach einem Verkehrsunfall. Festgestellt wurden eine anteriore Subluxation von C 4 gegenüber C 5, eine zervikale Spondylose und eine angeborene Fusion von C 2 mit C 3, aber keine Fraktur. Der Patient war neurologisch unauffällig. **B.** Wegen der Fortdauer des Schmerzes und der Subluxation wurde eine Tomographie vorgenommen, welche eine Fraktur des Dens ergab (Pfeil). Bei einem Trauma der HWS ist die Tomographie eine wichtige Methode.

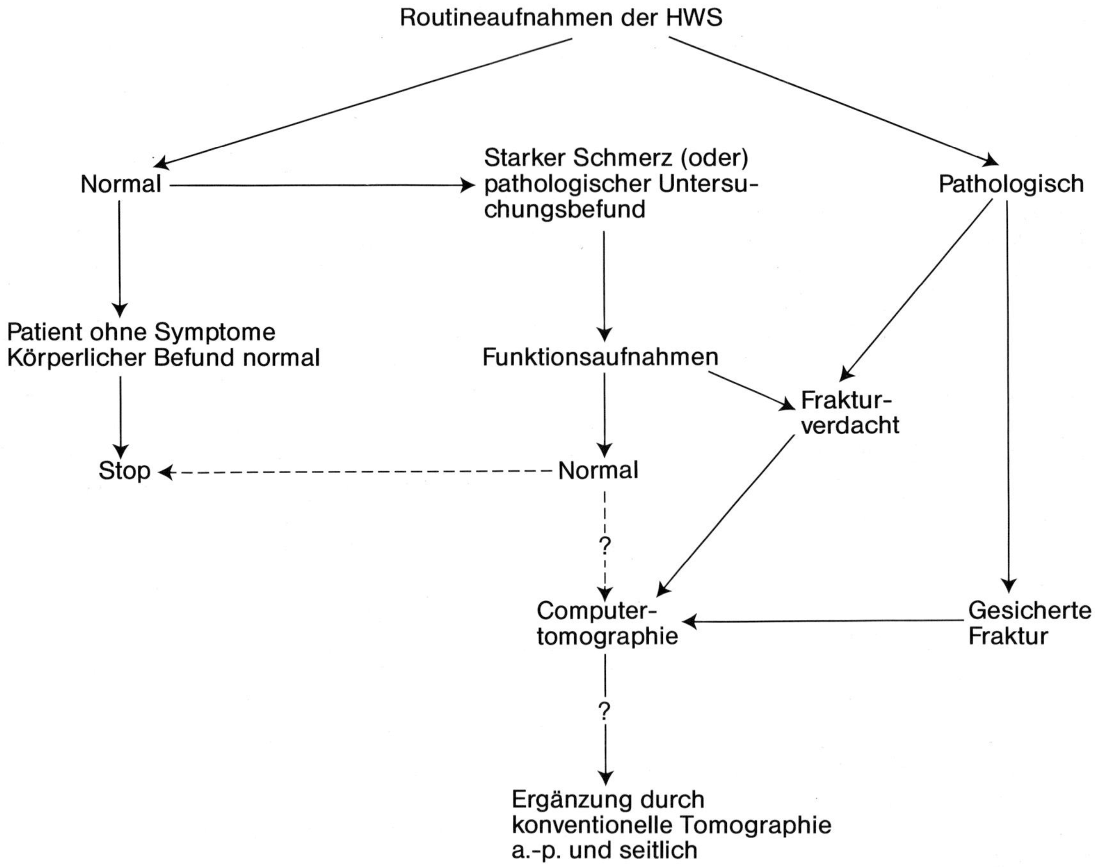

Abb. 3-5: Unser Vorgehen beim Verdacht auf eine HWS-Verletzung. Die CT-Untersuchung wird nicht bei jedem Patienten durchgeführt und hat in unserem Konzept noch keine endgültige Stellung erreicht. (Modifiziert nach: Maravilla, K. R., Cooper, P. R., Sklar, F. H: The influence of thin section tomography on the treatment of spine injuries. Radiology 127: 131, 1978. Mit freundlicher Genehmigung von Verlag und Autoren.)

Patient dabei ruhig liegen bleiben kann. Diese Aufnahmen eignen sich besonders gut für den Nachweis einer Facettengelenksluxation, doch fanden wir auch deren Nutzen nur als recht gering, wenn es darum ging, Pathologika zu indentifizieren, die wir in einer seitlichen HWS im Liegen nicht vermuteten.
Besteht nach all diesen Manövern immer noch ein klinisch starker Verdacht oder wurde eine Fraktur bzw. eine Subluxation nachgewiesen, so empfehlen wir die anschließende Computertomographie in hochauflösender Knochentechnik. Diese Untersuchung trägt in sich den Vorteil, daß sie schnell durchgeführt ist und der Patient dabei bewegungslos auf dem Untersuchungstisch liegen kann. Zusätzlich zeigt diese Weichteil- und mögliche Rückenmarksschädigungen neben den knöcherenen Veränderenung auf (6-8). Trotz aller Sensitivität hat die Computertomographie gewisse Beschränkungen. Es kann sein, daß sie Frakturen der Bogenwurzel, der Seitmasse, der Pars interarticularis sowie leichtere Kompressionsfrakturen nicht zeigt; besteht klinisch der Verdacht auf solche Frakturen, dann bedarf die CT möglicherweise der Ergänzung durch die konventionelle Tomographie (9-10). Wir setzen unter solchen Umständen meist die (eindimensionale) lineare Tomographie zur Ergänzung der CT ein, weil sich mit dieser Technik nur gering dislozierte Frakturen am besten darstellen lassen (Abb. 3-4 und 3-5).
In einigen Instituten wurde beim akuten Halswirbelsäulentrauma auch schon die Kernspintomographie eingesetzt (11,12). Gegenüber der CT bietet sie derzeit keinerlei Vorteile und ist dabei kosten- und zeitaufwendiger. Unsere eigenen Erfahrungen mit der Kernspintographie bei Akutverletzungen sind begrenzt. Schließlich wurde die CT-Untersuchung der HWS beim akut Unfallverletzten von mehreren Autoren empfohlen (7,8), wir sind jedoch der Meinung, daß vor einer CT-Untersuchung zunächst alle Patienten eine routinemäßige HWS-Serie konventioneller Röntgenaufnahmen erhalten sollten (vgl. Abb. 3-5).

Anatomie

Die anatomischen Grundstrukturen («Landmarken») der HWS (Abb. 3-6 bis 3-8) sollten eigentlich den meisten Notaufnahmeärzten vertraut sein. Die HWS hat sieben Wirbel, die alle in einer Art Stützrahmen von Muskeln und Bändern eingebettet sind. In der Regel zeigt die HWS eine glatte lordotische Krümmung. Die Aufhebung dieser Krümmung kann durchaus noch normal sein, da in der Normalbevölkerung bis zu 20% der Untersuchten dieses Phänomen aufweisen, sie ist also nicht immer pathologisch. Die knöchernen Grundelemente aller Wirbel sind der Wirbelkörper, die Wirbelbogenansätze (Pedikel), die Querfortsätze, die Wirbelbögen und als Fortsetzung der «hinteren Wirbelelemente» die Dornfortsätze. Die Wirbelkörper sind miteinander durch die kleinen Wirbelgelenke, die Facettengelenke, verbunden; die jeweils obere Facette befindet sich am unteren Wirbelgelenkfortsatz und die jeweils untere am oberen Wirbelgelenkfortsatz zweier Nachbarwirbel.
An der oberen HWS-Region ist die Verbindung zwischen dem Atlas (C 1) und dem Axis (Epistropheus, C 2) insofern einzigartig, als diese Flexion, Extension, Rotation, Gegeneinandergleiten und auch die seitliche Abkippung (Seitneigen des Kopfes) ermöglicht. Der Dens (Processus odontoideus) ist ein oberer Knochenfortsatz des Axis, der den vorderen Ringanteil des Atlas durchsetzt; er wird häufig verletzt und sollte deshalb bei allen HWS-Verletzungen dargestellt werden.
Auch sollten die Halsweichteile vor der Wirbelsäule (prävertebraler Weichteilschatten) bei jedem dieser Patienten genau gemustert werden. Normalerweise sollte die Distanz zwischen der Vorderunterfläche von C 1–C 3 und dem Pharynxschatten bei Erwachsenen oder Kindern sieben Millimeter nicht überschreiten. Der Retrotrachealraum (von der Vorderunterkante von HWK 6 bis zur Tracheahinterwand) sollte bei Kindern 14 und bei Erwachsenen 22 Millimeter nicht übersteigen. Eine jegliche Vergrößerung dieser Entfernung kann eine bislang nicht vermutete pathologische Veränderung signalisieren (13). Zu den möglicherweise verkalkten Strukturen in dieser Region zählen der Krikoid- und der Schildknorpel. Natürlich sollten auch die anatomischen Regionen, die am Filmrand noch abgebildet sind, immer nach Pathologika abgesucht werden.

Pathologische Veränderungen

In der Halsregion kommt es zu einer Vielzahl einfacher und komplexer Verletzungen. Am häufigsten betroffen sind die Segmente C 1/C 2 und C 4 bis Th 1, wahrscheinlich durch die erheblichen Kräfte, die deshalb auf die HWS einwirken, weil sie den Schädel trägt.
Weichteilveränderungen in der Prävertebralregion können bedeutsame Verletzungen anzeigen und sollten deshalb auf jeder Röntgenaufnahme auch immer gesucht werden. Wie schon erwähnt, sollte die Entfernung zwischen der Vorderunterkante von C 1–C 3 und dem Pharynx beim Kind und beim Erwachsenen sieben Millimeter nicht überschreiten. Jedoch kann die Aufnahmetechnik diese Beziehung beeinflussen, da nämlich Aufnahmen bei Ende der Ausatmung oder bei einem Valsalva-Manöver zum Bild einer prävertebralen Weichteilschwellung führen können (Abb. 3-9). Ist die Aufnahmetechnik korrekt, dann kann ein solcher verbreiterter prävertebraler Weichteilschatten die Folge einer Blutung oder eines Ödems durch eine zugrunde liegende Knochenverletzung sein (Abb. 3-10). Nach unserer Erfahrung liegt diese Schwellung nicht bei allen Patienten gleich nach dem Trauma vor, sondern tritt in der Regel erst später ein. Beim Fehlen sichtbarer Frakturen kann die Entwicklung einer Weichteilschwellung Künder einer unerwarteten Dens- oder einer anderen Fraktur sein, die dann der weiteren diagnostischen Abklärung und Behandlung bedarf (Abb. 3-11 (14).
Über die Umkehrung der normalen lordotischen Krümmung

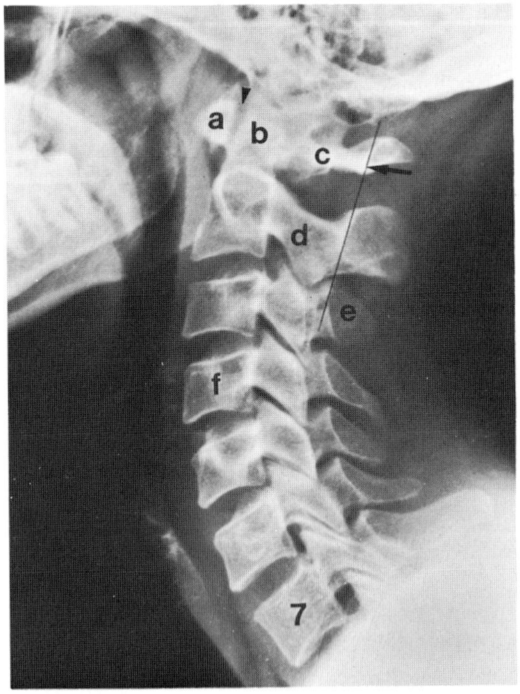

Abb. 3-6: Normale HWS seitlich von C 1 bis C 7. a = Arcus anterior des Atlas; b = Dens axis; c = Arcus posterior des Atlas; d = Wirbelbogen (Lamina) von C 2; e = Dornfortsatz; f = Wirbelkörper; 7 = Wirbelkörper von C 7. Der Pfeil kennzeichnet die hintere Zervikallinie (siehe Text); die Pfeilspitze weist auf die Distanz zwischen vorderem Atlasbogenrückfläche und Densvorderfläche.

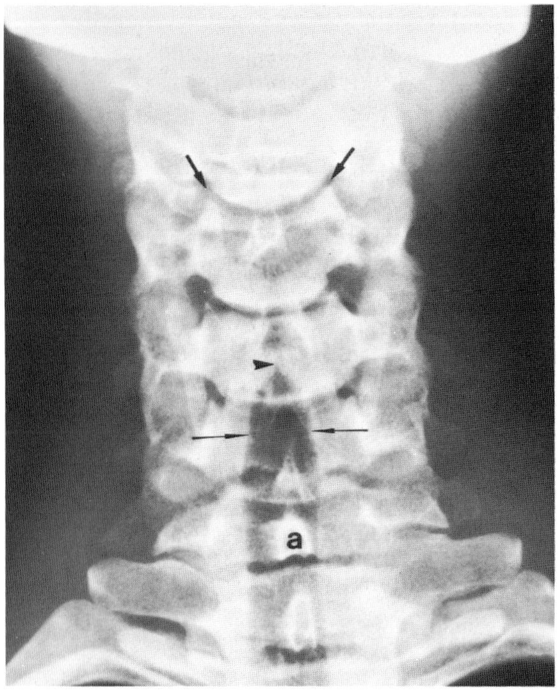

Abb. 3-7: Normale a.-p. Aufnahme der HWS. a = Dornfortsatz von C 7; die langen Pfeile weisen auf den Trachealschatten, der kurze Pfeil auf die Glottis und die Pfeilspitze auf den Processus uncinatus von C 4.

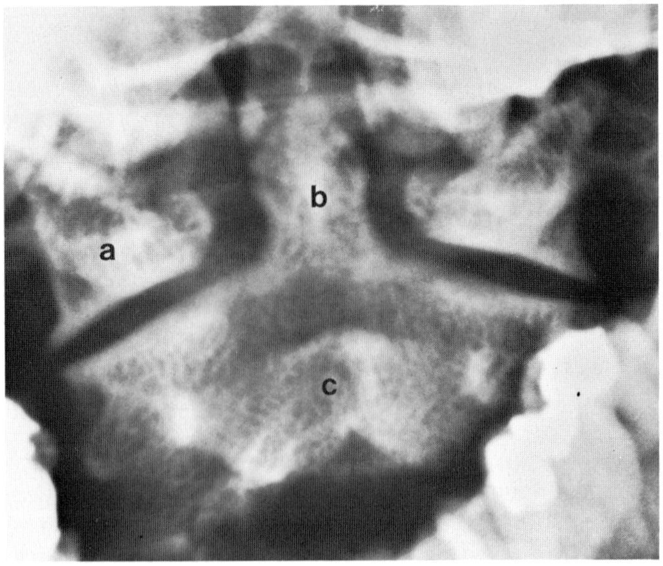

Abb. 3-8 (oben): Normale Densaufnahme durch den geöffneten Mund. a = Massa lateralis des Atlas; b = Dens axis; c = HWK 2.

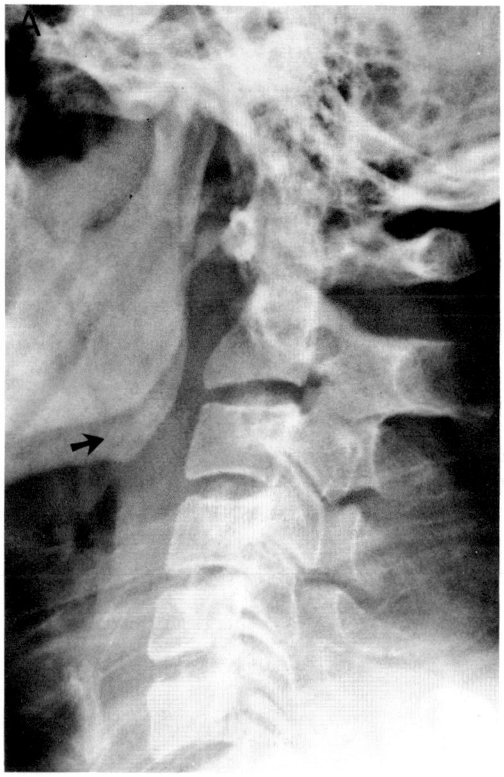

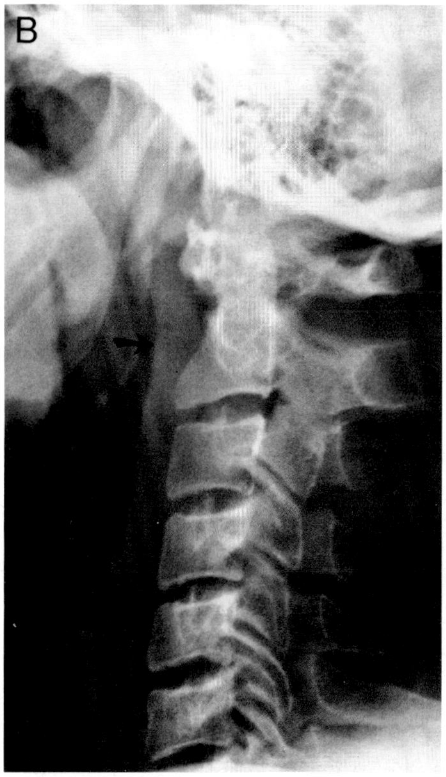

Abb. 3-9: **A.** Die seitliche HWS-Aufnahme eines 32jährigen Mannes, der von einem Automobil angefahren wurde, zeigt eine gut erkennbare prävertebrale Weichteilschwellung (→).
B. Die Wiederholungsaufnahme bei tiefer Einatmung ergibt nun einen normalen prävertebralen Weichteilschatten (→). Es wurde auch keine Fraktur gefunden.

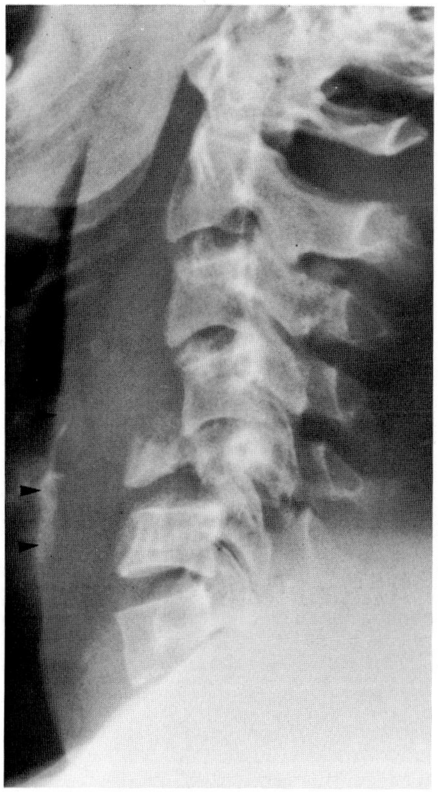

Abb. 3-10 (rechts): Ausgedehnte vordere Weichteilschwellung (Pfeilspitzen) nach einer Berstungsflexionsfraktur bei einem 30jährigen Patienten, der gefallen war und eine plötzlich einsetzende Tetraplegie erlitt.

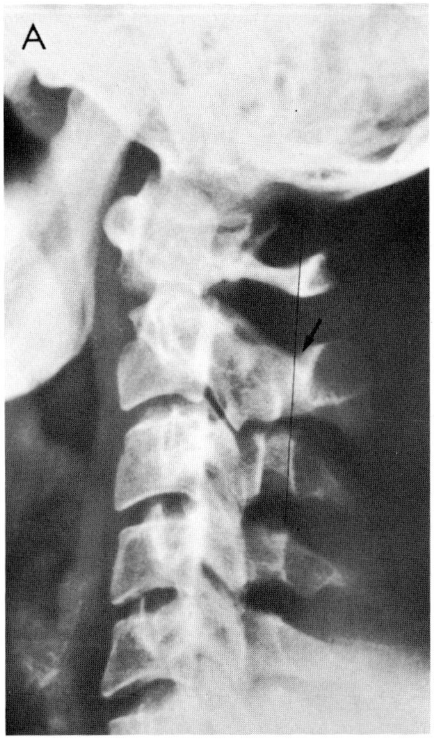

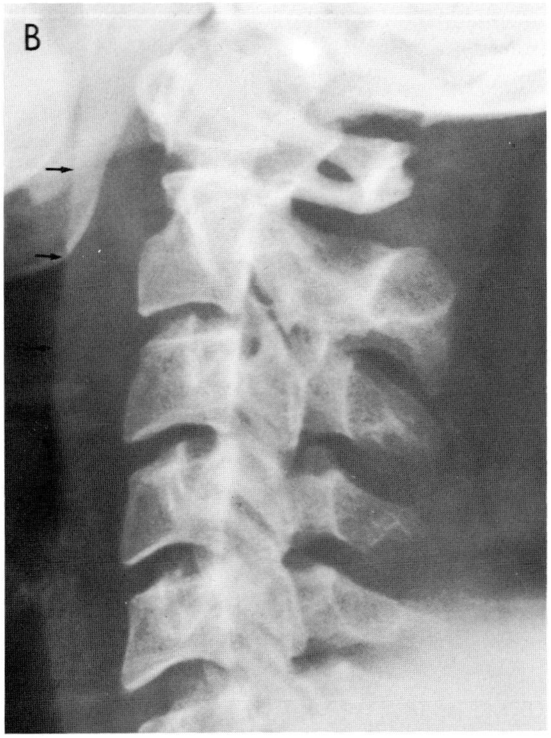

Abb. 3-11: A. Diese seitliche HWS-Aufnahme eines 26jährigen Mannes nach einem Autounfall wurde zuerst als normal angesehen, doch ist hier die hintere Zervikallinie abnorm (Pfeil).

B. Eine seitliche HWS-Aufnahme vier Tage später zeigt die betonte Weichteilschwellung der prävertebralen Region (Pfeile).

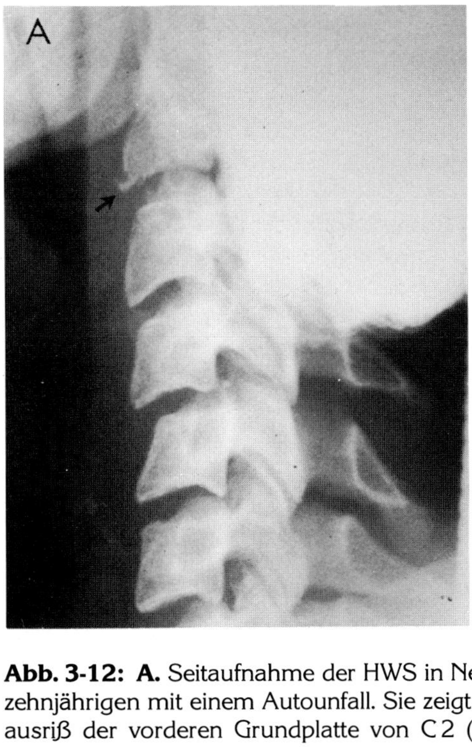

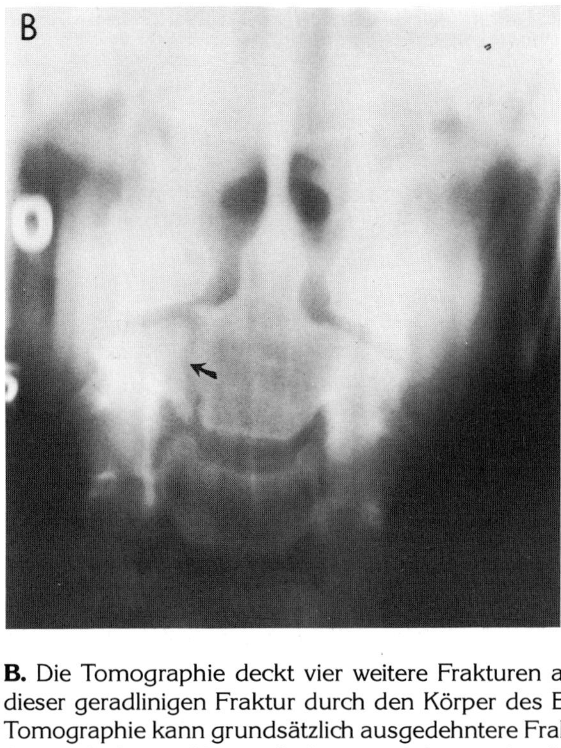

Abb. 3-12: A. Seitaufnahme der HWS in Neutralstellung eines Sechzehnjährigen mit einem Autounfall. Sie zeigt einen kleinen Fragmentausriß der vorderen Grundplatte von C 2 (Pfeil) und eine anteriore Subluxation um 4 mm von C 4 gegenüber C 5.

B. Die Tomographie deckt vier weitere Frakturen auf, einschließlich dieser geradlinigen Fraktur durch den Körper des Epistropheus. Die Tomographie kann grundsätzlich ausgedehntere Frakturen, als sie auf den verdächtigen Nativaufnahmen sichtbar sind, aufzeigen.

der HWS auf der seitlichen Röntgenaufnahme wurde berichtet, sie sei durch Muskelspasmen und eine mögliche erhebliche Bänderschädigung bewirkt. Dagegen berichtete ein Autor (Weir, 1975), daß diese Aufhebung der HWS-Lordose als Normalbefund bei 20% aller Patienten vorkommt und diese Zahl sogar auf normalerweise 40% ansteigt, wenn der Patient sein Kinn auch nur um knapp drei Zentimeter absenkt (4). Seien Sie also zurückhaltend mit der Diagnose eines Muskelspasmus bei der aufgehobenen HWS-Lordose. Vergewissern Sie sich, daß der Patient bei der Aufnahme die HWS in echter Neutralstellung hält.

HWS-Frakturen lassen sich auf sehr verschiedene Weise klassifizieren. Die einfachste und direkteste von allen besteht darin, die pathologische Veränderung hinsichtlich der Kräfte zu beschreiben, die erforderlich sind, diese zu verursachen; diese Einteilung deckt auch die häufigsten Verletzungen ab. In der Praxis bedeutet dies schlicht zwei Hauptkategorien: Flexions- und Extensionsfrakturen. Bei einer solchen Klassifikation ist natürlich der Hergang des Verletzungsmechanismus sehr wichtig, um wahrscheinliche Verletzungen voraussagen zu können. Ist der Patient bewußtlos und die Vorgeschichte unbekannt, dann können begleitende klinisch offenkundige Frakturen bei der Wahrscheinlichkeitsdiagnose helfen, ob die Hauptkraft eine Flexions- oder eine Extensionsbelastung war. Wichtiger, eigentlich das dringlichste Anliegen überhaupt, ist die Feststellung, ob die Wirbelsäulenverletzung *stabil* oder *instabil* ist. Modifiziert nach Harris kann man die HWS-Verletzungen auch so einteilen (15):

Stabile Frakturen:
- Vordere Subluxation
- Einseitige Facettenluxation
- Einfache Keilfraktur
- Berstungsfraktur der unteren HWS
- Fraktur des hinteren Wirbelbogens, Atlas
- Pfeilerfraktur
- Schaufelarbeiterfraktur (wenn der Wirbelbogen selbst nicht beteiligt ist = Dornfortsatzabriß)

Instabile Frakturen:
- Beidseitige Facettenluxation
- Flexionsfraktur mit Riß des hinteren Bandapparates
- Extensionsfraktur mit Riß des vorderen Bandapparates (in Flexionsstellung stabil; instabil in Streckhaltung)
- Erhängungsfraktur
- Jefferson-Fraktur des Atlas
- Hyperextensions-Luxationsfraktur
- Schaufelarbeiterfraktur (bei Beteiligung des Wirbelbogens)

Bevor wir diese Klassifikation besprechen, soll noch eines besonders betont werden: Frakturen der HWS sind nicht immer isolierte Frakturen. Bis zu 67% aller dieser Verletzungen werden Begleitverletzungen aufweisen. Wird also eine Fraktur mit konventionellen Aufnahmen festgestellt, so ist in der Regel auch eine Tomographie oder eine CT-Untersuchung indiziert, um weitere mögliche Verletzungen nachzuweisen. Stellen Sie die Suche nie dann schon ein, wenn Sie *eine* Fraktur auf den Routineaufnahmen festgestellt haben (Abb. 3-12 bis 3-14). Gleichermaßen gilt, daß Sie nach der Diagnose einer älteren Fraktur auf den Routineaufnahmen keine neueren im Rahmen der klinischen Abklärung übersehen sollten (Abb. 3-15).

Die Flexionstraumata wurden von Braakman und Penning in Zerrungs-(Distraktions-) und Kompressionsverletzungen eingeteilt (16):

Distraktionsfrakturen mit Hyperflexion sind folgende:
- «Hyperflexionszerrung»
- Einseitige Facettenluxation
- Beidseitige Facettenluxation
- Hyperflexions-Kompressionsverletzungen
- Vordere Kompressionskeilverletzung
- Trümmerfraktur des Wirbelkörpers

Bei den Flexionsverletzungen mit Distraktionskomponente ist die primäre Kraft eine Abbremsung (Dezelerationstrauma) mit Zugkräften, die auf die HWS einwirken und dann zu Zerrungen oder Zerreißungen der Wirbelelemente führen. Zunächst wirken die Kräfte auf den hinteren Bandkomplex ein, dann auf die Ligamenta interspinosa und schließlich auf die Kapseln der kleinen Wirbelgelenke (Facettengelenke) selbst.

Zur Hyperflexions-«Zerrung» kommt es, wenn eine nur mäßig starke Kraft auf den hinteren Bänderkomplex einwirkt und zu einem inkompletten Riß der Ligamenta interspinosa führt. Dann erscheint bei der Mehrzahl dieser Fälle die Seitenaufnahme in Neutralstellung der HWS normal, und es können Flexions-Extensions-Aufnahmen erforderlich werden, um diese Diagnose stellen zu können. Bei der Flexion weichen die Dornfortsätze auseinander oder klaffen gar und zeigen so die Ruptur eines Ligamentum interspinosum an (Abb. 3-16). Diese Verletzungen sollten in engmaschigen Intervallen nachuntersucht werden.

Eine einseitige oder beiderseitige Facettenluxation ist meist röntgenologisch eindeutig. Eine einseitige Facettenluxation läßt sich auf der a.-p.-Aufnahme durch die Fehlstellung der Dornfortsätze oberhalb der Läsionshöhe zueinander oder aber auf der Seitaufnahme durch eine Verschiebung zweier Nachbarwirbelkörper zueinander um weniger als 50% diagnostizieren (Abb. 3-17). Zur beidseitigen Facettenluxation kommt es bei schwerwiegenden Flexionskräften, die dann meist zum Bild der beidseitigen «Facettenblockierung» führen. Dies äußert sich dann meist durch eine Verschiebung der beiden beteiligten Nachbarwirbel gegeneinander um mehr als 50% der Wirbelkörpertiefe (17).

Bei Hyperflexions-Kompressionsverletzungen paaren sich Kompressionskräfte in Achsenrichtung der Wirbelsäule mit einer Flexionsschädigung der Wirbelkörper. Wirken diese Kräfte vornehmlich auf die Wirbelkörpervorderseite ein, so verursachen sie eine vordere Keilfraktur (Abb. 3-18). Bleiben dabei die hinteren Wirbelelemente intakt, so ist eine solche Fraktur stabil, werden diese aber verletzt (Ruptur des hinteren Bandkomplexes), so ist die Fraktur instabil. Sogenannte «Tränentropfenfrakturen» betreffen in der Mehrzahl eine Trümmerfraktur und sind röntgenologisch eindeutig. Doch kann eine solche

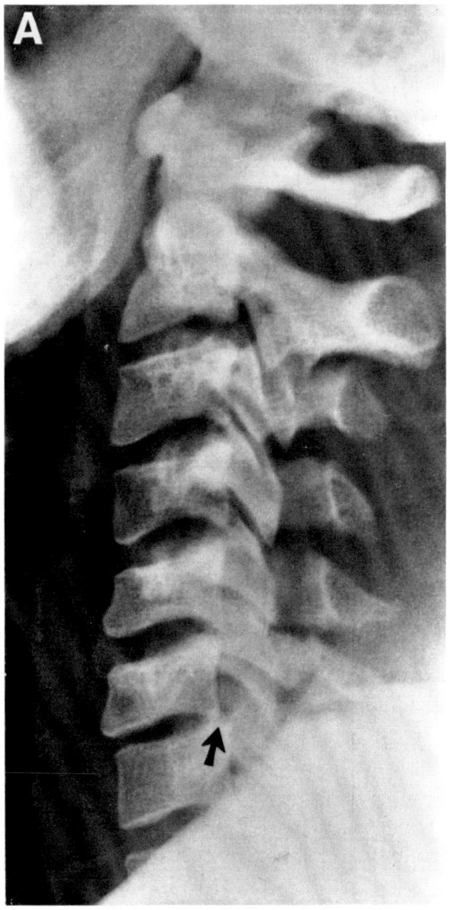

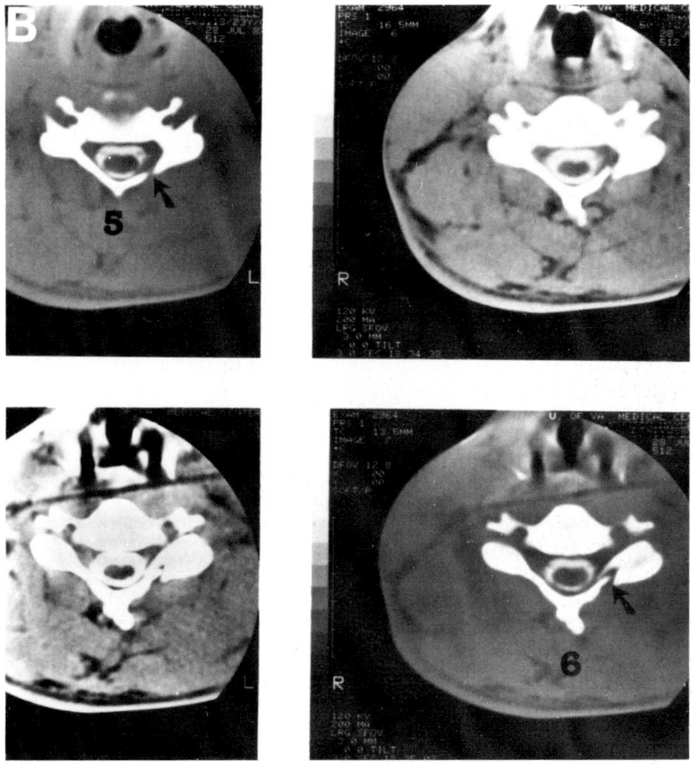

Abb. 3-13: A. Die seitliche HWS-Aufnahme eines 23jährigen nach Verkehrsunfall zeigt eine höhengeminderte Bandscheibe C 6/7 mit einer vorderen Subluxation von C 6 gegenüber C 7 von 2 mm (→). **B.** Die CT-Untersuchung ergibt multiple Laminabrüche von C 5 und C 6 (Pfeile).

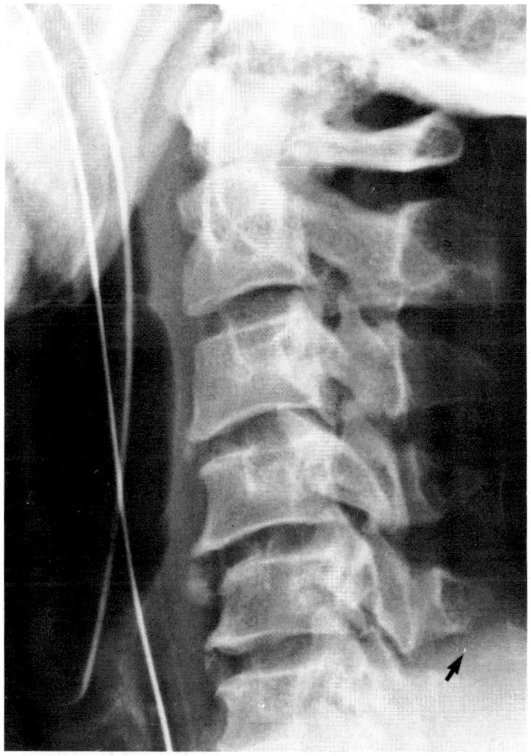

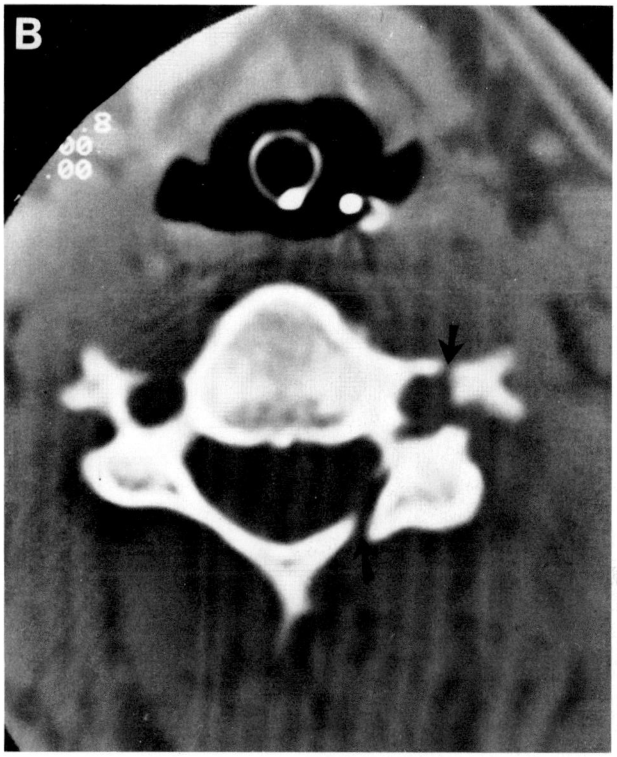

Abb. 3-14: A. Die seitliche HWS-Aufnahme eines 38jährigen nach Verkehrsunfall zeigt eine Dornfortsatzfraktur des 5. Halswirbels (→) mit einer minimalen anterioren Subluxation und einer Bandscheibenraumverschmälerung C 4/5.

B. Dieses Einzelbild der CT-Untersuchung zeigt multiple Frakturen von C 4, die auf den konventionellen Aufnahmen nicht erkennbar waren (Pfeile). Das CT ist derzeit die definitive Untersuchungsart bei der Abklärung einer HWS-Verletzung.

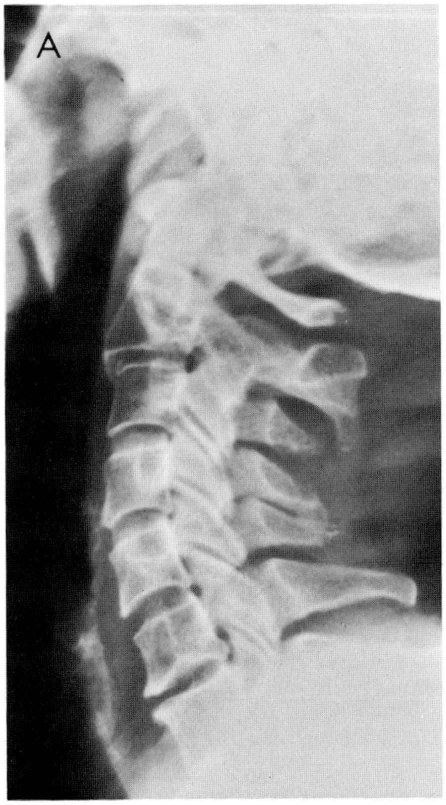

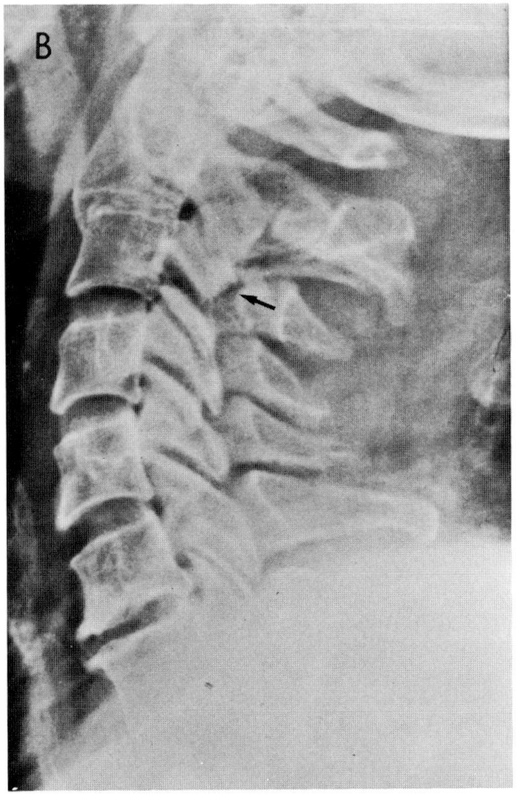

Abb. 3-15: A. Die seitliche HWS-Aufnahme bei diesem 54jährigen Patienten zeigt eine alte verheilte Fraktur von C 2. **B.** Seitliche HWS-Aufnahme des gleichen Patienten vier Jahre später nach einem Sturz mit Zeichen einer zentralen neurologischen Störung. Auf dieser Aufnahme wurden keine Frakturen gesehen. Der Pfeil zeigt auf die vorher übersehenen Frakturen durch die Wirbelbögen. **C.** Eingeblendete Zielaufnahme der HWS seitlich nach drei Tagen: Sie zeigt eine deutliche vordere Subluxation von C 3 gegenüber C 4 (Pfeil). Ein bekanntes älteres Trauma sollten den Untersucher nicht davon abhalten, frische Verletzungen zu erkennen.

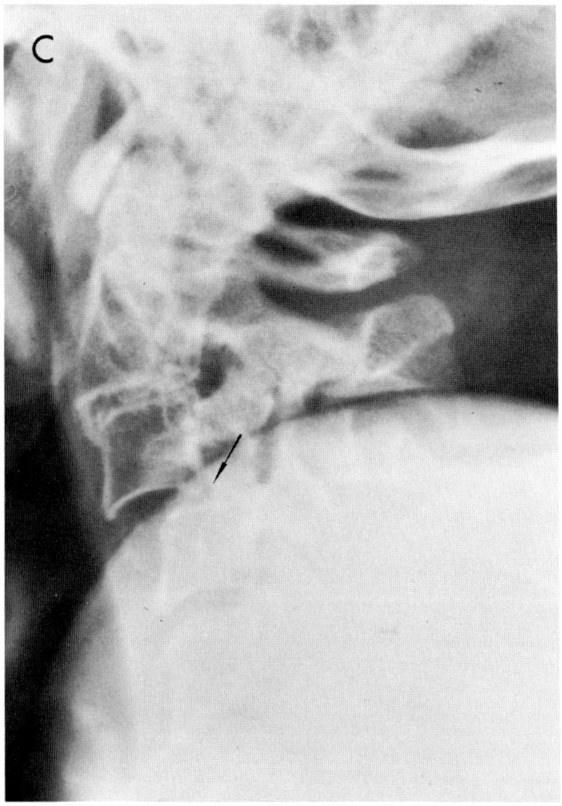

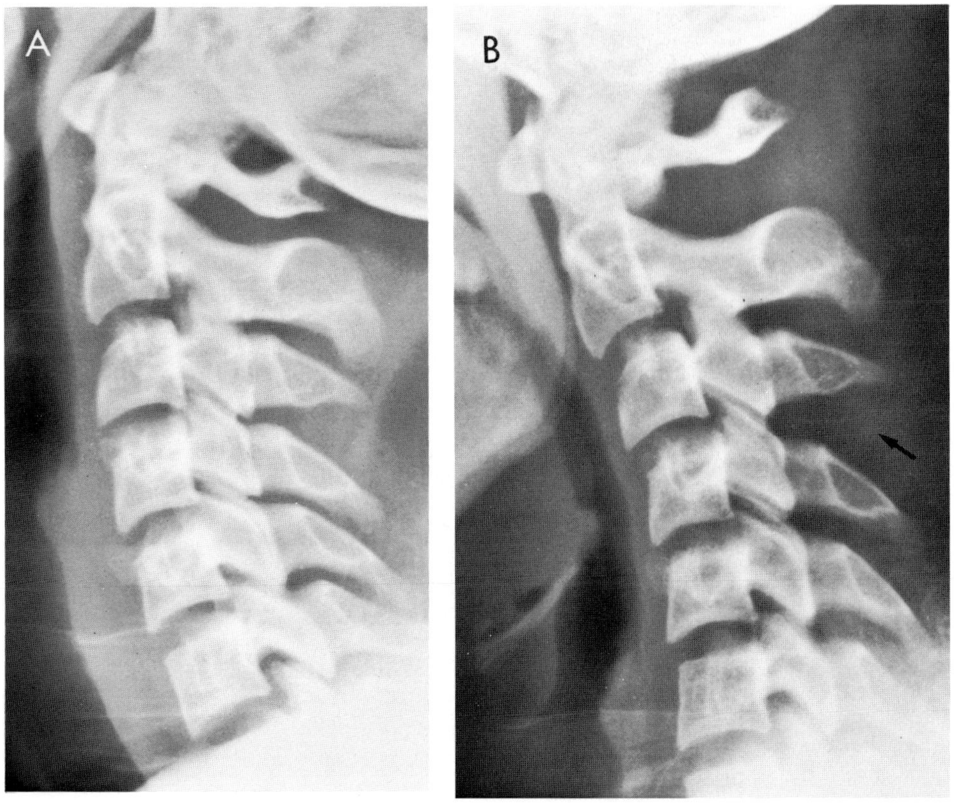

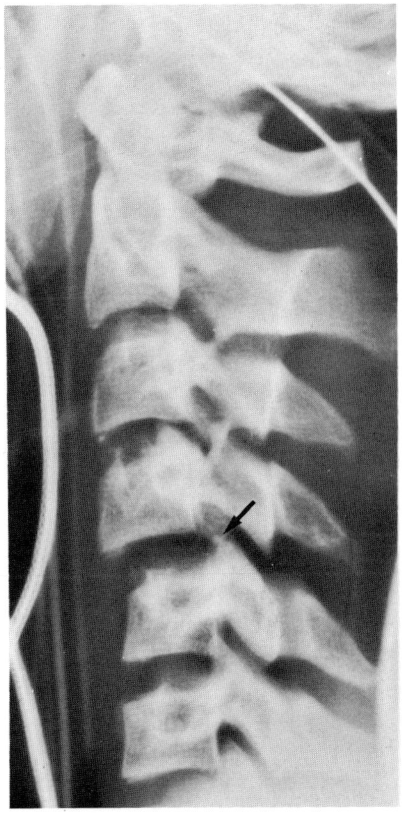

Abb. 3-16: **A.** Diese seitliche HWS-Aufnahme eines 25jährigen Mannes nach einem Autounfall mit Bewußtseinsverlust erscheint normal. **B.** Die Flexionsaufnahme, bei der der Patient sich selbst bewegte, ergibt ein Klaffen der Dornfortsätze C 3/C 4 und eine geringe Subluxation in diesem Segment (Pfeil). Flexions-Extensions-Aufnahmen können wichtig sein, um pathologische Veränderungen, die sich in Nativaufnahmen nicht zu erkennen geben, aufzudecken. Darüber hinaus kann es bei dieser Verletzung, wenn sie unbehandelt bleibt, zu einer späteren dauernden Subluxation und Deformierung kommen.

Abb. 3-17: Die seitliche HWS-Aufnahme eines Fünfzehnjährigen, der bei einem Verkehrsunfall verletzt wurde, zeigt eine vordere Subluxation von C 4 gegenüber C 5 von weniger als 50 % der Wirbelkörpertiefe. Die weitere Untersuchung ergab eine Facettenblockierung einer Seite in diesem Segment (Pfeil).

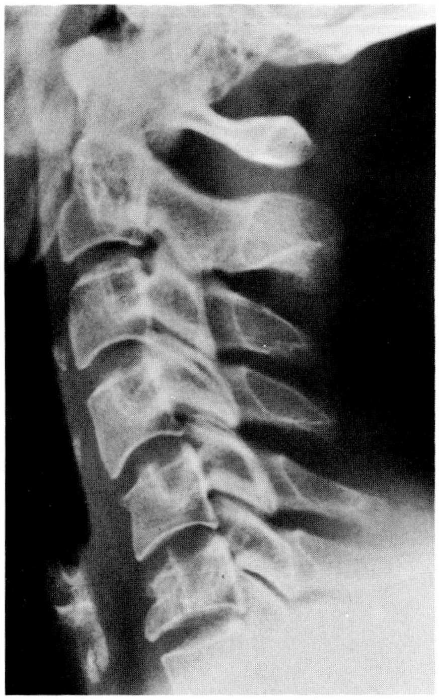

Abb. 3-18: Seitliche HWS-Aufnahme eines 40jährigen Patienten. Diese zeigt eine leichte Kompression von C 5 und eine deutliche keilförmige Kompression (vordere Kompressionsfraktur) von C 6. Die Tomographie zeigte keine Beteiligung der hinteren Wirbelelemente.

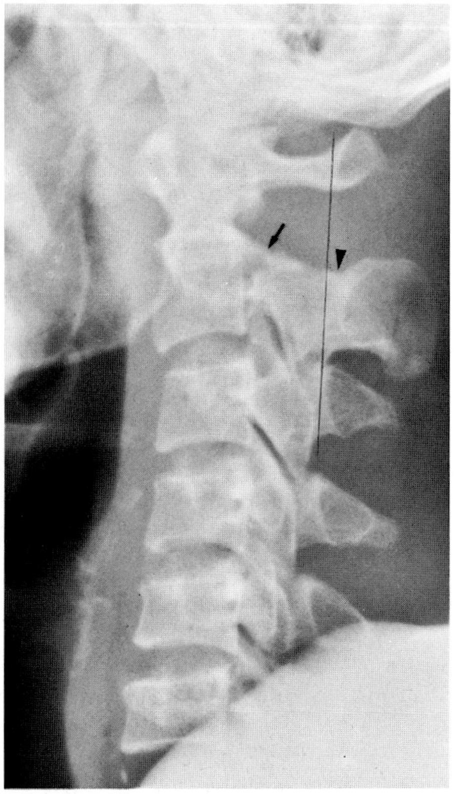

Abb. 3-19: Die seitliche HWS-Aufnahme dieses 30jährigen Mannes nach einem Motorradunfall mit Bewußtseinsverlust zeigt eine typische «Erhängungsfraktur» (Pfeil). Beachten Sie auch, daß die hintere Zervikallinie verändert ist (Pfeilspitze).

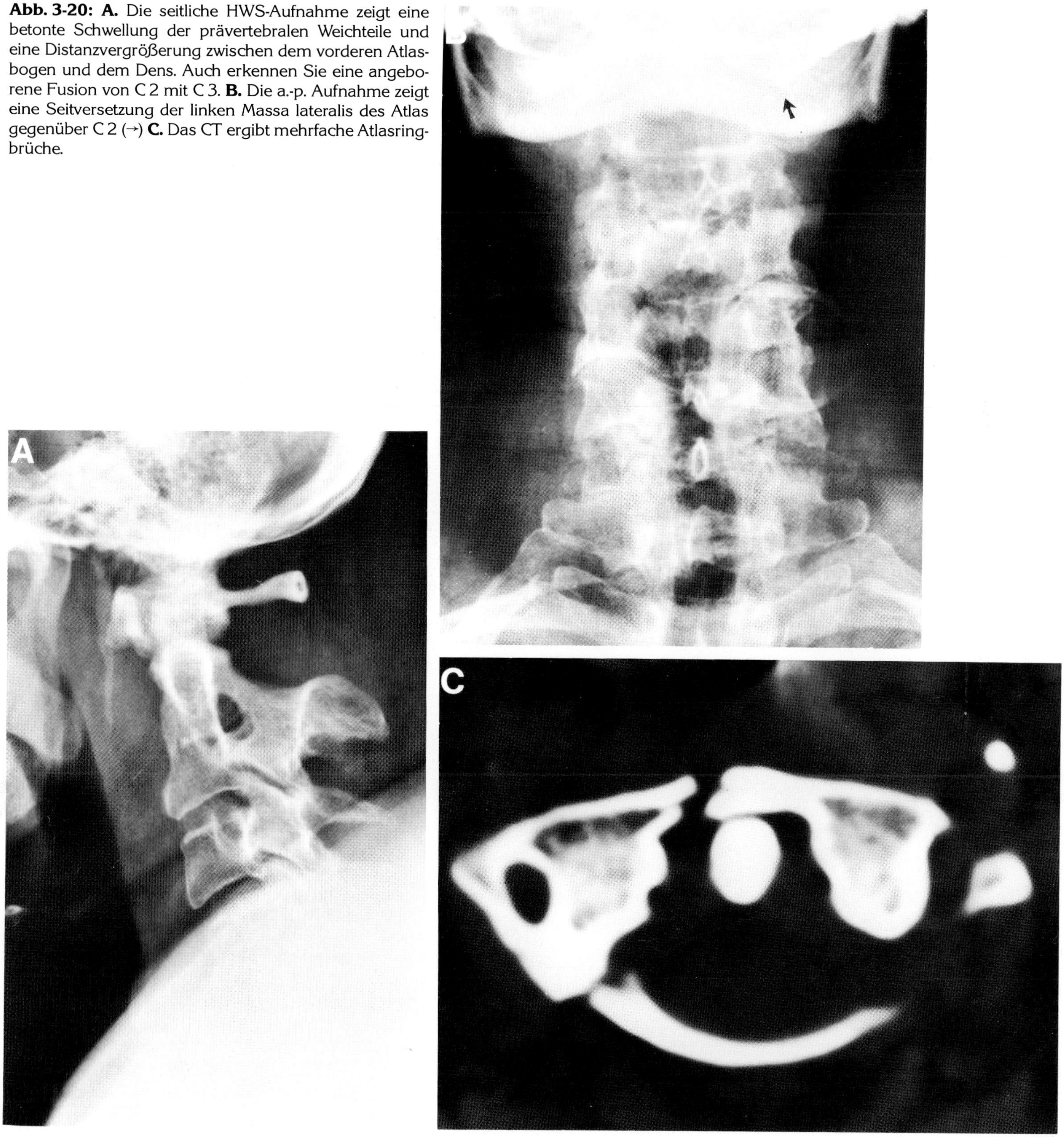

Abb. 3-20: A. Die seitliche HWS-Aufnahme zeigt eine betonte Schwellung der prävertebralen Weichteile und eine Distanzvergrößerung zwischen dem vorderen Atlasbogen und dem Dens. Auch erkennen Sie eine angeborene Fusion von C 2 mit C 3. **B.** Die a.-p. Aufnahme zeigt eine Seitversetzung der linken Massa lateralis des Atlas gegenüber C 2 (→) **C.** Das CT ergibt mehrfache Atlasringbrüche.

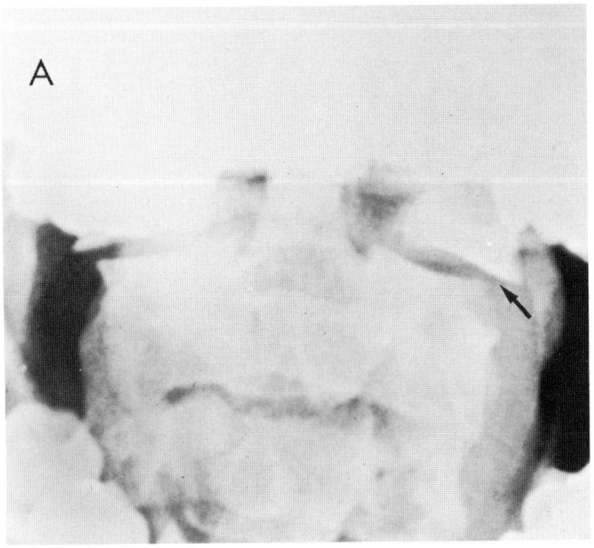

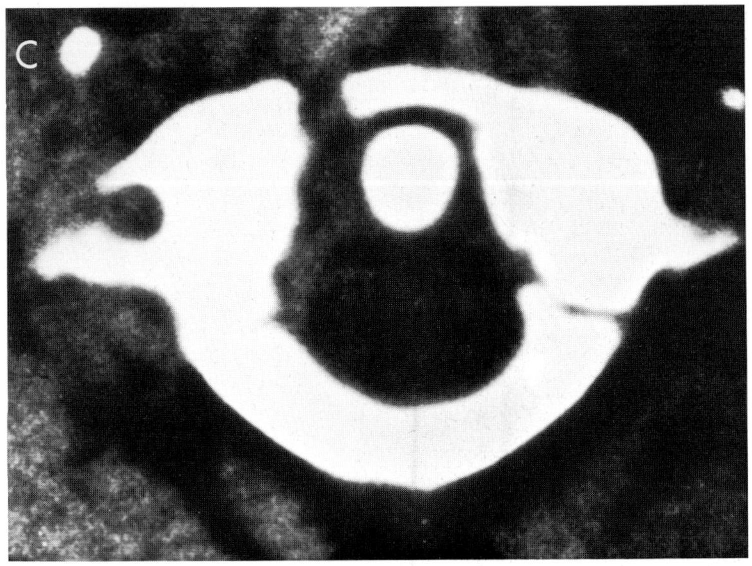

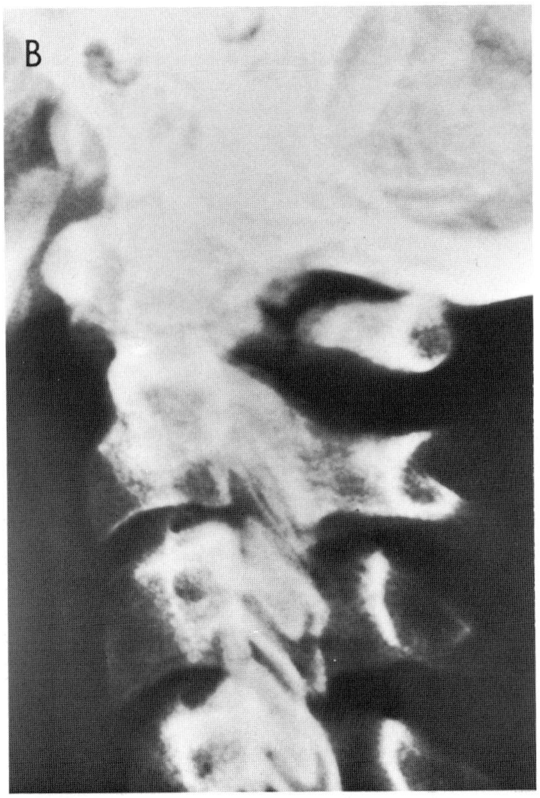

Abb. 3-21: A. Densaufnahme durch den geöffneten Mund bei einem 20jährigen nach einem Motorradunfall mit Bewußtseinsverlust. Sie zeigt eine Lateralverschiebung der Massae laterales des Atlas gegenüber C 2 (Pfeile). **B.** Die Seitaufnahme demonstriert eine Fraktur des Arcus posterior des Atlas. **C.** Die CT-Aufnahme zeigt multiple Frakturen des Atlasrings. (Wiedergabe mit freundlicher Genehmigung von Dr. Anne Brower, Uniformed Services University, Bethesda, Mariland, USA.)

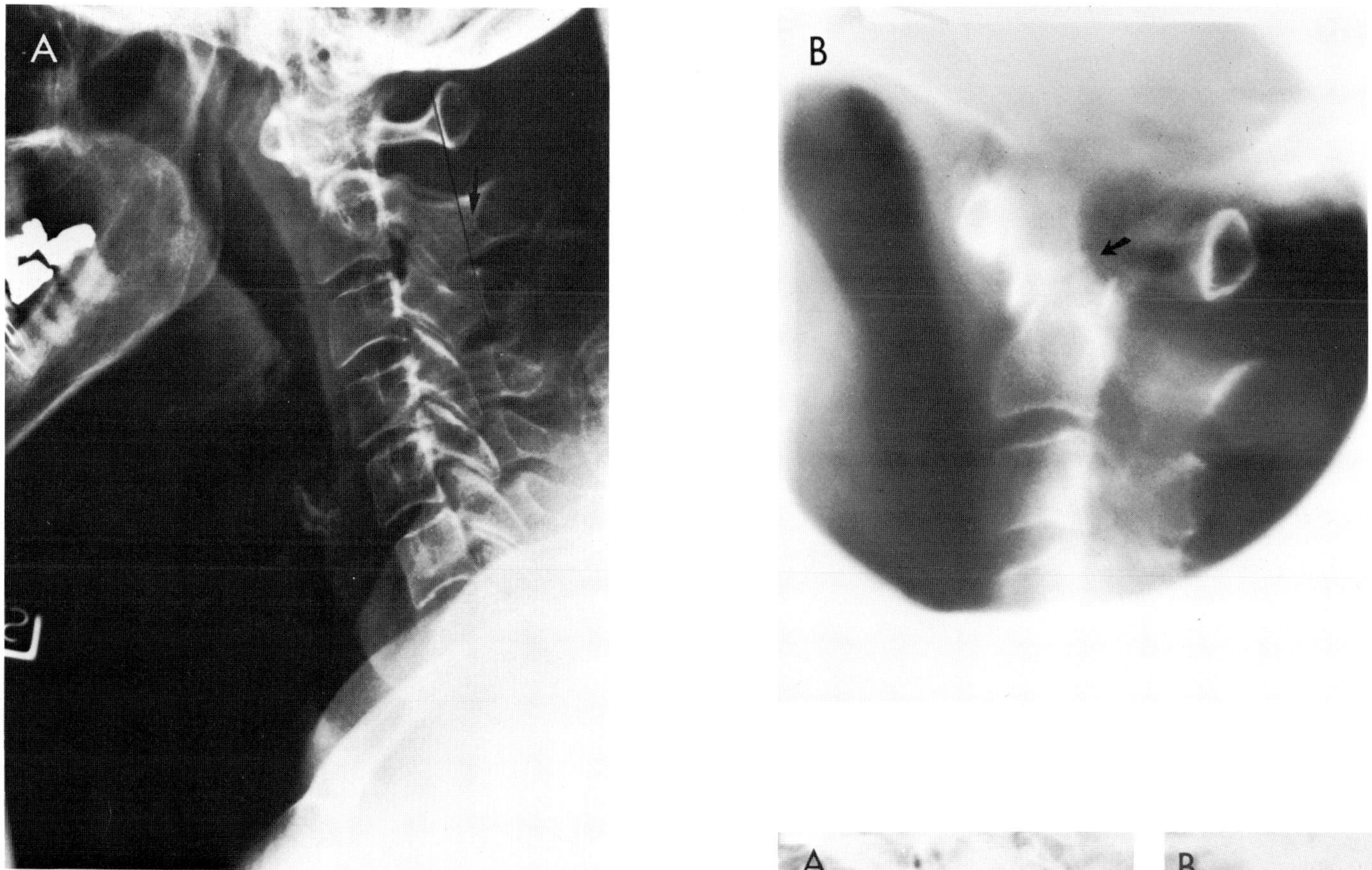

Abb. 3-22: A. Seitliche HWS-Aufnahme in Neutralstellung bei einem 40jährigen nach einem Autounfall mit Bewußtseinsverlust. Der vordere Kortikalisrand des Dornfortsatzes von C 2 ist hinter die hintere Zervikallinie disloziert (> 2 mm) (Pfeil). **B.** Die Tomographie der oberen HWS deckt die fehlgestellte Fraktur des Dens auf (Pfeil). Die Beachtung der hinteren Zervikallinie kann bei der Suche nach Densfrakturen sehr hilfreich sein.

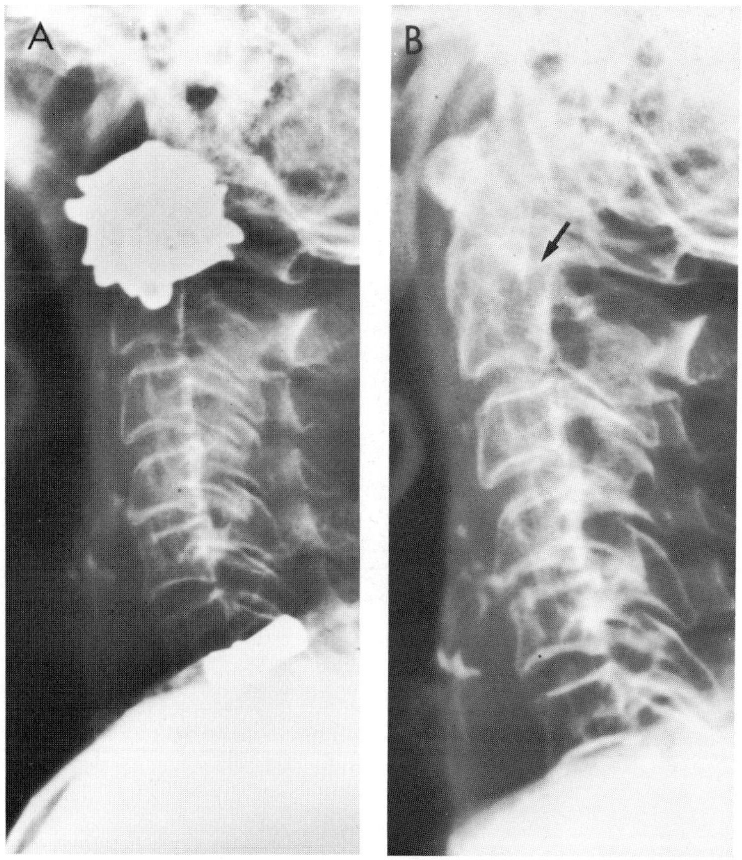

Abb. 3-23: A. Seitliche HWS-Aufnahme mit einem Ohrring, der den Dens verdeckt. Die hintere Zervikallinie ist nicht normal. **B.** Wiederholungsaufnahme nach Entfernen des Ohrrings: Densfraktur (Pfeil)!

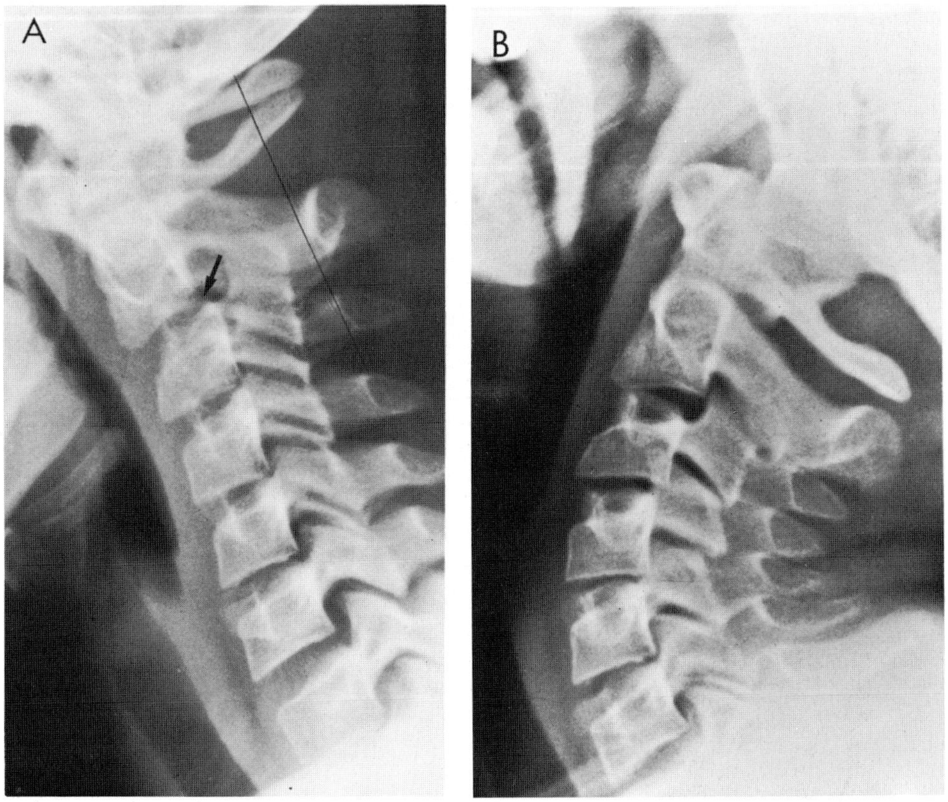

Abb. 3-24: A. Die seitliche HWS-Aufnahme in Flexionsstellung bei einem 12jährigen Kind zeigt die Pseudosubluxation von C 2 gegenüber C 3 (Pfeil). Beachten Sie, daß die hintere Zervikallinie normal ist. Nebenbefundlich noch nicht verschmolzener Arcus posterior des Atlas. **B.** Die Extensionsaufnahme des gleichen Patienten zeigt einen normalen Gefügeaufbau der HWS. Die Pseudosubluxation von C 2/C 3 sollte nicht mit akuten Traumata in der Pädiatrie verwechselt werden.

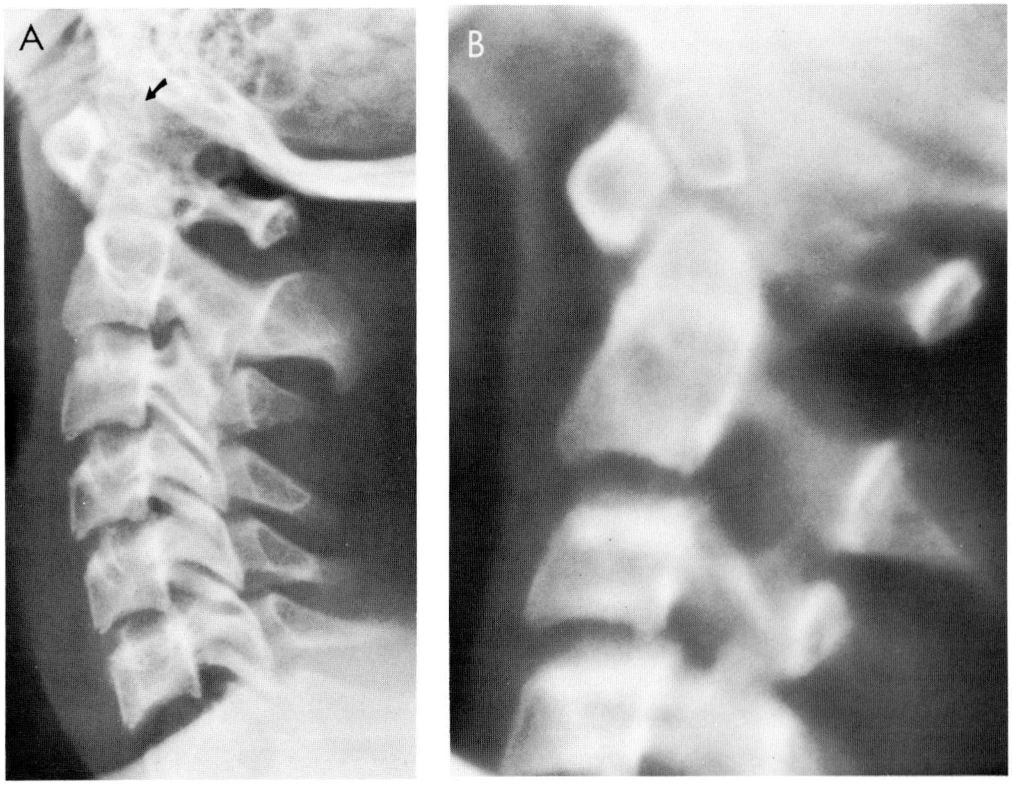

Abb. 3-25: A. Seitaufnahme eines 27jährigen nach einem Verkehrsunfall in Neutralstellung. Man erkennt über dem Arcus anterior des Atlas ein Os odontoideum. **B.** Die Tomographie bestätigt das Vorliegen eines Os odontoideum. Dieses ist entwicklungsgeschichtlich bedingt oder Residuum eines alten Traumas und sollte nicht mit einer akuten Fraktur verwechselt werden.

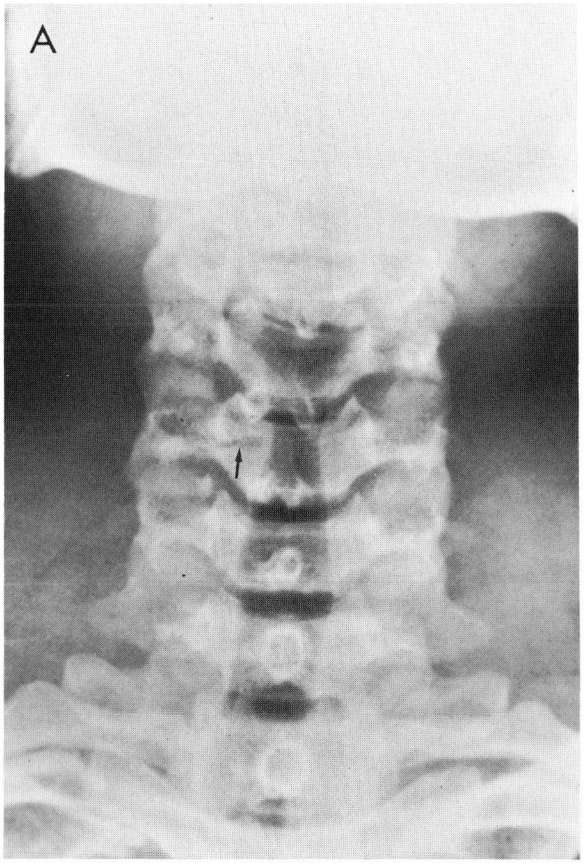

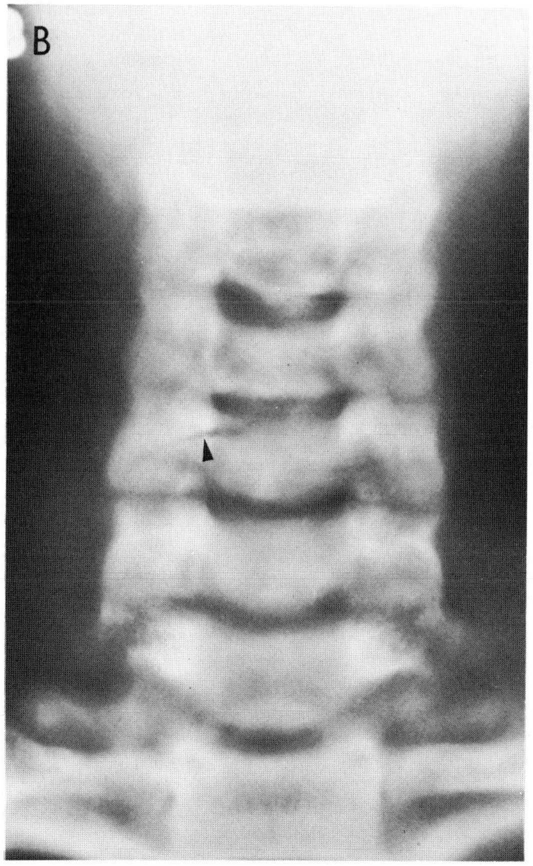

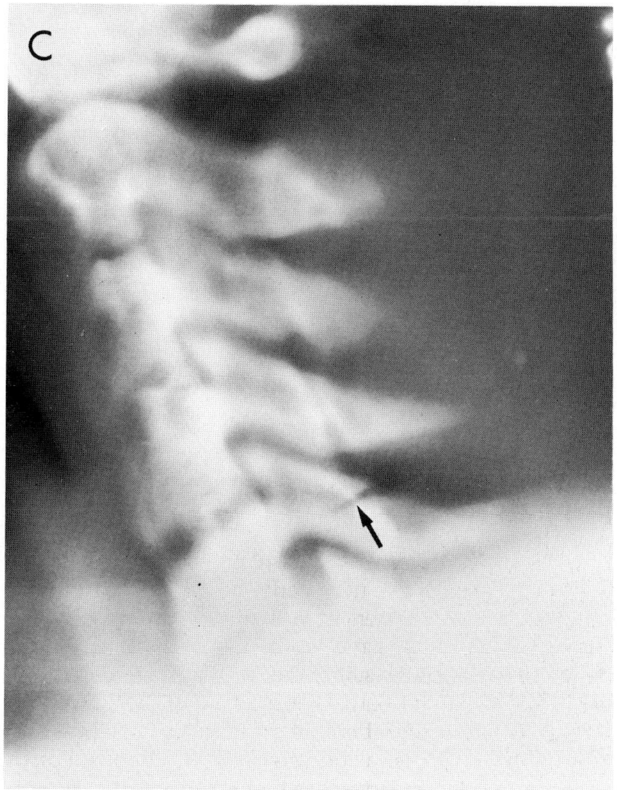

Abb. 3-26: A. A.-p. Aufnahme der HWS eines 40jährigen, der einen Motorradunfall erlitt. Eine Aufhellung in Projektion auf HWK 5 (Pfeil) veranlaßte die weitere Diagnostik. **B.** Die Tomographie sichert eine Fraktur durch den Wirbelbogen von C 5 rechts (Pfeilspitze). **C.** Das seitliche Tomogramm zeigt die Wirbelbogenfraktur noch besser (Pfeil).

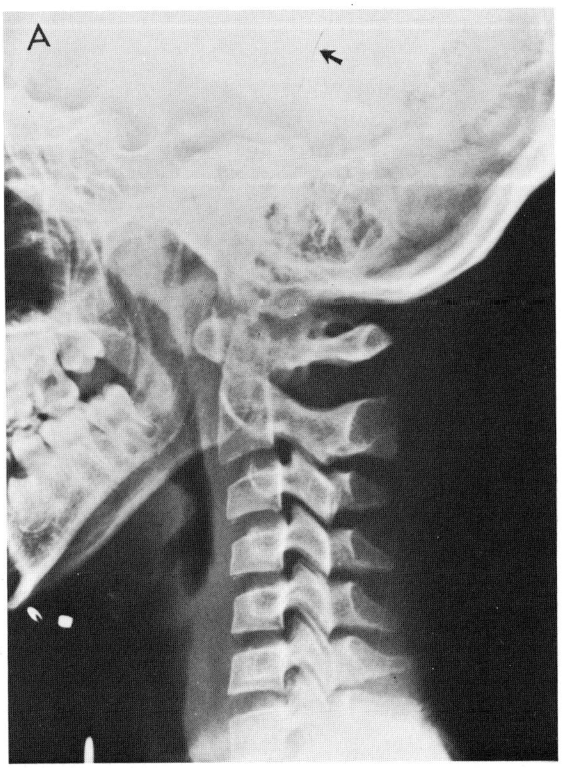

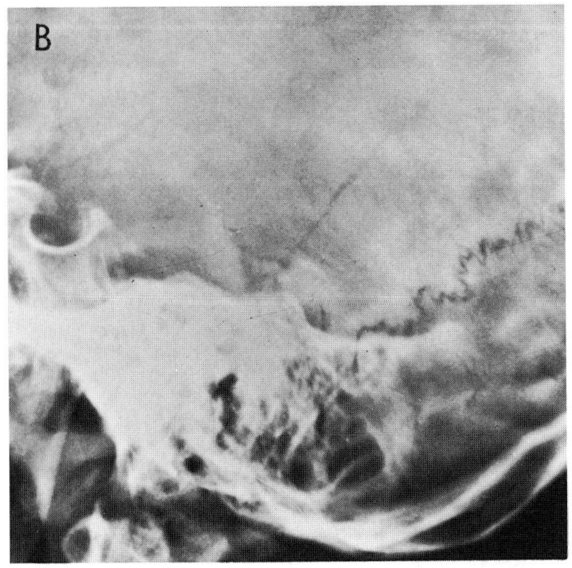

Abb. 3-27: A. Seitliche HWS-Aufnahme im Liegen von einem 12jährigen Kind, das von einem Lastwagen angefahren wurde. Die HWS ist normal, beachten Sie jedoch die unerwartete Parietalfraktur am oberen Bildrand (Pfeil). (Retusche zur besseren Darstellung). **B.** Die seitliche Schädelaufnahme bestätigt die Fraktur. Achten Sie immer auf die Filmrandpartien.

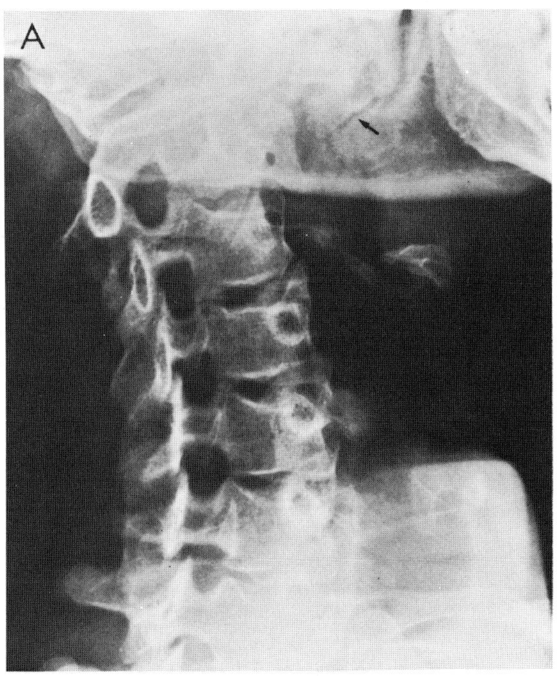

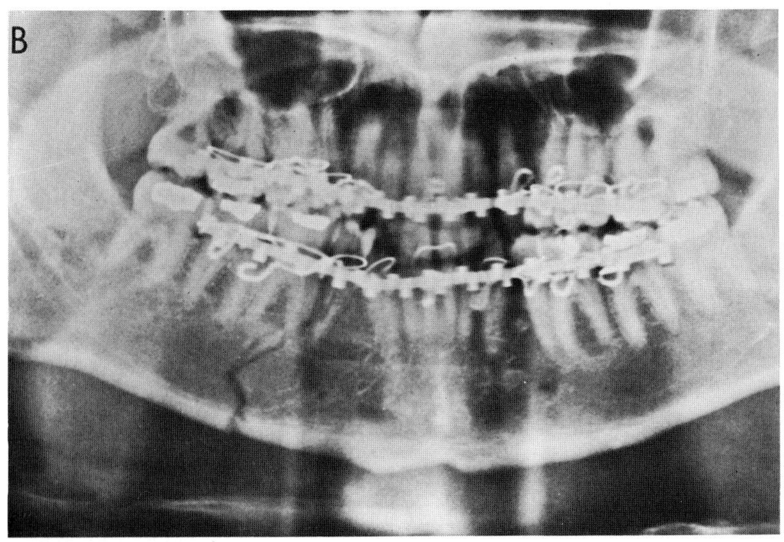

Abb. 3-28: A. Schrägaufnahme der HWS bei einem 28jährigen Patienten mit gedecktem Schädel-Hirn-Trauma. Die HWS ist normal, doch wurde hier eine klinisch nicht vermutete Fraktur der Mandibula ursprünglich übersehen (Pfeil). **B.** Die Panoramaaufnahme bestätigt die Unterkieferfraktur.

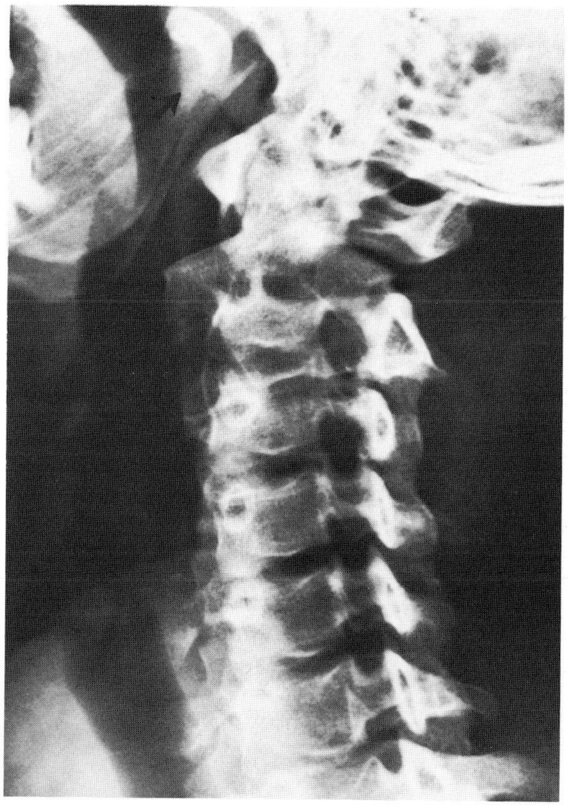

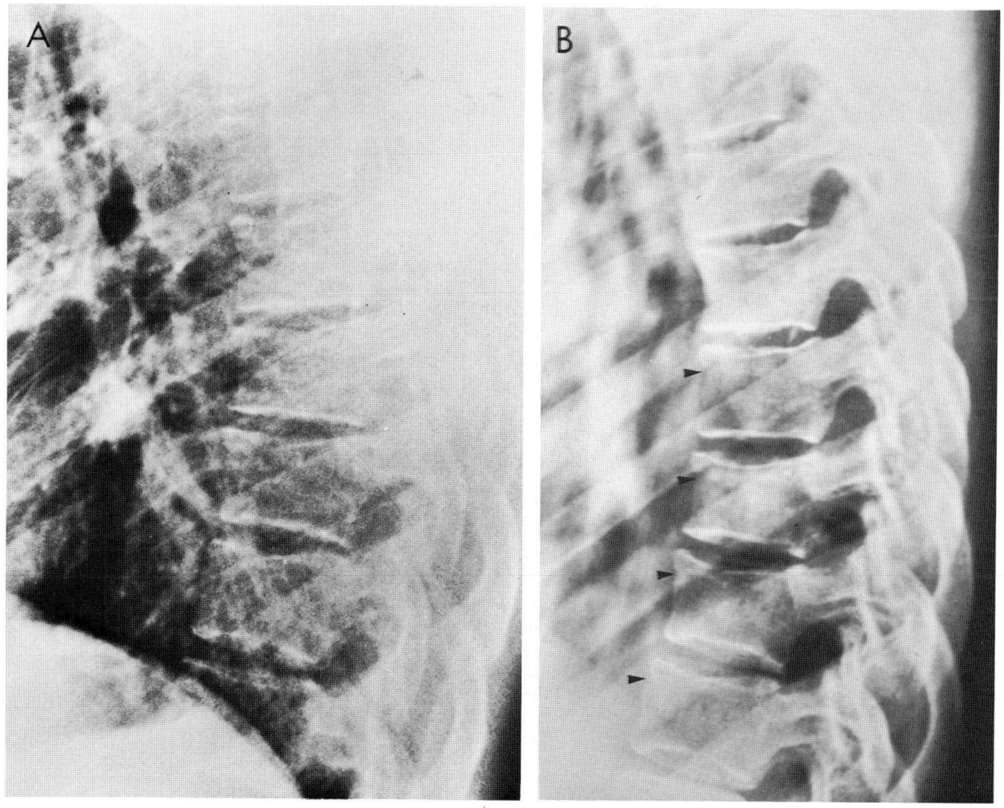

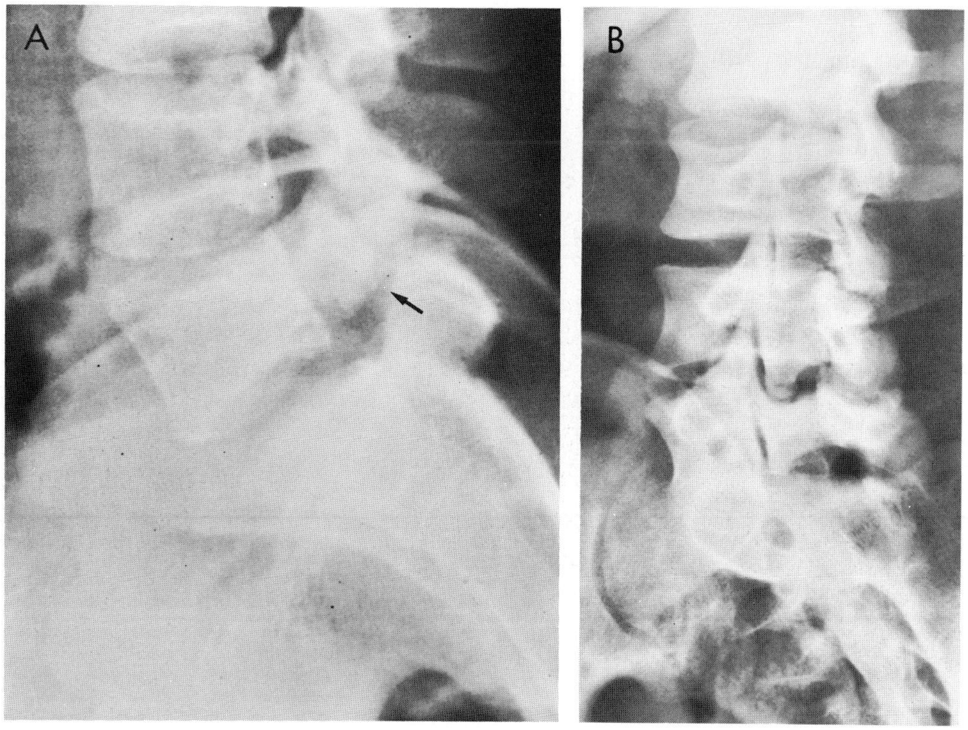

Abb. 3-29 (oben links): Schrägaufnahme der HWS bei einem Patienten mit einer Autounfallverletzung. Sie zeigt eine Fraktur des Processus condylaris der Mandibula (Pfeil), die vor dieser Aufnahme nicht vermutet worden war.

Abb. 3-30 (oben Mitte und rechts): **A.** Seitliche BWS-Aufnahme einer Frau im mittleren Lebensalter, die gestürzt war. Ein Großteil der knöchernen Details wird durch darüber liegende Strukturen verdeckt. **B.** Eine Aufnahme mit langer Belichtungszeit bei ruhiger Atmung zeigt vorher unsichtbare Kompressionsfrakturen. Die ruhige Atmung erzeugt einen quasi tomographischen Effekt und verstärkt die knöchernen Details in ihrer Schärfe.

Abb. 3-31 (unten): **A.** Seitaufnahme der unteren LWS bei einem 18jährigen mit Kreuzschmerzen: Spondylolyse (Pfeil) und Spondylolisthesis L 5/S 1 vom Grad I. **B.** Die Schrägaufnahme beim gleichen Patienten zeigt keine eindeutige Spondylolyse. Die meisten Fälle einer Spondylolyse können auf einer seitlichen LWS-Aufnahme diagnostiziert werden.

Fraktur durch einen zweiten Aspekt dieser Verletzung wesentlich wichtiger werden, wenn nämlich ein Fragmentteil des Wirbelkörpers nach hinten in den Spinalkanal eingetrieben wurde und dadurch eine Rückenmarksschädigung verursacht. Nach dieser Komplikation sollte man bei allen Wirbelkörperkompressionsfrakturen gezielt suchen (vgl. Abb. 3-9).
(Hyper-)Extensionsverletzungen sind wesentlich seltener, aber potentiell ebenso gefährlich wie die (Hyper-)Flexionsverletzungen. Ein schweres Hyperextensionstrauma kann zu einer Ruptur des Ligamentum vertebrale anterius (vorderes Längsband) führen, zu einer Vortreibung des Ligamentum flavum in Richtung Spinalkanal oder zu einer traumatischen Bandscheibenhernie, die allesamt neurologische Folgen zeitigen.
Die *(Hyper-)Extensionsverletzungen* kann man analog den Zerreißungs- oder Kompressionsfolgen einteilen, wie dies Burke beschrieben hat (8):

Hyperextension mit Bänderschädigung:
- Normales Röntgenbild
- Fraktur der Wirbelkörpervorderunterkante (oft von C 2)

Hyperextensions-Kompressionsverletzung:
- Erhängungsfraktur
- Vorwärtsverschiebung plus Kompression der hinteren Wirbelelemente

Eine Hyperextensionsverletzung mit vorderen Bänderrissen ruft dadurch Schäden hervor, daß sie das Rückenmark zwischen dem Ligamentum flavum und der hernierten Bandscheibe einklemmt; Nativaufnahmen zeigen dann einen scheinbar normalen Befund. In bestimmten Fällen liegt auch eine betonte Weichteilschwellung vor; dann erlauben Extensionsaufnahmen die Diagnose. Diese Fraktur ist in Beugestellung stabil, hingegen in Streckstellung instabil.
Die Erhängungsfraktur ist eine beiderseitige Pedikelfraktur, die auf den Axis beschränkt ist und den Verletzungen bei der strafrechtlichen Erhängung ähnelt (Abb. 3-3 und 3-19).
Verletzungen im Bereich der Artikulation zwischen Atlas und Axis verdienen eine gesonderte Besprechung. Die Jefferson-Berstungsfraktur ist eine seltene Verletzung, die aus einer axial nach unten gerichteten Belastung der Wirbelsäule resultiert und definitionsgemäß eine beidseitige Fraktur beider Atlashinter- und -vorderbögen darstellt. Die radiologische Diagnose gründet sich auf den Nachweis einer Seitverschiebung beider Massae laterales des Atlas in der a.-p.-Aufnahme, meist in einer Densaufnahme durch den geöffneten Mund (Abb. 3-20 und 3-21). Frakturen des Dens können immer wieder schwierig demonstrierbar sein. Bei solchen Verletzungen sollte man jedoch der «hinteren Zervikallinie», die man längs der Kortikalisvorderkanten der Dornfortsätze von C 1 bis C 3 sieht, besondere Aufmerksamkeit schenken. Normalerweise weicht die Kortikalisvorderfläche des Dornfortsatzes von C 2 nicht mehr als 1–1,5 mm von dieser Linie ab (19). Eine stärkere Verschiebung von C 2 um mehr als zwei Millimeter gegenüber dieser Linie kann röntgenologischer Vorbote von Densverletzungen, Erhängungsfrakturen oder pathologischen Veränderungen der hinteren Wirbelelemente sein (Abb. 3-22 und 3-23). Man sollte aber in Erinnerung behalten, daß bei Kindern und jungen Erwachsenen normalerweise eine vordere Subluxation von C 2 gegenüber C 3 vorliegen kann (19,20). Diese wird als «physiologische Pseudosubluxation von C 2» bezeichnet und sollte nicht mit traumatischen Veränderungen verwechselt werden (Abb. 3-24). In diesen Fällen wird dann auch die hintere Zervikallinie normal sein. Genauso wenig sollte man natürlich das Os odontoideum, ein separates Ossifikationszentrum des Dens, oder eine ältere traumatische Densverletzung mit einer frischen Fraktur verwechseln (Abb. 3-25).
Und letztlich sollte man noch die gesamte dem Film entnehmbare Information nutzen. Kleine Frakturen ohne Fehlstellung stellen ein häufiges diagnostisches Dilemma dar. Alle verdächtigen und nicht sicher konventionell abklärbaren Gebiete sollte man mittels der Tomographie untersuchen (Abb. 3-26) und falls nötig auch computertomographisch abklären. Klinisch unerwartete Frakturen in der Peripherie des Films kann man diagnostizieren, wenn man ganz besonders bemüht ist, auch nach solchen «Randbefunden» zu suchen (Abb. 3-27 bis 3-29).

Brust- und Lendenwirbelsäule

Röntgenaufnahmen der Brustwirbelsäule (BWS) und der Lendenwirbelsäule (LWS) werden im Rahmen des Dienstes in der Notaufnahme oft angefertigt. Häufigstes Symptom, das den Kliniker zu einer Aufnahme veranlaßt, ist der tief gelegene Kreuzschmerz. Es wurde berichtet, daß die Kliniker Aufnahmen der LWS zu häufig anfordern, da z.B. eine Studie belegen konnte, daß 46% dieser Aufnahmen absolut unauffällig waren (21). Es erscheint möglich, daß diese Zahl sich durch eine gute körperliche Untersuchung senken ließe. Natürlich sind hierfür die Strahlen- und die finanzielle Belastung für den Patienten weitere Gründe dieser Überlegungen. Aufnahmen der LWS bedeuten abgesehen von der Strahlenbelastung in den USA jährliche Kosten von ungefähr 500 Millionen Dollar. Deshalb sollte die gründliche Abwägung des möglichen Resultats gegenüber den potentiellen Strahlenrisiken für jeden Notaufnahmearzt eine vorrangige Überlegung sein. Nur so können die diagnostische Ausbeute gesteigert und unnötige Strahlenbelastungen und Kosten verringert werden.

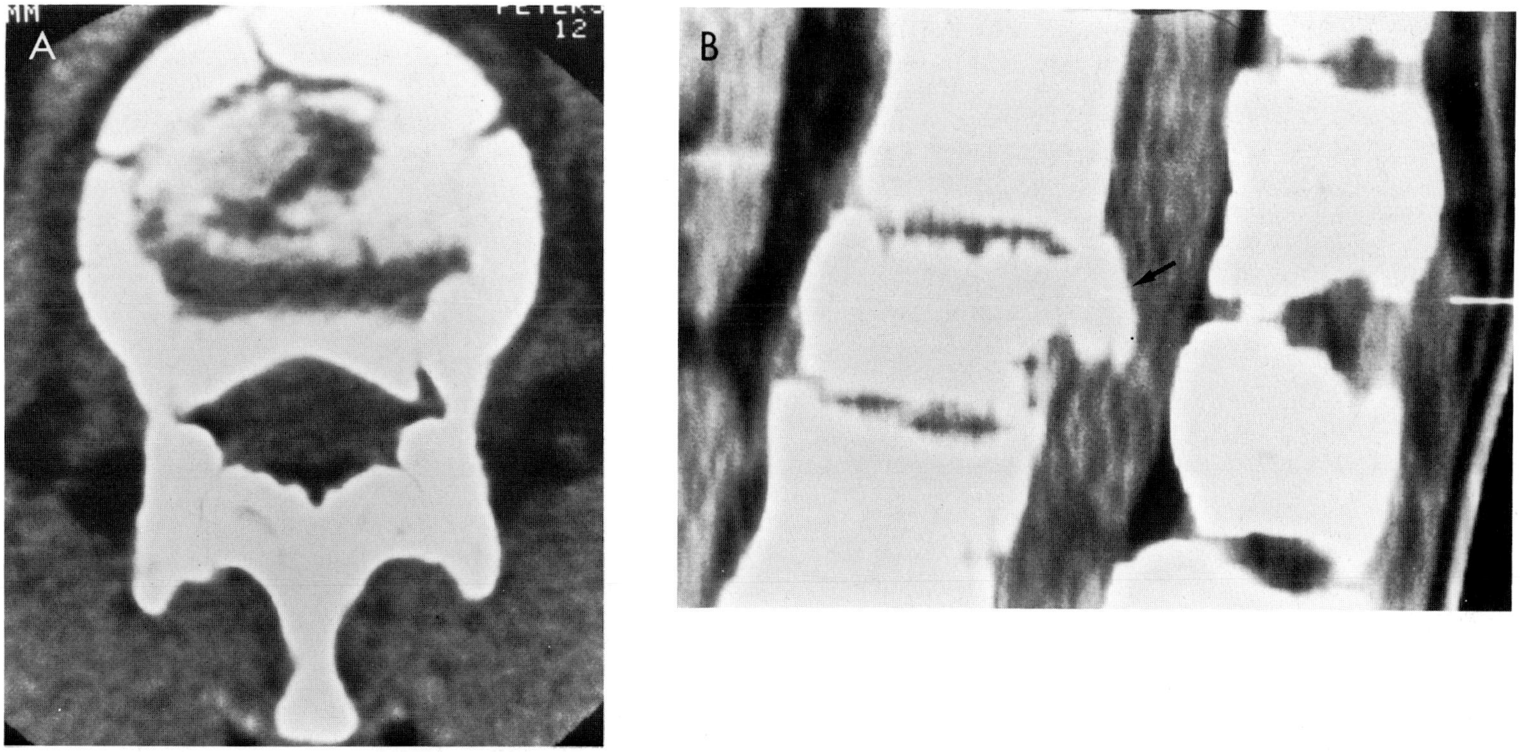

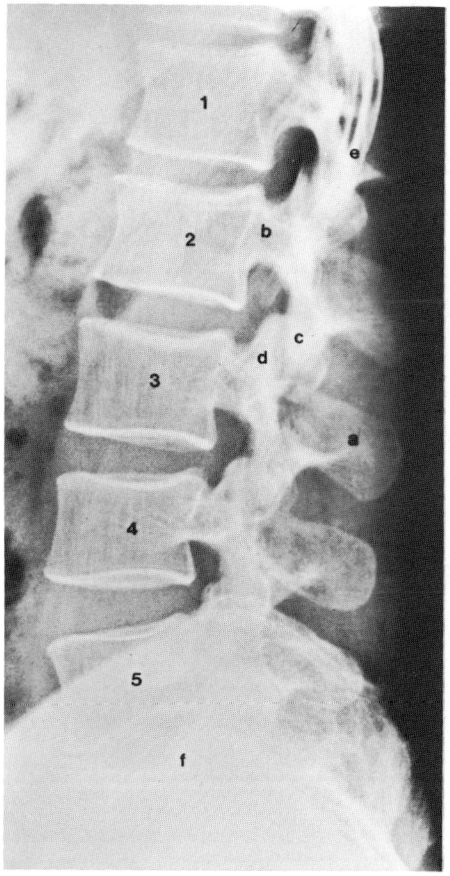

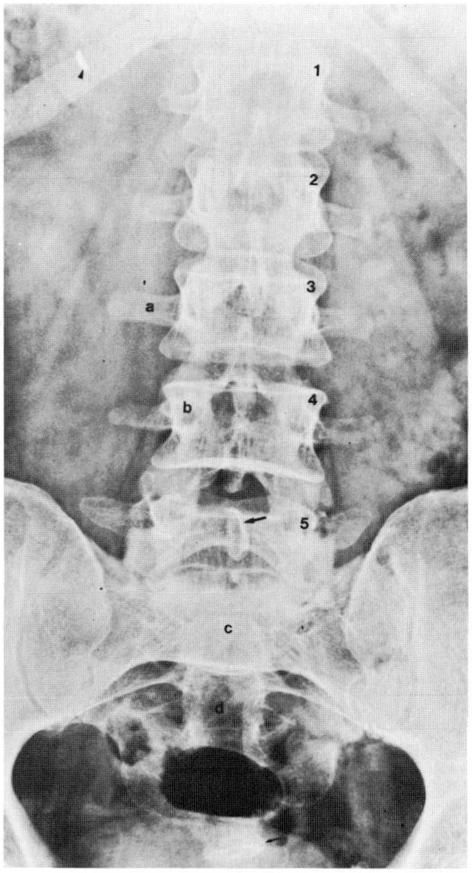

Abb. 3-32 (oben): **A.** Die CT-Aufnahme eines Patienten im mittleren Lebensalter mit einem Polytrauma zeigt Mehrfachfrakturen durch einen Wirbelkörper und den Wirbelbogen. **B.** Die Sagittalschnittrekonstruktion ergibt eine größere Knochenaustreibung in den Spinalkanal hinein (Pfeil). Bei dieser Fragestellung kann die CT-Untersuchung sehr hilfreich sein. (Wiedergabe mit freundlicher Genehmigung von Dr. Victor Haughton, Medical College of Wisconsin, Milwaukee, USA.)

Abb. 3-33 (rechts): Normale Seitaufnahme der LWS. a = Dornfortsatz von L 3; b = Wirbelbogenansatz (= Bogenwurzel oder Pedikel) von L 2; c = untere Fläche des kleinen Wirbelgelenks von L 2; d = obere Gelenkfacette von L 3; e = 12. Rippe; f = Os sacrum. L 1 bis L 5 sind mit den zugehörigen Ziffern bezeichnet.

Abb. 3-34 (ganz rechts): Normale a.-p. Aufnahme der LWS. a = Dornfortsatz von L 3; b = Bogenwurzel von L 4; c = Os sacrum; d = Fläche des Os sacrum. Der kleine Pfeil zeigt auf das Os coccygis, der große auf den Dornfortsatz von L 5. Die Pfeilspitze weist auf einen metalldichten Fremdkörper im oberen rechten Quadranten des Abdomens. Die Lendenwirbelkörper sind durchnumeriert.

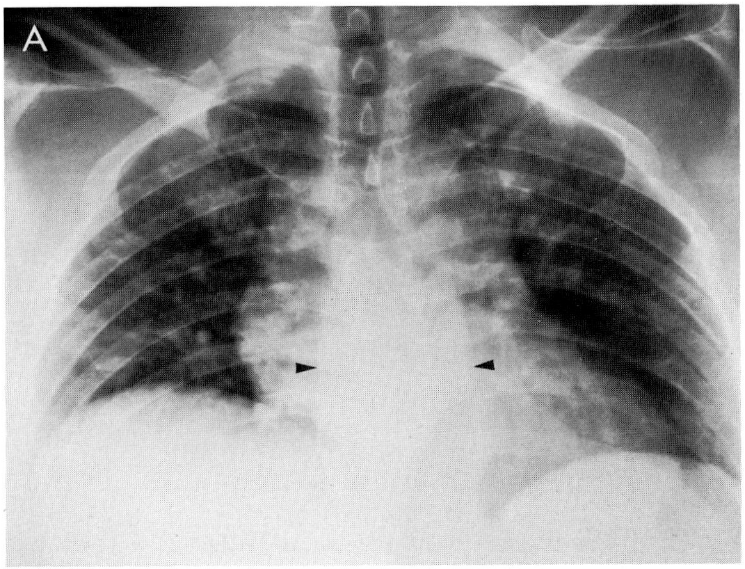

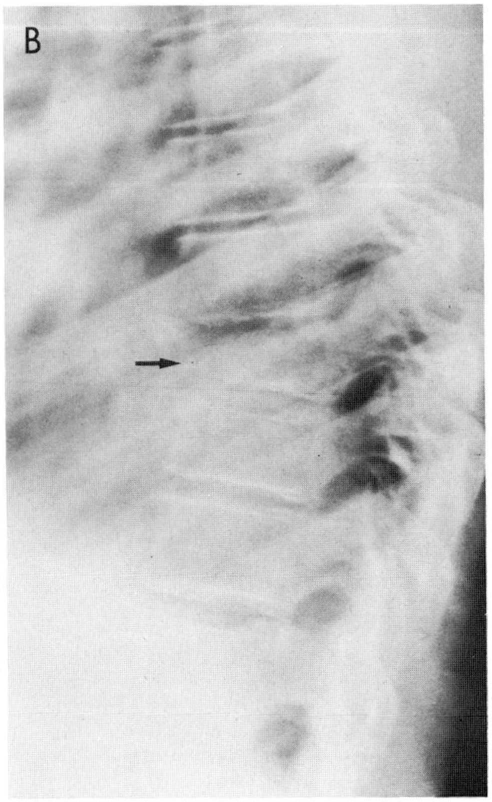

Abb. 3-35: Thoraxaufnahme im Liegen bei einem 25jährigen Mann nach einem Autounfall. Ausgeprägte beidseitige paravertebrale Schwellung im Bereich der mittleren BWS (Pfeilspitzen). **B.** Die Seitaufnahme der BWS zeigt eine erhebliche Kompression eines mittleren Brustwirbelkörpers (Pfeil). Eine Weichteilschwellung kann das einzige Hinweiszeichen für eine BWS-Fraktur sein.

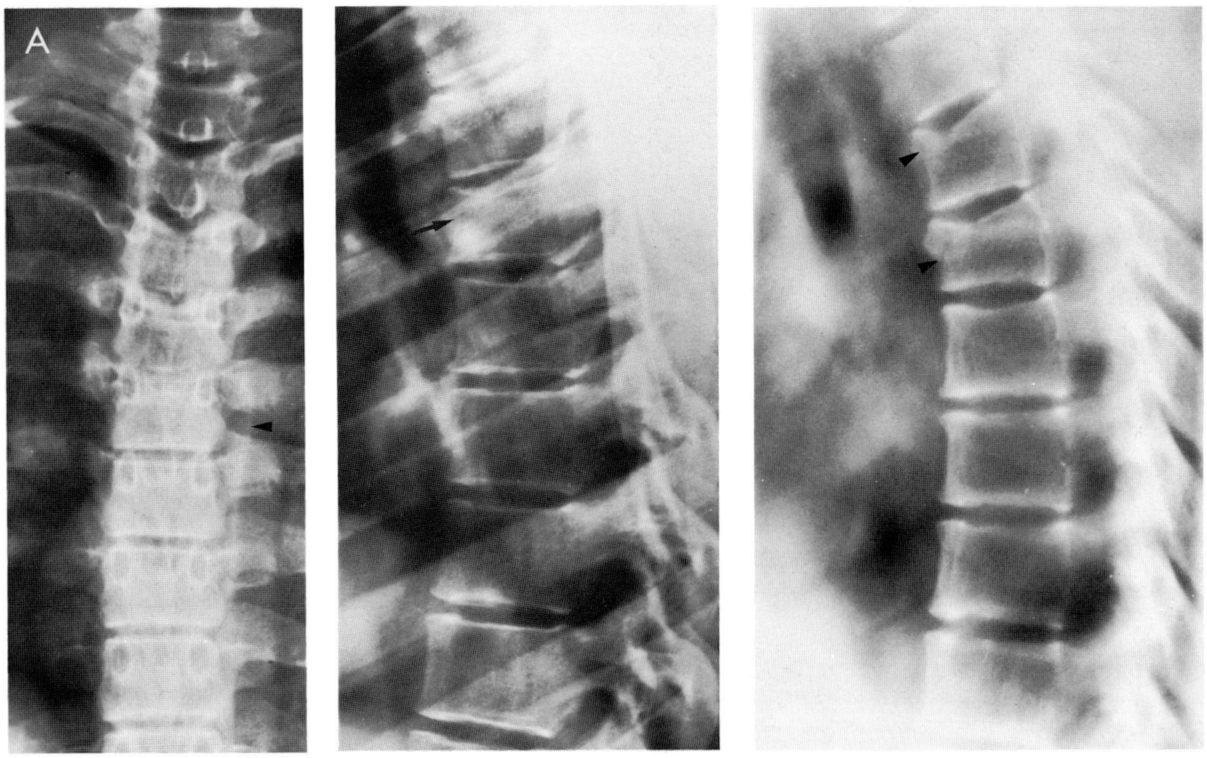

Abb. 3-36: A. A.-p. Aufnahme der BWS bei einer 18jährigen, die auf den Rücken gefallen war. Man erkennt eine minimale paravertebrale Weichteilschwellung (Pfeilspitze). **B.** Die Seitaufnahme zeigt eine umschriebene Kompressionsfraktur (Pfeil) und erweckt den Verdacht auf eine weitere Kompressionsfraktur des darüberliegenden Wirbels. **C.** Die Tomographie bestätigt die Kompressionsfrakturen beider Wirbel der mittleren BWS (Pfeilspitzen). Die Tomographie kann Frakturen, die sich auf Nativaufnahmen nicht zu erkennen geben, genau abklären.

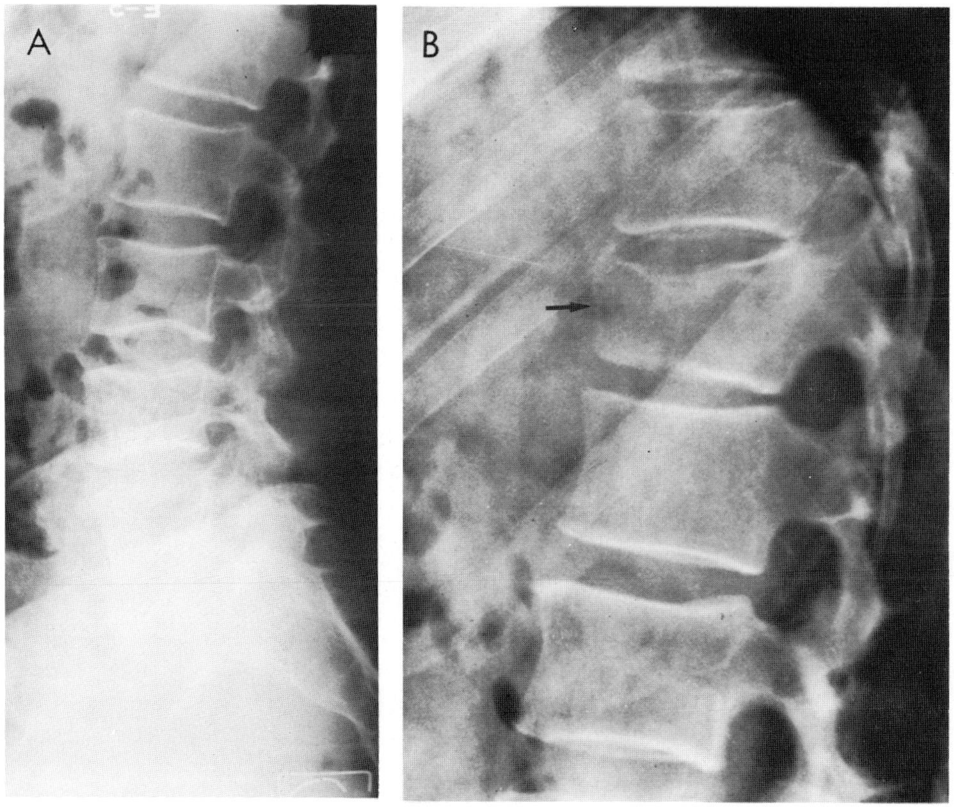

Abb. 3-37: A. Seitliche LWS-Aufnahme eines 48jährigen Mannes mit akutem Flexionstrauma. Der Bildausschnitt reicht bis zur Deckplatte von LWK 1. **B.** Die seitliche Zielaufnahme der BWS/LWS-Übergangsregion zeigt eine Kompressionsfraktur von BWK 12. Verletzungen der BWS können sich auch als in die Lendenregion ausstrahlender Schmerz manifestieren. Solche Fehlermöglichkeiten lassen sich vermeiden, wenn man ein größeres Filmformat wählt (z. B.: 30 × 40 cm oder 18 × 43 cm), auf dem man auch die unteren Brustwirbelkörper einsehen kann.

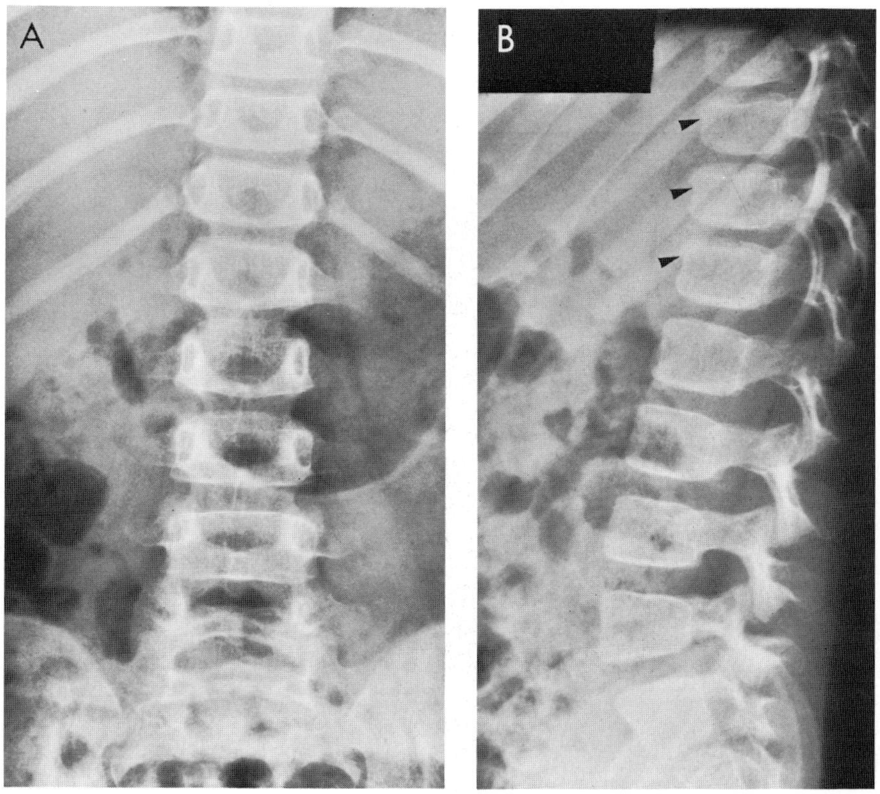

Abb. 3-38: Ein junges Kind nach einem Trauma mit Schmerz in der unteren Lendengegend. **A.** Die a.-p. Aufnahme des thorakolumbalen Übergangs zeigt weder eine Fraktur noch eine paravertebrale Weichteilschwellung. **B.** Die Seitaufnahme dieser Region zeigt mindestens drei Kompressionsfrakturen, und zwar von BWK 11 und 12 sowie von LWK 1 (Pfeilspitzen). Diese wurden anfangs nicht erkannt.

Abb. 3-39: A. Seitliche BWS-Aufnahme eines jungen Patienten nach einem Autounfall; diese wurde anfangs als normal beurteilt. **B.** Die seitliche LWS-Aufnahme zeigt eine Kompressionsfraktur von LWK 1 (Pfeil). Patienten mit offensichtlichen Kreuzschmerzen in Höhe der BWS können durchaus Verletzungen der LWS haben.

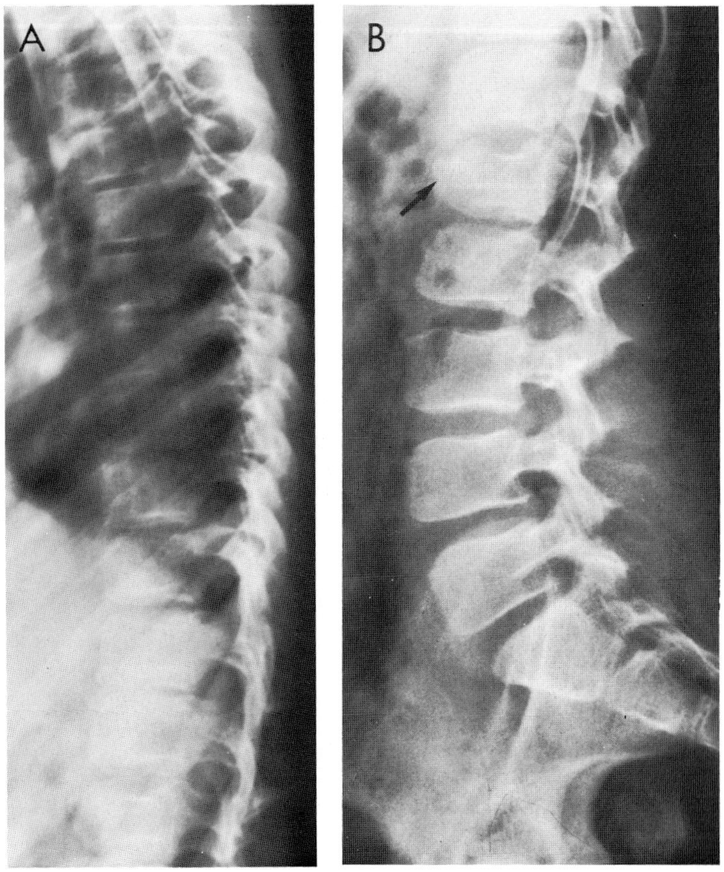

Abb. 3-40 (unten): **A.** Die seitliche LWS-Aufnahme eines 17jährigen, der einen Motorradunfall erlitten hatte, zeigt eine Trümmerkompressionsfraktur von LWK 2. **B.** Im Tomogramm großes Knochenfragment im Rückenmarkskanal (Pfeile). Bei der exakten Abklärung solcher Fälle ist die Tomographie sehr hilfreich.

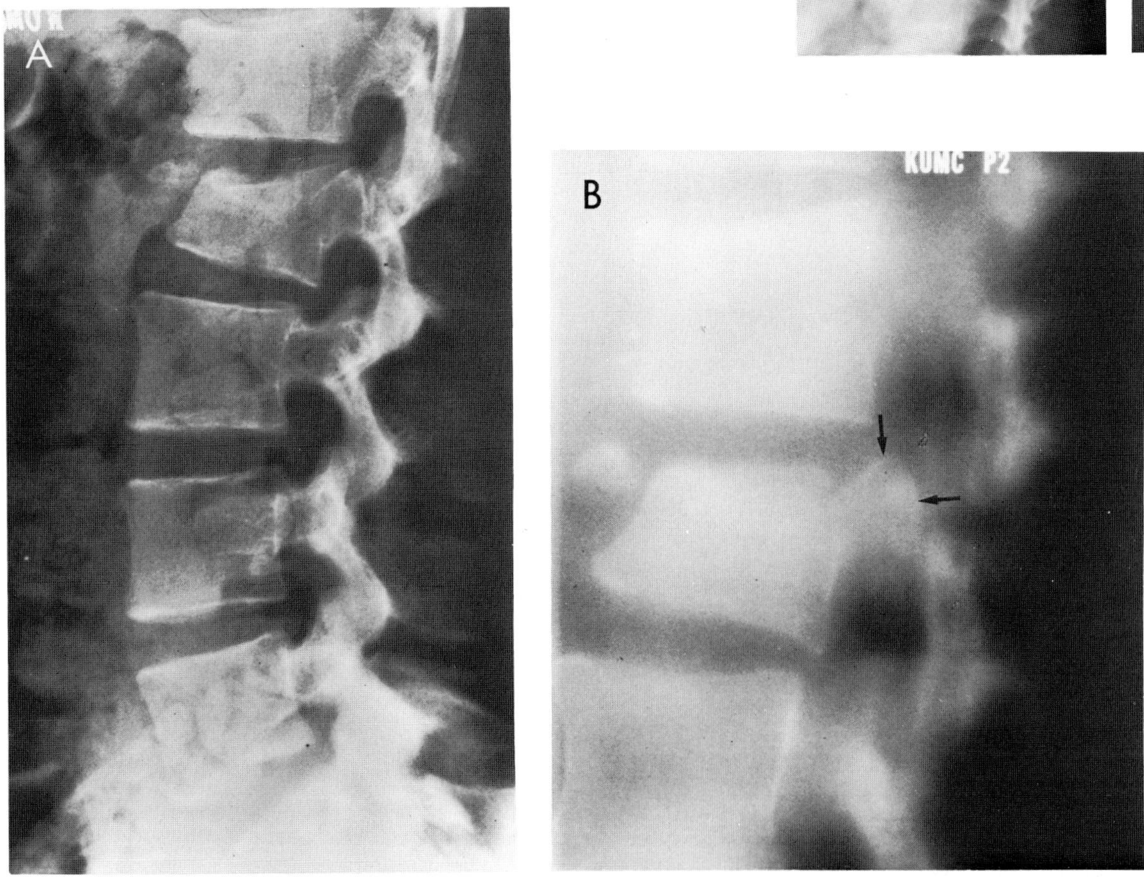

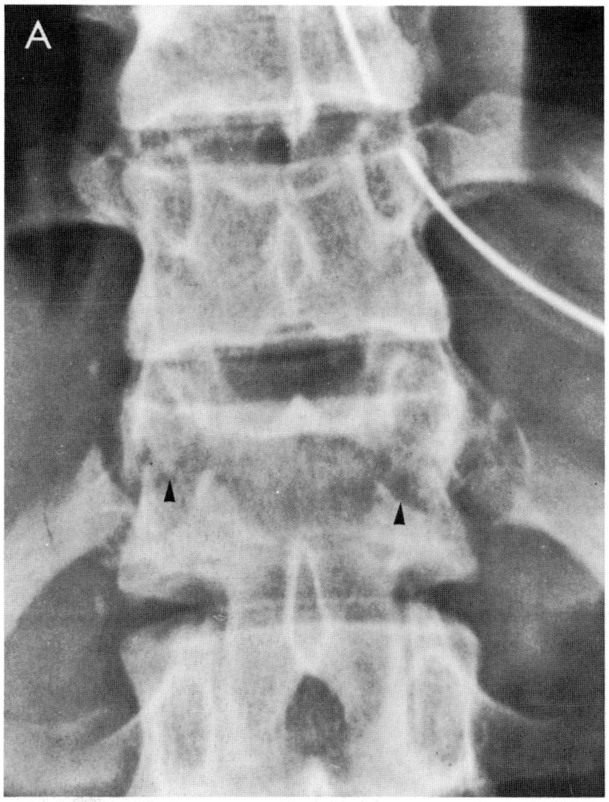

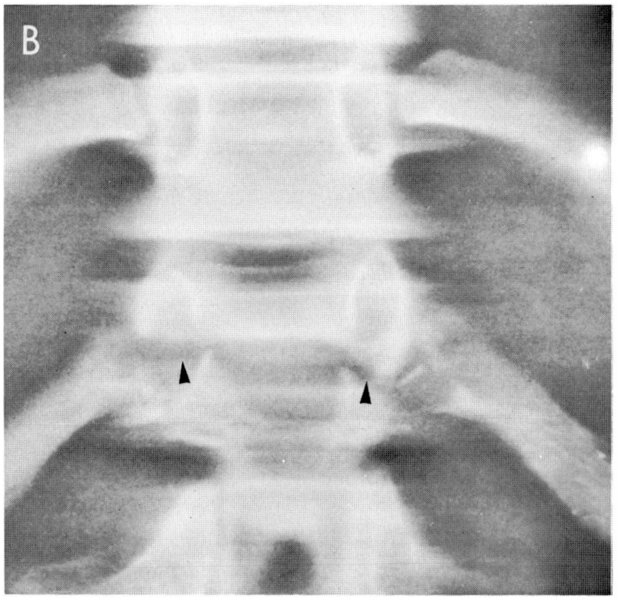

Abb. 3-41: A. Diese a.-p. Zielaufnahme der unteren BWS bei einem 28jährigen Verkehrsunfallopfer zeigt eine Frakturlinie durch BWK 12 (Pfeilspitzen). **B.** Die Tomographie im a.-p. Strahlengang beweist, daß die vorbeschriebene Frakturlinie beide Wirbelbögen durchsetzt (Pfeilspitzen). **C.** Besser gibt dagegen die seitliche Tomographie den Frakturverlauf durch den gesamten Wirbelkörper von Th 12 (Pfeilspitze) und den Dornfortsatz wieder. Eine solche Chance-Fraktur ist instabil und sollte adäquat versorgt werden.

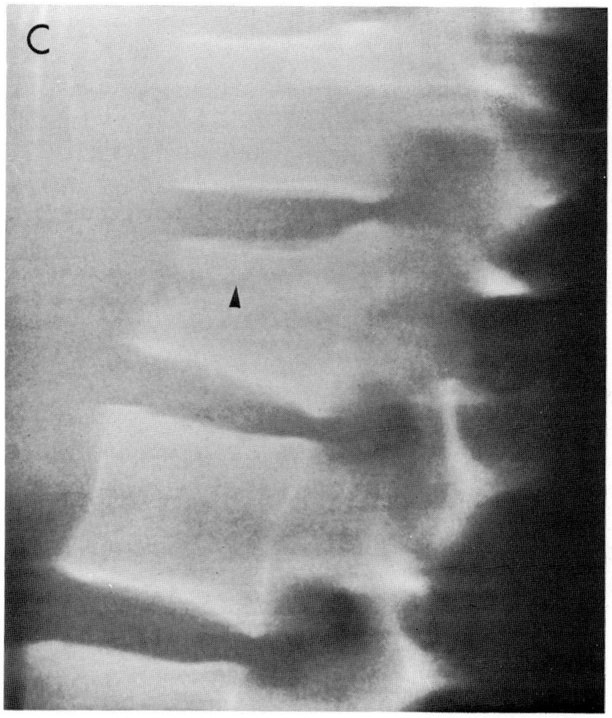

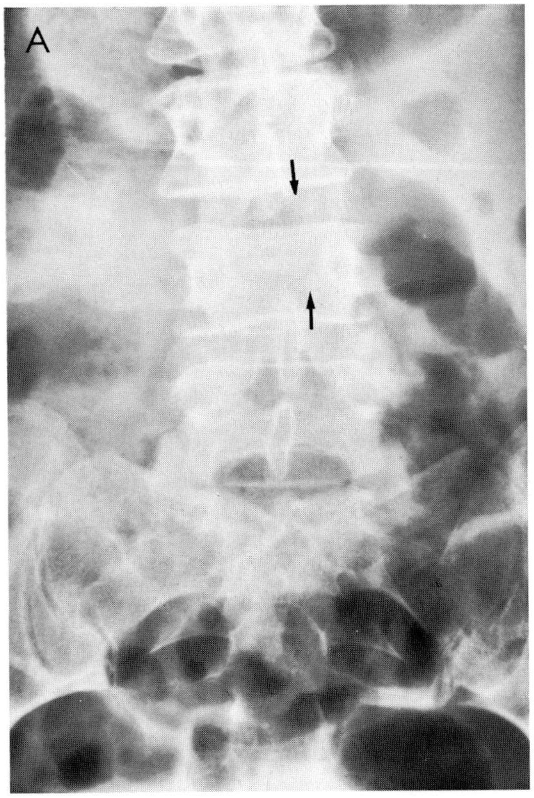

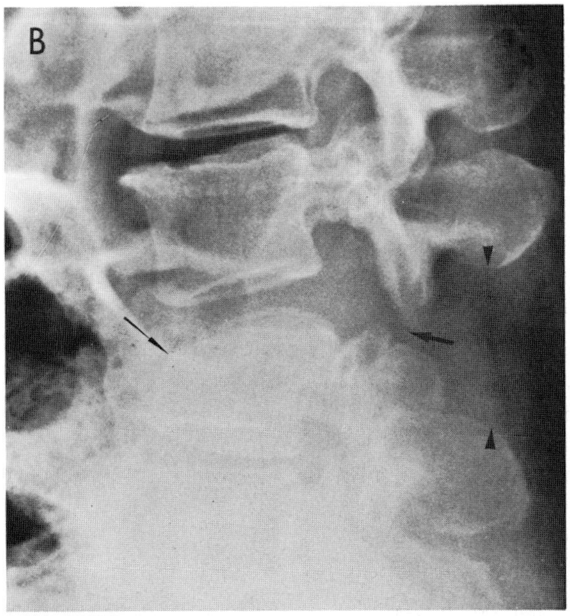

Abb. 3-42: A. A.-p. Aufnahme der unteren LWS bei einer 48jährigen Frau nach einem Verkehrsunfall: Deutliche Abtrennung der Dornfortsätze L 3 und L 4 (die Pfeile liegen direkt neben den Dornfortsätzen).
B. Die seitliche LWS der gleichen Patienten zeigt die Kompression von LWK 4 (langer Pfeil), den Abriß der Gelenkfacetten von L 3 und L 4 (kurzer Pfeil) und die Zwischenraumerweiterung zwischen den Dornfortsätzen (Pfeilspitzen). Eine Distanzvergrößerung zwischen benachbarten Dornfortsätzen in a.-p. Aufnahme kann eine ernsthafte Verletzung anzeigen.

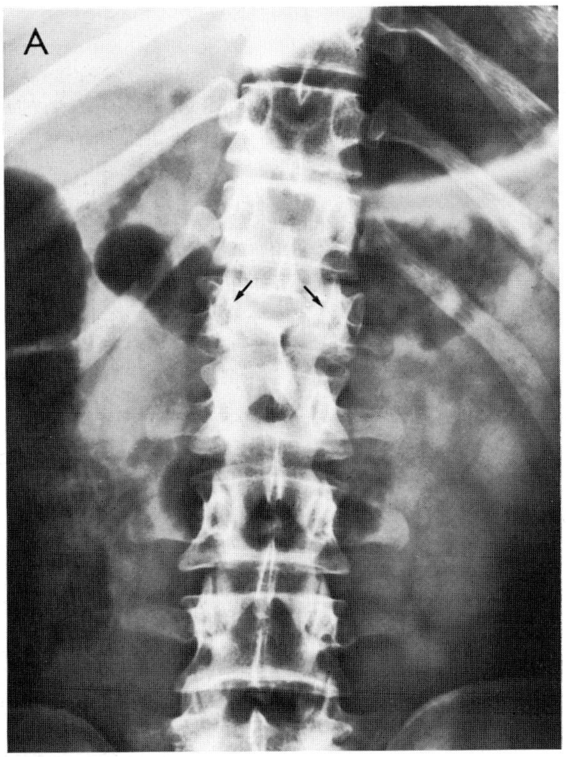

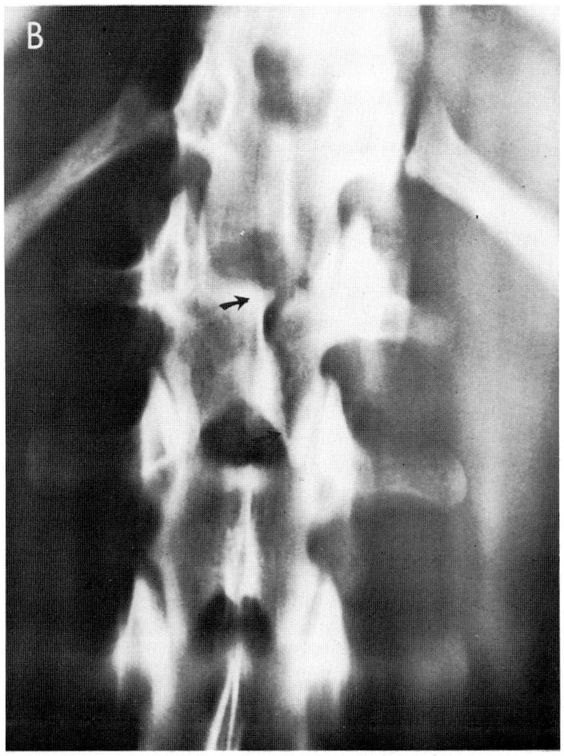

Abb. 3-43: A. A.-p. Aufnahme der unteren BWS und der LWS eines 19jährigen, der von einer Brücke herabgestürzt war. Sie zeigt die vergrößerte Distanz der Bogenwurzeln von L 1 (Pfeile).

B. Auf dem a.-p. Tomogramm erkennt man die Fraktur der hinteren Wirbelportion von L 1 (Pfeile). Nach einer Erweiterung der Bogenwurzeldistanz sollte man auf einer a.-p. Aufnahme immer suchen.

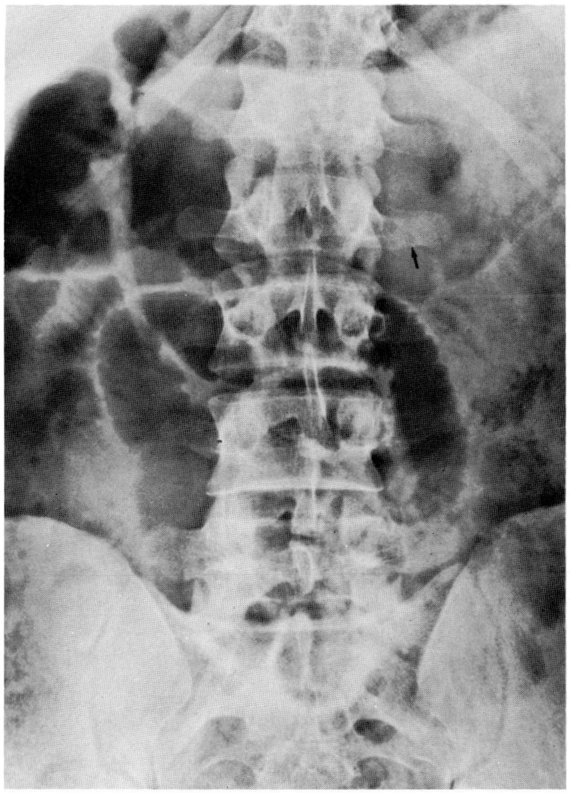

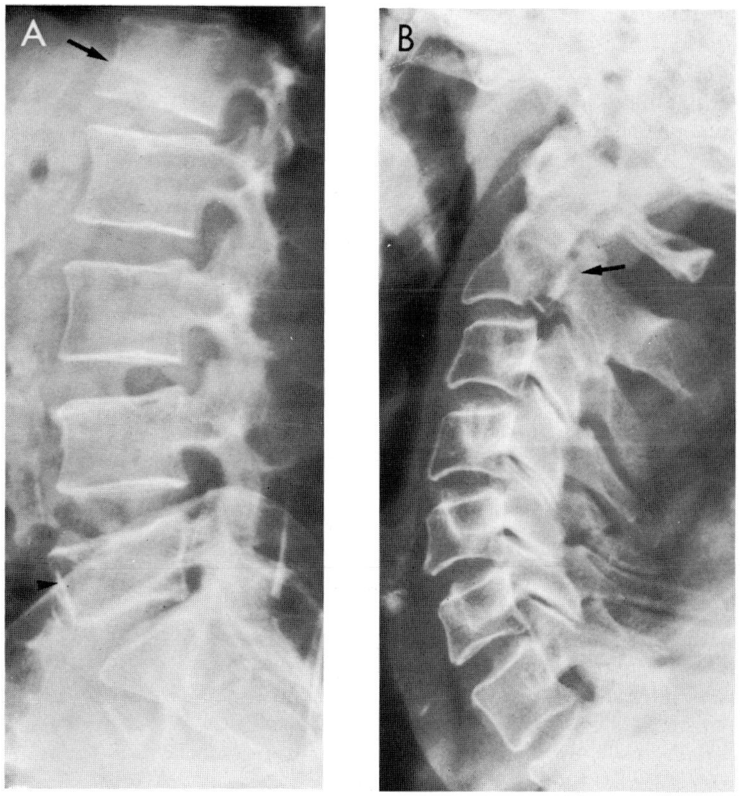

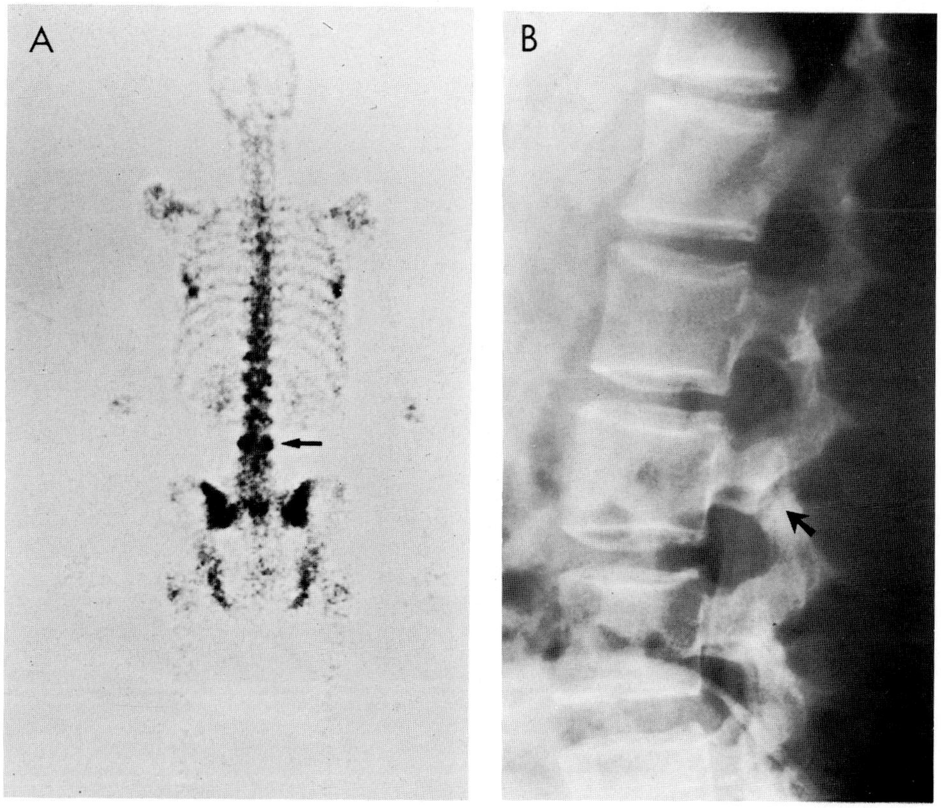

Abb. 3-44 (oben links): Diese a.-p. Aufnahme eines 34jährigen Patienten, der aus dem Auto geschleudert wurde, zeigt einen umschriebenen Dünndarmileus. Die Fraktur durch den linken Querfortsatz von L 2 (Pfeil) wurde anfangs übersehen. Ein zirkumskripter Ileus kann Folgezeichen eines knöchernen Traumas sein.

Abb. 3-45 (oben Mitte und rechts): **A.** Die Seitaufnahme dieses 65jährigen Patienten mit einem Autounfall zeigt eine Kompressionsfraktur von L 1 (Pfeil) und von L 5 (Pfeilspitze). **B.** Auf der seitlichen HWS-Aufnahme des gleichen Patienten ist eine «Erhängungsfraktur» ersichtlich. Ferner lag eine BWS-Fraktur vor (hier nicht gezeigt). Wird eine einzelne Fraktur gefunden, so sollte man immer sorgsam nach weiteren fahnden!

Abb. 3-46 (rechts): **A.** Dorsales Knochenszintigramm eines 16jährigen Patienten, der vor 10 Monaten auf dem Eis gestürzt war: «Hot spot» in Höhe von L 3. **B.** Die eine Woche vor dem Szintigramm angefertigte Seitaufnahme wurde ursprünglich als normal befundet. Die Nachbefundung nach dem Szintigramm ergab eine Spondylolyse (Pfeil). Bei manchen Patienten können Zusatzuntersuchungen erforderlich werden, um subtile pathologische Veränderungen aufzudecken.

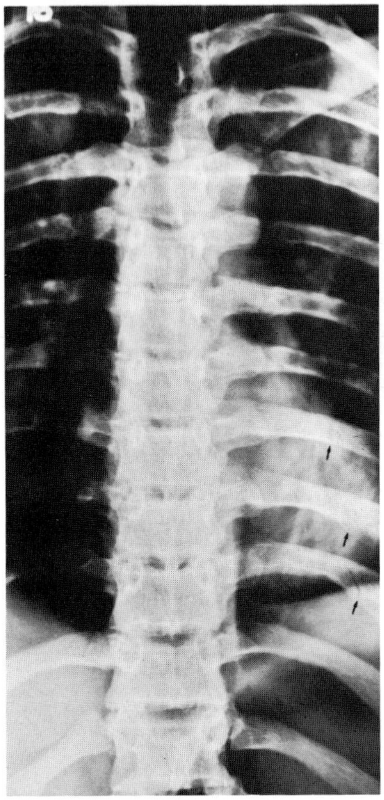

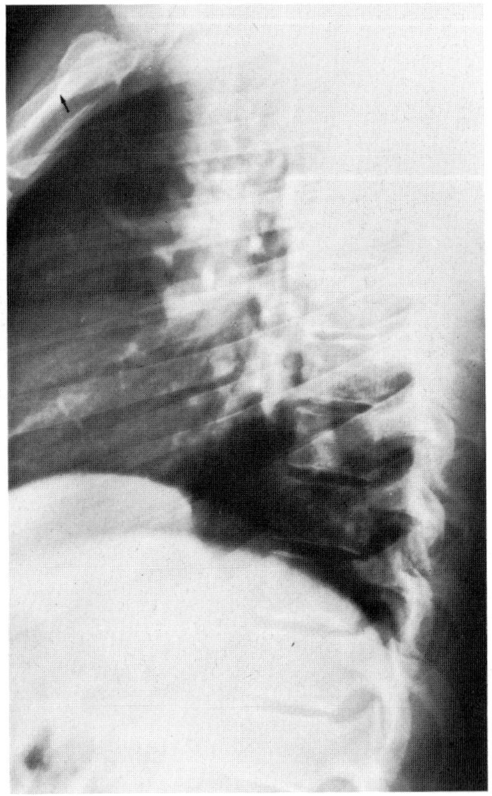

Abb. 3-47 (oben links): A.-p. Aufnahme der BWS bei einem 18jährigen Patienten, der einen Verkehrsunfall erlitt. Die dorsalen Frakturen der Rippen 8 bis 10 waren auf dieser Aufnahme am besten sichtbar (Pfeile). Suchen Sie immer nach allen Informationen, die eine Aufnahme bieten kann!

Abb. 3-48 (oben rechts): Seitliche Thoraxaufnahme eines jungen Patienten mit einem Verkehrsunfall. Die BWS ist normal, doch erkennt man auf dieser Aufnahme eine klinisch nicht vermutete Sternalfraktur (Pfeil).

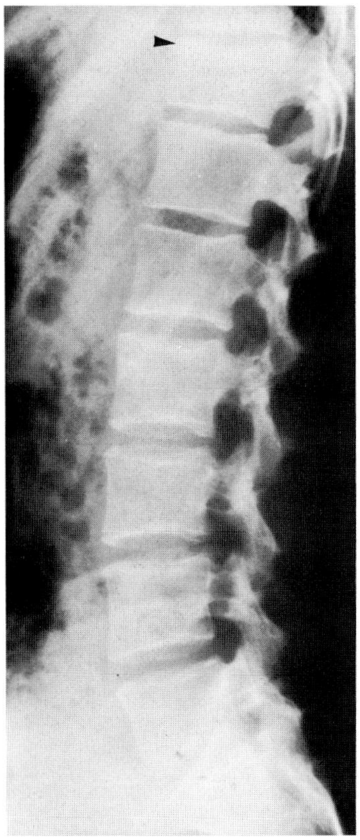

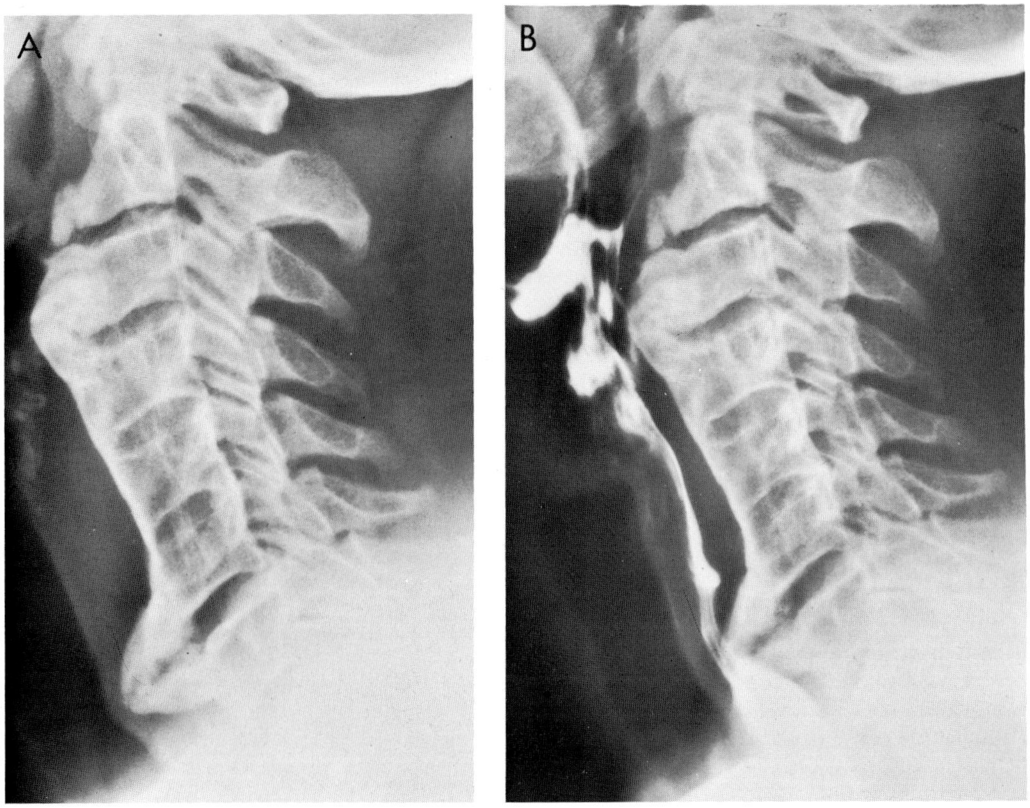

Abb. 3-49 (unten links): Seitliche LWS-Aufnahme eines 26jährigen Patienten, der einen Autounfall erlitt. Die Fraktur von Th 11 (Pfeil) wurde zuerst übersehen, weil sie beim Aufhängen des Films am Schaukasten von der Halteleiste verdeckt wurde. Nutzen Sie immer die Information der gesamten Fläche eines Films!

Abb. 3-50 (unten Mitte und rechts): A. Seitliche HWS eines älteren Mannes mit einer diffusen Skeletthyperostose und ausgeprägten Osteophyten, insbesondere bei C 6/7. Der Patient klagte über Dysphagie. **B.** Der Bariumbreischluck zeigt eine Ösophaguskompression durch die erhebliche Osteophytenbildung in dieser Höhe.

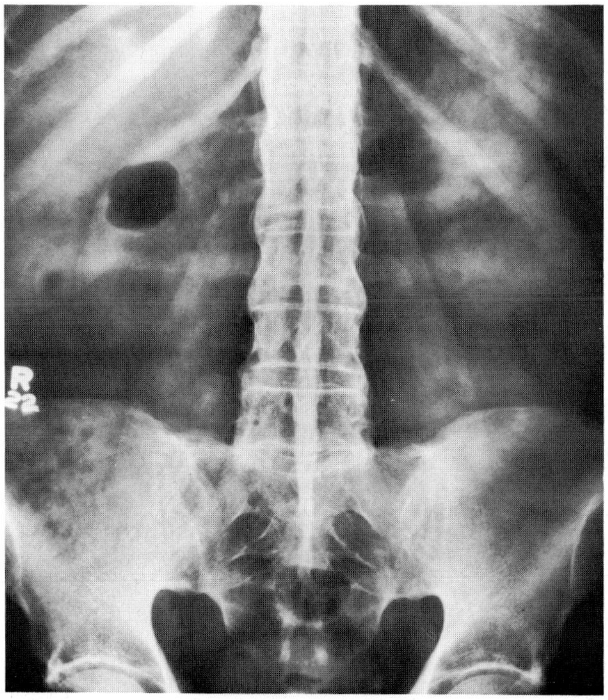

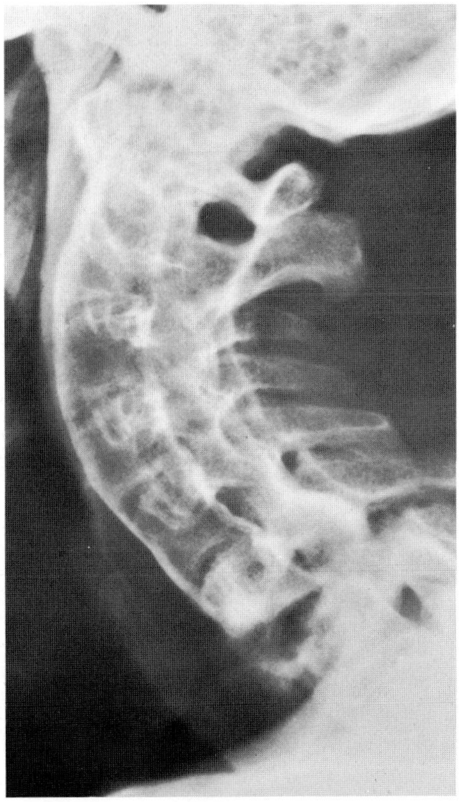

Abb. 3-51 (links): Diese a.-p. Aufnahme eines Mannes, der über Kreuzschmerzen seit 6 Monaten klagte, zeigt eine «Bambusstab-Wirbelsäule» und die Ankylose beider Iliosakralfugen, welche beide für eine Spondylitis ankylosans (Morbus Bechterew) charakteristisch sind.

Abb. 3-52 (rechts): Seitliche HWS eines Patienten mit bekanntem Morbus Bechterew nach einem Verkehrsunfall. Das Bild zeigt eine Fraktur durch C 6/7. Patienten mit ankylosierender Spondylitis haben sehr spröde Knochen mit charakteristischen Frakturen.

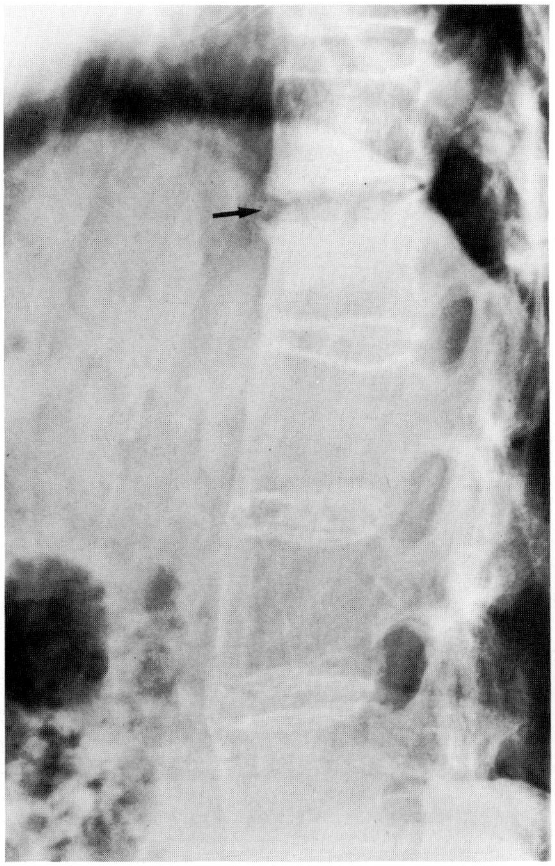

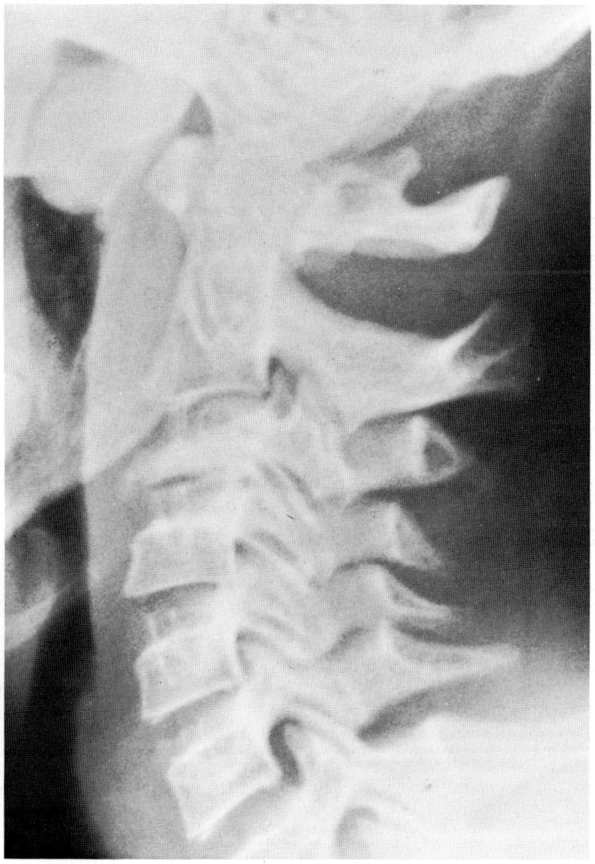

Abb. 3-53: Untere LWS bei einem Patienten mit bekanntem Morbus Bechterew. Die Aufnahme zeigt eine Pseudarthrose bei Th 11/12 (Pfeil) nach einem traumatischen Ereignis vor einigen Monaten.

Abb. 3-54: Die Seitaufnahme der HWS bei diesem elfjährigen Patienten zeigt eine Vertebra plana des dritten Halswirbels. Der Patient hatte ein bekanntes eosinophiles Granulom.

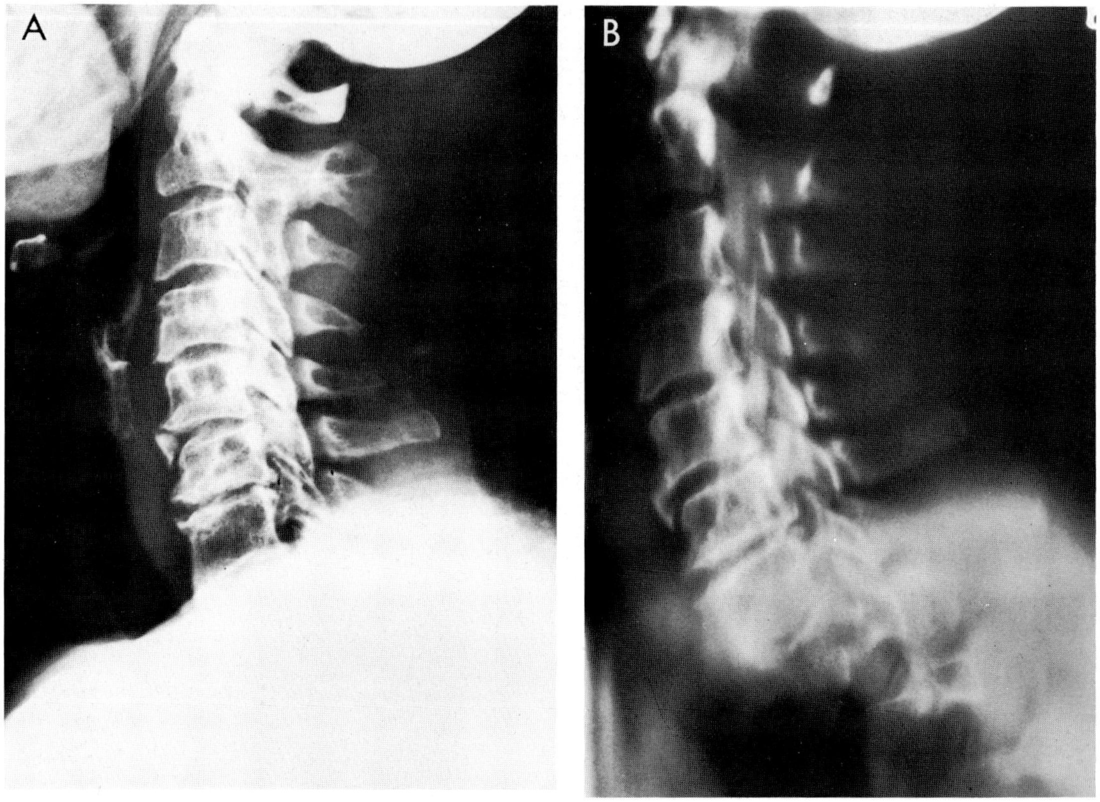

Abb. 3-55: A. Die seitliche HWS-Aufnahme dieses 50jährigen Patienten zeigt ein kleines Knochenteilchen an der Vorderkante von HWK 5. Dies wurde vom Radiologen als degenerative Veränderung, vom Orthopäden dagegen als akute Fraktur gedeutet. Der Patient erhielt eine Halsextension. **B.** Die seitliche Tomographie zeigt beim gleichen Patienten, daß das eingangs beschriebene Knochenteilchen ein degenerativ bedingter Osteophyt ist. Degenerative Veränderungen sollten nicht mit akut traumatischen Veränderungen verwechselt werden!

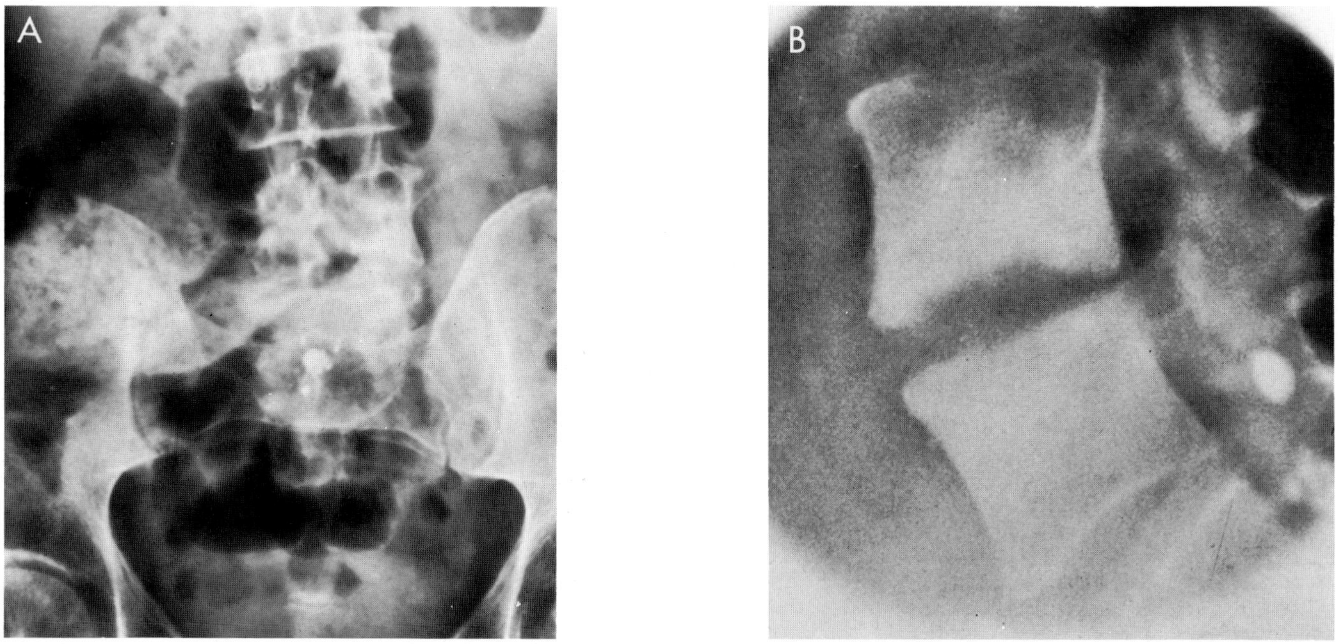

Abb. 3-56: A. A.-p. Aufnahme der unteren LWS bei einem 60jährigen Mann nach Laminektomie in Höhe L 4/5. Man erkennt im Duralsack der unteren Cauda noch Kontrastmittel von der Myelographie. Ferner Höhenverlust von LWK 4.

B. Die seitliche LWS des gleichen Patienten zeigt eine deutliche Sklerosierung der Grund- und Deckplatte bei L 4/5 mit Knochendestruktion, eine für Zwischenwirbelrauminfektionen typische Veränderung.

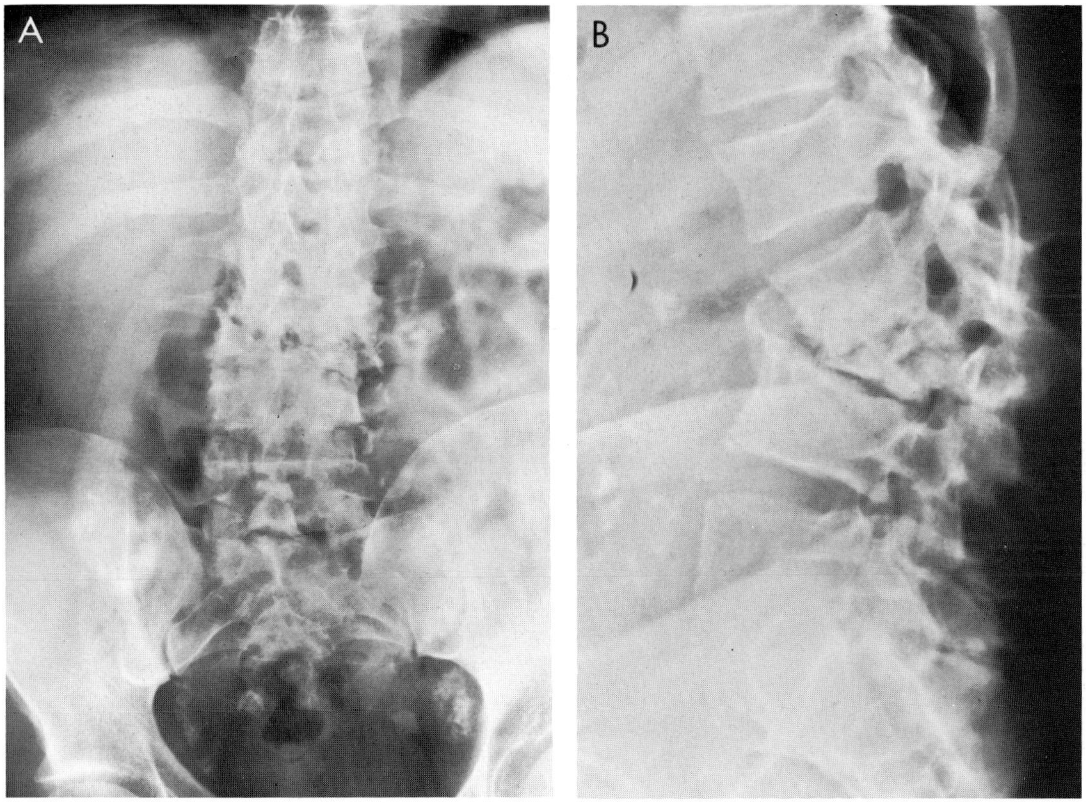

Abb. 3-57 (rechts): Diese a.-p. Aufnahme der LWS bei einem 37jährigen mit bekannter Tuberkulose und anamnestisch Schmerzangabe im Rücken zeigt eine ausgedehnte Knochendestruktion von LWK 2 und 3 mit deutlicher benachbarter Weichteilverkalkung. **B.** Auf der seitlichen LWS des gleichen Patienten sieht man eine für die Tuberkulose typische Gibbusdeformität.

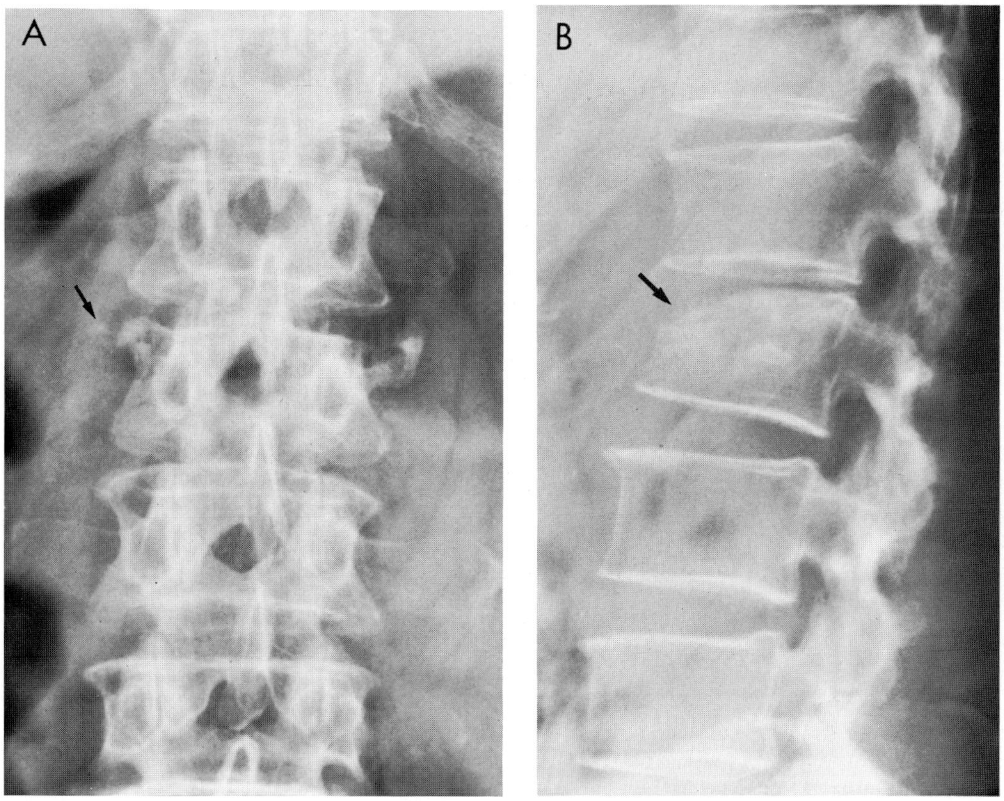

Abb. 3-58 (unten links und Mitte): **A.** Eingeblendete a.-p. Zielaufnahme des thorakolumbalen Übergangs bei einem 40jährigen Patienten mit Rückenschmerzen. Sie zeigt einen Höhenverlust des Zwischenwirbelraumes von L 1/2 (Pfeil). **B.** Die seitliche LWS dieses Patienten weist Knochendestruktionen auf (Pfeil). Eine Biopsie aus dieser Region ergab im Kulturversuch Tuberkelbakterien.

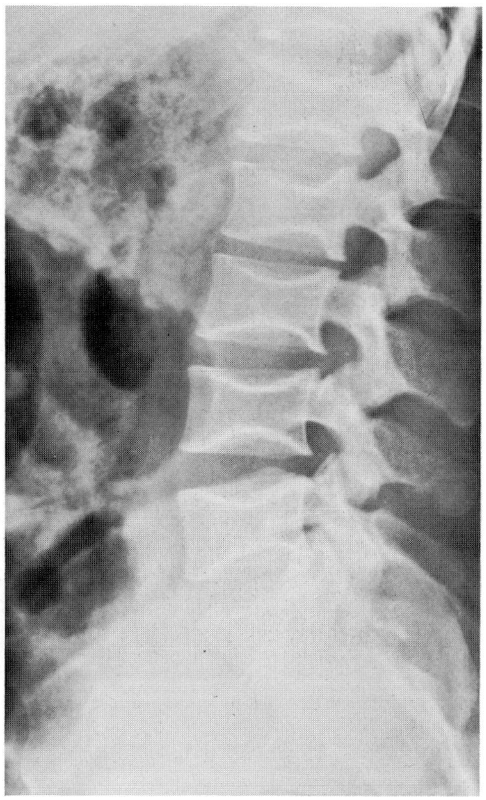

Abb. 3-59 (unten rechts): Seitliche LWS eines 29jährigen Patienten mit bekannter Sichelzell-Krankheit (Sichelzellanlage): Charakteristische H-Form der Wirbelkörper.

Abb. 3-60 (rechts): Die a.-p. Aufnahme des Beckens unter Einschluß der unteren LWS bei einem 75jährigen Mann mit bekanntem Prostatakarzinom zeigt eine diffuse Metastasierung mit betonter Sklerosierung von L 2 (Pfeilspitzen). Diese Sklerosierung (Eburnisierung) ist für Knochenmetastasen des Prostatakarzinoms charakteristisch.

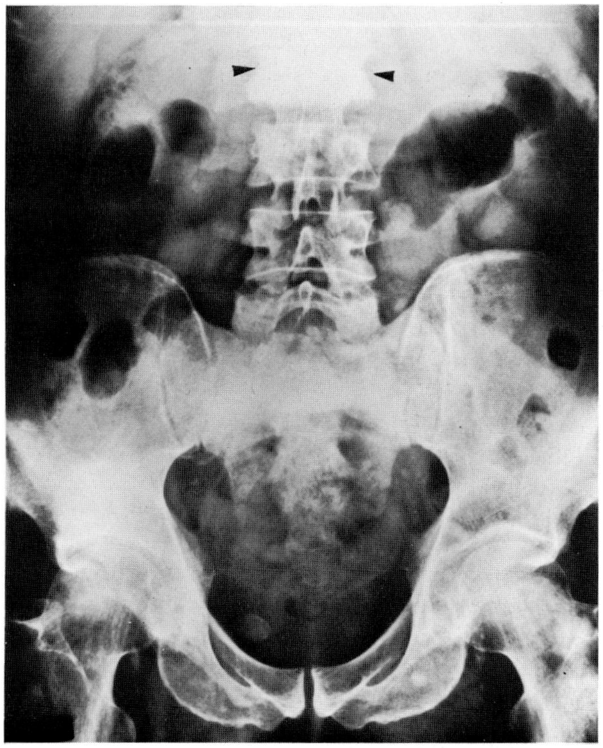

Abb. 3-61 (unten links und Mitte): **A.** A.-p. Aufnahme des thorakolumbalen Übergangs einer 54jährigen Frau mit bekanntem Mammakarzinom. Man sieht eine deutliche paravertebrale Weichteilschwellung (Pfeil) wie auch eine Destruktion einer Bogenwurzel bei diesem mittleren Brustwirbel (Pfeilspitze). **B.** Die Myelographie bei dieser Patientin zeigt eine erhebliche extradurale Kompression des Subarachnoidalraumes in dieser Höhe (Pfeilspitzen). Die Operation ergab hier extradurale Metastasen des Mammakarzinoms.

Abb. 3-62 (unten rechts): Seitliche LWS eines Patienten mit bekanntem Morbus Paget: Sinterung von LWK 1, anamnestisch ohne Angabe eines Traumas. Dieses Erscheinungsbild sollte nicht mit akut pathologischen Veränderungen verwechselt werden!

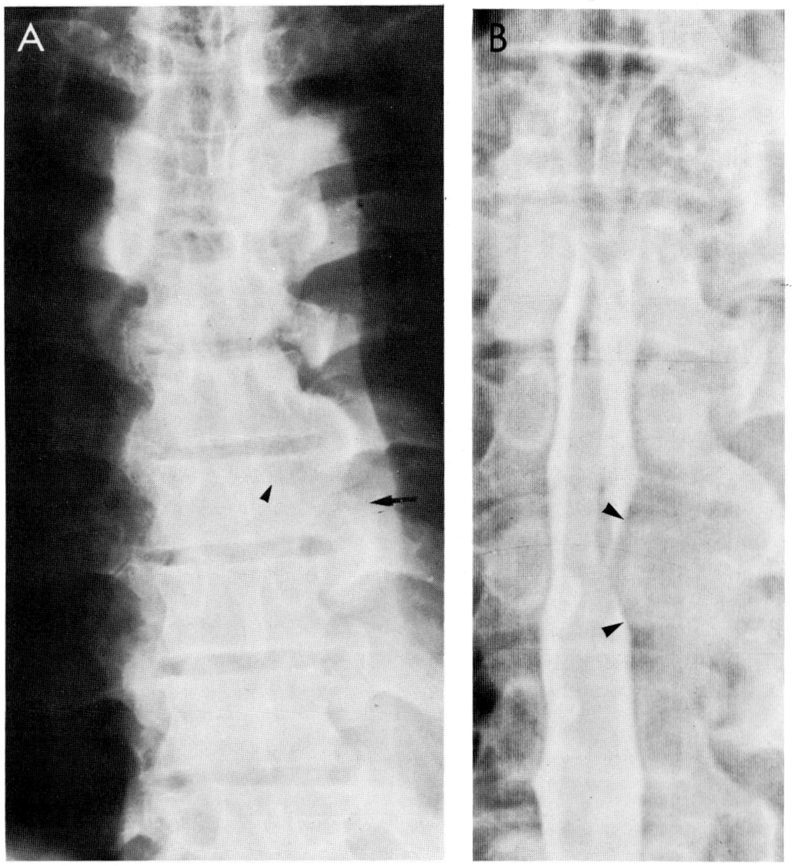

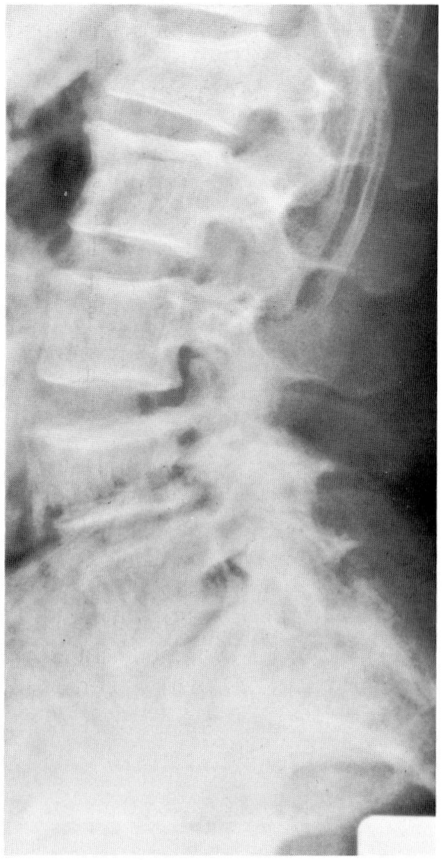

Technik

Wie auch bei den Verletzungen der HWS werden Patienten mit vermuteten Verletzungen der BWS und/oder der LWS meist immobilisiert in der Notaufnahmeeinheit ankommen. Aussagekräftigste Röntgenaufnahme beider Regionen ist die Seitaufnahme in Rückenlage des Patienten bei querem Strahlengang über den Tisch, wobei der Patient sich nicht bewegt.
Für die BWS wählt man hierbei eine lange Belichtungszeit, und der Patient sollte währenddessen ruhig atmen. Dies bezweckt einen quasi tomographischen Effekt und hilft, einige der darüberliegenden Rippen- und Weichteilschatten zu verwischen, die die Interpretation erschweren können (Abb. 3-30). Anschließend fertigen wir eine gut zentrierte und eingeblendete Standard-a.-p.-Aufnahme an, um die Untersuchung zu vervollständigen. Oberer und unterer BWS-Anteil sollten auf einer solchen Aufnahme enthalten sein, insbesondere dann, wenn die klinischen Befunde auf diese Regionen hindeuten. Wie schon im Abschnitt «Halswirbelsäule» erwähnt, kann die Schwimmeraufnahme sehr dabei helfen, die obere BWS und die untere HWS zu demonstrieren.
Die seitliche LWS-Aufnahme wird mit einem großformatigen Film aufgenommen (z.B. 18 × 43 cm) und schließt auch die unteren Brustwirbel ein. Schmerzen im tiefen Rückenbereich können in die Lumbal- oder Sakralgegend übertragen sein und krankhafte Veränderungen der LWS vortäuschen. Deshalb versuchen wir bei einer jeden Aufnahmeserie wegen eines Traumas die untere BWS mindestens bis BWK 10 darzustellen. Zeigt diese Aufnahme keine pathologischen Veränderungen, wird als nächste die a.-p.-Aufnahme vorgenommen. Dies ist unser Routinevorgehen, das auch meist ausreicht.
Bei Verdacht auf eine Bandverletzung können Flexions-Extensions-Aufnahmen indiziert sein, jedoch ist deren diagnostische Ausbeute eher gering. Einige Autoren empfehlen auch Schrägaufnahmen, um eine Spondylolyse abzuklären. Doch sieht man nach unserer Erfahrung die Spondylolyse und das daraus resultierende Wirbelgleiten meist schon auf der seitlichen Standardaufnahme. Wir haben sogar einige wenige Fälle gesehen, wo eine Spondylolyse auf der Seitaufnahme sichtbar war und nicht auf den Schrägaufnahmen bestätigt werden konnte (Abb. 3-31).
Bei allen Unfallverletzungen kann eine offenkundige Fraktur von weiteren krankhaften Veränderungen begleitet sein, zu deren genauer Abklärung oft die Tomographie erforderlich werden kann. Auch kann die CT-Untersuchung in diesen Fällen sehr hilfreich sein, besonders bei der Fragestellung nach Knochenfragmenten im Spinalkanal (Abb. 3-32) (6-8). Schließlich kann noch das Knochenszintigramm die Ursache klinischer Symptome aufdecken, wenn die Nativaufnahmen stumm waren.

Anatomie

Die Anatomie der BWS und der LWS ist klar erkennbar; der grundsätzliche Aufbau ihrer Wirbel ähnelt sehr dem der Halswirbel 3-7. Die Anatomie der LWS zeigen die Abbildungen 3-33 und 3-34.

Pathologische Veränderungen

Veränderungen der BWS kann man möglicherweise als erstes auf einer Röntgenthoraxaufnahme in Rückenlage erkennen. Eine paravertebrale Weichteilschwellung ist verläßliches Zeichen einer Blutung, eines Ödems oder einer Infektion der benachbarten BWS (Abb. 3-35). Jedoch sollte man dem nicht gänzlich vertrauen, weil multiple Frakturen der BWS auch mit nur minimaler Weichteilschwellung möglich sind. Natürlich sollte man nach der sicheren Erkennung einer Fraktur immer auch Begleitverletzungen vermuten. Die Tomographie kann helfen, auch subtile Normabweichungen aufzudecken, die auf der routinemäßigen Seit- und a.-p.-Aufnahme nicht abzulesen waren (Abb. 3-36).
Uns hat sich die Verwendung großformatiger Filme bei vielen Gelegenheiten als recht vorteilhaft erwiesen, um die Diagnose thorakaler Keilfrakturen zu stellen, die einen übertragenen Schmerz in der Lendenregion bei Kindern und Erwachsenen hervorriefen (Abb. 3-37 und 3-38). Schließen Sie in gleicher Weise bei Patienten mit Schmerzen im Bereich der BWS immer auch die obere LWS mit ein (Abb. 3-39). Bei Patienten mit schweren Verletzungen denke man stets auch an die Möglichkeit, daß Knochenfragmente in den Wirbelkanal eingetrieben worden sind. Die beste Zweituntersuchungsmethode ist hierbei die Computertomographie, doch kann die konventionelle Tomographie — wie bei der HWS — eine Ergänzung darstellen (Abb. 3—40)
Besondere Aufmerksamkeit verdient die Chance- oder auch Sicherheitsgurtfraktur. Diese Verletzung beinhaltet Horizontalfrakturen durch den Wirbelkörper und durch die hinteren Wirbelelemente einschließlich des Dornfortsatzes (Abb. 3-41). Sie ist instabil und sollte unverzüglich behandelt werden. Eine weitere instabile Verletzung ist die Luxationsfraktur. Einen Bänderriß der Wirbelsäule sollte man sorgfältig suchen; dieser zeigt sich auf einer a.-p.-Aufnahme als Lücke zwischen den Dornfortsätzen (Abb. 3-42). Auch eine vergrößerte Distanz der Bogenwurzelansätze auf der a.-p.-Aufnahme signalisiert eine Unterbrechung im Bereich der Wirbelbögen mit Abtrennung der hinteren Wirbelelemente. Diese Fraktur ist instabil, ihre Erkennung deshalb wichtig (Abb. 3-43). Ferner kann man die — häufig übersehenen — Querfortsatzfrakturen auf dieser Aufnahme erkennen. Meist gehen diese mit einem umschriebenen Ileus einher und können auch ein retroperitoneales Hämatom erzeugen (Abb. 3-44).
Die Polytraumata stellen an der Wirbelsäule eine echte diagnostische Herausforderung dar. Deshalb sollte man, wann immer

man *eine* Fraktur gesehen hat, auch sorgsam nach weiteren suchen (Abb. 3-45).
Natürlich kann es Situationen geben, wo Nativaufnahmen wie auch Tomographieuntersuchungen negativ geblieben sind, aber trotzdem der dringende klinische Verdacht fortbesteht; unter solchen Bedingungen kann die Knochenszintigraphie der Wirbelsäule segensreich sein (Abb. 3-46).
Auch die Randbezirke des Films mögen eine unvermutete krankhafte Veränderung in sich bergen. Auf einer a.-p.-Aufnahme der BWS-LWS kann man mitunter Rippenfrakturen entdecken (Abb. 3-47). Sternumfrakturen können auf einer seitlichen (großformatigen) BWS-Aufnahme erkennbar sein (Abb. 3-48). Schließlich verdeckt womöglich der Schaukasten selbst (Halteleiste!) einen pathologischen Befund (Abb. 3-49). Suchen Sie also immer nach solchen «Randbefunden»!
Denken Sie daran, daß auch unter Notfallbedingungen nicht jeder Wirbelsäulenschmerz die Folge von Frakturen oder Luxationen ist, und suchen Sie deshalb immer nach den Zeichen anderer Krankheiten. Beispielsweise können ausgeprägte degenerative Veränderungen der HWS-Region eine Ursache von Schmerz oder Schluckstörungen sein (Abb. 3-50). Die Spondylitis ankylopoetica (Morbus Bechterew), eine mögliche Ursache von Wirbelsäulenschmerzen, hat ein charakteristisches röntgenologisches Erscheinungsbild (Abb. 3-51). Diese Patienten können sich als Notfälle auch mit ganz ungewöhnlichen Frakturen vorstellen (Abb. 3-52), daneben können sich solche Frakturen auch zu Pseudarthrosen fortentwickeln (Abb. 3-53).
Das eosinophile Granulom befällt zwar am häufigsten die BWS-Region mit dem typischen Bild des Flachwirbels (Vertebra plana Calvé), kann aber überall auftreten und Schmerz verursachen (Abb. 3-54). Degenerative Veränderungen können in jeder Region echt pathologische Vorgänge imitieren, doch sollte ihr Vorhandensein nicht als akutes Krankheitsgeschehen fehlgedeutet werden (Abb. 3-55).
Infektionen der Wirbelsäule (Spondylitiden) sind im Rahmen der Notaufnahme nicht selten. Eine bakterielle Infektion mit Beteiligung der Wirbelsäule äußert sich meist als Zerstörung von Knochen *und* Knorpel (Abb. 3-56). Die Wirbelsäulentuberkulose, ein schmerzloses chronisches Geschehen, kann sehr augenfällig sein und zur sogenannten Gibbusdeformität führen (spitzwinklige Wirbelsäulenkyphose, meist mit Keilwirbel oder gleichzeitiger Wirbelfusion in diesem Bereich; Anm. d. Übers.) (Abb. 3-57); sie kann aber auch subtile Formen aufweisen und dann schwieriger zu diagnostizieren sein (Abb. 3-58).
Hämatologische Erkrankungen wie die Sichelzellanlage oder die Sichelzellkrankheit (Sichelzellanämie) können ebenfalls Rückenschmerzen bedingen. Die charakteristische Einknikkung der Wirbeldeck- und -grundplatten oder auch die typische H-Figur der Wirbelkörper sollte man eigentlich nicht übersehen (auch in der Bundesrepublik Deutschland wird dieses Leiden durch die zunehmende Einwanderung von Gastarbeitern aus dem Mittelmeerraum immer häufiger gesehen; Anm. d. Übers.) (Abb. 3-59).
Schließlich noch ist die Wirbelsäule Vorzugslokalisation vieler Metastasen, insbesondere des Prostata- (Abb. 3-60) und des Mammakarzinoms (Abb. 3-61). Daneben kann natürlich auch — wie am Beckenskelett — der Morbus Paget das Bild von Wirbelsäulenmetastasen imitieren (Abb. 3-62).

Literatur

1. Kattan K.R.: «Trauma» and «No-Trauma» of the Cervical Spine. Springfield, Ill., Charles C. Thomas, Publisher, 1975.
2. Gehweiler J.A., Osbourne R.L., Becher R.F.: The Radiology of Vertebral Trauma. Philadelphia, W.B. Saunders Co., 1980.
3. Harris J.H., Edeiken-Monroe B.: The Radiology of Acute Cervical Spine Trauma. ed. 2. Baltimore, Williams & Wilkins Co., 1987.
4. Weir D.C.: Roentgenographic signs of cervical injury. Clin. Orthopaed. 109:9—17, 1975.
5. Vines F.S.: The significance of «occult» fractures of the cervical spine. Radiology 107:493—504, 1969.
6. Handel S.F., Lee Y.: Computed tomography of spinal fractures. Radiol. Clin. North. Am. 19:69, 1981.
7. Brown B.M., Brant-Zawadski M., Cann C.: Dynamic CT scanning of spinal column trauma. Am. J. Roentgenol. 139:1177, 1982.
8. Post M.J.D., Green B.A., Quencer R.M., et al.: The value of computed tomography in spinal trauma. Spine 7:417, 1982.
9. Keene J.S., Goletz T.Y., Lilleas F., et al.: Diagnosis of vertebral fractures. J. Bone Surg. 64A:586, 1981.
10. Pech P., Kilgore D.P.: Pojunas K.W., et al.: Cervical spine fractures: CT detection. Radiology 157:117, 1985.
11. McAedle C.B., Crofford M.J., Mirfakhrale M., et al.: Surface coil MR of spinal trauma: Preliminary experience. AJNR 7:885, 1986.
12. Tarr R.W., Drolshagen L.F., Kerner T.C., et al.: MR imaging of recent spinal trauma. JCAT 11:412, 1987.
13. Clark M.W., Gehweiler J.A., Laib R.: Twelfe significant signs of cervical spine trauma. Skeletal Radiol. 3:201—205, 1979.
14. Andrew W.K., Willinson A.E.: Prevertebral soft tissue swelling as a sign of undisplaced fracture of the odontoid process. South Afr. Med. J. 53:672, 1978.
15. Miller M.D., Gehweiler J.A., Martinez S., et al.: Significant new observations on cervical spine trauma. AJR 130:659—663, 1978.
16. Braakman R., Penning L.: Injuries of the Cervical Spine. Amsterdam, Excerpta Medica, 1971, S. 53—62.
17. Beatson T.R.: Fractures and dislocations of the cervical spine. J. Bone Joint Surg. 53B:21—35, 1963.
18. Burke D.C.: Hyperextension injuries of the spine. J. Bone Joint Surg. 53B:3—12, 1971.
19. Swischuk L.E.: Anterior displacement of C 2: Physiologic or pathologic. Radiology 122:759—763, 1977.
20. Harrison R.B., Keats T.E., Winn H.R., et al.: Pseudosubluxation of the axis in young adults. J. Can. Assoc. Radiol. 31:176—177, 1980.
21. Scavone J.G., Latshaw R.F., Rohner V.: Use of lumbar spine films. JAMA. 246:1105—1108, 1981.
22. Chance C.Q.: Note on a type of flexion fracture of the spine. Br.J. Radiol. 21:249, 1948.

Literaturempfehlungen

Harris J.G., Harris W.H.: The Radiology of Emergency Medicine. Baltimore, Williams & Wilkins Co., 1981.

Harris J.H., Edeiken-Monroe B.: The Radiology of Acute Cervical Spine Trauma, ed. 2. Baltimore, Williams & Wilkins Co., 1987.

Rogers L.F.: Radiology of Skeletal Trauma, Bd. 1 und 2. New York, Churchill Livingstone, 1982.

Normvarianten

Theodore E. Keats

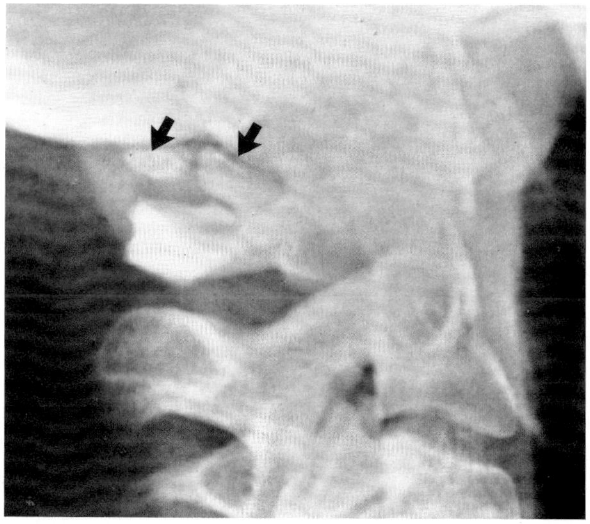

Abb. 3-63: A. Akzessorische Skelettelemente zwischen der Schädelbasis und dem hinteren Atlasbogen.

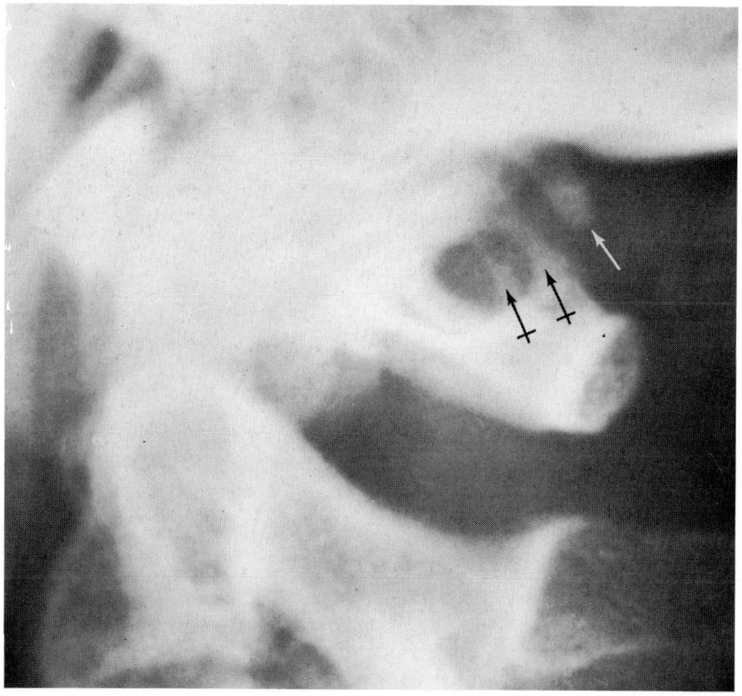

Abb. 3-64: Knochensporn, der von der Schädelbasis ausgeht und einen Wirbelbogen vortäuscht.

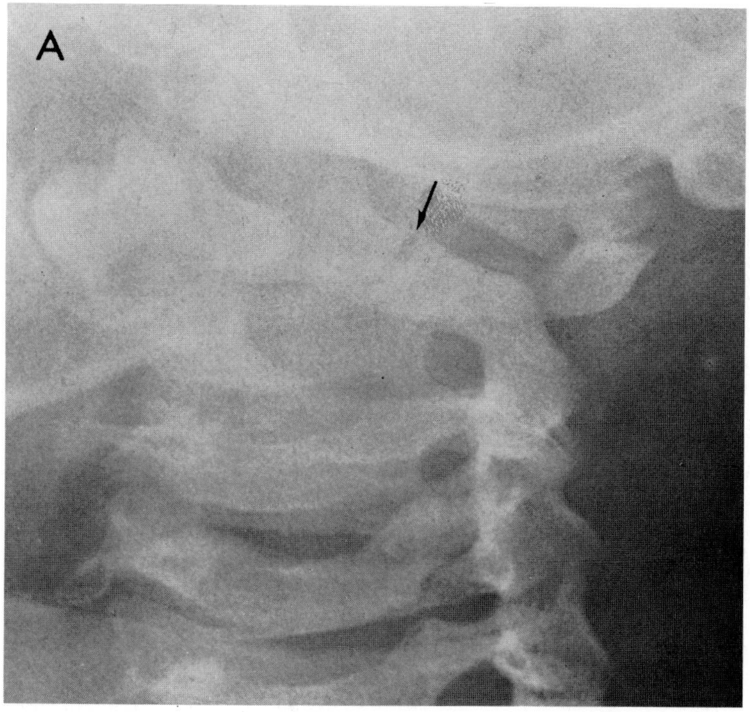

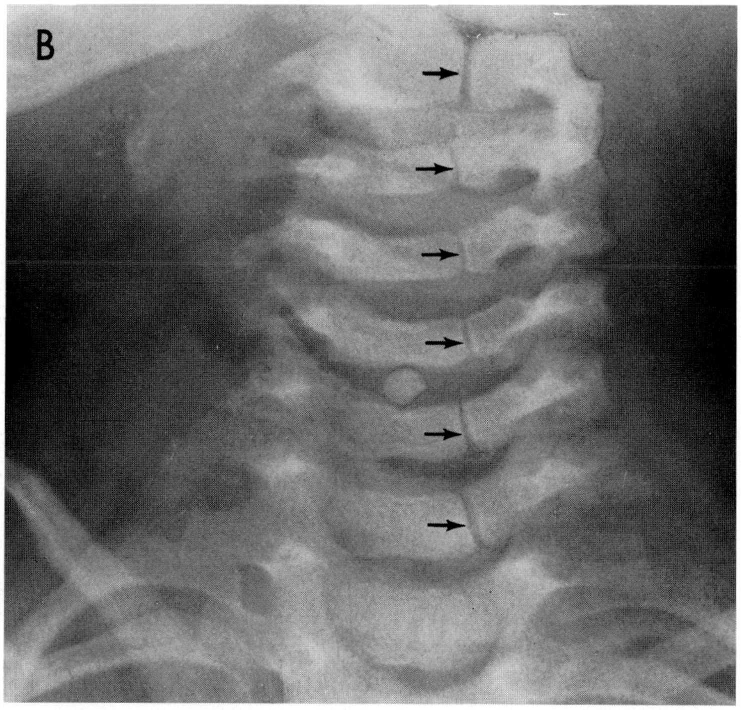

Abb. 3-65: A. Normale Spaltbildung im Neuralbogen (Arcus posterior) des Atlas bei einem einjährigen Kind.

B. Normale Spaltbildung der Bogen aller Halswirbel bei einem elf Monate alten Kind. Diese Synchondrosen können bis zum dritten oder sechsten Lebensjahr persistieren, wobei sich eine Seite auch erst Monate nach der anderen verschließen kann.

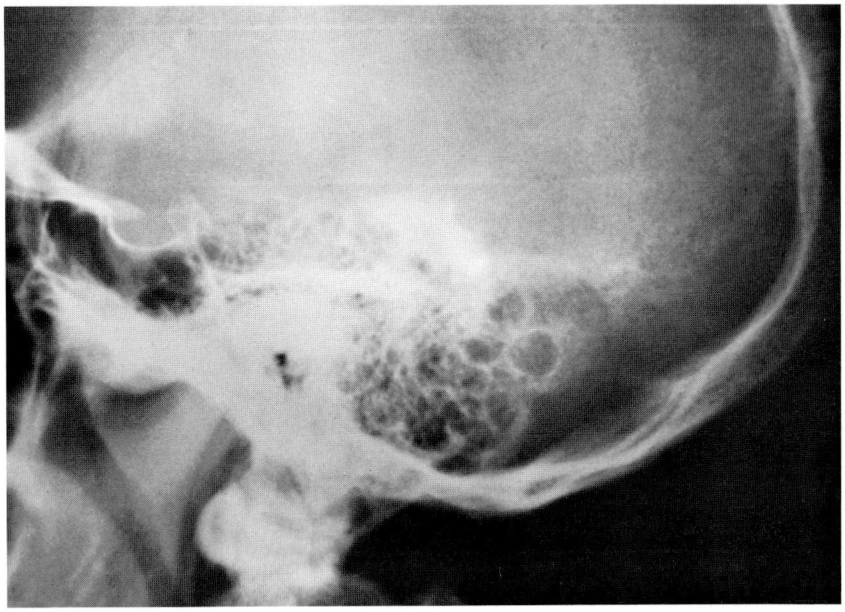

Abb. 3-66: Komplettes Fehlen des Arcus posterior des Atlas. (Quelle: Dalinka, M.K., et al.: Congenital absence of the posterior arch of the atlas. Radiology 103: 581, 1972.)

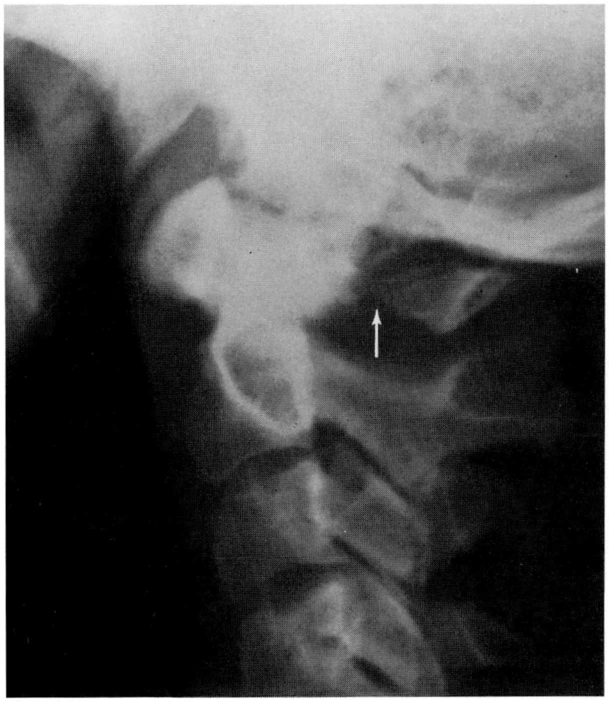

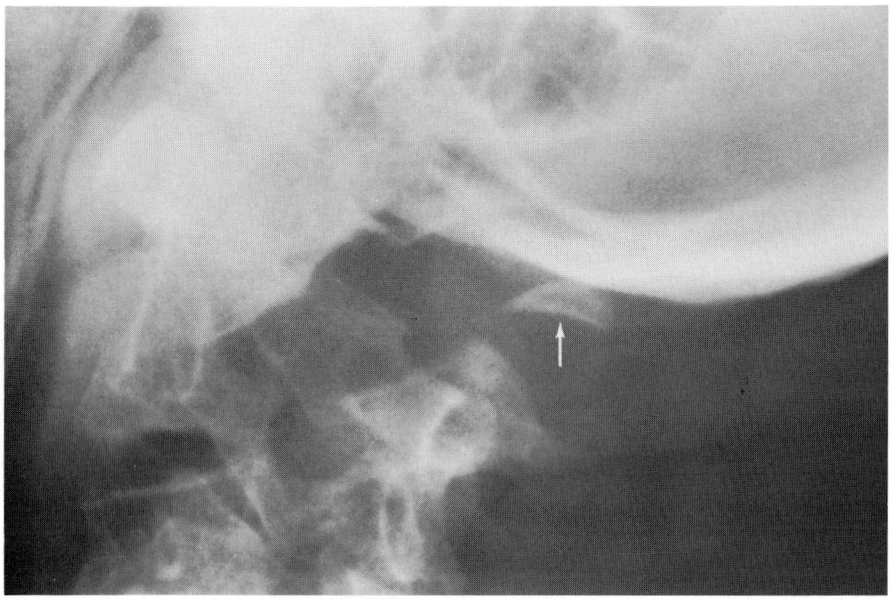

Abb. 3-67: Zwei Beispiele einer unvollständigen Ausbildung des Arcus posterior des Atlas.

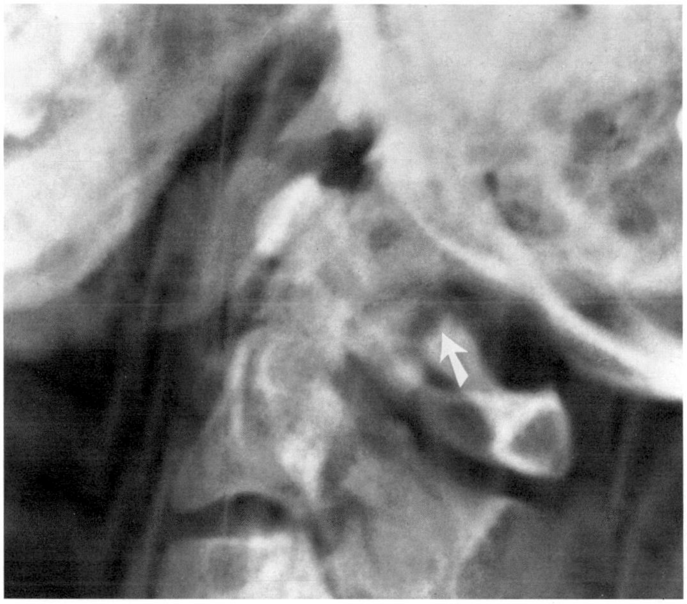

Abb. 3-68: Einseitige Spondylolyse des hinteren Atlasbogen.

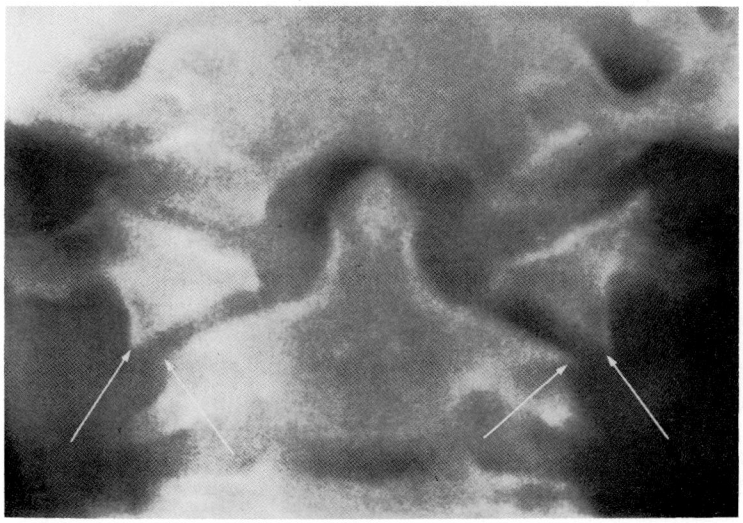

Abb. 3-69: Beidseitige Lateralverletzungen der Massa lateralis von Atlas und Axis bei Kindern (Pfeile). Bei einem Erwachsenen würde dieser Aspekt vermutlich an eine Fraktur der Atlasbögen denken lassen. Es wird angenommen, daß dieses Bild Folge eines ungleichen Wachstums von Atlas und Epistropheus bei Kindern ist; am häufigsten sieht man dies bei Kindern von etwa vier Jahren. (Quelle: Suss, R.A., et al.: Pseudospread of the atlas. False sign of Jefferson fracture in children. Am. J. Roentgenol. 140: 1079, 1983.)

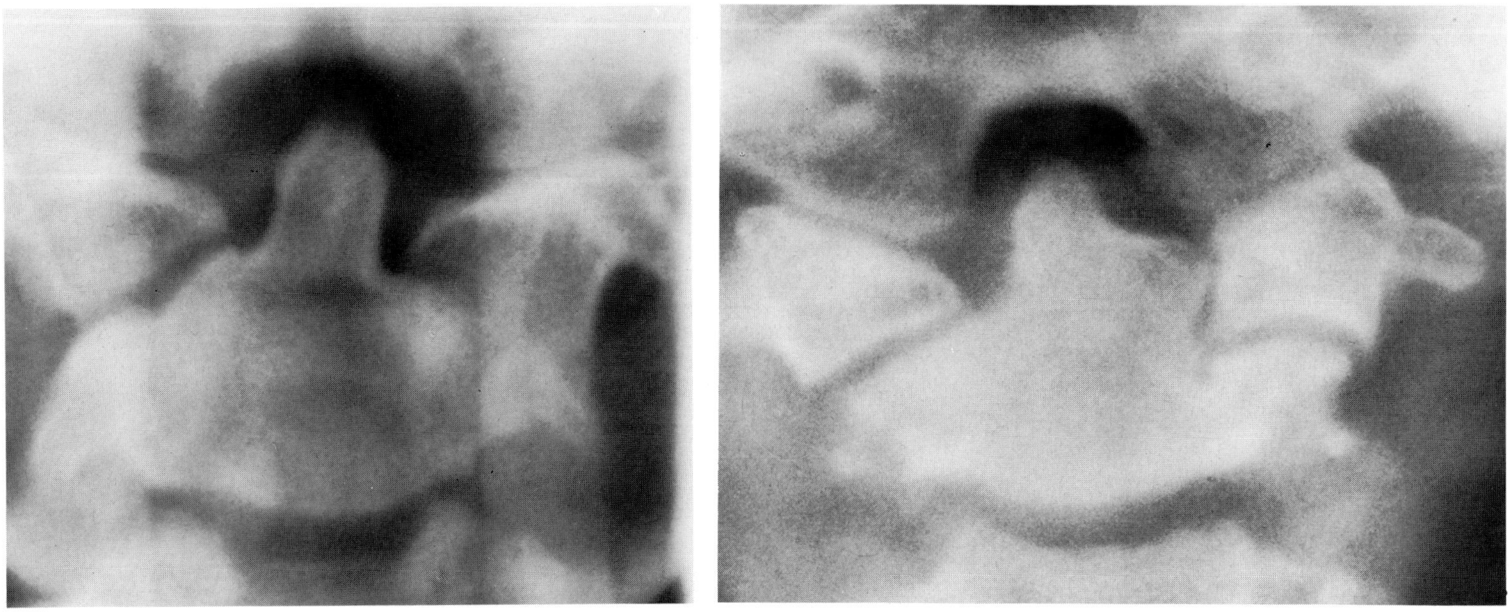

Abb. 3-70: Zwei Beispiele einer Entwicklungsanomalie der Basis des Dens. Beachten Sie die entsprechende Deformität der Massa lateralis des Atlas.

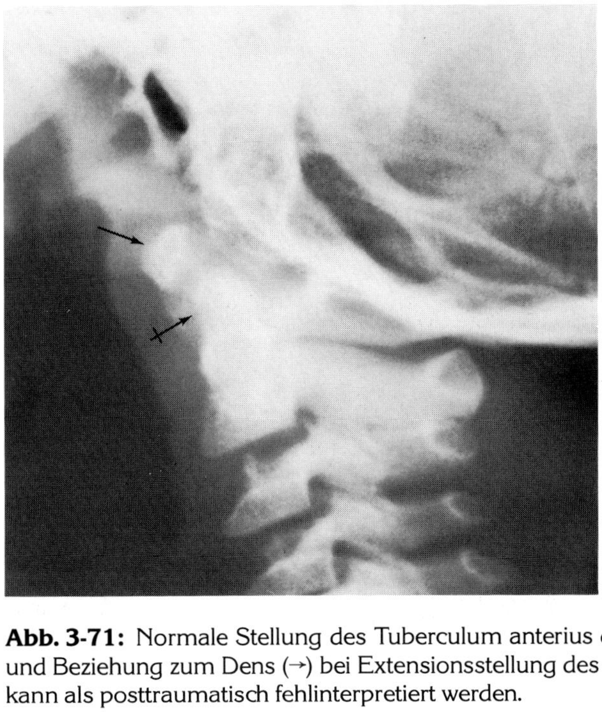

Abb. 3-71: Normale Stellung des Tuberculum anterius des Atlas (→) und Beziehung zum Dens (→) bei Extensionsstellung des Kopfes. Dies kann als posttraumatisch fehlinterpretiert werden.

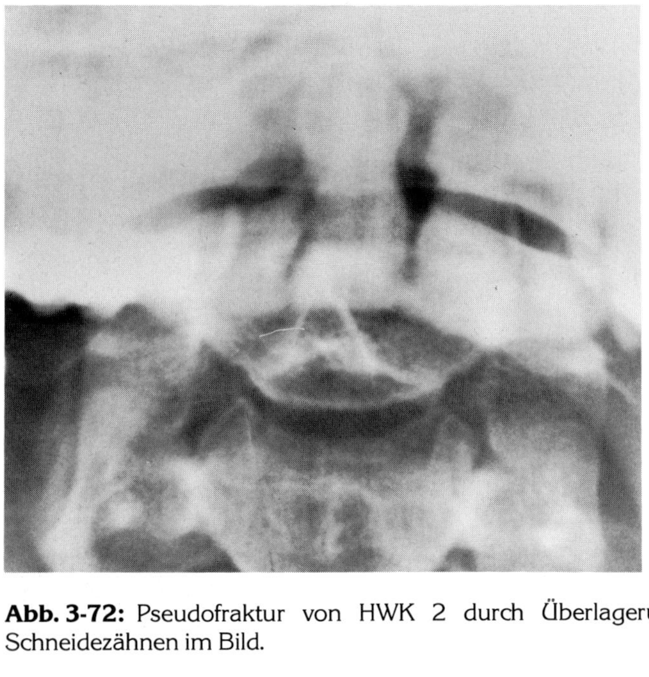

Abb. 3-72: Pseudofraktur von HWK 2 durch Überlagerung von Schneidezähnen im Bild.

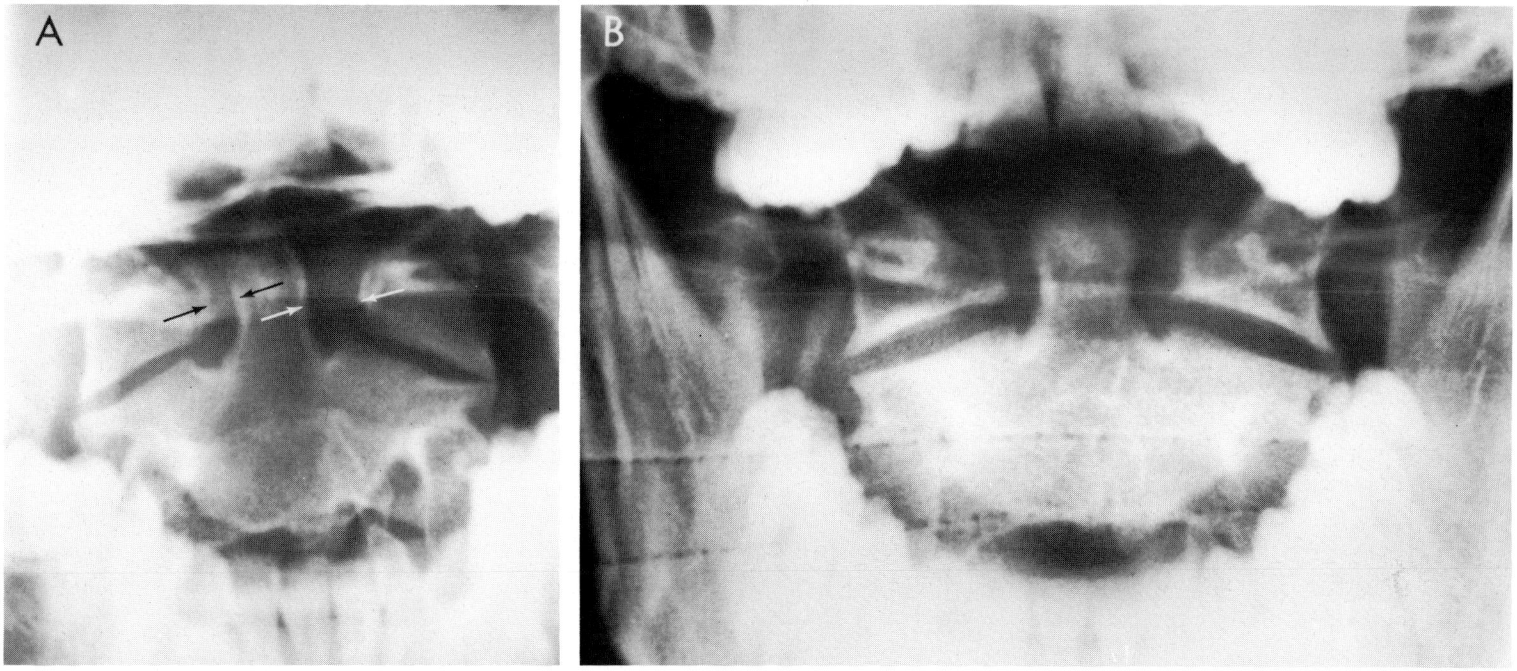

Abb. 3-73: A. Normale Asymmetrie der Seitabstände zwischen dem Dens und den Massae laterales des Atlas durch Drehung des Kopfes. **B.** Der gleiche Patient bei gerader Kopfhaltung.

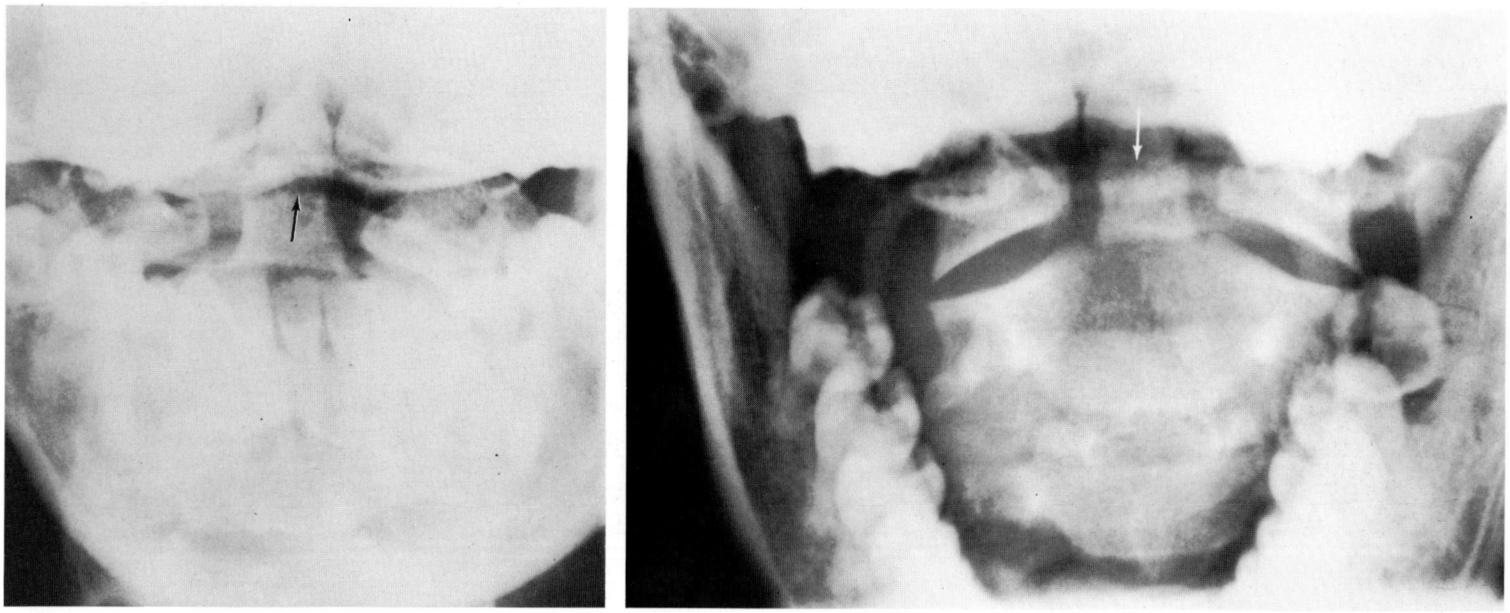

Abb. 3-74: Pseudofrakturen des Dens durch Übereinanderprojektion des Zwischenraumes der beiden mittleren Oberkieferschneidezähne.

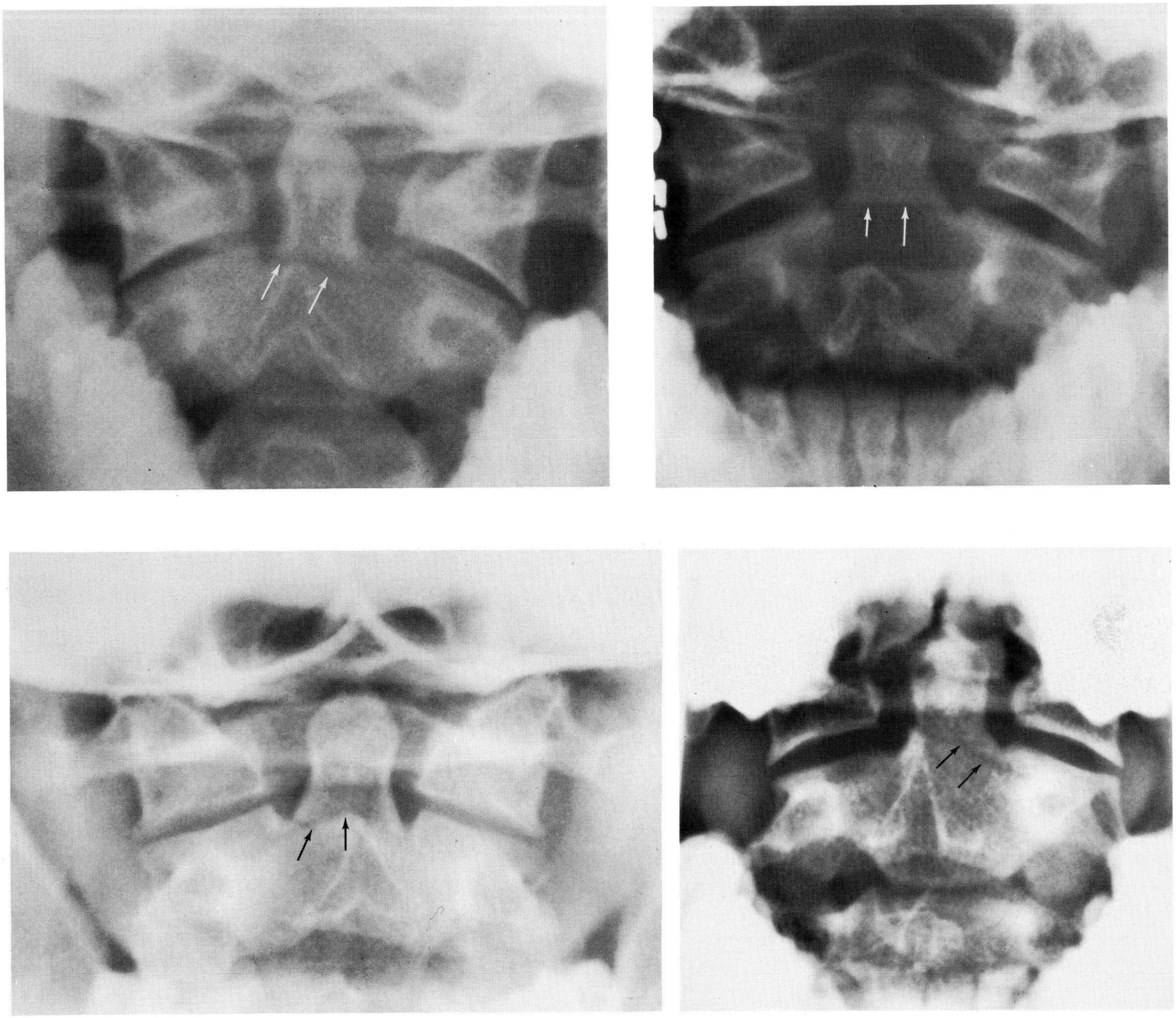

Abb. 3-75: Pseudofrakturen der Densbasis, hervorgerufen durch einen Mach-Effekt bei Überlagerung mit dem Arcus posterior des Atlas, der Zunge oder dem Os occipitale. Jedes dieser Beispiele wurde durch die Tomographie als Pseudofraktur gesichert. (Quelle: Daffner, R.H.: Pseudofracture of the dens: Mach bands. Am. J. Roentgenol. 128: 607, 1977.)

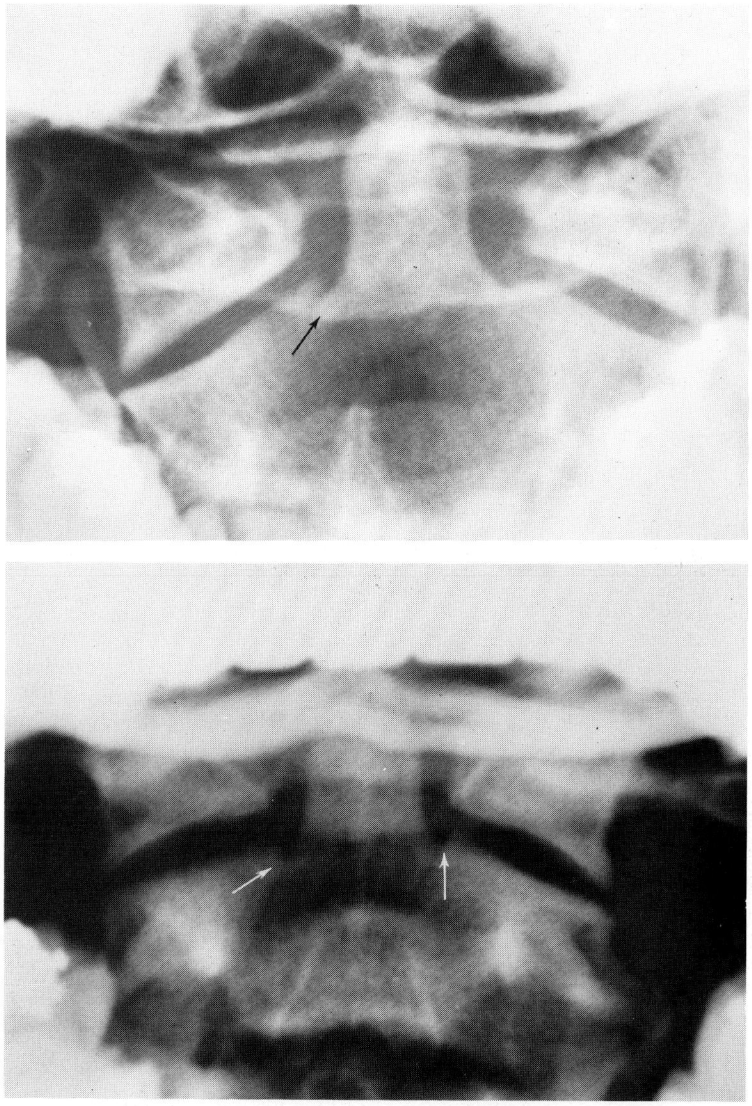

Abb. 3-76: Normale entwicklungsbedingte Spalt- bzw. Kerbenbildung an der Basis des Dens.

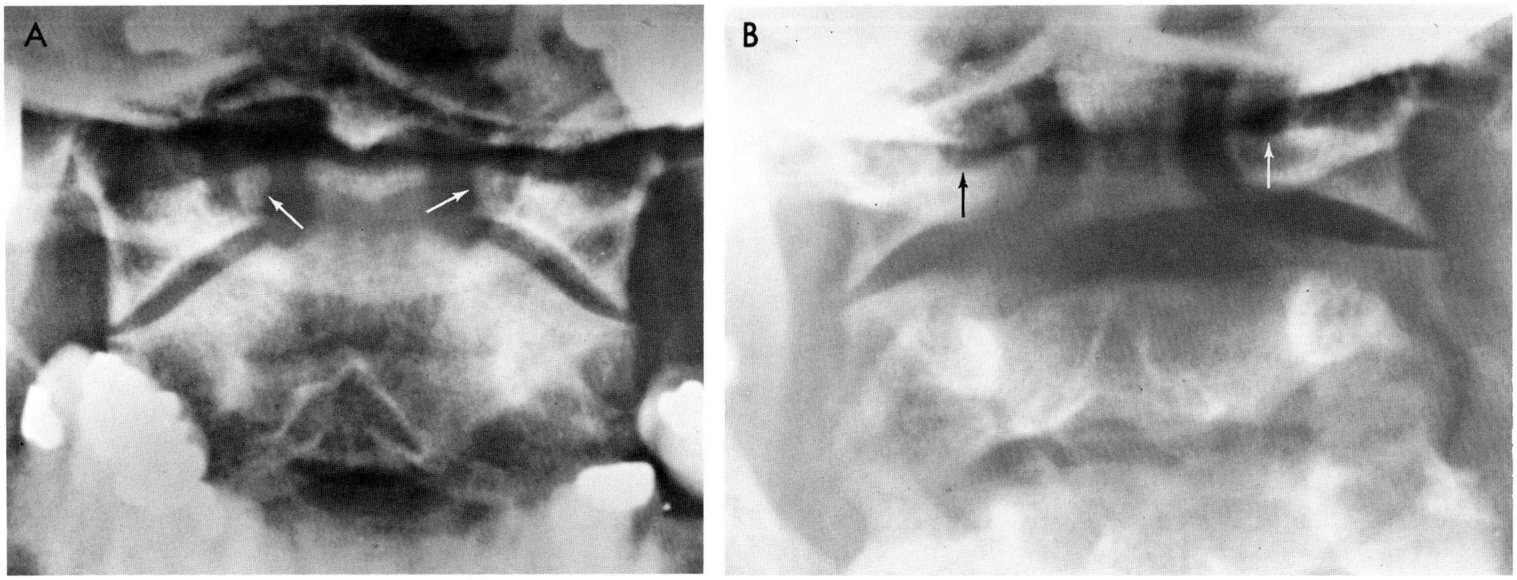

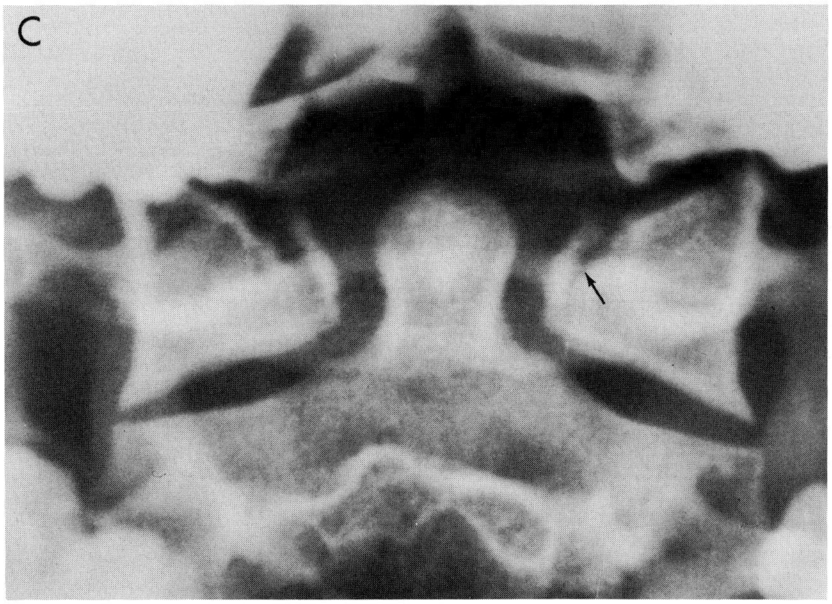

Abb. 3-77: Normale Varianten im Erscheinungsbild der Massae laterales des Atlas. **A.** Spornartige Ausziehung der medialen Ränder; **B.** Foramenartige Konfiguration der Innenränder; **C.** Pseudofraktur. Diese Normvarianten sollten nicht als traumatische Veränderungen fehlgedeutet werden. (Quelle: Meghrouni, V., Jacobson, G.: The pseudonotch of the atlas. Radiology 72: 260, 1959.)

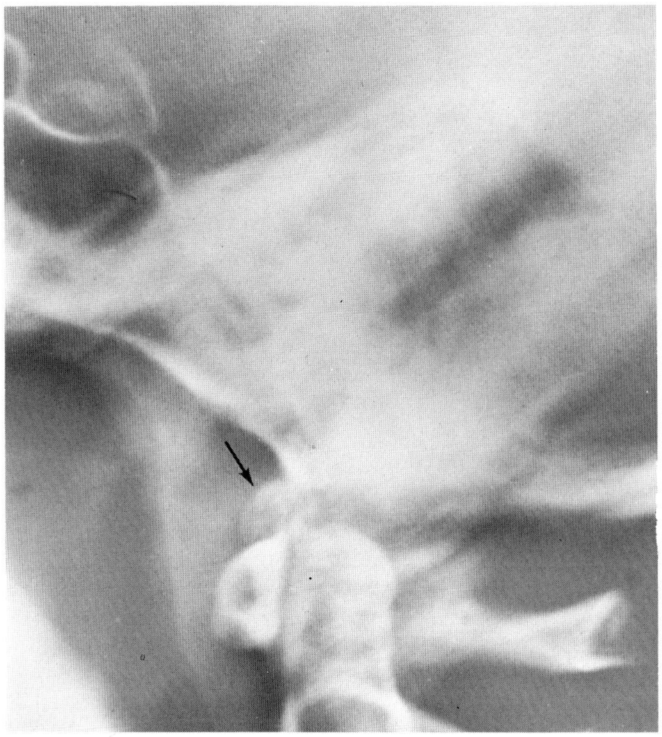

Abb. 3-78: Akzessorischer Knochen über dem Arcus anterior des Atlas. (Quelle: Lombardi, G.: The occipital vertebra. Am. J. Roentgenol. 86: 260, 1961.)

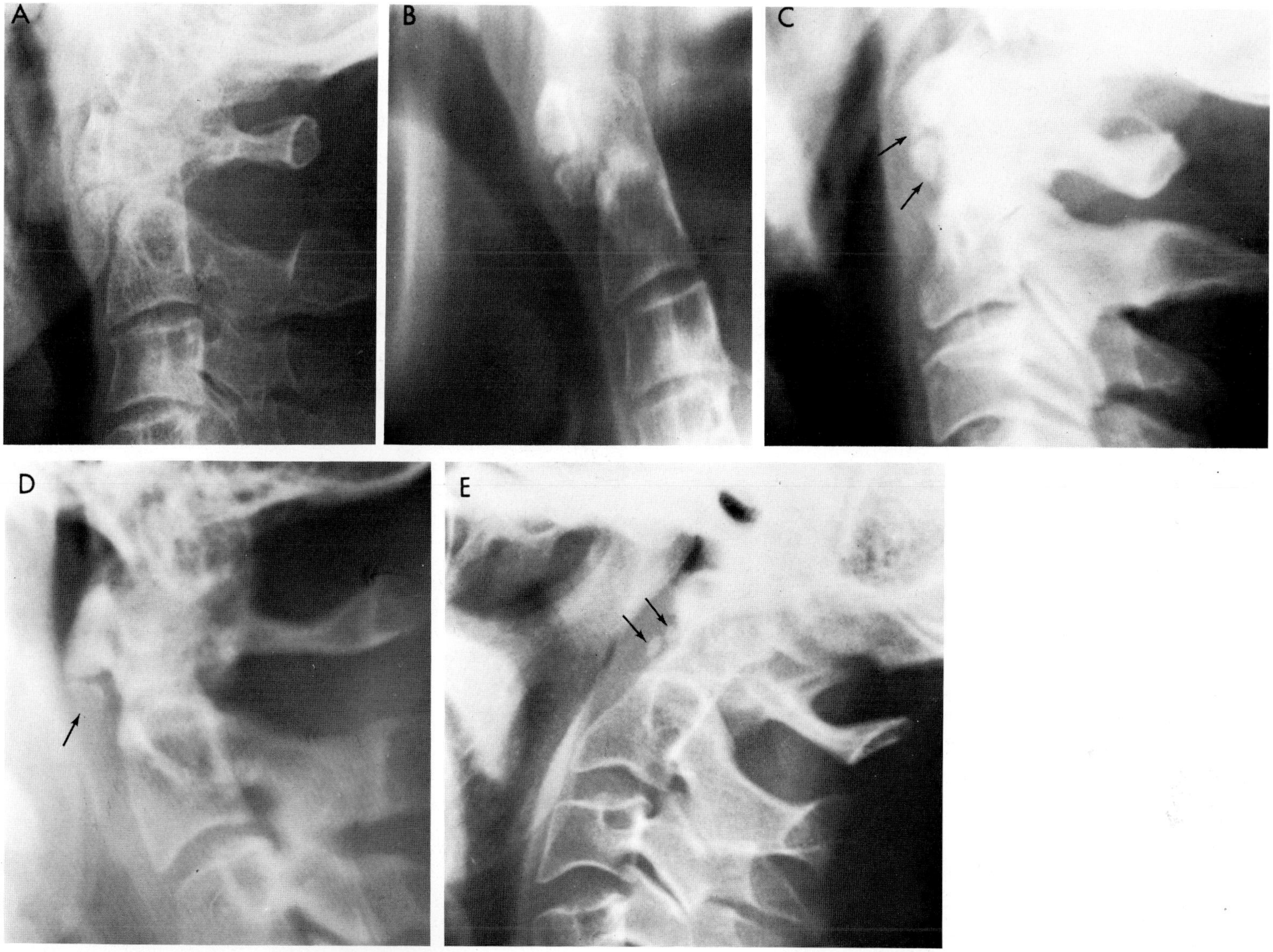

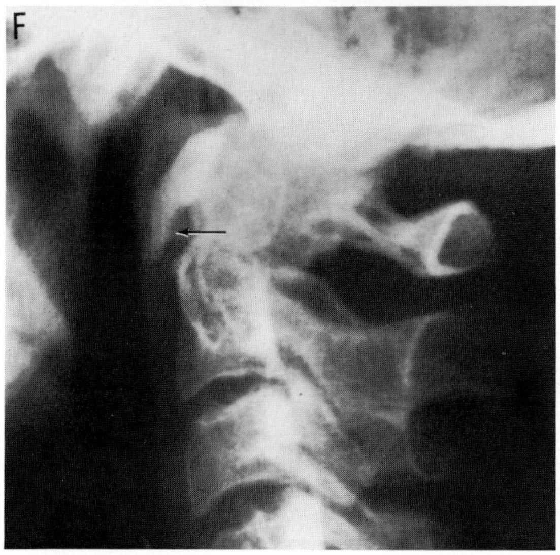

Abb. 3-79: Sechs Beispiele für die Variabilität des akzessorischen Knochenelements des vorderen Atlasbogens. **A.** Das Tomogramm zeigt eine Artikulation mit der Unterfläche des vorderen Atlasbogens, welche leicht mit einer Fraktur verwechselbar ist. **F.** Hier ist der akzessorische Knochen mit dem vorderen Atlasbogen verschmolzen. (Wiedergabe mit freundlicher Genehmigung von Dr. Armand Fortin, Montreal, Kanada.) (Quelle: Keats, Th. E.: The inferior accessory ossicle of the anterior arch of the atlas. Am. J. Roentgenol. 101: 834, 1967. Wiedergabe mit freundlicher Genehmigung des Verlags.)

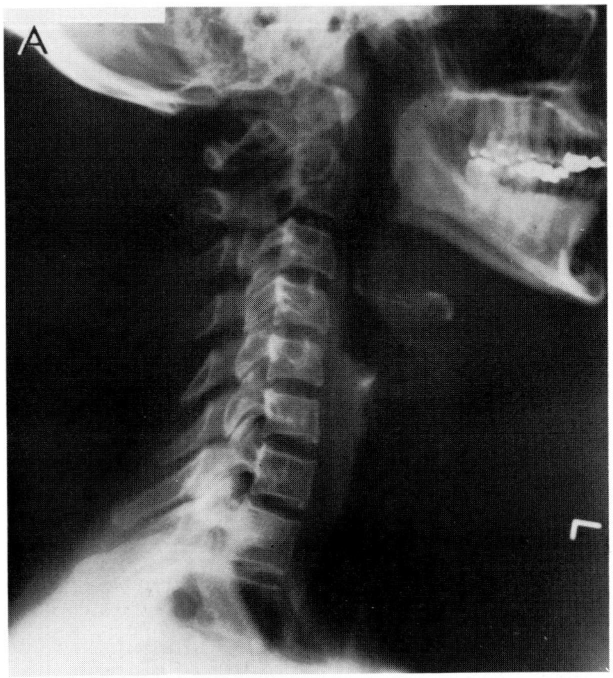

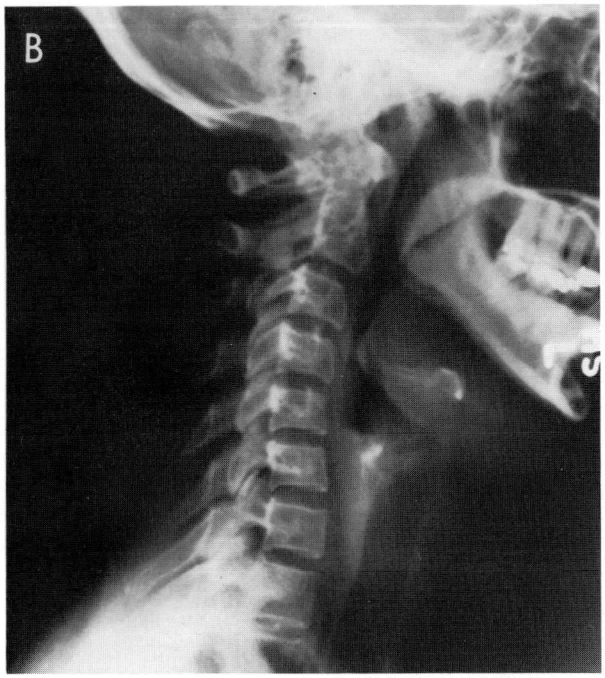

Abb. 3-80: Normale HWS. **A.** Neutralstellung. **B.** Flexionsstellung. Beachten Sie die erhebliche Änderung der Krümmung der HWS, die bereits durch eine nur geringfügige Änderung der Kopfhaltung hervorgerufen werden kann.

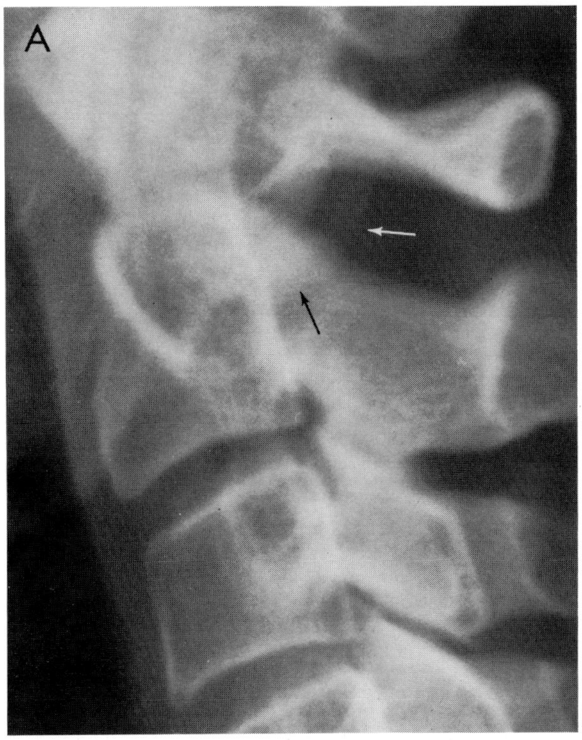

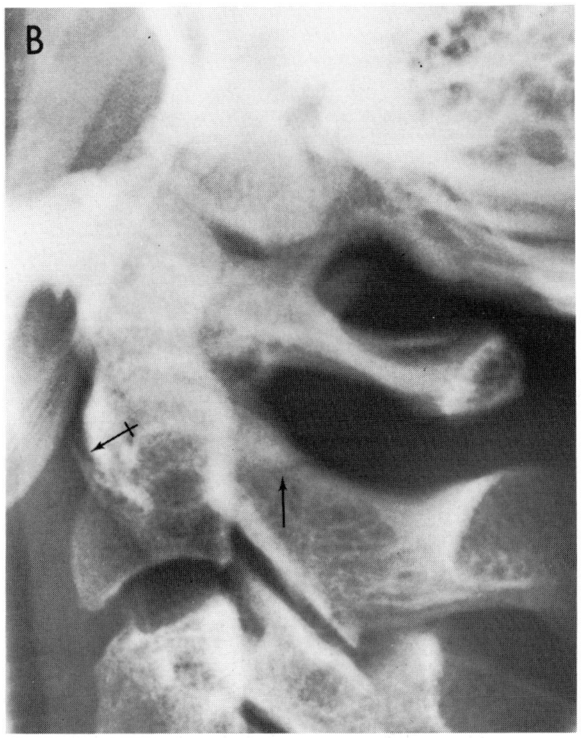

Abb. 3-81: **A.** Die Überlagerung des Ohrläppchenschattens kann eine Fraktur vortäuschen (→).

B. Beachten Sie hier die Spaltbildung an der Vorderseite des Epistropheus, die wahrscheinlich ein Relikt der Synchondrose mit dem Dens axis ist (↔).

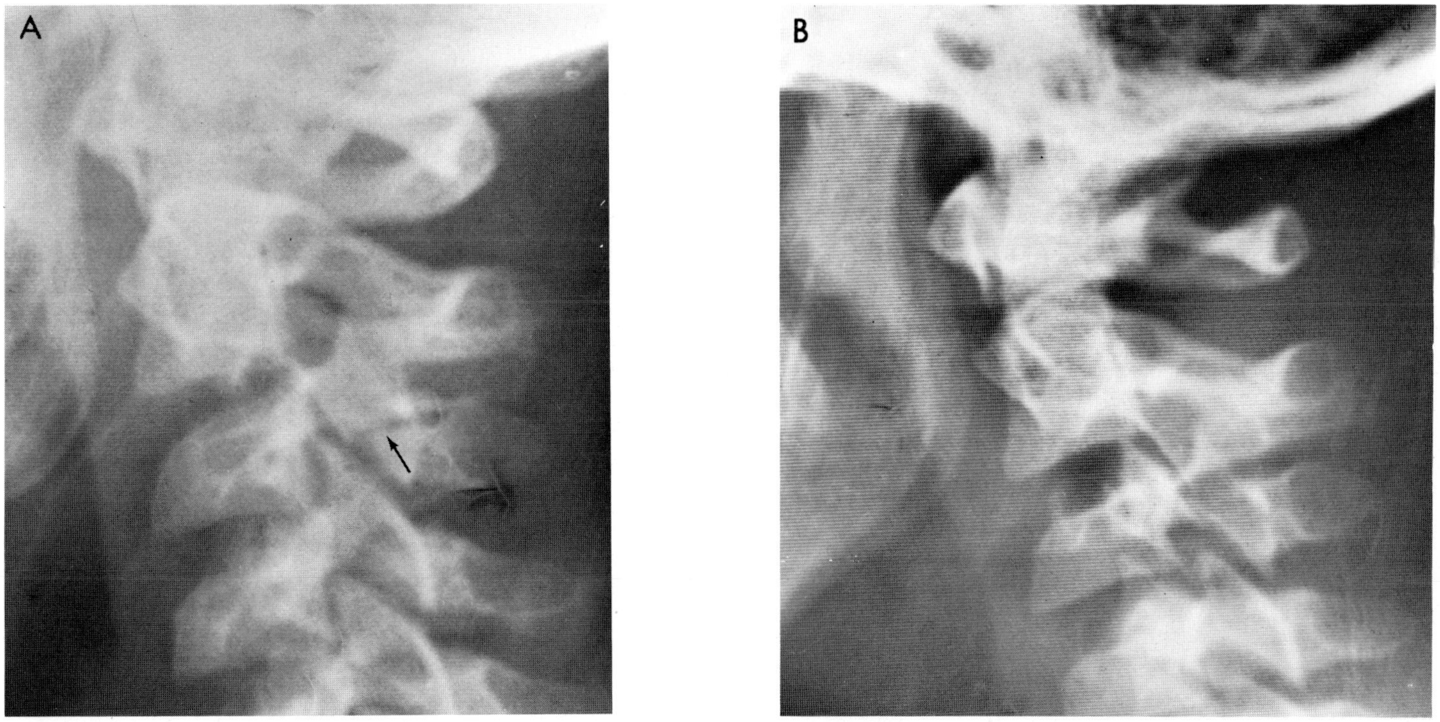

Abb. 3-82: A. Vortäuschung einer Fraktur des hinteren Wirbelbogenanteils von C 3 durch Rotation der HWS. **B.** Nach der Korrektur der Verdrehung ist keine «Fraktur» mehr sichtbar.

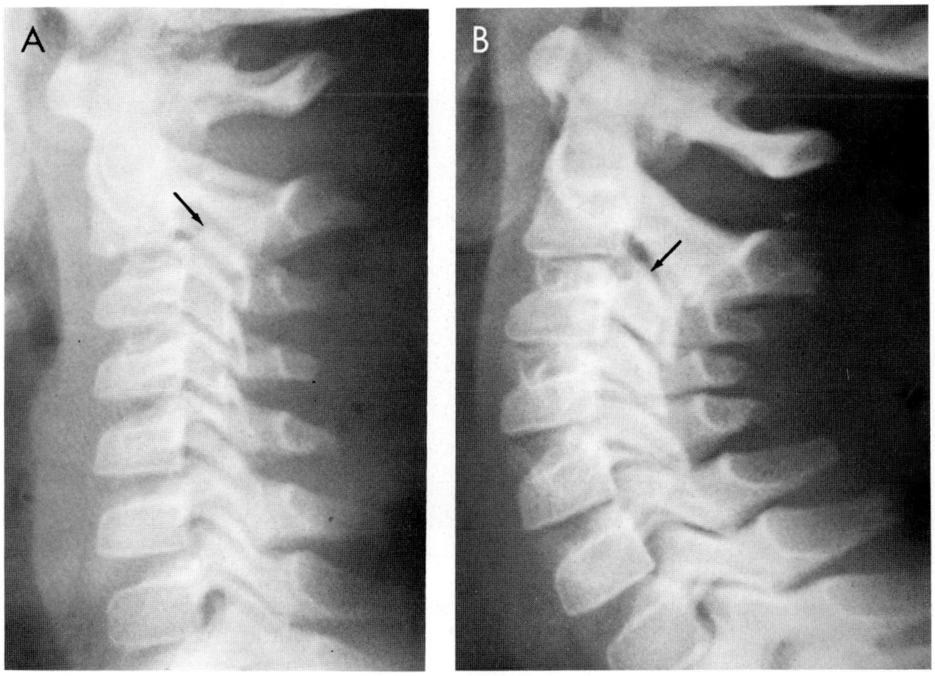

Abb. 3-83: A. Vortäuschung einer Fraktur des Wirbelbogens von C 3 durch Rotation. **B.** Die Wiederholungsaufnahme nach Korrektur der Drehung zeigt nun einen Normalbefund. Beachten Sie auch das Fehlen der lordotischen Krümmung in **A.** Dies ist eine häufige Variante, besonders in der Altersgruppe zwischen 8 bis 16 Jahren. (Quelle: Cattell, H.S., Filtzer, D.L.: Pseudosubluxation and other normal variations in the cervical spine in children. J. Bone Joint Surg. 47A: 1295, 1965.)

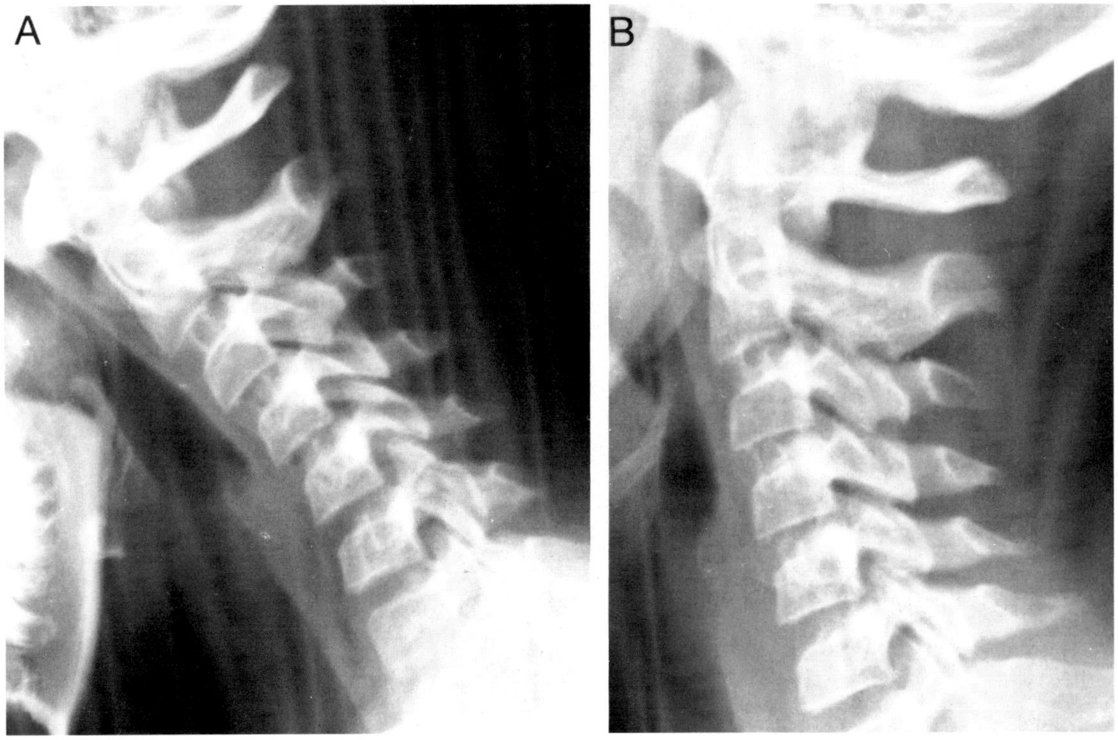

Abb. 3-84: A. Pseudosubluxation von C 2 gegenüber C 3 bei einem 9 Jahre alten Knaben. Dies ist normalerweise das Segment größter Beweglichkeit beim Kind und regelmäßig bei Flexion so zu sehen.

B. Bei Neutralstellung der HWS sind die normalen Lagebeziehungen wiederhergestellt. Dieses Phänomen kann man auch bei jungen Erwachsenen noch sehen. (Quelle: Jacobson, G., Beeckler, H. H.: Pseudosubluxation of the axis in children. Am. J. Roentgenol. 82: 472, 1959.)

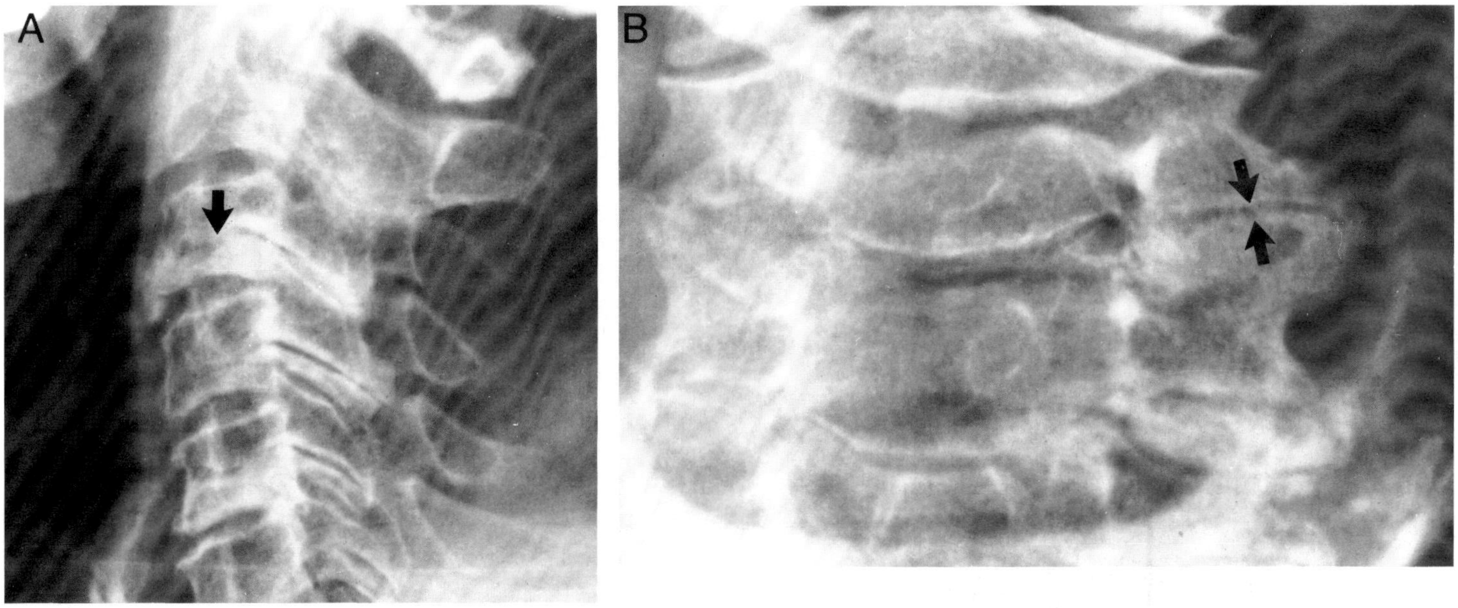

Abb. 3-85: A. Vortäuschung einer Fraktur des dritten Halswirbels (→) durch degenerative Veränderungen eines Unkovertebralgelenks.

B. Die a.-p. Aufnahme zeigt das degenerativ veränderte Gelenk (Pfeile), das für diese Scheinfraktur verantwortlich ist.

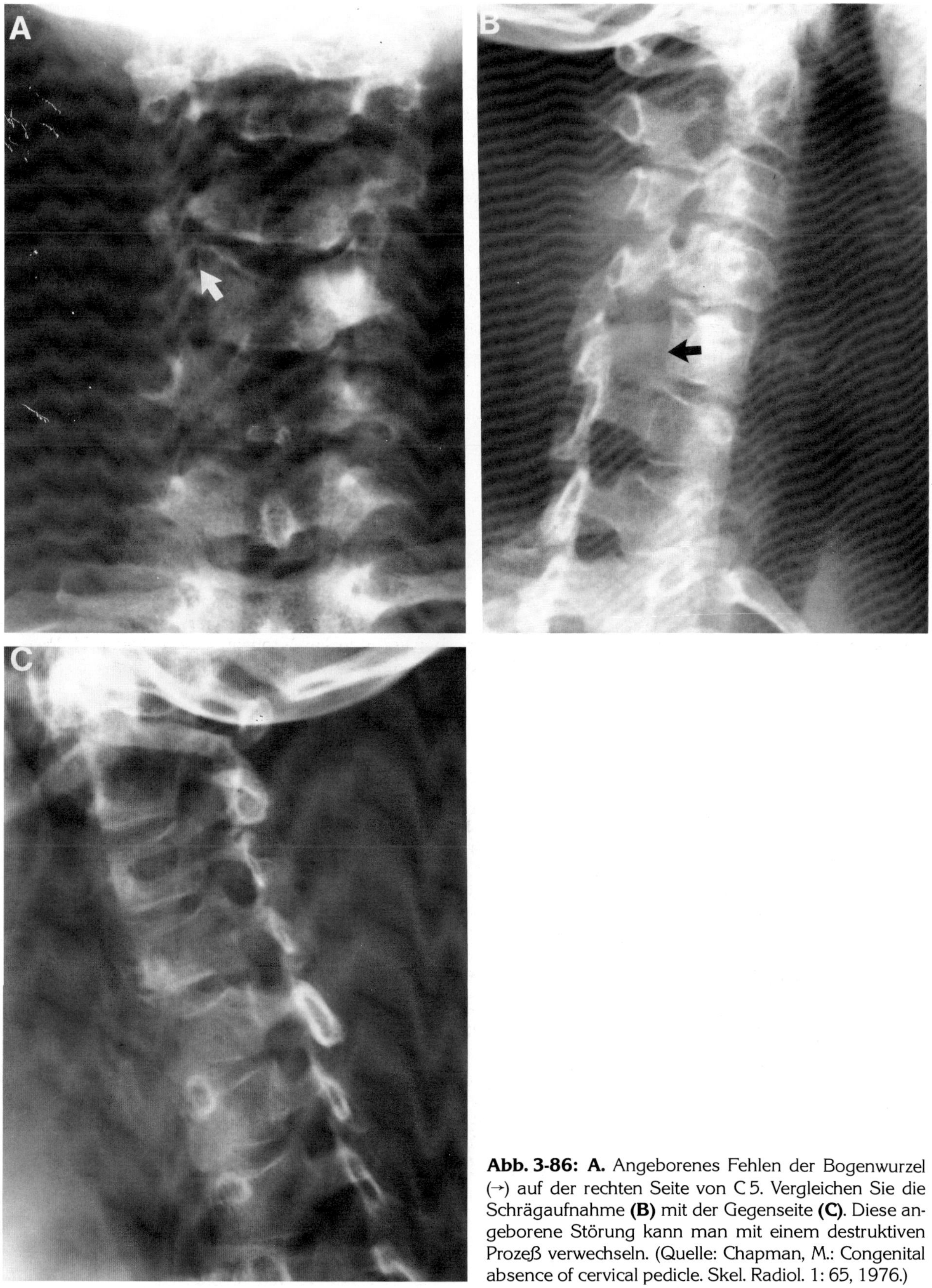

Abb. 3-86: A. Angeborenes Fehlen der Bogenwurzel (→) auf der rechten Seite von C 5. Vergleichen Sie die Schrägaufnahme **(B)** mit der Gegenseite **(C)**. Diese angeborene Störung kann man mit einem destruktiven Prozeß verwechseln. (Quelle: Chapman, M.: Congenital absence of cervical pedicle. Skel. Radiol. 1: 65, 1976.)

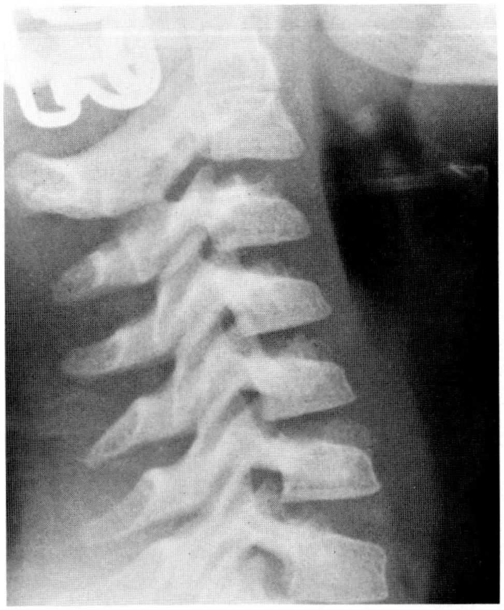

Abb. 3-87: Normale anteriore Keilform der Halswirbelkörper beim Jugendlichen, welche nicht mit einer Kompressionsfraktur verwechselt werden sollte!

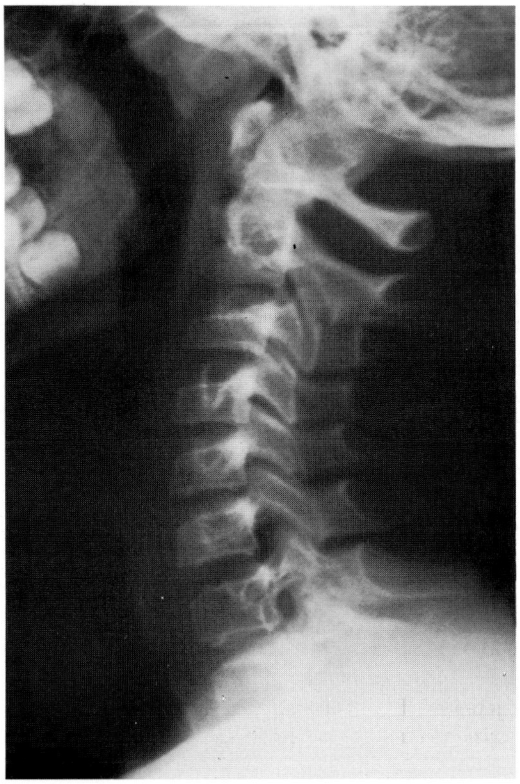

Abb. 3-88: Keilförmige Wirbelkörper bei einem 13jährigen Knaben. Beachten Sie hier besonders die deutliche Keilform von C 3, die in diesem Falle als Kompressionsfraktur fehlgedeutet worden war.

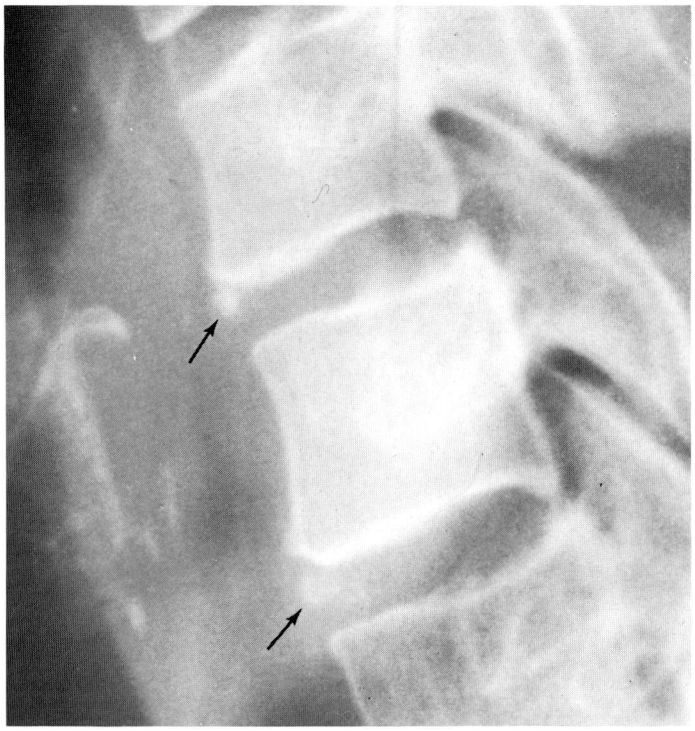

Abb. 3-89: Nicht fusionierte Ossifikationszentren von HWK 5 und 6, die eine Fraktur vortäuschen (Limbus vertebrae).

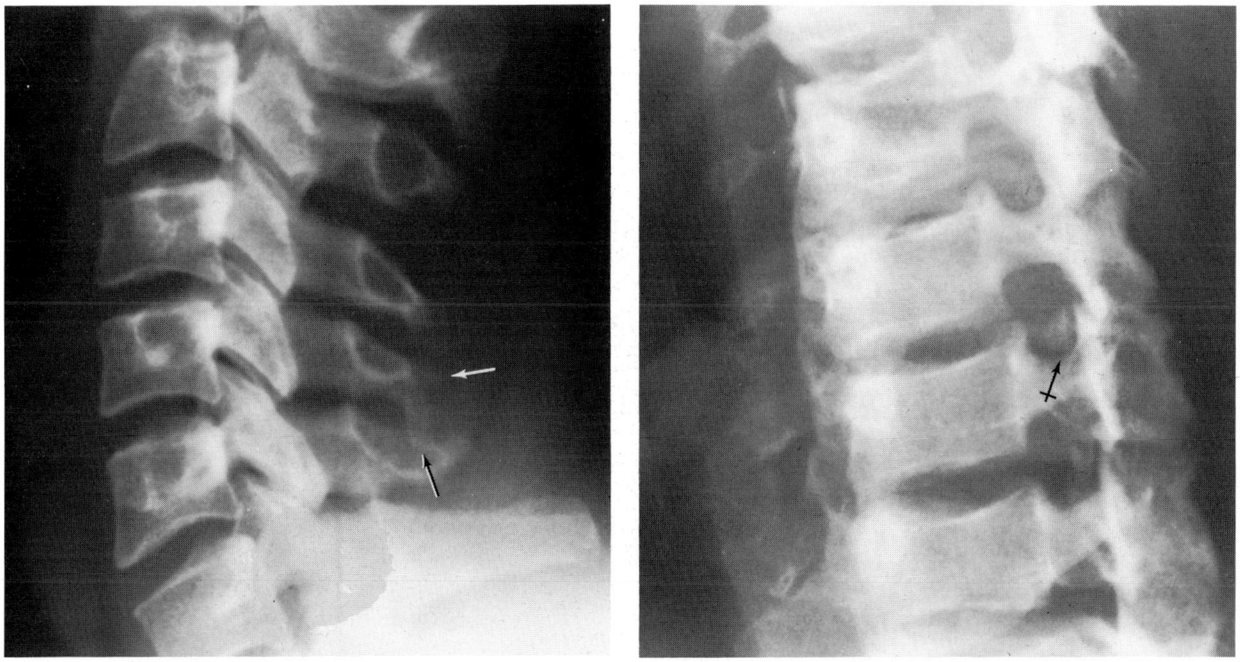

Abb. 3-90: Ein zweigeteilter Dornfortsatz (→) kann sich in das Zwischenwirbelloch projizieren und so eine Fraktur vortäuschen (↔).

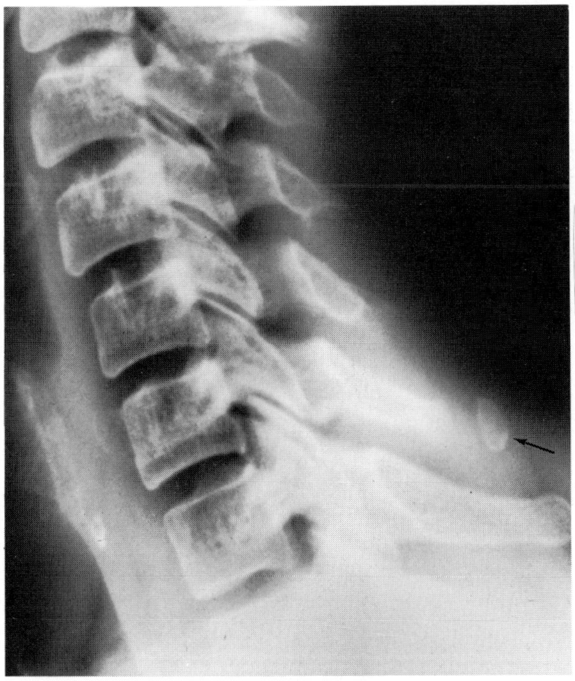

Abb. 3-91: Verkalkung des Ligamentum nuchae.

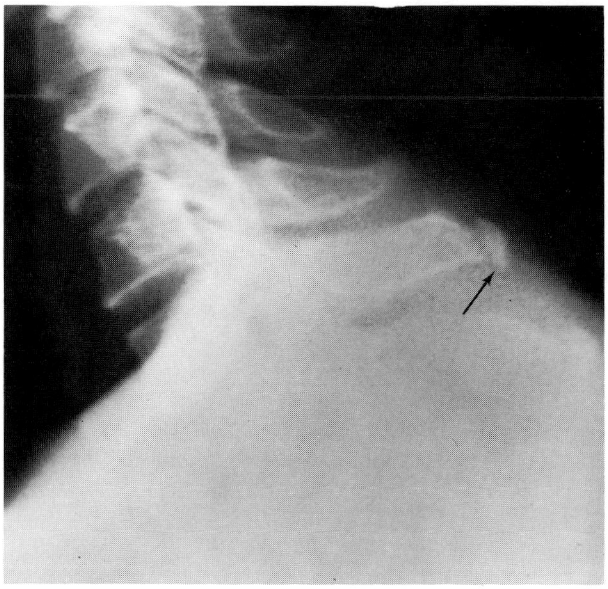

Abb. 3-92: Hier täuscht eine ausgebliebene Apophysenverschmelzung eine Dornfortsatzfraktur an C 7 vor.

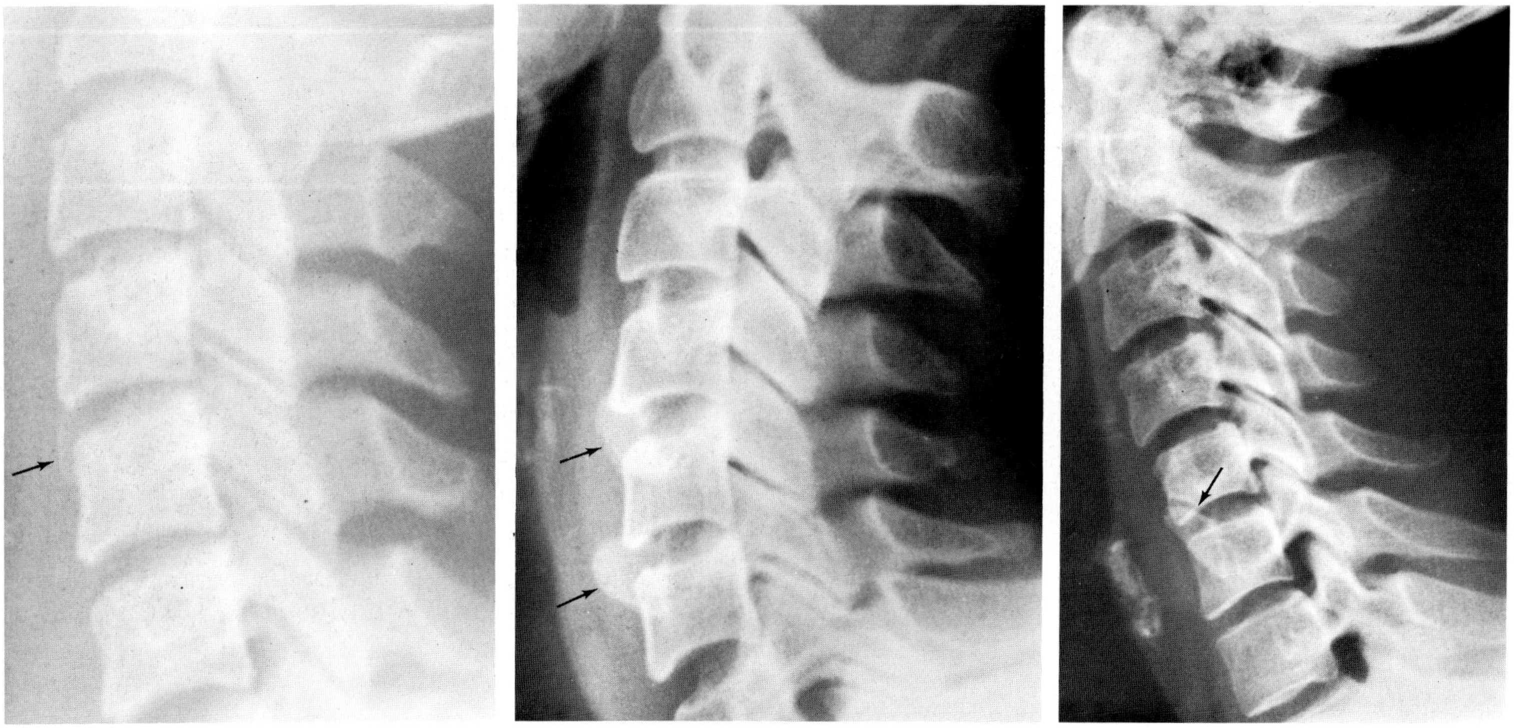

Abb. 3-93: Drei Beispiele einer außergewöhnlichen Verlängerung der Wirbelquerfortsätze von C 5 und C 6, die ein ungewohntes Erscheinungsbild vor der Wirbelkörpervorderkante verursachen. (Quelle: Laypayowker, M. S.: An unusual variant of the cervical spine. Am. J. Roentgenol. 83: 656, 1960.)

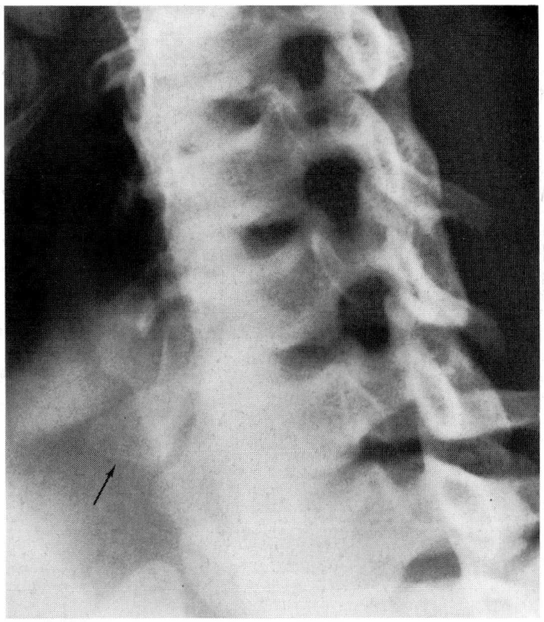

Abb. 3-95: Ossifikationszentren an den distalen Enden der Querfortsätze von Th 1 bei einem Jugendlichen.

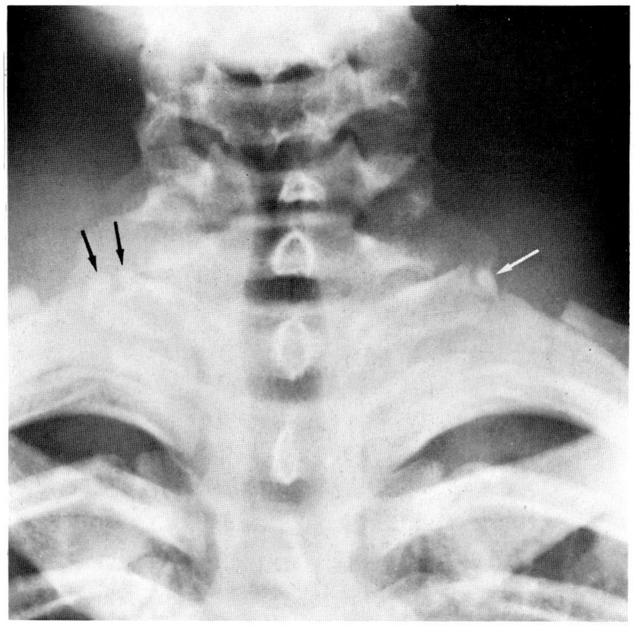

Abb. 3-94: Die Schrägaufnahme der HWS zeigt das Tuberculum anterius des Querfortsatzes (Pfeil), welches für die Schatten in der Abb. 3-93 verantwortlich ist.

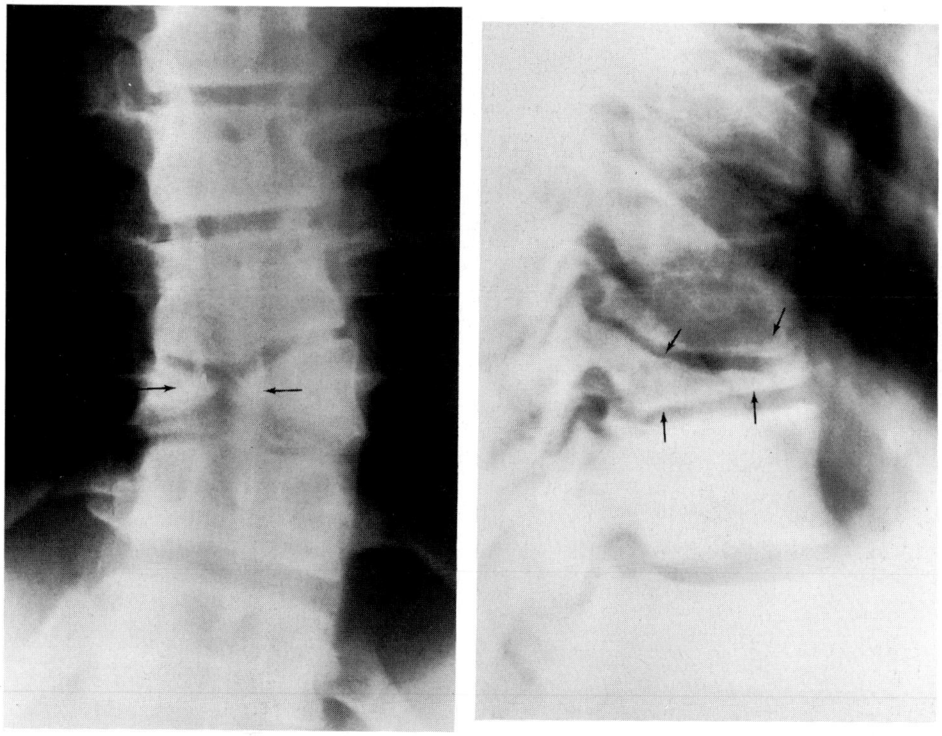

Abb. 3-96: Angeborener Schmetterlingswirbel. Beachten Sie hier das kompensatorisch gesteigerte Größenwachstum der beiden Nachbarwirbel.

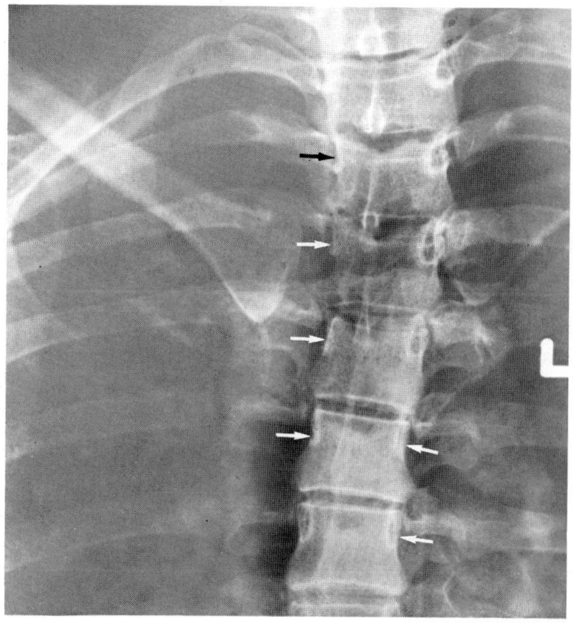

Abb. 3-97: Eine leichte HWS-Skoliose führt hier zum scheinbaren Bilde einer Bogenwurzelerosion.

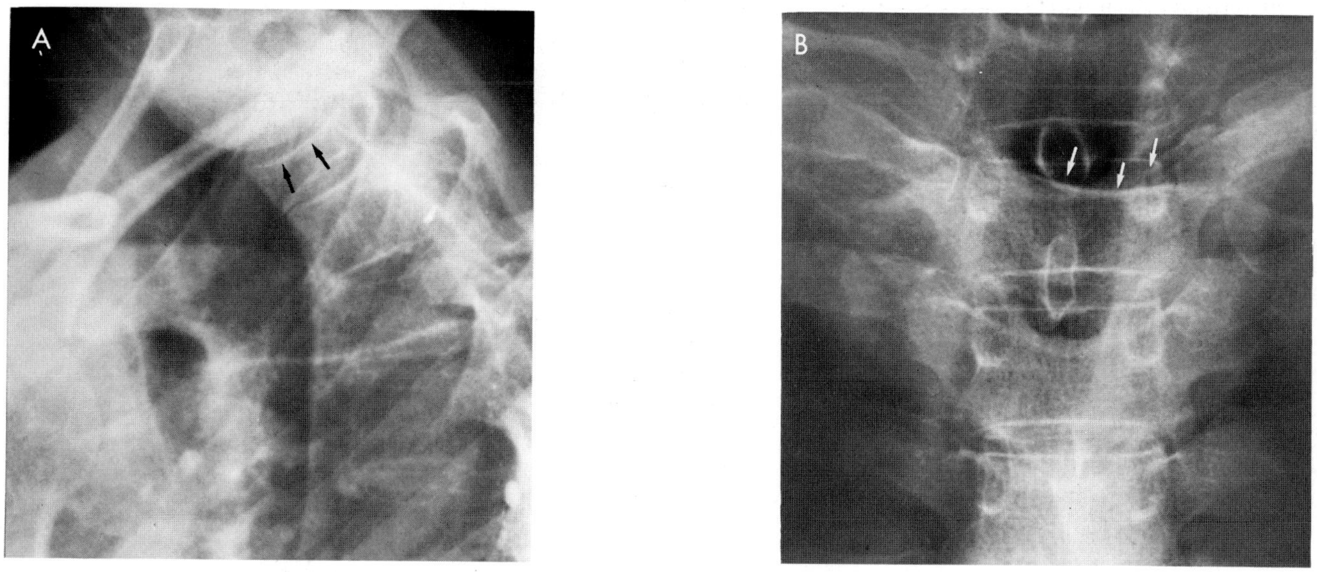

Abb. 3-98: Pseudofrakturen der BWS. **A.** Übereinanderprojektion der Fossa glenoidalis der Skapula mit der BWS, welche eine Kompressionsfraktur der BWS vortäuscht.

B. Pseudofraktur von BWK 2 durch die Überlagerung mit dem Oberrand des Manubrium sterni.

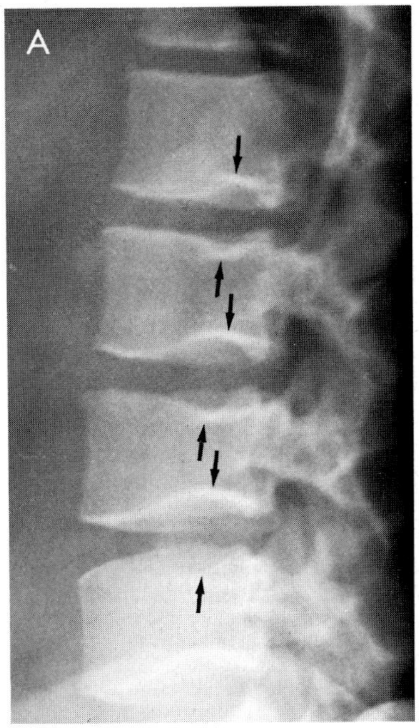

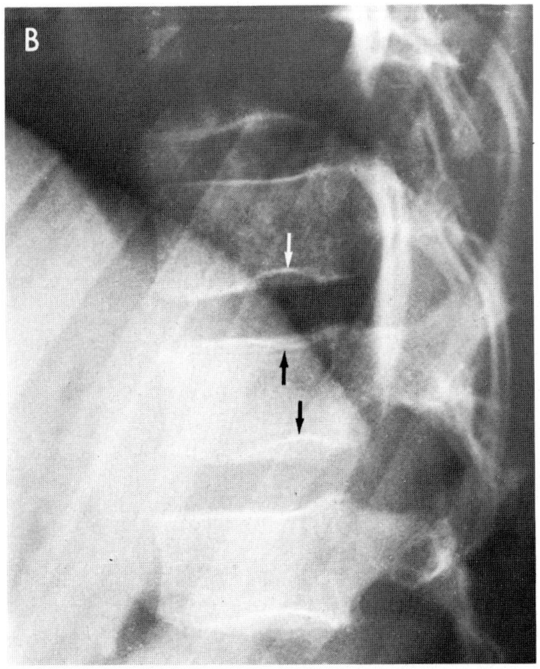

Abb. 3-99: Zwei Beispiele für Grund- und Deckplattenimpressionen durch Chordareste. Eindellungen der Endplatten normaler Wirbel Jugendlicher von diesem Typ zeigen die Stelle der Chorda-dorsalis-Rückbildung innerhalb der Bandscheibe an. Sie sollten gegenüber Schmorlschen Knötchen abgegrenzt werden. **A.** 27jähriger Mann.

B. 12jähriges Mädchen. (Quelle: Dietz, G. W., Christensen, E. E.: Normal «Cupid's bow» contour of the lower lumbar vertebrae. Radiology 121: 577, 1976.)

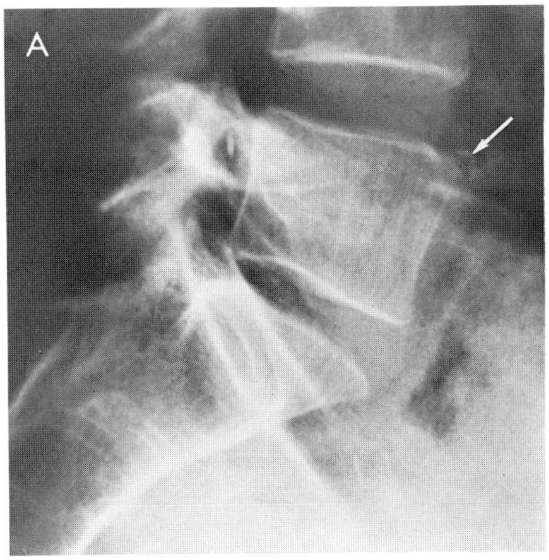

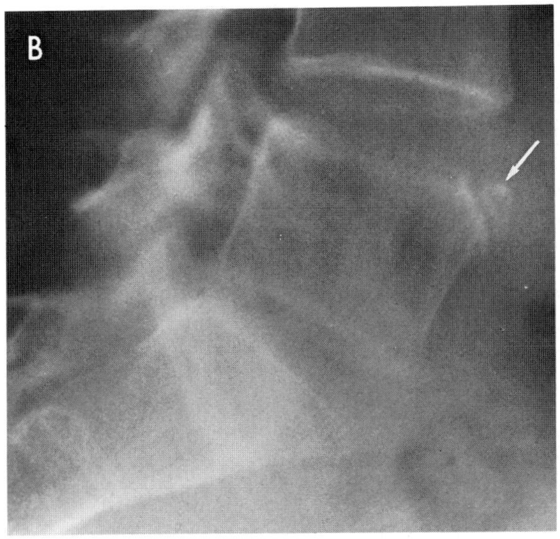

Abb. 3-100: Unverschmolzenes sekundäres Ossifikationszentrum (Limbus vertebrae, vordere Randleiste), welches eine Fraktur von LWK 5 vortäuscht. **A.** Nativaufnahme. **B.** Seitliches Zonogramm.

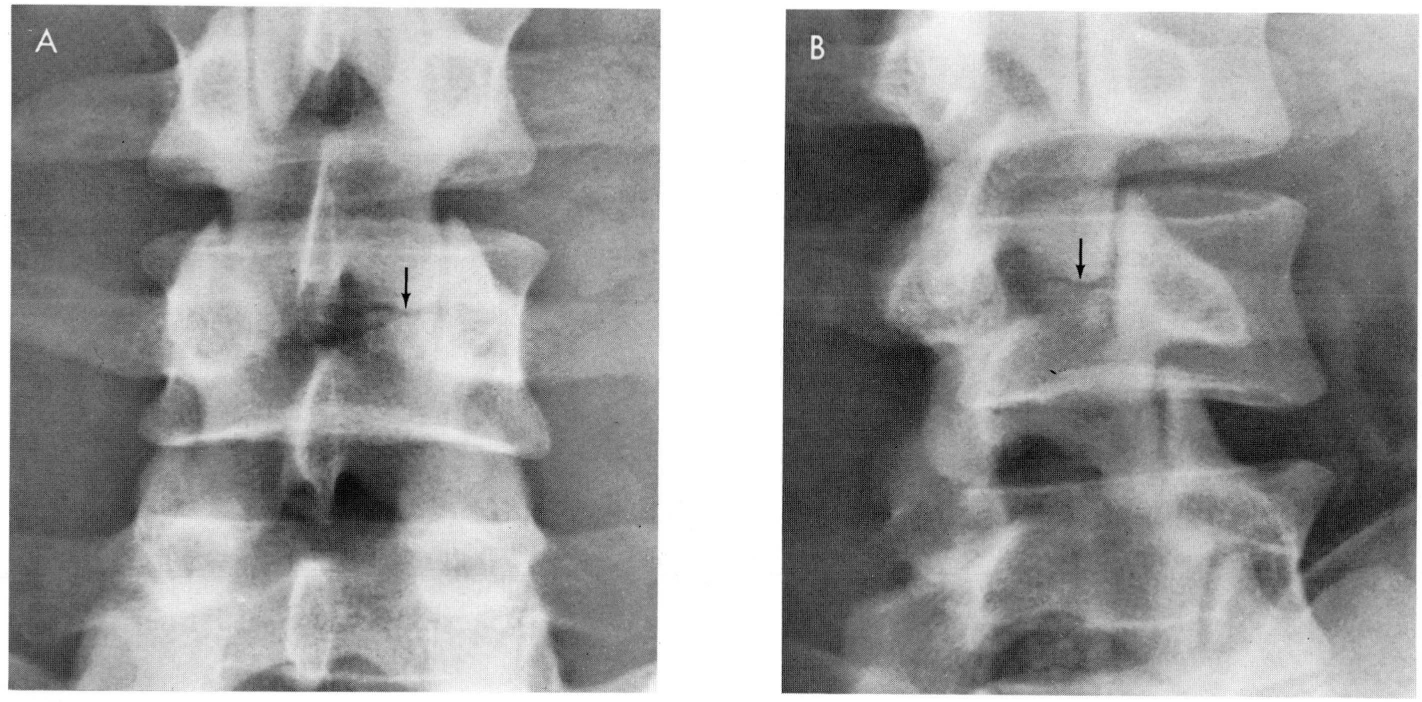

Abb. 3-101: Nicht fusioniertes Ossifikationszentrum am Ende des unteren Gelenkfortsatzes von L 4, welches als Fraktur fehlinterpretiert werden kann. **A.** A.-p. Aufnahme. **B.** Schrägaufnahme.

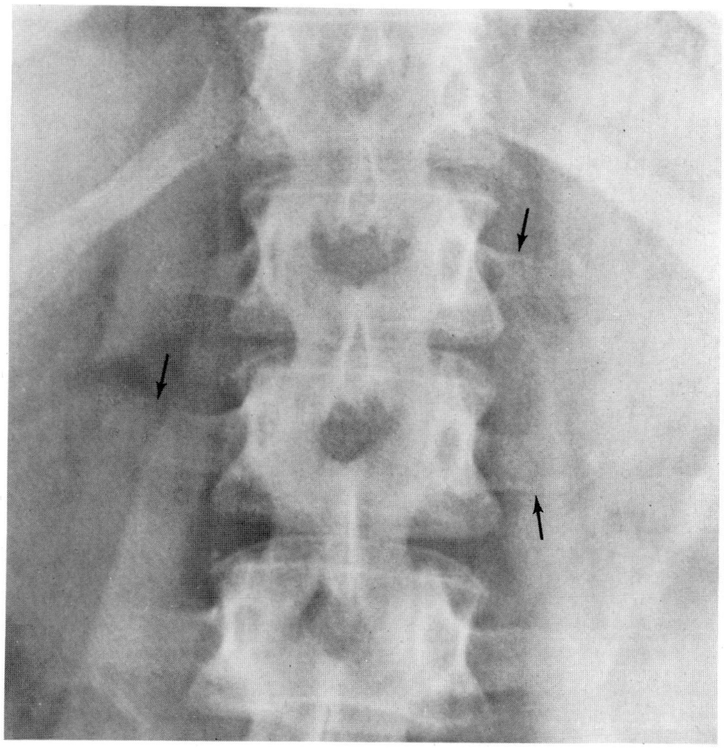

Abb. 3-102: Vortäuschung von Querfortsatzfrakturen durch den kreuzenden Psoasrandschatten.

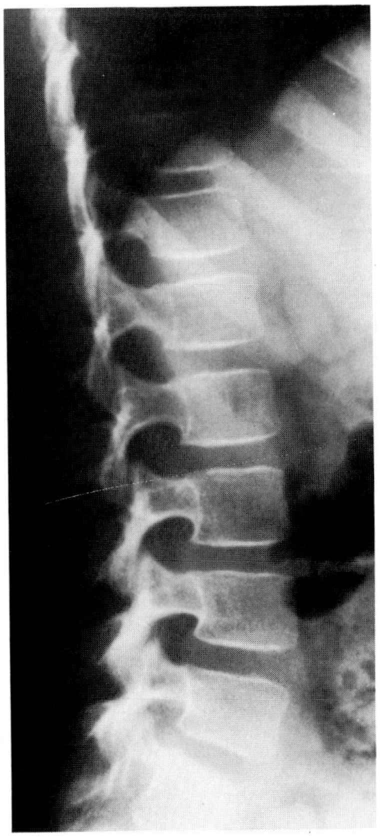

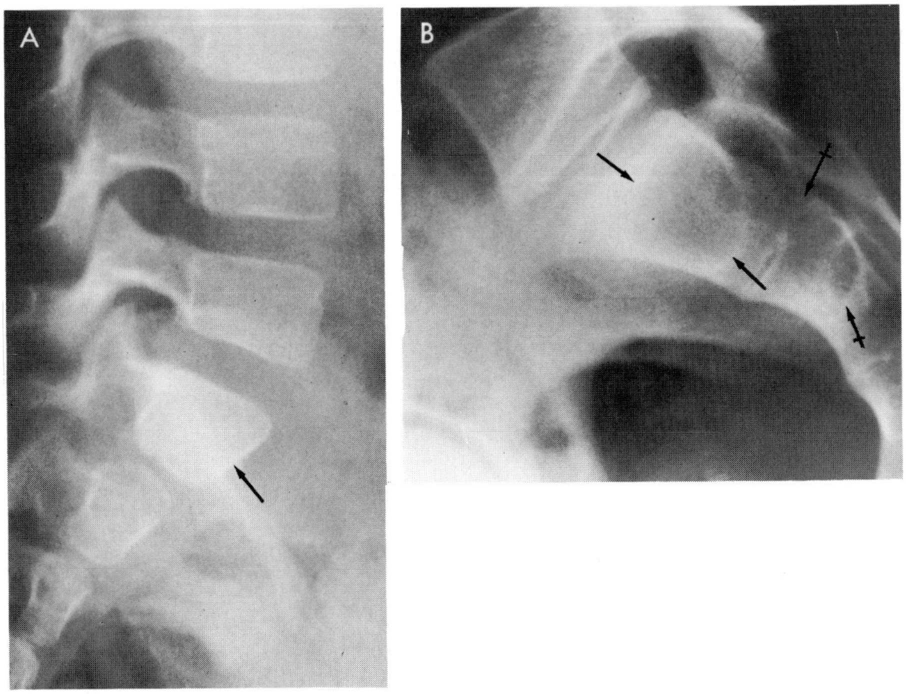

Abb. 3-103 (oben links): Ein konkaver Hinterrand der Wirbelkörper kommt als Normvariante vor, insbesondere im Jugendalter.

Abb. 3-104 (oben Mitte und rechts): Normvarianten im Erscheinungsbild des ersten Sakralsegments. **A.** Relative, aber noch normale Dichtevermehrung bei einem zweijährigen Knaben, welche mitunter als Osteosklerose fehlgedeutet wird. **B.** Pseudozyste des Sakrums (→) bei einem jungen Erwachsenen, verursacht durch die große Spongiosamenge; ein ähnliches Bild findet sich auch bei S 2. Beachten Sie auch die dorsale Verbreiterung des Zwischenwirbelraumes S 1/S 2 (→). Dies ist in der Entwicklung des Sakrums eine völlig normale Variante bei Jugendlichen. (Quelle: Cacciarelli, A.A.: Posterior widening of the S 1–S 2 interspace in children: A normal variant of sacral development, Am. J. Roentgenol. 129: 305, 1977.)

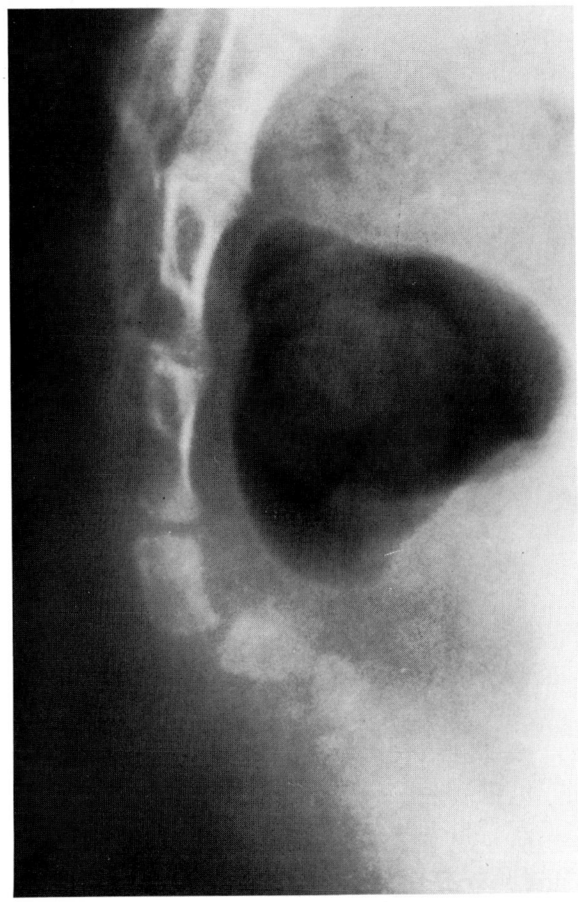

Abb. 3-105: Normale Ventralabknickung des Steißbeins. Bei der Abklärung eines Traumas stellt die Position des Steißbeins für sich allein genommen keinerlei Hilfe dar.

4
Thorax

Peter Armstrong

Mit den heute einer modernen Röntgenabteilung zur Verfügung stehenden bildgebenden Methoden läßt sich ein breites Spektrum intrathorakaler Krankheiten diagnostizieren. Die Erstuntersuchung ist hierbei gesetzmäßig die Thoraxübersichtsaufnahme, aufwendigere Methoden können folgen, dabei wird mehr und mehr die Computertomographie (CT) des Thorax eingesetzt. Die verschiedenen Untersuchungstechniken Sonographie, Kernspintomographie, Radionukliduntersuchungen sowie die Angiographie haben jeweils spezielle Indikationen, die wir in den einzelnen Abschnitten dieses Kapitels an geeigneter Stelle abhandeln werden.

Haben Sie in den Thoraxübersichtsaufnahmen eine Anomalie entdeckt, so besteht der erste Einteilungsschritt darin, deren Lokalisation festzulegen, insbesondere ob die Veränderung in der Lunge, der Pleura, im Mediastinum, im Zwerchfell oder in der Thoraxwand gelegen ist. Als nächstes ist die Gestalt der jeweiligen Veränderung zu bestimmen und schließlich noch die Dichte zu analysieren. Zu jedem Einzelaspekt dieser Analyse trägt die CT mehr Information als das Thoraxübersichtsbild bei. Die Summe der Schnittbilder liefert das Äquivalent einer dreidimensionalen Darstellung und somit eine hervorragende Lokalisierbarkeit und Abgrenzbarkeit der Form einer jeden Veränderung. Auch beim Nachweis einer Höhlenbildung, von Verkalkungen und Gaseinschlüssen innerhalb einer Veränderung ist die CT den Übersichtsaufnahmen weit überlegen. Die meisten Flüssigkeitsansammlungen lassen sich von benachbarten Weichteilen einschließlich einer infiltrierten Lunge unterscheiden. Auch erlaubt die hohe Dichteauflösung der CT, die Fettschichten zu sehen, die die Mediastinalstrukturen umgeben, und liefert so Details zu pathologischen Mediastinalveränderungen. Trotz all dieser Vorteile wollen wir aber doch betonen, daß die CT nur bei einer begrenzten Zahl von Situationen kosteneffektiv ist. In der Regel bringt bereits die Übersichtsaufnahme die für therapeutische Entscheidungen nötige Information. In diesem Kapitel sollen folglich die Befunde von Übersichtsaufnahmen schwerpunktmäßig abgehandelt werden.

Übersichtsaufnahmen des Thorax

Routineaufnahmen des Thorax sind die im postero-anterioren (p.-a.) und im seitlichen Strahlengang (Abb. 4-1). Im Idealfall sollten beide beim stehenden Patienten und bei vollständiger Einatmung erfolgen. Kann der Patient nicht stehen, so ist es noch als annehmbare Alternative anzusehen, eine Aufnahme im Sitzen anzufertigen, wobei man entweder die a.-p. oder die p.-a. Projektion wählt. Für Patienten, die weder stehen noch sitzen können, bleibt die Aufnahme in Rückenlage die einzig praktikable Lösung, doch sind diese Aufnahmen wegen der unvollständigen Inspiration und der relativ stärkeren Vergrößerung von Herz und vorderem Mediastinum oft recht schwierig auszuwerten. Ferner werden solche Aufnahmen oft mit fahrbaren Röntgengeräten vorgenommen, die eine längere Belichtungszeit erfordern und dann bei Patienten, die den Atem nicht anhalten können, zu unscharfen Abbildungen führen.

Es gibt eine Vielzahl von Systematiken, eine Thoraxaufnahme zu beurteilen. Der erfahrene Radiologe wird oft einen problemorientierten Ansatz wählen – wobei er die Suche nach pathologischen «Mustern» je nach den sichtbaren Merkmalen der Aufnahme ausrichtet und die klinischen Informationen stetig einfließen läßt. Ärzte mit weniger röntgenologischer Erfahrung brauchen ein Routineschema, um das Übersehen wichtiger Informationen vermeiden zu können. Einen solchen Ansatz wollen wir hier vorstellen.

Die obere Grenzfläche des *Zwerchfells* sollte durch den Luftgehalt der Lunge scharf abgegrenzt sein, und zwar von einem Randsinus bis zum anderen, außer an der Stelle, wo das Herz und das Perikardfett in direktem Kontakt mit ihm stehen. Beide Rippen-Zwerchfell-Winkel sind in der Regel spitzwinklig; sie werden aber bei einer Abflachung der Zwerchfellhälften zunehmend meniskusförmig und können so einen Winkelerguß vortäuschen. Ist der Zwerchfellrand nicht scharf begrenzt zu sehen, so bedeutet dies entweder eine Pleura- oder eine Lungenerkrankung.

Normalerweise steht das rechte Zwerchfell ein bis drei Zentimeter höher als das linke, kann aber auch in gleicher Höhe oder gar etwas tiefer liegen und doch noch ein Normalbefund sein; im Durchschnitt ist seine Kuppel in Höhe des vorderen Endes der sechsten Rippe.

Die seitlichen Ränder von *Herz* und *oberem Mediastinum* sollten von den Klavikeln bis herab zum Zwerchfell scharf begrenzt sein. Eine jede Unschärfe dieser Randstrukturen zeigt eine Erkrankung der Lunge oder, weniger oft, der Pleura an. Oberhalb der Schlüsselbeine kann das Mediastinum am Rande unscharf werden.

Auf der p.-a. Aufnahme liegt der Mittelpunkt der *Trachea* in der Mittellinie oder etwas rechts davon zwischen den medialen

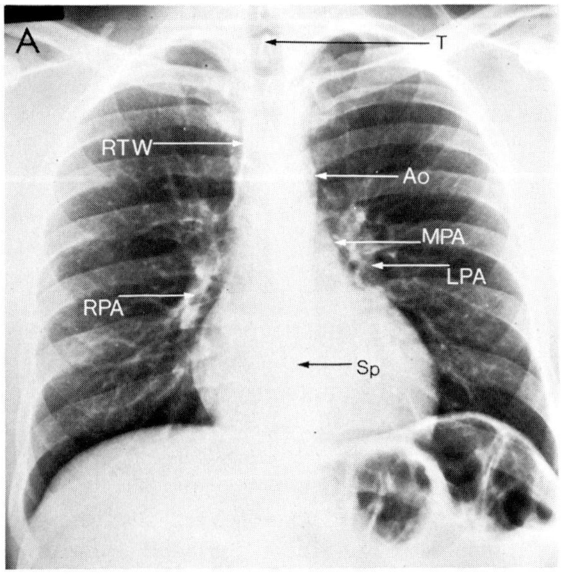

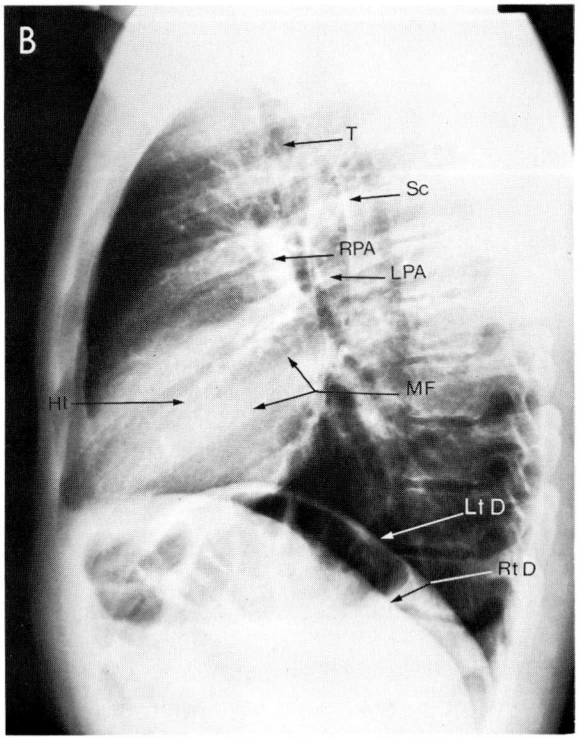

Abb. 4-1: A und **B.** Normale p.-a. und Seitaufnahme des Thorax. Ao = Aorta; Ht = Herz; MF = großer Lappenspalt; MPA = Truncus pulmonalis; LPA = linke Pulmonalarterie; RPA = rechte Pulmonalarterie; Lt D = linke Zwerchfellhälfte; Rt D = rechte Zwerchfellhälfte; T = Trachea; RTW = rechte Trachealwand; Sc = Skapula; Sp. = Brustwirbelsäule.

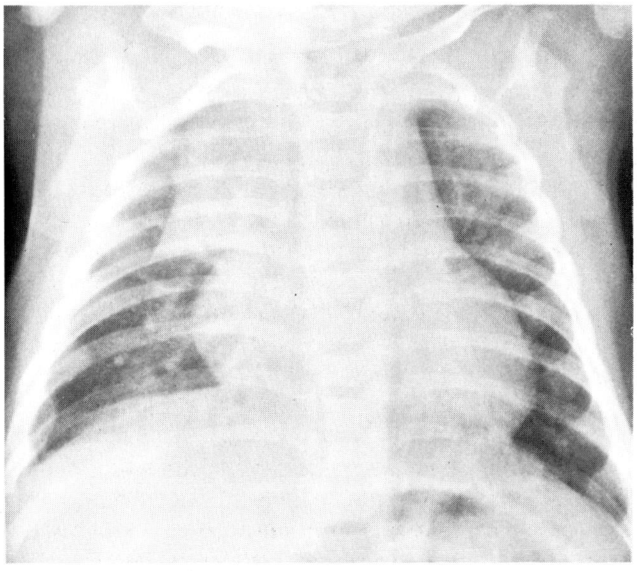

Abb. 4-2: Normaler Thymusschatten bei einem vier Monate alten Kind. Die charakteristische «Segelform» projiziert sich auf das rechte obere Mediastinum. Dieses Erscheinungsbild sollte man nicht mit einer Infiltration des rechten Oberlappens oder einer Atelektase verwechseln.

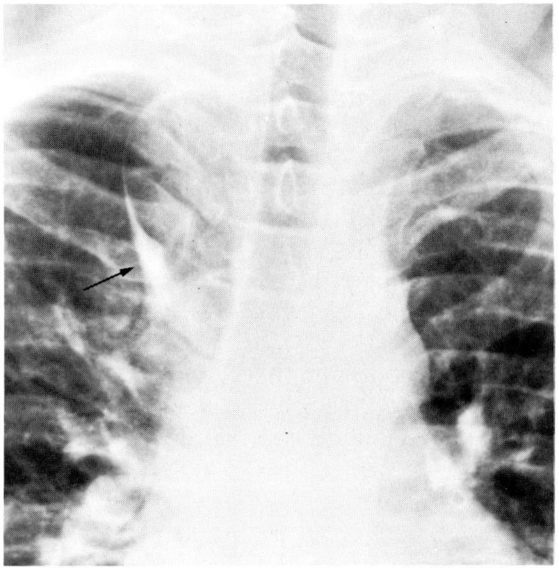

Abb. 4-3: Fissur des Lobus venae azygos. Während der intrauterinen Entwicklung wandert die Azygosvene durch die Lunge. Bei manchen Menschen verbleibt die dabei entstehende Pleurainvagination mit der tief darin gelegenen V. azygos als eigener Lappenspalt.

Enden beider Schlüsselbeine. Dies gilt auch dann, wenn der Patient verdreht steht oder liegt. Bei ihrem Verlauf zum Thorax herab verläuft die Trachea senkrecht oder leicht nach rechts.

Die Lage des *Herzens* ist recht variabel, was es sehr schwierig macht, alle Grade einer Herzverlagerung zu diagnostizieren, außer natürlich schwerste Abweichungen. Gewöhnlich liegt ein Drittel des Herzens rechts der Mittellinie, doch variiert die Streubreite des noch Normalen zwischen Werten von der Hälfte bis zu einem Fünftel des queren Herzdurchmessers.

Die *rechte Begrenzung des oberen Mediastinums* wird durch die V. innominata und die V. cava superior gebildet und verläuft gewöhnlich geradlinig oder leicht gebogen in ihrem Verlauf bis zur Verschmelzung mit dem rechten Herzrand. Der *linke Rand des oberen Mediastinums* oberhalb des Aortenknopfes wird von der linken A. subclavia begrenzt und ist oft schlecht ausmachbar. Dagegen sollte der Aortenknopf immer scharf begrenzt sein und einen Querdurchmesser von zwei bis drei Zentimetern aufweisen. Eine Aortenelongation mit vermehrter Schlängelung des Verlaufs verändert oft das Aussehen des oberen Mediastinums und verdeckt dabei pathologische Prozesse oder täuscht auch bedeutsame Krankheiten vor.

Luft in den *größeren Bronchien* kann man erkennen, dagegen sind in der Regel die Bronchialwände nicht sichtbar, es sei denn, sie werden orthograd (sprich in Längsrichtung des Bronchuslumes) abgebildet. Gelegentlich ist es möglich, die Einengung eines größeren Bronchus zu diagnostizieren, doch wird dies wegen der erheblichen Unterschiede der Sichtbarkeit von Luft innerhalb der Bronchien eher schwierig sein.

Die *Thymusdrüse* ist oft als Weichteilmasse im vorderen oberen Mediastinum von Kindern zu sehen. Nur selten kann man sie dagegen auf Nativaufnahmen von Kindern über sieben Jahren erkennen. Ihre Form ist sehr variabel, eine «Segel-Form» dabei jedoch recht charakteristisch (Abb. 4-2), doch sind auch abgerundete Ränder häufig, welche dann zu Verwechslungen mit echten Mediastinaltumoren oder Lungeninfiltraten führen können. Ein wichtiges Merkmal des Thymus ist, daß er weich ist und Nachbarorgane, wie z. B. die Trachea, nicht deformiert.

Der *Hilusschatten* beiderseits kommt durch die Pulmonalarterien und -venen zustande. Die Hiluslymphknoten können nicht als Einzelstrukturen erkannt werden. Die Bronchialwände sind dünn und tragen nur wenig zum Gesamtbild in der Röntgenaufnahme bei. Gewöhnlich steht der linke Hilus etwas höher als der rechte.

Die Unterlappenarterien haben einen Durchmesser von 9–16 Millimetern, ihre Wände verlaufen – außer wo die Gefäße sich aufteilen – parallel zueinander. Jede Lappung, umschriebene Vergrößerung oder Dichtezunahme eines Hilus im Vergleich zur Gegenseite zeigt eine Raumforderung an. Eine Vergrößerung der Pulmonalarterie erkennt man, wenn man die Aufzweigungen ihres Schattens beachtet und diesen Vorgang beiderseits und von einer Vergrößerung des Herzens und des Truncus pulmonalis begleitet feststellt.

Als einzige Strukturen innerhalb der *normalen Lungen* kann man die Blutgefäße, die Wände mancher orthograd getroffenen Bronchien und die Interlobärspalten identifizieren. Die Blutgefäße zeigen eine harmonische Verjüngung in ihrem Verlauf von den Hili zur Peripherie. Gefäße des Oberfeldes mit gleicher Entfernung zum Hilus sind beim stehenden Patienten schmaler als die des Unterfeldes; diesen Kaliberunterschied sieht man jedoch auf einer Aufnahme des liegenden Patienten nicht mehr. Die Lappenspalten erkennt man nur, wenn sie im tangentialen Strahlengang getroffen werden. Gewöhnlich sieht man bei Aufnahmen im sagittalen Strahlengang nur rechts den kleinen Lappenspalt, der vom rechten Hilus bis zur Axilla in Höhe der sechsten Rippe dorsal verläuft und sich bei mehr als der Hälfte aller Menschen abbildet. Bei etwa einem Prozent der Bevölkerung sieht man eine zusätzliche Fissur, den sogenannten Azygosspalt (Lobus venae azygos) (Abb. 4-3) in der Aufnahme im sagittalen Strahlengang. Auf der Seitaufnahme sieht man die großen Lappenspalten quer durch die Lungen ziehen, und zwar kranial von der Höhe der Brustwirbelkörper Th 4-5 bis zu einem Punkt des gleichseitigen Zwerchfells, kurz bevor dieses die vordere Brustwand erreicht. Intrathorakale Verschattungen oder Aufhellungen, die innerhalb der Lungen lokalisiert oder auf diese projiziert sind, bedeuten Krankheitszeichen. Man sollte immer auf der Hut sein, Brustwandstrukturen wie beispielsweise den Pektoralismuskel, die Mammae oder Rippenknorpel nicht mit einem intrathorakalen Krankheitsprozeß zu verwechseln. Die Brustwarzen oder auch Hautveränderungen (Tumoren, Warzen etc.) können Rundherde in der Lunge nachahmen. Haarzöpfe oder Kleidung können Schatten werfen, die intrapulmonale Verdichtungen simulieren können. Die Brustwarzen liegen gewöhnlich in Höhe des fünften vorderen Interkostalraumes; meist wird bei Sichtbarkeit einer Brustwarze auf dem Röntgenbild auch die andere auffindbar sein.

Abnorme Verschattungen auf einer a.-p. oder p.-a. Aufnahme zu erkennen ist meist recht einfach, da hier die Möglichkeit besteht, beide Lungen miteinander zu vergleichen. Hierbei vergleicht man am besten entsprechende Lungenfelder (Abb. 4-4). Dagegen ist die Aufdeckung von Verschattungen auf einer Seitaufnahme schwierig. Als Hilfestellung sollte man sich merken, daß beim Herabgleiten des Blickes auf der BWS bis zum Zwerchfell ein jeder Wirbelkörper transparenter erscheinen sollte als der jeweils darüber gelegene (Abb. 4-5). Ferner sollte – wenn auch weniger verläßlich – bei den meisten Patienten die Dichte des Retrokardialraumes der des Retrosternalraumes ähnlich und die Dichte des Herzschattens gleichförmig und ohne abrupte Veränderungen sein.

Rippen, Sternum, Klavikeln und Wirbelsäule müssen nach Frakturen und osteolytischen oder sklerotischen Gebieten abgesucht werden. Der obere Kortikalisrand einer jeden Rippe verläuft kontinuierlich und ist leicht bestimmbar. Der untere Kortikalisrand ist in den hinteren Rippenanteilen unschärfer gezeichnet und sollte bei Gesunden nicht als «osteolytische Veränderung» fehlgedeutet werden. Beide Schulterblätter bilden sich auf der Seitaufnahme in Form zweier Linienschatten ab, die nicht mit Erkrankungen oder Verlagerungen der Lappenspalten verwechselt werden sollten.

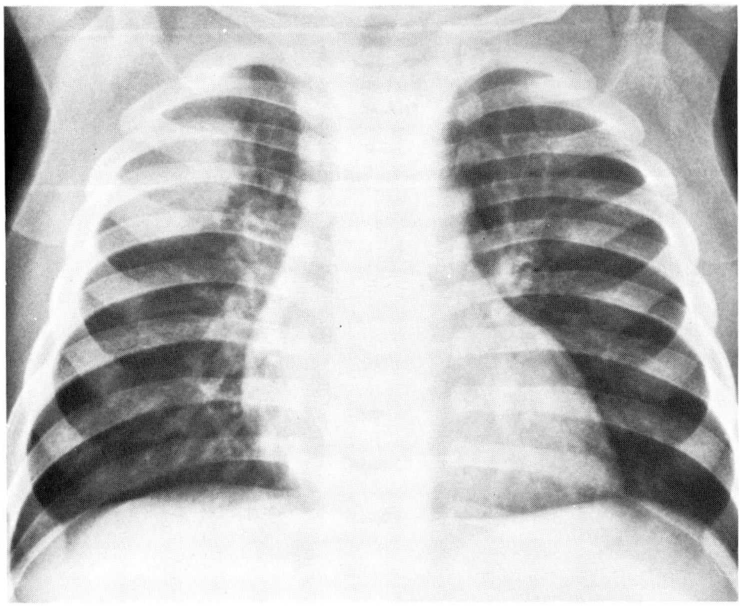

Abb. 4-4: Oberlappenpneumonie rechts. Unterläßt man den gewissenhaften Vergleich beider Lungen, so könnte man dieses Infiltrat durchaus übersehen.

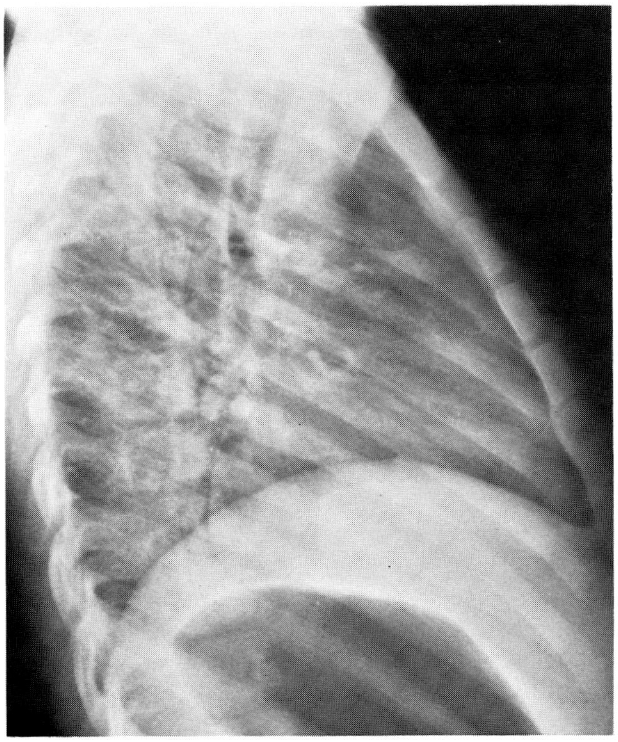

Abb. 4-5: Diese Thoraxseitaufnahme zeigt eine Volumenminderung und eine Dichtevermehrung des linken Unterlappens auf dem Boden einer Pneumonie. Wenn der Blick die BWS herabgleitet, sollten die Wirbelkörper zunehmend klarer erscheinen (vgl. hierzu die Abb. 4-1). Hier erscheinen die Wirbel durch die Überlagerung mit der erkrankten Lunge dichter. Ein weiteres bemerkenswertes Zeichen ist die verminderte Transparenz des Retrokardialraumes. Diese Region sollte in etwa die gleiche Dichte wie der Retrosternalraum aufweisen. (Die p.-a. Aufnahme dieses Patienten gibt die Abb. 4-24 wieder.)

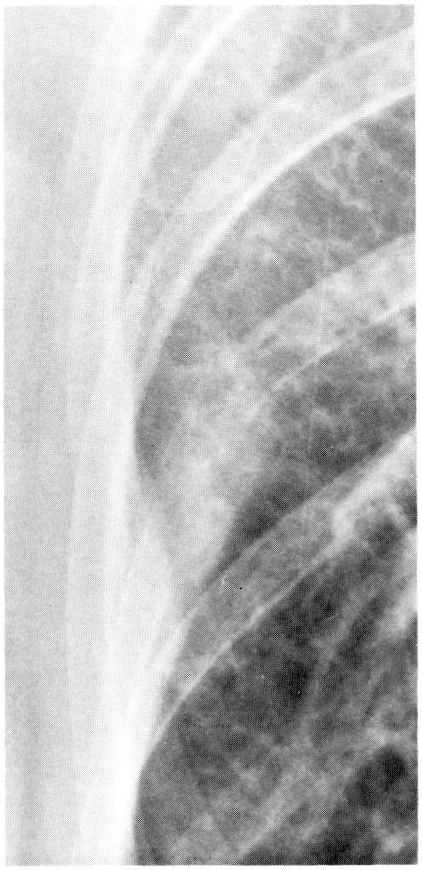

Abb. 4-6: Weichteilschwellung im Verein mit einer Rippenmetastase. Die relativ dichte Weichteilschwellung kann ein nützliches Zeichen sein, um den Blick auf die schlecht abgegrenzte osteolytische Destruktion in der Rippe zu lenken.

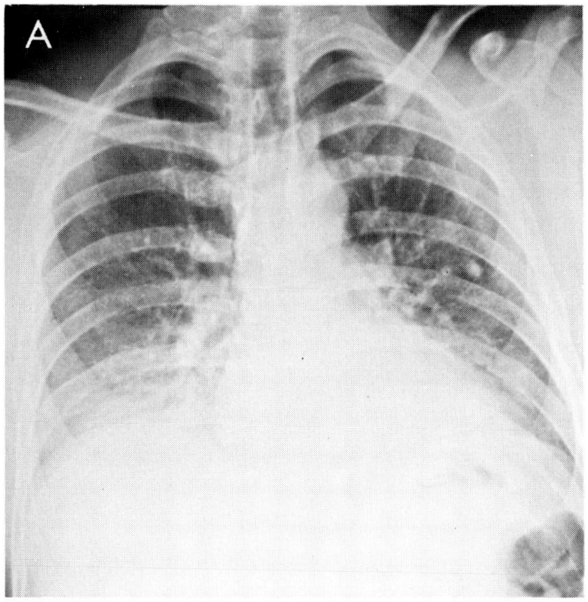

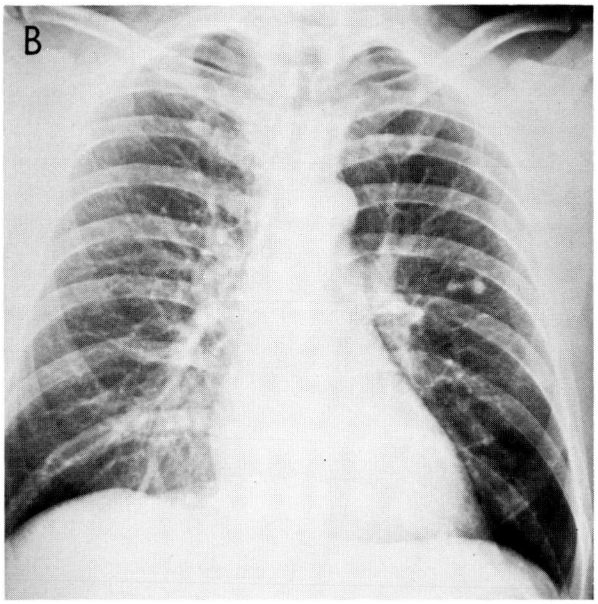

Abb. 4-7: Einfluß der Exspiration auf das Thoraxröntgenbild. **A.** Exspiration. **B.** Inspiration. Bei der Exspiration erscheint das Herz größer, und die Lungenbasen sind unschärfer gezeichnet und dichter. Leicht könnte man hier fälschlich eine Herzinsuffizienz oder eine beidseitige basale Pneumonie diagnostizieren.

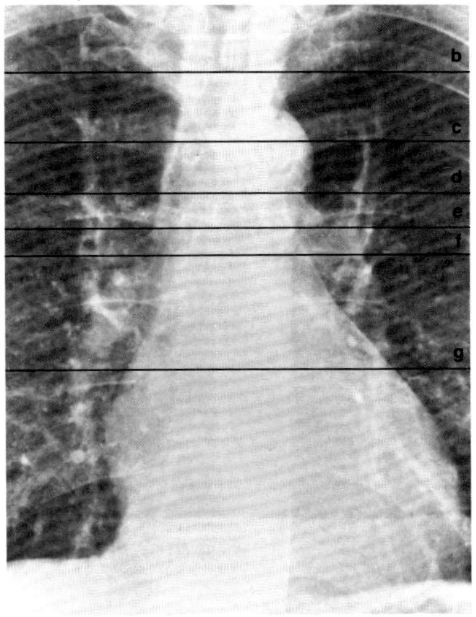

Abb. 4-8: A. CT-Abbildungen eines normalen Mediastinums. Die Höhe der einzelnen Schnittebenen ist in **A** dargestellt. *Ao A* = Aortenbogen; *As A* = Aorta ascendens; *Az V* = Vena azygos; *De A* = Aorta descendens; *Es* = Ösophagus; *LA* = linker Vorhof; *LBVC* = Linke Vena brachiocephalica; *LCA* = linke Carotisarterie; *LPA* = linke Pulmonalarterie; *LSA* = linke Subklaviaarterie; *LV* = linker Ventrikel; *MPA* = Truncus pulmonalis; *RA* = rechter Vorhof; *RBCA* = Truncus brachiocephalicus; *RBCV* = rechte Vena brachiocephalica; *RPA* = rechte Pulmonalarterie; *T* = Trachea.

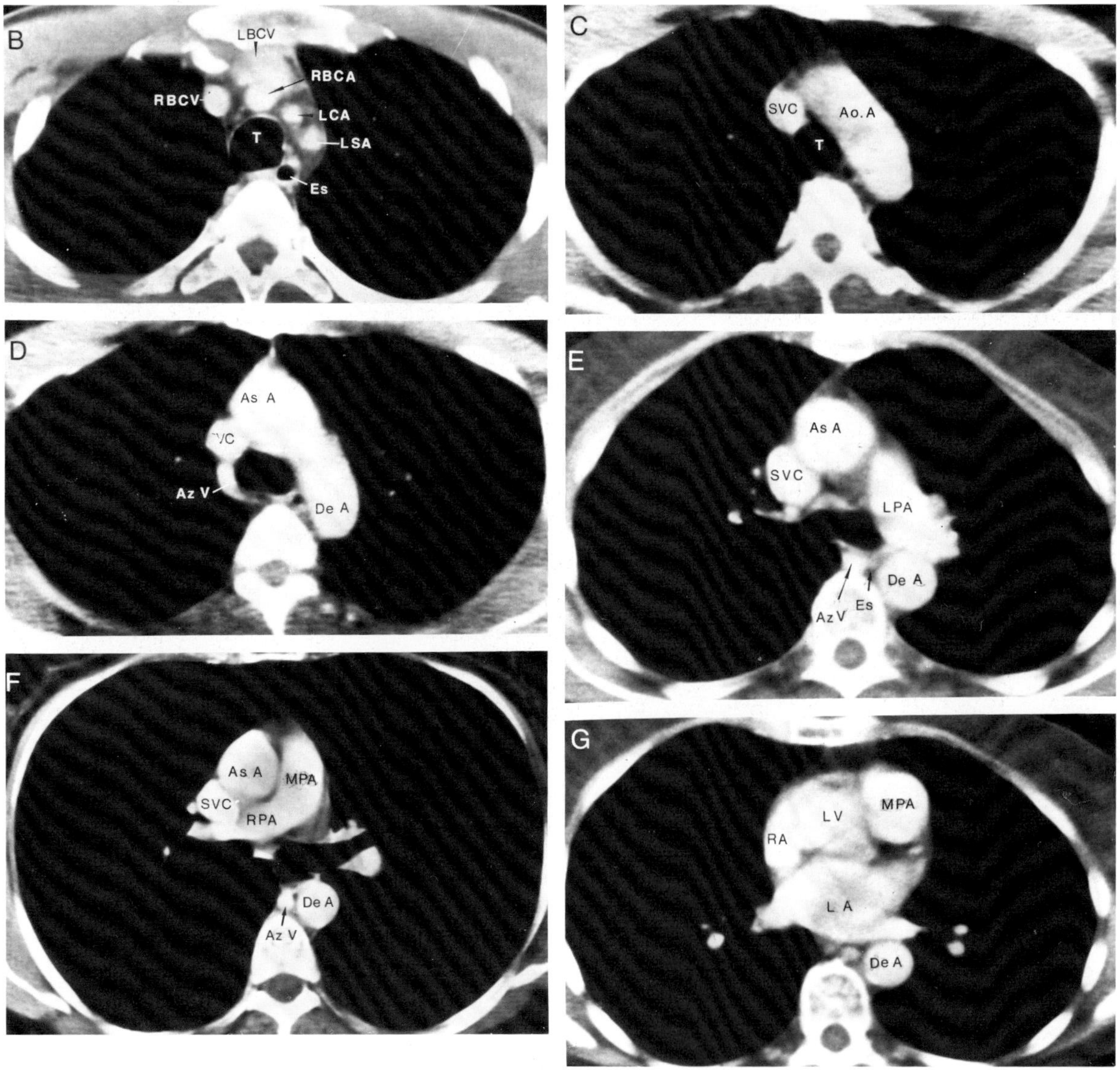

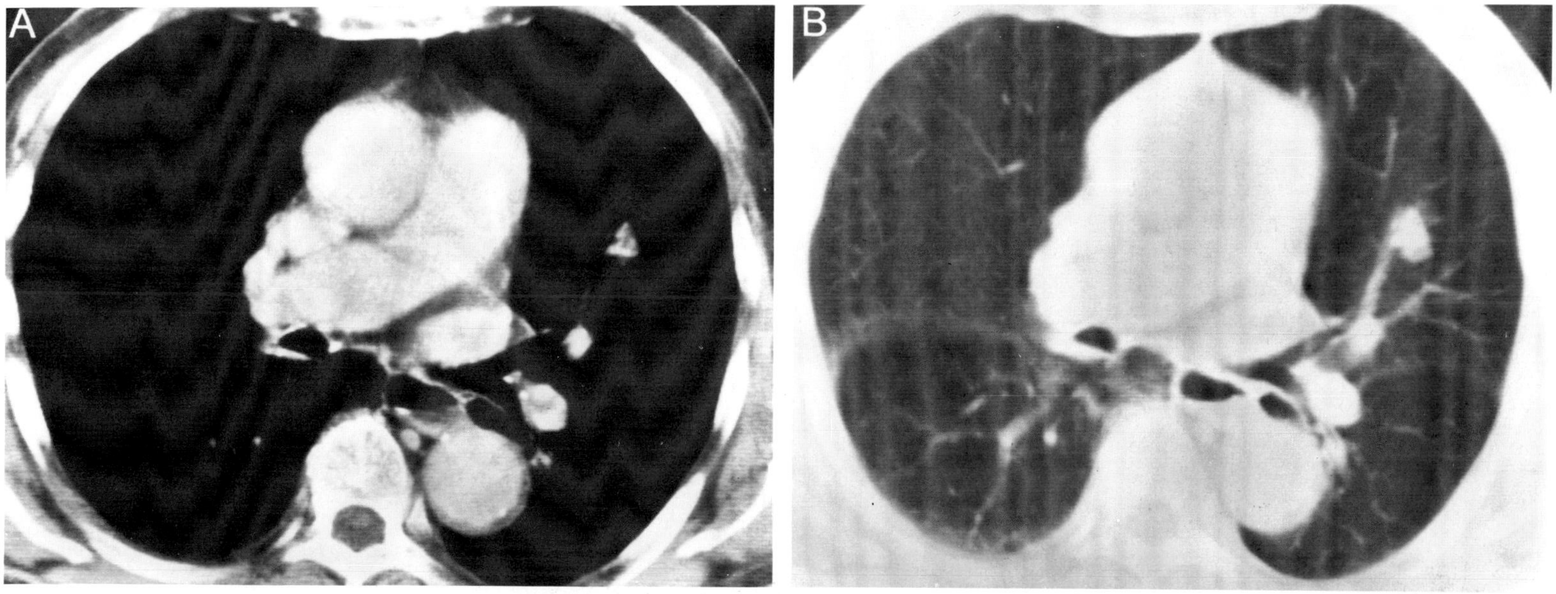

Abb. 4-9: A. Fensterbreite und Fensterzentrum im CT. **A.** Enge Fensterbreite von 300 Hounsfield-Einheiten (HE) und ein Fensterzentrum Weichteilgewebe entsprechend (30–50 HE) verwendet man zur Darstellung der Mediastinalstrukturen.

B. Ein breites Fenster (> 1200 HE) mit einem Zentrum nahe bei Luftdichte (– 400 HE) nimmt man zur Darstellung von Lungendetails. Beachten Sie hier bitte, daß die Einzelstrukturen des Mediastinums in **B** nicht sichtbar sind, dagegen Details der Lunge in **A** nicht sichtbar sind.

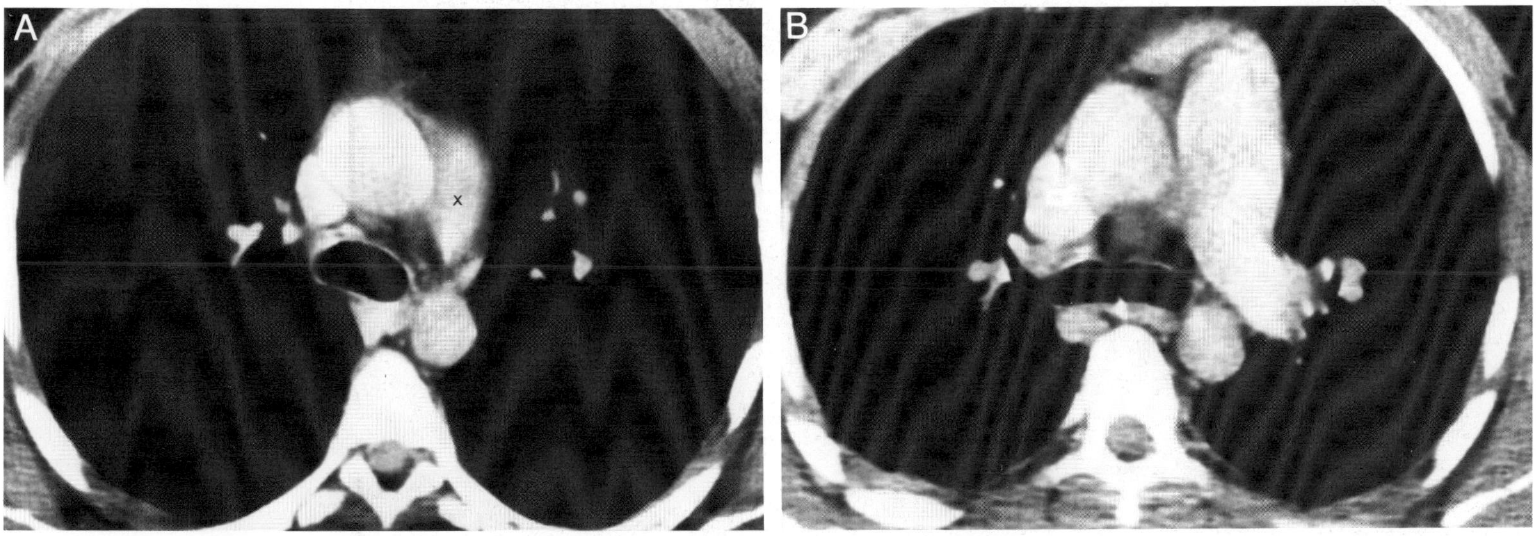

Abb. 4-10: A. Partialvolumeneffekt. **A.** Die scheinbare Raumforderung neben der Aorta ascendens (x) ist in Wirklichkeit die linke Pulmonalarterie, die auf diesem Scan teilweise eingeschlossen war. Die korrekte Wertung ergibt sich von selbst, wenn der darunter gelegene Schnitt beurteilt wird

(B.) Hier erkennt man nun die genaue Zuordbarkeit zur linken Lungenhauptschlagader.

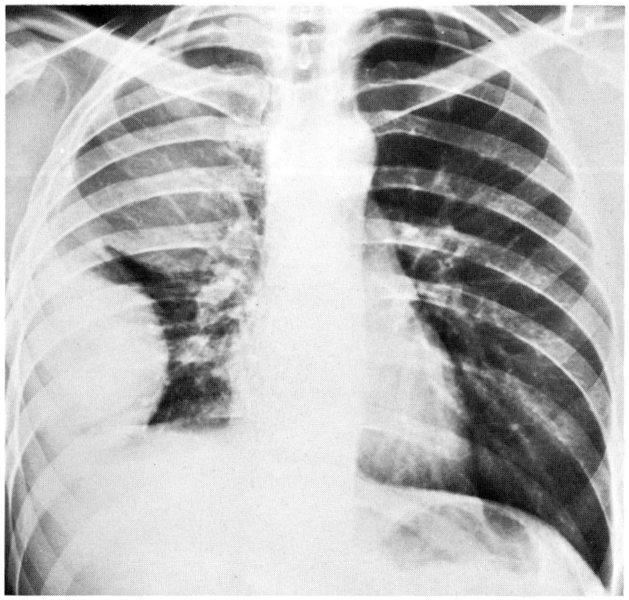

Abb. 4-11: Gekammerte Pleuraflüssigkeit, in diesem Falle ein Pleuraempyem. Die intrapleurale Lokalisation der Verschattung der rechten Seite erkennt man durch deren breite Basis an der Thoraxwand und den scharf nach innen konvex gegen die Lunge abgegrenzten Rand. Ein weiteres dorsal aufsitzendes Empyem befindet sich an der rechten oberen Thoraxwand.

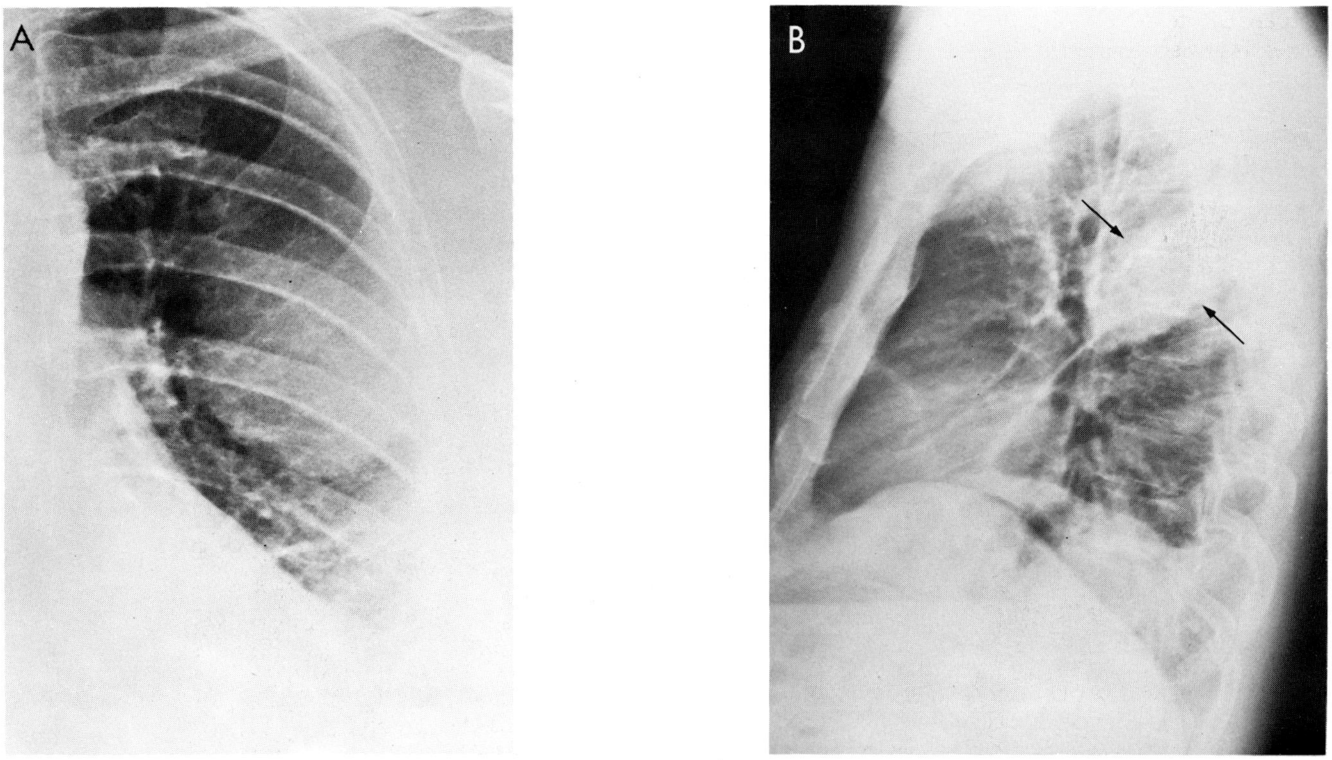

Abb. 4-12: Sagittale (p.a.) **(A)** und frontale (= laterale) **(B)** Aufnahme eines gekammerten Pleuraergusses im linken großen Lappenspalt (Pfeile). Beachten Sie hier, daß es die sagittale Aufnahme allein nicht erlaubt, zwischen einem gekammerten Pleuraerguß oder einem intrapulmonalen Prozeß, wie z. B. einer Pneumonie oder einem Karzinom, zu unterscheiden.

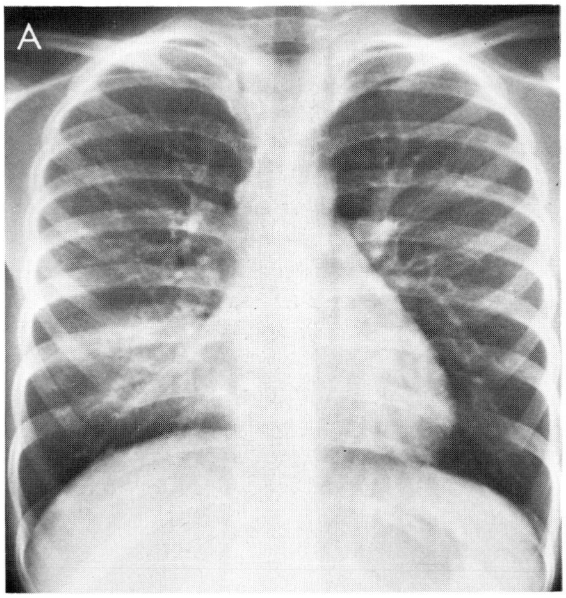

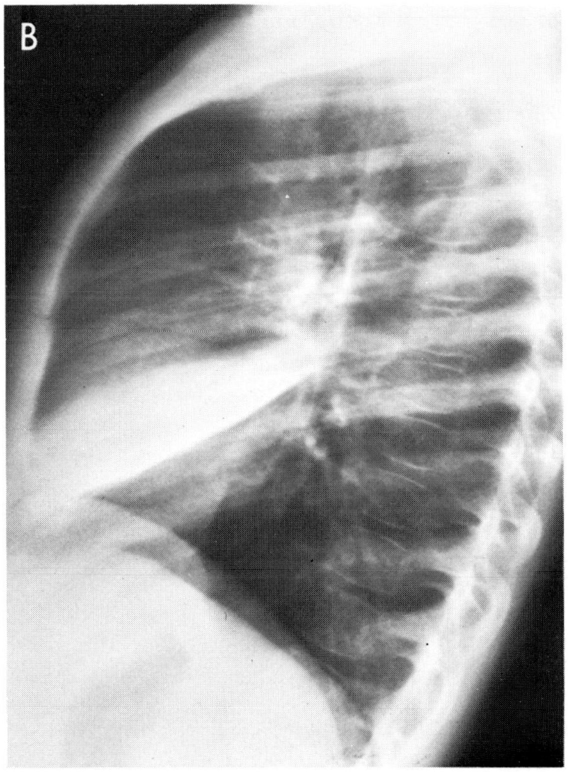

Abb. 4-13: A. und **B.** Silhouettenzeichen. Dieses Kind mit einer Mittellappenatelektase und Verdichtung des Mittellappens zeigt auf der p.-a. Aufnahme einen unscharf begrenzten rechten Herzrand, weil die etwa dem Herzen vergleichbare Dichte des Mittellappens (der direkt an das Herz grenzt) den Herzrand verwischt (vgl. Abb. 4-14).

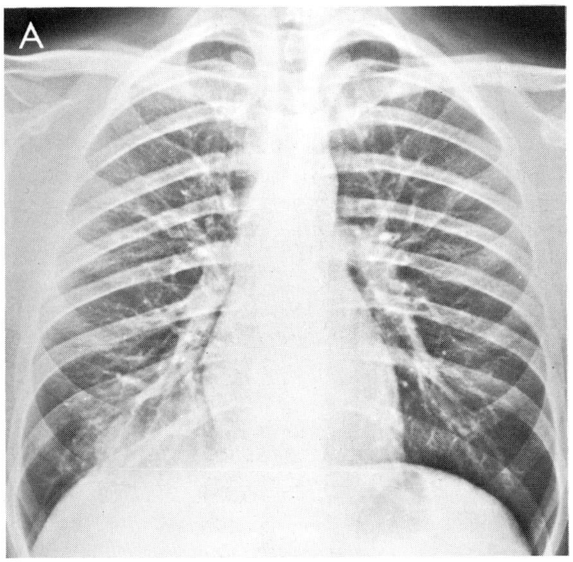

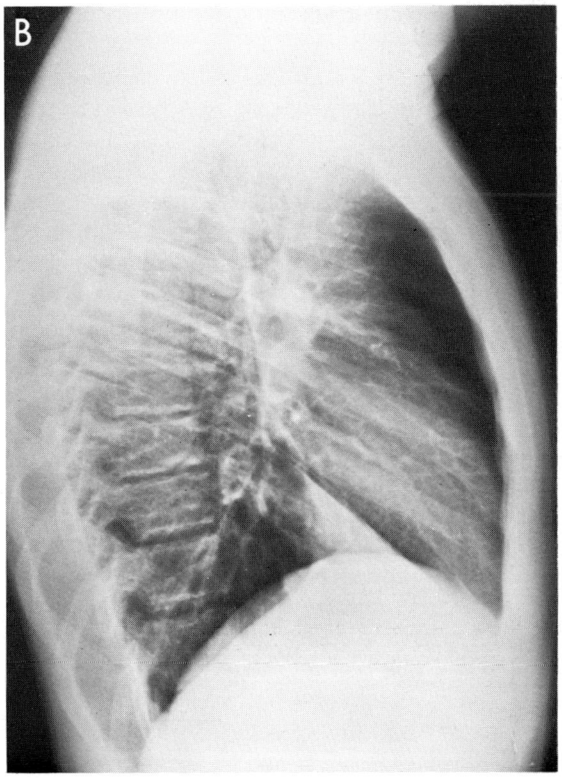

Abb. 4-14: A. und **B.** Lungeninfiltrat durch eine Pneumonie. Beachten Sie den unscharf begrenzten Rand der Verschattung, außer an der Stelle, wo diese an den großen Lappenspalt grenzt. Deutlich sieht man auch die Unschärfe des Zwerchfells, wo es dem Infiltrat anliegt. Beachten Sie auch, daß der rechte Herzrand hier scharf abgebildet ist, weil der hier anliegende Mittellappen normal strahlentransparent ist (vgl. Abb. 4-13).

Eine Erkrankung der Rippen kann von einer Weichteilschwellung begleitet sein, wobei nicht selten die Schwellung mehr ins Auge fällt als die Rippenveränderung selbst. Deshalb sollte man bei der Beurteilung der Rippen den äußeren Lungenrand nach einer extrapleuralen Gewebsschwellung absuchen; eine a.p. oder p.-a. Aufnahme sollte man immer nach unscharf begrenzten Verdichtungen absuchen, die dann zur Aufdeckung einer Rippenveränderung führen können (Abb. 4-6). Auf den Standardaufnahmen kann gar eine Weichteilschwellung das einzige Zeichen einer Rippenläsion sein. Deren Erkennung wiederum wird dann womöglich die Indikation zu detaillierten Rippen(ziel)aufnahmen sein, die die verantwortliche Ursache der Rippenerkrankung aufdecken kann. Es gibt zwei grundsätzliche Methoden, auf einer Thoraxaufnahme die Rippen zu untersuchen: Man kann eine Rippe nach der anderen absuchen oder aber auch mit einem Blick jeweils alle hinteren, vorderen und seitlichen Anteile mustern. Letztere Methode geht schneller und ist – was etwas überraschen mag – eine genauso exakte, wenn nicht bessere Lösung.

Die *aufnahmetechnische Beurteilung* des Films ist nötig, da eine unkorrekte Belichtungstechnik oder eine fehlerhafte Zentrierung bzw. Projektion Krankheiten verdecken oder nachahmen kann. Auf einer korrekt aufgenommenen Routine-a.-p.-Aufnahme des Thorax kann man die Rippen und die Wirbelsäule hinter dem Herzen erkennen. Kann man dagegen nicht durch das Herz hindurchsehen, bleiben Veränderungen des Unterlappens womöglich völlig unerkannt. Eine Seitverdrehung des Patienten kann zu Interpretationsschwierigkeiten führen. Die gerade Position des Patienten erkennt man daran, daß die medialen Klavikelenden die gleiche Entfernung zu den Rändern der Brustwirbel aufweisen. Ist der Film nicht bei vollständiger Inspiration aufgenommen, kann das Herz vergrößert erscheinen und beiderseits die Lungenbasis unscharf oder mit schlecht abgegrenzten Verdichtungen (Abb. 4-7). Ein solches Erscheinungsbild kann ein Lungenödem, eine Pneumonie oder einen Lungeninfarkt nachahmen; daher ist es immer anzuraten, die Einatmungstiefe zu beurteilen, die immer dann adäquat ist, wenn die rechte Zwerchfellhälfte in Höhe des fünften bis sechsten vorderen Interkostalraumes steht.

Zusätzliche Thoraxaufnahmen

Es gibt eine Anzahl spezieller Thoraxaufnahmen, die Details von Veränderungen liefern, die man auf einer Routineaufnahme gesehen hat oder die es auch ermöglichen, bislang unsichtbar gebliebene Anomalien zu erkennen.

Aufnahmen in Hyperlordose. Diese Aufnahmen wählt man in der Regel dann, wenn man die Lungenoberfelder (und Lungenspitzen) darstellen will. Die Lungenspitzenaufnahme in Hyperlordose projiziert die Klavikeln oberhalb der Lungenspitzen und verändert auch in der Abbildung das Verhältnis von Rippen zu Lungen. Dies gewährt eine verbesserte Sichtbarkeit von Lungenveränderungen und erlaubt auch die Unterscheidung von intrapulmonalen gegenüber intraossären Verdichtungen.

Exspirationsaufnahmen. Exspirationsaufnahmen setzt man ein, um einen kleinen Pneumothorax zu diagnostizieren, der auf den routinemäßigen Inspirationsaufnahmen entweder unsichtbar oder zweifelhaft ist. Obwohl recht beliebt, stellt diese Aufnahme doch nur recht selten eine echte Hilfe dar, da in den meisten Fällen ein Pneumothorax auf den konventionellen Aufnahmen sofort erkannt wird. Nie sollte sie als Ersatz für eine Aufnahme in Inspirationsstellung genommen werden, da sie bei der Suche nach einem kleinen Pneumothorax der Inspirationsaufnahme in jeder Hinsicht unterlegen ist.

Seitenlageaufnahme (Mastranda-Aufnahme). Diese Aufnahmen sind nicht – wie es die Bezeichnung unterstellen könnte – seitliche Aufnahmen, sondern solche im sagittalen Strahlengang, wobei der Patient auf der rechten oder linken Seite liegt. Hauptzweck ist der Nachweis freier Flüssigkeit in der Pleurahöhle (Abb. 4-32). Ähnlich kann auch ein Pneumothorax besser gesehen werden. Solche Aufnahmen kann man heranziehen, um die Größe eines Pleuraergusses zu bestimmen, um festzulegen, wieviel der Flüssigkeit beweglich (= frei) ist, und gelegentlich auch, um einen Pleuraerguß überhaupt nachzuweisen, der auf den Standardaufnahmen fraglich ist. Daneben kann diese Mastranda-Aufnahme auch dabei helfen, eine Lungenerkrankung nachzuweisen, die sowohl auf der p.-a. als auch auf der Seitaufnahme vom Erguß selbst verdeckt wird, aber freiprojiziert wird, wenn die Flüssigkeit durch den Lagewechsel des Patienten sich von diesem Gebiet wegbewegt.

Rippenaufnahmen. Da die Rippen dreidimensional gebogen verlaufen, können viele Einzelprojektionen erforderlich sein, um jeden Anteil einer Rippe darzustellen. Folglich wählt man oft Schrägaufnahmen, um eine Fraktur zu finden oder aber eine bekannte bzw. verdächtige Veränderung bestmöglich zu demonstrieren. Ausmaß und Richtung der Schrägstellung hängen von der Lage des verdächtigen Rippenanteils ab. Die Standard-Schrägaufnahme wird a.-p. aufgenommen, wobei der Patient die erkrankte Seite um ca. 45° dem Film zudreht.

Computertomographie

Heute hat die Computertomographie die konventionelle Tomographie bei der Thoraxuntersuchung wirksam ersetzt. Hauptindikationen für ein dringliches CT bei Notaufnahmepatienten sind die Diagnosestellung von:

1. Aortendissektion (s. S. 187, 202, 206);
2. Ösophagusruptur (s. S. 217) und
3. Empyem, wenn die Befunde der Übersichtsaufnahmen zweideutig sind (s. S. 177, 179, 192, 194).

Eine Standard-CT-Untersuchung des Thorax besteht aus kontinuierlichen ca. einen Zentimeter dicken Schichten (auch 0,8 cm) von der Lungenspitze bis zu den hinteren Randsinus; dabei kann die Untersuchung 30 bis 40 Schnitte erfordern. Die genaue Technik wird auf das jeweilige klinische Problem abgestimmt. So ist beispielsweise die intravenöse Kontrastmittelinjektion für die Beurteilung einer Aortendissektion unabdingbar, während sie für die Aufdeckung eines vermuteten Empyems überflüssig sein kann. Auch muß bei Patienten mit dem Verdacht auf eine Aortendissektion nicht immer unbedingt der gesamte Thorax «gefahren» werden.

Normales Thorax-CT

Wie bei den Thoraxübersichtsaufnahmen, so sind auch hier in einer normalen Lunge die einzig sichtbaren Strukturen die Blutgefäße, die Lappenspalten und die Wände größerer Bronchien. Gefäße innerhalb der Lungen erkennt man nicht so sehr durch ihr Dichte, sondern mehr durch ihre Gestalt. Im Querschnitt getroffen erscheinen Gefäße rund und können von kleinen Knötchen in der Lunge nicht zu unterscheiden sein. Glücklicherweise liegen die meisten Metastasen und Granulome peripher, wo die Gefäße am kleinsten sind, so daß deshalb eine echte diagnostische Verwirrung nur selten auftritt. Die Lappenspalten erkennt man nur selten als Linienschatten. Ihre Lage sieht man eher an einer relativ gefäßarmen Zone innerhalb der Lunge.
Die Anatomie des Mediastinums ist sehr komplex und sprengt den Rahmen dieses Kapitels. Das normale Aussehen in verschiedenen ausgewählten Höhen zeigt die Abbildung 4-8.

Grundsätzliche technische Faktoren bei der CT

Grundprinzip bei der Computertomographie ist, daß ein jedes Bildelement – in der CT-Fachsprache entweder als Pixel (= picture element) oder Voxel (= volume element) bezeichnet – die Absorption der Röntgenstrahlen durch Gewebe darstellt. Die Schwächungswerte werden anhand einer willkürlich gewählten Skala ausgedrückt, bei der die Dichte von Wasser gleich Null gesetzt wird, die von Luft gleich – 1 000 und die von dichtem Kortikalisknochen gleich + 1 000 Einheiten. Bekannt sind diese Dichtewerte als Hounsfield-Einheiten, in Anerkennung des Mannes, der bei der Entwicklung der Computertomographie eine so wichtige Rolle gespielt hat. Das menschliche Auge vermag nur etwa 22 Grauwertstufen zu unterscheiden, so daß für uns nicht die gesamte im CT erhältliche Information gleichzeitig verwertbar ist. Umfang und Werte der Dichte, wie sie auf dem Fernsehbildschirm (oder auf dem vom Fernsehmonitor abphotographierten Röntgenfilm) wiedergegeben werden, können jeweils durch den Bediener ausgewählt werden. Der Umfang der dargestellten Dichtewerte ist als Fensterbreite und der Mittelwert als Fensterhöhe (window level) oder Fensterzentrum bekannt. Bei einem breiten Fenster sind alle Strukturen sichtbar, aber die Feindetails von Dichteunterschieden sind nicht darstellbar. Bei einem engen Fenster lassen sich die Dichteunterschiede von nur recht wenigen Einzelstrukturen erkennen, doch ist dabei ein Großteil des Bildes entweder völlig schwarz oder völlig weiß, so daß in diesen Gebieten keine nützliche Information zu beziehen ist. Bei der Thoraxuntersuchung werden zwei verschiedene Fenster- und Zentrumeinstellungen verwendet: Eines zur Darstellung der Mediastinalstrukturen und ein weiteres zur Darstellung der Details von Lungen- oder Pleuraerkrankungen (Abb. 4-9). Braucht man Information zu den Knochen, so wählt man meist ein speziell breites Fensterbild.
Die technischen Einzelheiten zur Bildrekonstruktion brauchen uns hier nicht weiter zu interessieren, doch müssen hierzu stets zwei Bildartefakte im Auge behalten werden:
1. Der *Teilvolumeneffekt.* Da ein jedes Voxel eine bestimmte Stärke umfaßt, oft 10 mm (oder 8 mm), kann eine Einzelstruktur teils innerhalb und teils außerhalb des gewählten Schnitts liegen. Das jeweils ausgegebene Bild stellt den Dichtemittelwert für das gesamt Voxel dar, so daß die Dichte eines nur teilweise in diesem Volumen eingeschlossenen Objekts nicht wirklich repräsentativ für diese Struktur sein kann und auch seine Größe inkorrekt abgebildet werden kann (Abb. 4-10).
2. *Streifenartefakte.* Streifenartefakte kann man von Objekten hoher Dichte ausgehen sehen, besonders wenn diese sich während der Bildaufnahmezeit bewegen. Häufig sieht man diese als Streifenstern, der von Kathetern in Gefäßen, von Metallimplantaten und von Operations-Clips wie auch von dichten Verkalkungen in der Wand der Aorta und anderer Gefäße ausgehen, ferner auch von stark verkalkten Lymphknoten, die sich mit der Pulsation von Herz und großen Gefäßen bewegen. Diese Streifen können die Abbildung von Umgebungsstrukturen beeinträchtigen; ein besonderes Problem stellen sie bei Patienten mit dem Verdacht auf eine Aortendissektion dar, weil hier ein solcher Streifen von niedriger Dichte einer Intimabrücke ähneln kann, wenn er sich quer über das Aortenlumen projiziert und deshalb zur falsch positiven Diagnose einer Aortendissektion führt.

Die pathologische Röntgenaufnahme

Bei der Beurteilung einer abnormen Verdichtung in der Thoraxaufnahme legt man als ersten Schritt fest, ob diese in der Lunge, der Pleura, dem Mediastinum oder der Brustwand gelegen ist, und bestimmt dann deren Form und Ausdehnung. Erst dann widmet man sich der Beantwortung der Frage: «Worum handelt es sich?» Natürlich wird die Antwort je nach Sitz und Herkunft dieser Veränderung erheblich unterschiedlich ausfallen. Oft erfordert die genaue Lokalisierung zwei Aufnahmen. Aus diesem Grund sind Seitaufnahmen in so vielen Fällen sehr nützlich.
Die Lokalisation einer Anomalie ist in der Regel offenkundig, doch kann es schwierig werden, den Ausgangsort festzulegen, wenn die Veränderung an der Grenze zwischen Lunge und Brustwand, Mediastinum oder Zwerchfell gelegen ist. Hat z.B. die Verschattung eine breite Basis mit einem glatten und gut begrenzten Innenrand zur Lunge hin, dann ist sie wahrscheinlich pleural, extrapleural oder mediastinal bedingt (Abb. 4-11).

Formveränderungen beim Lagewechsel des Patienten können bei der Lokalisation weiterhelfen. Es kann unmöglich sein, einen Pleuraerguß gegenüber einem Unterlappeninfiltrat abzugrenzen; ist aber der Erguß frei, so wird er auf einer Seitaufnahme im Liegen der Schwerkraft folgen und sich in den abhängigen Partien des Thorax sammeln und so die sichere Feststellung erlauben, daß hier ein Pleuraerguß vorliegt (vgl. Abb. 4-32).

Eine Verschattung der Hilusregion auf einer Aufnahme im sagittalen Strahlengang sollte genau dem Hilus oder der darüberliegenden Lunge zugeordnet werden, da sich die Ursachen von Hilus- und Lungenverschattungen unterscheiden. Eine weitere Tücke der Diagnostik stellt es dar, wenn man fälschlich eine intrapulmonale Verschattung feststellt, die sich in Wirklichkeit als Pleuraerguß in einem Lappenspalt erweist (Abb. 4-12).

Die in einer Thoraxaufnahme enthaltene Information hängt weitgehend von der Strahlentransparenz der Luft innerhalb der Lungen im Vergleich zur Dichte von Herz, Blutgefäßen, Mediastinum und Zwerchfell ab. Eine intrathorakale Veränderung, die Kontakt zu Herz, Mediastinum oder Zwerchfell hat, wird deren Randkonturen verwischen oder gänzlich unsichtbar machen. Dieses als *Silhouettenphänomen* bekannte Zeichen kann beim Erkennen und Lokalisieren von Thoraxerkrankungen recht hilfreich sein (Abb. 4-13; vgl. auch Abb. 4-23). Dieses Silhouettenzeichen ermöglicht es, eine Verschattung dadurch zu lokalisieren, indem man beobachtet, welche Grenzlinien verloren gehen (so bedeutet z.B. die Auslöschung des Herzrandes, daß die Verschattung in der vorderen Thoraxhälfte gelegen sein muß). Entsprechend bedeutet der Sichtbarkeitsverlust eines Zwerchfellanteils, daß eine Erkrankung von Pleura oder Lunge vorliegt.

Gelegentlich ermöglicht es das Silhouettenphänomen auch, Erkrankungen wie ein Lungeninfiltrat zu erkennen, selbst wenn nicht sicher entscheidbar ist, ob überhaupt eine Verschattung vorliegt. Es ist eine überraschende Tatsache, daß eine keil- oder linsenförmige Verschattung sehr schwierig erkennbar sein kann, und zwar aufgrund der Art, wie diese an ihren Rändern verdämmert; ist jedoch eine solche Verschattung in direktem Kontakt mit Mediastinum oder Zwerchfell, so bewirkt sie den Verlust von deren normalerweise scharfen Grenzlinien. Es muß jedoch betont werden, daß der Schärfeverlust eines dieser Ränder als alleiniges Zeichen nur von begrenztem Wert ist, will man eine intrathorakale Krankheit diagnostizieren. Um Bedeutung zu erlangen, muß dies schon von einer sichtbaren Verdichtung in wenigstens einer Projektion begleitet sein.

Röntgenologische Krankheitszeichen und deren Interpretation

Mitunter ist es möglich, allein aufgrund der Röntgenuntersuchung eine spezielle Diagnose zu stellen. Häufiger aber sind zu einem gegebenen Röntgenbefund mehrere Diagnosen möglich; deshalb ist es von Nutzen, wenn man die krankhaften Veränderungen in Kategorien einteilt, um die differentialdiagnostischen Möglichkeiten einzugrenzen. Eine der möglichen Methoden besteht darin, daß man jede Veränderung in eine oder auch mehrere der folgenden weit gefaßten Kategorien einordnet.

A. *Pulmonale Verschattungen*
   1. Verringerter Luftgehalt (Luftraumausfüllung) durch
      a) Lungenödem
      b) Lungenkonsolidierung (= alveoläre Infiltrate mit oder ohne Atelektase)
   2. Rundschatten
   3. Linienschatten
   4. Disseminierte kleine Verschattungen

B. *Pleurale Prozesse*
   1. Freie Pleuraflüssigkeit
   2. Gekammerte Pleuraflüssigkeit
   3. Pleuraverdickung (Fibrose, Schwarte, Tumor)
   4. Pneumothorax

C. *Mediastinal- und Hiluserkrankungen*

D. *Zwerchfellerkrankungen*

E. *Thoraxwanderkrankungen*

Auf das Vorliegen von Höhlenbildungen oder Verkalkungen sollte man immer achten. Computertomographisch ist es auch möglich, Flüssigkeit und Fett von Weichteilgeweben anderer Dichte zu unterscheiden, ferner ist es nach intravenöser Kontrastmittelinjektion möglich, daneben auch in den Gefäßen zirkulierendes Blut gesondert zu identifizieren.

Die oben aufgelistete Klassifikation hängt zuvörderst von der genauen Lokalisation einer jeden Anomalie ab. Je mehr Projektionen vorliegen, desto genauer wird dadurch auch die Lagebestimmung. Zwar kann die Lokalisation allein schon in einer Sagittalaufnahme völlig klar sein, doch sind in der Regel mindestens zwei Aufnahmen erforderlich, wobei die Seitaufnahme die übliche Ergänzung der Aufnahme im sagittalen Strahlengang darstellt.

Ausfüllung von Lufträumen

Dieser Begriff beinhaltet den Ersatz von Luft in den Alveolen durch Flüssigkeit oder seltener durch einen Tumor oder ein anderes Substrat. Bei der Flüssigkeit kann es sich um ein Transsudat (Lungenödem) oder um ein Exsudat handeln. Zu den Ursachen einer alveolären Exsudation zählen Infektion, Infarzierung, Lungenkontusion, Blutung, Kollagenosen mit Gefäßbeteiligung und die eosinophile Pneumonie.

Das Röntgenbild zeigt bei der Luftraumausfüllung eine Verschattung mit schlecht definierbaren Rändern (das Lungeninfiltrat), außer an den Stellen, wo der Krankheitsprozeß direkten Kontakt mit einem Lappenspalt hat; in diesem Falle zeigt das Infiltrat eine scharfe Randbegrenzung, die dem Spalt entspricht (vgl. Abb. 4-14). Um ein Lungeninfiltrat zu diagnostizieren, muß man einen Schatten sehen, der keiner normalen anatomischen

Struktur zuordbar ist. Umgekehrt ist es wichtig, keine Fehldiagnosen durch Strukturen zu stellen, die sich nur auf die Lunge projizieren, wie Brustwand, Mammae, Wirbelsäule, Skapula usw.
Innerhalb einer Lungenverschattung kann ein Luftbronchogramm (positives Bronchogramm) sichtbar sein (Abb. 4-15). Oft erkennt man recht leicht Luftbronchogramme in CT-Bildern (Abb. 4-16). Normalerweise ist es nicht möglich, Luft in den peripheren Bronchien auf Röntgenaufnahmen oder in CT-Bildern zu identifizieren, weil die Bronchialwände dafür zu dünn sind und sie von Luft in den Alveolen umgeben ist. Sind die Alveolen dagegen flüssigkeitsgefüllt, dann stellt die Luft in den Bronchien einen deutlichen Kontrast zu der Flüssigkeit in der Lunge dar. Das Luftbronchogramm ist ein sehr nützliches Zeichen, weil es bedeutet, daß die Verschattung intrapulmonal liegen muß. Ein Infiltrat mit einem Luftbronchogramm beruht fast immer auf einer Pneumonie oder einem Lungenödem.
Herz, Mediastinum und Zwerchfell können in der Nachbarschaft eines Infiltrats durch das Silhouettenphänomen ihre scharf begrenzte Randkontur verlieren (s. S. 164).

Lungenödem

Röntgenologisch gibt es zwei Formen des Lungenödems – ein interstitielles und ein alveoläres. Da sich zu Beginn Flüssigkeit im Lungeninterstitium ansammelt, haben alle Patienten mit alveolärem Lungenödem auch ein interstitielles Ödem. Das alveoläre Lungenödem tritt immer akut auf. Die Ursachen kann man in zirkulatorische, z. B. akutes Linksherzversagen und Flüssigkeitsüberladung durch ein Nierenversagen oder eine Überinfusion, und in nichtkardiogene einteilen, das sogenannte «Adult respiratory distress syndrome» (ARDS, Hyaline-Membranen-Syndrom des Erwachsenen).
Das alveoläre Lungenödem (Abb. 4-17) ist fast immer beidseitig und betrifft alle Lungenlappen. Die Verschattung ist hilusnah am stärksten und nimmt zur Peripherie allmählich ab, wobei sie eine relativ transparente Zone an den Lappengrenzen beläßt. Dieses Muster des alveolären Lungenödems wird mitunter auch als «Schmetterlings»- oder «Fledermausflügel»-Form bezeichnet. Obwohl die klassische Beschreibung das bilateral-symmetrische Erscheinungsbild beinhaltet, ist die Symmetrie allein recht selten, wiegt doch beim Lungenödem oft eine Seite vor und variiert das Schwerebild von Lappen zu Lappen. Ein mit dem Lungenödem praktisch identisches Erscheinungsbild kann man bei der weit ausgedehnten Pneumonie, insbesondere bei der Aspirationspneunomie, der Aspiration von saurem Mageninhalt (Mendelson-Syndrom), der Inhalation toxischer Gase und bei Lungenblutungen sehen. Ein hilfreiches Unterscheidungskriterium zur Abgrenzung eines kardiogenen Lungenödems von disseminierten Lungeninfiltraten ist die rapide Geschwindigkeit, mit der es einsetzt und auch wieder unter der Behandlung schwindet. Erhebliche Veränderungen des Schwerebildes der Luftraumausfüllung innerhalb von 24 Stunden sprechen sehr für ein Lungenödem.

Alveoläre Infiltrate (Konsolidierung)

Infiltration (Konsolidierung) und Kollaps (Atelektase) finden sich oft gleichzeitig nebeneinander. Es erscheint jedoch angebracht, beide Phänomene gesondert zu besprechen. Die Infiltration eines ganzen Lungenlappens ist offensichtlich beweisend für eine Pneumonie, in der Regel durch Bakterien verursacht. Die Infiltration eines Lappen verleiht diesem eine verminderte Strahlentransparenz, ausgenommen davon ist das Bronchogramm. Da ein infiltrierter Lappen luftfrei ist, erscheint der Lappenspalt zwischen ihm und der benachbarten Lunge nicht als Linie, sondern lediglich als scharfrandige Begrenzung der Verschattung. Wegen des Silhouettenzeichens wird die Grenze zwischen der erkrankten Lunge und dem benachbarten Herz, Mediastinum oder Zwerchfell unsichtbar. Das Bild einer Infiltration des linken Lungenunterlappens zeigt Abb. 4-18.
Flächige herdförmige Infiltrationen (Abb. 4-19), d. h. mit einem oder mehreren flächigen Verschattungen mit schlechter Begrenzung bis herauf zur Größe von einem oder mehreren Segmenten, beruhen meist auf einer Infektion oder einem Lungeninfarkt, seltener dagegen auf einer eosinophilen Pneumonie. Die Röntgenaufnahmen allein bieten keine zuverlässige Handhabe zu entscheiden, was die Ursache dieser Verschattungen sei. Meist werden die klinischen und die Laborbefunde auf eine dieser Möglichkeiten weisen. Wie schon oben diskutiert, kann es bei einer ausgedehnten herdförmigen Infiltration schwierig sein, zu entscheiden, ob es sich um Exsudate oder ein Lungenödem handelt.
Das Infiltrat kann, wenn auch nur sehr selten, rund sein (Abb. 4-20). Gelegentlich sieht man dies bei Pneumokokken- oder Legionellapneumonien und selten bei anderen Krankheiten. Stellt man ein kugelförmiges Infiltrat fest, so kann es unmöglich sein, dieses von anderen Ursachen von Rundherden zu unterscheiden, insbesondere von Tumoren der Lunge. Eine solche Pneumonie wird aber nur selten fehldiagnostiziert, weil die meisten Patienten mit diesem Röntgenzeichen die Symptome einer akuten Pneumonie aufweisen. Vergleichsaufnahmen zeigen innerhalb eines kurzen Zeitraumes Veränderungen, wenn das Infiltrat auf einer Pneumonie beruht, dagegen keine, wenn dem ein Tumor zugrunde liegt.
Innerhalb von Infiltraten kann es zur Höhlenbildung kommen. Erreger, die dazu besonders prädestinieren, sind *Staphylococcus aureus, Klebsiella pneumoniae, Mycobacterium tuberculosis*, anaerobe Bakterien und verschiedene Pilze. Die Höhlen- oder Abszeßbildung wird erst dann sichtbar, wenn der Abszeß mit dem Bronchialsystem kommuniziert und es so der Flüssigkeit im Zentrum des Abszesses gestattet, abgehustet und durch Luft ersetzt zu werden. Die Luft, die eventuell erst in Tomographieaufnahmen sichtbar werden kann, erkennt man als Aufhellung innerhalb des Infiltrats. Am stehenden Patienten zeigt sich ein Luft-Flüssigkeits-Spiegel, wenn genügend Flüssigkeit innerhalb der Abszeßhöhle verblieben ist (Abb. 4-21).
Pneumatozelen sind eine weitere Form der Luftansammlung innerhalb einer infiltrierten Region (Abb. 4-22). Mit ihnen geht

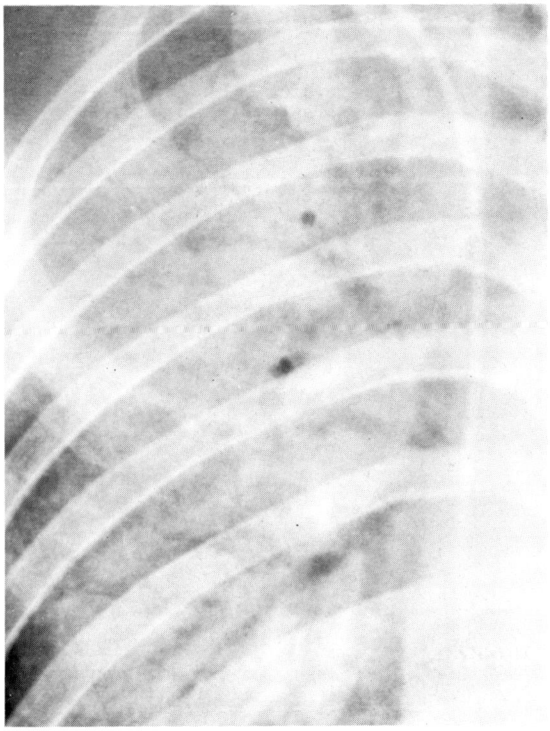

Abb. 4-15: Positives Luftbronchogramm (Airbronchogramm) innerhalb eines Lungeninfiltrats. In diesem Falle ist die Ursache der Dichtevermehrung ein Lungenödem.

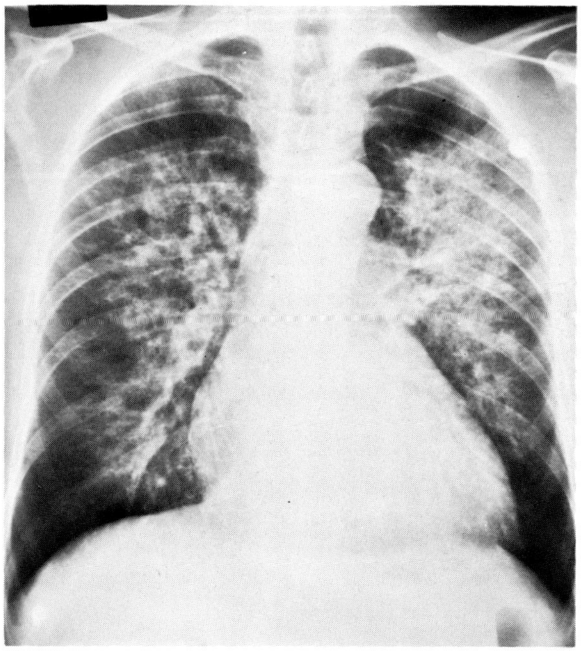

Abb. 4-17: Lungenödem vom typischen «Fledermausflügel»- oder «Schmetterlings»-Muster.

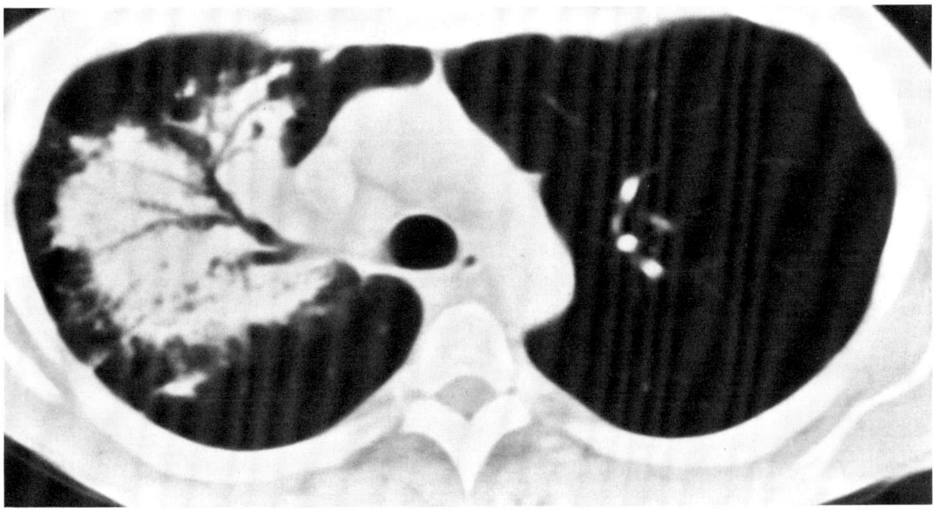

Abb. 4-16: Luftbronchogramm bei einer Pneumonie im CT.

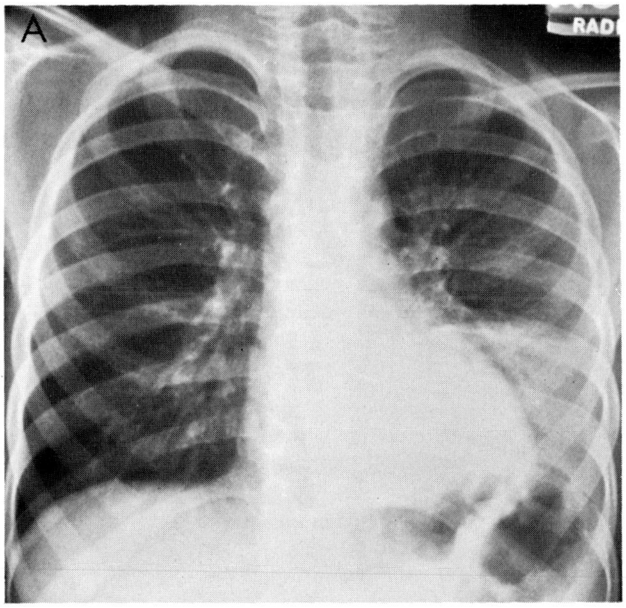

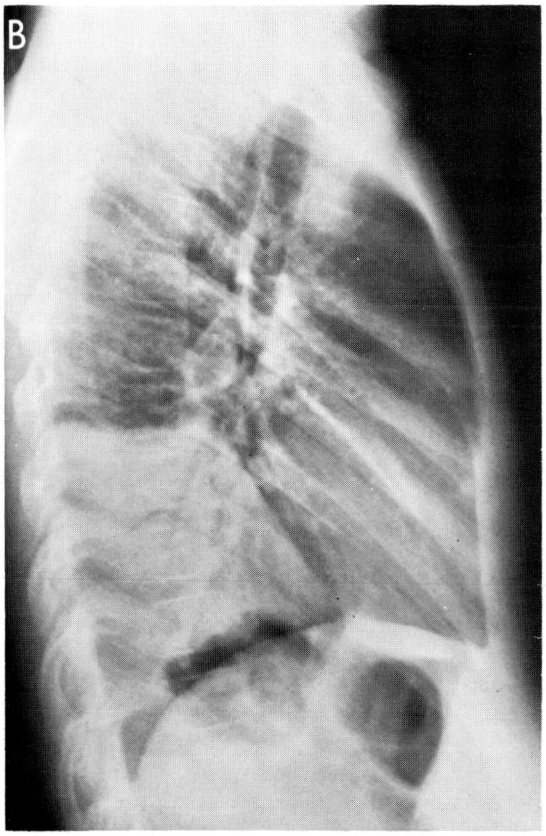

Abb. 4-18: A. und **B.** Infiltration des linken Unterlappens durch eine bakterielle Pneumonie. In diesem Falle ist dessen oberer Anteil davon ausgenommen (apikales Segment).

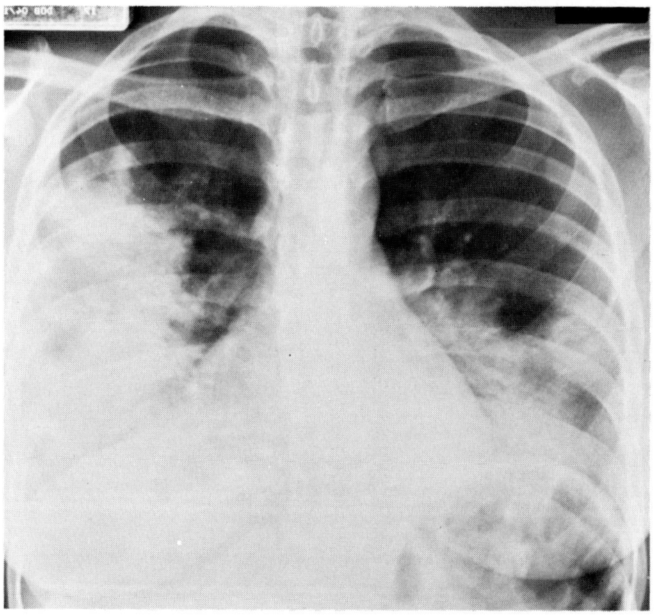

Abb. 4-19: Ausgedehnte herdförmige Infiltration bei einer Bronchopneumonie.

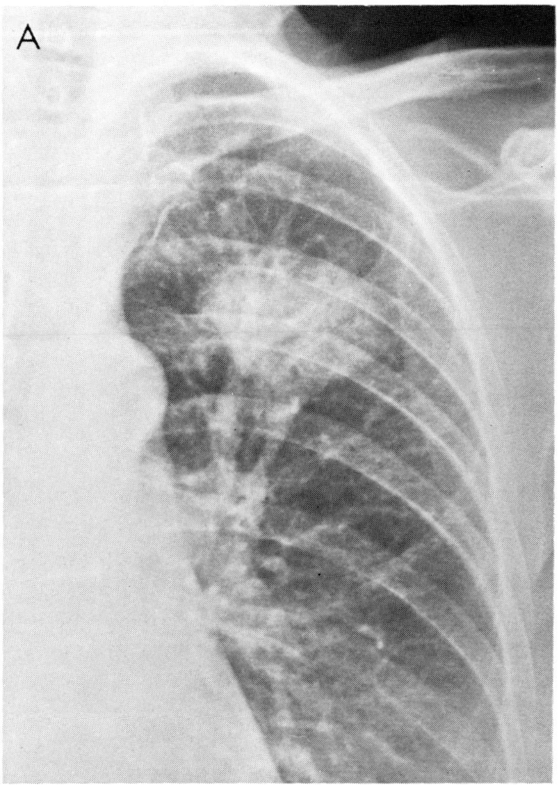

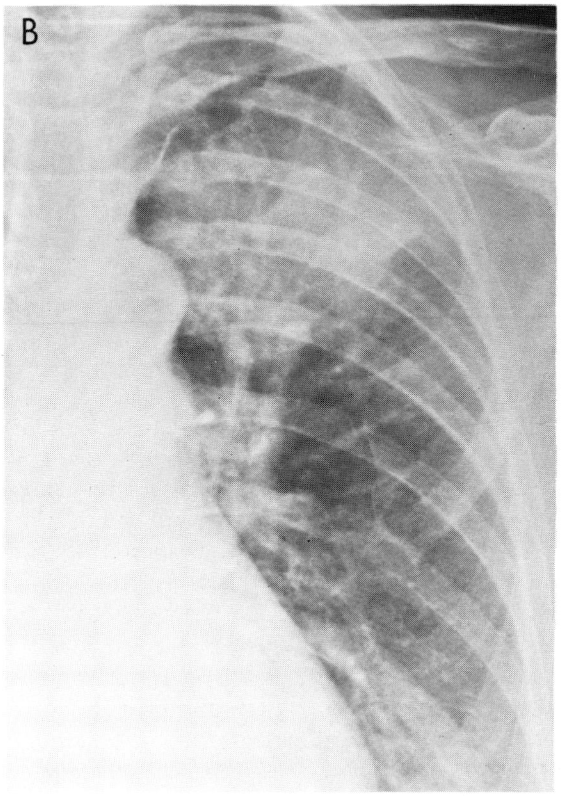

Abb. 4-20: Pneumonie in Form eines Rundherdes. **A.** Ein solches rundes Infiltrat ist möglicherweise mit einem Lungentumor verwechselbar, doch zeigt die Aufnahme vom Folgetag **(B)** die äußerst rasche Ausbreitung und damit deutlich die entzündliche Natur dieser Verschattung. Die Diagnose einer Pneumonie war bei diesem Fall klinisch eindeutig.

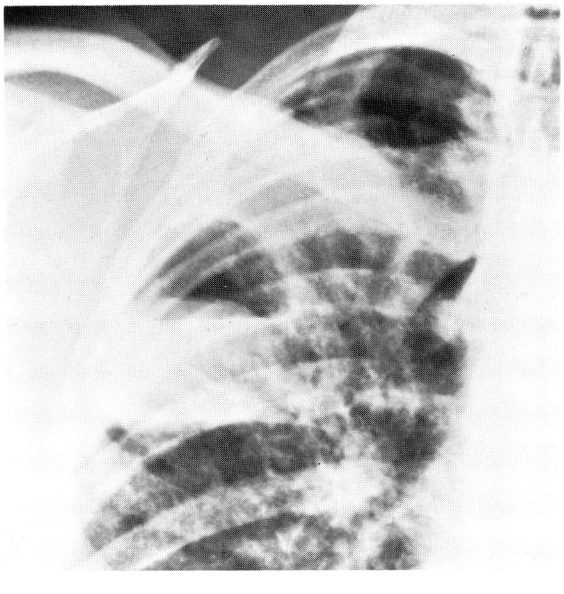

Abb. 4-21: Höhlenbildung innerhalb eines Infiltrats auf dem Boden einer Pneumonie. Der Luft-Flüssigkeits-Spiegel im rechten Oberlappen ist deutlich zu erkennen. Auch befindet sich solides Material (Debris) in der Flüssigkeit. Der Lungenbefund vor dieser Abszedierung ist in der Abbildung 4–53 dargestellt.

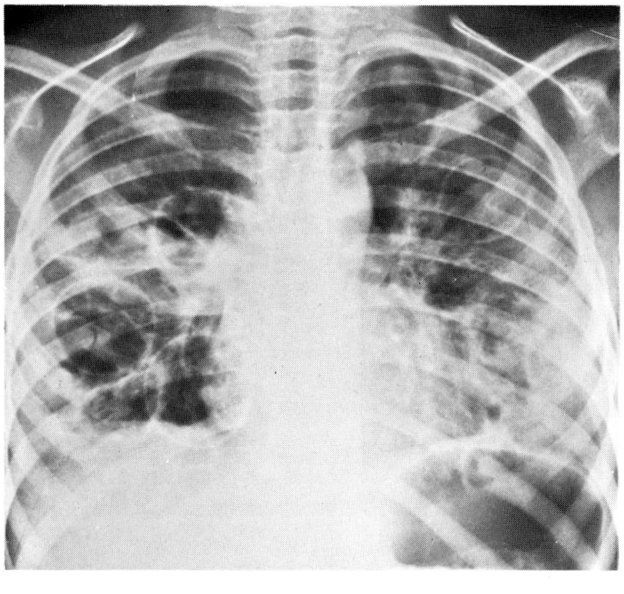

Abb. 4-22: Pneumatozelen bei einem Kind mit Staphylokokkenpneumonie.

eine weitere Anzahl von Veränderungen einher, unter denen die Staphylokokkenpneumonie und die Lungenkontusion die häufigsten sind. Man nimmt an, daß diese «Luftzysten» das Ergebnis eines Luftlecks sind, das von einem kleineren Luftweg ausgeht. Pneumatozelen können sehr schnell größer oder kleiner werden oder aber andererseits noch viele Jahre nach der Lösung des Infiltrats weiterbestehen. In der Regel verschwinden sie aber immer.

Atelektase

Eine Atelektase (Kollaps oder Volumenverlust der Lunge oder von Lungenlappen) kann eine der folgenden Ursachen haben: Bronchusobstruktion, Pneumothorax oder Pleuraerguß, Lappenfibrose, Bronchiektasen oder auch selten eine Lungenembolie. Röntgenologische Zeichen sind der Schatten des oder der kollabierten Lungenlappen und die Verlagerung von Nachbarstrukturen, die den dadurch freiwerdenden Raum ausfüllen. Wie bei jeder Lungenverschattung, so kann man auch hier das Silhouettenphänomen sehen.
Den Lappenkollaps durch eine Bronchialobstruktion begleitet nahezu regelhaft eine Konsolidierung (Dichtezunahme), so daß der sich hieraus ergebende Schatten eindeutig ist. Gelegentlich ist der Volumenverlust sehr hochgradig, und der Lappen schrumpft so stark, daß dessen Schatten, wenn er nicht gerade tangential von den Röntgenstrahlen durchsetzt wird, sehr schwierig zu erkennen sein kann. Gerade in dieser Situation ist das Silhouettenzeichen besonders hilfreich, da dann die der Atelektase benachbarten Partien des Mediastinal- und Zwerchfellrandes schlecht abgegrenzt erscheinen werden. Das Silhouettenphänomen erleichtert auch die Entscheidung, welcher Lappen atelektatisch ist. Eine Atelektase der vorne gelegenen Lappen-(anteile) (Ober- und Mittellappen) löscht Anteile der Mediastinal- und der Herzkontur aus, eine des Unterlappens dagegen das benachbart gelegene Zwerchfell und die Aorta descendens.
Kollabiert ein Lappen, dann füllen andere Strukturen diesen Raum aus. Die nicht atelektatische Lunge dieser Seite dehnt sich aus; dies spiegelt sich in der Verlagerung von Lappenspalten und in der Verziehung des Hilus in Richtung auf die atelektatische Lunge hin wider. Wie beim Infiltrat, so erkennt man auch bei der Atelektase den Lappenspalt als Grenze zu einem luftfreien Lappen, nicht aber als Haarlinie zwischen zwei belüfteten Lungenlappen. Das Erscheinungsbild verschiedener Lungenatelektasen geben die Abb. 4-13 und 4-23 bis 4-26 wieder. Bei einer Totalatelektase einer gesamten Lunge erscheint der gesamte betroffene Hemithorax strahlendicht; daneben findet sich eine Mediastinal- und Trachealverziehung zur atelektatischen Seite hin.
Eine Atelektase kann auch durch Luft oder Flüssigkeit in der Pleurahöhle zustandekommen, wobei die Lunge sich retrahieren kann. Die Erkennung einer Unterlappenatelektase bei einem gleichzeitigen Pleuraerguß kann schwierig sein; selbst dann aber kann es weiterhin schwierig sein, sicher zu sagen, ob diese Atelektase nur auf dem Erguß beruht oder beide Zeichen Ausdruck des gleichen Krankheitsprozesses sind, wie beispielsweise eines Bronchialkarzinoms.
Entsteht die Atelektase auf dem Boden einer Lappenfibrose oder von Bronchiektasen, bleibt der Lappen in der Regel belüftet. Deshalb dominieren hier die Zeichen der Lageveränderung von Nachbarstrukturen, wobei die zusätzliche Verschattung durch die Atelektase selbst recht gering sein kann. In dieser Situation sieht man den Lappenspalt als Linie, weil beiderseits der Fissur Luft ist.

Rundschatten (Rundherde)

Sieht man eine kugelförmige Verschattung in der Lunge, so ist es wichtig, danach zu fahnden, ob diese solitär oder multipel ist. Erkennt man multiple und scharf begrenzte Rundherde, so lautet die Diagnose fast immer Karzinom-/Sarkommetastasen oder weit ausgedehntes Neoplasma. Gelegentlich sieht man ein solches Muster aber auch bei multiplen Lungenabszessen, z. B. septischen Emboli (septische Abszeßmetastasen).
Häufige Ursachen eines intrapulmonalen Rundherdes sind ein Primärkarzinom, eine Solitärmetastase, ein benigner Lungentumor sowie das Tuberkulom oder das Pilzgranulom und schließlich der Lungenabszeß (vgl. S. 187, 192). Gelegentlich kann sich auch eine Pneumonie als Rundherd präsentieren (siehe oben).
Die Kernfrage bei einem Patienten mit einem unerwarteten solitären Lungenrundherd ist die, ob der Patient an einem malignen Tumor leidet oder nicht. Die Abklärung eines Einzelrundherdes der Lunge fällt nicht mehr in den Rahmen der Notfallradiologie, doch sollte der Notaufnahmearzt immer zwei wesentliche Punkte bedenkten: 1. Eine ausgiebige zentrale Verkalkung innerhalb eines Lungenrundherdes schließt die Diagnose eines Bronchialkarzinoms aus, und 2. die Kontrolle älterer Röntgenaufnahmen zur Bestimmung der Wachstumsrate kann allein schon der hilfreichste Schritt bei der Entscheidung sein, ob es sich bei einem solitären Rundherd um ein Lungenkarzinom handelt oder nicht. Fehlendes Wachstum innerhalb eines Zweijahreszeitraums schließt diese Diagnose aus. Typisch für ein Bronchialkarzinom sind Tumorverdopplungszeiten von einem Monat bis zu 18 Monaten.

Größere Linienschatten

Größere Linienschatten, die keine Interlobärspalten sind, entsprechen meist pleuropulmonalen Narben nach vorheriger Infektion oder Infarkt. Oft erreichen diese die Pleura und gehen mit einer sichtbaren Pleuraverdickung einher. Für den Patienten sind diese Veränderungen bedeutungslos. Emphysemblasen sind oft allseitig begrenzt und werden von dünnen Linienschatten durchzogen (Abb. 4-27). Da sie offensichtlich eine Bulla ohne darin liegende Gefäßstrukturen queren, ist die Deutung einer solchen Linie einfach.

Weitere Ursache von Linienschatten sind die Septumlinien (Kerley A- und Kerley B-Linien). Bei diesen Lungensepten (Interlobulärsepten; Anm. d. Übers.) handelt es sich um Bindegewebslagen, welche Lymphgefäße enthalten und die normalerweise unsichtbar sind. Erst wenn sie verdickt sind, kann man sie auf einer Thoraxaufnahme erkennen (Abb. 4-28). Sieht man diese Linien in den Lungenmittel- und -oberfeldern auf die Hili zu einstrahlen, werden sie Kerley A-Linien genannt. Sie sind wesentlich schmaler als die benachbarten Blutgefäße und erreichen nicht die Lungenoberfläche. Kerley B-Linien sind kleine horizontal verlaufende Septumlinien, nie länger als zwei Zentimeter und am besten in der Peripherie der Lungenunterfelder (über den Randsinus) zu sehen. Im Gegensatz zu den Blutgefäßen erreichen diese oft die Lungenoberfläche. Die häufigsten Ursachen der Septumlinien sind das Lungenödem und die Lymphangiosis carcinomatosa.

Disseminierte kleine Schatten

Thoraxaufnahmen mit weitverteilten zwei bis fünf Millimeter großen nodulären oder retikulären Verschattungen stellen ein häufiges diagnostisches Problem dar. Abgesehen von wenigen Ausnahmen ist es nur möglich, eine Gruppen-Differentialdiagnose anzugeben, hat man nur die Aufnahme als Informationsquelle. Viele beschreibende Termini wurden und werden für diese Verschattungen angewandt, darunter am häufigsten: «flekkig», «gesprenkelt», «Honigwaben», «feinnodulär», «retikulär» und «retikulonodulär». Wir werden bei der Diskussion dieser Verschattungen nur zwei Grundbegriffe verwenden: Einmal «nodulär», um diskrete kleinfleckige Schatten zu charakterisieren (Abb. 4-29), und «retikulär» für die Beschreibung eines netzförmigen Musters aus kleinen Linienschatten (Abb. 4-30). Oftmals findet man gleichzeitig noduläre und retikuläre Elemente, das «retikulonoduläre» Muster.
All diese Muster entsprechen sehr kleinen Läsionen in der Lunge von höchstens ein bis zwei Millimetern Durchmesser. Einzelläsionen dieser Größenordnung sind auf einer Nativaufnahme des Thorax unsichtbar. Daß man diese sehr kleinen Einzelveränderungen der Lunge überhaupt auf dem Film erkennen kann, erklärt sich durch das Phänomen der Überlagerung: Liegen zahllose kleinste Lungenveränderungen vor, so ist es schier unvermeidlich, daß einige sich überlagern werden. Daraus folgert dann, daß die Lunge diffus von einem Krankheitsgeschehen durchsetzt sein muß, wenn solche winzigen und unverkalkten Veränderungen sichtbar werden. Es scheint uns hier die Bemerkung angebracht, daß die Größe der zahllosen kleinen Herde, die man auf dem Thoraxbild erkennt, uns keinerlei Schlüssel zur tatsächlichen Größe der Einzelherde gibt, mit Ausnahme der Tatsache, daß diese sehr klein sein müssen; auch kann man die Form dieser Herdchen nicht zuverlässig heranziehen, um aus dieser auf die tatsächliche Form der verantwortlichen Läsionen rückschließen zu können.

Wie entscheidet man, ob multiple kleine Lungenverschattungen vorliegen?

Oft ist es das größte Problem zu entscheiden, ob überhaupt disseminierte kleinknotige Veränderungen vorliegen, da die normalen Lungengefäße selbst auch als noduläre und miteinander verbundene feine Linien erscheinen können. Um dies sicher entscheiden zu können, muß man Hunderte von Aufnahmen sorgfältig gemustert haben, damit man ein normales Zeichnungsmuster erkennt. Die Areale, die man besonders betrachten sollte, sind die Lungenanteile, die man zwischen den Rippen überlagerungsfrei sieht. Normale orthograd getroffene Gefäße erscheinen als kleine Knötchen, doch sind diese im Durchmesser nicht größer als das Kaliber von quer getroffenen Nachbarschaftsgefäßen, und ihre Zahl entspricht der erwarteten Zahl der Lungengefäße in diesem Abschnitt. Das normale Linienmuster ist ein sich verzweigendes System, das harmonisch mit größeren zentral gelegenen Gefäßen in Verbindung steht. Bei einem Gesunden erkennt man im äußersten Zentimeter des Lungenmantels keine Gefäße mehr.
Das Silhouettenzeichen ist uns von Nutzen, wenn wir eine diffuse Lungenerkrankung beurteilen. Pathologische Verschattungen löschen die benachbarten Gefäße, die Herzränder sowie die Mediastinalkontur aus, und das Zwerchfell wird weniger scharf als normal erscheinen.
Ist erst einmal die Entscheidung getroffen, daß eine abnorme Verschattungsart vorliegt, dann besteht der nächste Schritt darin zu entscheiden, welche Verteilung vorliegt. Auch sollte man nach Begleitbefunden fahnden. Nach Erhebung all dieser Beobachtungen ist man dann in der Lage, die Differentialdiagnosen zu erstellen. Die häufigeren und auch wichtigeren Krankheitsbilder werden in der Tabelle 4-1 beschrieben.
Nach Erhebung all dieser Beobachtungen ist man dann in der Lage, eine Gruppen-Differentialdiagnose zu stellen. Die häufigeren und auch wichtigeren Krankheitszustände sind in Tab. 4-1 beschrieben.

Tab. 4-1: Röntgenologische Kennzeichen der diffusen Lungenkrankheiten

Diagnose	Röntgenbild	Häufigste Verteilung	Bemerkungen
Infektion			
Tbc. und verschiedene Mykosen (Kokzidioidomykose, Kryptokokkose, Blastomykose, Histoplasmose)	kleine, scharf begrenzte Knötchen gleicher Größe	uniform	können mit mediastinaler oder und/oder bihilärer Lymphadenopathie, Pleuraerguß und einem oder mehreren fleckigen Infiltraten einhergehen
Mykoplasmen und Viren	schlecht begrenzte Knötchen	uniform	
Lungenfibrose			
idiopathisch	retikulonodulär	gewöhnlich am stärksten im Unterfeld und maximal in der Lungenperipherie	Zwerchfellhälften oft hochstehend und unscharf begrenzt
bekannte Ursache (z.B. rheumatoide Arthritis, Sklerodermie, extrinsische, allergische Alveolitis, Arzneimittelreaktion			
Sarkoidose			
	zwei Muster, in der Regel nicht simultan kleinknotig grob retikulonodulär	uniform Mittel- und Oberfeld am stärksten betroffen	oft mit bihilärer und paratrachealer Lymphknotenvergrößerung
Pneumokoniose			
Silikose	nodulär; variable Größe bis 1 cm und mehr	vorwiegend in den Oberfeldern	eine progressive und massive Fibrose kann vorliegen; oft Lungenemphysem
Asbestose	feinretikulonodulär	vorwiegend in den Unterfeldern	meist Pleuraverdickung und/oder -verkalkung
Neoplasien			
Lymphangiosis carcinomatosa	retikulonodulär	kein festes Muster	Septumlinien oder Bronchialwandverdickung meist sichtbar, häufig bihiläre Lymphadenopathie; andere Zeichen der Metastasierung können sichtbar sein
miliare Metastasen	miliare Knötchen	uniform	
Lungenödem	schlecht abgrenzbare Knötchen	vorwiegend perihilär, oft mit relativ klarer Lungenperipherie	Septumlinien sind ein Hauptmerkmal; Herzvergrößerung und Pleuraerguß können vorhanden sein

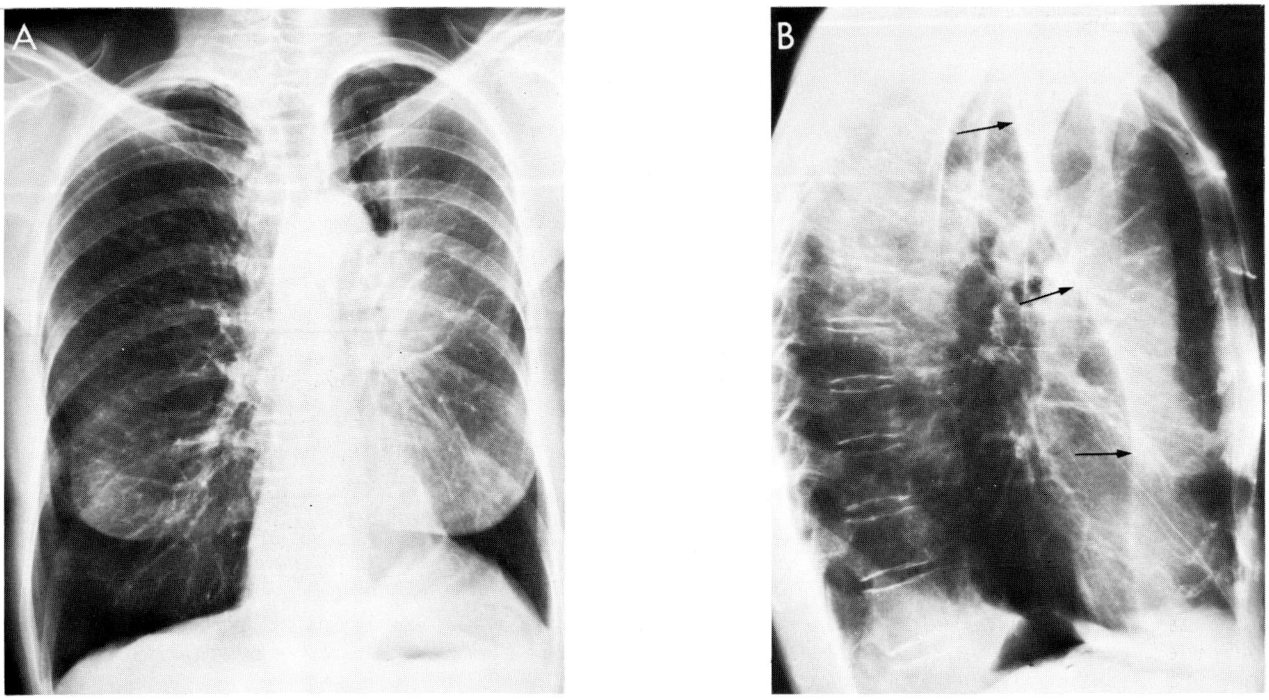

Abb. 4-23: Atelektase des linken Oberlappens. Beachten Sie den unscharf begrenzten Rand des dichten linken atelektatischen Oberlappens auf der p.-a. Aufnahme **(A).** Gut erkennt man hier auch den unscharf begrenzten linken Herzrand: Silhouettenphänomen.

B. Auf der Seitaufnahme ist der große Lappenspalt, der den Hinterrand des atelektatischen Oberlappens darstellt, deutlich nach vorne verlagert (Pfeile).

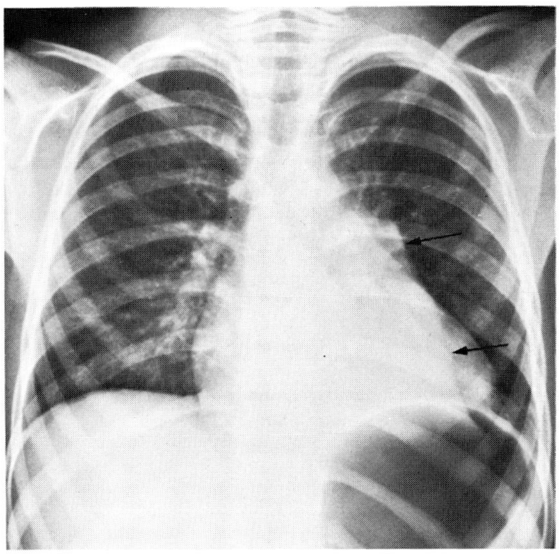

Abb. 4-24: Atelektase des linken Lungenunterlappens. Ausgedehnte Verschattung retrokardial mit unscharf begrenztem lateralem Rand (Pfeile). Man beachte hier, daß die Einzelstrukturen des linken unteren Hilus unsichtbar sind, weil sie von der atelektatischen Lunge umgeben werden. (Vgl. hierzu die Seitaufnahme dieses Patienten in Abb. 4-5).

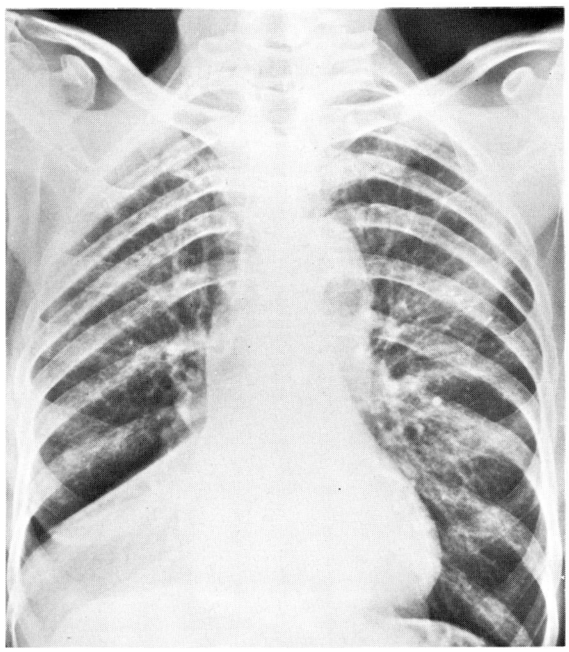

Abb. 4-25: Atelektase des rechten Unterlappens. Die klar erkennbare Verschattung im rechten Unterfeld zeigt einen scharf begrenzten Oberrand, der dem verzogenen rechten großen Lappenspalt entspricht.

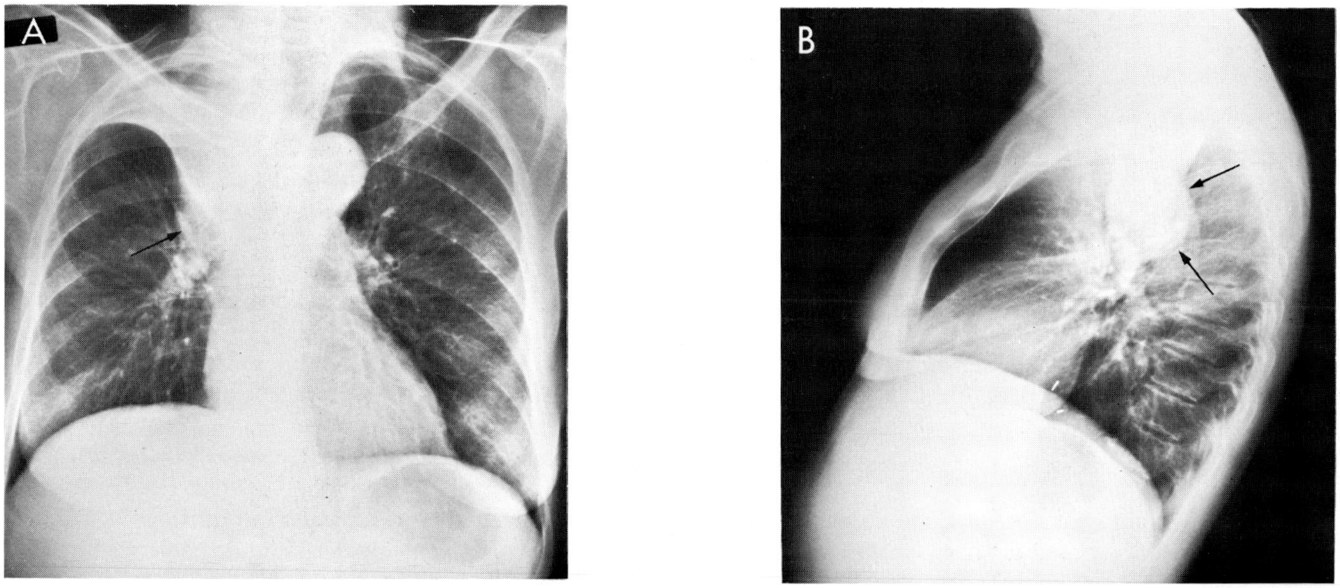

Abb. 4-26: A. und **B.** Atelektase des rechten Oberlappens. Bei einer Verschattung im rechten Oberfeld (rechter Oberlappen) erkennt man die Anhebung des kleinen und des großen Lappenspalts. Weiteres Kennzeichen bei diesem Fall: Die Lappenspalten sind um eine große intrapulmonale Verschattung quasi herumgebogen (Pfeile).

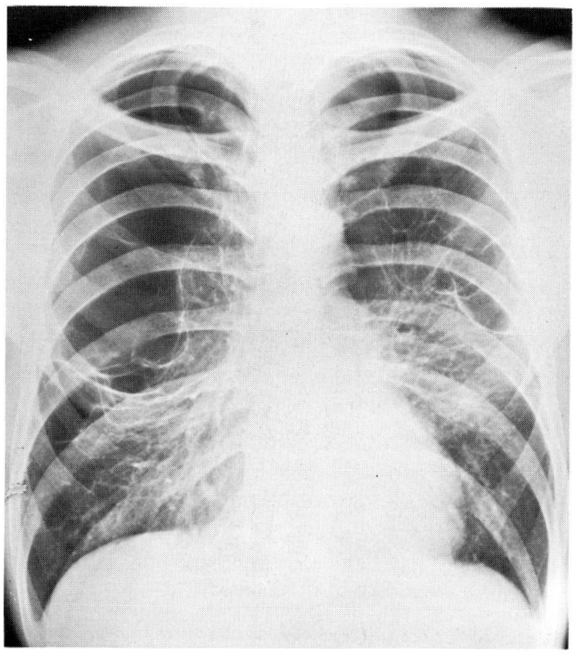

Abb. 4-27: Langgestreckte Linienschatten, die Lungenbullae begrenzen oder durch diese hindurchziehen.

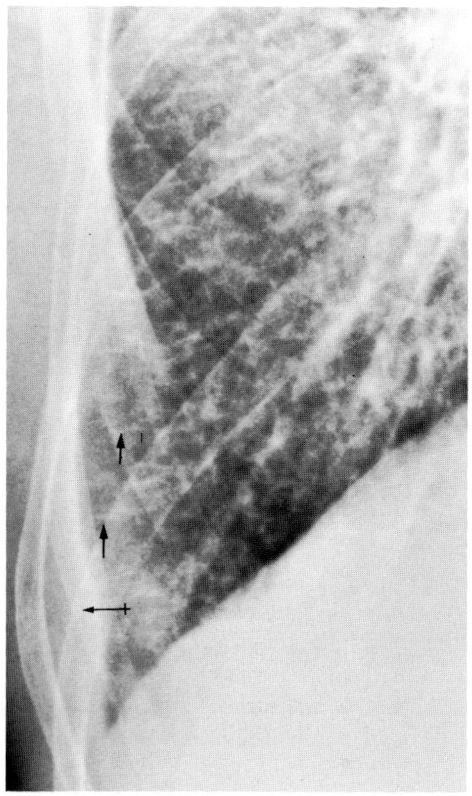

Abb. 4-28: Septumlinien (Kerleysche B-Linien) (= verdickte Interlobulärsepten) bei einem Lungenödem (Pfeile). Auch liegt hier ein lamellenförmiges subpleurales Ödem vor (↔).

Pleura

Pleuraerguß

Flüssigkeit in der Pleurahöhle hat, gleich ob es sich um ein Transsudat, ein Exsudat, Eiter oder Blut handelt, immer das gleiche radiologische Erscheinungsbild. Mit wenigen Ausnahmen gilt dies auch für CT und Sonographie. Freie (also ungekammerte) Flüssigkeit sammelt sich immer an den tiefsten Stellen der Pleurahöhle, die natürlich jeweils von der Lage des Patienten abhängen; deshalb wird das Aussehen eines Pleuraergusses verschieden sein, vergleicht man eine Aufnahme im Stehen mit einer in Rückenlage, und wiederum anders bei einer Aufnahme im Liegen in Seitenlage.

Die CT-Untersuchungen führt man routinemäßig bei Rückenlage des Patienten durch, wohingegen die Ultraschalluntersuchung in jeder beliebigen Position erfolgt, die dem Untersucher wünschenswert erscheint. Es ist wichtig, daß man diese Lagevarianten berücksichtigt, wenn man die Informationen verschiedener Untersuchungsmethoden vergleicht. Diese Patientenlagerung wird zum wichtigen Entscheidungsfaktor, wo die Zugangsstelle für eine Pleurapunktion oder für die Plazierung einer Pleurasaugdrainage gewählt wird. Die Flüssigkeitsansammlung kann sich nämlich bei der Punktion sehr wohl in einer anderen Lage befinden, als sie sich bei der vorangehenden Untersuchung zeigte.

Freie, bewegliche Pleuraergüsse kann man in Thoraxübersichten in zwei Grundformen einteilen, die man aber gewöhnlich gemeinsam vorfindet. Die erste dieser Formen entspricht in etwa der, als würde man einen großen Luftballon in einen Behälter mit Wasser eintauchen. Das Wasser wird dann allseits der Oberfläche des Ballons an die Seiten des Gefäßes abgedrängt. Ähnlich sieht man bei den meisten Pleuraergüssen etwas Flüssigkeit an den Lungenseiten hochsteigen und in die Lappenspalten eindringen (Abb. 4-31). Bei sehr großen Ergüssen erkennt man auch, wie die Flüssigkeit im Stehen selbst die Lungenspitze bedeckt. Die glatte Grenzfläche zwischen der Lunge und der Flüssigkeit kann man oft auf einem hinreichend geschwärzten Film erkennen; vorausgesetzt, daß die unter dem Erguß gelegenen Lungenanteile belüftet sind. Der Schatten der Flüssigkeit selbst erscheint absolut homogen, im Gegensatz zu vielen Lungeninfiltraten, die ein fleckförmig-flächiges Muster oder in ihnen ein Luftbronchogramm aufweisen.

Manchmal ist auch die gesamte Flüssigkeit subpulmonal gelegen (Abb. 4-32). Die Obergrenze dieser Flüssigkeitsansammlung nimmt dann eine Gestalt ähnlich der des Zwerchfells an; da hier aber der tatsächliche Zwerchfellschatten durch die Flüssigkeit überdeckt ist, wird es sehr schwierig und mitunter auch unmöglich, anhand von Standardaufnahmen auszusagen, ob hier Pleuraflüssigkeit vorliegt. Selbst die Randsinus können spitzwinklig und frei bleiben. In der Regel ist aber glücklicherweise der Rippen-Zwerchfell-Winkel bei einem Patienten mit einem subpulmonalen Pleuraerguß weniger spitzwinklig begrenzt als bei einem Gesunden. Auf der linken Seite kann es möglich sein, einen subpulmonalen Erguß zu vermuten, und zwar wegen der vergrößerten Entfernung zwischen der Luft in der Magenblase und der in der Lunge.

Besteht Unklarheit über das Vorliegen und die Größe eines subpulmonalen Ergusses, kann eine sagittale Aufnahme in Seitenlage mit horizontalem Strahlengang (Mastranda-Aufnahme) sehr hilfreich sein. Kann sich die Flüssigkeit frei bewegen, so wandert sie der Schwerkraft folgend in die abhängigen Partien ab und sammelt sich an der unten gelegenen seitlichen Thoraxwand. Dann läßt sich auch die Größe des Ergusses abschätzen, indem man den Abstand zwischen den Rippen einerseits und der Lunge andererseits bestimmt (vgl. Abb. 4-32 B).

Im Verein mit einem Pleuraerguß kann man zwei Mechanismen der Lungenkompression (Atelektase) sehen: Die Kompressionsatelektase der darunter gelegenen Lunge; oder es können aber auch Pleuraerguß und Atelektase Ausdruck eines gemeinsamen ursächlichen Prozesses sein, z.B. eines Bronchialkarzinoms. Diese beiden Formen zu unterscheiden kann aber sehr schwierig sein; hierbei ist die Lage der Trachea noch das nützlichste Zeichen. Ist die Trachea zur Seite mit dem Erguß verlagert, muß eine erhebliche Lungenatelektase vorhanden sein, die einen größeren Volumeneffekt ausmacht als der Pleuraerguß allein. Sehr große Pleuraergüsse ohne gleichzeitige Atelektase werden Mediastinum und Trachea zur Gegenseite verlagern. Steht die Trachea aber in der Mitte, so wird es schwierig, etwas über eine eventuelle Atelektase und deren Mechanismus auszusagen.

Problematisch ist auch eine Aussage darüber, ob eine Verdichtung an der Lungenbasis auf einem Erguß beruht oder aber auf einem Infiltrat bzw. einer Atelektase. In der Regel steht der laterale Rand einer Verschattung durch einen Pleuraerguß höher als der mediale. Sie ist homogen dicht und liegt außerhalb der Lungengrenzen, ferner zeigt sie zur Lunge hin eine nach innen konkav gebogene Grenzfläche. Innerhalb eines Pleuraergusses sieht man kein Luftbronchogramm. Strahlt der Erguß in einen Lappenspalt ein, so kann man beide Fissurenränder erkennen. Trachea und Mediastinum verbleiben entweder in Neutralstellung oder sind zur Gegenseite abgedrängt. Umgekehrt entspricht bei einem Infiltrat oder einer Atelektase die Form der eines Lappens oder eines Segments. Ein Luftbronchogramm kann vorhanden sein; wo ein Infiltrat an eine Fissur grenzt, wird nur eine Seite des Lappenspalts deutlich abgrenzbar. Bei Infiltrat oder Atelektase liegen Trachea und Mediastinum entweder in der Mitte oder zur erkrankten Seite hin verzogen.

Freie Pleuraergüsse haben auf der Aufnahme in Rückenlage im a.-p. Strahlengang ein ganz anderes Erscheinungsbild als im Stehen (Abb. 4-33). In Rückenlage liegen die abhängigen Teile der Pleurahöhle der hinteren Thoraxwand an, weshalb ein verschieden großer Anteil eines Hemithorax homogen vermehrt strahlendicht und die Zwerchfellkontur oft unscharf wird. Eventuell kann man die Flüssigkeit über den Lungenspitzen sehen,

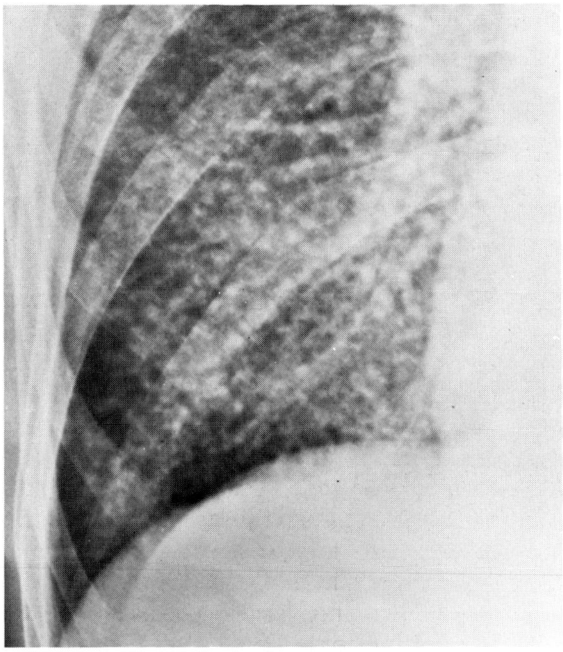

Abb. 4-29: Disseminierte Fleckschatten. Bei diesem Patienten lautete die Diagnose: Pneumokoniose (Bergarbeiter): Silikose.

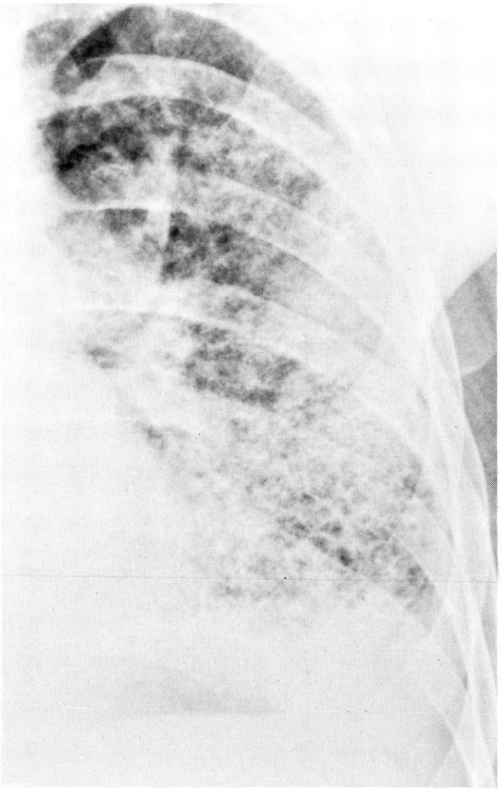

Abb. 4-30: Ausgedehntes retikulonoduläres Muster (interstitielles Muster). Dieser Patient litt an einer diffusen interstitiellen Lungenfibrose.

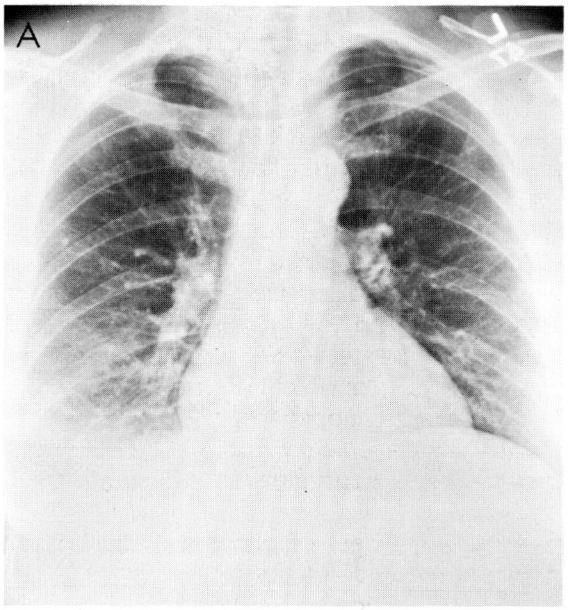

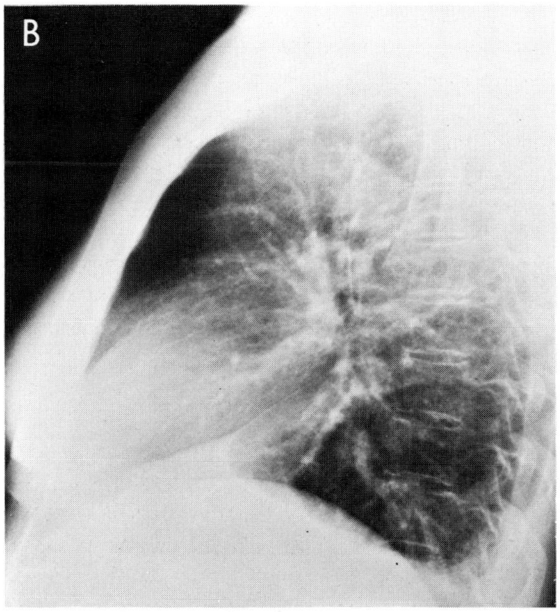

Abb. 4-31: Pleuraerguß rechts. Beachten Sie die unscharf begrenzte strukturlose (milchglasartige) Verschattung auf der p.-a. Aufnahme **(A)**, die nach lateral zur Thoraxwand hin ansteigt. Der rechte Randsinus ist durch die Flüssigkeitsansammlung völlig verschattet.

B. Auf der Seitaufnahme sieht man den Pleuraerguß basal dorsal an der Thoraxwand hochsteigen und auch sein Einstrahlen in den großen Lappenspalt von unten her.

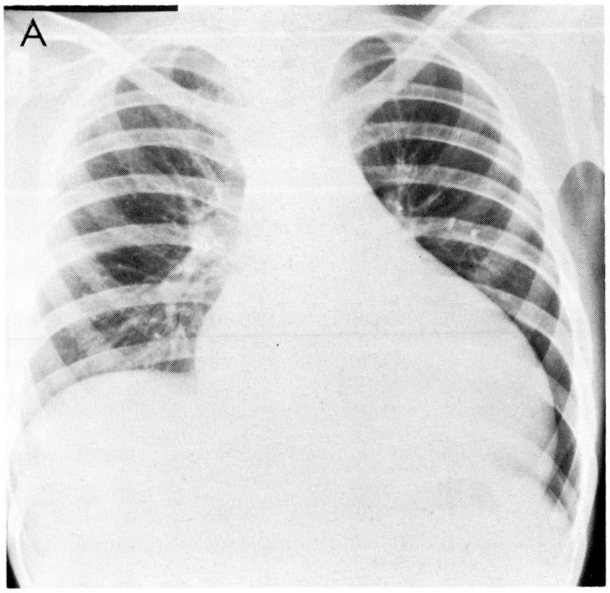

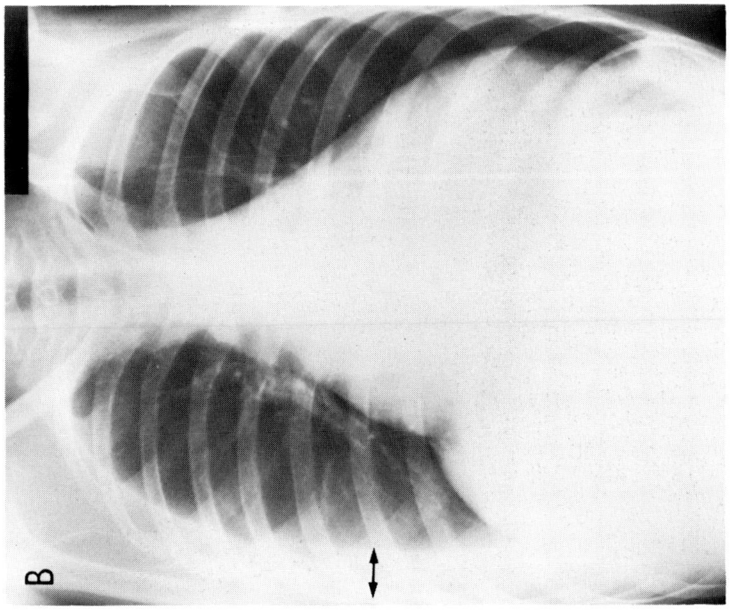

Abb. 4-32: Subpulmonaler Pleuraerguß rechts, der die gleiche Form wie das Zwerchfell hat. Das einzige Zeichen, das einen solchen Erguß auf der p.-a. Aufnahme vermuten läßt **(A)**, ist der offensichtliche «Zwerchfellhochstand».

Die Aufnahme in Rechtsseitenlage (Mastranda-Aufnahme) **(B)** zeigt jetzt die Pleuraflüssigkeit der seitlichen Brustwand anliegend (Pfeile). Die Herzvergrößerung dieses Patienten ist durch eine Kardiomyopathie bedingt.

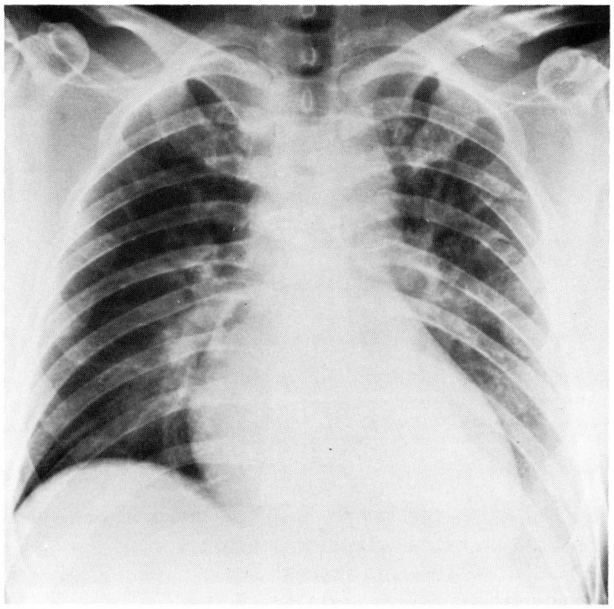

Abb. 4-33: Pleuraerguß bei einer Aufnahme im Liegen. Der linksseitige Pleuraerguß hat einen sehr schlecht begrenzten kranialen Rand. Bei diesem Fall ist das völlige Verlöschen der gesamten linken Zwerchfellkontur das hervorstechendste Zeichen. Beachten Sie auch die Frakturen der linken oberen Rippen dorsolateral.

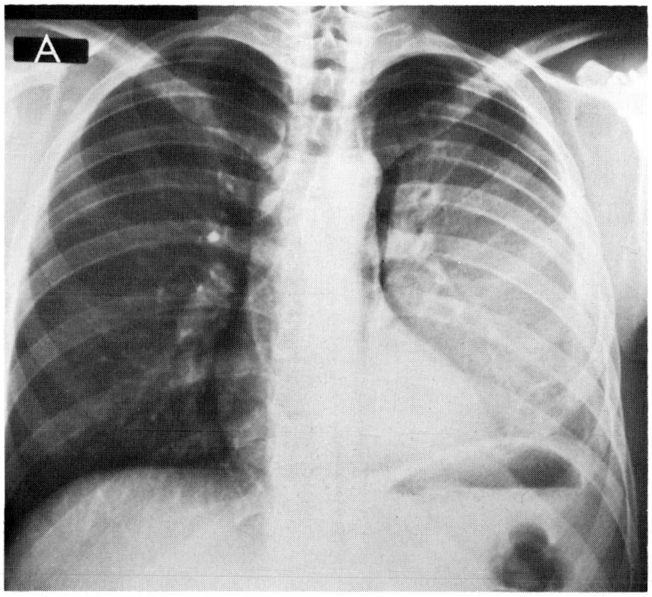

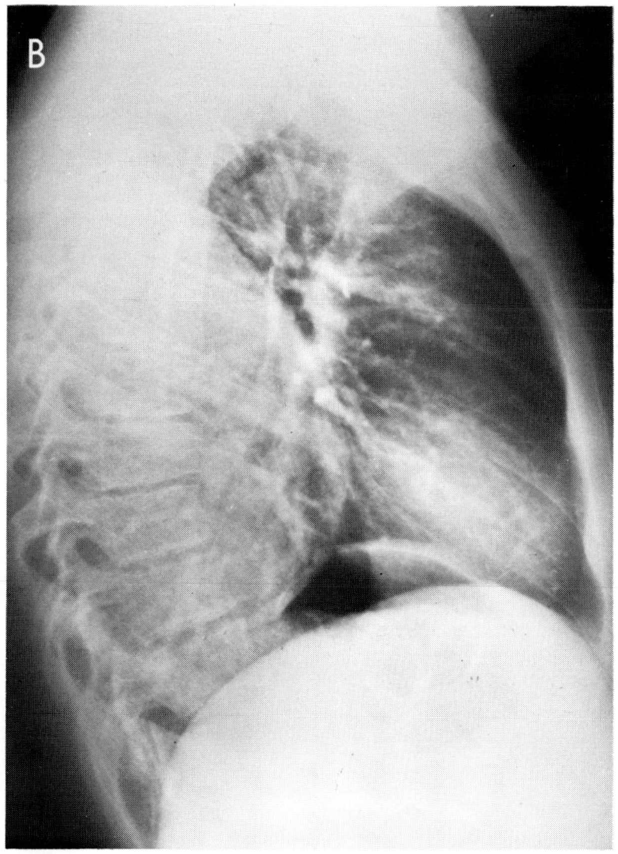

Abb. 4-34: A und **B.** Gekammerte Pleuraflüssigkeit bei einem links dorsal gelegenen Pleuraempyem. Man achte hier darauf, wie die Differentialdiagnose gegenüber einer Lungeninfiltration von der Form der Verschattung auf der Seitaufnahme bestimmt wird.

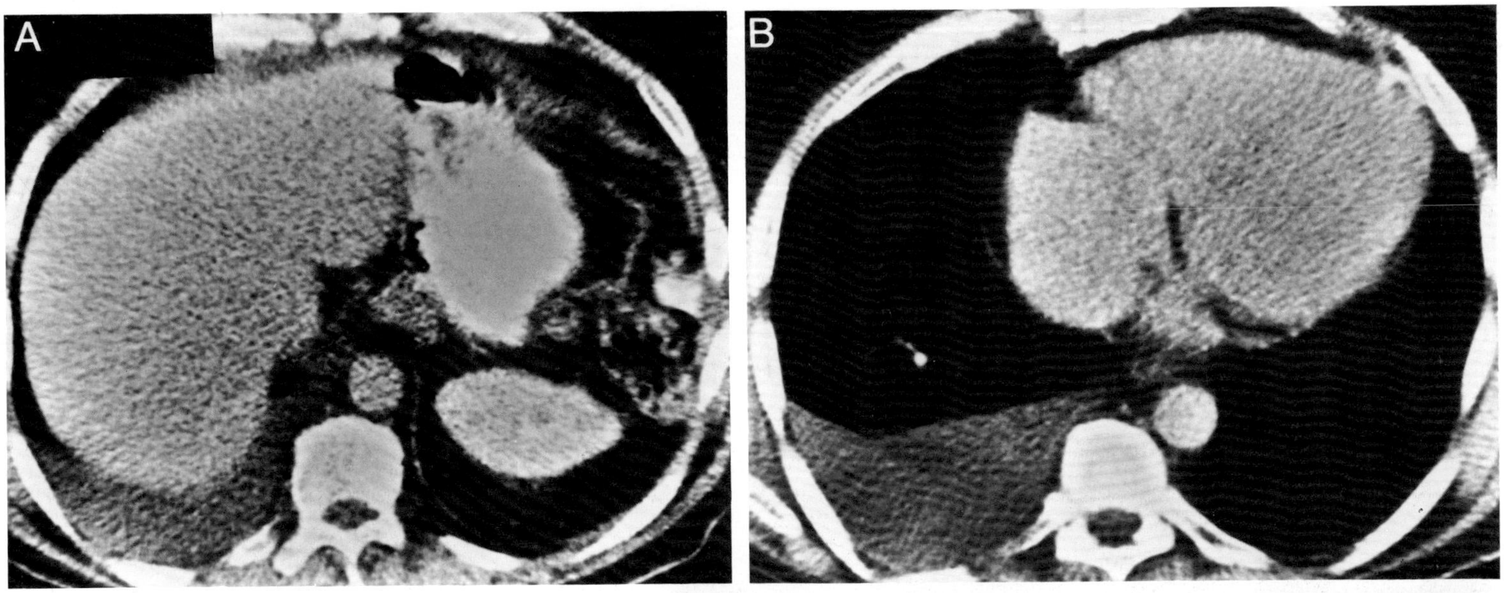

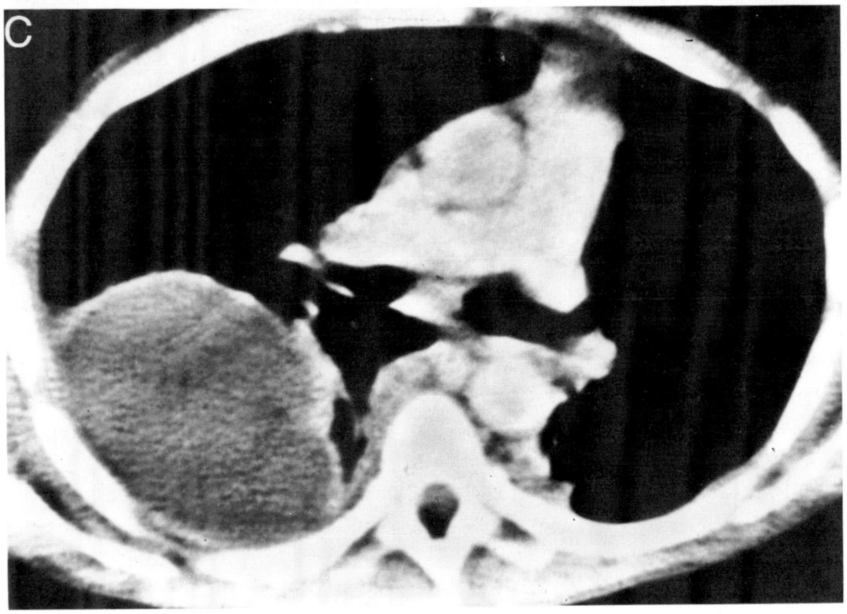

Abb. 4-35: CT beim Pleuraerguß. **A** und **B** zeigen ein Transsudat in der rechten Pleurahöhle. Dargestellt sind zwei verschiedene Höhen: **A** zeigt den Erguß hinter der rechten Zwerchfellhälfte und der Leber gelegen; **B** ist ein höherer Schnitt mit dem Erguß hinter dem rechten Unterlappen. **C** Empyem mit gekammerter Flüssigkeit innerhalb einer Schicht eingedickter Flüssigkeit. Beachten Sie die ähnliche homogene Struktur der Flüssigkeit in beiden Fällen.

die hier ein gut abgrenzbares, dichtes Band formt. Bei großen Pleuraergüssen umgibt ein solches Band homogen vermehrter Dichte den gesamten Lungenaußenrand, wobei der gesamte betroffene Hemithorax strahlendichter erscheint als normal.
Umschriebene (gekammerte) Pleuraergüsse kommen immer dann vor, wenn die Beweglichkeit der Flüssigkeit innerhalb der Pleurahöhle durch Adhäsionen der Pleurablätter untereinander verhindert wird. Solche Ergußkammerungen sieht man bei vielen Ergußarten, sie ist aber ein besonderes Charakteristikum des Pleuraempyems (Abb. 4-34). Gekammerte Ergüsse kommen an allen Stellen der Pleurahöhle vor, einschließlich der Lappenspalten. Ist der Erguß in einem Lappenspalt gekammert, so kann er auf einer Aufnahme im sagittalen Strahlengang einen Lungentumor imitieren, doch läßt sich diese Fehldiagnose vermeiden, wenn man beachtet, daß ein solcher Erguß sich auf einer Seitaufnahme linsen- oder spindelförmig abbildet und innerhalb der bekannten Lage eines der Lappenspalten gelegen ist (vgl. Abb. 4-12). Ein gekammerter Pleuraerguß kann einem Lungentumor ähneln, aber auch mit einem dichten intrapulmonalen Infiltrat verwechselt werden (vgl. Abb. 4-11 und 4-34). Die korrekte Diagnose hängt davon ab, daß man die scharf begrenzte bogige Begrenzung einer Verschattung mit der Basis an der Pleura als gekammerten Erguß erkennt.
Die grundlegenden Zeichen eines Pleuraergusses ähneln im Computertomogramm denen auf den Übersichtsaufnahmen, jedoch mit der Zusatzinformation, daß die Dichte der Pleuraflüssigkeit homogen und charakteristischerweise geringer als die der meisten Weichteile ist (Abb. 4-35). Die Unterscheidung zwischen einem Pleuraerguß und einem Lappenkollaps ist im CT leicht zu treffen, doch wird die CT-Untersuchung nur selten gebraucht, weil die Seitenlageaufnahme die einfacher durchzuführende Untersuchung darstellt. Im CT ist die Dichte eines kollabierten Lungenlappens in der Regel deutlich höher als die eines Pleuraergusses, vor allem wenn zur Dichteanhebung Kontrastmittel injiziert wurde. Auch läßt sich oft Luft in den Bronchien in einer komprimierten Lunge mit dem Auge verfolgen (Abb. 4-36). Wurde ein Kontrastmittel gegeben, dann lassen sich die in der kollabierten Lunge verlaufenden Gefäße identifizieren. Pleuraergüsse sind hingegen im CT von gleichförmiger Flüssigkeitsdichte und enthalten weder Blutgefäße noch Bronchien.
Die Ultraschalluntersuchung kann bei der Suche nach einem Pleuraerguß sehr von Nutzen sein. Wie wir schon oben erörterten, kann ein gekammerter Erguß auf den Thoraxübersichtsaufnahmen schwierig zu diagnostizieren sein, in welcher Situation dann die Sonographie ihren besonderen Stellenwert hat. Da sich ein gekammerter Pleuraerguß meist an der Thoraxwand ansammelt, ist es möglich, den Schallkopf direkt über die Flüssigkeitsansammlung zu halten und somit dessen Größe und Ausdehnung zu zeigen sowie die ideale Stelle für die Pleurapunktion oder die Pleurasaugdrainage zu bestimmen (Abb. 4-37). Zweite Hauptaufgabe der Sonographie ist es, einen subphrenischen Prozeß, wie zum Beispiel einen Abszeß oder Aszites, festzustellen oder auszuschließen, der wiederum für einen Pleuraerguß ursächlich sein kann. Bei der Oberbauchsonographie sind das Zwerchfell und die subphrenische Region deutlich einsehbar, weshalb die Sonographie ideal geeignet ist, Flüssigkeit oberhalb und/oder unterhalb des Zwerchfells nachzuweisen.

Pleuraverdickung

Ursachen einer Pleuraverdickung können eine Fibrosierung der Pleura nach einem vorangehendem Erguß oder einer Einblutung oder eine Plaquebildung bei der Asbestose sein. Gelegentlich kann aber auch ein primäres Malignom der Pleura dahinterstehen. Bei der Pleurafibrosierung ähnelt das Erscheinungsbild dem eines Pleuraergusses, die Verdickung ist aber immer geringer als der ursprüngliche Ergußschatten, oft sogar erheblich kleiner. Oft bleibt der Randsinus frei, oder dessen Einengung ist unregelmäßig und erscheint dann in verschiedenen Projektionen unterschiedlich groß. Es kann bei Standardaufnahmen unmöglich sein, zwischen einem Pleuraerguß und einer Pleurafibrosierung zu unterscheiden. Zum Nachweis, daß der Pleuraschatten sich nicht verändert und es sich folglich um eine Pleurafibrosierung handeln muß, kann der Vergleich mit Voraufnahmen notwendig werden. Man kann das Problem aber auch durch eine Aufnahme im Liegen in Seitenlage angehen, wo sich dann die freie Flüssigkeit der unteren Brustwand anlegen wird, während eine Pleuraverdickung oder ein gekammerter Erguß ein unverändertes Bild präsentieren werden.
Die Pleurafibrose ruft in der Regel eine glatte Begrenzung des Pleuraschattens hervor, wohingegen Pleuratumoren zu gelappten Raumforderungen mit der Basis an der Pleura führen (Abb. 4-38). Maligne – sowohl primäre als auch sekundäre – Pleuratumoren verursachen häufig Pleuraergüsse, wobei sich der Tumor dann selbst teilweise oder ganz im Schatten des Pleuraergusses verbergen kann.
Die Unterscheidung zwischen einer Pleurafibrose bzw. einem Pleuratumor und einem Pleuraerguß läßt sich computertomographisch fällen, sie ist sonographisch besonders einfach zu erheben, da Flüssigkeit und solides Gewebe sowohl in der CT als auch sonographisch unterschiedliche Charakteristika aufweisen.

Pneumothorax

Die Diagnose eines Pneumothorax steht mit dem Erkennen der Pleurabegrenzungslinie, die durch Luft von der Brustwand, dem Mediastinum oder dem Zwerchfell abgehoben ist. Normalerweise sieht man peripher dieser Grenzlinie keine Gefäße mehr (Abb. 4-39). Das Fehlen der Gefäßzeichnung allein genügt aber für die Diagnosestellung noch nicht, da auch in einer Emphysemblase keine oder nur spärliche Gefäße liegen können. Weithin besteht die Annahme, daß die kollabierte Lunge unter dem

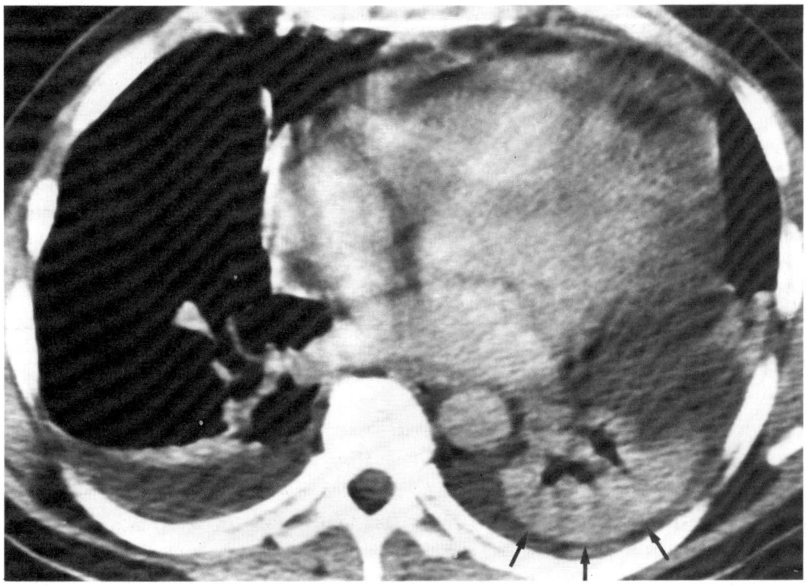

Abb. 4-36: Dieser CT-Schnitt zeigt den Kollaps des linken Unterlappens innerhalb eines ihn umgebenden Pleuraergusses (Kompressionsatelektase). Die Pfeile zeigen auf den Rand der kollaptischen Lunge. Auch rechts liegt ein Pleuraerguß mit einer kleinen streifigen Atelektase im rechten Unterlappen vor. Einen Nachbarschnitt dieses Patienten mit einem weit ausgedehnten kleinzelligen Bronchialkarzinom gibt die Abbildung 4-74 wieder.

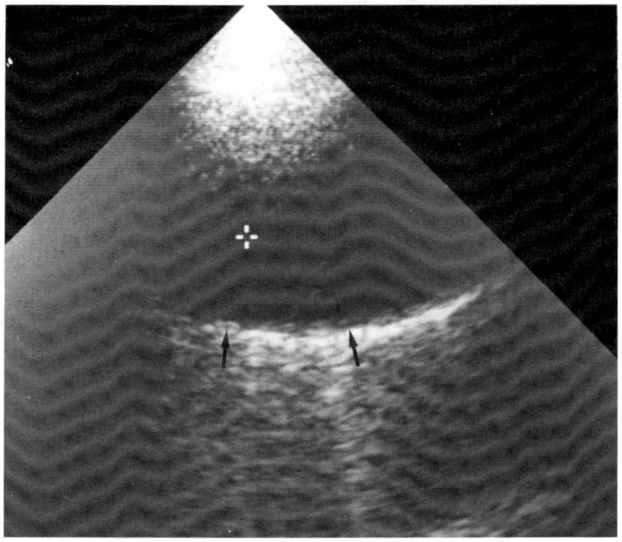

Abb. 4-37: Sonographieschnittbild eines Pleuraergusses. Das Kreuz liegt im Zentrum der echofreien Flüssigkeit. Die Grenzfläche von Lunge und Flüssigkeit ist gut zu sehen (Pfeile). In diesem Falle handelte es sich bei der Flüssigkeit um ein Pleuraempyem.

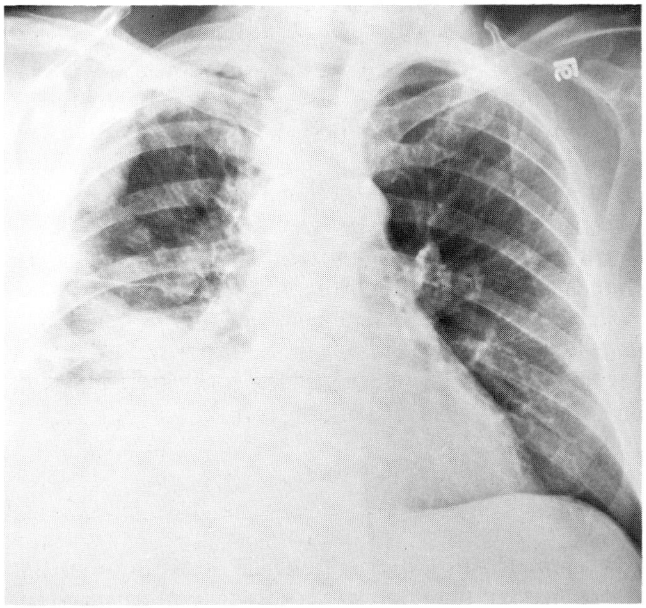

Abb. 4-38: Lappenförmig begrenzte pleurale Verschattungen bei einem malignen Pleuramesotheliom des rechten Hemithorax.

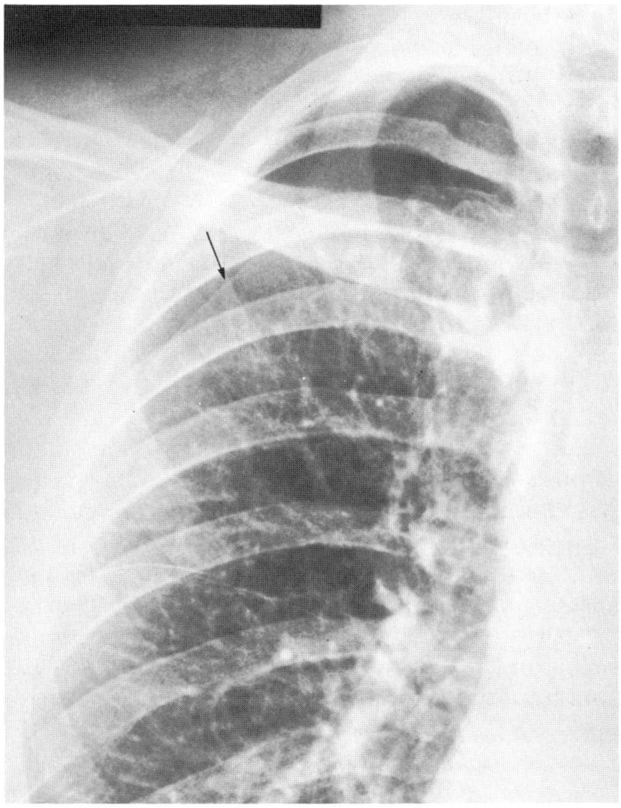

Abb. 4-39 (rechts): Pneumothorax mit einer deutlichen Luftansammlung außerhalb der Pleura visceralis und scharfer Abgrenzung gegenüber dem Lungenrand (Pfeil).

Pneumothorax strahlendichter als normal ist. Tatsächlich aber besteht kein nennenswerter Dichteunterschied der Lunge, es sei denn, der Pneumothorax ist sehr groß.
Das Aufdecken eines kleinen Pneumothorax kann sehr schwierig sein. Leicht verwechselt man den Pleurarand mit der Kortikalis normaler Rippen und stellt so die Fehldiagnose eines nicht erkannten Pneumothorax. Manchmal stellt sich ein Pneumothorax auf einer Aufnahme in Exspirationsstellung besser dar.
Bei einem Spannungspneumothorax kommt es zur Mediastinalverschiebung, oft auch zur Abflachung einer Zwerchfellhälfte (Abb. 4-40).
Bei den meisten Fällen eines Pneumothorax – egal welcher Ursache – zeigt sich etwas Flüssigkeit in der Pleurahöhle, und es wird ein Luft-Flüssigkeits-Spiegel sichtbar. Beim Spontanpneumothorax hingegen ist die Flüssigkeitsmenge, meist Blut, oft nur sehr gering.
Gelegentlich kann eine Hautfalte mit einem Pneumothorax verwechselt werden (Abb. 3-41).

Zwerchfell

Die Zwerchfellstellung kann eine Krankheit wiederspiegeln. Beide Zwerchfellhälften können durch die Ausdehnung des Abdomens (Aszites, Adipositas) wie auch durch Lungenerkrankungen hochgedrängt.
Ein einseitiger Zwerchfellhochstand geht mit einem Volumenverlust der gleichseitigen Lunge einher, kann aber auch durch eine abdominelle Raumforderung oder einen subphrenischen Abszeß bedingt sein. In jeder dieser Situationen sollte die Ursache der Zwerchfellanhebung sichtbar sein oder wenigstens vermutet werden; hierzu dienen die Thorax- und Abdomenaufnahmen. Ein ganz erheblicher einseitiger Zwerchfellhochstand ohne weitere ersichtliche Anomalien legt den Verdacht auf eine Eventration oder eine Zwerchfellparese nahe. Man sollte immer auch daran denken, daß ein subpulmonaler Erguß einen einseitigen Zwerchfellhochstand vortäuschen kann.

Mediastinum

Auf einer Nativaufnahme des Thorax haben alle Strukturen innerhalb des Mediastinums abgesehen von den Atemwegen die gleiche Strahlendichte. Auch wenn sie in Fett eingebettet liegen, ist es in der Regel nicht möglich, diese Fettschichten auf der Aufnahme auszumachen, mit Ausnahme des epi- und des perikardialen Fettgewebes. Deshalb hängt das Erkennen von Krankheiten des Mediastinums davon ab, ob man eine Verbreiterung des Mediastinums feststellen oder Luft bzw. ungewöhnliche Verkalkungen darin ausmachen kann.

Mediastinalverbreiterung

Eine akute Mediastinalverbreiterung zeigt eine Blut- oder Flüssigkeitsansammlung an; häufigste Ursache hiervon ist eine Einblutung in das Mediastinum aus Arterien oder Venen. Die Einblutung kann auf ein Trauma hin erfolgen oder aber spontan durch ein Aneurysma der Aorta oder eines ihrer Hauptäste. Leckt das Aneurysma, so kann man das Aneurysma selbst auch oft sehen. Bei Patienten mit zentralvenösen Zugängen kann eine fehlerhafte Positionierung des Katheters zu einem Flüssigkeitsextravasat in das Mediastinum führen (Abb. 4-42). Sehr seltene Ursachen sind Ansammlungen von Eiter oder Lymphflüssigkeit.
Welche auch immer die Flüssigkeit sein mag, die radiologischen Zeichen ähneln sich auf Thoraxaufnahmen sehr. Am stärksten ausgeprägt ist die Flüssigkeitsansammlung in unmittelbarer Nachbarschaft einer jeglichen Leckstelle; oft erstreckt sie sich über das gesamte Mediastinum und führt zu dessen allgemeiner Verbreiterung und zur Unschärfe seiner normalerweise scharfen Randkontur. Der Mediastinalraum geht kontinuierlich in den weiteren extrapleuralen Raum über; so kann sich eine primär mediastinale Flüssigkeitsmenge oft extrapleural über die Zwerchfelle und die Lungenspitzen ausbreiten, wo man sie dann als der Lungenspitze aufsitzende flüssigkeitsdichte Kappe erkennen kann (sog. apical cap-Zeichen; Anm. d. Übers.) (Abb. 4-43). Dieses kappenartige Aufsitzen auf der Pleura ist aber kein Spezifikum für extrapleurale Flüssigkeit; ein ähnliches Bild sieht man auch bei einer entzündlichen oder neoplastischen Pleuraverdickung und sogar wegen der extrapleuralen Fetteinlagerung bei gesunden Menschen. Die beiden Merkmale, die den Untersucher zum Verdacht auf ein Hämatom führen sollten, sind das Fehlen einer Erkrankung in der Nachbarschaft des Prozesses sowie das Fehlen eines ähnlichen Schattens auf der Gegenseite. Es spricht noch mehr für eine Flüssigkeitsansammlung, wenn die der Lunge zugewandte Oberfläche sehr glatt ist. Wie so oft, kann auch hier erst der Vergleich mit älteren Voraufnahmen die endgültige Unterscheidung von akuten und chronischen Veränderungen erbringen.
Das Erkennen einer Mediastinalverbreiterung kann sehr schwierig sein. Groß ist der Formenreichtum in der Mediastinalkonfiguration bei der Normalbevölkerung. Der Hauptgrund dieser Variabilität liegt in der Gestalt der Aorta thoracalis begründet, die mit zunehmendem Lebensalter elongiert und sich vermehrt schlängelt und so zu einer erheblichen Formveränderung der beiden Mediastinalrandkonturen führt. Die Stärke dieser vermehrten Schlängelung variiert enorm; deshalb ist es zuverlässiger, diese Formveränderung mit erst kürzer zurückliegenden Voraufnahmen zu vergleichen als mit einem einzigen Film zu beurteilen.
Zur Beurteilung des Mediastinums ist die CT die Methode der Wahl, zumal es diese Untersuchung ermöglicht, eine vaskuläre von einer nicht vaskulären Mediastinalverbreiterung zu unterscheiden und eine Mediastinaleinblutung zu sichern oder auszuschließen.

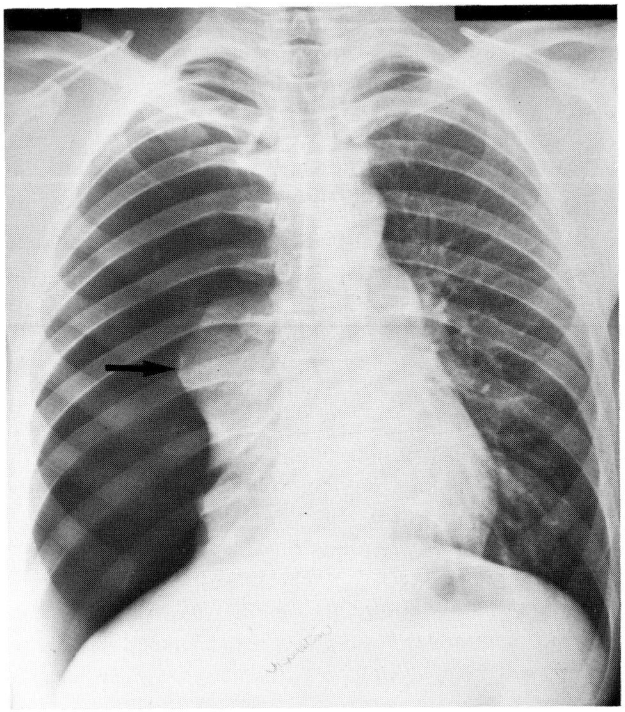

Abb. 4-40: Spannungspneumothorax. Beachten Sie den Kollaps der rechten Lunge (Pfeil), das tiefstehende und abgeflachte rechte Zwerchfell und die Verdrängung der Mediastinalorgane zur Gegenseite.

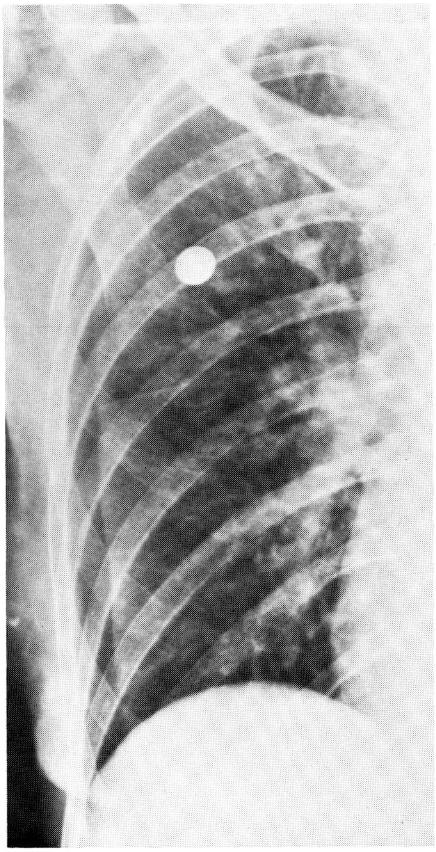

Abb. 4-41: Durch eine Hautfalte vorgetäuschter Pneumothorax. Beachten Sie bitte, daß der Rand der Hautfalte keine scharf begrenzte Linie wie beim Pneumothorax, sondern der Rand einer Verschattung mit relativ unscharfem rechtem Rand ist.

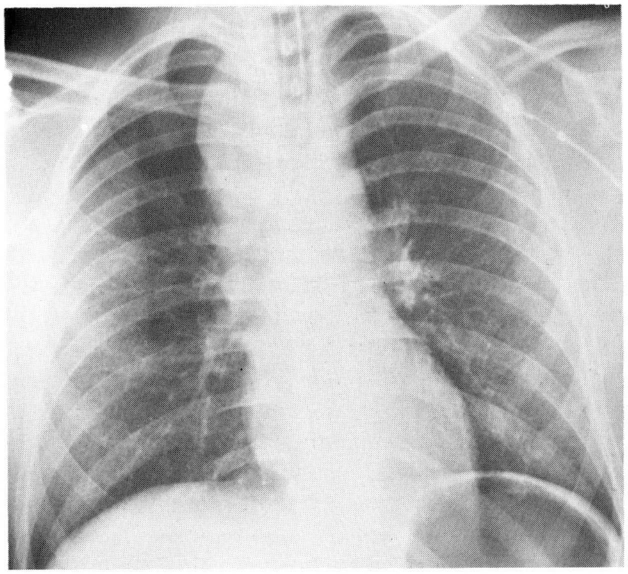

Abb. 4-42: Verbreiterung des rechten oberen Mediastinums infolge einer Flüssigkeitsinfusion nach fehlerhafter Plazierung eines zentralvenösen Zugangs.

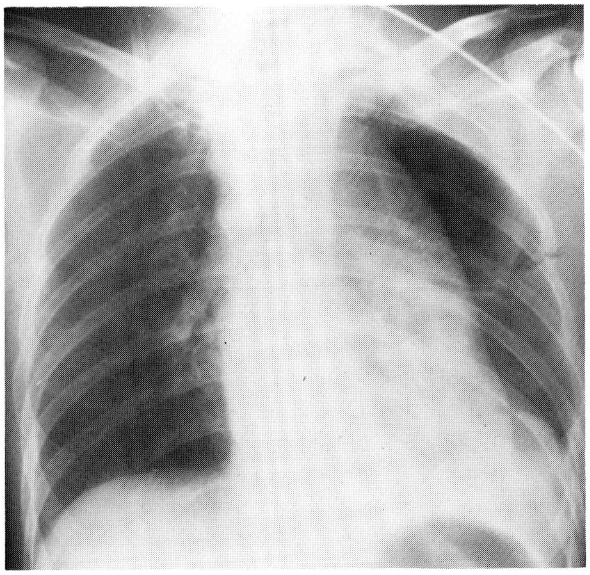

Abb. 4-43: Aortenruptur mit anschließender Flüssigkeitsbedeckung der linken Lungenspitze (Blut). Auch hier bestehen eine Mediastinalverbreiterung und eine größere links subpulmonale Flüssigkeitsansammlung.

Pneumomediastinum (Mediastinalemphysem)

Luft im Mediastinum kann entweder die Folge einer spontanen oder posttraumatischen Ruptur des Ösophagus oder des Tracheobronchialbaumes sein, sie kann aber auch von einer Herkunft außerhalb des Mediastinums sein, wie z. B. bei einem subkutanen Emphysem oder einem Pneumoretroperitoneum, das in das Mediastinum durchgewandert ist. Häufigste Ursache eines Pneumomediastinums bei einem Patienten ohne Trauma ist ein bei einem Asthmaanfall entstandendes Luftleck. Gelegentlich sieht man es aber auch bei einer Vielzahl von Krankheitsbildern wie diabetischem Koma und Leukämie, doch kennt man hier den eigentlichen Verknüpfungsmechanismus nicht. Ein Pneumomediastinum kann die Folge eines forcierten Valsalva-Manövers sein oder aber nur ein gleichzeitiger Zufallsbefund. Vorausgesetzt, daß eine Pharynx- oder Ösophagusperforation oder ein traumatisches Leck des Tracheobronchialbaums ausgeschlossen werden können, ist das Pneumomediastinum für sich allein genommen ohne klinische Relevanz.

Ein Pneumomediastinum (Abb. 4-44 bis 4-49) erkennt man als streifenförmige Aufhellung innerhalb des Mediastinums, meist ist es entlang dem Truncus pulmonalis und dem benachbarten linken Hilus, dem Aortenknopf und dem linken Herzrand erkennbar. Die Luft trennt die perivaskulären Bindegewebsscheiden voneinander und breitet sich in den Hals, die Supraklavikulargruben und auch in die Axilla, manchmal sogar bis in das Retroperitoneum aus. Beiderseits der Zwerchfelle kann sie in den Raum außerhalb der serösen Häute eindringen. Bei jüngeren Kindern bleibt die Ausbreitung oft nur auf das Mediastinum begrenzt. Bei einem kleineren oder benignen Pneumomediastinum fehlt eine Mediastinalverbreiterung meistens. Ist der Mittelfellraum dagegen deutlich verbreitert, muß man den Verdacht auf eine Flüssigkeitsansammlung schöpfen; eine Ösophagusperforation rückt dann in den Bereich des Möglichen.

Schwierig abzugrenzen ist ein Pneumomediastinum womöglich von einem medial gelegenen Pneumothorax. Bei dieser Differentialdiagnose sollte man bedenken, daß ein Pneumomediastinum meist streifig aussieht und beidseitig gelegen ist.

Ein Pneumomediastinum kann schwer von einem medial gelegenen Pneumothorax zu unterscheiden sein. Differentialdiagnostisches Abgrenzungskriterium ist, daß das Pneumomediastinum oder Mediastinalemphysem meist streifig aussieht und doppelseitig vorkommt. Mit der CT ist ein Pneumomediastinum leicht und verläßlich aufzudecken, doch reserviert man diese Methode für Patienten mit beispielsweise Verdacht auf Ruptur der Trachea oder eines größeren Bronchus oder des Ösophagus (vgl. Abb. 4-91), wo ein gleichzeitig vorhandenes Mediastinalemphysem die Behandlung wesentlich abwandelt.

Thoraxtrauma

Rippenfraktur

Eine Rippenfraktur erkennt man an einer Kortikalisunterbrechung der Rippe (vorausgesetzt daß man diese auch sehen kann). Meist zeigt sich an der Frakturstelle eine stufenartige Verschiebung der Fragmente nach unten und oben; wegen der Überlappung können die Fragmentenden auch dicht erscheinen. Gelegentlich fehlt die stufenartige Verschiebung; dann kann eine Dichtezunahme durch Fragmentüberlappung das einzige röntgenologische Kennzeichen sein.

Das Hämatom, das eine Rippenfraktur begleitet, tritt oft als extrapleurale Weichteilschwellung in Erscheinung. Manchmal kann dies das auffallendste, wenn nicht sogar das einzige Frakturzeichen in allen Aufnahmen sein.

Wie man eine Rippenfraktur am besten röntgenologisch darstellt, hängt von deren Lokalisation ab. Die Rippen verlaufen dreidimensional gekrümmt; deshalb werden, in welcher Projektion auch immer, einige Anteile gut, andere wiederum nur schlecht darstellbar sein. Die Routine-Thoraxaufnahme, die sowohl Informationen zu einer intrathorakalen Verletzung wie auch zu einer Brustwandläsion liefert, dient im sagittalen Strahlengang der Darstellung der Rippen oberhalb des Zwerchfells, die nicht durch den Herzschatten verdeckt werden. Man kann Schrägaufnahmen von symptomatischen Rippen nachfolgen lassen. Zur Darstellung der Rippen unterhalb der Zwerchfellkuppel können Aufnahmen im sagittalen und schrägen Strahlengang erforderlich sein. Da die Belichtungsfaktoren für eine optimale Sichtbarmachung so sehr davon abhängen, welche Rippen demonstriert werden sollen, ist es wichtig, daß der Röntgenologe der Assistentin genau mitteilt, welche Rippen zu untersuchen sind.

Rippenfrakturen können eine schwierige Diagnose darstellen. Nicht selten sind sie unsichtbar, weil keine Fehlstellung vorhanden ist oder sie in verkürzter Projektion gesehen werden und so unerkannt bleiben. Frakturen durch den Rippenknorpel oder durch den Rippen-Knorpel-Übergang sind mit herkömmlichen röntgenologischen Techniken nicht abbildbar.

Am häufigsten brechen die Rippen IV bis IX. Bei ansonsten gesunden Personen sind einfache Rippenfrakturen ohne begleitende Verletzung von Pleura oder Lunge meist völlig harmlos. Der «Dreschflegel»-Thorax ist eine klinische Diagnose, doch kann man bei der Röntgenuntersuchung natürlich die hierfür verantwortlichen Frakturen des paradox atembeweglichen Segments erkennen.

Frakturen der oberen drei Rippen sind Hinweiszeichen für ein schweres Trauma und erfordern die sorgsame Suche nach einer Bronchial- oder einer Aortenverletzung. Ähnlich sollte eine Fraktur der beiden unteren Rippen die Aufmerksamkeit auf Eingeweideverletzungen von Leber, Milz und Nieren lenken. Es können aber auch schwere intrathorakale Verletzungen ohne Rippenfraktur(en) vorkommen. In der Tat können bei Kindern

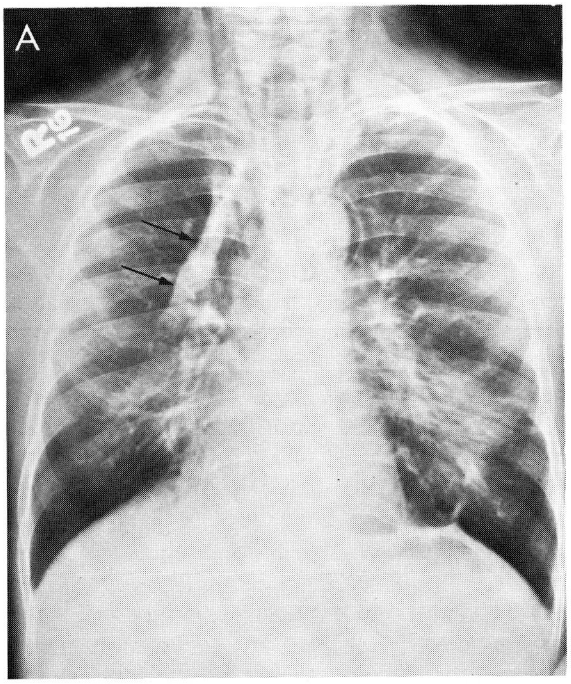

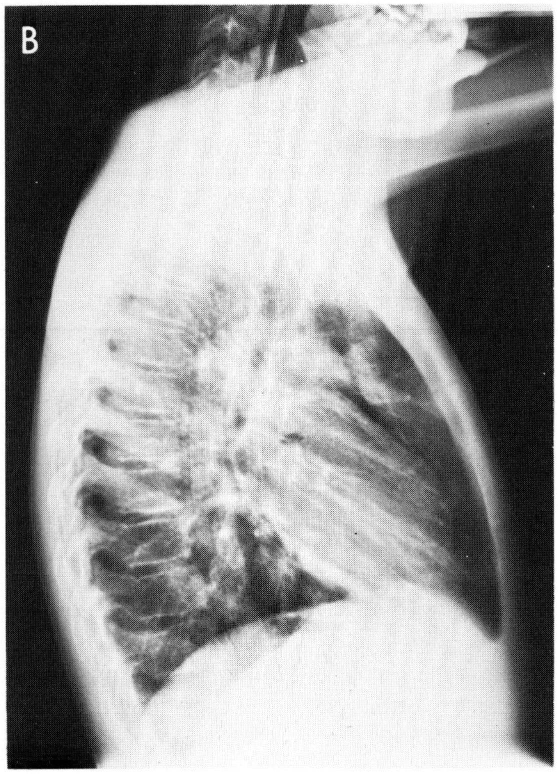

Abb. 4-44: A und **B.** Pneumomediastinum bei einem Asthmapatienten. Luft neben der Aorta ascendens und dem «Aortenknopf», die sich bis in die Halsweichteile ausgebreitet hat. Der Thymus (Pfeile) ist von der Aorta abgedrängt worden. Die Luft zwischen Thymus und großen Gefäßen muß intramediastinal liegen und sollte deshalb nicht mit einem Pneumothorax verwechselt werden. Beachten Sie auch die herdförmigen Atelektasen durch Schleimpfröpfe innerhalb beider Lungen.

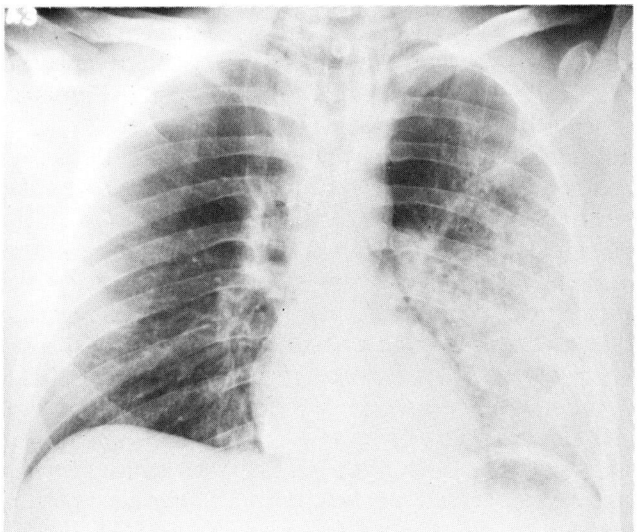

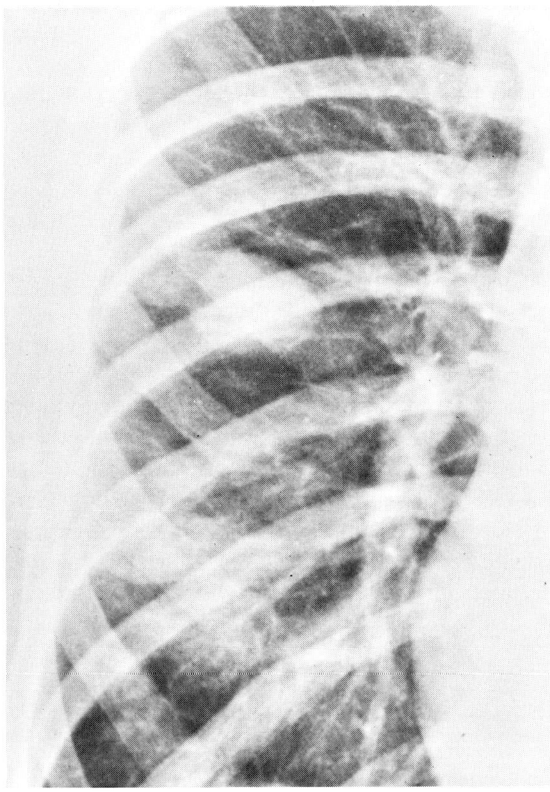

Abb. 4-45 (oben): Ausgedehnte Kontusion der linken Lunge. Beachten Sie, daß die Verschattung aufgrund der Kontusion nicht von einer Pneumonie oder anderen Lungeninfiltraten abgrenzbar ist.

Abb. 4-46 (rechts): Lungenhämatom. Bemerkenswert sind hier die ovale Form und die schlechte Abgrenzbarkeit der oberen der beiden Läsionen.

auch bei schweren Traumata Frakturen der Rippen wegen deren starker Biegbarkeit unsichtbar bleiben.

Lungenkontusion und Lungenriß

Eine Lungenkontusion erscheint im Röntgenbild als eine flekkig-flächige nichtsegmentale oder homogene Infiltration, dies in der Regel, aber nicht streng gesetzmäßig auf der traumatisierten Thoraxseite; sie tritt innerhalb von sechs Stunden nach dem Trauma auf (Abb. 4-45). Deren Auflösung setzt innerhalb von 48 Stunden ein und ist nach 3–24 Tagen vollständig. Klingt dieses Infiltrat nicht innerhalb von 72 Stunden ab, dann sollte man dafür andere Diagnosen erwägen, z.B. eine anhaltende Blutung, eine Pneumonie oder eine Atelektase. Innerhalb der ersten vier bis sechs Stunden nach dem Trauma kann eine Lungenkontusion durchaus unsichtbar bleiben. Häufig bestehen auch Rippenfraktur(en) und eine pleurale Flüssigkeitsansammlung (Hämatothorax). Viele Patienten mit klinisch bedeutsamer und sogar lebensbedrohlicher Lungenkontusion weisen keinerlei Rippenfraktur auf.
Eine Lungenzerreißung kann man sowohl nach stumpfem als auch nach penetrierendem Thoraxtrauma sehen. Die Lungenruptur kann sich mit Blut füllen oder aber auch durch Luft ausdehnen und so zu einer Pneumatozele werden. Lungenrisse werden häufig von einem Hydropneumothorax (Hämatopneumothorax) begleitet. Die Pneumatozelen zeigen oft wegen des Blutes im luftgefüllten Raum einen Luft-Flüssigkeits-Spiegel. Meist sind die Lungenzerreißungen von einer Kontusion umgeben; wenn nicht gerade eine Pneumatozele vorliegt, kann sich die Lungenruptur auf der Thoraxaufnahme hinter der Lungenkontusion verbergen. Mit der Lyse der Kontusion kann das Hämatom persistieren und sich als einigermaßen scharf abgrenzbare rundliche oder ovale Verschattung zu erkennen geben (Abb. 4-46), die dann zu ihrer Auflösung viele Wochen in Anspruch nehmen kann und eine Narbe hinterläßt. Die durchschnittliche Resorptionszeit beträgt fünf Wochen, große Hämatome können aber auch bis zu ihrer vollständigen Lyse Jahre brauchen. Pneumatozelen (Abb. 4-47) sieht man als runde lufthaltige Aufhellungen, welche schon bald nach dem Trauma auftreten und meist wieder rasch verschwinden. Ihr schnelles posttraumatisches Erscheinen grenzt sie gegenüber den echten Höhlenbildungen der Lunge ab.
Die Merkmale der Lungenkontusion und der Lungenzerreißung in der CT ähneln den bereits oben beschriebenen in den Übersichtsaufnahmen. Mit der CT lassen sich bei der Abklärung dieser Verletzungen nur wenige Informationen erhalten, auch wenn diese Methode wie immer deren Ausmaß genauer aufzeigt.

Posttraumatische Veränderungen von Pleura und Thoraxwand

Bei Flüssigkeit in der Pleurahöhle nach einem Trauma handelt es sich in aller Regel um Blut, sehr selten nur um Chylus nach einer Verletzung des Ductus thoracicus. Das radiologische Bild eines Hämato- bzw. eines Chylothorax ist mit dem eines Pleuraergusses identisch (s. S. 174).
Ein posttraumatischer Hämatothorax kann Folge von Rupturen der Lunge, der Interkostalgefäße, der großen Gefäße oder des Zwerchfells sein oder aber eine Lungenkontusion begleiten. Der Hämatothorax auf dem Boden einer Lungenverletzung begrenzt sich in der Regel selbst. Eine massive oder fortdauernde Blutung deutet auf eine ernsthafte Verletzung der Mediastinalgefäße oder einer Interkostalarterie.
Zu einem posttraumatischen Pneumothorax kann es durch eine Lungenzerreißung bei einer penetrierenden Verletzung oder durch ein scharfkantiges Rippenfragment kommen. Nach einem stumpfen Trauma kann er Folge von Scher- oder Kompressionskräften sein. Gelegentlich ist Luft im Pleuraspalt Ausdruck eines Bronchusrisses. Das röntgenologische Erscheinungsbild wurde auf Seite 179 beschrieben. Der Hämatopneumothorax ist eine häufige Verletzungsfolge und gibt sich durch einen Luft-Flüssigkeits-Spiegel in der Pleurahöhle zu erkennen. Ein lebensbedrohlicher Pneumothorax wird im Röntgenbild immer zu erkennen sein. Nach kleineren Pneumothoraces sollte man immer bei Patienten mit Überdruckbeatmung sorgsam fahnden.
Bei Unfallverletzten wird die Computertomographie häufiger einen Pneumothorax aufdecken als die Thoraxübersichtsaufnahmen. Dies beruht zum Teil auf den CT-eigenen Vorteilen der Abbildungsgeometrie, aber auch darauf, daß Thoraxaufnahmen bei Unfallpatienten oft als Einzelaufnahmen in Rückenlage mit fahrbaren Röntgengeräten angefertigt werden. Die CT-Untersuchung wird dadurch nur vergleichsweise wenig beeinträchtigt, weil das Vorgehen hier praktisch das gleiche wie beim nicht verletzten Patienten ist.
Die wesentlich höhere Sensitivität der CT bei der Aufdeckung eines Pneumothorax schwerverletzter Patienten erkannte man erstmals bei CT-Untersuchungen des Abdomens, bei denen die Lungenbasen zwangsläufig mit eingeschlossen sind. Bei einem Pneumothorax steigt die Luft stets zur höchstgelegenen Stelle der Pleurahöhle, beim Patienten in Rückenlage also nach ventral direkt über dem Zwerchfell. So werden die Aufnahmen einer Abdomen-CT-Untersuchung einen jeden bedeutsamen Pneumothorax aufzeigen, den man auf den Thoraxübersichten übersehen kann oder der auf diesen völlig unsichtbar ist (Abb. 4-48). Zur alleinigen Suche nach einem Pneumothorax wird eine Thorax-CT dagegen fast nie erforderlich sein.

Thoraxwandemphysem

Das subkutane Brustwandemphysem stellt für sich allein genommen keinen wesentlichen Befund dar, doch kann seine Erkennung zu einem signifikant wichtigen pathologischen Prozeß führen. Es tritt nach einer Rippenfraktur mit «Punktion» der Lunge durch eines der Fragmente auf. Ein subkutanes Emphysem der Brustwand und der Halsweichteile sollte einen immer zu einer sorgfältigen Befundung der Thoraxaufnahme veranlassen, damit man ein Pneumomediastinum ausschließen kann, welches wiederum Hinweis für einen Bronchusriß sein kann.

Tracheobronchiale Ruptur

Risse des Tracheobronchialsystems ereignen sich nur bei größerer Gewalteinwirkung, meist bei einem Dezelerationstrauma der vorderen Brustwand. Bei 50% der Patienten gehen sie mit einer intrakraniellen Verletzung oder einer der großen Gefäße einher; meist handelt es sich um einen Hauptbronchusabriß direkt unterhalb der Trachealbifurkation. Das größte Problem beim Bronchusabriß stellt die Spätkomplikation der signifikanten Bronchusstenose dar.
Pneumomediastinum (Abb. 4-49), Atelektase und Pneumothorax, besonders wenn letzterer sich unter einer endothorakalen Saugdrainage nicht zurückbildet, sind wichtige Röntgenbefunde beim Bronchusabriß. Doch sollte man auch daran denken, daß 10% der Patienten keine körperlichen oder röntgenologischen Befunde einer intrathorakalen Verletzung aufweisen, wahrscheinlich deshalb, weil die Bindegewebsmanschette des Tracheobronchialsystems intakt geblieben ist.

Zwerchfellruptur

Eine Zwerchfellruptur ist meist Folge eines stumpfen Traumas des unteren Thorax und des oberen Abdomens. 95% der Fälle betreffen das linke Zwerchfell. Rippenfrakturen und Milzverletzungen sind häufige Begleitverletzungen. Röntgenologische Zeichen sind hierbei ein Pleuraerguß und die Herniation von Baucheingeweiden durch das Zwerchfell (Abb. 4-50). Der Zwerchfellriß selbst ist selbst computertomographisch nie sichtbar. Häufig ist die Diagnose erschwert, da es oft unmöglich ist, den Zwerchfellstand zu bestimmen, zumal wenn ein Pleuraerguß vorliegt. Deshalb mag es schwierig sein festzustellen, ob sich die Darmeingeweide oberhalb oder unterhalb des Zwerchfells befinden. Folglich sollte man das Thoraxbild oder das CT eines jeden Unfallpatienten mit «Zwerchfellhochstand» sorgsam analysieren, um sicher gehen zu können, daß es sich nicht um einen Pseudo-Hochstand handelt, wobei die eventrierten Baucheingeweide mit ihrem Oberrand einen Zwerchfellhochstand vortäuschen. Wurde ein Magenschlauch eingeführt, so kann dessen Verlauf hinsichtlich einer eventuell vorliegenden Magenherniation wertvolle Aufschlüsse liefern. Im klinischen Alltag werden viele Zwerchfellrupturen anfangs noch übersehen.

Fettembolie

Eine Fettembolie ruft eine respiratorische Insuffizienz mit disseminierten Infiltraten hervor; man betrachtet sie heute als einen der Hauptauslösefaktoren des ARDS (adult respiratory distress syndrome) (vgl. S. 198ff).

Traumatische Aortenruptur

Eine traumatische Aortenruptur erfolgt meist bei einem plötzlichen Dezelerationstrauma, das erhebliche Scherkräfte freisetzt. Fast bei allen Patienten, die das Initialtrauma überleben, handelt es sich um eine Ruptur im Bereich des Aortenisthmus dicht unterhalb des Abgangs der linken A. subclavia. Zweithäufigste Rupturstelle ist der Abgang des Truncus brachiocephalicus auf der rechten Seite.
In den meisten, wenn auch nicht in allen Fällen ist das Thoraxröntgenbild pathologisch (Abb. 4-51).
Die Röntgenübersichtsaufnahmen zeigen dabei lediglich das resultierende Hämatom. Zu posttraumatischen Aneurysmen kommt es erst innerhalb weniger Wochen nach dem anfänglichen Trauma, weshalb sofort nach dem Unfall die Konturen der Aorta selbst nicht erkennbar verändert sind. Die Einblutung führt zu einer Verbreiterung des Mediastinums und zu einer Unschärfe des Aortenknopfes. Die Luftröhre sowie der linke Hauptbronchus können dann von der Blutungsstelle aus abgedrängt werden. Das mediastinale Hämatom kann sich extrapleural ausdehnen und dann praktisch gesetzmäßig über dem linken Lungenapex zu sehen sein. Freie pleurale Flüssigkeit stellt man fest, wenn das Hämatom direkt in den Pleuraraum eingebrochen ist. Weil die auslösende Verletzung in der Regel schwer ist, sind weitere Zeichen eines Thoraxtraumas wie Rippenfrakturen und Lungenkontusionen recht häufig. Bei passendem klinischen Gesamtbild sind diese Zeichen für eine Aortenruptur diagnostisch, für sich allein ist dagegen jedes einzelne nur unspezifisch.
Immer, wenn aufgrund der Kombination von klinischen Befunden und der Übersichtaufnahmen die Möglichkeit einer traumatischen Aortenruptur ernsthaft erwogen wird, sollte eine Aortographie durchgeführt werden (Abb. 4-52), welche derzeit die sensitivste und spezifischste Untersuchung darstellt. Der Stellenwert der Computertomographie ist dagegen noch umstritten. Hauptproblem beim Einsatz der CT ist, wenn eine dringliche Entscheidung zu treffen ist, daß diese selbst nach intravenöser Kontrastmittelinjektion eine Aortenruptur, bei der die Blutung innerhalb der Adventitia beschränkt bleibt, nicht ausschließen kann, sofern der CT-Befund normal ausfällt. So ist denn eine Aortographie indiziert, gleich wie das Computertomogramm ausfällt, wenn bei einem Patienten der Verdacht auf eine traumatische Aortenruptur sehr stark ist. Zu den CT-Befunden zählen die mediastinale Einblutung, die sehr diffus sein kann, das intramurale Hämatom oder eine umschriebene Blutung nahe der Rißstelle. Dabei genügt die Mediastinaleinblutung allein

nicht, um die Diagnose einer Ruptur der Aorta oder der großen Gefäße zu stellen, da diese Blutung auch von der Zerreißung kleiner Äste aus der Aorta oder der Mediastinalvenen herrühren kann. Wird computertomographisch eines der obigen Zeichen gefunden, so sollte man zur Aortographie schreiten. Der Riß selbst wird in der CT nur selten nachgewiesen, gelegentlich kann man diesen aber als kleines Pseudoaneurysma mit einer linearen Aufhellung durch den abgerissenen Rand der Wand im Aortenlumen erkennen – natürlich immer vorausgesetzt, daß intravenös Kontrastmittel gegeben wurde. Kommt es zu einem traumatischen dissezierenden Hämatom, so kann man beide Lumina – das echte und das falsche – durch eine Intimalefze voneinander getrennt sehen.
Es gibt eine Situation, in der die CT die Aortographie überflüssig machen kann, nämlich beim Patienten, bei dem klinisch die Wahrscheinlichkeit einer Aortenruptur nur sehr gering ist, bei dem die Thoraxübersichten aber eine unspezifische Mediastinalverbreiterung zeigen. Hier kann dann die CT eventuell eine klinisch unbedeutende andere Ursache der Röntgenbefunde, wie z. B. eine reichliche Fetteinlagerung oder eine Aortenelongation mit Schlängelung nachweisen. Das Bild in der CT hängt davon ab, wie groß die Blutung durch die Aortenruptur ist. Ist das Hämatom innerhalb der Adventitia begrenzt, dann wird es noch klein und leicht zu übersehen sein. Ist dagegen die Blutung in die paraaortalen Gewebe eingedrungen, dann wird man das resultierende Hämatom als weichteildichte Verschattung sehen, die sich längs des Mediastinums und des extrapleuralen Raumes erstreckt und oft eine begleitende Flüssigkeitsansammlung im Pleuraspalt aufweist. Die Dichte des Blutes läßt sich von der der Weichteile, wie z. B. von Muskel, nicht unterscheiden. Ein retrahiertes Blutgerinnsel kann eine hohe Dichte aufweisen, welche dieses erkennen läßt.

Pneumonie und Lungenabszeß

Hauptzweck der Thoraxaufnahme bei Patienten mit Verdacht auf eine Pneunomie ist es, festzulegen, ob eine vorliegt oder nicht. Den infektiösen Erreger zu bestimmen ist dagegen schon problematischer. Bakterielle, Pilz-, Virus- und parasitäre Pneumonien überschneiden sich in ihren Erscheinungsbildern ganz beträchtlich. Deshalb kann die Röntgenthoraxaufnahme nicht als Ersatz für bakteriologische und serologische Befunde herhalten. Hauptbefunde einer Pneumonie sind ein oder mehrere Infiltrate, die auch eine Höhlenbildung oder einen Begleitpleuraerguß aufweisen können. Das Erscheinungsbild der einzelnen Lungeninfiltrate variiert von der kleinen, unscharf begrenzten Verschattung bis zu einem großen Infiltrat, das einen oder gar mehrere Lappen ausfüllt, wobei das Muster vom infektiösen Agens und der jeweiligen Abwehrkraft des Patienten abhängt. Auch wenn der Begriff «segmentales Infiltrat» häufig verwendet wird, so sieht man streng segmentale Konfigurationen doch relativ selten. Leicht kann ein infektiös bedingtes Infiltrat die Segmentgrenzen überwinden, da es hier keine anatomischen Grenzen gibt, die die Ausbreitung verhindern könnten; dagegen wird das Infiltrat durch einen Lappenspalt meist aufgehalten. Meist ist ein Infiltrat in den am tiefsten gelegenen Lappenanteilen am dichtesten und zeigt dort eine scharfrandige Begrenzung, wo es direkt einem Lappenspalt anliegt, dagegen einen unscharfen Oberrand (Abb. 4-53). Mitunter sieht man auch ein rundes und gut abgrenzbares Infiltrat (vgl. Abb. 4-20). Besonders bei Kindern kann es im Rahmen einer Pneumonie auch zu einer Lappenatelektase kommen. Diese Atelektase ist das Ergebnis der Verlegung vieler kleiner Bronchien durch entzündliches Exsudat und Schleim.
Die Diagnose einer Höhlenbildung stellt man mit dem Nachweis einer lufthaltigen Aufhellung oder eines Luft-Flüssigkeits-Spiegels innerhalb eines Infiltrats (vgl. Abb. 4-21). Erkennt man einen Flüssigkeitsspiegel, der mit Sicherheit in der Lunge liegt, dann ist auch die Diagnose einer Höhlenbildung gesichert. Ist allein Luft nachgewiesen, kann der Beweis einer intrapulmonalen Höhlenbildung erschwert sein. Fleckförmig-flächige Infiltrate mit dazwischen gelegenen normal belüfteten Lungenanteilen sieht man häufig; hierbei kann man auch diese normalen Lungenabschnitte als Höhlenbildung fehlinterpretieren. Auch Pneumonien in einem Lungenanteil mit emphysematösen Bullae werden durch eben diese Bullae Luftaufhellungen zeigen, die Kavernen ähneln können (Abb. 4-54).
Das Erscheinungsbild einer Pneumonie kann durch eine zugrunde liegende Lungenkrankheit modifiziert werden: Emphysem, generalisierte Lungenfibrose oder eine umschriebene Narbenbildung führen allesamt zu Veränderungen der Lungenstruktur und können so das radiologische Bild einer aufgepfropften (= sekundären) Pneumonie abwandeln.
Hinsichtlich der Röntgenkriterien der Pneumonie lassen sich einige Verallgemeinerungen treffen. Diese beschränken sich aber auf die normale Mensch-zu-Mensch-Übertragung (außerhalb der Klinik) bei einem nicht abwehrgestörten Wirt und sollen so dem Arzt in der Notaufnahme zu relevanteren Aussagen verhelfen:

1. Ein Lappeninfiltrat oder eines, das den größten Teil eines Lappens erfaßt, hat fast immer eine Pneumonie als Ursache (Abb. 4-55); nur sehr selten ist es auf andere Ursachen eines Lungeninfiltrats zurückzuführen. Meist handelt es sich dann um eine bakterielle oder Mykoplasmenpneumonie. Der übliche Erreger ist *Streptococcus pneumoniae*, gelegentlich kommen auch *Klebsiella pneumoniae, Staphylococcus aureus* oder *Legionella-Spezies* vor. Eine Lappenvergrößerung durch ein starkes Exsudat spricht mit großer Wahrscheinlichkeit für eine Pneumokokken- oder Klebsiellenpneumonie (vgl. Abb. 4-60).
2. Infiltrate mit Höhlenbildung beruhen am ehesten auf einer Pneumonie durch Bakterien, weniger durch Viren oder Mykoplasmen. Häufige Keime bei Höhlenbildungen (Abszedierungen) sind *Klebsiella pneumoniae, Staphylococcus aureus*, gramnegative oder anaerobe Bakterien bei gleichzeitiger Aspirationspneumonie, *Streptococcus pyogenes,*

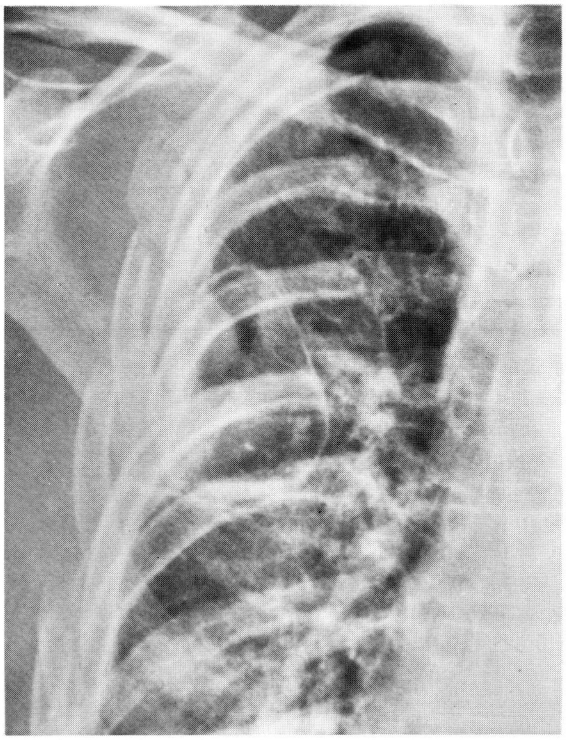

Abb. 4-47: Pneumatozele sechs Tage nach einem schweren Thoraxtrauma. Die dünnwandige lufthaltige Zyste enthält auch eine geringe Flüssigkeitsmenge. Die Pneumotozele bestand zwar schon bei Aufnahme in der Notfalleinheit, wurde aber damals noch durch die umliegende Kontusion verdeckt. Gleichzeitig liegen multiple Rippenfrakturen vor.

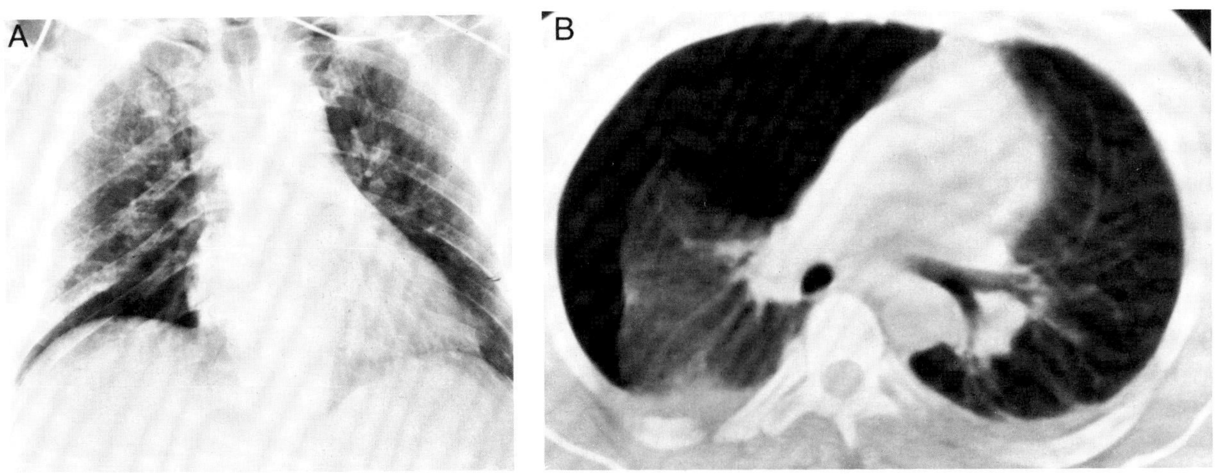

Abb. 4-48 (Mitte und unten links): Anschauliches Beispiel für die Sensitivität der CT bei der Aufdeckung eines traumatischen Pneumothorax. Die Röntgenthoraxaufnahme wurde in Rückenlage angefertigt **(A)**, weil der Patient in schlechtem Zustand war. Der Pneumothorax ist sehr schwierig erkennbar und wurde auch in diesem Fall nicht gesehen. **B.** Das CT-Bild zeigt einen großen rechtsseitigen Pneumothorax.

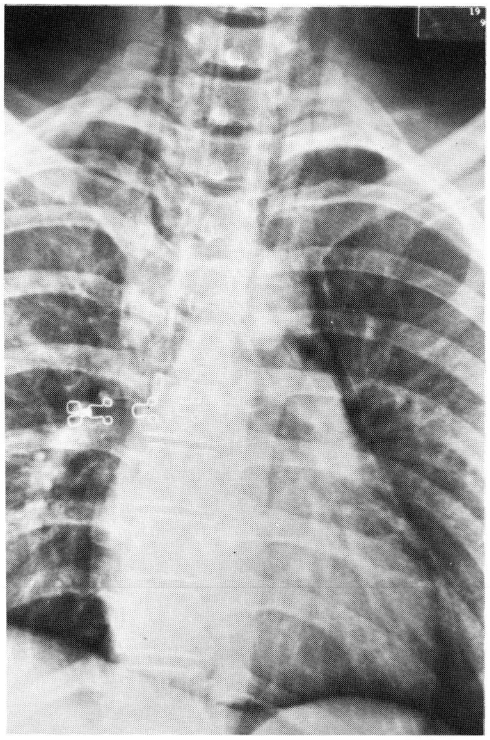

Abb. 4-49: Bronchusabriß und nachfolgendes Pneumomediastinum. Bei diesem Patienten war das Pneumomediastinum das einzige Hinweiszeichen für einen Bronchusabriß.

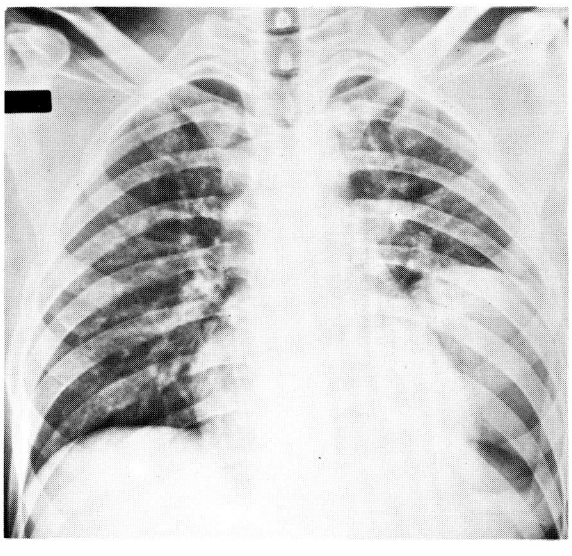

Abb. 4-50: Ruptur des linken Hemidiaphragmas. Herniation des Magen durch die Rupturstelle. Man sieht den Gasinhalt des Magens über der eigentlichen Zwerchfellkuppel.

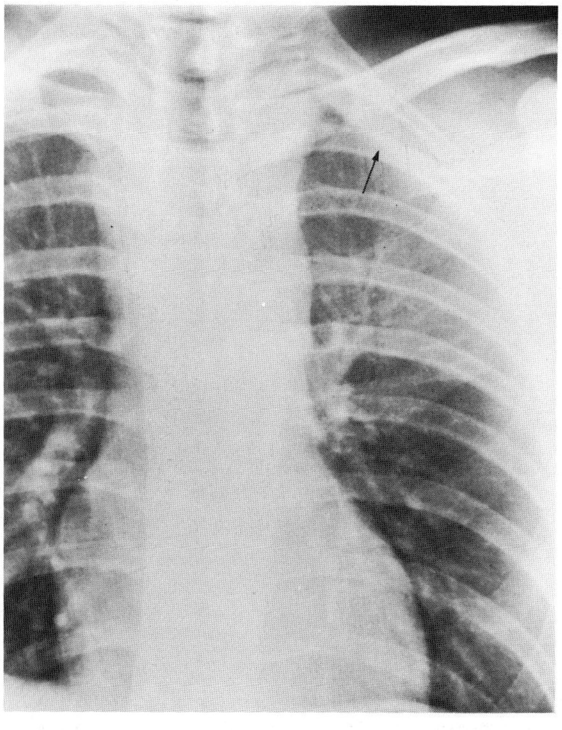

Abb. 4-51: Traumatische Aortenruptur mit Mediastinalverbreiterung durch das Hämatom. Das Blut umgibt die linke Lunge und sitzt der linken Lungenspitze auf (Pfeil).

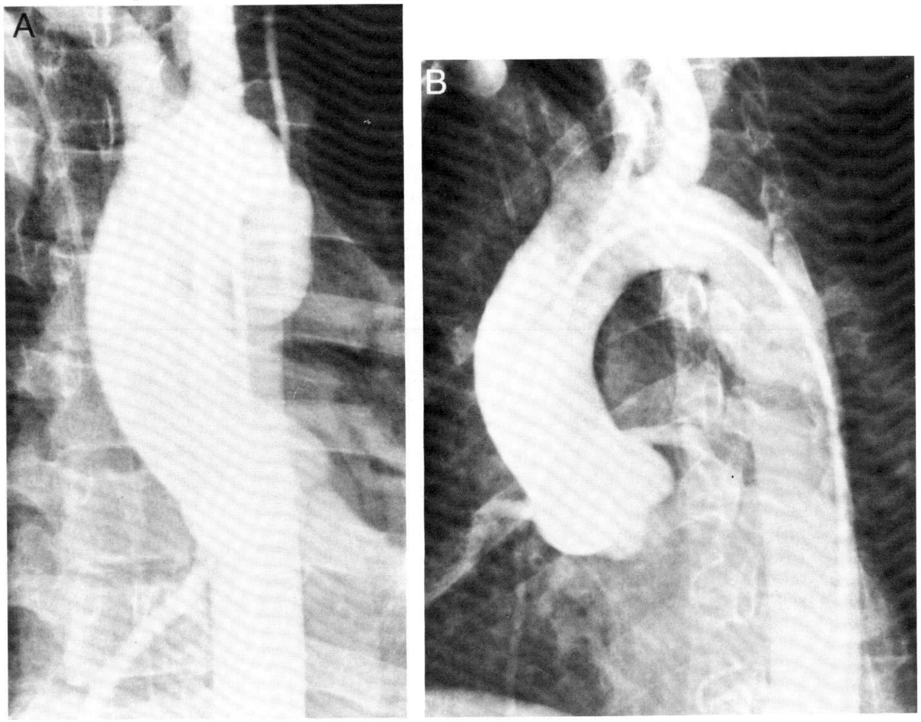

Abb. 4-52: Traumatische Aortenruptur. Die Aortographie zeigt eine Intimalefze (Pfeil) und eine Erweiterung der Aorta distal des Abgangs der linken Arteria subclavia, welches beides typisch für das direkt posttraumatische Aussehen einer Aortenruptur ist.

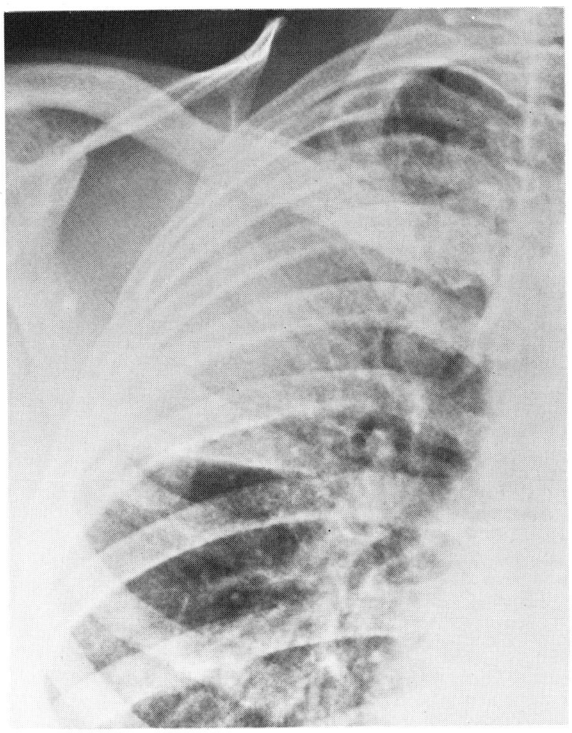

Abb. 4-53: Oberlappenpneumonie rechts. Beachten Sie, daß das Infiltrat an den tiefsten Stellen des Oberlappens am dichtesten ist und an der Kontaktstelle zum kleinen Lappenspalt eine scharfe Begrenzung aufweist. Der Oberrand des Infiltrats weist dagegen eine unscharfe Begrenzung auf.

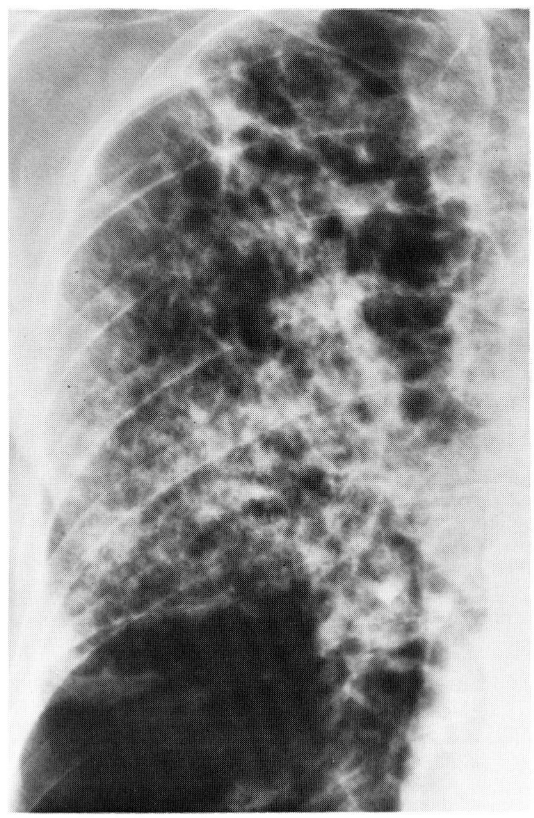

Abb. 4-54: Oberlappenpneumonie rechts bei einem Patienten mit hochgradigem Lungenemphysem.

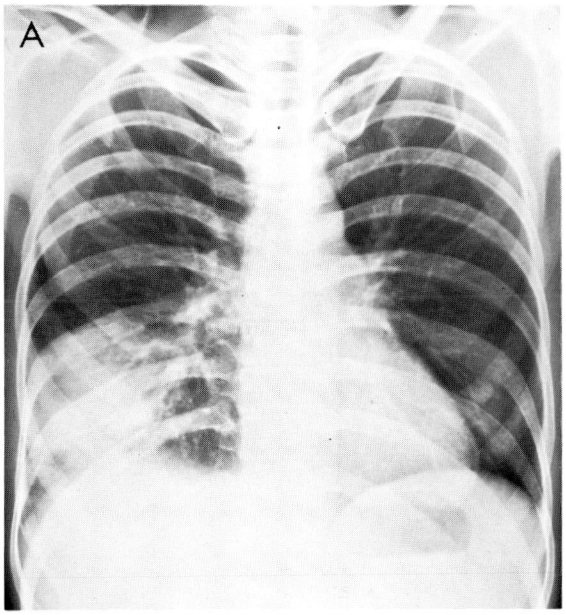

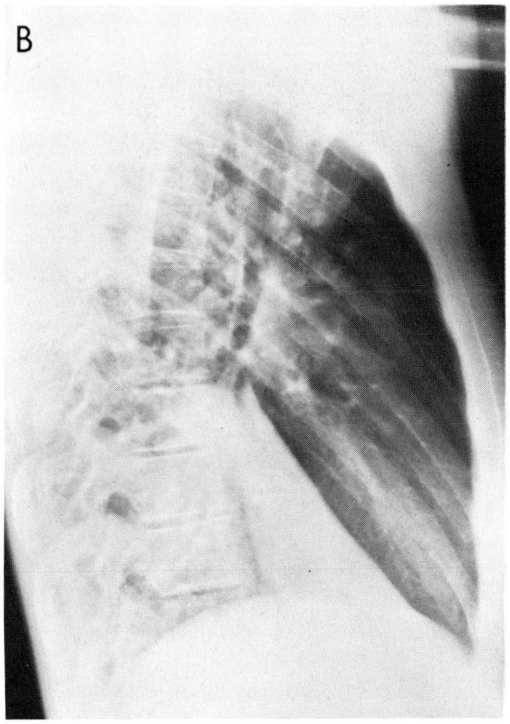

Abb. 4-55: A und **B.** Pneumokokkenpneumonie mit sehr dichter Verschattung des größten Teils des rechten Unterlappens.

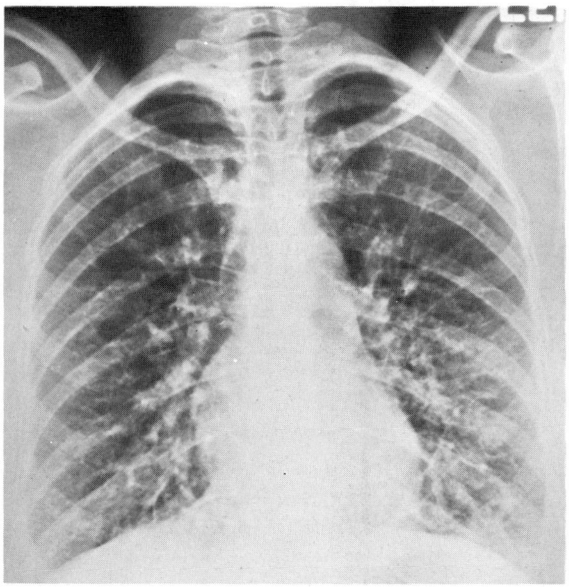

Abb. 4-56: Mykoplasmenpneumonie mit weitverstreuten und unscharf begrenzten kleinen Herden sowie zahlreichen verdickten Interlobulärsepten.

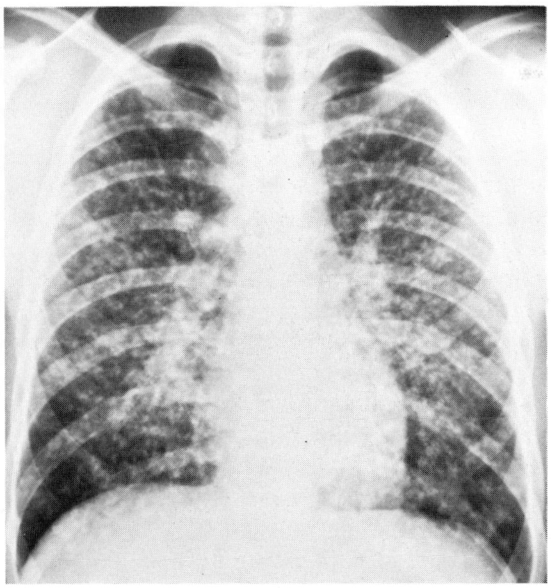

Abb. 4-57: Akute Inhalations-Histoplasmose mit diffus ausgebreiteten, unscharf begrenzten Flächenschatten in allen Lungenanteilen.

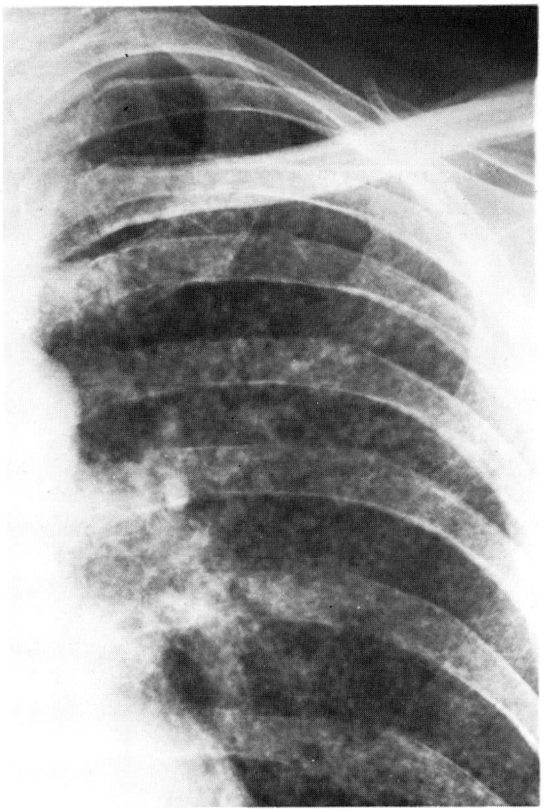

Abb. 4-58: Miliare Fleckschatten in beiden Lungen bei einer Miliartuberkulose.

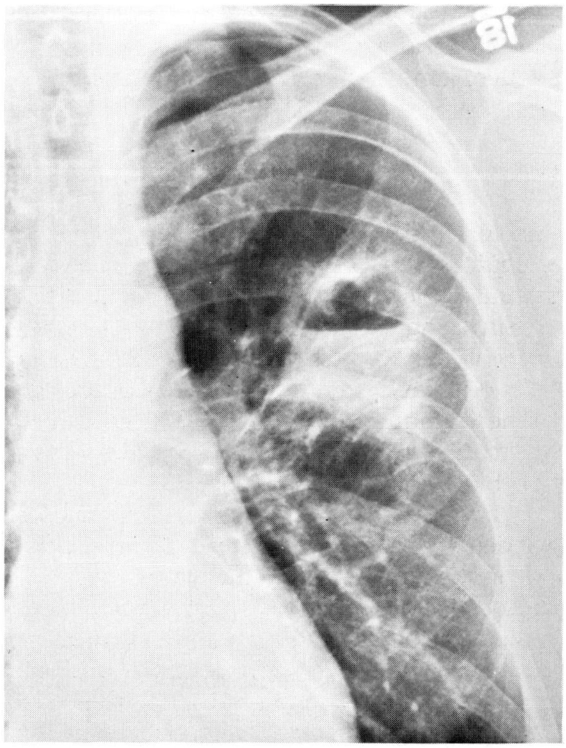

Abb. 4-59: Lungenabszeß mit einer etwas unregelmäßigen und verhältnismäßig dünnwandigen Kaverne sowie einem Luft-Flüssigkeits-Spiegel. Identische röntgenologische Erscheinungsbilder können ein maligner Tumor (nekrotisch zerfallend) und – wenn auch selten – ein Lungeninfarkt oder ein Granulom bei einer Kollagenose mit Gefäßbeteiligung verursachen.

Pseudomonas aeruginosa oder *Escherichia coli*. Dabei sind aber weder Zahl noch Größe der Abszesse von diagnostischer Bedeutung.

3. Ursache einer «runden» Pneumonie sind meist Pneumokokken- oder Legionella-Spezies. Multiple «Rundherde» sind häufig durch Legionellen hervorgerufen. Verwechseln kann man eine «runde» Pneumonie mit Lungentumoren, insbesondere einem primären Lungenkarzinom, doch dehnt sich eine runde Pneumonie aus und erfaßt innerhalb der nächsten Stunden oder Tage die benachbarte Lunge und geht mit den klinisch unübersehbaren Zeichen einer akuten bakteriellen Pneumonie einher (vgl. Abb. 4-20).
4. Bei disseminierten kleinen und unscharf begrenzten Infiltraten mit oder ohne Septumlinien (Kerley-Linien) auf dem Boden einer Pneumonie handelt es sich wahrscheinlich um eine Virus- oder Mykoplasmenpneumonie (Abb. 4-56). Pilzpneumonien und die Tuberkulose können ähnlich aussehen (Abb. 4-57).
5. Miliare Knötchen in den Lungen haben viele mögliche Ursachen. Bei den infektiösen Formen überwiegen *Mycobacterium tuberculosis* und Pilze. Hierbei sind die Knötchen scharf begrenzt, einförmig verteilt und von etwa gleicher Größe, meist mit einem Durchmesser von 2–4 Millimetern (Abb. 4-58). Meist sieht man sie bereits auf der Erstaufnahme; wird diese aber schon in einem sehr frühen Krankheitsstadium angefertigt, kann der Film auch normal sein. Die Krankheitsentität mit der größten Ähnlichkeit zur Tuberkulose oder Pilzpneumonie ist die Pneumokoniose; beide können im röntgenologischen Bild praktisch nicht mehr unterscheidbar sein. Hingegen weisen sie derart differente klinische Zeichen auf, daß eine echte Verwechslung praktisch nie vorkommt.
6. Sieht man gleichzeitig eine Hiluslymphknotenschwellung und ein Lungeninfiltrat, sollte man drei Krankheitsbilder ernstlich in Erwägung ziehen: das Bronchialkarzinom, eine Infektion mit Anaerobiern und eine Infektion durch Tuberkulose oder Pilze.
7. Flächig-fleckförmige Oberlappeninfiltrate sprechen sehr für Tuberkulose oder Pilzpneumonie.
8. Ein Pleuraempyem kann auf den Übersichtsaufnahmen nicht von einem Pleuraerguß zu unterscheiden sein. An die Möglichkeit eines Empyems sollten Sie immer dann denken, wenn der «Erguß» eine Pneumonie begleitet, bei der ein Empyem bekanntlich häufig vorkommt, z.B. bei einer Pneumonie durch anaerobe Bakterien oder durch Staphylococ-

cus aureus. Weitere Hinweise für ein Empyem sind sehr große oder sehr schnell auftretende oder sich bereits früh im Krankheitsverlauf abkammernde Ergüsse.

Lungenabszeß

Die am häufigsten für einen Lungenabszeß verantwortlichen Erreger sind *Staphylococcus aureus, Klebsiella pneumoniae* und verschiedene Anaerobier, *Mycobacterium tuberculosis* und bestimmte Pilze. Ein Lungenabszeß erscheint als kugeliger Schatten mit einer zentralen Aufhellung durch die darin enthaltene Luft innerhalb der Kaverne (Abb. 4-59). Die Beurteilung dieser Luft mag ohne tomographische Untersuchung schwierig deutbar sein. Oft wird die Luft von Flüssigkeit begleitet, die sich dann im Stehen als Flüssigkeitsspiegel zeigt.

Die Unterscheidung zwischen einem infektiösen Lungenabszeß und anderen Ursachen der Kavernenbildung – darunter nekrotisch zerfallendes Lungenkarzinom, Infarktkavernen und Kollagenosen mit Gefäßbeteiligung – kann schwierig, mitunter gar unmöglich sein. Die meisten infektiösen Lungenabszesse liegen in den dorsalen Lungenanteilen, weshalb man bei einer in den vorderen Lungenanteilen gelegenen Höhle innerhalb einer Raumforderung mit der Diagnose eines Lungenabszesses vorsichtig sein sollte. Sehr unregelmäßig geformte Wände einer Kaverne sind ein weiteres wichtiges Zeichen dafür, daß es sich eher nicht um einen Lungenabszeß handelt, sondern am ehesten um ein Bronchialkarzinom. Die konventionelle Tomographie hat ihren Platz bei der Bestimmung von Dicke und Regelmäßigkeit der Kavernenwandung. Gleichmäßig schmale und weiche Höhlenwände sind in aller Regel benigne, wohingegen eine Kaverne, bei der ein Wandabschnitt stärker als zwei Zentimeter ist, meist einen bösartigen Tumor darstellt.

Pneumonie durch Lungengrundkrankheiten (sekundäre Pneumonie)

Bronchialobstruktion. Eine bakterielle Pneumonie kann Folgezustand einer Bronchusverlegung sein. Bei einem Patienten über 35 Jahren ist diese Obstruktion wahrscheinlich neoplastischer Natur, in der Regel ein Bronchialkarzinom. Bei Kindern dagegen handelt es sich meist um die Verlegung eines größeren Bronchus durch einen «verschluckten» Fremdkörper. Krankheitsorte der Bronchialobstruktion sind meist die Lappen- oder gelegentlich Segmentbronchien. Weiter peripher gelegene Bronchusverstopfungen führen nur selten zu einer Pneumonie, weil es innerhalb der Segmente oder sogar über die Segmentgrenzen hinweg zu einer Kollateralbelüftung kommt. Wichtig zu wissen ist hierbei, daß bei einer Pneumonie durch eine Bronchialobstruktion die verantwortliche Ursache bei einer Bronchoskopie leicht sichtbar sein sollte.

Meist beschränkt sich eine poststenotische Pneumonie auf einen Lappen; sind mehrere Lappen betroffen, so haben sie in der Regel einen gemeinsamen vorgeschalteten Bronchus; so kann eine poststenotische Pneumonie des rechten Unter- und Mittellappens auf einer Einengung des Zwischenbronchus beruhen. Fast immer wird ein solcher Lappen eine gewisse Volumenminderung zeigen, dagegen fast nie innerhalb des Infiltrats ein positives Luftbronchogramm. Im typischen Falle wird sich eine poststenotische Pneumonie auch unter Antibiotikatherapie nicht lösen, wenngleich man oft auch eine gewisse Besserung erkennen kann.

Man sollte immer daran denken, daß beim Vorliegen einer Raumforderung meist gleichzeitig ein pneumonisches Infiltrat besteht, das von ersterer im Röntgenbild nicht abgetrennt werden kann. Gelegentlich ist der Tumor aber so groß, daß er die Form des betroffenen Lungenlappens verändert (Abb. 4-26).

Bronchiektasen. Es ist durchaus möglich – obschon häufig schwierig –, Bronchiektasen als Grundkrankheit einer Pneumonie im Nativröntgenbild zu erkennen. Gelegentlich sieht man schon in den Thoraxübersichten die Luft in den erweiterten, dickwandigen Bronchien. Bei einer Infektion können Luft-Flüssigkeits-Spiegel in diesen dilatierten bronchiektatischen Luftwegen auftreten. Die davon betroffenen nachgeschalteten Lungenanteile zeigen immer einen Volumenverlust, den man immer dann erkennen kann, wenn ein größerer Lappenbereich beteiligt ist.

Häufigere Pneumonieformen

Ist es auch nur selten möglich, anhand radiologischer Befunde den infektiösen Erreger exakt zu bestimmen, so wird es doch häufig notwendig sein, die Behandlung auf der Grundlage der klinischen und der röntgenologischen Befundmuster zu beginnen. Dieser Abschnitt soll deshalb kurz die Röntgenmerkmale einiger häufigerer infektiöser Pneumonien (keine nosokomialen) zusammenfassen.

Pneumokokkenpneumonie

Die Pneumokokkenpneumonie (vgl. Abb. 4-20) ruft in der Regel ein homogen dichtes Infiltrat hervor, das in der Lappenperipherie beginnt. Bei seiner Ausbreitung überwindet es Segmentgrenzen und erfaßt unbehandelt den gesamten Lungenlappen: Lappenpneumonie. Heute sind echte Lobärpneumonien selten geworden. Sieht man eine Pneumokokkenpneumonie bereits im Frühstadium, bevor die Pleuragrenzen erreicht sind, kann sie als «runde Pneumonie» imponieren.

Es handelt sich um eine rein alveoläre Pneumonie; das Fehlen einer Bronchuseinengung bewirkt, daß ein Volumenverlust selten und ein positives Airbronchogramm häufig sein werden. Das Infiltrat erfaßt meist einen ganzen Lappen, gelegentlich aber auch mehr als einen.

Unter adäquater Therapie löst sich das Infiltrat binnen 10–14 Tagen auf. Eine Einschmelzung ist selten.
Bei mindestens zehn Prozent der Fälle sieht man einen Begleitpleuraerguß, der sich gelegentlich zu einem Pleuraempyem entwickelt.

Staphylococcus aureus

Eine Pneumonie durch *Staphylococcus aureus* ruft eine flächig-fleckförmige Infiltration, häufig auch mit Volumenverlust, hervor. Dieses Infiltrat befällt nicht selten mehrere Lungenlappen, auch beidseitig (Abb. 4-61). Häufig bei dieser Krankheit sind unregelmäßig geformte Abszeßhöhlen. Einen Pleuraerguß, der sich sehr rasch entwickeln kann, beobachtet man in etwa der Hälfte aller Fälle. Das Lungeninfiltrat kann sich sowohl bei Kindern als auch bei Erwachsenen sehr schnell ausbreiten. Pneumatozelen sind im Kindesalter ein besonderes Merkmal; sie können auch zu einem Pneumothorax führen (vgl. Abb. 4-22).

Anaerobier

Eine Pneumonie durch anaerobe Bakterien befällt meist die hinten gelegenen Segmente der Oberlappen oder die oberen Segmentanteile der Unterlappen. Man sieht in den Lungen ein irregulär begrenztes Infiltrat oder auch mehrere; diese neigen häufig zur Höhlenbildung mit dickwandigen, irregulären Kavernen. Pleuraergüsse sind dabei ebenfalls häufig; sie sind meist infektiös und verursachen Pleuraempyeme. Bei der Hälfte der Patienten sieht man Hiluslymphknotenvergrößerungen, die abszedieren und so groß werden können, daß sie zur Fehldiagnose einer neoplastischen Lymphknotenveränderung verleiten können.

Gramnegative Bakterien

Die meisten Pneumonien durch gramnegative Keime zeigen beiderseitige fleckige Bronchopneumonien mit Bevorzugung der Unterlappen; dabei sind fleckige Atelektasen häufig und das Luftbronchogramm eher selten. Besonderes Merkmal sind Einschmelzungen wie auch Pleuraergüsse, die sich zum Pleuraempyem wandeln können. Die Klebsiellenpneumonie kann ein ähnliches Bild bieten, doch sind hier manchmal die Infiltrate auf einen Lappen beschränkt und erscheinen dann als homogene nichtsegmentale Verschattungen, die sich sehr schnell zur Lobärpneumonie ausweiten. Das Erscheinungsbild mag deshalb sehr dem einer Pneumokokkenpneumonie ähneln, jedoch mit der einen Ausnahme, daß die Klebsiellenpneumonie häufig zur Einschmelzung führt, die bei der Pneumokokkenpneumonie dagegen selten ist.
Ein weiterer gramnegativer Keim, der Pneumonien hervorruft, ist Legionella pneumophila; dieser weist einige unterschiedliche Merkmale auf (Legionärskrankheit): Er führt zu fleckförmigen dichten Verschattungen durch Infiltrate in einem oder mehreren Lungenlappen, oft unter Beteiligung beider Lungenflügel. Diese Infiltrate können konfluieren und dann einer Lappenpneumonie ähneln. Mitunter sieht man auch kugelige Infiltrate wie bei der Pneumokokkenpneumonie. Die Kavernenbildung ist selten, Pleuraergüsse bleiben in aller Regel nur klein.

Tuberkulose

Die Lungentuberkulose wird häufig in eine primäre und eine postprimäre Form eingeteilt, obgleich es eine scharfe Trennlinie nicht gibt. Die Primärtuberkulose folgt auf die Erstinfektion mit *Mycobacterium tuberculosis*, und zwar meist in der Kindheit. Die Postprimärtuberkulose sieht man dagegen überwiegend bei Erwachsenen. Man nimmt an, daß es sich um eine Reinfektion bei einem Patienten handelt, der eine relative Immunität entwickelt hat.
Röntgenologische Merkmale der Primärtuberkulose sind ein Infiltratbezirk in der Lunge, meist im Mittel- oder Oberfeld, und gleichzeitig eine Vergrößerung von Hilus- oder Mediastinallymphknoten. Diese Kombination ist als Primärkomplex bekannt (Abb. 4-62). Manchmal ist es schwierig, oder gar unmöglich, die eine oder andere Komponente dieses Primärkomplexes auf Röntgenbildern des Thorax sicher zu identifizieren. Bei den meisten Menschen heilt der Primärkomplex – ob behandelt oder nicht – aus und verkalkt häufig.
Die Krankheit kann aber auch fortschreiten und eine tuberkulöse Bronchopneumonie auslösen, die wie eine jede andere bakterielle Pneumonie aussieht, aber oft mehr als einen Lappen befällt, dabei meist einen oder beide Oberlappen, und schnell kavernös einschmelzt.
Die Miliartuberkulose ist das Ergebnis einer hämatogenen Streuung. Sie ruft in der Thoraxröntgenaufnahme zahllose kleine Knötchen hervor (vgl. Abb. 4-58). Diese Knötchen haben überwiegend gleiche Größe und sind auch nahezu gleichmäßig verteilt. Die sind meist scharf begrenzt, können aber in schweren Verlaufsformen konfluieren und dann kaum mehr als Einzelknötchen unterscheidbar sein. Im frühen klinischen Verlauf kann das Thoraxbild hierbei noch normal sein.
Die Lungenbeteiligung ist bei der Postprimärtuberkulose meist in den oberen Anteilen, den apikalen und posterioren Segmenten der Oberlappen sowie in den apikalen Segmenten der Unterlappen am stärksten ausgeprägt. Zu Beginn sieht man multiple kleine Infiltrate. Mit fortschreitendem Krankheitsprozeß vergrößern sich diese Infiltrate und neigen dann zum Zerfall (exsudativ-kavernöse Form der Tuberkulose) (Abb. 4-63). Es kann zu einer weiten endobronchialen Streuung kommen, die die Ursache einer multilobären Bronchopneumonie ist und meist einen oder beide Lungenoberlappen befällt und ebenfalls zur Kavernenbildung neigt (Abb. 4-64). Die Heilung geht mit einer Fibrosierung und Verkalkung einher, doch sieht man auch

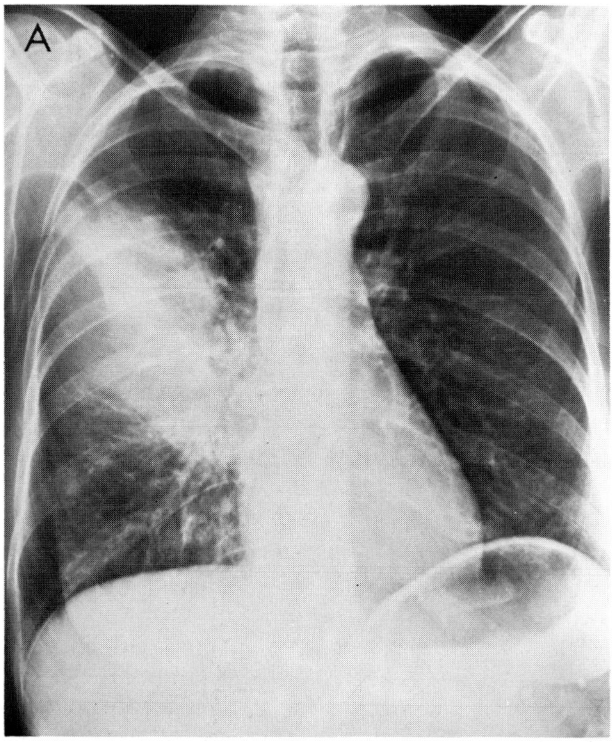

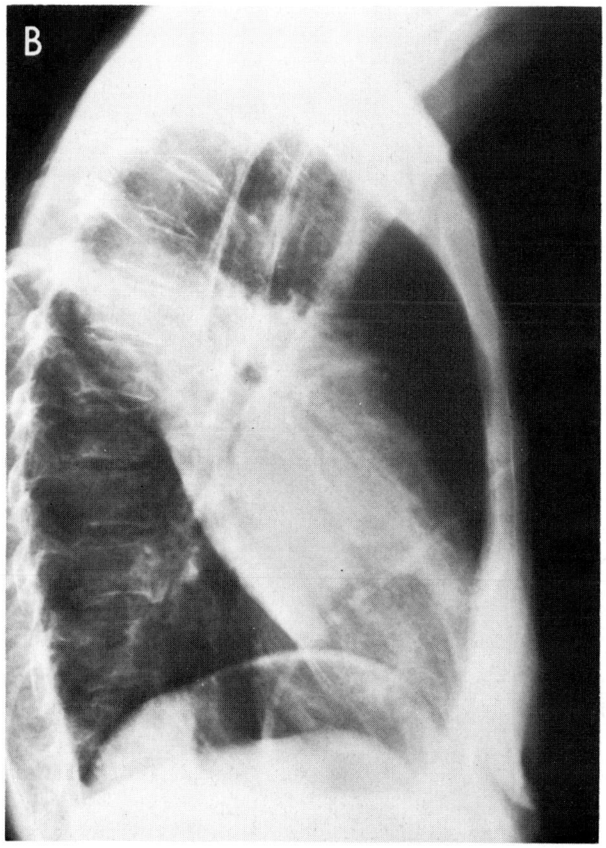

Abb. 4-60. A. und **B.** Volumenvergrößerung des rechten Mittellappens durch eine Klebsiellenpneumonie. Der große Lappenspalt wird durch das intensive Exsudat im Mittellappen nach hinten durchgebogen. Zu diesem Zeitpunkt hat die Pneumonie auch auf den rechten Oberlappen übergegriffen.

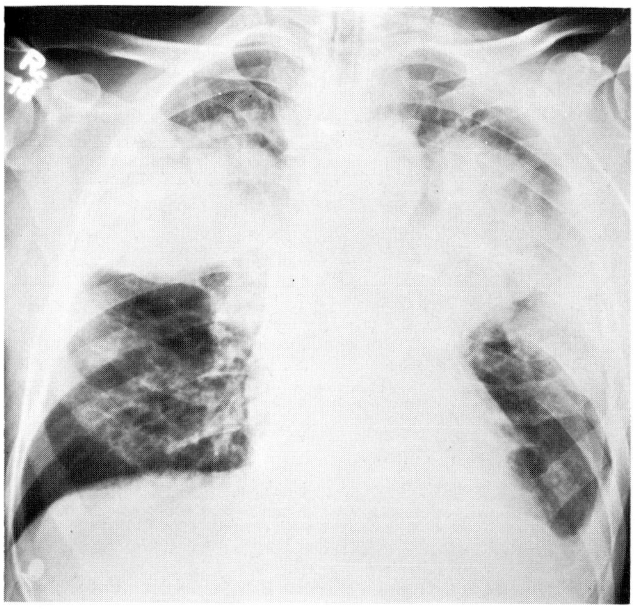

Abb. 4-61: Staphylococcus-aureus-Pneumonie mit vielen dichten Infiltraten in beiden Lungen.

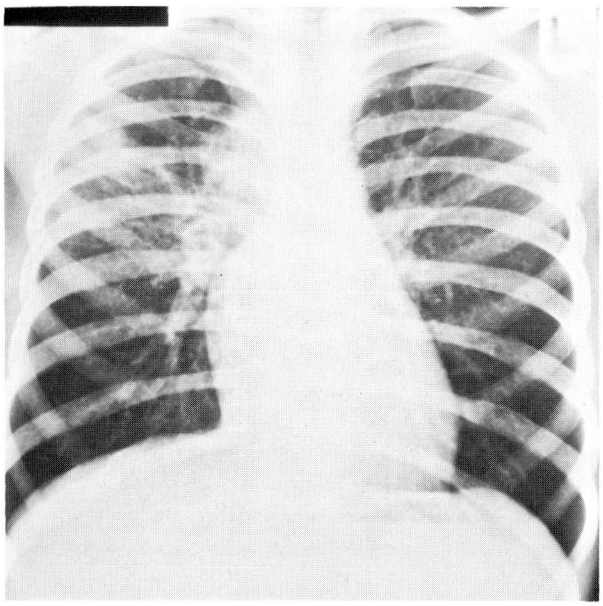

Abb. 4-62: Lungentuberkulose mit einem herdförmigen Infiltrat im rechten Oberlappen und gleichzeitiger Beteiligung der rechtsseitigen Hilus- und Paratrachealymphknoten: Der Primärkomplex.

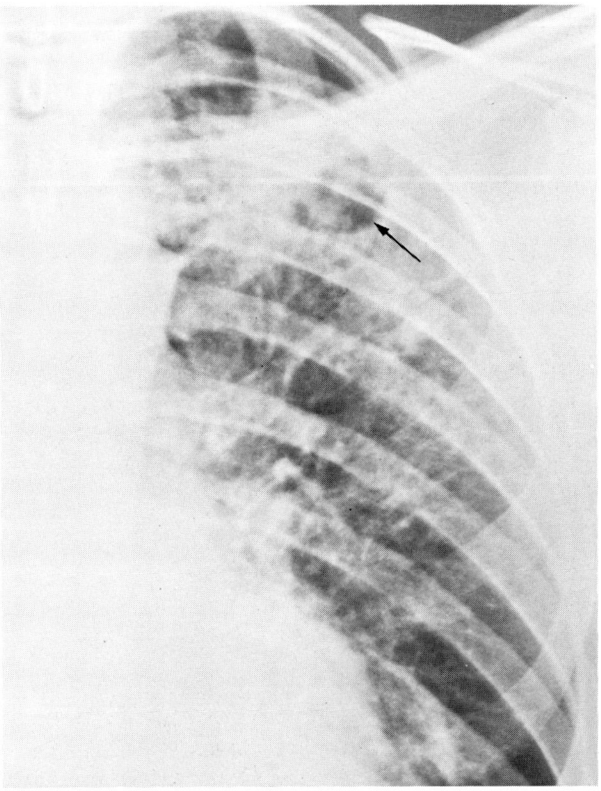

Abb. 4-63: Postprimäre Lungentuberkulose mit unscharf begrenzten kleinen Infiltraten im linken Oberlappen sowie einer Kaverne (Pfeil).

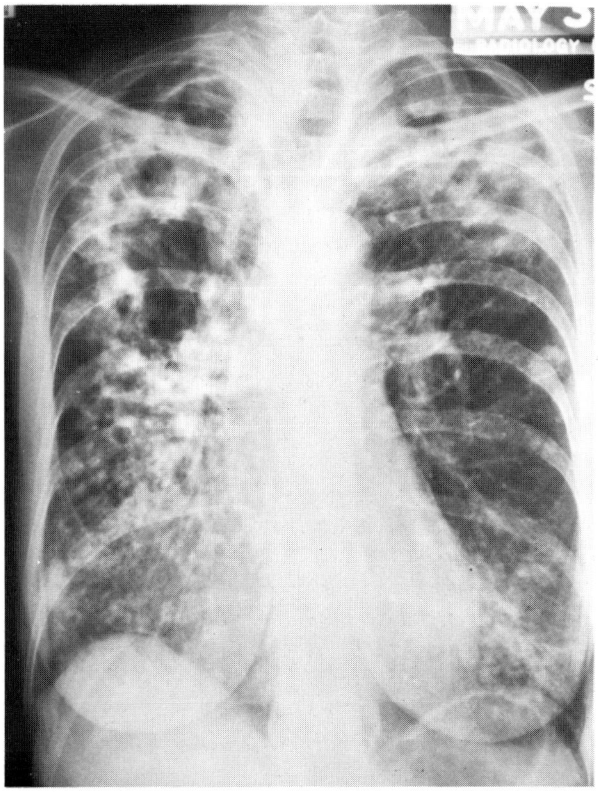

Abb. 4-64: Tuberkulöse Bronchopneumonie mit weit verteilten flächigen Infiltraten, vorwiegend in den Oberfeldern, sowie mit multiplen großen Kavernen.

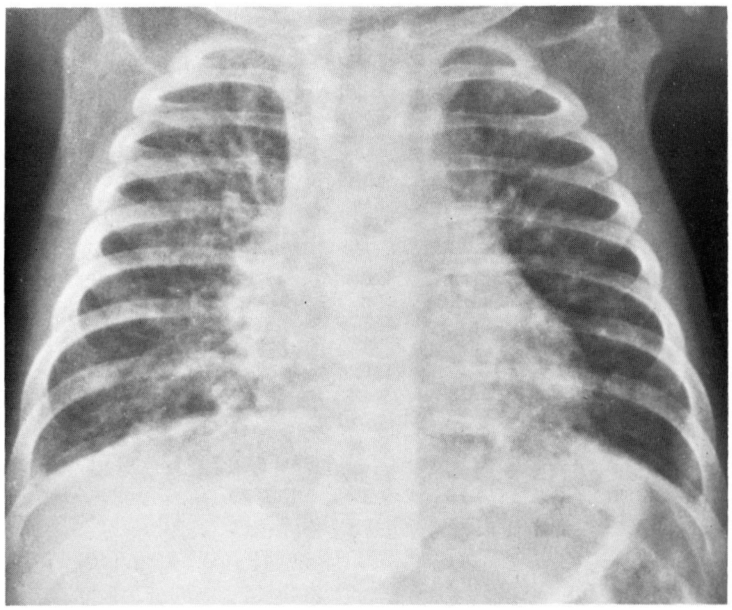

Abb. 4-65: Bronchiolitis und interstitielle Pneumonie bei einem zwei Monate alten Kind. Beachten Sie die disseminierten streifigen Infiltrationen und die Abflachung beider Zwerchfellkuppeln.

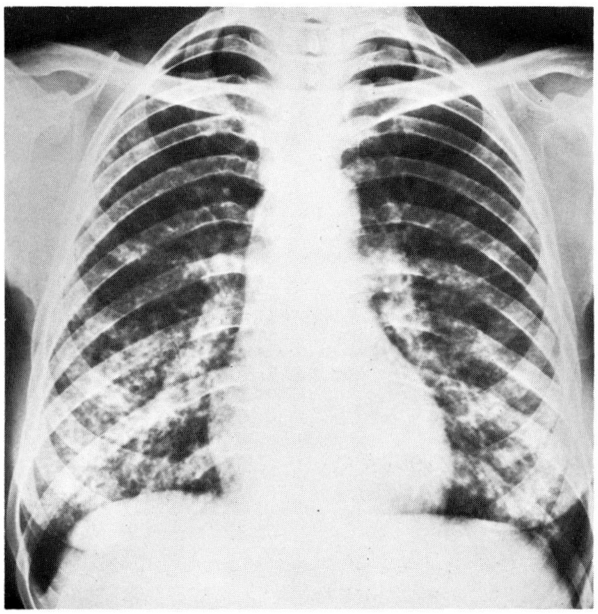

Abb. 4-66: Viruspneumonie, hier durch Varizellen, mit multiplen kleinen Infiltraten in allen Lungenanteilen.

Heilungszeichen bei weiter bestehender Aktivität. Mitunter nimmt die Tuberkulose die Gestalt einer Bronchopneumonie des Unter- oder Mittellappens an und kann dann einer Lobärpneumonie stark ähneln. Wie auch bei der primären Form, so kann die Infektion über den Blutweg streuen und Ausgang einer Miliartuberkulose sein.
Pleuraergüsse sind bei der primären wie auch der postprimären Form häufig, ja können sogar deren alleiniges Manifestationszeichen sein.
Die Entscheidung, ob eine Tuberkulose noch aktiv ist, mag sehr schwierig sein. Verläßliche Röntgenzeichen einer Aktivität sind die Bildung neuer Läsionen im Verlauf und der Nachweis der Höhlenbildung. Das Fehlen von Veränderungen über einen längeren Zeitraum ist ein nützliches Zeichen für die Annahme einer Inaktivität; doch können all diese Zeichen nur sehr subtil sein – selbst bei aktivem Krankheitsgeschehen. Es gibt auf einer Einzelaufnahme kein Ausschlußkriterium für eine aktive oder reaktivierte Tuberkulose! Man sollte sich immer auch vor Augen halten, daß eine Verkalkung Aktivität nicht ausschließt.
Viele Routinethoraxaufnahmen zeigen bei asymptomatischen Patienten Hinweise für eine Tuberkulose. Bei wenigen wird die Diagnose einer aktiven Erkrankung durch das Vorliegen von Kavernen oder den Vergleich mit Voraufnahmen auch ganz offensichtlich sein. Bei den übrigen Patienten kann es aber recht problematisch sein zu entscheiden, wer weiter abzuklären ist, und was man als alte, inaktive Infektion zu betrachten hat. Je besser abgegrenzt die Verschattung und je stärker verkalkt sie erscheint, desto unwahrscheinlicher wird eine Aktivität anzunehmen sein. Unscharf begrenzte Verschattungen lassen, auch wenn sie verkalkt sind, an einen aktiven Krankheitsprozeß denken. Dennoch beruht die Entscheidung weitgehend auf den klinischen Befunden sowie auf den Ergebnissen der Sputumuntersuchung.

Mykoplasmenpneumonie

Bei den Mykoplasmenpneumonien sieht man zwei grundlegende Muster: Einmal ein Erscheinungsbild wie bei vielen anderen Pneumonien mit oder ohne segmentäre Infiltrate, gelegentlich auch Lappeninfiltrate. Kleine Begleitpleuraergüsse können vorliegen. Zum anderen kommt ein retikulonoduläres Muster mit Septumlinien in beiden Lungen vor (vgl. Abb. 4-56).

Virusinfektionen des unteren Respirationstraktes

Eine Entzündung der Bronchien und der Bronchiolen ruft bei Erwachsenen keine Röntgensymptome hervor, wohingegen die Bronchiolitis bei Kindern wichtige radiologische Kennzeichen hat. Die Infektion der Luftwege kann sich bis in das peribronchiale interstitielle Gewebe ausbreiten und dort perihiläre, streifig-retikulonoduläre Verschattungen verursachen (Abb. 4-65). Bei einer stärker ausgeprägten Krankheit kann man auch kleine fleckige Infiltrate sehen; diese sind meist multipel und klein (Abb. 4-66), können aber auch groß und damit gegenüber einer bakteriellen Bronchopneumonie ununterscheidbar werden. Bei sehr schweren Verlaufsformen sind sie sehr ausgedehnt und können mit dem Bilde eines Lungenödems identisch werden. Pleuraergüsse sind häufig und oft mit einer Pleurodynie vergesellschaftet.

Pilzpneumonien

Bei Pilzpneumonien sieht man eine zu große Vielfalt von Röntgenmustern, als daß wir sie hier alle im einzelnen beschreiben könnten. Allgemein formuliert ähneln die Zeichen der tuberkulösen Infektion oder der durch Mykoplasmen bzw. Viren.

Unterschiede zwischen Kindern und Erwachsenen

Selbst gut ausgebildete Radiologen können leicht in Verlegenheit kommen, wenn sie um die Beurteilung eines Thoraxröntgenbildes von einem Kind mit fraglicher Pneumonie gebeten werden. Oft sind allein schon wegen der technischen Schwierigkeiten bei der Aufnahme im Kindesalter die anatomischen Details schlechter ermittelbar (s. Kapitel 8). Die Zeichen der Pneumonie sind die gleichen – hier spielt das Alter keine Rolle –, doch kommen Belüftungsstörungen wie das «Air trapping» oder Atelektasen bei kleinen Kindern wesentlich häufiger vor, da bei ihnen die Luftwege noch recht kleinkalibrig und die Kollateralbelüftung weniger wirkungsvoll sind. Verallgemeinert zusammengefaßt ruft die entzündliche Einengung der kleineren Luftwege wie bei der Bronchiolitis zwei röntgenologische Leitzeichen hervor: Eine unregelmäßige Belüftung der Lungen sowie die Zeichen einer allgemeinen Überblähung mit tiefstehenden, abgeflachten Zwerchfellen. Am besten kann man diese Abflachung oft auf der Seitaufnahme erkennen (Abb. 4-67).
Häufigste Frage bei Verdacht auf eine Infektion im Bereich der Lunge bei Kindern ist die folgende: «Hat dieses Kind eine bakterielle Pneumonie?» Besteht kein sichtbares Infiltrat, dann ist diese Diagnose unwahrscheinlich. Doch muß diese Feststellung zwei Einschränkungen beinhalten:

1. Die Thoraxaufnahme kann zu früh im Krankheitsverlauf angefertigt worden sein; in seltenen Fällen kann das Infiltrat erst wenige Stunden, nachdem der kleine Patient die ersten Krankheitszeichen bietet, sichtbar werden.
2. Die Pneumonie kann dann schwer identifizierbar werden, wenn sie sich hinter dem Herzen, dem Mediastinum oder hinter den Zwerchfellkuppeln verbirgt. Folglich sollte man diese Regionen besonders sorgsam auf den Aufnahmen in beiden Ebenen mustern, bevor man die Lungen als normal beurteilt.

Zeigt das Thoraxbild ein Infiltrat, kann es problematisch sein, dessen Ursache zu bestimmen, da Virus- und Bakterienpneumonien wie auch eine Atelektase ohne Pneumonie identisch aussehen können. In der Regel spricht ein großes Infiltrat ohne Volumenverlust des betroffenen Lungenanteils eher für eine Pneumonie als für eine nichtinfektiöse Atelektase.

Kohlenwasserstoffpneumonie

Kinder, die Erdöldestillationsprodukte einnehmen, wie z.B. Kerosin, entwickeln häufig fleckförmige Infiltrate in beiden Lungenunterfeldern. Die Schwere der Lungenveränderungen geht der eingenommenen Menge parallel. Die Infiltrate sind meist schon innerhalb einer Stunde nach der Einnahme vorhanden. Sie lösen sich nur zögernd über zwei Wochen oder auch länger wieder auf; dabei hinkt dieser Prozeß deutlich der klinischen Besserung nach. Daneben können sich Pneumatozelen wie auch Pleuraergüsse entwickeln.

Lungenödem, Atemnotsyndrom des Erwachsenen (adult respiratory distress syndrome, ARDS) und Störungen der Lungendurchblutung

Das röntgenologische Erscheinungsbild eines Patienten mit Herzinsuffizienz variiert mit der Ursache. Es gibt zwar eine ganze Reihe radiologischer Zeichen der Rechtsherzinsuffizienz – Kardiomegalie mit Vergrößerung des rechten Vorhofs, der V. cava superior und der V. azygos im Verein mit Pleuraergüssen –, doch wird die Diagnose einer Rechtsherzinsuffizienz primär klinisch gestellt. Im Gegensatz hierzu bewirkt eine Linksherzinsuffizienz im Röntgenbild Veränderungen, die pathognomonisch sein können, selbst wenn klinische Symptome fehlen oder unspezifisch sind. Diese Röntgenmerkmale lassen sich in zwei Kategorien einteilen: 1. Zeichen der Auswirkungen eines gesteigerten pulmonalvenösen Druckes einschließlich des Lungenödems und 2. solche einer Formveränderung des Herzens einschließlich der Vergrößerung des linken Ventrikels und/oder des linken Vorhofs. Weitere Merkmale können vorliegen, die eine ganz spezifische Ursache des Linksherzversagens anzeigen, wie z.B. Klappen- oder Perikardverkalkungen.

Erhöhter pulmonalvenöser Druck und Lungenödem

Zum Lungenödem kommt es in vielen verschiedenen klinischen Situationen. Welche Ursache auch immer dahintersteht, das kardiale und das nichtkardiale Lungenödem weisen die gleichen Röntgenzeichen auf. Je stärker diese pathologischen Veränderungen sind, desto wahrscheinlicher handelt es sich um ein akutes Lungenödem. Zum Lungenödem kommt es, wenn der pulmonalvenöse Druck 24–25 mm Hg übersteigt (also den onkotischen Druck des Plasmas). Zu Beginn erkennt man das Lungenödem im Interstitium; in schwereren Fällen sieht man es aber auch in den Alveolen. Sowohl das interstitielle als auch das alveoläre Lungenödem läßt sich aus dem Röntgenthoraxbild ablesen.

Das interstitielle Ödem verursacht eine Verdickung des interstitiellen Lungengewebes (Abb. 4-68). Bei einer solchen Verbreiterung erkennt man die interlobulären Septen (Septumlinien) als linienförmige Verschattungen, bekannt als Kerleysche A- und B-Linien. Die B-Linien sind kurz, verlaufen waagrecht als ein bis zwei Zentimeter lange Linien in der extremen Lungenperipherie und sind am besten an der Lungenbasis auszumachen. Anders als die Blutgefäße reichen sie bis an die Thoraxwand heran. Die A-Linien sind drei bis sechs Zentimeter lang und strahlen beiderseits der Hili hauptsächlich in die Mittel- und Oberfelder der Lunge aus. Sie sind viel schmaler als benachbarte Blutgefäße und zeigen auch weniger Verzweigungen.

Septumlinien sind ein Signal für das interstitielle Lungenödem, das man aber auch als Wandverdickung erkennen kann, am besten dann, wenn ein Bronchus orthograd dargestellt ist. Normalerweise sind die Lungen- und Hilusgefäße relativ scharf abgebildet; sind sie aber von Ödem umgeben, können sie verwaschen und sehr unscharf werden. Dies ist ein schwer interpretierbares Zeichen. Das interstitielle Ödem sammelt sich auch subpleural an und führt zu einem sehr nützlichen Zeichen, der einförmigen Verdickung der Pleuraspalten (vgl. Abb. 4-68) und zu sogenannten «lamellenförmigen Pleuraergüssen». Leider ist der Name irreführend, denn diese dichten Streifen beruhen auf einem subpleuralen Lungenödem, nicht auf Flüssigkeit in der Pleurahöhle selbst. Die Röntgenzeichen des alveolären Lungenödems werden auf Seite 165 diskutiert.

Es ist sogar möglich, einen gesteigerten pulmonalvenösen Druck auch ohne röntgenologische Veränderungen eines Lungenödems zu erkennen. Normalerweise ist die Lungendurchblutung in den abhängigen Partien am stärksten. Deshalb erscheinen bei der Aufnahme im Stehen die Lungengefäße in den Unterfeldern stärker als in den Oberfeldern. Bei einer Erhöhung des pulmonalvenösen Drucks verbreitern sich die Gefäße in den Lungenoberfeldern (Kranialisation der Lungendurchblutung).

Inhalation von toxischen Gasen und Rauch

Es gibt viele Formen der Lungenerkrankung durch die Inhalation von Gasen oder anderen schädlichen Stoffen. Wir wollen hier nur kurz die häufigeren Akutstörungen besprechen.

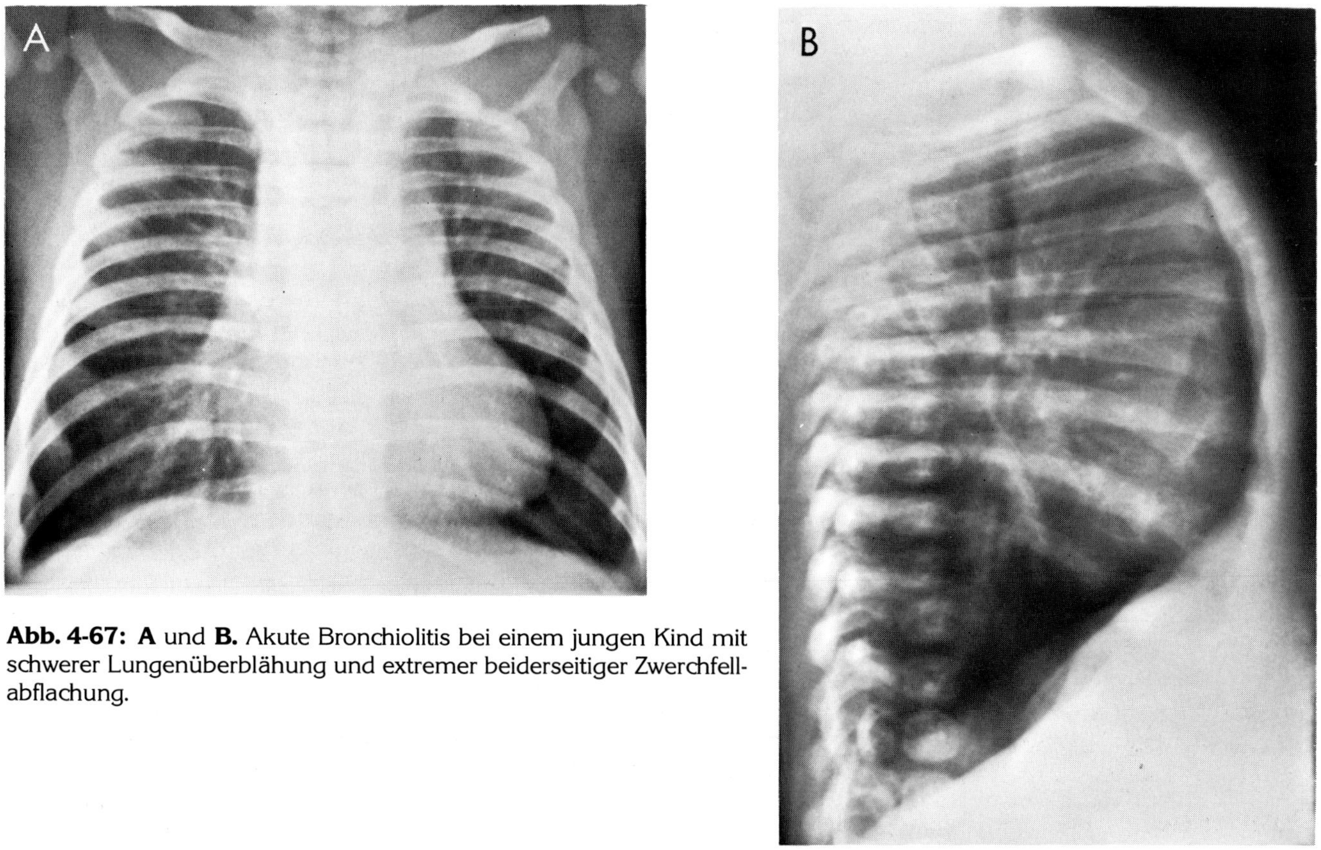

Abb. 4-67: A und **B.** Akute Bronchiolitis bei einem jungen Kind mit schwerer Lungenüberblähung und extremer beiderseitiger Zwerchfellabflachung.

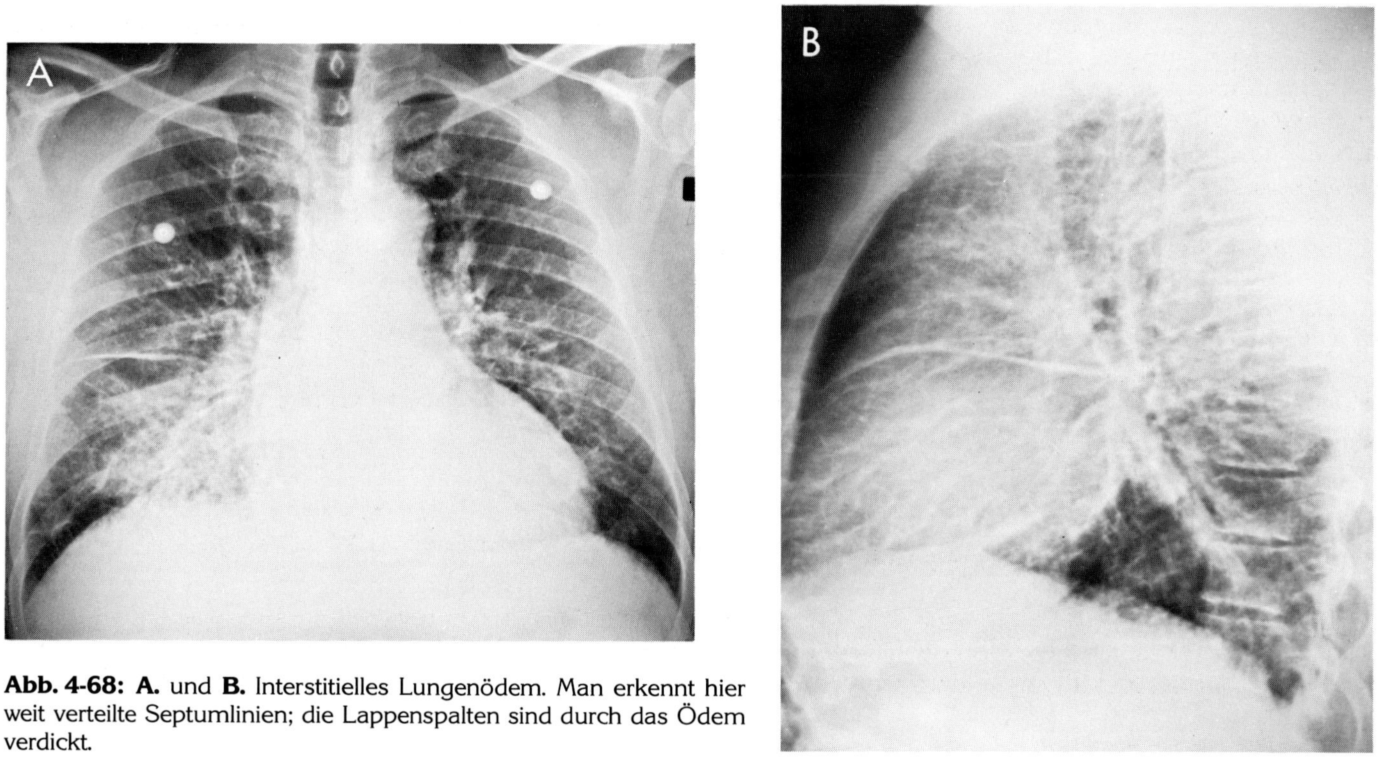

Abb. 4-68: A. und **B.** Interstitielles Lungenödem. Man erkennt hier weit verteilte Septumlinien; die Lappenspalten sind durch das Ödem verdickt.

Inhalation toxischer Gase

Der anfängliche, röntgenologisch sichtbare Effekt an den Lungen nach der Inhalation einer Vielzahl toxischer Gase (darunter Kohlenmonoxid, NO_2, Schwefeldioxid, Ammoniak und Chlorgas) ist das Bild des Lungenödems binnen 4–24 Stunden nach Einatmung der schädlichen Substanz. Dieses Erstbild wird oft schon wieder geschwunden sein, bevor dann womöglich eine ernstzunehmende Strukturschädigung an den Bronchien oder Bronchiolen stattfindet. Die Auswirkungen dieser Bronchialschädigung sieht man dann erst später im Verlauf, oft erst nach einem symptomfreien Intervall ohne klinische oder röntgenologische Auffälligkeiten.
Die *Rauchinhalation* kann ebenfalls bereits kurz nach dem Ereignis zu einem Muster führen, das einem Lungenödem ähnelt, es kann aber auch noch bis zu 96 Stunden nach der Inhalation fehlen. Als weitere Muster erkennen wir nach einer Rauchinhalation herdförmige Atelektasen und/oder Infiltrate von unregelmäßig fleckförmigem Charakter. Die durchschnittliche Zeitspanne bis zum Auftreten dieser Erscheinungen kann 24–96 Stunden post inhalationem beanspruchen. Wichtig ist daran zu denken, daß zwischen den Befunden des Thoraxröntgenbildes und dem Ausmaß der Hypoxämie oder der Kohlenmonoxid-Hämoglobinämie keine festen Beziehungen bestehen. Diese Störungen können sehr ausgeprägt sein, während die Aufnahme normal erscheint; das Röntgenbild kann selbst während der gesamten stationären Behandlungsdauer des Patienten unverändert unauffällig bleiben.
Wird diese Umverteilung sichtbar, so kann man die Diagnose eines erhöhten pulmonalvenösen Drucks stellen (Abb. 4-69). Doch ist diese insofern mit Vorbedacht zu erheben, da die Entscheidung, ob es sich um eine echte Dilatation handelt, schwierig sein kann. Auch ist zu bedenken, daß andere Ursachen zu einer Umverteilung des Blutstromes in die Oberfelder führen können, z.B. basale Lungenembolien oder ein basales Lungenemphysem.
Bei länger bestehender Linksherzinsuffizienz vergrößert sich das Herz meist in unspezifischer Weise. Oft begleitet eine Vergrößerung des linken Vorhofs die des linken Ventrikels; ist aber der linke Vorhof isoliert vergrößert, so lautet die Wahrscheinlichkeitsdiagnose auf einen Mitralklappenfehler, insbesondere Mitralstenose. Beim akuten Linksherzversagen, beispielsweise beim Myokardinfarkt, ist das Herz gewöhnlich in Form und Größe normal.

Nichtkardiales Lungenödem (Atemnotsyndrom des Erwachsenen, adult respiratory distress syndrome, ARDS)

Das ARDS ist durch eine unerwartete oder schwere Atemnot bei Patienten gekennzeichnet, deren Lungen bislang unauffällig waren. Es gibt eine ganze Reihe dazu disponierender Krankheiten einschließlich der arteriellen Hypotonie, des septischen Schocks, der Aspiration von Mageninhalt, der hämorrhagischen Pankreatitis, des Beinahe-Ertrinkens, der Einnahme von Pharmaka (Drogen), der Fettembolie und des schweren Traumas. Gemeinsames Merkmal scheint eine Schädigung der Lungenkapillaren zu sein, die eine gesteigerte Permeabilität dieser Kapillaren und ein eiweißreiches Ödem nach sich zieht. Eine weitere Komponente ist eine weiträumig verteilte alveoläre Atelektasenbildung durch einen Mangel an Surfactant.
Im Röntgenbild ist das Ödem beim ARDS anfangs mit dem alveolären Ödem durch eine Herzinsuffizienz identisch. Herzvergrößerung und Pleuraergüsse sind nicht Symptome dieser Krankheit. Auf der Thoraxaufnahme kann man bei einem ARDS das Lungenödem manchmal erst einige Stunden nach dem Beginn der Hypoxämie sehen, während im Gegensatz dazu beim kardial bedingten Lungenödem die Hypoxämie und die Zeichen des Lungenödems im Röntgenbild gleichzeitig einsetzen. Im Laufe der Zeit entwickelt der Patient mit einem ARDS eine zunehmende Verdichtung der Lunge, die mit nur geringer Streubreite der Intensität beide Lungenflügel befällt (Abb. 4-70). Diese Patienten müssen allesamt unweigerlich künstlich beatmet werden. Deshalb erleiden sie auch häufig Komplikationen dieser Behandlung, wie interstitielles Emphysem, Pneumothorax und Pneumomediastinum.

Beinahe-Ertrinken

Hauptbefund im Thoraxröntgenbild beim Beinahe-Ertrinken ist die Ausbildung eines Lungenödems (Abb. 4-71). Der Mechanismus der exzessiven Flüssigkeitsansammlung in den Alveolen hängt von den Umständen des Beinahe-Ertrinkens ab. Er kann gänzlich auf einer Kapillarschädigung beruhen, die dann zu einem ARDS führt, oder aber durch die «Einatmung» von Wasser kompliziert sein. Ein Lungenödem sieht man sowohl beim Beinahe-Ertrinken in Süß- als auch in Salzwasser. Das Vorliegen oder Fehlen eines Lungenödems auf der Erstaufnahme des Thorax ist insofern von prognostischer Bedeutung, als ein tödlicher Ausgang bei einem Patienten mit einem normalen Lungenbefund bei der stationären Aufnahme eher unwahrscheinlich ist. Doch schließt ein solcher anfänglicher Normalbefund nicht das Angehen eines lebensbedrohlichen Lungenödems im weiteren Verlauf aus. Tatsächlich kann das Lungenödem die ersten 48 Stunden nach dem Unglücksfall auch noch völlig ausbleiben.
Eine Pneumonie kann sich hier aufpfropfen; in diesem Fall kann es sehr schwierig werden, sie auch zu diagnostizieren, da der Dichtezuwachs durch die Pneumonie gegenüber der verminderten Strahlentransparenz durch das zugrundeliegende Lungenödem nicht mehr bemerkbar sein kann.

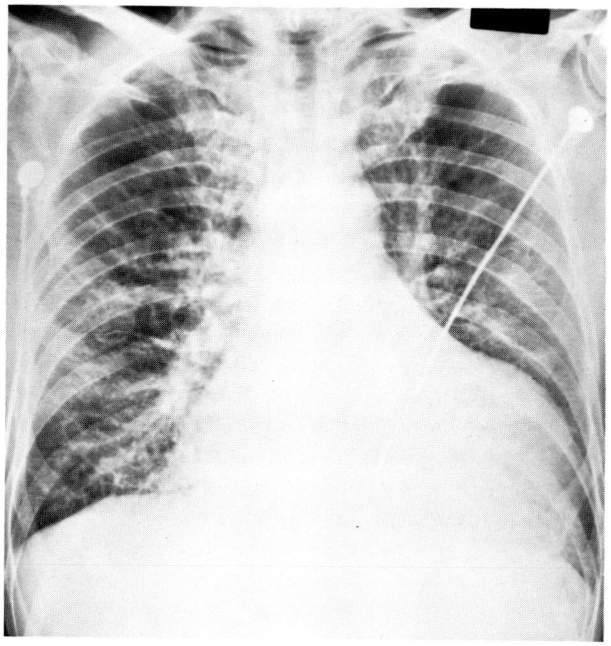

Abb. 4-69: Pulmonalvenöse Druckerhöhung mit dem Ergebnis einer Verbreiterung der Gefäße in den Lungenoberfeldern (Kranialisation). Beachten Sie hier auch das stark vergrößerte Herz.

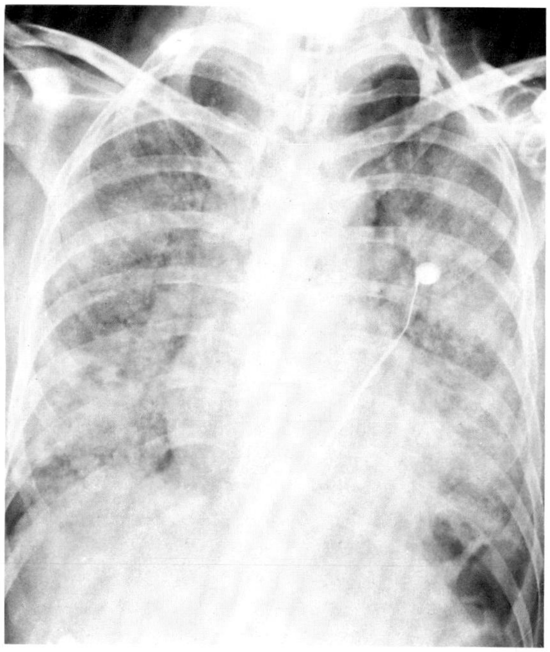

Abb. 4-70: Atemnotsyndrom des Erwachsenen (ARDS) bei einem 43 Jahre alten Mann. Beachten Sie die weit ausgedehnten und ziemlich gleichförmig verteilten Lungenverschattungen.

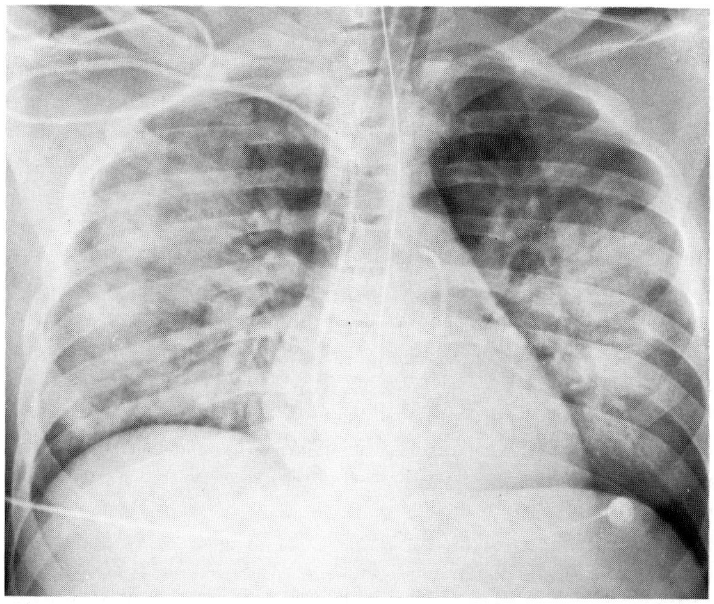

Abb. 4-71: Beinahe-Ertrinken, bei diesem Patienten in Süßwasser. Es liegt ein florides beiderseitiges Lungenödem vor. Das Bild ist identisch mit demjenigen bei einem akuten kardiogenen Lungenödem oder einem akuten «Hyaline-Membranen-Syndrom» (acute respiratory distress syndrome, ARDS).

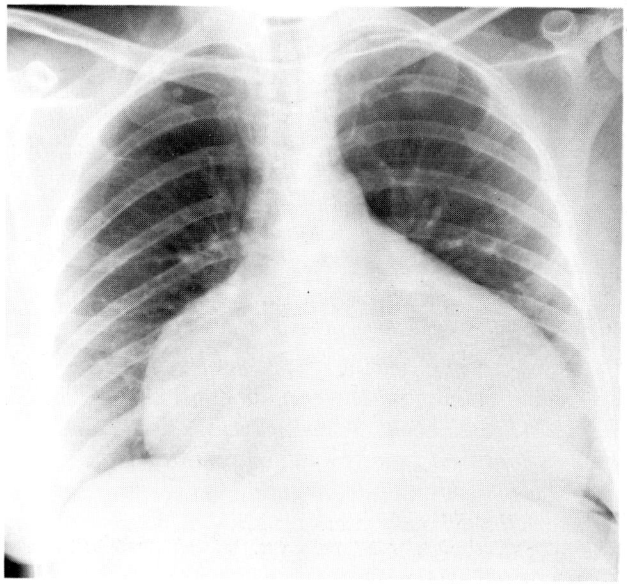

Abb. 4-72: Typisches Bild eines großen Perikardergusses, der eine glattbegrenzte ovale Herzvergrößerung zeigt. Beachten Sie den scharf begrenzten Herzrand.

Perikardkrankheiten

Ein Perikarderguß führt zu einer generalisierten Herzvergrößerung. Bei großen Ergüssen wird die Herzsilhouette zunehmend kugelförmig und zeigt eine weitgehende Abrundung der Vorwölbungen und Einbuchtungen, die man normalerweise im Bereich von Aorta und Truncus pulmonalis sehen kann (Abb. 4-72). Die Herzkontur wird auch immer besser abgrenzbar, da die Bewegung des Perikards durch den Wasserkisseneffekt der Perikardflüssigkeit stark gedämpft wird. Ein ganz ähnliches Erscheinungsbild kann man manchmal auch bei der Kardiomegalie durch die Vergrößerung der Herzkammern sehen (vgl. Abb. 4-32). Besonderes Merkmal ist die Abhebung der epi- und der perikardialen Fettschicht voneinander durch die Aufweitung des Zwischenraumes beim Erguß. Diese Fettschichten sieht man im praktischen Alltag nur auf einer Seitaufnahme. Dieses recht gut bekannte Zeichen hat aber leider nur begrenzten Wert, da man es recht häufig bei Patienten mit einem Perikarderguß nicht sehen kann. Eher besteht der diagnostische Nutzen dieser Fettlagen schon darin, daß sie den Nachweis einer normalen Dicke des Perikards ermöglichen (Abb. 4-73).
Bei der Diagnose eines Perikardergusses ist die Echokardiographie empfindlicher und auch genauer, so daß hier die Röntgennativdiagnostik in der Regel nur wenig Hilfestellung bietet, außer daß der Nachweis einer sehr schnellen Veränderung in der Herzgröße die endgültige Diagnose eines Perikardergusses ermöglicht.
Computertomographisch läßt sich ein Perikarderguß leicht diagnostizieren (Abb. 4-74). Oft entdeckt man ihn bei Patienten, die wegen anderer Ursachen untersucht werden; nur selten wird die CT dagegen für die Aufdeckung eines Perikardergusses empfohlen, da die Echokardiographie die schnellere und leichter durchführbare Methode ist, insbesondere unter den Umständen eines Notfalls. Besteht der Verdacht auf eine Perikardverdikkung oder einen Perikardtumor, so können CT und Kernspintomographie mehr Information als die Herzsonographie beitragen.

Intrathorakales Aortenaneurysma

Die häufigsten Ursachen eines intrathorakalen Aortenaneurysmas sind die Arteriosklerose (Atheromatose) und die Medianekrose der Aorta. Beide können gleichzeitig bestehen. Zusätzlich kann es bei Patienten mit einer Medianekrose auch zu einem Blutaustritt in die Media der Aortenwand kommen, deren Ergebnis ein dissezierendes Aortenaneurysma ist, was man aber vielleicht treffender als dissezierendes Hämatom bezeichnen sollte. Jedes Aortenaneurysma kann rupturieren und so zu einem Leck in die Media und nachfolgend in die Pleura, ja sogar in die Lunge führen. Ein dissezierendes Aortenaneurysma neigt zur Ruptur, die häufig letal endet. Zu den selteneren Ursachen des Aortenaneurysmas zählen Traumata, die nichtinfektiöse Aortitis, das syphilitische und mykotische, gelegentlich auch ein kongenitales Aneurysma. (Die traumatische Aortenruptur wurde auf Seite 186 besprochen.)
Die Zeichen im Thoraxröntgenbild lassen sich zwanglos in zwei Gruppen einteilen: Einmal in diejenigen durch das Aneurysma selbst, zum anderen in die durch die Einblutung jenseits der Aortenwand. Häufig erkennt man auf den sagittalen und seitlichen Aufnahmen ein Aortenaneurysma als Verbreiterung des Aortenschattens. Dies gilt insbesondere für Aneurysmen des distalen Aortenbogens und der Aorta descendens. Bei der Arteriosklerose als Grundleiden sieht man oft eine bogige Linie durch die Wandverkalkung (Abb. 4-75). Diese Verkalkung ist ein wichtiges Zeichen, da sie es ermöglicht, die Alternativdiagnose eines Tumors mit Kontakt zur Aorta auszuschließen. Die Konfiguration der Aortenverbreiterung hängt variabel von der jeweiligen Ursache ab. Degenerativ bedingte Aneurysmen sind meist spindelförmig, dabei am größten in der Aorta descendens, und sparen die Aorta ascendens oftmals aus. Sackförmige Aneurysmen kommen zwar auch vor, sind aber insgesamt weniger häufig.
Schwieriger diagnostizierbar sind die Aneurysmen der Aorta ascendens, da das erste Drittel bis etwa die Hälfte der Aorta ascendens auf der Thoraxaufnahme nicht randbildend ist und deshalb Erweiterungen dieses Abschnitts auf Nativaufnahmen völlig unsichtbar bleiben können, welche Projektion man auch immer wählt. Für die CT stellt dies jedoch keine Einschränkung dar; vor allem nach intravenöser Kontrastmittelinjektion liefert diese ein sehr genaues Bild von Aortendurchmesser in allen Höhen. Die Echokardiographie kann den intraperikardialen Aortenanteil (etwa das proximale Drittel der Aorta ascendens) darstellen, weshalb sie eine gute Nachweismethode für Aneurysmen der Aortenwurzel ist. Die Aortenwurzel ist eine Vorzugslokalisation von Aneurysmen durch eine Medianekrose, die zu einer sekundären Aorten(klappen)insuffizienz führen und durch ein dissezierendes Hämatom kompliziert werden können.
Auf der Thoraxnativaufnahme stellt sich das dissezierende Aortenaneurysma als besonders schwieriges Problem heraus. Meist ist der betroffene Aortenteil gleichförmig erweitert, aber nicht unbedingt immer dramatisch (Abb. 4-76). Auch kann dessen Erscheinungsbild schwer von der häufigen und klinisch unbedeutenden vermehrten Schlängelung der Aorta bei der Aortenelongation unterscheidbar sein. Andererseits ist aber eine völlig normal aussehende Aorta bei Patienten mit einem dissezierenden Aortenaneurysma wiederum sehr selten; deshalb ist die Nativaufnahme der Thoraxorgane ein recht sicheres Instrument, diese Diagnose auszuschließen.
Mit ziemlicher Sicherheit läßt sich die Diagnose bei denjenigen Patienten stellen, bei denen man unter der Verlaufskontrolle eine progrediente Verbreiterung der Aorta feststellen kann. Doch müssen hierzu auch technisch vergleichbare Aufnahmen herangezogen werden. A.-p. Aufnahmen im Liegen, angefertigt durch fahrbare Röntgeneinrichtungen, können bei unzureichender Inspiration verglichen mit p.-a. Aufnahmen im Stehen bei optimaler Inspiration eine scheinbare Aortenverbreiterung zeigen.

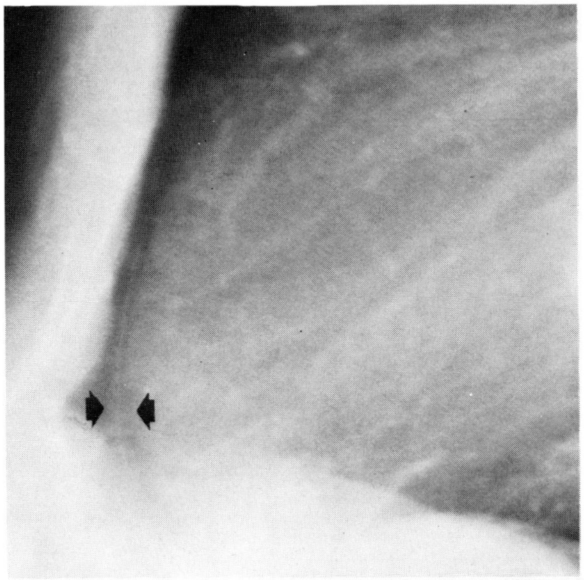

Abb. 4-73: Normaler Perikardschatten auf der Seitaufnahme. Die feine Linie mit Fett zu beiden Seiten (Pfeile) stellt die Dicke der beiden Perikardblätter dar.

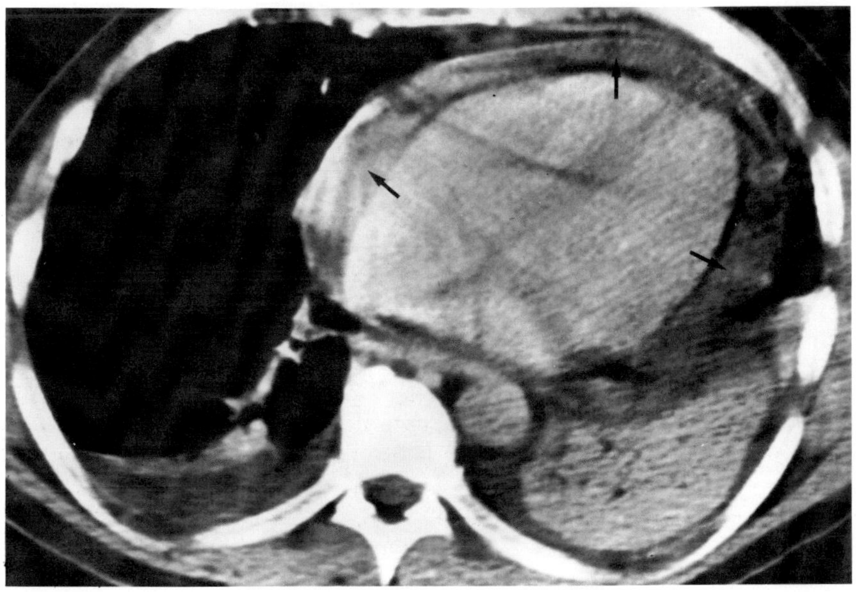

Abb. 4-74: CT bei Perikarderguß (Pfeile). Die das Herz umgebende Flüssigkeit von Wasserdichte ist leicht und auch ohne Kontrastmittelanhebung erkennbar. Ferner liegen beiderseitige Pleuraergüsse und eine Atelektase des linken Unterlappens vor. Der Patient hatte ein kleinzelliges Bronchialkarzinom.

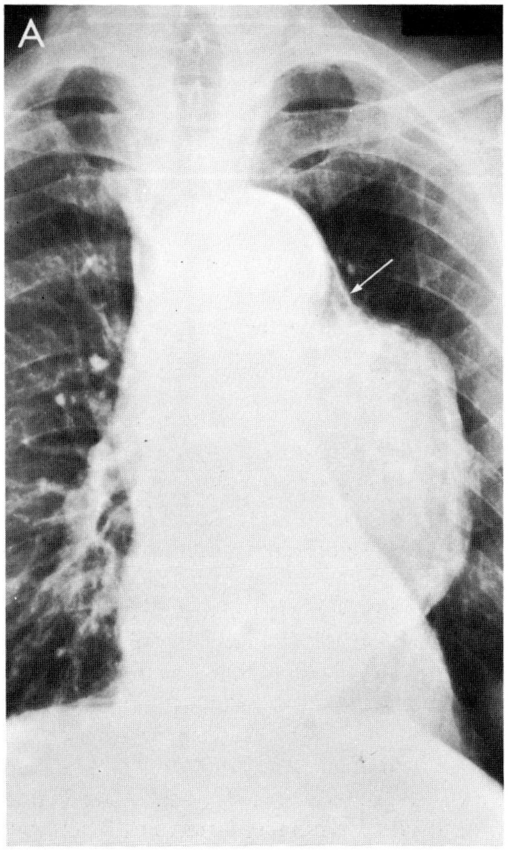

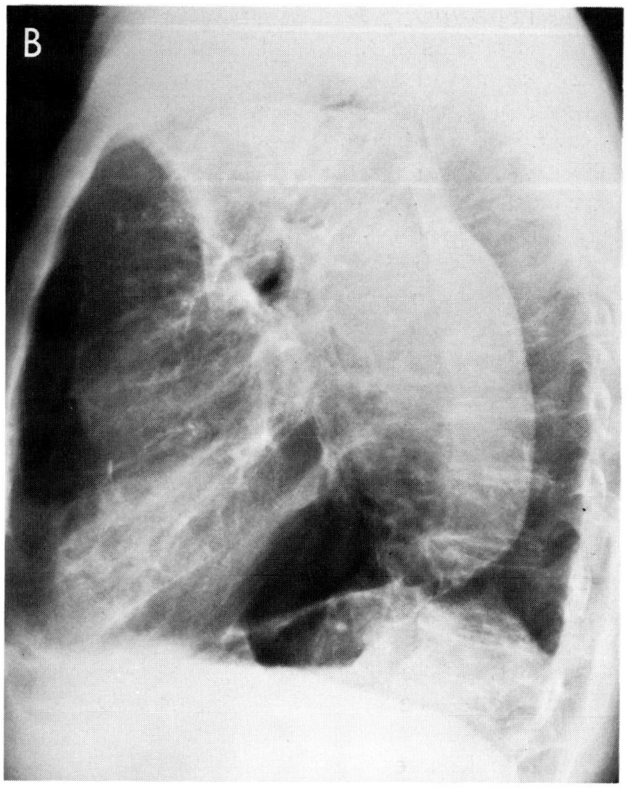

Abb. 4-75: **A.** und **B.** Arteriosklerotisches Aneurysma der Aorta descendens. In der Aneurysmawand findet sich eine feine, gekrümmt verlaufende Verkalkungslinie (Pfeil).

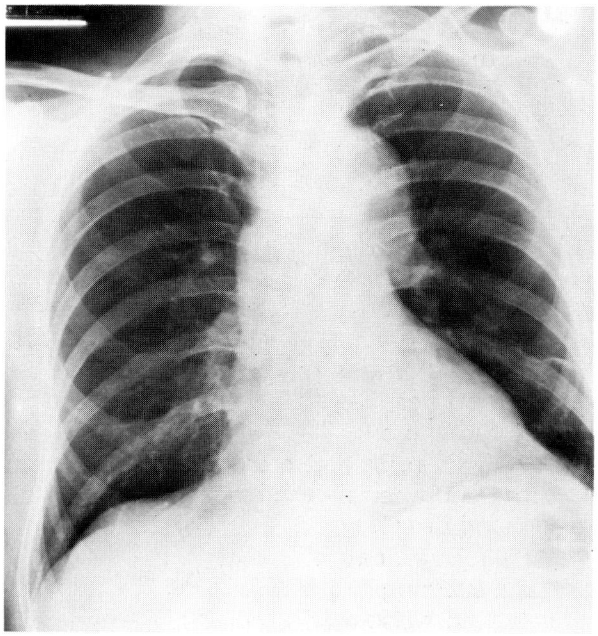

Abb. 4-76: Aneurysma dissecans der Aorta descendens. Die Verbreiterung des Schattens der Aorta descendens beruht auf dem intramuralen Dissektionshämatom. Ohne frühere Vergleichsaufnahmen wäre es schwierig, zwischen einer Erweiterung durch eine Aortendissektion oder einer vermehrten Schwingung der Aorta zu unterscheiden.

«Leckt» ein Aortenaneurysma, so verursacht es anfangs ein Mediastinalhämatom, dessen Zeichen auf Seite 181 diskutiert wurden. Das Hämatom kann aber auch in die Pleura einbrechen und eine gegenüber einem Pleuratranssudat oder -exsudat nicht abgrenzbare Flüssigkeitsansammlung bedingen. Zur Einblutung in die Pleura kommt es nahezu ausschließlich nur auf der linken Seite; ist diese aber doppelseitig, dann allerdings immer links wesentlich größer als rechts. Bei einer sehr schweren Blutung kann es auch zur Einblutung in die Lungen kommen, was dann als intrapulmonale Infiltrate imponieren kann.

In der Praxis erfordert die Diagnose eines dissezierenden Aortenaneurysmas die Bestätigung durch eine oder mehrere zusätzliche Untersuchungen. Die wichtigsten hierbei sind CT, Angiographie und Sonographie, doch kann in Zukunft die Kernspintomographie alle diese bildgebenden Verfahren teilweise oder sogar gänzlich ersetzen. Die Sonographie der Aortenwurzel mittels der Echokardiographie ist heute bereits eine Routineuntersuchung und beim Verdacht auf eine Aortendissektion eine hervorragend geeignete Ausgangsuntersuchung. Sie bestätigt eine intraperikardiale Einblutung, eine der wichtigen Komplikationen dieses Leidens, oder schließt diese aus; ferner kann sie das doppelte Lumen der Aorta und die Intimalefze an der Dissektionsstelle selbst nachweisen. Die Kombination von Krankheitszeichen kann bereits eine angemessene Information sein, dank derer man bei einem sehr kranken Patienten direkt zum operativen Eingriff schreiten kann. Dagegen läßt sich eine normal ausfallende echokardiographische Untersuchung nicht dazu heranziehen, diese Diagnose auszuschließen.

CT und Angiographie weisen bei der Aortendissektion eine hervorragende Sensitivität und auch Spezifität auf; dabei betrachtet man die Aortographie immer noch als die verläßlichste Untersuchung, weil sie effektiv dieses Krankheitsbild nachweist, wenn es vorliegt, oder sie diese Diagnose ausschließt, wenn die Untersuchung negativ ausfällt (Abb. 4-77). Ferner liefert sie eine ausgezeichnete Information zum Ausmaß der Dissektion, besonders weil sie auch im Detail zeigt, welche aus der Aorta abgehenden Gefäße davon betroffen sind. Aus diesem Grund empfehlen einige Chirurgen die Aortographie bereits im Frühstadium mit dem Argument, daß sie diese Untersuchung bei einem jeden Patienten brauchen, der einer Operation bedarf; beim kranken Patienten sprechen die zeitliche Verzögerung und der zusätzliche Kontrastmittelbedarf gegen die Computertomographie als vorläufige Untersuchung in den Augen der Befürworter der sofortigen Aortographie. Dabei ist die CT aber eine gleichermaßen sensitive Methode der Untersuchung. Sie demonstriert das Ausmaß der Dissektion gut genug, um eine klare Entscheidung für eine operative oder eine konservative Behandlung zu ermöglichen. Bei Patienten, die einer Operation bedürfen, sind etliche Chirurgen auch zur Operation ohne Aortographie allein anhand des CT-Befundes bereit; andere bestehen dagegen auf einer Aortographie.

Die jeweilige CT-Untersuchungstechnik wird teilweise durch die Gerätschaft festgelegt, teilweise auch durch die jeweiligen Methoden, die der Radiologe bevorzugt. Erforderlich ist eine intravenöse Injektion von Kontrastmittel während der Anfertigung der Schnittbilder als Bolus. Schnitte von den Abgängen der großen Gefäße bis hinab in etwa mittlere Vorhofhöhe reichen aus, um die entscheidenden Aortenanschnitte darzustellen. Vorteil dieser Einengung der Untersuchung auf die hauptsächlich gefährdeten Aortenanteile ist der, daß die Gesamtmenge des intravenös injizierten Kontrastmittels entsprechend verringert werden kann. Zu den computertomographischen Zeichen gehören die folgenden (Abb. 4-78):

1. Die Aortendilatation. Ist der Durchmesser der gesamten Thoraxaorta normal, so ist die Wahrscheinlichkeit einer Aortendissektion nur sehr gering.
2. Das Zeichen des doppelten Lumens. Das echte und das falsche Lumen werden durch eine Intimalefze voneinander getrennt, die man als ein Band verminderter Dichte durch das Aortenlumen ziehen sieht. Häufig zeigen die beiden Lumina eine unterschiedliche Kontrastmittelkonzentration, was ein hilfreiches Kriterium ist festzulegen, daß es sich wirklich um getrennte Lumina handelt. Denken Sie immer an die Möglichkeit eines Artefakts, wenn sich die Diagnose lediglich auf das Vorliegen einer Intimalefze stützt. Streifenartefakte durch sehr dichte Objekte innerhalb des Schnittbildes, vor allem wenn diese sich auch noch bewegen, können lineare Streifen verminderter Dichte hervorrufen (Abb. 4-78 B). Diese Streifenartefakte sind völlig gerade und lassen sich bis zu dem dafür verantwortlichen dichten Ausgangsort verfolgen. Ferner sieht man sie nicht unbedingt konstant auch auf Nachbarschnitten. Es leuchtet ein, daß bei einem Streifenartefakt beiderseits des Streifens keine Unterschiede der Kontrastmittelkonzentration vorliegen werden.

Lungenembolie und Lungeninfarkt

Wir kennen zwar eine Vielzahl pathologischer Zeichen des Röntgenbildes bei Lungenembolie und Lungeninfarkt, doch sind diese allesamt unspezifisch und erlauben es nicht allein anhand des Röntgenbildes zu entscheiden, ob der Patient eine Lungenembolie erlitten hat oder nicht. Selbst bei Patienten mit einem absolut unauffälligen Thoraxbild kann eine bedeutsame, ja sogar lebensbedrohende Lungenembolie vorliegen. Die einfachste Methode, die Lungenembolie zu erörtern, besteht darin, gesondert die Zeichen der Embolie mit und ohne Infarzierung zu besprechen.

Eine Lungenembolie ohne Lungeninfarzierung ruft in der Regel keine erkennbaren pathologischen Veränderungen hervor. Eine Kaliberminderung der verlegten Lungengefäße kann man zwar sehen, diese ist jedoch meist so schwierig zu beurteilen, wenn nicht gerade technisch identische Vergleichsaufnahmen vorliegen, daß dieses Zeichen auch nur wenig Bedeutung besitzt. Das Hauptproblem besteht darin, daß es meist nicht möglich sein wird, die Kaliberverkleinerung der Lungengefäße sicher auf eine Lungenembolie, ein Emphysem oder ältere Infektionen zurückzuführen. Die Erweiterung des Truncus

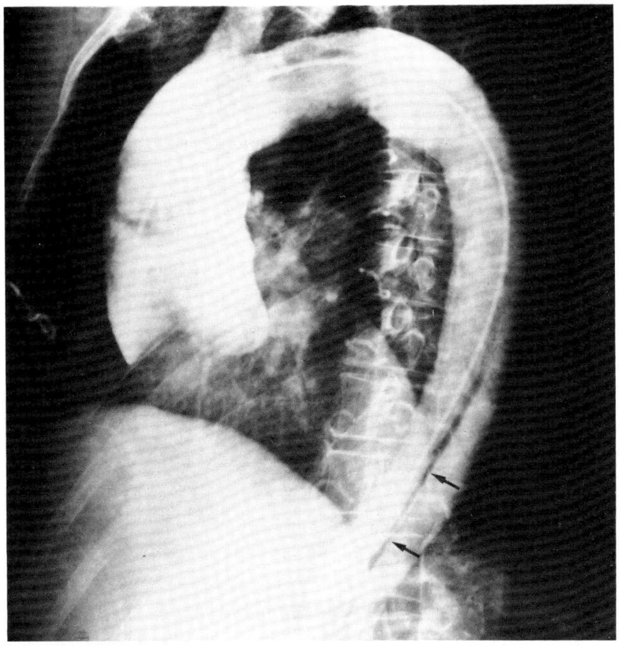

Abb. 4-77: Aortendissektion. Die Aortographie zeigt eine Dissektion vom Typ I (nach DeBakey) mit Beginn in der Aorta ascendens. Sowohl das wahre wie auch das falsche Lumen färben sich an und zeigen so die abgehobene Intima (Pfeile), die beide Lumina voneinander trennt.

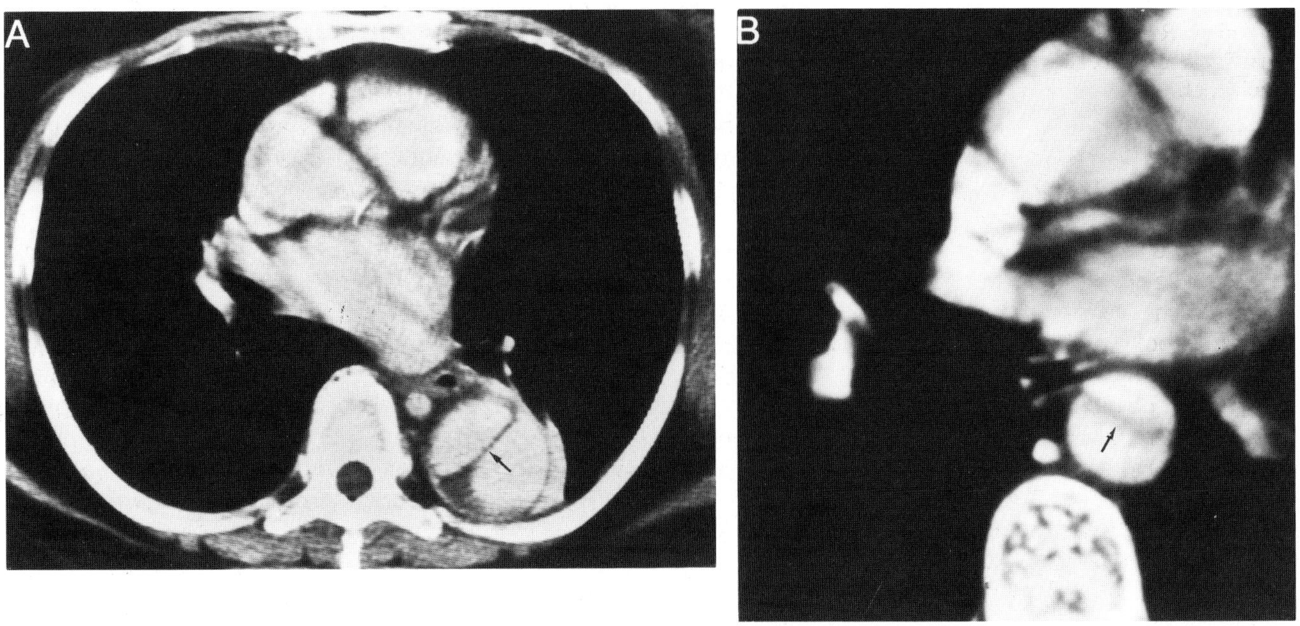

Abb. 4-78: A. Dissektion der Aorta descendens. Ein CT nach intervenöser Kontrastmittelinjektion zeigt die beiden Aortenlumina, die durch die abgehobene Intima voneinander getrennt werden (←). **B.** Ein Streifenartefakt in der Aorta descendens täuscht hier eine Dissektion vor.

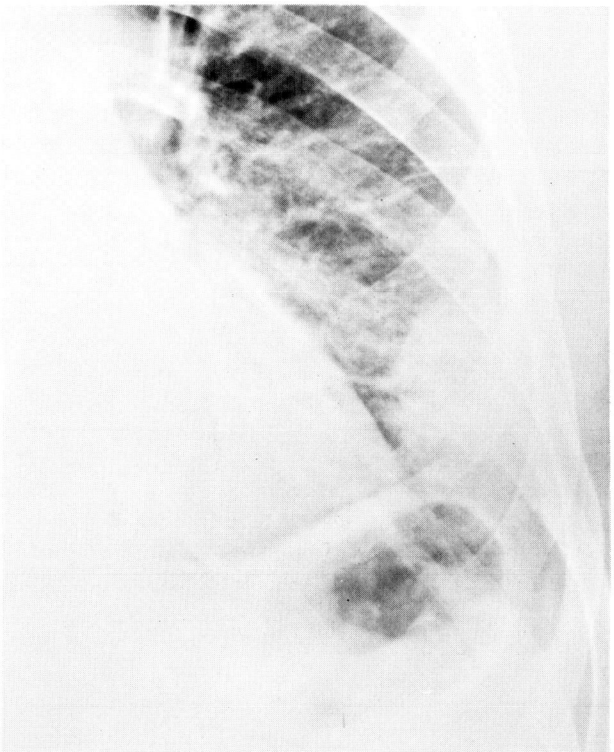

Abb. 4-79: Infiltrat im linken Randsinus durch einen Lungeninfarkt. Der abgerundete innere Rand des Infarkts wird als Hampton-Buckel (Hampton's hump) bezeichnet.

pulmonalis im Hilusbereich ist ein weiteres gut bekanntes, aber eben nur seltenes Zeichen. Plattenatelektasen kommen vor, doch tritt dieses Phänomen bei zahlreichen anderen Störungen auch auf; häufig sind diese nur Widerspiegelung einer ungenügenden Exkursion der Zwerchfelle, und nicht so sehr Zeichen einer Gefäßverlegung. Auch ein einseitiger Zwerchfellhochstand ist bei der Lungenembolie recht häufig, doch sieht man diesen bei einer großen Zahl verschiedener intrathorakaler Krankheitsprozesse, so daß dessen klinische Bedeutsamkeit sehr unsicher ist, zumal ferner der Zwerchfellstand von Tag zu Tag auch bei Patienten ohne Lungenembolie und ohne befriedigende Erklärbarkeit leicht variiert.

Eine Lungenembolie mit Infarzierung ruft im Röntgenbild sichtbare Verschattungen hervor. Das resultierende Infiltrat neigt zu einer Keilform mit deren Basis auf der Pleura, doch sieht man hier viele verschiedenartige Muster. Es kann einen abgerundeten Rand aufweisen (Hampton-Höcker; Hampton hump) (Abb. 4-79). Dieses Zeichen ist selten, und auch wenn es sehr für einen Lungeninfarkt spricht, so sieht man es ebenfalls bei anderen Infiltraten, insbesondere bei der Pneumonie.

Da die Thoraxübersichtsaufnahmen bei der Diagnose der Lungenembolie so unspezifisch sind, wird oft die weitere Abklärung durch nuklearmedizinische Methoden erforderlich. Der grundsätzliche Wert der Thoraxübersichten besteht vor allem darin, daß sie klinisch ähnliche Erkrankungen, welche im Röntgenbild Auffälligkeiten zeigen, ausschließen, z.B. einen Pneumothorax oder ein dissezierendes Aneurysma.

Die Diagnosestellung einer Lungenembolie mittels szintigraphischer Techniken hängt davon ab, ob man nach der Injektion radioaktiver Partikel in eine periphere Vene auf den Bildern einen Perfusionsausfall entdeckt.

Diese Partikel, meist etwa 200000 bis 500000, haben einen Durchmesser von ca. 60 Mikrometern. Sie treiben mit dem Blutstrom und bleiben schließlich in einer Lungenschlagader oder in Lungenkapillaren hängen, welche sie verlegen. Die Abbildung ihrer Verteilung spiegelt die örtliche Durchblutung wieder, vorausgesetzt daß die Partikel im rechten Herzen gleichförmig «vermischt» wurden. Mit hochauflösenden Gammakameras fertigt man dann in vielen Projektionen Aufnahmen der Lungen an. Sicher ist diese Untersuchungsmethode deshalb, weil die Lungen etwa 300 Millionen Arteriolen besitzen, deren Durchmesser klein genug ist, daß sich die Partikel darin verfangen können, weshalb also nur ein kleiner Anteil der Lungenarteriolen durch diese Albuminpartikel verlegt wird. Wie wir bereits ausführten, gibt es vielerlei Ursachen von Perfusionsausfällen, wobei die Lungenembolie nur eine ist. Die Spezifität der Untersuchung läßt sich steigern, wenn sie durch eine Ventilationsszintigraphie ergänzt wird. Die heute geläufigste Methode der Ventilationsszintigraphie besteht in der Inhalation eines Gasgemisches, das Xenon-133 enthält. Allerdings erfordert hier ein technisches Problem Ihr Verständnis: Sind sowohl ^{99m}Tc als auch ^{133}Xe gleichzeitig in der Lunge, dann geben die Bilder die Aktivitätsverteilung beider Isotope wieder. Die besten ^{133}Xe-Studien erhält man deshalb entweder noch vor der Perfusionsszintigraphie mit ^{99m}Tc oder etwa sechs Stunden danach, wenn die Aktivität des Technetiums weitgehend abgeklungen ist. Führt man die Ventilationsszintigraphie jedoch routinemäßig vor der Perfusionsszintigraphie durch, dann wird die Ventilationsstudie sich im nachhinein bei denjenigen Patienten als überflüssig herausstellen, wo die Perfusionsszintigraphie normal ausfällt. Auch wird es nicht möglich sein, bei der Ventilationsstudie die beste Projektion zu erhalten, da diese vom Ergebnis der Perfusionsszintigraphie abhängt. So bleibt denn ein gewisser Kompromiß unausweichlich. In vielen Instituten wird die ^{133}Xe-Ventilationsszintigraphie direkt nach der ^{99m}Tc-Perfusionsszintigraphie ausgeführt und dabei die unvermeidbare Schmälerung der Bildqualität durch die Informationsüberlagerung von Xenon und Technetium in Kauf genommen.

Meist besteht die ^{133}Xe-Ventilationsstudie aus einem Anfangsbild nach einem einzigen Atmung, dem eine Bildserie mit Intervallen nach einer Rückatmungszeit von drei bis fünf Minuten folgt. Eine abschließende Bildfolge wird aufgenommen, während der Patient Raumluft/Sauerstoff atmet, um die Lungen vom Xenon auszuwaschen, so daß man Lungengebiete mit einer Retention von Xenon durch eine partielle Luftwegsobstruktion nachweisen kann. Bei der gesamten Untersuchung wählt man eine einzige Projektion, und zwar diejenige, die den Perfusionsausfall gut zeigt. Führt man die Ventilationsszintigraphie vor der Perfusionsstudie durch, wird die Projektion von dorsal gewählt.

Interpretation der Lungenszintigraphie

In der Lungenszintigraphie ist das Kardinalzeichen der Lungenembolie ein Perfusionsausfall. In aller Regel haben solche Ausfälle eine segmentale Form, und sie dehnen sich bis zur pleuralen Oberfläche aus. Eine normale Perfusionsszintigraphie schließt die Diagnose einer Lungenembolie aus (Abb. 4-80), hingegen ist das Vorliegen eines Perfusionsausfalls ein unspezifischer Befund. Neben der Lungenembolie gibt es viele Krankheitsprozesse, die zu einer umschriebenen Verringerung des Blutflusses führen können. Dazu zählen obstruktive Atemwegserkrankungen (akute oder chronische), die Pneumonie, Atelektasen, das Lungenödem und die Vaskulitis. Die Wahrscheinlichkeit eines Perfusionsausfalls durch eine Lungenembolie hängt jeweils von den Befunden der Thoraxübersichtsaufnahmen und der Ventilationsszintigraphie ab. Folgende sind hierbei die wichtigsten Muster:

1. Diskrepanz von Ventilations-/Perfusionsausfällen (Abb. 4-81):
   - Perfusionsausfälle in einem Gebiet mit normaler Ventilation sprechen sehr stark für eine Lungenembolie ohne Infarzierung.
   - Perfusionsausfälle, die größer sind als die entsprechenden Ventilationsausfälle, sprechen für einen Lungeninfarkt. Solche Fälle zeigen dann oft in den Thoraxaufnahmen Infiltrate der Lunge.
2. Deckungsgleiche Ventilations-/Perfusionsausfälle sieht man beim Lungeninfarkt, bei der Pneumonie, beim Lungenödem und bei Atemwegserkrankungen. Diese Befunde sind deshalb nicht sicher einzuordnen.

Pathologische Ergebnisse der Perfusions-Ventilations-Szintigraphie drückt man in Begriffen aus, die die Wahrscheinlichkeit, daß die Diagnose einer Lungenembolie korrekt ist, angeben, doch können die Ergebnisse der Lungenszintigraphie allein ohne Bewertung der klinischen Wahrscheinlichkeit einer Lungenembolie keine verläßliche Abschätzung der Wahrscheinlichkeit dieser Diagnose liefern. Leider wird dieses wichtige Konzept oft übersehen, so daß dann die Befunde der szintigraphischen Untersuchung isoliert dazu herangezogen werden, um die Wahrscheinlichkeit einer Lungenembolie zu bestimmen. Die Kriterien, nach denen die Ventilations-Perfusions-Szintigraphiebilder nach den Kategorien einer niedrigen, mäßigen, unbestimmbaren oder hohen Wahrscheinlichkeit einer Lungenembolie eingeteilt werden, sind von Zentrum zu Zentrum unterschiedlich. Selbst wenn man sich auf diese Kriterien geeinigt hat, ist es immer noch schwierig zu entscheiden, welcher Anteil eines Lungensegments eine verminderte Durchblutung aufweist. Die folgenden Definitionen sollen lediglich als Leitschnur dienen:

A. Geringe Wahrscheinlichkeit (einer Lungenembolie):

1. Nur kleine Perfusionsausfälle, ungeachtet ihrer Zahl und der Befunde der Ventilationsszintigraphie sowie der Thoraxübersichtsaufnahmen.
2. Perfusionsausfälle, deren Größe kleiner oder gleich einem korrespondierenden Perfusionsausfall ist, wobei im Röntgenbild kein Korrelat vorliegt.
3. Perfusionsausfälle, die wesentlich kleiner sind als in den Röntgenaufnahmen dargestellte Veränderungen.
4. Perfusionsausfälle, die sich zwanglos durch Strukturen wie einen vergrößerten Hilus, eine weite Aorta oder einen vorherigen operativen Eingriff erklären lassen.

Eine Ventilations-Perfusions-Studie, die als «geringe Wahrscheinlichkeit» eingestuft wird, geht mit einer Inzidenz von 10—15 % Lungenembolien einher.

B. Mäßige Wahrscheinlichkeit

Jede Normabweichung, die nicht als «hohe» oder «niedrige» Wahrscheinlichkeit eingestuft wird, wird als mäßige Wahrscheinlichkeit kategorisiert. Im wesentlichen wird die Wahrscheinlichkeit einer Lungenembolie bei den Patienten, die in diese Gruppe fallen, wahrscheinlich ähnlich beurteilt werden wie vor der Lungenszintigraphie.

C. Hohe Wahrscheinlichkeit

1. Perfusionsausfälle, die wesentlich größer sind als jeweils sichtbare röntgenologische Veränderungen.
2. Zwei oder mehr mäßig große oder große Perfusionsausfälle, die sich nicht mit einem korrespondierenden Ventilationsausfall oder einer Veränderung in den Thoraxübersichten decken.

Im allgemeinen bedeutet der Ausdruck «hohe Wahrscheinlichkeit», daß diese höher als 85 % ist. Uns scheint noch die Anmerkung angebracht, daß bei klinisch wahrscheinlicher Diagnose und dem Nachweis multipler segmentaler oder gar größerer Perfusionsausfälle bei gleichzeitig unauffälliger Ventilationsszintigraphie die Wahrscheinlichkeit einer Lungenembolie 90 Prozent überschreitet.

Differentialdiagnose der Lungenembolie im Szintigramm

Es gibt eine ganze Reihe von Krankheitszuständen, die zu Perfusionsausfällen ohne Störung der Ventilation und ohne erkennbare Veränderungen im Thoraxröntgenbild führen können. Dazu gehören frühere Lungenembolien. Die Verlegung von Lungenarterien durch eine Vaskulitis, Tumoren oder Entzündung, die pulmonalarterielle Hypertonie, der Zufluß von systemischem arteriellen Blut in einen Lungenanteil und die intrathorakale Hernie. Diese lange Liste unterschiedlicher Leiden wirft ein Licht auf die mangelnde Spezifität kombinierter Ventilations- und Perfusionsausfälle.

Pulmonalisangiographie

Die Pulmonalisangiographie ist die derzeit sensitivste und spezifischste verfügbare Nachweismethode einer Lungenembolie (Abb. 4-82). Genaue Statistiken zu Morbidität und Letalität der Lungenarteriographie sind nur schwierig zu erhalten. Es liegen viele große Untersuchungsserien ohne Todesfälle vor; in anderen Studien wird über Todesfälle und ernsthafte Komplikationen berichtet, doch sind Todesfälle selten; meist liegt die Letalität unter 0,5 Prozent. Wesentlicher Faktor, der eine Prädisposition für ernste Komplikatioen darstellt, ist die pulmonalarterielle Hypertonie. In einer Übersichtsarbeit wurden bei 4209 Patienten

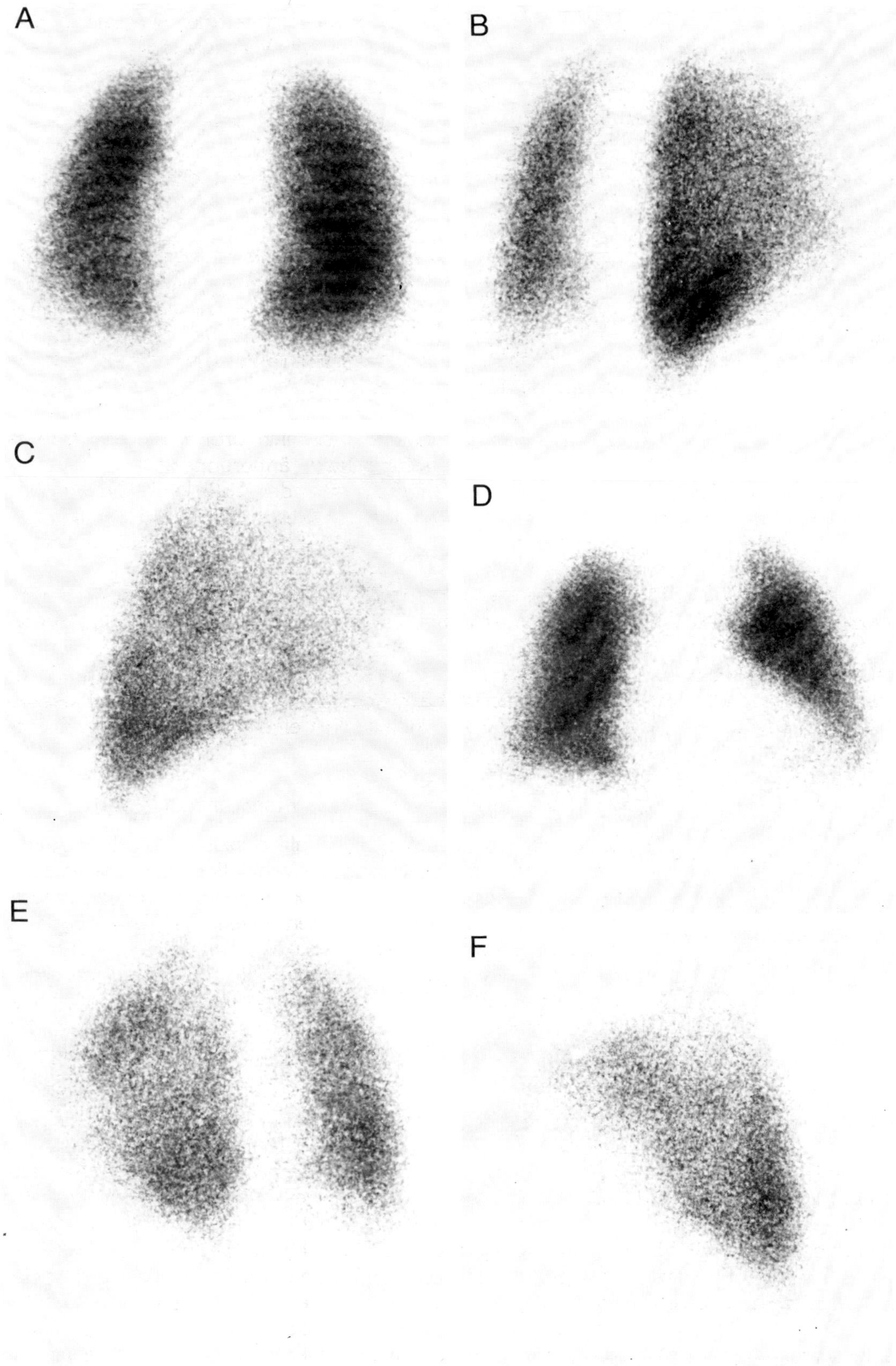

Abb. 4-80: Normale ^{99m}Tc-Perfusionsszintigraphie der Lunge. **A.** Ansicht von dorsal. **B.** Schrägaufnahme von rechts hinten (RPO). **C.** Ansicht von rechts seitlich. **D.** Von vorne. **E.** Von links hinten schräg (LPO). **F.** Ansicht von links lateral.

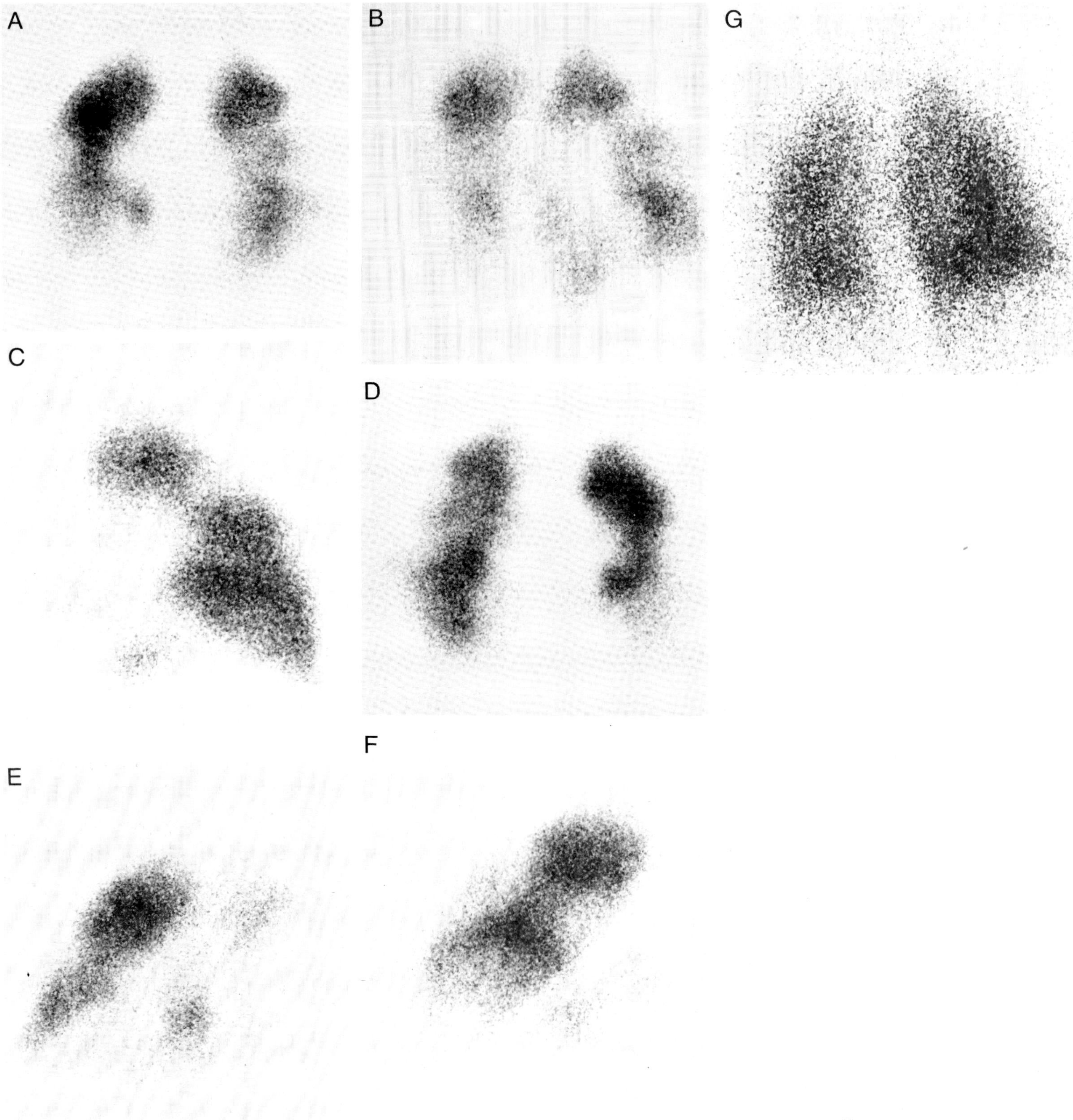

Abb. 4-81: Hohe Wahrscheinlichkeit einer Lungenembolie. Die ^{99m}Tc-Perfusionsaufnahmen von **A** bis **F** zeigen multiple Durchblutungsausfälle segmental und noch größer. (Die Aufnahmen entsprechen den Projektionen der Abbildung 4-80.) **G.** Das Ventilationsszintigramm mit Xenon-133 ist dagegen normal.

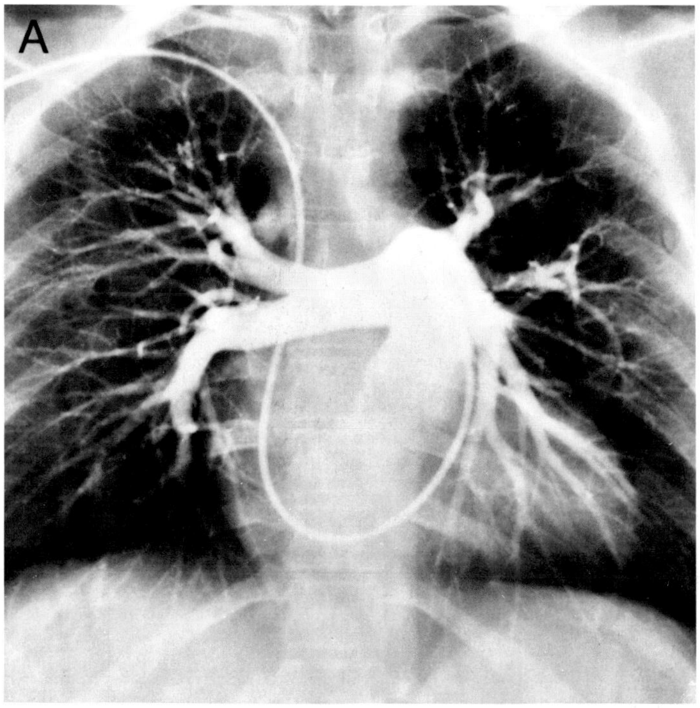

Abb. 4-82: **A.** Normale Pulmonalisangiographie. **B.** Durch die Pulmonalisangiographie nachgewiesene Lungenemboli. Sie erkennen große intraluminale Füllungsdefekte in allen Lappen- und Segmentarterien, die von Blut umspült werden.

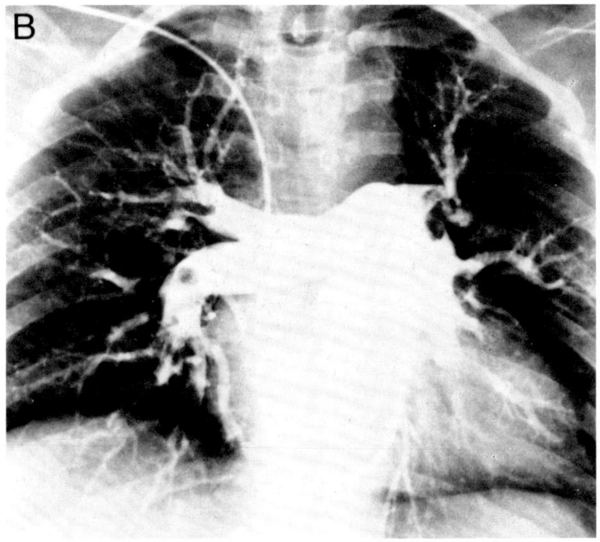

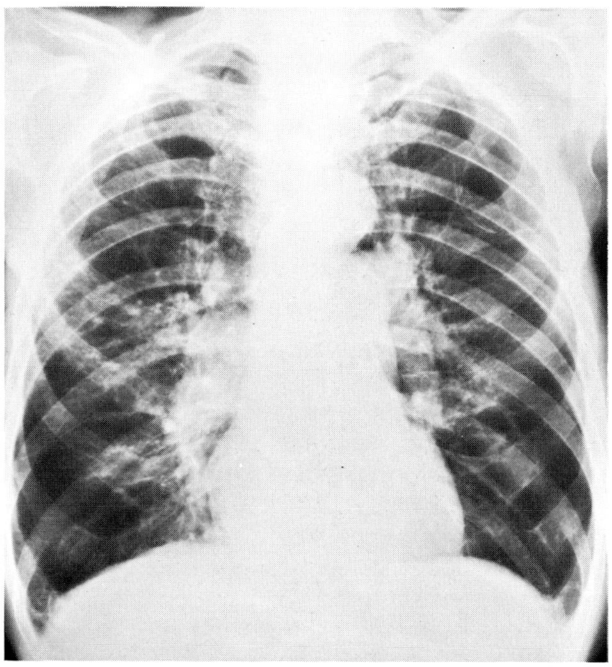

Abb. 4-83: Cor pulmonale. Die Zeichen des Emphysems sind unübersehbar. Zusätzlich sind die Hilusarterien und der Truncus pulmonalis durch die pulmonal-arterielle Hypertonie deutlich erweitert.

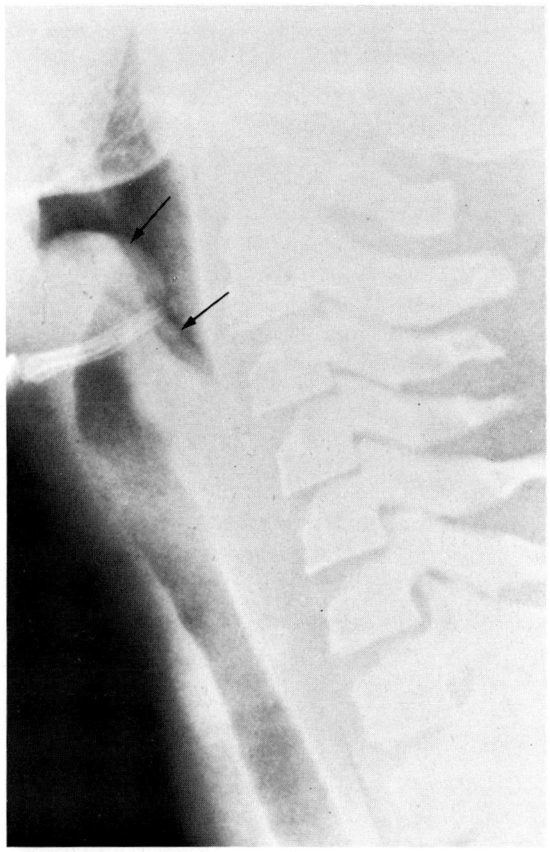

Abb. 4-84: Akute Epiglottitis. Die Epiglottis und die benachbarten aryepiglottischen Falten sind deutlich angeschwollen (Pfeile). Die Gegend der Stimmbänder und der Subglottis zeigt eine milchglasartige Trübung.

10 Todesfälle festgestellt; neun dieser Patienten litten an einer nachgewiesenen oder vermuteten pulmonalarteriellen Hypertonie (Goodman). Das einzige spezifische angiographische Zeichen einer Lungenembolie ist ein Füllungsdefekt im Gefäßlumen innerhalb des kontrastmittelgefüllten Gefäßbaumes auf einer oder auf zwei Aufnahmen. Oft findet man die vollständige Verlegung einer Lungenschlagader, die jedoch ein weniger spezifisches Zeichen ist und die man bei einer Vielzahl von Krankheitsbildern einschließlich früherer Lungenembolien oder bei direkter Beteiligung der Gefäße durch einen Tumor oder einen entzündlichen Prozeß sehen kann. Ein noch weniger spezifisches Zeichen ist die umschriebene Durchblutungsminderung, das Äquivalent des Perfusionsdefekts im Perfusionsszintigramm.

Unter der Vorgabe, daß die Pulmonalisangiographie zwar der «goldene Standard» zur Diagnosestellung einer Lungenembolie ist, sie aber das Risiko von Komplikationen in sich trägt, erhebt sich die Frage, welche Patienten eine Pulmonalisangiographie erhalten sollten. Es gibt hierzu keine allgemein anerkannten Empfehlungen. Es wurde das Argument ins Feld geführt, daß die Ärzte erkennen sollten, daß eine durch erfahrene Radiologen durchgeführte Pulmonalisangiographie zwar ein geringes und nicht ganz zu vernachlässigendes Risiko in sich birgt, diese Risiken aber oft geringer sind als die einer Antikoagulantienbehandlung, insbesondere bei Patienten, deren Ventilations-Perfusions-Szintigramm unspezifische Befunde geliefert hat. Die folgenden Punkte sollte man bei Patienten mit dem Verdacht auf eine Lungenembolie als Indikationen zur Pulmonalisangiographie betrachten:

1. Das Ergebnis der Ventilations-Perfusions-Szintigraphie weicht erheblich von der klinischen Wahrscheinlichkeit einer Lungenembolie ab.
2. Wenn eine Langzeit-Antikoagulantienbehandlung erwogen wird und diese Therapieform eine hohes Risiko darstellen würde.
3. Vor einer Embolektomie, einer Ligatur der unteren Hohlvene oder der Implantation eines Kavaschirms.
4. Wenn die Ventilations-Perfusions-Szintigraphie zwar pathologisch ausfällt, sich diese aber nicht in die Kategorie der hohen oder der geringen Wahrscheinlichkeit einordnen läßt. Diese Situation ist bei Patienten mit einer zugrunde liegenden chronisch-obstruktiven Lungenkrankheit (COLD) recht häufig.

Ursprünglich hoffte man noch, daß die digitale Subtraktionsangiographie (DSA) sich gegenüber der konventionellen Pulmonalisangiographie zur Aufdeckung von Lungenembolie als das weniger invasive Verfahren bewähren würde, doch hat eine Anzahl technischer Probleme verhindert, daß diese Methode hinreichend sensitiv oder spezifisch ist. Sowohl die Computertomographie nach intravenöser Kontrastmittelgabe als auch die Kernspintomographie können Lungenembolie aufdecken, doch lassen sich derzeit nur große Emboli in den zentralen Gefäßabschnitten darstellen; ferner gibt es noch keine zuverlässigen Angaben zu Sensitivität und Spezifität. Zum gegenwärtigen Zeitpunkt wird deshalb keine dieser Modalitäten als Routineverfahren eingesetzt.

Cor pulmonale

Eine Rechtsherzinsuffizienz auf dem Boden einer Lungenkrankheit manifestiert sich radiologisch durch eine Herzvergrößerung mit Dilatation des rechten Vorhofs, der V. cava superior sowie der V. azygos und durch die Zeichen der pulmonalarteriellen Hypertonie. Dabei kann die verantwortliche Grundkrankheit sichtbar sein, z.B. Lungenemphysem oder Lungenfibrose. Ist aber eine chronische Bronchitis die Hauptursache, können im Thoraxbild verläßliche Zeichen einer Lungenerkrankung auch fehlen, selbst wenn die Anamnese mit hoher Sicherheit auf eine chronische Bronchitis hinweist. Die pulmonalarterielle Hypertonie erkennt man an der Dilatation des Truncus pulmonalis und der Pulmonalishauptäste (Abb. 4-83). Es besteht ein krasses Mißverhältnis zwischen dem Kaliber der vergrößerten Hilusgefäße und den Gefäßen innerhalb der Lungen (Bild des «amputierten Hilus») – beim Lungenemphysem können die Lungengefäße selbst auch tatsächlich verschmälert sein, was dieses Bild noch stärker akzentuiert. Beim Cor pulmonale auf dem Boden einer chronischen Bronchitis können die Lungengefäße aber auch größer als normal sein, was diesen Kontrast wiederum mindert (im Amerikanischen auch «increased markings emphysema» bezeichnet). Die zentralen Lungengefäße sind aber unproportional weit, und es kann hier schwierig werden, dieses Erscheinungsbild gegenüber einer vermehrten Lungendurchblutung bei einem Rechts-links-Shunt, z.B. durch einen Vorhof- oder Ventrikelseptumdefekt, abzugrenzen.

Viele Patienten mit einem Cor pulmonale leiden auch an einer Linksherzinsuffizienz, die sich als Erweiterung der kranialen Lungengefäße und als Lungenödem zeigen kann.

Atemwegsverlegung/Atemwegseinengung

Akute Epiglottitis und Pseudokrupp

Die akute Epiglottitis ist eine rapid progressive bakterielle Entzündung der Epiglottis und der umliegenden Schleimhaut. Häufigster Erreger ist *Haemophilus influenzae*, doch können auch Streptokokken der Gruppe A dieses Krankheitsbild verursachen. Zahlenmäßig überwiegen beim Pseudokrupp virale Laryngotracheobronchitiden. Beide Krankheitszustände weisen Unterschiede in ihrem klinischen Bild, in der Behandlung und der Schwere der Atemwegsbehinderung auf. Bei einer akuten Epiglottitis können die Manöver bei einer Laryngoskopie zu einer lebensbedrohenden Kehlkopfverlegung führen. Deshalb sollten erst Röntgenaufnahmen der Halsregion veranlaßt werden, um diese beiden Krankheitsbilder zu unterscheiden. Bei einer akuten Epiglottitis sind die Epiglottis und die benachbarten aryepiglottischen Falten angeschwollen (Abb. 4-84). Die Epiglottis stellt sich am besten auf einer Seitaufnahme dar. Normalerweise ist sie nur eine schlanke Struktur und projiziert sich, ausgehend vom Zungengrund, leicht nach oben und etwas nach dorsal in den Atemweg. Die aryepiglottischen Falten sind recht zart und schwierig auszumachen. Bei einer akuten Epiglottis werden die Epiglottis oval oder rund und die aryepiglottischen Falten dick und leicht erkennbar. Die subglottische Trachea erscheint normal oder aber – meistens – leicht eingeengt. Diagnostisches Kennzeichen ist eine Verschmälerung des subglottischen Raumes (Abb. 4-85), die man zwar auf beiden Projektionen sehen kann, am besten jedoch auf a.-p. Aufnahmen. Die Form des Luftweges unterhalb der (echten) Stimmbänder ähnelt beim Gesunden mehr einem Rundbogen, dagegen beim Pseudokrupp eher einem gotischen Spitzbogen, und zwar durch das Ödem der Stimmbänder und der subglottischen Trachea.

Endobronchiale Fremdkörper

Röntgendichte Fremdkörper lassen sich im Respirationstrakt leicht erkennen und auch lokalisieren. Doch bereits Bruchstücke von Zähnen können schwer zu erkennen sein. Die meisten Fremdkörper aber, z.B. Nüsse, Bonbons oder kleine Plastikgegenstände, sind nicht röntgendicht. Es ist selten möglich, den Schatten eines nicht strahlendichten Fremdkörpers innerhalb der Luftwege oder in einem größeren Bronchus darzustellen. Deshalb entsprechen die Röntgenzeichen auch denen, die der Fremdkörper in den Lungen verursacht – nämlich den Zeichen der Verlegung eines größeren Bronchus. Bei Kindern ruft das Passagehindernis meist einen Ventilmechanismus hervor, wobei der Einschluß von Luft (air trapping) das häufigste Zeichen ist. Eine geringere Zahl von Kindern zeigt dagegen eine Atelektase oder gar eine poststenotische Pneumonie. Ein Großteil der Kinder mit einem nachgewiesenen endobronchialen Fremdkörper weisen sogar normale Thoraxbefunde auf.

Selten ist das Air trapping so stark, daß man es auf Standardaufnahmen bei vollständiger Inspiration entdecken kann; hingegen wird es in Aufnahmen mit Exspirationsstellung deutlicher. So sind in der Tat oftmals die Inspirationsaufnahmen völlig normal, und die Diagnose wird erst auf der Exspirationsaufnahme ersichtlich. Zu den Zeichen zählen eine vermehrte Strahlentransparenz der betroffenen Lunge und eine Abnahme des Gefäßkalibers der gleichen Stelle wie auch die Zeichen eines vermehrten oder gar fixierten Lungenvolumens – Zwerchfellabflachung und Mediastinalverlagerung zur Gegenseite (Abb. 4-86). Sitzt der Fremdkörper in einem Lappenbronchus, so zeigt der betroffene Lappen eine vermehrte Strahlentransparenz; doch eher als zur Mediastinalverlagerung führt das Air trapping zu einer Verlagerung der jeweils die Lappengrenzen anzeigenden Lappenspalten.

Zur Aufdeckung eines Air trapping ist die Thoraxdurchleuchtung sehr nützlich. Der stete Wechsel von Volumen und Dichte der normal belüfteten Lungenanteile steht in scharfem Gegensatz zum fixierten Volumen und zur gleichbleibenden Dichte der Lunge oder des Lappens mit einem Air trapping. Steht keine Durchleuchtungseinrichtung zur Verfügung, so sind auch bestimmte Nativaufnahmetechniken möglich, wenngleich diese weniger genaue Aussagen liefern. Aufnahmen in Seitenlage zeigen normalerweise eine verminderte Belüftung der abhängigen Lunge (also der der Tischplatte aufliegenden), wohingegen sich die durch einen aspirierten Fremdkörper eingeschlossene Luft in der Seitaufnahme durch einen seitengleichen Luftgehalt in beiden Lungen zu erkennen geben kann. Als weitere Nativaufnahmetechnik kann zum Nachweis eines Air trapping auch eine Aufnahme in forcierter Exspiration erfolgreich sein. Eine Aufnahme in Rückenlage wird unter kräftigem Druck der Hand des Untersuchers gegen den Oberbauch des Patienten «geschossen». Hierbei kann der Arzt seine Hand durch einen Bleihandschuh schützen.

Die Durchleuchtung ist die empfindlichste Technik zum Nachweis eines aspirierten Fremdkörpers und ergibt in über 90 % der Fälle ein pathologisches Resultat. Nativtechniken sind wesentlich unergiebiger. Die Röntgendiagnose von Fremdkörpern in Kehlkopf oder Luftröhre ist dagegen schon schwieriger, wobei selbst die Durchleuchtung bei bis zu 50 % der Fälle nur normale Befunde ergibt.

Asthma bronchiale

Die Befunde der Thoraxaufnahme variieren beim Asthma bronchiale mit dem Alter des Patienten. Zwischen den Anfällen können die Lungen bei Kindern überbläht sein und auch eine Bronchialwandverdickung sowie prominente Hilusgefäße zeigen; Erwachsene haben aber in der Regel trotz der gleichen Krankheitszeichen normale Thoraxbefunde im Röntgenbild. Alle diese Zeichen sind meist wenig aussagekräftig, so daß die Röntgenaufnahme des Thorax bei der Diagnose eines Asthma bronchiale keine Rolle spielt. Zweck dieser Untersuchung ist die Aufdeckung von Komplikationen des Asthmaanfalls oder der Nachweis einer Pneumonie, die einen solchen Anfall ausgelöst haben könnte.

Während eines Asthmaanfalls sind die Lungen oft überbläht. Die Atelektase eines ganzen Lappens oder von Teilen eines oder mehrerer Lungenlappen kommt recht häufig vor (Abb. 4-87). Sie beruht zumeist auf einer Sekretretention, kann aber auch Folge einer Pneumonie sein, die den Asthmaanfall ausgelöst hat. Eine nichtinfektiöse Atelektase von einer solchen zu unterscheiden, die durch vermehrtes Begleitsekret einer Pneumonie zustandegekommen ist, kann sehr schwierig sein. Im allgemeinen beruht eine Atelektase um so eher auf einer Pneumonie, je kleiner der Volumenverlust ist, und vice versa. Zähe Schleimpfröpfe können wiederholt zum Problem werden und zu einer bleibenden oder rezidivierenden Atelektase führen. Bei älteren Kindern und Erwachsenen können sie auch Teilsymptom der allergischen bronchopulmonalen Aspergillose sein.

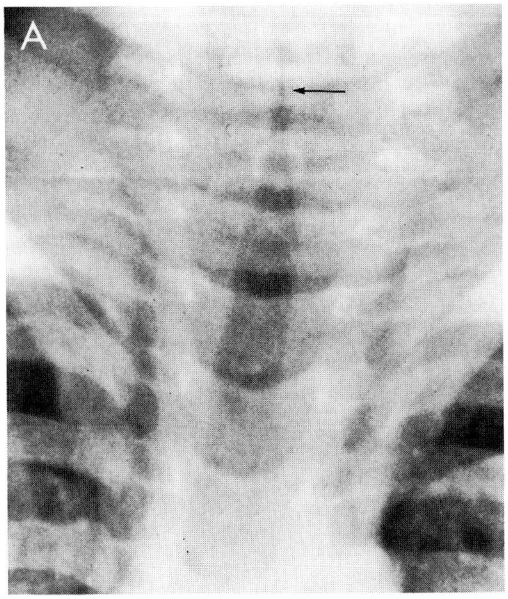

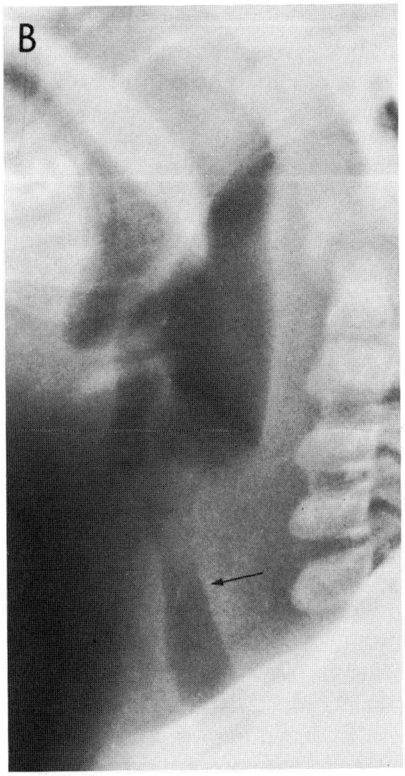

Abb. 4-85: Krupp. **A.** Hauptbefund dieser a.-p. Aufnahme ist die Einengung der subglottischen Trachea (Pfeil). **B.** Aryepiglottische Falte und Epiglottis selbst erscheinen auf dieser Seitaufnahme nur gering verdickt (anderer Patient). Beachten Sie die klar erkennbare Einengung der Subglottis (Pfeil).

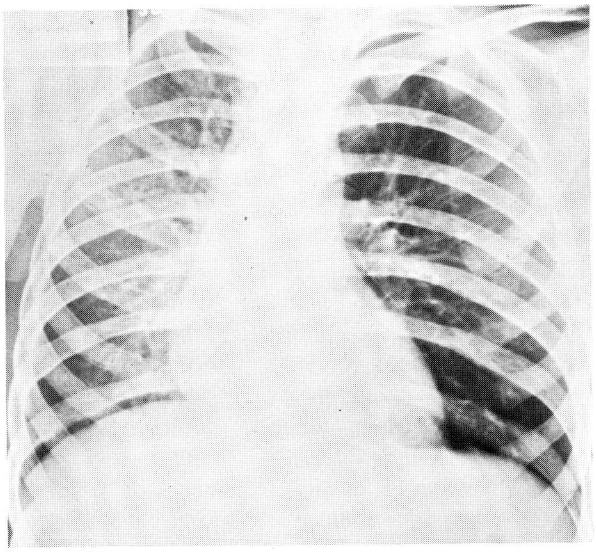

Abb. 4-86: Fremdkörperaspiration in den linken Hauptbronchus. Die linke Lunge zeigt einen erheblich vermehrten Luftgehalt (air trapping).

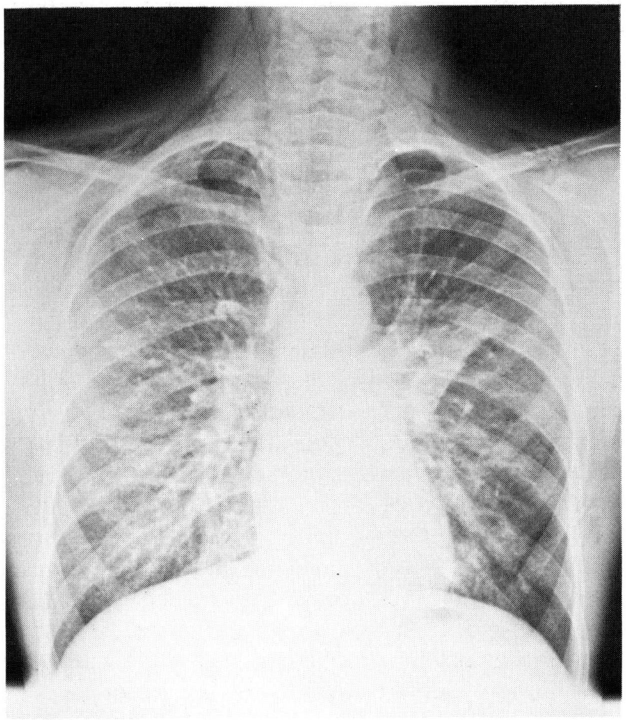

Abb. 4-87: Asthma bronchiale. Zahllose fleckige Atelektasen in beiden Lungen, insbesondere parahilär links. Man sieht auch Luft im oberen Mediastinum, in den Halsweichteilen und in beiden Supraklavikularregionen.

Man kann beim Asthma bronchiale sowohl einen Pneumothorax als auch ein Pneumomediastinum sehen, wobei letzteres häufiger ist und an und für sich allein für den Patienten keine weitere klinische Bedeutung hat.

Atemwegsverlegung durch äußere Kompression

Zu einer akuten Atemwegsverlegung kommt es gelegentlich durch eine äußere Raumforderung oder eine angeborene Gefäßanomalie.
Im ersteren Falle ist diese Raumforderung in der Regel recht groß, war aber bis zum Zeitpunkt des akuten Ereignisses symptomlos. Die akute Atemwegsobstruktion kann eingetreten sein, weil jetzt ein kritischer Stenosegrad erreicht wurde, oder aber durch eine plötzliche Größenzunahme der Raumforderung wegen Blutung oder Infektion. In solchen Fällen zeigt sich die Raumforderung in der Regel als umschriebene Mediastinalverbreiterung mit Verlagerung oder Kompression der Trachea. Wichtig ist es hier, daran zu denken, daß eine solche Trachealeinengung nur auf der Seitaufnahme zu sehen sein kann. Nur selten wird es möglich sein, die Natur der Raumforderung allein aus dem Röntgenbild zu erschließen.
Eine Trachealeinengung durch einen angeborenen Gefäßring, wie z.B. einen doppelten Aortenbogen, ist durch Nativaufnahmen allein sehr schwer zu stellen. Da es sich hierbei meist um junge Kinder handelt, bei denen der Thymus noch sehr groß ist, läßt sich der Aortenschatten selbst nur schwer erkennen und abgrenzen; auch bleibt die genaue Abgrenzung der Trachea bei jungen Kindern oft sehr erschwert. Leicht erhärtet man jedoch eine solche Diagnose durch einen Bariumbreischluck, auf dem man die Einengungen des bariumgefüllten Ösophagus prompt sieht.

Chronisch obstruktive Lungenerkrankung

Der Begriff der «chronisch obstruktiven Lungenerkrankung» ist zwar ungenau, deckt aber recht bequem eine Gruppe von Atemwegserkrankungen ab wie chronische Bronchitis, Emphysem, Bronchiektasen und die zystische Fibrose. Diese Krankheiten können auch nebeneinander vorkommen.
Die unkomplizierte chronische Bronchitis macht keine spezifischen Röntgenbefunde. Tatsächlich können Patienten mit einer Ateminsuffizienz auf dem Boden einer chronischen Bronchitis während des gesamten Krankheitsverlaufs normale Röntgenthoraxbefunde beibehalten. Ist die Thoraxaufnahme hingegen pathologisch, dann liegt eine gleichzeitige Anomalie oder eine Komplikation vor wie z.B. Emphysem, Pneumonie oder Cor pulmonale. Ist die chronische Bronchitis mit einem Lungenemphysem gekoppelt oder führt sie zu einem Cor pulmonale, so entsprechen die Röntgenbefunde denen der letztgenannten Krankheiten.
Ein zentrilobuläres Emphysem ist radiologisch nicht darstellbar, es sei denn, daß ein Cor pulmonale vorliegt. Die in Röntgenbefunden so häufig als «chronisch obstruktive Lungenerkrankung» (COPD der COLD) titulierten Veränderungen sind auf ein panazinäres Emphysem zurückzuführen (Abb. 4-88). Das Lungenvolumen ist hier durch eine chronische Atemwegsobstruktion und die zugehörige Compliance-Störung vermehrt. Die Zwerchfelle sind nach unten abgedrängt und erscheinen flach (unterhalb der siebten Rippe vorne oder der zwölften Rippe hinten). Der Herzschatten ist schmal, der Zwerchfelltiefstand führt zu einer Elongation des Herzschattens. Das vermehrte Lungenvolumen führt zur Aufweitung der Interkostalräume und zu Lungenhernien prä- und retrokardial. Noch spezifischer für das Emphysem als die Lungenüberblähung ist die Verschmälerung der Lungengefäße. Der Rückgang dieser Gefäße an Zahl und Kaliber kann umschrieben oder generalisiert sein. Bei umschriebenem Rückgang spricht man von einer Bulla oder einer Emphysemblase. Die Ränder von Gebieten mit Bullae können sehr variabel gestaltet sein; gelegentlich sind sie so scharfrandig abgesetzt, daß sie einem Pneumothorax ähneln, doch öfter besteht ein nahezu unmerklicher Übergang in normales Lungengewebe.

Fremdkörper im Pharynx und im oberen Ösophagus

Die meisten verschluckten Fremdkörper, die dann steckenbleiben, tun dies bereits im Pharynx oder im oberen Ösophagus – in der Regel direkt unterhalb des Ösophagusmundes. Knochen, Fleischbrocken und scheibenförmige Gegenstände wie Münzen sind die häufigsten verschluckten Fremdkörper. Ihre Aufdekkung auf Nativaufnahmen der Halsregion hängt nahezu vollständig von der Röntgendichte des jeweiligen Objekts ab. Von Menschenhand hergestellte und sehr strahlendichte Fremdkörper sind dabei kein diagnostisches Problem. Fleischbrocken ohne Knochenteile kann man nicht erkennen. Ganze Knochen oder aber Knochensplitter, die so klein sind, daß sie verschluckt werden können, können bereits schwer zu finden sein. Als großes Problem kristallisiert sich hierbei heraus, einen verschluckten Knochen von Verkalkungen in Larynx, Krikoid- und Hypoidknorpel zu unterscheiden (vgl. Seite 224 u. 225). Diese physiologischen Verkalkungen liegen innerhalb der Region, in der man auch die Lage der einzelnen Knorpel erwartet, wohingegen der verschluckte Knochen überall im Pharynx oder oberen Ösophagus sein kann. Selbstverständlich gibt es Situationen, in denen die anatomische Lokalisation wegen der engen Nachbarschaftsbeziehungen dieser Knorpel zum Pharynx wenig hilfreich sein wird. Hier kann dann das Dichteverteilungsmuster zum ausschlaggebenden Faktor werden (Abb. 4-89). Der verschluckte Knochen hat in der Regel eine geordnete Struktur mit einer sichtbaren Kortikalis, während eine Knorpelverkalkung irregulär ist und keine erkennbare Struktur aufweist. Ist es bereits zur Perforation und Abszedierung gekommen, wird man

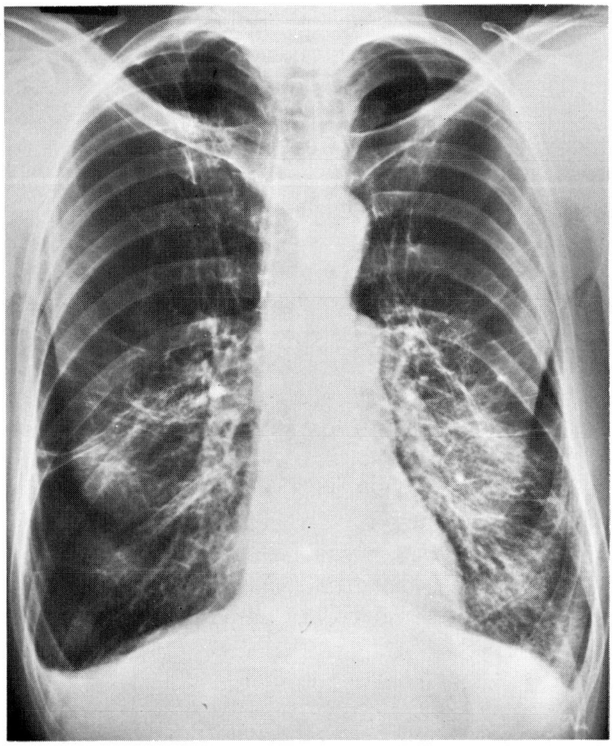

Abb. 4-88: Ausgedehntes schweres Lungenemphysem. Diese Aufnahme zeigt gut das große Lungenvolumen mit der daraus folgenden Zwerchfellabflachung und dem schlanken elongierten Herzschatten. Die Pulmonalgefäße beider Oberlappen und des rechten Unterlappens sind deutlich enger gestellt. Die noch relativ normal erscheinenden Lungenanteile zeigen eine vermehrte Vaskularisation, da hier die Lungenperfusion am höchsten ist.

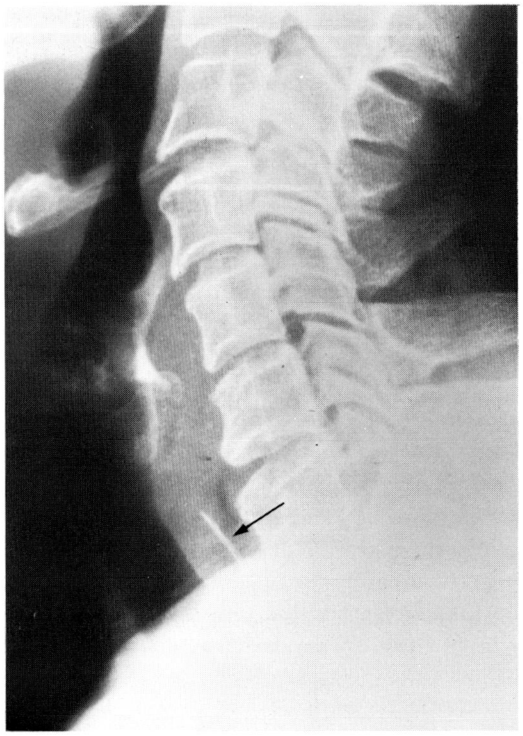

Abb. 4-89: Verschlucktes Knochenstück, das im oberen Ösophagus steckengeblieben ist (Pfeil).

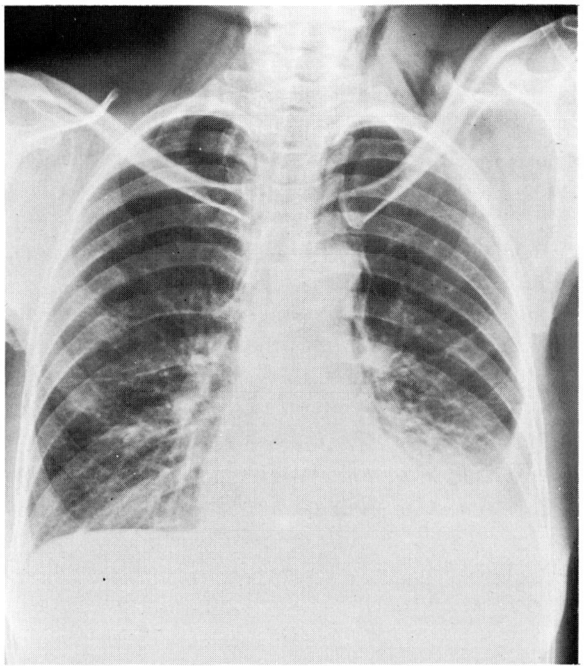

Abb. 4-90: Ösophagusruptur. Ausgedehntes Infaltrat im linken Unterlappen mit mäßig großem Pleuraerguß links. Auch liegt hier ein überwiegend linksseitiges Mediastinalemphysem vor. Die Luft hat sich vom Mediastinum aus bis in die Halsweichteile und die Supraklavikulargruben ausgedehnt.

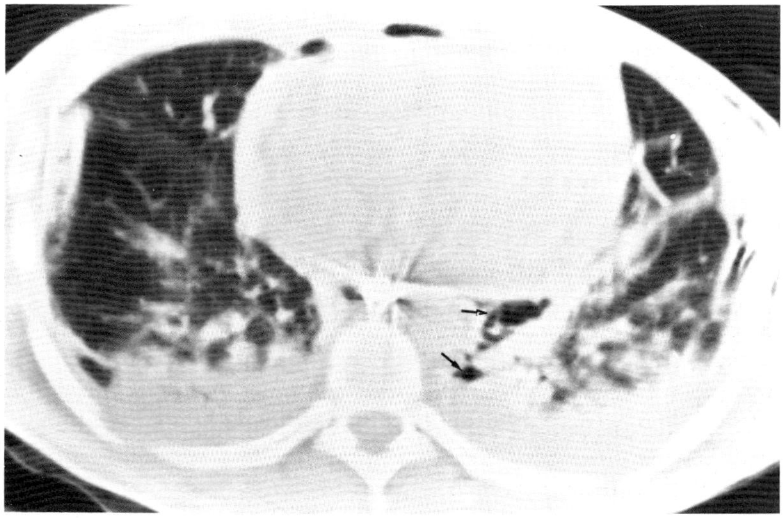

Abb. 4-91 Ösophagusruptur. Das CT-Bild zeigt beiderseitige Pleuraergüsse und zusätzlich ein Mediastinalemphysem (Pfeile). Fleckschatten durch Pneumonie und Atelektasen sind ebenfalls in beiden Lungen vorhanden (beidseitige Pleurasaugdrainagen und ein Magenschlauch sind eingeführt).

eine Weichteilschwellung, eventuell sogar mit Gasgehalt, auf den Aufnahmen der Halsregion erkennen.
Besteht ein hochgradiger klinischer Verdacht, ohne daß man einen röntgendichten Fremdkörper auf den Nativaufnahmen finden kann, so erscheint es am geeignetsten, sofort zu einem jodhaltigen Kontrastmittel* zu greifen. Eine Technik, die mitunter sehr hilfreich ist und keine Durchleuchtung erfordert, besteht darin, daß man den Patienten eine kleine mit Kontrastmittel getränkte Baumwollkugel schlucken läßt. Dieser röntgendichte «Ball» kann sich an dem Fremdkörper verfangen und ihn so nachweisen, ohne daß er selbst dadurch sichtbar werden muß.

Ösophagusruptur

Eine Ösophagusruptur äußert sich meist als schwerer Thoraxschmerz mit einer anschließenden Episode mit Erbrechen. Die Diagnose ist schwierig, was besonders bei diesem Krankheitsbild mit sehr hoher Letalität so außerordentlich unglücklich ist.
Häufigste Rupturstelle ist die linke Wand des distalen Ösophagus direkt oberhalb des Zwerchfells. Die Nativaufnahme (Abb. 4-91) zeigt ein Mediastinalemphysem und eine Mediastinalverbreiterung, die zunächst noch sehr diskret sein kann. Oft entwickeln sich auch ein linkseitiger Pleuraerguß und eine Atelektase des linken Unterlappens.
Die Diagnose läßt sich rasch und einfach durch einen Schluck Bariumsulfat oder jodhaltigen Kontrastmittels* erhärten, wenn das Kontrastmittel aus der Speiseröhre heraus in die benachbarten mediastinalen Gewebe gelangt. Die Computertomographie bietet sich als alternative Untersuchungsmethode an. Dabei ist die Rupturstelle selbst zwar auch nicht sichtbar, doch erkennt man leicht die Leckage von Luft und Flüssigkeit in das Mediastinum hinein (Abb. 4-91). Ist es erst einmal zur Ausbildung eines Abszesses gekommen, so sieht man Flüssigkeitsansammlungen im Mediastinum mit vermehrt Kontrastmittel aufnehmender Wand. Oral aufgenommene Kontrastmittel kann man ebenso wie beim konventionellen Bariumsulfat- oder Gastrografinschluck außerhalb des Speiseröhrenlumens erkennen.

* Anm. d. Übers.: Im Original wird hier Bariumsulfat als Kontrastmittel empfohlen, doch ist dieses Vorgehen wegen der Toxizität von Bariumsulfat sicher nicht ohne zusätzliche Risiken, so daß die Übersetzung in diesem Punkt abweicht (Gefahr des Kunstfehlervorwurfes nicht von der Hand zu weisen).

Intrathorakale Manifestation von Baucherkrankungen

Eine Thoraxaufnahme kann akute abdominelle Störungen aufdecken. Thoraxerkrankungen, insbesondere Pneumonie und Pleuritis, können abdominellen Krankheitsgeschehen ähneln oder diese sogar vollständig nachahmen. Umgekehrt können Oberbauchleiden, wie subphrenischer Abszeß, Leberabszeß und akute Pankreatitis, einen Pleuraerguß oder Lungeninfiltrate hervorrufen. Besonders ein subphremischer Abszeß mündet häufig, wenn auch nicht immer, in einen gleichseitigen Pleuraerguß, der von einer basalen Pneumonie begleitet wird. In solchen Situationen wird eine Zwerchfellhälfte in der Thoraxübersichtsaufnahme unsichtbar. Selbst wenn das Zwerchfell einen Hochstand zeigt, könnte es anhand der Nativaufnahmen doch nicht gedeutet werden. Manchmal sieht man auch einen Zwerchfellhochstand oder eine fehlende Zwerchfellbeweglichkeit ohne gleichzeitigen Pleuraerguß oder Lungenveränderungen. Da die meisten subphrenischen Abszesse auf den Nativaufnahmen des Abdomens nicht zu erkennen sind, können die Röntgenbefunde der Thoraxnativbilder als einzige sichtbare Pathologika aufweisen.

Computertomographie und Sonographie sind gut geeignete Methoden zur weiteren Abklärung, wenn die klinischen Zeichen auf einen Abszeß im Oberbau als Ursache der Befunde in den Thoraxaufnahmen hindeuten. Dabei geht die Sonographie leicht und schnell durchzuführen, um intra- oder extrahepatische Flüssigkeitsansammlungen unter dem Zwerchfell nachzuweisen. Sie hat gegenüber der CT den Vorteil, daß sie die jeweilige Zwerchfellhälfte direkt darstellt und so die Lage einer jeden Flüssigkeitsansammlung gegenüber dem Zwerchfell leicht aufzeigt. Dagegen ist die CT das bessere bildgebende Verfahren für einen allgemeinen Überblick, weil sie alle Strukturen ohne störende Darmüberlagerungen wiedergibt. Luft oder Gas in den Darmschlingen kann die Sonographiebilder bei der Bauchuntersuchung ganz erheblich stören. Besonders von Nutzen ist die CT zum Nachweis von Flüssigkeitsansammlungen, die bei Patienten mit einer Pankreatitis innerhalb der Bauchspeicheldrüse gelegen sind oder von diesem Organ ausgehen.

Ein Aszites ist ungeachtet seiner Ursache oft von einem Pleuraerguß begleitet, in der Mehrzahl ist dieser dann beidseitig.

Ein Pneumoperitoneum läßt sich auf einer Thoraxaufnahme leichter diagnostizieren als auf einer des Abdomens, weil bei erstgenannter der Röntgenstrahl tangential zur Spitze der Zwerchfellkuppel verläuft und die normale Belichtung einer solchen Aufnahme optimal geeignet ist, Luft auch ohne die Hilfe einer besonders hellen Irisblendenlampe zu erkennen. Die freie Luft sieht man als Aufhellung unterhalb der Zwerchfellkuppel. Allerdings erscheinen an dieser Stelle einige Warnhinweise angebracht: Die meisten Perforationen im Gastrointestinaltrakt führen zu einem sichtbaren Pneumoperitoneum, doch findet man bei einer kleinen Anzahl von Fällen dieses Zeichen nicht, wahrscheinlich weil Adhäsionen den freien Luftaustritt verhindern. Die Zahl der falsch negativen Befundungen sinkt, wenn der Patient einige Minuten lang aufrecht stehen kann, da die Luft etwas Zeit brauchen kann, um sich unter dem Zwerchfell anzusammeln. Fett unterhalb des Zwerchfells oder eine Buckelung der Zwerchfelloberfläche kann freie Luft in der Bauchhöhle vortäuschen und so zur Fehldiagnose eines Pneumoperitoneums führen.

Normvarianten

Theodore E. Keats

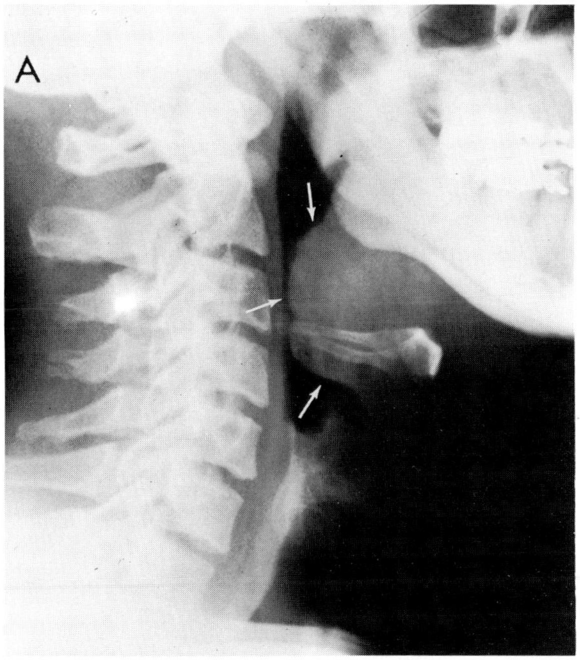

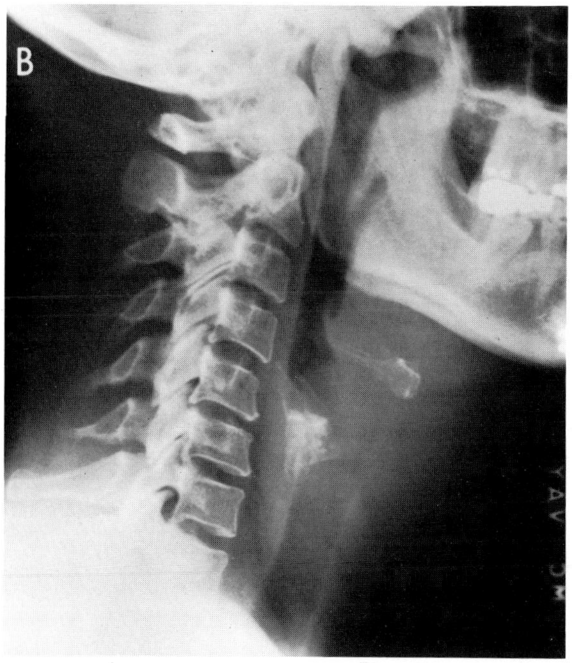

Abb. 4-92: A. Pseudotumor des Pharynx durch den Zungengrund; Aufnahme während des Schluckakts. **B.** Zum Vergleich bei einem anderen Patienten die normale Weichteilkonfiguration in Ruhestellung.

Abb. 4-93: Zwei Beispiele von großen Rachenmandeln, die einen Pharynxtumor vortäuschen können.

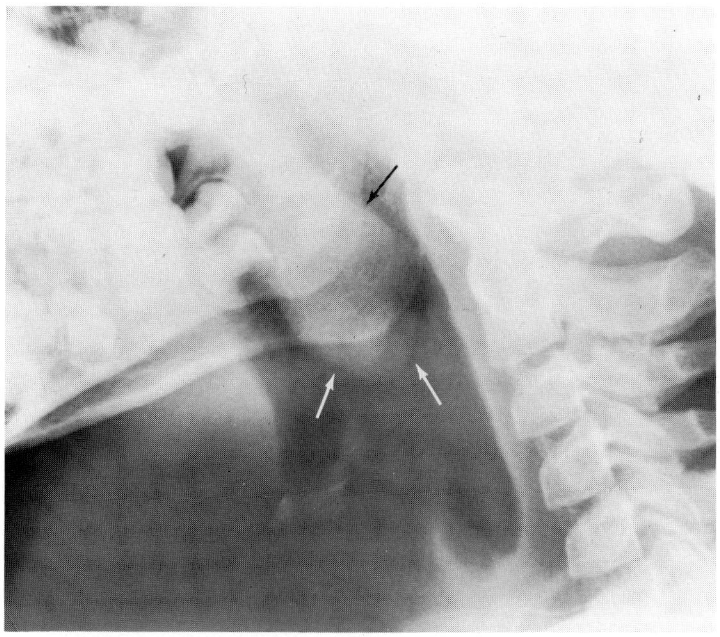

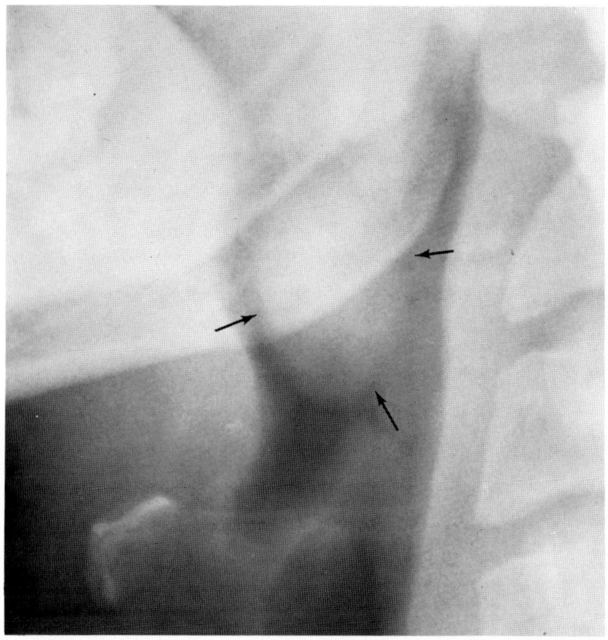

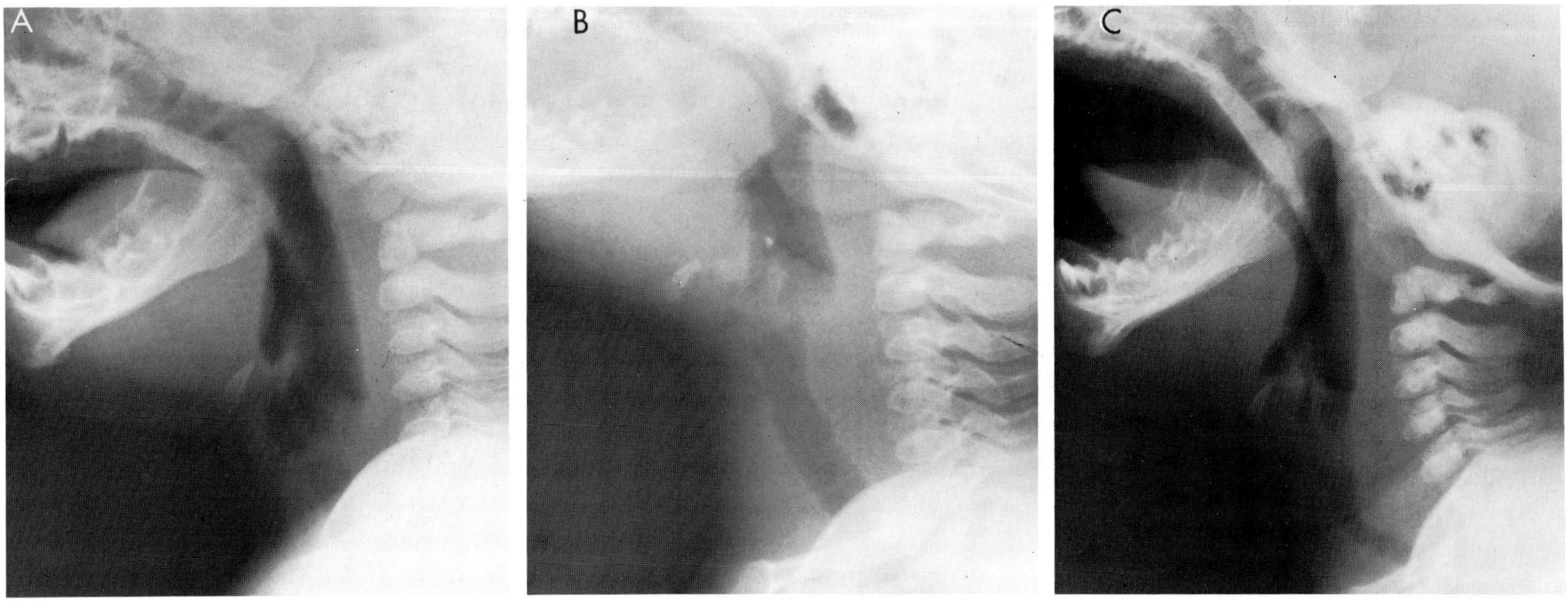

Abb. 4-94: Normale Variationen der retropharyngealen Weichteile bei Säuglingen unter der Atmung. **A.** Ruhige Atmung. **B.** Inspiration. **C.** Exspiration. Die Exspirationsaufnahme ähnelt den Veränderungen bei einem Retropharyngealabszeß und ist eine mögliche Quelle der Fehlinterpretation.

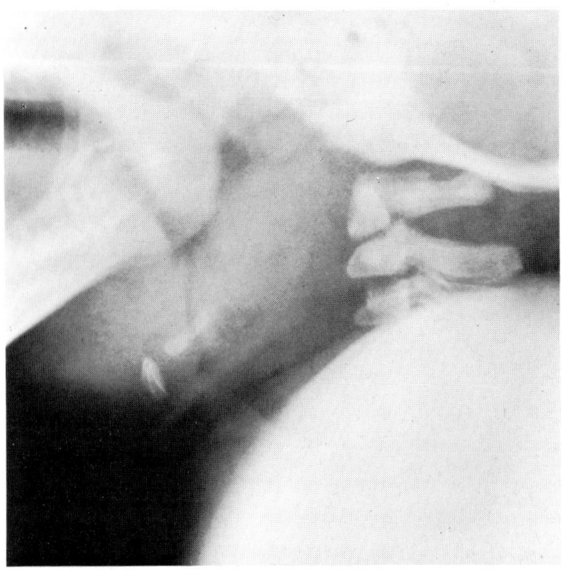

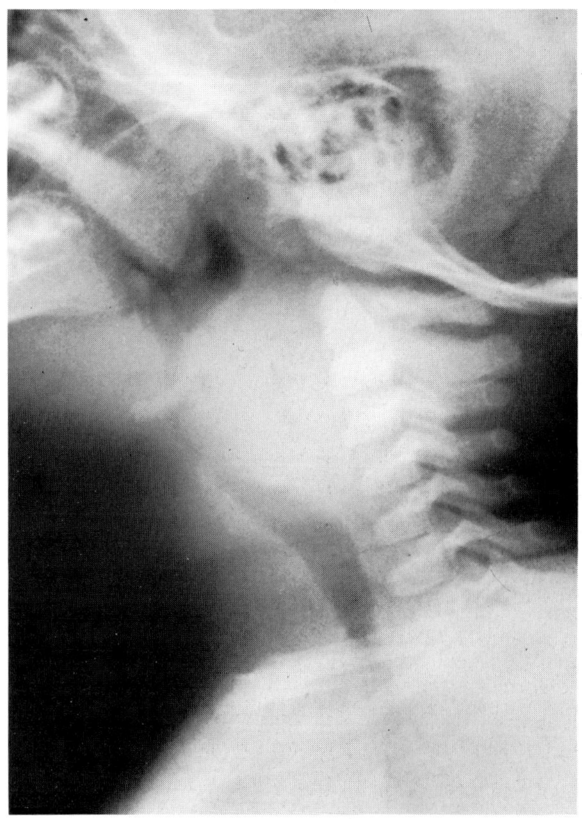

Abb. 4-95: Zwei Beispiele für das normale Vorstehen der Retropharyngealweichteile in Ausatmung, welche zuerst als Retropharyngealabszesse fehlinterpretiert wurden.

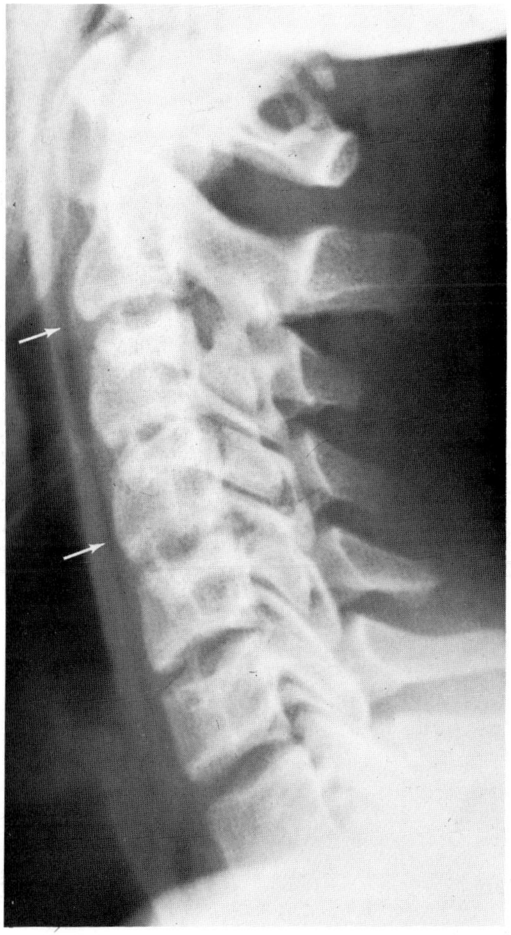

Abb. 4-96: Deutlicher prävertebraler Fettstreifen, den man nicht mit Gas in den Weichteilen verwechseln sollte. (Quelle: Whalen, J. P., Woodruff, C. L.: The cervical prevertebral fat stripe. A new aid in evaluating the cervical prevertebral soft tissue space. Am. J. Roentgenol. 109: 445, 1970.)

Abb. 4-97: Verkalkung der Ligamenta stylohyoidea auf der Seit- **(A)** und der Schrägaufnahme **(B)**.

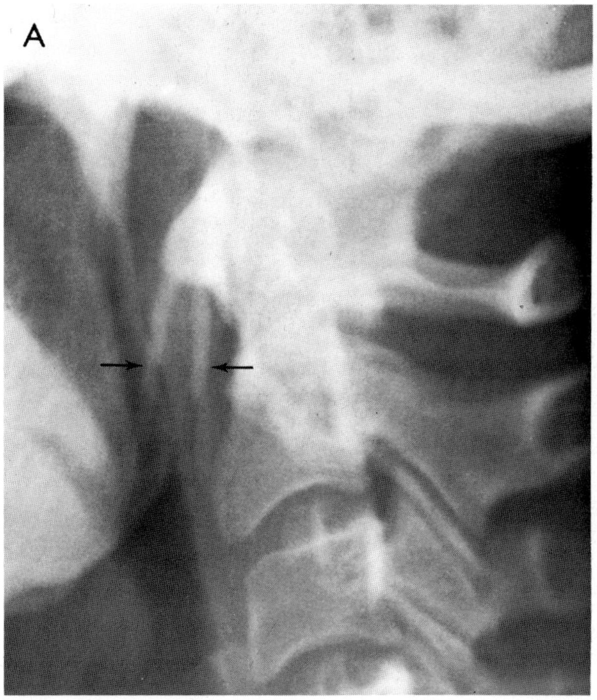

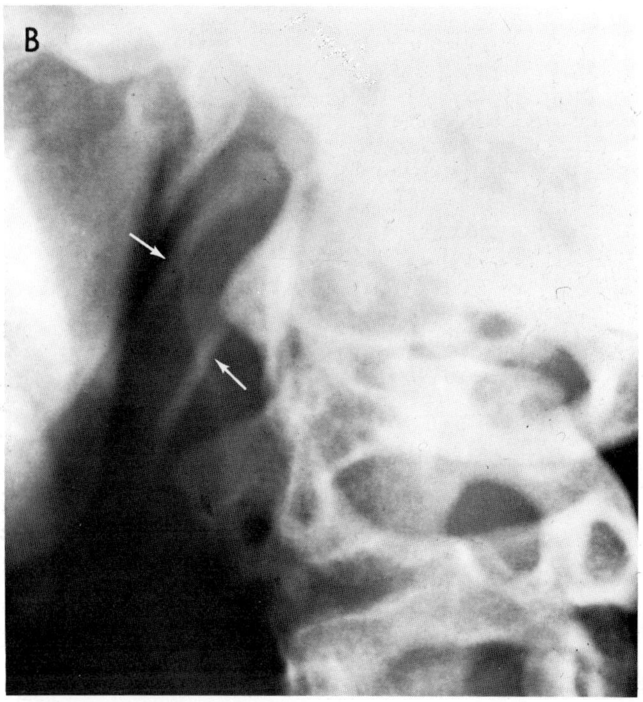

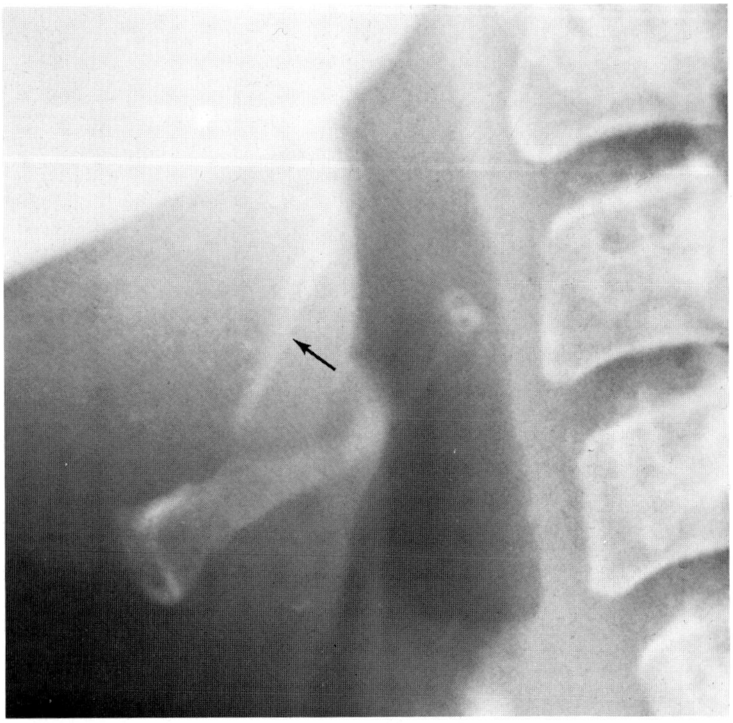

Abb. 4-98: Partielle Verkalkung der Ligamenta stylohyoidea, die einen Fremdkörper vortäuschen.

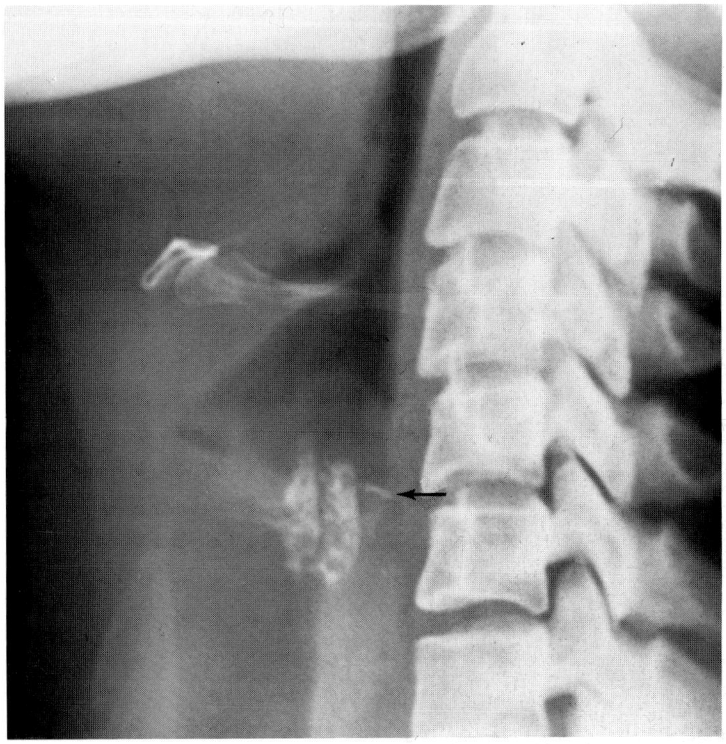

Abb. 4-99: Verkalkung des Arytenoidknorpels.

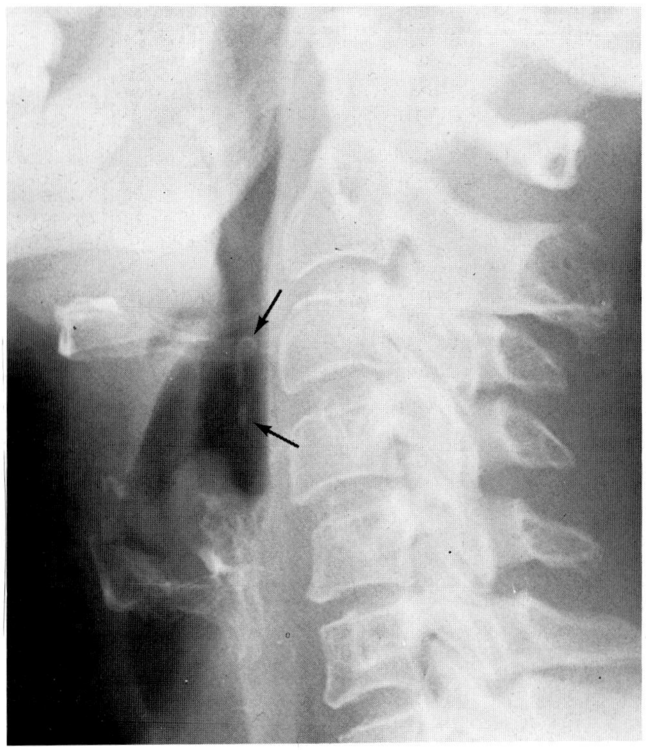

Abb. 4-100: Verkalkung der Cornua superiora des Schildknorpels, die mit einem Fremdkörper verwechselbar sind.

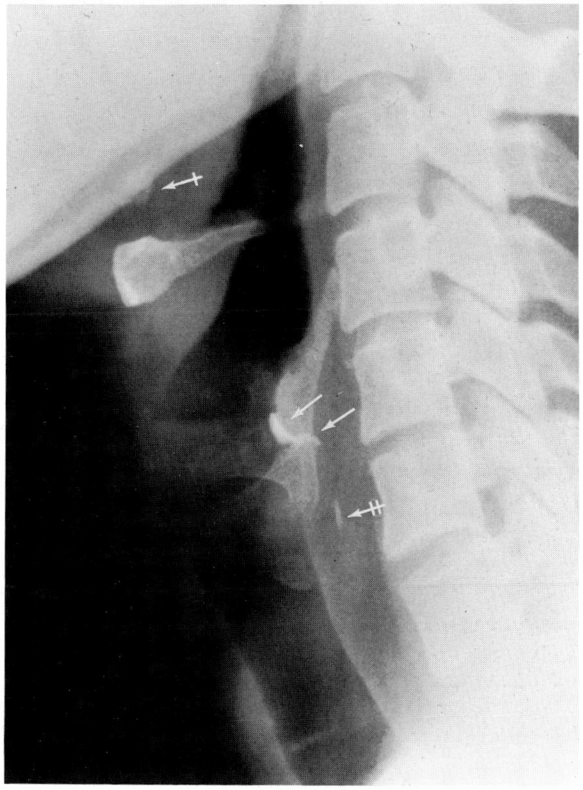

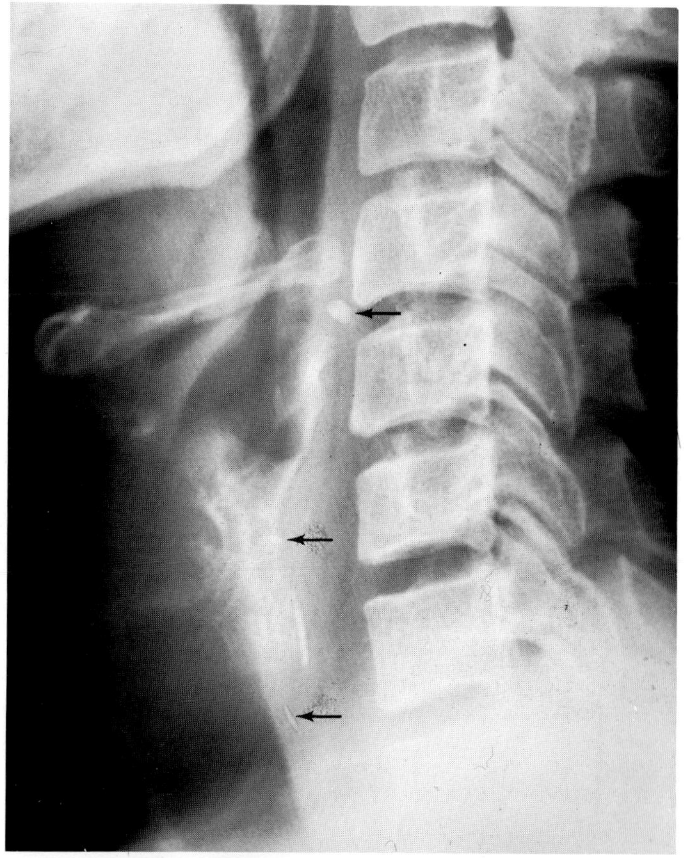

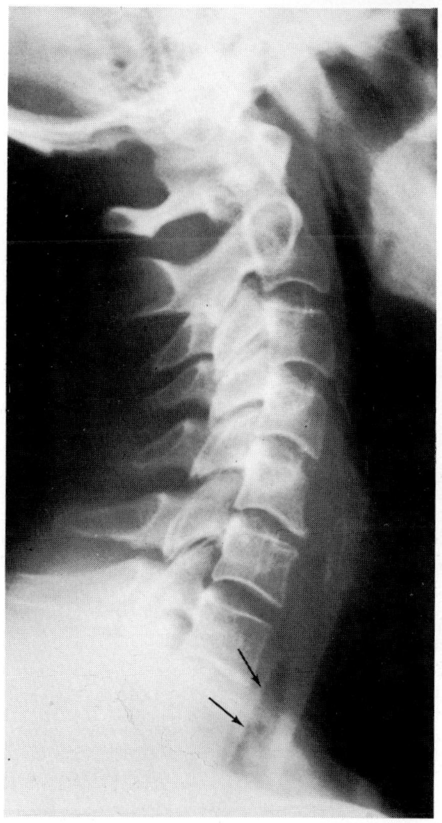

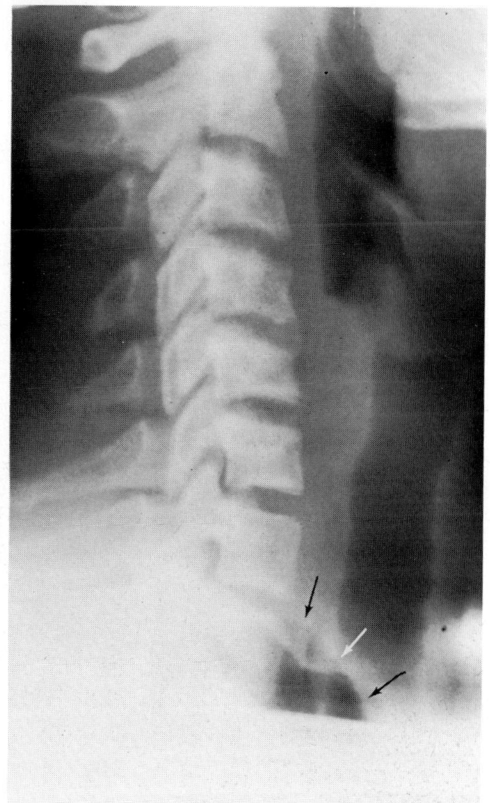

Abb. 4-101 (oben links): Verkalkung in den Arytenoidknorpeln (→). Beachten Sie auch die Verkalkung der Glandula submaxillaris (→) und weitere Verkalkungen am Hinterrand der Cartilago cricoidea (→).

Abb. 4-102 (oben rechts): Physiologische Verkalkung der Nackenweichteile. Der obere Pfeil weist auf eine Verkalkung des Ligamentum thyreohyoideum (Cartilago triticea), der mittlere auf eine der Cartilago arytaenoidea und der untere auf eine der Luftröhrenknorpel.

Abb. 4-103 (unten links): Luft im zervikalen Ösophagus.

Abb. 4-104 (unten rechts): Lungenspitze in der Seitprojektion.

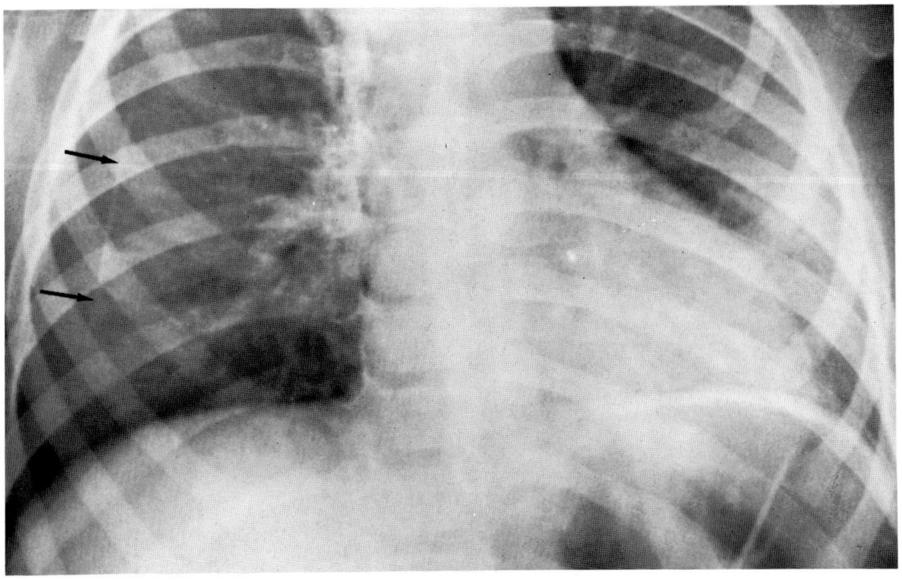

Abb. 4-105: Vortäuschung eines Pneumothorax durch eine Hautfalte bei einem 3 ½jährigen Kind.

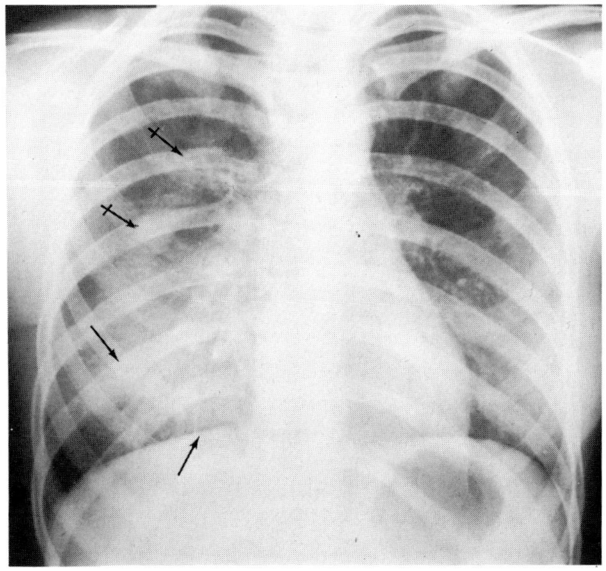

Abb. 4-106: Die relativ dichte Brust der jungen Frau kann einen Schatten ergeben, der einer Parenchymverdichtung der Lunge ähnelt (→). Beachten Sie auch den Schatten durch einen Haarzopf (↔).

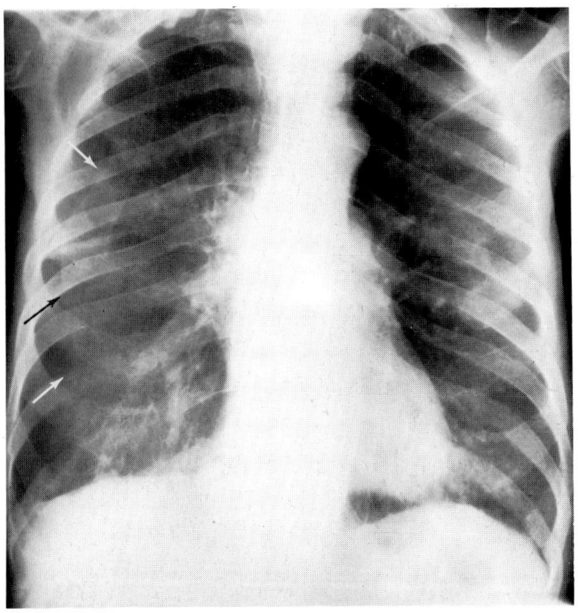

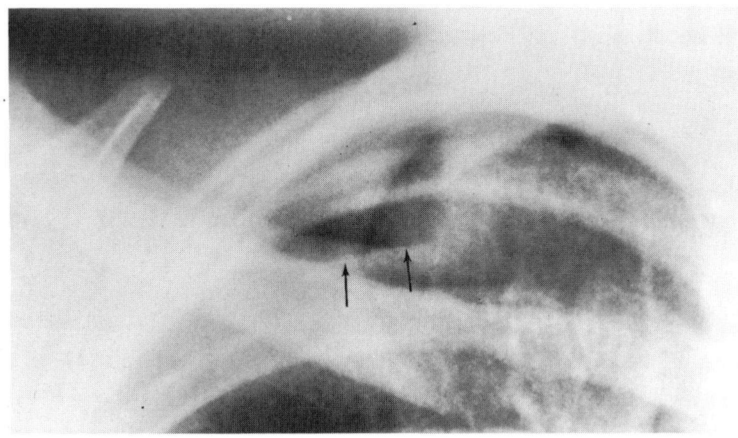

Abb. 4-107 (links): Falten der schlaffen Haut bei älteren Menschen können auch einen Pneumothorax vortäuschen.

Abb. 4-108 (oben): Der Boden der Supraklavikulargrube (= Klavikelbegleitschatten durch Haut) kann sehr scharf begrenzt sein und dadurch einen Luft-Flüssigkeits-Spiegel in der Lunge vortäuschen. (Quelle: Christensen, E. E.; Dietz, G. W.: The supraclavicular fossa. Radiology 118; 37, 1976.)

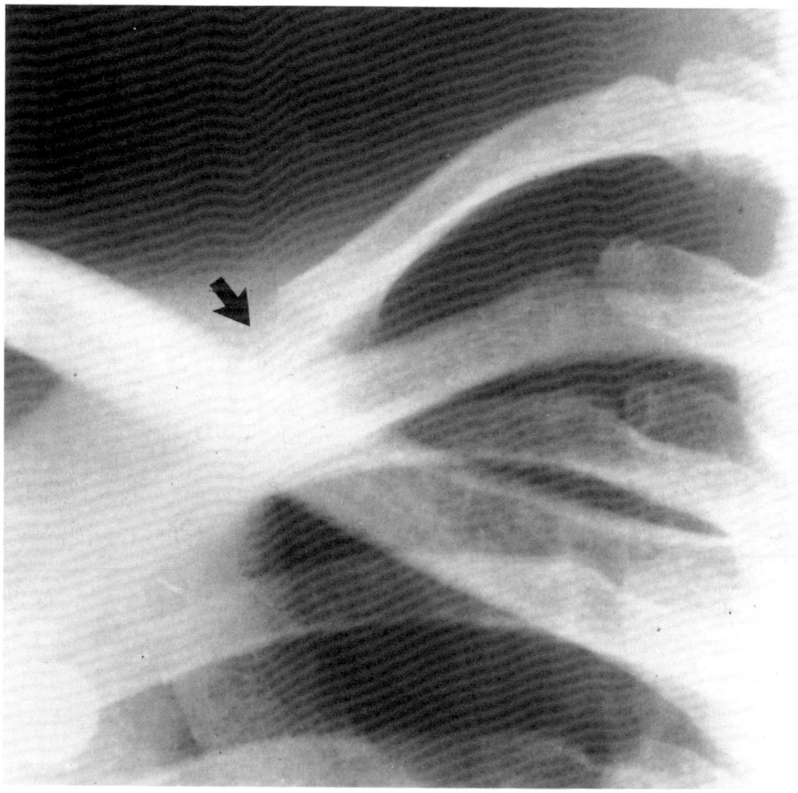

Abb. 4-109: Abnorme Gelenkverbindungen an der ersten Rippe (Pfeil) sind auf der rechten Seite häufiger und können mit Frakturen oder Raumforderungen verwechselt werden.

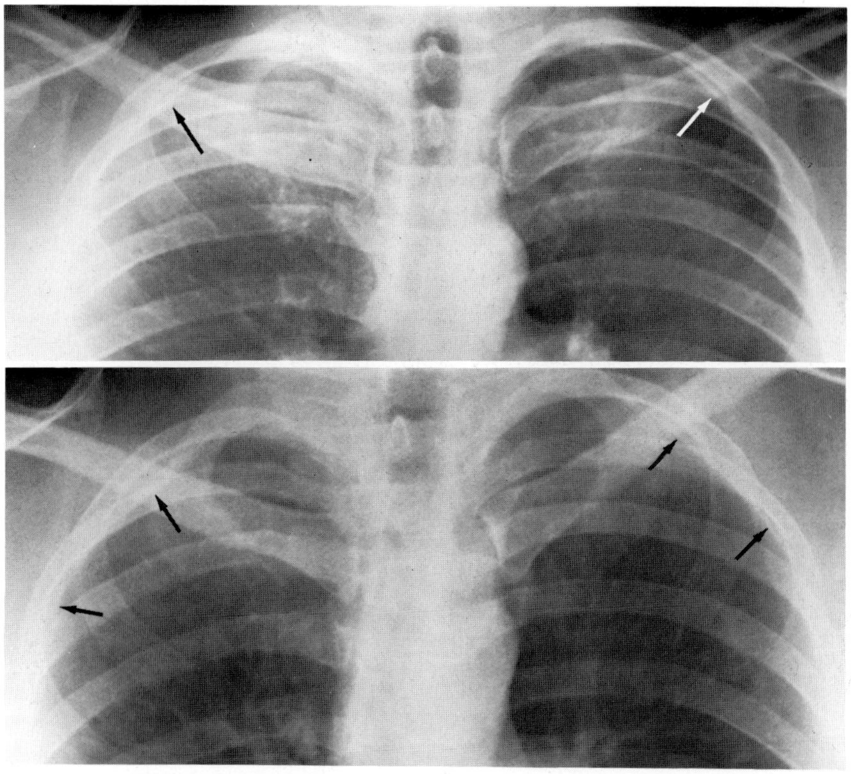

Abb. 4-110: Zwei Beispiele dafür, wie der Schatten des M. subcostalis das Bild einer Pleuraverdickung oder eines schmalen Mantelpneumothorax vortäuschen kann.

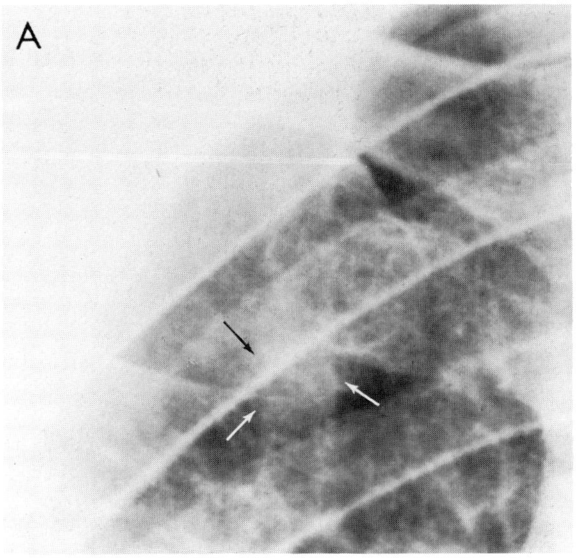

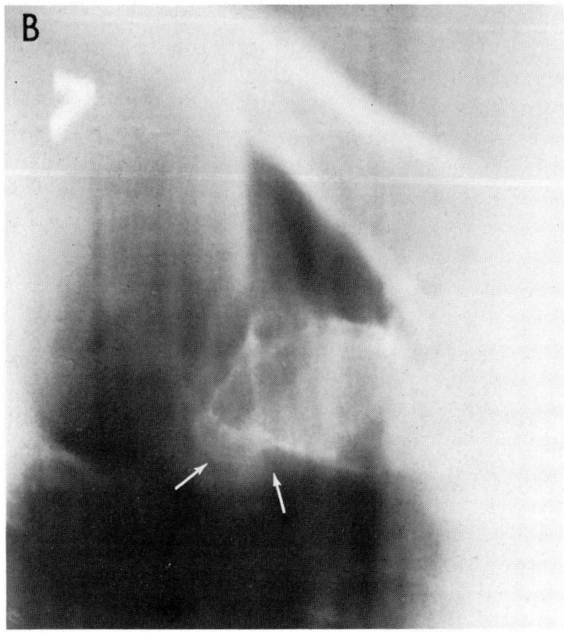

Abb. 4-111: Ein verkalkter Rippenknorpel kann eine Parenchymerkrankung vortäuschen. **A.** Nativaufnahme. **B.** Tomographie.

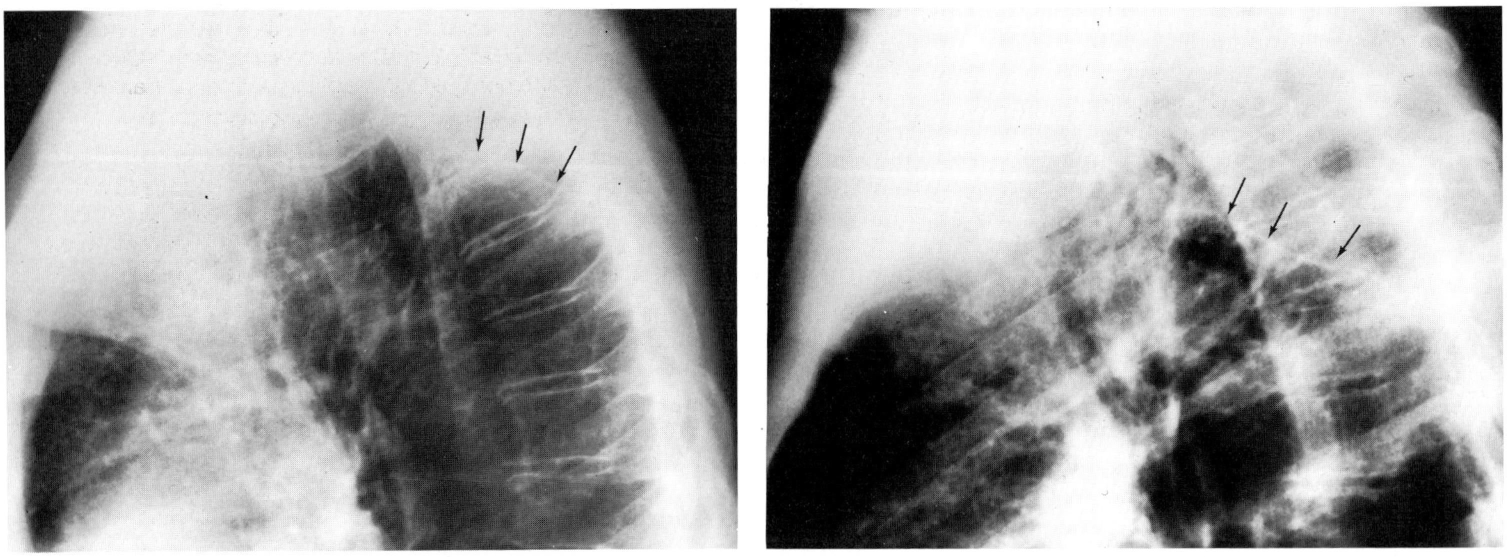

Abb. 4-112: Auf einer ungenügend gut eingestellten Thoraxaufnahme kann die Spina scapulae die Lunge überlagern, so daß deren Schatten als Pneumothorax fehlinterpretiert werden kann. (Quelle: Harbin, W.P., Cimmino, C.V.: The radiographic innominate lines of the scapular spine. Va. Med. 101: 1050, 1974.)

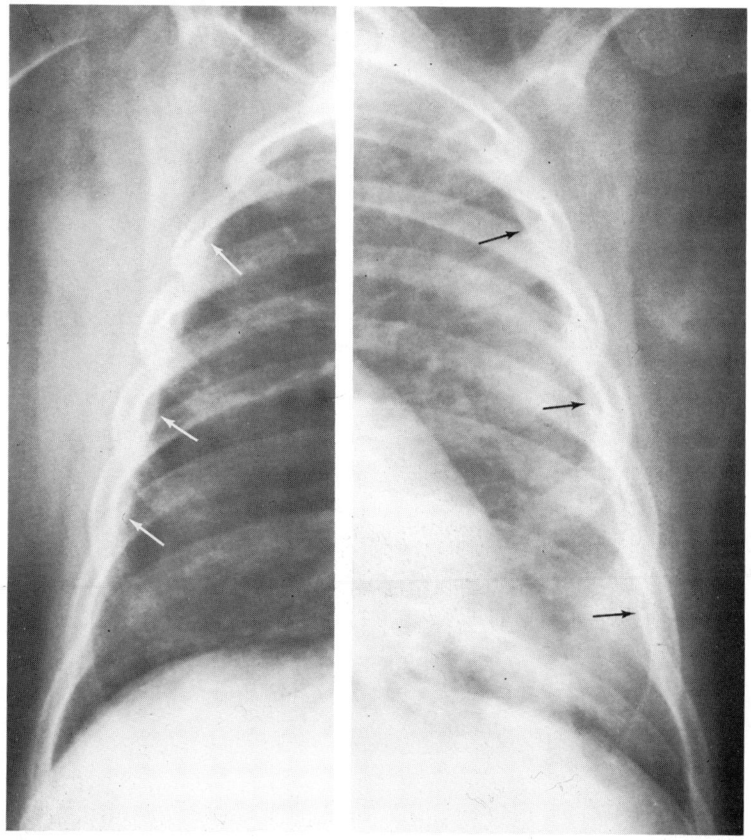

Abb. 4-113: Beispiel einer extrapleuralen Fettablagerung bei einem sehr adipösen Patienten, die eine Pleuraverdickung vortäuscht.

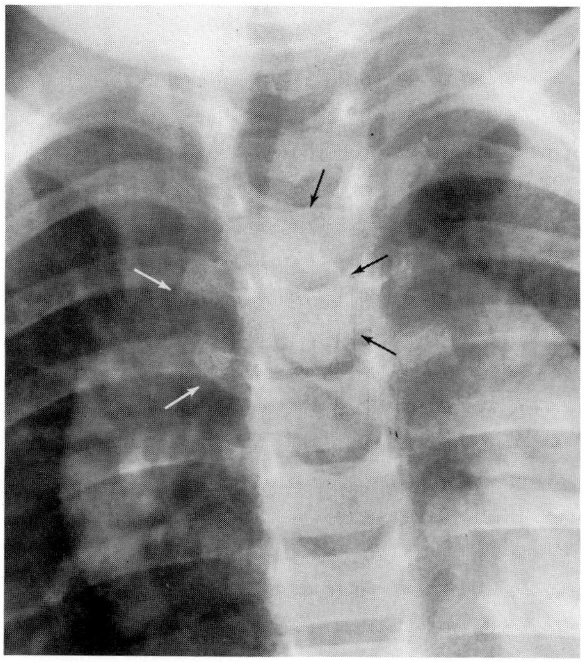

Abb. 4-115: Das Manubrium sterni eines 2 ½ jährigen Knaben täuscht eine Weichteilmasse vor.

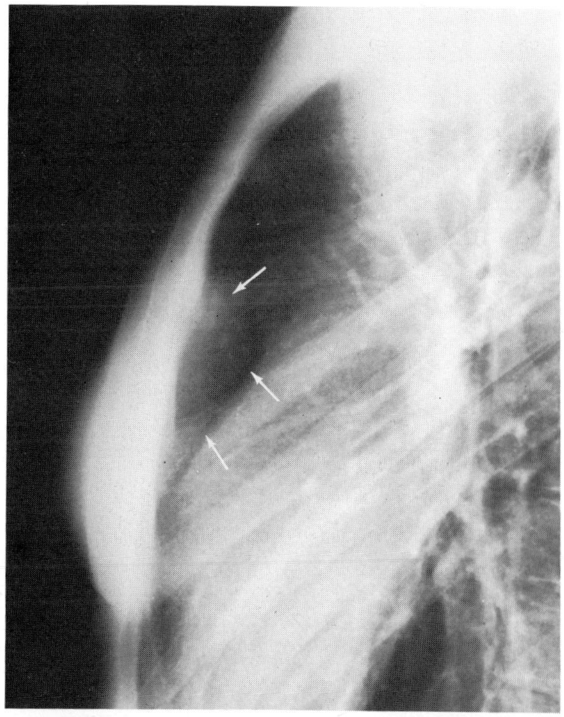

Abb. 4-114: Zwei Beispiele für die Vortäuschung eines Tumors des vorderen Mediastinums durch den Mammaschatten. Die Seitprojektion der dichten und kleinen Mammae junger Frauen auf das vordere obere Mediastinum kann einen Mediastinaltumor imitieren. (Quelle: Keats, T.E.: Mammary anterior mediastinal pseudotumor. J. Can. Assoc. Radiol. 27: 262, 1976.)

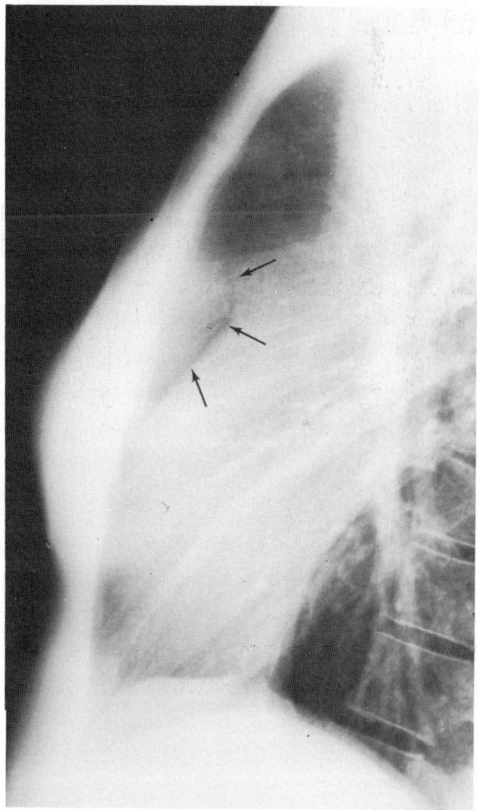

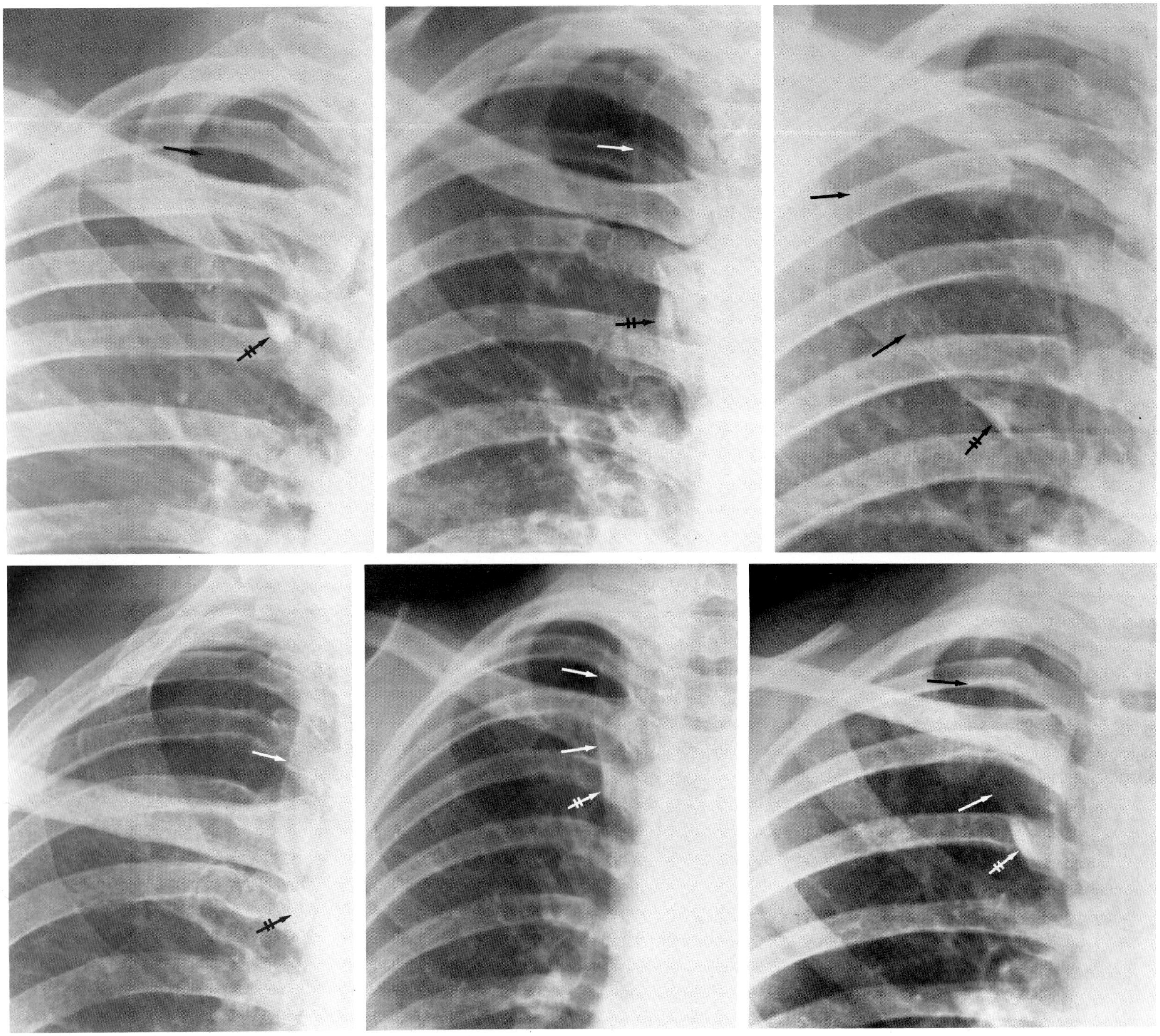

Abb. 4-116: Sechs Beispiele des Lobus venae azygos, um die große Variabilität in der Form der Pleuralinie (→) und der Lage und Größe der Vena azygos (⧻→) zu demonstrieren.

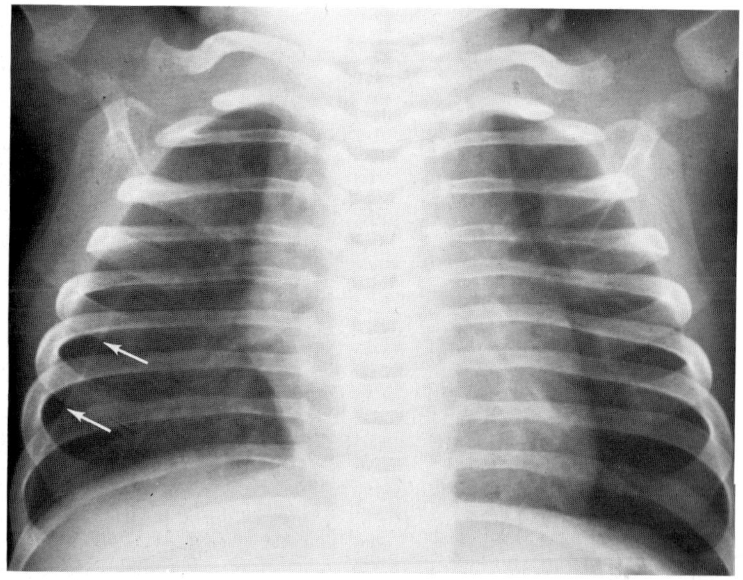

Abb. 4-117: Die vertikale Lappenspaltlinie. Diese Linie stellt das kaudale Ende des großen Lappenspalts dar. Man kann sie auf den Aufnahmen gesunder Kinder sehen, wenn sie ektopisch und nach vorne liegt, so daß ein Teil dieser Fissur in sagittaler Richtung verläuft. Sie sollte nicht mit einem Pneumothorax verwechselt werden! (Quelle: Davis, L.A.: The vertical fissure line. Am. J. Roentgenol. 84: 451, 1960.)

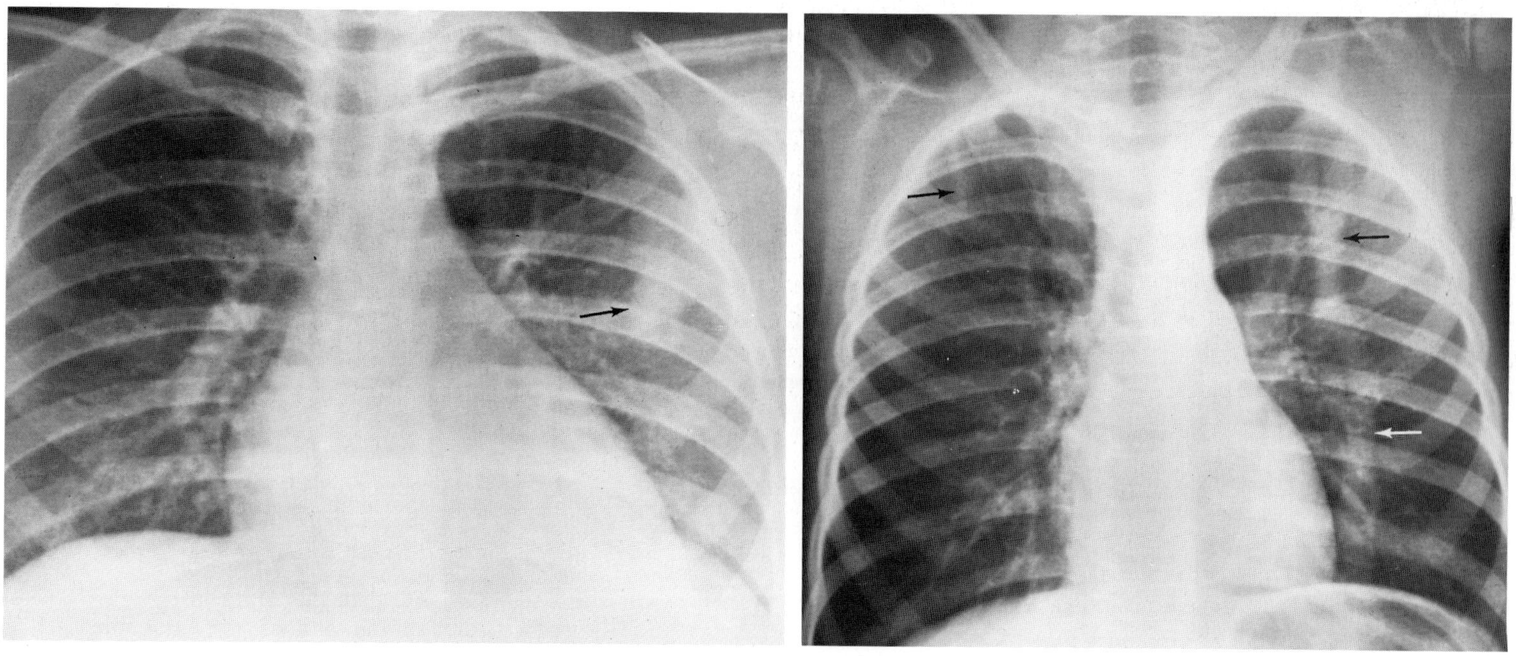

Abb. 4-118: Zwei Beispiele, wie Haarzöpfe eine Parenchymanomalie vortäuschen.

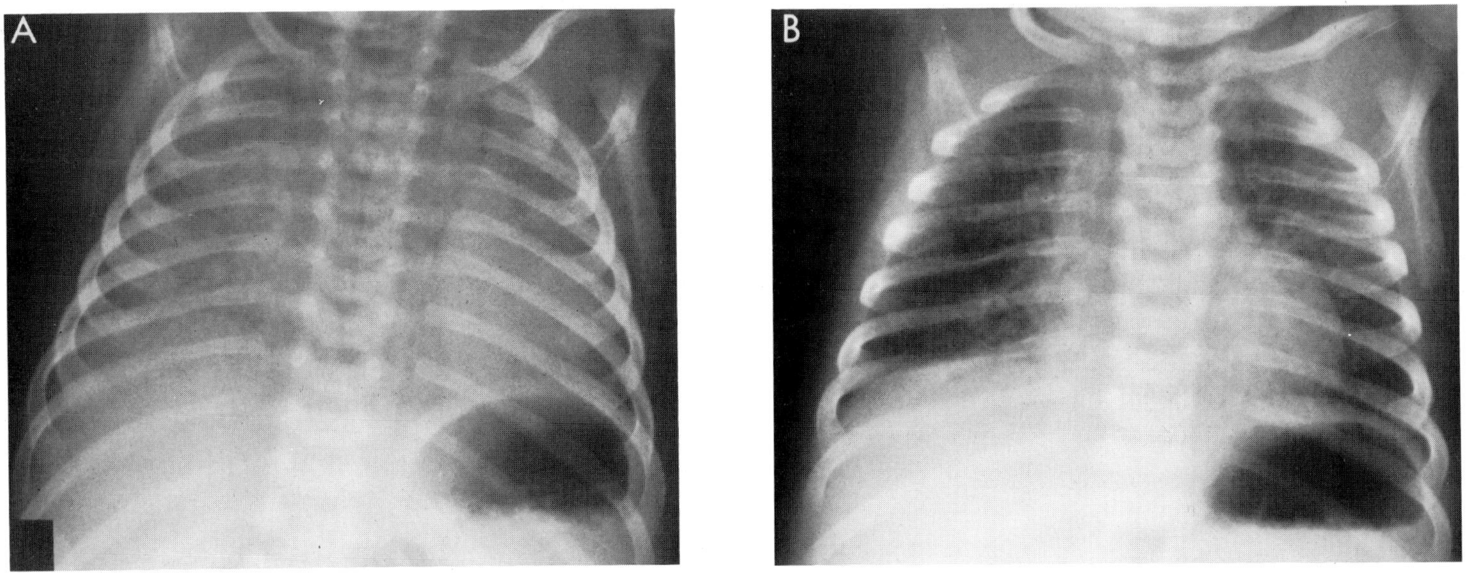

Abb. 4-119: Thoraxaufnahmen von Säuglingen geben bereits bei geringer Exspiration Anlaß zu Fehlinterpretationen, weil hierbei eine deutliche Parenchymverdichtung resultiert, wie bei diesem gesunden Kind gezeigt. **A.** Exspiration. **B.** Inspiration.

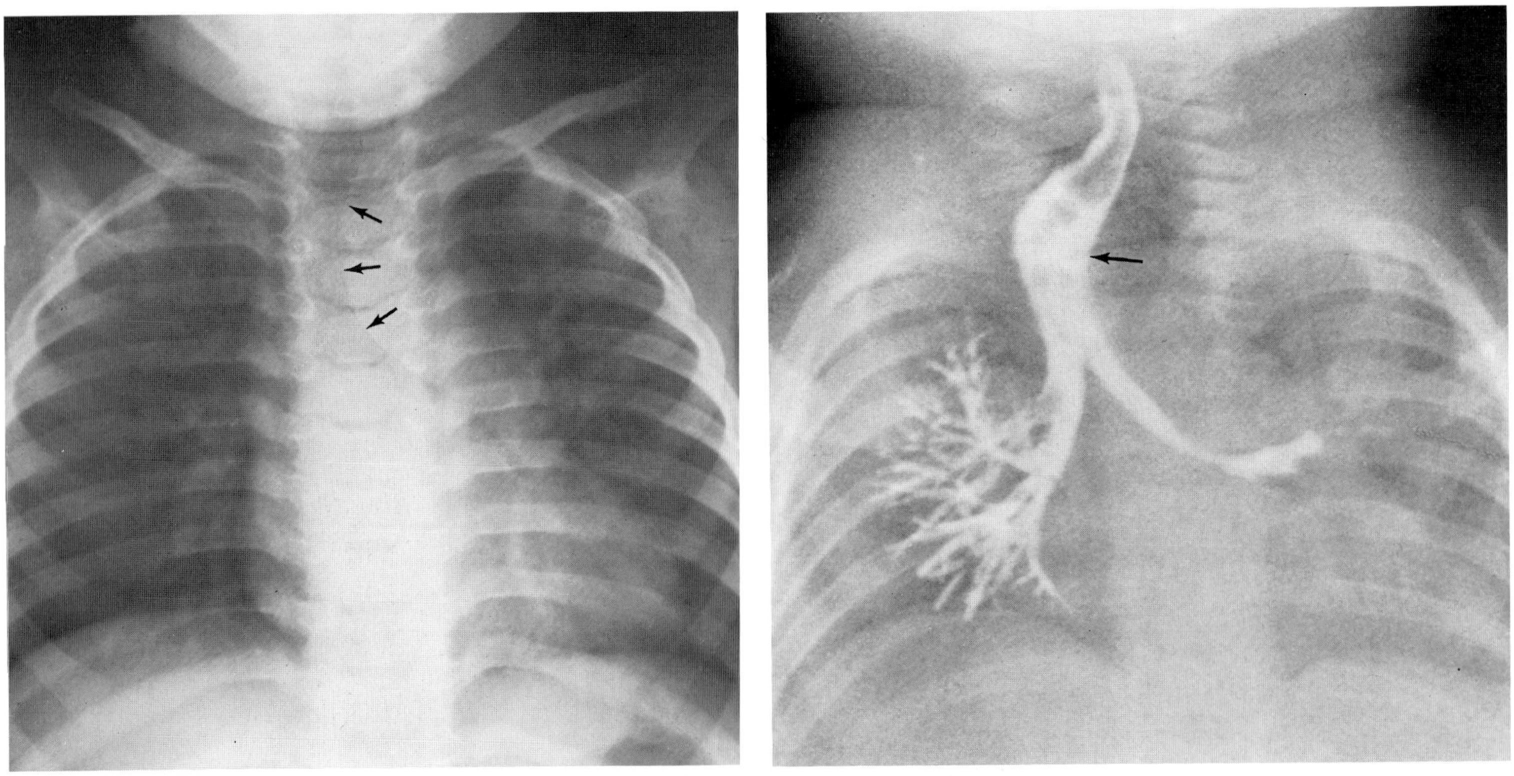

Abb. 4-120: Eine seitliche Verkrümmung der Trachea in Höhe der oberen Thoraxapertur sieht man als Normalbefund bei Säuglingen und Kindern bis zum Alter von fünf Jahren. Die Verlagerung erfolgt zur dem Aortenbogen gegenüberliegenden Seite und ist am besten in Exspiration sichtbar. (Quelle: Chang, L.W.M., et al.: Normal lateral deviation of the trachea in infants and children. Am. J. Roentgenol. 109: 247, 1970.)

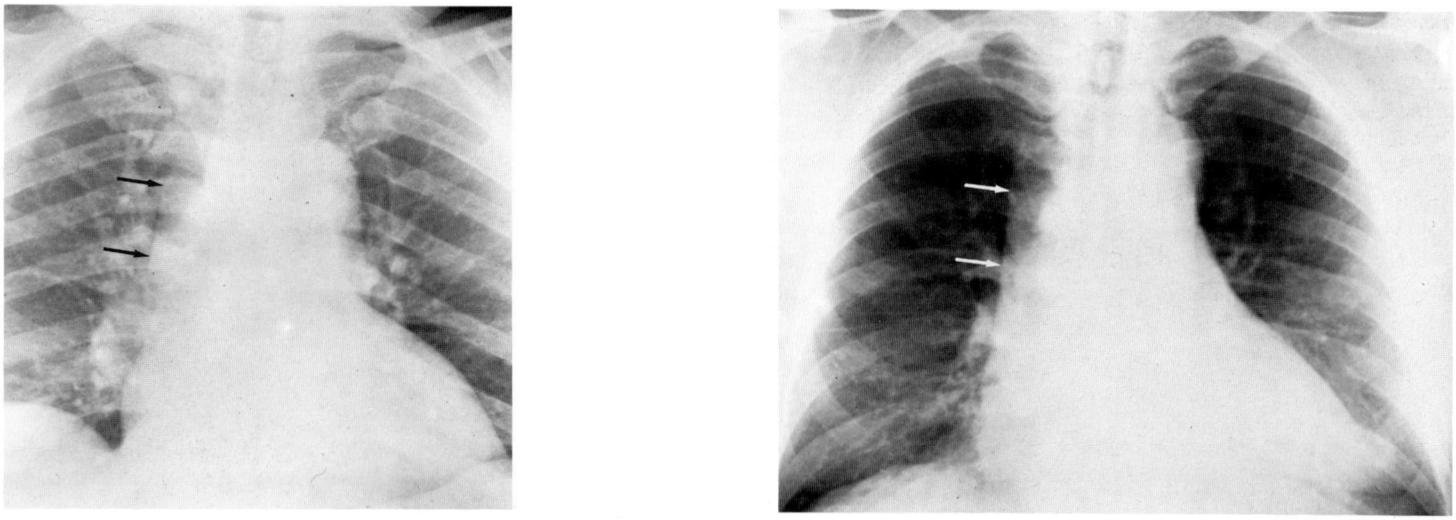

Abb. 4-121: Zwei Beispiele einer Mediastinalverbreiterung durch mediastinales Fett. Diesen Befund sieht man bei Adipositas, Morbus Cushing und unter Kortikoidtherapie. (Quelle: Price, J.E. jr., Rigler, L.G.: Widening of the mediastinum resulting from fat accumulation. Radiology 96: 497, 1970.) Auf einer Seitaufnahme kann dieses Fett eine Thymusdrüse vortäuschen. (Quelle: Steckel, R.J.: Mediastinal pseudotumors associated with exogenous obesity. Radiology 119: 74, 1976.)

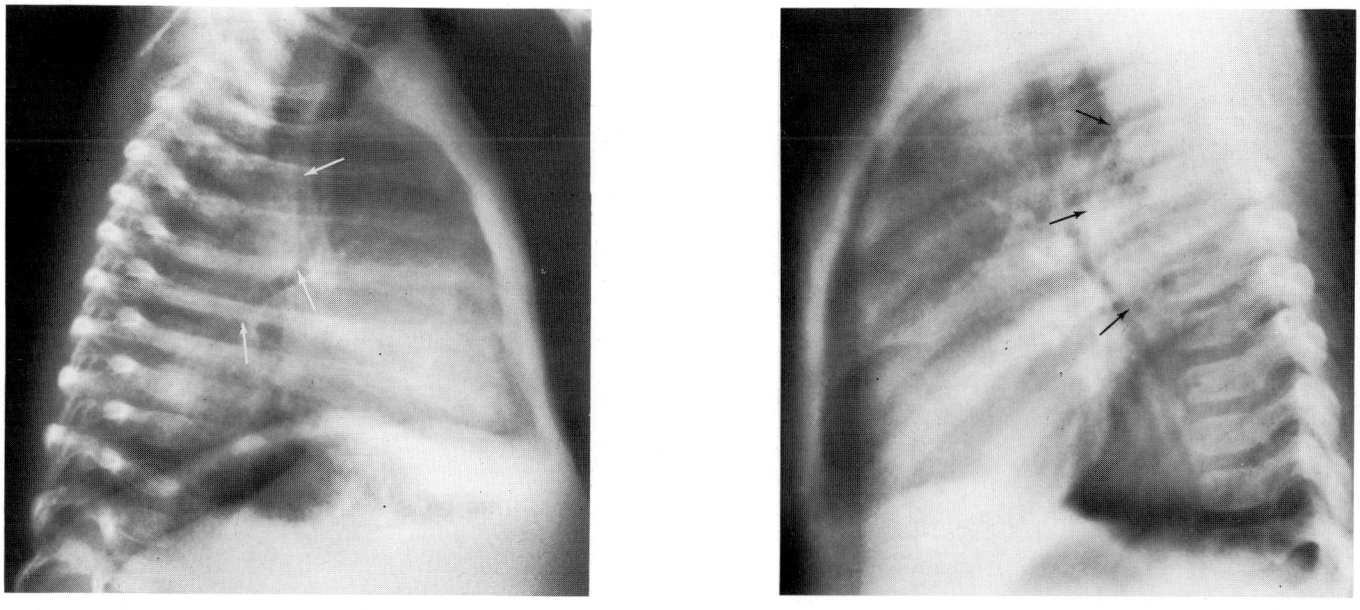

Abb. 4-122: Beispiele für einen Pseudotumor des hinteren Mediastinums bei Säuglingen durch Überlappung des Skapulaschattens mit der Trachea und dem lufthaltigen Ösophagus. (Quelle: Balsam, D., et al.: The scapula as a cause of spurious posterior mediastinal mass on lateral chest films of infants. Am. J. Roentgenol. 9: 501, 1974.)

Abb. 4-123: Linksseitiger paramediastinaler Streifen (→), der die Pleuraumschlagfalte an der Wirbelsäule darstellt. Diese Falte kann durch eine Ektasie der Aorta thoracalis (←) nach lateral abgedrängt werden, was deswegen nicht als Zeichen einer Anomalie der Wirbelsäule oder des Mediastinums gelten darf.

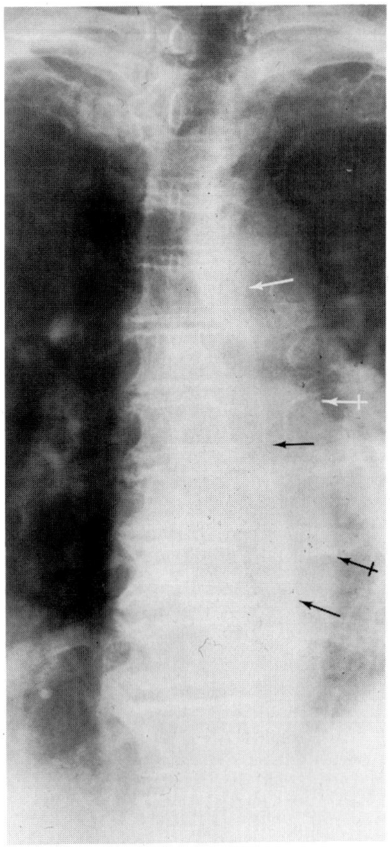

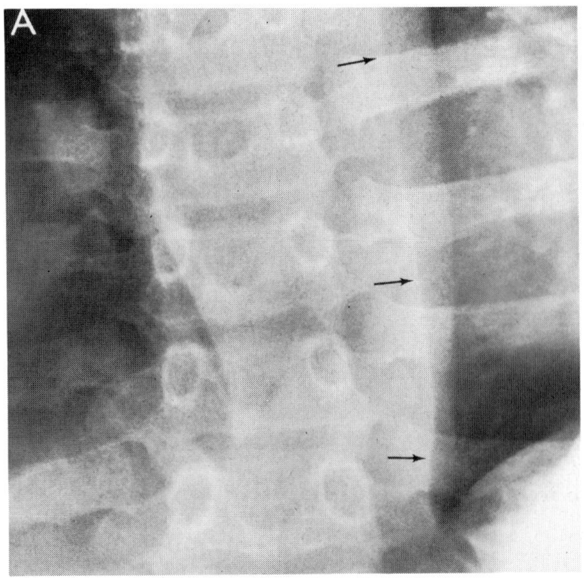

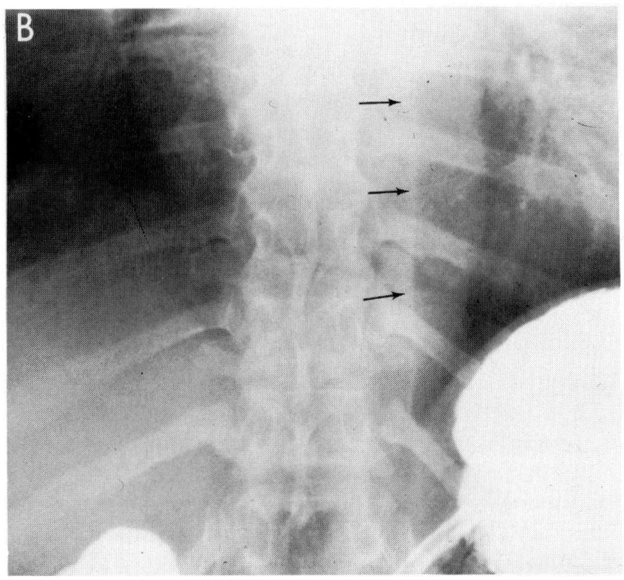

Abb. 4-124: Auch eine erhebliche Adipositas kann zu einer Verschiebung der mediastinalen Pleuraumschlagfalte führen, wahrscheinlich durch Fetteinlagerung. **A.** 14 Jahre alter Junge, 150 kg Gewicht. **B.** 46jähriger Mann, 125 kg Gewicht.

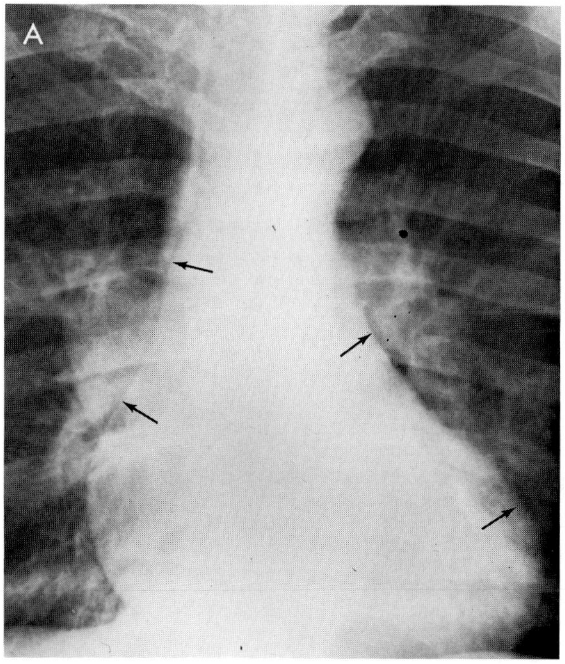

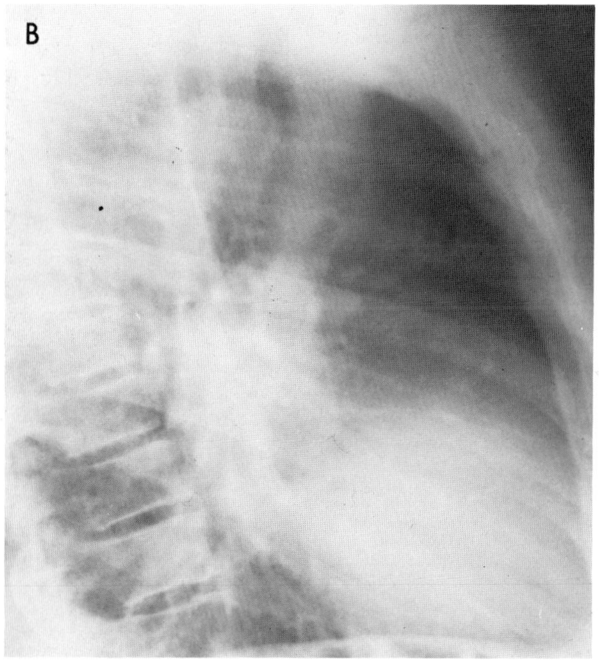

Abb. 4-125: A. Vortäuschung eines Pneumomediastinums durch einen transluzenten Halo-Ring um das Herz (Mach-Effekt).

B. Auf der Seitaufnahme ergibt sich keinerlei Anhalt für ein Pneumomediastinum. (Quelle: Lane, E. J., et al.: Mach bands and density perception. Radiology 121: 9, 1976.)

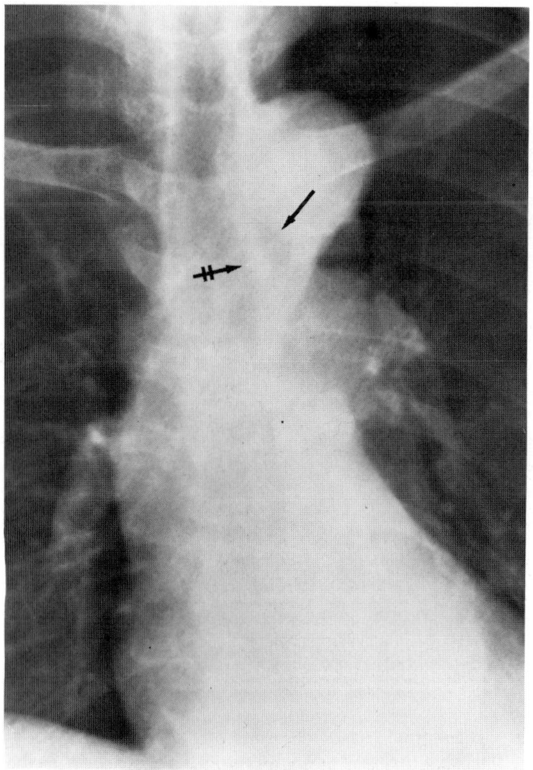

Abb. 4-126: Luft im Ösophagus führt zu einer Aufhellung neben dem Aortenknopf (→). Diese sieht man, wenn die Speiseröhre durch Adhäsionen an eine vermehrt geschwungene Aorte nach links verzogen wird. In dieser Tasche können auch Bariumreste retiniert werden. Achten Sie auf die Lage der Pleuraumschlagfalte am Ösophagus (⇸). (Quelle: Cimmino, C. V.: A roentgenologic study in mediastinal anatomy affected by air in the mid-esophagus. Am. J. Roentgenol. 94: 333, 1965.)

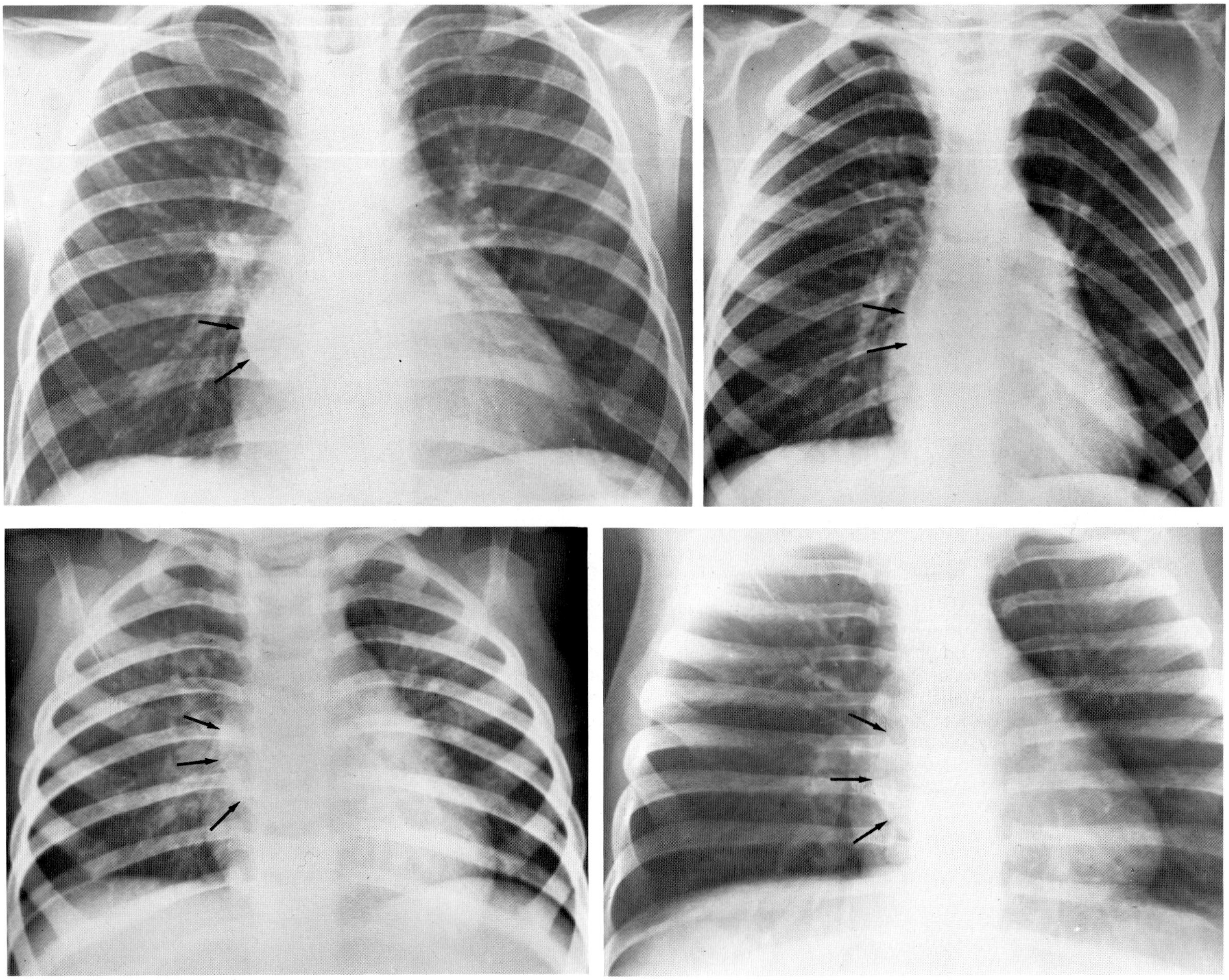

Abb. 4-127: Vier Beispiele der rechten Begrenzung des linken Herzvorhofs bei gesunden Kindern. Man kann sie auch bei Erwachsenen sehen und sollte dieses Zeichen allein nicht als Vergrößerung des linken Vorhofs werten, wenn nicht auch Aufnahmen in anderer Projektion dafür sprechen. (Quelle: Burko, H., Gyepes, M. J.: Radiologic assessment of left atrial size in infants. Radiology 85: 1099, 1965.)

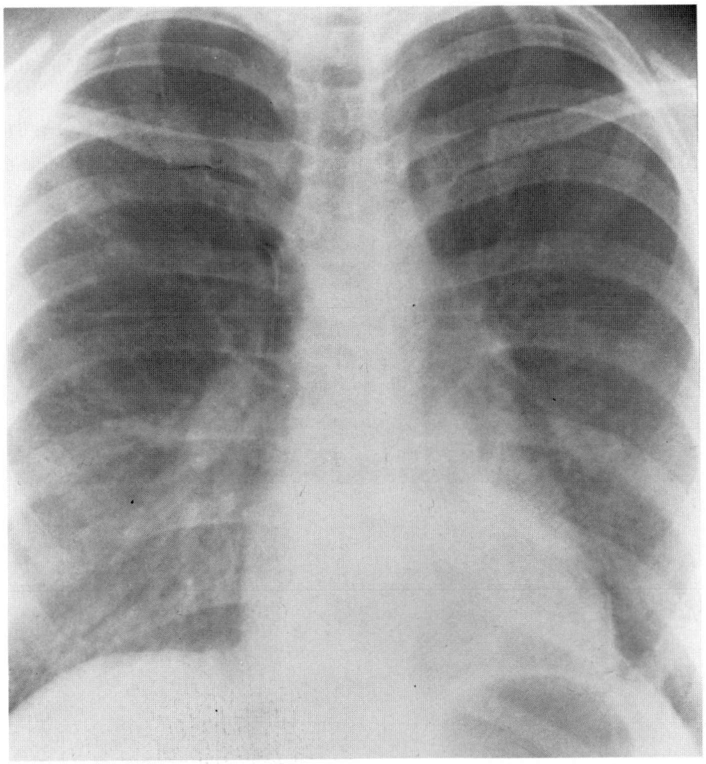

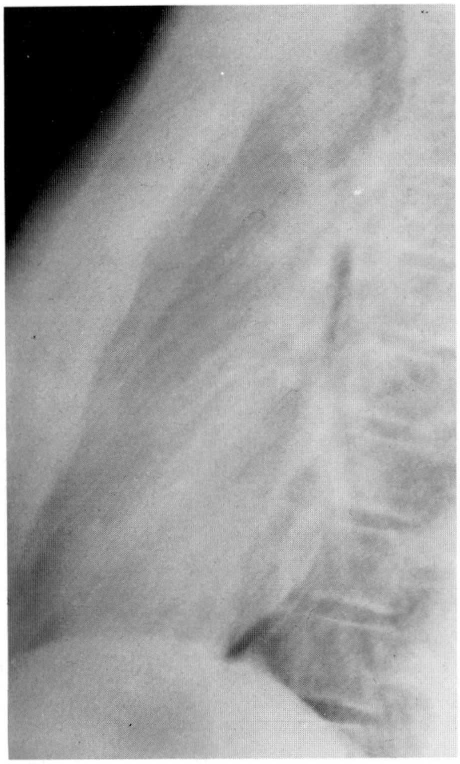

Abb. 4-128: «Flachrücken-Syndrom», welches eine Abflachung der Herzkontur und ein Vorstehen des Pulmonalsegments bewirkt. Personen mit einer angeborenen Aufhebung der normalen Dorsalkyphose und der Lendenlordose sowie mit einem geringen Sagittaldurchmesser des Thorax weisen gravierende Veränderungen der Herzkontur auf, die noch durch das gleichzeitige Vorhandensein körperlicher Befunde kompliziert werden, die eine organische Herzkrankheit imitieren können. (Quelle: De Leon, A., et al.: The straight back syndrome. Circulation 17: 197, 1965.)

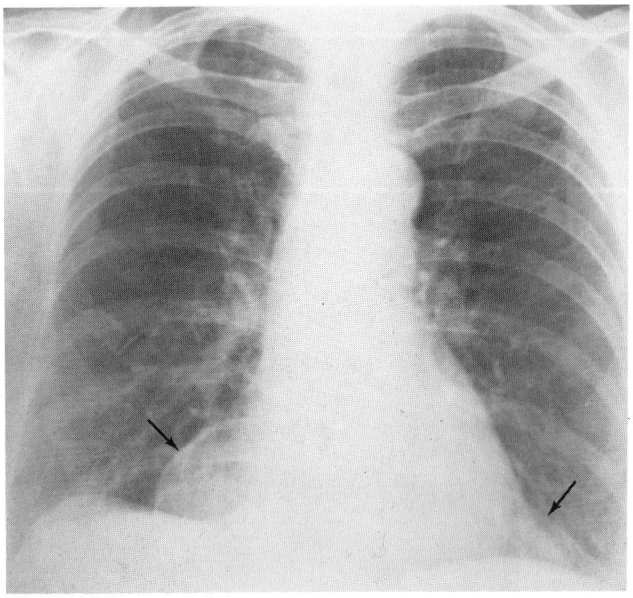

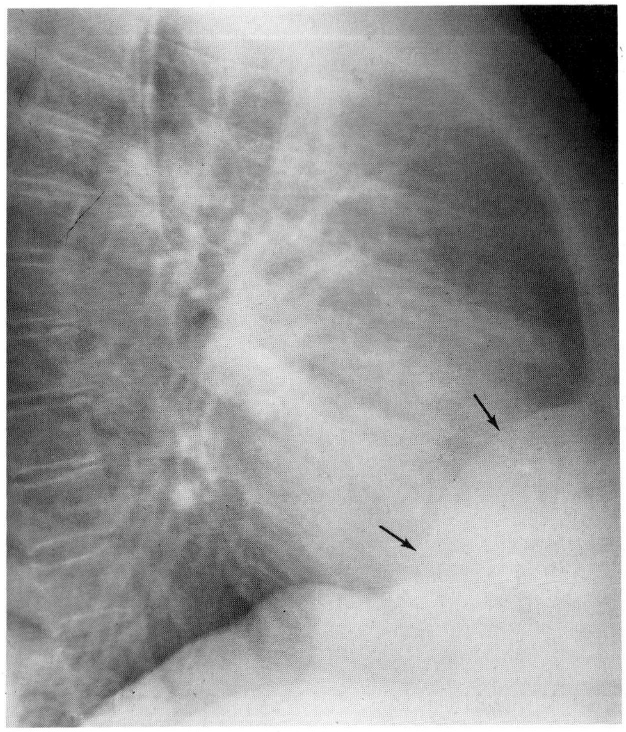

Abb. 4-129: Normale epikardiale Fettpolster. Diese Fettansammlungen sind leicht mit Zysten und Neoplasmen verwechselbar. Sie variieren je nach dem Gewicht des Patienten in ihrer Größe. (Quelle: Holt, J. F.: Epicardial fat shadows in differential diagnosis. Radiology 48: 472, 1947.)

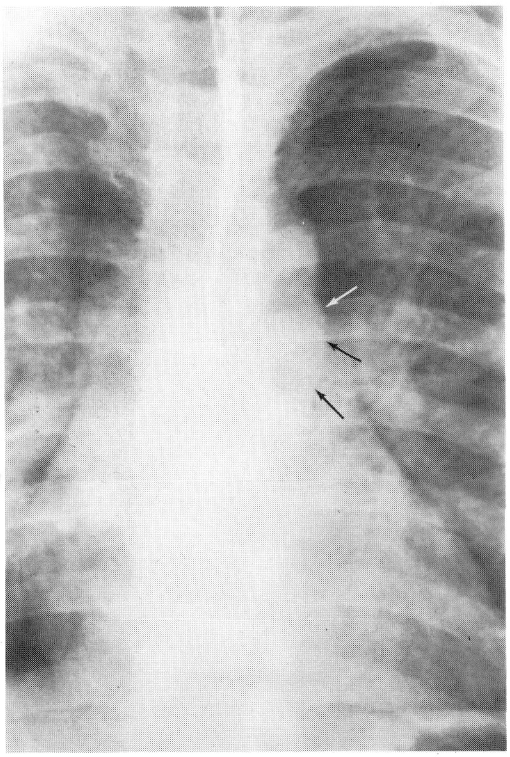

Abb. 4-130: Das Infundibulum des Ductus arteriosus Botalli. Dies ist die Ansatzstelle des Duktus im frühesten Lebensalter. Sein Vorhandensein bedeutet nicht, daß der Duktus noch offensteht. (Quelle: Keats, T. E., Steinbach, H. L.: Patent ductus arteriosus. A critical evaluation of its roentgen signs. Radiology 64: 528, 1955.)

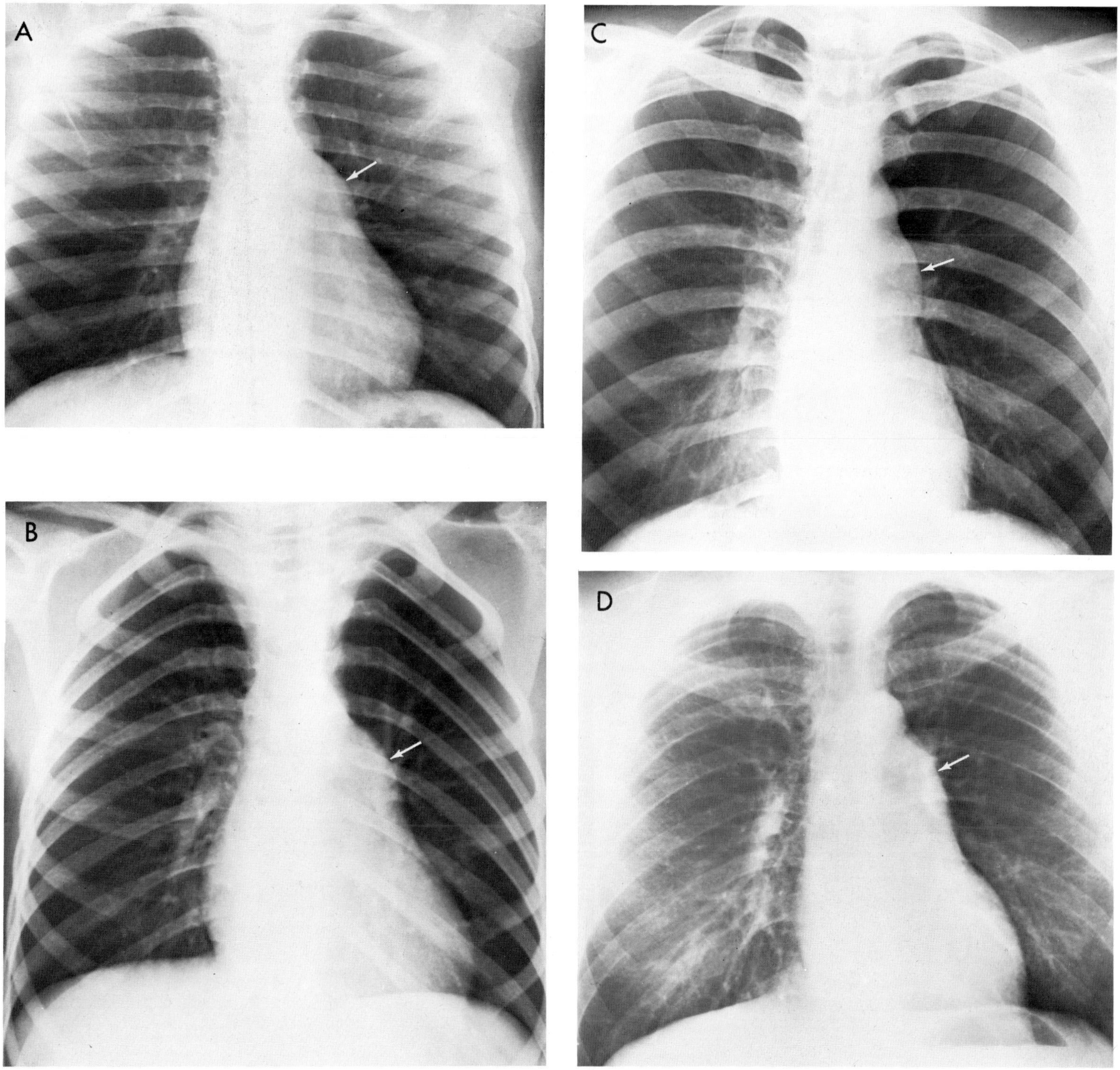

Abb. 4-131: Vier Beispiele der normalen Variationsbreite der Pulmonalarteriengröße bei Kindern und jungen Erwachsenen. Die Pulmonalarterie ist extrem größenvariabel und ihr Vorstehen beim Jugendlichen ein häufiger Befund. Als alleiniges Zeichen sollte dem keine weitere klinische Bedeutung beigemessen werden. **A.** Fünfjähriger Knabe. **B.** Achtjähriger Knabe. **C.** Neunjähriges Mädchen. **D.** 18jähriger junger Mann.

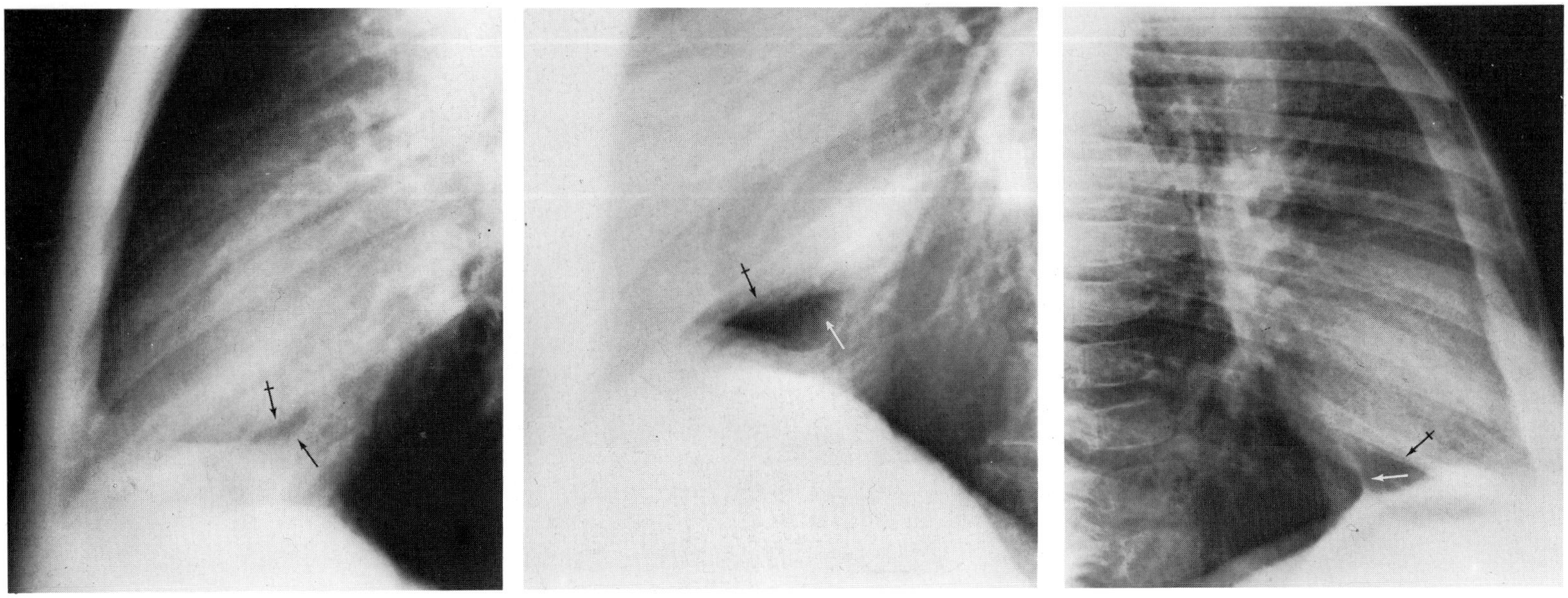

Abb. 4-132: Drei Beispiele irreleitender Aufhellungen durch die Vena cava inferior. Bei maximaler Inspiration kann es vorkommen, daß sich ein Teil des Zwerchfells von der Herzunterfläche löst und so den Blick auf die Vorderwand der Vena cava inferior freigibt (→). Ergebnis dessen ist eine kleine dreieckige Aufhellungsfigur (↔), die sehr verwirren kann, wenn man ihre Ursache nicht kennt. (Quelle: Tonkin, I.L., et al.: Radiographic isolation of the inferior vena cava. Am. J. Roentgenology 129: 657, 1977.)

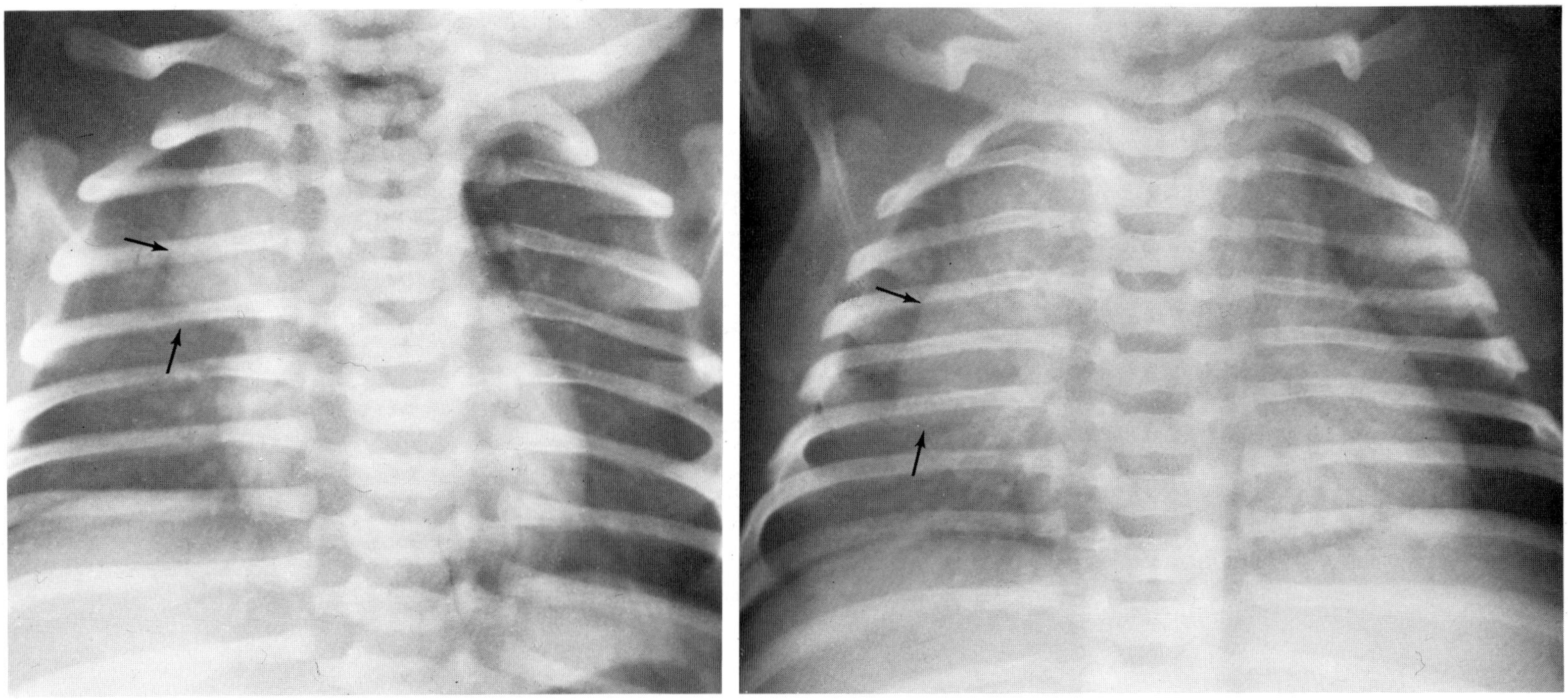

Abb. 4-133: Zwei Beispiele der einseitigen Projektion der Thymusdrüse auf die rechte Seite.

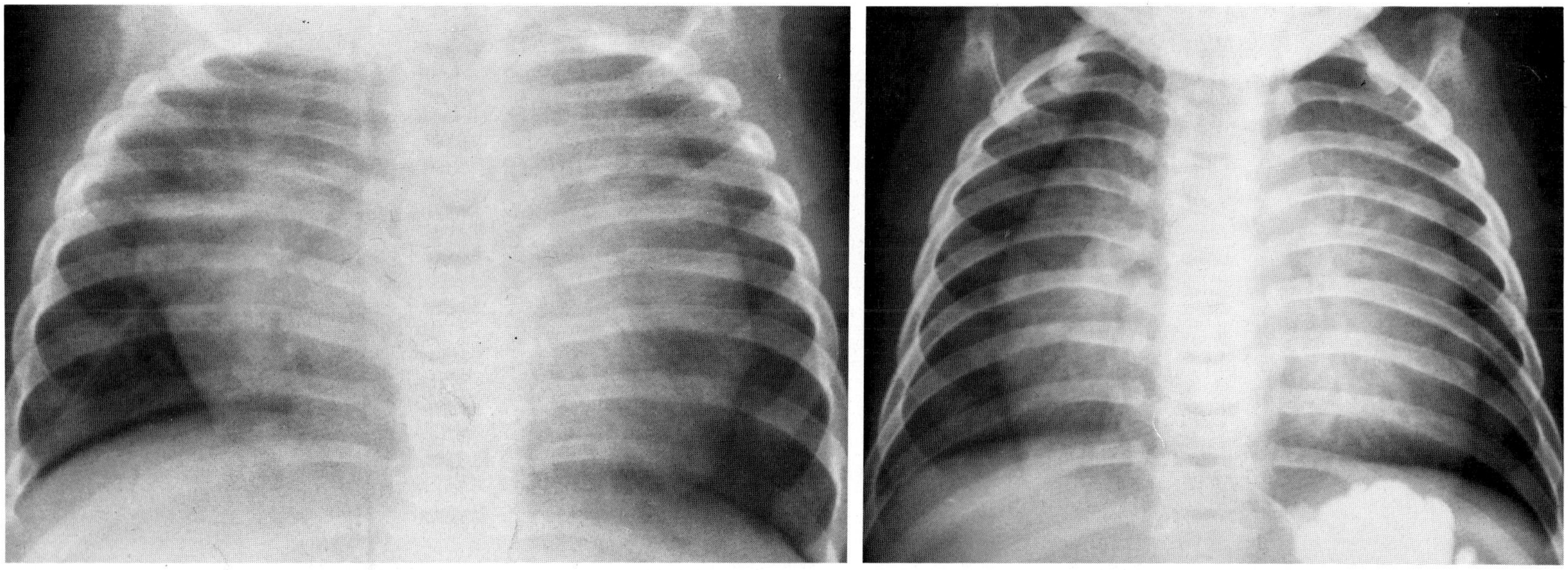

Abb. 4-134: Zwei Beispiele sehr großer Thymusdrüsen, die eine Kardiomegalie vortäuschen.

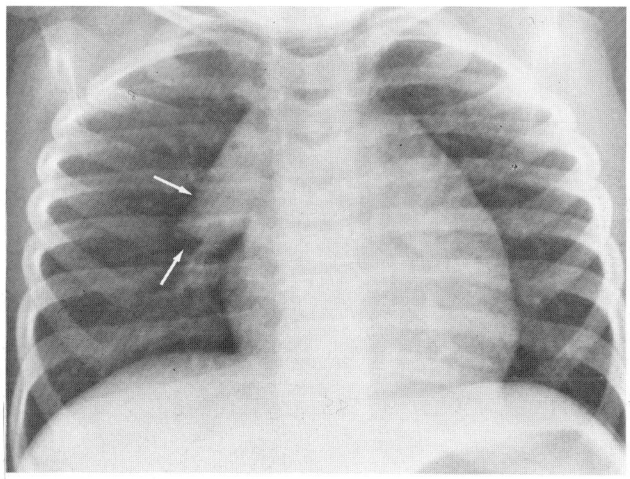

Abb. 4-135: Einseitige «Segelform» des rechten Thymuslappens.

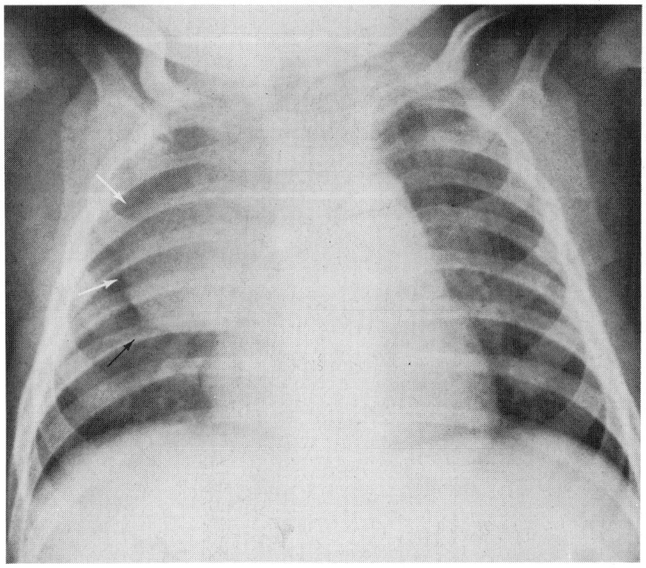

Abb. 4-136: Ungewöhnlich runde Form des Thymus.

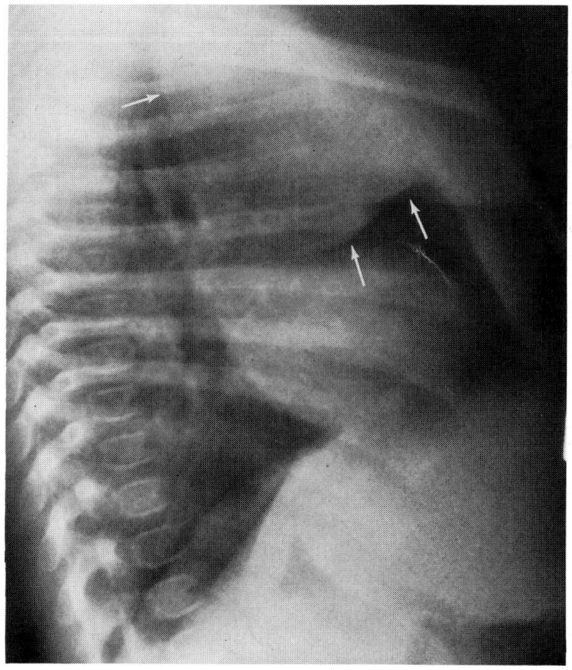

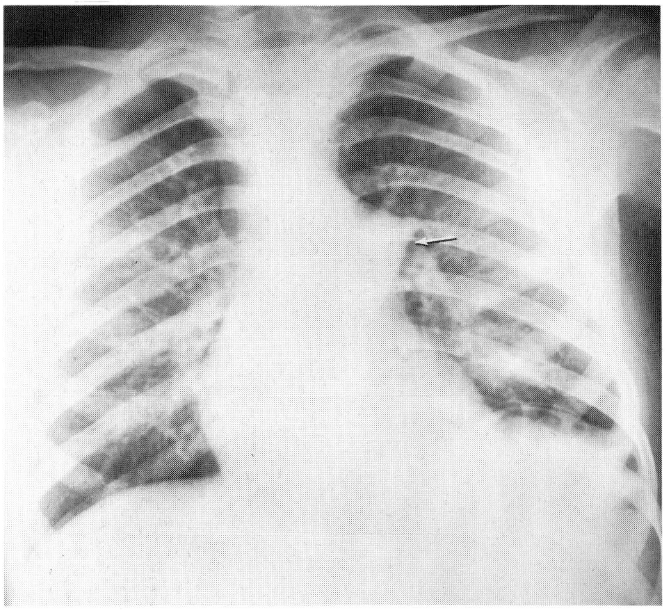

Abb. 4-137: Nicht immer bildet sich der Thymus in der frühen Kindheit zurück, sondern persistiert mitunter bis ins Adoleszentenalter. Sein Vorhandensein in der späten Kindheit sollte deshalb noch nicht automatisch als Anomalie gewertet werden. Beachten Sie hier den Restthymus bei einem vier Jahre alten Knaben. (Quelle: Oh, K. S., et al.: Normal mediastinal mass in late childhood. Radiology 101: 625, 1971.)

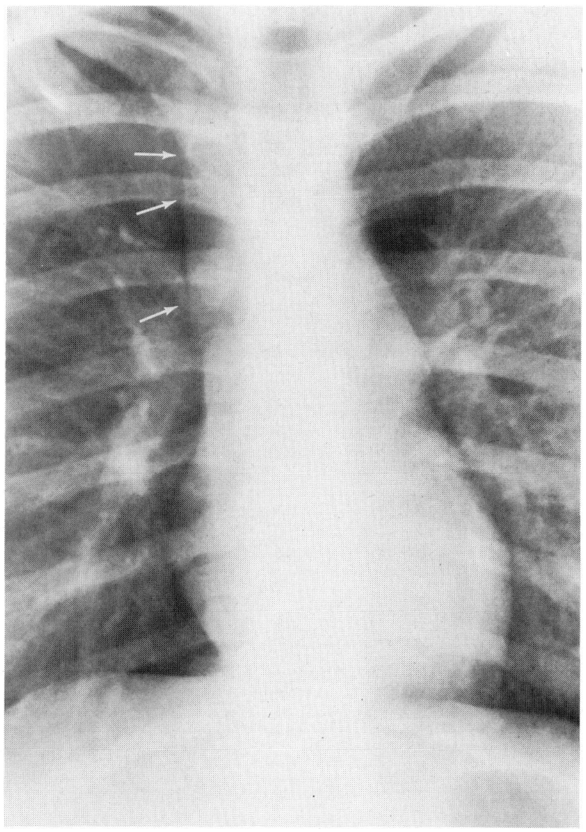

Abb. 4-138: Restthymus bei einem elfjährigen Jungen.

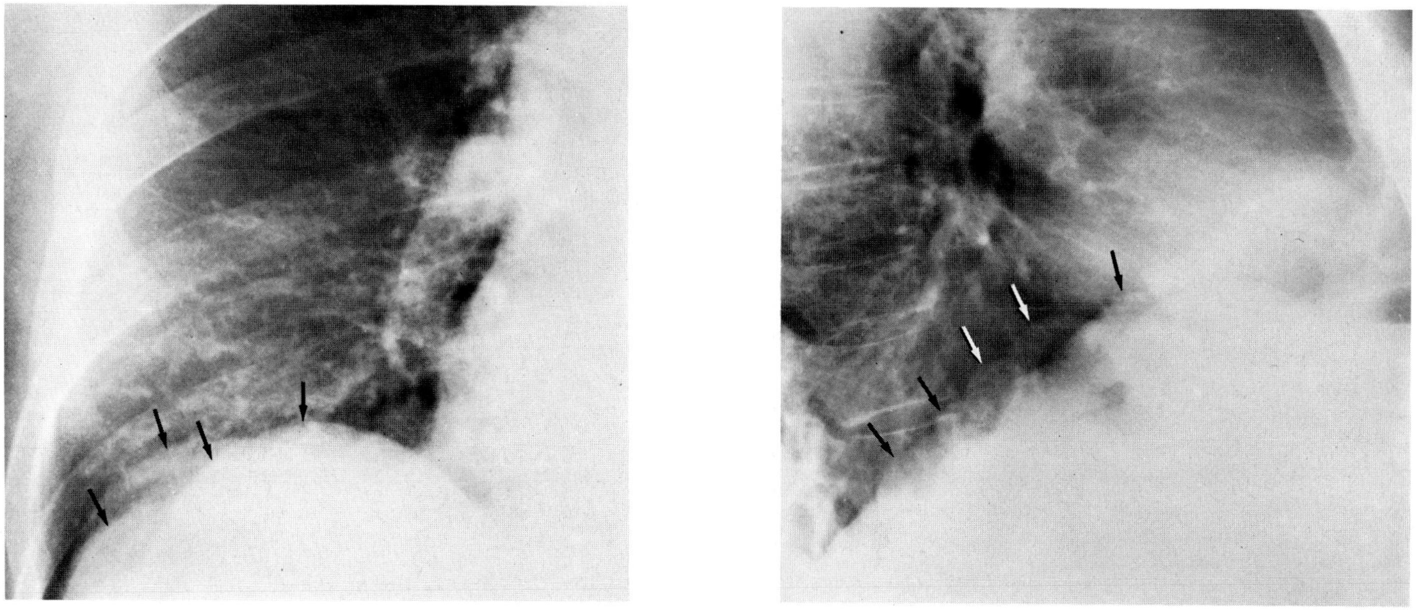

Abb. 4-139: Eine Zwerchfellbuckelung wird durch die Hypertrophie und die Kontraktion einzelner Muskelbündel des Zwerchfells hervorgerufen. Dieser Fall zeigt vielfache, nach oben konvexe Vorbuckelungen.

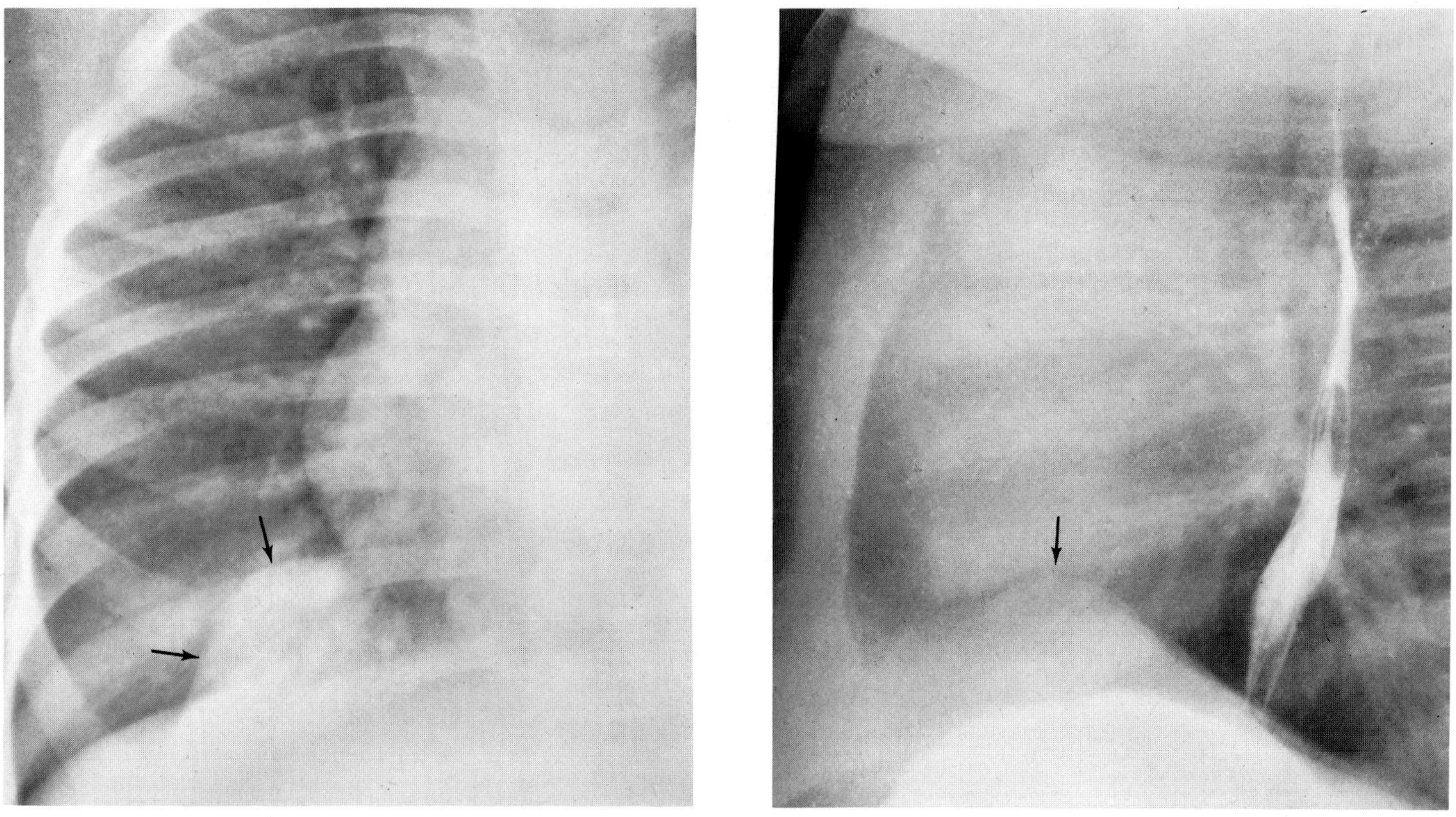

Abb. 4-140: Umschriebene Zwerchfellrelaxation bei einem Kind. Ohne die seitliche Aufnahme könnte diese Variante mit einer Raumforderung verwechselt werden.

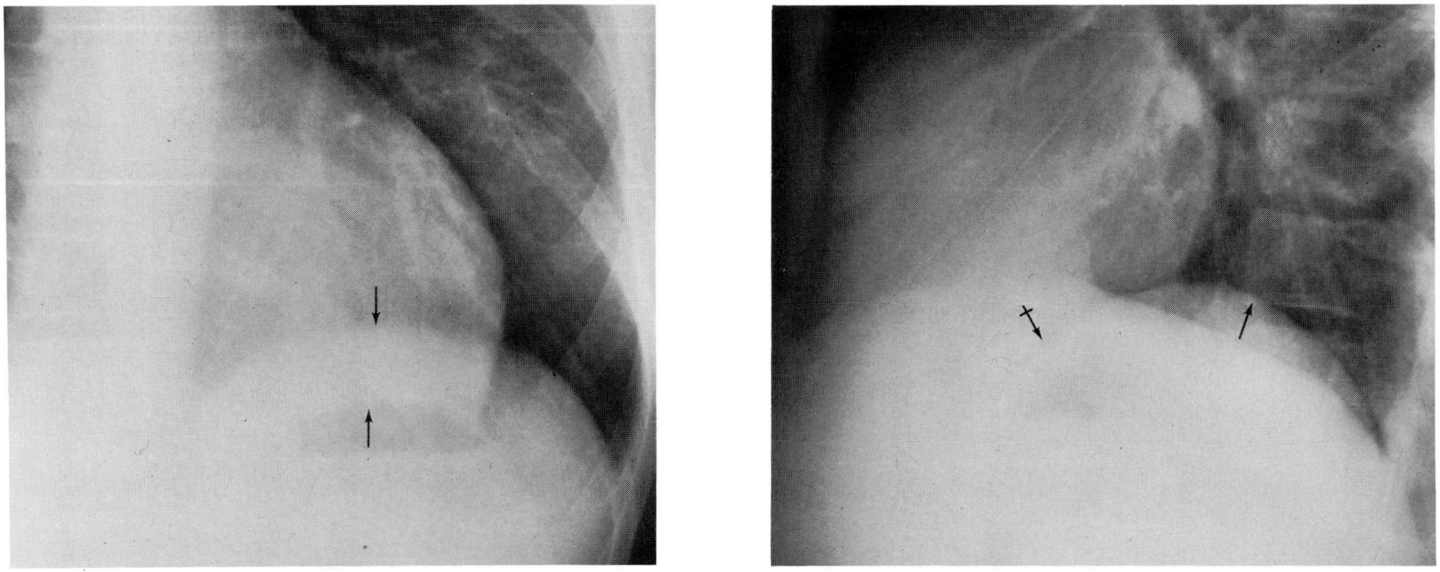

Abb. 4-141: Die vergrößerte Distanz zwischen der Magenblase und dem Zwerchfellunterrand erweckt den Verdacht auf einen subpulmonalen Pleuraerguß. Die Seitaufnahme zeigt dagegen, daß dieses Erscheinungsbild nur darauf beruht, daß der hintere Anteil der linken Zwerchfellhälfte (→) höher steht als der vordere (↔), der der Magenblase direkt aufsitzt.

5 Abdomen

Paul A. Mori
Kurt W. Mori

Dieses Kapitel ist für Ärzte geschrieben, die noch keine wesentlichen Erfahrungen in der Befundung von Aufnahmen des Abdomens besitzen. Es soll dieses Thema, das Gegenstand vieler ausgezeichneter Abhandlungen ist, für den Leser vereinfachen und verdichten.

Das Abdomen ist innerhalb der Notfallradiologie ein etwas vernachlässigtes Gebiet, wahrscheinlich deshalb, weil die Befundung von Röntgenaufnahmen des Abdomens als schwierig oder nicht lohnenswert angesehen wird. Einige Kliniker empfehlen sogar, Abdomenaufnahmen zu unterlassen, weil diese angeblich «wenig nützliche Information» erbringen. Es ist Sinn und Zweck dieses Kapitels, solche Anschauungen abzubauen. Mit einem einfachen, aber soliden Wissen um die Anatomie und einem systematischen Ansatz bei der Filminterpretation liefern Nativaufnahmen des Abdomens oft die endgültige Diagnose und sind bei der Abklärung eines akuten Abdomens oder eines Bauchtraumas immer von Nutzen.

Das abgehandelte Material legt besonderen Wert auf häufig anzutreffende Krankheitszustände und wird in einem pragmatischem Format für die Erstanalyse häufiger diagnostischer Probleme angeboten. Wo immer eine endgültigere Problemaufarbeitung erforderlich ist, schließen wir Richtungshilfen für die weitere Abklärung ein. Computertomographie, Sonographie, Szintigraphie und Angiographie tragen oft zur Abklärung eines akuten Abdomens bei. Dieses Kapitel enthält etliche ausgewählte Abbildungen; schließlich folgt am Ende des Kapitels eine Liste von Literaturempfehlungen, die bei Durchführung und Befundung dieser Untersuchungen von Hilfe sein sollen.

Die gesamte Information dieses Kapitels ist im Verlaufe der letzten Jahre im radiologischen Schrifttum abgehandelt worden. Wir haben auf spezielle Zitate für jedes Einzelkonzept bewußt verzichtet; um der Aufrechterhaltung einer vereinfachten Darstellung willen ist der Inhalt dieses Kapitel im wesentlichen frei von theoretischen Betrachtungen oder einzelnen Detailmechanismen, sondern stellt eher ein Destillat wichtiger Informationen dar, um einen praxisgerechten Lösungsansatz zu vermitteln. Wir haben uns bemüht, aus dem großen und komplexen Gesamtgebiet die Information herauszufiltern, die wirklich von klinischer Relevanz ist, und hoffen, daß dies die Information schneller assimilierbar und so für den Notaufnahmearzt, der seine Arbeitsweise auf rasche Entscheidungen abstellen muß, nützlicher macht. Das dargestellte Material beruht auf einer erschöpfenden klinischen Untersuchung im Rahmen der Notaufnahmebedingungen und wurde zu einem praktischen Von-Tag-zu-Tag-Arbeitszeug für die Interpretation von Abdomenaufnahmen verschmolzen.

Der Kapitelinhalt baut stufenweise aufeinander auf und beginnt mit den anatomischen Grundlagen. Jeder Einzelfall wurde ausgewählt, um einen oder auch mehrere wichtige Zeichen oder diagnostische Einzelpunkte in Zusammenhang mit bestimmten Krankheitszuständen besonders hervorzuheben. Der Kapitelinhalt kann dann im Hinblick darauf nützlich sein, wenn der Leser auf dem Boden der klinischen Befunde zur Röntgenbildbefundung besondere Einzelpunkte nachlesen oder klären will.

Die röntgenologischen Befunde sind oft auch beim Vorliegen einer schweren Erkrankung nur minimal, weshalb sie auch immer nur in Zusammenschau mit der klinischen Untersuchung des Patienten gewertet werden sollten. Hauptziel der Röntgenuntersuchung beim Notaufnahmepatienten ist es, eine umfassende und kompetente Strahlendiagnostik anzubieten, die zu einer effektiven Diagnose und einer raschen Weiterversorgung des Patienten führt.

Die sensorische Wahrnehmung einer Krankheit hängt vom Informationszufluß über das Sensorium, dem Input, ab. Man muß die pathologische Veränderung auch gesehen haben, bevor diese analysiert werden kann. Vergleichen Sie hierzu auch analog die Abbildung 5-1. Beachten Sie, daß unser Gehirn nach der Wahrnehmung eines Bildes dazu neigt, die Klarheit eines weiteren zu unterdrücken. Dieses interessante Phänomen erklärt auch, warum so viele Röntgenbildbetrachter Befunde übersehen, wenn sie auf die Bilder schauen. Findet sich auf einer Aufnahme etwas Auffälliges, läßt sich die Aufmerksamkeit des Betrachters leicht darauf hinziehen und von anderen Bildeindrücken ablenken. Deshalb ist es ganz besonders wichtig, daß der Betrachter sich selbst darin übt, alle Röntgenbilder systematisch anzusehen. Insbesondere sollte man lernen, auf Augenfälliges oder die besonders interessierende Gegend ganz zuletzt zu schauen. Es ist wichtig, den gesamten Film systematisch abzusuchen und dann sozusagen wieder im Brennpunkt des Interesses erneut von Null anzufangen. Daneben ist das Fehlen einer normalen Struktur viel schwieriger zu erkennen als eine Störung des Normalen. Deshalb sollte man sich ganz bewußt anstrengen, eine jede Normalstruktur auf dem Röntgenbild zu identifizieren. Die Wahrnehmung hängt von einem logischen System der Filmanalyse ab. Nur wenn man ein solches strenges Suchmuster einhält, wird man keine wichtigen Befunde übersehen.

Abb. 5-1: Bildwahrnehmung. Die Zeichnung «Meine Frau und meine Schwiegermutter» von W.E. Hill enthält das Gesicht einer jungen und das einer alten Frau. Das Kinn der jungen Frau ist gleichzeitig die Nase der alten Frau. Beachten Sie, wie die Bilder völlig spontan «umspringen», wenn man sie stet betrachtet. (Aus: Curr. Probl. Diagn. Radiol., Vol. 4, Mar.-Apr. 1974. Nachdruck mit freundlicher Genehmigung von Year Book Medical Publishers, Inc.)

Die Wahrnehmung ist auch von früheren Lernprozessen abhängig. Erfahrung ist bei der Bildinterpretation ein wichtiger Posten. Wenn Sie zum Beispiel zum Flughafen gehen sollten, um dort meine Tante Minnie abzuholen, die Sie aber noch nie gesehen haben, so werden Sie wahrscheinlich fragen, wie Sie sie erkennen können. Ich könnte sie Ihnen als eine ältere Dame von 85 Jahren beschreiben, die eine ganz bestimmte und kennzeichnende Kleidung trägt. Mit diesen Beschreibungscharakteristika würden Sie sie natürlich sofort erkennen. Bei Ihrer erneuten Ankunft nach einem Jahr würden Sie dann beim zweiten Abholen vom Flughafen nicht mehr fragen müssen, wie Sie jetzt meine Tante erkennen können. Nachdem Sie sie einmal gesehen haben, würden Sie sie sofort wiedererkennen.
Dieses schlichte «Tante-Minnie-Konzept» ist in der Radiologie von großer Wichtigkeit, die Filmbefundung ist im Grunde genommen ein Prozeß der Bildmusterwiedererkennung. Wenn Sie ernsthaft daran interessiert sind, bei der Bildbefundung Fortschritte zu machen, dann fordern Sie sich jedes Mal, wenn Sie eine Röntgenuntersuchung anfordern, dadurch, daß Sie selbst eine Befundung erstellen; gehen Sie dann auch der Sache nach, indem Sie mit dem Radiologen sprechen oder seinen Befund lesen.

Anatomischer Ansatz

Die wirksamste Methode der systematischen Bildanalyse besteht darin, daß Sie die auf dem Film enthaltene Information in einfachste Komponenten untergliedern. Dies kann man erreichen, indem man einen anatomischen Leitfaden verwendet (Abb. 5-2). Diese Leitlinie sollte sich Ihnen bei Ihrem Befundungsansatz von Röntgenbildern des Abdomens als nützlich erweisen, bis Sie genügend Erfahrung gewonnen haben, um solche Aufnahmen schon rein gewohnheitsmäßig anatomisch interpretieren zu können. Dieser Abschnitt schließt nun die normale Anatomie und einige wenige Beispiele häufig anzutreffender nebenbefundlicher krankhafter Zustände ein. Weitere anatomische Normalbefunde und Varianten finden Sie im Abschnitt über Normvarianten, Verkalkungen, Kuriosa und «Tante-Minnie-Phänomene».
Gehen Sie jetzt bitte zur Abbildung 5-3. Überschauen Sie systematisch die Knochenstruktur und achten Sie dabei auf Rippen, Lendenwirbelsäule, Becken und Hüftgelenke. Skelettanomalien können manchmal in Zusammenhang mit den Geschehnissen im Abdomen stehen oder den Schlüssel dazu liefern. Die leichte Skoliose der Lendenwirbelsäule ist ein häufiger Befund, der zwar meist lagerungsbedingt ist, doch manchmal auch auf einer retroperitonealen Infektion oder Blutung oder aber auf Schmerzen beruhen kann.
Mustern Sie die Lungenbasis beiderseits, falls diese auf dem Film mit abgebildet ist. Basale Lungeninfiltrate oder Pleuraergüsse können auf einem krankhaften Geschehen im Abdomen beruhen (Durchwanderungspleuritis, Begleitpneumonie, sympathische Pneumonie). Meist erfordert die Betrachtung der Lungenbasis auf Abdomenaufnahmen (wegen der stärkeren Belichtung) eine helle Lichtquelle (Irisblendenlampe).
Suchen Sie nach Verkalkungen, Konkrementen und weiteren Verschattungen. Beachten Sie bitte in der Abbildung 5-3 das

Knochen: Rippen, LWS, Becken, Hüften, obere Femuranteile
Lungenbasis (falls im Bild enthalten)
Verschattungen:
- Verkalkungen: Rippenknorpel, Gefäße, Weichteile, mesenteriale Lymphknoten
- Konkremente: Gallenblase, Niere, Ureter, Harnblase, Pankreas, Appendix, Phlebolithen
- Metalldichte Fremdkörper, Barium etc.

Größere Organe: Leberrand, unterer Milzpol, Nierenkonturen, Harnblase
Flankenstreifen, Psoarandschatten
Darmgas: Kolon, Dünndarm, Magen
Gas außerhalb des Darmes: Unter der Leber, unter dem Zwerchfell, in den Gallenwegen, in den Bursae, in der Darmwand, retroperitoneal
Raumforderungen

Abb. 5-2: Leitlinie für die Beurteilung von Aufnahmen des Abdomens.

Abb. 5-3: Anatomie des Abdomens (Näheres siehe Abb. 5-2 und Text).

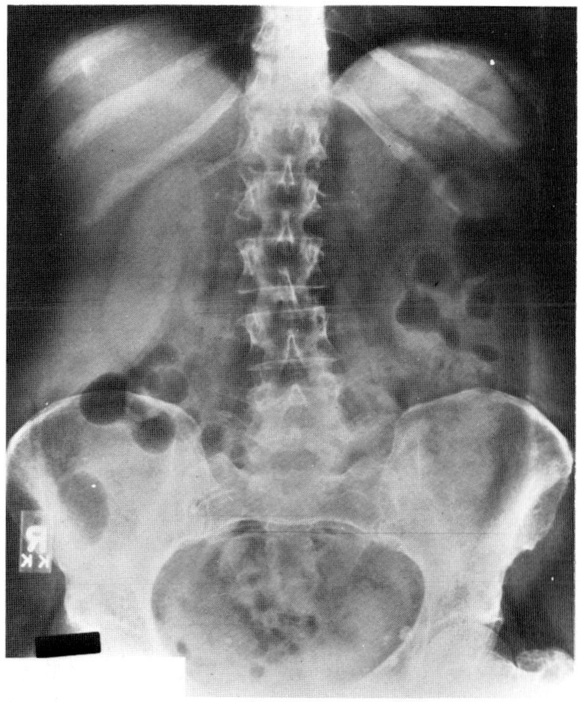

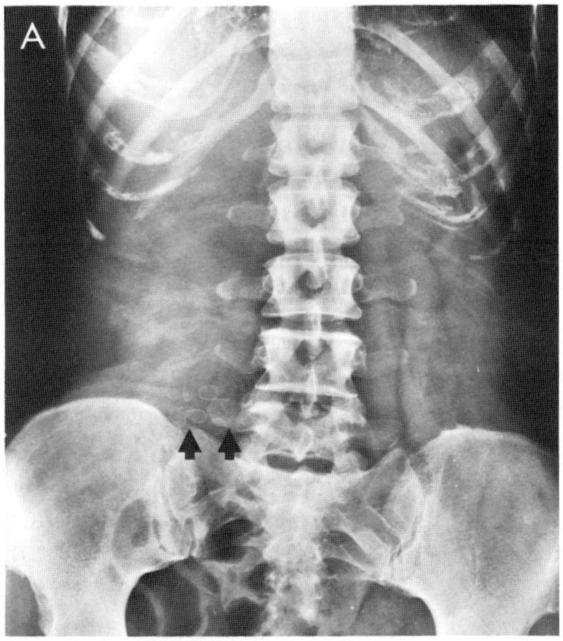

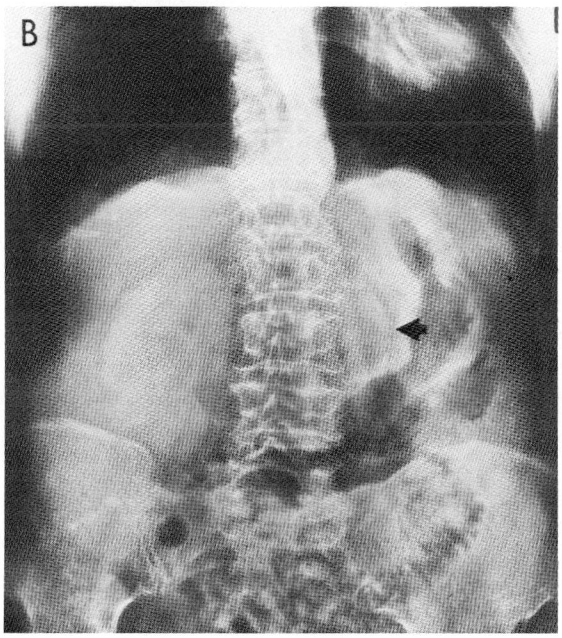

Abb. 5-4: (Normale und abnorme) kalkdichte Verschattungen. **A.** Ausgedehnte Rippenknorpelverkalkung; daneben erkennt man Gallensteine im rechten unteren Quadranten (Pfeile). **B.** Beachten Sie die dünne schalenförmige Verkalkung in der Wand eines Bauchaortenaneurysmas (Pfeil). **C.** Verkalkungen im Pankreaskopf und -schwanz (Pfeile). Auffällig auch Rippenknorpelverkalkungen und Phlebolithen im kleinen Becken.

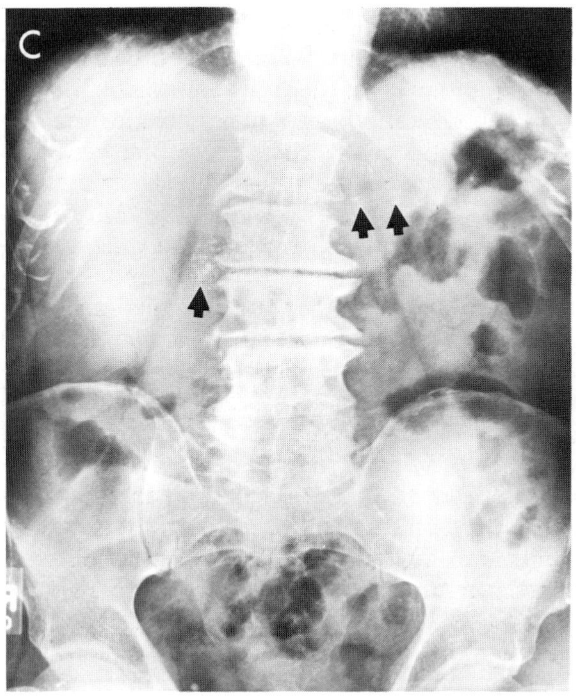

verkalkte Lebergranulom im rechten oberen Quadranten und den Phlebolithen im kleinen Becken. Es gibt eine Vielzahl normaler oder klinisch unbedeutender Verkalkungen (Rippenknorpel, verkalkte Lymphknoten, Phlebolithen usw.), die man erkennen und gegenüber klinisch signifikanten Befunden abgrenzen sollte. Arteriosklerotische Gefäßverkalkungen, Weichteilverkalkungen, Konkremente und verschiedene andere Verschattungen können manchmal einen wichtigen Beitrag zur Diagnose leisten (Abb. 5-4).

Betrachten Sie die vier großen Bauchorgane: Leber, Milz, Nieren und Harnblase.

Die Leber ist in der Regel im rechten oberen Quadranten als dreiecksförmiger Schatten mit einem schrägen Unterrand erkennbar (Abb. 5-5). Die sichtbare Lebergröße variiert aus einer Vielzahl von Gründen sehr. Die Deutlichkeit, mit der Sie den Leberrand erkennen können, hängt wesentlich vom Darminhalt ab. Zusätzlich kann, weil der hintere Leberrand höher steht als der vordere, der Projektionswinkel der Röntgenstrahlen ein Mitfaktor bei der offensichtlichen Vergrößerung des Leberschattens sein. Des weiteren wird der Zwerchfellstand stark von Alter, Atemphase und Lungenvolumen (Emphysem!) sowie vom Körperbau des Patienten beeinflußt. Die röntgenologische Größenbestimmung der Leber ist relativ unzuverlässig. Hier sollten Sie eher auf Ihren klinischen Sinn und die palpierende Hand bei der Größenbestimmung vertrauen.

Die mehr dorsal gelegene Milz ist in den Abdomenübersichten des Erwachsenen in der Regel nicht sichtbar, es sei denn, sie ist zumindest leicht vergrößert (vgl. Abb. 5-5). Die Milz liegt hinter der linken Kolonflexur und dem Magen sowie dicht über dem Oberrand der linken Niere. Bei einer beginnenden Vergrößerung der Milz können Sie erkennen, wie das Organ eine oder mehrere dieser Nachbarstrukturen verdrängen kann.

Wie deutlich die Nierenkonturen zu erkennen sind, hängt im wesentlichen von zwei Faktoren ab: Einmal vom Gasgehalt des Darmes; durch Luft- bzw. Gasüberlagerung wird der Nierenschatten leicht verdeckt, zum anderen aber von der Menge des retroperitonealen Fetts, welches wiederum eng mit dem Gesamtkörperfett des Patienten korreliert. Von Fettgewebe umscheidete Nieren sind deutlich besser erkennbar.

Die Harnblase ist ein extraperitoneal gelegenes Organ. Sie sieht man als einen gewölbten Weichteilschatten, der sich dicht über die Symphyse projiziert (Abb. 5-6). Ihre Größe variiert natürlich mit dem Füllungsgrad. Sie kann einerseits unsichtbar bleiben, andererseits aber auch als gewaltige «Raumforderung», die das gesamte kleine Becken und das untere Abdomen ausfüllt, imponieren. Bei den meisten Patienten läßt sich die Harnblase leicht gegenüber anderen Raumforderungen im Becken abgrenzen, da ihre Kuppel nahezu immer von einer dünnen Fettschicht bedeckt ist. Daneben kann man bei vielen Patienten eine weitere schmale Fettlage am Unter- und Seitenrand der inneren Beckenbegrenzung verfolgen (vgl. hierzu Abb. 5-6). Große Wichtigkeit erhält dieser Fettschatten bei der Diagnose einer extraperitonealen Harnblasenruptur und einem posttraumatischen Beckenhämatom. Bei der Frau kann die Harnblase vom Uterus pelottiert werden.

Für die Erkennung einer intraperitonealen Blutung sind die Flankenstreifen besonders nützliche Strukturen. In der Literatur erscheinen diese unter einer Vielzahl von Synonyma (so z. B. in der angloamerikanischen Literatur als peritoneale Fettlinien, Peritonealfett, Retroperitonealfett, mediale Streifen etc.). Die Flankenstreifen identifiziert das Auge als Aufhellungsstreifen (mit der geringeren Röntgenabsorption von Fettgewebe), die sich seitlich vom unteren Rippenbogen beiderseits bis zu den Beckenschaufeln erstrecken, wo sie allmählich verdämmern (Abb. 5-7A). Ihr Außenrand ist oft scharf begrenzt, ihr Innenrand kann weniger gut erkennbar sein. Gerade der Innenrand ist aber extrem wichtig, da er die Peritonealoberfläche markiert. Die parakolische Rinne an der Außenseite des Flankenstreifens beiderseits ist ein zwischen der Bauchfelloberfläche und dem Kolon gelegener potentieller Raum.

Freies Blut in der Bauchhöhle sammelt sich bevorzugt in der parakolischen Rinne, wo es dann als Weichteilverschattung zwischen dem Aufhellungsstreifen des Flankenstreifens und dem Darminhalt von Zökum und Colon ascendens auf der rechten und dem Flankenstreifen sowie dem Colon descendens auf der linken Seite sichtbar wird. Meist sind die Flankenstreifen bei Erwachsenen stärker ausgeprägt als bei Kindern und wiederum bei adipösen Menschen breiter als bei schlanken. Nicht bei jedem gesunden Menschen müssen die Flankenstreifen unbedingt scharf abgrenzbar sein, besonders bei älteren Menschen mit geringen Fettpolstern werden sie oft undeutlich erscheinen. Sie können auch bei sehr großen Patienten oder solchen mit einem großen Bauchumfang der Darstellung auf dem Film entgehen. Aus den genannten Gründen kann das Fehlen der Flankenstreifen auch ohne jegliche klinische Bedeutung sein. Eine Peritonitis (Aszites!) oder eine Infektion des Retroperitoneums kann ebenfalls die Flankenstreifen auslöschen.

Meist erkennt man den Psoasschatten beiderseits der Lendenwirbelsäule; er zieht vom ersten Ledenwirbelkörper beginnend schräg nach unten und außen und verdämmert im Bereich der Beckenschaufel (Abb. 5-7B). Der Psoasschatten ist nur dann wirklich wichtig, wenn man ihn auch sehen kann. Seine klare beiderseitige Abgrenzbarkeit spricht gegen das Vorhandensein einer retroperitonealen Infektion, eines Abszesses, eines Hämatoms oder eines Lymphoms. Dagegen kann das nur einseitige Fehlen des Psoasrandschattens bei bis zu einem Drittel aller Patienten eine Normvariante sein. Die Psoasrandschatten können bereits durch eine leichte Drehung des Patienten unsichtbar werden. Das einseitige Fehlen des Psoasschattens deutet in Verbindung mit einer Skoliose und Flankenschmerz auf einen möglichen krankhaften Prozeß im Retroperitoneum. Die klare Abgrenzbarkeit beider Psoasrandschatten spricht gegen jede Krankheit im retroperitonealen Raum.

Die Erkennung von Luft im Magen ist in der Regel bei der Befundung eines Abdomens kein Problem. Die Magenluft variiert in ihrer Menge sehr. Bei einer Aufnahme in Rückanlage sieht man sie meist als schräg verlaufende Gasansammlung, die vom zentralen Abdomen zum linken oberen Quadranten zieht. Bei Aufnahmen im Stehen bildet der (flüssige) Magenin-

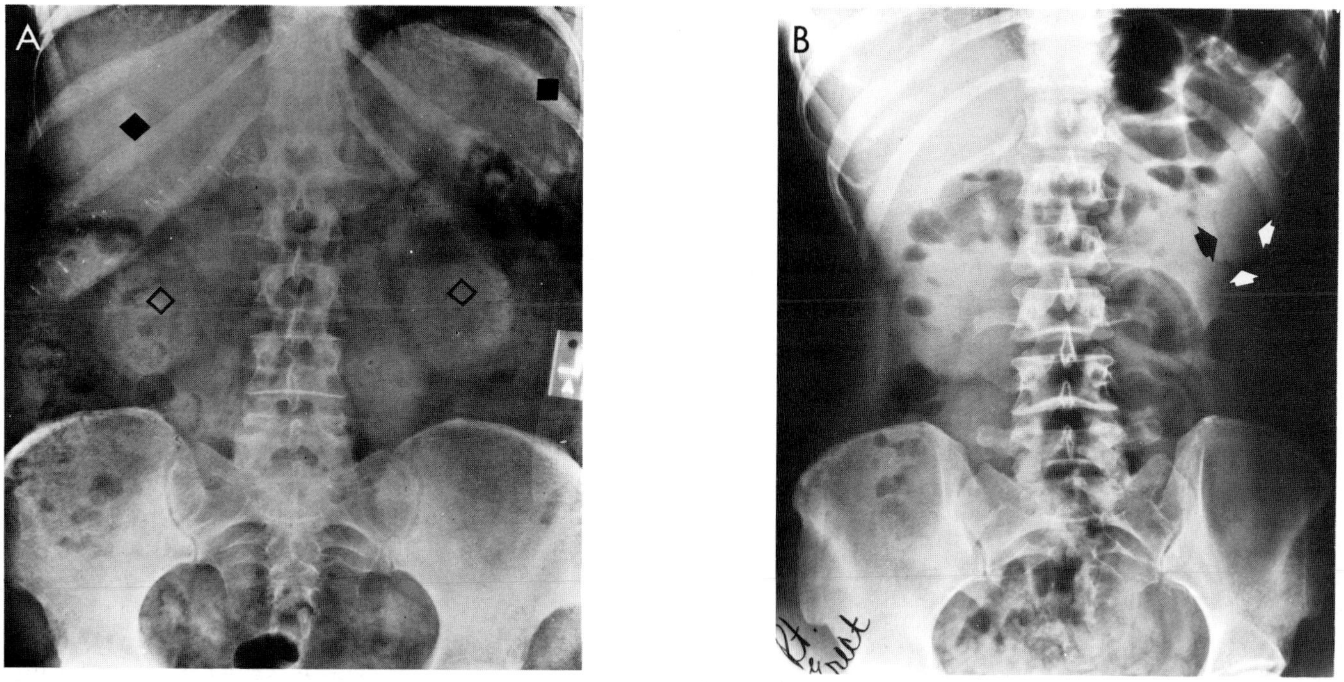

Abb. 5-5: Anatomie: Normale Leber und Nieren; Milzvergrößerung. **A.** Adipöser Patient. Leber und Milz (schwarze Rauten) werden durch den darüber gelegenen Darm teilweise verschattet. Die Nieren sind dagegen gut abgrenzbar (gerahmte Rauten).

B. Schlanker Patient. Die Milz ist mäßig vergrößert; ihr Rand ist überlagert (Pfeile). Die Nierenkonturen sind weniger gut als bei dem adipösen Patienten abgrenzbar.

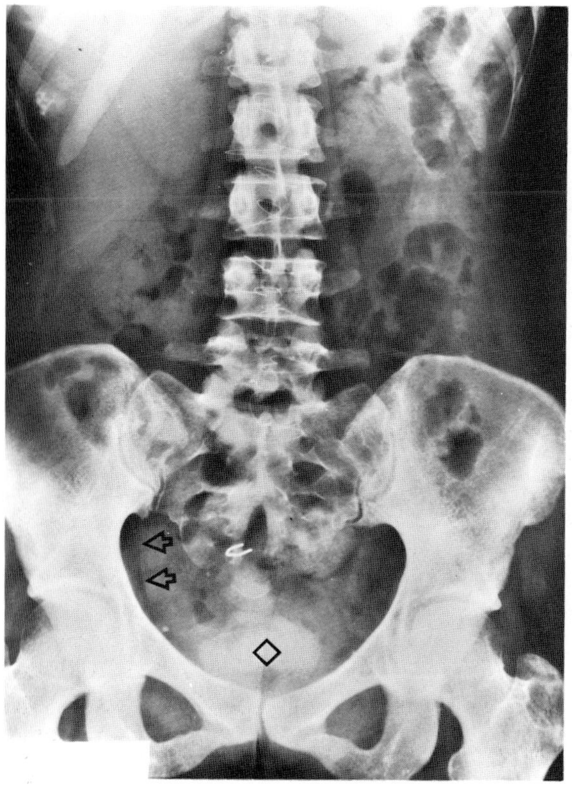

Abb. 5-6: Normale Anatomie. Die Harnblase erscheint scharf abgrenzbar (Raute). Das Fett längs der Linea terminalis ist durch Pfeile gekennzeichnet. Das extraperitoneale Fett über dem M. obturatorius internus geht kontinuierlich in das ebenfalls extraperitoneale Fett über der Harnblasenkuppel über. Bei einer Fraktur wird dieser Fettstreifen durch das extraperitoneale Hämatom oder infolge einer Blasenruptur aufgehoben. Zufallsbefund ist hier ein Gefäßclip in Projektion auf das Kreuzbein nach einer Operation.

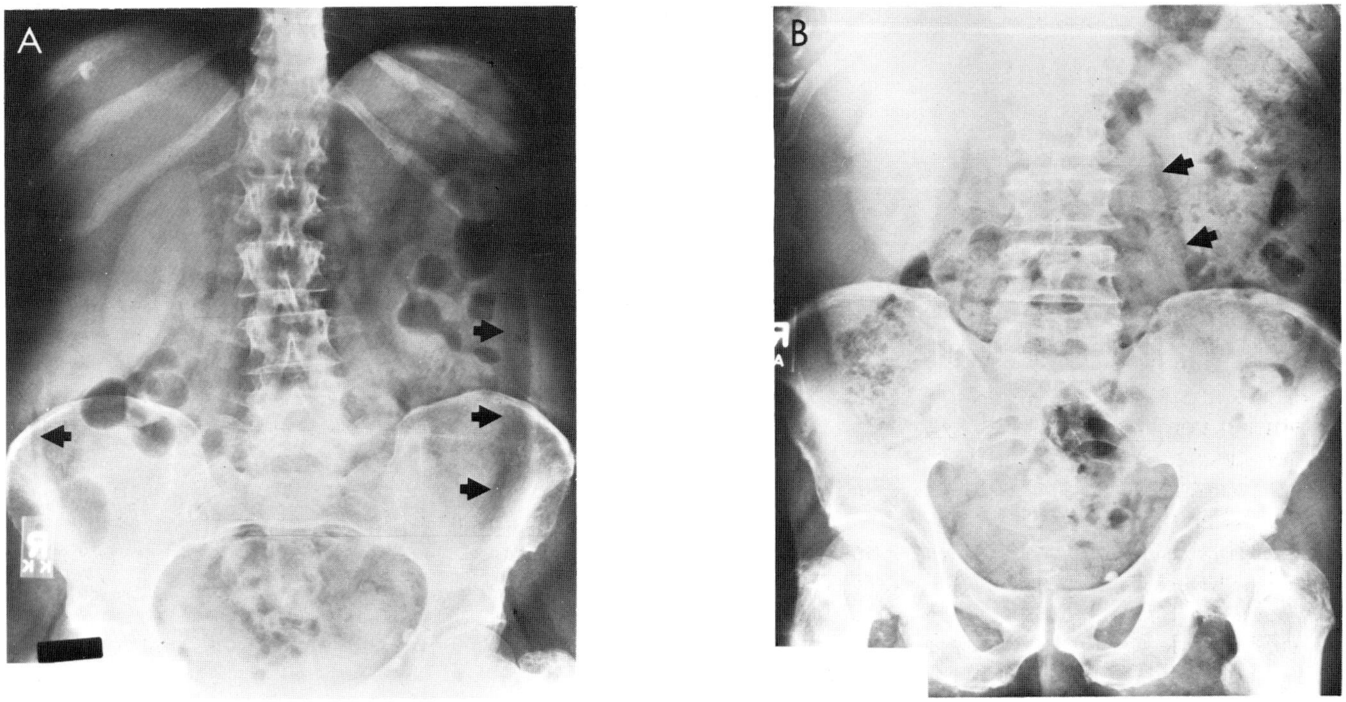

Abb. 5-7: Normale Anatomie: Flankenstreifen und Psoasrandschatten. **A.** Gleicher Patient wie in Abb. 5-3. Der linke Flankenstreifen ist sehr breit (Pfeile), der rechte dagegen schmal. Dies ist eine normale Variante. Der schmale weiße Schatten (einzelner Pfeil rechts) zwischen dem dünnen Flankenstreifen und dem Gas im Zökum entspricht der rechten parakolischen Rinne. Dies ist nur ein potentieller Raum. Der weiße Schatten erweitert sich, wenn sich in der Peritonealhöhe freies Blut befindet. **B.** Normale Abdomenaufnahme eines anderen Patienten, die beiderseits enge Flankenstreifen zeigt. Beachten Sie, daß bei diesem Patienten der linke Psoasrand deutlicher zu sehen ist als der rechte.

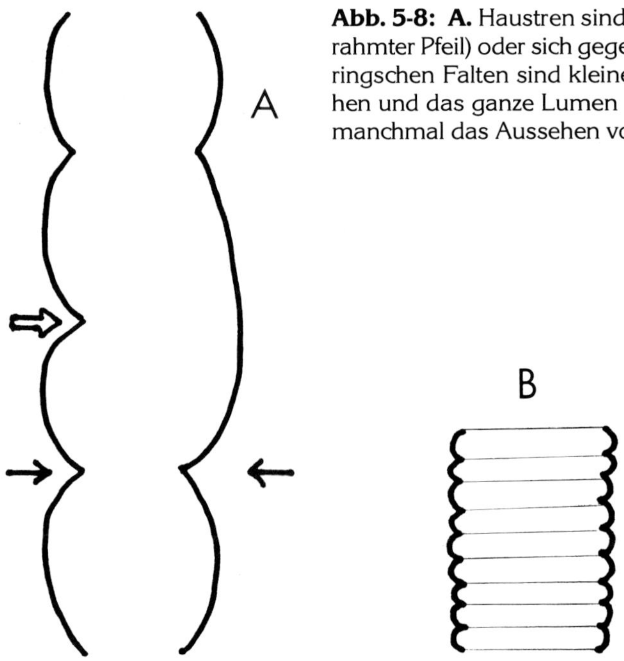

Abb. 5-8: **A.** Haustren sind tiefe Einschnürungen, die exzentrisch (gerahmter Pfeil) oder sich gegenüber liegen können (Pfeile). **B.** Die Kerckringschen Falten sind kleine Einschnürungen, die sich gegenüberstehen und das ganze Lumen umfassen. Diese Mukosaquerfalten haben manchmal das Aussehen von Streifen oder das eines Münzenstapels.

halt gegen die Magenluft einen waagrechten Spiegel dicht unter dem linken Zwerchfell. Kurz nach Einnahme der Mahlzeit kann man auch Gas, Flüssigkeit und feste Partikel im Magen nachweisen. Bei einem Gesunden findet sich nahezu immer etwas Gas und Flüssigkeit im Magen. Dagegen kann der Mageninhalt bei einem Patienten, der kürzlich erst erbrochen hat, äußerst gering sein oder völlig fehlen.

Die Unterscheidung von Dünndarm und Dickdarm ist auf einer Abdomenleeraufnahme des Gesunden in aller Regel einfach, doch kann sie bei einem Darmverschluß recht schwierig werden. Betrachten Sie zuerst den Dickdarm.

Der Dickdarm weist drei Charakteristika auf: 1. *Die Lokalisation.* Das Kolon liegt peripher im Abdomen – seine Lage wurde oft mit einem Bilderrahmen verglichen. 2. *Die Haustrierung.* Das Kolon zeigt charakteristische große und tiefe Einziehungen, die Haustren, die meist exzentrisch liegen, manchmal aber auch sich exakt gegenüberstehen oder gar das gesamte Lumen quer durchsetzen können (Abb. 5-8). 3. *Der Inhalt: Die Fäzes.* Eine jede Darmschlinge mit festem Inhalt muß unweigerlich eine Dickdarmschlinge sein. Der Inhalt des Dünndarms ist nämlich immer flüssig. Die Fäzes erkennt man leicht als die typische Mischung von Gas mit festem Material (Abb. 5-9).

Der Dünndarm zeigt ebenfalls drei anatomische Charakteristika: 1. *Seine zentrale Lage.* Das Mesenterium des Dünndarms hat einen zentral gelegenen Ansatz (Mesenterialwurzel); deshalb ist es eher wahrscheinlich, daß zentral im Abdomen gelegene Darmschlingen Dünndarmschlingen sind. 2. *Die Plicae circulares (Kerckringsche Falten).* Der Dünndarm (insbesondere das Jejunum) zeigt charakteristische zarte Faltenbildungen (Zähnelungen), die in der großen Mehrzahl um die gesamte Zirkumferenz reichen. Manchmal erkennt man, wie sie das gesamte Lumen queren und so dem betreffenden Dünndarmabschnitt das Aussehen eines Münzstapels verleihen (vgl. Abb. 5-8). In einem dilatierten Jejunum wird man immer Plicae circulares erkennen, sie werden durch die Dehnung nicht völlig verstrichen. Im Ileum sind die Plicae circulares weniger gut entwickelt und in geblähten Schlingen oft unsichtbar. 3. *Das Zeichen des «gebeugten-Fingers» (bent finger sign).* Eine Schlinge, die das Aussehen eines gebeugten Fingers hat, ist ganz charakteristisch für eine Dünndarmschlinge (Abb. 5-12). Dieses besonders nützliche Zeichen für den Dünndarm wurde in der Literatur bislang zu wenig beachtet.

Die Feststellung von Gas außerhalb des Darmes ist immer klinisch wichtig. Es kann folgende Formen aufweisen: Eine

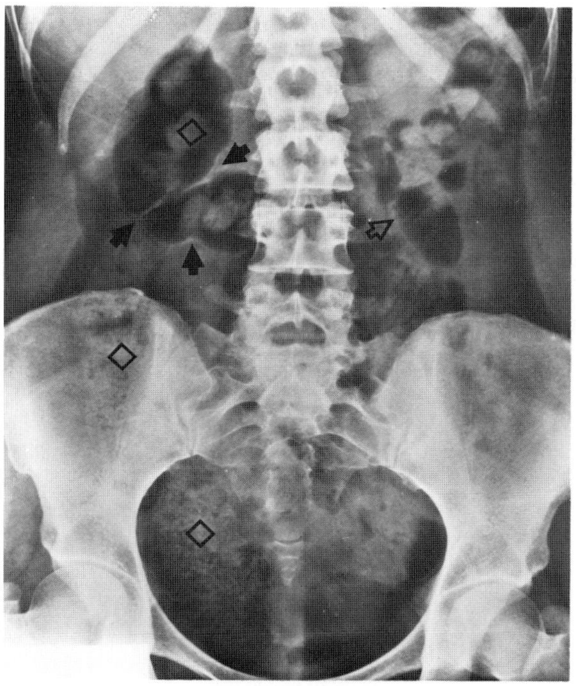

Abb. 5-9: Normale Anatomie des Darmes. Die schwarzen Pfeile zeigen Dickdarmhaustrien an. Beachten Sie, daß diese an manchen Stellen die gesamte Zirkumferenz des Darmes umfassen können (gegenüberstehende schwarze Pfeile), anderswo aber hingegen nicht (alleinstehender schwarzer Pfeil). Die Rauten zeigen Fäzes im Kolon an. Der gerahmte Pfeil zeigt auf eine Dünndarmschlinge mit den dafür charakteristischen Kerckringschen Falten.

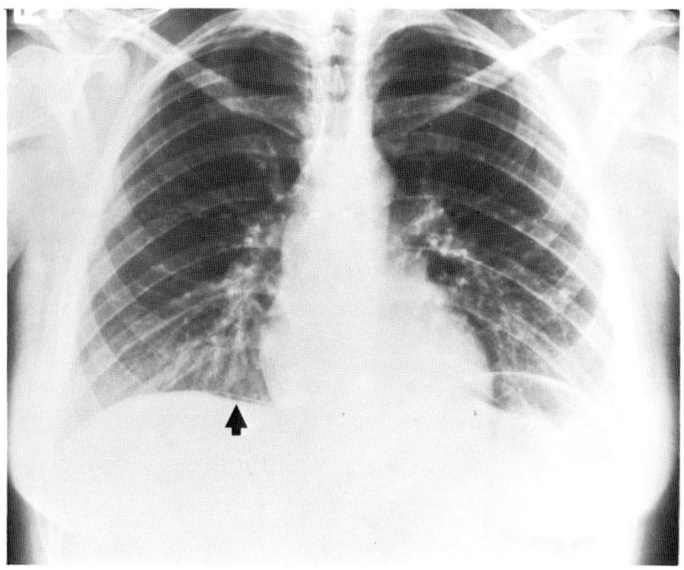

Abb. 5-10: Thoraxaufnahme im Stehen. Der Pfeil weist auf freie Luft unter der rechten Zwerchfellkuppel. Achten Sie auch auf das Darmgas an der Flexura lienalis des Kolons unter dem linken Zwerchfell.

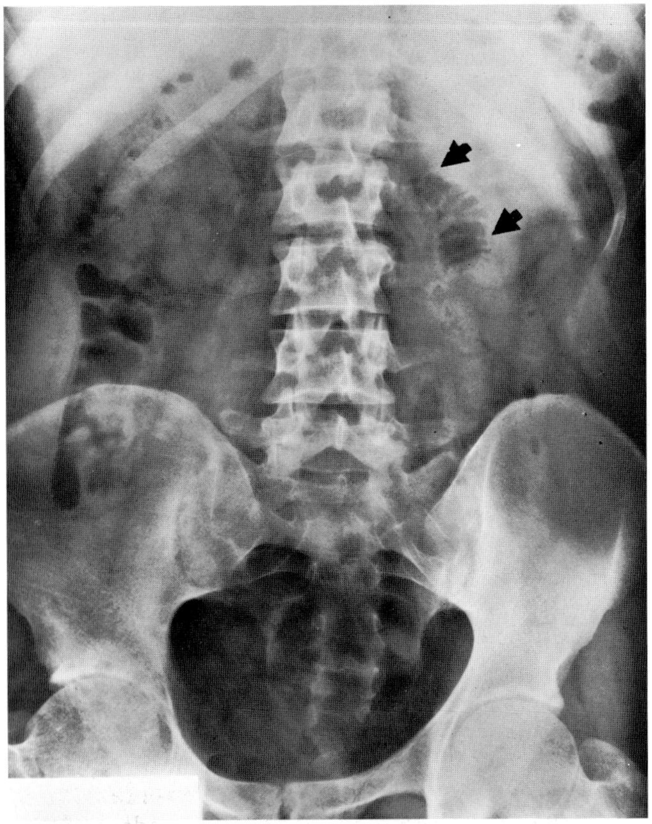

Abb. 5-11: Unauffälliges Gasverteilungsmuster bei einer Abdomenaufnahme im Stehen. Beachten Sie die isolierte gasgefüllte Dünndarmschlinge im linken oberen Quadranten mit den Kerckringschen Falten. Ist diese nicht dilatiert oder zeigt sie keinen Flüssigkeitsspiegel – wie in diesem Fall –, so ist dieser Befund unspezifisch und kann also völlig normal sein.

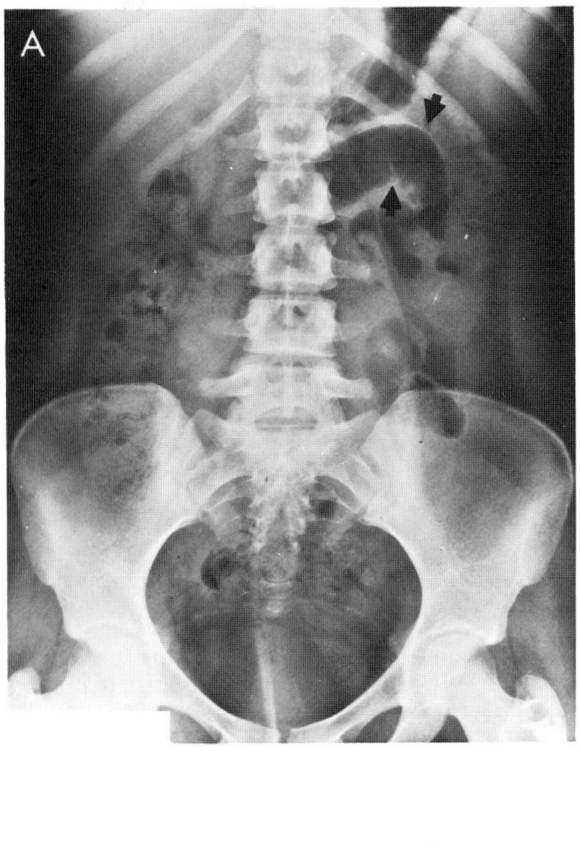

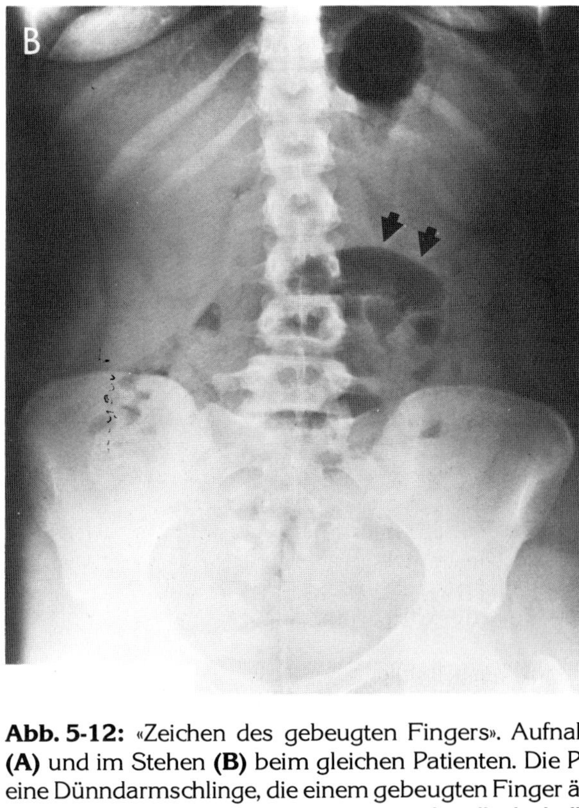

Abb. 5-12: «Zeichen des gebeugten Fingers». Aufnahme im Liegen **(A)** und im Stehen **(B)** beim gleichen Patienten. Die Pfeile deuten auf eine Dünndarmschlinge, die einem gebeugten Finger ähnelt. In diesem Falle ist die Darmschlinge erweitert und stellt deshalb eine «Sentinel loop» dar.

Sichel unterhalb des Zwerchfells (Abb. 5-10), eine «Mövenflügel»- oder (im deutschen Sprachgut) eine «Hirschgeweih»-Figur im Gallenwegssystem (Abb. 5-54), ein gesprenkeltes Aussehen in Gewebespalten (Abb. 5-139) oder aber das Aussehen einer Blasenansammlung, wenn es sich im Retroperitoneum befindet (Abb. 5-41). Weitere Beispiele finden Sie im folgenden Abbildungsmaterial.

Das akute Abdomen

(Routine)aufnahmetechnik

Die Röntgenuntersuchung des Abdomens wird bei Patienten mit Bauchschmerzen oft fündig. Der folgende Abschnitt wird den Leser nun Schritt für Schritt in die Interpretation der verschiedenen röntgenologischen Kriterien einführen.
Bei der Anfangsuntersuchung eines jeden Typs von akuten Bauchschmerzen ist die Röntgenaufnahme des Abdomens im Liegen (Rückenlage) allein nicht das adäquate Vorgehen. Die «Minimalserie» beim akuten Abdomen sollte eine Abdomenaufnahme in Rückenlage (Zentralstrahl auf die Beckenschaufelhöhe), eine Aufnahme im Stehen (ebenfalls Zentrierung auf die Beckenschaufel) und eine Thoraxaufnahme im Stehen beinhalten*. Für die Thoraxaufnahme sollte man die üblichen p.-a. Aufnahmen mit einem Fokus-Film-Abstand von 1,80 bis 2,00 Meter (Fernaufnahme) heranziehen, wenn der Zustand des Patienten das Stehen erlaubt. Diese Aufnahme ist insofern bei der Röntgenuntersuchung des Abdomens wichtig, weil sie freie Luft in der Peritonealhöhle (unter dem Zwerchfell) am besten darstellt. Zusätzlich können eine Pneumonie, eine Atelektase oder ein (Begleit)erguß («Durchwanderungspneumonie», sympathischer Erguß) zu einer akuten Erkrankung des Bauches beitragen oder aber Mitmanifestation einer solchen Erkrankung sein. Die Abdomenaufnahme in Rückenlage ist dagegen wichtig für das Erkennen von Flüssigkeit oder Blut in der Peritonealhöhle und für die Identifikation von Gas in den Darmschlingen. Eine Abdomenaufnahme im Stehen oder im Liegen in Linksseitenlage ist für den Nachweis von Luft/Gas-Flüssigkeits-Spiegeln notwendig. Ist der Patient nicht fähig zu stehen, dann ist die Aufnahme in Linksseitenlage mit horizontalem Strahlengang (quer über den Tisch) besonders wichtig. Doch sollte man hier bedenken, daß nur die Verwendung eines Seitstativs am Untersuchungstisch oder eines Rasterwandstativs (Bucky-Rasterlade!) zu technisch einwandfreien Aufnahmen führt; ohne diese Zusatzeinrichtung ist es faktisch unmöglich, bei stehendem Streustrahlenraster hinlänglich gute Aufnahmen zu erreichen. Wir bevorzugen in unserem Hause die Abdomenleeraufnahme im Stehen (hoher diagnostischer Informationsgehalt und technisch sehr gute Qualität).
Falls der Patient nicht stehfähig ist, so kann eine Spezialtechnik für die Thorax- und die Abdomenaufnahme im Stehen sehr nützlich sein: Bei geschwächten Patienten, die ohne Hilfe nicht stehen können, lassen sich Kompressionsbinden anbringen, es sei denn, der Patient ist Opfer eines Polytraumas oder leidet an einer schweren arteriellen Hypotonie. Eine Kompressionsbinde wird über die Knie des Patienten geführt, eine weitere über den Thorax in Brusthöhe, aber unterhalb der Achselspitzen. Das Kompressorium in Kniehöhe verhindert, daß der Patient stürzt, weil seine Knie nachgeben, das zweite Kompressorium in Brusthöhe hilft dabei, den Patienten auf dem Tisch zu immobilisieren. Ist eine Kompressionsbinde nicht verfügbar, so sind auch Klebebänder noch ein guter Ersatz für diesen Zweck; man fixiert diese dann beiderseits am Tischrand. Führen Sie das Band quer über den Patienten, und legen Sie ein Handtuch oder Mull unter, um zu verhüten, daß das Klebeband direkt der Haut des Patienten aufliegt.
Die Assistentin/der Assistent legt dann – noch vor den Aufnahmen von Thorax und Abdomen – die Belichtungsdaten für die Rasteraufnahmen fest. Wir gehen hier folgendermaßen vor: In die Bucky-Rasterlade wird eine Kassette eingelegt und der Patient für eine Bauchaufnahme in Rückenlage positioniert; ist diese Aufnahme entwickelt, dann wird anschließend eine neue Kassette eingelegt, der Untersuchungstisch (mit dem fixierten Patienten) senkrecht gestellt, die Röhre zentriert oder sofort danach die Abdomenleeraufnahme im Stehen angefertigt; nach raschem Kassettenwechsel und Neueinstellung der Röhre folgt unmittelbar die Thoraxaufnahme im Stehen in Bucky-Rasterlade-Technik. Sobald die Kassette entnommen ist und zur Entwicklung gebracht wird, wird der Tisch wieder in die Horizontale gebracht. Bei dieser Technik lassen sich die Abdomen- und die Thoraxaufnahme in der wesentlich besseren

* Anm. d. Übers.: Da die Aufnahmetechnik beim akuten Abdomen schon lange immer wieder Kontroversen aufwirft, insbesondere zwischen Radiologen und Chirurgen, und in letzter Zeit sogar schon Gegenstand gerichtlicher Auseinandersetzungen war, sei hier kurz auf Bemerkungen hierzu in den Informationen 2/84 der Deutschen Röntgengesellschaft hingewiesen (Bemerkungen zur Untersuchungstechnik beim akuten Abdomen; B. Swart, Neuss). Darin wird auf die beträchtlichen technischen, topographischen und krankheitsspezifischen Nachteile der Aufnahmetechnik des Abdomens im Stehen im horizontalen Strahlengang hingewiesen. Die Aufnahme in Linksseitenlage im horizontalen Strahlengang weist freie Luft in der Bauchhöhle und auch retroperitoneal zuverlässiger und auch schon in geringerer Menge nach; sie zeigt allein die Duodenalatonie bei der akuten Pankreatitis oder bei einer Pankreasbeteiligung bei einem stumpfen Bauch- oder Rückentrauma. Sie weist bei oft stummem Abdomenübersichtsbild im Stehen entzündliche Prozesse im rechten Unterbauch nach (häufig ein einzelner Spiegel im Zökum oder in der letzten Ileumschlinge bei eitriger Appendizitis, eitriger Salpingitis etc.).
Vorgeschlagen wird deshalb folgende Aufnahmetechnik:
1. *Rückenlage mit vertikalem Strahlengang:* Weichstrahltechnik (60–80 kV; 12/1-Raster, hochverstärkende Folie).
2. *Linksseitenlage mit horizontalem Strahlengang:* Hartstrahltechnik (125 kV; 12/1-Raster, ebenfalls hochverstärkende Folie).
Filmformat für beide Aufnahmen 35/43 cm zur Darstellung von Zwerchfell bis Symphysenoberkante.

Bucky-Technik im Stehen vornehmen, wobei der Patient insgesamt weniger als eine Minute «stehend» verbringen muß. Nützlich ist diese Technik also bei den Patienten, wo anders Aufnahmen im Stehen nicht zu erhalten wären, nicht zu empfehlen natürlich aber bei Patienten im Schock; darüber hinaus kann sich diese Technik auch bei bestimmten Frakturen verbieten.
Die Alternative zu Abdomenaufnahme im Stehen ist, wenn der Patient dazu nicht fähig ist, die Aufnahme in Linksseitenlage mit horizontalem Strahlengang. Linksseitenlage heißt, daß der Patient *auf seiner linken Seite liegt.* Hierzu verwendet man ein Seitstativ mit Streustrahlenraster und zentriert die Aufnahme so, daß der rechte obere Bauchquadrant mit abgebildet wird. Auf einer solchen Aufnahme stellt sich freie Luft zwischen der Leber und dem Bauchfell dar.
Eine Aufnahme in Rechtsseitenlage (rechte Seite unten) ist für den Nachweis freier Luft im Abdomen nur von geringem Wert oder gar wertlos, weil meistens die gedehnten Darmschlingen des linken oberen Abdomens, die mit dem Peritoneum in Kontakt stehen, nicht von freier Luft abgegrenzt werden können.
In manchen Röntgeninstituten besteht das Routinevorgehen in einer Aufnahme in Rückenlage und einer im Stehen, wobei hoch zentriert wird, damit das Zwerchfell mit dargestellt wird. Mit dieser Technik sahen wir jedoch eine Reihe von Problemen. Da die Assistentin sich oftmals nicht über die Höhe des Zwerchfellstandes bei den Patienten im gewissen ist, wird sie dazu neigen, die Röhre zu hoch einzustellen, und dadurch wichtige Informationen im Bereich des unteren Abdomens «unterschlagen». Wählt man Belichtungsdaten, die gut zur «Ausleuchtung» des Abdomens geeignet sind, dann werden die dargestellten Lungenanteile und die Zwerchfellränder erheblich überbelichtet sein. Daher hat eine solche Aufnahme nur einen geringen Wert für die Lungenbeurteilung und die Darstellung von freier Luft unter der Zwerchfellkuppel.
Es ist ein Fehler, wenn man erwartet, daß eine Aufnahme des Abdomens im Stehen freie Luft unter dem Zwerchfell genau nachweist: Diese Patienten sind oft schwerkrank; bereits eine geringe Zwerchfellbewegung wird so bei ihnen kleine subphrenische Luftmengen unsichtbar machen. Wesentlich zuverlässiger sind hier entweder die Thoraxaufnahme – wegen der kürzeren Belichtungszeit – oder die Abdomenaufnahme in Linksseitenlage, weil hierbei die Luft nicht in direktem Kontakt mit dem Zwerchfell steht.
Bei manchen Patienten können gelegentlich Zusatzaufnahmen recht nützlich sein. So gibt es beispielsweise die Möglichkeit, im Abstand von 15 Minuten je eine Bauchaufnahme in Rückenlage anzufertigen, will man bei einem Patienten mit Verdacht auf einen Darmverschluß die Verteilung der Dünndarmschlingen beurteilen. Eine seitliche Aufnahme in Rückenlage (Strahlengang horizontal quer über den Tisch) des vorderen Abdomens kann mitunter hilfreich sein, will man bei einem adipösen und schlecht beweglichen Patienten Luft-Flüssigkeits-Spiegel nachweisen.
Die Filmqualität ist unter den Bedingungen einer Notaufnahme leider oft recht problematisch: Häufig ist der Patient nicht kooperationsfähig, Standardaufnahmen sind nur bedingt durchführbar. Oft müssen Aufnahmen ohne bewegliches Streustrahlenraster angefertigt werden; hinzu kommt noch die Belastung des Personals in einer solchen Einheit.

Darmverschluß

Terminologie

Ein Verschluß (= Obstruktion) kann mechanisch bedingt sein, also eine Verlegung des Lumens aus verschiedenen Ursachen (Adhäsionen, Darmverschlingung, intraluminale Raumforderung), oder aber paralytisch durch eine Peristaltikhemmung.
Bei der mechanischen Obstruktion kann es sich 1. um eine Strangulation handeln, bei der es auch zu einer Störung der Darmdurchblutung kommt, oder 2. um einen einfachen Darmverschluß, zu dem alle Formen des Ileus ohne gleichzeitige Strangulation (Volvulus) gehören. Zur mechanischen Verlegung kann es im Dünndarm wie auch im Dickdarm kommen.
Begriffe wie adynamischer Ileus, paralytischer Ileus, Reflex- oder reflektorischer Ileus, neurogener Ileus, nichtobstruktiver Ileus oder adynamische Darmdilatation sind allesamt Synonyma und damit Variationen über ein Thema. Über den grundsätzlichen Mechanismus, nach dem sich das Gas in einer nicht verlegten Darmschlinge ansammelt, gehen die Meinungen auseinander. (Während sich im angloamerikanischen Schrifttum überwiegend der Terminus «adynamischer Ileus» durchgesetzt hat und auch im Original im weiteren verwendet wurde, hält sich die Übersetzung an den im deutschen Sprachgebrauch häufiger verwendeten Begriff des «paralytischen» Ileus; Anmerkung des Übersetzers). Die umschriebene oder allgemeine Atonie von Darmschlingen erklärt am besten die radiologischen Befunde, die sich in einer einzigen atonischen Schlinge (sentinel loop = Schildwächter-Schlinge), einer Gasauftreibung des gesamten Dünndarms und Dickdarms oder jeder beliebigen Zwischenstufe dieser beiden Extreme äußern können.
Der folgende Abschnitt umreißt nun die diagnostischen Kriterien der verschiedenen Verschlußtypen.

Die unspezifische Abdomenuntersuchung

Der Großteil des im Dünndarm befindlichen Gases ist verschluckte Luft. Normalerweise wird Gas (= Luft), das über den Pylorus in den Dünndarm übergetreten ist, sehr schnell resorbiert oder weitertransportiert; meist ist der Dünndarm bereits nach weniger als 20 Minuten wieder luftfrei. Auch können eine träge Darmwand, angestrengte Atmung oder längerdauernde Rückenlage zu einer gewissen Rückhaltung des Gases im Dünndarm beitragen; folglich findet man dies häufiger bei älteren oder bettlägerigen Menschen. Eine unterschiedliche Gasmenge

im Dünndarm ist bei Kindern eine ganz normale Erscheinung. Beim ambulanten Patienten findet man in der Regel kein oder nur wenig Gas auf den Routineaufnahmen des Abdomens.
Die klinische Wertigkeit von Gas im Dünndarm kann schwierig zu deuten sein. Wir gehen bei der Beurteilung des Gasmusters nach folgenden Leitlinien vor:
Erweiterte (dilatierte) Dünndarmschlingen sind immer unnormal, wobei wir einen Durchmesser von drei Zentimetern im Bereich des Dünndarms als die Obergrenze des Normalen betrachten. Ebenfalls abnorm, aber klinisch wichtiger als die alleinige Schlingendilatation im Bereich des Dünndarms, ist die Dehnung im Verein mit Spiegelbildung (Luft-Flüssigkeit).
Recht schwierig zu beurteilen ist eine Luft-Flüssigkeits-Spiegelbildung in einem nicht gedehnten Dünndarm, doch sollte sie ihrer Natur nach als pathologisch, aber unspezifisch betrachtet werden. Bei dieser Konstellation empfehlen wir als Routinevorgehen weitere Kontrollen, kann doch dieser Befund das erste Symptom einer bedeutsamen Erkrankung des Bauchraumes darstellen.
Zufällig «verstreute» Luft in nicht gedehnten Dünndarmschlingen fällt in die Grauzone zwischen Normalem und Pathologischem. Wir neigen eher dazu, die Wichtigkeit dieses Befundes als gering anzusehen, da man dies bei Gesunden recht häufig sehen kann (Abb. 5-11). Dieses Muster der Gasverteilung kommt gehäuft bei älteren und bettlägerigen Patienten vor und geht mit vermehrtem Luftschlucken (Aerophagie) einher, wenn diese Patienten in kleinen Schlucken trinken (nippen) oder Flüssigmahlzeiten über einen Strohhalm aufnehmen. Dies erklärt auch, warum ein exzessiver Gasgehalt im Dünndarm bei vielen Säuglingen und Neugeborenen durchaus normal ist, weil diese nämlich beim Füttern mehr Luft als Flüssigkeit herunterschlukken.
Zwar kann man bei vielen Menschen, die offensichtlich gesund sind, eine gewisse unterschiedliche Luftmenge im Dünndarm sehen, man sollte aber bei diesem Zeichen immer auch die Möglichkeit einer wichtigen intraabdominellen Krankheit im Auge behalten.
Bei Patienten mit akuten Bauchschmerzen ist das am häufigsten gefundene Röntgenzeichen eine isolierte gashaltige Dünndarmschlinge im linken oberen Quadranten oder im zentralen Abdomen. Jede erweiterte (> 3 cm Ø) und gashaltige Dünndarmschlinge kann unter diesen Umständen als «sentinel loop» angesehen werden. Meist stellt diese dann eine adynamische Schlinge im Gefolge eines akuten Krankheitsprozesses dar. Früher wurde eine solche «sentinel loop» als Merkmal einer akuten Pankreatitis angesehen, doch kann sie auch bei einer Vielzahl anderer Krankheiten auftreten, so z. B. bei akuter Cholezystitis und Appendizitis, stumpfem Bauchtrauma, Wirbelsäulentrauma, Peritonitis, Ileus, Myokardinfarkt, akuter Gastroenteritis, Mesenteriallymphknotenentzündung und vielen anderen akuten Krankheitsgeschehen.
Die «sentinel loop» ist zwar unspezifisch, kann aber Kennzeichen eines akuten intraabdominellen Prozesses sein. Da sie folglich der Schlüssel für ein akutes Bauchleiden sein kann, ist also deren Erkennung besonders wichtig – sie liefert aber keinerlei spezifische Information über die Natur des Krankheitsvorganges. Die «Wächter»- oder «Vorposten»-Schlinge findet man am häufigsten im Bereich des Oberbauches, sie kann aber überall vorkommen. Ihre Lokalisation steht nicht unbedingt im direkten Zusammenhang mit dem wirklichen Krankheitsort. So kann beispielsweise die akute Appendizitis – bekanntlich eine Erkrankung des rechten unteren Abdomens – eine «sentinel loop» im linken oberen Bauchquadranten hervorrufen.
Gas und Flüssigkeit, die die Ileozökalklappe passiert haben, verbleiben unterschiedlich lange im Kolon und können dann auf Abdomenaufnahmen auch leicht nachgewiesen werden. Das Kolon resorbiert Flüssigkeit im größeren Stil (insbesondere in den proximalen Anteilen), doch ist es nicht ungewöhnlich, daß man selbst bei Gesunden darin Flüssigkeitsspiegel sehen kann. Schließlich kann man solche Spiegel im Kolon auch bei Patienten sehen, die sich zu Hause für eine Kolonuntersuchung vorbereitet haben und jetzt in die Röntenabteilung gekommen sind. Deshalb muß man Flüssigkeit im Kolon innerhalb bestimmter Grenzen jederzeit noch als Normalbefund betrachten.
Fallbeispiel: Ein 18jähriges Mädchen kam in die Notaufnahme und klagte über Bauchschmerzen und Druckempfindlichkeit. Es wurden daraufhin Abdomenaufnahmen in Rückenlage und im Stehen angefertigt (Abb. 5-12). Bei der systematischen Bildanalyse findet man eine Reihe interessanter Merkmale: Die Knochenstrukturen sind unauffällig. Die LWS zeigt eine linkskonvexe Skoliose bei der Aufnahme im Stehen, doch ist die Wirbelsäule im Liegen gerade. Lungenbasis und Rippen-Zwerchfell-Winkel sind beiderseits frei. Verkalkungen oder konkrementverdächtige Schatten sind nicht erkennbar. Man erkennt einige winzige Artefakte, eines davon direkt über dem linken Trochanter maior. Der Leberunterrand weist beim Vergleich der Liegend- mit der Stehaufnahme einen erheblichen Unterschied seiner Stellung unterhalb des unteren Rippenbogens auf. Die Milz ist prompt erkennbar und mäßig vergrößert; beide Nieren sind nur schlecht abgrenzbar. Die Psoasrandschatten sind beidseits klar abgrenzbar und die Flankenstreifen rechts und links gut dargestellt. Die Harnblase und das perivesikale Fett (über der Blasenkuppel) erkennt man ebenfalls gut. Das rahmenförmige Kolon mit seinem Fäzesinhalt ist leicht identifizierbar; die Haustrierung erscheint nicht übersteigert. Im linken oberen Quadranten erkennt man medial der Milz die Magenluft («Magenblase»). Dicht darunter sehen wir auf beiden Aufnahmen ein hervorragendes Beispiel eines «Bent-finger-Zeichens», das zweifelsfrei Gas in einer isolierten Dünndarmschlinge im linken oberen Quadranten entspricht («sentinel loop»). Die Kerckringschen Falten sind hierin eher schlecht abgrenzbar. Außerhalb des Darmes ist kein Gas («freie Luft») nachweisbar.
Bei der Untersuchung in der Notfallaufnahme fanden wir bei dieser Patientin eine kleine Raumforderung in der Leistengegend und überwiesen daraufhin die Patientin mit der Verdachtsdiagnose einer inkarzerierten Hernie in die chirurgische Abtei-

lung. Der untersuchende Chirurg hielt diese Masse für einen Leistenlymphknoten, doch war ein heterophiler Antikörpertest auf Mononukleose stark positiv. Die endgültige Diagnose war dann die einer akuten infektiösen Mononukleose, die sich als akutes Abdomen manifestierte, was schließlich auch die Milzvergrößerung erklärt.

Zusammenfassung

Eine isolierte gashaltige Dünndarmschlinge ist ein unspezifischer Befund, der oft bei manchen Arten einer akuten Bauchererkrankung zu sehen ist. Die «sentinel loop» findet man als fakultativen Befund bei einer Vielzahl von akuten Zuständen einschließlich der frühen mechanischen Darmobstruktion. Identifiziert man eine dilatierte Dünndarmschlinge, dann bedarf der Patient einer sorgfältigen klinischen Beobachtung und Untersuchung. Die Beurteilung einer unspezifischen Abdomenuntersuchung nach den dargelegten Grundsätzen erscheint uns als wichtiges Konzept für den erstuntersuchenden Arzt. Gerade diesen unspezifischen Röntgenbefund findet man bei der Mehrzahl aller Patienten, die sich mit Bauchschmerzen vorstellen; er liefert dann den Schlüssel dazu, daß der Patient irgendeine akute Erkrankung auch hat.

Mechanische Obstruktion

Bei Erwachsenen sieht man im Normalfall Gas im Magen und im Dickdarm. Beim stehenden Patienten sammelt sich das Gas im Magenfornix dicht unter der linken Zwerchfellkuppel im Magen an und bildet gegenüber der Magenflüssigkeit einen waagrechten Spiegel. Gas und Fäkalinhalt sind normalerweise über das gesamte Kolon verstreut. Mitunter kann man auch – wie oben erwähnt – im normalen Kolon Luft-Flüssigkeits-Spiegel erkennen.

Da der Dünndarm nicht regelmäßig Gas enthält, sind hier Spiegelbildungen meist Hinweiszeichen für eine Erkrankung. Flüssigkeit wird im normalen Dünndarm ebenso wie Gas sehr rasch vom Pylorus bis zum Kolon weitertransportiert. Wird der Dünndarm aber aus irgendeinem (beliebigen) Grunde vollständig mechanisch verlegt, so kann sein Inhalt (Gas und Flüssigkeit) nicht über die Verlegungsstelle hinaus weiterbefördert werden. Die proximal hiervon gelegenen Dünndarmschlingen werden mit ihrem Gas- und Flüssigkeitsinhalt gedehnt. Bei einem Verschluß des Dünndarms ist dessen Resorptionsleistung für Flüssigkeit vermindert. Die Dehnung der Dünndarmschlingen führt zur nachfolgenden Störung der Durchblutung. Gas wird zwar in einer verlegten Schlinge nicht gebildet, doch vermindert die Obstruktion dessen Resorption. Flüssigkeitsspiegel im Dünndarm bei einer Abdomenaufnahme im Stehen sollten den Untersucher immer an einen mechanischen Dünndarmileus denken lassen. Bei der Zusammenschau mit den klinischen Befunden wird es wohl nur selten zu Irrtümern kommen. Die Ausnahmen, an die man aber auch immer denken sollte, können die Folgen von Laxantien, Opiaten, eines länger bestehenden paralytischen Ileus oder einer akuten Gastroenteritis sein (vgl. Abb. 5-26).

Bei einer Aufnahme des Abdomens im Liegen überlagern sich die gedehnten Dünndarmschlingen; dagegen zeigen sie auf einer Aufnahme im Stehen Luft-Flüssigkeits-Spiegel mit dem Aussehen einer Treppenleiter. Die aktive Peristaltik sorgt dafür, daß einige der Spiegel innerhalb derselben Schlinge ein unterschiedliches Höhenniveau erreichen. Diese «dynamischen Schlingen» sind das Ergebnis einer gegen die Verlegung ankämpfenden Dünndarmperistaltik. Derartige «dynamische» Schlingen sind praktisch diagnostisch beweisend für einen mechanischen Dünndarmileus (Abb. 5-13).

Hält die Verlegung länger an, so kann die Darmwand ödematos werden und dazu führen, daß die Schlingen distanziert erscheinen. Es kann aber auch Fett im Mesenterium die Darmschlingen gleichermaßen voneinander abdrängen.

Bei einem vollständigen mechanischen Dünndarmverschluß kann das Kolon noch Gas enthalten oder aber schon nicht mehr, was zum Teil von der Dauer der Lumenverlegung abhängt. Gas und Flüssigkeit, die noch vor dem Zeitpunkt der Dünndarmobstruktion sich im Kolon befanden, können über unbestimmte Zeit weiter darin verweilen. Die Gasblase im Rektum besteht nur aus Kolongasen und hat bei ihrem Vorhandensein keine weitere Bedeutung. Bei einigen Patienten kann der Dickdarminhalt vollständig «evakuiert» sein. Handelt es sich um einen vollständigen Verschluß, so mag das Kolon nur wenig Gas, Flüssigkeit oder Fäzes enthalten. Man sollte aber immer daran denken, daß Luft-Flüssigkeits-Spiegel im Kolon jederzeit auch einen Normalbefund darstellen können.

Zusammenfassung

Die klassischen Röntgenbefunde bei einem mechanischen Dünndarmileus sind multiple gasgefüllte Dünndarmschlingen (Aufnahme im Stehen oder in Linksseitenlage bei horizontalem Strahlengang) und «dynamische» Luft-Flüssigkeits-Spiegel (Abb. 5-14 bis 5-16).

Paralytischer («adynamischer») Ileus – Mechanismen der Gasansammlung

Verschluckte Luft kann verschieden lang im Magen bleiben – dies hängt von der Lage und Aktivität des Patienten ab. Nach ihrem Übertritt durch den Pyloruskanal wird sie in der Regel sehr rasch durch den Dünndarm weitertransportiert oder durch dessen Schleimhaut resorbiert. Das Gas kann nach Passieren der Ileozökalklappe (Bauhinsche Klappe) noch relativ lange im

Kolon verbleiben, bevor es absorbiert oder per vias naturales ausgeschieden wird.
Nimmt die Durchblutung innerhalb der Mesenterialgefäße ab, dann vermindert sich auch die Gasresorption. Komplexe neurogene und zirkulatorische Mechanismen greifen direkt und indirekt ineinander und beeinflussen so die Peristaltik und die Resorption von Gas und Flüssigkeit aus dem Darmlumen. Zur Störung dieser Mechanismen kommt es bei einer Vielzahl von Krankheitsgeschehnissen einschließlich Schock, dekompensierter Herzinsuffizienz, Peritonitis, Pneumonie, Wirbelsäulentraumata, postoperativen Infektionen, Urämie, schweren stumpfen Bauchverletzungen, Kollagenkrankheiten, Medikamenten-(neben)wirkungen, akuter Pankreatitis, akuter Cholezystitis, entzündlichen Krankheiten des Beckens, pelviner Peritonitis, akuten Bandscheiben- oder Wirbelsäulenschäden, Koliken durch Gallen- oder Harnwegskonkremente usw. Ferner vermindert auch die eingeschränkte Zwerchfellbewegung die Resorption. Patienten mit einer chronischen obstruktiven Lungenkrankheit (COLD) verschlucken größere Luftmengen als normal, was wiederum zu einer vermehrten intestinalen Gasmenge führt.
Häufiges Merkmal eines frühen paralytischen Ileus beliebiger Ätiologie ist es, daß man praktisch keine Flüssigkeit im dilatierten Dünndarm findet.
In Darmschlingen kann sich nach mehreren Stunden Erschlaffungszeit der Wand Flüssigkeit ansammeln, weil die längerdauernde Dehnung der Darmwand die Kreislaufdynamik stört, was wiederum die Flüssigkeitsresorption herabsetzt. Doch unterscheiden sich die Spiegelbildungen beim paralytischen Ileus von denen beim mechanischen, wo die «dynamischen» Spiegel unterschiedlichen Höhenniveaus in einer Schlinge überwiegen. Findet man darüber hinaus bei einer Vielzahl paralytischer (= adynamischer) Darmschlingen, die mit Flüssigkeit gefüllt sind, auch nur eine einzige dynamische Schlinge, so weist dies auf eine ursächlich mechanische Obstruktion hin.

Abb. 5-13: Schemazeichnung einer «dynamischen» Schlinge. Hier ist Flüssigkeit in einer Einzelschlinge, aber mit zwei unterschiedlichen Niveaus der Spiegelbildung, gezeigt. Die schattierte Fläche entspricht Flüssigkeit, die helle Gas.

Die «sentinel loop» ist das Anfangsstadium des paralytischen Ileus. Man sollte sich immer bewußt sein, daß die Röntgenuntersuchung bei einem Patienten, der sich mit einem akuten Abdomen vorstellt, eine jede Phase eines paralytischen Ileus aufzeigen kann – von der «sentinel loop» über eine betonte Gasblähung vieler Dünndarmschlingen oder jede Zwischenstufe hiervon, abhängig von der Dauer und der Schwere des Krankheitsgeschehens.
Fallbeispiel: Eine 40jährige Frau stellte sich in der Notaufnahme mit schweren Bauchschmerzen vor und wurde an die chirurgische Abteilung weitergeleitet. Wichtigster Befund ihrer Abdomenaufnahme war eine «sentinel loop» im linken oberen Quadranten (Abb. 5-17). Am folgenden Morgen zeigt eine Wiederholungsuntersuchung (Abb. 5-18) eine große Gasmenge, die über viele Dünndarm- und Dickdarmschlingen verteilt war. Ein Luft-Flüssigkeits-Spiegel in der rechten Bauhhälfte befand sich sicher im Kolon und war deshalb ohne weitere Relevanz. Die Patientin wurde von einem Chirurgen untersucht, der eine akute Appendizitis diagnostizierte und die Patientin operierte: Hierbei fand sich eine akute gangränöse Appendizitis. Die Aufnahmen hatten das Fortschreiten einer «sentinel loop» in einen voll ausgeprägten paralytischen Ileus widergespiegelt.
Fallbeispiel: Ein älterer Mann stellte sich mit Bauchschmerz und Blähungen in der Notaufnahmeeinheit vor; er hatte eine suprapubische Harnableitung (Zystostomie). Nach der Untersuchung lautete die vorläufige Diagnose: Paralytischer Ileus auf dem Boden einer Harntraktinfektion. Doch ergaben die Röntgenbilder eine Pneumonie des linken Unterlappens. Vor der Röntgenuntersuchung des Thorax war eine Pneumonie überhaupt nicht erwartet worden, was wiederum besonders die Wichtigkeit einer Thoraxaufnahme bei einem jeden Patienten betont, der sich mit akuten Bauchbeschwerden vorstellt. Die endgültige röntgenologische und klinische Diagnose lautete dann auf einen paralytischen Ileus im Gefolge einer Pneumonie (Abb. 5-19).
Besonderen Verdacht auf eine zugrundeliegende Pneumonie sollte man bei einem Kind mit den klinischen Befunden eines akuten Abdomens hegen. Nicht selten wurden schon Kinder, bei denen keine Thoraxaufnahme angefertigt worden war, wegen einer «akuten Appendizitis» operiert, wobei dann die Appendix normal war und erst die nachfolgende Thoraxaufnahme eine Pneumonie als Ursache der akuten Bauchsymptomatik aufdeckte.

Differentialdiagnose: Distaler Kolonverschluß – paralytischer Ileus

20 bis 25 Prozent aller Darmverschlüsse betreffen das Kolon; hier sind maligne Tumoren bei weitem die häufigste Ursache – sie sind für ca. 80 % aller akuten Dickdarmverschlüsse verantwortlich. Andere Ursachen sind eine inkarzerierte Leistenhernie

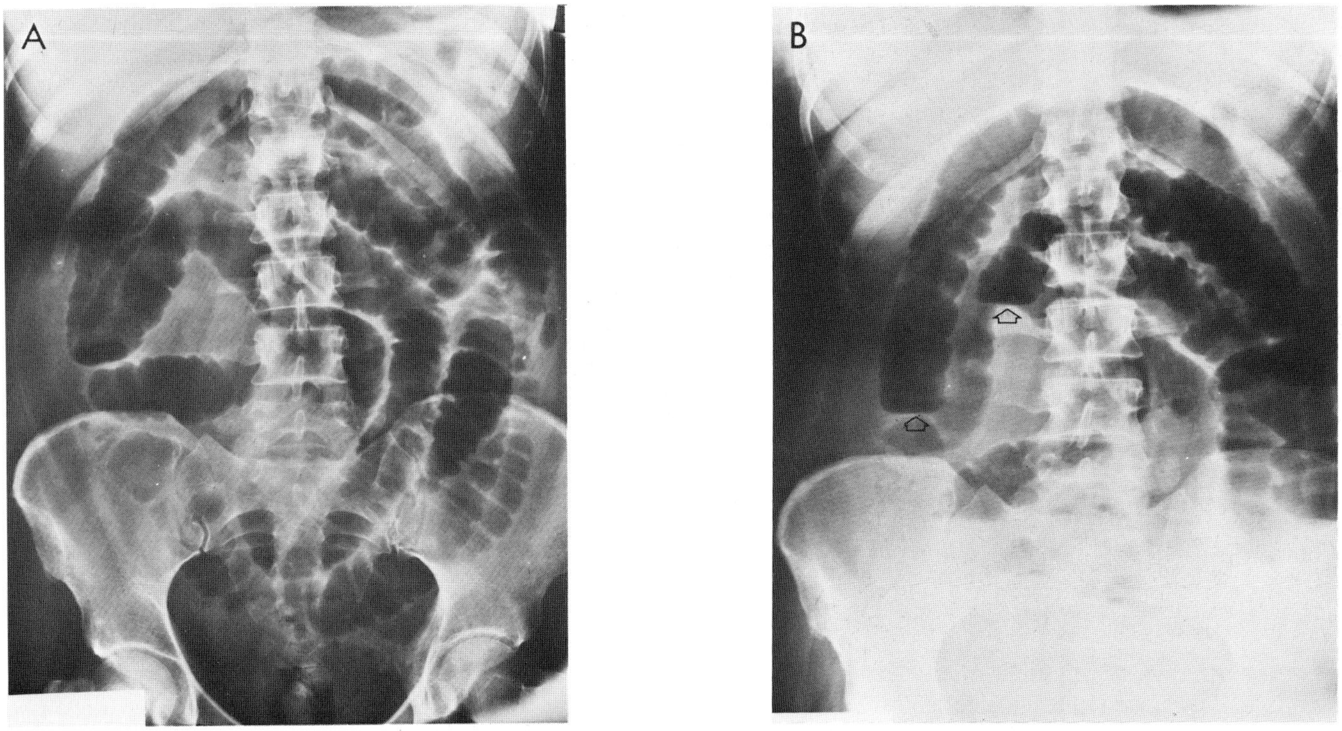

Abb. 5-14: Mechanische Dünndarmobstruktion. **A.** Aufnahme im Liegen. Es finden sich multiple gasgefüllte Dünndarmschlingen, die im zentralen Abdomen gruppiert sind. Beachten Sie die Kerckringschen Falten und etliche «gebeugte Finger». Das Kolon ist nahezu gasfrei, nur eine Gasblase im Rektum ausmachbar.

B. Aufnahme im Stehen. Hier erkennt man viele Flüssigkeitsspiegel (Pfeile). Mehrere davon scheinen in ein und derselben Schlinge, aber in verschiedener Höhe zu stehen. Dies sind dynamische Schlingen mit aktiver Peristaltik, die offensichtlich versuchen, den Darminhalt über ein komplett obstruierendes Hindernis hinweg auszutreiben.

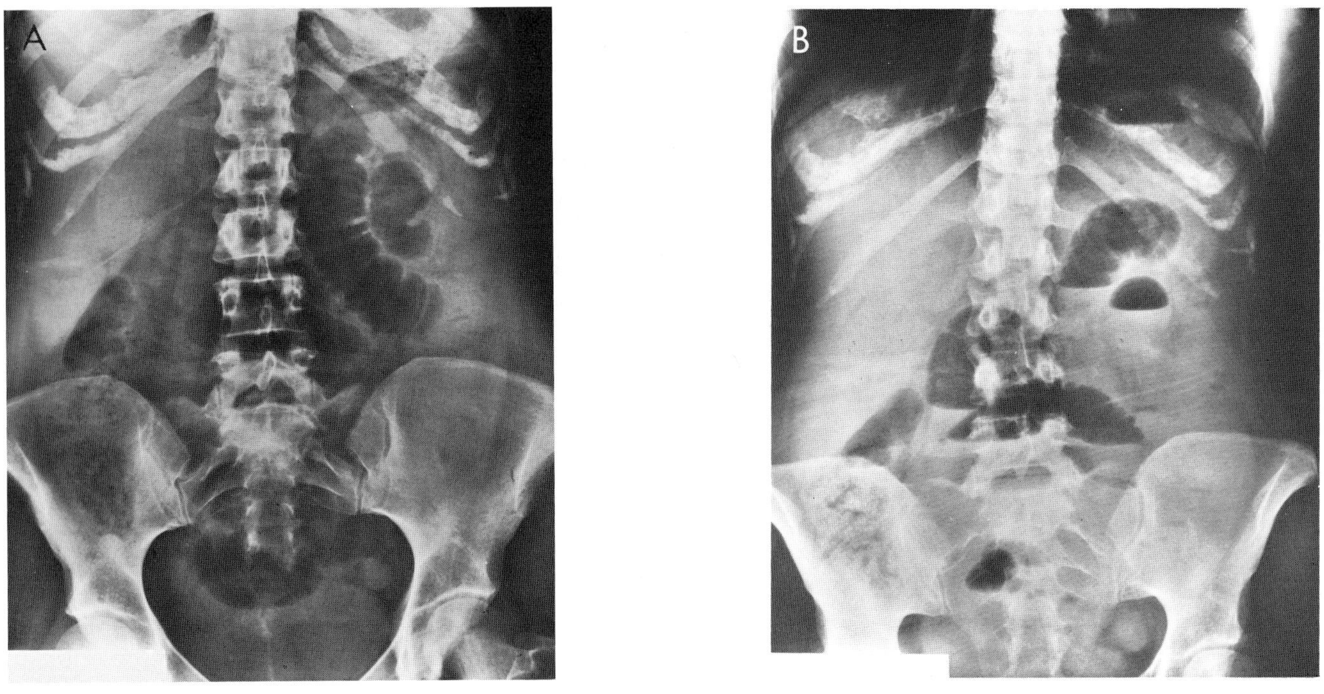

Abb. 5-15: Mechanischer obstruktiver Dünndarmileus. **A.** Die Aufnahme im Liegen zeigt eine Dünndarmdilatation.

B. Die Aufnahme im Stehen zeigt «dynamische» Luft-Flüssigkeits-Spiegel.

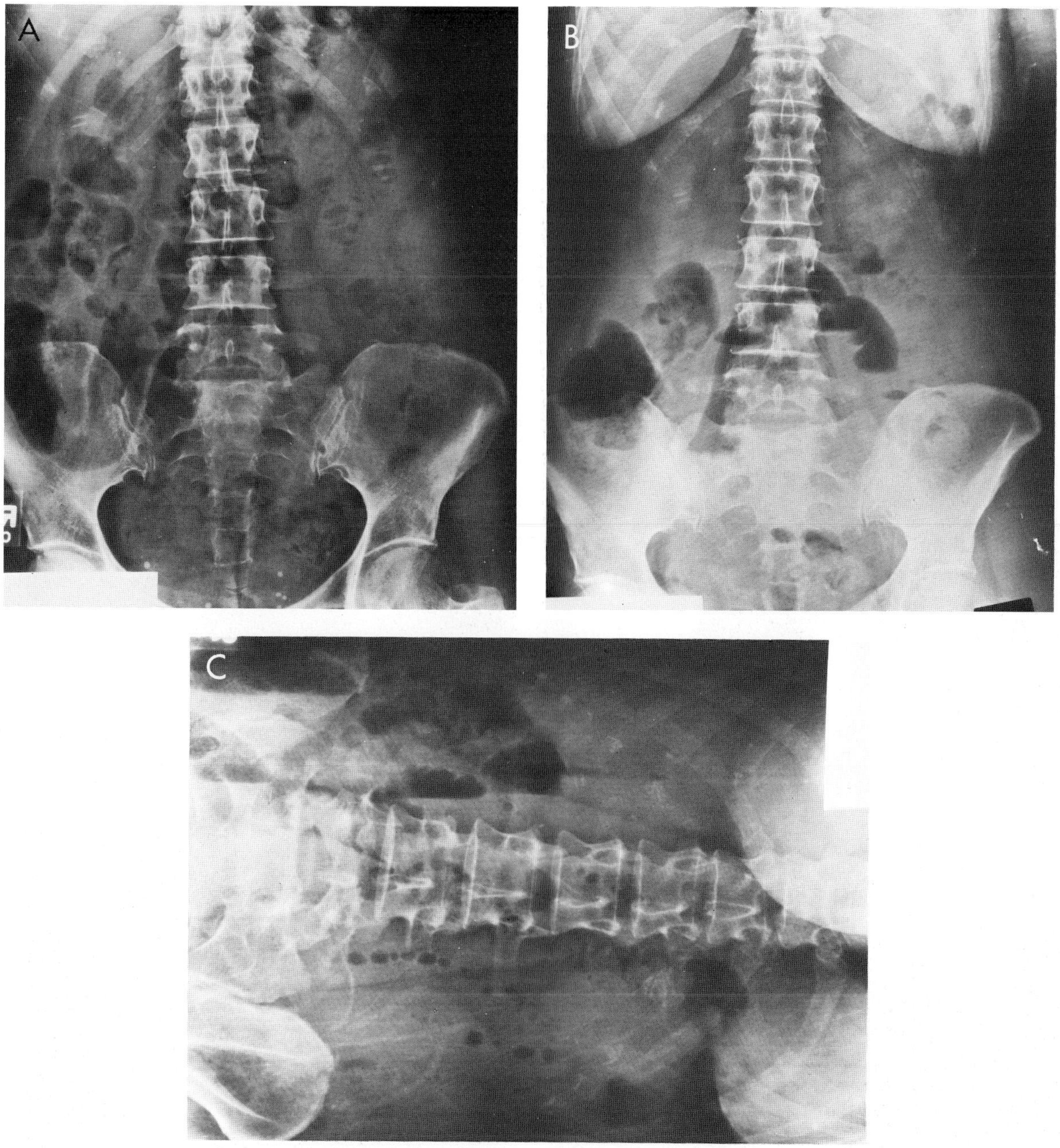

Abb. 5-16: Mechanischer obstruktiver Dünndarmileus. **A.** Aufnahme im Liegen. **B.** Aufnahme im Stehen. **C.** Aufnahme in Linksseitenlage. Beachten Sie, daß man hier die dynamischen Flüssigkeitsspiegel weniger deutlich als auf der Aufnahme im Stehen erkennt.

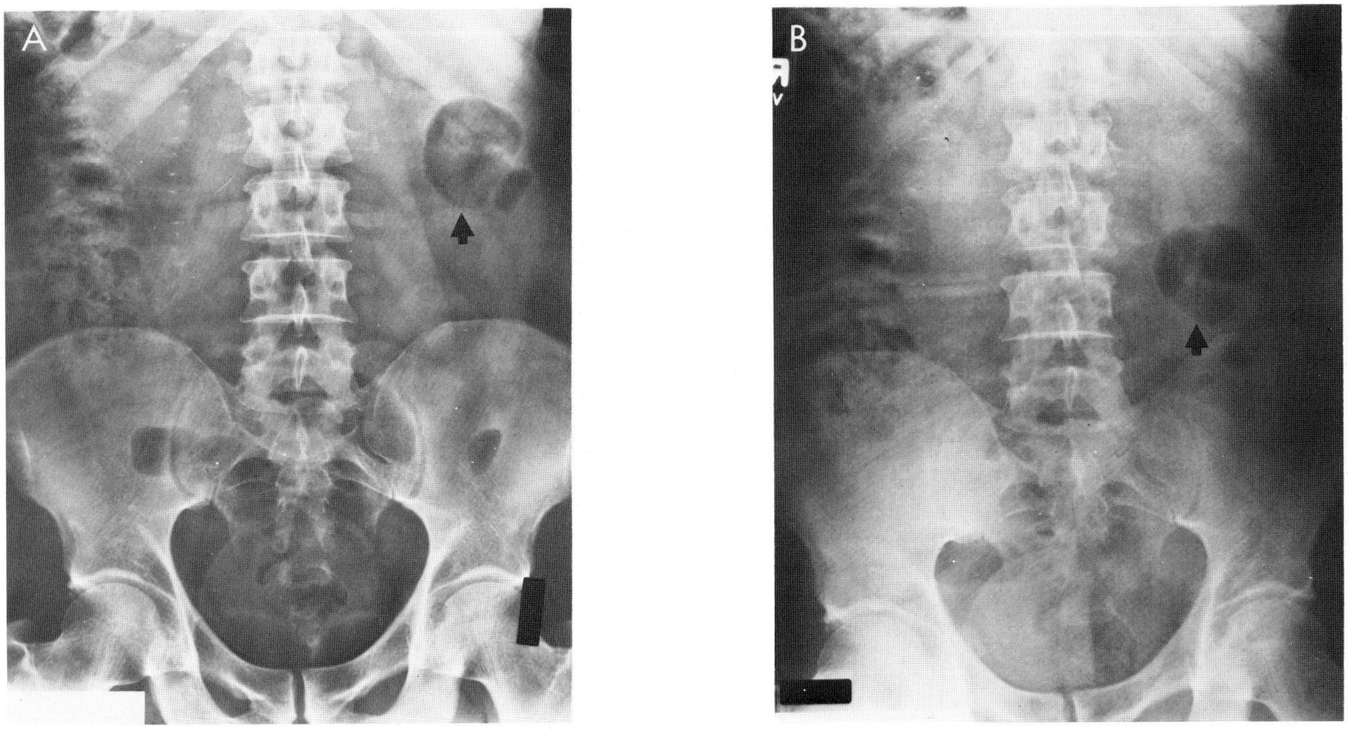

Abb. 5-17: «Sentinel loop». **A.** Aufnahme im Liegen. Beachten Sie die Dünndarmschlinge mit dem Aussehen eines gebeugten Fingers im linken oberen Quadranten. Da diese Schlinge dilatiert ist, stellt sie eine «sentinel loop» dar.

B. Aufnahme des gleichen Patienten im Stehen. Obwohl oft mit einer «sentinel loop» vergesellschaftet, liegt hier keine Luft-Flüssigkeits-Spiegelbildung vor.

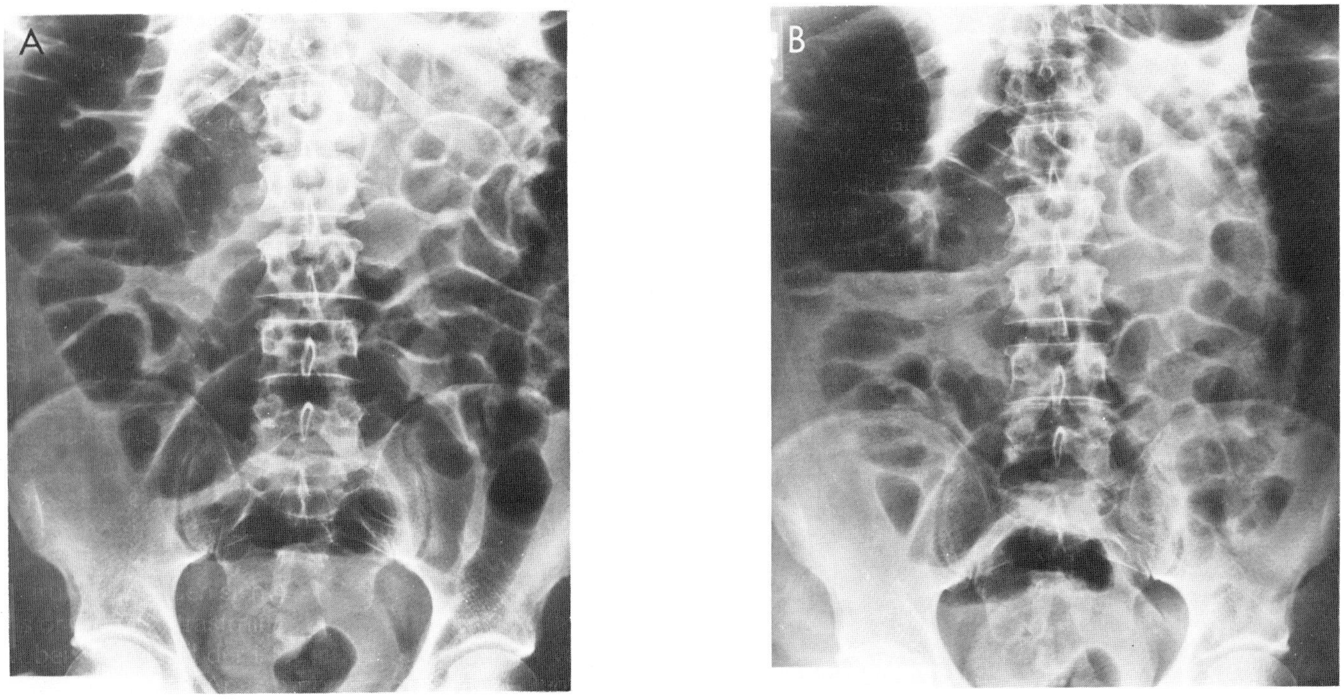

Abb. 5-18: Fortschreiten des «gebeugten Fingers» zum Vollbild eines adynamischen Ileus beim Patienten der Abb. 5-17. **A.** Die Aufnahme in Rückenlage zeigt eine Dilatation des gasgefüllten Dünndarms und Dickdarms.

B. Die Aufnahme im Stehen zeigt einen Flüssigkeitsspiegel im Kolon im rechten oberen Quadranten des Abdomens. Daneben ein weiterer Flüssigkeitsspiegel in Projektion auf das Kreuzbein, der sowohl Dickdarm als auch Dünndarm zugehörig sein könnte.

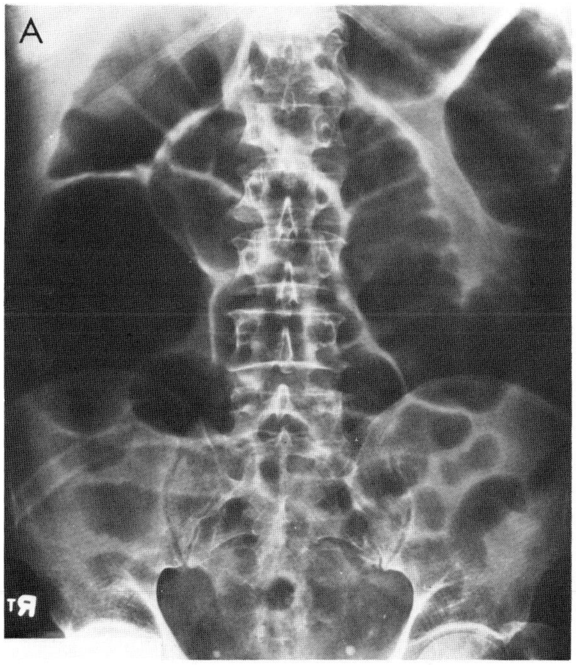

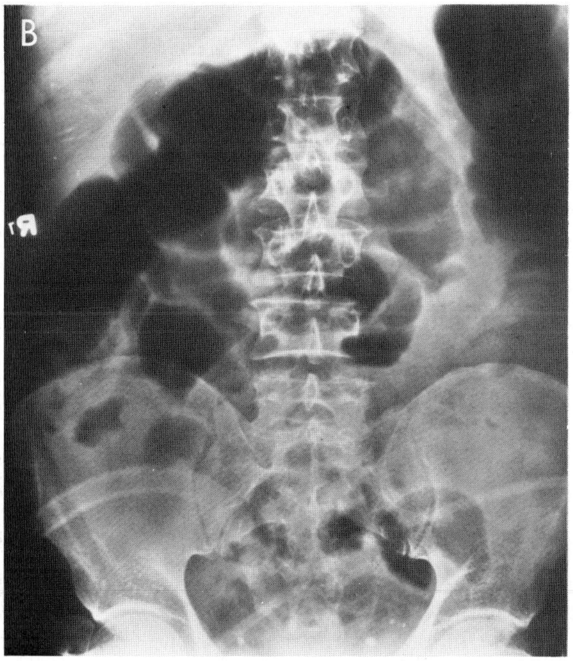

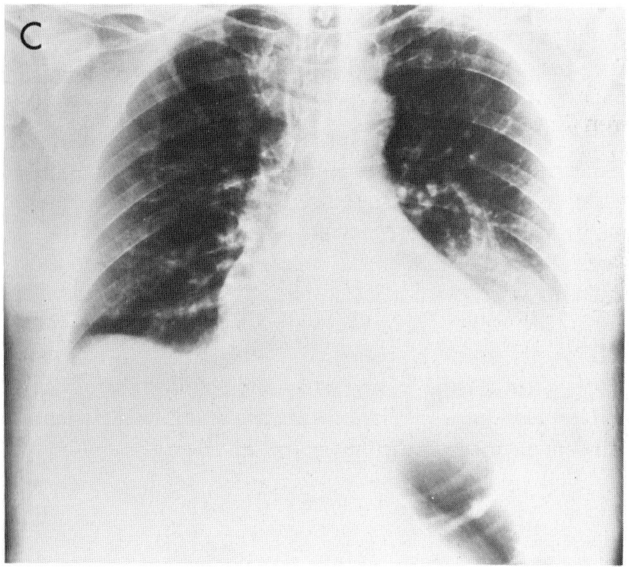

Abb. 5-19: Adynamischer (= paralytischer) Ileus auf dem Boden einer Pneumonie. **A.** Die Aufnahme in Rückenlage zeigt erweiterte Dünndarm- und Dickdarmschlingen. Achten Sie auch auf die suprapubische Harnableitung. **B.** Die Aufnahme im Stehen zeigt erweiterte Dickdarm- und Dünndarmschlingen. Ein Flüssigkeitsspiegel findet sich in der Mitte des Abdomens. **C.** Die Thoraxaufnahme ergibt eine linksseitige Unterlappenpneumonie.

und – wenn auch selten – extraintestinale Malignome. Am Dünndarm sind dagegen Adhäsionen (Briden) die häufigste Ursache eines Verschlusses.
Ein distal gelegener mechanischer Kolonileus zeigt praktisch die gleichen Röntgenbefunde wie ein paralytischer Ileus im Terminalstadium (Dilatation von Dünndarm und Dickdarm).
Die Stuhlverhaltung kann beim älteren Patienten zum Problem werden. Die Fäzes können zwar proximal einer stenosierenden Veränderung zurückgehalten werden, doch beruht die Stuhlverhaltung beim älteren Menschen meist auf einer chronischen Obstipation. Eine schwere Obstipation mit riesigen Kotmassen im Abdomen sieht man auch bei geistig Behinderten, bei spinalen neurologischen Störungen und beim Myxödem. Ein dilatiertes Kolon beim Kinde läßt an einen Morbus Hirschsprung (kongenitales Megakolon bei aganglionärem Segment) denken.
Bei Patienten mit großen Gasmengen sowohl im Dünndarm als auch im Dickdarm sollten unter Notfallbedingungen die Grundsatzüberlegungen zur Differentialdiagnose in Richtung paralytischer Ileus jedweder Ursache oder distaler Kolonverschluß gehen.
Ist das klinische Bild unklar, dann ist der Kontrasteinlauf zum Nachweis oder zum Ausschluß einer Dickdarmverlegung ein nützliches Hilfsmittel.
Fallbeispiel: Ein 65jähriger Mann stellt sich in der Notaufnahme mit einem geblähten Abdomen und akutem Bauchschmerz vor. Die Aufnahme in Rückenlage zeigt im zentralen Abdomen multiple gedehnte Dünndarmschlingen, aber auch eine erhebliche Gasansammlung im gesamten Kolon. Die Aufnahme im Stehen erbrachte viele Gas-Flüssigkeits-Spiegel, von denen einige mit Sicherheit sich in Dickdarmschlingen befanden, einige aber mit gleicher Sicherheit im Dünndarm. Die Flüssigkeit im Dünndarm war diagnostisch auch mit einem paralytischen Ileus beliebiger Ursache vereinbar. Zum Nachweis, daß eine inkarzerierte Hernie die Ursache der Verlegung war, wurde ein Kontrasteinlauf vorgenommen (Abb. 5-20). Bei unklarer klinischer Diagnose – wie bei den Patienten der Abb. 5-18 und 5-19 – ist ein Kontrasteinlauf immer ein nützliches Mittel.

Zusammenfassung

Einen paralytischen Ileus kann man in jeder Ausprägung von der isolierten geblähten Dünndarmschlinge bis zur kompletten Auftreibung aller Dünndarm- und Dickdarmschlingen feststellen. Der gedehnte Dünndarm ist meist, aber nicht immer, frei von Luft-Flüssigkeits-Spiegeln; liegen aber Spiegelbildungen vor, so entsprechen sie nicht dem «dynamischen» Typ.

Zusammenfassung der Grundkonzepte zum

Erkennen einfacher klassischer Obstruktionen

1. Eine «sentinel loop» ist ein zuverlässiger Indikator einer akuten intraabdominellen Störung.
2. Ein «klassischer» mechanischer Dünndarmverschluß ist durch einen dilatierten Dünndarm mit «dynamischen» Luft-Flüssigkeits-Spiegeln (unterschiedliches Höhenniveau der Spiegel in einer Schlinge) charakterisiert.
3. Ein paralytischer Ileus kann zu unterschiedlichen Stärkegraden der Dilatation von Dickdarm und Dünndarm führen, wobei in der Regel keine Spiegel im Dünndarm und auch immer keine «dynamischen» Spiegel nachweisbar sind.
4. Flüssigkeitsspiegel in Magen und Kolon sind durchaus normal.
5. Ein distaler Kolonverschluß führt zu Erscheinungsbildern, die röntgenologisch mit denen eines paralytischen Ileus identisch sind. Hier liefert ein Kontrastmitteleinlauf die Unterscheidung.

Barium oder wasserlösliches (jodhaltiges) Kontrastmittel?

Bariumsulfat ist eine unlösliche Substanz, die von verschiedenen Herstellern zusammen mit unterschiedlichen Suspensionsstoffen in jeweils leicht unterschiedlicher Form hergestellt wird. Es ist für die Untersuchung des Magen-Darm-Trakts die Standardsubstanz schlechthin und wird auch nicht vom Verdauungskanal resorbiert. Es besitzt gelöst eine mäßig starke Viskosität, die je nach den Zusatzstoffen der Hersteller und der Wasserverdünnung variiert. In der Mitte der fünfziger Jahre wurden wasserlösliche Substanzen (wie z.B. Gastrografin) auch für die Anwendung im Gastrointestinaltrakt eingeführt. Zwischen beiden Gruppen bestehen erhebliche Unterschiede. Deshalb ist das Verständnis von Anwendungsmöglichkeiten und Grenzen beider für die optimale Patientenbetreuung sehr wichtig.
Wasserlösliche Kontrastmittel haben eine sehr niedrige Viskosität. Oral verabreicht passieren sie den Dünndarm sehr schnell und erreichen meist innerhalb von zwei Stunden das Kolon; ferner haben sie einen beträchtlichen abführenden Effekt.
Wasserlösliche Kontrastmittel werden bei ca. 95% normaler erwachsener Patienten nicht aus dem Gastrointestinaltrakt resorbiert, doch treten sie wegen ihrer niedrigen Konsistenz rasch aus intestinalen Perforationsstellen aus und sind so für die Untersuchung einer stummen oder vermuteten Perforation im Magen-Darm-Bereich sehr nützlich. Wasserlösliche Kontrastmittel durchdringen eine perforierte gastrointestinale Schleimhaut und finden Anschluß an das Kreislaufsystem, um dann über die Nieren ausgeschieden und nach zwei bis vier Stunden in der Harnblase sichtbar zu werden. Hierbei spielt es keine

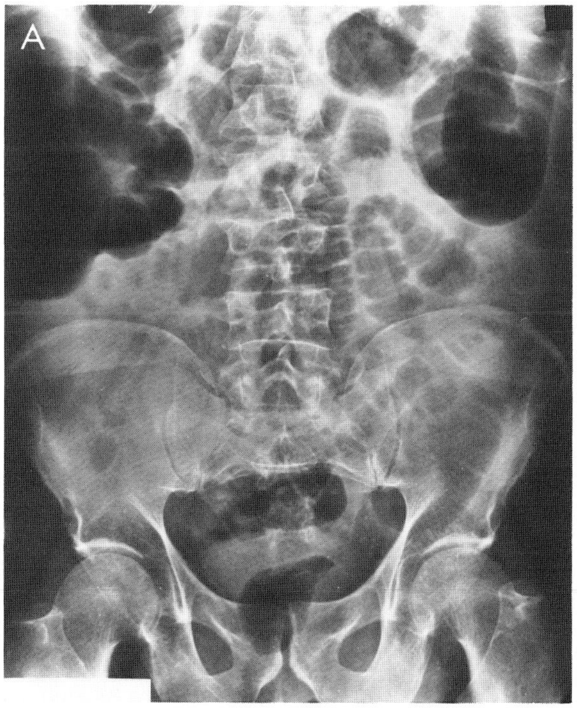

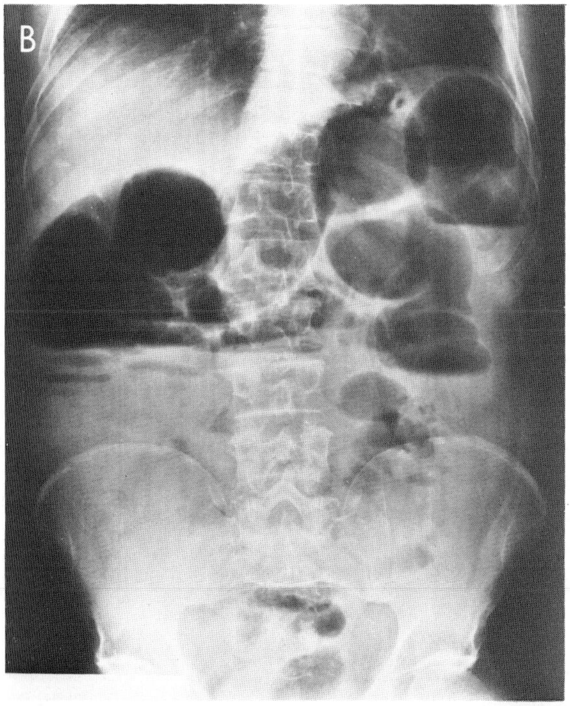

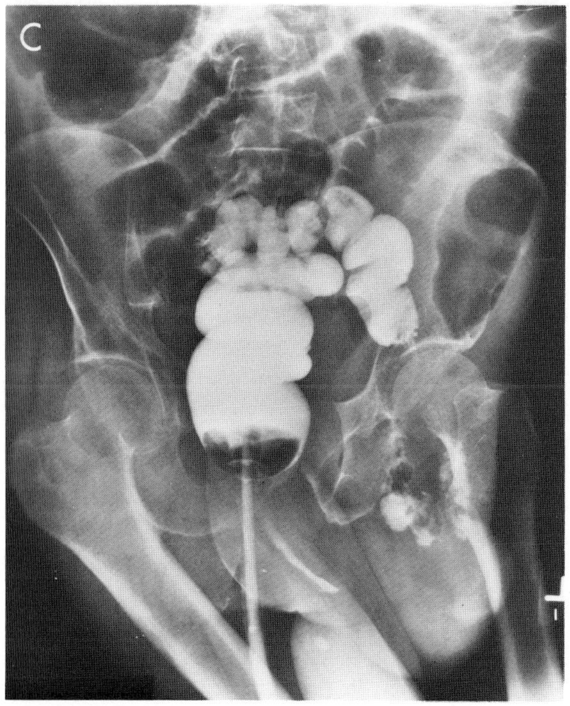

Abb. 5-20: Obstruktionsileus des distalen Kolons. **A.** Die Aufnahme in Rückenlage zeigt die rahmenartige Anordnung des gasgefüllten Kolons. Das Gas im Dünndarm liegt mehr zentral. Im linken zentralen Abdomen sieht man einen «gebeugten Finger». Die Kerckringschen Falten sind gut zu erkennen. **B.** Die Aufnahme im Stehen zeigt viele Luft-Flüssigkeits-Spiegel in Dickdarm und Dünndarm. **C.** Ein Einlauf mit wasserlöslichem Kontrastmittel ergibt eine distale Kolonverlegung durch eine inkarzerierte Inguinalhernie.

Rolle, ob sich die Perforationsstelle im Ösophagus, Magen, Dünndarm oder Dickdarm befindet. Die Darstellung von oral verabreichtem, wasserlöslichem Kontrastmittel zwei bis vier Stunden nach seiner Gabe ist ein zuverlässiges Hinweiszeichen einer Perforation bei Erwachsenen, doch denke man daran, daß dieser Test bei etwa fünf Prozent aller Erwachsenen falsch positiv ausfällt.

Für die Anwendung wasserlöslicher Kontrastmittel bestehen allerdings einige Einschränkungen. Da es sich um hypertonische (hygroskopische) Lösungen handelt, ziehen sie erhebliche Flüssigkeitsmengen in das Darmlumen, stören das Gleichgewicht des Wasserhaushalts und sind so besonders bei Kindern mit Vorsicht anzuwenden. Jodhaltige Kontrastmittel werden darüber hinaus zwar nicht von der intakten Darmmukosa der meisten gesunden Erwachsenen, wohl aber von der intakten Mukosa bei etwa der Hälfte aller Kinder resorbiert. Das resorbierte Kontrastmittel wird über die Nieren ausgeschieden, erscheint dann sichtbar in der Harnblase und kann bei Kindern zur falsch positiven Diagnose einer intestinalen Perforation führen. Besonders Neugeborene und Säuglinge sind gegenüber den osmotischen Nebenwirkungen jodhaltiger Kontrastmittel besonders empfindlich; aus all diesen Gründen sind wasserlösliche Kontrastmittel bei Kindern nicht generell zu empfehlen. In den letzten Jahren wurden neuere wasserlösliche Kontrastmittel wie das Metrizamid (Amipaque®)* entwickelt, welche auch in isotoner oder nahezu isotoner Lösung eingesetzt werden können. Ursprünglich eigentlich nur für die Myelographie gedacht, finden diese neueren Kontrastmittel immer weitere Indikationen und Applikationen, sind aber leider noch recht kostspielig.

Wasserlösliche Kontrastmittel zeigen im Abdomen eine wesentliche geringere Strahlendichte als Barium; wegen ihrer geringen Viskosität überwinden sie relativ leicht Stellen eines noch nicht kompletten Darmverschlusses; doch ist wegen ihrer relativ geringen Strahlendichte ihr Wert bei der Aufdeckung intestinaler Obstruktionen bei oraler Gabe nur beschränkt. Aus all den genannten Gründen sollte die orale Gabe von wasserlöslichen Kontrastmitteln auf diejenigen Patienten begrenzt werden, bei denen man eine Perforation im Magen-Darm-Bereich vermutet.

Barium(sulfat), welches eine höhere Strahlendichte und eine größere Viskosität besitzt, ist besonders gut zum Nachweis von mechanischen Verschlüssen im Dünndarmbereich geeignet. Gerade für diesen Zweck ist es zuverlässiger als oral gegebene wasserlösliche Kontrastmittel und folglich Mittel der Wahl als orales Kontrastmittel, wenn es sich um den Nachweis einer Okklusion handelt.

Chirurgen wenden sich manchmal gegen die Gabe von Barium als oralem Kontrastmittel zum Nachweis einer Darmverlegung, wobei ein Grund der ist, daß die Anwesenheit von Barium im Darmlumen eine Anastomose – so eine angelegt werden muß – schwieriger machen kann. Daran sollte man immer denken, wenn ein anschließender chirurgischer Eingriff geplant ist.

Barium sollte man dann nicht peroral verabreichen, wenn sowohl Dünndarm- als auch Dickdarmschlingen überdehnt sind, weil dann die Möglichkeit eines tiefsitzenden Dickdarmverschlusses gegeben ist. Unter diesen Umständen kann Barium im Kolon ausflocken und verbacken und den Verschluß weiter komplizieren. In dieser Situation erscheint ein Bariumkontrastmitteleinlauf als die Methode der Wahl.

Ist bei einem Patienten, der als Notfall aufgenommen wird und keinerlei Vorbereitung zur Untersuchung hatte, ein Kolonkontrasteinlauf indiziert, dann ist hier eher ein wasserlösliches Kontrastmittel geeignet als Barium, denn es wird wegen seiner niedrigeren Viskosität leichter ein verunreinigtes Kolon passieren als Barium. Ist das Kolon nur subtotal verschlossen und erlaubt es noch einen retrograden Fluß über die Stenose hinaus, dann wird man diese Stelle wohl eher mit einem wasserlöslichen Kontrastmittel überwinden können und so die Natur der Lumeneinengung feststellen (s. Abb. 5-20). Besteht eine Kolonperforation auf dem Boden einer akuten Divertikulitis oder eines Kolonkarzinoms, dann beinhaltet ein wasserlösliches Kontrastmittel für den Patienten ein geringeres Risiko, da es aus dem Gewebe absorbiert und über die Nieren ausgeschieden wird; kommt hingegen Barium mit dem Bauchfell in Kontakt, so kann es Granulome und Adhäsionen verursachen.

Fallbeispiel: Eine 44jährige Patientin stellt sich mit schwerem Bauchschmerz und geblähtem Abdomen in der Notfalleinheit vor. Im Rahmen einer Polychemotherapie bei Morbus Hodgkin erhielt sie auch Vincristin (neurotoxisch!). Zunächst wurde über die Nase ein Magenschlauch gelegt. Für eine Aufnahme im Stehen oder in Linksseitenlage war die Patientin zu krank; so zeigte dann eine Aufnahme in Rückenlage (Abb. 5-21A) eine extreme Gasblähung vieler Dünndarmschlingen im oberen zentralen Abdomen. Man erkennt auf dieser Aufnahme eine geringe Wanddistanzierung der Schlingen, was an ein Exsudat oder ein Darmwandödem denken läßt. Die klinischen Befunde sprachen eher für eine Peritonitis. Zur weiteren Abklärung einer eventuellen intestinalen Perforation wurden über den liegenden Magenschlauch 50 ml eines wasserlöslichen Kontrastmittels instilliert. Eine Spätaufnahme nach zwei Stunden (Abb. 5-21B) zeigte dann, daß das Kontrastmittel nicht bis über das mittlere Jejunum hinaus gekommen war, wohl aber war ein Dichteanstieg in der Harnblase erkennbar. Nach vier Stunden (Abb. 5-21C) war das Kontrastmittel noch immer nicht über das mittlere Jejunum weitergekommen und hatte die Strahlendichte innerhalb der Harnblase weiter zugenommen.

Diese Befunde deuteten auf einen mechanischen Dünndarmileus *und* eine Perforation im Gastrointestinaltrakt. Bei der Autopsie fand man bei der Patientin multiple Dünndarmperforationen durch die Vincristinbehandlung mit einer diffusen Peritonitis und einem mechanischen Dünndarmileus.

* Neuere wasserlösliche Kontrastmittel für diesen Zweck sind Telebrix oral® (Ioxitalaminsäure), Ultravist® (Iopromid) und Isovist® (Iotrolan) (Anm. d. Übers.).

Zusammenfassung

Wasserlösliche (jodhaltige) Kontrastmittel:

1. Rasche Darmpassage; niedrige Viskosität; ziehen Flüssigkeit in das Darmlumen (hyperosmolare Lösung).
2. Bevorzugt für die orale Anwendung bei Verdacht auf eine Magen-Darm-Perforation.
3. Sollten wegen ihrer hygroskopischen Eigenschaften Kindern, insbesondere Säuglingen nicht oral gegeben werden.
4. Mittel der Wahl beim notfallmäßigen Kolonkontrasteinlauf beim nicht vorbereiteten Patienten.

Barium(sulfat):

1. Es zeigt eine höhere Röntgendichte.
2. Es ist bei der oralen Gabe zur Beurteilung einer Dünndarmverlegung zuverlässiger.
3. Bevorzugtes orales Kontrastmittel – außer bei Verdacht auf eine Magen-Darm-Perforation oder einen Kolonverschluß.

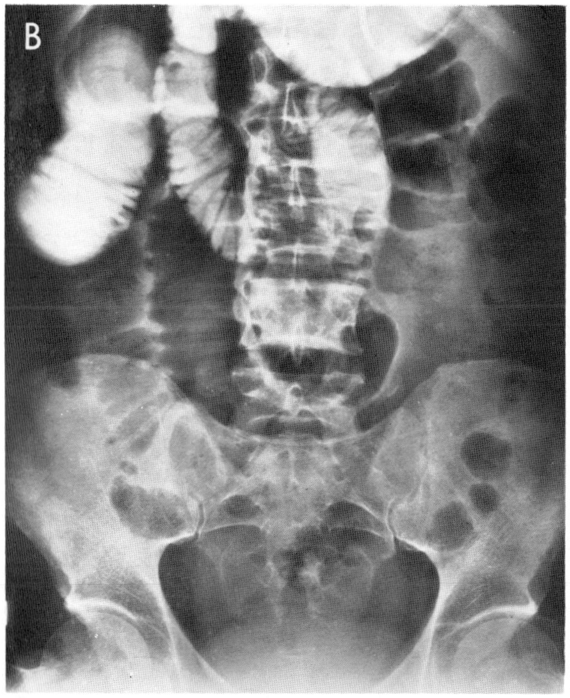

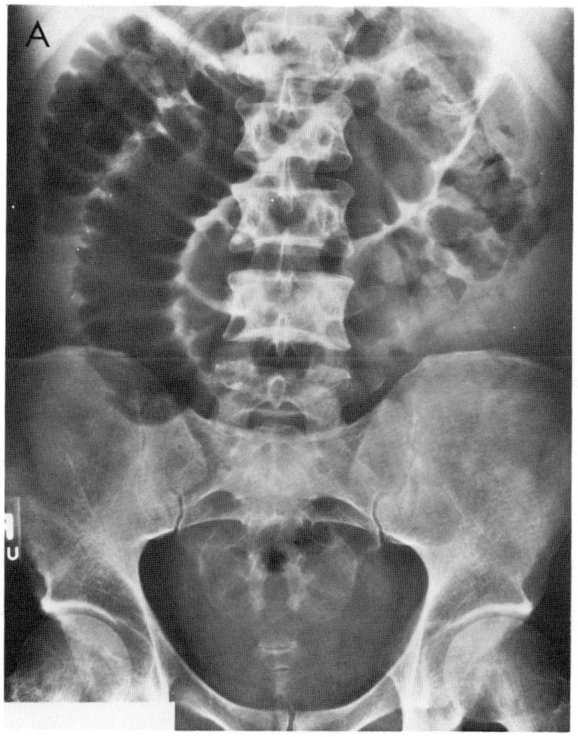

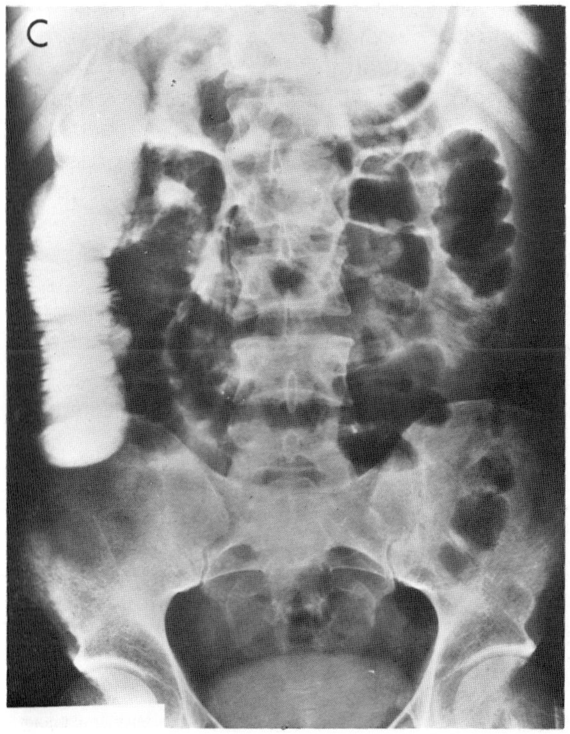

Abb. 5-21: Darmperforation. **A.** Beachten Sie hier die Dünndarmdilatation im Oberbauch. **B.** Aufnahme in Rückenlage zwei Stunden nach Gabe eines wasserlöslichen Kontrastmittels. Magen und Jejunum sind dadurch noch angefärbt. Daneben erkennt man auch Kontrastmittel in der Harnblase. **C.** Aufnahme in Rückenlage vier Stunden nach KM-Gabe. Die Röntgendichte der Harnblase hat weiter zugenommen.

Darmverschluß durch Strangulation

Eine Darmokklusion durch eine Strangulation bedingt gleichzeitig auch eine gestörte Durchblutung der betroffenen Darmschlinge. Meist beruht die Strangulation auf einer Adhäsion (Bride), auf einer Schlingenverdrehung oder einer inkarzerierten Hernie, die die Darmwand genügend stark abklemmt, um sowohl das Darmlumen als auch die Darmdurchblutung abzuschnüren. Die Zirkulationsstörung wiederum behindert die normale Resorption von Gas und Flüssigkeit, was dann zu einer großen Flüssigkeitsansammlung im Darmlumen führt. Dieses Merkmal ist für eine Strangulation charakteristisch.
Enthält der Darm Gas und Flüssigkeit, dann kann man auf Aufnahmen im Stehen Spiegel erkennen; enthält der Darm dagegen nur Flüssigkeit, so ist auch keine Spiegelbildung erkennbar. Folglich wird sich eine flüssigkeitshaltige strangulierte Schlinge röntgenologisch nicht unbedingt spontan nachweisen lassen. Multiple flüssigkeitsgefüllte Dünndarmschlingen können dann, wenn sie komplett verschlossen sind, eine Raumforderung im Abdomen vortäuschen.
Winzige Gasansammlungen mit dem Aussehen eines Rosenkranzes oder einer Perlenkette entsprechen Gas, das sich in den Rezessus der Kerckringschen Falten gefangen hat, wobei diese Dünndarmschlingen flüssigkeitsgefüllt und dilatiert sind.
Da sich eine sehr große Flüssigkeitsmenge im Darmlumen ansammelt, nehmen die Gas-Flüssigkeits-Spiegel und die darüber gelegene Darmwand ein charakteristisches Aussehen an, und zwar einen flachen Boden mit einer großen flachen Rundung darüber, im Amerikanischen recht anschaulich das «tortoise shell sign» genannt (= Schildkrötenpanzer-Zeichen; Schildkrötenzeichen), was eben einfach anzeigt, daß sich in einer Schlinge eine sehr große Flüssigkeitsmenge befindet (Abb. 5-22). Derartige große Flüssigkeitsmengen im Dünndarm sind zwar charakteristisch für eine Strangulation, nicht aber zwingend beweisend.
Große intraluminale Flüssigkeitsansammlungen im Dünndarm kann man bei praktisch jeder Okklusionsform sehen, bei der eine länger dauernde Dehnung der Darmmukosa die Blutversorgung behindert. Hier handelt es sich in der Tat um eine «Strangulation» im Sinne des Wortes, da die Blutzufuhr praktisch diffus abgeschnürt wird. Die Folge ist – wenn auch nicht ebenso akut – die gleiche wie bei einer umschriebenen Strangulation, wie man sie beispielsweise bei Adhäsionen, inkarzerierten Hernien oder einem Schlingenvolvulus sehen kann. Man sollte bei jedem Patienten mit einer großen Flüssigkeitsansammlung im Dünndarm an die Möglichkeit einer Strangulation denken.
Hat sich eine verschlossene Schlinge um sich selbst torquiert (Volvulus), dann nimmt sie die Gestalt einer Kaffeebohne an, wobei die jetzt verdoppelte Breite der aneinanderliegenden Schlingenwände dem Spalt zwischen den beiden Bohnenhälften ähnelt. Wir nennen dies ein «Kaffeebohnen»-Zeichen beim Strangulationsileus, welches man bei einem kompletten Volvulus einer Dünndarm- oder Dickdarmschlinge sehen kann. Im Kolon ist es allerdings wesentlich besser erkennbar. Bei einem Kolonvolvulus spricht man bei diesem Befund auch von einem «Kummet»-Zeichen (horse collar sign). Wir bevorzugen beim Kolonvolvulus den Terminus «Kummet»-Zeichen, da er die große und gedehnte Schlinge viel trefflicher beschreibt. Zur Erkennung eines Strangulationsileus fanden wir das «Schildkröten»-Zeichen als weitaus zuverlässiger, wobei es auch sehr häufig ist; dagegen fanden wir das «Kaffeebohnen»-Zeichen eher selten.
Wegen der gestörten Kreislaufdynamik ist die Strangulation ein diagnostisch sehr wichtiges Problem. Klinisch charakterisiert ist sie durch einen plötzlichen Schmerzbeginn oder aber konstant anhaltenden Schmerz mit starker Druckempfindlichkeit des Abdomens bei der Palpation sowie eine Leukozytose.
Ein echter Strangulationsileus kann bei der Röntgenuntersuchung leicht übersehen werden. Ein Drittel aller Fälle mit ernsten Darmverlegungen durch eine Strangulation, verursacht durch Adhäsionen oder Briden, zeigen nur spärliche oder überhaupt keine Röntgensymptomatik. Denken Sie immer bei schweren Bauchschmerzen, beim klinischen Bild eines Darmverschlusses und bei einem negativen Röntgenbefund an einen Strangulationsileus.
In allen Zweifelsfällen ist Barium per os gegeben zu empfehlen. Das Risiko durch das Barium selbst ist gering, verglichen mit dem Risiko einer unterlassenen Diagnosestellung! Nach der Bariumeinnahme muß der Patient 30 Minuten lang auf der rechten Seite liegen; dies ist deshalb wichtig, weil sich nämlich in Rückenlage das Kontrastmittel im Magenfundus sammeln kann und dann den Magen nicht verläßt. Bei der Rechtsseitenlage sollte aber das Barium innerhalb einer Stunde die Verschlußstelle erreicht haben.
Der Patient der Abbildung 5-23 demonstriert, daß die Abdomenuntersuchung bei Kindern schwieriger ist als bei Erwachsenen. Faszien- und Fettschichten sind hier noch weniger gut entwickelt als bei Erwachsenen. Dies erschwert dann die sichere Erkennung normaler anatomischer Gebilde wie z. B. der Nieren, der Flankenstreifen, der Psoasrandschatten, der Harnblase und des perivesikalen Fettgewebes. Ferner sind die Haustrierung und die Kerckringschen Falten beim Kinde weniger gut entwickelt, was wiederum die Unterscheidung von Dünndarm und Dickdarm erschwert. Normalerweise haben Kinder sowohl im Dünndarm als auch im Dickdarm größere Gasmengen; gerade Kinder im Alter bis zu zwei Jahren weisen besonders große Gasmengen im Dünndarm auf. Zwischen zwei und fünf Jahren variiert diese Menge dann; oberhalb dieses Alters können Kinder dann Gas im Dünndarm haben, wenn sie vor oder während der Röntgenuntersuchung lange geschrieen haben. Luft-Flüssigkeits-Spiegel sind jedoch dann immer ein klinisch wichtiger Befund (Abb. 5-24 bis 5-26).

Zusammenfassung der Grundkonzepte zum Erkennen einer Strangulation und weniger häufiger Dünndarmverschlüsse

1. Größere Flüssigkeitsansammlungen im Dünndarm müssen an eine Strangulation denken lassen. Das «Schildkröten»-Zeichen weist auf eine solche übermäßige Flüssigkeitsmenge hin. Deshalb sollte man, auch wenn dies kein spezifisches Zeichen ist, dann an die Möglichkeit einer Strangulation denken.
2. Bei einem Strangulationsileus oder einer einfachen hochsitzenden Obstruktion kann nur wenig oder kein Gas im Dünndarm sein.
3. Flüssigkeitsgefüllte Dünndarmschlingen können auf Nativaufnahmen eine Raumforderung vortäuschen.
4. Die orale Bariumgabe ist zur Diagnose eines unklaren Verschlusses durch Strangulation, einer einfachen hochsitzenden Obstruktion und einer Raumforderung sehr nützlich, es sei denn, man vermutet eine Darmperforation.

Abb. 5-22: Schemazeichnung des «Schildkrötenzeichens». Mit der weiteren Flüssigkeitsansammlung in einer verlegten Darmschlinge erscheint der lufthaltige Schlingenanteil an seiner oberen Grenze rund und am Boden (eigentlicher Spiegel) glatt oder in der Mitte vorgebukkelt. Die schattierte Gegend entspricht Flüssigkeit, die helle Gas. Vergleichen Sie bitte mit Abb. 5-13.

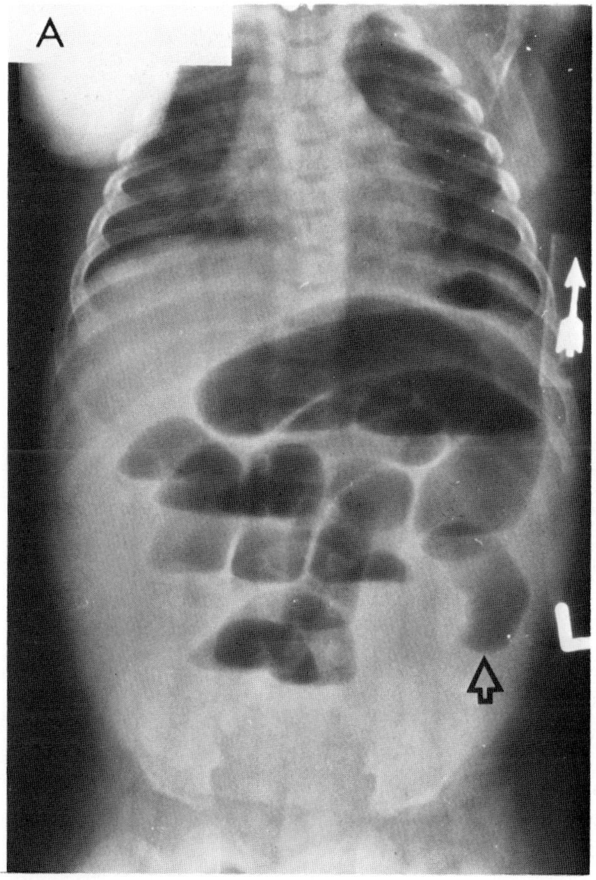

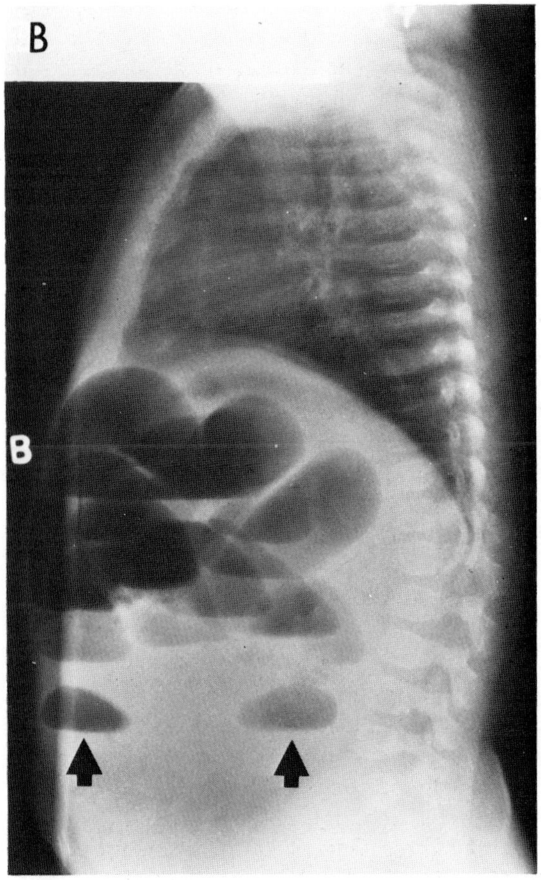

Abb. 5-23: Strangulationsileus. **A.** Aufrechte a.-p. Aufnahme. Viele Dünndarmschlingen (geblähte «gebeugte Finger») mit dynamischen Flüssigkeitsspiegeln zeigen eine mechanische Verlegung an.

B. Aufrechte Seitaufnahme. Einige Schlingen sind am Boden flach und nach oben rund («Schildkrötenzeichen») (Pfeile). Die Operation ergab einen Strangulationsileus durch eine inkarzerierte und strangulierte Leistenhernie.

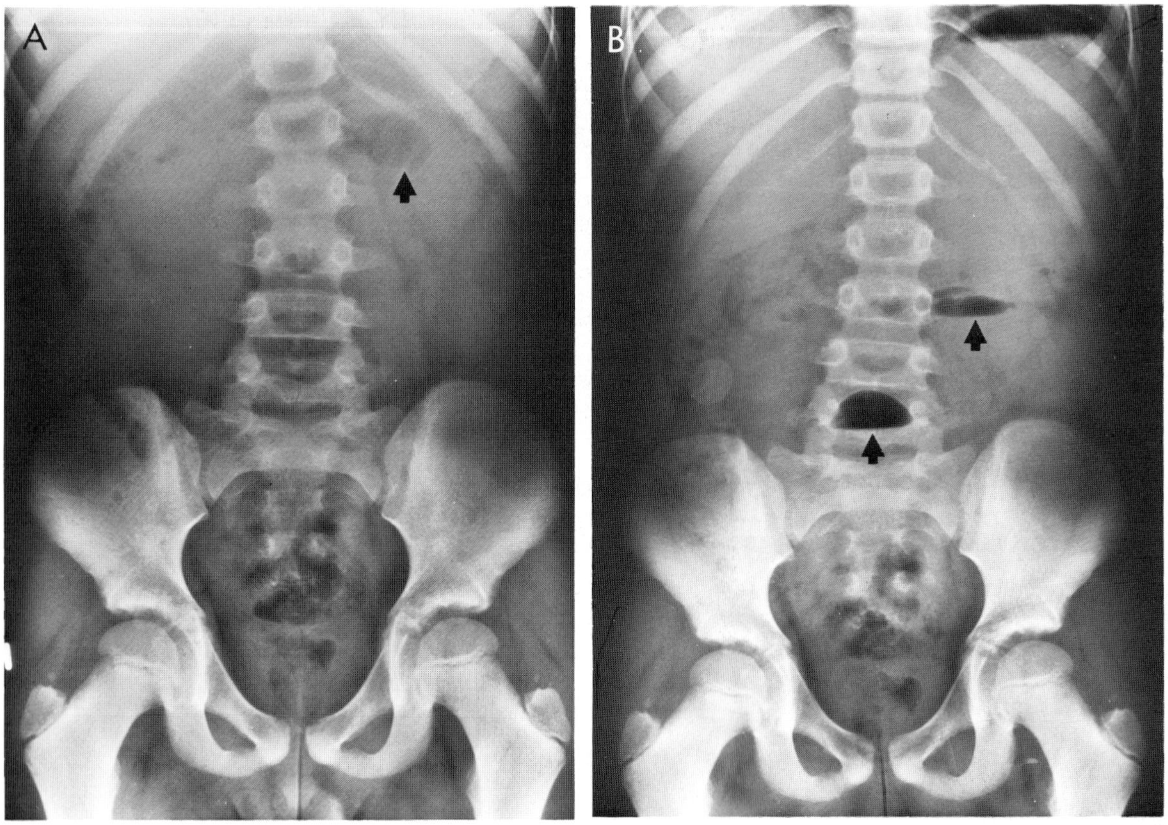

Abb. 5-24: Strangulationsileus. **A.** Aufnahme in Rückenlage. Im linken oberen Quadranten findet sich eine kleine Gasansammlung im Dünndarm (Pfeil). Bei genauerem Hinsehen erkennt man eine feine parallele Querstreifung im Sinne von Kerckringschen Falten. Dies ist ein Minimalbefund. **B.** Aufrechte Aufnahme. Diese zeigt zweimal das «Schildkrötenzeichen» (Pfeile). Eines davon entspricht genau der kleinen gasgefüllten Dünndarmschlinge in der ersten Aufnahme. Daraufhin wurde dieser Patient operiert. Ergebnis: Strangulationsileus durch Adhäsionen nach einem älteren Appendixabszeß. Diese Bilder zeigen, daß Aufnahmen im Stehen für die genaue Beurteilung bei Bauchschmerzen oder einem möglichen Ileus dringend erforderlich sind.

Abb. 5-25: Obstruierendes Kolonkarzinom, das zu einer gewaltigen Dilatation von Dünndarm und Dickdarm geführt hat. **A.** Rückenlage. Bei einer Kolonobstruktion hängt das Ausmaß der Dünndarmdilatation von der relativen Verschlußfunktion der Ileozökalklappe ab. Bei diesem Patienten hat der Reflux durch die Klappe zu einer gewaltigen Dünndarmerweiterung geführt. **B.** Aufnahme im Stehen. Beachten Sie, daß der Dünndarm auch eine große Flüssigkeitsmenge enthält, was an eine Strangulation denken läßt. Beachten Sie die «Perlenkette» der Gasblasen im rechten unteren Abdomen. Das Muster eines Dünndarmstrangulationsileus ist nur sekundäres Zeichen der gestörten Darmwanddurchblutung infolge der Schlingenüberdehnung.

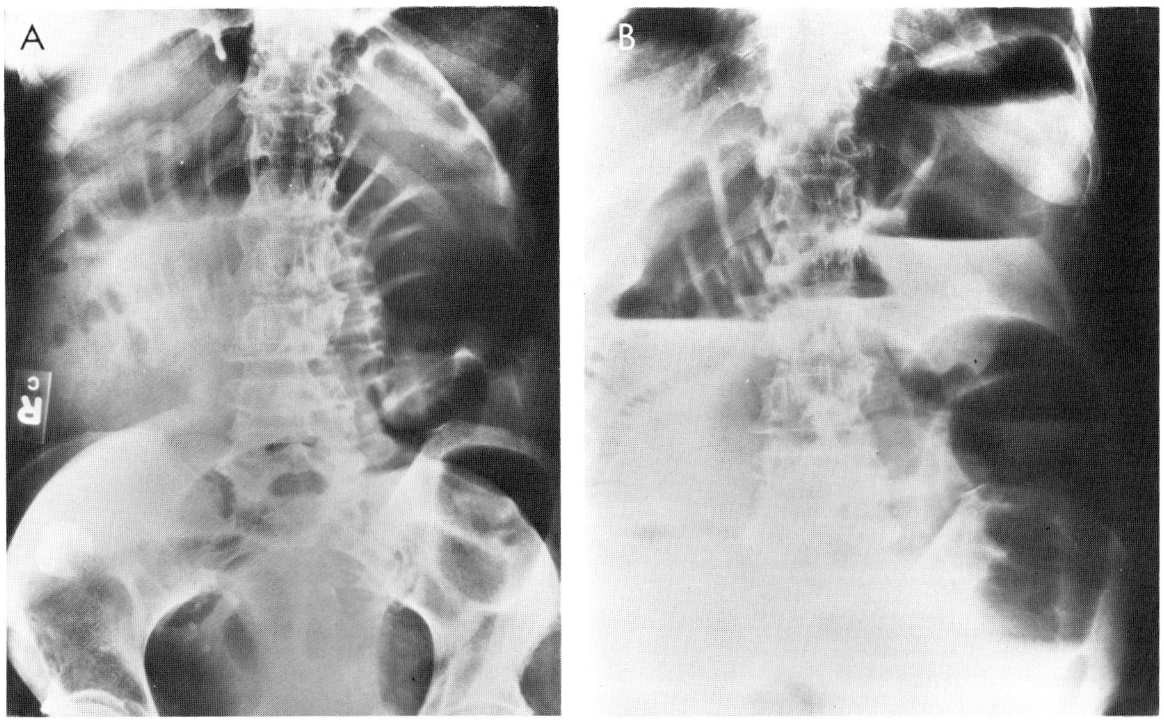

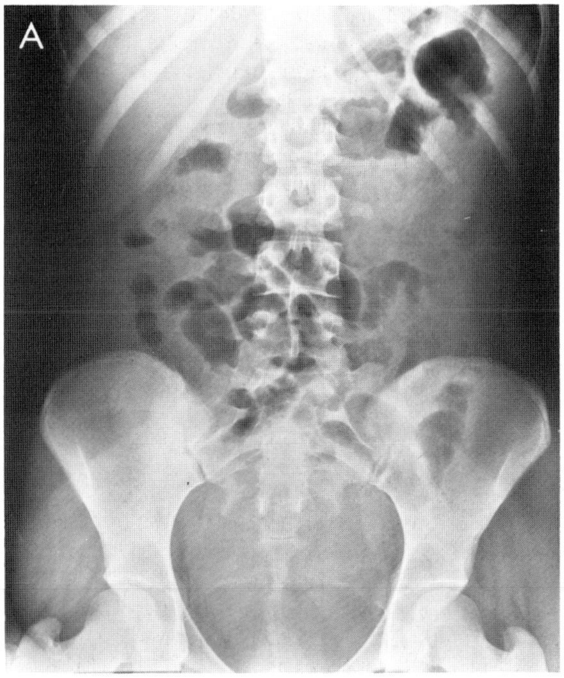

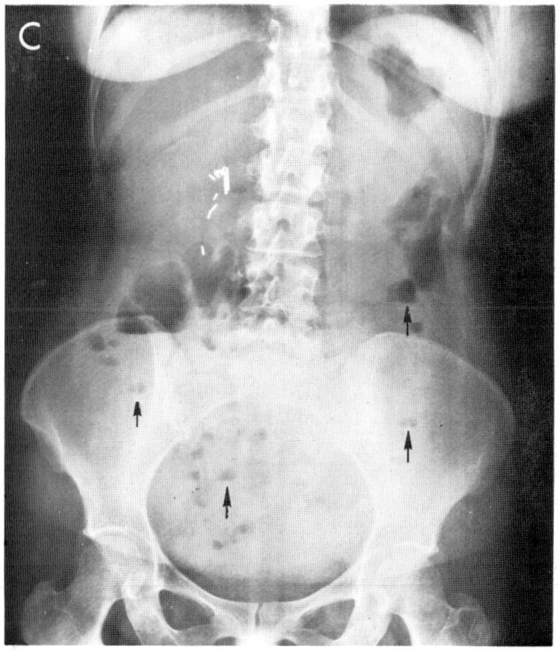

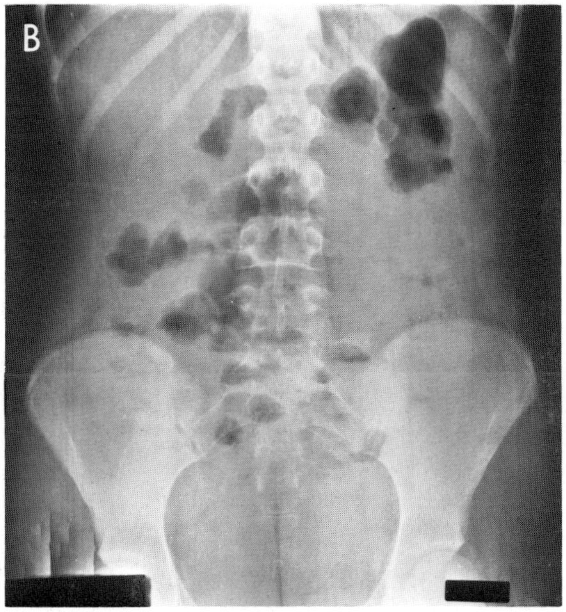

Abb. 5-26: Akute Gastroenteritis. **A.** Rückenlage. Mehrere nicht dilatierte gasgefüllte Dünndarmschlingen im zentralen Abdomen. **B.** Gleicher Patient im Stehen. Flüssigkeitsspiegel in den nicht erweiterten Dünndarmanteilen. **C.** Aufnahme im Stehen eines anderen Patienten. Starke Flüssigkeitsansammlung in vielen nicht erweiterten Dünndarmschlingen (Pfeile). Gefäßclips nach Cholezystektomie. Beide Patienten zeigen ein gänzlich anderes Bild als solche mit einem Strangulationsileus. Obwohl der Dünndarm Flüssigkeit enthält (in **C** sogar erhebliche Mengen), sind die Schlingen nicht dilatiert. Beachten Sie die Unterschiede gegenüber den Abb. 5-23 bis 5-25.

Abdominelle Raumforderungen

Intraabdominelle Raumforderungen (Abb. 5-27 und 5-28) können selbst bei erheblicher Größe nur schwer zu erkennen sein, weil deren Röntgenstrahlenabsorption genauso hoch ist wie die der umliegenden Weichteilgewebe. Leichter schon sieht man dagegen solche Tumoren, wenn sie Darmschlingen verwischen oder verlagern. Flüssigkeitsgefüllte Darmschlingen, wie sie bei einem Strangulationsileus oder einer Invagination vorkommen, können auch das Bild einer intraabdominellen (soliden) Raumforderung hervorrufen. Die meisten Kliniker haben schon die Erfahrung gemacht, daß sie eine relativ große intraabdominelle Raumforderung tasten, sie aber dann auf Nativaufnahmen des Abdomens nicht mehr sehen konnten. Greift man nicht zur Kontrastmitteluntersuchung, nach der man die verlagerten Darmschlingen gut abgrenzen kann, dann können Raumforderungen im Bauchraum ganz besonders schwierig erkennbar sein.
Raumforderungen außerhalb des Bauchraumes sieht man dagegen auf den Nativaufnahmen des Abdomens viel leichter, weil hier eine klare Grenzlinie zwischen der umgebenden Luft und den weichteildichten Massen besteht (vgl. Abb. 5-29). So ergeben z.B. Kolostomata, auch wenn sie nur klein sind, meist das Bild einer «Raumforderung», weil sie eine solche Luft-Weichteil-Grenze aufweisen.
Abdominelle Raumforderungen jeglicher Art zeigt die Computertomographie wesentlich anschaulicher auf als die Nativdiagnostik der Übersichtsaufnahmen. Dabei muß der gesamte Darmtrakt mit Kontrastmittel markiert werden, damit man nicht flüssigkeitsgefüllte Darmschlingen mit Raumforderungen verwechselt. Ferner ist die intravenöse Kontrastmittelgabe bei den meisten Patienten angebracht, weil die Kontrastanhebung dabei hilft, Tumoren in den großen Parenchymorganen (Leber, Milz, Pankreas und Nieren) zu erkennen und Aneurysmen abzuklären.

Invagination (Intussuszeption)

Die Diagnose einer ileokolischen Invagination vermutet man in der Regel dann, wenn ein Kleinkind krampfartige Bauchschmerzen und Blut im Stuhl hat. Nativaufnahmen des Bauches sind dabei oft unauffällig. Manchmal erkennt man bei der Röntgenuntersuchung im oberen zentralen oder rechten Abdomen eine Weichteilmasse, die auf die Invagination von Ileumanteilen in das Kolon hindeutet. Oft kann man auch bei der sorgsamen klinischen Untersuchung eine Raumforderung tasten. Zur Sicherung der Diagnose ist der Kontrasteinlauf ein probates Mittel; durch diese Prozedur ist es auch möglich, das Invaginat zu reponieren.
Fallbeispiel: Zu verschiedenen Zeitpunkten kamen zwei junge Patienten mit Bauchkrämpfen und blutigem Stuhl in die Notaufnahmeeinheit. Bei beiden wurde oberhalb des rechten Darmbeinkamms eine nur unscharf abgrenzbare Resistenz festgestellt, die auf eine Invagination hindeutete (Abb. 5-30). Bei beiden Patienten wurde die Diagnose durch einen Bariumkontrasteinlauf gestellt. Beide Fälle demonstrieren auch, wie extrem schwierig selbst große Raumforderungen im Abdomen auf Röntgennativaufnahmen zu sehen sein können. Die anfängliche Verdachtsdiagnose gründet sich in solchen Fällen auf den klinischen Befund.
Ein hoher Dünndarmverschluß braucht nicht unbedingt die charakteristischen Zeichen eines Darmverschlusses aufzuweisen (Abb. 5-31). Bei vielen Patienten mit einem hohen Dünndarmverschluß sind die Röntgenaufnahmen sogar völlig normal. Diese Diagnose sollte man bei jedem Patienten mit Bauchschmerzen und anhaltendem Erbrechen vermuten. Fast immer wird dann auch eine perorale Kontrastmittelgabe mit Folgeaufnahmen in 30-Minuten-Intervallen die Diagnose sichern. Auch dann, wenn die Patienten das Kontrastmittel wieder erbrechen, sollte man die 30-Minuten-Aufnahme anfertigen; die Patienten werden fast immer auch genügend Kontrastmittel zurückbehalten, so daß man die Diagnose erhärten kann. Nach der Gabe des Kontrastmittels sollte der Patient auf der rechten Seite liegen, damit dieses sich nicht in Rückenlage im Magenfundus ansammelt (Abb. 5-32).
Innere Hernien stellen ein komplexes diagnostisches Problem dar, das man nicht immer schon bei der Erstuntersuchung lösen wird.
Solche Hernien entstehen durch Defekte im Mesenterium, im Omentum, in breiten Ligamenten; sie führen durch das Foramen Winslowi in das Omentum minus oder können auch retroperitoneal, paraduodenal, perizökal oder in der intrasigmoidalen Region erfolgen.
Klinisch stellen sich diese inneren Hernien dem Untersucher als chronische oder rezidivierende Bauchschmerzen dar. Zur Diagnosestellung ist eine Bariumuntersuchung erforderlich.
Die Diagnose einer Pylorusstenose (Abb. 5-33) erwartet man bereits klinisch beim jungen Säugling beim Leitsymptom des «strahlartigen» Erbrechens. Die meisten dieser Patienten haben unauffällige Befunde bei der Röntgennativuntersuchung, eben gerade weil sie erbrochen haben. Nur selten einmal kann man radiologisch die Röntgenbefunde einer Magenausgangsstenose erheben. Oft ergibt dann die sorgfältige Untersuchung des jungen Patienten eine kleine palpable «Raumforderung» in der Pylorusregion. Bei dieser Verdachtsdiagnose ist zur weiteren Beurteilung die perorale Bariumgabe angebracht. In einigen Fällen läßt sich die «Olive» (die hypertrophische Pylorusmuskulatur) auch sonographisch darstellen (Real-time-Sonographie).

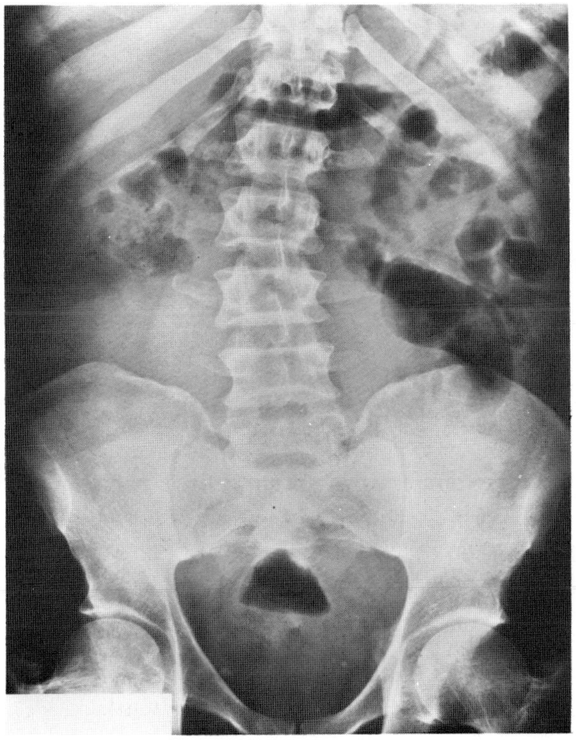

Abb. 5-27 (links): Riesige Raumforderung im unteren Abdomen. Beachten Sie die Weichteildichte in der Mitte des Abdomens mit dem bogigen oberen Rand und der Verdrängung von Darmgas. Die Ränder der Harnblase erkennt man neben der Rektumgasblase gerade noch.

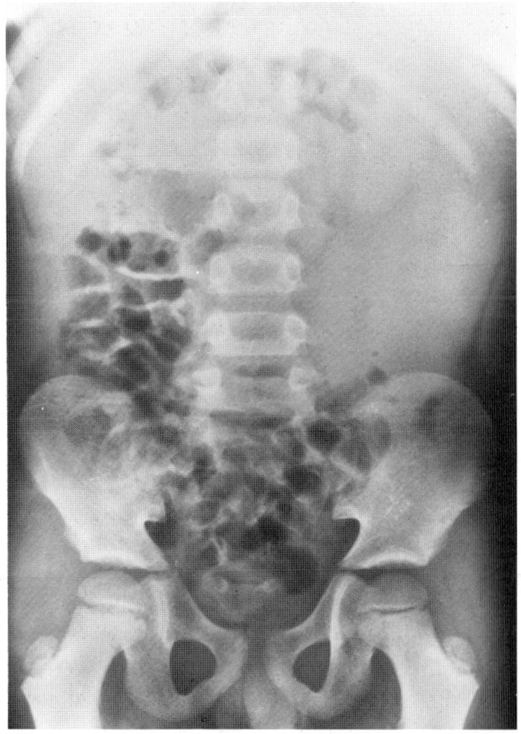

Abb. 5-28 (rechts): Eine vergrößerte Milz verdrängt das Darmgas aus dem linken oberen Quadranten des Abdomens.

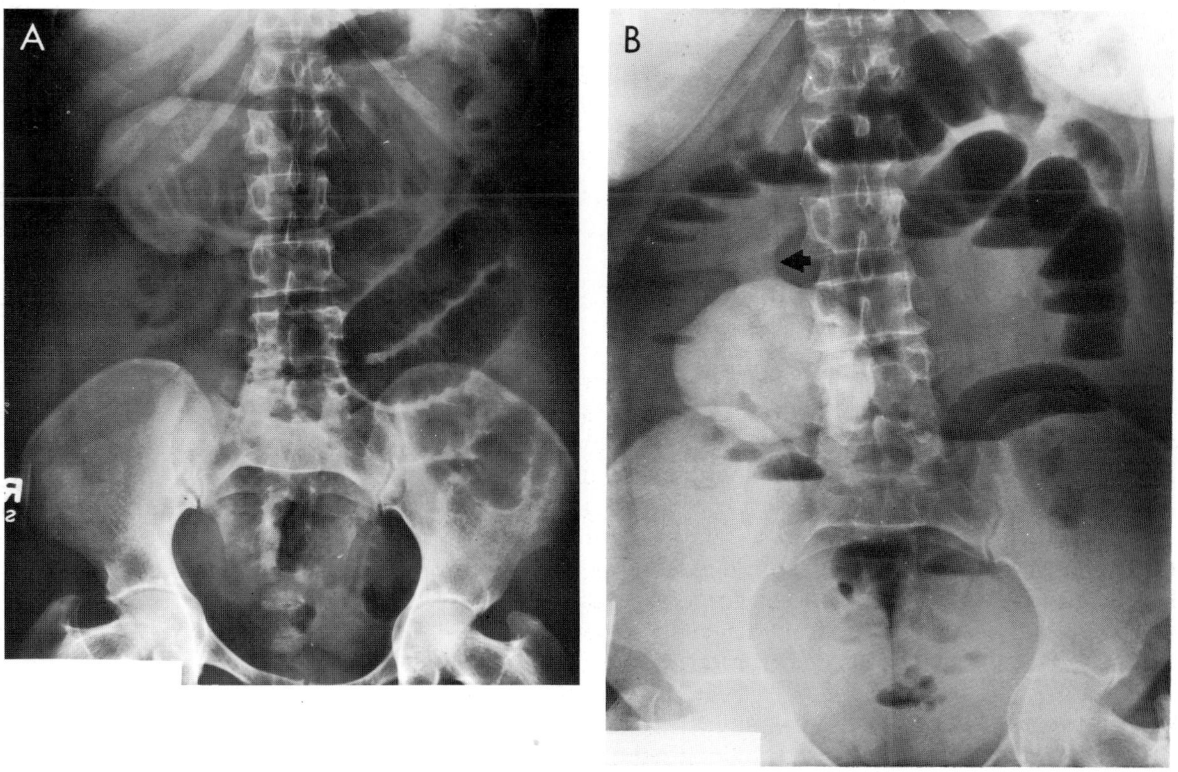

Abb. 5-29: Große «abdominelle» Raumforderung (extraabdominell). **A.** Rückenlage. Beachten Sie die große Raumforderung im rechten Oberbauch und multiple dilatierte Dünndarmschlingen. **B.** Aufnahme im Stehen. Der Tumor hängt an einem Stiel (Pfeil). Viele dynamische Luft-Flüssigkeits-Spiegel zeigen einen mechanischen Dünndarmileus an. Beachten Sie auch mehrere «Schildkrötenzeichen», die Hinweis für eine große Flüssigkeitsansammlung im Dünndarm sind. Der Tumor zeigt keinerlei Nachbarschaftsbeziehung zu diesen dilatierten Schlingen. Bei der Untersuchung in der Notaufnahmeeinheit fand man einen großen gestielten Weichteiltumor am Rücken des Patienten.

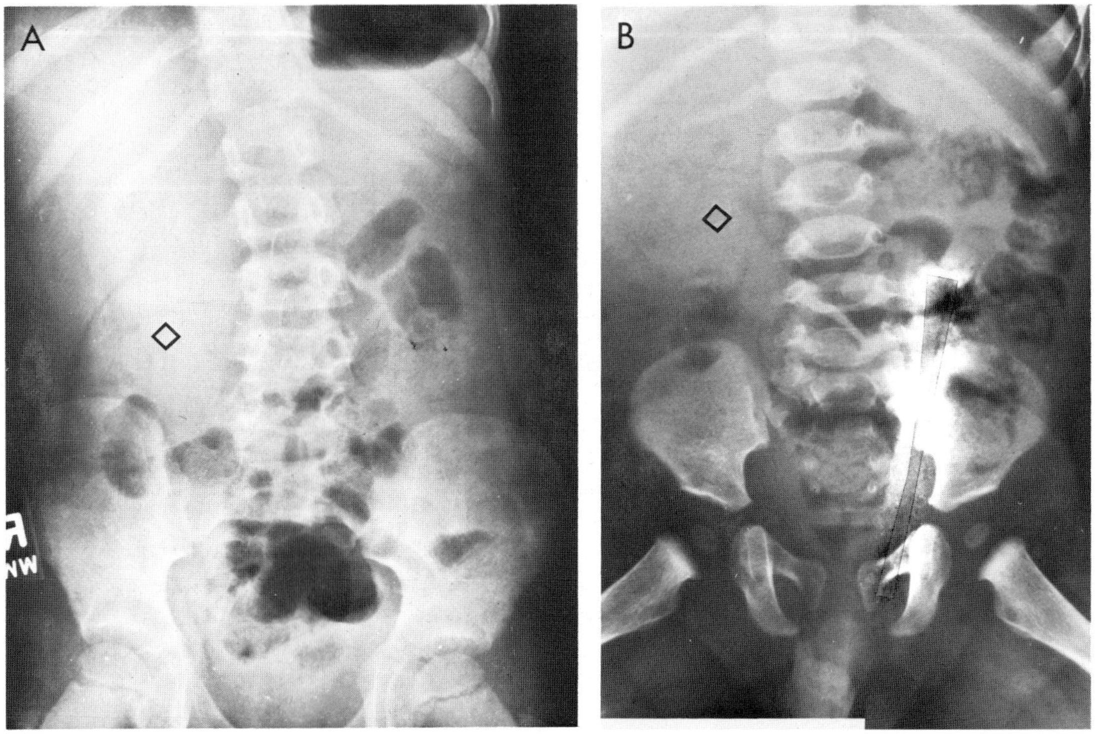

Abb. 5-30: Ileokolische Invagination (Intussuszeption). **A.** Rückenlage. Eine unscharf begrenzte Weichteilmasse liegt zwischen dem Leberrand und der rechten Iliosakralfuge (Raute). **B.** Anderer Patient in Rückenlage. Auch hier findet sich wieder eine schlecht abgrenzbare Weichteilmasse im rechten Abdomen (Raute).

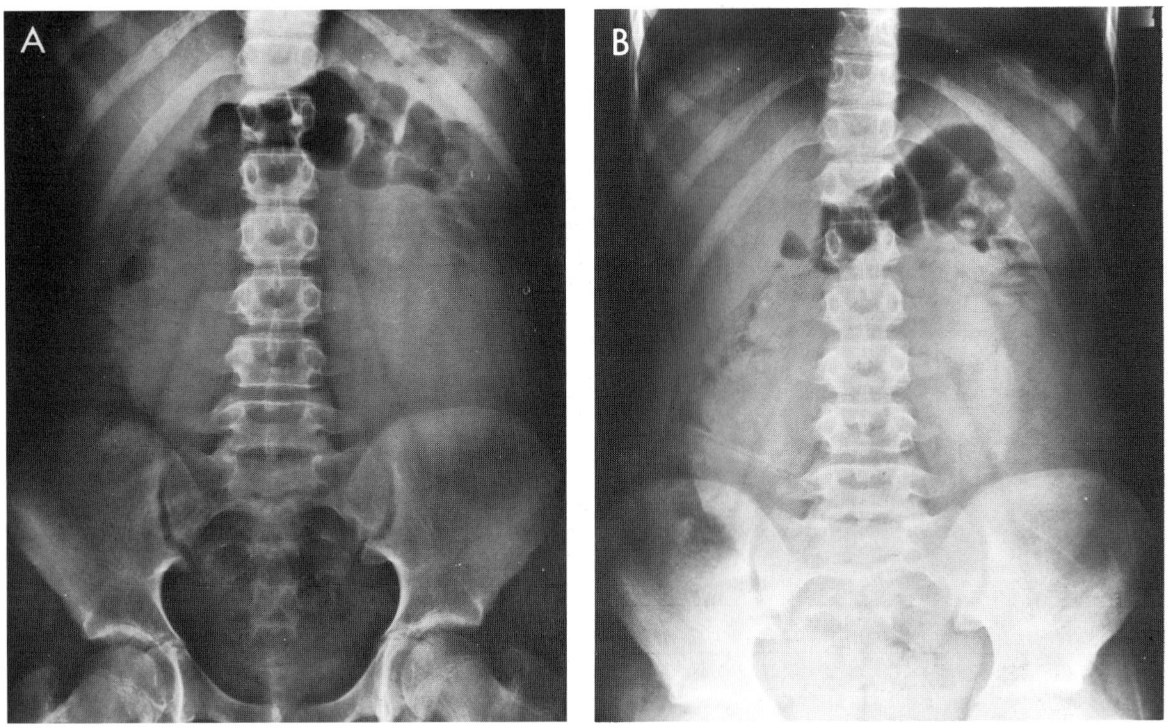

Abb. 5-31: Proximal gelegene Dünndarmobstruktion bei einem zwölfjährigen Mädchen mit heftigen akuten Bauchschmerzen. **A.** Rückenlage. Es findet sich im Dünndarm kein und im Magen nur wenig Gas. Große und nur vage begrenzte Raumforderung im mittleren Abdomen. **B.** Aufnahme im Stehen. Nur geringfügig veränderter Befund gegenüber der Aufnahme im Liegen ohne Dünndarmspiegel. Die Patientin wurde auf Grund des klinischen Befundes operiert, wobei man eine ileojejunale Invagination fand. Die oben beschriebene Raumforderung war flüssigkeitsgefüllter Dünndarm. Dies ist ein Beispiel für eine Darmobstruktion durch Strangulation ohne Gas im Dünndarm.

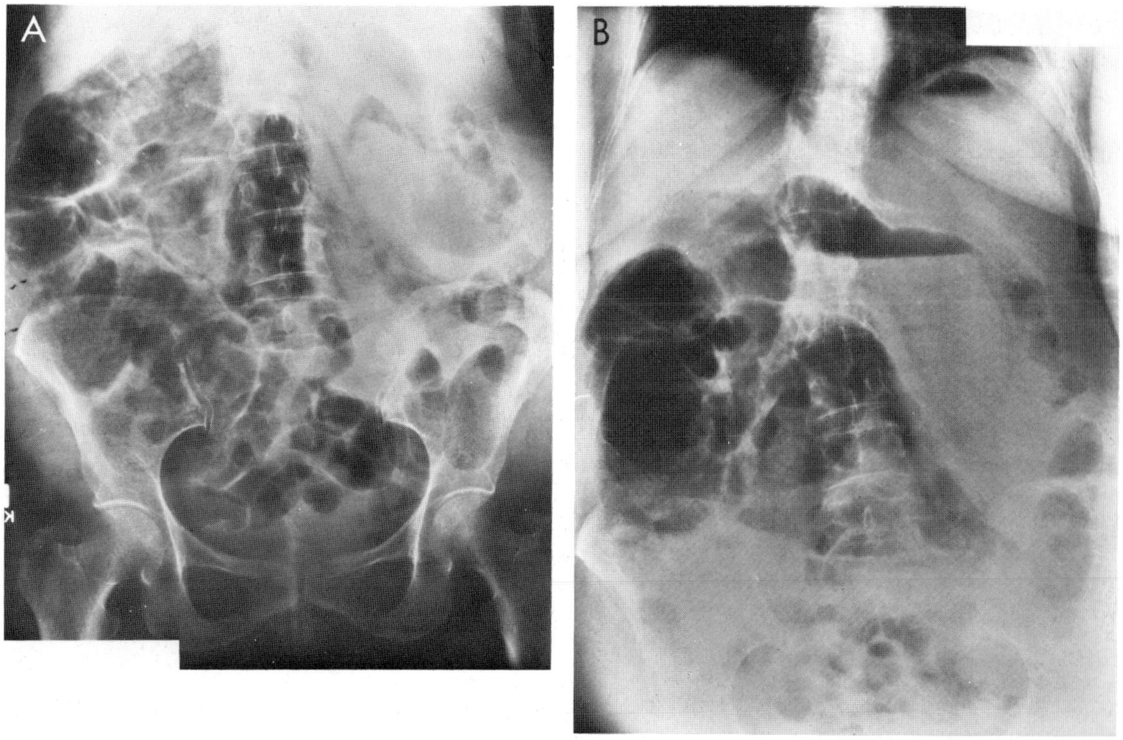

Abb. 5-32: Flüssigkeitsgefüllter Magen, der eine Raumforderung im linken oberen Quadranten vortäuscht. **A.** Aufnahme im Liegen mit der Raumforderung von Dünndarmgas überlagert. **B.** Aufnahme im Stehen. Die Raumforderung ist geblieben. Beachten Sie den Flüssigkeitsspiegel im Magenantrum, der jetzt beweist, daß es sich um den flüssigkeitsgefüllten Magen handelt; daneben erheblicher Gasgehalt im Dünndarm. Daraufhin Operation mit dem Befund einer partiellen Obstruktion des Jejunums durch Briden. Dieses ist ein Beispiel für einen hohen Dünndarmileus, bei dem der Patient nicht erbrochen hat.

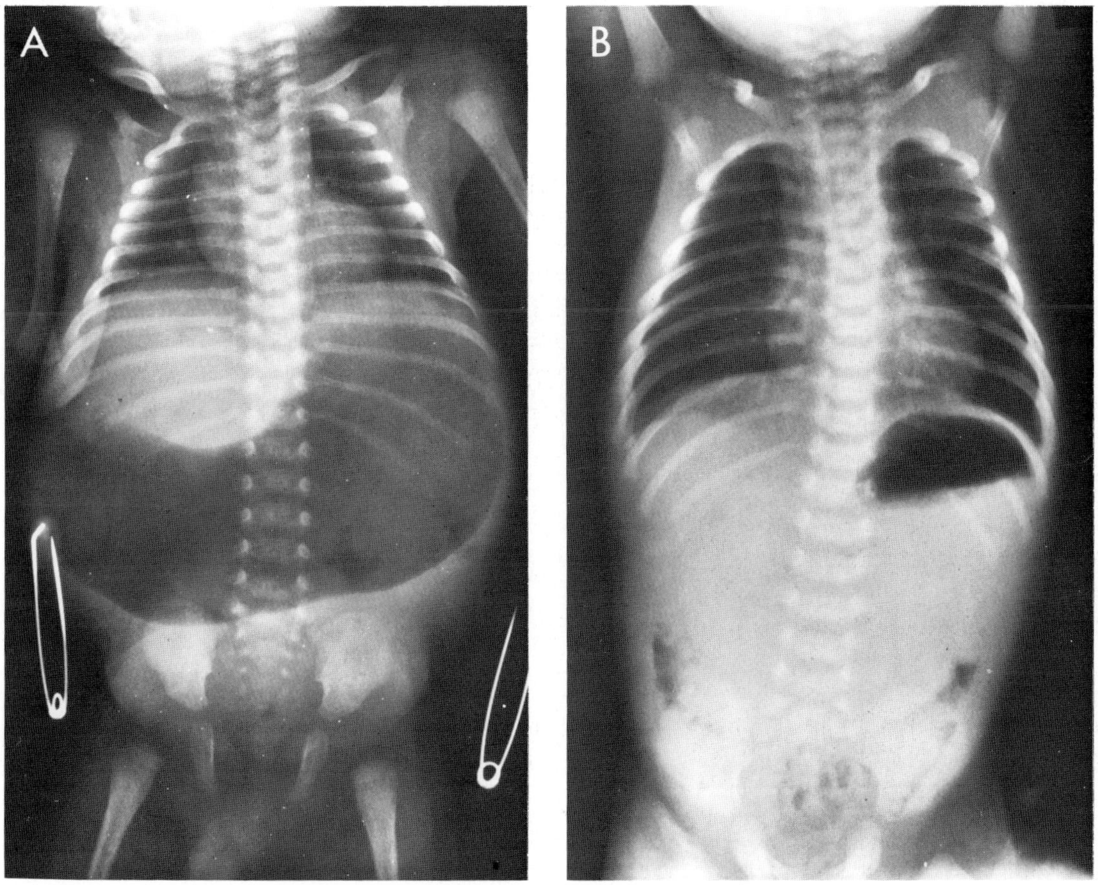

Abb. 5-33: Zwei Patienten mit Pylorusstenose. **A.** Rückenlage mit einer großen Gasmenge, die den Magen überbläht. Die Dünndarmabschnitte nach dem Magen sind nahezu gasfrei. **B.** Anderer Patient mit aufrechter Aufnahme. Hier sieht man eine große Gasansammlung im Magen mit einem Luft-Flüssigkeits-Spiegel und einer geringen über das Kolon verteilten Gasmenge.

Freie Luft in der Bauchhöhle – intestinale Perforation

Zu einem großen Prozentsatz ereignen sich intestinale Perforationen im Bereich von Magen, proximalem Duodenum oder Dickdarm. Alle genannten Organe enthalten in der Regel größere Luftmengen, weshalb eine Perforation an diesen Stellen den Austritt größerer Gasmengen in die Peritonealhöhle (freie Bauchhöhle) erlaubt. Dieses Gas erkennt man dann leicht im Stehen unterhalb der rechten Zwerchfellkuppel oder aber zwischen der Leber und dem Peritoneum bei einer Abdomenaufnahme in Linksseitenlage.
Bei einer Aufnahme im Stehen erkennt man die ausgetretene Luft immer unter dem rechten Zwerchfell, aber nur inkonstant unter dem linken Zwerchfell, weil das Gas durch die rechte parakolische Rinne freien Zutritt zur rechten Zwerchfellunterseite hat. Wegen des Ligamentum phrenicocolicum im linken oberen Quadranten hat die freie Luft aber bei einigen Patienten nur einen begrenzten Zugang zum linken Zwerchfell. Dieses Band beeinträchtigt die ungestörte Ausbreitung der Luft zur linken Zwerchfellhälfte.
Praktisch die einzige klinische Situation, bei der man einen Luft-Flüssigkeits-Spiegel durch eine intestinale Perforation unterhalb des linken Zwerchfells ohne gleichzeitige freie Luft annehmen kann, ist ein Empyem des Omentum minus. Dies ist das Ergebnis einer Perforation der Magenhinterwand. Ist es klinisch erforderlich festzustellen, ob es sich bei dem Flüssigkeitsspiegel links um ein solches Empyem oder um Luft im Magen handelt, so wird ein Schluck eines wasserlöslichen Kontrastmittels die Differenzierung erlauben. Befindet sich die Flüssigkeit innerhalb des Magens, so wird sie sich prompt mit dem Mageninhalt vermischen; handelt es sich dagegen um ein Empyem in der Bursa omentalis, so erfolgt diese Vermischung nur sehr langsam. Die Durchleuchtung oder Abdomenaufnahmen im Stehen einschließlich einer Seitenaufnahme des stehenden Patienten nach der Kontrastmitteleinnahme sollten diese Unterscheidung rasch ermöglichen.
Eine große Menge freier Luft ist meist das Ergebnis einer Perforation eines Zwölffingerdarmgeschwürs oder eines Kolonkarzinoms. Dagegen führt eine perforierte Appendix meist nicht zu einer größeren Gasmenge im Peritoneum. Auch die benigne Pneumatosis intestinalis kann ein Pneumoperitoneum verursachen. Die Perforation eines Kolondivertikels bedingt meist eher einen umschriebenen Abszeß als freie Luft in der Bauchhöhle. Gas zu beiden Seiten des Rektums läßt am ehesten an eine Perforation des Rektums oder eines tiefsitzenden Kolondivertikels denken. Intra- oder retroperitoneal gelegene Gasansammlungen erkennt man in der Abdominal-CT meist recht einfach.
Der Dünndarm ist normalerweise nahezu luftleer; deshalb sollte eine Perforation aboral des Duodenums wohl nur zu geringen freien Luftmengen führen. Es konnte gezeigt werden, daß selbst die geringe Menge von nur zwei Millilitern freier Luft nachweisbar ist, wenn der Patient vor der Aufnahme im Stehen 20 Minuten lang gestanden hat, doch ist dies wohl nur selten durchführbar, weil Patienten mit einer intestinalen Perforation oft schwerkrank sind. Eine weitere Möglichkeit ist es dann, den Patienten in die Röntgenabteilung zu bringen, wobei er im Bett oder auf der Trage in Linksseitenlage liegt. So kann die Zeit bis zur Röntgenuntersuchung selbst wirkungsvoll genutzt werden. Bei dieser Lagerung wird sich die freie Luft zwischen der Leber und dem Peritoneum der rechten Bauchwand an der Leberoberfläche ansammeln. Fertigt man dann eine Aufnahme im Stehen oder in Linksseitenlage an, so wird man selbst kleinere Luftmengen entdecken.
Bauchaufnahmen in Rückenlage allein sind keine geeignete Methode zum Nachweis freier Luft in der Peritonealhöhle. Selbst in größeren Mengen kann diese bei einer Aufnahme in Rückenlage nur schwierig oder unmöglich zu entdecken sein. Bei einer Studie an acht normalen Probanden, von denen jeder bei einer Beckenpneumatographie 1000 ml freie Luft in die Bauchhöhle instilliert bekam, konnte diese Luft bei Abdomenaufnahmen in Rückenlage nur bei dreien sicher identifiziert werden.
Normalerweise sieht man nur die Luftbegrenzung einer jeden Darmschlinge im Inneren des Darmlumens; dagegen kann man in Anwesenheit großer Luftmengen in der freien Bauchhöhle beide Seiten der Darmwand erkennen (Rigler-Zeichen). Beispiele hierzu liefern die Abbildungen 5-34 bis 5-37. Gelegentlich kann man auf einer Bauchaufnahme in Rückenlage auch freie Luft längs des Leberrandes in anderen Lokalisationen erkennen, doch mag diese Diagnose recht unsicher sein, weil auch Fett im Omentum solche freie Luft vortäuschen kann. Ganz selten kann man auch einmal freie Luft im Peritoneum in Rückenlage des Patienten nachweisen, wenn dieses sich in Taschen verfangen hat, die nicht Darmkonturen entsprechen, oder aber wenn man bandartige Befestigungen des Peritoneums an der vorderen Bauchwand ausmachen kann, wie das Ligamentum falciforme der Leber, den Urachus oder Überreste der omphalomesenterialen Gefäße, die sich in Form eines umgekehrten «V» mit der Spitze nach oben zum Nabel hin erstrecken. Eine Aufnahme mit gekippter Röhre oder eine seitliche Aufnahme bei liegendem Patienten kann freie Luft vor der Leber und oberhalb des Ligamentum falciforme nachweisen.

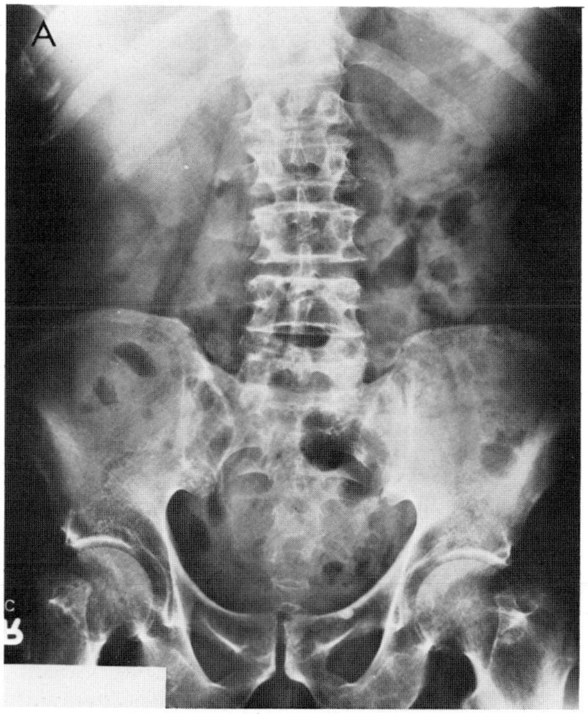

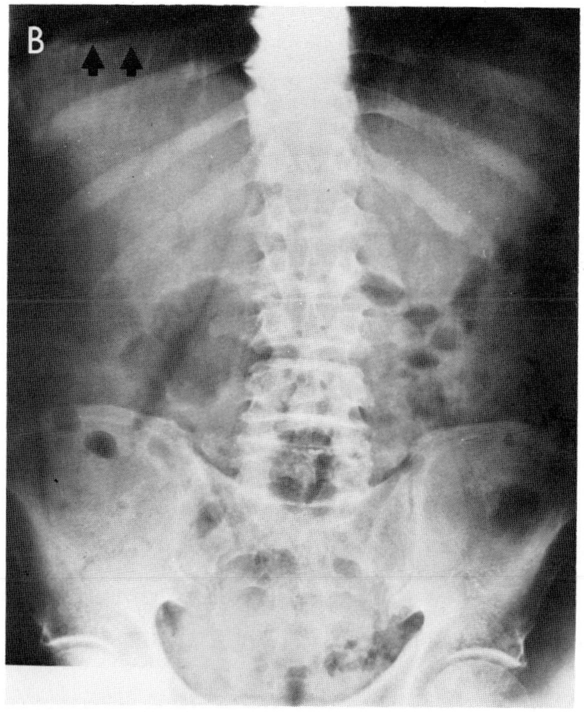

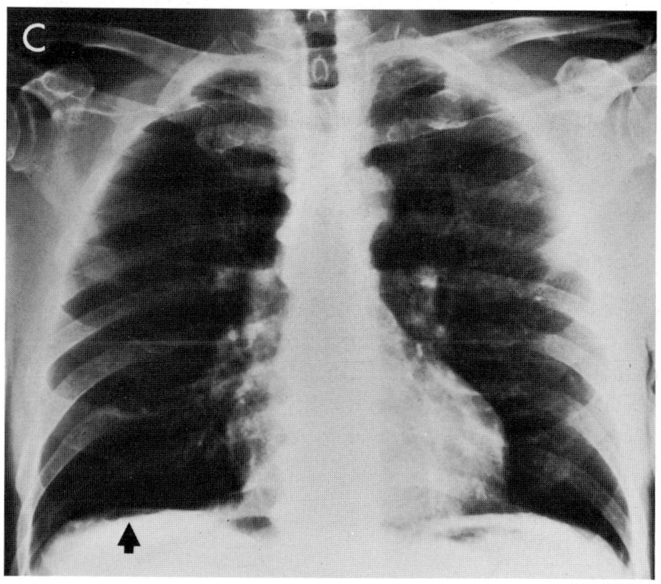

Abb. 5-34: Freie Luft in der Peritonealhöhle. Der Patient stellte sich mit schwersten Schmerzen im Epigastrium vor. EKG und Serum-Amylase waren normal. **A.** Aufnahme in Rückenlage. Sie zeigt nur eine sehr geringe Gasmenge im zentralen Abdomen. **B.** Aufnahme im Stehen. Beachten Sie die geringe Menge freier Luft unter dem rechten Hemidiaphragma (Pfeile). Wegen der Belichtungswerte und der Zwerchfellstellung ist diese aber nur schwierig zu erkennen. **C.** Thoraxaufnahme im Stehen. Hier zeigt sich die freie Luft besser (Pfeil). Freie Luft sieht man in der Regel auf einer Thoraxaufnahme im Stehen besser.

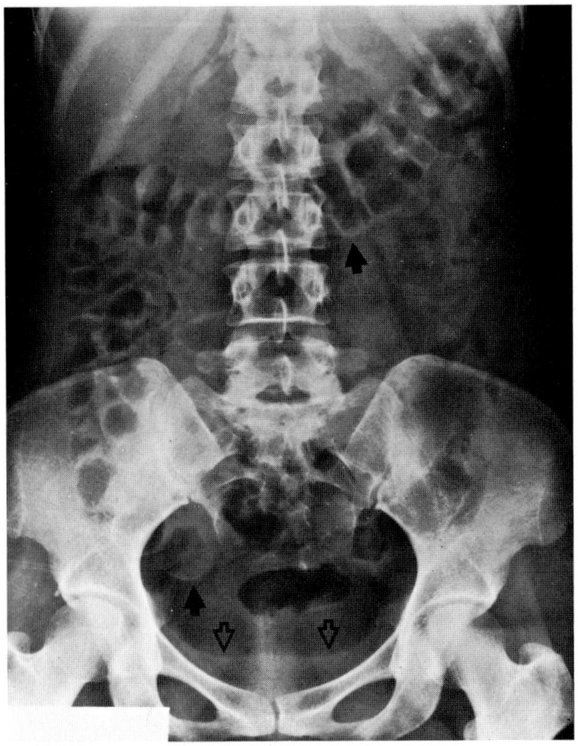

Abb. 5-35: Freie Luft in der Peritonealhöhle. Beachten Sie die Randkonturen der Luft in den Beckenrezessus (umrahmte Pfeile), die einen guten Einblick in die anatomischen Verhältnisse gewähren. Eine Blutansammlung in diesen Rezessus ist das Substrat des «Hundeohren»-Zeichens. Bei diesem Patienten liegen die gerahmten Pfeile in der Mitte der «Hundeohren», die hier die Röntgendichte von Luft, und nicht von Flüssigkeit aufweisen. Die schwarzen Pfeile deuten auf freie Luft, die sich scharf gegenüber der Außenwand des Kolons abgrenzt.

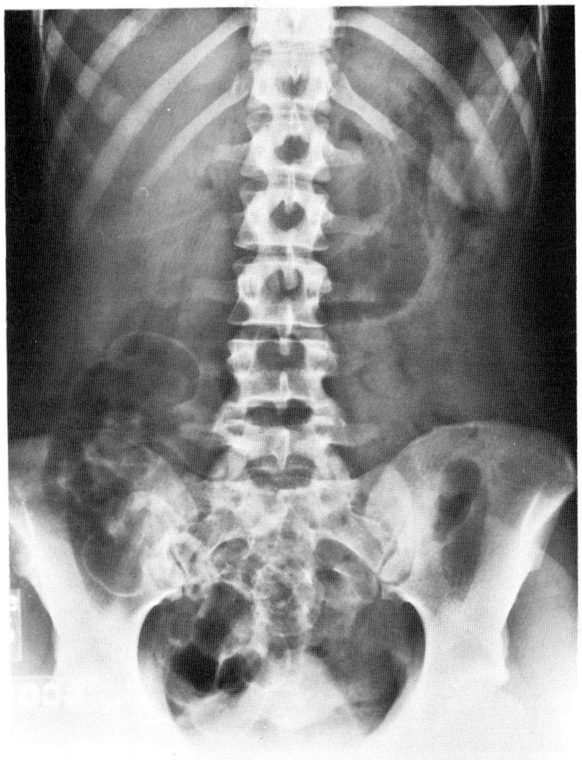

Abb. 5-36: Freie Luft in der Peritonealhöhle. Diese grenzt sich scharf gegen den Rand der Harnblase ab und läßt diese außergewöhnlich dicht erscheinen. Freie Luft demarkiert auch scharfrandig die Innen- und die Außenwand von Zökum und großer Magenkurvatur.

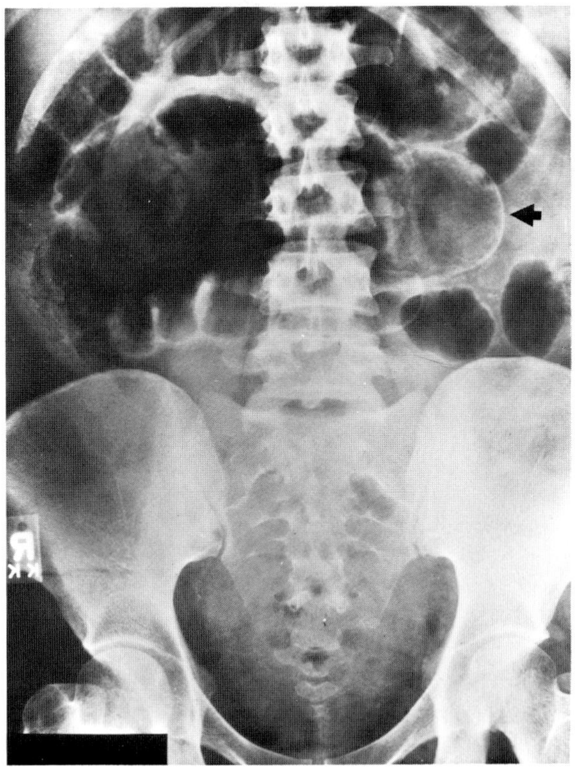

Abb. 5-37: Darmperforation mit Luft zu beiden Seiten der Darmwand (Pfeil).

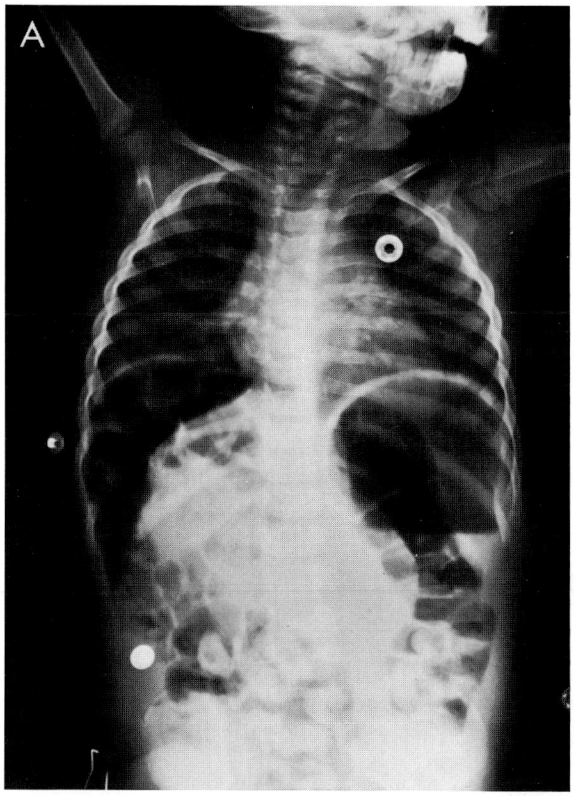

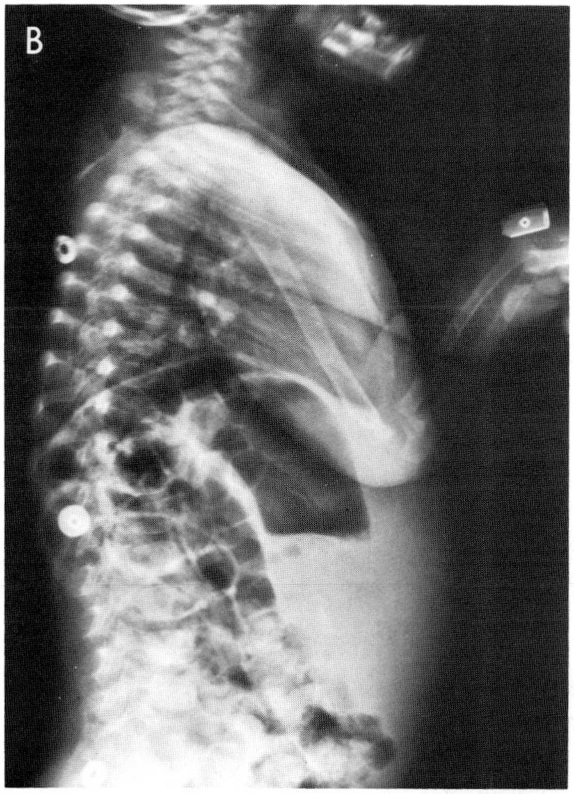

Abb. 5-38: Koloninterposition zwischen Leber und rechter Zwerchfellhälfte (Chilaiditi-Syndrom). Dieser zweijährige Knabe wurde in die Notaufnahmeeinheit gebracht, weil die Mutter berichtete, er habe einen Fremdkörper verschluckt. Das Kind war hochgradig verängstigt und schrie während der Röntgenuntersuchung ununterbrochen. **A.** Aufrechte a.-p. Aufnahme. Im Dünndarm findet sich eine große Menge verschluckter Luft. Der Magen ist durch das Gas dilatiert und enthält auch Flüssigkeit. Unter der rechten Zwerchfellhälfte befindet sich eine große Gasmenge.

B. Aufrechte Seitaufnahme. Darmgas erstreckt sich nach oben bis hinter die Leber und hat sich zwischen Leber und rechtes Zwerchfell gedrängt. Eine flaue Verschattung auf der Seitaufnahme läßt an einen verschluckten Fremdkörper geringer Röntgendichte denken, der von Flüssigkeit im Magen überlagert wird. Achten Sie auf dieser Aufnahme auf die Druckknöpfe des Nachthemdchens und auf die Sicherheitsnadel. Sie sind Zeugen einer unzulänglichen Röntgenaufnahmetechnik. Vor einer Röntgenuntersuchung sollte jedwedes röntgendichte Material an der Oberfläche des Patienten entfernt werden.

Zusammenfassung

1. Eine Dünndarmperforation führt nur zu geringen Mengen freier Luft in der Bauchhöhle.
2. Auch größere Mengen freier intraperitonealer Luft können auf einer Aufnahme in Rückenlage des Patienten nur schwierig oder unmöglich nachzuweisen sein.
3. Bei den meisten Patienten lassen sich unter Verwendung einer Kompressionsbinde Aufnahmen im Stehen anfertigen.
4. Freie Luft kann – in größerer Menge – immer unterhalb des rechten Zwerchfells bei einer Aufnahme im Stehen nachgewiesen werden.
5. Einen Luft-Flüssigkeits-Spiegel unterhalb des linken Zwerchfells kann man bei einer Magenhinterwandperforation unterhalb des linken Zwerchfells sehen.
6. Freie Luft in der Peritonealhöhle und/oder im Retroperitoneum erkennt man in abdominellen Computertomogrammen recht leicht.

Koloninterposition (Chilaiditi*-Syndrom)

Die Interposition von Kolon zwischen der Leber und der rechten Zwerchfellhälfte (Chilaiditi-Syndrom) ist eine Normvariante (Abb. 5-38). Meist sind Patienten mit einer solchen Koloninterposition beschwerdefrei. Aus diesem Grunde sollte eine Koloninterposition auch nicht mit Krankheitsbildern verwechselt werden, die ein Chilaiditi-Syndrom vortäuschen können, wie z.B. retroperitoneale oder subphrenische freie Luft. Häufiger kommt dieses Syndrom in den extremen Lebensaltern vor (Kindheit und Senium). Es kann sich um einen intermittierenden Zustand handeln; doch sind sich die Patienten nur selten des Symptomenwandels bewußt, ob nun gerade eine Interposition vorliegt oder nicht. Vor allem kommt es bei Patienten mit einer schlaffen Aufhängung der Leber zur Koloninterposition. Die interponierte Dickdarmschlinge kann sich entweder ventral (häufiger) oder dorsal (seltener) zwischen Leberoberseite und Zwerchfellunterrand einklemmen.

Appendizitis, Appendixkoprolithen, -abszeß und -perforation

Die *akute Appendizitis* ist eine der häufigsten Erkrankungen, die man bei der Tätigkeit als Notarzt sieht. Denken Sie daran, daß die meisten Patienten mit einer akuten Appendizitis bei ihrer Erstvorstellung völlig normale Abdomenaufnahmen zeigen. Aus diesem Grund ist die Diagnose einer Appendizitis auch nur sehr schwer mit Sicherheit zu stellen. Im Frühstadium dieser Krankheit können Abdomenaufnahmen, wie schon gesagt, normal sein, doch kann man bei einer bestimmten Zahl von Patienten als Hinweiszeichen darauf, daß ein akuter Krankheitsprozeß vorliegt, eine «sentinel loop» finden. Bei Patienten, die erst verspätet in die Klinik eingewiesen werden, kann dann das Krankheitsbild bereits bis zu einem voll ausgeprägten paralytischen Ileus fortgeschritten sein.

Bei einigen Patienten kann eine Weichteilmasse als Ausdruck eines Appendixabszesses vorliegen (Abb. 5-39A). Man kann dann eine Verlegung des Flankenstreifens oder etwas extraintestinales Gas innerhalb des Appendixabszesses erkennen.

Selten kann die Appendix auch einmal intraperitoneal perforieren und dann Luft in die freie Bauchhöhle austreten lassen oder auch retroperitoneal perforieren, was zu einer retroperitonealen Luftansammlung in den dortigen Gewebespalten führt. Freie Luft erkennt man am ehesten auf einer Bauchaufnahme im Stehen oder in Linksseitenlage. Die extraperitoneale Perforation mit der retroperitonealen Gasdissektion zeigt ein sehr charakteristisches Aussehen: Man findet als Röntgenzeichen multiple kleine Gasblasen, die sich vom rechten Mittelbauch bis nach oben zum Zwerchfell erstrecken, ferner eine Auslöschung des rechten Psoasrandschattens und eine Lendenskoliose. Die Röntgenbefunde bei der retroperitonealen Appendixperforation gleichen im wesentlichen denen bei der traumatischen Duodenalruptur.

Manchmal findet man Gas im Appendixlumen selbst; wurde dies früher noch als Zeichen einer gangränösen Appendizitis gewertet, so konnten daraufhin spätere Studien nachweisen, daß es sich hierbei um einen Normalbefund handelt. Häufiger noch befindet sich Gas in einer nicht entzündeten retrozökalen Appendix, weil deren anatomische Lage (meist hochgeschlagene Appendix) im Stehen den Gasübertritt erleichtert.

Der Bariumkontrasteinlauf wurde von etlichen Autoren dann als nützliches Vorgehen empfohlen, wenn der Fall unklar war; füllt sich die Appendix bei der retrograden Kolonfüllung mit Barium, dann kann eine akute Appendizitis praktisch ausgeschlossen werden. Füllt sie sich aber nicht, was bei einer großen Zahl der Gesunden auch der Fall ist, dann bleibt die Diagnose immer noch zweifelhaft. Daneben beinhaltet der Bariumeinlauf zur Diagnose einer akuten Appendizitis noch ein gewisses Risiko, weil der gesteigerte intraluminale Druck im Kolon eine devitalisierte Appendix zur Perforation bringen könnte.

Eine eingedickte und verkalkte Masse im Appendixlumen, die dort eingestaucht ist, nennt man einen *Appendixkoprolith,* Appendikolith oder aber im anglo-amerikanischen Sprachraum auch einen verkalkten «Fäkolithen». Appendixkoprolithen können rund oder oval sein und zeigen oft eine konzentrische Schichtung mit einer Aufhellung im Zentrum; in aller Regel sind sie dem Appendixlumen in ihrer Größe angepaßt. Koprolithen findet man in etwa 25% aller chirurgisch entfernten Blinddarmwurmfortsätze, doch enthalten nur etwa 10% so viel Kalzium, daß sie röntgenologisch sichtbar sind.

Über das gehäufte Vorkommen von Appendixgangrän und Appendixperforation bei Anwesenheit von Koprolithen im Wurmfortsatz wurde berichtet. Möglicherweise macht der Koprolith die entzündete Appendixmukosa für diese Komplikationen empfindlicher. Findet man bei einem Patienten, der sich mit akuten abdominellen Symptomen vorstellt, auf den Nativaufnahmen des Abdomens einen Koprolithen, dann korreliert dieser Befund hochgradig mit einer akuten Appendizitis (90 %); die Hälfte dieser Fälle zeigt eine Gangrän oder eine Perforation. Ein Koprolith in der Appendix ist ein klassisches «Tante-Minnie-Zeichen» (s. S. 342ff), das man in aller Regel leicht erkennen kann (Abb. 5-39A und 5-40). Bei einigen Patienten kann es aber auch nötig sein, einen Koprolithen gegen ein Harnwegskonkrement abzugrenzen. Verkalkte Mesenteriallymphknoten kann man meist röntgenologisch von Koprolithen differenzieren, denn sie sind dicht und haben eine unregelmäßige Randbegrenzung, sind nicht geschichtet und auch nicht ringförmig. Harnwegskonkremente zeigen einen großen Formenreichtum, sind meist aber doch rund oder oval. Sie können eine konzentrische Schichtung aufweisen, haben aber nur selten eine zentrale Aufhellung. Phlebolithen zeigen eine runde oder ovale Gestalt und meist eine zentrale Aufhellung. Rund sind sie in aller Regel in den perirektalen Venenplexus, ferner kommen sie meist mul-

* Demetrius Chilaiditi, *1883, Röntgenologe zu Wien und Istanbul.

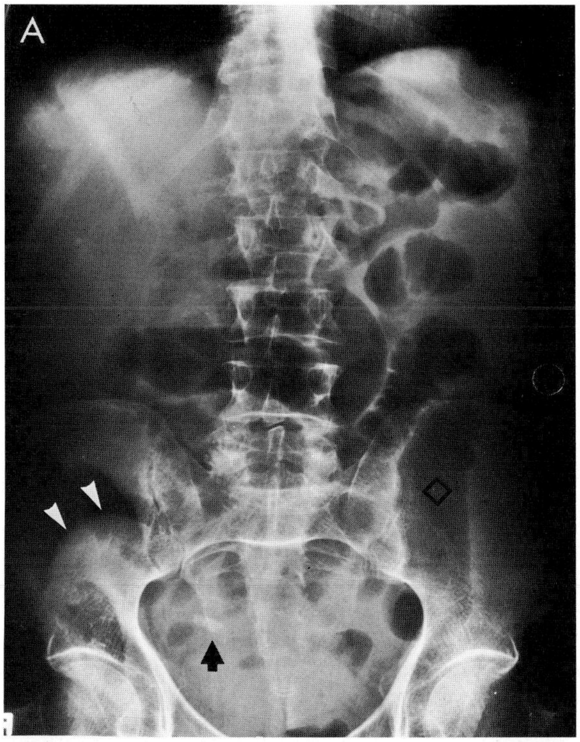

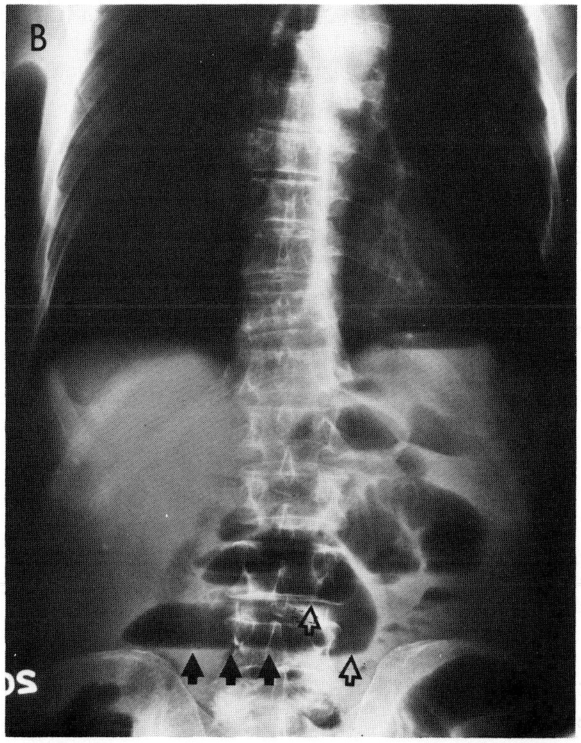

Abb. 5-39: Koprolith und Appendixabszeß. **A.** Abdomenaufnahme im Liegen. In Projektion auf den rechten Sakrumrand befindet sich ein ovaler kalkindurierter Schatten (schwarzer Pfeil). Beachten Sie auch die vielen «gebeugten Finger» im Zentrum des Abdomens. Das Gas im Colon descendens im linken unteren Abdomen hat eine typische Wurstform (Raute). Eine Weichteilmasse projiziert sich in das Gas im Zökum im rechten unteren Quadranten (weiße Pfeile).

B. Beachten Sie das Gas in den vielen Schlingen in der Abdomenmitte. Der Flüssigkeitsspiegel unterhalb des linken Zwerchfells entspricht Gas und Sekret im Magen. Die Darmschlinge in Projektion auf die LWS (gerahmte Pfeile) zeigt darin zwei verschieden hoch stehende Flüssigkeitsspiegel, die einen mechanischen Ileus signalisieren (gerahmte Pfeile). Unterhalb und rechts davon erstreckt sich über die ganze Breite einer weiteren Schlinge ein glatter Flüssigkeitsspiegel (schwarze Pfeile). Dieses «Schildkröten-Zeichen» beweist eine erhebliche intraluminale Flüssigkeitsansammlung. Das Vorhandensein einer «dynamischen Schlinge» legt den Verdacht auf einen mechanischen Ileus sehr nahe. Operativ fand man einen großen Appendixabszeß nach einer perforierten gangränösen Appendizitis und damit in der Folge vergesellschaftet einen mechanischen Dünndarmileus.

tipel vor und finden sich nur selten unterhalb der Höhe der beiden Spinae ischiadicae. Ein solitärer rechtsseitiger Phlebolith könnte einen Appendixkoprolithen nachahmen.
Nach einer Perforation können Koprolithen überall in die freie Bauchhöhle hingelangen und mit einem Abszeß einhergehen (Abb. 5-39 bis 5-41).

Zusammenfassung

Abdomenaufnahmen sind bei Patienten mit einer akuten Appendizitis meist negativ. Manchmal lassen sich spezifische Zeichen einer Entzündung des rechten Unterbauches eruieren. Bei einem akuten Abdomen ist ein sichtbarer Koprolith ein sehr starkes Verdachtszeichen für eine gangränöse Appendizitis.

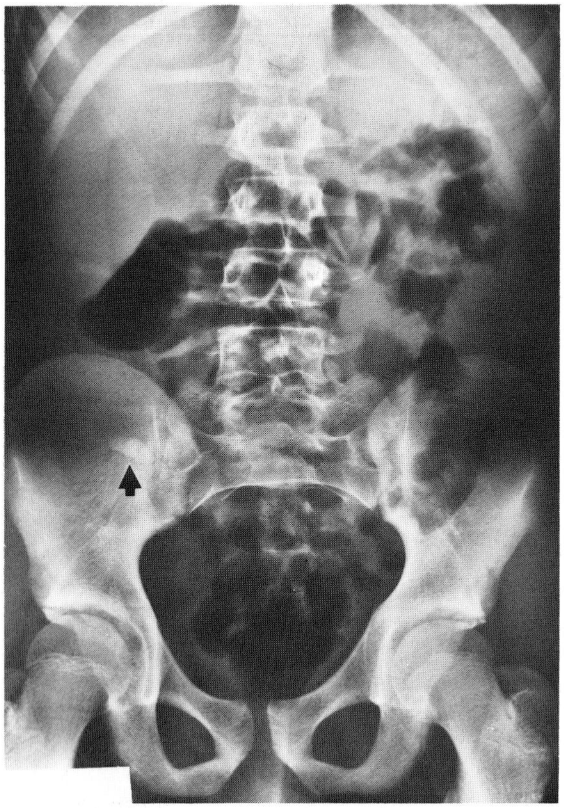

Abb. 5-40: Koprolith (Pfeil), Appendixabszeß. Aufnahme im Liegen. Durch das Fehlen von Darmgasen an dieser Stelle liegt der Verdacht auf eine weichteildichte Raumforderung nahe.

Abb. 5-41: Retroperitoneale Appendixperforation. **A.** Aufnahme im Stehen. Rechts neben der Wirbelsäule befindet sich eine Ansammlung zahlreicher sehr kleiner Gasblasen, die Gas in den rechten retroperitonealen Weichteilen darstellen, welches nach oben bis zum rechten Zwerchfell reicht. Achten Sie auch auf die leichte linkskonvexe Skoliose und den fehlenden rechten Psoasrandschatten. **B.** Aufnahme des Thorax im Stehen. Sie zeigt extraperitoneales Gas unter dem rechten Hemidiaphragma (Pfeile). Dieses Erscheinungsbild weicht von dem freier Luft ab; letzteres ist ungekammert, während extraperitoneales Gas durch Lücken des retroperitonealen Fettgewebes unterteilt wird. Die Abgrenzung gegenüber einer Koloninterposition (Abb. 5-38) sollte unproblematisch sein. Patienten mit einer retroperitonealen Appendixperforation wirken klinisch immer krank, Patienten mit Chilaiditi-Syndrom dagegen nicht.

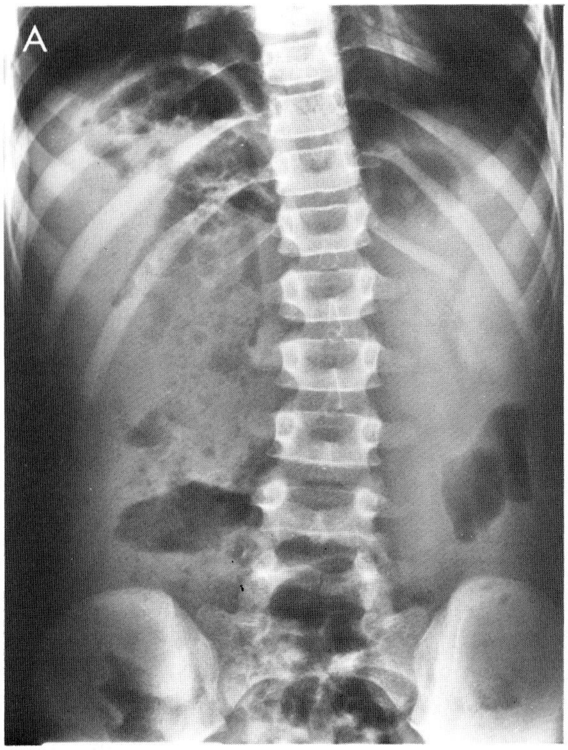

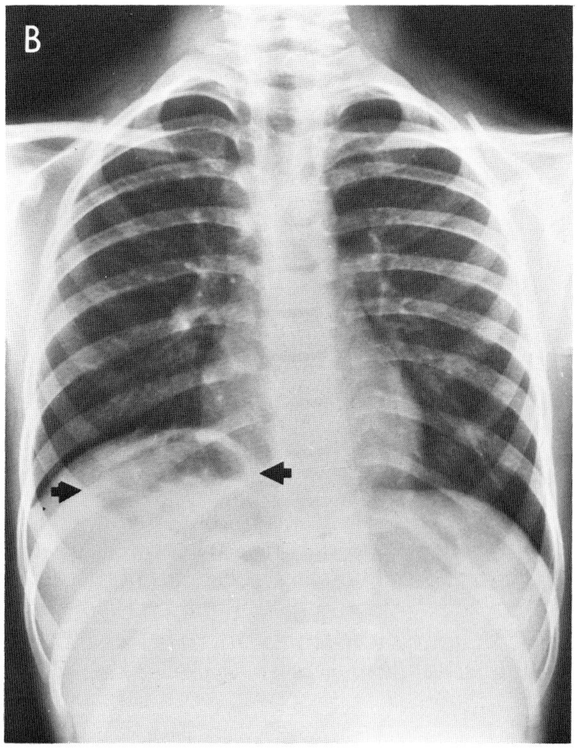

Akute Pankreatitis und akute Cholezystitis

Die akute Pankreatitis und Cholezystitis sind beide relativ häufig und in der Akutphase in ihren klinischen Zeichen dramatisch. Die Röntgenuntersuchungen können normal ausfallen, besonders im Frühstadium beider Erkrankungen. Die «sentinel loop» ist zwar unspezifisch, kann aber ein nutzvolles Hinweiszeichen sein (Abb. 5-42A und B).
Die Auswirkungen einer akuten Pankreatitis auf die Nachbarstrukturen können sehr ausgeprägt sein. Dazu zählen eine Peritonitis und ein Erguß in der Bursa omentalis, ein Exsudat über der Leberkuppel und in der rechten parakolischen Rinne sowie eine gastrointestinale Blutung, links- und rechtsseitige Pleuraergüsse, die Pneumonie (Durchwanderungspneumonie) und basale Atelektasen der Lungen (Abb. 5-42D). Eine Phlegmone in der Bursa omentalis bei der akuten Pankreatitis ist durch einen linksseitigen Zwerchfellhochstand, einen linksseitigen Pleuraerguß und eine Flüssigkeitsansammlung in der Bursa omentalis charakterisiert. CT und Sonographie sind bei der Abklärung einer möglichen akuten Pankreatitis beide sehr von Nutzen.
Der Ileus kann ein ganz besonderes Aussehen haben, das durch das «cutoff»-Zeichen (= Absperrungs- oder Ausschaltungszeichen) charakterisiert ist (Ileus bis zur linken Kolonflexur durch Ausdehnung des pankreatischen Entzündungsprozesses in das Mesenterium).
Eine akute Cholezystitis kann durch einen Gallenblasenstein, eine «sentinel loop», eine vergrößerte Gallenblase, einen fokalen Ileus und – selten – durch Luft in der Gallenblase (emphysematöse Cholezystitis) gekennzeichnet sein.
Nativaufnahmen des Abdomens werden in der häufigen klinischen Differentialdiagnose Pankreatitis – Cholezystitis stumm bleiben. Ist notfallmäßig die Sonographie verfügbar, kann diese Technik sehr wohl von Nutzen sein und beide Krankheitsbilder unterscheiden. Das ödematös vergrößerte Pankreas hat ein unverkennbares sonographisches Erscheinungsbild. Oft werden bei Patienten mit akuten und schweren Schmerzen Pankreaspseudozysten entdeckt. Erweiterte Gallenwege sind ebenfalls leicht erkennbar (Abb. 5-43 und 5-44). Ein normaler Ultraschallbefund der Gallenblase kann zwar die Diagnostik in Richtung Pankreas lenken, doch kann man so eine «steinlose» Cholezystitis übersehen, weshalb wir die hepatobiliäre Szintigraphie bevorzugen, die bei der Differentialdiagnose zwischen einer akuten Cholezystitis und einer akuten Pankreatitis sehr von Nutzen sein kann (Abb. 5-42 und 5-45). Die Verlegung des Ductus cysticus ist Merkmal einer akuten Cholezystitis. Deshalb spricht die fehlende Darstellung der Gallenblase nach einem angemessenen Intervall sehr für eine akute Cholezystitis. Die Ansammlung des Radionuklids in der Gallenblase spricht stark gegen eine akute Cholezystitis.
Führen gaserzeugende Mikroorganismen zu einer ödematös erweiterten Gallenblase, dann können sich sowohl Gas als auch Eiter entwickeln. Die Ulzeration und Nekrose der Mukosa ermöglichen es dann, daß Gas in die Submukosa und womöglich auch in die Gallenblase eindringt.

Infektionen und Raumforderungen im Becken und Extrauteringravidität

Abdomenaufnahmen sind bei Beckenerkrankungen wie z.B. einer akuten Appendizitis oft negativ. Ein umschriebener paralytischer Ileus (das unspezifische Abdomen) liegt aber meist vor. Eine Raumforderung erkennt man auf Nativaufnahmen eventuell an einer Pelottierung der Harnblase oder an einer Verlagerung von Darmschlingen. Es kann aber auch ein flüssigkeitsgefülltes Colon sigmoideum eine Raumforderung vortäuschen.
Die ektope Schwangerschaft nach einer Tubenruptur kann sich durch Blut in der Peritonealhöhle (parakolische Rinnen und Beckenrezessus) zu erkennen geben.
Methode der Wahl zum Nachweis einer Raumforderung im Becken eines jeden Typs ist die Beckensonographie; dies gilt auch für die ektope Schwangerschaft (Abb. 5-46 bis 5-53).
Die zeitliche Durchführung der Beckensonographie sollte man vom Ergebnis des HCG-Tests abhängig machen (HCG = humanes Choriongonadotropin). Verfeinerungen des Radioimmuno-Assays der Beta-Untereinheit des HCG ermöglichen heute die Diagnose einer ektopen Schwangerschaft bereits zehn Tage post conceptionem ($3\frac{1}{2}$ Wochen nach der letzten Menstruation). Dabei ist das Serum-Beta-HCG sensitiver und spezifischer als der Urintest.
Ist der Schwangerschaftstest nach der Serumbestimmung negativ, so kann man eine ektope Schwangerschaft ausschließen. Ist das Serum-Beta-HCG hingegen positiv, dann besteht die wichtigste Aufgabe der Sonographie darin, Vorliegen oder Fehlen einer lebensfähigen intrauterinen Schwangerschaft nachzuweisen. Das Vorhandensein eines gut ausgebildeten Fruchtsakkes und des Fetalpols im Uterus selbst schließt eine ektope Schwangerschaft praktisch aus.
Der fehlende Nachweis einer lebensfähigen Intrauterinschwangerschaft bei einem positiven Schwangerschaftstest bedeutet aber nicht notwendigerweise eine ektope Schwangerschaft. Zu den dann möglichen Zuständen zählen bei einer Schwangerschaftsdauer von weniger als fünf bis sechs Wochen der unvollständige Abort oder eine nicht lebensfähige intrauterine Schwangerschaft.
Der Nachweis von Flüssigkeit im Douglas-Raum und eines Adnextumors sprechen dann aber sehr für eine ektope Schwangerschaft. Dennoch sieht man bei einer erheblichen Zahl ektoper Schwangerschaften keinen Adnextumor. Deshalb muß man bei positivem Schwangerschaftstest und leerem Uterus immer bis zum Beweis des Gegenteils eine ektope Schwangerschaft bedenken.
Unter diesen Umständen ist die quantitative HCG-Bestimmung sehr hilfreich. Liegt der Serum-Spiegel des HCG bei 6500 mI.E./ml oder darüber, dann sollte im Uterus ein gut ausgebildeter Trophoblast zu sehen sein. Das Fehlen dieses Zeichens bei einem Serum-HCG-Wert von über 6500 mI.E./ml spräche dann sehr stark gegen eine lebensfähige intrauterine Schwangerschaft, weshalb denn auch eine ektope Schwangerschaft wahrscheinlich ist.

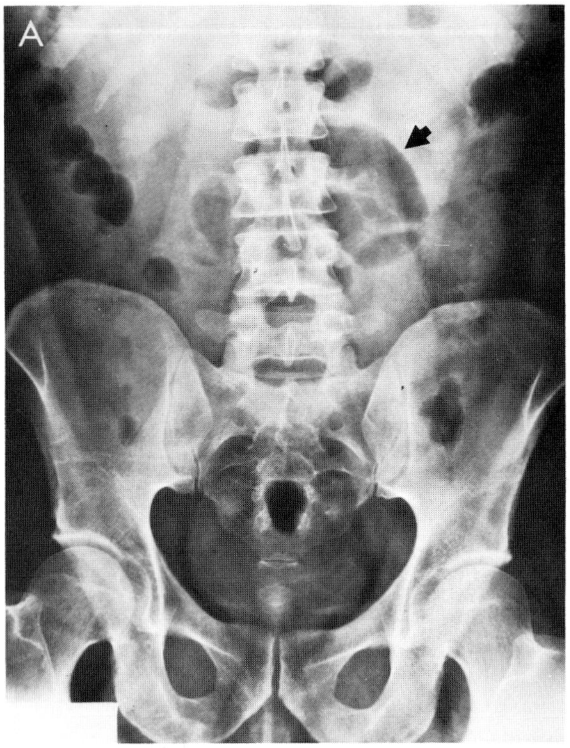

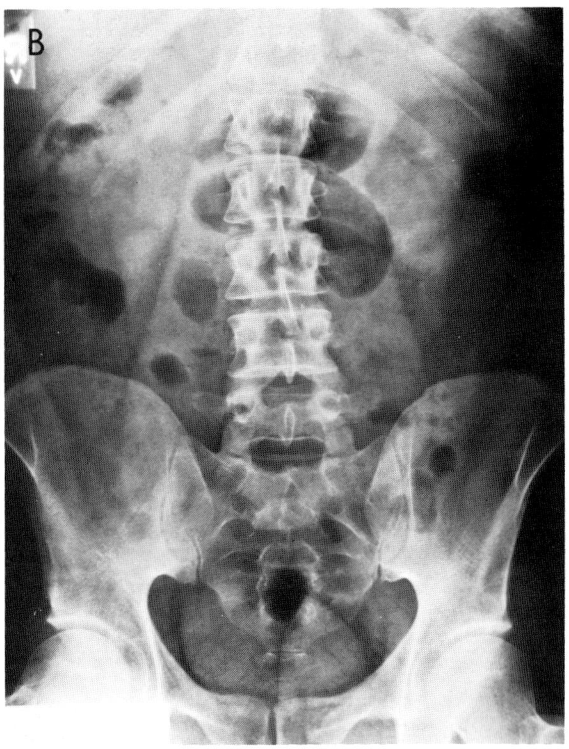

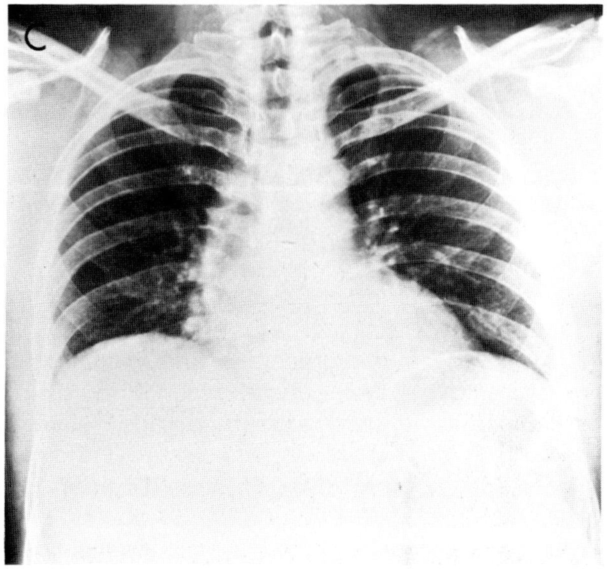

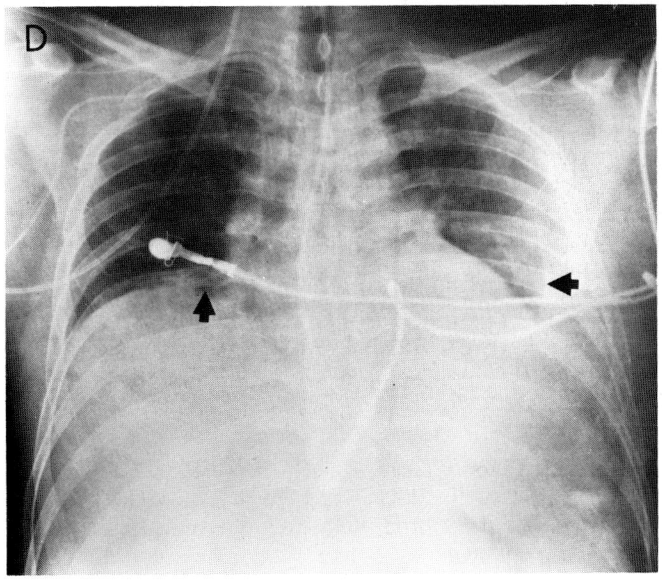

Abb. 5-42: Akute Pankreatitis. **A.** Rückenlage. Beachten Sie die «sentinel loop» im oberen zentralen Abdomen (Pfeil). **B.** Aufnahme im Stehen. Die «sentinel loop» ist unverändert und zeigt keinen Flüssigkeitsspiegel. **C.** Die Thoraxaufnahme im Stehen ist unauffällig. **D.** Bettaufnahme mit fahrbarer Röntgeneinrichtung am folgenden Morgen. Beachten Sie jetzt den beiderseitigen Zwerchfellhochstand. Links findet sich ein Pleuraerguß (Pfeil) und rechts basal eine Atelektase (Pfeil).

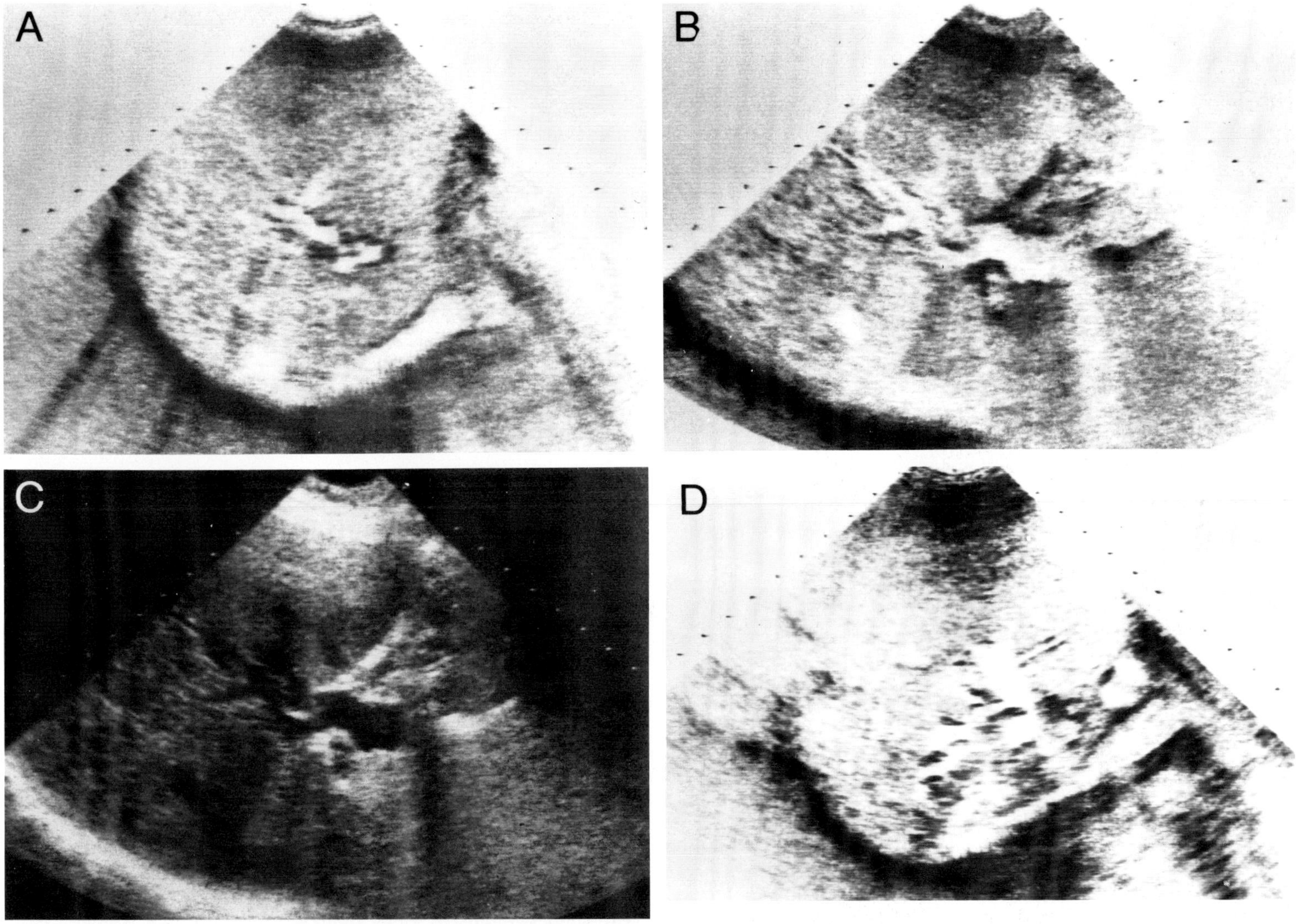

Abb. 5-43: Typisches sonographisches Bild einer Dilatation der intrahepatischen Gallenwege. Zur Beurteilung der Gallenwegsweite ist die Sonographie der Computertomographie und nuklearmedizinischen Untersuchungen vorzuziehen. **A.** und **B.** Helles Hintergrundformat. **C.** Dunkles Hintergrundformat, aber gleiches Bild wie in **B.** **D.** Ein weiterer Patient mit der gleichen Diagnose.

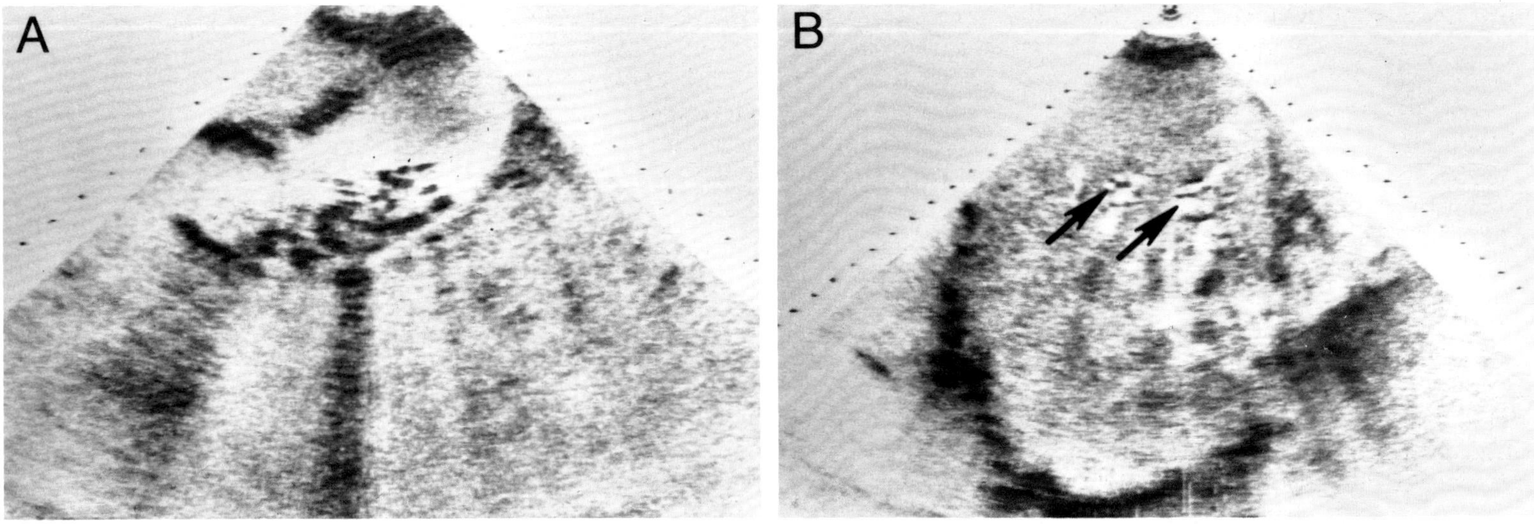

Abb. 5-44: 68jährige Frau mit akuter Cholezystitis. Die Ultraschallbilder der Gallenblase **(A)** zeigen multiple Schallschatten, die Gallenblasensteinen entsprechen. Die Sonographie der Leber ergibt erweiterte Röhrenstrukturen in der Gegend der Leberpforte, was einer Erweiterung der Gallenwege entspricht und auf eine Steinverlegung des Ductus choledochus hinweist.

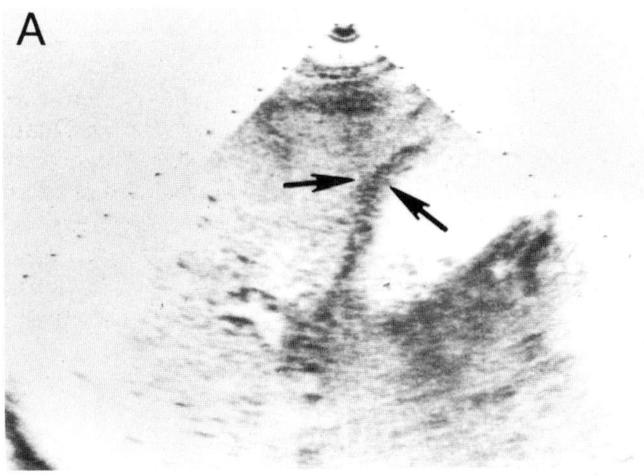

Abb. 5-45: Akute Cholezystitis mit Verschluß des Ductus cysticus bei einem 88jährigen Mann. Die Sonographie **(A)** zeigt die Wandverdikkung der Gallenblase als dunklen echoreichen Streifen (Pfeile). Der Gallenblaseninhalt selbst ist dagegen echoarm. Die nuklearmedizinische Untersuchung (hepatobiliäre Szintigraphie mit Frühbild in **B** und Spätbild in **C**) stellt die Gallenblase nicht dar, ergibt dagegen ein normales Bild der Leber, von Ductus hepaticus communis und Ductus choledochus sowie oberem Dünndarm und des Duodenums. Diese Bilderkombination kann bei einer steinlosen Cholezystitis oder bei einer akuten Cholezystitis mit einem Steinverschluß des Ductus cysticus vorliegen.

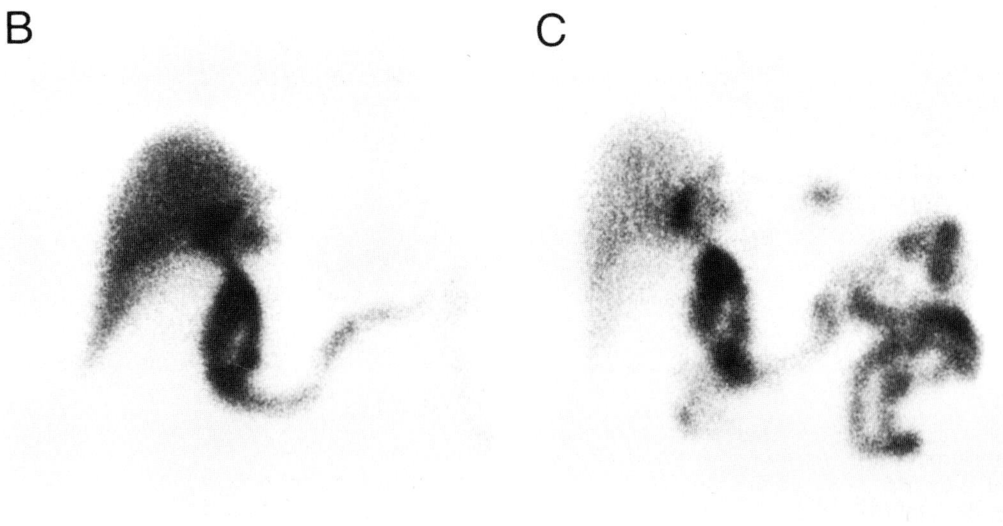

Liegt der Serum-HCG-Wert unter 6500 mI.E./ml und läßt sich sonographisch keine gut ausgebildete Schwangerschaft nachweisen, dann muß man an die Möglichkeiten der frühen Intrauterinschwangerschaft (weniger als 6 Wochen nach der letzten Menstruation), des inkompletten Aborts oder der ektopen Schwangerschaft denken. In diesen Fällen erscheint es dann angemessen, zeitliche Reihenkontrollen des quantitativen HCG-Wertes und sonographische Folgeuntersuchungen durchzuführen. Bei einer frühen normalen Intrauterinschwangerschaft verdoppelt sich der Serumwert des HCG alle zwei Tage. Steigt dieser Wert dagegen bei den Kontrollen nicht normal an und zeigt sich keine Intrauterinschwangerschaft, dann kann eine Endometriumkürettage bei der Unterscheidung eines inkompletten Aborts von der ektopen Schwangerschaft weiterhelfen. Steigt das HCG auf die erwarteten Werte an, dann kann man zeitliche Kontrollen vornehmen, bis sonographisch eine lebensfähige Intrauterinschwangerschaft nachweisbar ist.
Der kombinierte Einsatz der Sonographie und der Spiegelbestimmungen des Beta-HCG sollte so die meisten ektopen Schwangerschaften aufdecken lassen.

Gallensteinileus

Der Gallensteinileus, die Perforation eines Gallensteins in das Duodenum*, ist eine relativ seltene Ursache eines Darmverschlusses. Ist der Gallenstein genügend groß, dann kann er zu einem mechanischen Dünndarmileus führen, wobei dann die röntgenologischen Befunde für einen mechanischen Ileus typisch sind. Hat der Gallenstein eine genügend hohe Strahlendichte, dann kann man ihn womöglich auf den Abdomenaufnahmen als Verschlußursache entdecken. Die diagnostische Trias bei einem Gallensteinileus besteht aus einem großen solitären Gallenkonkrement im Mittelbauch, erweiterten Dünndarmschlingen proximal des Konkrements und eventuell Luft in den Gallenwegen (Aerobilie; «Hirschgeweih»-Figur).
Der Gallensteinileus ist eine Erkrankung der älteren Menschen. Hierbei bildet sich zwischen der Gallenblase und dem Duodenum eine entzündliche Fistel aus. Diese duodenobiliäre Fistel kann es dann ermöglichen, daß sich Darmgas in die Hauptgallenwege innerhalb der Leber ausbreitet. Auf den Röntgenaufnahmen können die kalkdichten Gallenkonkremente nur sehr klein sein. Ein verkalkter Kern kann von einer dicken, aber unverkalkten Hüllenschicht umgeben sein. Folglich kann ein Gallenstein, der den Dünndarm verschließt, viel größer sein, als es seinem röntgenologischen Aspekt entspricht, falls er überhaupt zu entdecken ist.

* Anm. d. Übers.: Selten einmal kann ein Gallenblasenstein in die rechte Kolonflexur perforieren und dann zum Bild eines tief sitzenden mechanischen Dickdarmileus führen.

80 Prozent der Patienten mit einem Gallensteinileus zeigen Luft in der Gallenblase oder in den Gallenwegen. Bei einigen (20 %) verhindert ein spontaner Fistelverschluß nach der Steinpassage oder eine schon vorbestehende Okklusion des Ductus cysticus das Eindringen von Darmluft in den Gallenwegsbaum.
Luft in den Gallenwegen (Abb. 5-54 und 5-55) ist aber nicht für eine cholezystointestinale Fistel auf dem Boden einer Arrosion durch einen Gallenstein pathognomonisch. Häufigste Ursache hierfür ist eine chirurgische Anastomosierung (biliodigestive Anastomosen: Cholezystoenterostomie und Choledochoenterostomie). Eine seltenere Ursache ist die Perforation eines Duodenalgeschwürs.

Akute Kolondivertikulitis

Patienten mit einer akuten Sigmadivertikulitis (Abb. 5-56) stellen sich dem Arzt meist mit den typischen Befunden von Schmerz und Druckempfindlichkeit im linken Unterbauch vor. Die Diagnosestellung einer Kolonperforation bei akuter Divertikulitis anhand der Abdomenübersichten ist insofern ungewöhnlich, als sich die Perforation meist extraperitoneal abspielt und die Gasmenge lokalisiert bleibt. Gelegentlich sieht man Hinweise für eine Raumforderung im linken unteren Quadranten oder im Becken, Gas in einem intrapelvinen Abszeß oder freie Luft in der Bauchhöhle. Am häufigsten wird diese Diagnose denn auch klinisch gestellt; wo es indiziert erscheint, kann sie durch einen Kolonkontrasteinlauf mit wasserlöslichem Kontrastmittel gesichert werden. Dieses Vorgehen birgt aber wiederum das Risiko einer (womöglich bislang noch nicht eingetretenen) Perforation in sich.
Kommt es zur retroperitonealen Perforation eines Sigmadivertikelabszesses, so kann sich infolgedessen ein Fistelgang zur Haut der Bauchwand, der Flankenregion oder zum linken Oberschenkel ausbilden. Die Infektionsausbreitung folgt den Faszienschichten des Retroperitoneums bis in die Subkutis. Der Nekrose der darüberliegenden Haut folgt dann die Ausbildung einer dränierenden Fistel. In manchen Fällen lenkt überhaupt erst ein solcher Fistelgang die Aufmerksamkeit auf eine schon vorbestehende Divertikulitis.
Eine entzündliche Raumforderung um ein perforiertes Sigmadivertikel herum kann eine benachbarte Dünndarmschlinge mit einschließen und so zu einer Dünndarmokklusion führen. Darauf können dann ein geblähtes Abdomen, krampfartige Bauchschmerzen und Erbrechen folgen (Abb. 5-57).

Peritonitis

Die akute Peritonitis führt zu einer intraperitonealen Flüssigkeitsansammlung. Das Gasverteilungsmuster im Darm ent-

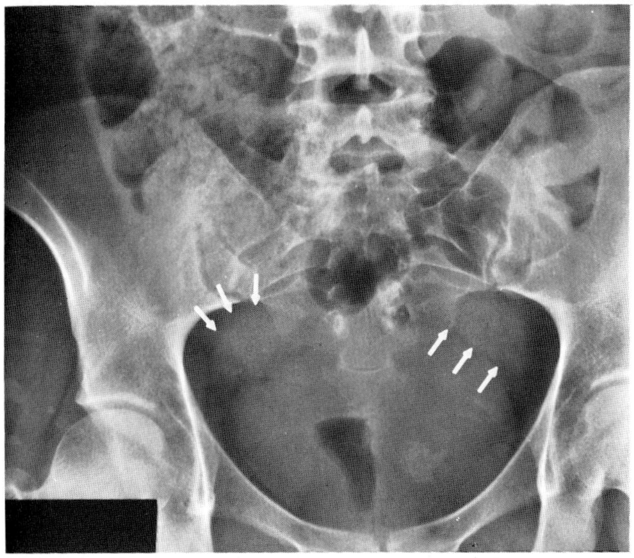

Abb. 5-46: Tubenruptur bei Extrauteringravidität. Aufnahme in Rükkenlage. Beachten Sie das Blut in den Beckenrezessus, das Hundeohren ähnelt (Pfeile).

spricht dann dem eines paralytischen Ileus. In einigen Fällen kann es aber sehr schwer sein, das Bild von einem mechanischen Darmverschluß zu unterscheiden. Natürlich kann auch eine Kombination beider Formen vorliegen, denn die Infektion verursacht ein Exsudat, das sich dann in Taschen ansammelt und zu Adhäsionen Anlaß geben kann. Die Bauchfellentzündung kann zu einer Distanzierung sichtbarer gasgefüllter Schlingen durch dazwischenliegende Flüssigkeit führen. Durch die Entzündung können die Flankenstreifen verlegt werden. Aus diesem Grund kann dann auch die Entdeckung einer Flüssigkeitsansammlung in der parakolischen Rinne beiderseits schwierig oder gar unmöglich werden. Sehr schnell durchwandert der Entzündungsprozeß das Zwerchfell, weshalb man basale Pleuraergüsse und Atelektasen feststellen kann.

Ist die orale Kontrastmittelgabe zur Abgrenzung eines mechanischen oder paralytischen Ileus indiziert, dann ist ein wasserlösliches Kontrastmittel zu verwenden, weil immer die Möglichkeit besteht, daß die Peritonitis Folgezustand einer klinisch unbekannten Perforation ist.

Ein intraabdomineller Abszeß kann von einer Darmperforation in beliebiger Höhe herrühren. Häufigste Ausgangsorte sind die Appendix, Kolondivertikel oder Magen- bzw. Zwölffingerdarmgeschwüre. Jedes der genannten kann entweder intra- oder aber auch retroperitoneal perforieren. Zur intraperitonealen Ruptur kommt es meist bei einer Lokalisation perizökal (= perityphlisch), in der parakolischen Rinne im Beckenbereich, subhepatisch oder subphrenisch. Retroperitoneale Abszesse können auch von der Niere, dem Pankreas oder der Wirbelsäule ausgehen. Die Perforation der Magenhinterwand führt zu einem Empyem der Bursa omentalis. In jeder beliebigen Lage kann ein Abszeß sehr groß werden und umschrieben Gas enthalten.

Methoden der Wahl bei der Suche nach vermuteten Flüssigkeitsansammlungen oder Abszessen sind die Sonographie und die Computertomographie (Abb. 5-57 bis 5-59).

Zusammenfassung der Grundkonzepte zum Erkennen entzündlicher Veränderungen

1. Die Röntgenbilder sind bei der akuten Appendizitis meist stumm. Schlüsselzeichen kann eine «sentinel loop» sein.
2. Ein Appendixstein (Koprolith) ist ein sehr zuverlässiges Hinweiszeichen für eine akute Appendizitis bei Patienten mit der klinischen Diagnose eines akuten Abdomens.
3. Eine «sentinel loop» liegt oft bei einer akuten Pankreatitis oder einer akuten Cholezystitis vor. Zur Unterscheidung ist die hepatobiliäre Szintigraphie geeignet. Die Sonographie kann das Vorliegen von Gallensteinen, erweiterten Gallenwegen, einer Pankreasvergrößerung sowie von Pankreaspseudozysten nachweisen.
4. Patienten mit einem Gallensteinileus können Luft in den Gallenwegen haben (Aerobilie); meist jedoch geht eine Aerobilie auf eine chirurgische biliodigestive Anastomose zurück.
5. Die akute Divertikulitis bietet meist die typischen klinischen Zeichen.
6. Sonographie und Computertomographie sind die Methoden der Wahl zum Nachweis intraabdomineller Flüssigkeitsansammlungen und Abszesse.
7. Entzündungen und Raumforderungen im Becken sowie eine ektope Schwangerschaft klärt man am besten mit der Sonographie des Beckens ab.

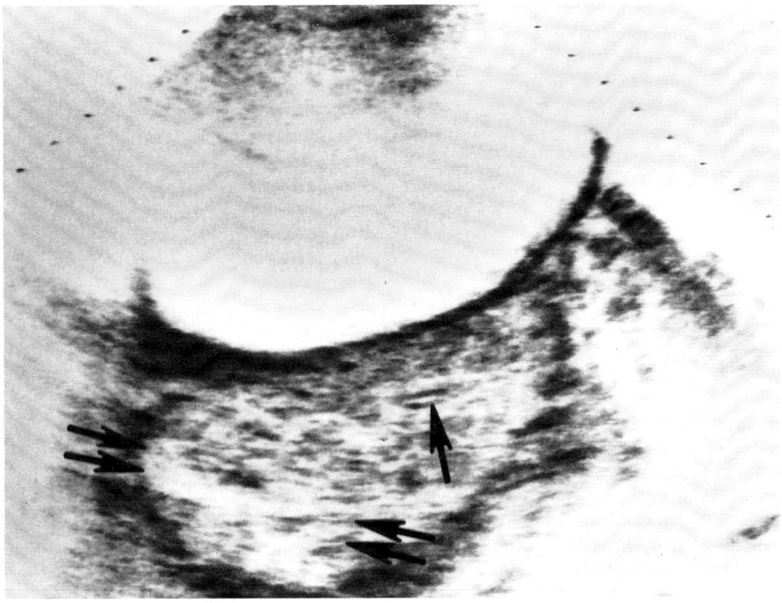

Abb. 5-47 (rechts): Diese 22jährige Frau hatte einen positiven Schwangerschaftstest und klagte über Bauchschmerzen. Ein transversaler Übersichtsschnitt zeigt den Uterus leer (beachten Sie hier den Endometriumkanal [Einzelpfeil] und einen soliden Prozeß der rechten Adnexe [Doppelpfeil]). Operativ wurde eine ektope Schwangerschaft bestätigt.

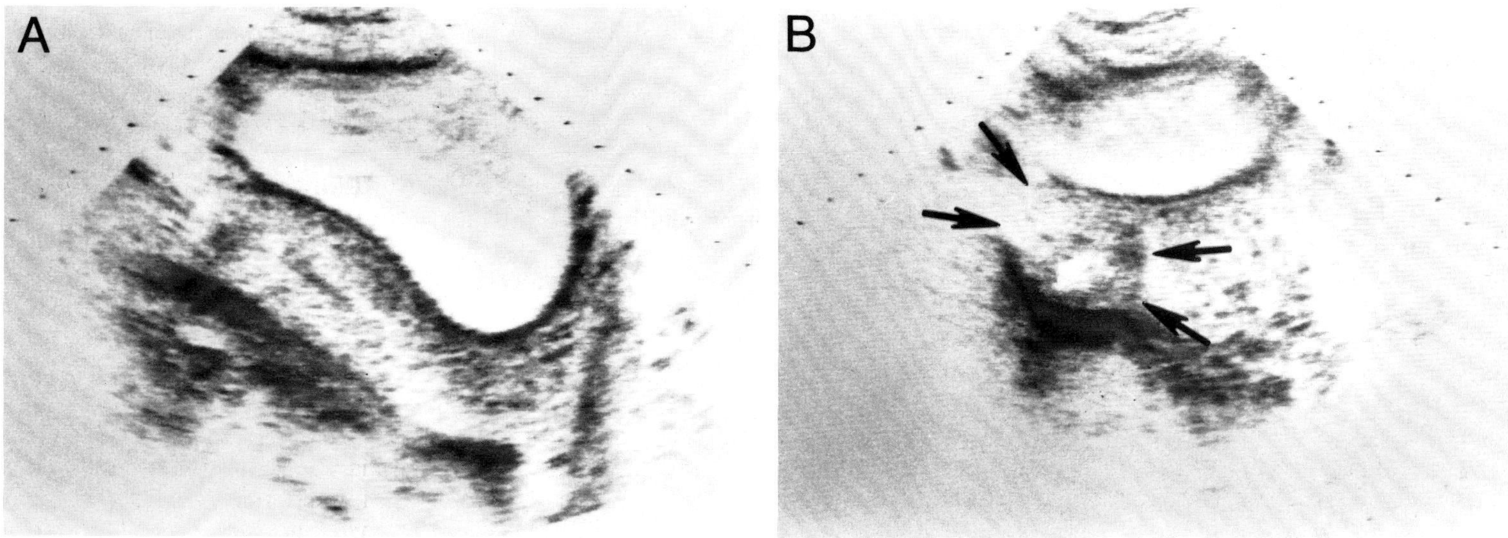

Abb. 5-48: Weiteres Beispiel einer ektopen Schwangerschaft. **A.** Der Longitudinalschnitt zeigt den Uterus leer bei einem betonten Endometriumkanal. **B.** Der transversale Schnitt zeigt eine Raumforderung der rechten Adnexe (Pfeile). Bei der Operation fand man eine nicht rupturierte ektope Schwangerschaft.

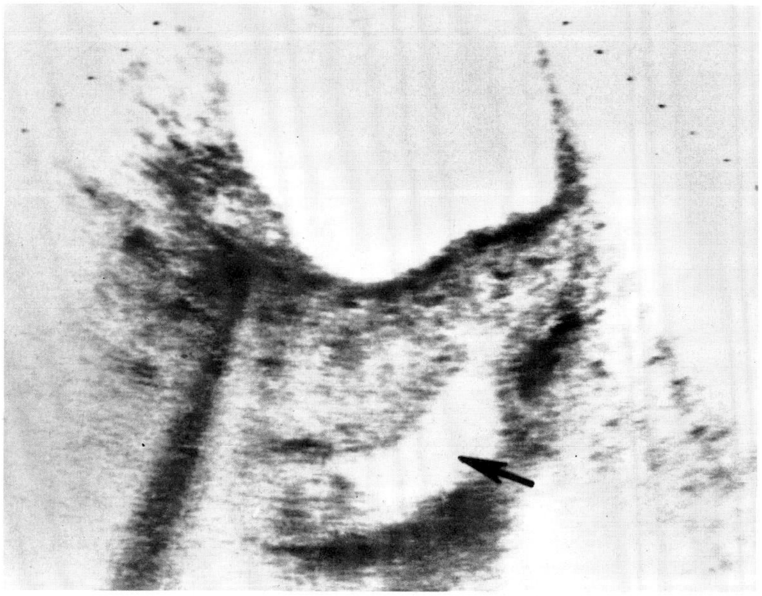

Abb. 5-49 (oben links): Der sonographische Transversalschnitt deckt das typische Erscheinungsbild freier Flüssigkeit im Douglas-Raum auf (Pfeil). Sexuell aktive Frau mit negativem Schwangerschaftstest. Dieser Befund ist bei Entzündungszuständen, wie in diesem Falle, recht häufig. Das Bild ähnelt einer rupturierten ektopen Schwangerschaft.

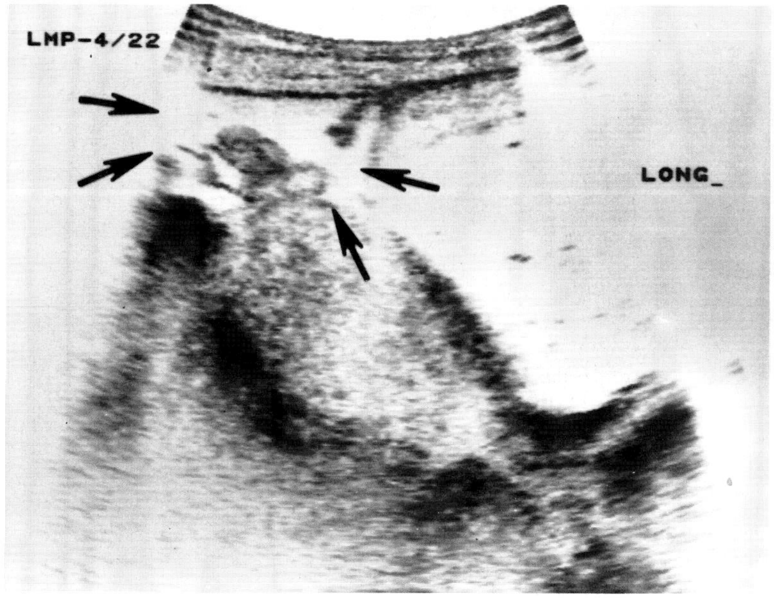

Abb. 5-50 (oben rechts): Die 18jährige junge Frau, die von ihrem Partner mißhandelt wurde, kam in einem schwer hypotonen Zustand in die Notaufnahme. Die Beckensonographie ergab eine etwa 12 bis 13 Wochen alte Schwangerschaft (hier nicht dargestellt) und zusätzlich freie intraperitoneale Flüssigkeit (Blut) oberhalb der Harnblase. Achten Sie bitte auf die echogenen Darmschlingen, die oberhalb der Harnblase auf der echofreien Flüssigkeit «aufschwemmen» (Pfeile).

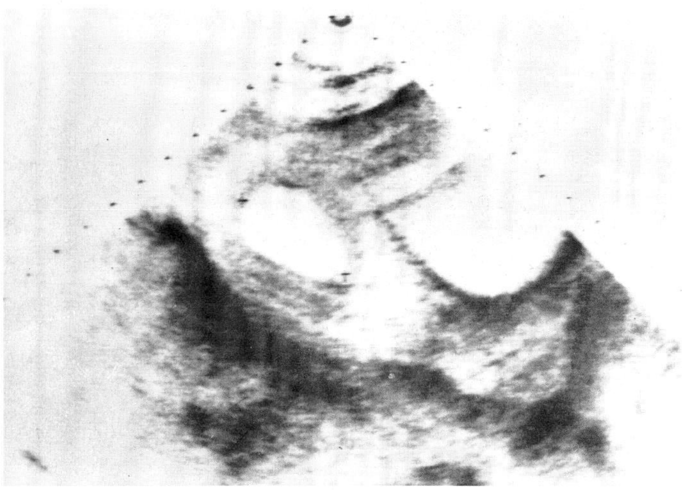

Abb. 5-51 (unten links): Longitudinaler Sonographieschnitt bei einer 20jährigen Frau. Die wahrscheinlichste Diagnose heißt hier Windmole (oder «Windei»). Im Uterus ist nur ein leerer Sack, nicht aber ein Fetalpol oder irgendein anderes Zeichen einer intakten Frucht zu sehen. Gelegentlich kann auch eine Blasenmole im Frühstadium ein ähnliches Bild bieten.

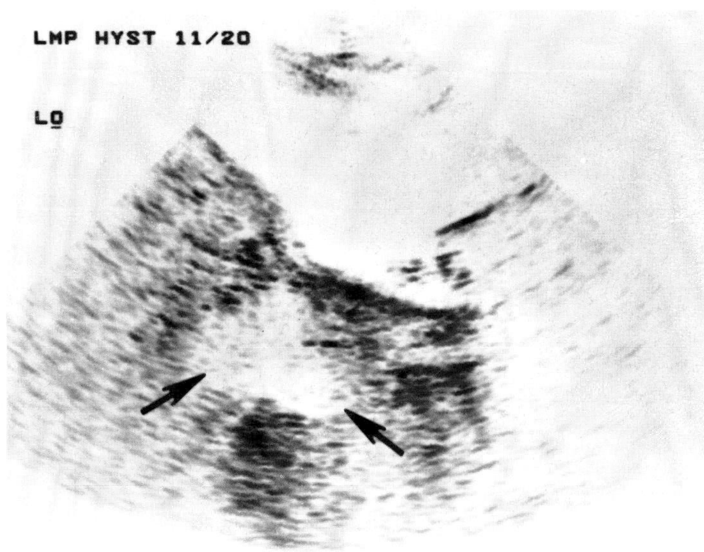

Abb. 5-52 (unten rechts): Die Patientin kam zwei Wochen nach einer Hysterektomie mit 40 °C Fieber in die Notaufnahme. Ein longitudinales Beckensonogramm zeigt das Fehlen der Gebärmutter. Die Harnblase ist echofrei. Hinter der Harnblase sieht man eine echoarme Region (Pfeile), die sich als Abszeß erwies. Noch in der Notaufnahme wurde aus dieser Veränderung eitrige Flüssigkeit aspiriert.

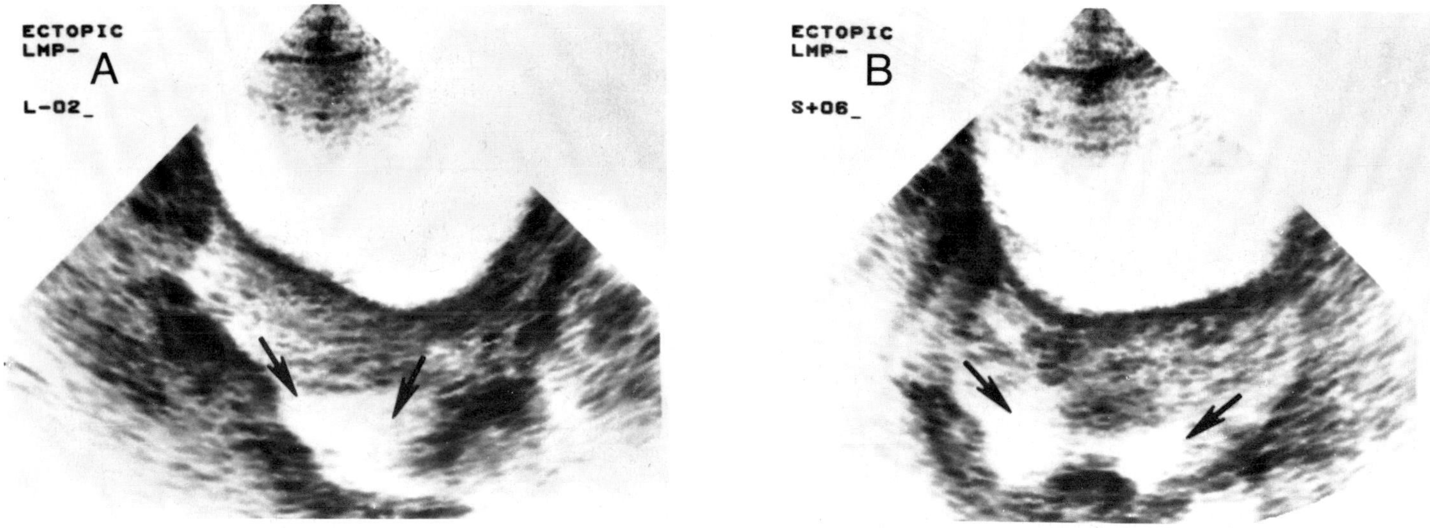

Abb. 5-53: Ektope Schwangerschaft. **A.** Der longitudinale Beckenschnitt zeigt freie Flüssigkeit hinter dem Uterus, welche Blut im Douglas-Raum entspricht. **B.** Der Transversalschnitt mit der gleichen Flüssigkeitsansammlung (durch Pfeile markiert).

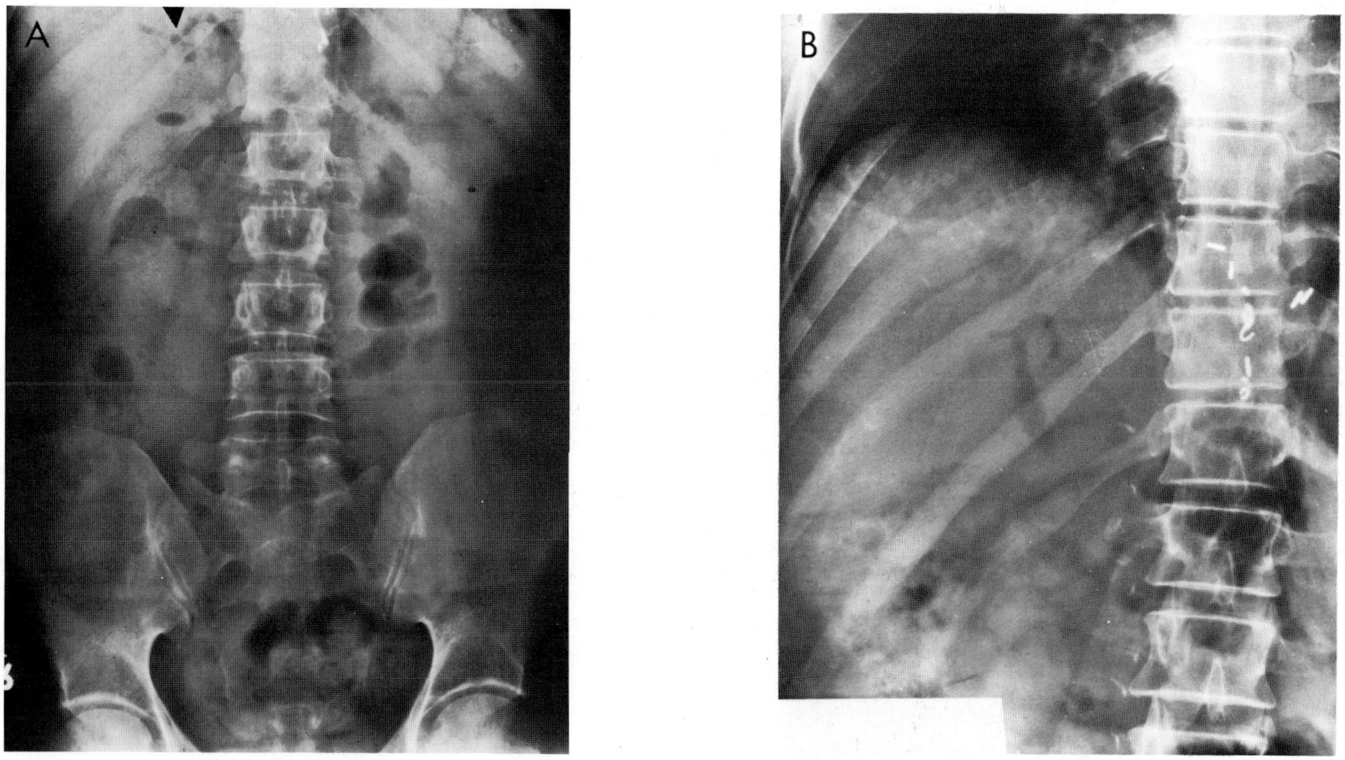

Abb. 5-54: Luft im Gallenwegssystem (Aerobilie). **A.** Abdomenaufnahme im Stehen. Beachten Sie die «Mövenschwingen-Form» der Luft im rechten und linken Ductus hepaticus (Pfeil). (Im deutschen Sprachbereich spricht man bei Verteilung von Luft in die intrahepatischen Gänge auch von einer «Hirschgeweih-Form»; Anm. des Übers.) Die kleine Luftblase am Leberrand ist wahrscheinlich der Bulbus duodeni. **B.** Vergrößerungsaufnahme in Rückenlage vom gleichen Patienten. Das Gas füllt den Ductus hepaticus communis und den Ductus hepaticus sinister. Beachten Sie die Operationsclips. Das Gas im Gallenwegsbaum zu diesem Zeitpunkt beruht auf einer vorher erfolgten biliodigestiven Anastomose.

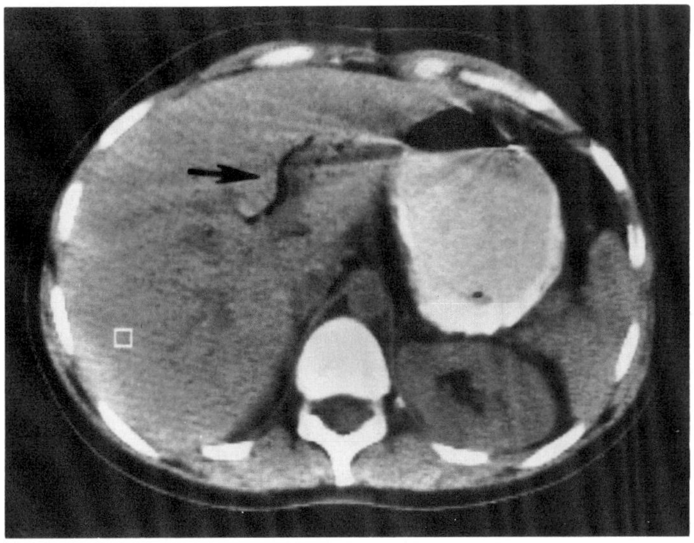

Abb. 5-55 (oben links): Luft im Gallenwegssystem (Aerobilie), kann wie bei diesem Patienten ein Zeichen mit ominöser Bedeutung und auch bei Infektionen mit gasbildenden Bakterien zu finden sein. Dieser Patient hatte sich einer Choledochojejunostomie unterzogen. Einen luftgefüllten Gallengang erkennen Sie im linken Leberlappen als S-förmige gashaltige Aufhellungsfigur.

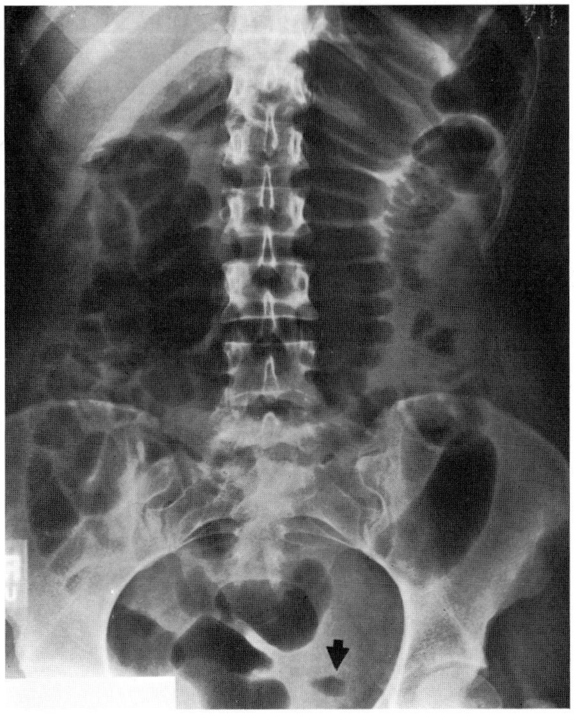

Abb. 5-56: Akute Divertikulitis. Rückenlage. Eine beachtliche Gasmenge ist über das gesamte Kolon verteilt, bei nur sehr geringem Gasgehalt der Dünndarmschlingen. In Projektion auf den linken Harnblasenanteil findet sich eine kleine Gasmenge (Pfeil), ein Beckenabszeß als Folgezustand nach einer akuten Divertikulitis mit Perforation. Die Ränder des Abszesses kann man nicht erkennen. Die Diagnose wurde mit einem Koloneinlauf mit wasserlöslichem Kontrastmittel gesichert.

Volvulus

Ein Kolonvolvulus ereignet sich meist bei einem ungewöhnlich langen Mesenterium. Die überlange Schlinge kann sich um 180–360 Grad verdrehen; meist handelt es sich hierbei um das Zökum oder das Sigma. Hervorstechender Röntgenbefund ist in beiden Fällen ein enorm gedehntes Kolon.

Kommt ein Patient mit akuten Bauchschmerzen zur Aufnahme und zeigen die Röntgenaufnahmen ein massiv dilatiertes Kolon, dann muß man an die Möglichkeit eines Volvulus denken. Ein extrem gedehntes Kolon kann aber auch auf andere Krankheitszustände hinweisen, wovon aber keines besonders häufig oder besonders schwierig zu diagnostizieren ist.

Die akute Mesenterialthrombose kann – wenn auch selten – Röntgenbefunde wie bei einem Volvulus bieten. Der Kolonkontrasteinlauf wird aber schnell die Differenzierung ermöglichen, denn nach der Kontrastmitteleinführung wird sich zwar ein Kolonverschluß beim Volvulus, nicht aber bei der Mesenterialthrombose zeigen.

Gelegentlich kann man auch eine erhebliche Gasblähung des Kolons bei Patienten mit einem toxischen Megakolon sehen (Abb. 5-60), doch läßt sich dieses anhand der klinischen Befunde und der sichtbaren Schleimhautulzerationen in der Regel ausschließen oder bestätigen.

Ein tiefsitzender Dickdarmverschluß durch ein Kolonkarzinom (Abb. 5-61) kann manchmal ein massiv erweitertes Kolon nach sich ziehen. Hier läßt sich die Abgrenzung durch einen Koloneinlauf mit wasserlöslichem Kontrastmittel stellen, weil die Verlegung bei einem Volvulus oft durch die charakteristische «Vogelschnabel»-Figur gekennzeichnet ist, während man bei einem Dickdarmileus durch ein Karzinom eher die typische Erscheinung eines rundum angebissenen Apfels sehen kann (apple core configuration).

Der Dickdarmvolvulus betrifft am häufigsten das Zökum oder das Sigma, seltener aber auch das Querkolon, den Magen oder den Dünndarm. Für den erstuntersuchenden Arzt ist es denn auch nur zweitrangig, die genaue Art des Volvulustyps zu bestimmen. Im typischen Fall zeigt der Sigmavolvulus (Abb. 5-62) die Form eines auf dem Kopf stehenden «U» (Abb. 5-63 und 5-64), der Zökumvolvulus eine ovale Schleife (Abb. 5-65 und 5-66). Dabei kann man jede dieser Schlingen in jeder beliebigen Bauchregion finden.

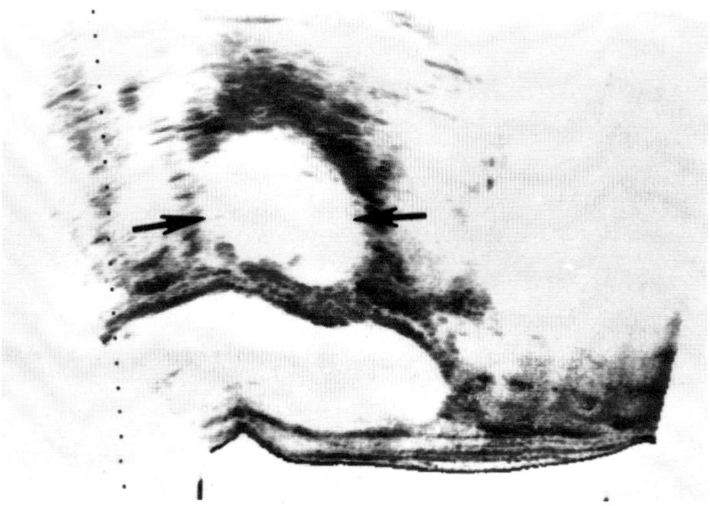

Abb. 5-57 (unten rechts): Longitudinales Mittelliniensonogramm des Beckens bei einer Frau mit einer Kolondivertikulitis. Vor 5 Jahren war die Gebärmutter entfernt worden. Hinter der Harnblase zeigt sich eine Flüssigkeitsansammlung, die sich intraoperativ als divertikulitischer Abszeß erwies.

Zusammenfassung

1. Der Volvulus ist durch eine massive Dickdarmüberdehnung gekennzeichnet.
2. In der Regel ist er leicht von anderen Ursachen einer massiven Dickdarmdilatation zu unterscheiden.
3. Die Diagnosestellung ist dringlich, weil die Strangulierung zur Perforation führen wird.

Mesenterialischämie

Die Diagnose einer mesenterialen Ischämie stellt sich immer schwierig dar. Klinisch kann sie mit plötzlich einsetzenden schweren Schmerzen oder aber mit dem allmählichen Beginn nur mäßiger Schmerzen einhergehen. Die meisten Patienten kommen mit einem akuten Abdomen oder einer gastrointestinalen Blutung zur Aufnahme. 20 Prozent der Patienten erbrechen auch Blut; blutiger Stuhl oder blutiger Durchfall sind häufig.

Es existieren verschiedene Formen der Mesenterialischämie; dazu gehören die arterielle Thrombose oder Embolie, die Mesenterialvenenthrombose und die nicht verschließende (= nonokklusive) Mesenterialischämie. Zu einer ischämischen Kolitis kann es dann kommen, wenn eine jede dieser Krankheitsformen zu einer Durchblutungsstörung des Kolons führt. Je nach dem Schweregrad der Durchblutungsstörung kann es bis zum Bilde einer Infarzierung des Dünndarms oder Dickdarms kommen. Die nonokklusive Mesenterialischämie sieht man am häufigsten bei älteren Patienten, die unter Digitalis sind. Arteriosklerotische Veränderungen der Mesenterialgefäße können als «Angina abdominalis» in Erscheinung treten. Aber nicht alle Patienten mit einer arteriellen Ischämie erleiden eine «vaskuläre Katastrophe». Unzählige Ursachen wirken verschlechternd mit der Durchblutungsstörung zusammen. Ebenso vielfältig wie das klinische Bild verhält sich auch der Gasgehalt des Darmes: Das Spektrum reicht vom Normalbefund über die «sentinel loop» zum voll ausgeprägten paralytischen Ileus oder zum Vollbild eines mechanischen Ileus. Das klassische Röntgenbild entspricht dem eines mechanischen Dünndarmileus mit einer Gasblähung des Kolons bis zur linken Flexur. Im devitalisierten Dünndarm kann sich rasch eine große Menge an Flüssigkeit und Gas ansammeln. Klinisch besteht in aller Regel eine im Frühstadium gesteigerte Peristaltik mit nachfolgendem Ileus.

In all diesen Fällen entwickelt sich im Frühstadium in den Dünndarmschlingen noch keine wesentliche Flüssigkeitsansammlung. Aus diesem Grunde kann es unmöglich sein, die mesenteriale Ischämie gegen einen paralytischen Ileus im Gefolge einer akuten Gallenblasenerkrankung, einer Pankreatitis oder einer Appendizitis etc. abzugrenzen.

Ein Koloneinlauf mit wasserlöslichem Kontrastmittel ist gut geeignet, einen Dickdarmverschluß auszuschließen, wenn sowohl Dickdarm- als auch Dünndarmschlingen gedehnt sind. Peroral kann man wasserlösliches Kontrastmittel geben, um eine mechanische Passageverlegung und einen paralytischen Ileus unterscheiden zu können. Barium sollte man wegen der Möglichkeit einer Darmperforation nicht verwenden.

In der radiologischen Literatur wurde bei der Mesenterialthrombose das gasfreie Abdomen beschrieben. Die Darmischämie kann, besonders bei der Mesenterialvenenthrombose, zu gewaltigen Flüssigkeitsmengen im Dünndarmlumen führen. Dies ist die Ursache des gasleeren Abdomens, das zwar auf eine Ischämie hinweist, aber kein sicher pathognomonisches Zeichen ist. Das Fehlen von Darmgas kann auch die Folge von Erbrechen, einem hohen Dünndarmverschluß oder einem Strangulationsileus sein; daneben kann es sogar ein Normalbefund sein. Zur Beurteilung eines gasleeren Abdomens ist immer die Zusammenschau mit der Klinik wesentlich.

Spezifische und manchmal zu beobachtende Röntgenbefunde sind das Ödem der Darmwand mit einer vergrößerten Wanddicke und Konturenveränderungen der Darmwand. Eine Distanzierung von Darmschlingen kann entweder von einem Darmwandödem oder aber von intraperitonealer Flüssigkeit herrühren. Ist diese Schlingenseparation nur umschrieben vorhanden, so denke man in erster Linie an ein Darmwandödem. Die Verdickung der Darmwand ist eher für die Mesenterialvenenthrombose typisch, die zu einer Einengung des Darmlumens führen kann.

Am häufigsten sind hiervon Darmabschnitte befallen, die von der Arteria mesenterica superior versorgt werden. Verschlüsse der Mesenterica inferior sieht man in einer bestimmten Häufigkeit bei Patienten mit Arteriosklerose, doch versorgen hier Kollateralen von der Arteria mesenterica superior aus oft das Stromgebiet der Mesenterica inferior mit.

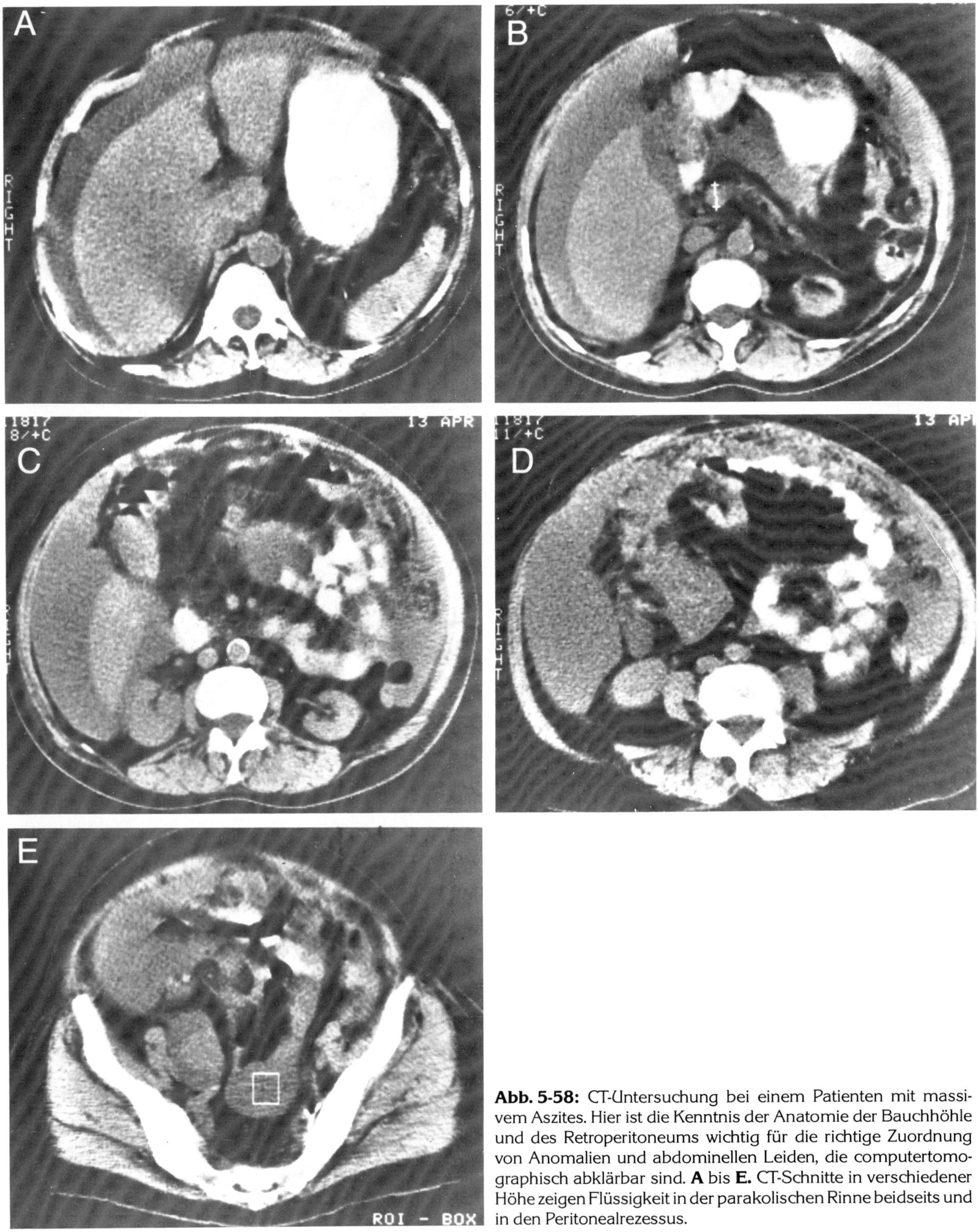

Abb. 5-58: CT-Untersuchung bei einem Patienten mit massivem Aszites. Hier ist die Kenntnis der Anatomie der Bauchhöhle und des Retroperitoneums wichtig für die richtige Zuordnung von Anomalien und abdominellen Leiden, die computertomographisch abklärbar sind. **A** bis **E.** CT-Schnitte in verschiedener Höhe zeigen Flüssigkeit in der parakolischen Rinne beidseits und in den Peritonealrezessus.

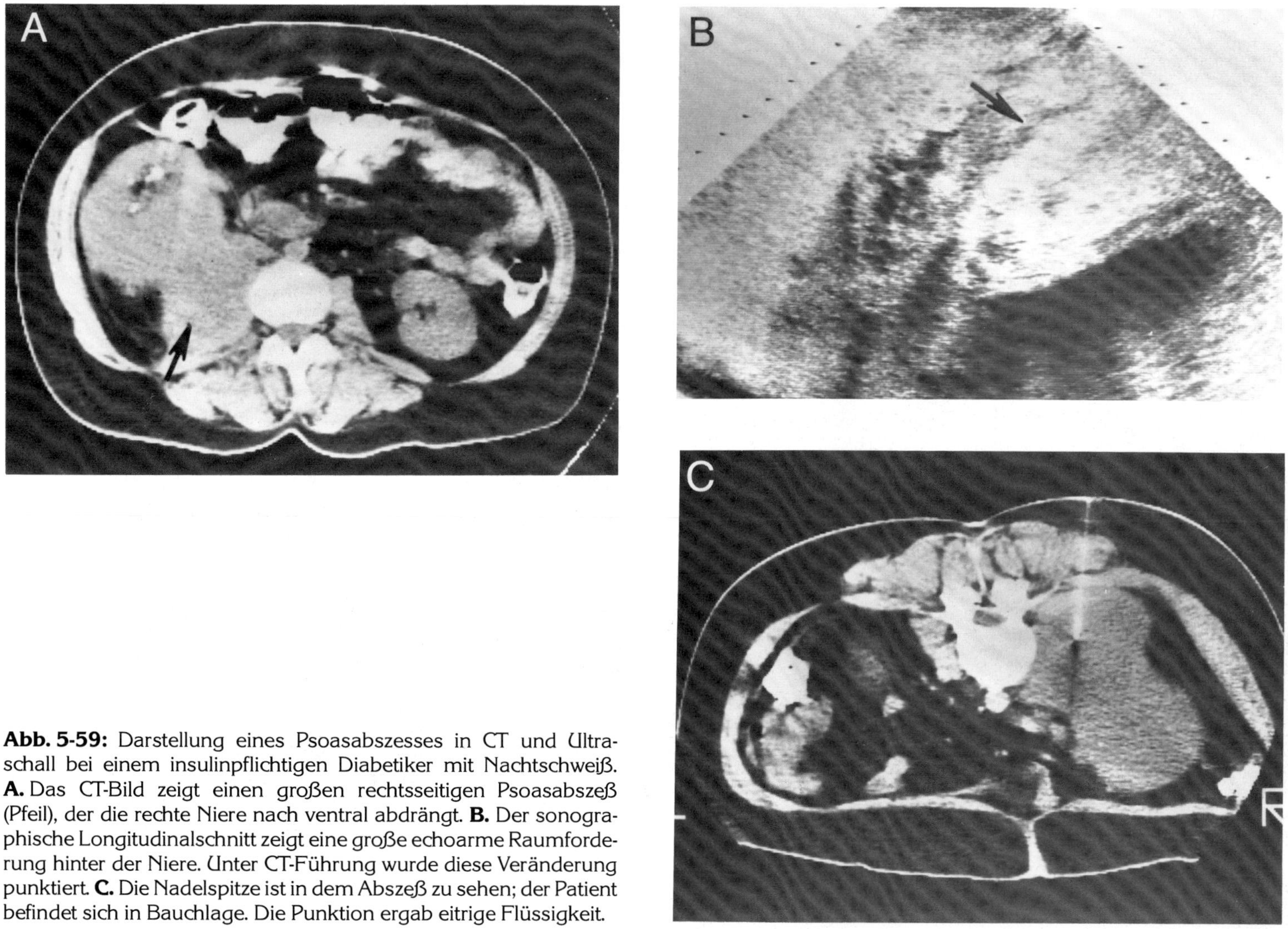

Abb. 5-59: Darstellung eines Psoasabszesses in CT und Ultraschall bei einem insulinpflichtigen Diabetiker mit Nachtschweiß. **A.** Das CT-Bild zeigt einen großen rechtsseitigen Psoasabszeß (Pfeil), der die rechte Niere nach ventral abdrängt. **B.** Der sonographische Longitudinalschnitt zeigt eine große echoarme Raumforderung hinter der Niere. Unter CT-Führung wurde diese Veränderung punktiert. **C.** Die Nadelspitze ist in dem Abszeß zu sehen; der Patient befindet sich in Bauchlage. Die Punktion ergab eitrige Flüssigkeit.

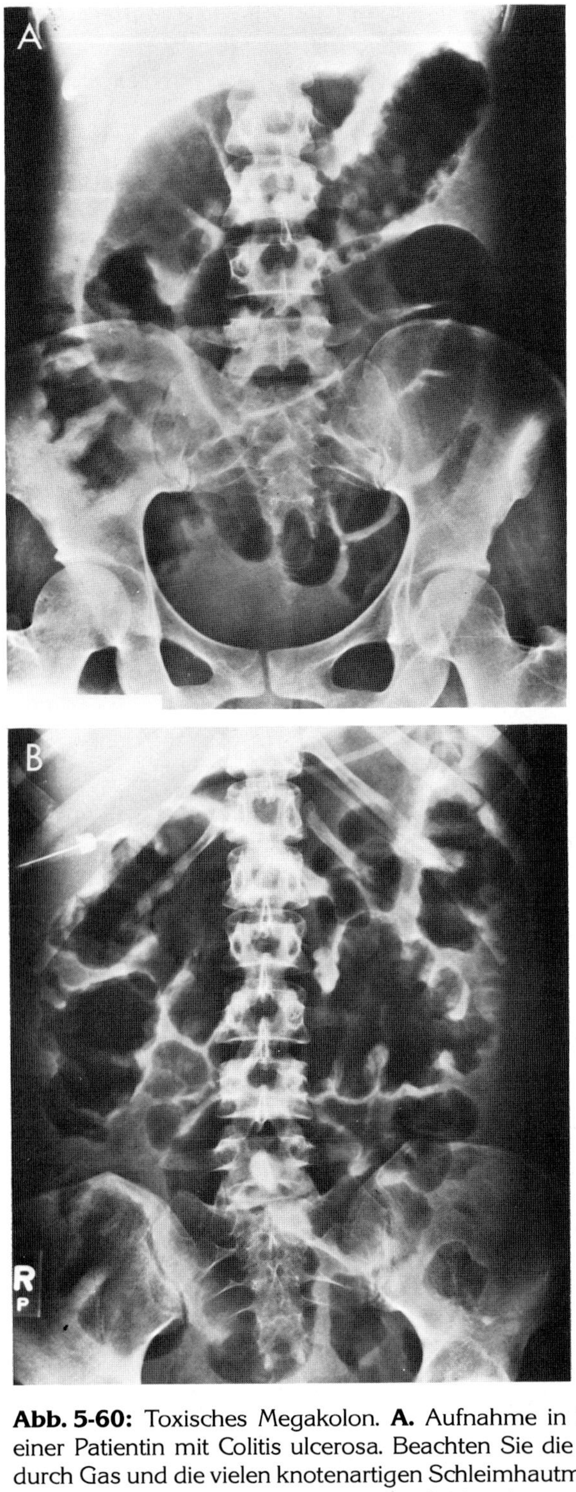

Abb. 5-60: Toxisches Megakolon. **A.** Aufnahme in Rückenlage bei einer Patientin mit Colitis ulcerosa. Beachten Sie die Kolondilatation durch Gas und die vielen knotenartigen Schleimhautmassen im Colon transversum (polypös hypertrophische Schleimhautregenerate).
B. Aufnahme eines anderen Patienten mit Colitis ulcerosa in Rückenlage. Massive Kolondilatation. Die Schleimhauthypertrophie ist hier weniger ausgeprägt, und es befindet sich weniger Gas im Dünndarm. Eine massive Gasansammlung beim toxischen Megakolon bedeutet eine drohende Perforation. Der klinische Befund sollte das toxische Megakolon sicher von einem Volvulus unterscheiden.

Die Mesenterialvenenthrombose sieht man bei kongestiver Herzinsuffizienz (Rechtsherzinsuffizienz) mit der Folge einer venösen Stase im Abdominalbereich. Gehäuft tritt die Mesenterialvenenthrombose bei Patienten des mittleren und höheren Lebensalters mit Herz-Gefäß-, Nieren- und Lungenkrankheiten auf. Ein arterieller Verschluß kann embolisch oder arteriosklerotisch bedingt sein. Eine Mesenterialangiographie kann für die Diagnosestellung sehr hilfreich sein und sollte deshalb frühestmöglich angestrebt werden (Gleiches gilt heute für die digitale Subtraktionsangiographie [DSA] zur Beurteilung der Mesenterialarterien-Hauptstämme und -äste; Anm. d. Übers.), wenn man eine Darmischämie vermutet. Die Angiographie sollte selbstverständlich noch vor einer geplanten Untersuchung des Gastrointestinaltrakts mit Barium erfolgen.
Die Durchblutungsstörung und eine unzureichende Versorgung über Kollateralen bewirken schließlich zusammen eine Darmwandnekrose. Darmgas dringt in die Darmwand selbst ein und steigt über die Mesenterialvenen bis hoch in die intrahepatischen Aufzweigungen der Vena portae. Eine die gesamte Darmwand durchsetzende Nekrose führt zu deren Perforation und zu einem Pneumoperitoneum. Die Röntgenbefunde von intramuralem Darmgas, Gas in der Vena portae oder einem Gasübertritt in die freie Bauchhöhle bedeuten eine schlechte Prognose. Die akute Mesenterialischämie kann sich unter einer Vielzahl radiologischer Erscheinungsbilder präsentieren. Wenn die Infarzierung nicht gerade massiv ist, werden die Abdomenübersichten wahrscheinlich unauffällig sein. Sind weniger als 50 % des Dünndarms infarziert, wird auch nur eine geringe Zahl dieser Patienten eine Darmschlingendilatation aufweisen. Eine solche Dehnung ist schon eher für eine Mesenterialvenenthrombose oder eine ausgedehnte arterielle Infarzierung charakteristisch. Die Abbildung 5-66A zeigt das Abdomen nahezu gasfrei. Die Magenblase läßt sich aber erkennen. Zur Linken der Wirbelsäule sowie im Beckenbereich sieht man Fäzes, vermischt mit einer geringen Menge Gas; dieses Phänomen wurde als das «gasfreie Abdomen» beschrieben. Die Abbildung 5-66B zeigt eine betonte Gasblähung vieler Dünndarmschlingen, was für einen akuten mechanischen Dünndarmileus typisch ist. Abgesehen von der Rektumgasblase ist das Kolon bei diesem Patienten gasleer. Die Abbildungen 5-66C und D zeigen eine umschriebene Gasblähung im Bereich der linken Flexur mit etwas Dünndarmgas im zentralen Abdomen. In der Aufnahme im Stehen erkennen wir viele Luft-Flüssigkeits-Spiegel im Dünndarm.
Bei diesen Patienten konnte die Diagnose einer akuten Mesenterialischämie aus den Röntgenbildern allein nicht gestellt werden; die Abbildung 5-66A ist mit einem Normalbefund vereinbar; die Abbildungen 5-66C und D entsprechen auch den Befunden bei einem Volvulus oder einer Mesenterialischämie. Bei einem Kolonkontrasteinlauf würde aber ein Volvulus einen kompletten Stop des Kontrastmittelflusses zeigen, wogegen die Mesenterialischämie nicht zu einem Verschluß führt.
In der Heilungsphase einer ischämischen Darmschlinge kann diese als Ausdruck narbiger Veränderungen der Darmwand stenotisch werden (Abb. 5-68).

Zusammenfassung

Unspezifische Röntgenbefunde bei der Mesenterialischämie sind:

1. Nur sehr geringer Gasgehalt im Frühstadium der Infarzierung. (Dies muß insofern mit den klinischen Zeichen einer Infarzierung einhergehen, da ein geringer Gasgehalt des Darms auch normal sein kann).
2. Dehnung der Dünndarm- und Dickdarmschlingen bis zur linken Kolonflexur.
3. Flüssigkeitsspiegel wie bei einem mechanischen Dünndarmileus.
4. Rasche Zunahme der Schlingendehnung.

Der klinische Verdacht sollte schnell die Mesenterialangiographie veranlassen.

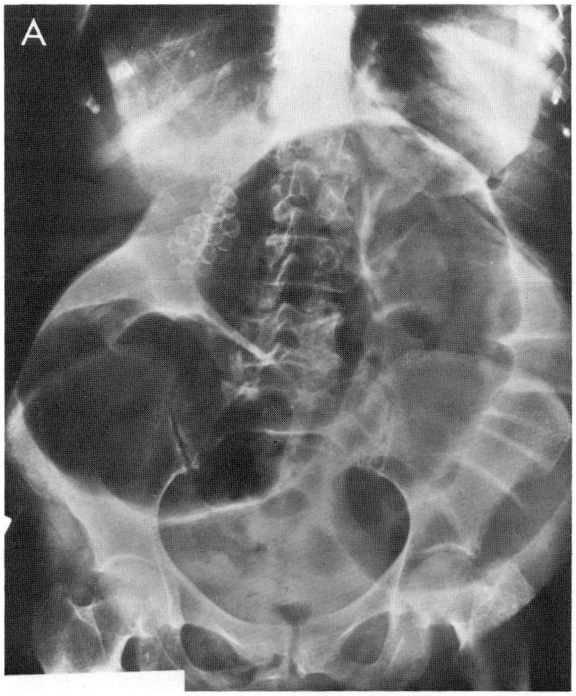

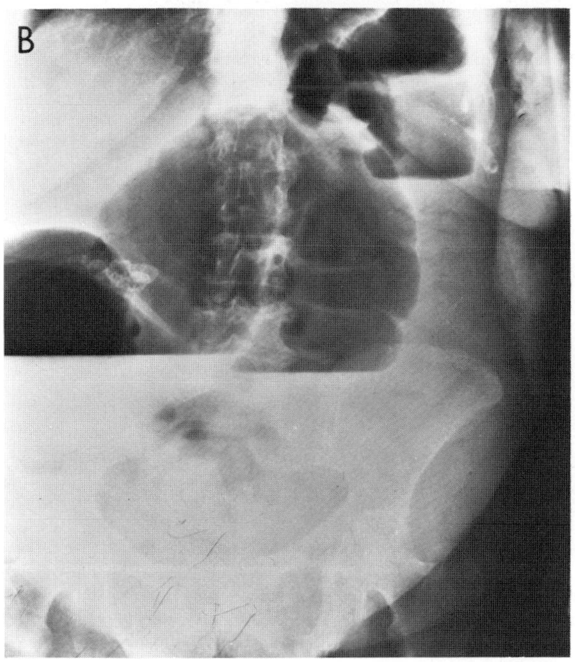

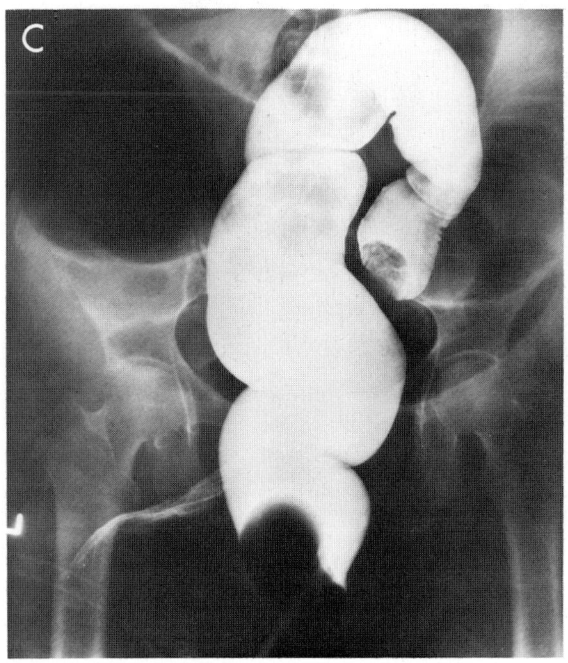

Abb. 5-61: Obstruierendes Kolonkarzinom mit massiver Überdehnung des Kolons, welches einen Volvulus vortäuscht. **A.** Rückenlage. Massive Gasüberblähung des Kolons. Achten Sie auch auf die dicht beieinander stehenden Gallensteine im oberen rechten Quadranten. **B.** Aufnahme im Stehen. Hier zeigt sich eine erhebliche Flüssigkeitsmenge im erweiterten Kolon. Flüssigkeitsspiegel in der rechten Flexur, im Colon transversum und in der linken Flexur. **C.** Der Dickdarmeinlauf zeigt eine Lumenverlegung im linken Kolon.

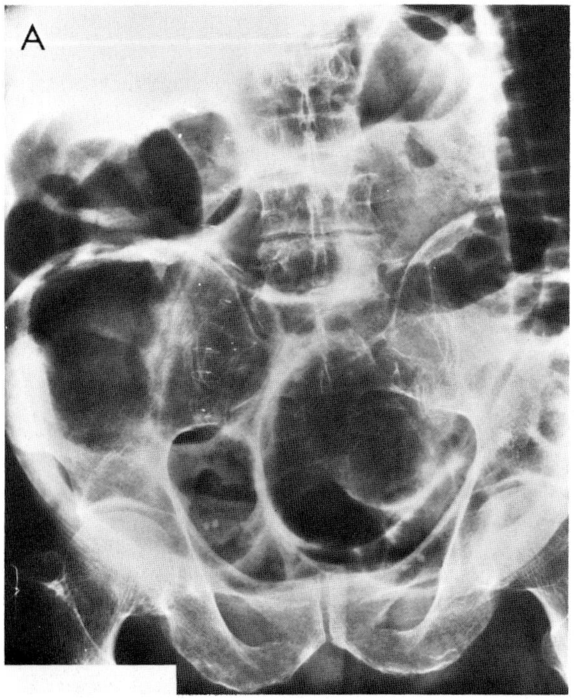

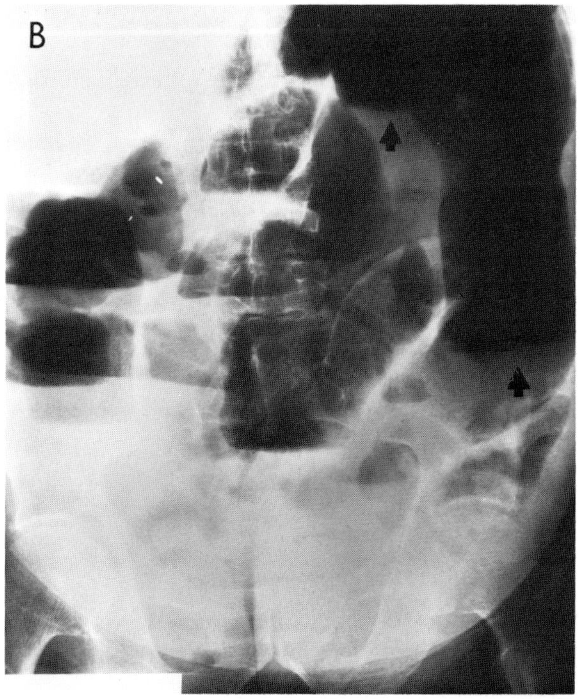

Abb. 5-62: Sigmavolvulus. **A.** Rückenlage. Beachten Sie die massive Dilatation offenbar des gesamten Kolons. Die verlegte Schlinge kann nicht identifiziert werden.

B. Aufnahme im Stehen. Sie zeigt eine große Flüssigkeitsmenge im Dünndarm. Die torquierte Schlinge ist jetzt im linken oberen Quadranten auszumachen. Die Flüssigkeit in dieser Schlinge hat zwei verschieden hohe Spiegel (Pfeile).

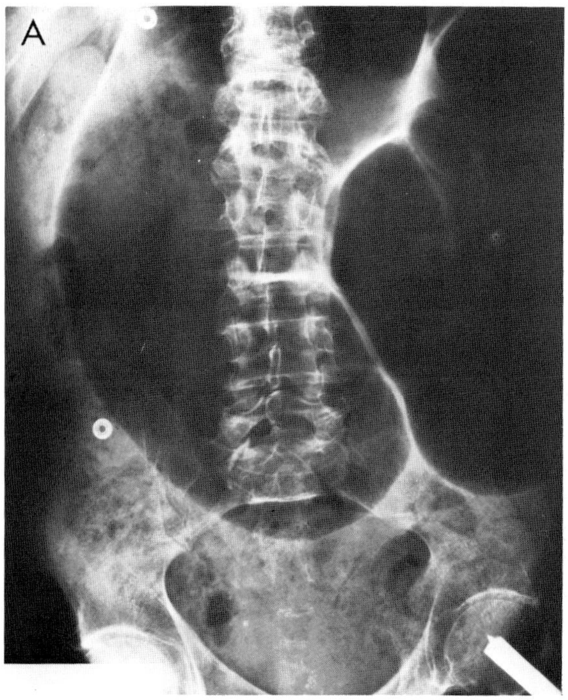

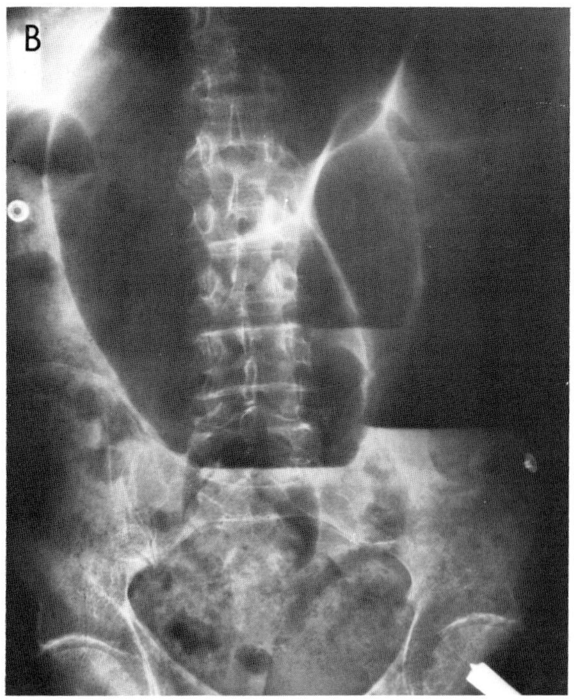

Abb. 5-63: Kolonvolvulus. **A.** Aufnahme in Rückenlage mit der typischen «Kummet-Form» eines Sigmavolvulus. Die verdrehte Schlinge wurde auch als «Kaffeebohnen-Form» betitelt.

B. Die Aufnahme im Stehen zeigt Flüssigkeitsspiegel.

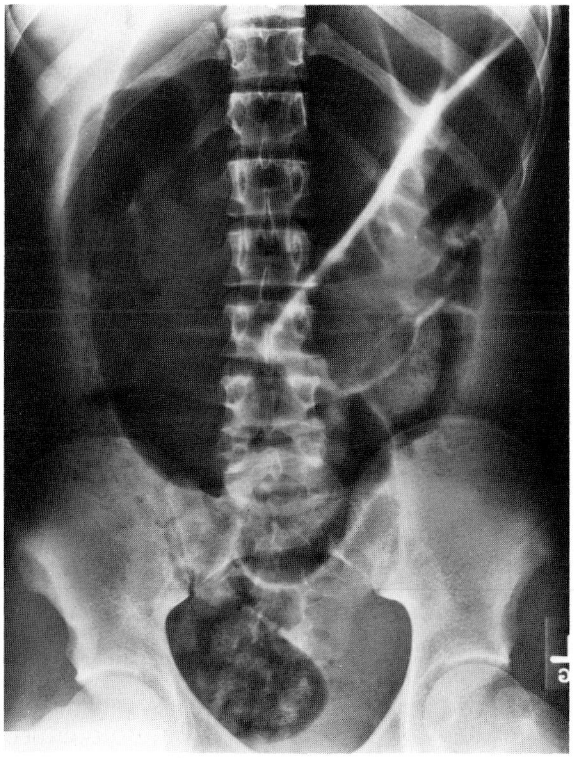

Abb. 5-64: Aufnahme in Rückenlage. Sie zeigt nochmals das typische «Kummet-Form»-Zeichen beim Sigmavolvulus.

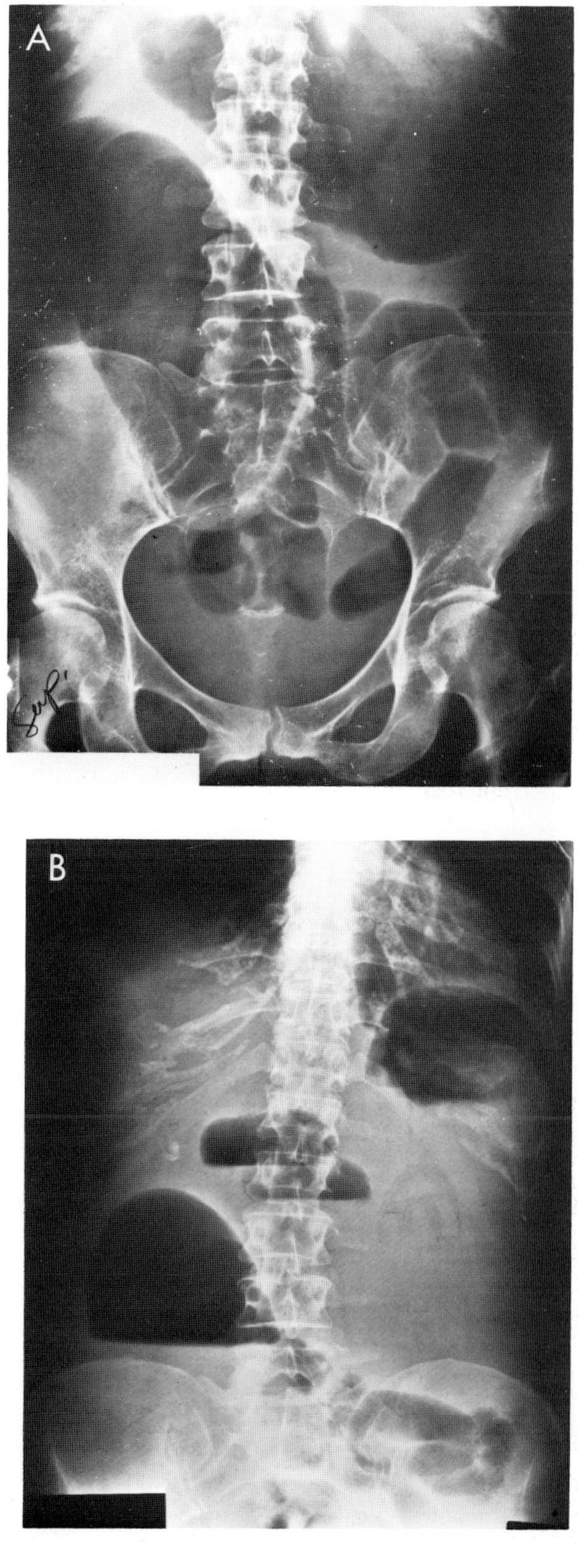

Abb. 5-65: Zökumvolvulus. **A.** Rückenlage. Beachten Sie hier die ovale Form des verlegten Zökums im rechten Abdomen und die geblähten Dünndarmschlingen in der Mitte des linken Abdomens. Der Magen im linken oberen Quadranten ist ebenfalls überbläht.
B. Die Aufnahme im Stehen zeigt Luft-Flüssigkeits-Spiegel im Zökum, im Dünndarm und im Magen. Das «Schildkröten-Zeichen» in den Schlingen über den Flüssigkeitsansammlungen deutet eine große Flüssigkeitsansammlung in diesen Schlingen an.

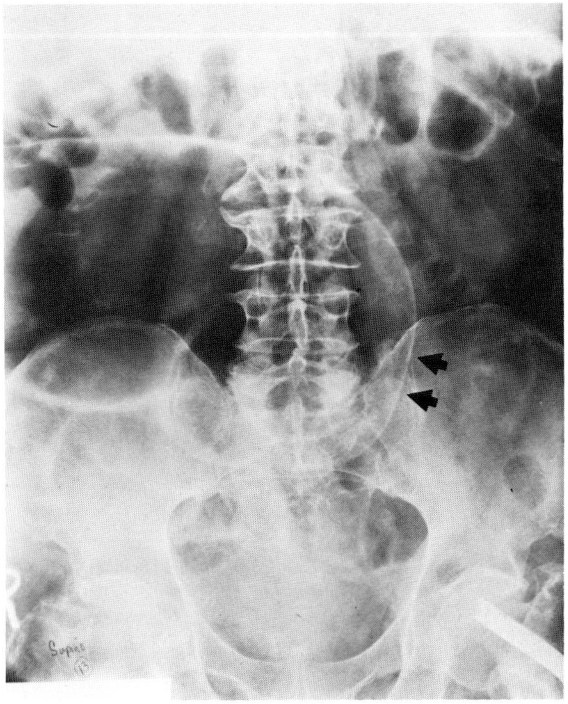

Abb. 5-66: Zökumvolvulus. Kolonperforation durch die Strangulierung. Aufnahme in Rückenlage. Beachten Sie, daß die Darmwand beiderseits scharf abgegrenzt ist (Pfeil), Hinweiszeichen für freie Luft in der Bauchhöhle, die das massiv geblähte Zökum sozusagen demarkiert.

Der Entscheidungsbaum beim akuten Abdomen

Das routinemäßige Minimalprogramm umfaßt Abdomenaufnahmen im Liegen (mit vertikalem Strahlengang a.p.) und Stehen (bzw. in Linksseitenlage im horizontalen Strahlengang a.p. oder p.a.) sowie eine Thoraxaufnahme *im Stehen.**

Eine unauffällige Röntgenuntersuchung schließt eine bedeutsame Erkrankung nicht aus! Die Diagnose hängt von der klinischen Beurteilung ab.

Eine «sentinel loop» (Schildwächterschlinge) weist mit hoher Wahrscheinlichkeit auf ein klinisch bedeutsames pathologisches Geschehen im Abdomen hin. Weitere klinische Untersuchung und Beobachtung sind dann indiziert.

Gedehnte Dünndarm- und Dickdarmschlingen ohne Flüssigkeitsspiegel im Dünndarm können auf einen tiefsitzenden mechanischen Dickdarmverschluß oder einen paralytischen Ileus beliebiger Ursache (Endstadium der «sentinel loop») hinweisen.

Viele «dynamische» Luft-Flüssigkeits-Spiegel im Dünndarm stellen am wahrscheinlichsten einen mechanischen Dünndarmileus dar. Die klinische Untersuchung ist zur Abklärung anderer Ursachen einer Flüssigkeitsansammlung im Dünndarm erforderlich.

Eine große Flüssigkeitsmenge im Dünndarm («Schildkrötenpanzer»-Zeichen) deutet auf eine Strangulation hin. Man sieht dies auch bei einer gestörten Durchblutung bei länger bestehender Schlingenüberdehnung.

Ein massiv gedehntes Kolon hat am wahrscheinlichsten einen Volvulus des Dickdarms als Ursache.

* Anm. d. Übers.: Siehe hierzu nochmals die Fußnote auf S. 255.

Flankenschmerz (Harnleiterkolik)

Die Harnleiterkolik ist in der Notaufnahme ein sehr häufiges Geschehnis. Die Diagnose läßt sich meist klinisch und radiologisch (Infusionspyelogramm) geradewegs und komplikationslos stellen. Bereits die Leeraufnahmen können diagnostisch beweisend sein, wenn man deutlich ein Ureterkonkrement sieht, das mit den Symptomen des Patienten übereinstimmt. Öfter sind die Nativaufnahmen des Abdomens negativ, oder sie zeigen einen bzw. mehrere kleine kalkdichte Schatten in Projektion auf den Blasenrand, von denen jeder ein Harnleiterkonkrement oder ein Phlebolith sein kann. Ist die Verkalkungsfigur rund und hat sie eine zentrale Aufhellung oder projiziert sie sich unterhalb der Spina iliaca, dann handelt es sich wohl eher um einen Phlebolithen; hat sie dagegen eine unregelmäßige Gestalt, dann spricht dies mehr für einen Harnleiterstein. Oft ist jedoch ein Ausscheidungsurogramm für die Abgrenzung erforderlich. Wann immer die Diagnose zweifelhaft ist, wird sie durch Urographie geklärt.

Eine einseitig stumme Niere (ohne Kontrastmittelausscheidung) zusammen mit einer Ureterkolik ist auf einen akuten Harnleiterverschluß durch ein Konkrement verdächtig. In dieser Situation werden Spätaufnahmen nach einer halben, einer, zwei, vier und acht Stunden vorgeschlagen. Eine akute Ureterverlegung kann das vorübergehende Fehlen der Kontrastmittelausscheidung in das Nierenhohlraumsystem bedingen; doch läßt sich oft mit solchen Spätaufnahmen der Ureter bis zur Obstruktionsstelle verfolgen.

Bei Patienten mit einer längerdauernden Steinverlegung kann die Ausscheidungsurographie auf der erkrankten Seite eine etwas verzögerte Darstellung des Nierenbeckens zeigen, wobei das Hohlraumsystem bis zur Verschlußstelle sich erweitert zeigt. Meist klemmen sich die Harnleitersteine in drei Höhen ein (physiologische Engen des Ureters): Am Übergang von Nierenbekken in den Ureter, an der Kreuzungsstelle mit den Iliakalgefäßen und an der Einmündung des Ureters in die Harnblase. Häufigste Steintypen sind der Calciumoxalat- und der Calciumphosphatstein; Uratsteine sind dagegen seltener, am seltensten Cystin- und Xanthinsteine. Nur die Urat- und Xanthinsteine sowie die reine Mukoproteinmatrix von Steinen sind strahlentransparent.

Der Terminus Nierenstein bezieht sich auf Konkremente in der Niere in verschiedener Lokalisation. «Nephrolithiasis» bezeich-

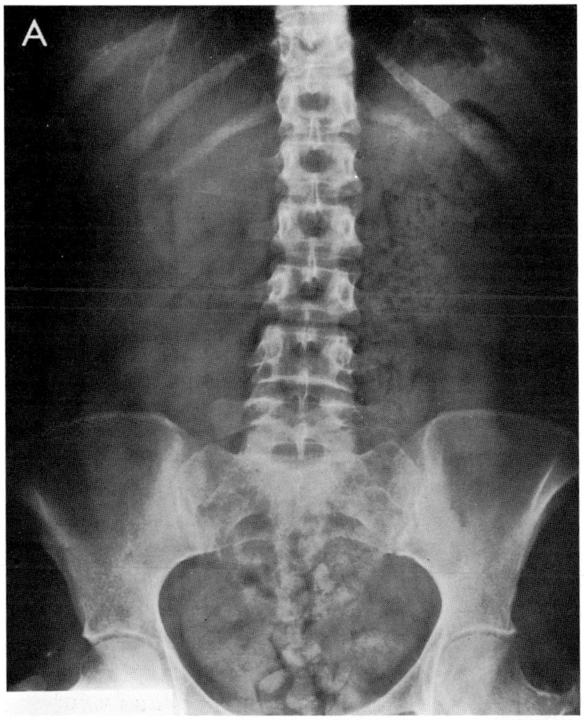

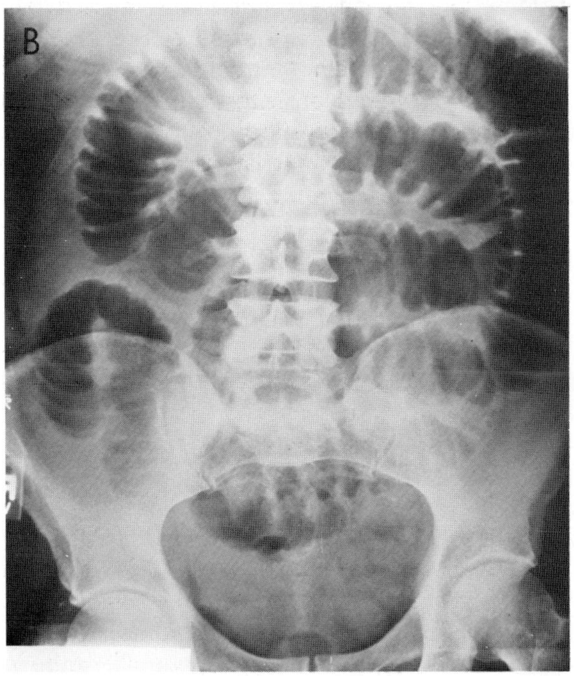

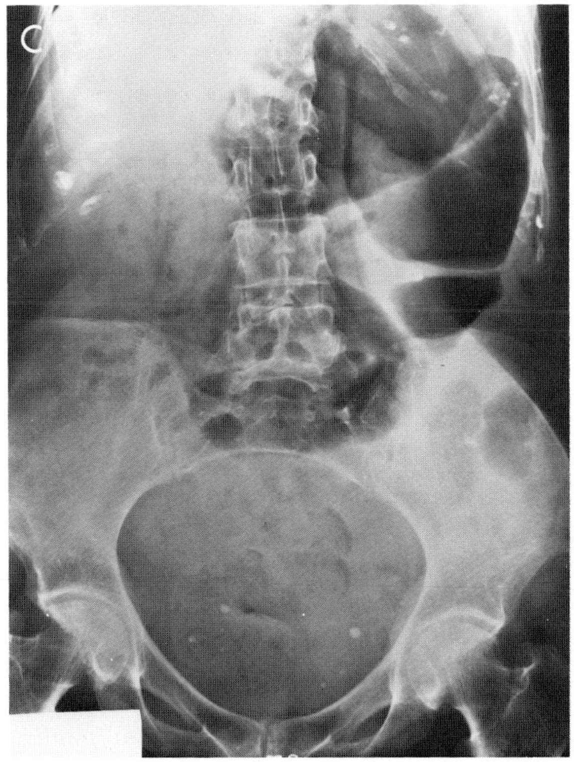

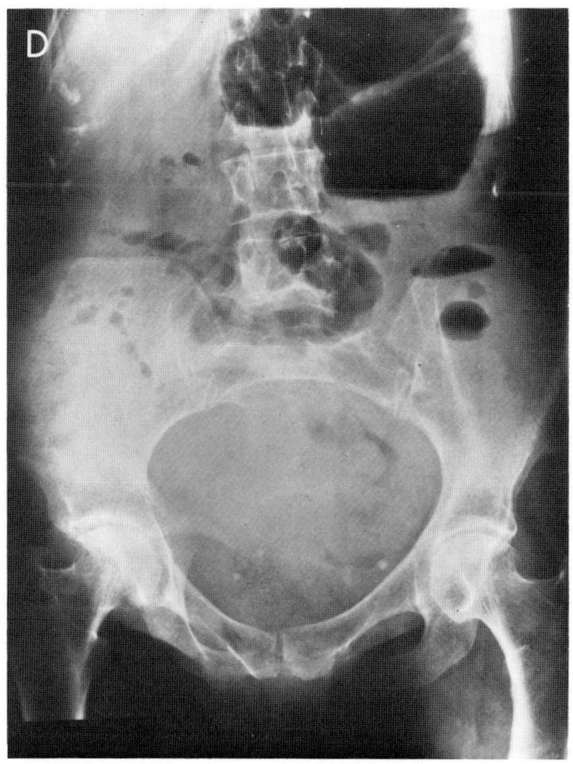

Abb. 5-67: Drei Patienten mit akuter mesenterialer Ischämie. **A.** Luftleeres Abdomen. **B.** Klassisches Röntgenbild eines mechanischen Dünndarmileus. **C.** Atypischer Befund. Gas und Flüssigkeit im Dünndarm; isolierte Dilatation der linken Kolonflexur durch Gas und Flüssigkeit. **D.** Gleicher Patient wie in **C**, Aufnahme im Stehen mit Flüssigkeitsspiegeln in der linken Flexur und im Dünndarm. Diese Röntgenbefunde waren von einem Volvulus nicht abgrenzbar. Je nach klinischem Befund sind hier entweder ein Kontrasteinlauf oder aber eine Angiographie indiziert.

net Konkremente innerhalb des Nierenbecken-Kelch-Systems. «Nephrokalzinose» beinhaltet multiple kleine Steinverkalkungen, die entweder im Nierenmark oder in der Nierenrinde gelegen sind.

Die Nephrokalzinose hat in der Regel eine erkennbare Ursache, die mit einer Hyperkalzämie, Hyperkalzurie oder Hyperoxalurie einhergeht oder eine ursächliche Nierenstrukturschädigung (Glomerulum oder Tubulus). Die Nephrolithiasis hat dagegen oft keinerlei eruierbare Ursache und wird in aller Regel auch nicht von einer Nephrokalzinose begleitet.

Eine perirenale Entzündung ist durch Flankenschmerz und Klopfschmerzhaftigkeit bei der Perkussion der Flankenregion gekennzeichnet. Röntgenzeichen sind hierbei eine Skoliose mit der konkaven Seite zum Erkrankungsort hin, eine Auslöschung des Psoasrandschattens auf der erkrankten Seite und eine Gasansammlung im Darm durch einen begleitenden paralytischen Ileus. Die Computertomographie ist beim Verdacht auf eine perirenale Entzündung eine wertvolle Untersuchungsmethode.

Gelegentlich stößt man bei Patienten mit einer Nierenkolik auf ungewöhnliche Probleme. Der Patient der Abbildung 5-69 kam über die Notfalleinheit mit der Diagnose einer rechtsseitigen Ureterkolik zur stationären Aufnahme. Die vor dem geplanten Infusionsurogramm angefertigte Übersichtsleeraufnahme zeigt eine schalenartige Verkalkung in Projektion auf die rechte Seite der Lendenwirbelsäule. Während der Patient noch auf dem Röntgenuntersuchungstisch lag und auf die Kontrastmittelinjektion wartete, klagte er plötzlich über schwerste Bauchschmerzen und kam in einen Schock. Er starb innerhalb weniger Minuten an der Ruptur eines dissezierenden Aortenaneurysmas.

Bei der Abklärung eines vermuteten Bauchaortenaneurysmas sind entweder die Sonographie oder die CT nach Kontrastmittelinjektion nutzvolle Untersuchungsmethoden (Abb. 5-70 bis 5-74).

Die Abbildung 5-75 zeigt die Situation vor einem Ausscheidungsurogramm wegen einer linksseitigen Ureterkolik; diese Aufnahme ist absolut unauffällig.

Das intravenös gegebene Kontrastmittel zeigt um den Ureter herum ein Extravasat. Dies ist für einen Harnleiterriß bei Steinverschluß diagnostisch beweisend und erfordert keine besondere Behandlung.

Eine schon typischere Situation bei der Erstuntersuchung gibt die Abbildung 5-76 bei einem Patienten mit Harnleiterkolik wieder. Man sieht zwei winzige dichte Verschattungen in Projektion auf den linken Harnblasenrand, von denen eine jede ein Harnleiterkonkrement sein kann. Das Ausscheidungsurogramm löste dieses Problem dann aber.

Spätaufnahmen sind von Nutzen, weil sich mit ihnen endgültig feststellen läßt, daß eine einseitig verringerte Nierenfunktion, die mit einer Harnleiterkolik einhergeht, auf einem Steinverschluß beruht. In der Abbildung 5-77B sieht man das Kontrastmittel in dem bis zum Harnleiterstein erweiterten Ureter 40 Minuten nach der Infusion. In der Abbildung 5-77C ist der linke Ureter nach einer Stunde nur noch schwach bis zur Stelle des Konkrements angefärbt. Trotz einer stark eingeschränkten Kontrastmittelausscheidung über die linke Niere ist so die Diagnose eines Harnleitersteinverschlusses bestätigt.

Hodentorsion

Eine Hodentorsion kann sich als Flankenschmerz oder als Leistenschmerz äußern. Die genaue körperliche Untersuchung läßt dann den Schmerz doch speziell auf den Hodensack lokalisieren. Bei der Abgrenzung der Hodentorsion gegenüber der akuten Epididymitis/Orchitis helfen szintigraphische Untersuchungen weiter. Dynamische und statische Aufnahmen des Skrotums erbringen dann meist die Zeichen eines verminderten Blutflusses zur betroffenen Seite im Vergleich zur gesunden Seite (Abb. 5-78), wenn wirklich eine Hodentorsion vorliegt. Umgekehrt kann man bei Entzündungsprozessen einen gesteigerten Zufluß oder eine vermehrte Nuklidspeicherung im kranken Hoden sehen. Aus diesem Grund kann die Hodenszintigraphie eine wertvolle Untersuchung darstellen, wenn es darum geht, die Notwendigkeit einer sofortigen operativen Hodenfreilegung abzuklären.

Zusammenfassung

1. Die intravenöse Ausscheidungsurographie ist oft zur Unterscheidung von Harnleiterkonkrementen gegenüber Phlebolithen erforderlich.
2. Ein einseitiger Flankenschmerz weist zusammen mit einer gleichseitigen herabgesetzten oder aufgehobenen Ausscheidungsfunktion der Niere auf ein verschließendes Harnleiterkonkrement hin. Ferner sind auch seltenere Ursachen (wie z.B. verschließende Tumoren, die Nierenarterienthrombose oder ein dissezierendes Aneurysma) zu erwägen.

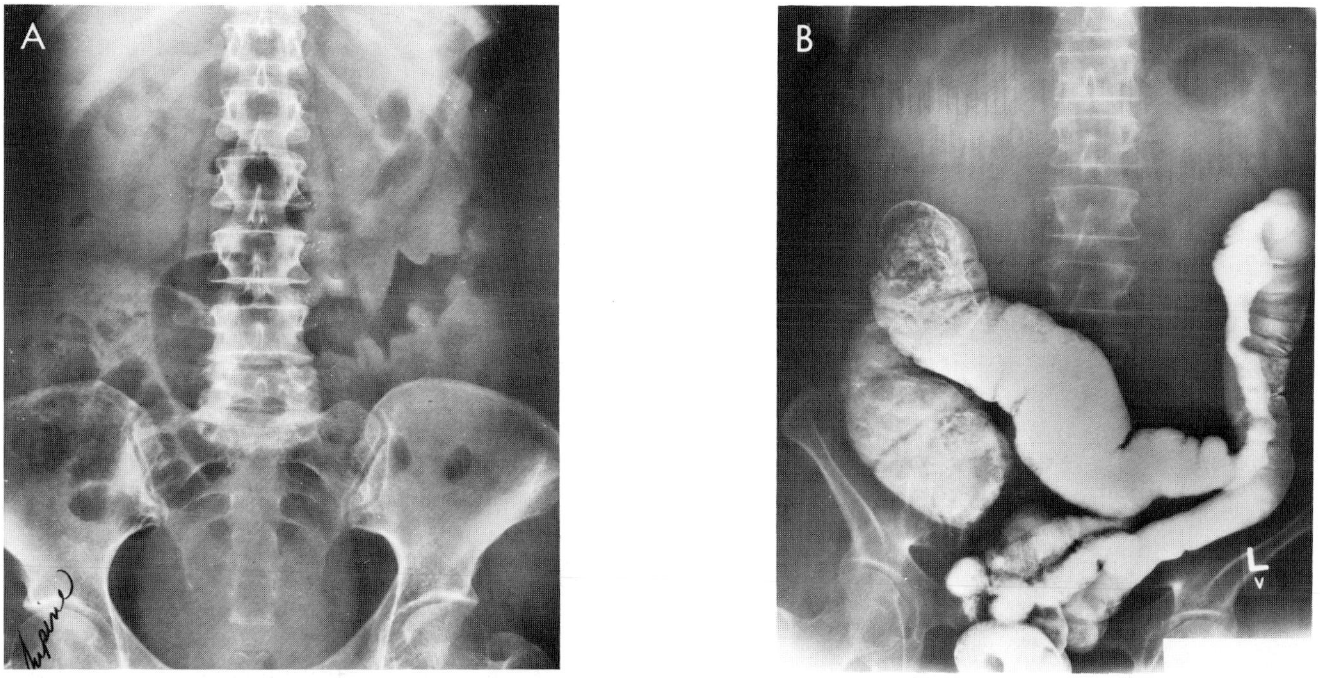

Abb. 5-68: Schon lange bestehende Darmischämie mit einer Stenose des distalen Colon transversum. Die 53jährige Patientin hatte innerhalb mehrerer Monate ca. 10 kg abgenommen. Sie hatte in dieser Zeitspanne wiederholt rektale Blutungen, die aber nicht sehr stark waren. **A.** Rückenlage. «Daumenabdruck-Zeichen» (thumbprinting) des Kolons durch ein Darmwandödem. Dies ist für eine umschriebene ischämische Darmerkrankung typisch. **B.** Der Kontrasteinlauf zeigt das stenotische Segment des Kolons mit dem «Daumenabdruck-Phänomen».

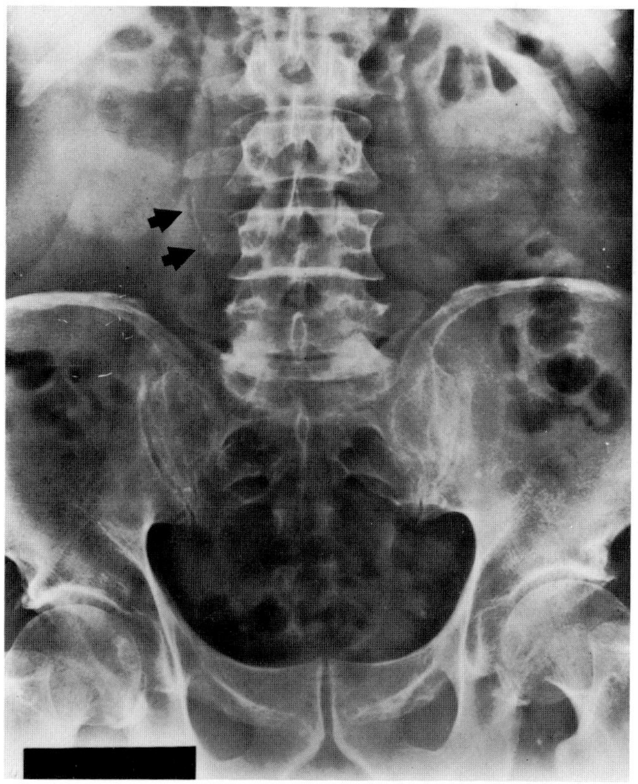

Abb. 5-69: Dissezierendes Aneurysma der Bauchaorta (Pfeile). Der Patient kam mit einem rechtsseitigen Schmerz, der eigentlich für eine Ureterkolik typisch war.

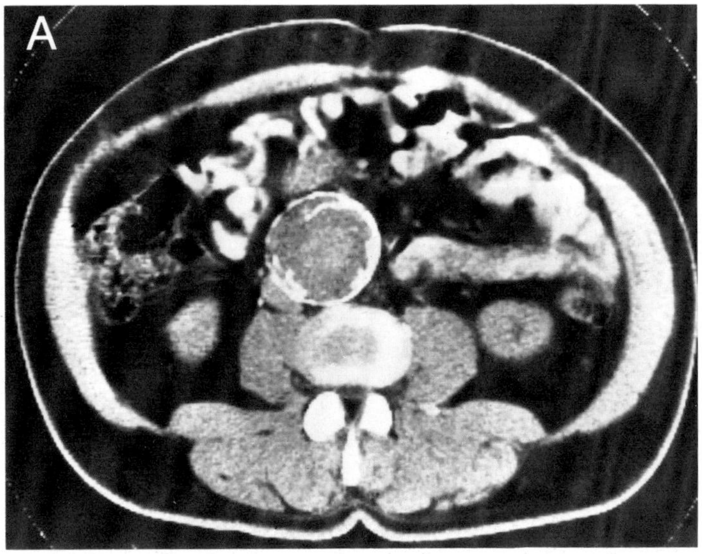

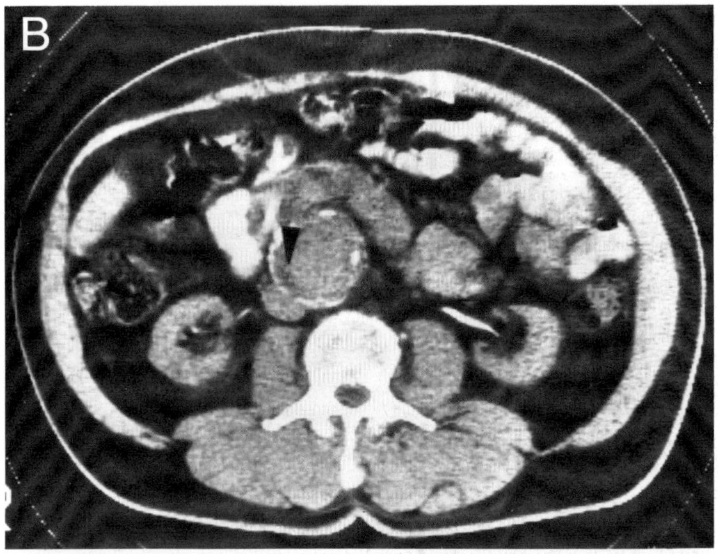

Abb. 5-70: Sehr großes abdominelles Aortenaneurysma. In diesem Fall erstreckt sich das Aneurysma von oberhalb der Nierenarterienabgänge bis über die Aortenbifurkation hinweg in die linke Arteria iliaca communis. Für den Chirurgen ist dies eine wichtige Information, denn er sieht sich somit gezwungen, intraoperativ die Aorta oberhalb der Nierenarterienabgänge abzuklemmen. **A** und **B.** Die distale Aorta abdominalis ist verkalkt. Die Pfeilspitze beschreibt die Grenzfläche zwischen der durch Kontrastmittel verdeutlichten fließenden Blutsäule und dem weniger dichten Thrombus. Zum Zeitpunkt seiner Vorstellung hatte der Patient bereits ein Nierenversagen als Hinweis auf einen geschichteten Thrombus mit Verlegung der Nierenarterienabgänge. **C.** Die Abbildung zeigt die Beteiligung der linken Beckenschlagader. **D.** 6 Jahre vor der CT-Untersuchung durchgeführte translumbale Aortographie. Heute wird weithin anerkannt, daß diese Technik bei Gegenwart eines Aneurysmas kontraindiziert ist. Die Angiographie – gleich in welcher Technik – zeigt das Gefäßlumen, während CT oder Ultraschall mehr Information liefern, nämlich auch zum Gefäßgesamtkaliber einschließlich des Thrombus. Die Pfeilspitze weist auf die verkalkte Wand der aneurysmatischen linken Beckenschlagader.

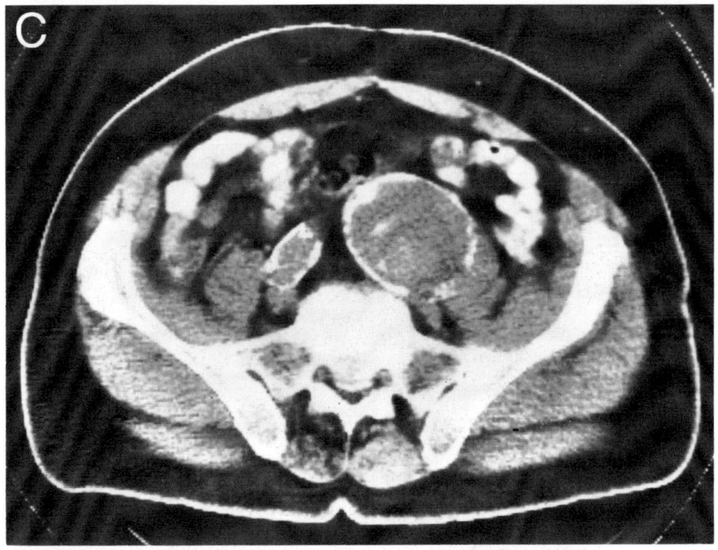

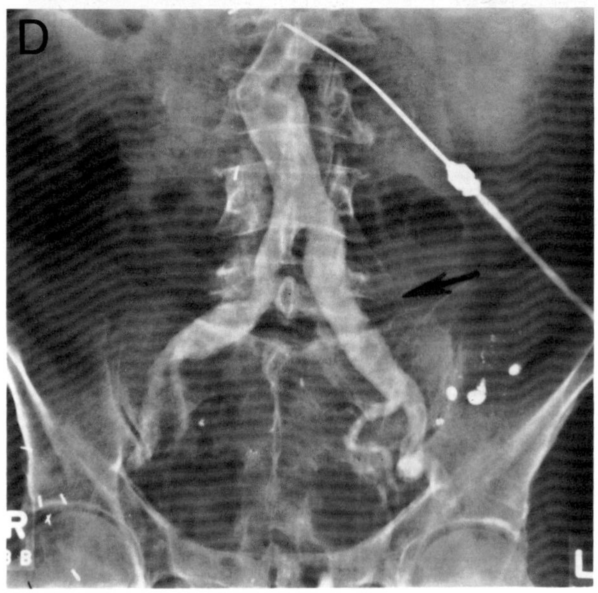

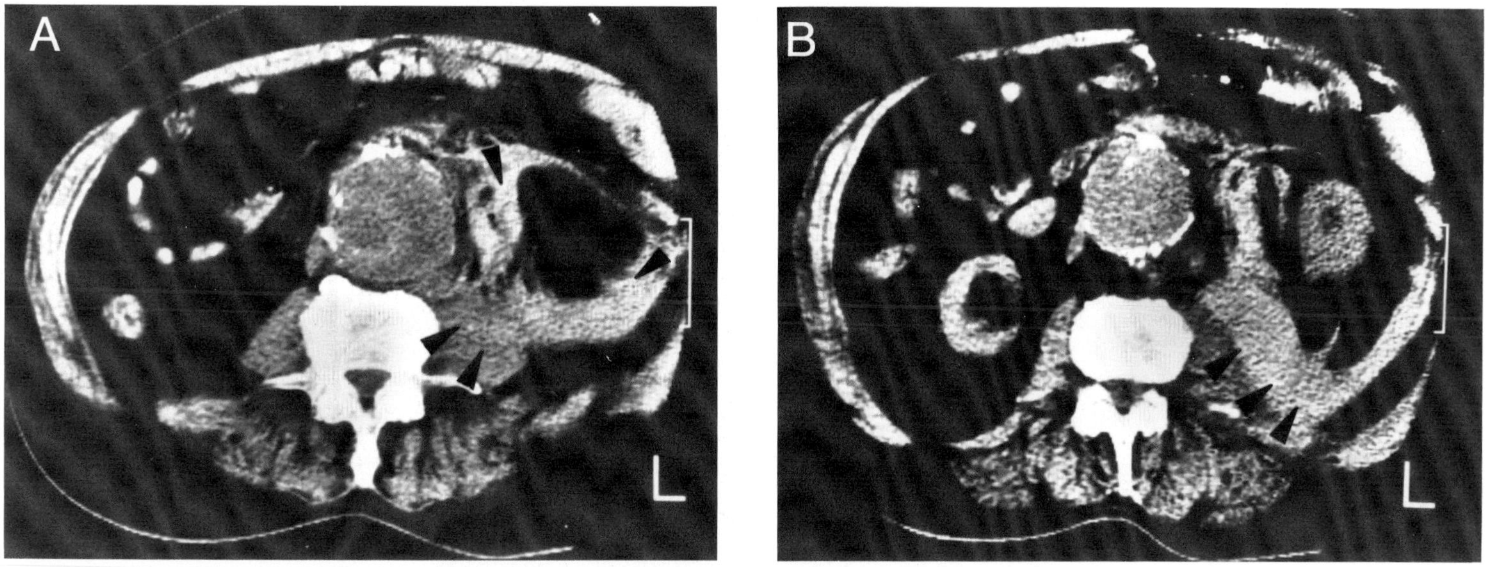

Abb. 5-71: Blutendes abdominelles Aortenaneurysma. Beachten Sie hier die Ausdehnung der Blutung in die Region der linken Flanke und des Psoasmuskels (Pfeilspitzen).

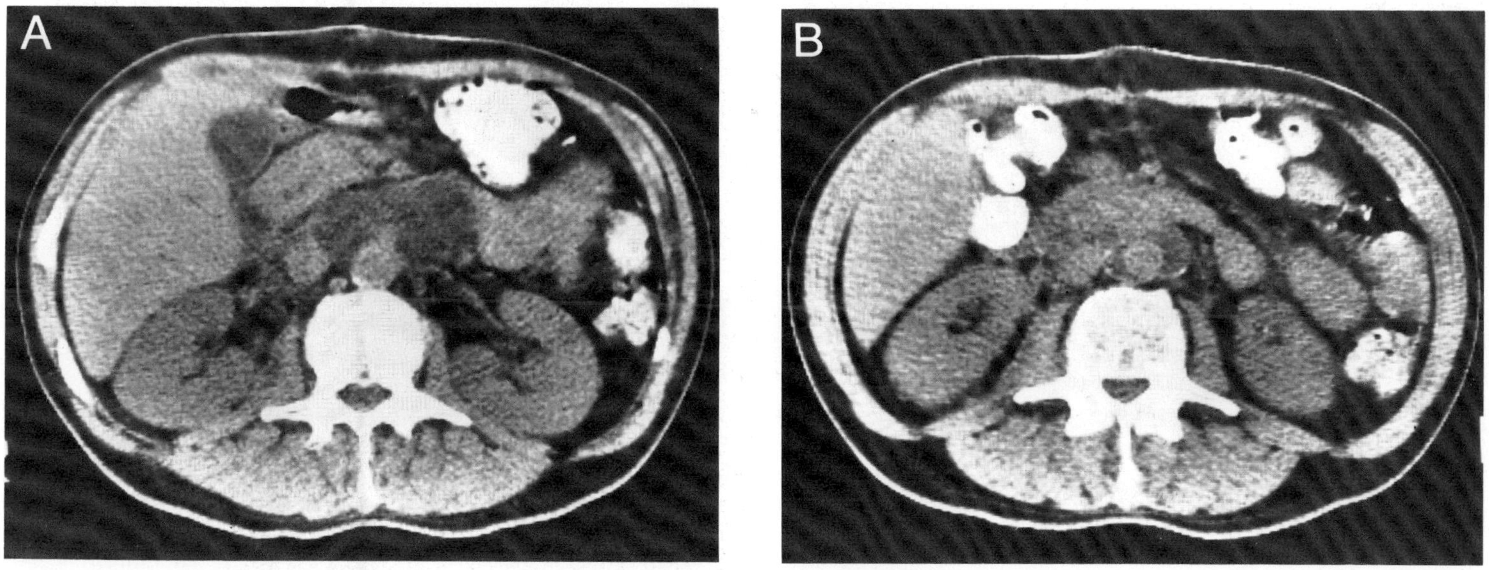

Abb. 5-72: Dieser 59jährige Mann kam mit Bauchschmerzen und einem Hämatokritwertabfall in die Notaufnahme. Vor kurzem war er wegen eines Bauchaortenaneurysmas operiert werden. **A** und **B.** Die CT-Bilder zeigen ein relativ großes und ziemlich hydodenses Hämatom, das die Bauchaorta umgibt. Operativ fand man die Blutungsstelle am Rand der früheren Gefäßnaht. Der Patient überlebte.

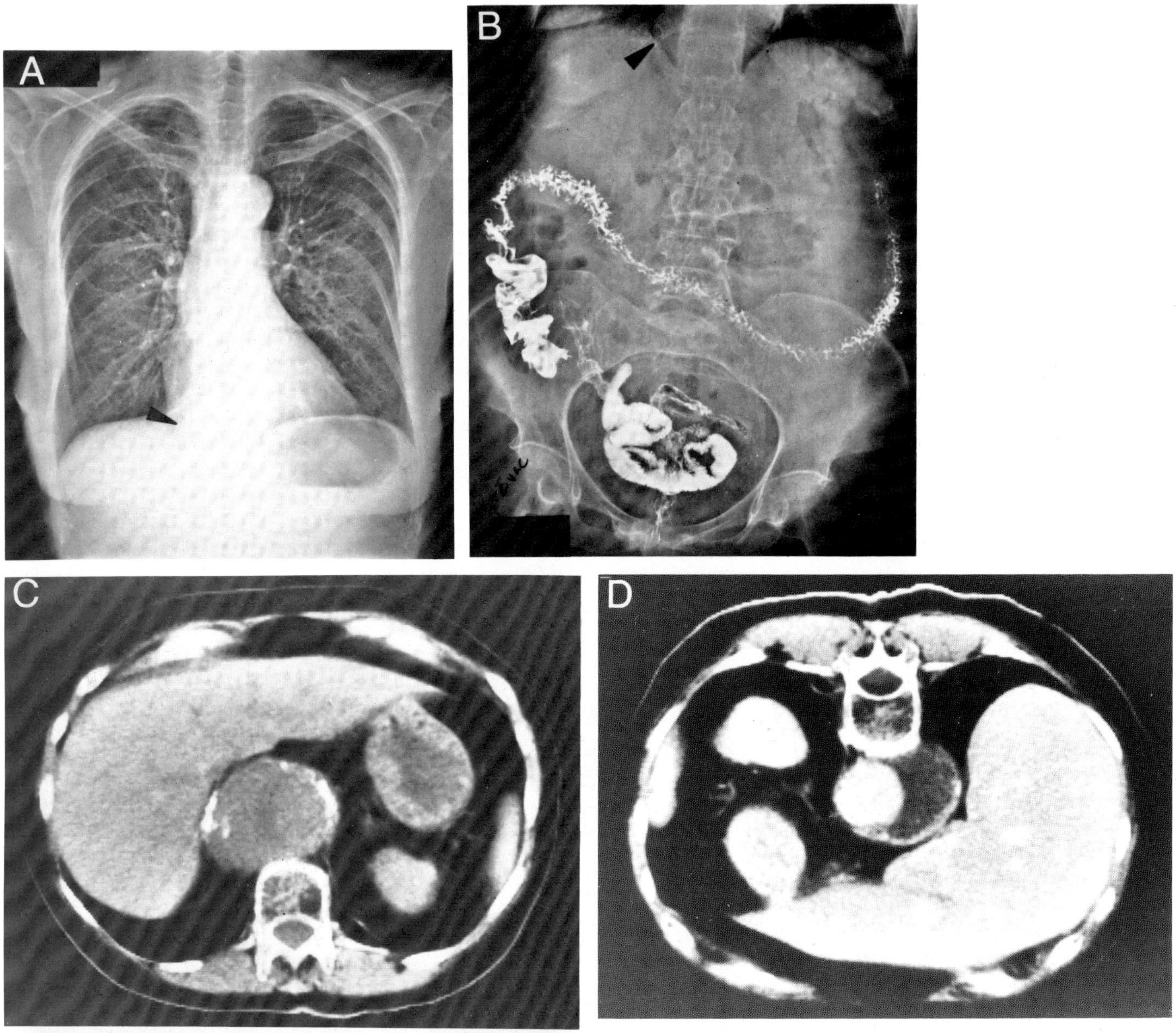

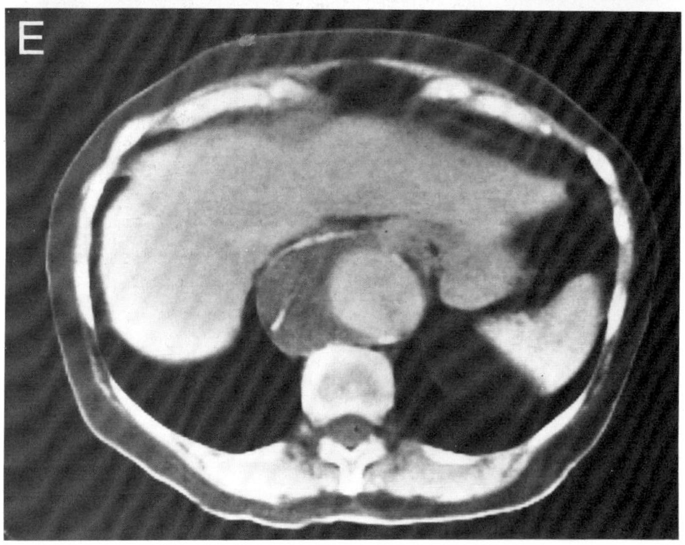

Abb. 5-73: Seltene Form eines intraabdominellen Aortenaneurysmas bei einer 78jährigen Frau. Das Aneurysma erstreckt sich vom Hiatus oesophageus bis zum Truncus coeliacus und ist sowohl in der Thoraxaufnahme **(A)** als auch auf einer Bauchübersicht **(B)** während eines Koloneinlaufes erkennbar. Die CT-Schritte (**C**, **D**, und **E**) zeigen die elliptische Form dieses Aneurysmas, den exzentrischen Wandthrombus und das mit Kontrastmittel angereicherte Blut im Restlumen der Aorta.

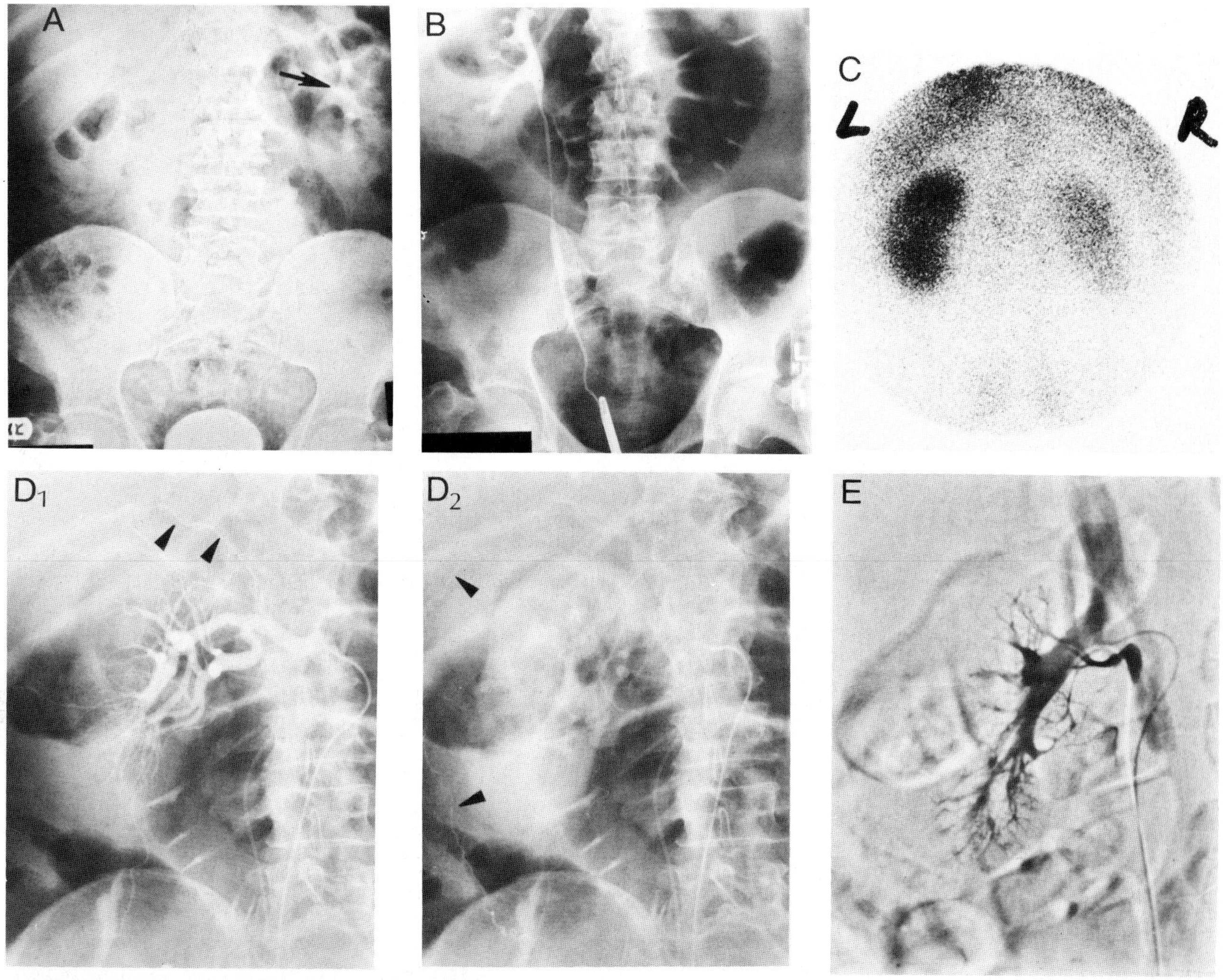

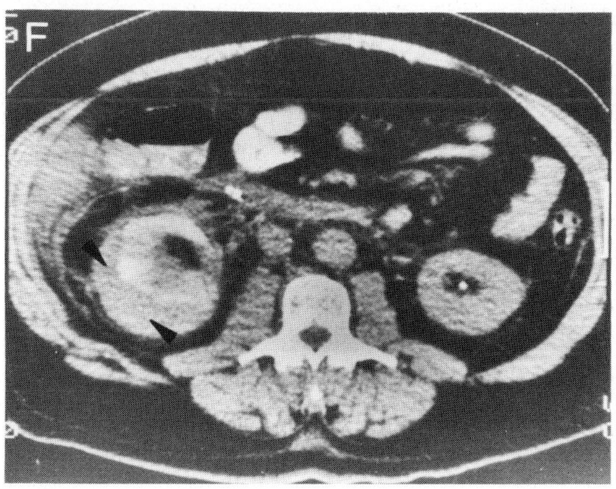

Abb. 5-74: Dieser 52jährige Mann kam mit akutem Flankenschmerz zur Notaufnahme. Es folgten mehrere Untersuchungen mit bildgebenden Methoden. **A.** Ausscheidungsurogramm mit Aufnahme 15 Min. p. i. Die Pfeilspitze zeigt auf ein normal gestaltetes Nierenhohlraumsystem links. Rechts nur sehr schlechte Nierenanfärbung mit verzögerter Kelchdarstellung. Dies führte zum Verdacht auf das Vorliegen eines nicht schattengebenden Konkrements. **B.** Das retrograde Pyelogramm rechts zeigt bei normaler Anatomie des Nierenbecken-Kelch-Systems keinerlei Stein. **C.** Nierenszintigraphie. Die statische Aufnahme zwei Minuten nach Injektion von Glucoheptonat i. v. ergibt eine schlechte Darstellung der rechten Niere. Auch die Durchblutungsstudie zeigte einen verminderten Blutfluß zur rechten Niere. **D.** Die Angiogramme (frühe und späte arterielle Phase) zeigen eine Formveränderung der rechten Niere und gestreckt verlaufende Kapselarterien (Pfeilspitzen), was an ein subkapsuläres Hämatom denken läßt. **E.** Die rechtsseitige Nierenphlebographie (Subtraktionsaufnahme) ergibt ein normal weites Lumen der Nierenvene und von deren Ästen und keinerlei Anhalt für eine Nierenvenenthrombose. **F.** Das CT zeigt eine nephrographische Dichteanhebung rechts. Ein subkapsuläres Hämatom umgibt das Parenchym der rechten Niere. Auch sind die retroperitonealen Gewebsschichten durch eine Einblutung verdickt. Der fühere Einsatz der Computertomographie bei dieser Folge hätte mehrere der anderen Bilduntersuchungen überflüssig gemacht.

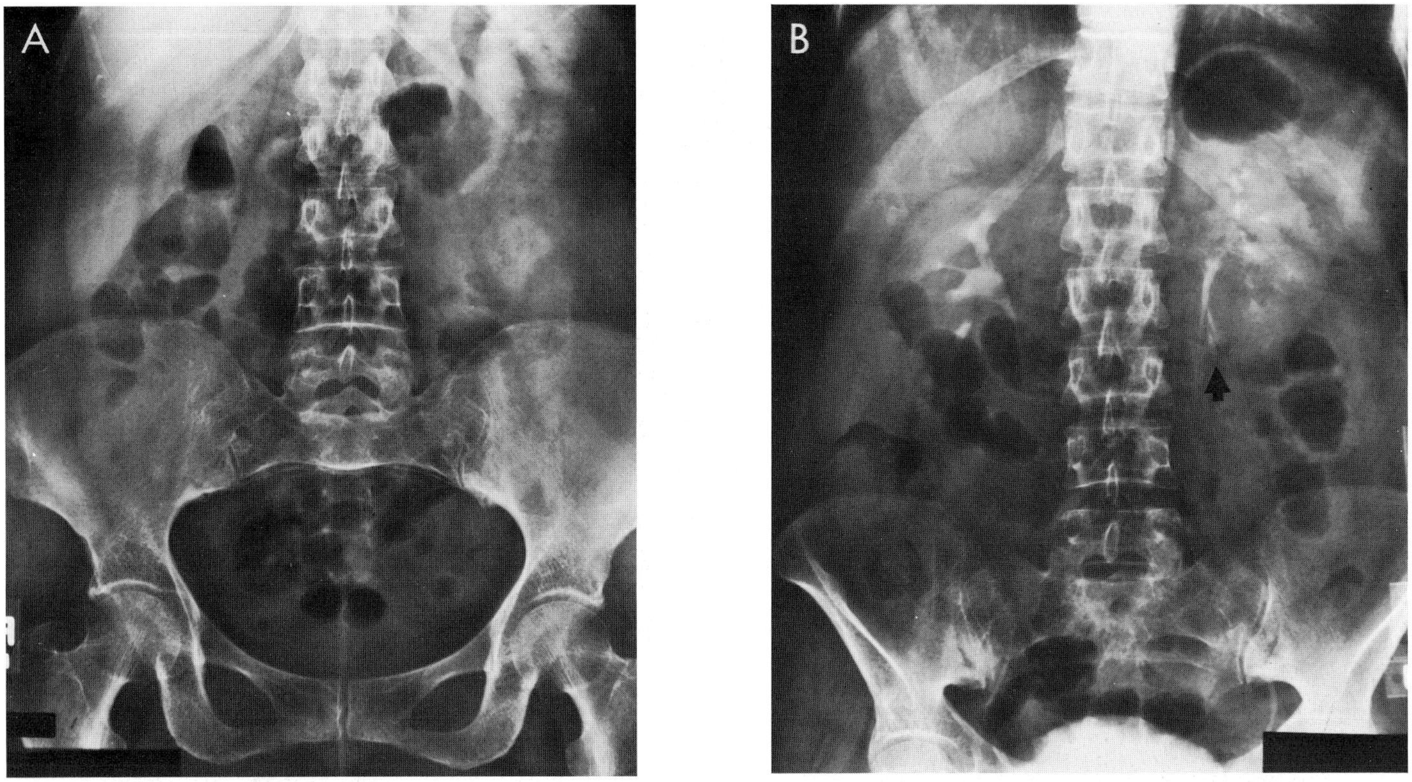

Abb. 5-75: Harnleiterruptur durch Steinverschluß. **A.** Ein Patient mit linksseitiger Harnleiterkolik. Unauffälliger Befund vor dem Ausscheidungsurogramm.

B. Der gleiche Patient; unauffälliges Urogramm rechts. Beachten Sie den Kontrastmittelaustritt aus dem linken Ureter (Pfeil), der eine Harnleiterruptur bei Steinverlegung anzeigt. Der nicht schattengebende Stein ist hierbei unsichtbar.

Die schwangere Patientin – Strahlenexposition während der Schwangerschaft

Ob bei einer bekannten Schwangerschaft eine Röntgenuntersuchung durchgeführt wird, ist zunächst eine Frage der medizinischen Beurteilung. Wegen der möglichen Schädigung des Kindes durch die Strahlung ist die Kenntnis der besonderen Richtlinien in einer jeden solchen Situation für eine Entscheidung sehr wesentlich. Ferner braucht man eine Richtschnur zur Patientenführung, wenn die Röntgenuntersuchung durchgeführt wurde, bevor noch die Schwangerschaft bekannt war.

Hat die Schwangerschaftsdauer das erste Trimenon bereits überschritten, dann sind alle Organe des Feten vollständig ausgebildet. Deshalb ist dann das Risiko gering, daß die Strahlenexposition zu einer Mißbildung des Feten führen wird. Doch existieren in der Literatur Berichte darüber, daß im späteren Leben die Inzidenz einer Leukämie etwas ansteigt, wenn die Patienten während des zweiten oder dritten Schwangerschaftsdrittels in utero einer Strahlenbelastung ausgesetzt waren. Aus diesem Grund erscheint es uns angebracht, die Strahlenbelastung während des zweiten und dritten Trimenons so gering wie nur möglich zu halten.

Unsere eigene Strategie besteht darin, bei einer Schwangerschaft im zweiten oder dritten Trimenon eine Röntgenuntersuchung dann vorzunehmen, wenn es gilt, bei einer Patientin ein medizinisches Akutproblem abzuklären. Doch ist hierbei die Zahl der Aufnahmen auf das unbedingt erforderliche Minimum für die gewünschte Information zu beschränken. Wo immer es möglich ist, wird die Röntgenuntersuchung aufgeschoben.

Während des ersten Trimenons besteht die Möglichkeit, daß die Strahlenexposition beim Feten Anomalien verursacht. Welche Strahlenbelastung ist für die Patientin erlaubt und unter welchen Umständen? Die Übersicht von Brent und Goarsen ist eine gute Zusammenfassung der Wirkungen einer Strahlenbelastung während der Schwangerschaft. Die Autoren arbeiten heraus, daß der Fetus mit zunehmendem Alter den Strahlenwirkungen gegenüber zusehends weniger empfindlich wird.

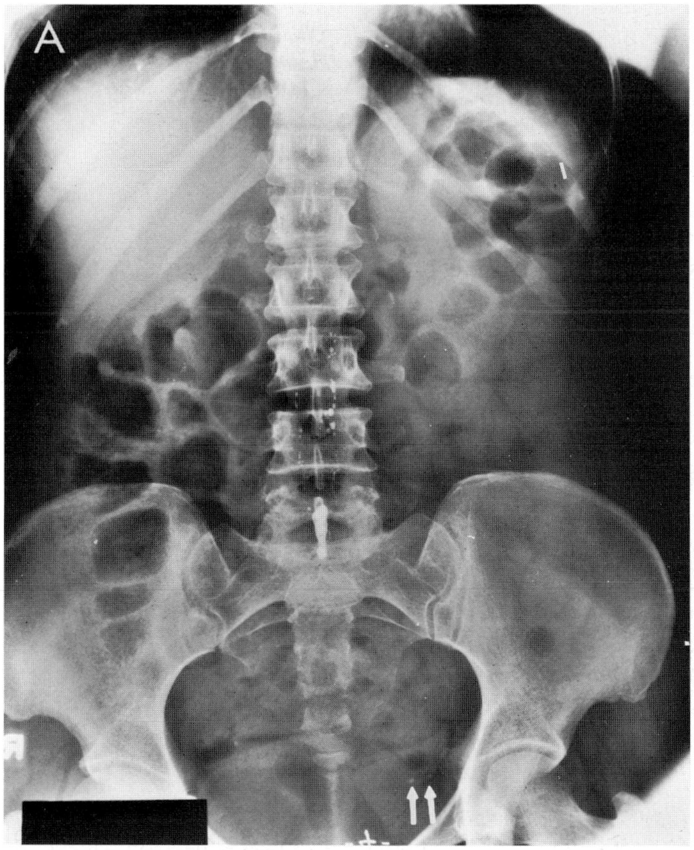

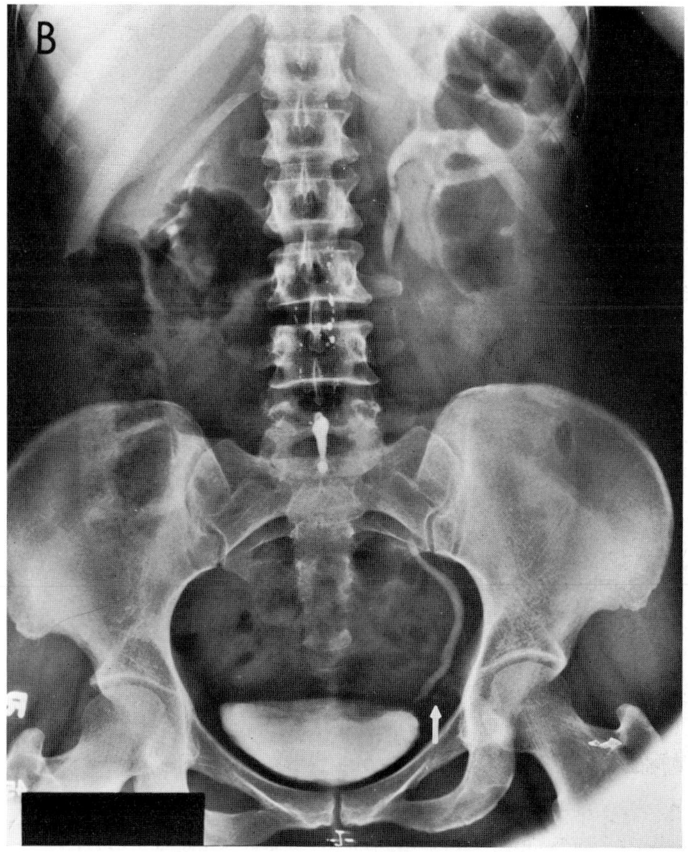

Abb. 5-76: Patient mit linksseitiger Ureterkolik. **A.** Aufnahme in Rükkenlage. Nebenbefundlich Kontrastmittelretention im Spinalkanal nach vorheriger Myelographie. Sehr schwer erkennt man zwei winzige Konkremente im linken Becken (weiße Pfeile).

B. Gleicher Patient; normales Urogramm rechts. Beachten Sie die Teilverlegung des linken distalen Ureters. Das weiter zur Mitte gelegene der beiden Konkremente entspricht exakt der Lage des distalen linken Ureters. Es wird jetzt vom Kontrastmittel überlagert. Das weiter außen gelegene Konkrement ist somit ein Phlebolith außerhalb des Ureters (Pfeil).

Es muß jede Anstrengung unternommen werden, um eine Strahlenbelastung während der Frühschwangerschaft zu vermeiden. Dieser Grundsatz ist die Basis der «10-Tage-Regel», welche besagt, daß das Abdomen einer Frau im gebärfähigen Alter außerhalb der ersten zehn Tage ihres Zyklus keiner Strahlenbelastung ausgesetzt werden sollte. Dieses Vorgehen garantiert, daß kein Zygot und kein Embryo Röntgenstrahlen exponiert wird. Wann immer eine Röntgenuntersuchung der Bauchregion bei einer solchen Patientin nicht dringlich ist, und wo man in Ruhe warten kann, um nicht gegen diese Regel zu verstoßen, sollte man die Untersuchung verschieben. Die «10-Tage-Regel» wurde in den USA zur «14-Tage-Regel» revidiert, wobei dann Röntgenuntersuchungen innerhalb der ersten 14 Tage des Menstruationszyklus erlaubt sind.

Nach einer mehrmonatigen Schwangerschaft wird das Risiko, einen unbekannten Embryo/Fetus zu exponieren, natürlich gering, weil die Patientin dann auch meist um ihren Zustand weiß. Mit den heutigen Schwangerschaftsschnelltests und der routinemäßigen Befragung der Patientinnen nach einer möglichen Schwangerschaft ist in den meisten Notaufnahmeeinheiten eine Schwangerschaft oft in Erfahrung zu bringen (oder im Test nachweisbar), bevor die Röntgenuntersuchung erwogen wird.

In vielen Krankenhäusern der USA tragen die Türen des Röntgenuntersuchungsräume einen schriftlichen Hinweis für die Patientinnen, daß sie der Assistentin/dem Arzt im Falle einer möglichen Schwangerschaft dies noch vor den Röntgenuntersuchungen mitteilen sollen. (In der Bundesrepublik Deutschland ist die Befragung nach einer [möglichen] Schwangerschaft gesetzliche Pflicht; Dokumentation mit Unterschrift der Patientin; Anm. d. Übers.)

Während des ersten Trimenons sollte also eine Röntgenuntersuchung in vielen Situationen unterbleiben. Unterbleibt jedoch (aus welchen Gründen auch immer) bei einer Frau die Feststellung einer Schwangerschaft, stellt sich die Frage nach der ärztlichen Verantwortung für den Patienten und nach den zu ergreifenden Maßnahmen.

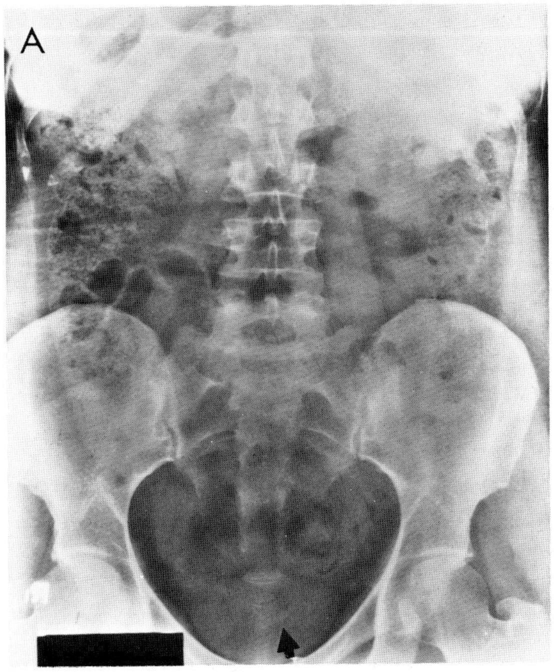

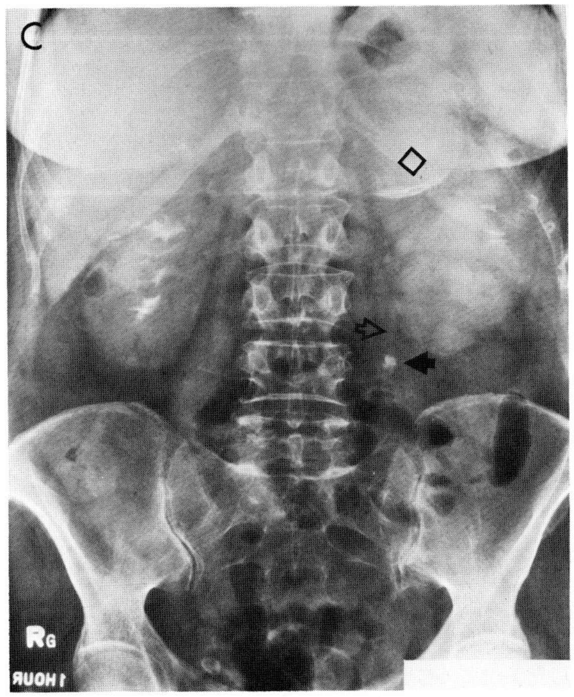

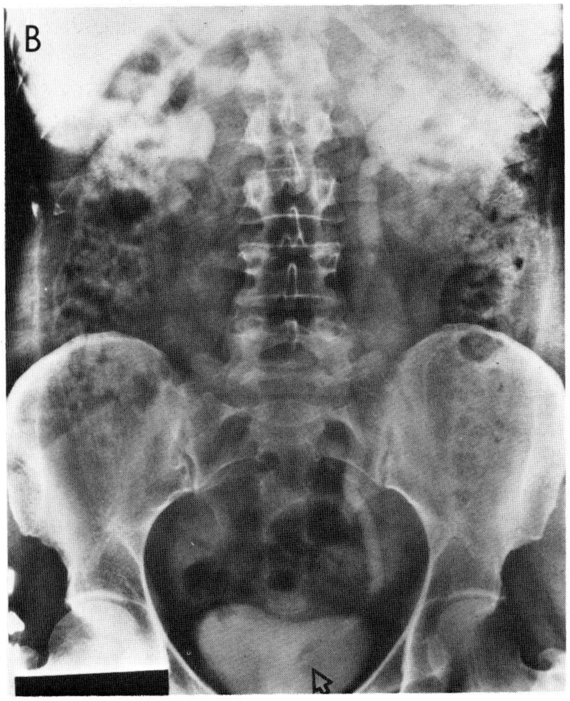

Abb. 5-77: Der Wert von Spätaufnahmen. **A.** Patient mit einer linksseitigen Harnleiterkolik. Man sieht ein großes ovales, wenig röntgendichtes Konkrement in Projektion auf den linken Steißbeinrand (Pfeil). **B.** Intravenöses Pyelogramm desselben Patienten. Die Erstaufnahmen zeigten eine nur geringe Kontrastmittelausscheidung über die rechte Niere. Erst nach 40 Minuten erkennt man den erweiterten linken Ureter bis zur Höhe des verlegenden Konkrements (Pfeil). Beachten Sie den Halo-Ring um das Konkrement. Bei der Zystoskopie fand man den Harnleiterstein in einer Ureterozele. **C.** Intravenöses Pyelogramm eines anderen Patienten; Spätaufnahme nach einer Stunde. Normales Urogramm rechts. Obstruierender Harnleiterstein im mittleren linken Ureter. Beachten Sie den schwachen Kontrast im Ureter oberhalb dieses verschließenden Steines (gerahmter Pfeil). Daneben hat dieser Patient eine verkalkte Pankreaspseudozyste (Raute).

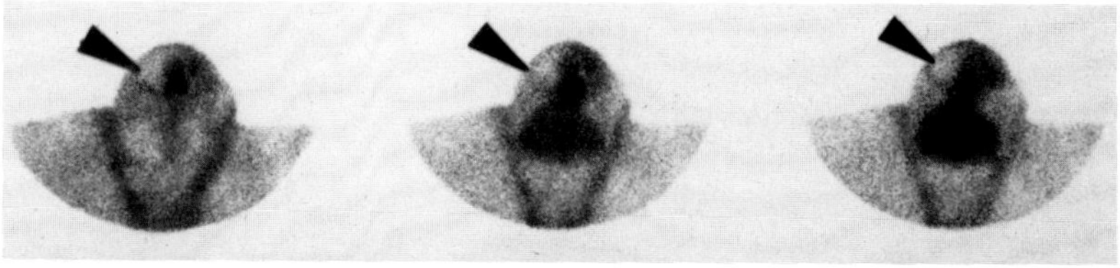

Abb. 5-78: Hodentorsion. Aufnahmen des Skrotums 2, 7 und 10 Minuten nach Injektion eines Blut-Pool-Tracers. Die Szintigraphie zeigt die fehlende Durchblutung des rechten Hodens (Pfeilspitze). Der linke Hoden ist hingegen normal. Beachten Sie die stete Aktivitätszunahme über der Harnblase im Verlaufe der Zeit.

Der erste Schritt besteht in einer Abschätzung der Strahlenbelastung des Fetus. Einige Faustregeln hierzu sind ganz nützlich:

1. Eine Aufnahme, bei der das mütterliche Becken direkt im Strahlengang liegt, entspricht in etwa einer Belastung von 1 rd. Zu diesen Untersuchungen gehören Abdomen, Lendenwirbelsäule, Kreuzbein, Steißbein, Becken und Hüften.
2. Eine Aufnahme, bei der das mütterliche Becken nicht im direkten Strahlengang liegt – etwa Schädel, Thorax, Extremitäten –, entspricht ungefähr einer Belastung von 0,1 rd.
3. Die Abdeckung des Abdomens bei letzteren Aufnahmen mit einer Bleischürze reduziert die Strahlenbelastung des Feten auf etwa ein Achtel.
4. Bei einer Untersuchung mit Durchleuchtung – wie z.B. Bariumkontrasteinlauf oder oberer Gastrointestinaltrakt – fällt eine Belastung von etwa 5 rd an.

Diese «Faustregelschätzungen» der Strahlenbelastung sind für eine moderne Apparatur eher hoch angesetzt. Die tatsächliche Strahlenbelastung bei Filmaufnahmen und Röntgendurchleuchtung variiert natürlich sehr von Institut zu Institut – abhängig von einer Vielzahl von Einflußgrößen. Wann immer eine genauere Bestimmung der Exposition des Fetus nötig ist, sollte man einen Strahlenphysiker zu Rate ziehen.

Führt die Überprüfung der Untersuchungstechnik (z.B. Untersuchungstyp, Röhrenspannung etc.) zum Ergebnis, daß die Strahlenbelastung des Feten ein rd überschritten hat, dann sollte man eine vollständigere Dosimetrie vornehmen lassen. Bei Kenntnis der vorgenommenen Untersuchungsart und -technik sowie des dabei eingesetzten Geräts kann der Physiker die fetale Strahlendosis recht genau bestimmen. Phantome und Dosimetrieapparaturen stehen heute zur Überprüfung, ob eine solche Abschätzung auch stimmt, zur Verfügung (Abb. 5-79).

Ist die Strahlenbelastung des Fetus dann bekannt, sollten der zuweisende Arzt und der Radiologe das Alter des Embryo/Feten zum Zeitpunkt der Exposition ermitteln. Nach diesen Informationen gibt es dann zwei Alternativen: Darf die Schwangerschaft fortbestehen – oder beendet man sie?

Es gibt nur wenige verläßliche Empfehlungen zu der Frage, ob eine Interruptio indiziert ist oder nicht.

1. Beim Menschen beobachtete man ein vermindertes Körperwachstum, eine kleinere Kopfgröße und eine verzögerte geistige Entwicklung bei Kindern von Müttern, die in den frühen Schwangerschaftswochen 50 rd erhalten hatten; manche Wachstumsstörungen können selbst schon bei nur etwa 25 rd vorkommen.
2. Es gibt keine Schwangerschaftsphase, während der eine Exposition von 50 rd nicht mit der signifikanten Wahrscheinlichkeit eines beobachtbaren pathologischen Effekts auf den Embryo/den Fetus einhergeht. Aus klinischer Sicht kann eine fetale absorbierte Dosis von 10 rd zu jedem Schwangerschaftszeitpunkt als praktischer Schwellenwert für die Induktion angeborener Defekte angesehen werden. Bei Dosen von weniger als 10 rd wird die Wahrscheinlichkeit von Nebenwirkungen bereits verschwindend gering.
3. Belastungen des Fetus von weniger als 1 rd stellen keine Indikation für einen Schwangerschaftsabbruch dar. Belastungen zwischen einem Rad und etwa zehn Rad sind nur im Beisein weiterer Komplikationen als Indikation hierfür zu betrachten. Fetale Dosen von mehr als zehn Rad indizieren vermutlich immer eine Interruptio.
4. Das Risiko, das mit einer fetalen Dosis von mehr als 20 rd einhergeht, mag unannehmbar hoch sein, doch eine Belastung von weniger als 10 rd würde für sich allein genommen nie die Empfehlung zum Schwangerschaftsabbruch rechtfertigen.

Angesichts der verfügbaren Daten entwickelte Bushong eine 10-bis-25-Rad-Regel. Unterhalb von 10 rd ist ein therapeutischer Abort nicht indiziert, es sei denn, es liegen zusätzliche erschwerende Faktoren vor. Zwischen 10 und 25 rd muß man sehr genau den Expositionszeitpunkt, die seelische Verfassung der Patientin und die Auswirkungen, die ein weiteres Kind auf familiäre, soziale und wirtschaftliche Verhältnisse der Familie hätte, abwägen.

Nach den Erfahrungen von Bushong waren die fetalen Dosen bislang recht niedrig. Er verfügt über Erfahrungen bei wenigstens 50 Fällen während der letzten zehn Jahre. Die fetalen Dosen lagen in der Regel zwischen einem und drei Rad; kein Kind erhielt mehr als 10 Rad.

Manchmal kann auch eine Patientin nicht wissen, daß sie schwanger ist, und die Schwangerschaft dann auf der anfänglichen Leeraufnahme bei einer Urographie oder einer Magen-Darm-Untersuchung entdeckt werden (Abb. 5-80). Doch wird diese Feststellung manchmal durch Kindsbewegungen erschwert oder verhindert, was sogar eine schon fortgeschrittene Schwangerschaft verschleiern kann (Abb. 5-81). Schwangerschaftskomplikationen wie ein septischer Abort oder die Notwendigkeit einer Beckenausmessung können eine Strahlenbelastung erforderlich machen. Hier erscheint aber das «Kosten-Nutzen»-Verhältnis annehmbar (Abb. 5-82).

Zusammenfassung

1. Bei Frauen im gebärfähigen Alter läßt sich eine ungewollte Strahlenbelastung des Embryo verhindern, wenn man Röntgenuntersuchungen auf die ersten 14 Tage nach dem ersten Zyklustag begrenzt.

An: William Hutchinson, M.D.
Radiologie
Von: Michael Kan, M.S. — Strahlenexposition
Radiation Safety Office
(Amt für Strahlenschutz)

Messinstrumente: Victoreen 550–15 Ionisationskammer S/N 448, Electrometer 550-1-5 S/N 295.

Messmethode: Die Ionisationskammer wurde zur Simulation der Lage des Fetus in einem 30 × 30-cm-Phantom in einer Tiefe von 8,5 cm installiert. Verwendet wurden ein f-Faktor von 0,91 und ein Energiekorrekturfaktor von 1,08. Eine Korrektur bezüglich Temperatur und Druck erfolgte nicht.

Ergebnisse:

1. Raum 5 - Xonics 1050T Generator S/N 0184-0279-006

Durchleuchtung 3 Min.	1,462 rad
3 Zielaufnahmen	0,071 rad
7 Aufnahmen mit Obertischröhre	1,287 rad
Total	2,820 rad

2. Raum 7 - Phillips 85 Generator S/N 12DT GB und Durchleuchtung des GI-Trakts

für 2,5 Min.	0,344 rad
12 Zielaufnahmen	0,094 rad
5 Aufnahmen mit Obertischröhre	0,915 rad
GI-Trakt und Gallenblase Total	1,353 rad
Gesamtdosis	4,173 rad

Kommentar: Nach dem NCRP-Report 54 ist das Risiko von Anomalien bei einer Dosis von 5 rad oder weniger verglichen mit den anderen Schwangerschaftsrisiken gering. Eine Kopie des obigen Berichts ergeht zur Kenntnisannahme an Sie.

Abb. 5-79 (oben): Typische Berechnung der Strahlenbelastung des Fetus bei einer Röntgenuntersuchung.

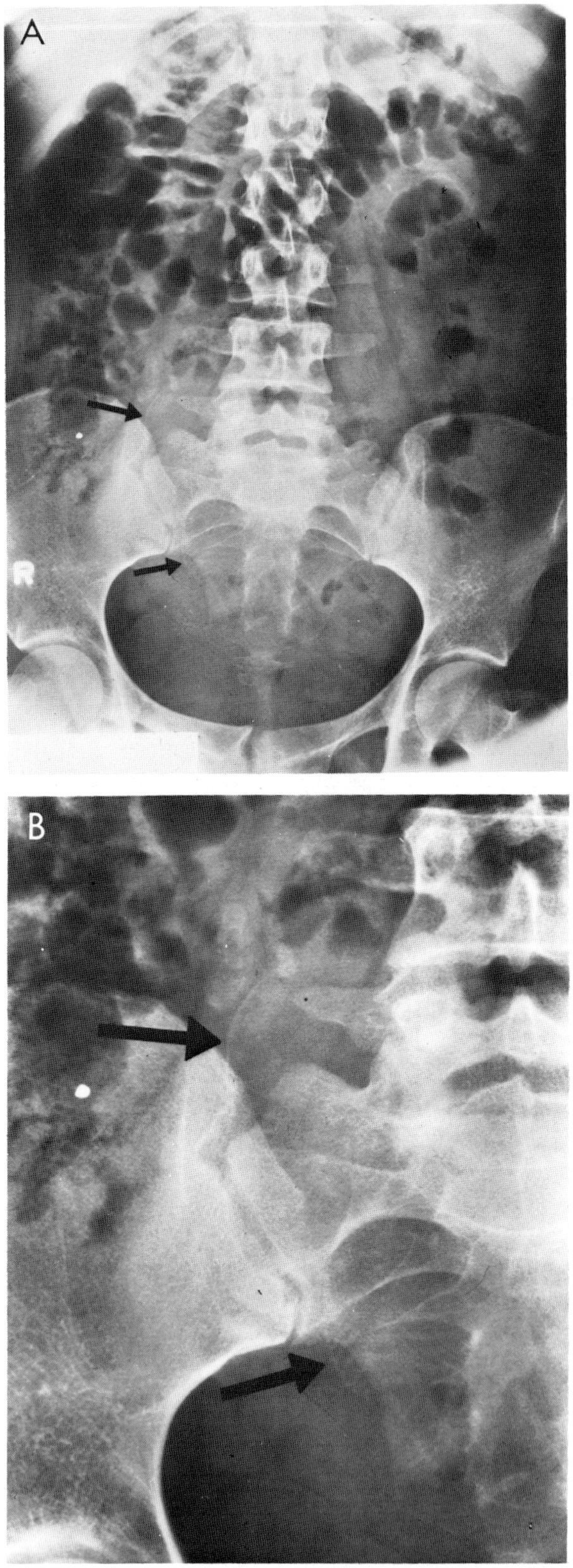

Abb. 5-80 (rechts): Frühschwangerschaft. Eine 22jährige Frau stellte sich in der Notaufnahme mit den Verdachtssymptomen einer Harnwegsinfektion vor. Bei der Befragung verneinte die Patientin die Möglichkeit einer Schwangerschaft. Ein Ausscheidungsurogramm wurde daraufhin angefordert. **A.** Abdomenübersicht in Rückenlage vor der Urographie. An der Spitze des rechten Querfortsatzes von LWK 5 findet sich ein nach lateral konvexer, senkrecht gestellter Schatten (oberer Pfeil). Längs des rechten Sakrumrandes sieht man eine Gruppe paralleler, ebenfalls bogig verlaufender Schatten (unterer Pfeil). Der obere Schatten ist der Schädel, der untere entspricht den Rippen eines Fetus. **B.** Vergrößerungsaufnahme der gleichen Patientin. Frühschwangerschaft (16.–18. Woche). Obwohl die Patientin eine Schwangerschaft bestritten hatte, ist dieser Befund ganz eindeutig. Das Ausscheidungsurogramm wurde verschoben. Zum regelrechten Termin wurde ein gesundes Kind geboren.

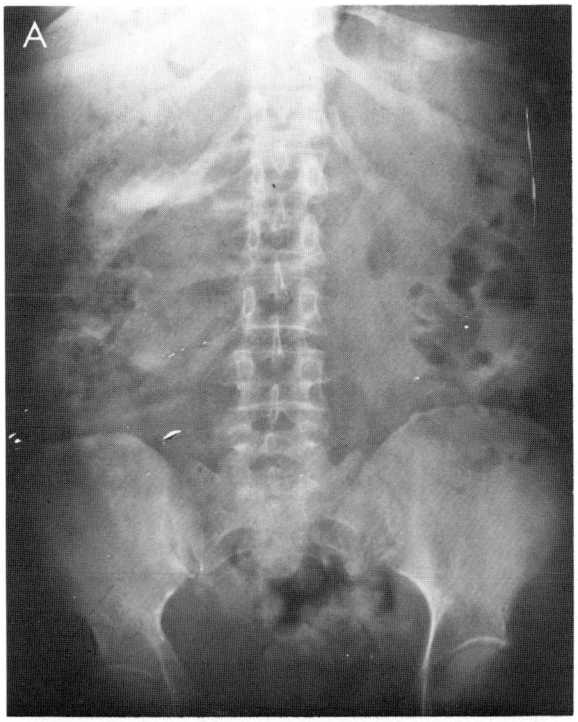

Abb. 5-81: Bewegungsunschärfe. Eine 23jährige Patientin stellte sich in der Notaufnahme mit der Feststellung vor: «Herr Doktor, ich bin im neunten Monat schwanger, und die Wehen haben begonnen». **A.** Aufnahme in Rückenlage, verwaschener Bildeindruck.

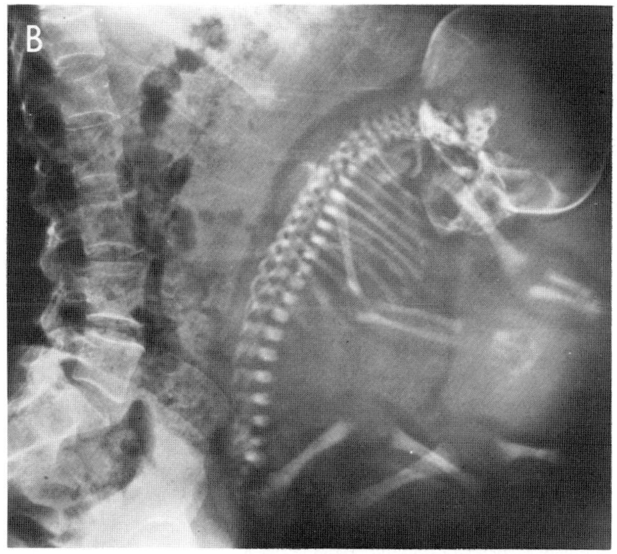

B. Die Seitaufnahme zeigt deutlich einen völlig ausgereiften Fetus in Steißlage. Auf der ersten Aufnahme kann man im rechten oberen Quadranten den kindlichen Schädel und den Rücken des Kindes am rechten inneren Uterusrand erkennen. Das Kind bewegte sich bei der Aufnahme im Liegen und verwischte so die eigenen Details. Selbst ein bereits neun Monate alter Fetus kann so dem Auge entgehen, wenn er sich während der Aufnahme bewegt. Die «Lektion» aus dieser Aufnahme ist genauso deutlich auf andere Untersuchungen übertragbar. Beispielsweise ist die Bewegungsunschärfe von Abdomenaufnahmen mittels einer fahrbaren Röntgenanlage bei Patienten mit Schmerzen oft ein Problem; die daraus entstehenden diagnostischen Einschränkungen sollte man immer vor Augen haben.

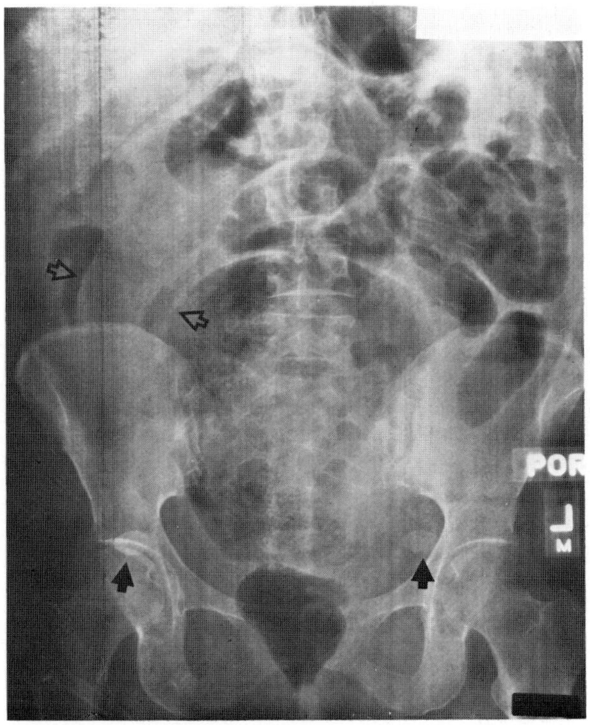

Abb. 5-82: Septischer Abort. Uterusinfektion mit gasbildenden Bakterien bei einer 37jährigen Patientin im septischen Schock. Die Patientin war zu krank, um nach ihrer Einlieferung in die Notaufnahme noch zu einer Abdomenuntersuchung in die Röntgenabteilung gebracht zu werden, deshalb wurde eine Aufnahme mit dem fahrbaren Gerät angefertigt. Der Uterus ist vergrößert, seine Wand verdickt (gerahmte Pfeile). Die Außenwand erkennt man als Pelotte des Zökumgases. Die innere Wand wurde durch Gas in der Uterushöhle demarkiert. Beachten Sie die große, birnenförmige Gasansammlung in Projektion auf das Sakrum und die untere LWS. Die vagen Schatten in Projektion auf beide Hüftregionen (schwarze Pfeile) sind Verkalkungen in den Natesweichteilen durch eine glutäale Fettnekrose (Injektionsgranulom) nach früherer Penicillininjektion. Die Diagnose lautete Uterusinfektion mit gasbildenden Bakterien. Anschließend notfallmäßige Hysterektomie. Die Patientin überlebte.

2. Eine Strahlenbelastung während des ersten Trimenons sollte auf jeden Fall vermieden werden, es sei denn, der Zustand der Patientin rechtfertigt dieses Risiko.
3. Die Strahlenbelastung sollte im zweiten und dritten Trimenon, auch wenn sie für den Fetus ein relativ geringes Risiko darstellt, unter den jeweiligen klinischen Besonderheiten des Falles auf das praktisch mögliche Minimum begrenzt werden.
4. Die Berechnung der Strahlenbelastung des Feten liefert die Grundlage für eine auf echten Informationen beruhende klinische Beurteilung, sofern dies erforderlich ist.

Literaturverweise

Da eine aktuelle Information über die Strahlenbelastung während der Schwangerschaft in den normalerweise in einer Notaufnahmeeinheit griffbereiten Büchern nicht enthalten ist und weil diese Angaben sich mit der Zeit laufend ändern, soll an dieser Stelle eine kurze Liste (aus dem anglo-amerikanischen Bereich) aufgeführt werden.
Für die zweite Auflage dieses Buches wurde die Literaturzusammenstellung auf neueren Stand gebracht, so daß der Leser zur laufenden Information auf aktuellere Quellen verwiesen wird. Die neuere Literatur hat keinerlei Aspekte herausgearbeitet, die eine Änderung der Empfehlungen der ersten Auflage erforderlich machen würden.

Brent R.L., Gorson R.O.: Radiation exposure in pregnancy. Curr. Top. Radiol. 2: 3–48, 1972.
Bushong S.C.: Pregnancy in diagnostic radiology: Radiation control procedures. Appl. Radiol. July-August, 1976, pp. 63–68.
Bushong S.C.: Radiation exposure in our daily lives. Physics Teacher 15:135–144, 1977.
Hale H., Thomas J.W.: Radiation risks for patients having x-rays. Nurse Practicioner, Dezember, 1985.
Hammer-Jacobson E.: Therapeutic abortion on account of x-ray examination during pregnancy. Dan. Med. Bull. 1959, pp. 113–122.
NCRP Report 54, Medical Radiation Exposure of Pregnant and Potentially Pregnant Women. Washington D.C., National Council of Radiation Protection, 1977.
NCRP Report 53, Review of NCRP Radiation Dose Limits for Embryo and Fetus in Occupationally Exposed Women. Washington D.C., National Council on Radiation Protection.
Neumeister K., Wasser S.: Clinical data for radiation embryology 1984 Report. Radiation and Environmental Biophysics, New York, Springer-Verlag,1985.
Proposed Rules Procedures to Minimize Medical X-ray Exposure of the Human Embryo and Fetus. Recommendations for Medical Radiation Exposure of Women of Childbearing Potential. Federal Register vol 44, no. 225, November 20, 1979.
Ritenour E.R.: Health effects of low-level radiation: Carcinogenesis, teratogenesis, and mutagenesis. Seminars in Nuclear Medicine, vol. XVI., 2(April):106-117, 1986.
Sternberg J.: Radiation and pregnancy Can. Med. Assoc. J. 109:51-57, 1973.
Taylor L.: Problems of radiation double standards: The exposure of pontentially pregnant persons. Health Physics vol. 49. 6(Dec):1043-1052, 1985.

Stumpfes Bauchtrauma

Das stumpfe Bauchtrauma kann deswegen besonders schwierig zu diagnostizieren sein, weil schwere intraabdominelle Verletzungen sich hinter zwar offensichtlichen, aber weniger lebensbedrohlichen Traumata verbergen können. Bis zu mehreren Stunden nach dem Unfall können Verletzungen, die letztendlich tödlich enden, scheinbar völlig fehlen. Es ist deshalb wichtig, daß man solche Verletzungen kennt, die während der Erstuntersuchung übersehen werden können.
Die Rolle der Röntgendiagnostik hat bei der Diagnose und Behandlung dieser Bauchverletzungen ständig an Bedeutung gewonnen. Die Röntgenuntersuchung des Abdomens ist bei der anfänglichen Aufdeckung einer Blutung, freier Luft außerhalb des Darmlumens oder von Hämatomen sehr wertvoll. Hämatome können sich als umschriebene Raumforderung oder aber als Organvergrößerung (Abb. 5-83 und 5-84) präsentieren. Wichtig ist die Röntgenuntersuchung zur Diagnose einer Ruptur des Zwerchfells, des Duodenums oder der Harnblase, ferner auch zum Nachweis des Verschlusses oder der Verletzung eines größeren Gefäßes.

Aufnahmetechnik

Als Grundregel sollte man keine Röntgenaufnahmen mit fahrbarem Gerät anfertigen, wenn konventionelle Aufnahmen möglich sind. Wegen der Notwendigkeit eines feststehenden Streustrahlenrasters und der nur geringen Fokus-Film-Distanz erzielen fahrbare Röntgengeräte nicht die gleiche diagnostische Qualität, wie man sie auf einem konventionellen Röntgenuntersuchungstisch mit beweglichem Bucky-Streustrahlenraster erreicht. Die Bewegungsunschärfe ist bei den fahrbaren Geräten wegen der erforderlichen langen Belichtungszeit ein größeres Problem. Eine jede Patientenbewegung vermindert die diagnostische Qualität der erhaltenen Aufnahme. Abdomenaufnahmen mit einem fahrbaren Röntgengerät können zwar unter gewissen Umständen unumgänglich sein, sollten aber immer dann vermieden werden, wenn auch konventionelle Aufnahmen ohne eine Gefährdung des Patienten möglich sind (vgl. Abb. 5-81).
Röntgenaufnahmen von Thorax und Abdomen in Rückenlage sollten bei der radiologischen Untersuchung eines Patienten mit stumpfem Bauchtrauma die ersten Schritte sein. Sie können bereits die gesamte erforderliche Untersuchung darstellen und oft leider auch das Einzige sein, was überhaupt durchführbar ist.

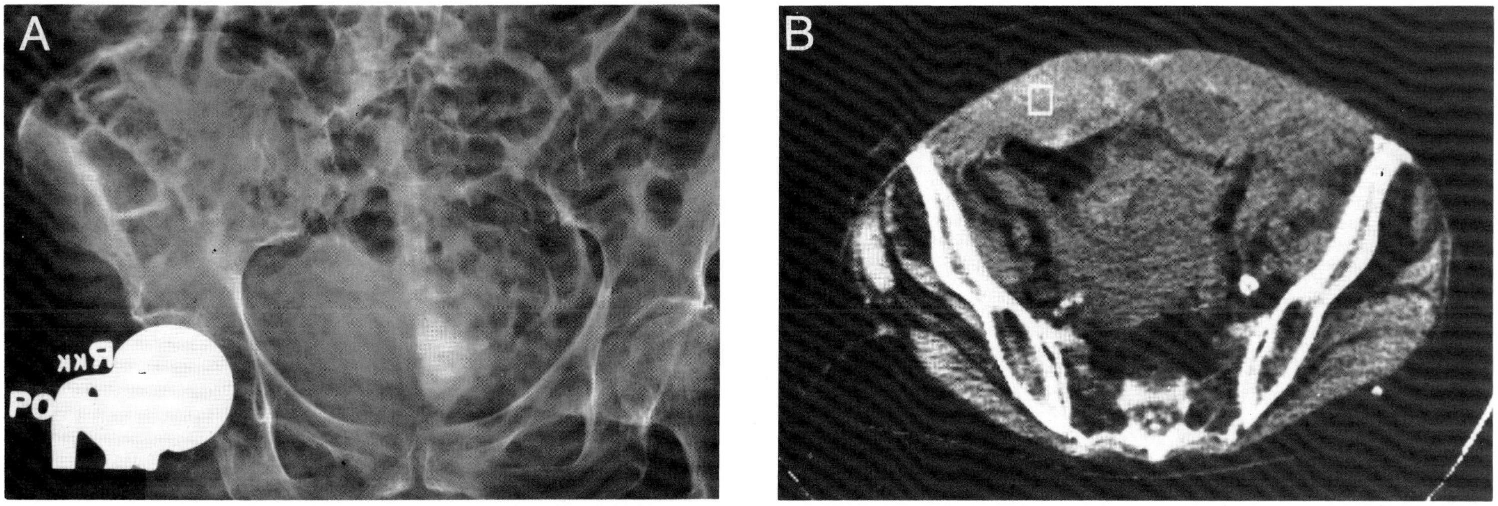

Abb. 5-83: Rektusscheidenhämatome. **A.** Die Beckenübersichtsaufnahme zeigt eine Verschattung, die die kontrastmittelgefüllte Harnblase abdrängt. **B.** Das CT ergibt beiderseitige Rektusscheidenhämatome. Der Patient stand unter Antikoagulantien. Vergleichen Sie bitte die Dicke der Rektusmuskeln (weißer Rahmen) mit der Dicke dieses Muskels in anderen CT-Abbildungen dieses Buches, wie z. B. in Abb. 5-70 C und Abb. 5-90 E.

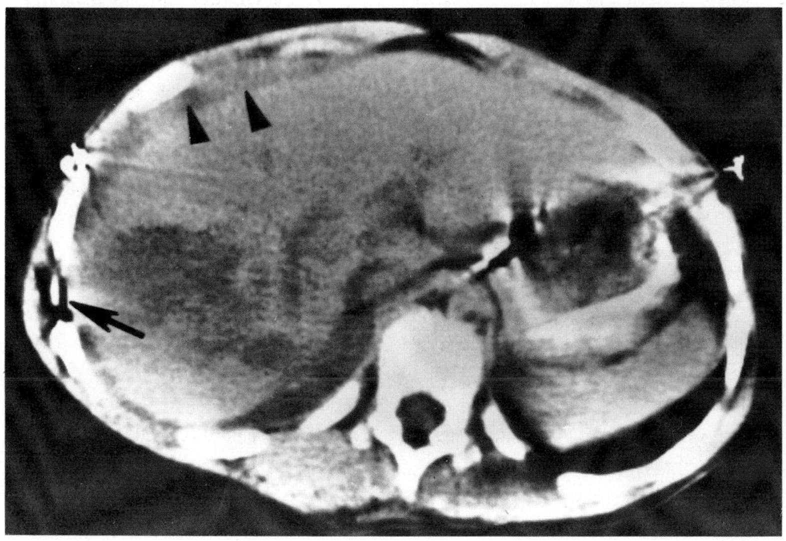

Abb. 5-84: Das CT-Bild zeigt hier ein massives intrahepatisches Hämatom als Region verminderter Dichte in den hinteren Anteilen des rechten Leberlappens. Beachten Sie auch den Flüssigkeitssaum (Blut) am Lebervorderrand (Pfeilspitzen). Gas in der Bauchwand ist auf eingelegte Pleurasaugdrainagen zurückzuführen.

Ist der Patient bewußtlos oder Opfer eines Polytraumas, so kann die Röntgenuntersuchung auf die Rückenlage beschränkt sein, was sowohl den Einsatz von Aufnahmetechniken im vertikalen und seitlichen (= horizontalen) Strahlengang erfordert. Gerade für Aufnahmen des Abdomens und der Wirbelsäule sind diese Einstelltechniken anwendbar.
Wann immer es möglich ist, sollte man eine Aufnahme im Stehen oder in Linksseitenlage (bei horizontalem Strahlengang) anfertigen, weil so freie Luft leichter erkennbar ist.
Zusätzliche Information kann man mitunter durch zwei Aufnahmen in Rückenlage im Abstand von fünf Minuten erhalten. Ein Wechsel im Verteilungsmuster von Gas oder Flüssigkeit kann so beim Filmvergleich freies Blut, freie Luft oder eine unklare Fraktur leichter erkennbar machen. CT, Sonographie, Szintigraphie und Angiographie sind allesamt bei der Abklärung verschiedener Aspekte eines stumpfen Bauchtraumas einschließlich der intra- und der retroperitonealen Blutung, der Organverletzung sowie beim Nachweis von intra- und retroperitonealem Gas von Nutzen. Die jeweilige Methode der Wahl hängt von der Erfahrung des Untersuchers und den vorgegebenen technischen Möglichkeiten bei den besonderen klinischen Umständen eines jeden Falles ab.
Intra- oder retroperitoneales Gas ist sonographisch nicht so gut nachweisbar wie computertomographisch.
Die Szintigraphie hat ihre Stärke bei den Organverletzungen.
Die Angiographie ist zur Abklärung einer Organverletzung oder Blutung indiziert und kann auch mittels der Katheterembolisation bei einer abdominellen Blutung von therapeutischem Nutzen sein.
Oral oder rektal sollte kein Kontrastmittel verabreicht werden, falls eine Notfallangiographie erwogen wird!

Blut in der Peritonealhöhle

Eine intraperitoneale Blutung folgt auf eine Verletzung von Milz, Leber, Mesenterium, Gastrointestinaltrakt oder Omentum, gelegentlich auch von Verletzungen der Harnblase und – selten – des Pankreas. Bei einem Hämoperitoneum sammelt sich das freie Blut beiderseits in den parakolischen Rinnen zwischen der seitlichen Kolonwand und dem Peritoneum parietale. Auf Nativaufnahmen des Bauches in Rückenlage erscheint das Blut in den parakolischen Rinnen als homogene weichteildichte Masse zwischen dem Kolon und der strahlentransparenten Flankenzeichnung und verdrängt das Kolon nach medial. Bei einer solchen Untersuchung ist es wichtig, das Kolon auch sicher zu identifizieren, welches man dann an seinem Inhalt erkennt, weil Gas im Dünndarm normalerweise vom Flankenstreifen abgetrennt werden kann. Wird das Kolon nicht identifiziert, so kann der flüssigkeitsgefüllte Dünndarm zur falsch positiven Diagnose eines Hämatoperitoneums führen. Ferner kann auch Flüssigkeit im Colon descendens eine Flüssigkeitsansammlung in der parakolischen Rinne vortäuschen. Denken Sie immer daran, daß die parakolische Rinne beiderseits zwischen dem Kolon und dem Flankenstreifen gelegen ist. Folgt ein Hämatoperitoneum auf einen Leberriß, so wird der untere Leberrand durch die Strahlendichte des benachbarten freien Blutes verwischt (Abb. 5-85 und 5-86).
Intraperitoneales Blut, das sich in den tiefsten Anteilen der Peritonealhöhle ansammelt, d.h. im Stehen und in Rückenlage im Douglasschen Raum, ruft zwei kugelförmige Weichteilschatten im Becken oberhalb der Schambeinäste hervor. Dieses Blut innerhalb der Beckenrezessus des Bauchfells verdrängt die gasgefüllten Dünndarmschlingen im kleinen Becken aus ihrer normalen Lage nach oben. In der Regel bleibt das röntgendichte Blut im Douglasschen Raum gegenüber der Harnblase durch einen kleinen Aufhellungsstreifen von der ebenfalls röntgendichten Harnblase getrennt; dieser Aufhellungsstreifen wird durch strahlentransparentes Fettgewebe zwischen der Blasenkuppel und dem Peritoneum verursacht. Dieser Komplex röntgenmorphologischer Zeichen wurde als «Hundeohren»-Figur beschrieben (vgl. hierzu Abb. 5-46 und 5-85).
Flüssigkeit oder Blut in der freien Bauchhöhle im Becken sieht anders aus als extraperitoneales Blut oder Urin, weil sich intraperitoneale Flüssigkeitsansammlungen nach lateral scharf abgrenzen lassen. Die Weichteilgewebe des M. obturatorius internus und der Harnblase bleiben hierbei scharf konturiert sichtbar, während die gleichen Weichteilschatten durch extraperitoneale Flüssigkeitsansammlungen vollständig verwischt werden (vgl. Abb. 5-93 und 5-94).
Methode der Wahl zur Aufdeckung von Flüssigkeitsansammlungen in den Beckenrezessus ist die Sonographie des Beckens. Zusätzlich ist die Peritoneallavage eine sehr nützliche Form der Parazentese, wenn eine Aspiration über eine Einzelkanüle oder Nadeln in allen vier Bauchquadranten kein diagnostisch verwertbares Material erbringen. Hauptproblem dieser Methode ist aber, daß sowohl falsch positive wie auch falsch negative Ergebnisse vorkommen. Ein weiteres Problem besteht darin, daß bei Patienten mit einem stumpfen Bauchtrauma nur eine leicht blutig tingierte Flüssigkeit zurückkommen kann. Zwei bis drei Milliliter Blut in 500 ml Lavageflüssigkeit rufen nur ein leicht blutig tingiertes Aussehen hervor, was eine Operation nicht dringlich erscheinen lassen sollte. Eine negative Aspiration über eine Lavagenadel oder eine Parazentesekanüle bei einer normalen Flüssigkeitsrückkehr schließt aber leider ein erhebliches Bauchtrauma nicht aus. Subkapsuläre oder intraparenchymale Blutungen wird die Parazentese oder die Peritoneallavage überhaupt nicht aufdecken; auch eine retroperitoneale Blutung entgeht so der korrekten Diagnosestellung. Für die Diagnose einer Leberverletzung ist diese Untersuchung zuverlässiger als für die einer Milz- oder einer retroperitonealen Blutung.
Eine retroperitoneale Blutung löscht die Randkonturen des M. psoas maior und der Nieren aus. Im Becken verdrängt sie die Harnblase und das Rektum. Eine größere Blutansammlung zwischen dem Peritoneum parietale und dem Flankenstreifen verlegt den Flankenstreifen und drängt das Peritoneum parietale nach medial ab.
Zur Sicherung einer Blutung oder eines Hämatoms im Retrope-

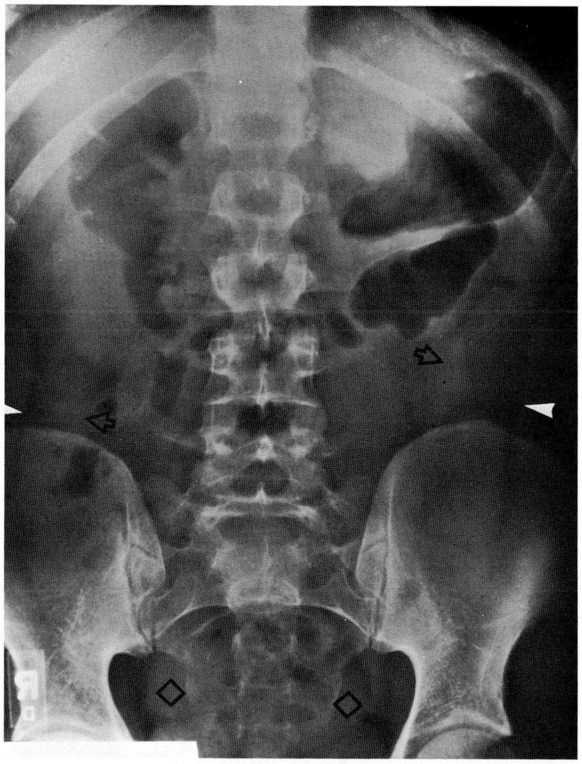

Abb. 5-85: Freies Blut in der Bauchhöhle. Dieser 23jährige Mann wurde bewußtlos von den Rettungssanitätern in die Notaufnahme gebracht; er war im Schock und hatte ein Schädel-Hirn-Trauma sowie multiple Extremitätenfrakturen. Die Bauchaufnahme im Liegen zeigt eine große Blutmenge in beiden Flanken zwischen der Peritonealfettlinie (weißer Pfeil) und dem Zökum auf der rechten (gerahmter Pfeil) sowie zwischen der Peritonealfettlinie (weißer Pfeil) und dem Colon descendens auf der linken Seite (gerahmter Pfeil). Zusätzlich befindet sich Blut im Becken («Hundeohr-Zeichen») (Rauten). Es war also hier sofort eine große Menge freien Blutes in der Peritonealhöhle bereits auf der Nativaufnahme erkennbar. Auf Nativaufnahmen erkennt man intraperitoneale Blutungen erst ab mehr als 250 Millilitern.

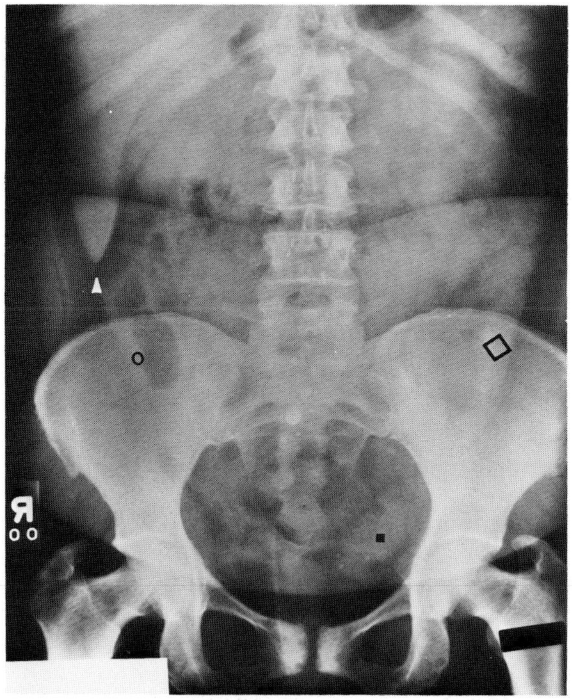

Abb. 5-86: Flüssigkeit im Colon descendens, die Blut in der freien Bauchhöhle vortäuscht. Beachten Sie, daß medial von dieser Flüssigkeitsansammlung längs der Flankengrube kein Kolongas erkennbar ist (Raute). Diese Flüssigkeit befindet sich also im Colon descendens, nicht aber in der Flankengrube. Es zeigt sich eine leichte Abdrängung des Zökalgases gegenüber dem rechten Flankenstreifen rechts (Kreis). Dies ist die obere Normgrenze der Weite des potentiellen Raumes der parakolischen Rinne. Der untere Leberwinkel rechts lateral ist deutlich erkennbar, zwischen ihm und dem Flankenstreifen befindet sich keine Flüssigkeit (Pfeilspitze). Flüssigkeit im Sigma täuscht eine Raumforderung im kleinen Becken vor (kleines Quadrat).

ritoneum ist die Computertomographie die Methode der Wahl. Die szintigraphische Darstellung verschiedener Bauchorgane war zur Demonstration relativ symptomarmer Verletzungen, aber auch zur genauen Ausmaßbestimmung eines schweren Traumas recht erfolgreich. Der nichtinvasive Charakter der nuklearmedizinischen Methoden macht diese offensichtlich sehr attraktiv, besonders aber bei Patienten mit einem Polytrauma und komplizierenden Begleitverletzungen.

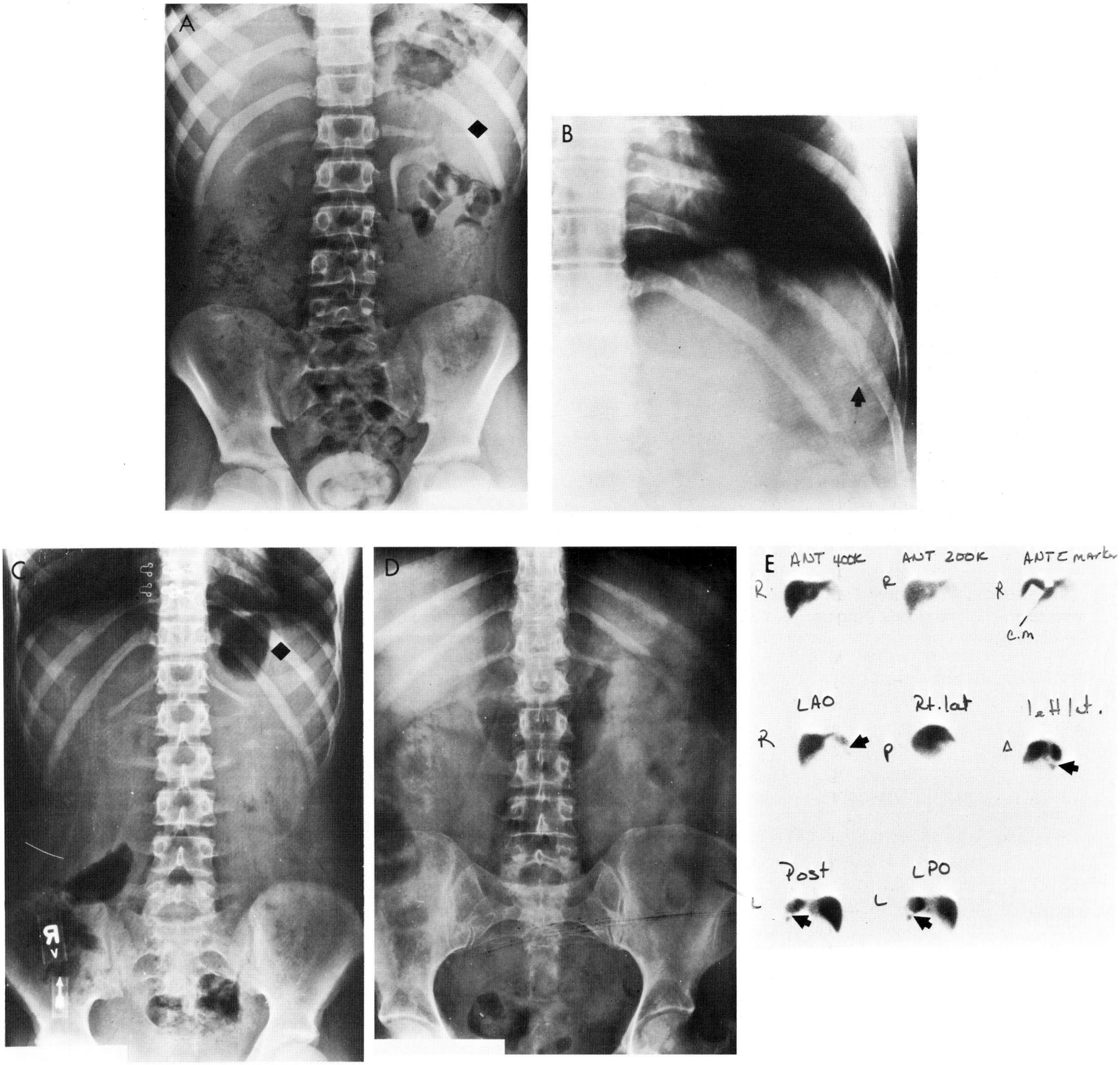

Abb. 5-87: Milzruptur. **A.** Große Raumforderung im linken oberen Quadranten (Raute). Zusätzlich erscheint das Schleimhautmuster des Magens akzentuiert. Dies ist ein indirektes Zeichen, das mit einer Milzruptur einhergehen kann. **B.** Fraktur der elften Rippe links. Den Rand der Raumforderung an der Milz kann man unterhalb der Basis des schwarzen Pfeils erkennen. Der linke obere Quadrant ist völlig gasfrei. **C.** Scharfe Begrenzung des lateralen Magenrandes infolge der Kompression durch eine Raumforderung (Raute). **D.** Ränder einer weichteildichten Raumforderung sind nicht zu erkennen; jedoch ist der linke obere Quadrant gasfrei; die Luft im Magen ist nach medial verdrängt und zeigt so eine Raumforderung an. **E.** Milzszintigraphie (in mehreren Projektionen). Die Pfeile weisen auf die Stelle der Milzruptur.

Milz

Die Milzruptur ist die häufigste intraabdominelle Verletzung. Bei Erwachsenen liegt in 50 % eine Begleitfraktur einer der unteren linken Rippen vor, bei Kindern dagegen ist diese Kombination selten. Umgekehrt haben aber nur 5 % aller Patienten mit einer Rippenfraktur dieser Region auch eine Milzruptur.
Es gibt drei Typen einer Milzruptur: 1. Ausgedehnte Zerreißung mit sofortiger und massiver intraperitonealer Blutung; 2. kleiner Kapselriß und 3. die intrakapsuläre Ruptur, die entweder subkapsulär oder aber im Inneren des Milzparenchyms selbst liegt.
Die meisten Patienten mit einer sofortigen Massenblutung in die Peritonealhöhle nach einer Milzruptur sterben. Eine erhebliche Zahl der Patienten mit einer Milzruptur kommen mit unklaren klinischen und röntgenologischen Befunden.
Wenn man den schweren Verdacht auf eine Milzruptur hegt, so sollte diese Diagnose auch nicht übersehen werden, stehen uns doch heute einfache und sichere Methoden wie die Milzszintigraphie, die Sonographie und die Computertomographie zur Verfügung.
Klinisch läßt ein Schmerz in der linken Schulter (Kehrsches Zeichen) an die Diagnose einer Milzruptur denken. Freies Blut erkennt man röntgenologisch im Flanken- und im Beckenbereich. Zu den Befunden der Nativaufnahmen zählen bei einer Milzruptur die Vergrößerung der Milz, ein luftgeblähter Magen mit verdicktem Faltenrelief an der großen Kurvatur sowie eine Medialabdrängung des Magens und eine Kaudalabdrängung des Kolons.
Wertvollstes Zeichen einer Milzruptur ist das Vorliegen einer Raumforderung im linken oberen Quadranten (Abb. 5-87). Besteht der Verdacht einer Milzruptur, so sollte man den Patienten bei der Röntgenaufnahme des Abdomens sorgsam nach einer möglichen Raumforderung des linken Oberbauches untersuchen. Eine Milzvergrößerung verlagert den Magen und den Dickdarm. Eine RPO-Aufnahme (= right posterior oblique; Aufnahme in Bauchlage, dabei rechte Körperhälfte angehoben) kann, wenn sie möglich ist, die Milzvergrößerung aufzeigen. Das Vorhandensein einer Milzvergrößerung sollte als hochgradig verdächtig für eine Milzruptur aufgefaßt werden. Stellt man eine nur leicht vergrößerte Milzkontur fest, dann kann dies in Einklang mit einem subkapsulären Hämatom stehen. Nie schließt jedoch das Fehlen einer Milzvergrößerung auf der Erstaufnahme des Abdomens auch sicher eine Milzruptur aus!
Gewisse Zeichen können zur Diagnose der Milzruptur beitragen, besonders wenn mehrere davon zusammentreffen:

1. Die Verwischung der Milzkontur durch umgebendes Blut (hier kann zwar die Milz auch bei normalen Verhältnissen unsichtbar bleiben, doch kann man aus der Verlagerung von Nachbarorganen wie Magen und linker Kolonflexur auf eine Raumforderung im linken Oberbauch schließen).
2. Zwerchfellhochstand links mit eingeschränkter Atemverschieblichkeit.
3. Atelektase und Pleuraerguß.
4. Verstärkte Schleimhautfaltenzeichnung des Magens.
5. Unregelmäßigkeiten der großen Kurvatur, die sägeblattartig oder gezähnelt aussehen kann.
6. Unschärfe oder Auslöschung des linken Nieren- oder Psoasschattens.
7. Verlagerung von Magen (Magenblase!), linker Kolonflexur oder Niere.
8. Magendilatation.
9. Rippenfraktur(en).
10. Abdrängung von Darmschlingen voneinander durch Flüssigkeit.
11. Paralytischer Ileus durch Blutaustritt in die freie Bauchhöhle.

Krankheiten mit einer Milzbeteiligung (infektiöse Mononukleose, Malaria, Leukämie etc.) steigern die Wahrscheinlichkeit einer Milzruptur; bei einer solchen Milzbeteiligung kann es sogar ohne Trauma (spontan) oder nach einem Bagatelltrauma zur Ruptur der Milz kommen.
Ist die Milz gerissen oder gar zerrissen, dann kann die Blutung durch das Ligamentum phrenicocolicum auf den linken Oberbauch begrenzt bleiben, oder aber die Blutung ist subkapsulär gelegen. Aus diesem Grunde schließt auch eine negative Peritoneallavage einen Milzriß nicht mit letzter Sicherheit aus.
Die Schwere der klinischen Situation kann eine Röntgenuntersuchung unmöglich machen; nur wenn der Blutverlust langsam erfolgt oder zwischenzeitlich sistiert, wird die Röntgenuntersuchung durchgeführt.
Wenn die zur Verfügung stehende Zeit es erlaubt, so sind zur Untersuchung bei einem Milztrauma die Sonographie, die Milzszintigraphie (Abb. 5-87) oder die Schnellsequenz-Computertomographie nach intravenöser Kontrastmittelgabe zuverlässige Methoden (Abb. 5-87 bis 5-90). Die Angiographie ist bei den Fällen von Nutzen, wo die anderen Untersuchungstechniken nicht hinreichend waren, oder aber als Teil der angiographischen abdominellen Untersuchung bei weiteren Fragestellungen. Vielleicht kann sogar die Notwendigkeit eines chirurgischen Eingriffs aufgeschoben oder gar aufgehoben werden, nachdem heute Angiographietechniken die perkutane transluminale Embolisation blutender Arterien der Milz und anderer Bauchorgane ermöglichen. Wenn darüber genügend Erfahrungen vorliegen, könnte in gleicher Weise die angiographische Katheterembolisation zur Methode der Wahl werden.

Eingeweideperforation

Perforationen eines Hohlorgans sind selten die Folge eines stumpfen Bauchtraumas. Kommt es dennoch einmal dazu, dann kann dies zu einer intra- bzw. retroperitonealen oder auch mediastinalen Gasansammlung führen. Besonders schwierig ist die Frühdiagnose der Ösophagusruptur zu stellen.
Durch seine direkte Verbindung mit dem Magen kann der Ösophagus auch bei einem Trauma unterhalb des Zwerchfells mit verletzt werden. Vermutet man eine Läsion der Speiseröhre,

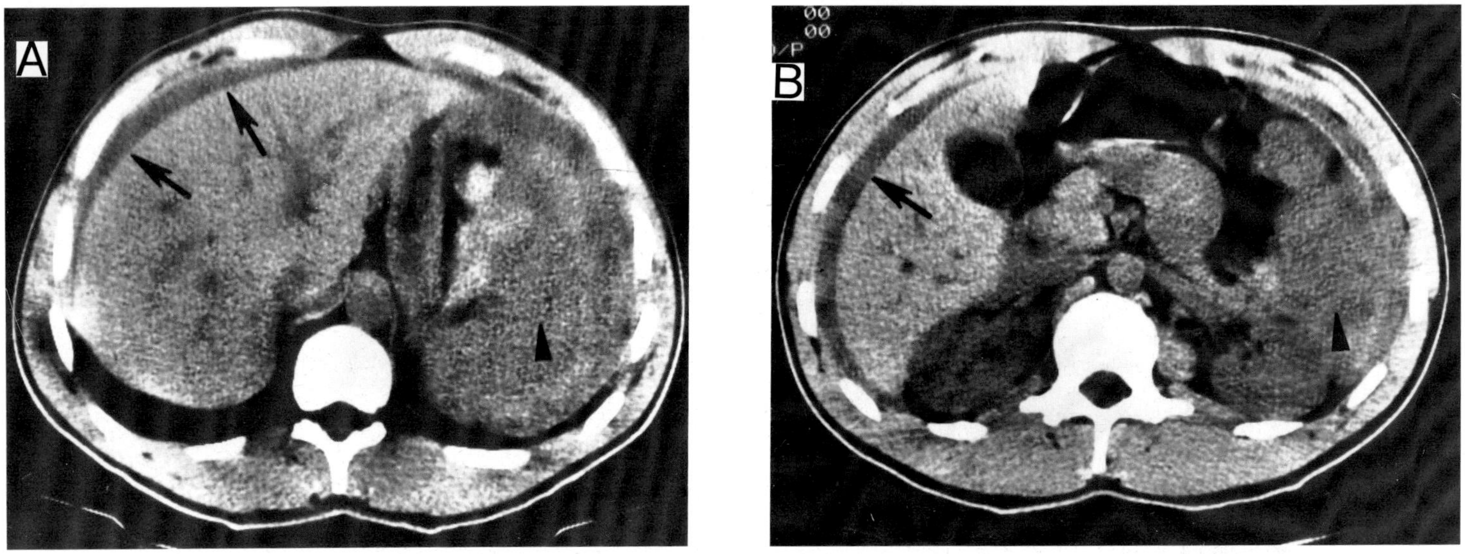

Abb. 5-88: CT-Untersuchung bei einem Unfallverletzten ohne orale oder intravenöse Kontrastmittelgabe. Beachten Sie die Formveränderung der Milz mit schlecht abgrenzbaren Regionen geringer Dichte (Pfeilspitzen). Bei der Operation wurde die rupturierte Milz entfernt. Beachten Sie auch den sichelartigen Randsaum geringer Dichte um die Leberoberfläche herum, welcher freies intraperitoneales Blut darstellt (Pfeile). **A.** Schnitte durch die Mitte von Leber, Magen und Milz. **B.** Gleicher Patient, etwas tieferer Schnitt.

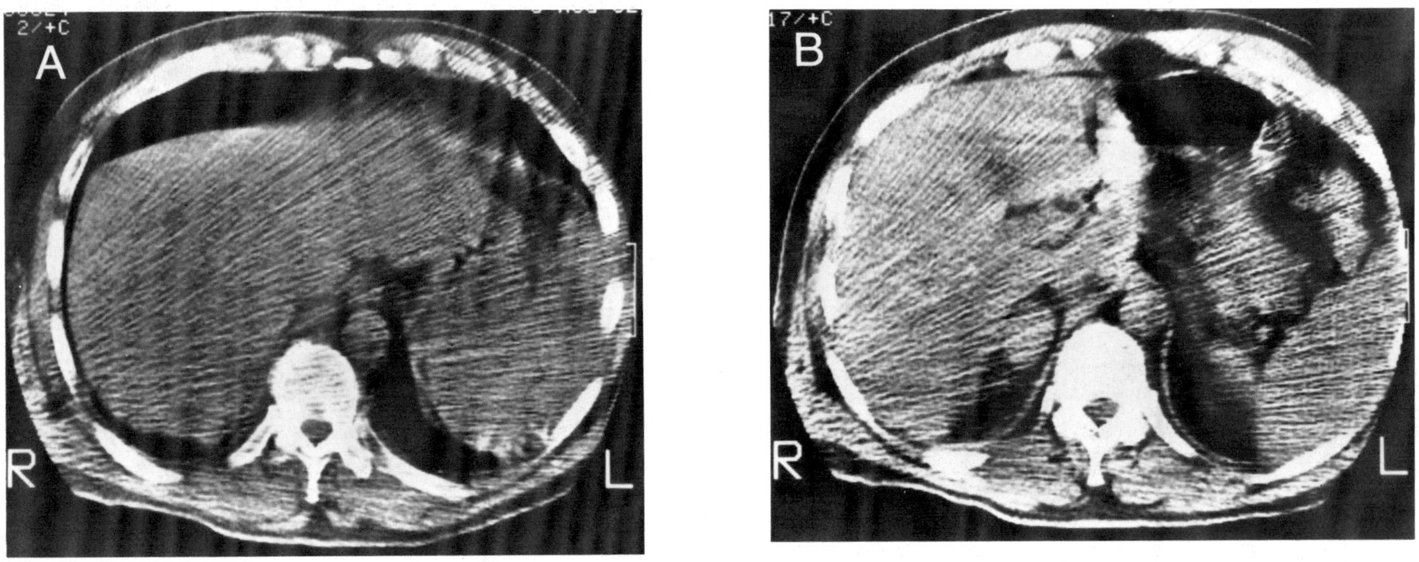

Abb. 5-89: Technisch ungenügende CT-Untersuchung. Die Angiographie (hier nicht gezeigt) hatte für die zutreffende Diagnose einer schweren Milzkontusion mit subkapsulärer Blutung gesprochen. **A** und **B**. Das zuerst durchgeführte CT war wegen der Streifenartefakte nicht schlüssig. Dazu kommt es oft, wenn der Patient bei den Atembewegungen nicht richtig mitmachen kann oder wenn die Arme neben dem Rumpf mit in der Schnittebene liegen. Es wurde dann operativ eine rupturierte Milz entfernt.

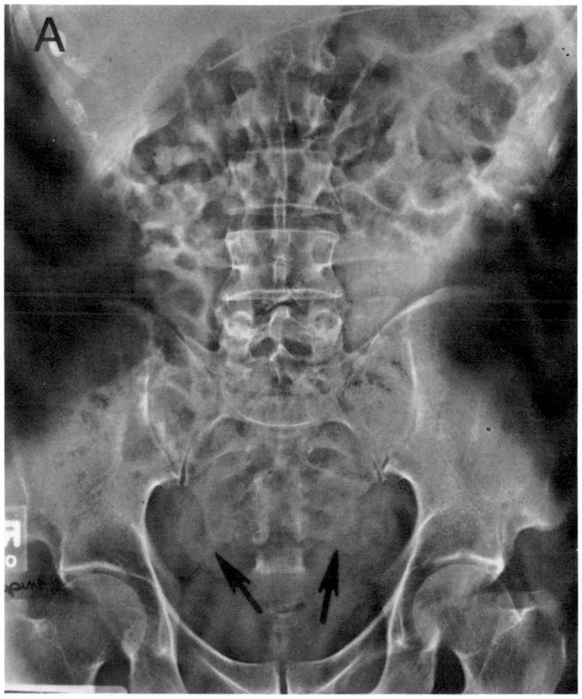

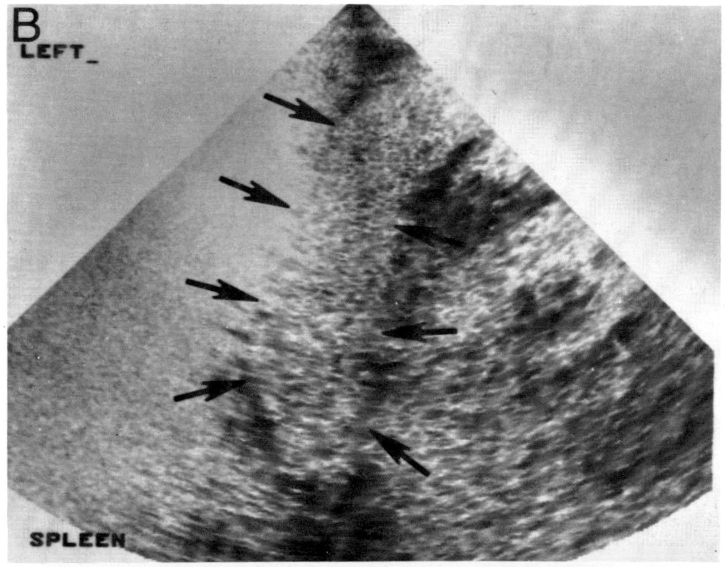

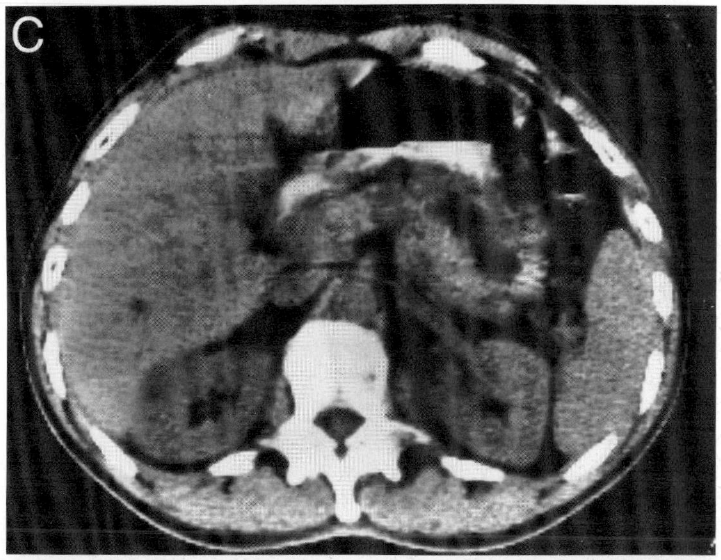

Abb. 5-90: 41jähriges Unfallopfer. **A.** Die Übersichtsaufnahme des Abdomens zeigt eine diskrete Verschattung oberhalb der Harnblase, die an die Möglichkeit freier intraperitonealer Flüssigkeit denken läßt (Pfeile). Wegen dieses Befundes wurden weitere Untersuchungen durchgeführt. **B.** Die Sonographie mit einem Rippenschattenartefakt zeigt eine normale Binnenstruktur und Form der Milz (Pfeile). **C.** Die CT-Untersuchung des Oberbauches ergibt einen Normalbefund für Leber, Milz, Pankreas und Nieren. **D.** Das CT-Bild in Höhe des Unterrandes des rechten Leberlappens zeigt eine geringe Flüssigkeitsmenge (Blut) neben der Leberoberfläche. **E.** Ein CT-Bild in mittlerer Beckenhöhe zeigt eine massive Flüssigkeitsansammlung (Blut) in den Peritonealrezessus hinter der Harnblase (Pfeile). Die Operation erbrachte eine Milzruptur. Splenektomie.

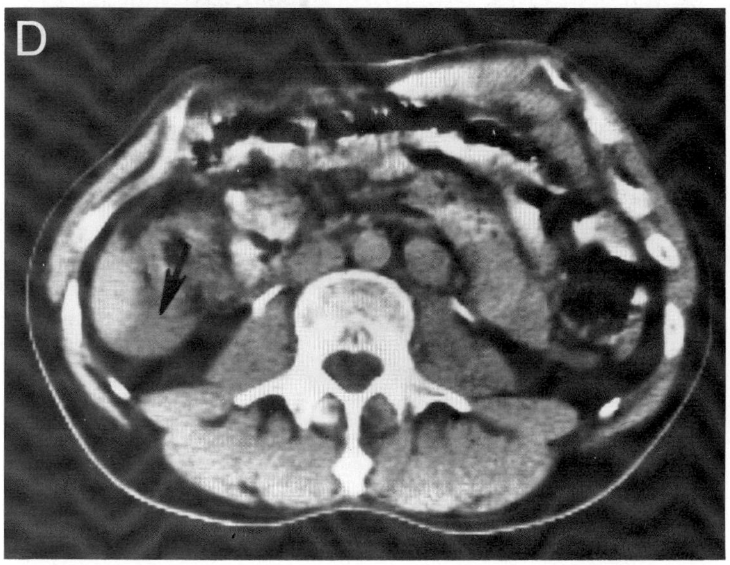

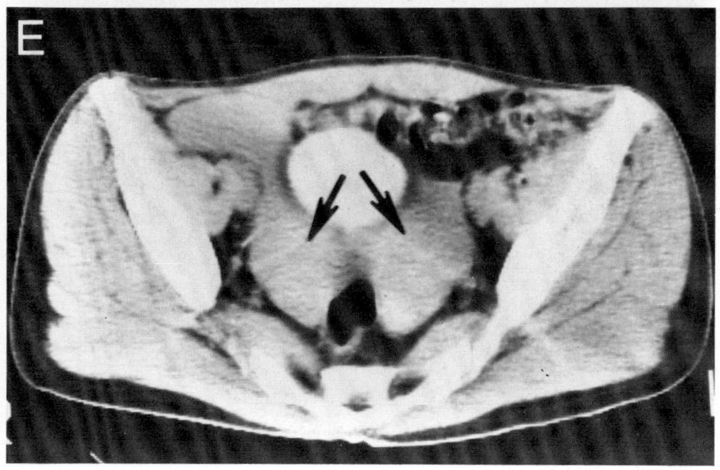

dann ist die Thoraxaufnahme die wertvollste diagnostische Einzelmaßnahme. Darauf lassen sich ein Pneumothorax, ein Pleuraerguß, ein Mediastinalemphysem und ein Weichteilemphysem der Thoraxwand und des Halsbereichs erkennen. Bei klinischer Indikation erscheint auch die orale Gabe von wasserlöslichem Kontrastmittel von Nutzen.

Eine Perforation des Magens, des Bulbus duodeni oder des Kolons wird zu einer Gasansammlung in der freien Bauchhöhle führen. Nach einer extraperitonealen Kolonruptur kann sich das ausgetretene Gas beiderseits im Retroperitoneum nach oben ausbreiten und die Konturen von Psoas und Niere besonders gut hervortreten lassen. Letzteres zeigt bei Lagewechsel des Patienten nur geringe Verteilungsänderungen, während natürlich intraperitoneales Gas sich ausgesprochen deutlich verlagert.

Die orale oder rektale Gabe von wasserlöslichem Kontrastmittel wie z.B. Gastrografin ist bei der Diagnosestellung einer Eingeweideperforation wertvoll, da das Kontrastmittel in aller Regel auch in die Bauchhöhle übertritt. Doch kann das Extravasat selbst schwierig oder gar überhaupt nicht erkennbar sein, weil seine Röntgendichte nicht besonders hoch ist. Wenn sich der Patient nicht im Schock befindet, wird sich das Kontrastmittel nach zwei bis vier Stunden genügend stark in der Harnblase anreichern, so daß es röntgenologisch sichtbar wird (s. Abb. 5-21). (Cave: 5 % falsch positive Ergebnisse bei gesunden Erwachsenen, s. auch S. 264.)

Eine Perforation des Dünndarms nach einem stumpfen Trauma ist ein seltenes Ereignis. Hier kann sich dann nur wenig oder gar keine Luft in der Bauchhöhle befinden, da im Dünndarm in der Regel nur wenig Luft enthalten ist. Vermutet man eine Dünndarmperforation durch ein Trauma, sieht aber keine Luft in der freien Bauchhöhle, so erwäge man die Gabe von wasserlöslichem Kontrastmittel per os, da dies zur Aufdeckung einer Perforation in jeder beliebigen Höhe geeignet ist. Bei Kindern wird dagegen dessen Aussagekraft durch die normale Darmmukosaresorption eingeschränkt.

Perforationen des Jejunums und des Ileums ereignen sich bei Sicherheitsgurtverletzungen. 50 Prozent aller Verletzungen innerhalb einer Untersuchungsserie waren Querfortsatzfrakturen von Wirbelkörpern und/oder Abrißfrakturen bzw. Luxationen der kleinen Wirbelgelenke (Facettengelenke). Das Sicherheitsgurt-Zeichen (Hautprellmarken oder Hautabschürfungen im Unterbauchbereich, Kontusionen und Ekchymosen) kann hierfür ein Hinweiszeichen sein. Es zeigen aber weniger als die Hälfte aller Patienten mit Sicherheitsgurtverletzungen in den Nativaufnahmen des Abdomens freie Luft.

Duodenalverletzungen

Die feste retroperitoneale Fixierung des Duodenums direkt auf der oberen Lendenwirbelsäulenvorderseite macht den Zwölffingerdarm zum meistverletzten Abschnitt des Verdauungstrakts. Häufigster Sitz der Ruptur ist das zweite und das dritte Segment des Duodenums. Ein direkter Schlag gegen den mittleren Oberbauch komprimiert das Duodenum und schert es seitlich gegen die Lendenwirbelsäule ab. Häufig kommt es dabei auch zu einer Begleitkontusion des Pankreas.

Die Duodenalverletzungen werden wie folgt eingeteilt:

1. Intramurales Hämatom.
2. Retroperitoneale bzw. intraperitoneale Perforation.
3. Perforation und geringere Pankreasverletzung.
4. Perforation und schwerere Pankreasverletzung.

Intramurales Hämatom und retroperitoneale Perforation ereignen sich in etwa gleicher Häufigkeit. Die intraperitoneale Perforation ist selten. Anamnestisch hat immer ein Trauma vorgelegen. Meist hat der Patient die Peritonealzeichen der Bauchdeckenabwehrspannung und des Schmerzes bei der Palpation. Oft strahlt der Schmerz auch in den Rücken aus. Massives Erbrechen kann vorkommen; der Patient kann bewußtlos oder im Schock sein. Die klinische Sicherung erhält man durch das Ansaugen von Blut über eine Magensonde.

Eine retroperitoneale Zwölffingerdarmperforation erkennt man an ausgetretenem Gas, das sich an die vorgegebenen anatomischen Ausbreitungsmöglichkeiten zwischen den Faszienschichten zu halten pflegt. Die Luft kann die rechte Niere umgeben, aber auch kleinblasig angeordnet sein (vgl. Abb. 5-41). Die Röntgenbefunde der retroperitonealen Perforation von Appendix und Duodenum sind identisch.

Ungefähr die Hälfte aller Patienten mit einer retroperitonealen Duodenalzerreißung zeigen retroperitoneale Luft. Eine Zwölffingerdarmverletzung führt zum Austritt von Blut, Verdauungsenzymen und Flüssigkeit in die retroperitonealen Gewebe. Ohne retroperitoneale Luft wird die Diagnose schon schwieriger und beruht dann auf der zunehmenden Verschattung von Nachbarorganen durch den Entzündungsprozeß.

Undiagnostiziert und unbehandelt ist die retroperitoneale Sepsis rapid schnell schicksalsentscheidend (Letalität 70–90 %). Die Sterblichkeit daran steigt mit der Dauer des Intervalls zwischen dem Unfall und der endgültigen Behandlung. Die Symptome können auch nur allmählich einsetzen. Innerhalb von 12 bis 24 Stunden nach dem Trauma entwickeln sich die Zeichen einer Sepsis einschließlich Leukozytose und Fieber. Ein zunehmender Dauerschmerz in der rechten Flanke und im Rücken ist dabei häufig. Bei diesen Symptomen zusammen mit fehlendem Nachweis von retroperitonealer Luft ist die perorale Gabe eines wasserlöslichen Kontrastmittels angebracht, um die Unversehrtheit des Duodenums zu prüfen. Nach der Kontrastmittelgabe wird der Patient auf die rechte Seite gelagert und verbleibt so für fünf bis zehn Minuten. Spätaufnahmen können dann das Kontrastmittel außerhalb des Zwölffingerdarmlumens nachweisen.

Sieht man kein Kontrastmittel außerhalb des Darmlumens, sollte man nach zwei bis vier Stunden eine Spätaufnahme der Harnblase anfertigen. Das wasserlösliche Kontrastmittel kann eine zu geringe Dichte haben, um bei seinem Austritt aus dem Duodenum sichtbar zu werden, es wird aber nach dieser Zeit in

der Harnblase zu erkennen sein, wenn eine Perforation vorliegt (vgl. Abb. 5-21).
Ungefähr 50 % der retroperitonealen Duodenalrupturen gehen mit begleitenden Pankreasverletzungen einher. Bei einer unkomplizierten Kontusion der Bauchspeicheldrüse sind die röntgenologischen Zeichen in der Regel negativ, doch kann die Serum-Amylase erhöht sein.
Bei Pankreaszerreißungen entsprechen die klinischen und radiologischen Zeichen denen einer akuten Pankreatitis. Dazu gehören schwerer und tiefer epigastrischer Schmerz, ein Zwerchfellhochstand links oder rechts, basale Atelektasen (Plattenatelektasen), Pleuraergüsse, eine Skoliose, paralytischer Ileus, aufgehobene Erkennbarkeit normaler Strukturen und Bindegewebsschichten im Röntgenbild und eventuell die Verlagerung von Baucheingeweiden durch eine Raumforderung sowie schließlich eine erhöhte Serum-Amylase.
Intraduodenale Hämatome kommen bei Kindern vor, vornehmlich durch einen Sturz mit dem Leib gegen den Fahrradlenker. Meist wird die Diagnose eines intramuralen Duodenalhämatoms anfangs noch nicht gestellt, weil andere und klinisch wichtigere Verletzungen überwiegend im Vordergrund stehen. Etwa sechs bis zwölf Stunden nach dem Trauma kann das Kind zu erbrechen beginnen. Zu diesem Zeitpunkt zeigt dann eine Bariumuntersuchung eine partielle oder vollständige Verlegung des Duodenallumens. Eine intramurale Wandeinblutung oder eine unter die Mukosa kann das Duodenum dann komplett verlegen oder das Aussehen einer Sprungfeder hervorrufen. Selbst zwei oder drei Tage nach dem Trauma kann ein intramurales Hämatom klinisch noch stumm bleiben. Die Diagnose läßt eine konservative Behandlung angeraten erscheinen.

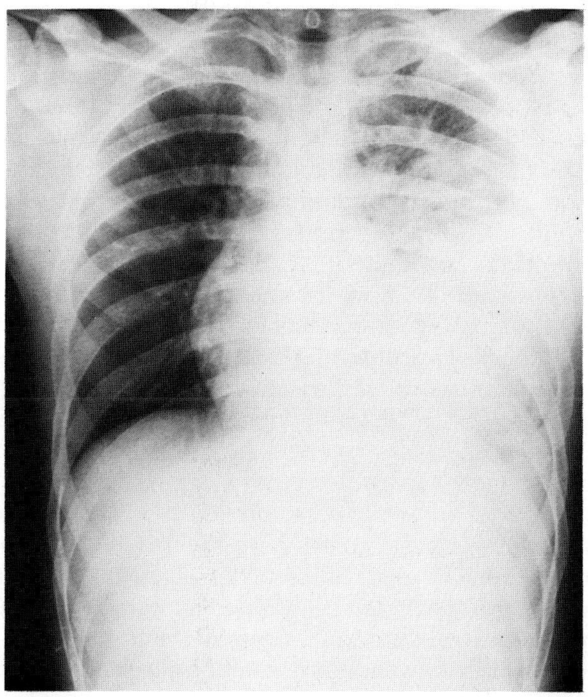

Abb. 5-91: Ruptur des linken Zwerchfells. Die untere Hälfte des rechten Hemithorax ist verschattet. Das Bild läßt an eine Anhebung des linken Zwerchfells mit einer Kompression der Lunge oder einem großen linksseitigen Pleuraerguß denken. Dieses Bild ist typisch für eine Zwerchfellruptur. Eine Thoraxaufnahme mit einer womöglich abnormen Zwerchfellstellung nach einem stumpfen Bauchtrauma sollte immer den dringenden Verdacht auf einen Zwerchfellriß lenken. Die Diagnose stellt man sehr leicht, indem man über eine Nasensonde wasserlösliches Kontrastmittel in den Magen einbringt.

Zwerchfellruptur

Häufigste Ursache einer Zwerchfellruptur ist ein stumpfes Bauchtrauma; Mechanismus ist der plötzliche gesteigerte intraabdominelle Druck. Das klinische Bild wird meist von den Zeichen der Bauchverletzung selbst beherrscht. Zwerchfellrupturen sind auf der linken Seite wesentlich häufiger als rechts. Die Verletzung verursacht in der Regel einen großen Riß im posterolateralen Zwerchfellanteil und erlaubt das Durchtreten von Baucheingeweiden — wie von Magen, Milz, Kolon, Omentum und manchmal auch Dünndarm.
Die Schattenfiguren von Darmanteilen, am häufigsten der Magen, können sich um die eigene Achse nach oben umschlagen und aufgebläht werden und sind dann so im Thoraxraum sichtbar. Bauchinhalt in der Brusthöhle kann mit einem Pneumothorax, einem Pleuraerguß, einer Lungenkontusion oder einer Eventration verwechselt werden. Zur Stellung dieser Diagnose bedarf es dann schon des ausgesprochenen klinischen Verdachts. Vermutet man anhand der Thoraxaufnahme eine Ruptur der linken Zwerchfellhälfte (Abb. 5-91), so kann die Diagnose rasch durch die Gabe von wasserlöslichem Kontrastmittel über einen Magenschlauch gesichert werden. Ist der Magen in den Brustraum herniiert, so wird man dies leicht erkennen. Auf der rechten Seite kann dagegen der Ultraschall zur Bestätigung dienen. Hierbei läßt sich das Zwerchfell abgrenzen und die Beziehung zwischen Leberparenchym und Flüssigkeit bestimmen. Die Angiographie kann zeigen, wie die Gefäße von Magen, Milz oder großem Netz durch das Zwerchfell hindurchziehen.

Sonographie, Szintigraphie, Kernspintomographie und Angiographie beim stumpfen Bauchtrauma

Heute werden viele diagnostische Methoden einschließlich abdomineller Parazentese, Peritoneallavage, Sonographie, Computertomographie, Szintigraphie und das intravenöse Ausscheidungsurogramm zur Abklärung eines stumpfen Bauchtraumas eingesetzt. Liefern diese Techniken keine Informationen zum Vorliegen oder Fehlen schwerer Eingeweideverletzungen, dann sollte man die Angiographie erwägen. In der Auswahl der nächsten geeigneten Untersuchungsart ist das klinische Urteil kritisch, aber entscheidend. Die szintigraphischen Methoden sind bei der Beurteilung eines abdominellen

Polytraumas ganz wesentlich, weil sie leicht durchführbar, technisch einfach, im Untersuchungsgang schnell, rasch verfügbar, sicher und sehr genau sind. Eine Mehrfachbeteiligung verschiedener Bauchorgane ist kein seltenes Ereignis. Milz und Leber lassen sich in einem einzigen Untersuchungsgang darstellen. Die Nieren können sofort danach und schnell durch ein weiteres Isotop sichtbar gemacht werden. Eine Verletzung der rechten Niere geht häufig mit einer Leberverletzung einher. Die Nierenszintigraphie ist zu einer breit eingesetzten Technik bei der Diagnostik klinisch wichtiger Verletzungen dieses Organs geworden. Als allgemeine Regel kann hierzu gelten, daß die Angiographie der Niere bei einem unauffälligen Nierenszintigramm nicht notwendig ist, weil das Nierenszintigramm zur Überwachung einer verletzten Niere recht zuverlässig ist. Dagegen läßt sich mittels der Angiographie in der Regel eine definitivere Diagnose stellen, und sie ist auch oft bei der Ausmaßbestimmung eines schweren Bauchtraumas sehr von Nutzen.
Die Ultraschalluntersuchung kann bei der Aufdeckung einer Nieren-, Milz-, Leber- oder Pankreasverletzung entscheidende Dienste leisten. Mit der inzwischen doch weiten Verbreitung von mobilen Real-time-Geräten und deren hervorragender Bildauflösung können orientierende Untersuchungen sehr schnell durchgeführt werden. Einschränkende Faktoren bei der Sonographie des Abdomens sind luftgefüllte Darmschlingen und begrenzte Lagerungsmöglichkeiten bei schwerverletzten Patienten. Die Computertomographie hat einen hohen Stellenwert beim Akuttrauma, besonders dann, wenn eine schnelle Bildfolge (rapid scan) möglich ist.
Die Wahl der Methode wird natürlich oft von den örtlichen Gegebenheiten – Erfahrung in der Methode und vorhandene Geräte – unterschiedlich für Szintigraphie, Computertomographie oder Sonographie ausfallen.
Ausgewählte Fälle mit einem stumpfen Bauchtrauma und einer penetrierenden Verletzung können am besten durch die Angiographie abgeklärt werden. Ist eine Angiographie indiziert, so sollte sie auch unverzüglich ausgeführt werden, um raschestmöglich dem Patienten die geeignete Behandlung zukommen zu lassen. Unter bestimmten Umständen werden Patienten, bei denen die Peritoneallavage eine große Blutmenge ergibt, direkt der Operation zugeführt. Wenn es der Zustand des Patienten aber erlaubt, dann kann die Angiographie ganz besonders für die genaue präoperative Problemabgrenzung sehr wertvoll sein. Manchmal kann auch durch eine Angiographie ein chirurgischer Eingriff vermieden werden, wenn sich nämlich eine Blutung durch eine Katheterembolisation stillen läßt. Diese Technik ist bei einer ganzen Reihe von Blutungszuständen nützlich, besonders aber im Bereich des Beckens.
Indikationen zur abdominellen Angiographie sind 1. der Verdacht auf einen Gefäßverschluß, 2. die Anzeichen eines unerklärlichen Blutverlustes und 3. die Ergebnisse von Peritoneallavage, Sonographie, Computertomographie, Szintigraphie, konventionellen Röntgenaufnahmen oder eines Ausscheidungsurogramms, die die Notwendigkeit einer Angiographie sozusagen diktieren. Dazu können der Nachweis einer Organschädigung wie auch fehlende positive Ergebnisse zählen, bei denen die klinische Situation eine weitere Abklärung erfordert. Von größtem Wert ist die Angiographie bei einer Verletzung von Milz, Nieren, Leber und Aorta, von nur geringerem Wert bei Läsionen von Pankreas und Darm.
Eine wertvolle Technik ist die Angiographie ferner zum Nachweis einer Dissektion oder Ruptur der Aorta im Thorax- und Bauchbereich oder von Mesenterialgefäßen; sie kann auch bei der Lokalisierung von Blutungsstellen bei einer massiven retroperitonealen Blutung helfen. Gerade das letztgenannte Beispiel ist besonders dann wichtig, wenn ein Beckentrauma die Blutungsursache ist. Die selektive Angiographie parenchymatöser Organe kann Ort und Ausmaß der Schädigung vor der Operation genau abklären.
Die Angiographie kann Leberverletzungen zum Zeitpunkt des Traumas oder später nachweisen (Abb. 5-92); manchmal lassen sich Risse oder Hämatome intraoperativ nicht vollständig abklären; ein subkapsuläres Hämatom braucht anfangs nicht schon unbedingt Symptome zu zeigen. Dem Chirurgen liefert die Angiographie hinsichtlich der Art und des Ausmaßes der Verletzung die genauesten Informationen und stellt auch im wesentlichen die Anatomie der Leberarterien dar. Sie kann also vor der Operation in ausgewählten Fällen die diagnostisch endgültigste Methode sein.
Zu den Allgemeinüberlegungen bei einem Patienten mit multiplen Verletzungen innerer Organe zählt die Überwachung während der Angiographie. Wird der Patient ohne ein Begleitteam für die Durchführung lebenserhaltender oder wiederbelebender Maßnahmen zur Angiographie gebracht, so wird ein katastrophaler Ausgang die wahrscheinliche Folge sein! Hier ist das Konzept eines Traumatologenteams in der Klinik am sichersten, da der Untersucher dann bei der Angiographie selbst am effizientesten arbeiten kann, wenn sich das Unfallspezialistenteam während des aktuellen Geschehens um den Allgemeinzustand des Patienten kümmert. Selbstverständlich ist die Angiographie dann kontraindiziert, wenn sich der Patient im Schock befindet oder erst die Vitalfunktionen wiederhergestellt werden müssen. Die Verzögerung, um freie Atemwege zu schaffen und zu sichern, das Herz-Kreislauf-System zu stabilisieren, Frakturen zu schienen und anderes mehr, um den Patienten in einen genügend guten Zustand zu bringen, ist eben ein notwendiger Zeitaufwand. Besitzt der Untersucher Erfahrungen in der Katheterembolisierung, dann kann die Angiographie eine höhere Priorität genießen, denn eine erfolgreiche Kontrolle der Blutung kann die Notwendigkeit einer chirurgischen Intervention eventuell aufheben.
Die Kernspintomographie (Magnetic Resonance Imaging: MRI) machte bislang sehr schnelle technische Fortschritte, und es ergeben sich ständig und sehr schnell zunehmend neue Anwendungsmöglichkeiten.
Beim akut kranken Notfallpatienten stehen jedoch einige Nachteile hinderlich im Weg, die bislang den Einsatz der Methoden für die meisten Notfallpatienten ausschließen. Für die Erstellung kernspintomographischer Aufnahmen muß der Patient im

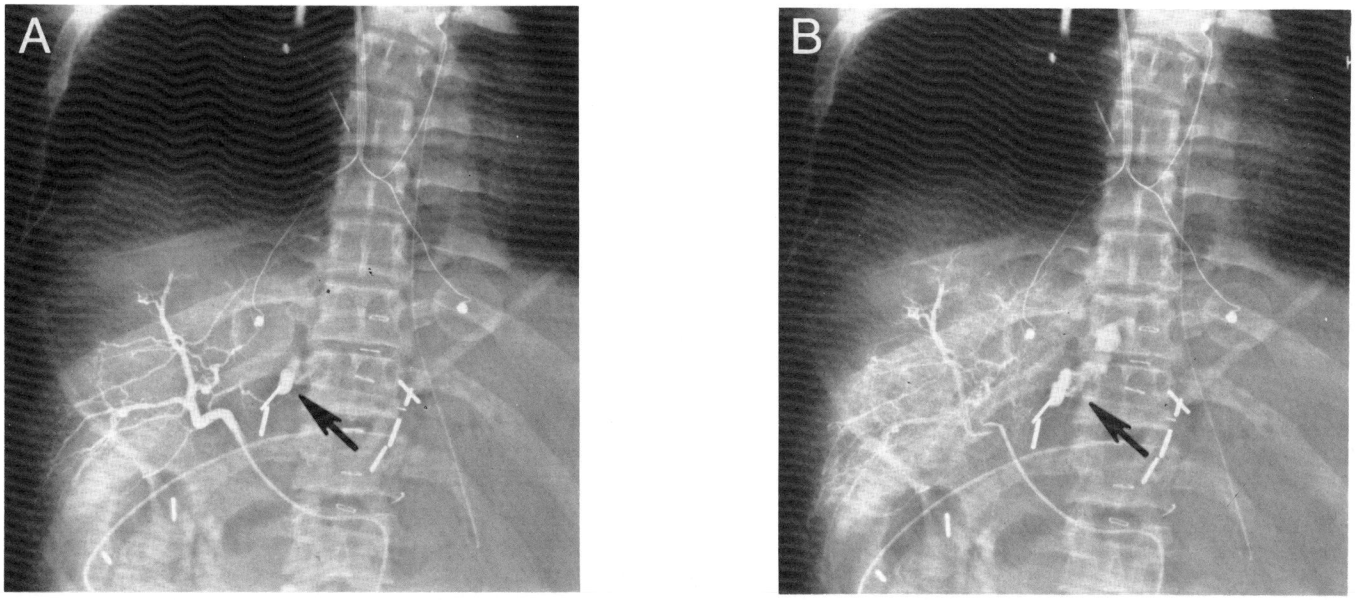

Abb. 5-92: Der polytraumatisierte Patient wurde direkt aus der Notaufnahme heraus schnell in den Operationssaal gebracht. Dort wurde eine Dünndarmruptur versorgt. Es lagen auch kleinere Oberflächenrisse der Leber vor, doch konnte eine Blutung selbst nicht ausgemacht werden. Nach der Operation blutete der Patient weiter. Nach 15 Bluttransfusionen wurde eine Angiographie zur Suche nach der Blutungsquelle durchgeführt (Becken- und Baucheingeweidearteriographie). Die selektive Darstellung des rechten Leberastes zeigt eine Einblutung in die Peritonealhöhle. Nach der angiographischen Embolisierung stabilisiete sich der Zustand des Patienten. **A.** Früharterielle Phase; der Pfeil markiert die Blutungsstelle. **B.** Spätarterielle Phase; eine Kontrastmittelansammlung weist auf eine wesentliche aktive Blutung hin.

Inneren eines starken Magnetfeldes gelagert werden; die Bilderstellung benötigt einen großen Zeitaufwand. Gerätschaften zur Aufrechterhaltung der Vitalfunktionen sollten nicht in den Untersuchungsraum mit seinem Magnetfeld selbt mitgebracht werden. Deshalb ist die Kernspintomographie zur Zeit für schwerkranke Patienten noch eine ungeeignete Untersuchungsmethode.

Allerding erwarten wir, daß sich die Anwendungsmöglichkeiten des MRI für Notfallsituationen mit kommenden technischen Verbesserungen und abnehmenden Beschränkungen deutlich erweitern werden.

Harnblase und Harnröhre

Bedrohlich Erkrankte erhalten oft frühestmöglich, am besten schon innerhalb der ersten Minuten in der Klinik, einen Urinkatheter. Ein Mann mit einer Harnblasenverletzung kann unabschätzbare Folgeverletzungen des unteren Harntrakts erleiden, wenn ihm ein Harnröhrenkatheter eingeführt wird. Gerade bei Patienten mit Beckenverletzungen erfordert die Katheterisierung der Harnröhre besondere Vorsicht, weil hierbei möglicherweise eine inkomplette Urethralruptur in eine komplette Abtrennung verwandelt werden kann, und weil die Gefahr einer Harnwegsinfektion besteht. Andererseits kann eine Harnröhrenruptur durch einen Katheter verdeckt werden.

Versucht man die Katheterisierung bei einer rupturierten Harnröhre, dann kann es sein, daß man eine Via falsa schafft oder den schon vorhandenen Riß vergrößert. Womöglich wird dann periurethral ausgetretener Urin über den Katheter gewonnen, was wiederum zu einer erheblichen Verzögerung der Diagnose führt. Ernsthafteste Folge ist aber die Keimverschleppung in das Periurethralgewebe, wenn der Katheter vorgeschoben wird. Eine solche Infektion verhindert mit sofortiger Wirkung die ausgedehnte Rekonstruktion einer verletzten Urethra, aber auch noch die spätere Versorgung, und verursacht mit an Sicherheit grenzender Wahrscheinlichkeit eine schwere Striktur der proximalen Harnröhre. Um dieser Möglichkeit vorzubeugen, ist bei einem jeden Verdacht auf eine Harnröhren- oder auch nur eine Beckenverletzung vor irgendwelchen Manipulationen am Harntrakt eine retrograde Urethrographie erforderlich. Beim Manne kann man die verletzte Harnröhre untersuchen, indem man einen sehr kleinen Foley-Katheter verwendet oder aber eine Ernährungssonde für Säuglinge in die Fossa navicularis einführt.

Der kleine Foley-Katheter wird in das distale Harnröhrenende eingeführt und sein Ballon leicht mit Luft aufgeblasen; anschließend werden 20–25 ml wasserlösliches Kontrastmittel langsam injiziert (sterile Spritze!). Schräg- und Seitaufnahmen sind zur Aufdeckung kleiner Harnröhrenrisse nützlich. Weist diese Untersuchung eine Harnröhrenschädigung nach, so ist jedes weitere Manipulieren mit Instrumenten verboten und eine Zy-

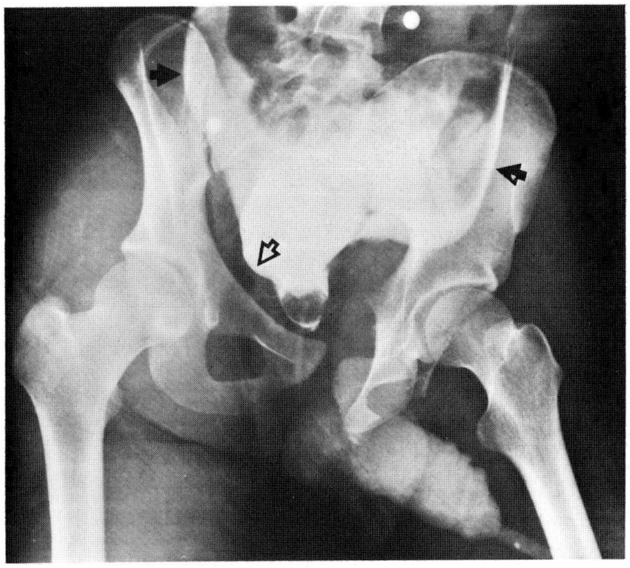

Abb. 5-93: Intraperitoneale Harnblasenruptur. Das Bild zeigt den Austritt von Kontrastmittel in die Peritonealhöhle, welches über einen liegenden Dauerkatheter injiziert wurde. Dies bedeutet eine intraperitoneale Harnblasenruptur. Ferner sieht man multiple Beckenfrakturen sowie eine Symphysensprengung. Die Verteilung des Kontrastmittels in der Peritonealhöhle grenzt die beiden parakolischen Rinnen gut ab (schwarze Pfeile). Daneben eine gewisse Abgrenzung des rechten Beckenrezessus (gerahmter Pfeil). Der linke Rezessus ist durch ein großes extraperitoneales Hämatom verlegt.

stostomie durchzuführen. Sieht man keine Schädigung, dann kann man den Katheter in die Harnblase vorschieben und dann eine Zystographie durchführen. Die Aufnahmen der Urethrographie sind vor der Zystographie zu studieren, da ein extraperitoneales Kontrastmittelextravasat wegen einer Harnblasenruptur nicht sicher von einem Extravasat der oberen Urethrahinterwand unterschieden werden kann. Bei dieser Prozedur gelangt oft Kontrastmittel in den perivesikalen Raum. Die retrograde Urethrozystographie sollte man immer durchführen, es sei denn, der Zustand des Patienten ist dermaßen kritisch, daß die Harnröhrenverletzung relativ bedeutungslos ist.

Unter Idealbedingungen kann man die retrograde Urethrozystographie unter Durchleuchtungsbedingungen vornehmen, um die Harnröhre in allen Schrägprojektionen kontinuierlich darzustellen. Durch diese Technik werden auch kleine periurethrale oder perivesikale Risse entdeckt, die ansonsten durch das Kontrastmittel in der Urethra verdeckt werden können; doch wird die Durchleuchtung unter Notfallbedingungen leider nicht immer machbar sein.

Bei Patienten, die zu schwer verletzt sind, als daß man sie noch durchleuchten könnte, mag auch einmal ein Urethrogramm mit nur einer einzigen Aufnahme die Methode der Wahl sein, auch wenn dies möglicherweise ein falsch negatives Ergebnis bringt. Die Aufnahme läßt sich mit einem fahrbaren Röntgengerät vornehmen; dabei wird der Patient in eine 45°-Schräglage gebracht.

Außer bei den Beckenfrakturen und bei Alkoholikern mit überfüllter Harnblase sind Blasenrupturen selten. Ein intraperitonealer Riß ereignet sich durch einen direkten Schlag gegen die Kuppel der gedehnten Harnblase. Außer bei sehr starken Überdehnungen ist die Ruptur der Blase meist extraperitoneal; dieser Typ ist viermal häufiger als der intraperitoneale (Abb. 5-93). Die Anwesenheit oder das Fehlen von Blut im gewonnenen Urin braucht kein verläßliches Kriterium für oder wider eine Harnblasenruptur zu sein. Ein Patient mit einem Blasenriß kann eventuell klaren Urin lassen, wogegen bereits eine geringere Kontusion zu einer massiven Hämaturie führen kann. Beide Zustände lassen sich erst durch eine Kontrastmittelinstillation in die Harnblase unterscheiden.

15 Prozent der Patienten mit Beckenfrakturen erleiden eine Harnblasen- oder eine Harnröhrenschädigung; davon wiederum zeigen 60 % eine Urethral-, 30 % eine Harnblasen- und die restlichen 10 % eine Kombinationsverletzung beider Organe. Die klassischen Zeichen einer Harnröhrenverletzung sind folgende:

1. Bei der rektal digitalen Palpation ist die Prostata nicht tastbar (sie flottiert bei einer hohen Durchtrennung der Pars posterior frei).
2. Man findet eine transurethrale Blutung oder sieht Blut im Harnröhrenausgang.
3. Der nicht bewußtlose Patient kann kein Wasser lassen, obwohl sich die Blase bei der Bauchaustastung gefüllt zeigt.
4. Es wird blutiger Urin entleert, der sich aber gegen Ende der Miktion wieder klärt.

Eine weitere Diagnosemöglichkeit bietet ein Ausscheidungsurogramm mit sehr hoher Injektionsmenge; doch sollte man hierbei bedenken, daß ein Patient im Schockzustand das Kontrastmittel nicht über die Nieren ausscheiden können wird. Darüber hinaus bedeutet diese Technik womöglich auch ein recht zeitraubendes Verfahren. Sie mag indiziert sein, wenn man bei einem Patienten mit stumpfem Bauch- oder einem Beckentrauma gleichzeitig auch Nieren und Ureteren beurteilen will; zum genauen Studium der Urethra ist sie ungeeignet und allein genommen auch nicht aussagekräftig genug, um eine Harnblasenruptur auszuschließen.

Eine weitere Technik wurde unter der amerikanischen Bezeichnung «choke urethrogram» beschrieben; man kann in bestimmten Situationen nach einem hochdosierten Ausscheidungsurogramm bei Unfallpatienten darauf zurückgreifen: Während eines Miktionsversuchs wird um die Urethra eine Zipser-Klemme gelegt, so daß sich die Pars posterior der Urethra füllt und ein Extravasat sichtbar wird.

Eine extraperitoneale Harnblasenruptur kann zu einer ganz erheblichen Flüssigkeitsansammlung im Extraperitonealraum führen; dies ist ein nur potentieller Raum, der mit Fettgewebe bzw. lockerem Bindegewebe gefüllt ist und nach oben von der peritonealen Umschlagsfalte, nach außen von den Musculi levator ani und obturatorius internus sowie nach unten vom Dia-

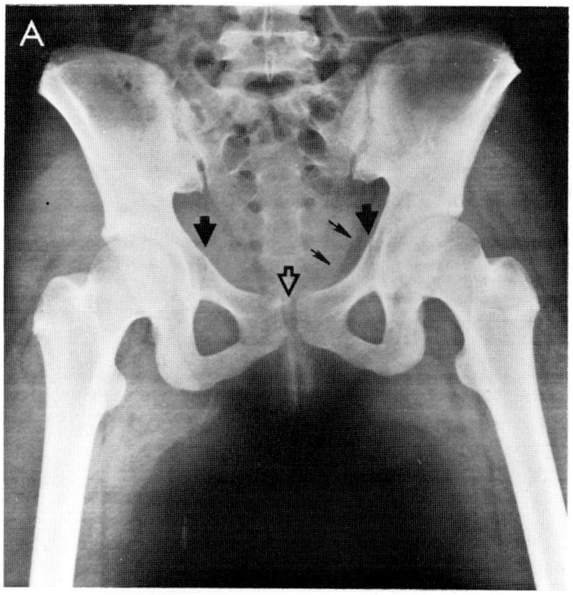

Abb. 5-94: Beckenhämatom durch Beckenfrakturen. **A.** Beckenübersicht mit nicht fehlgestellten Frakturen beider oberer Schambeinäste (große schwarze Pfeile). Leichte Fehlstellung der Symphyse (gerahmter Pfeil). Die Peritonealfettlinie über dem M. obturatorius internus ist auf der linken Seite deutlich sichtbar (kleine Pfeile), dagegen auf der rechten Seite aufgehoben. Dieser Befund erweckt den Verdacht auf ein Beckenhämatom oder eine extraperitoneale Harnblasenruptur.

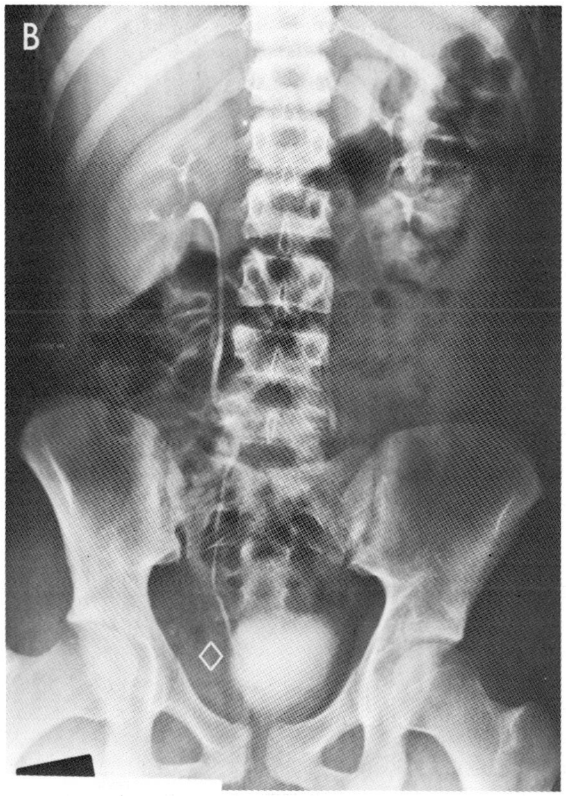

B. Die Harnblase ist intakt, doch zeigt eine Deformierung ihrer rechten Seite ein großes Beckenhämatom an (Raute).

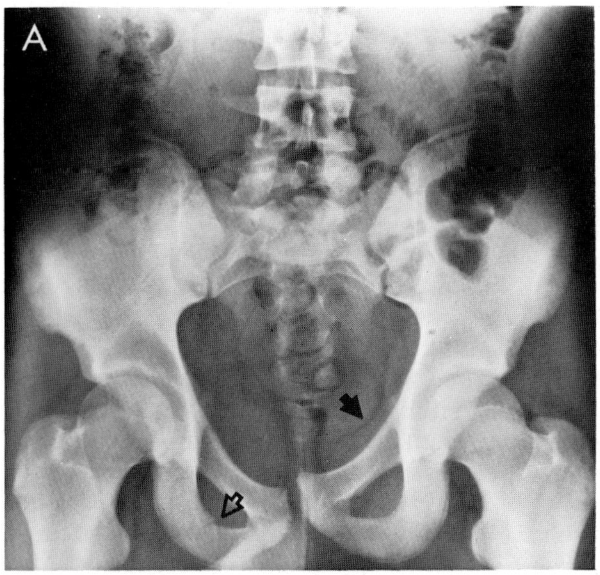

Abb. 5-95: Extraperitoneale Harnblasenruptur. **A.** Sprengung der Symphysenfuge; Fraktur des rechten unteren Schambeinasts (gerahmter Pfeil). Beachten Sie, daß der Peritonealfettschatten auf der rechten Seite aufgehoben, aber auf der linken gut sichtbar ist (schwarzer Pfeil).

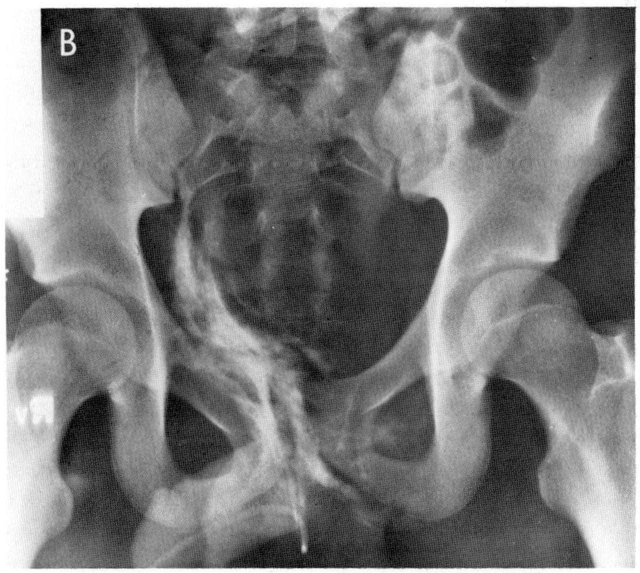

B. Die Kontrastmittelinjektion über einen transurethralen Katheter zeigt ein extraperitoneales Extravasat nach einer extraperitonealen Harnblasenruptur.

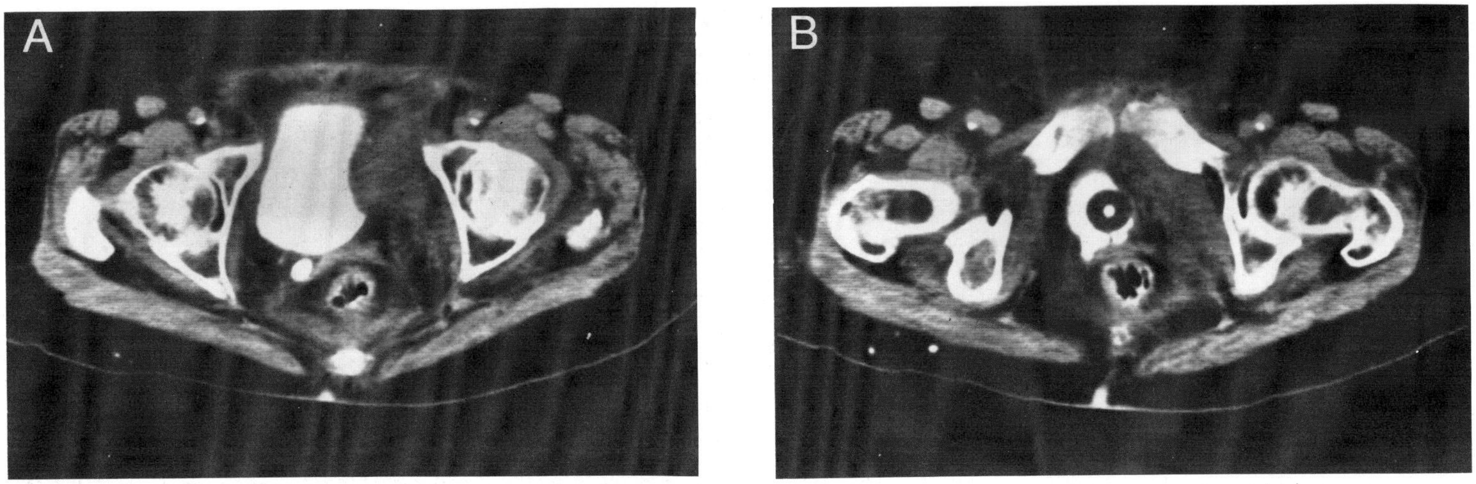

Abb. 5-96: Perivesikales Beckenhämatom bei einem Patienten mit einem Polytrauma und unerklärlichem Blutverlust. Beachten Sie die Pelottierung der kontrastmittelgefüllten Harnblase, in der ein Foley-Katheter eingelegt ist. Später wurde in der konventionellen Tomographie eine Beckenfraktur nachgewiesen, die auf diesem Bild nicht zu sehen ist. Manchmal findet man aber auch in der Knochenfenstereinstellung im CT Beckenfrakturen, die in Übersichtsaufnahmen nicht zur Darstellung kommen. In gleicher Weise sind in einigen Übersichtsaufnahmen nachgewiesene Frakturen hingegen im CT nicht zu sehen.

phragma urogenitale begrenzt wird. Harnblase und Prostata sind in diesem potentiellen Raum enthalten. Oft kann man auf a.p. Übersichtsaufnahmen des Beckens die Harnblase und die Obturatormuskeln erkennen.

Eine Ansammlung von Blut oder Urin innerhalb des extraperitonealen perivesikalen Raumes erkennt man an deren Auswirkungen auf das Aussehen der Harnblase, der Mm. obturatorii interni und der Dünndarmschlingen im kleinen Becken. Normalerweise sieht man beim Gesunden einen schmalen Aufhellungsstreifen am Außenrand des Beckenrings und entlang der Beckenweichteile. Dieser geht kontinuierlich in das extraperitoneale Fett über der Harnblasenkuppel über. Dieser Fettstreifen wird bei einem extraperitonealen Hämatom oder einer traumatischen Harnblasenruptur einseitig verlegt (Abb. 5-94 bis 5-97). Bereits eine kleine Flüssigkeitsansammlung, die streng auf eine Seite begrenzt ist, wird die Harnblase zur Gegenseite abdrängen. Mit zunehmender Größe wird sie schließlich den gesamten perivesikalen Raum ausfüllen, den Blasenschatten völlig auslöschen und die Dünndarmschlingen aus ihrer normalen Lage im Becken nach oben verdrängen.

Allein schon eine Beckenfraktur kann mit einem massiven, ja gelegentlich bis zur Ausblutung des Patienten führenden retroperitonealen Hämatom einhergehen; dabei kann der perivesikale Raum leicht bis zu zwei Litern Flüssigkeit aufnehmen. Die Blutansammlung in einem geschlossenen Raum wie dem Perivesikalraum führt zu einer charakteristischen Formveränderung der Blase – der «Tränentropfen»-Figur. Dabei können eventuell auch die Flankenstreifen durch den Blutaustritt obliteriert werden.

Häufigste Todesursache nach einer knöchernen Beckenverletzung ist die intrapelvine Blutung. Häufigster Mechanismus dabei ist die Ausblutung selbst oder ein sekundäres Nierenversagen durch den Schockzustand. Im Beckenbereich erzielt man die Blutstillung am besten mittels der Katheterembolisation.

Klinisch und auch radiologisch am bedeutsamsten ist bei den intrapelvinen Blutungen nach den verschiedenen Typen der Beckenfrakturen, daß die Blutung zunächst klinisch stumm verläuft und dann der Patient scheinbar unvermittelt in den hämorrhagischen Schock gerät; doch sind die Zeichen einer extraperitonealen Blutung auf den Erstaufnahmen des Beckens zumeist schon sichtbar. Deshalb sollte der Kliniker bei Beckenfrakturen, die häufig mit Beckenblutungen einhergehen, immer auf der Hut sein. Es besteht ein direkter Zusammenhang zwischen der Schwere der Beckenskelettverletzung und der Größe der Blutung. Es kann aber auch eine signifikante Blutung bei einer nur leicht fehlgestellten oder gar harmlos erscheinenden Fraktur vorkommen. Eine Analyse der Beckenfrakturtypen, die mit den verschiedenen Arten von Harnröhren- und Harnblasenverletzungen einhergehen, ist im Rahmen dieses Buches insofern nicht besonders fruchtbar, als man jeden Patienten auf eine retroperitoneale Blutung und eine Harnwegsverletzung untersuchen sollte. Ist erst einmal deren Diagnose und Behandlung in Angriff genommen, so kann man auch die Versorgung der Beckenfrakturen einleiten.

Mitverletzungen des Rektums, der Ischiasnerven und der großen Beckenarterien gehen seltener mit Beckenfrakturen einher und bedürfen zur Diagnosestellung besonderer Untersuchungsverfahren. Der Beckenring kann an einer einzigen Stelle brechen, aber nur dann, wenn es nicht zu einer Fragmentverschiebung kommt; bei jeder vorderen Beckenringfraktur sollte man die Illiosakralfuge der gleichen Seite als verletzungsverdächtig betrachten. Eine Kreuzbeinfraktur ist als Teilgeschehen einer komplexen Beckenfraktur womöglich schwierig aufzudekken; man sollte hier nach Konturunterbrechung der Foramina

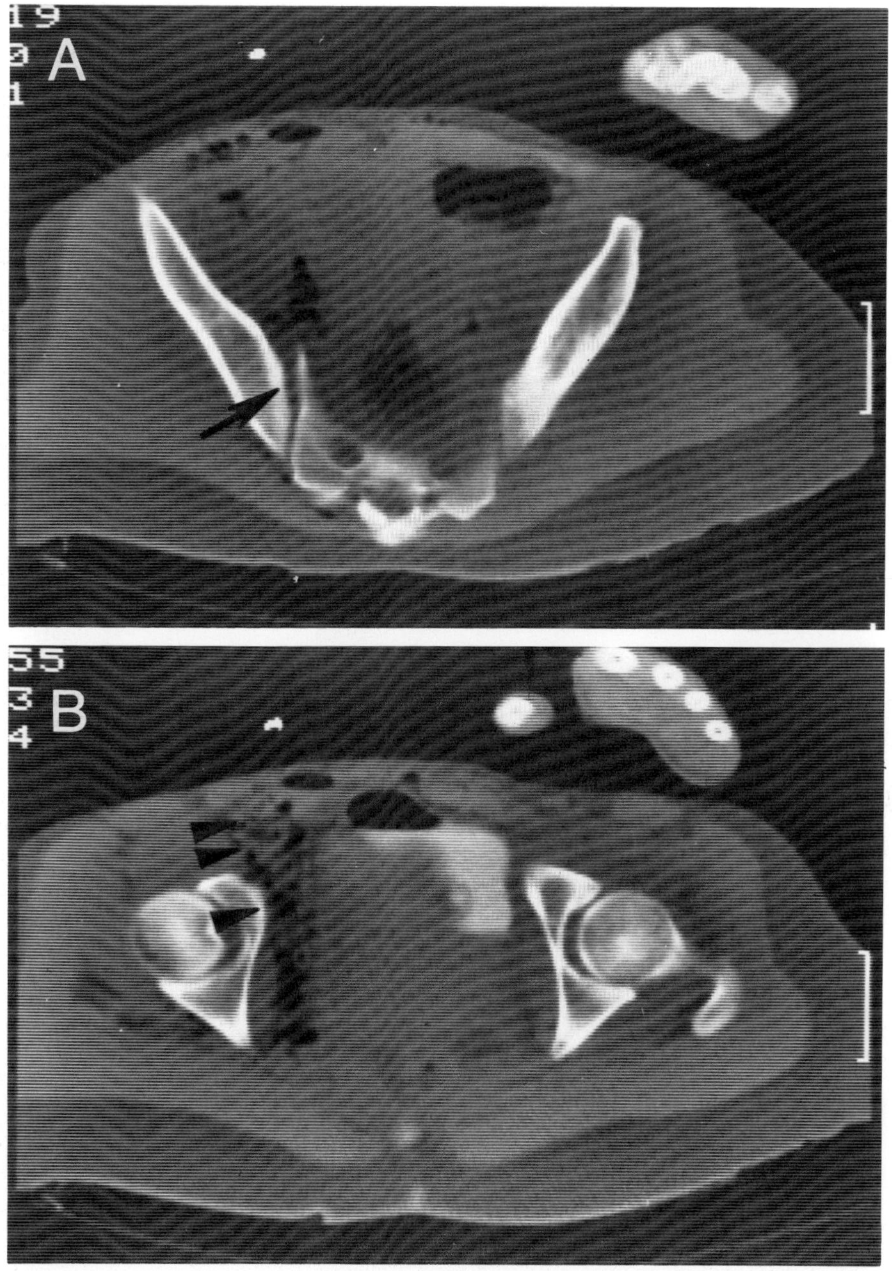

Abb. 5-97: 25jährige, bei einem Verkehrsunfall verletzte Frau. **A** und **B.** CT-Aufnahmen des Beckens mit großer Fensterbreite (Knochenfenster). Die Injektion eines Kontrastmittels i. v. hat zur Kontrastmittelanreicherung in der Harnblase geführt **(B)**. Die Harnblase mit einem darin eingebrachten Foley-Katheter wird durch ein perivesikales Retroperitonealhämatom verdrängt. Die linke Hand (mit Handgelenk) der Patientin liegt mit im Bildfeld. Beachten Sie bitte die Verbreiterung der rechten Iliosakralfuge (Pfeil). Die Röntgenübersichtsaufnahme zeigte daneben auch eine Symphysensprengung sowie ein subkutanes und retroperitoneales Weichteilemphysem (Pfeilspitzen).

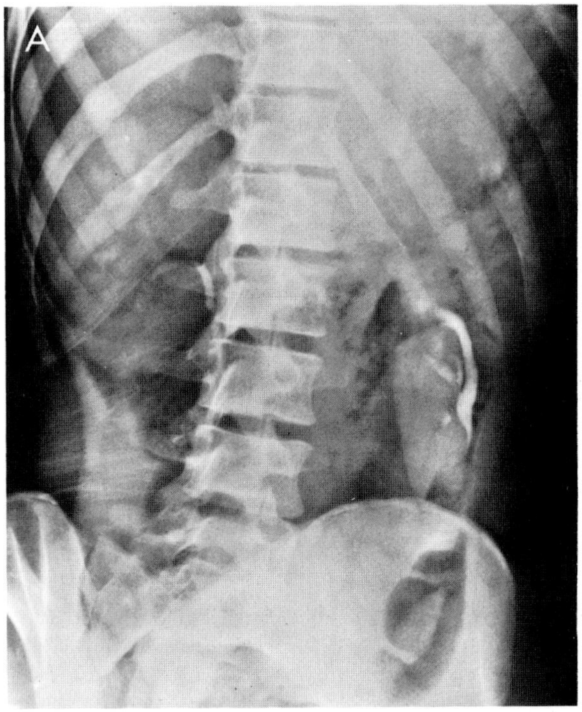

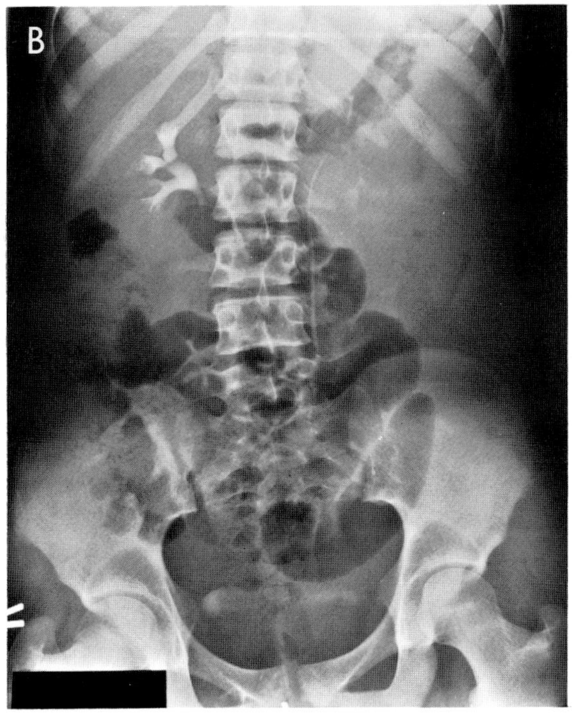

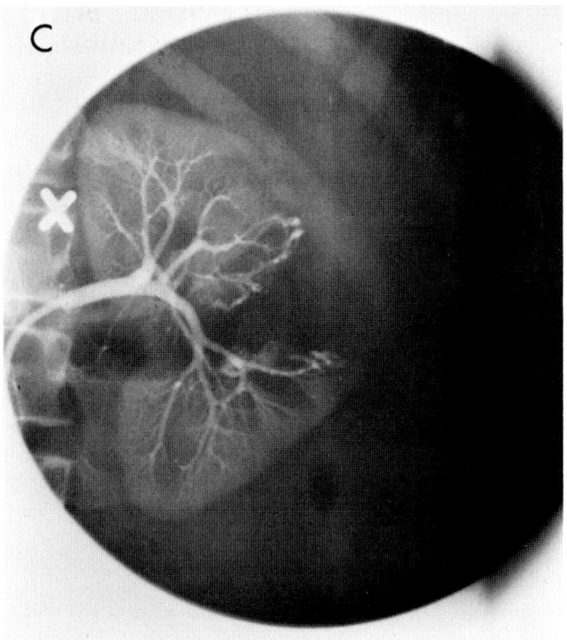

Abb. 5-98: Nierenverletzung nach stumpfem Bauchtrauma. **A.** Ausscheidungsurogramm: Verletzung beider Nieren (gleicher Patient wie in den Abb. 5-91 und 5-93). Die rechte Niere zeigt eine deutlich eingeschränkte Ausscheidungsfunktion als Folge einer Kontusion. Die linke Niere ist torquiert und verlagert. Der Patient wurde wegen der weiteren Verletzungen operiert (intraperitoneale Harnblasenruptur [Abb. 5-93] und linksseitige Zwerchfellruptur [Abb. 5-91]). Die Nieren wurden konservativ behandelt. Der Patient erholte sich rasch. **B.** Ausscheidungsurogramm eines anderen Patienten mit verminderter Kontrastmittelausscheidung über die linke Niere. Ein retroperitoneales Hämatom verlagert den linken Ureter nach medial, verdeckt die Kontur der linken Niere und den Psoasrand und bildet sich als schlecht abgrenzbare Raumforderung ab. **C.** Gleicher Patient wie in **B.** Selektive Nierenarteriographie. Ruptur der Nierenrinde.

sacralia suchen, besonders wenn ein Querfortsatz(ab)bruch des fünften Lendenwirbelkörpers vorliegt.

Nierenverletzung

Ein Trauma der Niere kann zur Quetschung oder Ruptur, zur Nierenarterien- oder -venenthrombose oder zum Nierenstielabriß führen. Zu den klinischen Zeichen gehören Hämaturie, Schmerz, Schonhaltung, Spasmen, Prell- oder Quetschmarken und – bei massiver Blutung – möglicherweise der Schock. Röntgenologische Zeichen sind eine Skoliose, Nierenvergrößerung, Auslöschung der Randkonturen von Psoas und Niere, Flankenschwellung, adynamischer Ileus und die Verdrängung von Darmschlingen durch eine retroperitoneale Raumforderung sowie Frakturen der Wirbelsäule und der unteren Rippen.
20–30% der Patienten mit einem stumpfen Nierentrauma haben gleichzeitig klinisch bedeutsame Verletzungen von Kopf, Extremitäten, Thorax oder Abdomen, darunter besonders Leber-, Milz- oder Darmrupturen und Becken-, Wirbelsäulen- und Pankreasverletzungen.
Von den Nierenverletzungen stellen die einfachen Kontusionen 60%, die Nierenrisse 30% und die restlichen Läsionen weitere 10%, darunter u.a. die Nierenzertrümmerung mit multiplen «Fragmenten», Gefäßabrisse oder -verschlüsse sowie Nierenbeckenrupturen. Die Niere liegt zwischen dem vorderen und dem hinteren Blatt der Nierenfaszie (Fascia renalis Gerota). Das bei einem Nierenriß austretende Blut gelangt in diesen durch diese Faszie gebildeten keilförmigen Raum, der mit der Spitze nach oben weist. Eine perirenale Blutung ist meist auf den Raum innerhalb der Blätter der Gerotaschen Faszie begrenzt, der wiederum kaudal offen ist, so daß sich das Blut auch nach unten in Richtung Becken ausbreiten kann. Das Hämatom verdeckt im Röntgenbild die Nierenkontur und dringt in das perirenale Fettgewebe ein.
Die intravenöse Urographie kann normal ausfallen oder aber eine abnorme Nierenvergrößerung bei schlechter Ausscheidungsfunktion, eine Streckung oder Verlagerung des Nierenbeckenkelchsystems durch ein Ödem oder Blut im Nierenparenchym aufweisen. Unregelmäßige Kontrastmittelansammlungen im Nierenparenchym lassen bei einer nur geringen Strukturstörung des Sammelsystems an eine Nierenruptur denken, bei der keine größeren Gefäße beteiligt sind (Abb. 5-98A).
Bei Nierenrupturen kann man ein Kontrastmittelextravasat sehen; in dieser Situation werden wahrscheinlich die festen Gewebe des Retroperitonealraumes die Blutung tamponieren und die Rupturstelle wieder «versiegeln». Die Nierenvenenthrombose äußert sich charakteristischerweise durch eine Nierenvergrößerung, wobei die betroffene Niere bei der intravenösen Urographie eine verlängerte Parenchymphase und eine verringerte Kontrastmittelausscheidung zeigt. Die Nierenarterienthrombose ist durch den völligen Funktionsausfall der betroffenen Niere charakterisiert («stumme Niere»).
Die fehlende Darstellung einer Niere im Ausscheidungsurogramm kann nach einem Trauma das Resultat einer Nierenzerreißung, einer Nierenarterienthrombose oder aber eines Nierenhilusabrisses sein. Letzterer geht meist durch ein ausgedehntes Retroperitonealhämatom mit einer Auslöschung des Psoasrandschattens einher. Eine stumme Niere im Ausscheidungsurogramm ist diagnostisch wesentlich wichtiger als nur eine herabgesetzte Nierenfunktion.
Zeigt das intravenöse Urogramm eine beträchtliche Funktionsminderung einer Einzelniere oder einen Funktionsausfall beider Nieren, so sollte man sofort zur Nierenangiographie schreiten, um den Zustand der Gefäßversorgung der Niere(n) nachzuweisen, denn die Nierengefäße sind nur innerhalb weniger Stunden nach dem Trauma noch erfolgreich zu rekonstruieren.
In der Tat ist auch eine jede schwere Verletzung einer nur solitär angelegten Niere ganz allgemein Indikation für die Nierenangiographie, da unter diesem Umstand eine aggressivere Behandlung angeraten sein kann.
In der Regel ist die Angiographie erforderlich, um ganz speziell Anomalien der Nierengefäße nachzuweisen. Nun sind aber Nierengefäßverletzungen beim stumpfen Trauma (Abb. 5-98B und C) wesentlich seltener als die Kontusion oder die Ruptur. Die vordere Nierenfaszie trennt den perirenalen Raum vom vorderen perirenalen Raum des Mesocolon transversum.
Eine perirenale Blutung muß nicht unweigerlich den benachbarten Psoasrandschatten auslöschen. Durch die Kompression des perirenalen Fettgewebes verengt das Hämatom meist nur den Raum zwischen Fett und Psoasmuskel und läßt dabei den Psoasaußenrand nur unscharf erscheinen (Ab. 5-99); die teilweise erhaltene Sichtbarkeit des Psoasrandschattens schließt also ein perirenales Hämatom nicht mit Sicherheit aus. Andererseits ist ein perirenales Hämaton nicht automatisch gleich die Indikation zum sofortigen chirurgischen Eingriff, da eine retroperitoneale Blutung auch von einer Verletzung von Nieren, Pankreas und den retroperitonealen Anteilen von Duodenum und Kolon sowie ferner von Wirbelsäulen- und Beckenfrakturen herrühren kann.
Nach Anfertigen einer Abdomenübersichtsaufnahme hilft die Urographie zusammen mit einer Tomographie bei der Aufdekkung von retroperitonealem Blut, falls diese Untersuchung überhaupt klinisch durchführbar ist. Indiziert ist sie bei Patienten mit Hämaturie, um die Nierenschädigung zu bestimmen und auch um zu sichern, daß auf der Gegenseite eine normal funktionierende Niere überhaupt vorliegt. Die meisten Patienten mit einer Nierenverletzung sind mit der Urographie und Verlaufskontrollen bereits hinreichend betreut. Unzureichend ist hingegen die Urographie bei Patienten mit arterieller Hypotonie, weil die Nieren hierbei das Kontrastmittel nicht ausscheiden können.
Bei einem Patienten mit arterieller Hypotonie sollte die Angiographie gleich am Anfang der Untersuchung stehen. Eine Aufnahme des Abdomens nach der Kontrastmittelinjektion zur Nierenangiographie kann die gleichen Informationen wie ein Ausscheidungsurogramm liefern; daneben kann eine sofortige

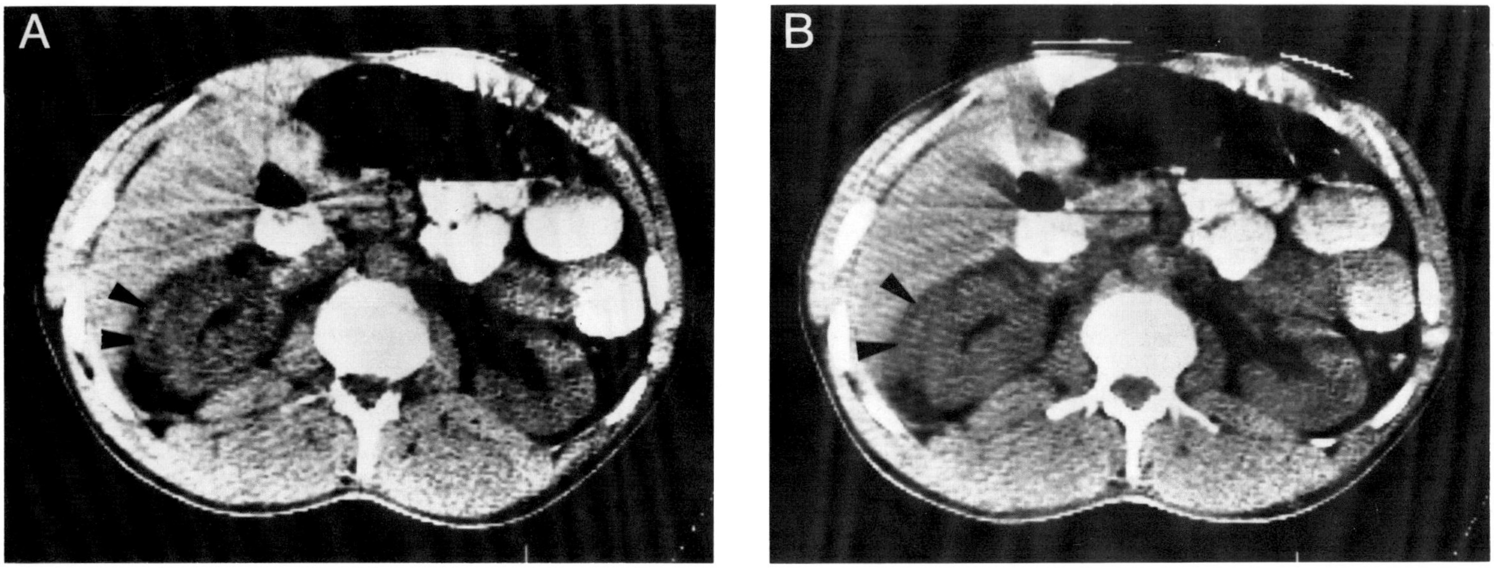

Abb. 5-99: Bei diesem Patienten wurden nach einem Polytrauma die Nieren computertomographisch untersucht (**A** und **B**). Das im Notaufnahmeraum ausgeführte Ausscheidungsurogramm zeigte eine vage Konturanomalie der rechten Niere bei einem leichten Hämatokritwertabfall. Die CT-Bilder ergeben eine sichelförmige Verschattung um die rechte Niere herum, was auf ein relativ kleines Hämatom hinweist (Pfeilspitzen). Auf dem Boden dieses recht geringfügigen Befundes wurden invasivere Untersuchungen wie z. B. eine Arteriographie aufgeschoben.

Diagnose zu einer sofortigen Behandlung führen. Ein aufgeblasener Ballonkatheter in einer von der Niere abgetrennten Nierenarterie kann bei einem profus blutenden Patienten eine lebensrettende Maßnahme sein.

Penetrierendes Trauma

Schußverletzungen

Bei Bauchschußwunden sind Röntgenaufnahmen des Abdomens zur Suche nach metallischen Fremdkörpern indiziert (Abb. 5-100). Hier ist immer ein chirurgischer Eingriff vonnöten, um eine Darmperforation oder andere Baucheingeweideverletzungen zu versorgen. Die blinde Exploration wird dann erforderlich, wenn ein sicher eingedrungenes Material niedriger Röntgendichte auf den Abdomenübersichtsaufnahmen nicht erkennbar ist. Gelegentlich muß man bei Vielfachverletzungen zur Angiographie greifen, um entscheiden zu können, welche Verletzung zuerst versorgt werden muß. Auch läßt sich eventuell eine Blutung durch angiographische Katheterembolisation stillen.
Eine Ureterenverletzung durch penetrierende Wunden kommt nur selten vor, wahrscheinlich deshalb, weil die Harnleiter durch benachbarte kräftige Knochen und Muskeln besonders gut geschützt werden. So berichtet Fisher bei einer Untersuchungsserie an 650 Schußverletzungen über ganze neun Ureterverletzungen.

Viele Patienten mit Schußverletzungen werden direkt in den Operationssaal gebracht. Der optimale Zeitpunkt für die Harnleiterversorgung ist die sofortige Laparotomie.
Eine zu spät gestellte Diagnose und somit eine sekundäre Versorgung treibt die Zahl der Ureterverletzungen, die in einer Nephrektomie enden, stark in die Höhe. Bis zu 10% dieser Patienten zeigen einen normalen Urinstatus; die hohe Zahl von 25% aller Ureterenverletzungen werden erst zum Zeitpunkt der operativen Versorgung diagnostiziert! Dabei zeigt das präoperative Ausscheidungsurogramm doch in aller Regel die Harnleiterverletzung genau auf. Aus diesem Grund sollte man immer eine Urographie durchführen, wenn entweder eine Hämaturie besteht oder der Schußkanal nahe am Ureter vorbeiläuft. Ein Kontrastmittelextravasat an der Stelle der Ureterverletzung ist als diagnostisch beweisend anzusehen. Auch kann oft eine große weichteildichte Raumforderung vorhanden sein, weil die Harnleiterverletzung meist mitten in einem großen retroperitonealen Hämatom gelegen ist. In ähnlicher Weise kann man mittels des intravenösen Ausscheidungsurogramms auch den Kontrastmittelaustritt aus einer Blasenperforation nachweisen (Abb. 5-101).
Eine Harnleiterverletzung ist bei einem stumpfen Trauma recht selten, da – wie schon oben erwähnt – die Ureteren dank benachbarter kräftiger Knochen- und Muskelstrukturen anatomisch gut geschützt liegen. Die meisten Verletzungen dieser Art ereignen sich noch dann, wenn ein Fußgänger von einem Automobil angefahren wird. Der mitgeteilten Häufigkeit nach scheint dafür die Altersklasse der Kinder am empfindlichsten zu sein.

Die zu beobachtenden klinischen Zeichen deuten oft nicht auf eine Harnwegsverletzung. Bei einer Untersuchungsreihe von 15 Patienten hatten zehn entweder keine Hämaturie oder nur zwei bis fünf Erythrozyten pro Zählfeld bei der mikroskopischen Untersuchung. Das spätere Auftreten einer Flankenschwellung läßt eine Ausscheidungsurographie angeraten erscheinen, die dann an der Stelle des Harnleiter(ab)risses ein Kontrastmittelextravasat aufzeigen wird. Nahezu alle Ureterabrisse ereignen sich direkt am Harnleiterabgang aus dem Nierenbecken oder in dessen Nähe.

Wenn es klinisch möglich ist, so sollte bei einem Patienten mit einer Hämaturie ein Ausscheidungsurogramm angefertigt werden, weil dieses Vorgehen mit einer Genauigkeit von bis zu 91 Prozent die Ureterverletzung aufzeigt.

Ein Kontrastmittelelextravasat an der Verletzungsstelle ist dabei diagnostisch beweisend. Auch kann eine ausgedehnte Weichteilverschattung vorliegen, weil die Harnleiterverletzungsstelle meist mitten in einem großen retroperitonealen Hämatom gelegen ist.

Die Komplikationsrate und auch die Zahl der Ureterverletzungen, die schlußendlich zu einer Nephrektomie führen, werden durch eine verspätete Diagnose und eine aufgeschobene operative Versorgung erheblich ansteigen!

Fremdkörper

Die Spezies Mensch hat eine auffallende Neigung, die verschiedensten Gegenstände in die diversen Körperöffnungen einzuführen. Die meisten Ärzte mit größerer Erfahrung im Notdienst haben bereits allerlei Arten von Fremdkörpern gesehen, die auf verschiedensten Wegen in den Körper gebracht wurden (vgl. hierzu die Abb. 5-102 bis 5-104). Dabei wirft jeder Fremdkörper individuelle Probleme hinsichtlich Diagnose und Behandlung auf.

Als Grundregel lasse man verschluckte Fremdkörper am besten den natürlichen Weg durch den Magen-Darm-Trakt nehmen, es sei denn, daß die besonderen Umstände eine chirurgische Intervention erfordern.

Fremdkörper sind — mit Ausnahme der metallischen — im Bauchraum extrem schwierig oder gar nicht zu finden, da die Dicke der Weichteilschichten ein jedes nicht strahlendichte Material völlig verdeckt.

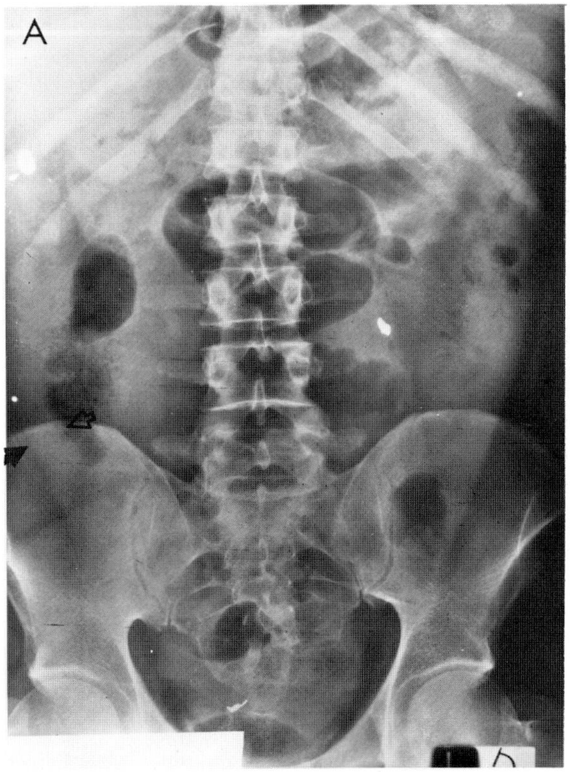

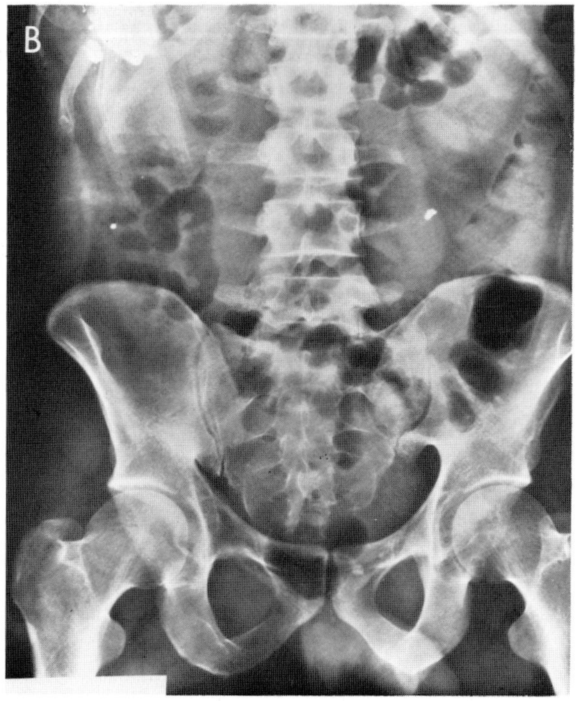

Abb. 5-100: Gewehrschußverletzung des Abdomens. **A.** Aufnahme im Liegen. Außer den metalldichten Partikeln findet sich freies Blut in der Peritonealhöhle, das in der rechten parakolischen Rinne deutlich erkennbar ist (Pfeile). Höchstwahrscheinlich befindet sich auch Blut in der linken parakolischen Rinne, obwohl hier der mediale Rand nicht erkennbar ist. Es finden sich einige schlecht abgrenzbare Verschattungen im kleinen Becken, doch fehlt ein sicheres «Hundeohren-Zeichen». **B.** Aufnahme in Rückenlage nach dem chirurgischen Eingriff. In beiden parakolischen Rinnen ist jetzt kein Blut mehr feststellbar. Einige der Patronenteile sind aber im Patienten verblieben.

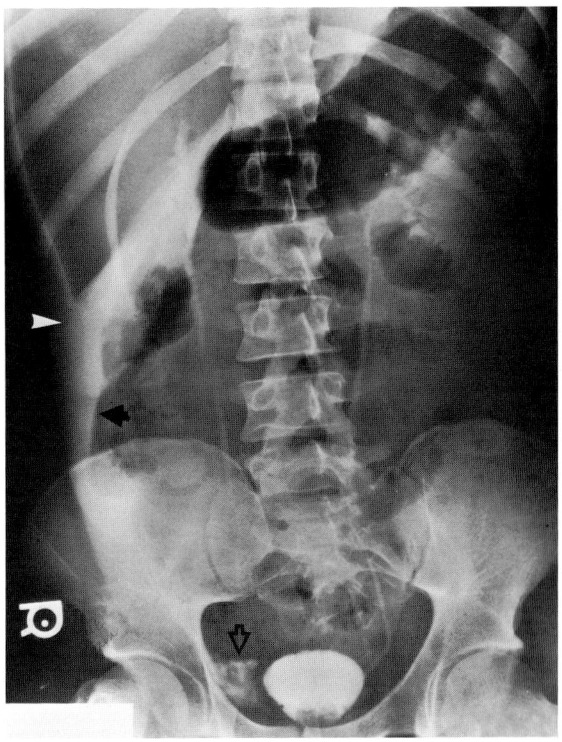

Abb. 5-101: Perforierende Stichverletzung der Harnblase. Das intravenöse Pyelogramm zeigt einen Kontrastmittelaustritt in die interstitiellen Gewebe rechts neben der Harnblase (gerahmter Pfeil), aber auch in die rechte parakolische Rinne (schwarzer Pfeil) bis um die Leber herum. Weil sie von Kontrastmittel umgeben ist, erscheint die Leber selbst relativ strahlentransparent.

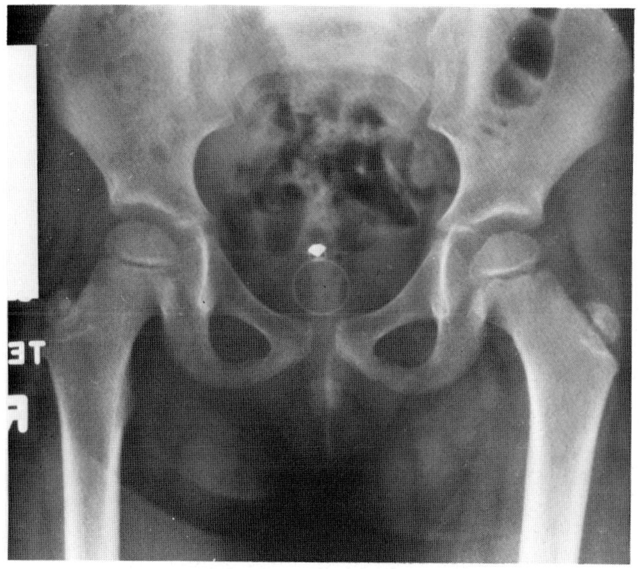

Abb. 5-102: Fremdkörper. Ein Kind mit einem Verlobungsring in der Scheide.

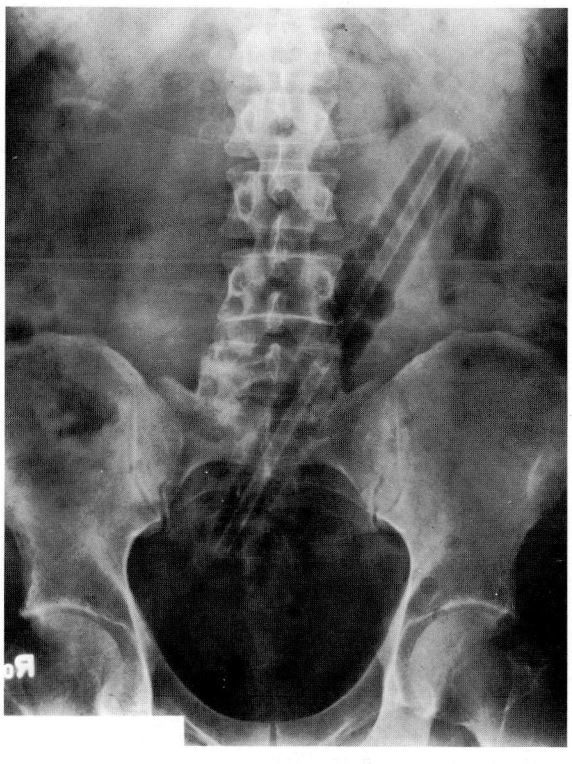

Abb. 5-103: Fremdkörper. Ein ins Rektum eingeführte Angelkork, der bei der Operation in der freien Bauchhöhle gefunden wurde.

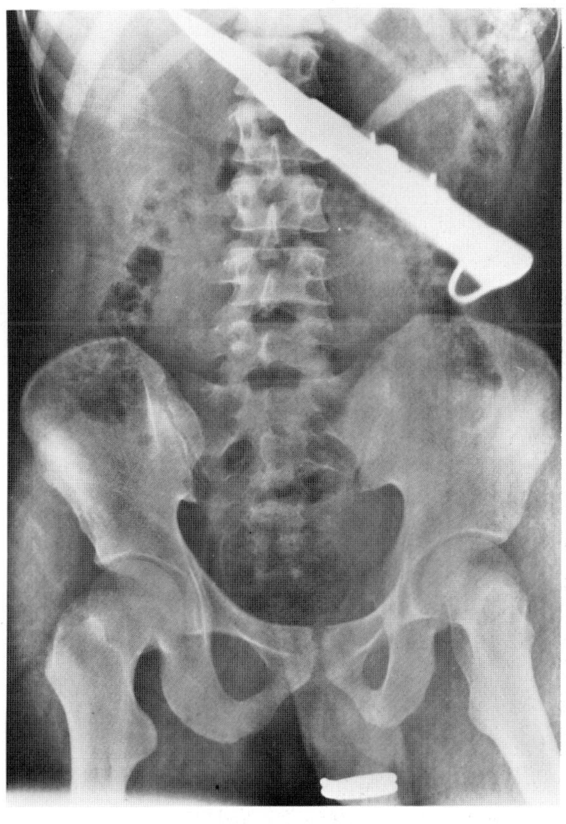

Abb. 5-104: Fremdkörper. Messer im Epigastrium. Der Metallring liegt an der Basis des Penisschafts.

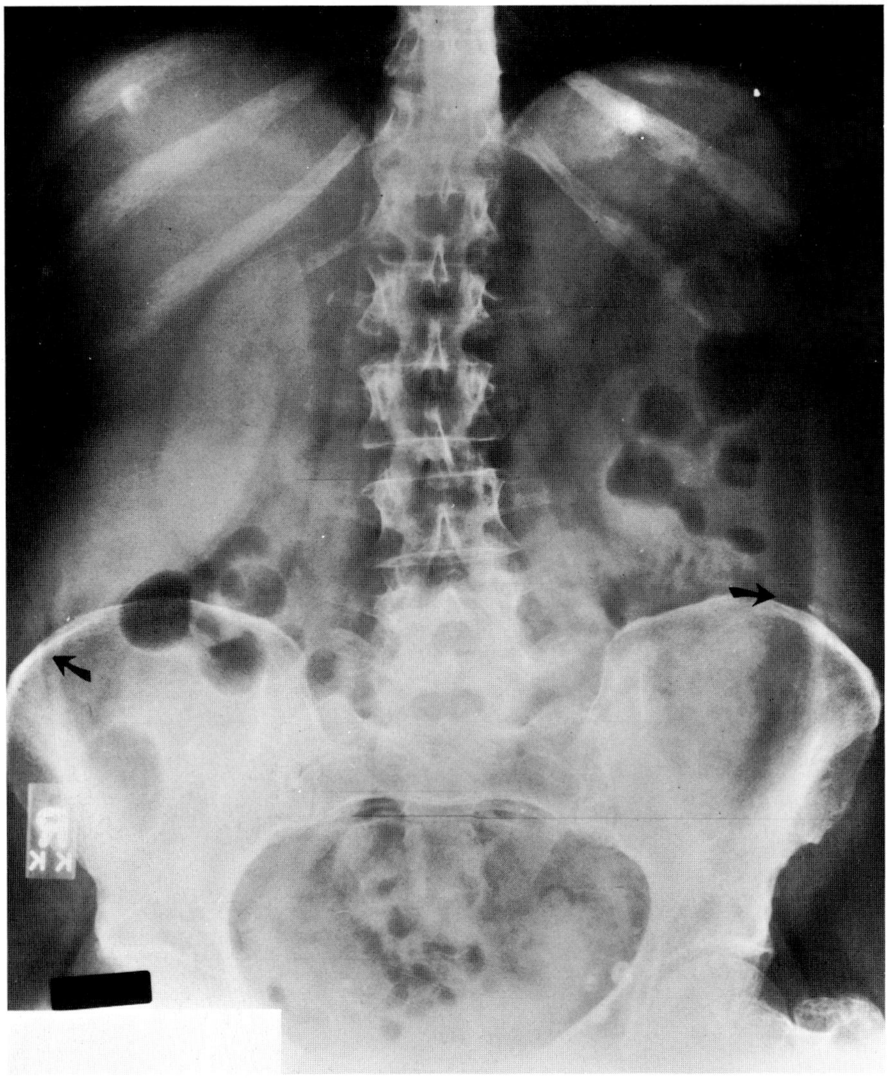

Abb. 5-105: Anatomie des Abdomens – Normvarianten (ident. mit Abb. 5-3 und 5-7 A).

Knochen	Normal (leichte Skoliose).
Lungenbasis	Hell und normal.
Verschattungen	Verkalktes Lebergranulom. Metalldichtes Artefakt am linken Zwerchfell. Viele Phlebolithen im linken Becken.
Größere Organe	Leber reicht bis zum Beckenkamm. Milz ist schlecht erkennbar; linker oberer Quadrant. Nieren: Beide durch umgebendes Fett gut abgrenzbar. Harnblase: Nicht richtig sichtbar.
Flankenstreifen	Schwarze Pfeile. Rechts relativ eng, links weit.
Psoasschatten	Beidseits (rechts besser als links) scharf abgrenzbar.
Darmgasgehalt	Kolon: Gas im Zökum neben dem Flankenstreifen. Der potentielle Raum der rechten parakolischen Rinne ist zwischen dem Zökalgas und dem sehr schmalen Flankenstreifen erkennbar. Dies entspricht der obersten Normweite. Die parakolische Rinne erkennt man auch links zwischen Colon descendens und dem Flankenstreifen. Gas im Kolon erkennt man auch in der linken Flexur, in Sigma und Rektum. Dünndarm: Gasfrei. Magen: Schwacher Schatten im linken oberen Quadranten (unterhalb der Milz und medial der linken Kolonflexur).
Gas außerhalb des Darmes	Keines.
Raumforderungen	Keine.

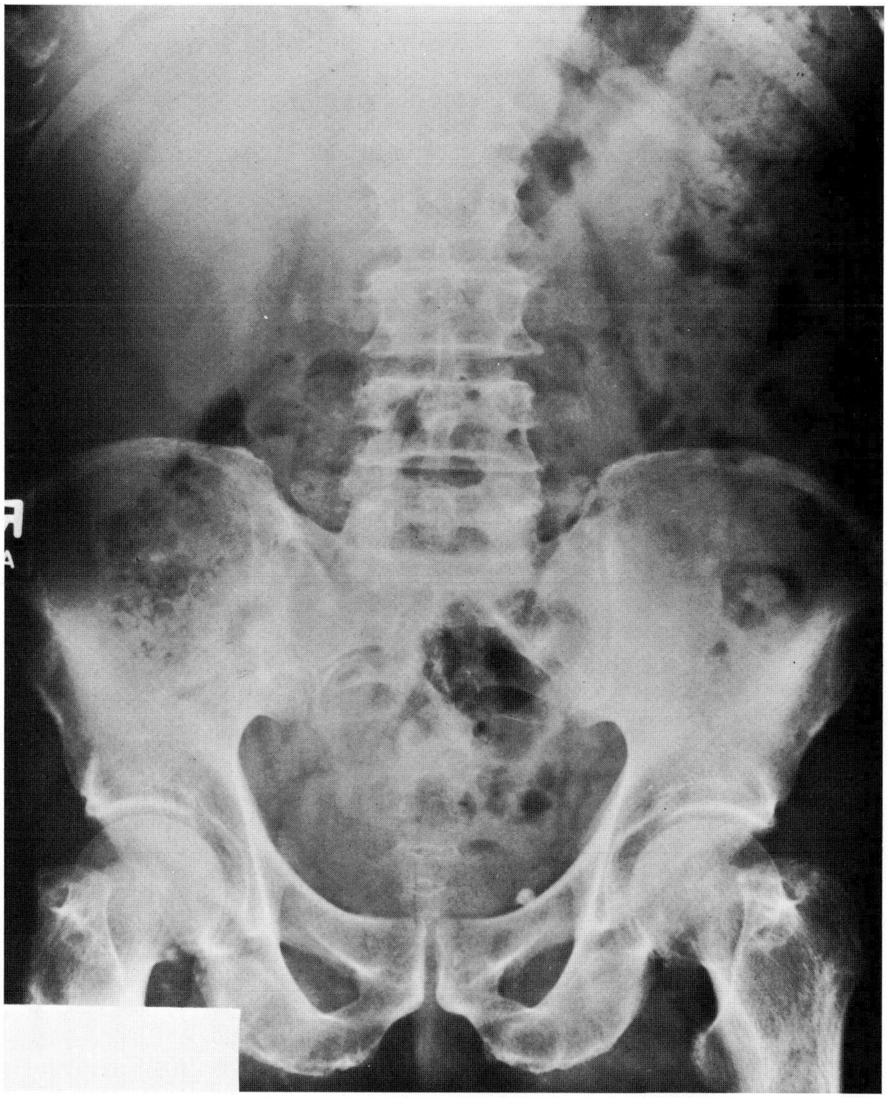

Abb. 5-106: Anatomie des Abdomens – Normvarianten.

Knochen — Aufhellung in beiden Intertrochanterregionen, ein Befund, den man weiter abklären sollte.

Lungenbasis — Nicht abgebildet.

Verschattungen — Am oberen Filmrand verkalkter Rippenknorpel im rechten oberen Quadranten. Dieser Patient hat nur geringe Rippenknorpelverkalkungen; es sei darauf hingewiesen, daß praktisch eine jegliche Knorpelverkalkung in jeder Altersstufe normal ist. Bei manchen Menschen findet man auch eine exzessive Rippenknorpelverkalkung (vgl. Abb. 5-4 A).
Phlebolith über dem linken oberen Schambeinast.

Größere Organe — Der Leberrand projiziert sich auf den Beckenkamm.
Milz nicht sichtbar.
Gute Darstellung der Nieren.
Blasenschatten nur sehr schemenhaft; beachten Sie das Fett, das auf der rechten Seite den Harnblasenrand gut abgrenzen läßt.

Flankenstreifen — Schmal. Auf beiden Seiten in Höhe der Darmbeinkämme erkennbar.

Psoasschatten — Links gut, rechts schlecht abgrenzbar.

Darmgasgehalt — Kolon: Beachten Sie die mit Darmgas durchmischten Fäzes im gesamten Kolon. Dies ist das Hauptkennzeichen, an dem man das Kolon erkennen kann. Überlagert in Projektion auf Sakrum und Becken erkennbar.
Dünndarm: Gasfrei.
Magen: Deutlich im linken oberen Quadranten erkennbar.

Gas außerhalb des Darmes — Keines.

Raumforderungen — Keine.

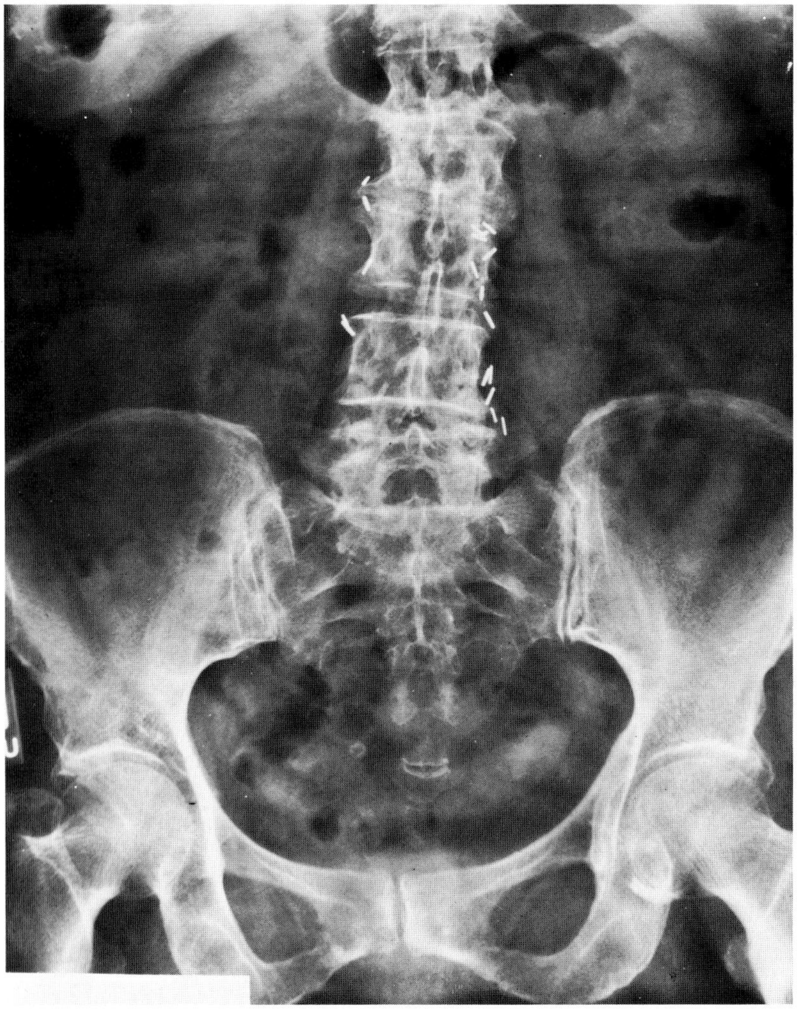

Abb. 5-107: Anatomie des Abdomens – Normvarianten.

Knochen
LWS-Skoliose. Schmale Zwischenwirbelräume und degenerativ bedingte Randosteophyten. Gering herabgesetzter Kalksalzgehalt; dies ist aber schwer zu beurteilen, weil unterschiedliche Aufnahmetechnik zu unterschiedlicher Knochendichte im Röntgenbild führt. Doch zeigt sich hier eine relativ größere Dichte der Ränder von Wirbelkörpern und Darmbeinschaufeln, was für eine Demineralisation der betreffenden Knochen spricht. Besonders deutlich ist dies an der Verbindung von Sakrum und Steißbein.

Lungenbasis
Nicht abgebildet.

Verschattungen
Rippenknorpelverkalkung am oberen Bildrand gerade noch erkennbar; kleines Artefakt in deren Nachbarschaft.
Phlebolith rechts vom Steißbein in ungewöhnlich hoher Lage; beachten Sie dessen zentrale Aufhellung.
Gefäßclips beiderseits der LWS.
Seitenmarkierung rechts neben dem Hüftgelenk.
Unscharfer, bogiger Schatten in Projektion auf den linken Schenkelhalsunterrand, womöglich innerhalb der Gelenkkapsel.
Kleiner kalkdichter Schatten an der unteren Symphysenhälfte links; ein weiterer nur gering größerer liegt am rechten Unterrand der Symphyse. Es handelt sich höchstwahrscheinlich um Phlebolithen, genausogut können es aber benigne Kompaktainseln im Knochen sein. Beides hat keinerlei klinische Relevanz.

Größere Organe
Leberrand am rechten unteren Rippenrand erkennbar, darüber Gas in der rechten Kolonflexur. Beachten Sie hier, um wieviel kleiner die Leber im Vergleich zu den beiden vorangehenden Beispielen ist.
Milz nicht sichtbar.
Nieren relativ hoch im Abdomen gelegen.
Harnblase in sehr tiefer Stellung hinter den Schambeinen; dies deutet auf eine Beckenbodenrelaxation.

Flankenstreifen
Beiderseits scharf begrenzt. Rechts ist er sehr schmal; daneben liegt innen Darmgas. Links ist er sehr weit. Die medial davon gelegene Verschattung ist Flüssigkeit im Colon descendens. Tückischer Befund bei der Suche nach Blut in der Bauchhöhle. Ein sicherer Anhalt für Blut in der parakolischen Rinne ist es nur, wenn man es zwischen Flankenstreifen und Darmgas sieht. Manchmal wird Dünndarmgas etwas vom Flankenstreifen abgetrennt, was ebenfalls den fälschlichen Eindruck von Blut in der parakolischen Rinne erweckt. Dieser Patient liefert insofern ein gutes Beispiel für die normale Flankenanatomie, als hier eine geringe Menge Dünndarmgas neben der Flüssigkeit im Colon descendens liegt, was letztere Struktur noch betont.

Psoasschatten
Gut abgegrenzt; sie reichen beiderseits bis unter den Darmbeinkamm herab.

Darmgasgehalt
Kolon: Unregelmäßig und rahmenförmig verteiltes Gas. Haustrien und Fäzes sind nicht besonders gut abgrenzbar, so daß die Unterscheidung von Dickdarm- und Dünndarmgas bei diesem Patienten extrem schwierig ist.
Dünndarm: Unregelmäßige Verteilung einer geringen Gasmenge über den gesamten Dünndarm. Es ist keine Dünndarmschlinge erweitert; weitere Besonderheiten liegen nicht vor.
Magen: In Projektion auf die Mitte des oberen Abdomens. Er scheint seitenverkehrt zu liegen. Die Unterscheidung von Magen und Gas im Colon transversum ist bei diesem Patienten unsicher.

Gas außerhalb des Darmes
Keines.

Raumforderungen
Vage, oval geformte Verschattung im linken Hemipelvis, höchstwahrscheinlich Flüssigkeit im Colon sigmoideum.

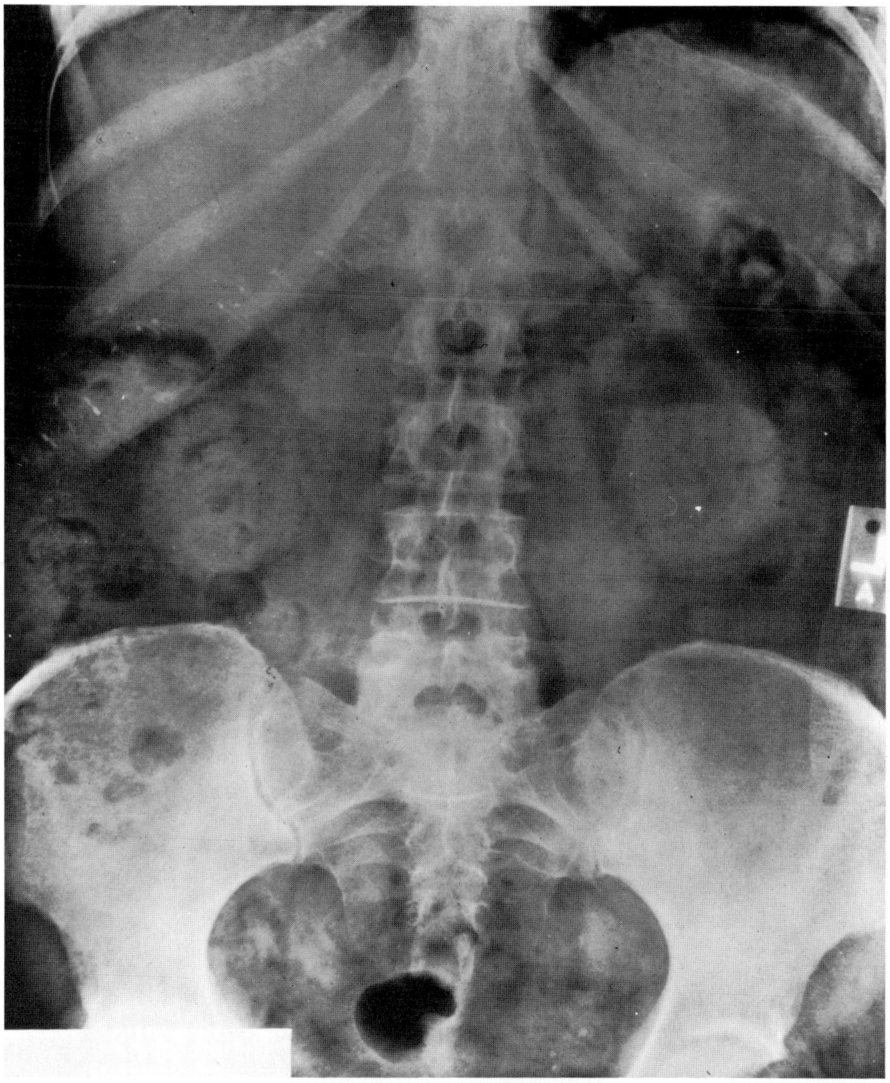

Abb. 5-108: Anatomie des Abdomens – Normvarianten (ident. mit Abb. 5-5 A).

Knochen	Normal.
Lungenbasis	Links gerade noch sichtbar: kein Pleuraerguß nachweisbar.
Verschattungen	Phlebolithen im linken Hemipelvis. Nahtmaterial im rechten oberen Quadranten. Artefakt am linken unteren Nierenpol. Seitenmarkierung links; das zugehörige Band projiziert sich als senkrechte Linie über den linken Beckenkamm.
Größere Organe	Leberrand teilweise durch Koloninhalt überdeckt. Leichte Milzvergrößerung. Nieren normal. Harnblase nicht abgebildet.

Flankenstreifen	Rechts nicht auf dem Film, links durch Seitenmarkierung verdeckt.
Psoasschatten	Links scharf begrenzt; rechts teilweise überlagert.
Darmgasgehalt	Kolon: Durch Fäzes Kolon eindeutig identifizierbar; deutliche Gasblase im Rektum. Keine Fäzes im Colon sigmoideum. Dünndarm: Kein Gas. Magen: In Projektion schräg über den linken oberen Nierenpol.
Gas außerhalb des Darmes	Keines. Der vage Gasschatten dicht unterhalb des linken Zwerchfells ist wahrscheinlich der Magenfundus.
Raumforderungen	Keine.

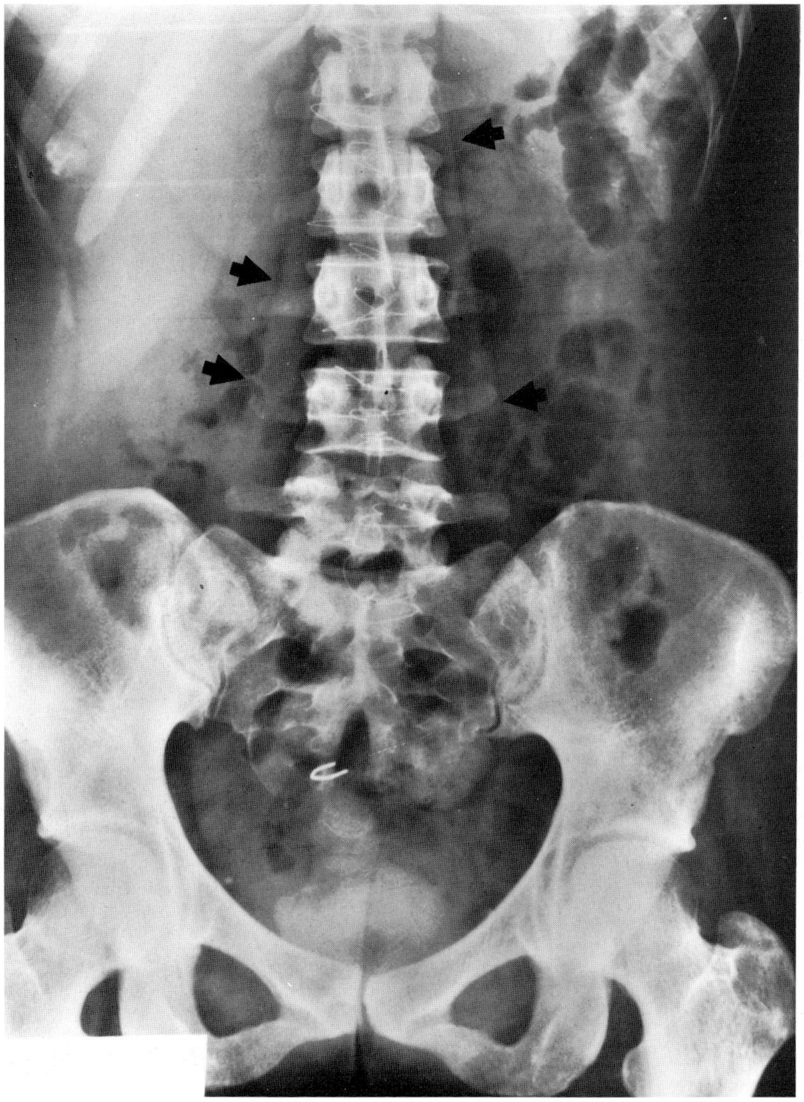

Abb. 5-109: Anatomie des Abdomens – Normvarianten (ident. mit Abb. 5-6).

Knochen	Leichte Skoliose.
Lungen	Nicht auf dem Film abgebildet.
Verschattungen	Gut zu sehen die Rippenknorpelverkalkungen rechts; ziemlich überlagert dagegen links. Gefäßclip in Projektion auf das Sakrum. Phlebolith im rechten Hemipelvis. Leichte Verschattung im linken Hemipelvis (Artefakt).
Größere Organe	Leberrand in halber Höhe zwischen Rippen und Beckenkamm. Milz nicht sichtbar. Nieren: Rechte Niere sehr hoch gelegen; überlagert den Leberrand und liegt der oberen LWS an; linke Niere durch Darmgas überlagert. Harnblase scharf abgrenzbar.

Flankenstreifen	Schmal und unscharf auf beiden Seiten. Auf der rechten Seite zieht er bis über den Leberunterrand hinaus; in dieser Region findet sich auf einer Aufnahme in Linksseitenlage freie Luft.
Psoasschatten	Schwarze Pfeile.
Darmgasgehalt	Kolon: Rahmenartige Gasverteilung. Dünndarm: Gas im linken Abdomen. Beachten Sie den «gebeugten Finger» und die Kerckringschen Falten. Es handelt sich hier um ein unspezifisches Muster. Geringe Mengen von Gas im Dünndarm in nicht erweiterten Schlingen können mitunter auch Gesunde aufweisen. Magen: Durch darüber gelegenes Dünndarmgas überlagert.
Gas außerhalb des Darmes	Keines.
Raumforderungen	Keine.

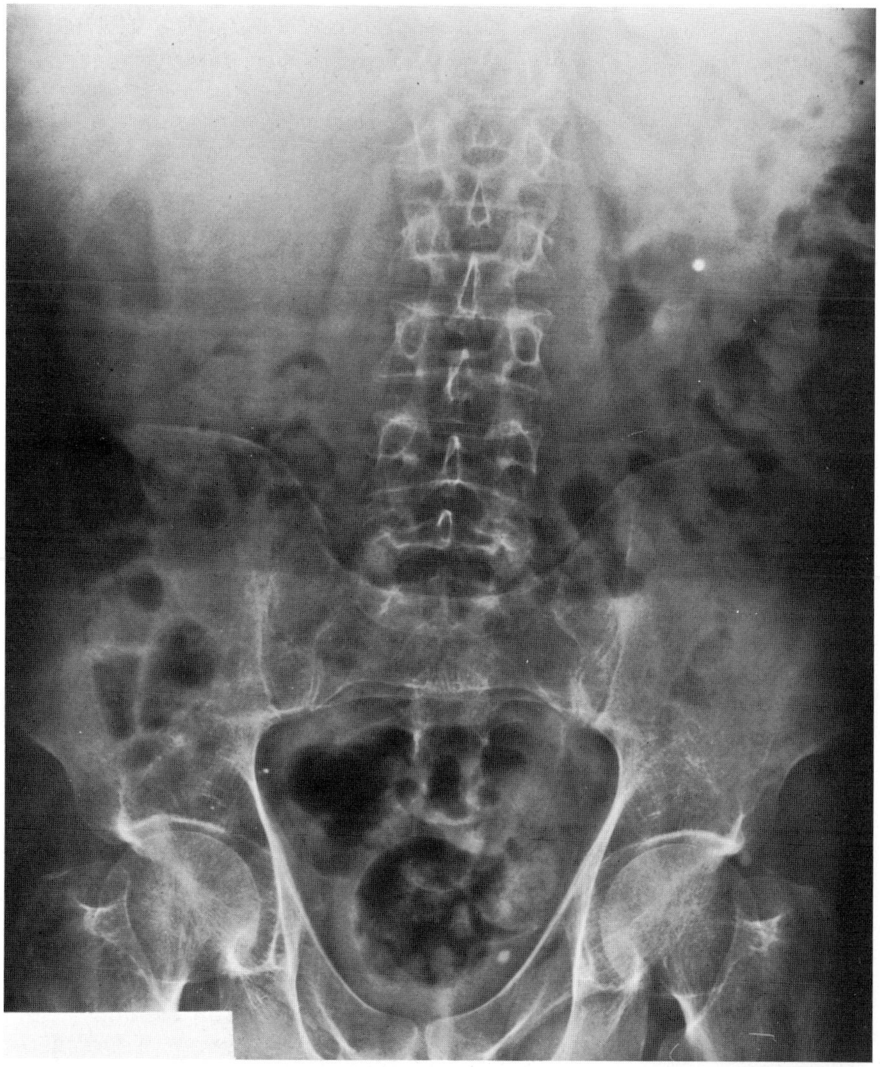

Abb. 5-110: Anatomie des Abdomens – Normvarianten.

Knochen	Entkalkt; beachten Sie die bleistiftlinienartigen Ränder von Wirbelkörpern, Darmbeinkämmen und Hüftgelenken.
Lungenbasis	Nicht aufgenommen.
Verschattungen	Schrotkugel im linken mittleren Abdomen (oft bei Liebhabern von Wildpret zu sehen). Phlebolith im linken Becken.
Größere Organe	Der untere Leberrand projiziert sich auf die rechte Crista iliaca. Die Milz ist nicht sichtbar. Die Nieren erscheinen recht unscharf wegen des Mangels an Körperfett. Die rechte Niere sieht man längs des Psoasrandes, sie überlagert den Leberrand. Die linke ist im linken oberen Quadranten erkennbar. Die Schrotkugel befindet sich oberhalb des linken unteren Nierenpols. Die Harnblase wird von Fäzes im Kolon verdeckt, ihr rechter Rand ist aber sichtbar.
Flankenstreifen	Sehr schmal und nicht gut abgrenzbar; auch hier wegen Mangels an Körperfett.
Psoasschatten	Beiderseits sichtbar.
Darmgasgehalt	Kolon: In allen Anteilen verstreut finden sich Gas und Fäzes. Das Colon transversum liegt recht tief (in Projektion auf die Darmbeinkämme). Einige Haustren erkennbar. Dünndarm: Gasfrei. Magen: Medial und oberhalb der Schrotkugel ist Magenluft sichtbar.

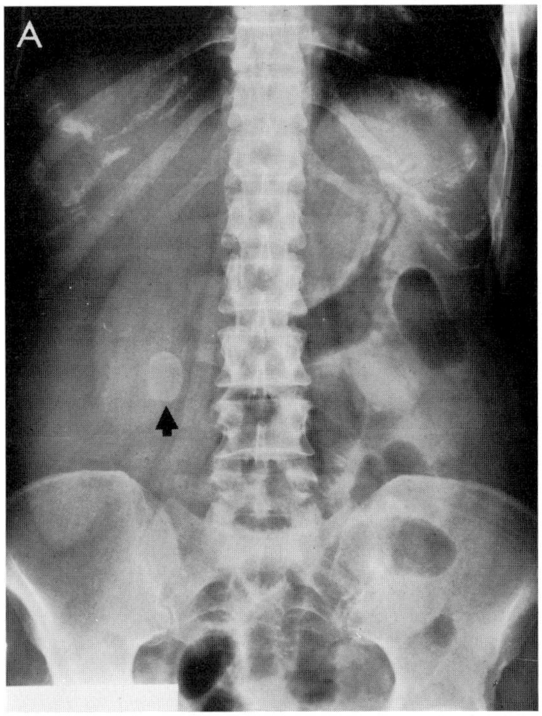

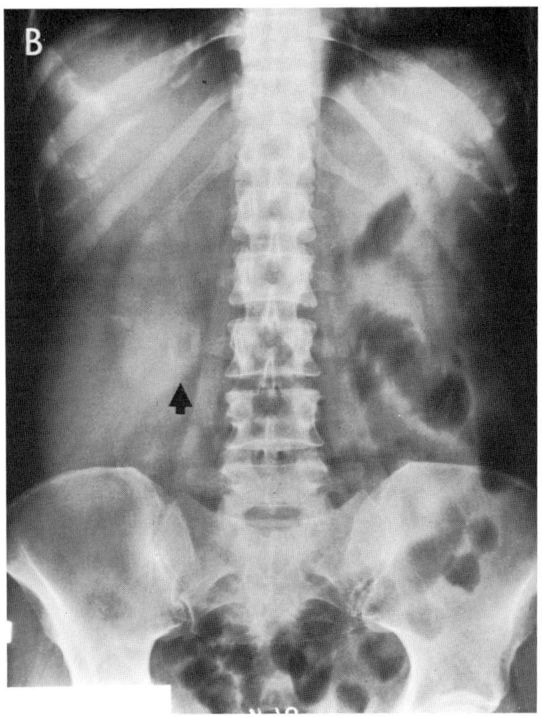

Abb. 5-111: **A.** Gallenstein (schwarzer Pfeil). **B.** Gleicher Patient. Jetzt wird der Gallenstein durch Bewegungsunschärfe (Atmung während der Aufnahme) verdeckt. Es ist wichtig, immer daran zu denken, daß die Bewegungsunschärfe selbst große Details verschleiern kann.

Normvarianten, Verkalkungen, Kuriosa und «Tante-Minnie-Effekte»

Die in den Abbildungen 5-105 bis 5-110 aufgezeigten sechs Fälle illustrieren uns die große Variationsbreite der normalen Anatomie. Der Leser möge diese Beispiele bitte dazu benutzen, daß er einen systematischen Ansatz zur Bildanalyse findet.

Verkalkungen und Verschattungen

Man erlernt die Radiologie nicht durch das Einpauken von Merklisten, sondern vielmehr dadurch, daß man bestimmte Bildmuster wiedererkennt. Dem Leser sei hier deshalb eine Reihe der folgenden Verkalkungen und Verschattungen angeboten, die solche Erkennungsmuster liefert.

- Rippenknorpelverkalkungen
- Gefäßverkalkungen (Aneurysmen, Arteriosklerose)
- Mesenteriallymphknotenverkalkungen
- Gallen(wegs)steine
- Nierenzysten und Nierentumoren
- Harnsteine (in Niere, Ureter oder Harnblase)
- Pankreassteine/Pankreasverkalkungen
- Koprolithen («Enterolithen»)
- Verkalkte Granulome in Lunge, Leber oder Milz
- Parasiten (verkalkt oder im Darmlumen)
- Zwerchfellbeteiligung bei Asbestose
- Intrahepatische Verkalkungen (Hämatom, Echinokokkuszyste, kavernöses Hämangiom)
- Ductus-cysticus-Verkalkung
- Pankreastrauma (Nekrose, Pseudozyste)
- Nebennierentumor, Nebennierengranulom
- Milz- und Niereninfarkt
- Abszeßwand (subphrenisch, intraabdominell)
- Dermoid, Teratom
- Uterusmyom
- Schwangerschaft
- Glutäalfettnekrose
- Prostatasteine
- Wismut in den Glutäalmuskeln
- Schrotkugeln im Darm (Wildpret!)
- Chirurgische Gefäßclips
- Drahtnähte
- Barium in Kolondivertikeln
- Verschiedene Fremdkörpermaterialien

Die Abbildungen 5-111 bis 5-137 veranschaulichen einige der wichtigeren oder besonders irreführenden Verschattungen oder Aufhellungen im Bauchraum.

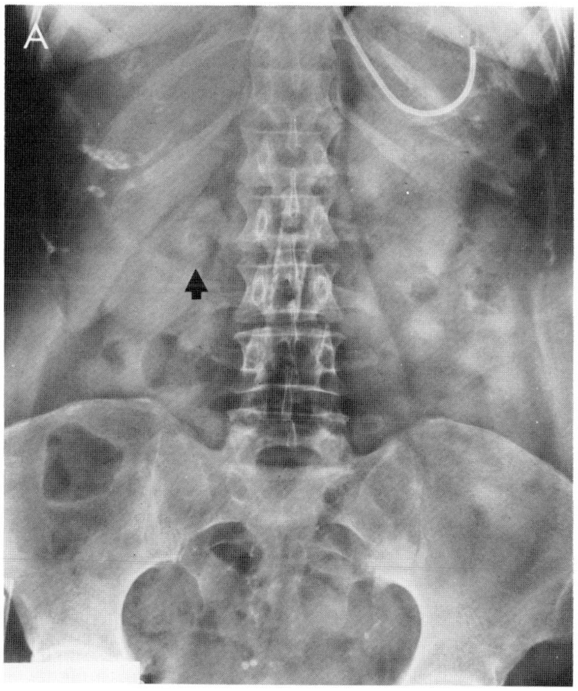

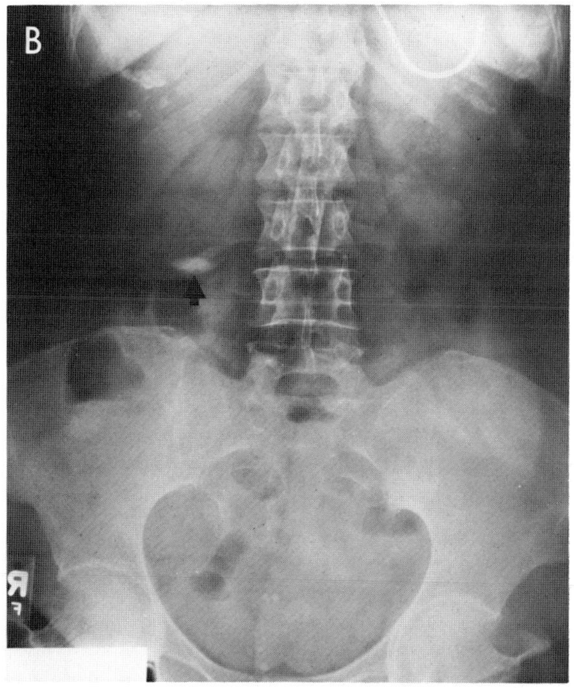

Abb. 5-112: Calciumgallenmilch. **A.** Aufnahme in Rückenlage. Das calciumhaltige Gallensekret ist weitgehend unsichtbar (schwarzer Pfeil). **B.** Aufnahme im Stehen. Der calciumhaltige Gallenanteil bildet jetzt eine amorphe Schicht.

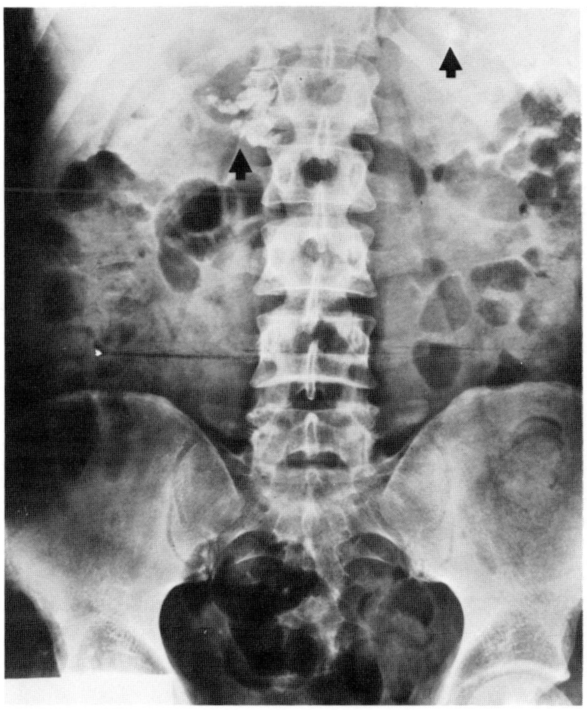

Abb. 5-113: Verkalkungen im Pankreaskopf (unterer Pfeil) und Pankreasschwanz (oberer Pfeil).

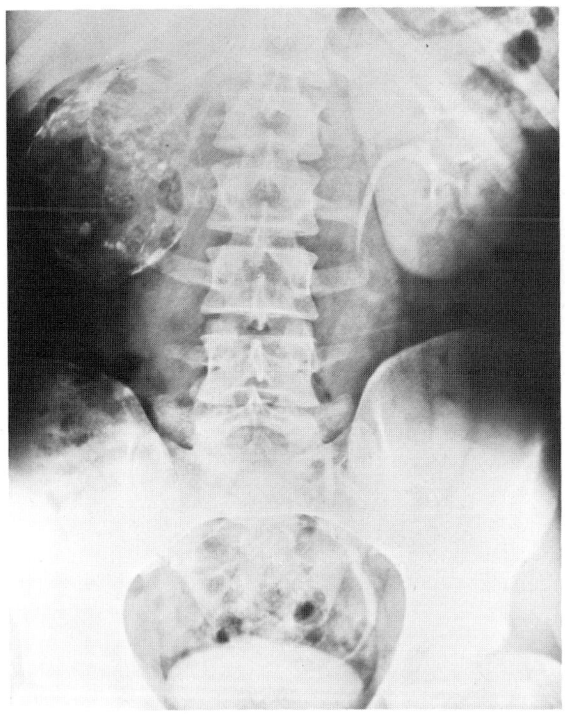

Abb. 5-114: Verkalkte Zystenniere rechts.

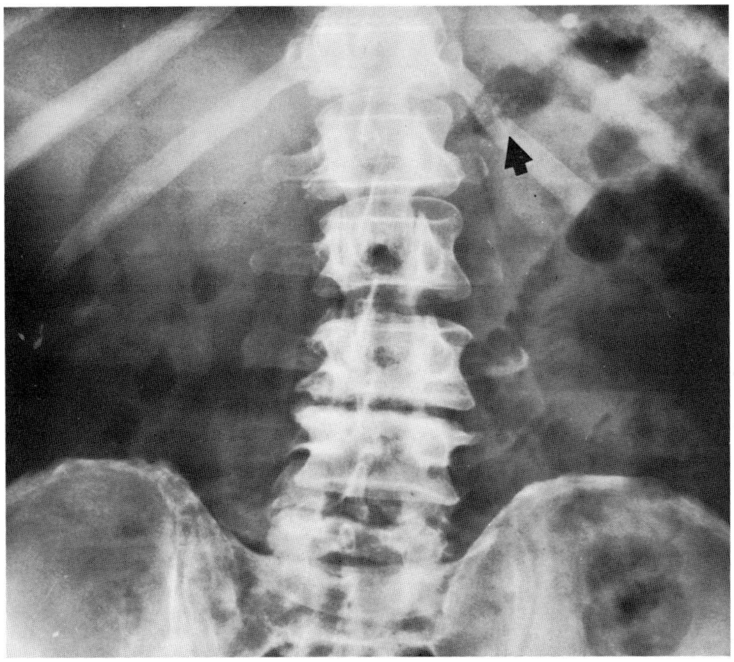

Abb. 5-115: Nebennierenverkalkung (Pfeil). Beachten Sie auch den Phlebolithen bzw. das verkalkte Granulom über der Magenblase. Es dürfte am ehesten in der Milz gelegen sein.

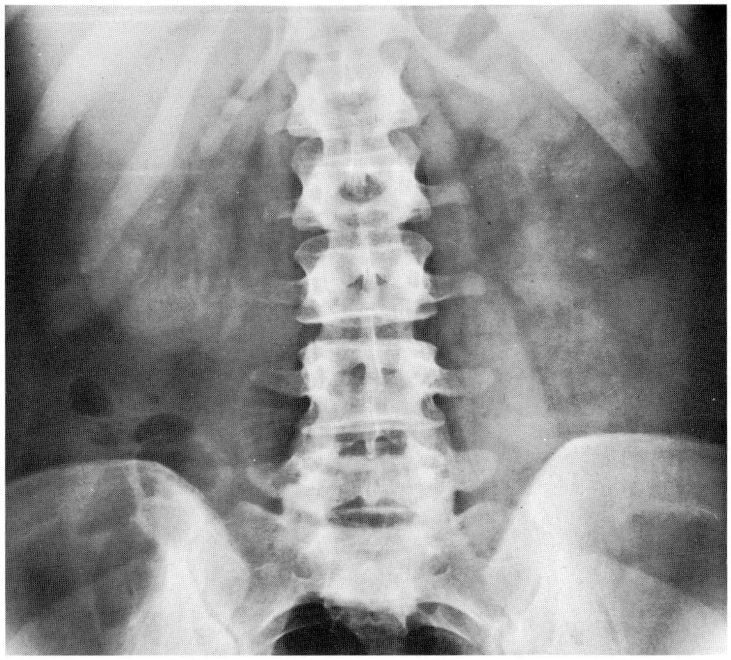

Abb. 5-116: Nephrokalzinose. Die einzelnen Verkalkungsherde in beiden Nieren sind recht klein.

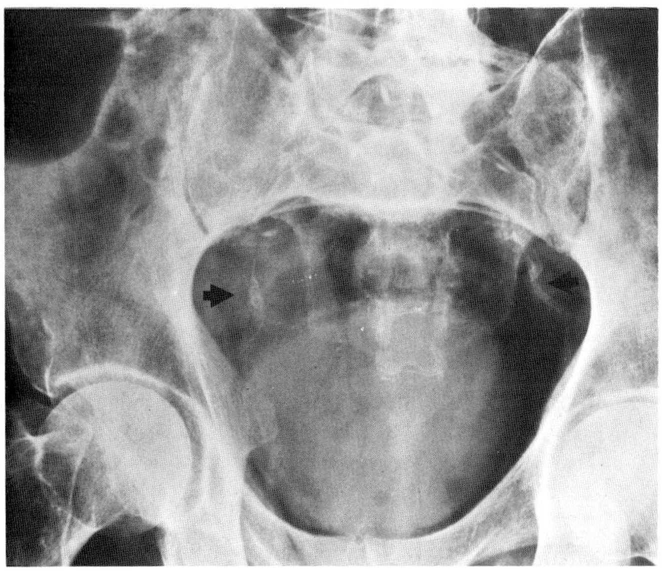

Abb. 5-117: Verkalkte Beckenarterien (Pfeile).

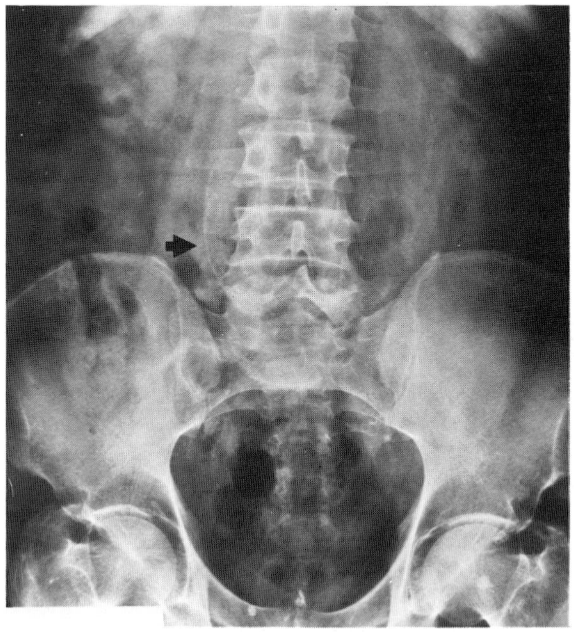

Abb. 5-118: Ein verkalktes Bauchaortenaneurysma projiziert sich auf die rechte untere LWS (Pfeil). Aortenaneurysmen erscheinen meist als schalenartige, gebogene Verkalkungen. Zwei Drittel davon entdeckt man längs des linken Wirbelsäulenrandes. Eine Seitaufnahme der LWS hilft oft bei der endgültigen Identifizierung. Hegen Sie wegen eines palpablen Tumors oder eines Strömungsgeräusches den Verdacht auf ein Aneurysma, so ist heute die abdominelle Sonographie das Diagnoseverfahren der Wahl.

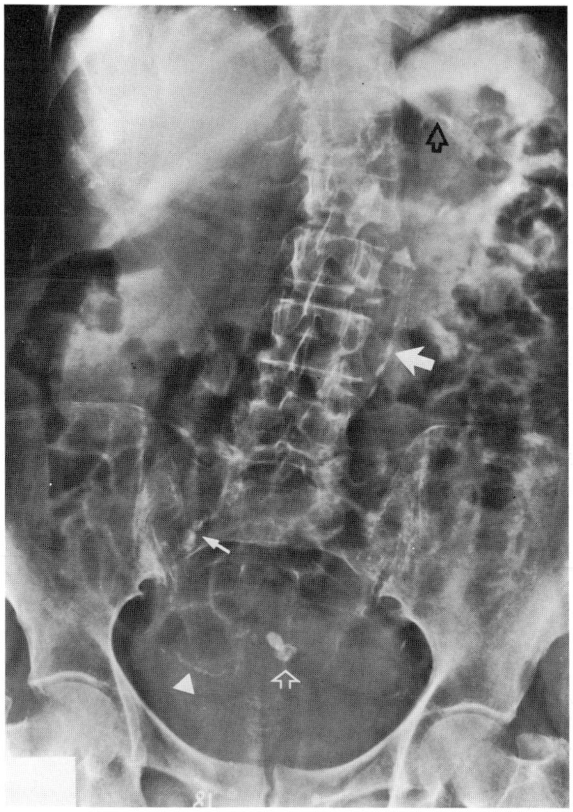

Abb. 5-119 (links): Verkalkungen der Bauchaorta (großer weißer Pfeil), der Beckenarterien (kleiner weißer Pfeil) sowie der Milzarterie (gerahmter Pfeil). Verkalkte Harnblasensteine (offener weißer Pfeil) und Eileiterverkalkung (Dreieck). Beachten Sie hier, daß beide Aortenseitenwände sichtbar sind. Die Harnblase ist ziemlich überdehnt.

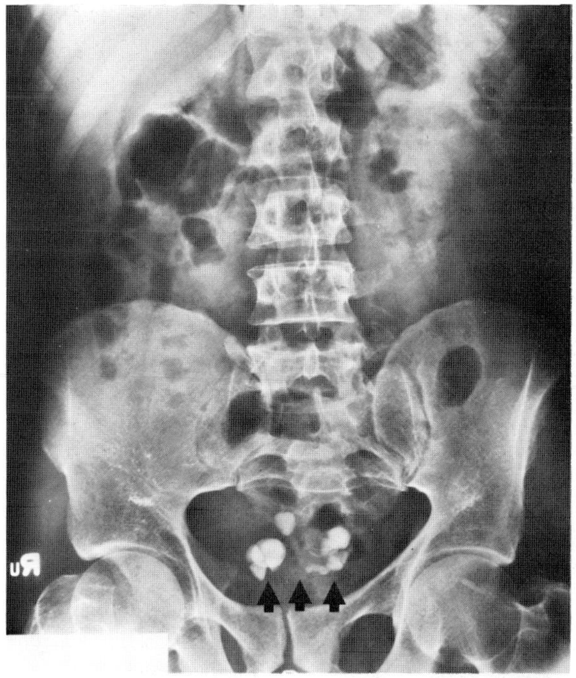

Abb. 5-120: Multiple Harnblasensteine (Pfeile). Harnblasensteine sind in der Mehrzahl immer facettiert, als Solitärsteine aber rund oder oval.

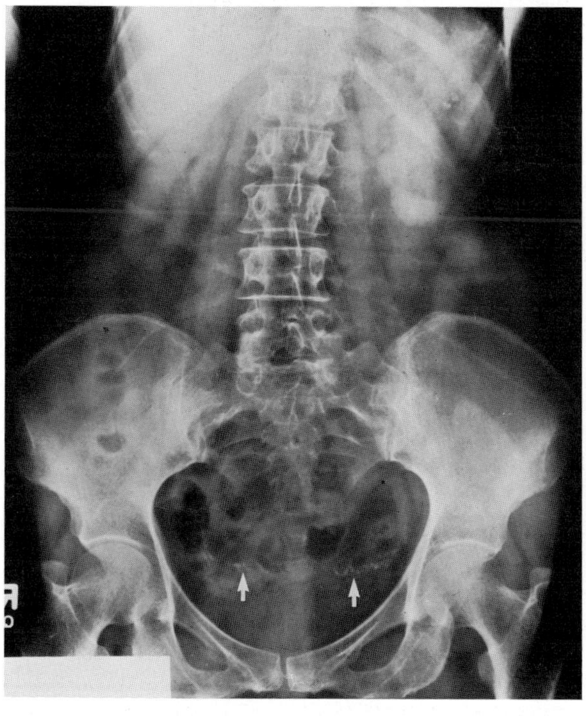

Abb. 5-121: Verkalkte Eileiter (Pfeile). Verkalkte Samenbläschen beim Manne sind im Erscheinungsbild praktisch identisch. Beide findet man gehäuft bei Diabetikern.

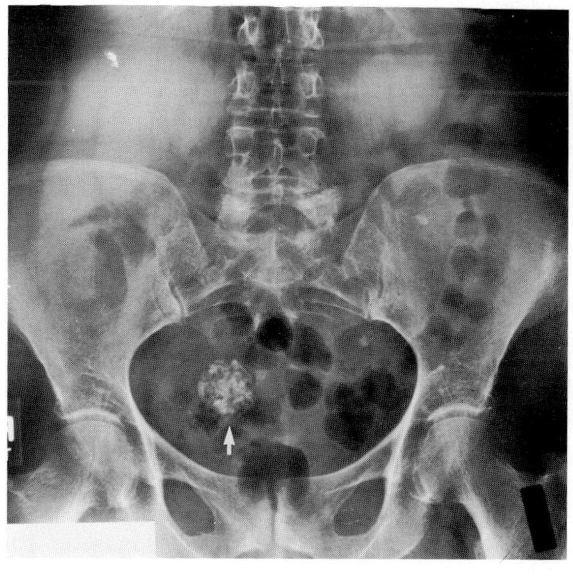

Abb. 5-122: Verkalktes Uterusmyom. Im typischen Falle ähnelt dieses einer Popcorn-Kugel.

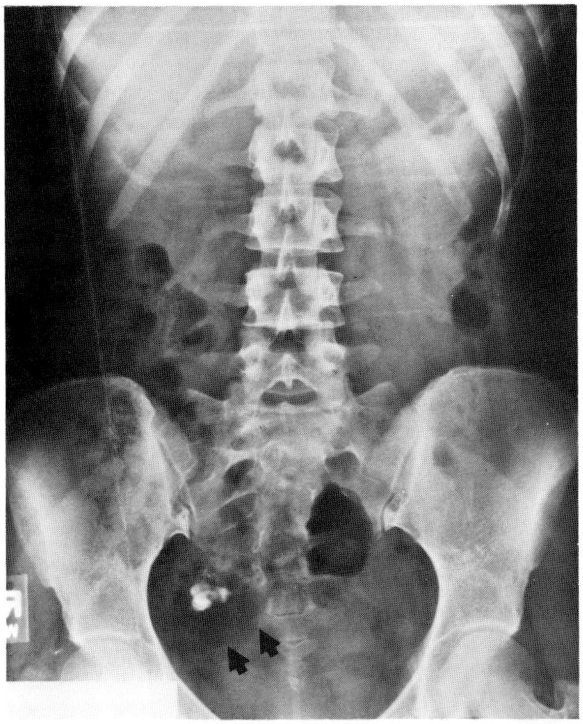

Abb. 5-123 (links): Dermoid des Ovars (Teratom). Eine Masse im rechten Becken ist durch amorphe Verkalkungen und das umgebende strahlentransparente Fett charakterisiert (Pfeile). Manchmal haben die Verkalkungen das Aussehen von Zähnen. Ein Fettanteil ist nicht immer vorhanden.

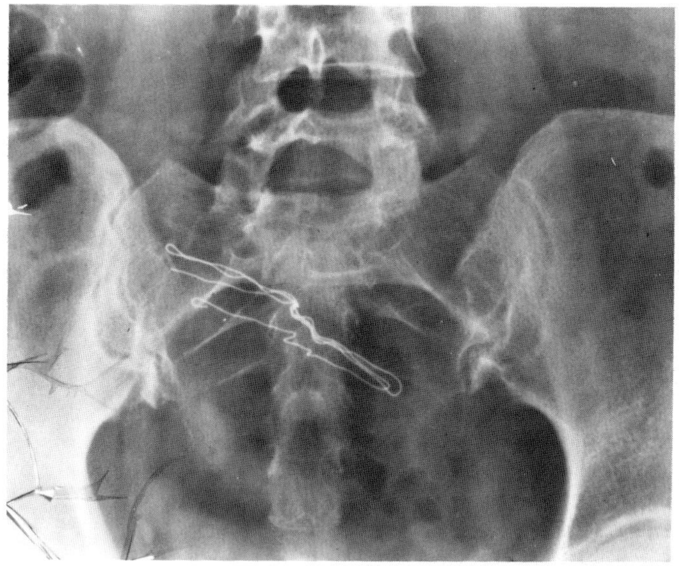

Abb. 5-124: Im Abdomen verbliebener Operationstupfer. Heute sind solche Materialien mit einem strahlendichten Faden versehen, damit sie auf Röntgenaufnahmen sichtbar sind.

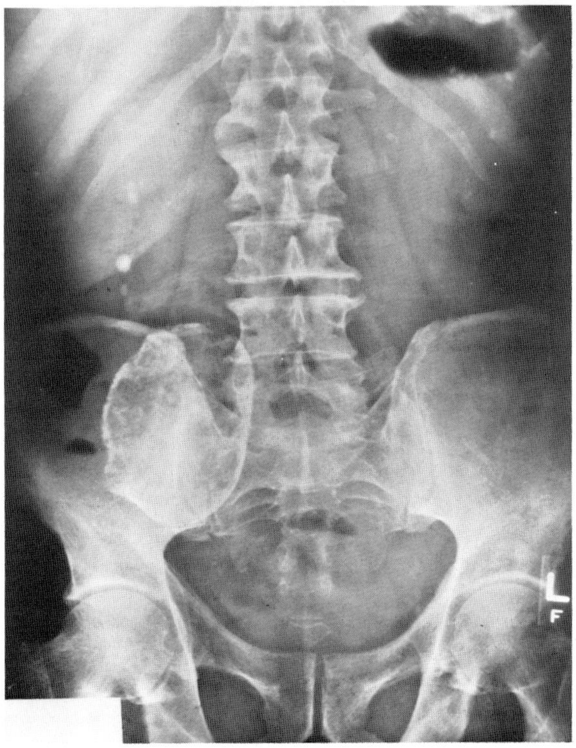

Abb. 5-125: Alter verkalkter Operationsschwamm. Bei der Autopsie stellte sich diese verkalkte Masse im unteren rechten Quadranten als Operationsschwamm heraus, der bei einer Cholezystektomie vor 18 Jahren im Abdomen vergessen worden war. Zu dieser Zeit waren Operationsmaterialien noch nicht mit röntgendichten Fäden versehen, so daß dieser unentdeckt blieb. Beachten Sie auch die multiplen Nierenbeckenkonkremente rechts.

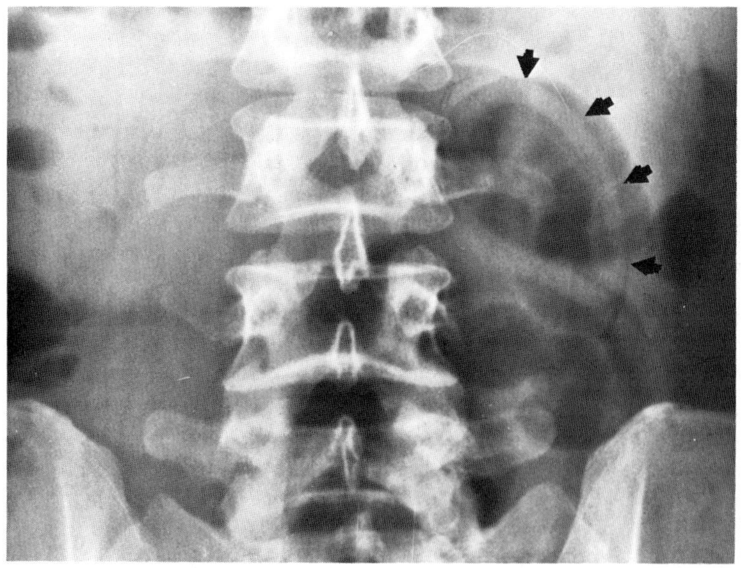

Abb. 5-126: Askaride im Dünndarm (Pfeile). Erhält ein Patient mit Askariden Bariumsulfat, so kann der Wurm dieses in seinen Gastrointestinaltrakt aufnehmen und so die Diagnose sichern. Es handelt sich hier um den gleichen Patienten wie in Abb. 5-5 B (die die Askaride ebenfalls zeigt).

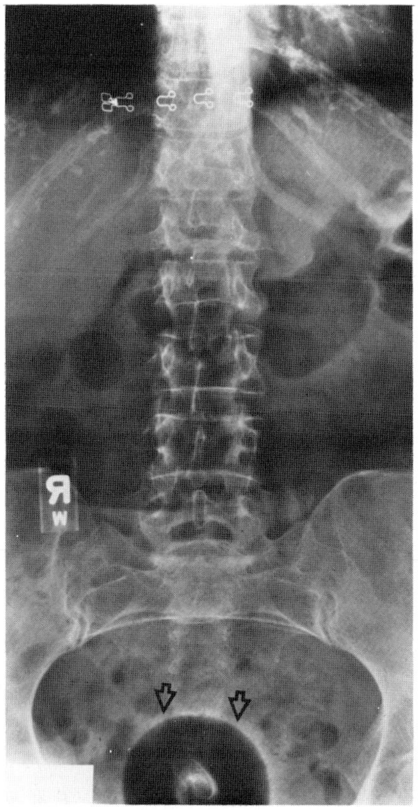

Abb. 5-127: Intravaginales Pessar (Pfeile).

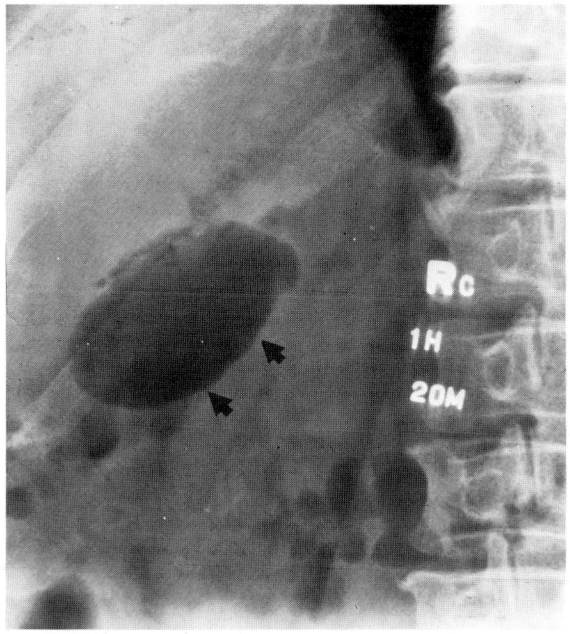

Abb. 5-128: Gasansammlung in der Gallenblase; emphysematöse Cholezystitis (Pfeile).

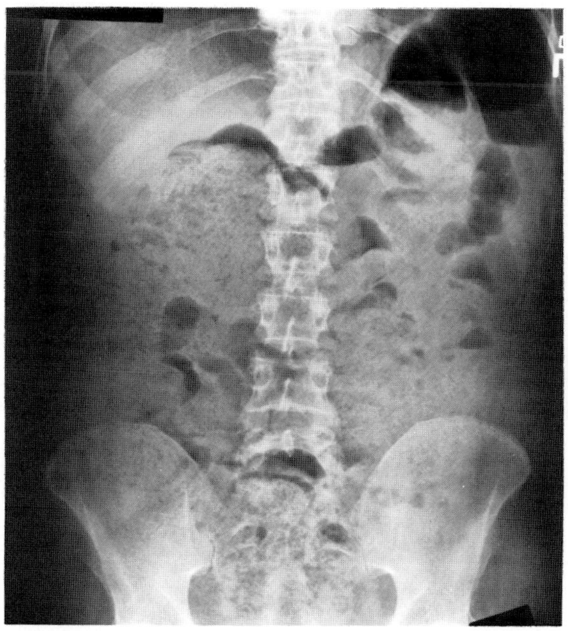

Abb. 5-129: Massive Kotansammlung im Kolon.

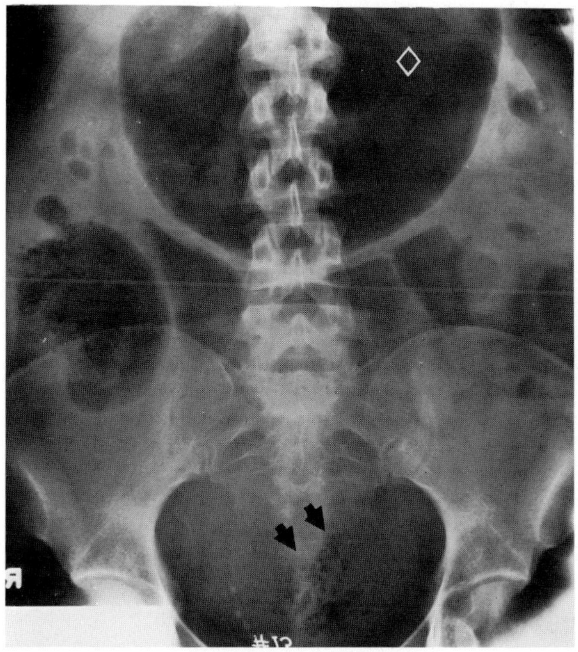

Abb. 5-130: Magendilatation. Die Patientin wurde in einem diabetischen Koma in der Notaufnahme zugewiesen. Beachten Sie hier die akute Magendilatation (Raute). Die beiden Pfeile weisen auf eine Ansammlung von Gasblasen, die eine Vaginitis emphysematosa anzeigen (häufiger bei Diabetikerinnen). Auf dieser Einzelaufnahme können die Gasbläschen jedoch nicht sicher von Darmgas im Kolon abgegrenzt werden – diese Diagnose wurde mit Hilfe der Seitaufnahme gestellt.

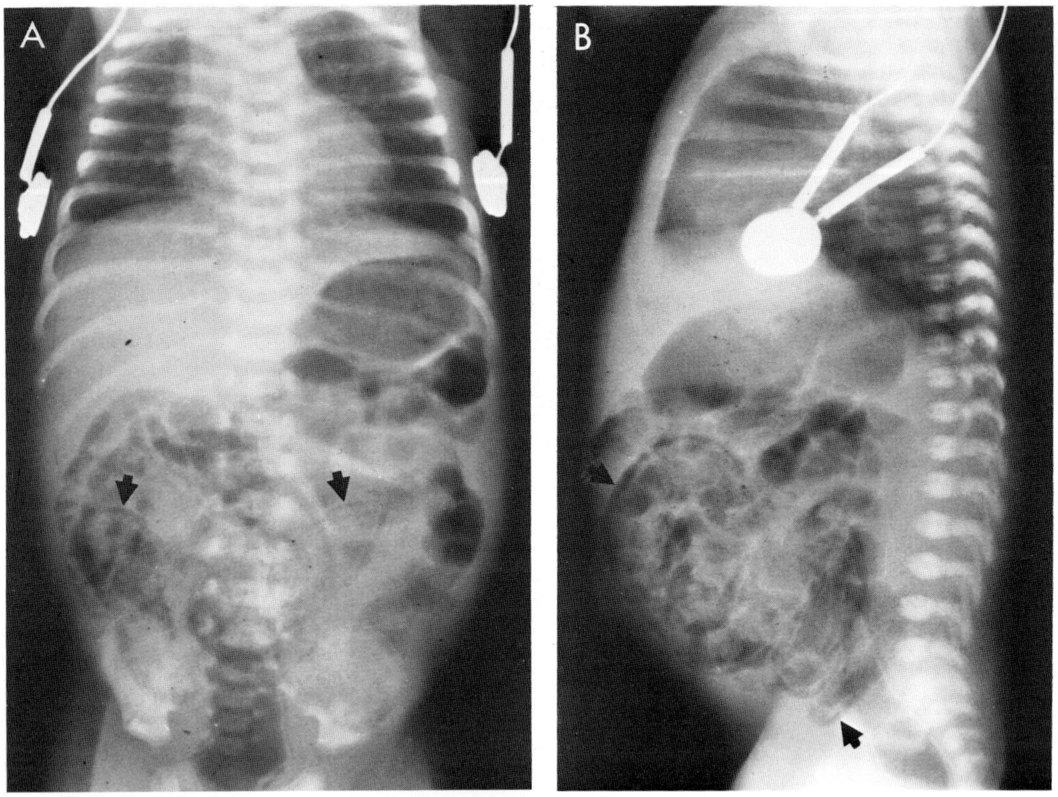

Abb. 5-131: Pneumatosis intestinalis bei einer nekrotisierenden Enteritis. Auffällig ist hier die Luft in der Dünndarmwand (Pfeile), was man am besten auf der Seitaufnahme erkennt. Die Pneumatosis intestinalis kann auch in benigner und asymptomatischer Form beim Erwachsenen auftreten und hier ein ebenfalls asymptomatisches Pneumoperitoneum verursachen. Diese Form erfordert keinen chirurgischen Eingriff.

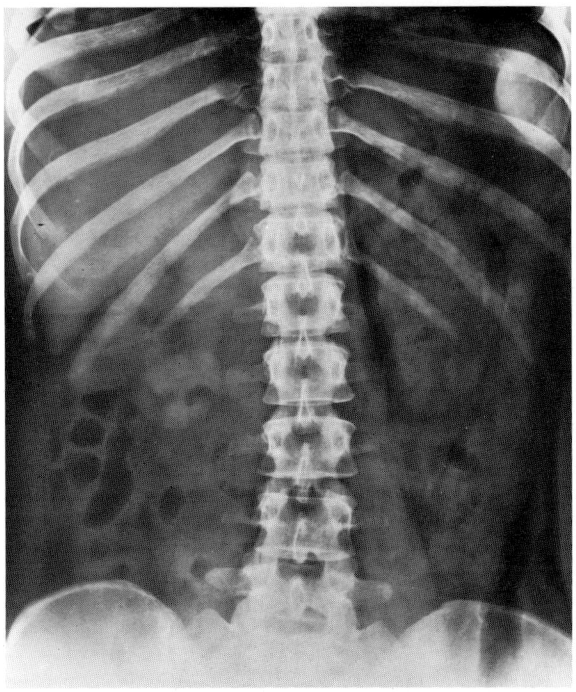

Abb. 5-132: Retroperitonealer Austritt von Gas. Beachten Sie die Einbettung der linken Niere im Gas. Man erkennt auch eine geringe Gasmenge am Leberrand. Beides ist bei diesem Patienten iatrogen bedingt, und zwar infolge eines mißlungenen Beckenpneumogramms. Inzwischen ist die Beurteilung der Ovarien mittels Beckenpneumographie durch die Sonographie abgelöst worden.

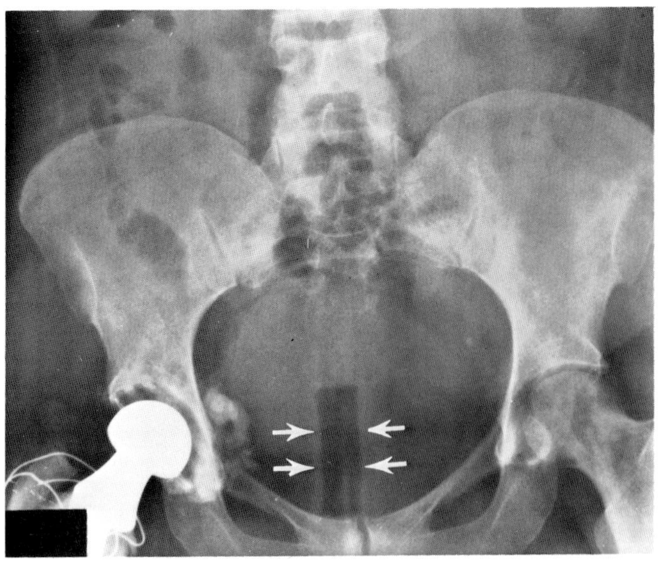

Abb. 5-133: Vaginaltampon (Pfeile).

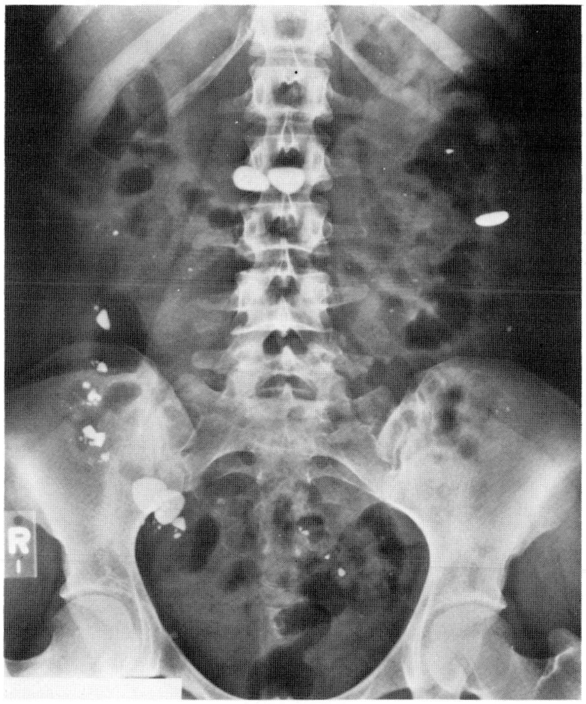

Abb. 5-134 (links): Beschichtete dünndarmlösliche Dragees, die teilweise bereits zerfallen sind.

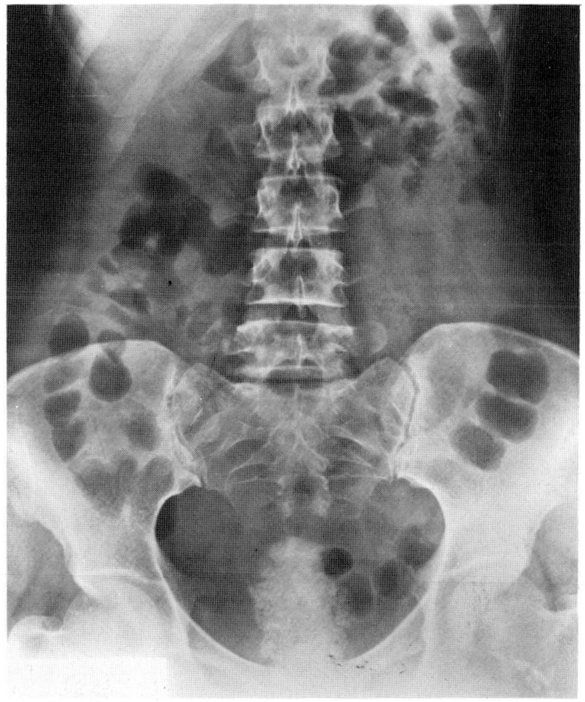

Abb. 5-135 (rechts): Intravaginale Jodoformpackung.

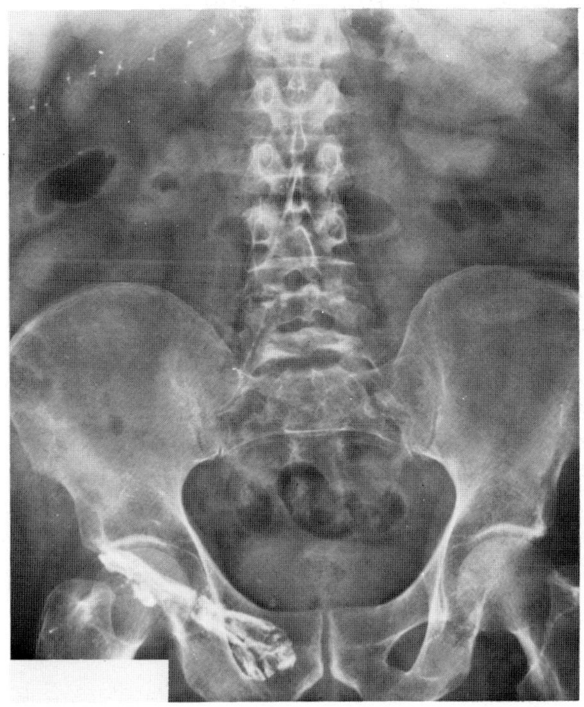

Abb. 5-136: Tantal-Maschennetz in der rechten Leistengegend, wie man es zur chirurgischen Retention einer Inguinalhernie verwendet hat. Nahtmaterial im oberen rechten Quadranten nach früherer Cholezystektomie.

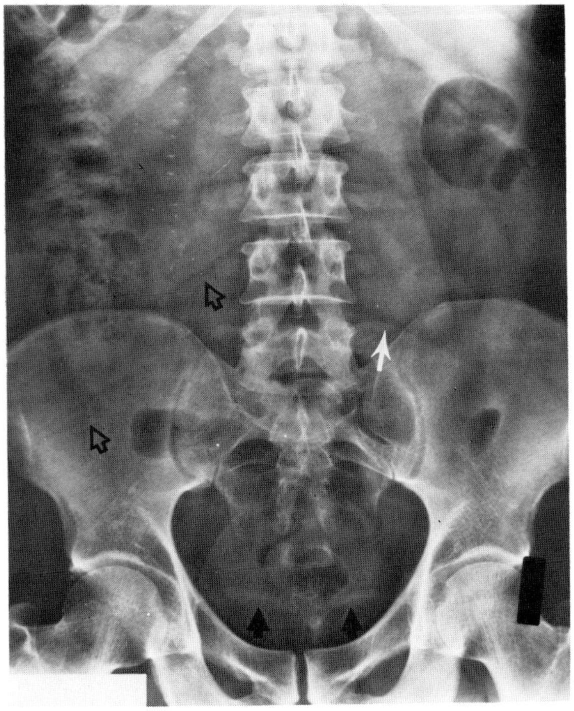

Abb. 5-137: Beachten Sie das Nahtmaterial rechts der Medianlinie. Man erkennt auch einige streifenförmige Artefakte in Projektion auf das rechte Abdomen, welche Falten des Patientennachthemds oder des Lakens auf dem Röntgenuntersuchungstisch entsprechen (umrahmte Pfeile). Ein weiteres interessantes Artefakt ist der schmetterlingsförmige Schatten oberhalb der Symphyse, der den Nates entspricht, die direkt dem Tisch aufliegen (kurze schwarze Pfeile). Ein weiterer Weichteilschatten projiziert sich quer über die linke Iliosakralfuge und den fünften LWK. Auch dies ist durch den Weichteilschatten der linken Gesäßbacke verursacht (weißer Pfeil). Die Aufnahme zeigt den Patienten der Abb. 5-17 A. Beachten Sie die «sentinel loop» im linken oberen Quadranten (Zeichen des «gebeugten Fingers»).

Literaturempfehlungen

Alavi A., Arger P.H.: *Abdomen: Multiple Imaging Procedures.* New York, Grune & Stratton, 1980.

Beal J.M., Raffensperger J.G.: *Diagnosis of Acute Abdominal Disease.* Philadelphia, Lea & Febiger, 1979.

Ben-Menachem Y.: *Angiography in Trauma.* Philadelphia, W.B. Saunders Co., 1981.

Delaney J.: *Clinical and Radiologic Diagnosis of Abdominal Trauma.* New York, Springer-Verlag, 1981.

Harris J.H., Jr., Harris W.H.: *The Radiology of Emergency Medicine,* ed. 2. Baltimore, Williams & Wilkins Co., 1981.

Keats T.E.: *Atlas of Normal Roentgen Variants That May Simulate Disease,* ed. 4. Chicago, Year Book Medical Publishers, Inc., 1988.

Keats T.E., Smith T.H.: *Atlas of Normal Developmental Roentgen Anatomy.* Chicago, Year Book Medical Publishers, 1977.

Margulis A.R., Burhenne J.: *Abdominal Imaging (Alimentary Tract Radiology,* vol. 3). St. Louis, C.V. Mosby, Co., 1979.

McCort J.: *Abdominal Radiology.* Baltimore, Williams & Wilkins Co., 1981.

McDougal W.S., Persky L.: *Traumatic Injuries of the Genitourinary System.* Baltimore, Williams & Wilkins Co., 1981.

Swischuk L.E.: *Emergency Radiology of the Acutely Ill or Injured Child,* ed. 2 Baltimore, Williams & Wilkins Co., 1986.

Whalen J.P.: *Radiology of the Abdomen–Anatomic Basis.* Philadelphia, Lea & Febiger, 1976.

Normvarianten

Theodore E. Keats

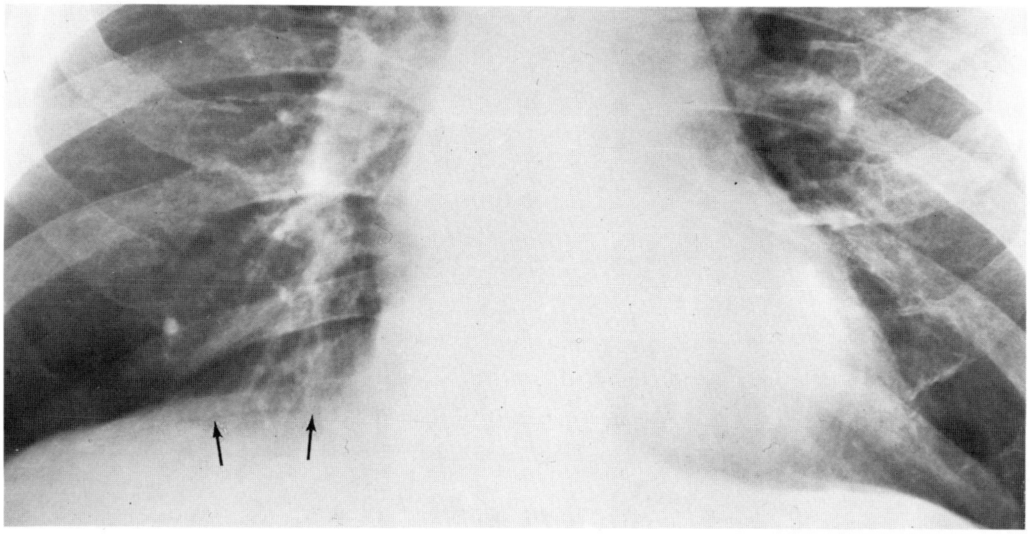

Abb. 5-138: Vorgetäuschtes Pneumoperitoneum, normalerweise das Resultat von Fett unter dem Zwerchfell.

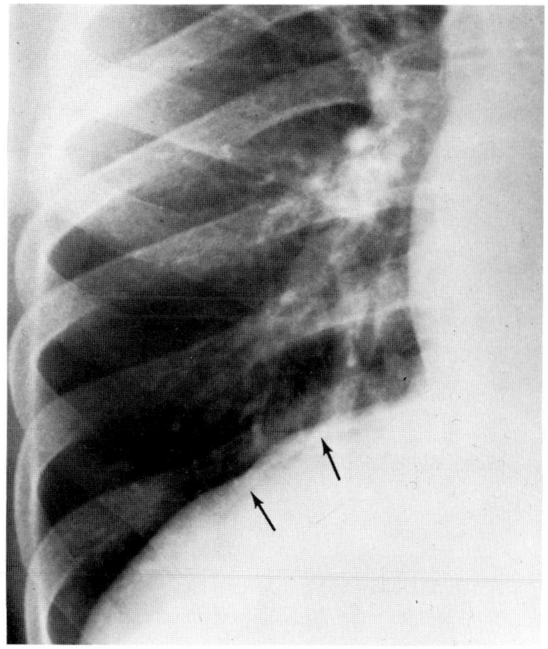

Abb. 5-139: Vortäuschung eines Pneumoperitoneums durch die Schattenüberlagerung von Rippe und Zwerchfell. (Quelle: Martinez, O. L., Raskin, M. M.: Fat under the diaphragm simulating pneumoperitoneum. Br. J. Radiol. 47: 308, 1974.)

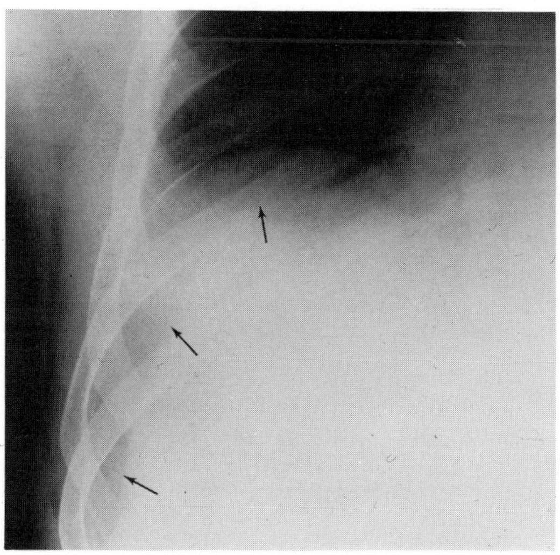

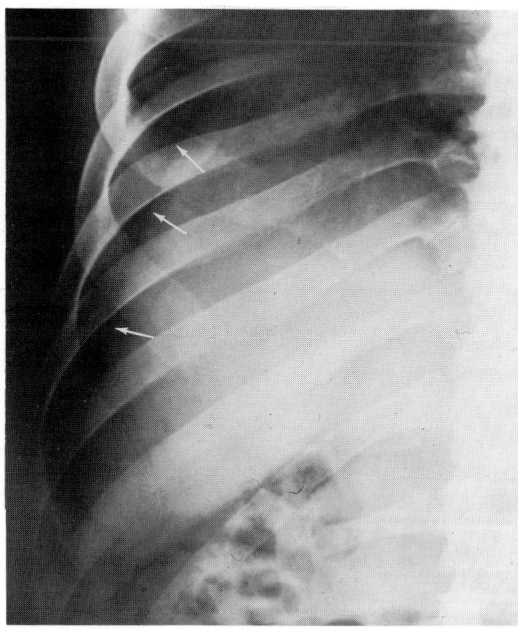

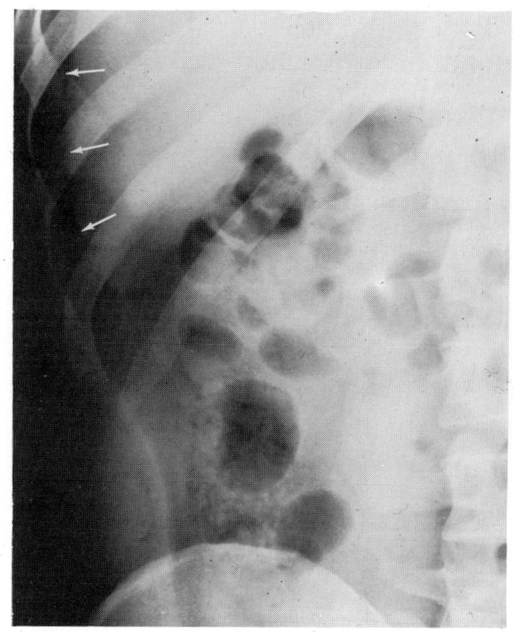

Abb. 5-140: Durch Fett an der Seitenfläche und der Kuppel der Leber vorgetäuschtes Pneumoperitoneum.

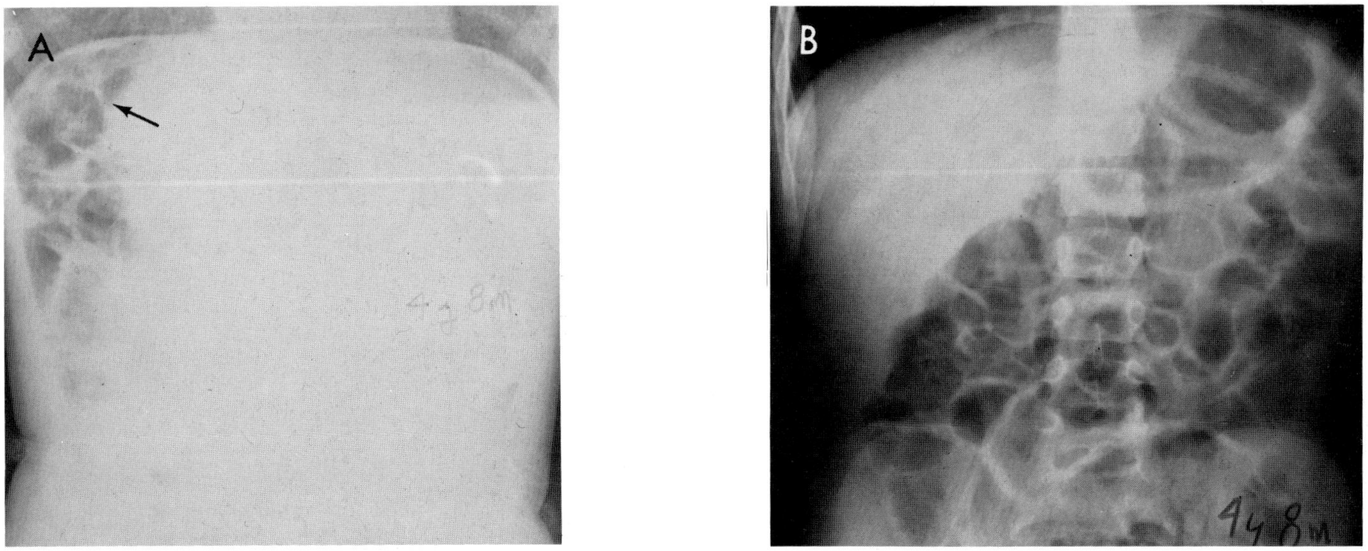

Abb. 5-141: Koloninterposition (Chilaiditi-Syndrom) zwischen Leber und Zwerchfell bei einem vier Jahre alten Knaben **(A)** und deren Spontanreposition am gleichen Tage **(B)**.

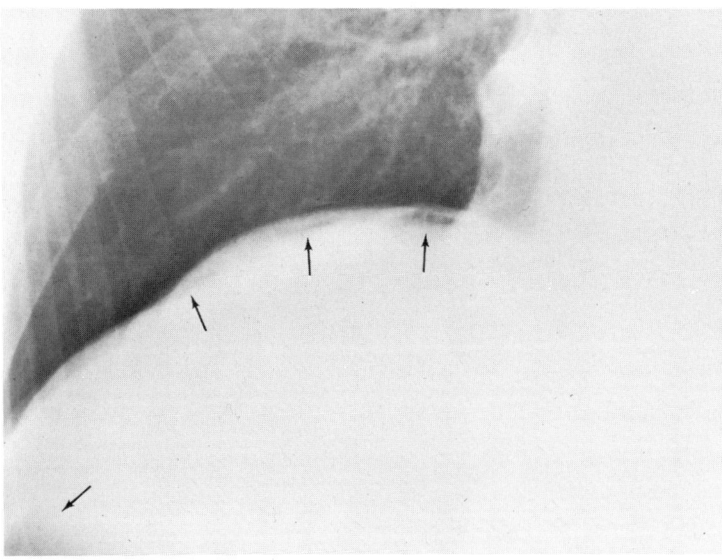

Abb. 5-142: Rechtsseitige Koloninterposition, die ein Pneumoperitoneum vortäuscht.

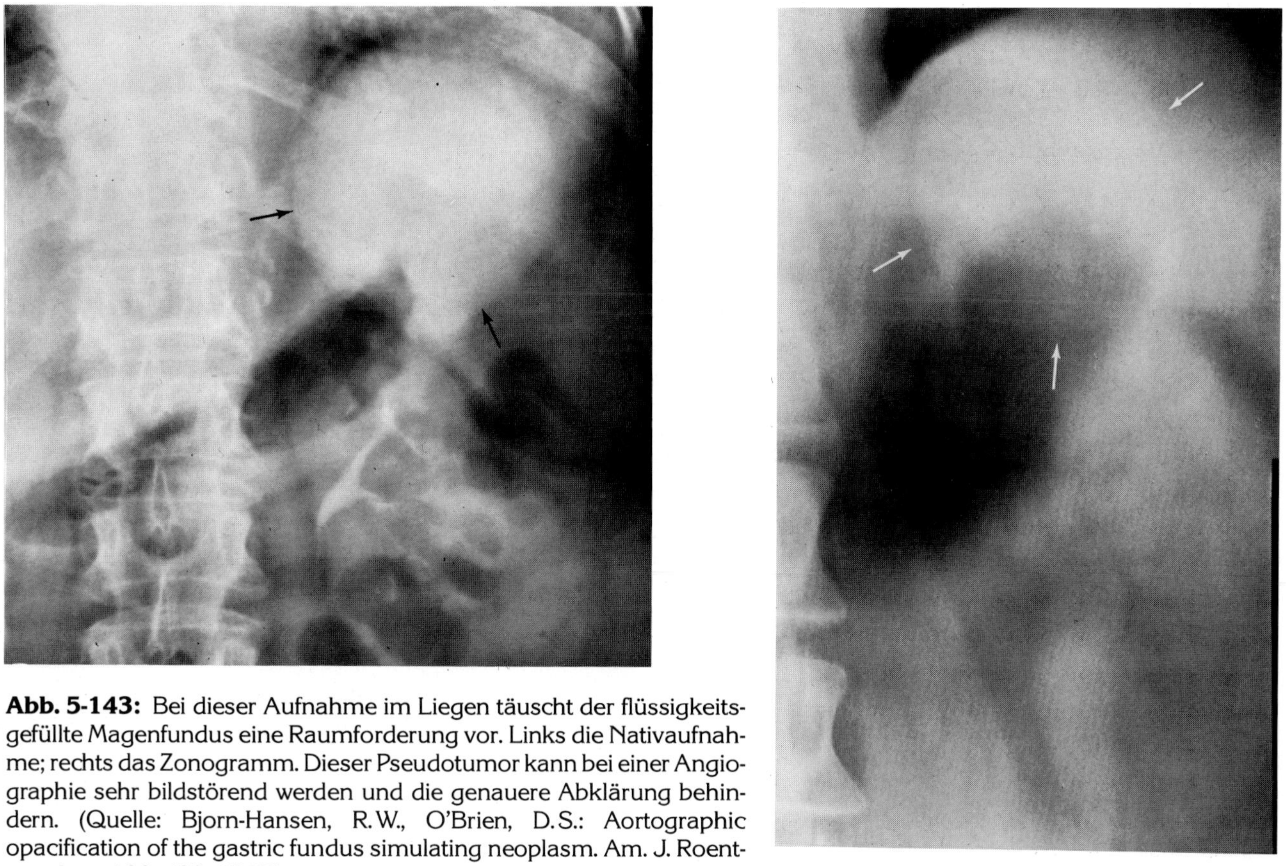

Abb. 5-143: Bei dieser Aufnahme im Liegen täuscht der flüssigkeitsgefüllte Magenfundus eine Raumforderung vor. Links die Nativaufnahme; rechts das Zonogramm. Dieser Pseudotumor kann bei einer Angiographie sehr bildstörend werden und die genauere Abklärung behindern. (Quelle: Bjorn-Hansen, R.W., O'Brien, D.S.: Aortographic opacification of the gastric fundus simulating neoplasm. Am. J. Roentgenology 100: 408, 1967.)

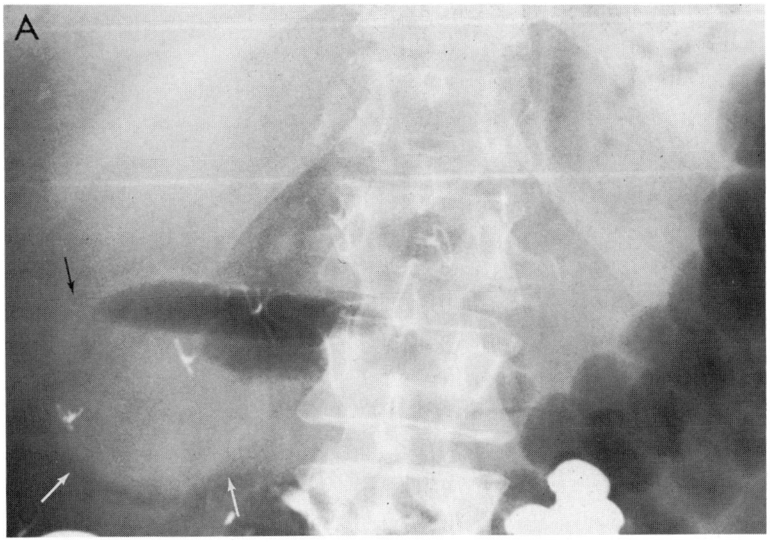

Abb. 5-144: **A.** Der flüssigkeitsgefüllte Bulbus duodeni kann sich auf der Aufnahme in Bauchlage als Raumforderung im oberen rechten Quadranten darstellen. **B.** Im Stehen zeigt sich dieser Effekt weniger deutlich. **C.** Die Bariumuntersuchung klärt dieses Phänomen als durch den Bulbus duodeni verursacht ab.

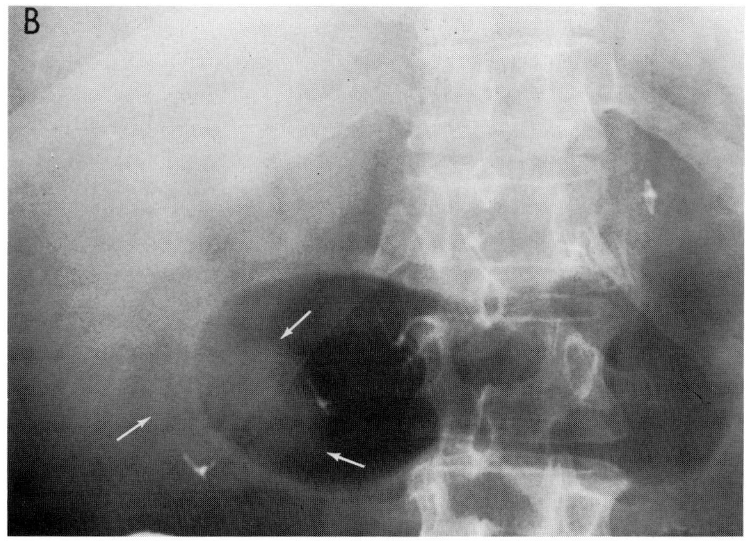

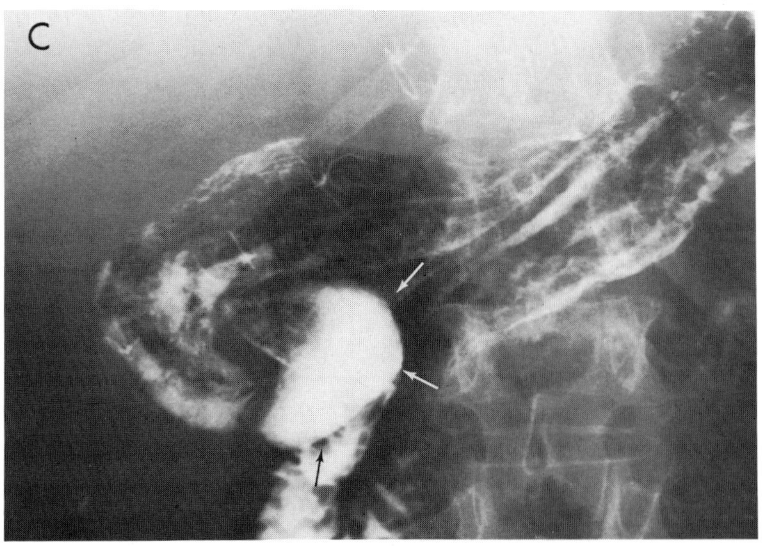

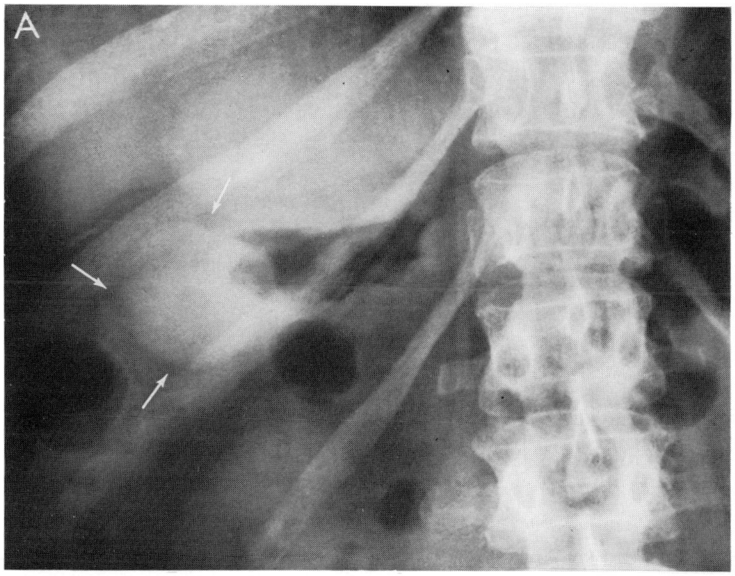

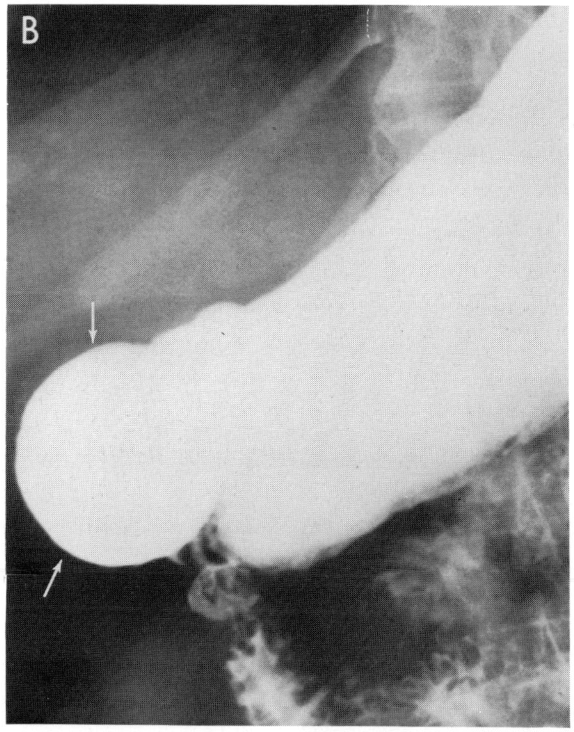

Abb. 5-145: **A.** Bei der Untersuchung in Bauchlage kann das flüssigkeitsgefüllte Antrum des Magens auch als Raumforderung im oberen rechten Quadranten imponieren. **B.** Bariumfüllung des Antrums in gleicher Position des Patienten wie in **A**. (Quelle: Balthazar, E.: Right upper quadrant pseudotumor, a fluid-filled viscus. Radiology 112: 11, 1974.)

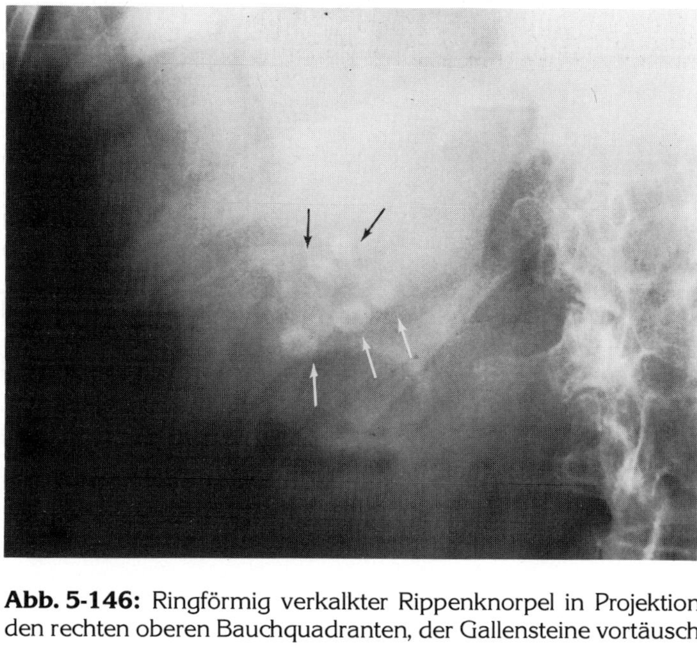

Abb. 5-146: Ringförmig verkalkter Rippenknorpel in Projektion auf den rechten oberen Bauchquadranten, der Gallensteine vortäuscht.

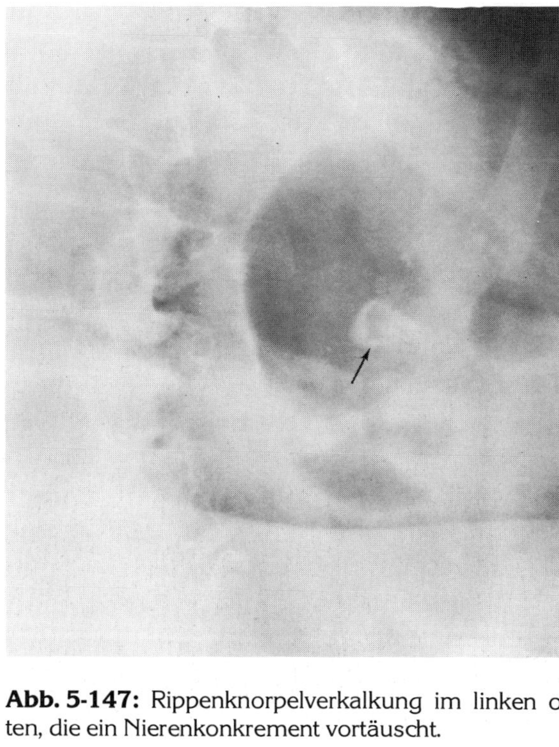

Abb. 5-147: Rippenknorpelverkalkung im linken oberen Quadranten, die ein Nierenkonkrement vortäuscht.

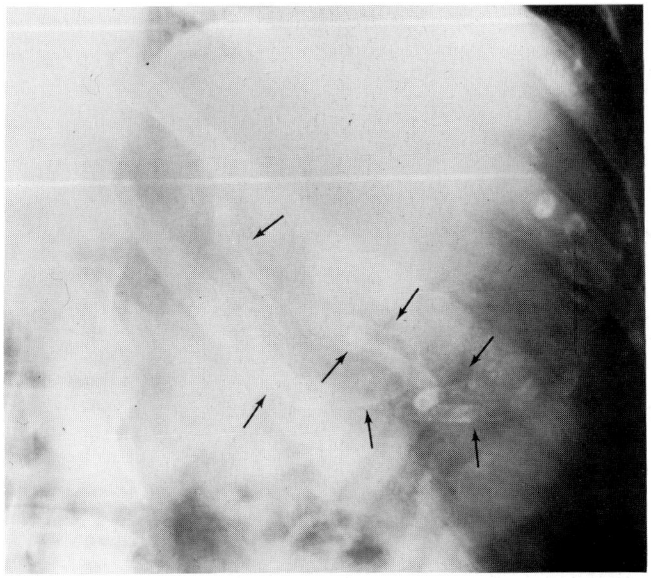

Abb. 5-148: Verkalkung einer stark geschlängelten Arteria lienalis.

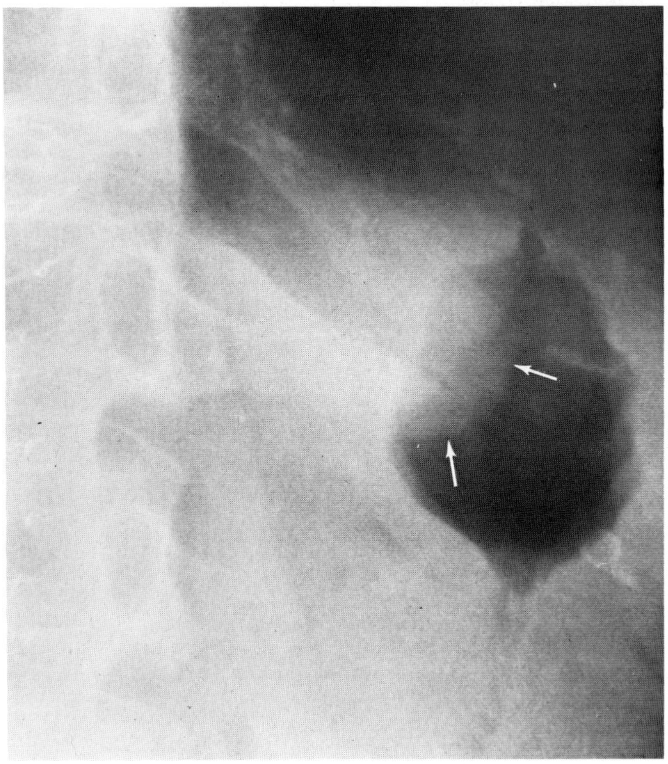

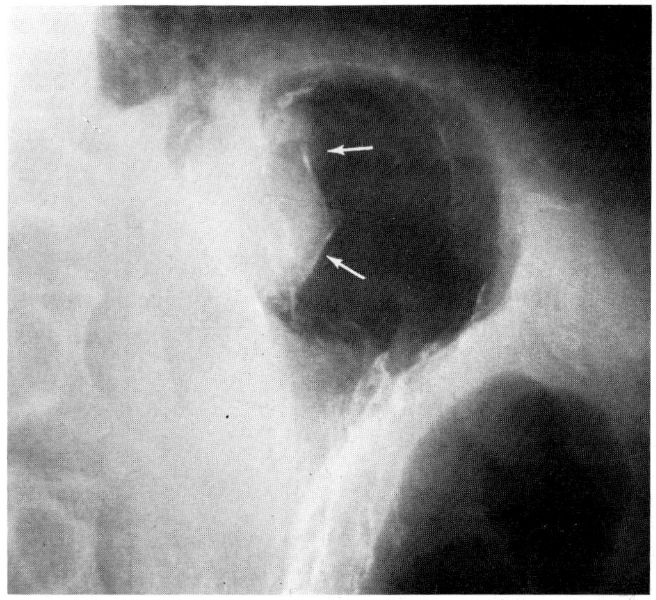

Abb. 5-149: Hier projiziert sich der linke Leberlappen in die gasgefüllte Magenblase und ahmt so das Bild eines Tumors nach (operativ bestätigt).

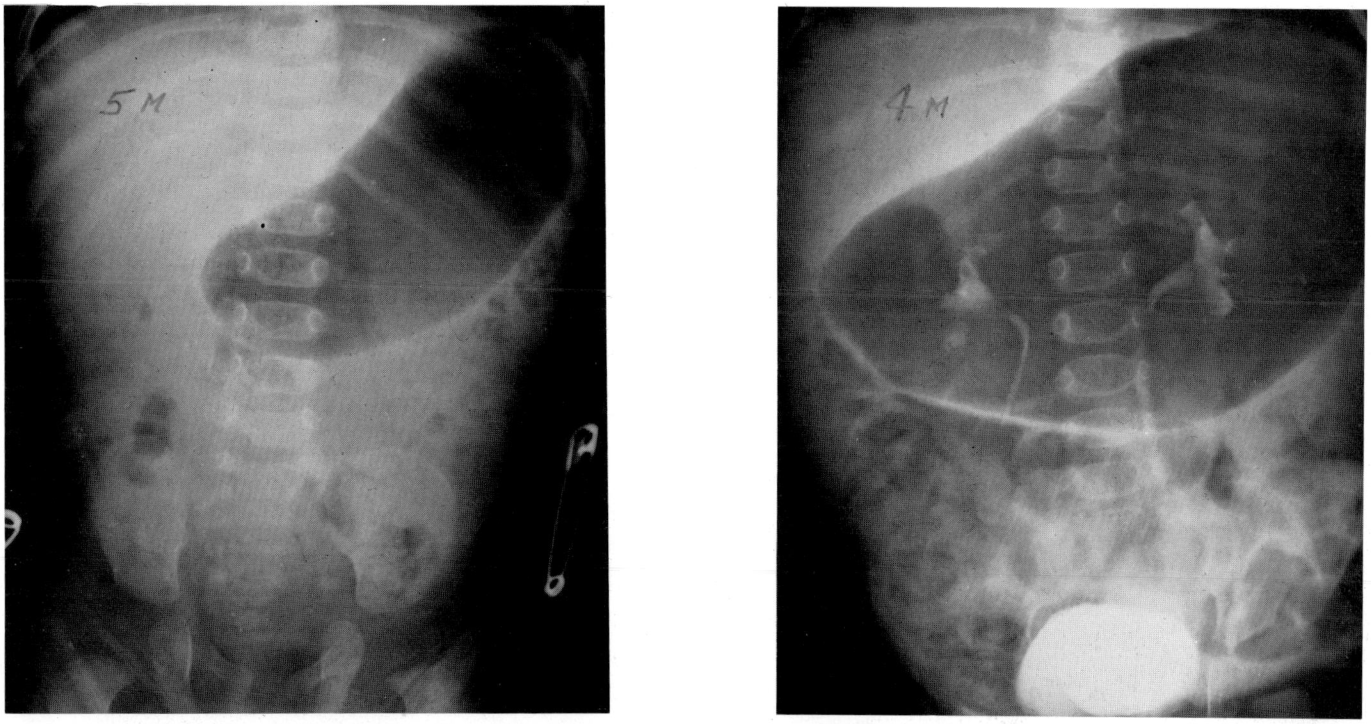

Abb. 5-150: Beispiele für eine noch normale Ausdehnung des Säuglingsmagens.

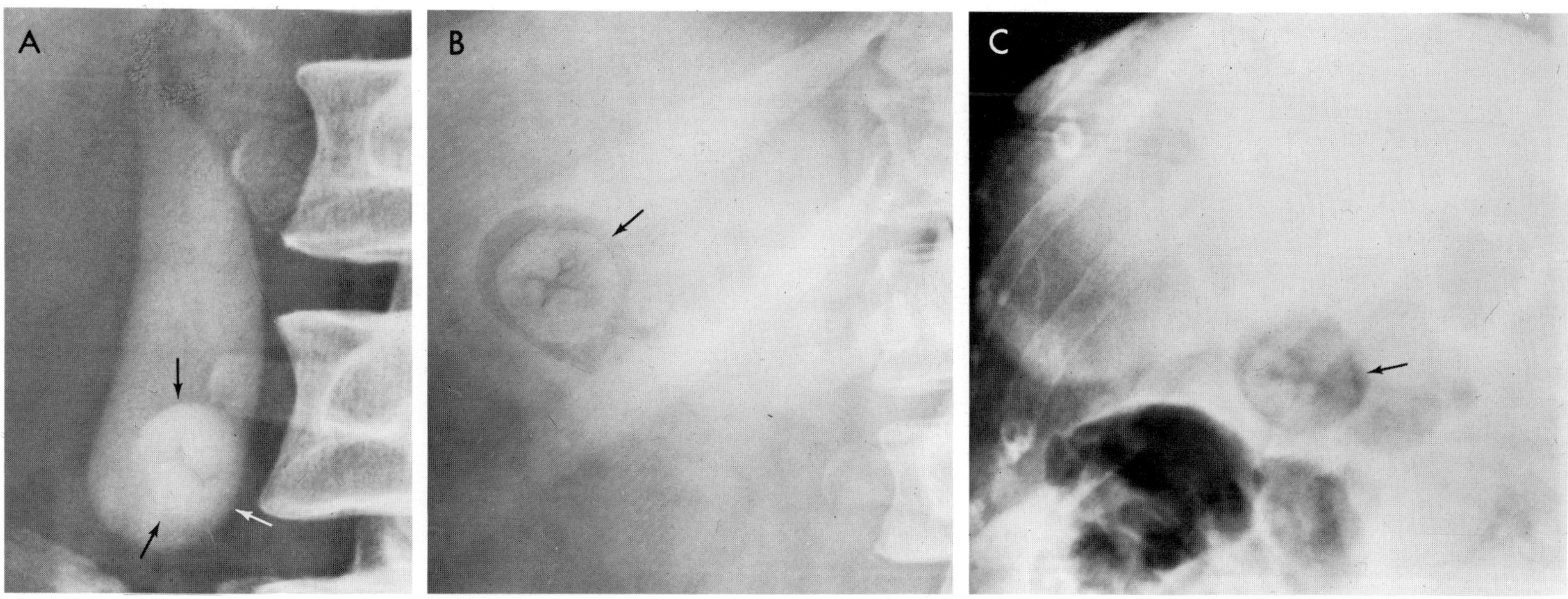

Abb. 5-151: Drei Beispiele für die Vortäuschung eines Gallenkonkrements mit Fissuren durch den Pylorus des Magens. In **B** und **C** täuscht die Luft im Bulbus duodeni eine emphysematöse Cholezystitis mit einem Gallenstein vor.

Abb. 5-152: Schatten des M. levator ani beidseits (→). Auch erkennt man hier den Schatten der Mm. obturatorii interni (⇸). (Quelle: Levene, G., Kaufman, J. A.: The diagnostic significance of roentgenologic soft tissue shadows in the pelvis. Am. J. Roentgenol. 79: 697, 1958.)

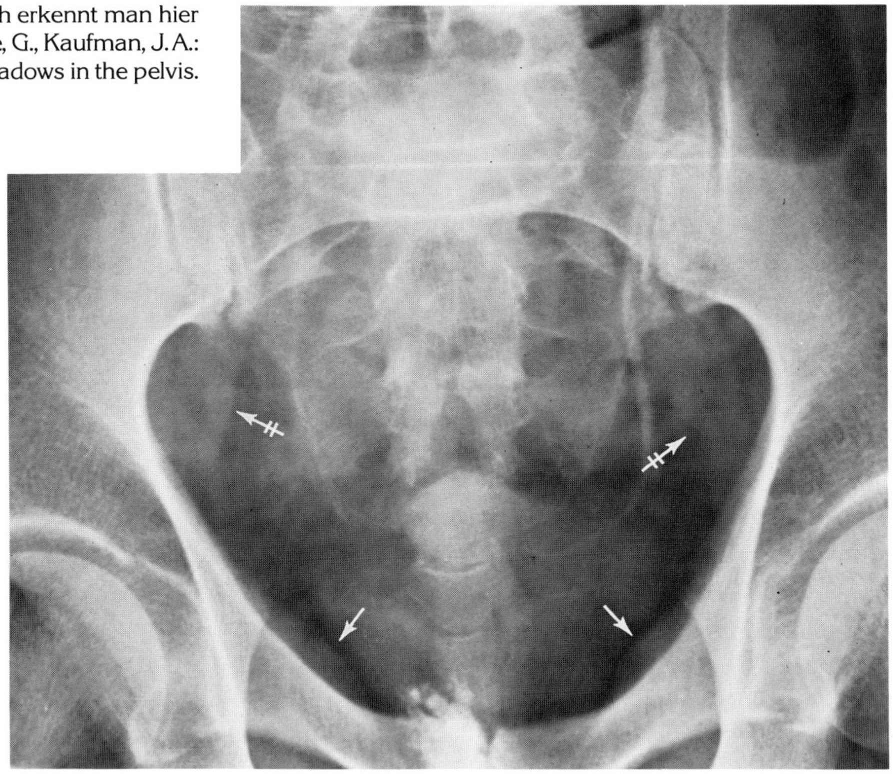

Abb. 5-153: Beispiele für die Verkalkung der Sakrospinalbänder.

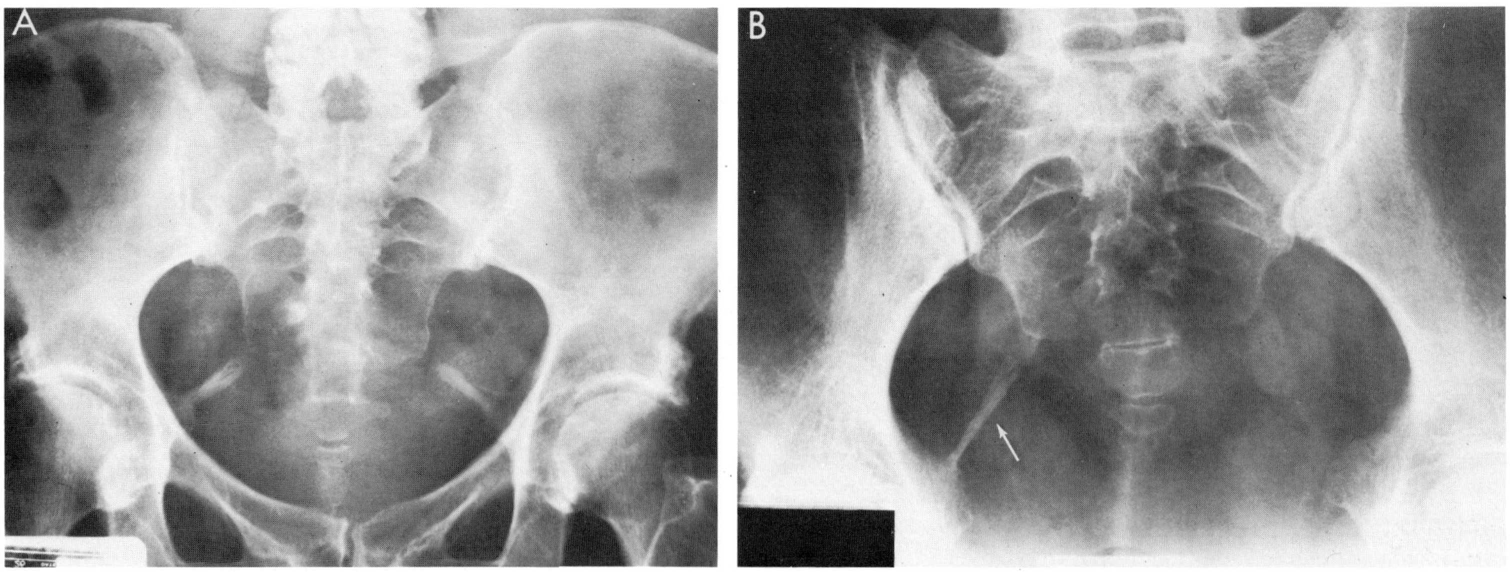

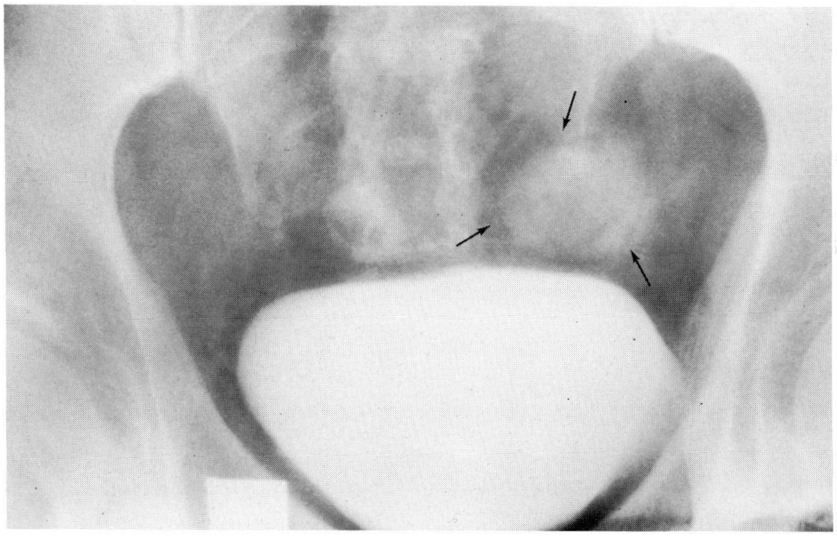

Abb. 5-154: Hier täuscht das Colon sigmoideum eine pelvine Raumforderung vor.

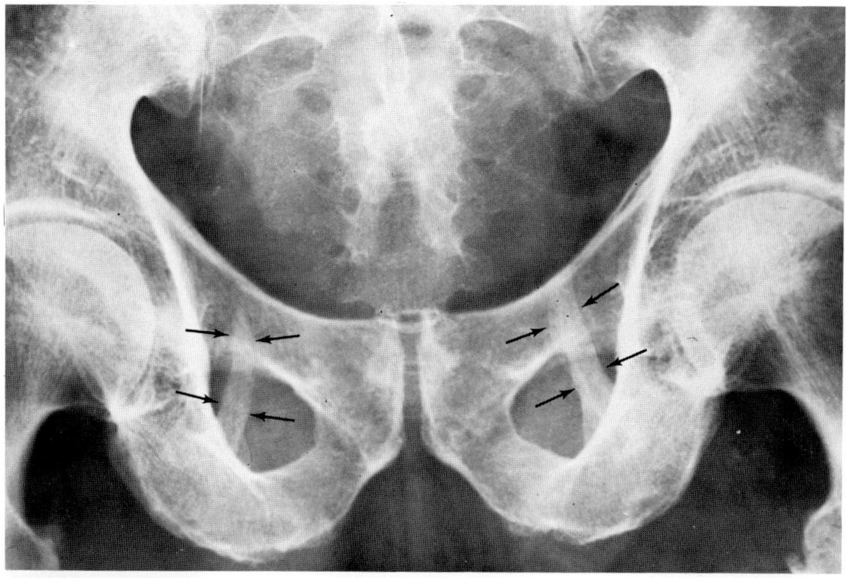

Abb. 5-155: Verkalkung der Ligamenta sacrotuberalia.

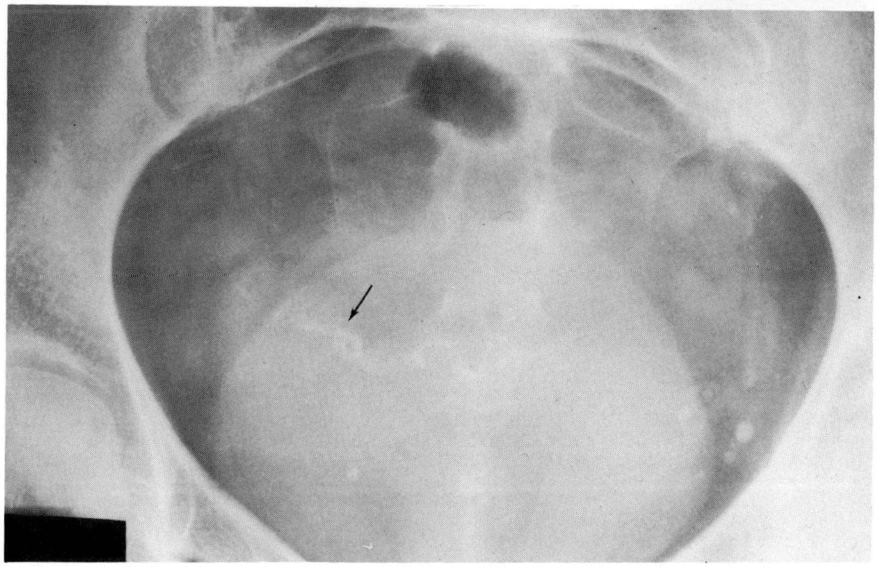

Abb. 5-156: Verkalkung der Uterusarterien bei einer älteren Frau.

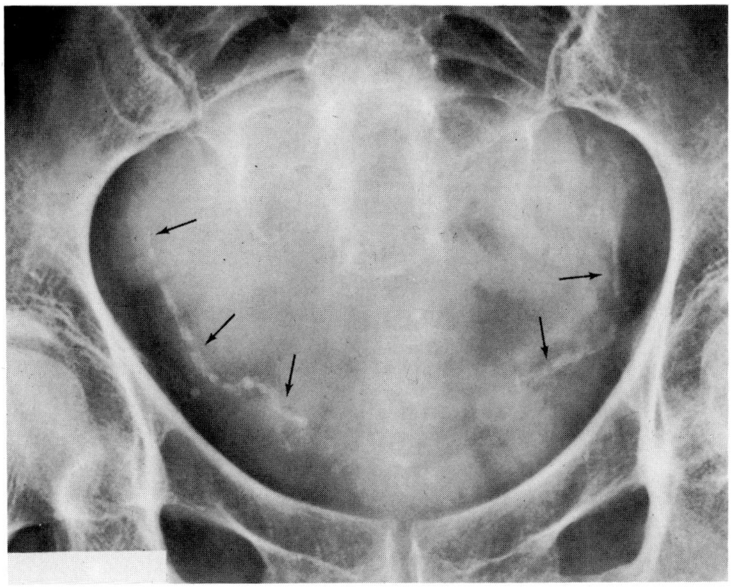

Abb. 5-157: Verkalkung der Eileiter bei einer älteren Frau.

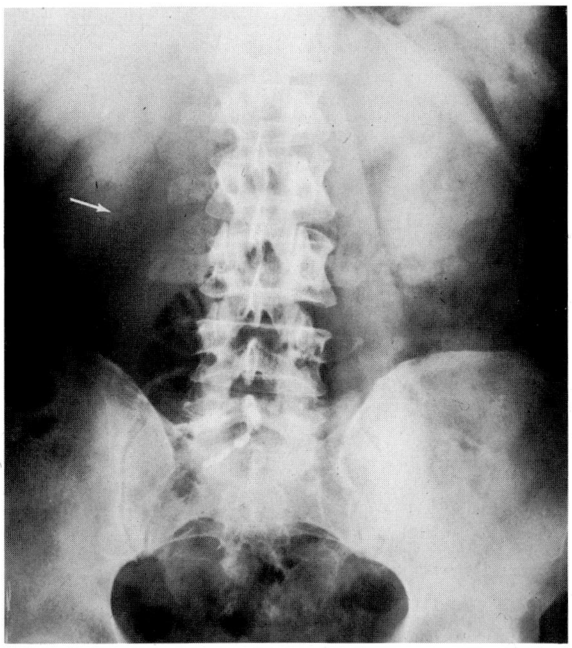

Abb. 5-158: Offensichtliches Fehlen einer Psoaskontur. Dieses Phänomen sieht man bei vielen gesunden Personen, es ist nicht notwendigerweise von pathologischer Bedeutung. (Quelle: Elkin, M., Cohen, G.: Diagnostic value of psoas shadow. Clin. Radiol. 13: 210, 1962.)

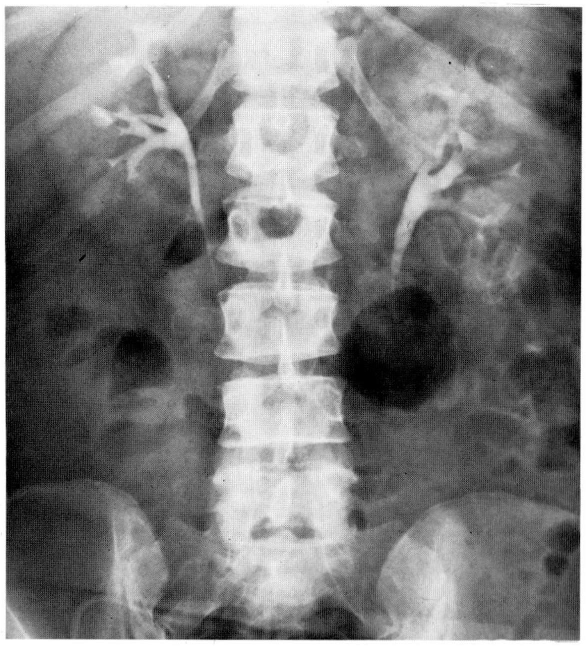

Abb. 5-159: Tief sitzende linke Niere. Bei 5 % der Normalbevölkerung liegt die linke Niere um eine Wirbelkörperhöhe tiefer als die rechte, was folglich nicht notwendigerweise eine pathologische Verlagerung darstellt. (Quelle: McClelland, R. E.: A low lying left kidney. J. Urol. 75: 198, 1956.)

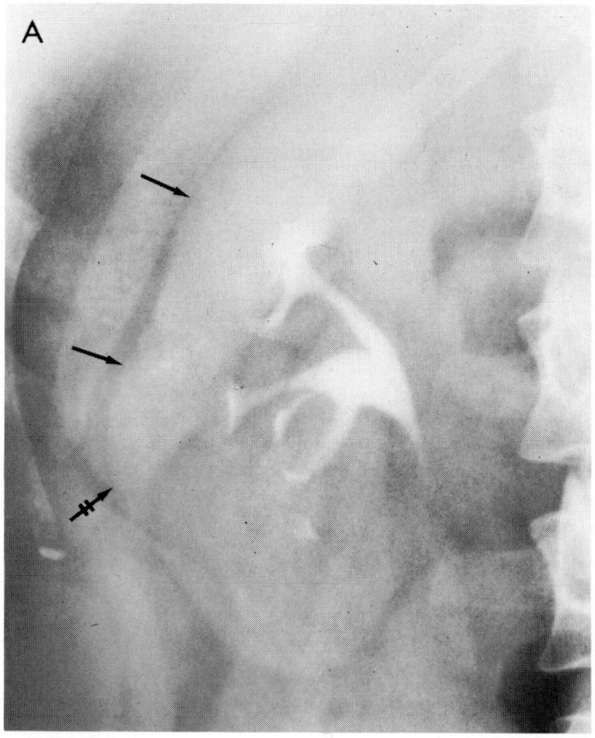

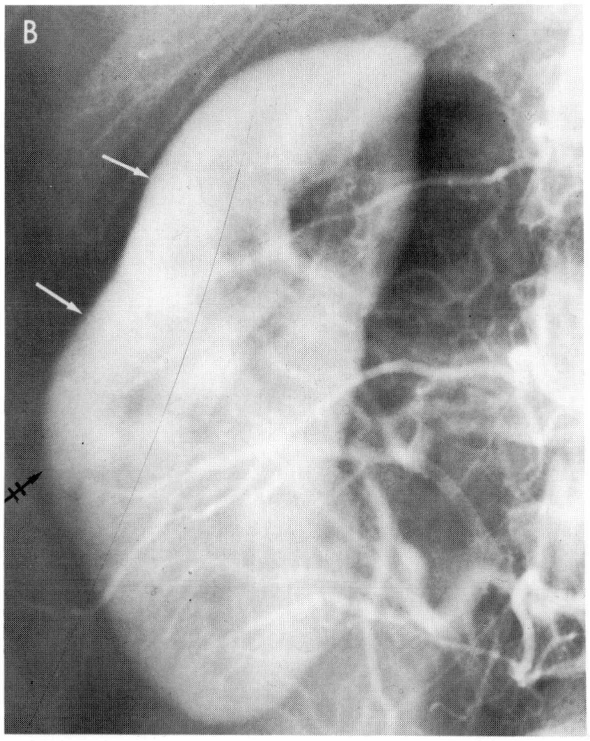

Abb. 5-160: Die Leberimpression an der rechten Niere (→) ruft an deren mittlerem Anteil einen Buckel hervor (⇸). **A.** Urogramm. **B.** Angiogramm. (Quelle: Doppman, J.L., Shapiro, R.: Some normal renal variants. Am. J. Roentgenol. 92: 1380, 1964.)

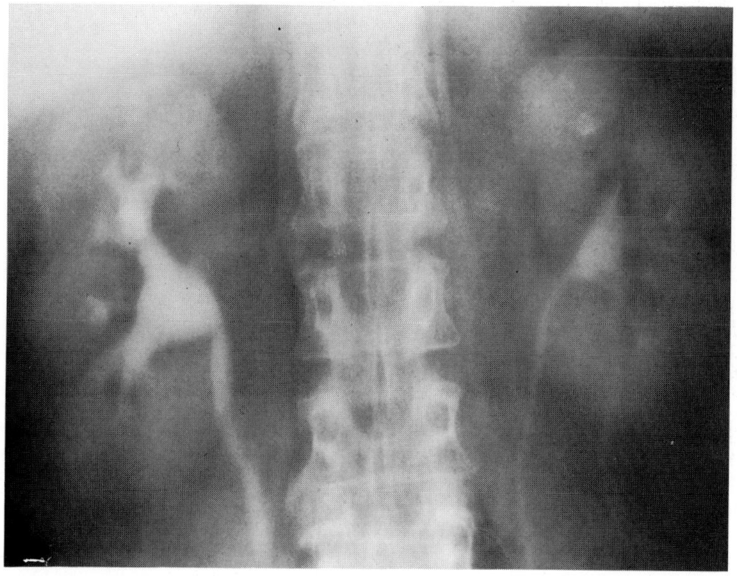

Abb. 5-161: Fetale Lappung beider Nieren.

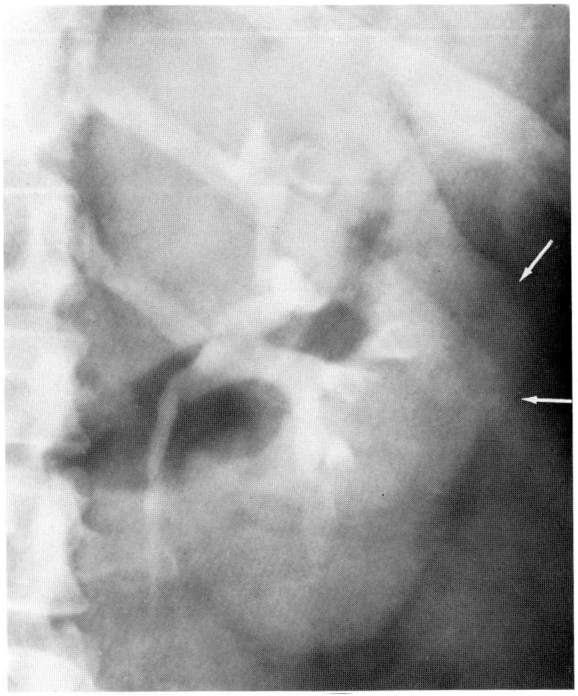

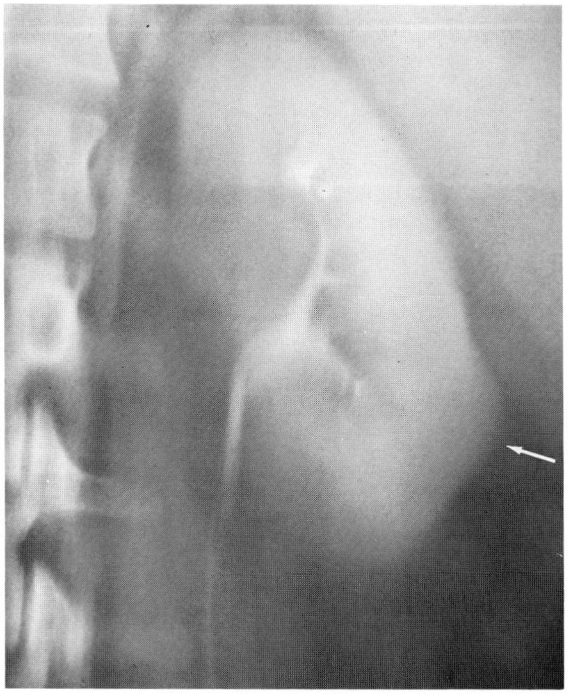

Abb. 5-162: Zwei Beispiele einer Dromedarniere links. Diese anatomische Variante kann einen Nierentumor vortäuschen. (Quelle: Harrow, B.P., Sloane, J.A.: The dromedary left kidney. Am. J. Roentgenol. 88: 148, 1962.)

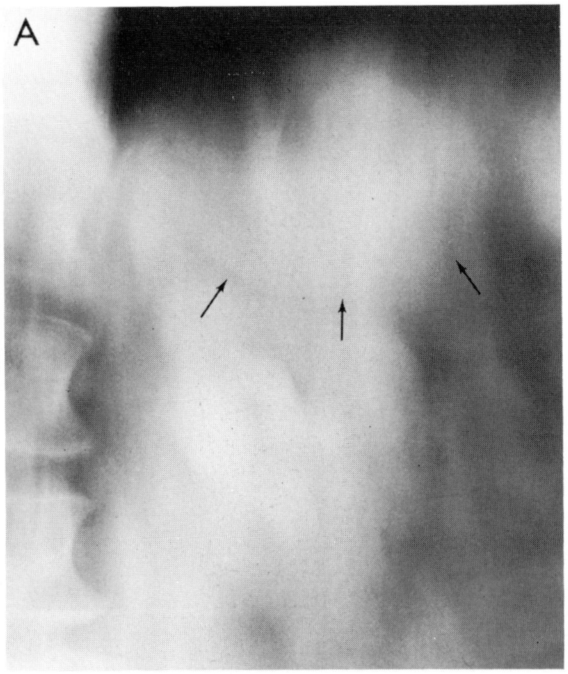

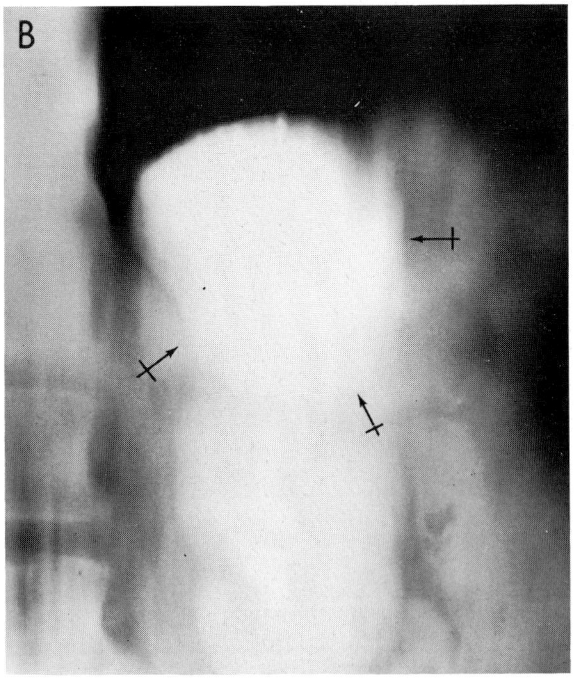

Abb. 5-163: Der Magenfundus täuscht einen Tumor der Nebenniere vor. **A.** Vor Bariumfüllung. **B.** Nach Bariumfüllung. (Quelle: Martire, J.R., Goldman, S.M.: Left suprarenal pseudotumor. Radiobiologia 17: 12, 1977.) Dieser Pseudotumor kann auch in der Angiographie sehr durch Überlagerung stören und so seine eigene Abklärung behindern. (Quelle: Bjorn-Hansen, R.W., O'Brien, D.S.: Aortographic opacification of the gastric fundus simulating neoplasm. Am. J. Roentgenol. 100: 408, 1967.)

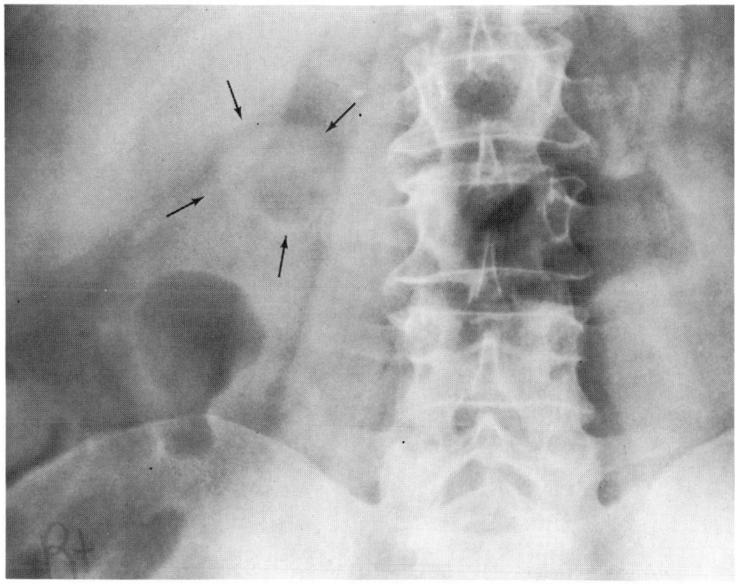

Abb. 5-164: Vortäuschung eines Nebennierentumors durch einen flüssigkeitsgefüllten Bulbus duodeni.

Abb. 5-165: Zwei Beispiele für die Vortäuschung von Tumoren der Niere durch die Milz. (Quelle: Madayag, M., et al.: Renal and suprarenal pseudotumors caused by variations of the spleen. Radiology 105: 43, 1972.)

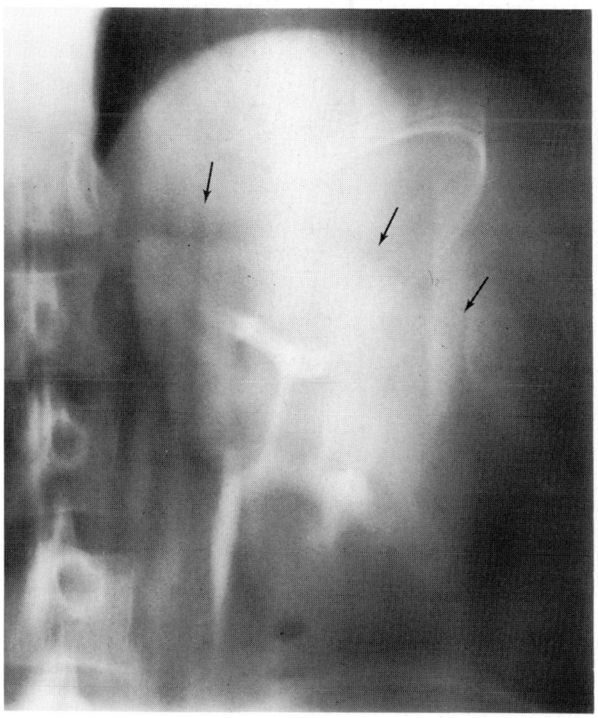

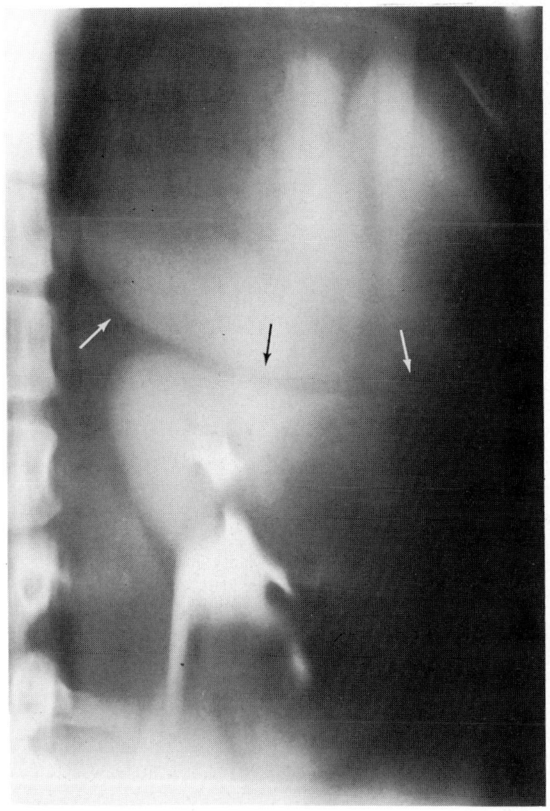

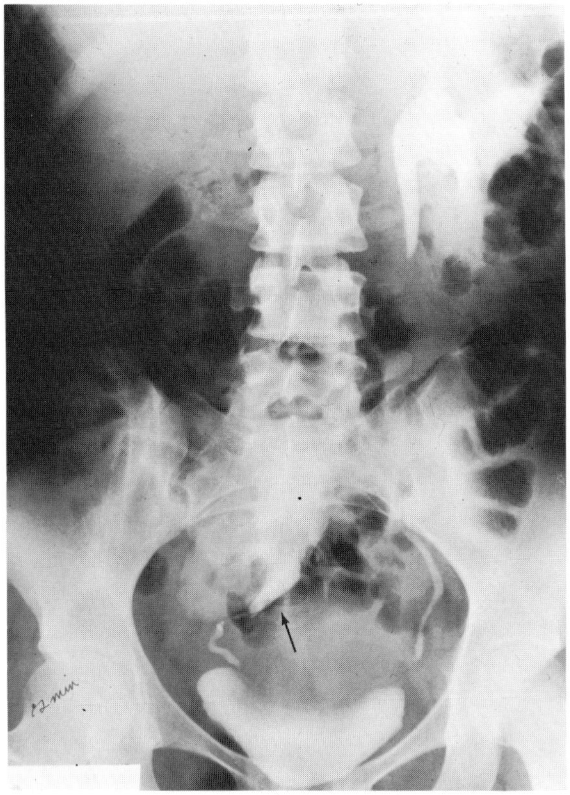

Abb. 5-166: Beckenniere.

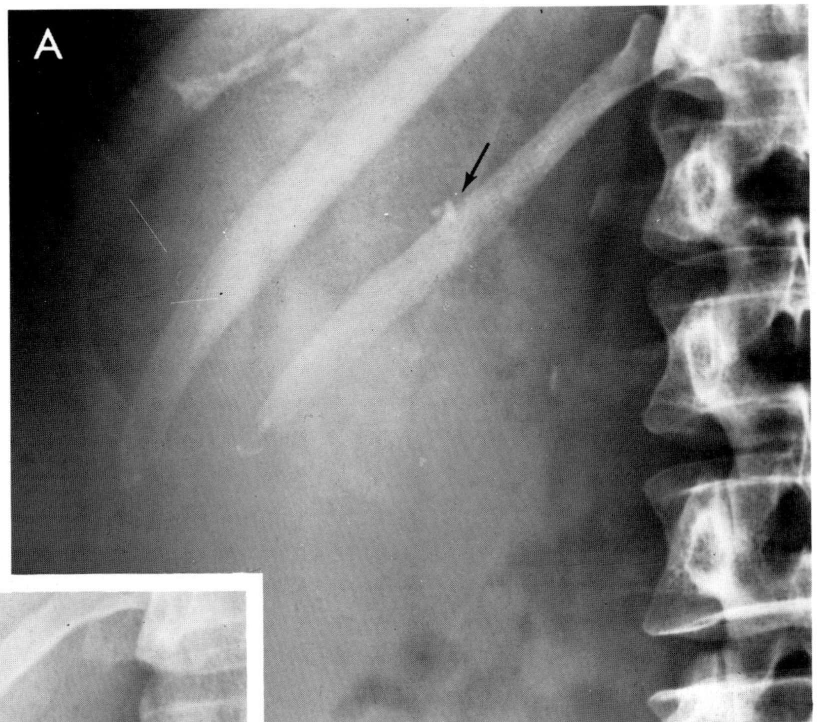

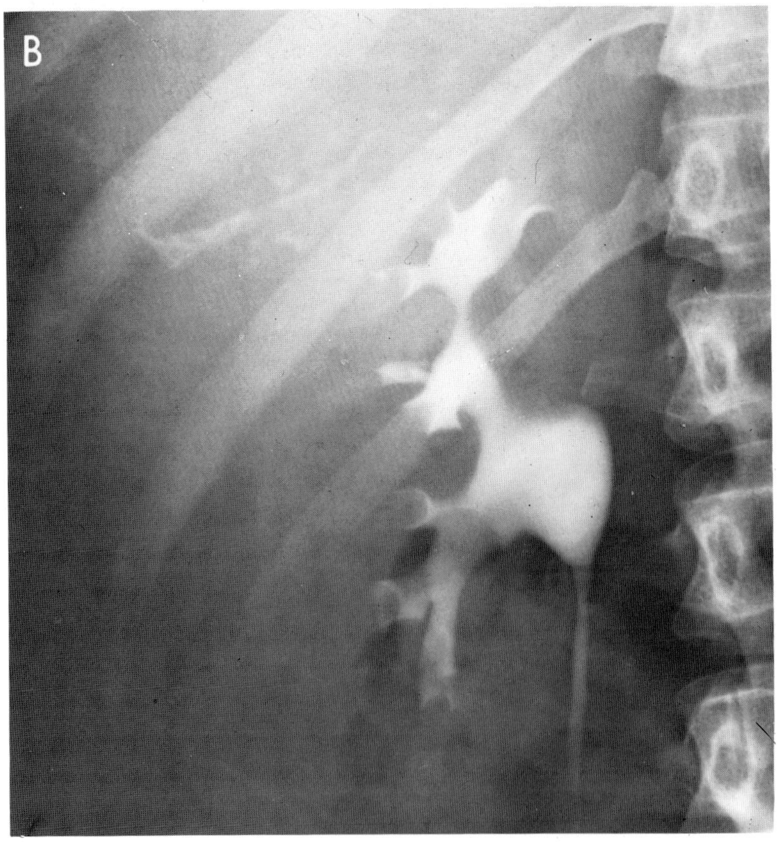

Abb. 5-167: A. Ein verkalkter Rippenknorpel täuscht Nierenkonkremente vor. **B.** Im Urogramm wird die Verkalkung durch das Kontrastmittel überlagert.

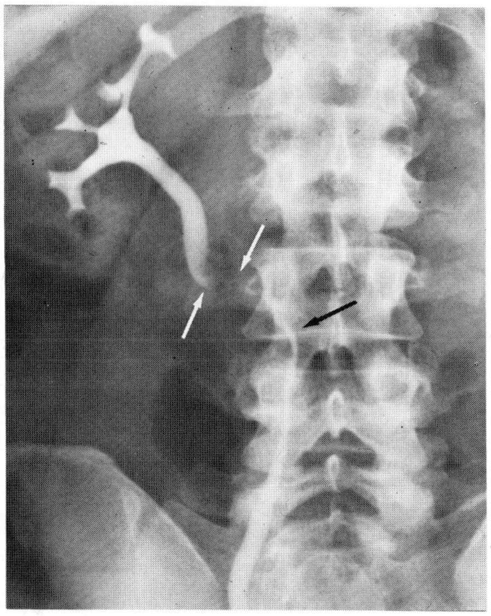

Abb. 5-168: Verlauf eines retrokavalen Ureters um die Hinterwand der Vena cava inferior. (Quelle: Emmett, J.L., Witten, D.M.: Clinical Urography. 3. Aufl. W.B. Saunders Co., Philadelphia 1971, S. 1327.)

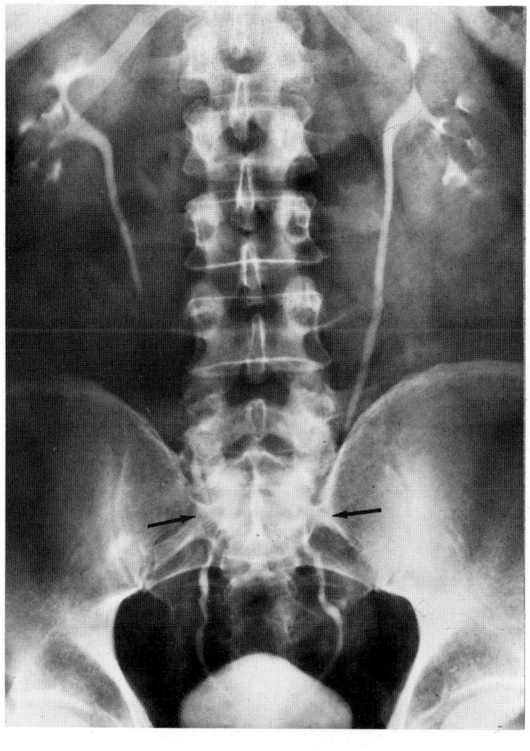

Abb. 5-169: Medialabdrängung des distalen Ureters als Normvariante bei einer Hypertrophie des M. psoas maior, und nicht als Ausdruck einer Retroperitonealfibrose (M. Ormond). (Quelle: Saldino, R.M., Palubinskas, A.J.: Medial placement of the ureters: A normal variant which may simulate retroperitoneal fibrosis. J. Urol. 107: 582, 1972.)

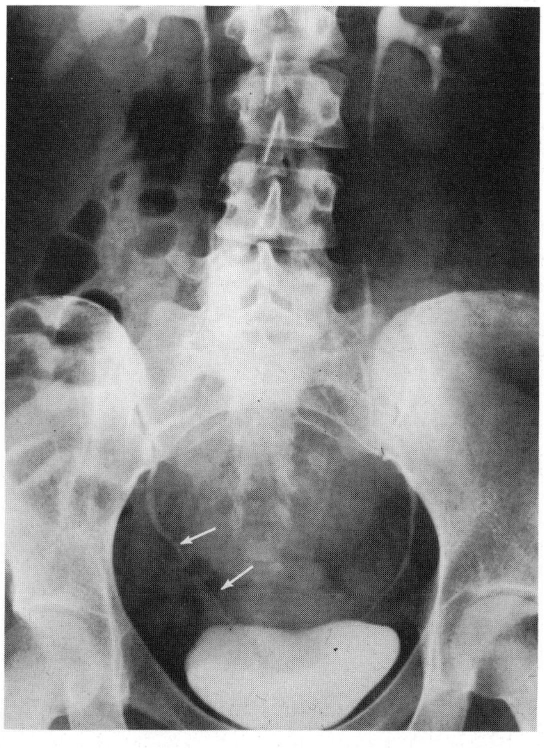

Abb. 5-170: Die Asymmetrie der Ureteren im kleinen Becken mit einer Medialverlagerung ist bei gesunden Frauen ein Normalbefund. (Quelle: Kabakian, H.A., et al.: Asymmetry of the pelvic ureters in normal females. Am. J. Roentgenol. 127: 723, 1976.)

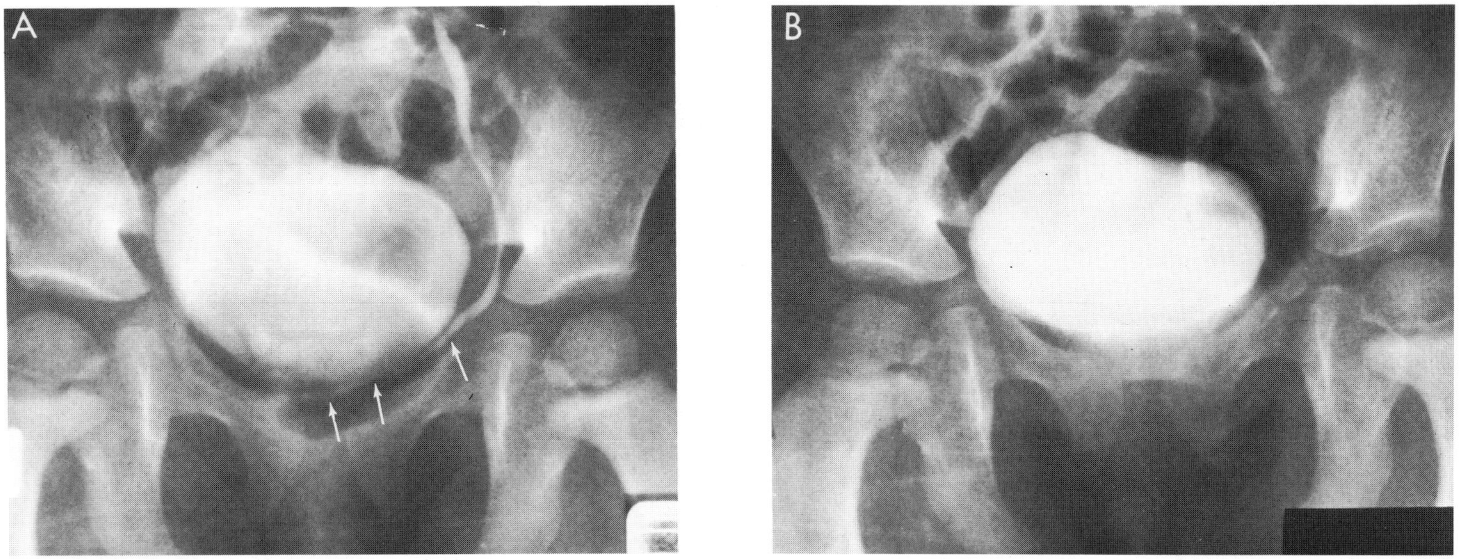

Abb. 5-171: A. Pseudoektopischer Ureter bei Bauchlage, wobei das Kontrastmittel in der Harnblase der Schwerkraft folgend kopfwärts in die tiefer gelegene Blasenkuppel absinkt und so die Trigonum-vesicae-Region mit nicht kontrastmittelvermischtem Harn gefüllt ist. Der kontrastmittelgefüllte Ureter scheint so unter der Blase hinwegzuziehen.

B. Bei der Aufnahme im Stehen verschwindet dieses Phänomen der Abbildung A. (Quelle: Riggs, W. jr., Seibert, J.: Pseudoectopic ureter on the prone urogram. Radiology 106: 391, 1973.)

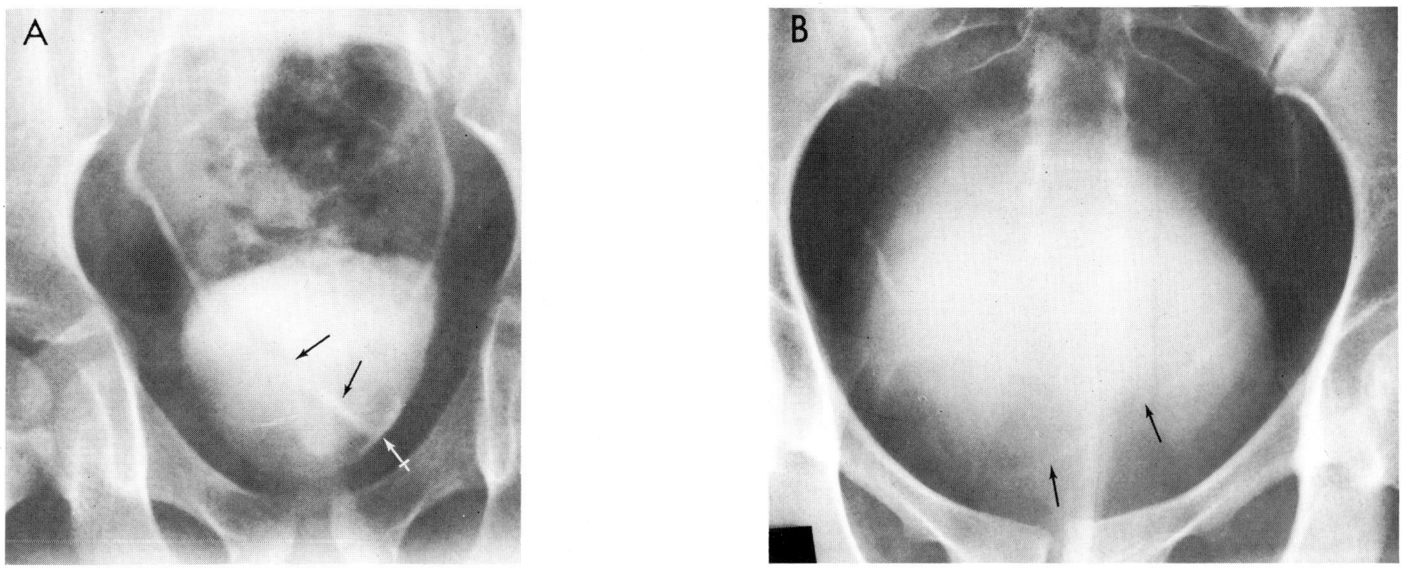

Abb. 5-172: Zwei Beispiele für das Ureter-«Jet»-Phänomen. Ein sehr röntgendichter Harnstrahl, der aus dem Ureter austritt, täuscht hierbei eine abnorme Ureterenkonfiguration vor. Beachten Sie das Auftreffen dieses Strahls auf der gegenüberliegenden Blasenwand in Abb. **A** (↦).

(Quelle: Kalmon, E.H., et al.: Ureteral jet phenomenon. Stream of opaque medium simulating anomalous configuration of ureter. Radiology 65: 933, 1955.)

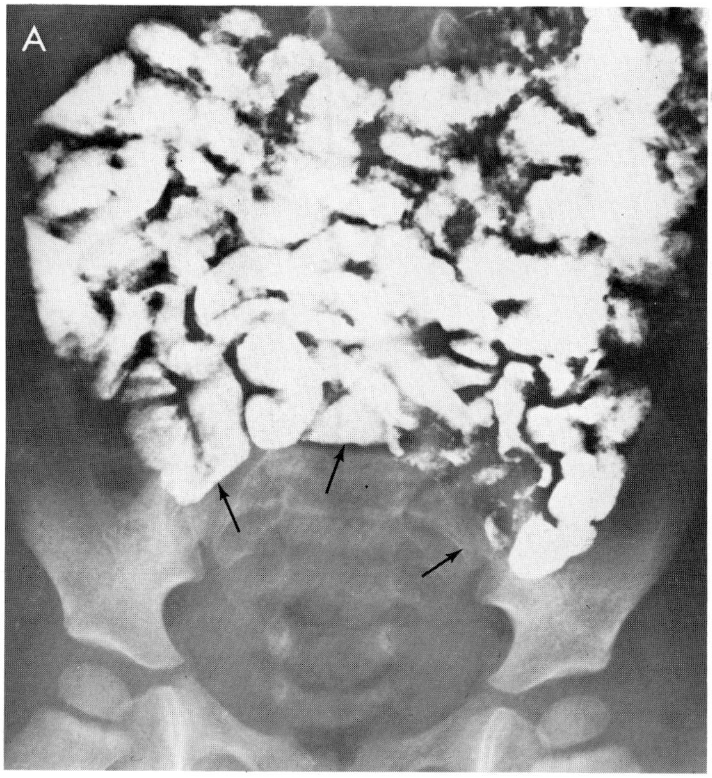

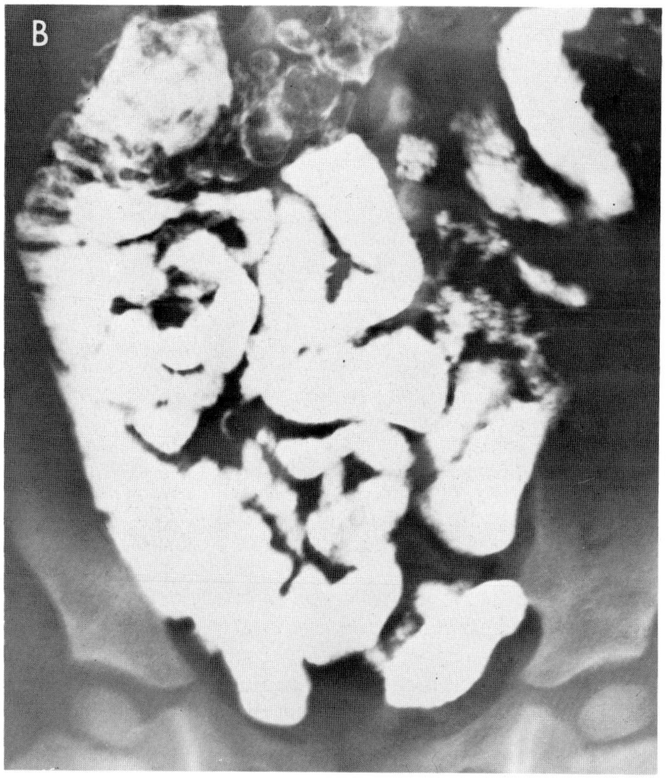

Abb. 5-173: A. Normale Harnblasenausdehnung bei einem zweijährigen Kind mit entsprechender Hochdrängung des Dünndarms.

B. Nach der Miktion.

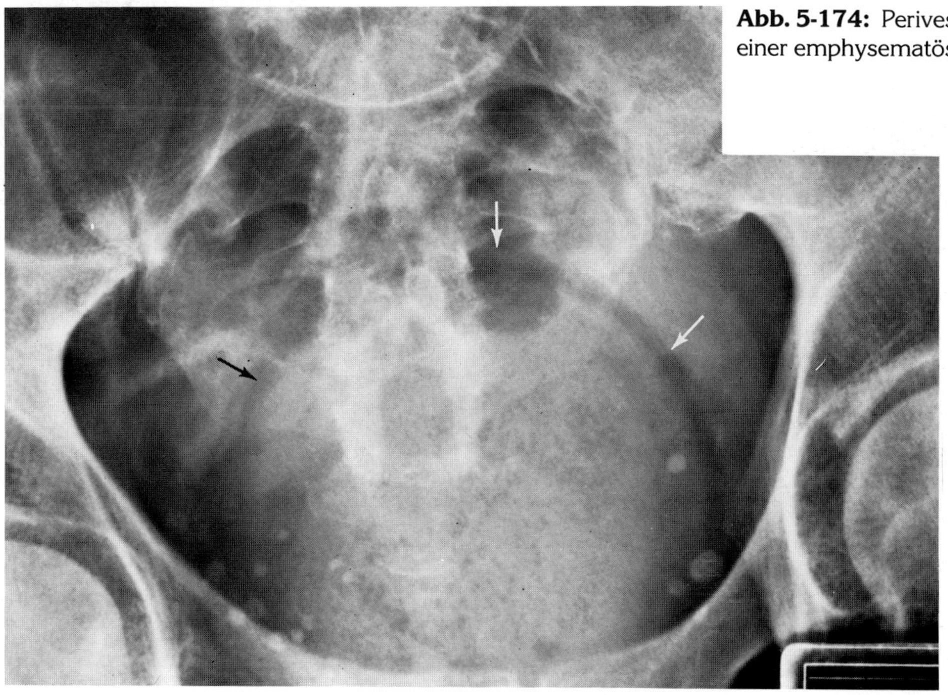

Abb. 5-174: Perivesikales Fett täuscht hier das Bild einer emphysematösen Zystitis vor.

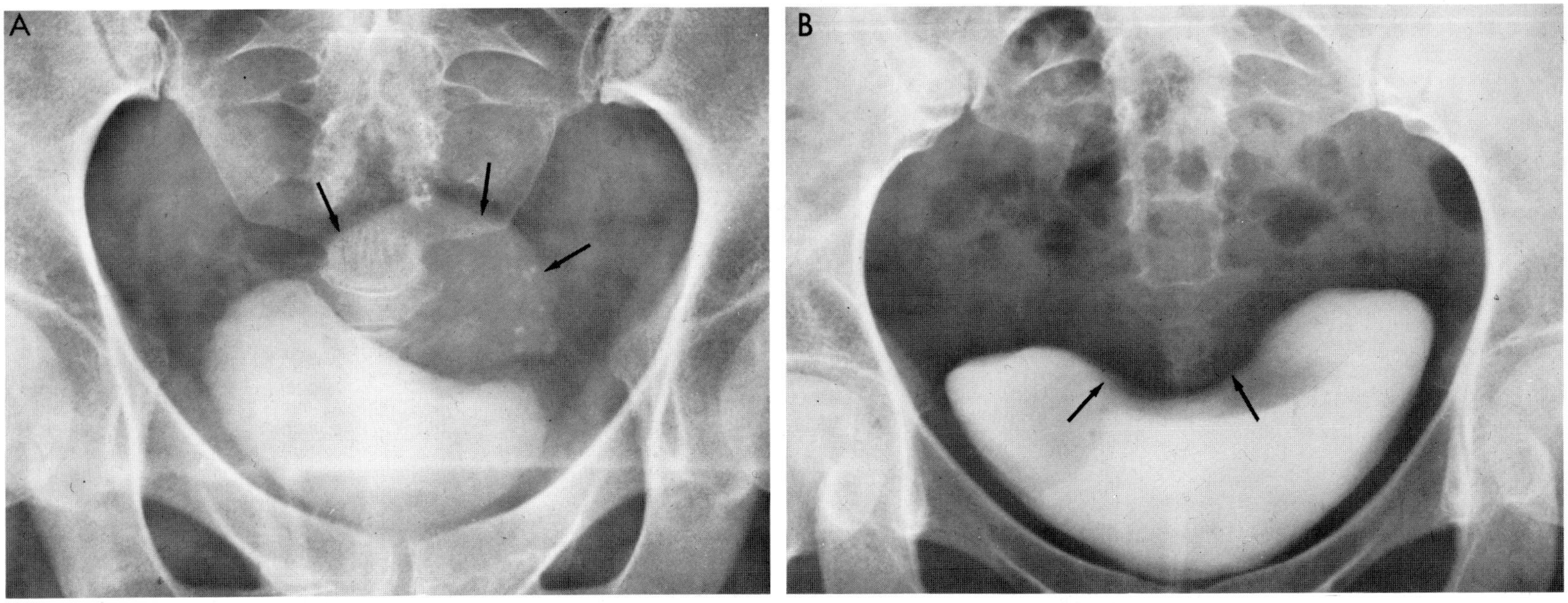

Abb. 5-175: Pelottierung der Harnblase durch den Uterus. **A.** Man sieht, wie der Uterusschatten die Blase imprimiert. **B.** Auf diesem Bild erkennt man den Schatten des Uterus, der die Harnblase imprimiert, nicht.

Abb. 5-176: Gas im Rektum, das als Aufhellung innerhalb der kontrastmittelgefüllten Blase erscheint, täuscht einen Harnblasentumor vor.

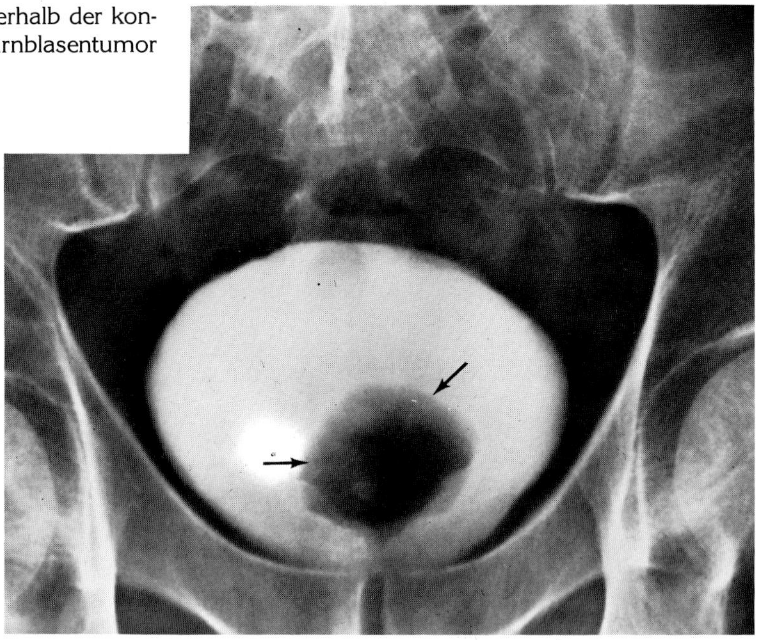

6
Becken und Hüfte

Hans O. Riddervold
Thomas Lee Pope jun.

Becken und Hüfte, die beide bei Unfällen häufig verletzt werden, können für die klinische Untersuchung besonders schwierige Gegenden darstellen. Folglich verläßt sich die Klinik sehr stark auf die Röntgenuntersuchung, um sich ein Urteil zu bilden und über die anschließende Behandlung zu entscheiden.
Hauptursache der Morbidität und der Letalität bei Beckentraumata ist die Blutung. Im retroperitonalen Raum des Becken können bis zu zwei Liter Blut verloren gehen, ohne hier sichtbare klinische Zeichen hervorzurufen. Schätzungen über die Sterblichkeitsrate allein durch solche Beckenhämatome ergaben Zahlen bis zu 30%, obwohl die interventionelle (= therapeutische) Angiographie mit Embolisation der blutenden Gefäße diese deutlich vermindert hat (1–3). Eine weitere wichtige Begleitverletzung bei Beckentraumata ist die der Harnröhre oder der Harnblase. Schätzungsweise kommt es hierzu bei zirka 20% der Patienten mit Frakturen des Beckenrings; viele Experten auf diesem Gebiet sind folglich der Meinung, daß bei allen Patienten mit einer Beckenverletzung Harnblasen- und Harnröhrenverletzungen abgeklärt werden sollten (4). Selbstverständlich sollte bei all diesen Patienten noch vor der Katheterisierung der Harnblase eine technisch korrekte retrograde Zysturethrographie durchgeführt werden (5,6). Nur so läßt sich sicherstellen, daß man nicht eine «Via falsa» schafft oder durch die Einführung eines Katheters weitere Schäden setzt. Bitte denken Sie daran, daß ein intravenöses Urogramm mit anschließendem Miktionszysturethrogramm hier keine adäquate Abklärung einer eventuellen Harnröhrenschädigung ist.
Unglücklicherweise können Schmerzen durch Beckenfrakturen durch die Angaben des Patienten oder die körperliche Untersuchung nicht immer genau lokalisierbar sein; deshalb sollte die Röntgenuntersuchung immer auch die LWS und den Sakralbereich sowie beide Hüften darstellen, da Schmerzen aus diesen Regionen in sämtliche anderen Beckengegenden ausstrahlen können. Ferner sollte man immer bei der Beurteilung von Röntgenaufnahmen des Beckens nach den Folgezeichen von Weichteilverletzungen wie z. B. einem Beckenhämatom oder intraperitonealer Flüssigkeit (Blut) sorgfältig suchen (7). Und schließlich sollte man bei einer jeden Beckenaufnahme die Peripherie des Films mit einer hellen Irisblendenlampe kontrollieren, da diese oft stark geschwärzt sein kann. Ansonsten wird man eventuelle kleine Avulsionsfrakturen leicht übersehen.
Auf Übersichtsaufnahmen kann jedoch die Überlagerung durch Darmgas pathologische Veränderungen der Knochen teilweise überdecken, und es lassen sich relativ versteckte Knochenanteile wie Kreuz- und Steißbein nicht angemessen gut beurteilen.
Wie in vielen anderen anatomischen Bereichen, so liefert auch hier die Computertomographie (CT) die beste Darstellung der Morphologie und Beschreibung der normalen Anatomie wie der pathologischen Veränderungen. Von besonderem Wert ist sie beim Nachweis oder Ausschluß intraartikulärer Knochenfragmente, wobei sie ein Gesamtbild von der Gelenkoberfläche des Azetabulums gibt und auch begeitende Weichteilveränderungen aufzeigt (8-11).
Die CT ist eine recht zeitaufwendige Untersuchung; sie kann bei einem Patienten mit klinisch instabilen Zustand auch undurchführbar sein, so daß die Röntgenübersichtsaufnahmen nach den Zeichen einer vorderen und seitlichen Kompression, eines vertikalen Schertraumas oder den Mustern komplexer Verletzungen abgesucht werden müssen. Zusammen mit den klinischen Befunden kann diese Information es uns dann ermöglichen, daß wir dem Chirurgen bei seinem Entschluß zu einer schnellen Korrekturoperation von Hilfe sind (12). Sieht man auf den Übersichtsaufnahmen eine Fraktur und ist der Patient in stabilem Zustand, dann empfehlen wir oft die Computertomographie, um damit Anomalien aufzudecken, die möglicherweise in den Übersichtsaufnahmen nicht zu erkennen sind.

Technik

Wir fertigen routinemäßig eine a.-p. Übersichtsaufnahme des Beckens sowie eine Lauenstein-Aufnahme unter Einschluß der oberen Hüftgelenksanteile zu beiden Seiten an. Auch versuchen wir bei allen Beckenaufnahmen nach einem Unfall die untere LWS mit einzubeziehen. Ergänzende Aufnahmen bei einem Notfallpatienten sind gekippte Aufnahmen, bei denen die Röhre um 25–30° fußwärts gekippt wird (13). Von besonderem Wert ist eine solche gekippte Aufnahme deshalb, weil sie das Ausmaß der Fehlstellung nach innen oder der Rotation von Fragmenten im Bereich der Linea terminalis und des Azetabulums aufzeigt. Schrägaufnahmen sind bei der Bestimmung der Lagebeziehungen von Azetabulum und Femur zueinander von Nutzen. Deren Wert bei der Abklärung von Azetabulumfrakturen hat Judet besonders hervorgehoben; aus diesem Grund werden diese Aufnahmen (bei denen das Becken um etwa 45° in beide Richtungen um die Körperlängsache gedreht wird; Anm. d. Übers.) als Judet-Aufnahmen bezeichnet (14).

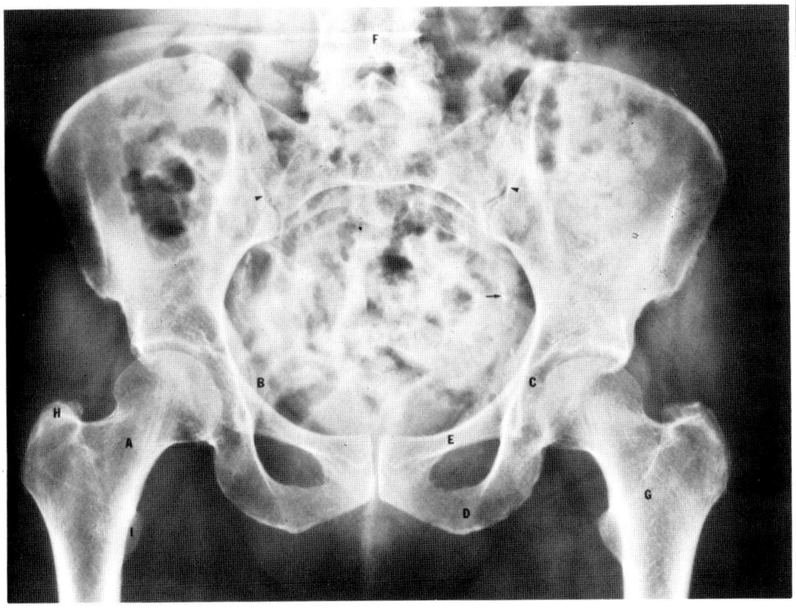

Abb. 6-1: Normales Becken des Erwachsenen. A = Schenkelhals; B = Spina ischiadica; C = Azetabulum; D = Ramus inferior ossis pubis; E = Ramus superior ossis pubis; F = untere LWS; G = Regio intertrochanterica des linken Femurs; H = rechter Trochanter maior; I = rechter Trochanter minor. Der Pfeil zeigt auf Gefäßkalk, die Pfeilspitzen auf die Iliosakralfugen.

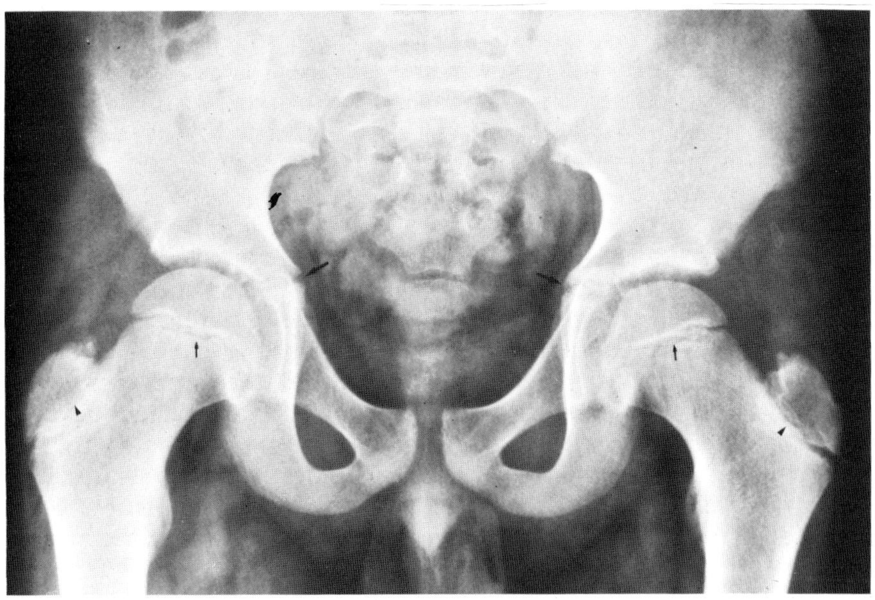

Abb. 6-2: Normale kindliche Hüfte. Pfeilspitzen = Apophysenfugen der großen Rollhügel; kleine Pfeile = Schenkelkopfepiphysen; große Pfeile = bereits verschlossene Synchondrosis ischiopubica beidseits.

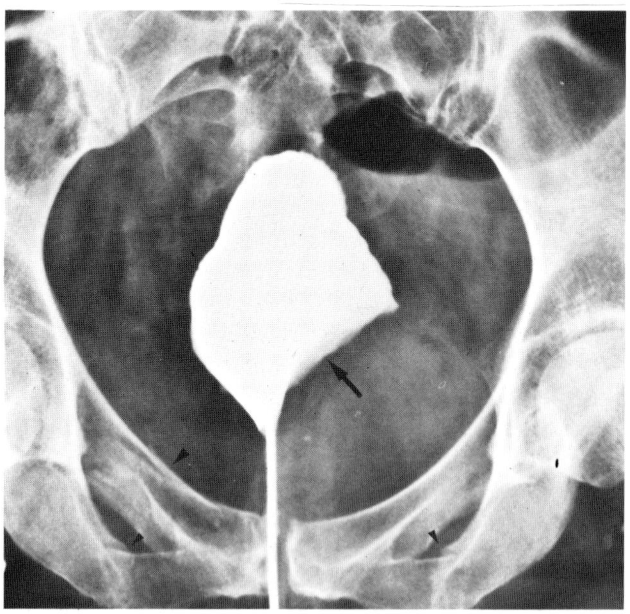

Abb. 6-3: Eingeblendete a.-p. Zielaufnahme des Beckens eines 34jährigen Mannes nach einem Autounfall. Sie zeigt Frakturen des oberen rechten Schambeinastes sowie Frakturen beider Sitzbeinäste (Pfeilspitzen). Der Pfeil weist auf ein großes Beckenhämatom, das die Harnblase nach oben pelottiert.

Daneben sind auch die Durchleuchtung, die konventionelle Tomographie, die Szintigraphie und die Sonographie mögliche Ergänzungsverfahren zu den Beckenübersichten bei der Abklärung einer Beckenverletzung, doch setzen wir sie unter Notfallbedingungen nur selten ein, weil die CT heute allgemein zur Verfügung steht und auch eine große Sensitivität hierbei besitzt.

Anatomie

In diesem Kapitel legen wir den Schwerpunkt auf die Befunde der konventionellen Beckenaufnahmen, weil dies die Aufnahmen sind, die der Notaufnahmearzt beurteilen muß. Darin arbeiten wir auch bestimmte Situationen heraus, in denen die CT erforderlich werden kann. Wie schon oben erwähnt, sollten die meisten Beckenfrakturen bei einem klinisch stabilen Patienten computertomographisch untersucht werden, um nach bislang unvermuteten Frakturen und begleitenden Weichteilverletzungen zu fahnden.

Die Grundzüge der Anatomie des Beckens sind wohl den meisten Notaufnahmeärzten vertraut (Abb. 6-1). Besondere Aufmerksamkeit sollte man den häufig verletzten Beckenregionen schenken, als da sind: Schenkelhals, Spinae iliacae, Azetabulum, unterer Sitzbeinast und oberer Schambeinast. Auch sollte bei allen Unfallpatienten die untere LWS nach möglichen Verletzungen abgesucht werden.

Die normale Anatomie des kindlichen Beckens weicht etwas von der des Erwachsenen ab. Man sollte sich hier die Stellung der Epiphysenplatten und der Synchondrosen ins Gedächtnis rufen (Abb. 6-2). Bei der Mehrzahl der jungen Patienten sollten die Synchondrosen etwa im Alter von zehn Jahren verschmolzen sein.

Pathologische Veränderungen

Meist sind traumatische Schäden des Beckenskeletts mit bedeutsamen Weichteilverletzungen kombiniert, von denen wiederum die Blutung die wichtigste darstellt. Röntgenologisches Hinweiszeichen auf eine intrapelvine Blutung kann eine Verlagerung der Harnblase durch ein großes Frakturhämatom sein. In der Regel muß jedoch die Harnblase mit Kontrastmittel gefüllt sein, um diese Veränderung richtig beurteilen zu können (Abb. 6-3). Vermutet man eine aktive Blutung, kann die angiographische Abklärung mit anschließender Embolisation der entsprechenden Gefäße erforderlich werden (Abb. 6-4). Natürlich arbeitet, wie schon eingangs erwähnt, die CT die Knochen- und Weichteilverletzungen am Becken gut heraus und sollte deshalb großzügig eingesetzt werden (Abb. 6-5 bis 6.7).

Bei ungefähr 20% der Patienten mit einer Beckenringfraktur sind Harnblase oder Urethra verletzt. Beide können auch durch eine Symphysensprengung mit gleichzeitiger Sprengung einer Iliosakralfuge traumatisiert werden. In solchen Fällen ist es zwingend erforderlich, daß vor dem Einführen eines Blasendauerkatheters eine technisch einwandfreie retrograde Urethrographie durchgeführt wird. Natürlich kann es auch nötig werden, einen transurethralen Blasenkatheter oder eine suprapubische Harnableitung ohne Röntgenkontrolle sofort vorzunehmen, wenn gleichzeitig andere und wichtigere lebensbedrohende Verletzungen vorliegen, um die stündliche Urinausscheidung aufzeichnen zu können. Die Abbildungen 6-8 und 6-9 zeigen unsere Vorstellungen von einer schlechten bzw. einer guten Technik der retrograden Urethrographie. Es braucht nicht besonders betont zu werden, daß eine Harnröhrenverletzung wesentlich ausgeprägter sein kann, als sich klinisch vermuten läßt (Abb. 6-10).

Die Beckenfrakturen lassen sich nach einer 1965 von Peltier angegebenen Klassifikation ordnen (15):

Frakturen ohne Beeinträchtigung der Fähigkeit, das Körpergewicht zu tragen:

- Abrißfrakturen (Spinae iliacae, Tuber ischiadicum, Trochanteren)
- Isolierte Frakturen der Darmbeinschaufel
- Ein- oder beiderseitige Frakturen der Schambeinäste

Frakturen mit Beeinträchtigung der Fähigkeit, das Körpergewicht zu tragen:

- Isolierte oder kombinierte Sakrumfrakturen
- Azetabulumfrakturen
  - Hinterer Pfannenrand – mit oder ohne Luxation
  - Pfannendach – mit oder ohne zentrale Luxation(sfraktur)
  - Symphysensprengung
- Frakturen durch ein Hemipelvis (Beckenringspaltung)

Dieses System berücksichtigt also primär den Faktor, ob die Fähigkeit, das eigene Körpergewicht zu tragen, beeinträchtigt ist oder nicht. Man sollte daran denken, daß das Beckenskelett funktionell ein Ring ist, und daß dieser häufig an zwei oder gar mehr Stellen aufgebrochen wird. Es können zwei oder mehr Frakturen vorliegen oder aber eine Sprengung mit Luxation an einer der beiden Iliosakralfugen oder an der Symphyse. Diese Kombinationsverletzungen zu erkennen ist sehr wichtig, da es sich hier um potentiell ernste Schädigungen handelt.

Isolierte Frakturen der größeren Beckenknochen stellen keine besondere diagnostische Herausforderung dar (Abb. 6-11 und 6-12). Dagegen sind aber Avulsionsfrakturen (Abriß- oder Ausrißfrakturen von Knochenteilen) recht häufig und möglicherweise schwierig zu diagnostizieren. Bei Verdachtsfällen sollte man den Film gegen das helle Licht einer Irisblendenlampe halten, da sich die Fraktur durchaus in einer dunklen Filmecke verstecken kann. Die häufigsten Stellen einer solchen Verletzung sind die oberen vorderen Darmbeinstachel (Ansatz des M. sartorius), die vorderen unteren Darmbeinstachel (Ansatz des M. rectus femoris) und der Sitzbeinhöcker (Ansatz der Kniebeugermuskeln) (Abb. 6-13 bis 6-15).

Kreuzbeinfrakturen werden nicht so häufig beobachtet, sie verdienen aber besondere Aufmerksamkeit. Das Sakrum kann durch Darmgas verdeckt sein und ist auf Beckenübersichten

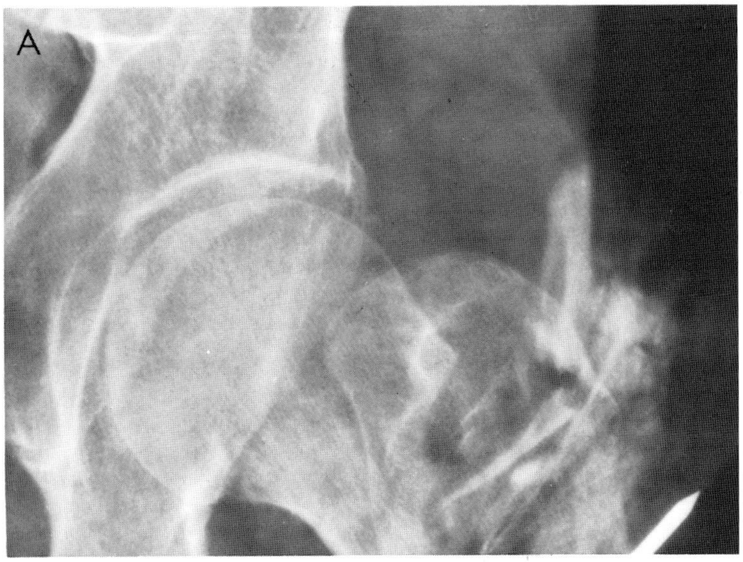

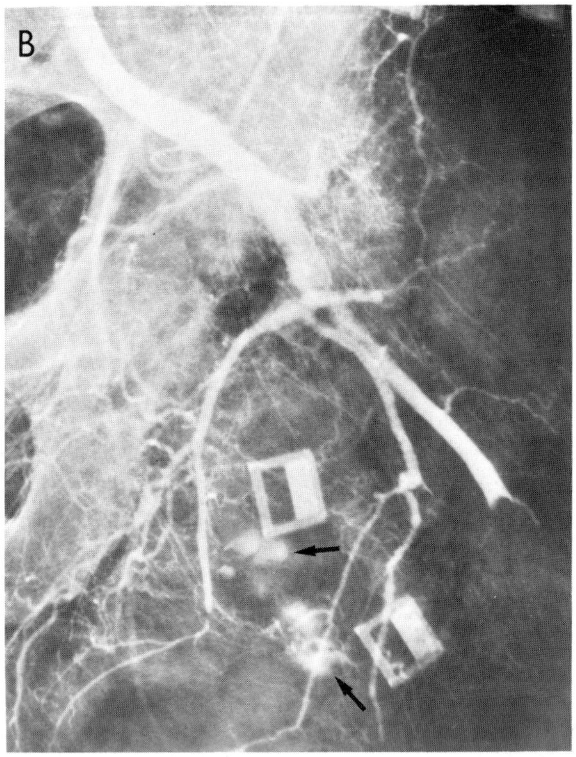

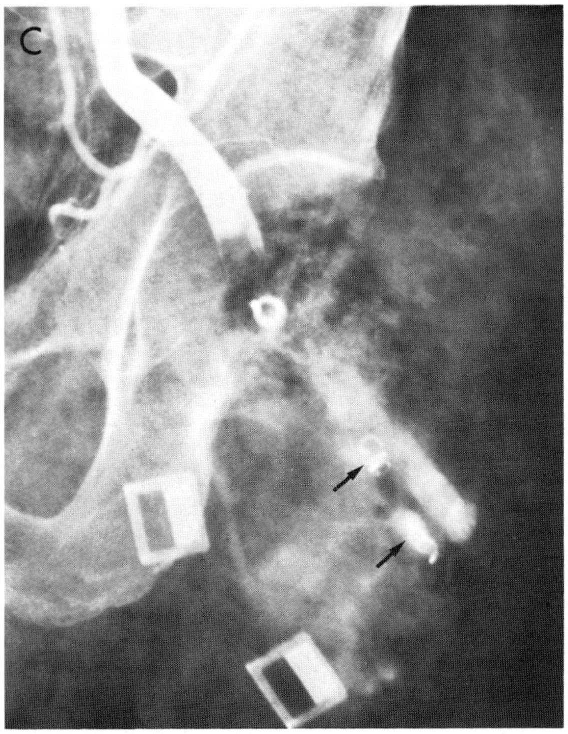

Abb. 6-4: A. Diese Zielaufnahme der linken Hüfte eines 22jährigen nach einem Verkehrsunfall zeigt eine ausgedehnte Trümmerfraktur der Trochantergegend. **B.** Die Hüfte wurde exartikuliert, doch der Patient blutete ständig weiter. Die daraufhin durchgeführte Angiographie zeigt ein Kontrastmittelextravasat (Pfeile). **C.** Eine Embolisation mit Gel und zusätzlichen Gianturco-Spulen (Pfeile) stoppte dann die Blutung.

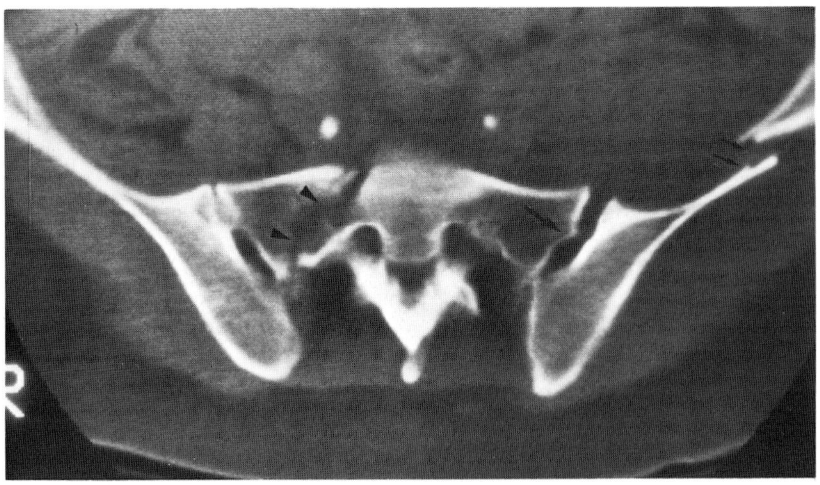

Abb. 6-5: CT-Aufnahme des Beckens einer 42jährigen Frau mit einem Verkehrsunfall; sie zeigt Frakturen des linken Os ilii (kleine Pfeile), der rechten Sakrumhälfte (Pfeilspitzen) und eine Sprengung der linken Iliosakralfuge (großer Pfeil). (Wiedergabe mit freundlicher Genehmigung von Dr. Victor Haughton, Medical College of Wisconsin, Milwaukee, USA.)

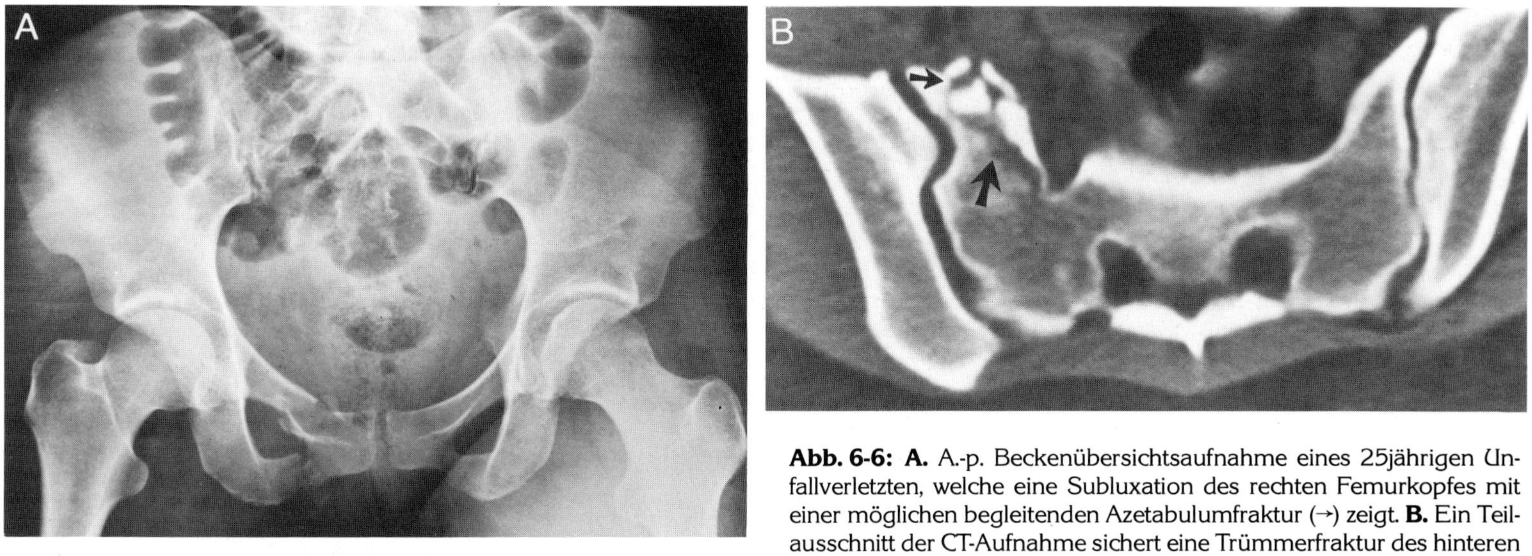

Abb. 6-6: A. A.-p. Beckenübersichtsaufnahme eines 25jährigen Unfallverletzten, welche eine Subluxation des rechten Femurkopfes mit einer möglichen begleitenden Azetabulumfraktur (→) zeigt. **B.** Ein Teilausschnitt der CT-Aufnahme sichert eine Trümmerfraktur des hinteren Pfeilers mit zwei intraartikulär gelegenen Fragmenten. In solchen Situationen ist die CT sehr hilfreich.

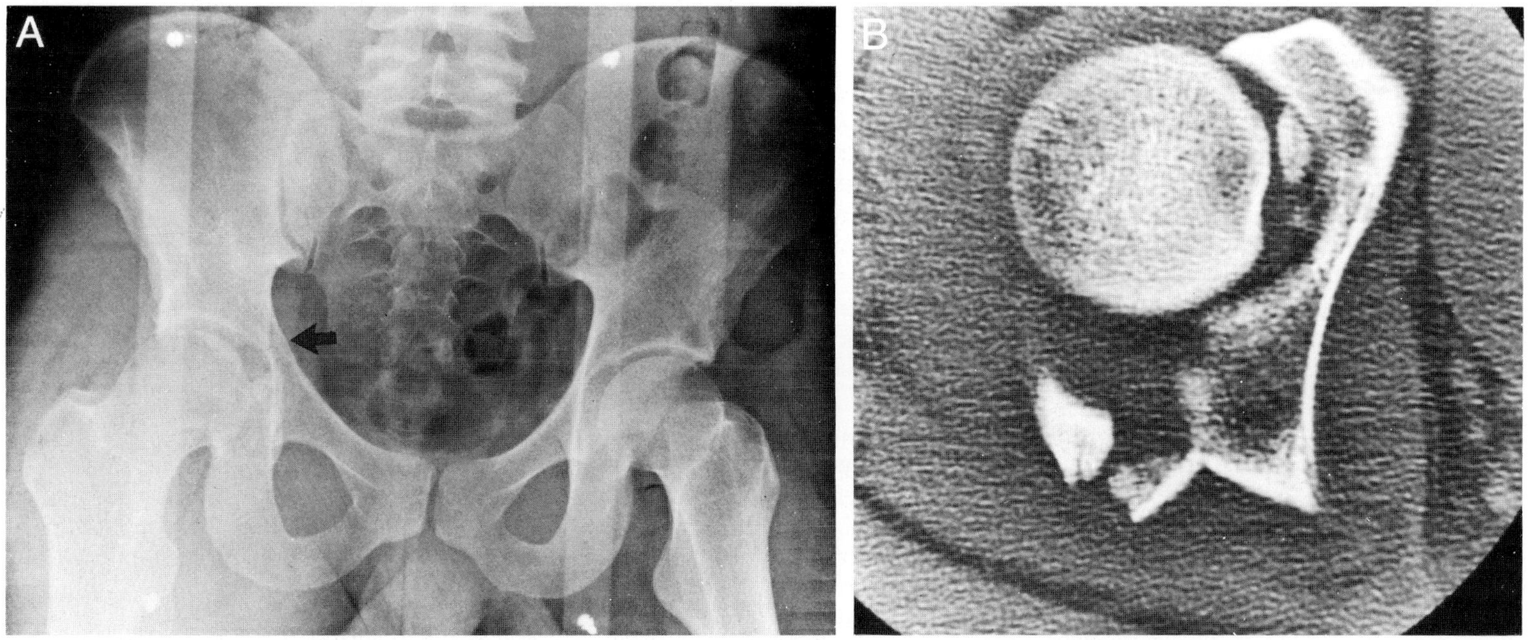

Abb. 6-7: A. Die a.-p. Beckenübersichtsaufnahme eines 23jährigen nach Verkehrsunfall zeigt eine gut erkennbare Fraktur von oberem und unterem Schambeinast rechts, darüber hinaus sind keine weiteren Verletzungen erkennbar. **B.** Eine Detailansicht des Kreuzbeins im CT zeigt nun eine im Übersichtsröntgenbild nicht erkennbare Trümmerfraktur des rechten Sakrumrandes (Pfeile).

nicht so gut sichtbar wie die anderen Knochenstrukturen des Beckens. Zunehmend häufiger sehen wir Frakturen dieser anatomischen Region, da wir bei mehr Patienten mit einer Beckenverletzung ein Becken-CT durchführen. Auf der Röntgenübersichtsaufnahme des Beckens sind die wichtigsten Landmarken die geschwungen verlaufenden Linien des Vorderrandes der Foramina sacralia. Ein jedes Klaffen oder eine jede Unterbrechung dieser Linen sollten an eine Fraktur denken lassen und ein CT veranlassen (Abb. 6-16 und 6-17) (16-18).

Weiterer wichtiger Aspekt ist der, daß Sakrumfrakturen nur selten isoliert vorkommen. Ist eine Kreuzbein- oder eine Beckenfraktur einmal festgestellt, dann sollten Sie sorgsam nach weiteren Brüchen suchen (Abb. 6-18 und 6-19). Nur selten einmal mag man die Skelettszintigraphie einsetzen, um auf den Übersichten unvermutete Kreuzbeinbrüche zu entdecken (19). Das Steißbein wird häufig verletzt, doch stellt man hier die Diagnose hauptsächlich nach dem klinischen Befund einer schmerzhaften Stelle bei der rektal digitalen Untersuchung. In den meisten Fällen sind Röntgenaufnahmen hierfür überflüssig, da das Risiko der hohen Strahlenbelastung der Gonaden wahrscheinlich schwerer wiegt als der mögliche Nutzen dieser Untersuchung.

Die Hüfte ist vermutlich die am häufigsten verletzte Region des Beckens; an ihr manifestiert sich auch eine große Zahl nichttraumatischer pathologischer Veränderungen. Selbstverständlich können hier – wie in jedem anderen Skelettabschnitt auch – die genaue Anamnese- und Befunderhebung helfen, Verletzungen in diesem anatomischen Gebiet zu lokalisieren und das Ausmaß dieser Schäden abzugrenzen.

Frakturen der Hüfte ereignen sich zumeist am Schenkelhals und in der Intertrochanterregion. Beim jüngeren Patienten ist der Schenkelhals Vorzugslokalisation von Belastungsfrakturen (Streßfrakturen, Ermüdungsfrakturen) (Abb. 6-20). Zahlenmäßig am häufigsten aber sieht man Schenkelhalsfrakturen bei älteren Frauen, oft nach einem nur leichten Trauma, wie z.B. einem Fall oder einem Ausrutschen. Diese Frakturen können erheblich fehlgestellt sein (Abb. 6-21). Bei vielen Patienten kann eine eingestauchte Fraktur praktisch absolut unsichtbar sein. Unter solchen Bedingungen ist es wichtig, eine a.-p. Aufnahme mit Innenrotation beider Beine und Füße vorzunehmen, um die perspektivische Verkürzung der Schenkelhälse zu vermeiden, die selbst eine Einstauchungsfraktur vortäuschen kann (Abb. 6-22). Eingestauchte Frakturen können lediglich anhand einer feinen Skleroselinie durch den Schenkelhals erkennbar sein (Abb. 6-23). Eine diagnostische Fallgrube ist es, bei Unfallverletzten mit Hüftschmerzen nur die Hüftregion zu röntgen. Denken Sie daran, daß dieser Schmerz durch andere Verletzungen übertragen sein kann und so Hüftbrüche vortäuscht. Deshalb fertigen wir in solchen Fällen immer eine a.-p. Übersichtsaufnahme des ganzen Beckens an (Abb. 6-24).

Bei adipösen Patienten mit entsprechenden Fettschichten sollte der Schatten einer Hautfalte nicht mit einer Fraktur verwechselt werden. Diese Falte kann sich direkt auf den Schenkelhals oder die Intertrochanterregion projizieren und das Bild einer echten Fraktur nachahmen (Abb. 6-25). Nehmen Sie bitte aber nicht umgekehrt automatisch an, daß keine Fraktur vorliegt, wenn Sie in dieser Region eine Hautfalte sehen (Abb. 6-26).

Nativaufnahmen können selbst retrospektiv betrachtet bei eingestauchten Schenkelhalsfrakturen völlig normal sein; diese Fälle können dann eine Knochenszintigraphie erfordern (Abb. 6-27).

Oft kann bei einer Hüftfraktur die Tomographie diagnostisch weiterhelfen (Abb. 6-28 und 6-29). Stark ausgeprägte degenerative Hüftveränderungen können mögliche pathologische Veränderungen auf den Nativfilmen verdecken. In diesen Fällen erscheint dann die Tomographie oder die CT indiziert (Abb. 6-30).

Halten Sie sich immer vor Augen, daß nicht alle Schenkelhalsfrakturen rein traumatisch bedingt sein müssen: Diese Region ist ein Vorzugssitz von Metastasen; in allen Fällen sollte man deshalb das Röntgenbild nach weiteren Zeichen einer Skelettmetastasierung absuchen (Abb. 6-31).

Hüftluxationen sind häufig, insbesondere bei PKW-Unfällen. Diese Verletzungen sind oft mit Azetabulumfrakturen verbunden (Abb. 6-32 und 6-33). Hier können nun die konventionelle oder die Computertomographie erforderlich werden, um das vollständige Schädigungsausmaß zu bestimmen. Selbstverständlich sollte man eine angeborene Hüftluxation nicht mit einer posttraumatischen verwechseln (Abb. 6-34).

Die Situation, daß man postoperativ einen totalen Hüftgelenksersatz beurteilen muß, trifft man im Notaufnahmedienst häufig an. Suchen Sie hier immer sorgfältig nach möglichen Zeichen einer Protheseninfektion (Abb. 6-35). Bei diesen Patienten kann es auch zu anderen traumatischen Beckenschädigungen kommen (Abb. 6-36 und 6-37). Schließlich ereignen sich auch partielle Luxationen des Hüftgelenkersatzes. Bei diesen Patienten kann die anamnestische Angabe, daß «die Hüfte springt oder knackt», der Schlüssel zur Diagnose sein (Abb. 6-38).

Alle Röntgenaufnahmen von Patienten mit der Angabe von Hüftschmerzen sollte man gewissenhaft nach Weichteilveränderungen und feineren röntgenologisch erkennbaren pathologischen Veränderungen absuchen. Beispielsweise kann sich eine septische Koxitis im Röntgenbild durch einen Erguß und eine laterale Subluxation zu erkennen geben (Abb. 6-39). Ein Epiphysengleiten des Schenkelkopfes (Epiphysiolysis capitis femoris; insbesondere bei Knaben im Pubertätsalter) kann auf der a.-p. Aufnahme durchaus noch maskiert bleiben, zeigt sich aber auf einer Lauenstein-Aufnahme. Dieses Krankheitsbild ist bei 30–40% der Patienten beidseitig vorhanden (Abb. 6-40). Die aseptische Schenkelkopfnekrose (Morbus Perthes-Calvé-Legg-Waldenström), häufige Ursache von Hüftschmerzen, kann bei Kindern röntgenologisch auffallender sein als bei Erwachsenen (Abb. 6-41 und 6-42). Natürlich können auch Erkrankungen der Iliosakralfugen die Ursache von Kreuz- und Hüftschmerzen sein (Abb. 6-43). Suchen Sie schließlich immer noch nach nichttraumatischen Ursachen von Schmerzen im Beckenbereich. Metastasen beobachtet man am Becken recht häufig, bei der Frau vorwiegend durch das Mamma-, beim Manne durch das Prostatakarzinom (Abb. 6-44 und 6-45). Vergessen Sie nicht, daß der Morbus Paget auch am Becken das Bild von Skelettmetastasen imitieren kann (Abb. 6-46).

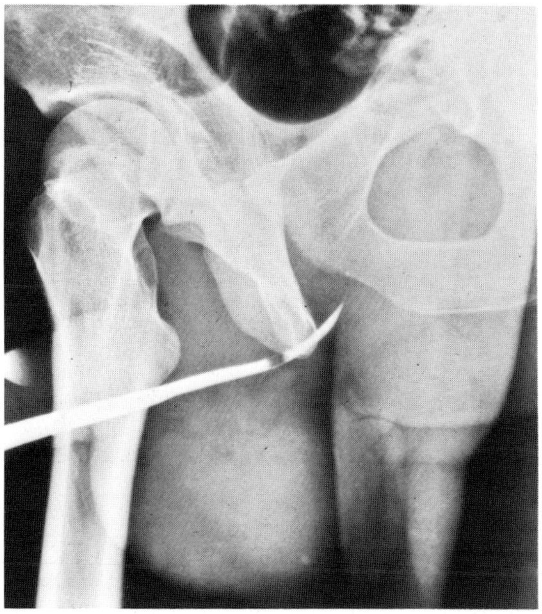

Abb. 6-8: Schlechte Technik einer retrograden Urethrographie, die nur die Verhältnisse innerhalb des Verlaufs im Penis wiedergibt. Die hintere Urethra oder die Harnblase sind nicht dargestellt.

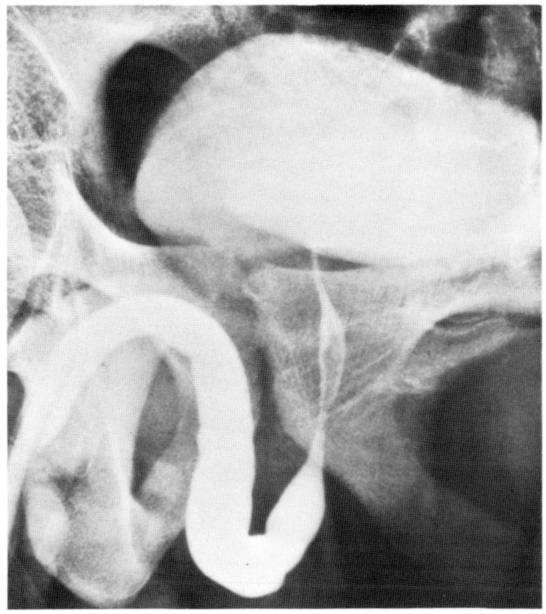

Abb. 6-9: Richtige Technik der retrograden Urethrographie. Diese zeigt den gesamten Verlauf der Urethra und auch die Harnblase.

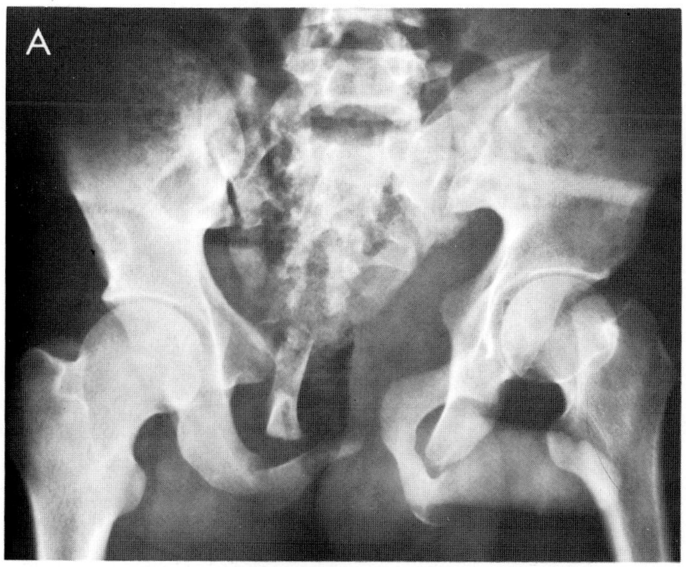

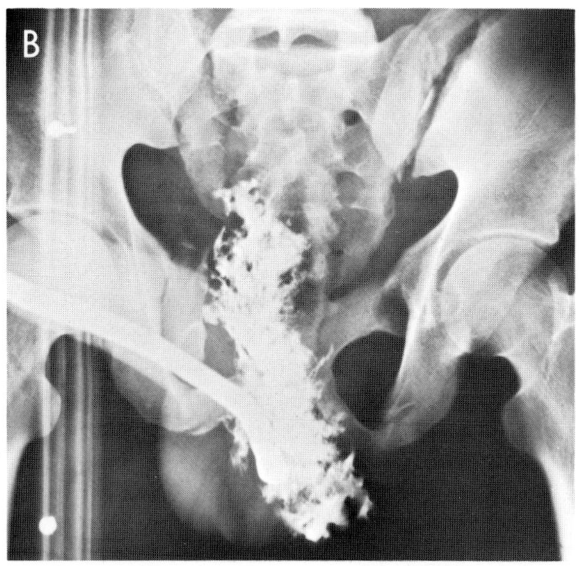

Abb. 6-10: A. A.-p. Aufnahme des Beckens eines 21jährigen Mannes mit einem Autounfall. Man sieht hier erheblich dislozierte Frakturen beider Scham- und Sitzbeine, ferner eine Sprengung der linken Iliosakralfuge mit Fehlstellung sowie eine Fraktur des linken Darmbeins.

B. Die retrograde Urethrographie zeigt eine Verziehung der hinteren Urethra mit einem Kontrastmittelextravasat.

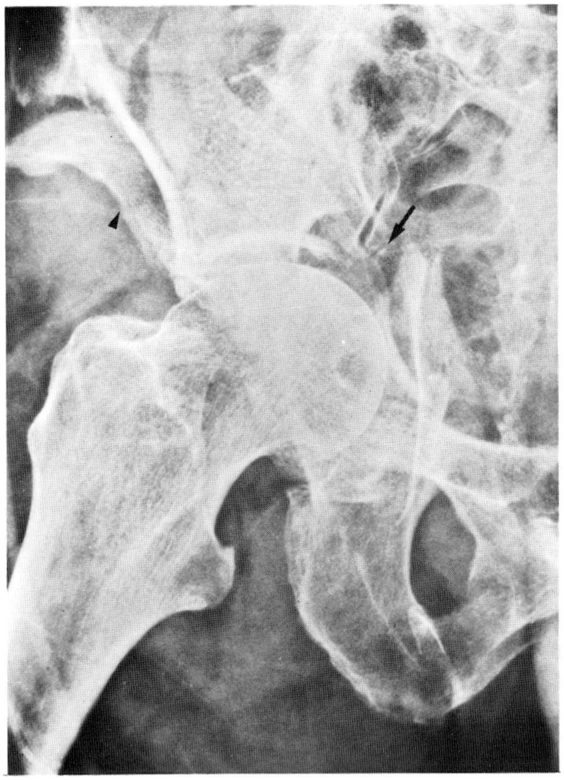

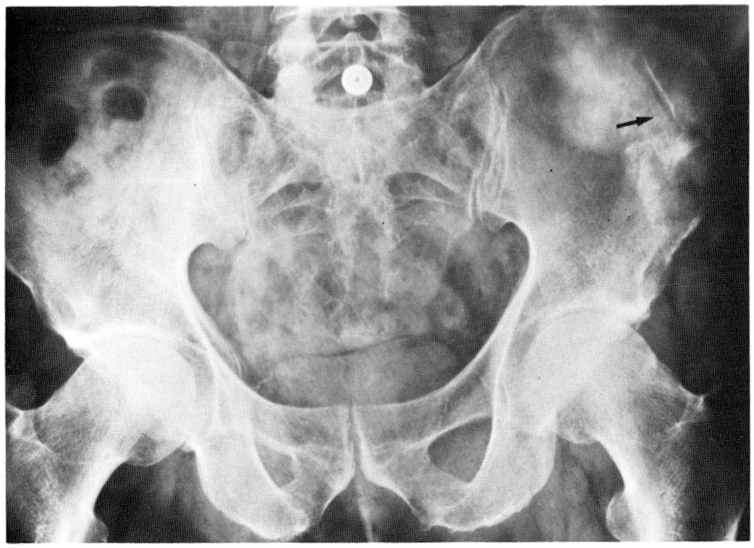

Abb. 6-11: A.-p. Aufnahme des Beckens eines 45jährigen Mannes nach einem Motorradunfall. Man sieht Frakturen des linken Os ilii.

Abb. 6-12: Die Aufnahme des rechten Hüftgelenks einer 55jährigen Frau, die einen Autounfall erlitt, zeigt eine Trümmerfraktur des rechten Darmbeins (Pfeilspitze) und eine zentrale Fraktur des Azetabulums (Pfeil). Letztere kann Ursache einer Blasenruptur sein.

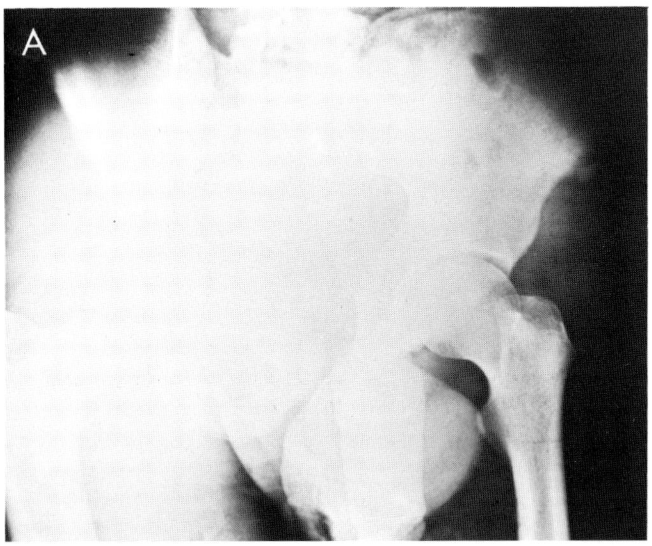

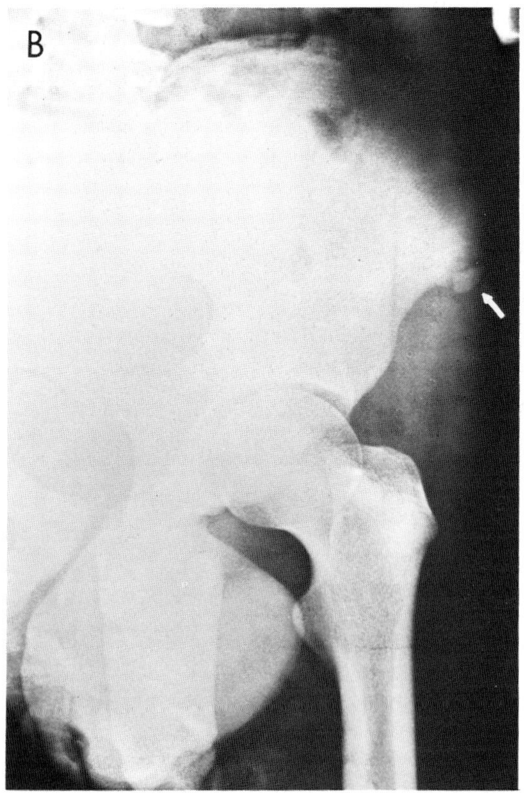

Abb. 6-13: A. Beckenschrägaufnahme eines 21jährigen Läufers, der beim Queren der Ziellinie kollabierte: Diese wurde anfangs als normal gedeutet. (Die Erstaufnahme war stark geschwärzt; die drucktechnische Wiedergabe wurde hier erheblich verbessert.) **B.** Vergrößerte Teilaufnahme. Sie zeigt eine Abrißfraktur (Avulsionsfraktur, Ausrißfraktur) der linken Spina iliaca anterior superior (Pfeil). Denken Sie immer daran, auch die peripheren Bilddetails stark geschwärzter Aufnahmen nach pathologischen Veränderungen abzusuchen!

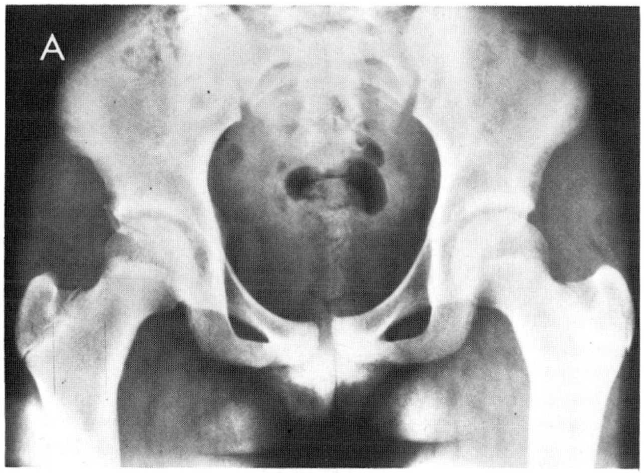

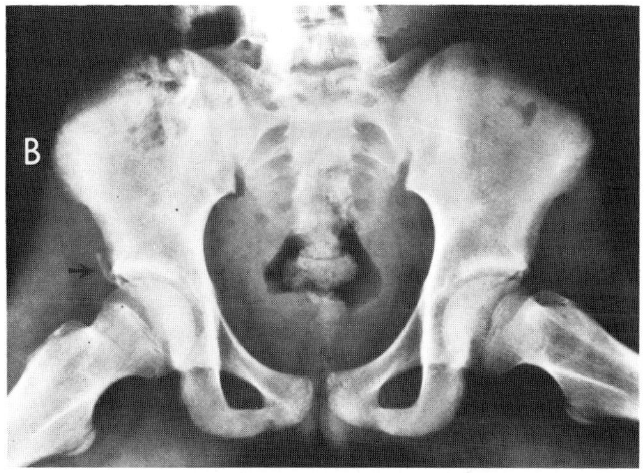

Abb. 6-14: A. Ursprünglich als normal befundete a.-p. Aufnahme des Beckens einer jungen Frau.

B. Die Lauenstein-Aufnahme zeigt bei der gleichen Patientin jetzt wesentlich besser eine Fraktur der Spina iliaca anterior inferior rechts (Pfeil).

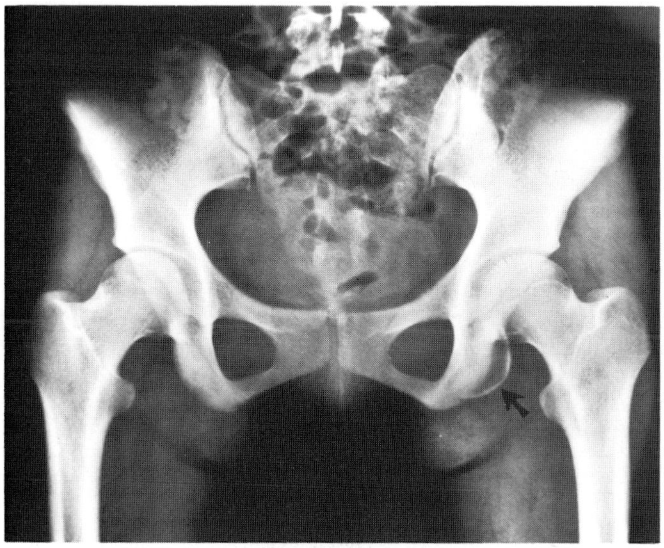

Abb. 6-15 (oben): Ausriß des Tuber ischiadicum bei einem 16jährigen, der über Schmerz beim Laufen klagte.

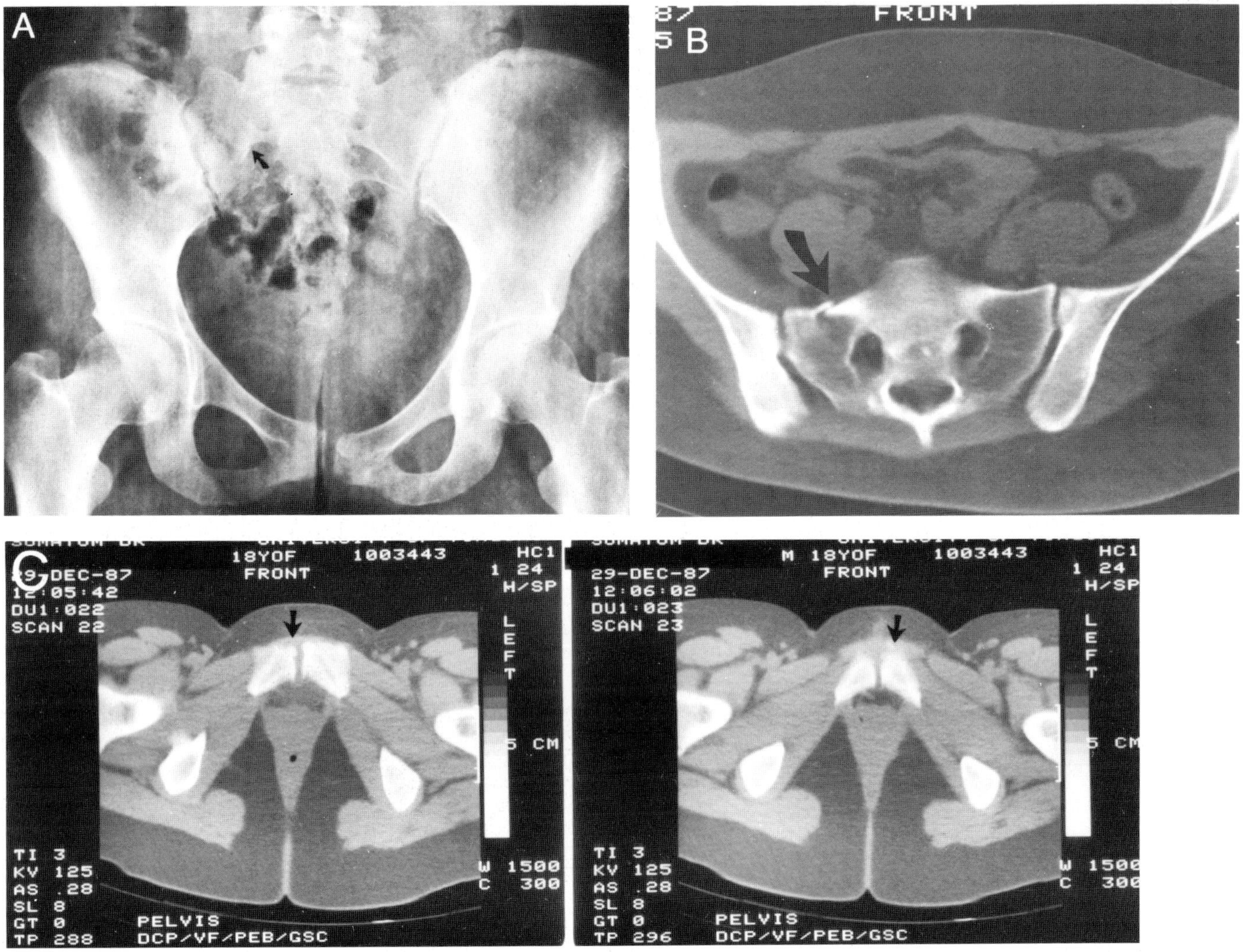

Abb. 6-16: A. A.-p. Beckenübersichtsaufnahme einer 19jährigen Frau nach einem Autounfall. Achten Sie hier auf die Unterbrechung der Linie der Foramina sacralia (Pfeil) **B.** Das CT bestätigt eine gering dislozierte Sakrumfraktur (Pfeil). **C.** Ferner sind kleinere Frakturen beider Schambeinäste dargestellt (Pfeile).

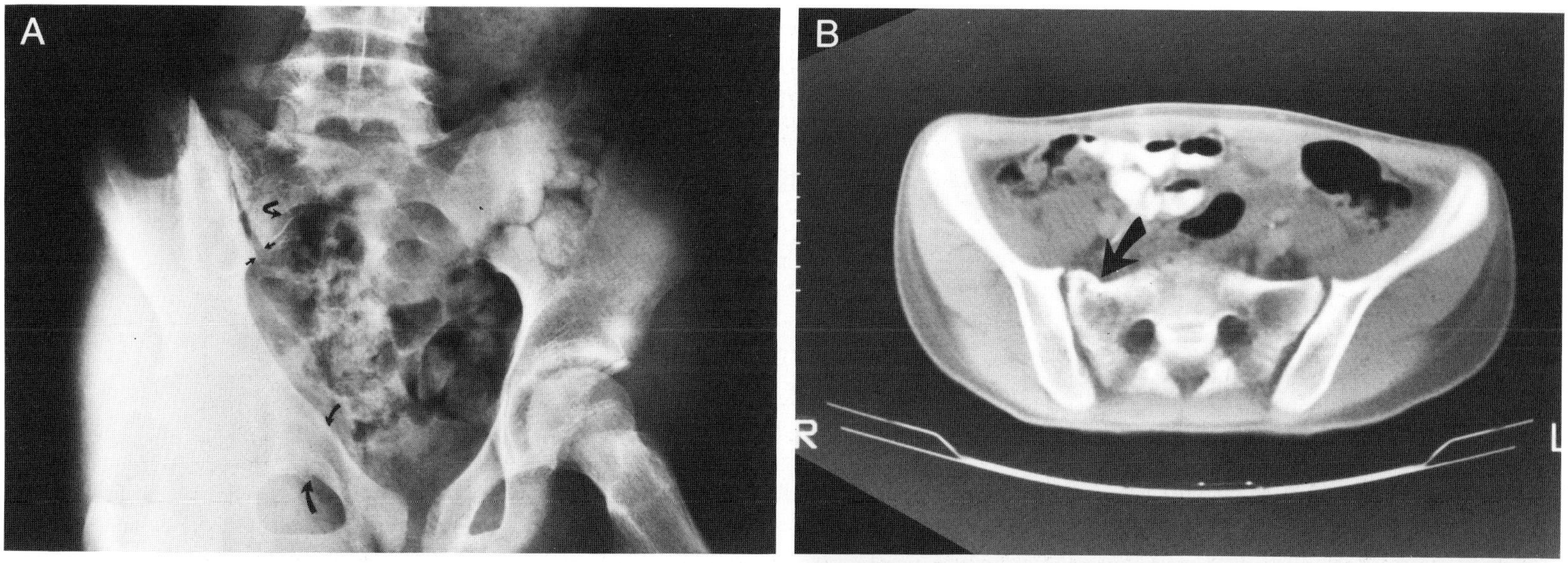

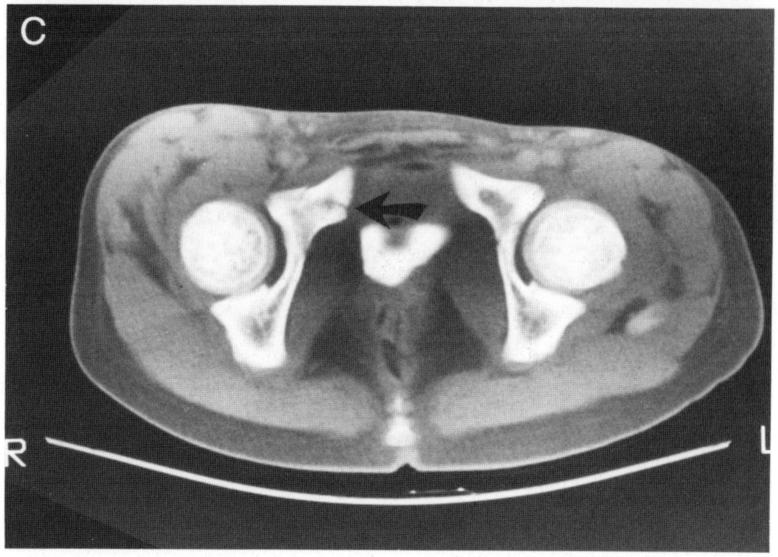

Abb. 6-17: A. Die schräge Judet-Aufnahme des Beckens a.-p. bei einem 13jährigen Kind nach Verkehrsunfall zeigt eine Fraktur des rechten oberen Schambeinastes (leicht gekrümmte Pfeile), eine Verbreiterung der rechten Iliosakralfuge (kleine Pfeile) und eine Unterbrechung der Lineae arcuatae rechts (gekrümmter Pfeil). **B.** Das CT sichert eine Fraktur des Kreuzbeins (Pfeil). **C.** Ein tieferes CT-Bild zeigt eine Fraktur des rechten Schambeinastes (Pfeil).

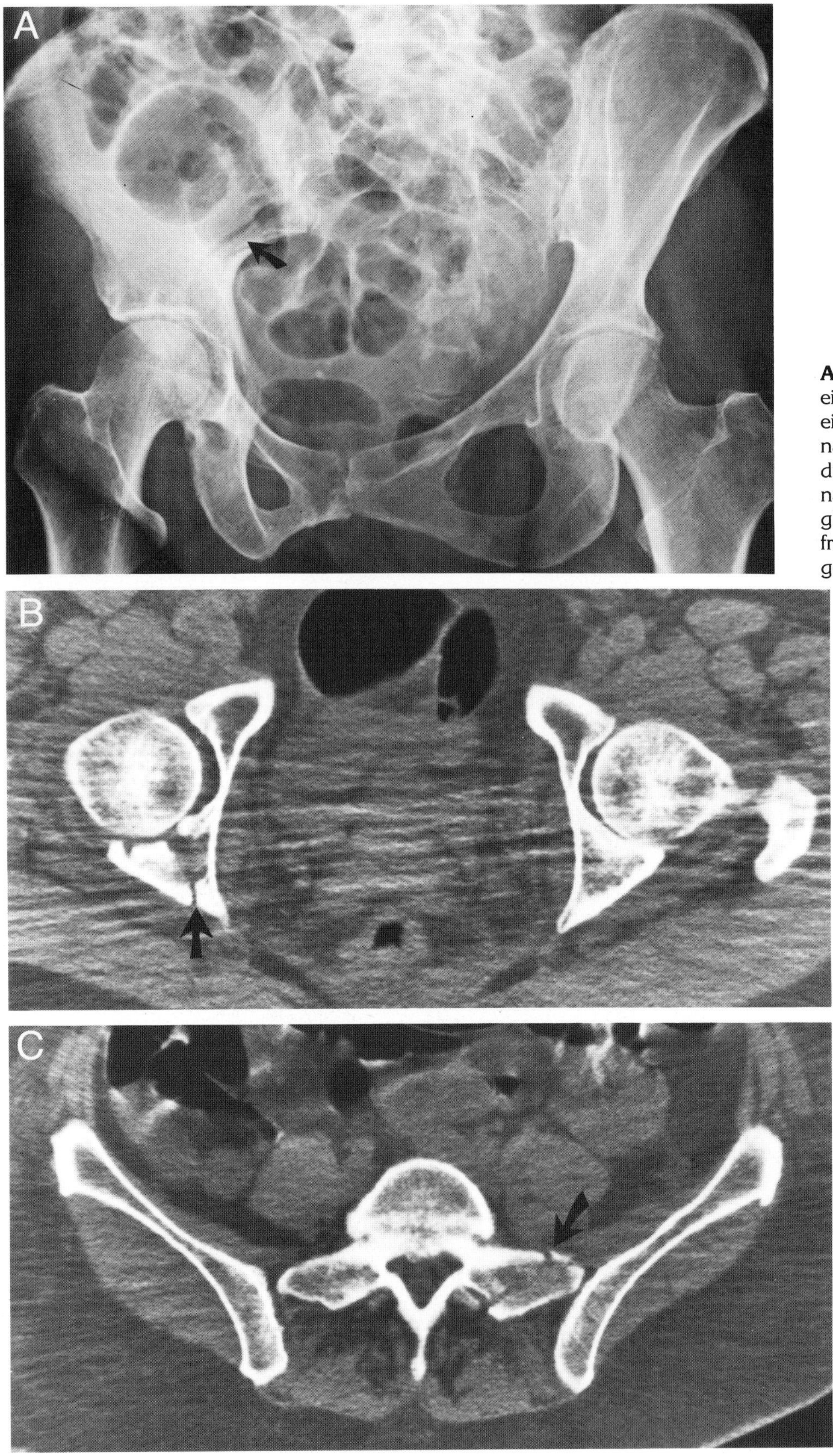

Abb. 6-18: A. Die a.-p. Beckenübersichtsaufnahme eines 49jährigen Patienten nach Verkehrsunfall zeigt eine geradlinige Fraktur im Bereich der Linea terminalis (Pfeil). **B.** Das CT-Bild weist die Ausdehnung dieser Fraktur bis in den hinteren Azetabulumpfeiler nach (Pfeil). **C.** Ein höherer CT-Schnitt zeigt eine Begleitfraktur der linken Sakrumhälfte (Pfeil). Sakrumfrakturen sind nur selten isolierte Beckenverletzungen.

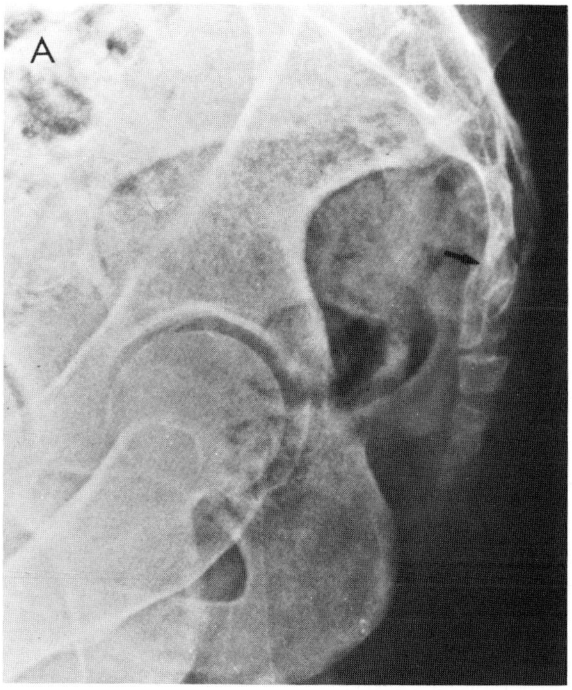

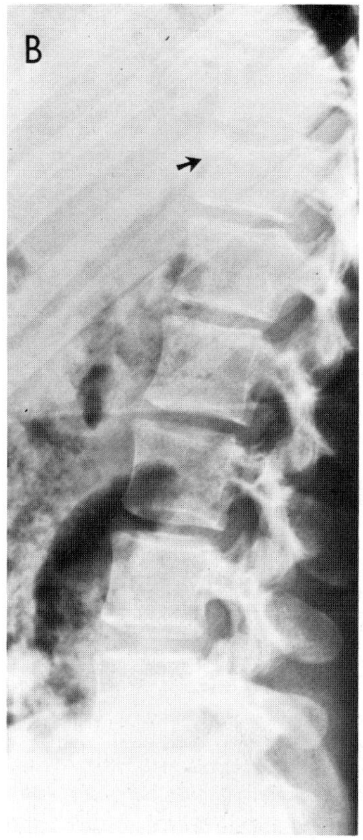

Abb. 6-19: A. Kreuzbeinaufnahme bei einem 22jährigen mit klinischen Verdacht auf Sakrumfraktur (Pfeil). **B.** Die seitliche LWS des gleichen Patienten zeigt auf einer großformatigen Aufnahme eine Kompressionsfraktur von BWK 12 (Pfeil), die der Erstbefundung entgangen war. Wenn Sie eine Fraktur sehen, so fahnden Sie immer nach weiteren!

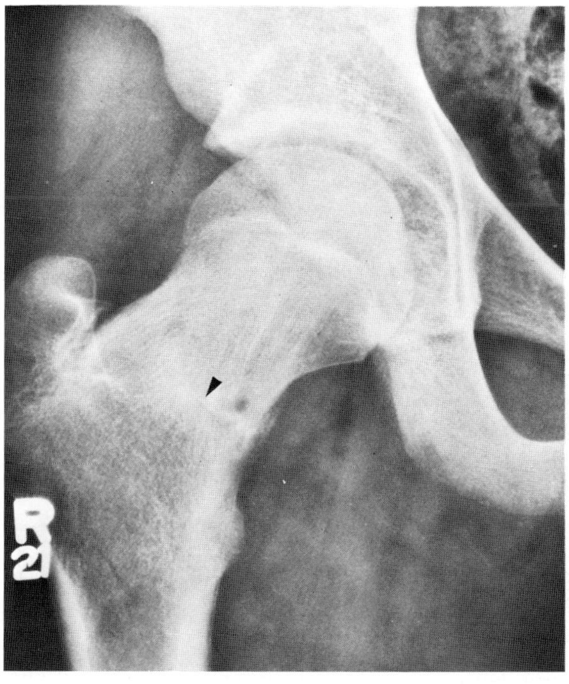

Abb. 6-20: Die rechte Hüfte eines 16jährigen Läufers zeigt eine Sklerosierungslinie durch den unteren Schenkelhals, die einer Streßfraktur entspricht (Pfeilspitze).

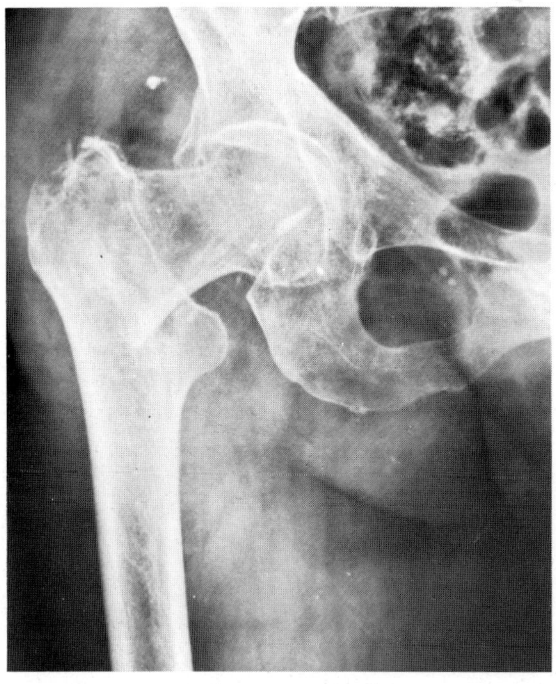

Abb. 6-21: Fehlgestellte intertrochantere Fraktur bei einer 75jährigen Frau.

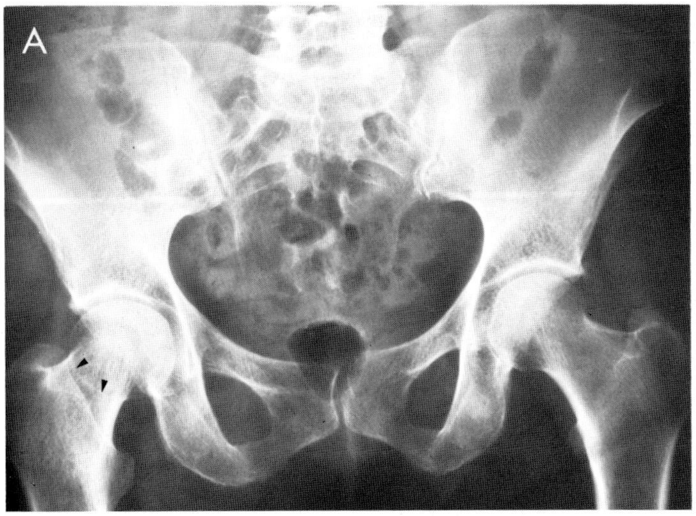

Abb. 6-22: A. Zunächst in einer anderen Klinik als Schenkelhalsfraktur gedeutete a.-p. Aufnahme des Beckens einer 45jährigen Frau (Pfeilspitzen).

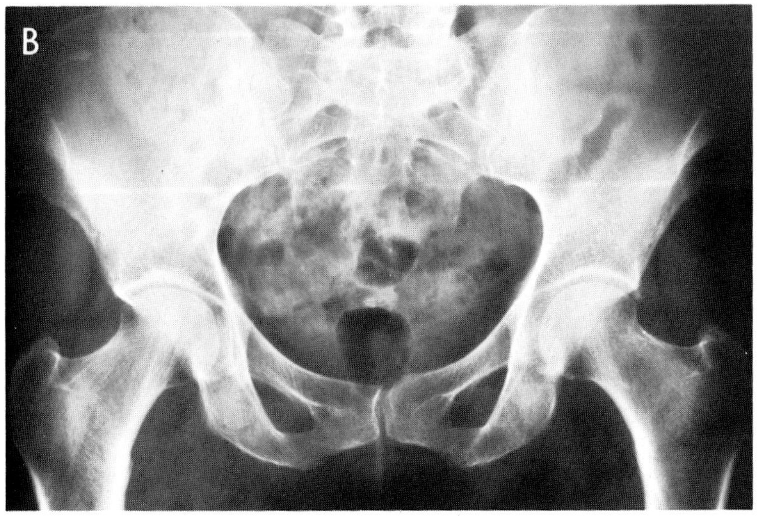

B. Die Wiederholungsaufnahme in der eigenen Klinik mit Innenrotation der Füße und der Beine zeigt eine Asymmetrie der Schenkelhälse, jedoch keine Fraktur. Bei der Anfertigung von Beckenaufnahmen ist eine gute Untersuchungstechnik nötig, um Fehldiagnosen zu vermeiden!

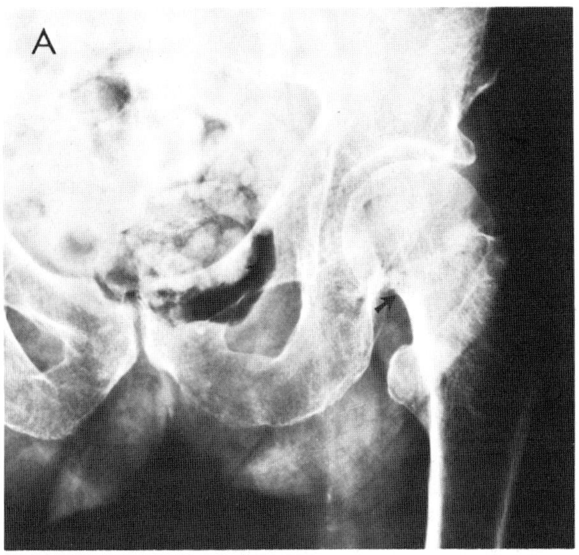

Abb. 6-23: A. A.-p. Hüftaufnahme eines 72jährigen, der gestürzt war und jetzt über Hüftschmerzen links klagte. Eingangs wurde die Aufnahme als normal befundet, doch beachten Sie hier die Sklerosierung des linken Schenkelhalses. Der Pfeil zeigt auf eine Einstauchungsfraktur des linken Schenkelhalses.

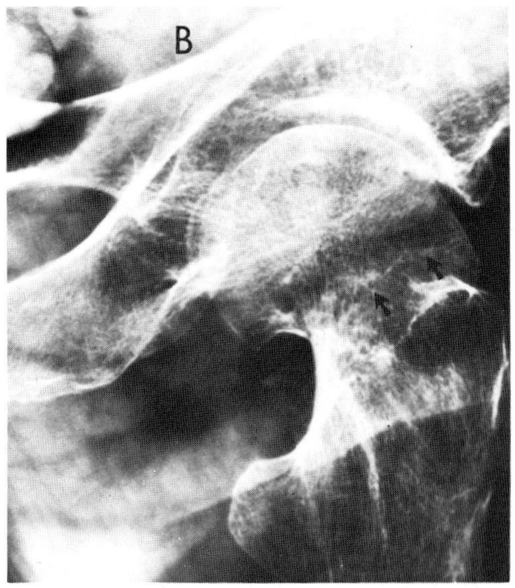

B. Der Versuch einer Lauenstein-Aufnahme ergab eine feine sklerotische Linie, die eine Fraktur anzeigt (Pfeile). Eingestauchte Frakturen werden oft übersehen und können auch sehr schwer zu diagnostizieren sein, wenn man bei fraglichen Fällen nicht auf Spezialeinstellungen, die Tomographie oder eine Knochenszintigraphie zurückgreift.

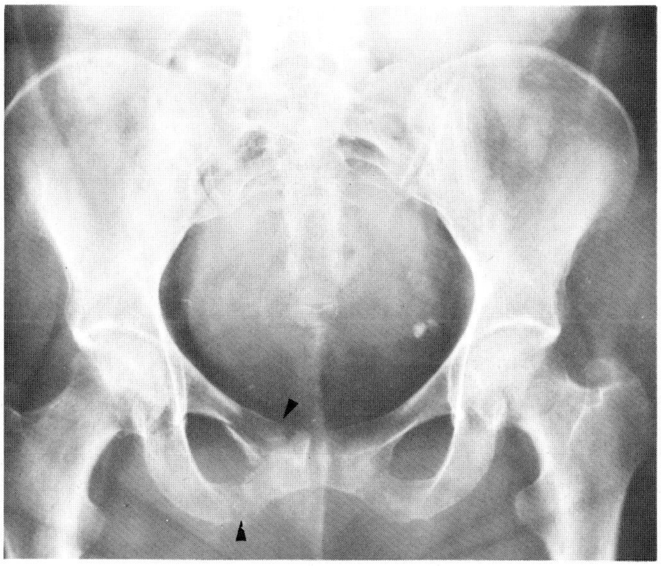

Abb. 6-24: A.-p. Aufnahme einer 38jährigen Frau, die gestürzt und dabei auf die rechte Hüfte aufgeschlagen war. Vor dieser Untersuchung war nur die rechte Hüfte geröntgt und anfangs als normal beurteilt worden. Die a.-p. Aufnahme des gesamten Beckens zeigt Frakturen beider Schambeinäste rechts (Pfeilspitzen). Eine a.-p. Aufnahme des gesamten Beckens sollte bei allen Patienten mit traumatischen Hüftschmerzen angefertigt werden!

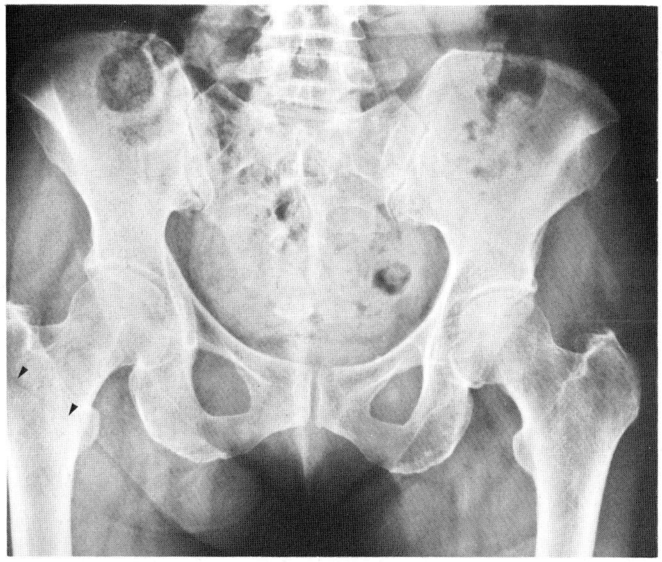

Abb. 6-25: Die a.-p. Aufnahme dieses 59jährigen Patienten zeigt eine Hautfalte in Projektion auf die Regio intertrochanterica des rechten Oberschenkels (Pfeilspitzen). Diese sollte nicht mit einer Fraktur verwechselt werden.

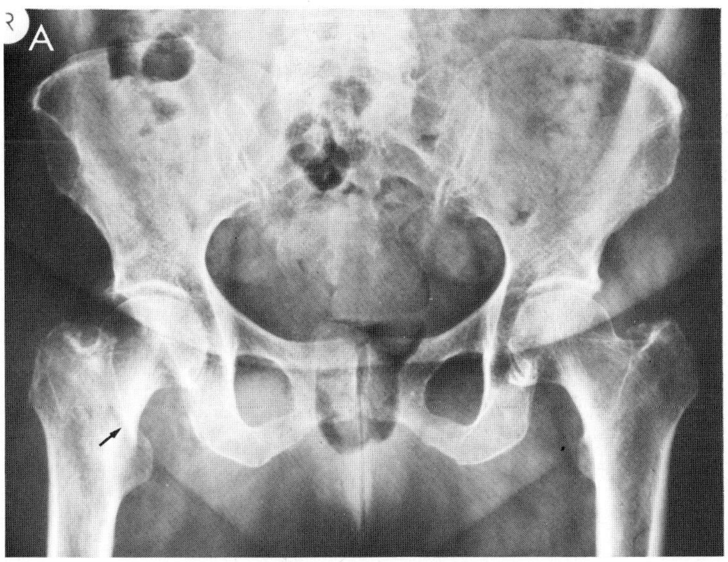

Abb. 6-26: A. A.-p. Aufnahme einer 77jährigen Frau nach einem Sturz; jetzt Angabe von Schmerzen. Die Aufhellungszone (Pfeil) wurde in der Notaufnahme als Hautfalte gedeutet.

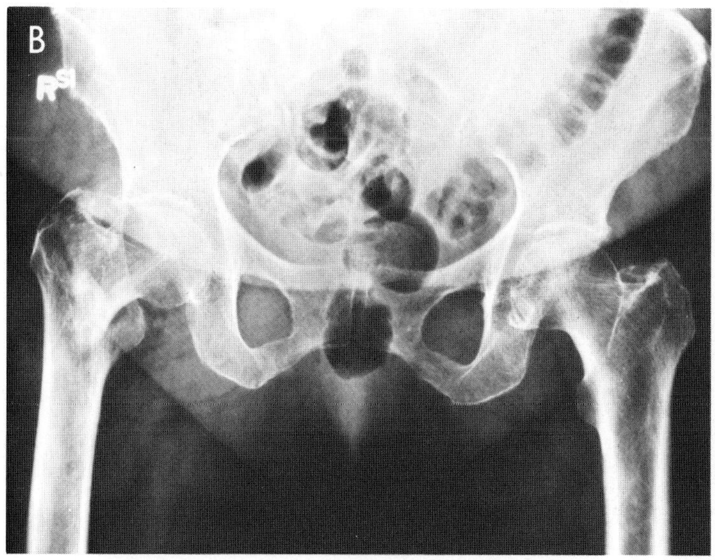

B. Die a.-p. Aufnahme vom folgenden Tag zeigt eine fehlgestellte intertrochantere Fraktur rechts. Retrospektiv betrachtet war diese Fraktur auch schon auf der Erstaufnahme vorhanden und wegen der Hautfalte übersehen worden.

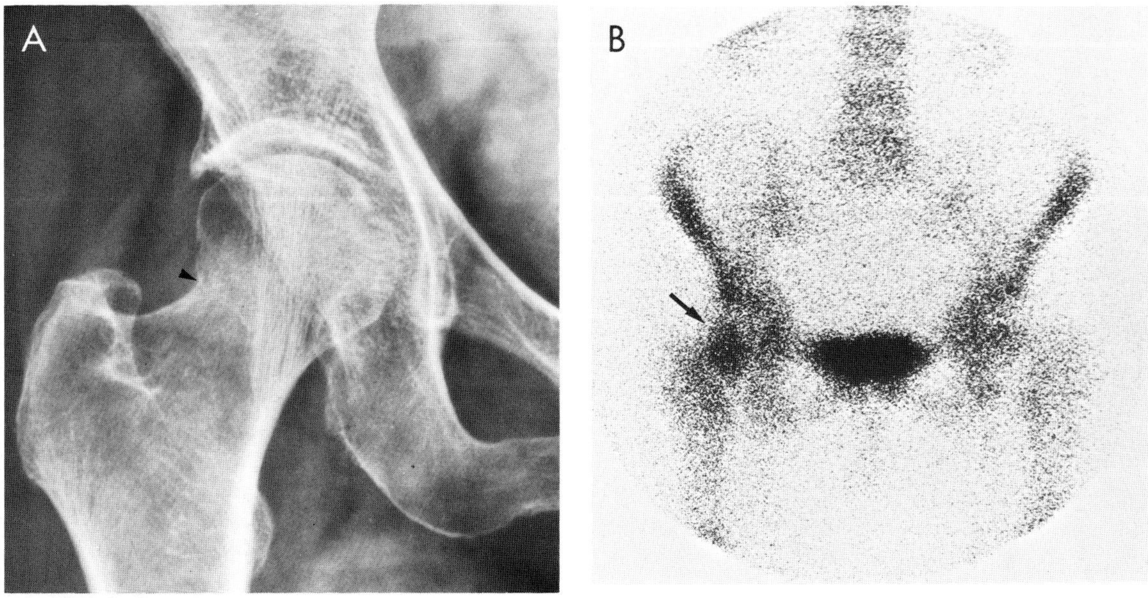

Abb. 6-27: A. Rechte Hüfte einer 73jährigen Frau, die vor vier Tagen gestürzt war. Zunächst Befundung als normal. **B.** Das Knochenszintigramm zeigt fünf Tage nach dem Trauma eine Aktivitätsvermehrung (Pfeil). Im Nachhinein betrachtet war die Fraktur auch schon auf der Röntgenaufnahme ersichtlich (Pfeilspitze). Eingestauchte Frakturen können schwierig diagnostizierbar sein und erfordern oft Zusatztechniken.

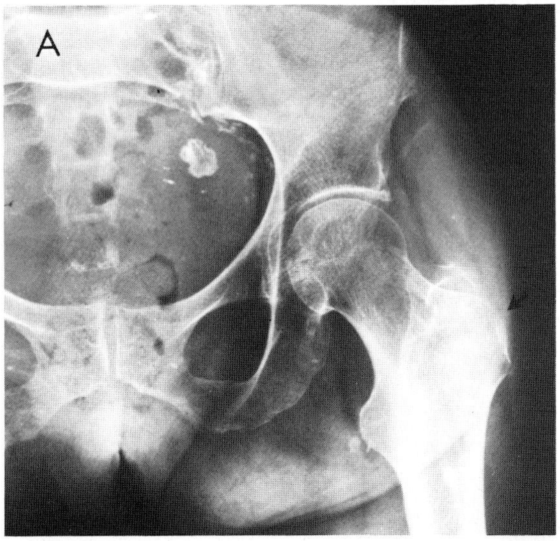

Abb. 6-28: A. A.-p. Aufnahme der linken Hüfte eines 63jährigen Patienten nach einem Trauma. Dieser Film war ursprünglich sehr schwarz und wurde als normal gelesen, doch weist hier der Pfeil auf einen verdächtigen Bezirk. **B.** Die a.-p. Wiederholungsaufnahme mit besserer Technik nach drei Wochen zeigt diese Region (Pfeil) für eine exakte Diagnose immer noch zu ungenau abgebildet. **C.** Die Tomographie ergibt eine Fraktur des linken Trochanter maior (Pfeil). Dies unterstreicht die Wichtigkeit der Tomographie bei allen Patienten mit anhaltenden Schmerzen und nur sehr subtilen Veränderungen auf den Standardaufnahmen.

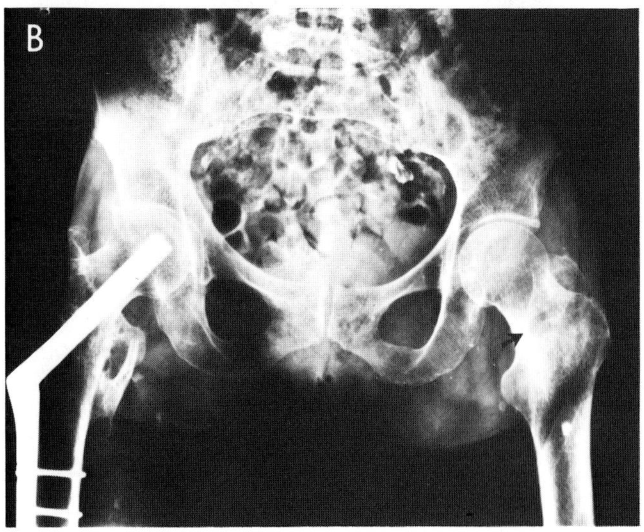

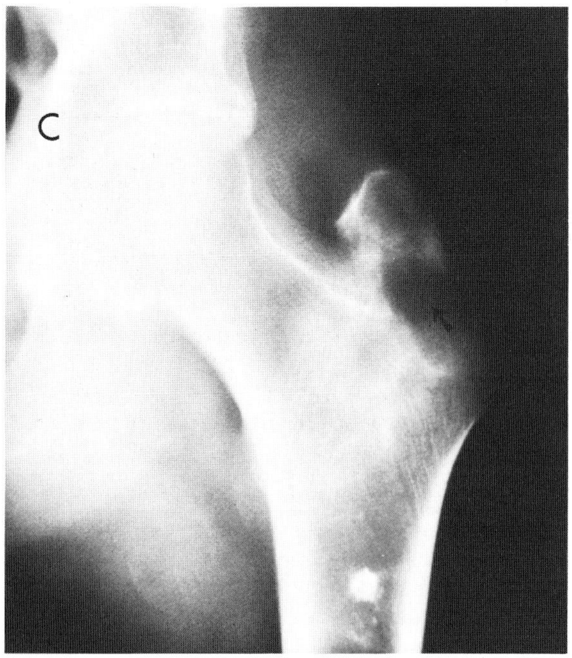

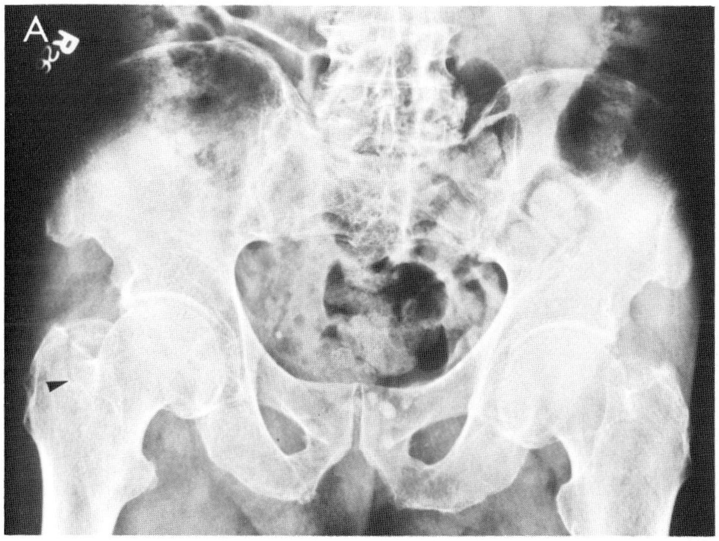

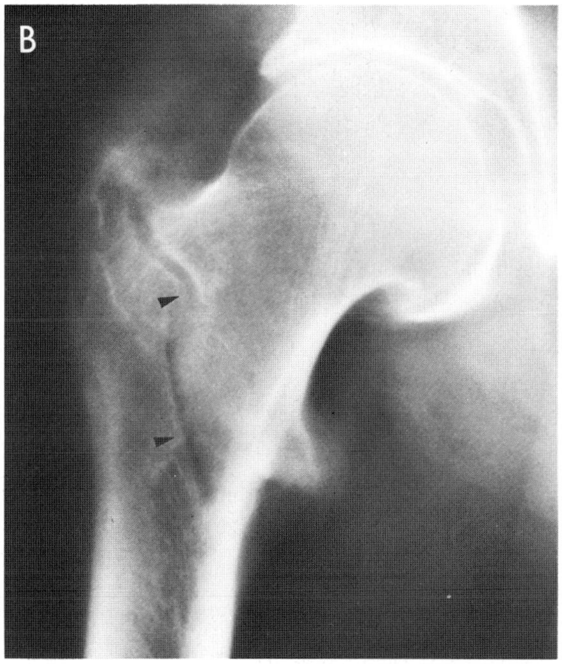

Abb. 6-29: A. A.-p. Beckenaufnahme eines 88jährigen, der gestürzt war. Fragliche intertrochantere Fraktur der rechten Hüfte (Pfeilspitze). **B.** Die Tomographie vom Folgetag enthüllte wesentlich besser diese intertrochantere Fraktur (Pfeilspitzen).

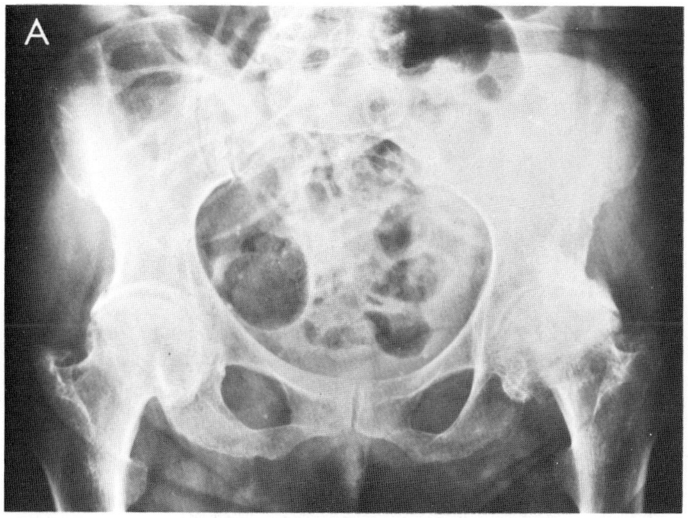

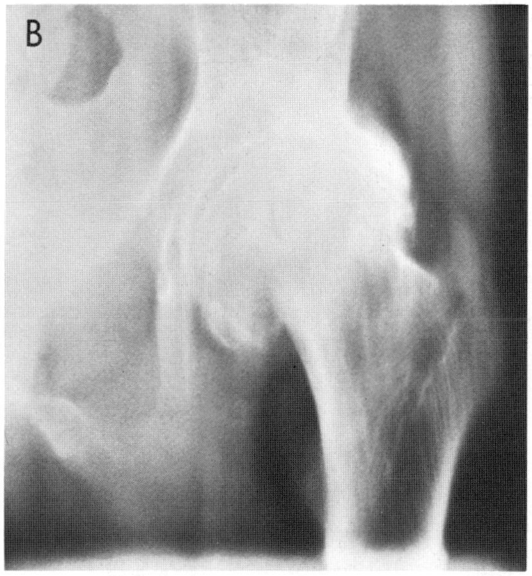

Abb. 6-30: A. A.-p. Beckenaufnahme einer 78jährigen Frau nach einem Sturz. Im Notaufnahmeraum wurde die Frage einer linksseitigen Schenkelhalsfraktur aufgeworfen, doch erlaubten die ausgedehnten degenerativen Veränderungen keine endgültige Diagnose.

B. Das Tomogramm der linken Hüfte ergab keine Fraktur.

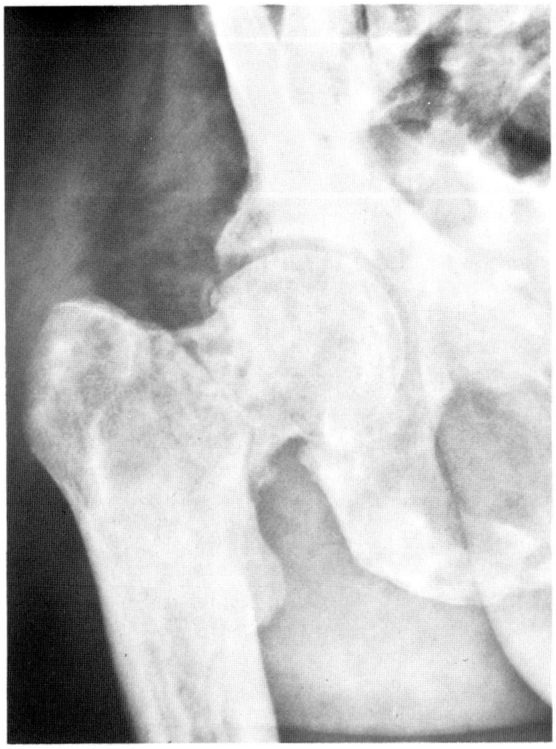

Abb. 6-31: 77jähriger Mann mit sowohl osteolytischen als auch osteoblastischen Knochenmetastasen. «Schenkelhalsfraktur mit Varusdeformität» war hier die ursprüngliche klinische Diagnose.

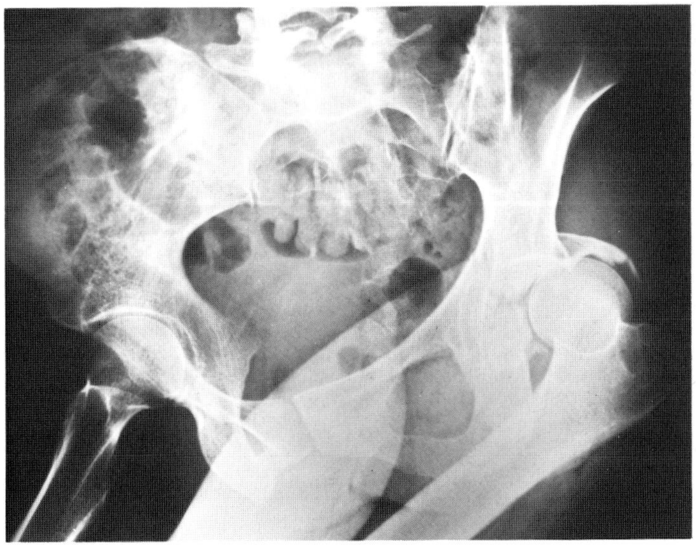

Abb. 6-32: Traumatische Hüftgelenksluxation links mit Trümmerfraktur des Azetabulums. Solche Hüftluxationen sind oft mit Azetabulumfrakturen vergesellschaftet.

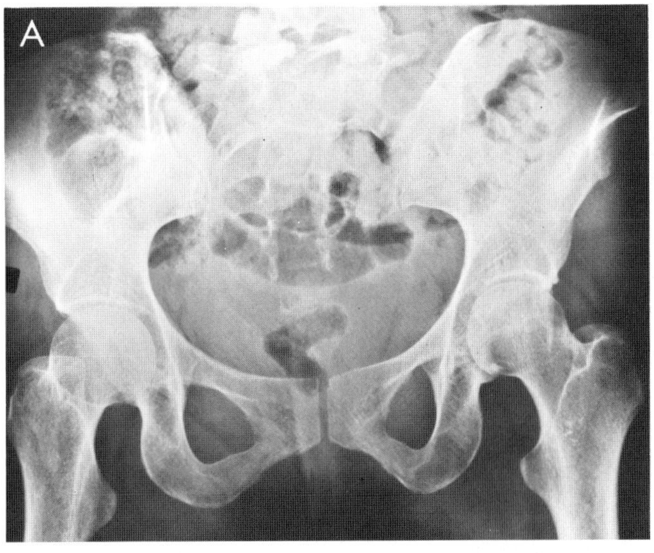

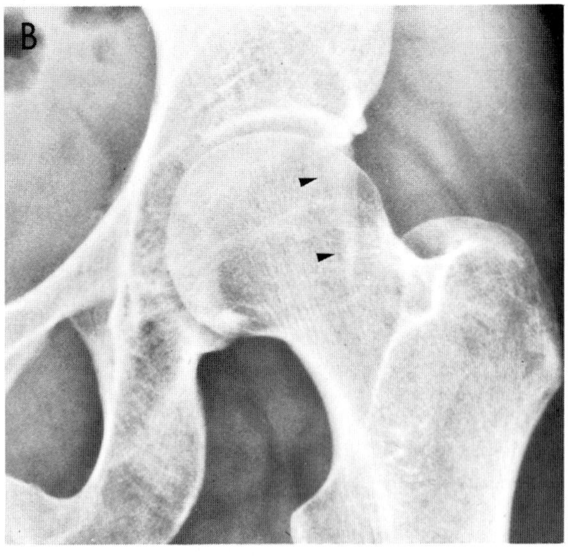

Abb. 6-33: A. Diese a.-p. Beckenaufnahme eines 35jährigen nach einem Autounfall wurde eingangs als normal beurteilt.

B. Die linke Hüfte zeigt aber ein Fragment der hinteren Azetabulumlippe (Pfeilspitzen).

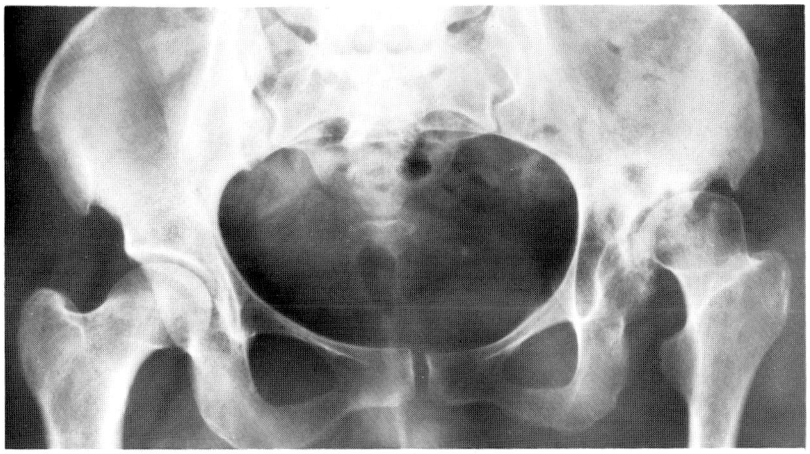

Abb. 6-34: Angeborene Hüftluxation links mit «falschem» Azetabulum und degenerativen Veränderungen. Dies sollte nicht mit akut traumatischen Veränderungen verwechselt werden.

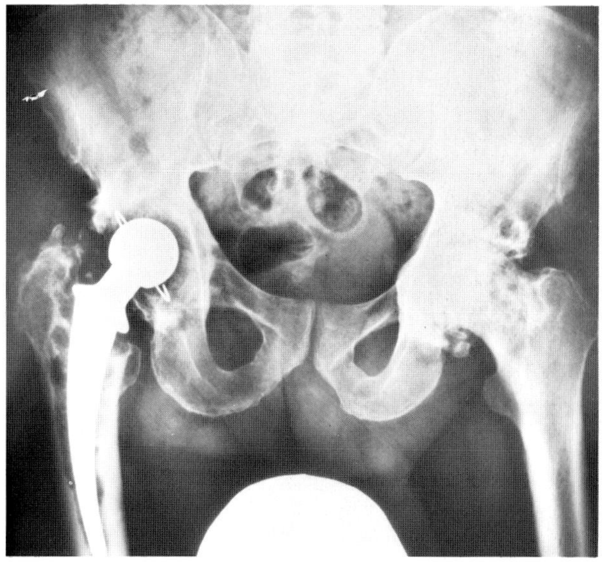

Abb. 6-35: Dieser 70jährige Patient klagte über rechtsseitige Hüftschmerzen nach totalem Hüftgelenksersatz. Beachten Sie die deutliche Aufhellung um die Endoprothese herum, die eine Infektion mit Lockerung anzeigt. Man notiere hier auch die deutlichen degenerativen Veränderungen der linken Hüfte. Bei allen Patienten mit einer TEP sollte deren distales Ende mit abgebildet sein!

Abb. 6-36: **A.** Die Aufnahme der linken Hüfte einer 77jährigen Frau zeigt postoperative Veränderungen. **B.** Eine Aufnahme ein Jahr nach diesem Zeitpunkt ergibt eine nicht fehlgestellte Fraktur des unteren Schambeinastes. Die Patientin war gefallen und auf die linke Hüfte aufgeprallt.

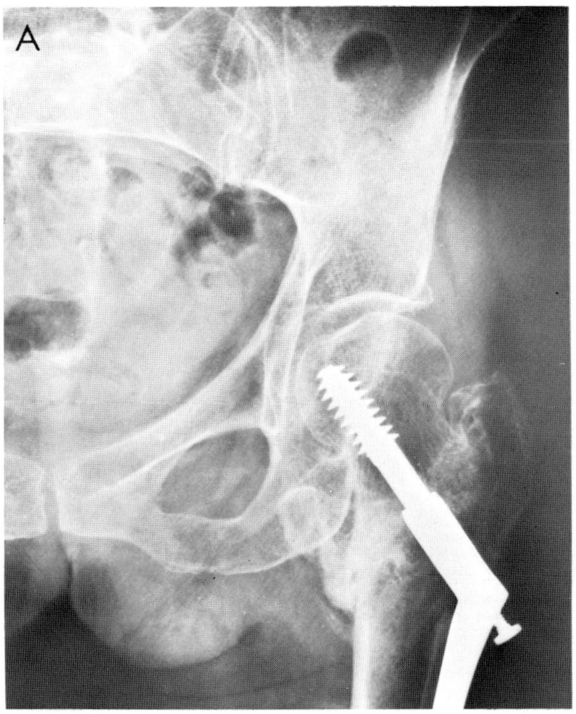

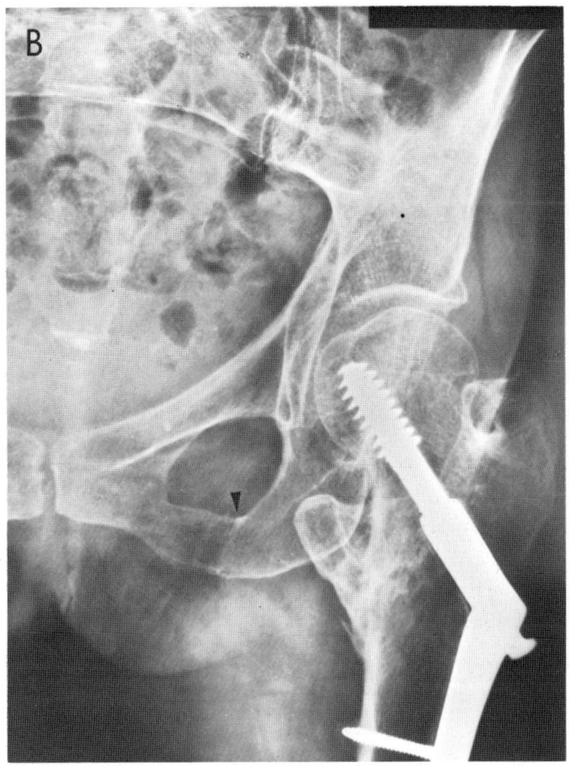

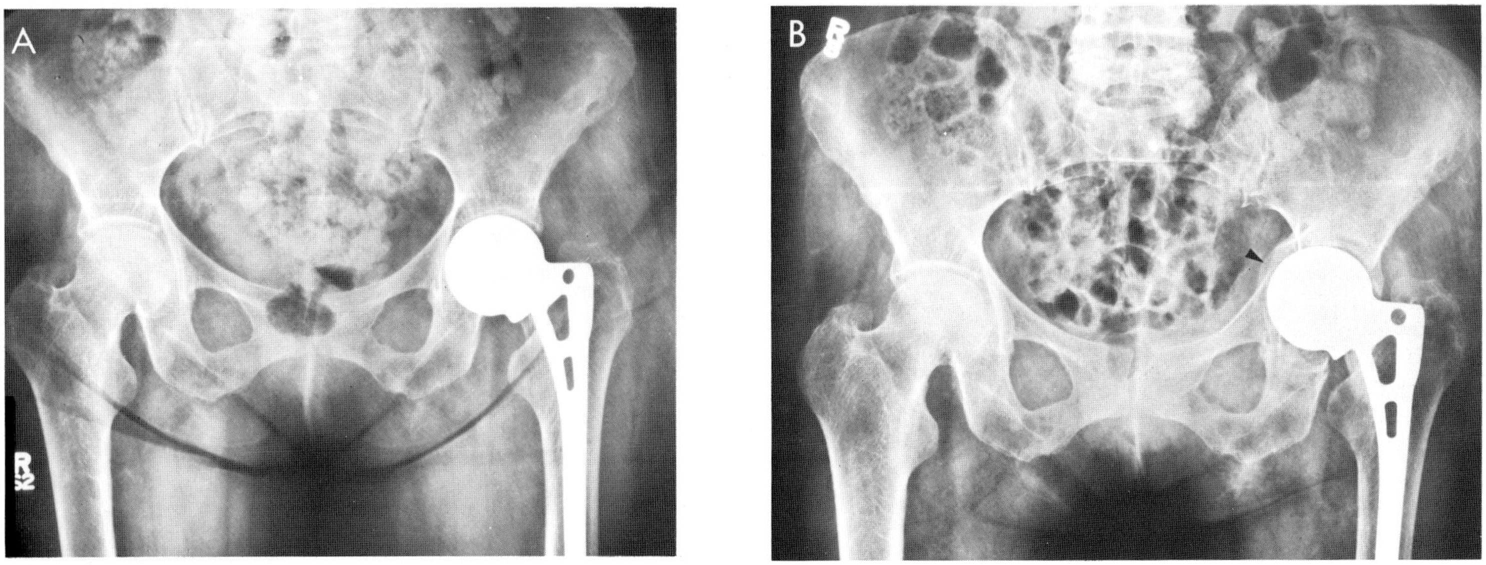

Abb. 6-37: A. A.-p. Aufnahme einer 68jährigen Frau zwei Monate nach linksseitiger Totalendoprothese des Hüftgelenks.

B. Ein Jahr danach sieht man eine zentrale Fraktur des Azetabulums (Pfeilspitze).

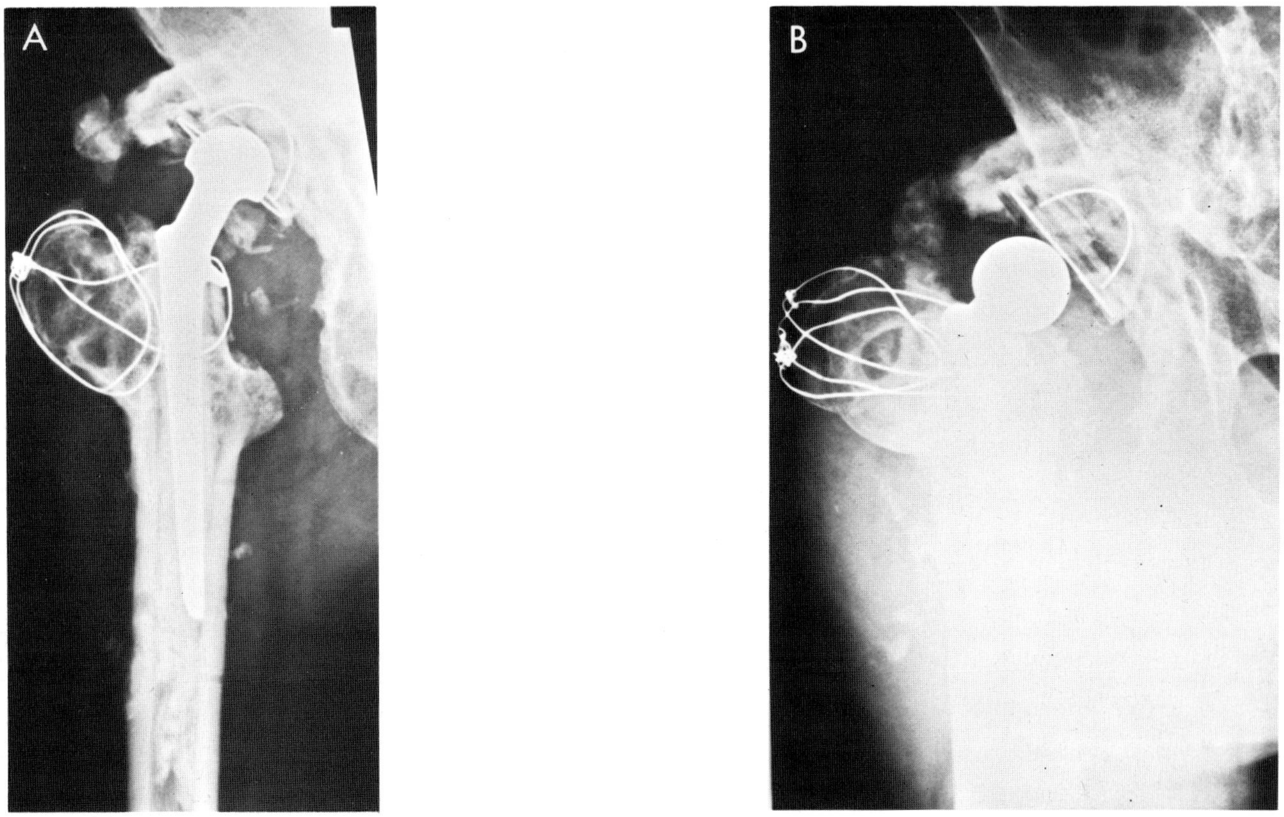

Abb. 6-38: A. 58jähriger Mann nach rechtsseitiger TEP, der ein Knakken in der rechten Hüfte angab. Der Film wurde als «nur postoperative Veränderungen» gedeutet.

B. Eine weitere Röntgenaufnahme – vorgenommen, nachdem der Patient das Knacken vorführte – zeigt die Luxation der Femur- gegenüber der Azetabulumkomponente. Bei manchen Diagnosen kann die Beachtung der Anamnese sehr wichtig sein!

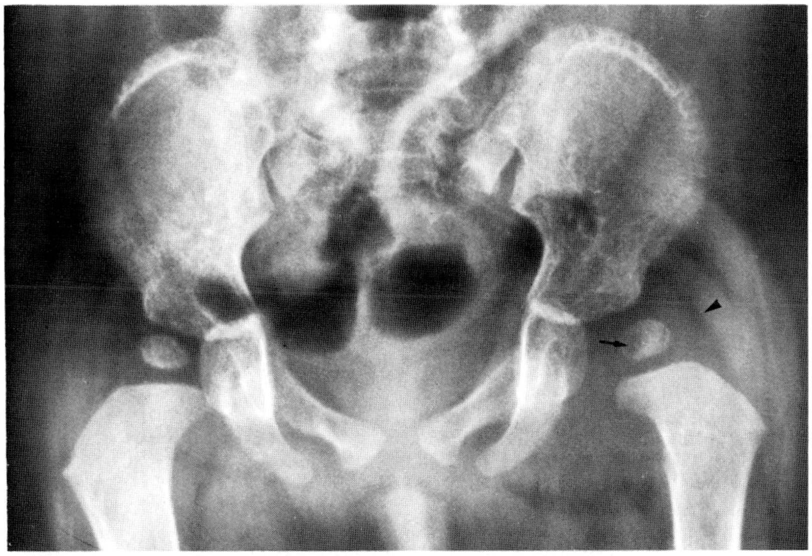

Abb. 6-39: A.-p. Beckenaufnahme eines 14 Monate alten Kindes mit Hinken mit ungewöhnlicher Hüftstellung links. Die Aufhellung in der Hüftkopfepiphyse der linken Seite (Pfeil) zeigt zusammen mit dem Gelenkerguß (Pfeilspitze) eine Infektion an. Der Femurkopf ist durch den großen Gelenkerguß bereits partiell luxiert. Ferner sieht man rachitische Veränderungen.

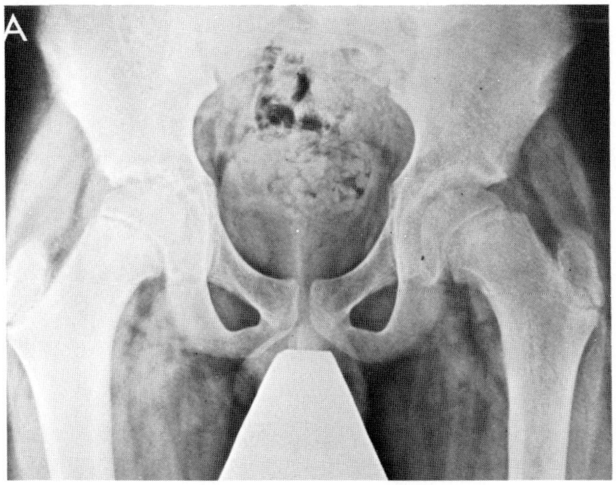

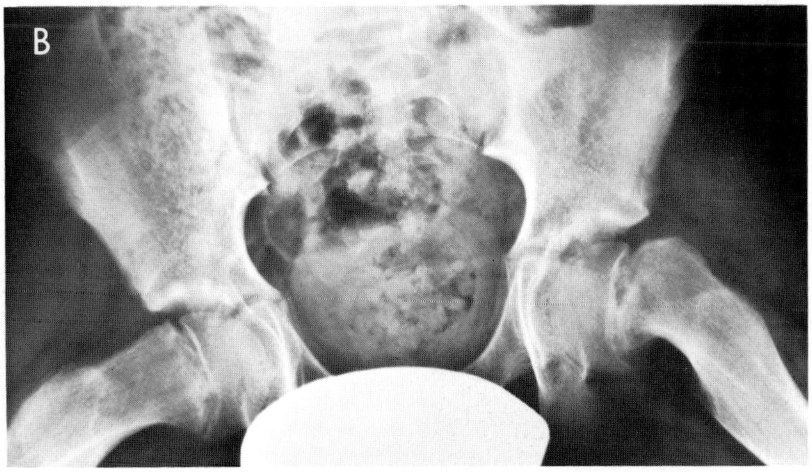

Abb. 6-40: A. A.-p. Beckenaufnahme eines zwölfjährigen Jungen mit Schmerzen im rechten Knie. Beide Knie waren unauffällig, doch zeigt die Beckenaufnahme ein Epiphysengleiten des Schenkelkopfes auf der linken und auch ein fragliches auf der rechten Seite.

B. Die Lauenstein-Aufnahme sichert eine beidseitige Epiphysiolyse. Schmerz im distalen Femur oder im Knie kann aus der Hüfte übertragen sein.

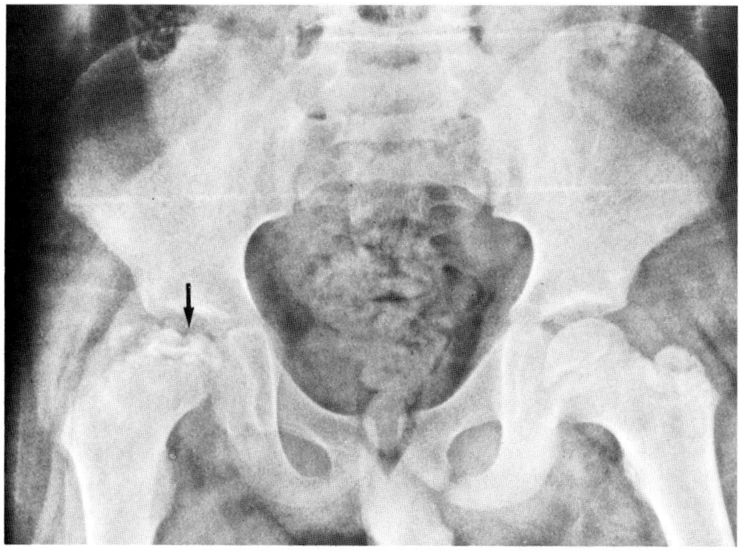

Abb. 6-41: Diese a.-p. Beckenaufnahme eines siebenjährigen Jungen zeigt die Veränderungen eines Morbus Legg-Calvé-Perthes (aseptische Hüftkopfnekrose) der rechten Hüfte (Pfeil). Ein Trauma wurde nicht angegeben.

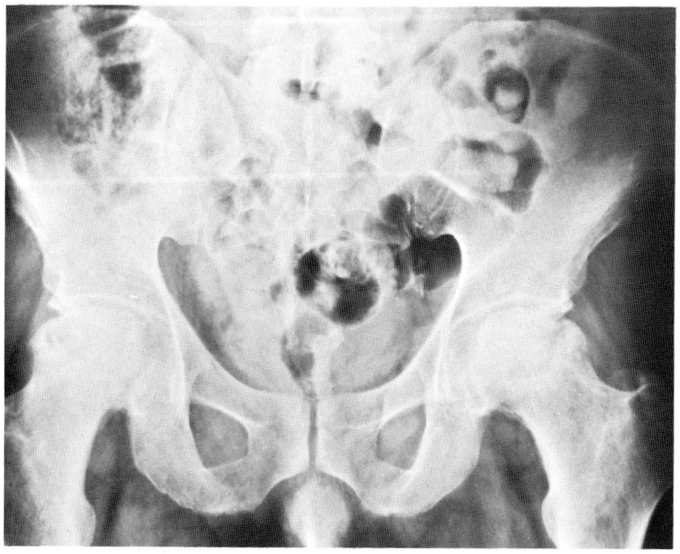

Abb. 6-42: A.-p. Beckenaufnahme eines 42jährigen Alkoholikers. Sie zeigt die röntgenologischen Veränderungen einer ischämischen Nekrose beider Schenkelköpfe mit Sklerosierungen und Aufhellungen.

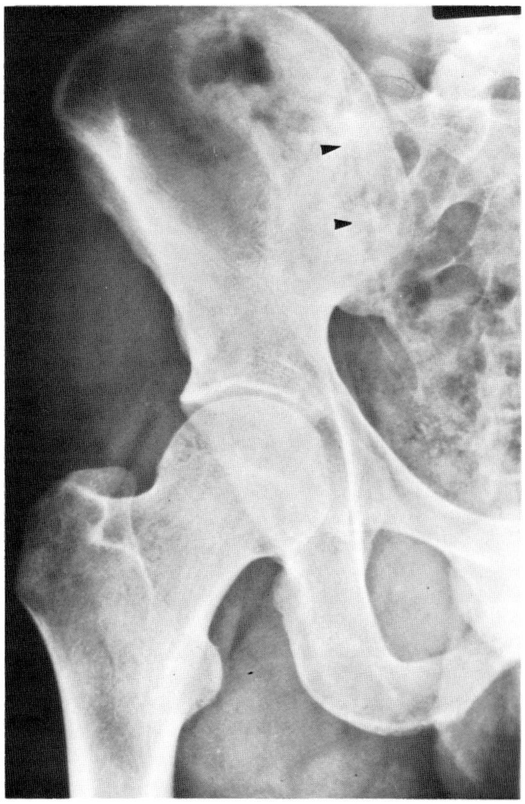

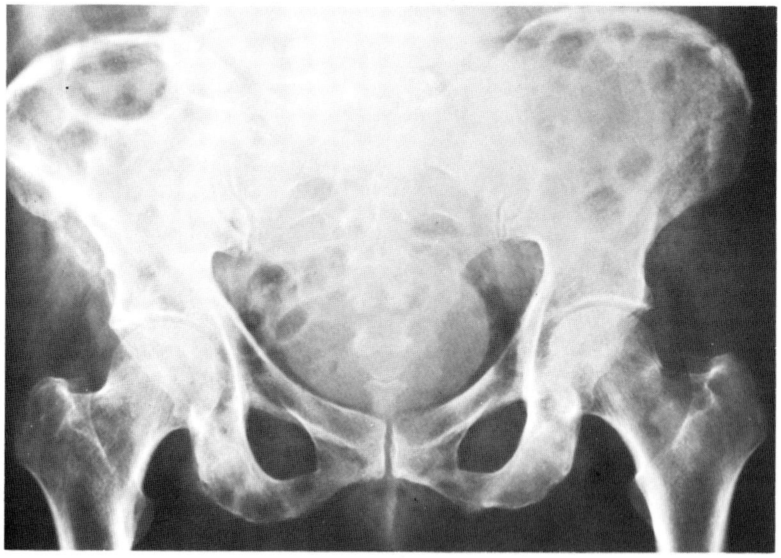

Abb. 6-43 (links): Rechte Hüfte einer 22jährigen Frau mit Morbus Crohn. Die Pfeile zeigen auf eine Sakroiliitis. Suchen Sie im Rahmen der Notfallaufnahme auch immer nach nichttraumatischen Ursachen von Hüftschmerzen.

Abb. 6-44 (oben): 70jährige Frau mit ausgedehnten osteolytischen Metastasen eines Mammakarzinoms.

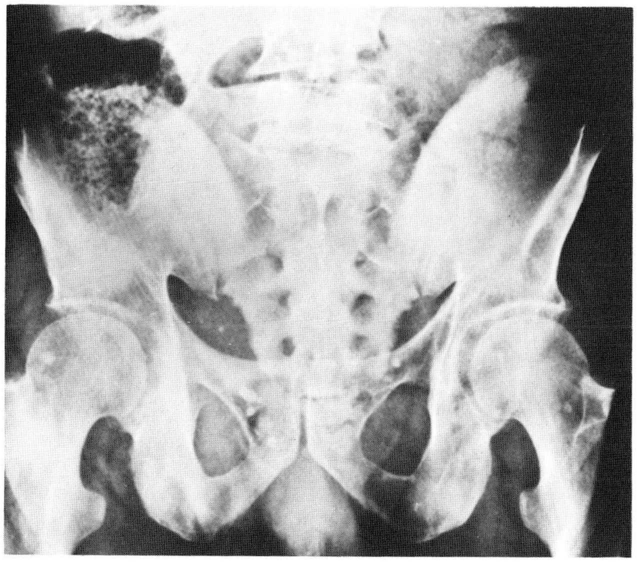

Abb. 6-45 (oben): 71jähriger Mann mit einer ausgedehnten osteoblastischen Metastasierung durch ein Prostatakarzinom.

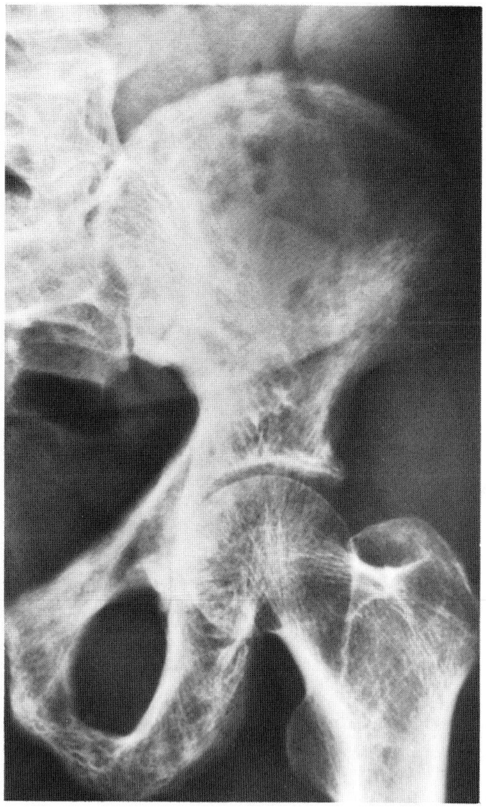

Abb. 6-46 (rechts): 62jähriger Mann mit Morbus Paget. Deutlich vergröberte Knochentrabekel und Verdickung der Linea iliopectinea. Der Morbus Paget kann im Aussehen auch Knochenmetastasen nachahmen.

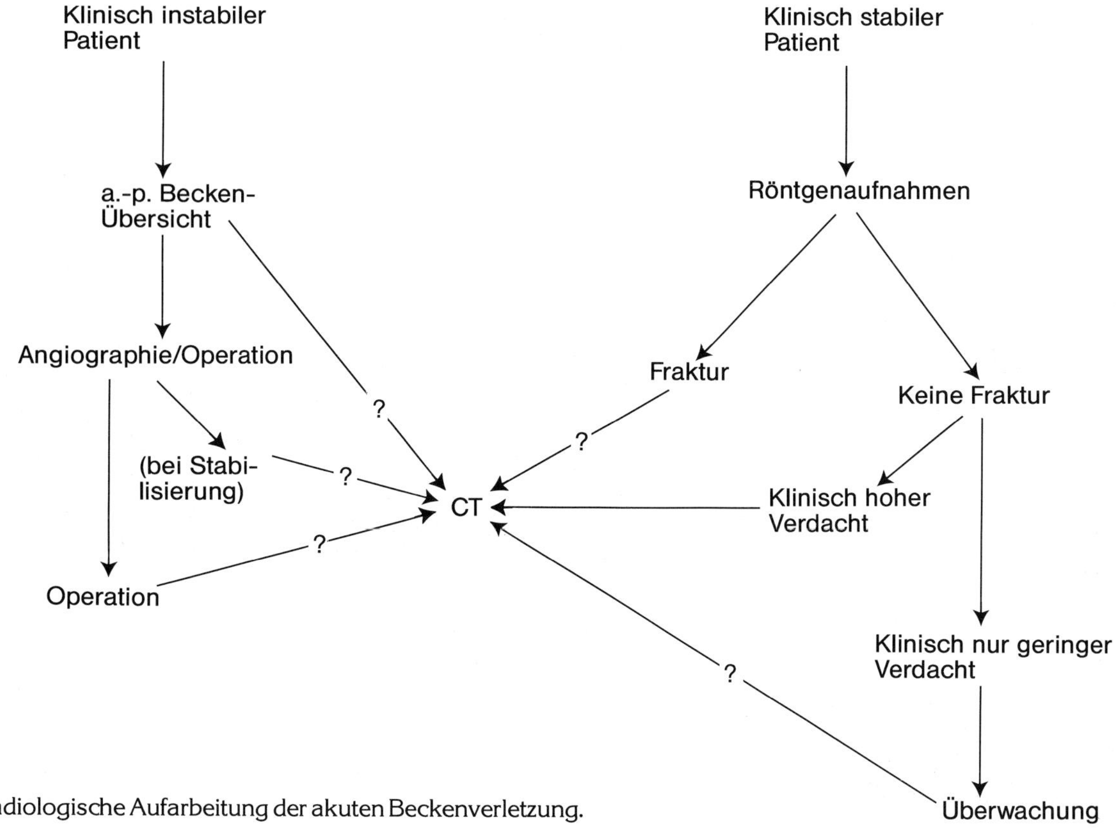

Abb. 6-47: Radiologische Aufarbeitung der akuten Beckenverletzung.

Zusammenfassung: Beckenübersichtsaufnahmen sind immer noch die Hauptstütze bei der Abklärung eines akut verletzten Patienten. Jedoch sollte man die Computertomographie freizügig einsetzen, um die Übersichten zu ergänzen, wenn diese Aufnahmen zwar normal sind, aber der Verdacht auf eine Fraktur oder eine Weichteilverletzung hoch ist bzw. wenn sich auf den Beckenübersichten eindeutig eine Fraktur nachweisen läßt. Die Computertomographie ist die beste Untersuchungsmethode, um das Gesamtausmaß pathologischer Veränderungen in dieser anatomischen Region zu bestimmen (Abb 6-47).

Literatur

1. Matalon T.S.A., Athanasoulis C.A., Margulis M.N., et al.: Hemorrhage with pelvic fractures: Efficacy of transcatheter embolization. *AJR.* 133:859, 1979.
2. Lang E.K.: Transcatheter embolization of pelvic vessels for control of intractable hemorrhage. Radiology 140:331, 1981.
3. Kam J., Jackson H., Ben-Menachem Y.: Vascular injuries in blunt pelvic trauma. Radiol. Clin. North Am. 19:171, 1981.
4. Sadler, C.M., Phillips J.M., Harris J.D., et al.: Radiology of the bladder and urethra in blunt pelvic trauma. Radiol. Clin. North Am. 19:195, 1981.
5. Reynolds B.M., Nalsano N.A., Reynolds F.X.: Pelvic fractures. J. Trauma 13:1011, 1973.
6. McLaughlin A.P., Pfister R.C.: Double catheter technique for evaluation of urethral injury and differentiating urethral from bladder rupture. Radiology 110:716, 1974.
7. Harris J.H., Loh C.K., Perlman H.C., et al.: The roentgen diagnosis of pelvic extraperitoneal effusion. Radiology 125:543, 1977.
8. Gilula L.A., Murphy W.A., Tailor C.C., et al.: Computed tomography of the osseous pelvis. Radiology 132:107, 1979.
9. Shirkhoda A., Brashear H.R., Staab E.V.: Computed tomography of acetabular fractures. Radiology 134:683, 1980.
10. Harley J.D., Mack C.A., Winguest R.A.: CT of acetabular fractures: Comparison with conventional radiography. AJR 138:413, 1982.
11. Gill K., Buckholz R.W.: The role of computerized tomographic scanning in the evaluation of major pelvic trauma. J. Bone Joint Surg. 66A:34, 1984.
12. Young J.W.R., Burgess A.R., Brumback R.J., et al.: Pelvic fractures: Value of plain radiography in early assessment and management. Radiology 160:445, 1986.
13. Pennal G.F., Tile M., Waddell J.P., et al.: Pelvic disruption: Assessment and classification. Clin. Orthop. 151:12, 1986.
14. Judet R., Judet J., Letourrel E.: Fractures of the acetabulum: Classification and surgical approaches for open reduction. J. Bone Joint Surg. 46A:1615, 1964.
15. Peltier L.F.: Complications associated with fractures of the pelvis. J. Bone Joint Surg. 47A:1060, 1965.
16. Northrop C.H., Eto R.T., Lopp J.W.: Vertical fracture of the sacral ala: Significance of noncontinuity of the anterior superior sacral foraminal line. AJR 124:102, 1975.
17. Laasonen E.M.: Missed sacral fractures. Ann. Clin. Res. 9:84, 1977.
18. Montana M.A., Richardson M.C., Kilcoyne R.F., et al.: CT of sacral injury. Radiology 161:499, 1986.
19. Schneider R., Yacavone J., Ghelman B.: Unsuspected sacral fractures: Detection by radionuclide bone scanning. AJR 144:337, 1985.

Normvarianten

Theodore E. Keats

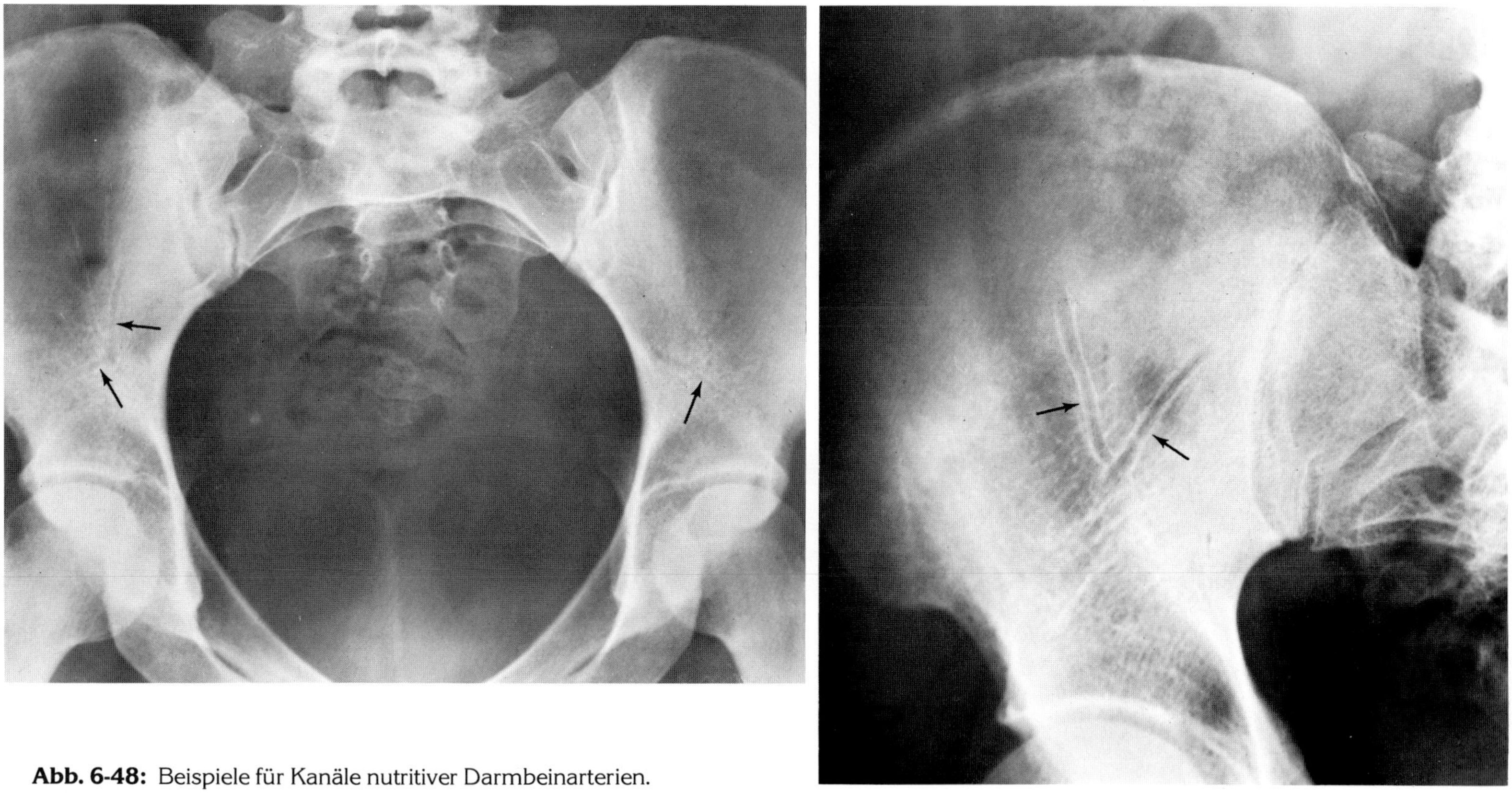

Abb. 6-48: Beispiele für Kanäle nutritiver Darmbeinarterien.

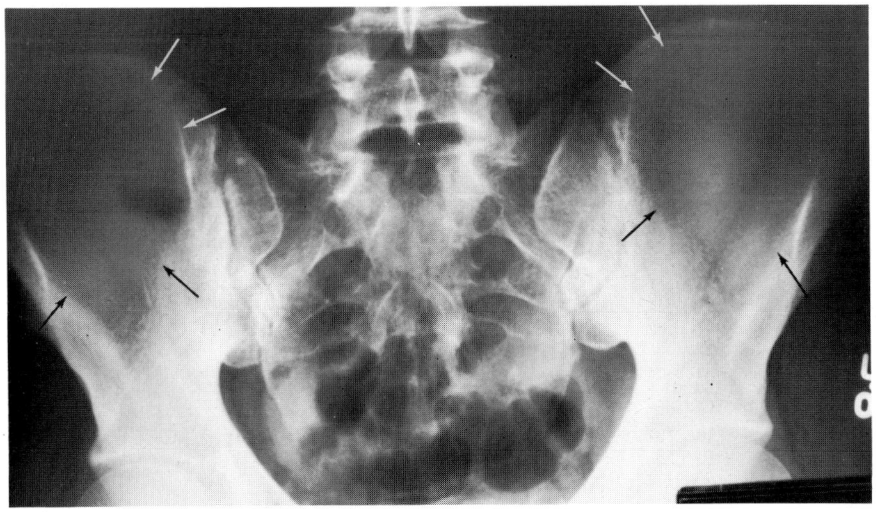

Abb. 6-49: Normale beiderseitige Aufhellung der Fossa iliaca, die einer zystischen Knochenveränderung ähneln kann.

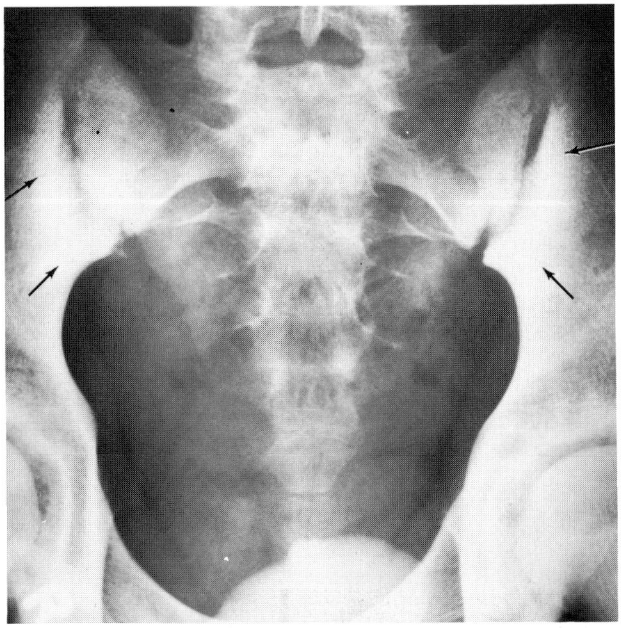

Abb. 6-50: Normale Sklerose und Unregelmäßigkeit der Iliosakralfugen bei einem 14jährigen Jungen, welche den Veränderungen beim Morbus Bechterew (ankylosierende Spondylitis) ähneln.

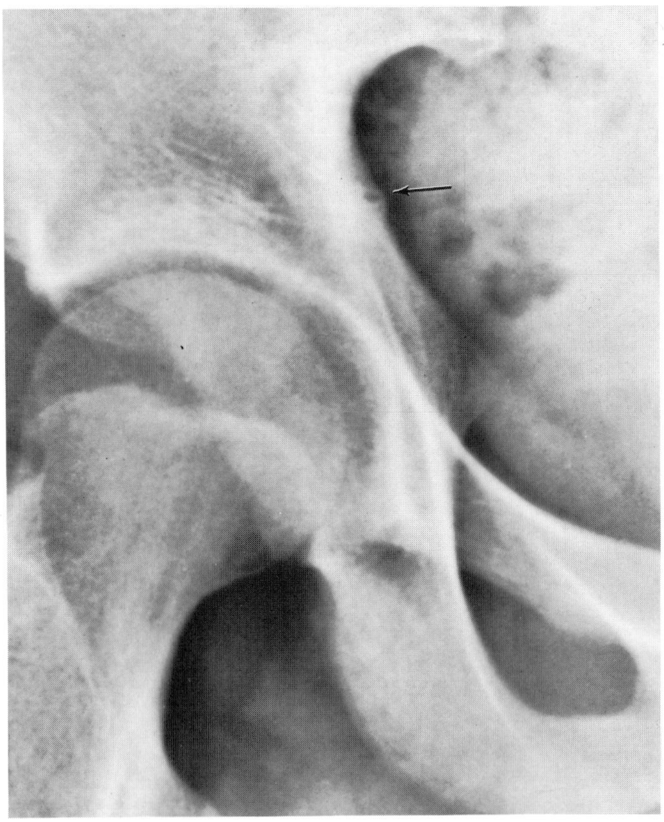

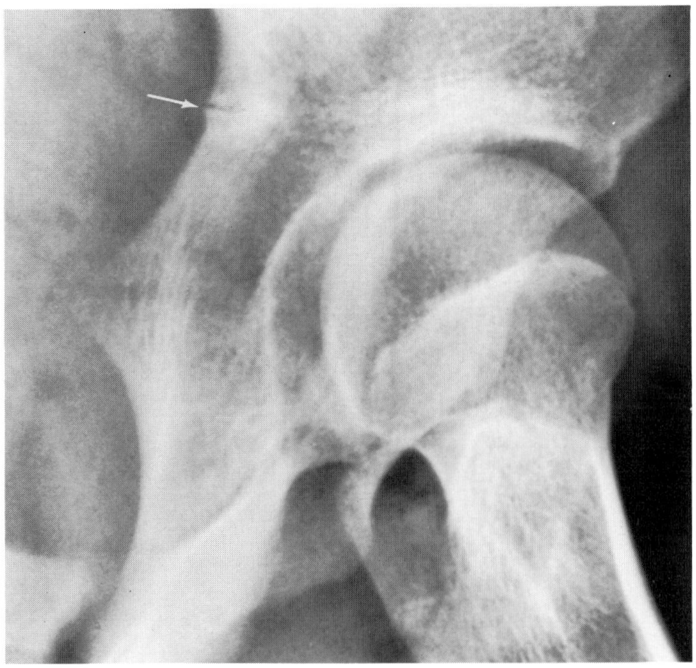

Abb. 6-51: Residuen der Synchondrose zwischen Darmbein und Sitzbein bei einem 12jährigen Mädchen.

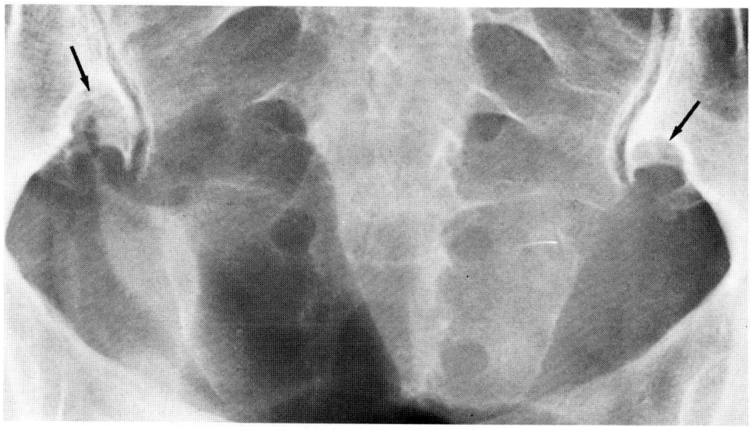

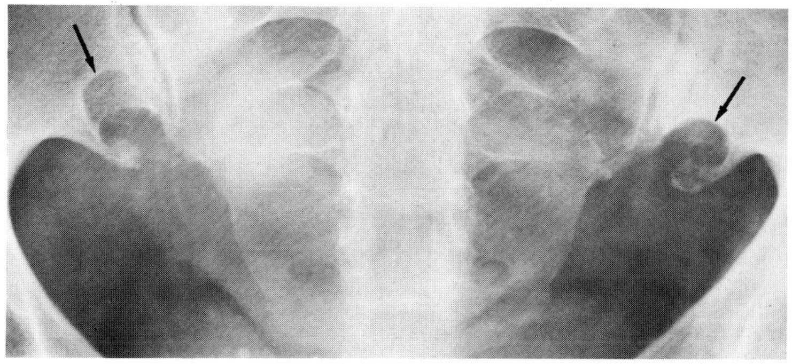

Abb. 6-52: Beispiele des Sulcus paraglenoidalis. Durch diese Einkerbung zieht der Ramus superior der Arteria glutaea; sie bietet auch den Ansatzpunkt eines Teils des Ligamentum iliosacrale. Offensichtlich ist dies eine charakteristische Variante des weiblichen Beckens und braucht auch nicht symmetrisch zu sein.

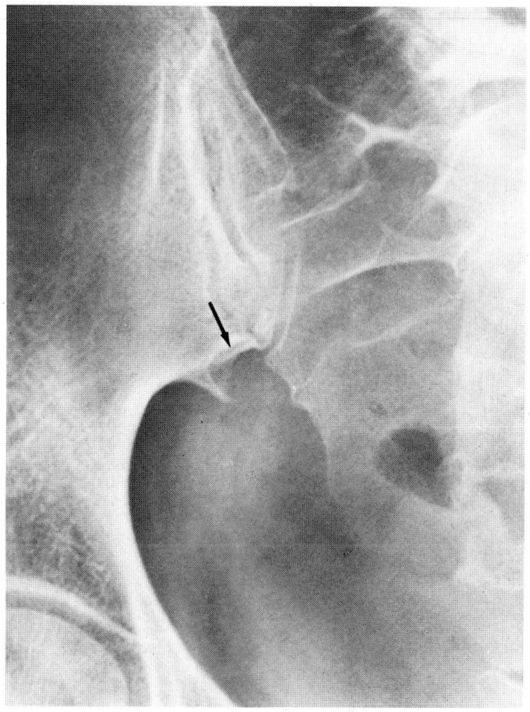

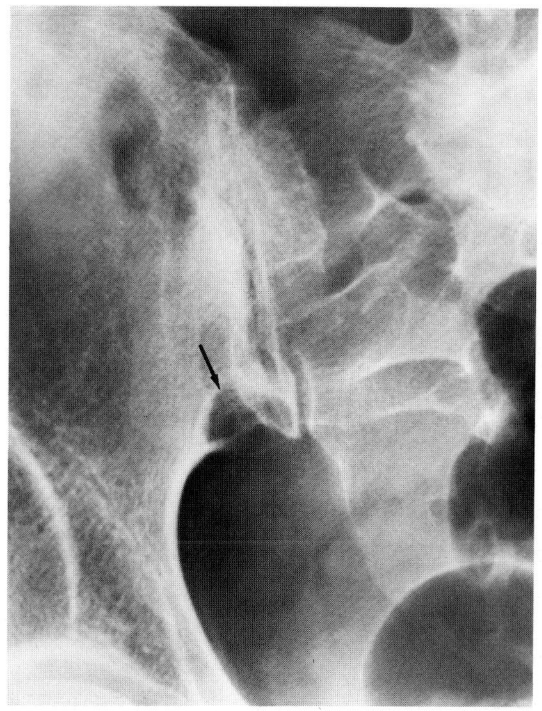

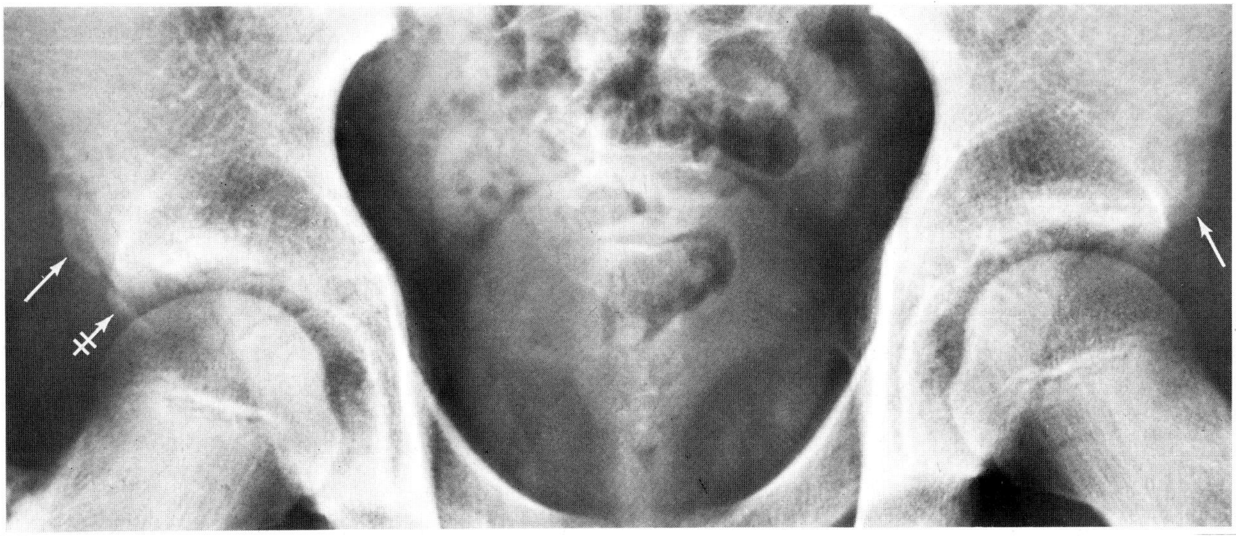

Abb. 6-53: Ossifikationszentrum der Spina iliaca anterior inferior (→) und der Azetabulumlippe (⇸) bei einem 13jährigen Knaben.

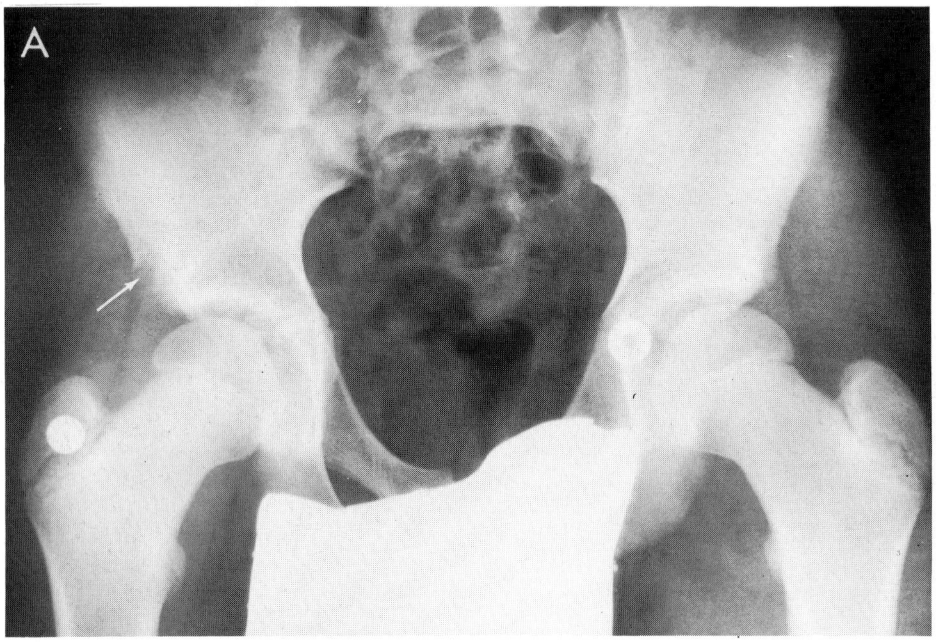

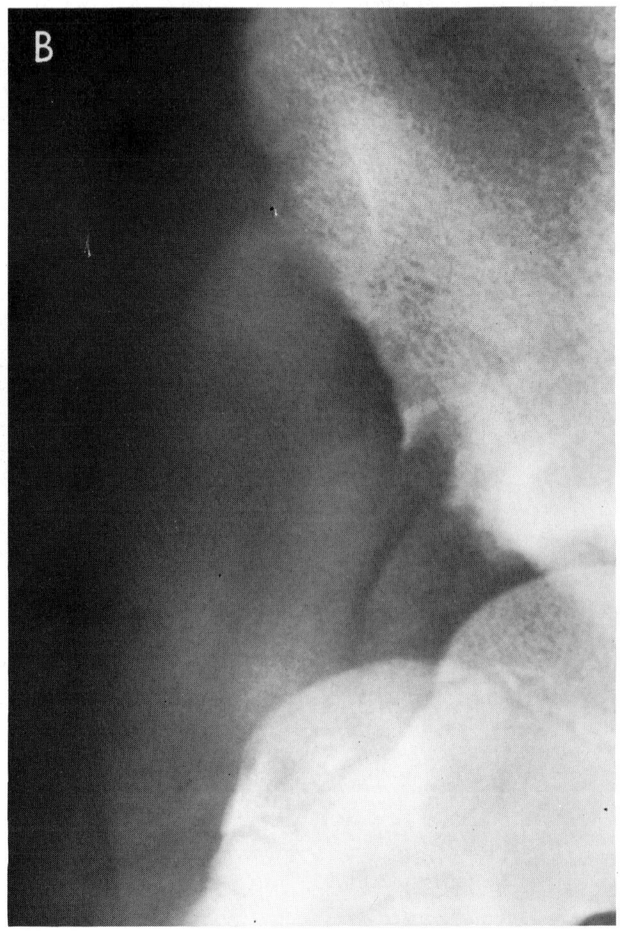

Abb. 6-54: A. Unregelmäßigkeit der Spina iliaca anterior inferior bei einem Heranwachsenden. Diese entspricht einer Zugschädigung an der Insertionsstelle des M. rectus femoris und sollte nicht mit neoplastischen Veränderungen verwechselt werden. **B.** Vergrößerung dieser «Region of interest». Beachten Sie, daß die Muskelkonturen ungestört sind. (Quelle: Murray, R.O., Jacobson, H.G.: The radiology of skeletal disorders. 2. Aufl. Churchill Livingstone, New York 1977, S. 274.)

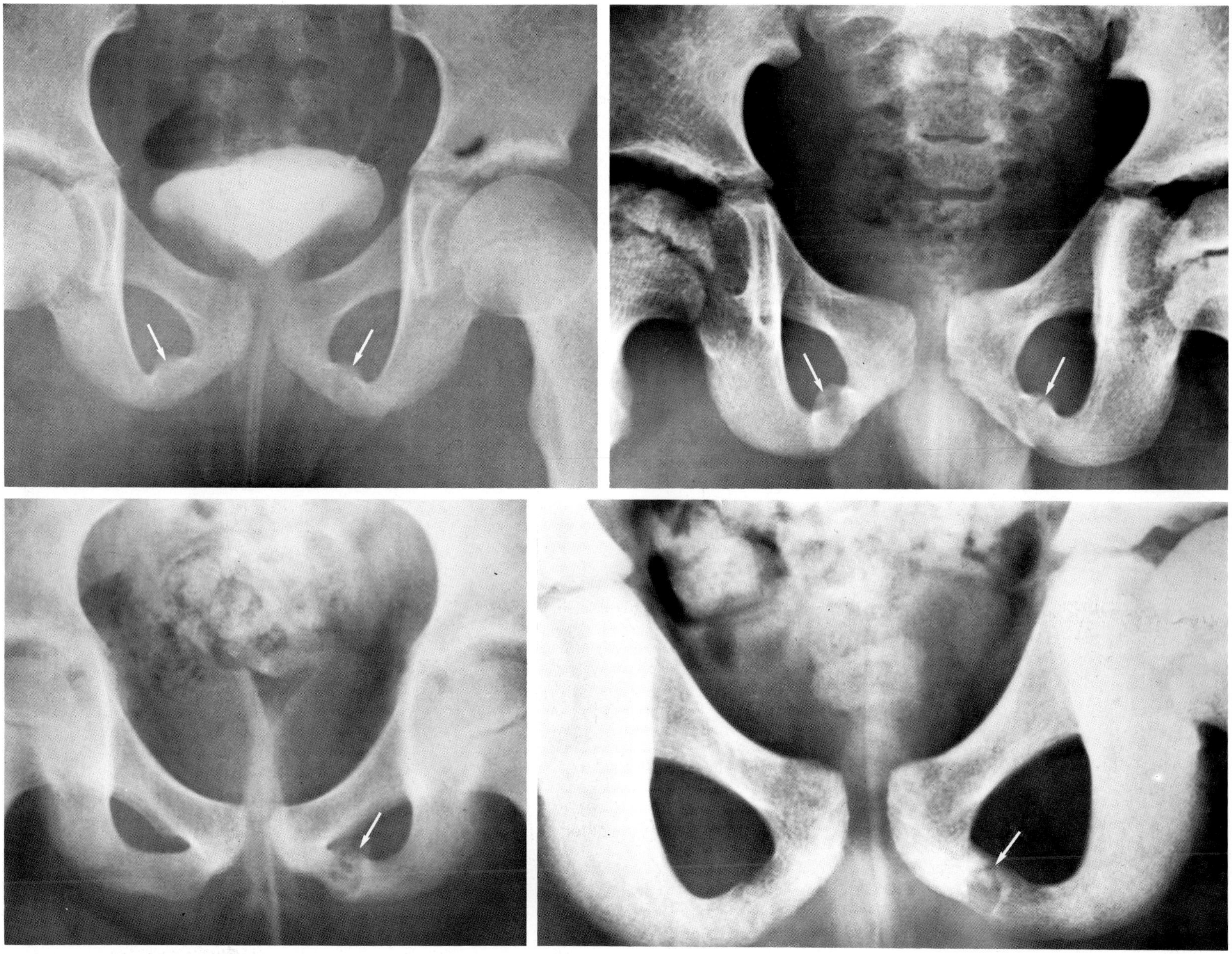

Abb. 6-55: Normale Varianten und Asymmetrie im Schluß der Synchondrosis ischiopubica. Diese normalen Phänomene sollte man nicht als Ausdruck einer Osteochondrose fehldeuten.

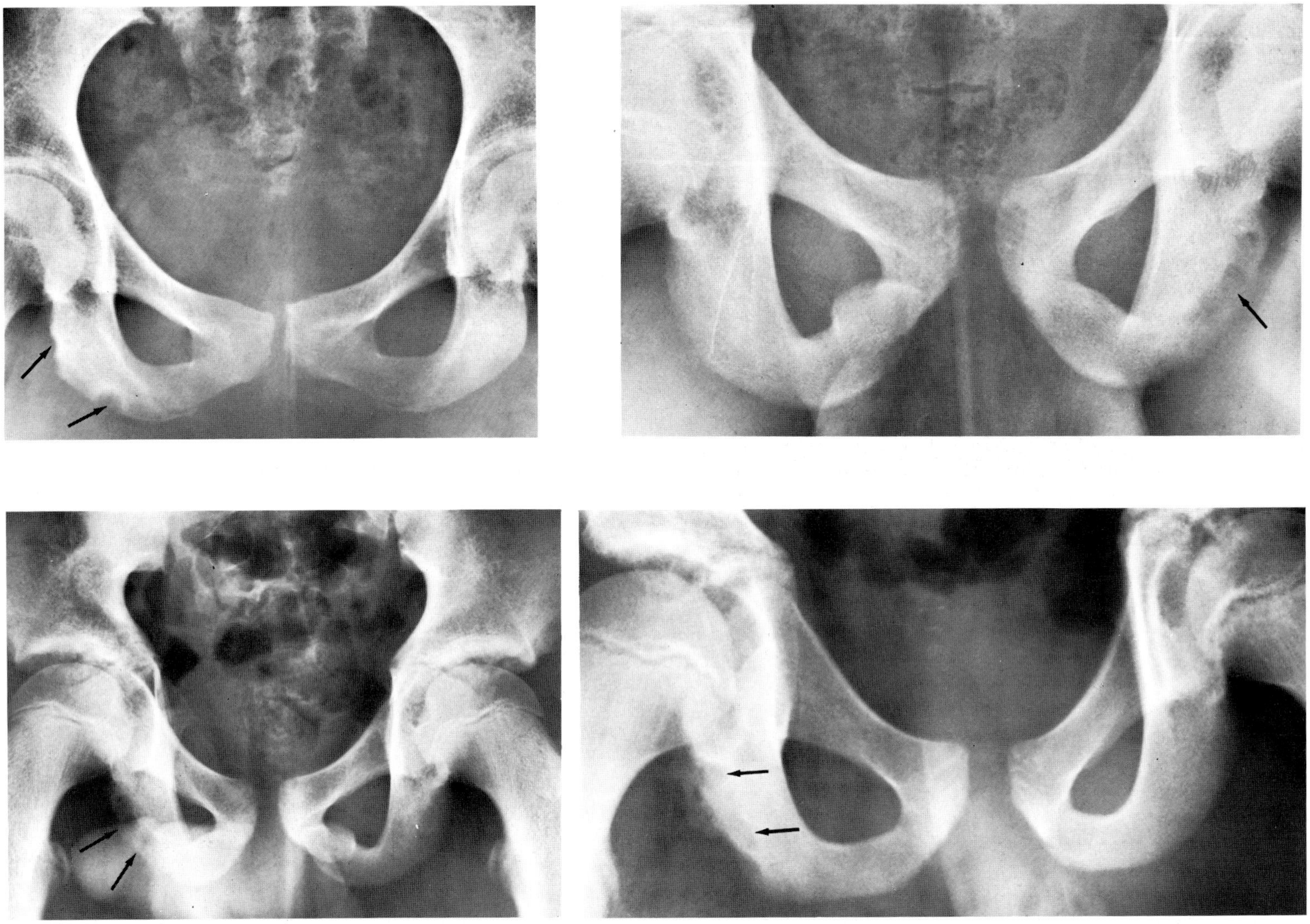

Abb. 6-56: Normale Ossifikationsunregelmäßigkeiten beider Sitzbeine bei heranwachsenden Kindern. Diese Veränderungen sind in aller Regel asymmetrisch und verschwinden mit zunehmendem Lebensalter. Sie sind Folge des Zuges der Adduktorenmuskeln.

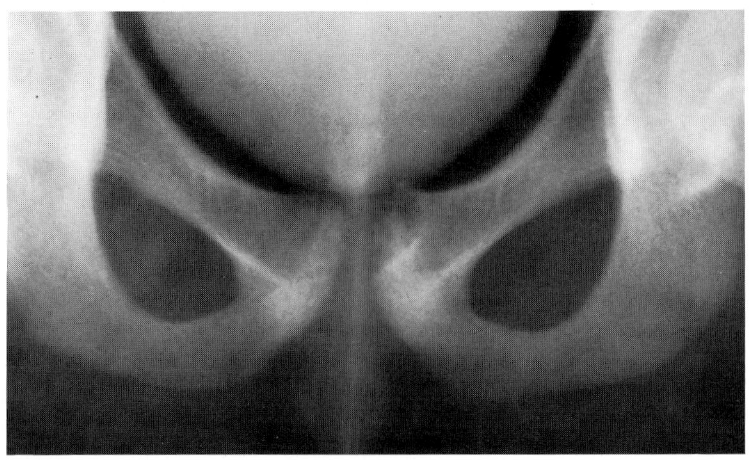

Abb. 6-57: Normale Unregelmäßigkeiten der Ränder der Symphyse bei einem 12jährigen Mädchen.

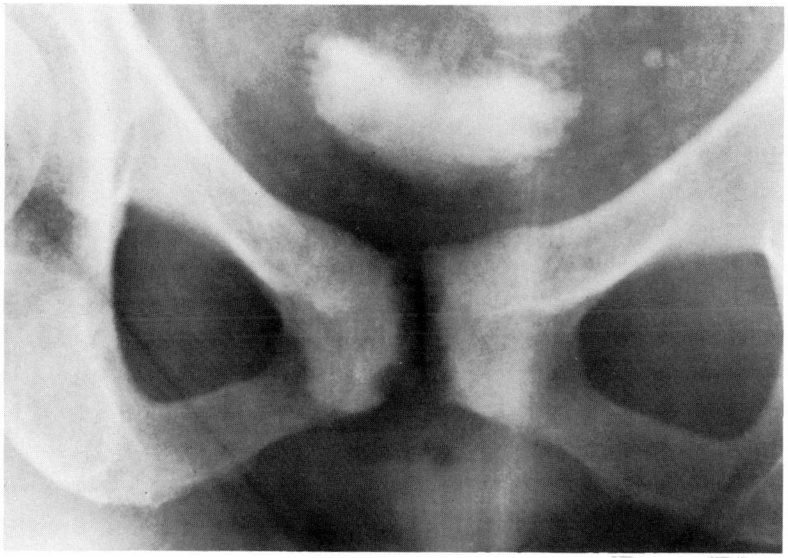

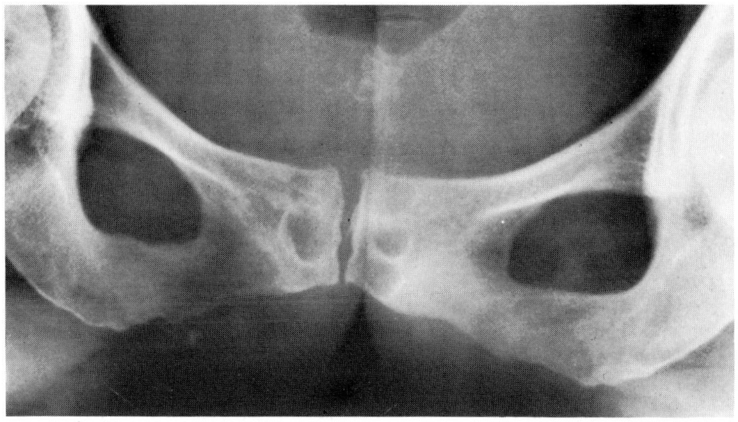

Abb. 6-58: Postpartale Veränderungen der Symphysis pubica.

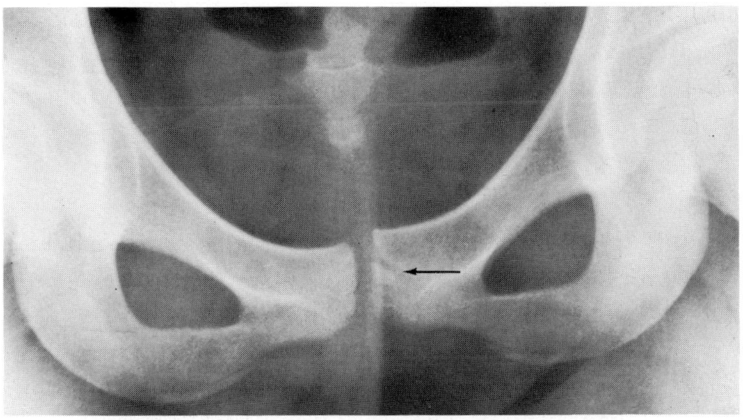

Abb. 6-59: Normale Symphysenverschiebung bei einem 14jährigen Mädchen. Der Unterrand der Symphyse ist ein verläßlicherer Parameter für die Stellungsbeurteilung als der obere. (Quelle: Vix, V.A., Ryu. C.Y.: The adult symphysis pubis: Normal und abnormal. Am. J. Roentgenol. 112: 517, 1971.) Beachten Sie auch das zusätzliche Ossifikationszentrum am Rande der linken Symphysenhälfte. Solche zusätzlichen Zentren sind an der jugendlichen Symphyse durchaus gewöhnlich (Pfeil).

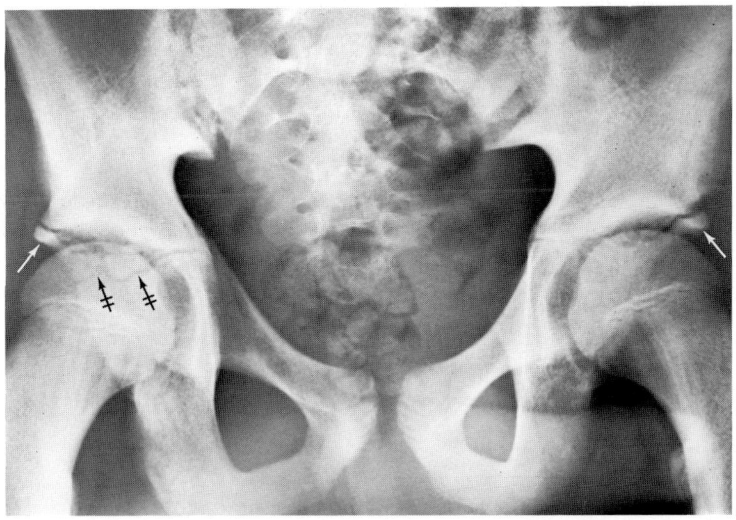

Abb. 6-60: Zusätzliche Ossifikationszentren in den oberen Azetabulumanteilen beidseitig bei einem 14jährigen Jungen (Os acetabuli marginalis superius) (↔). Beachten Sie auch die akzessorischen Knochenkerne an den unteren Anteilen des Azetabulums (⇸). Diese Zentren verschmelzen normalerweise fest mit den anliegenden Anteilen des Os ilium. (Quelle: Caffey, J.: Pediatric X-Ray Diagnosis. 7. Aufl. Year Book Medical Publishers, Chicago 1978, S. 839.)

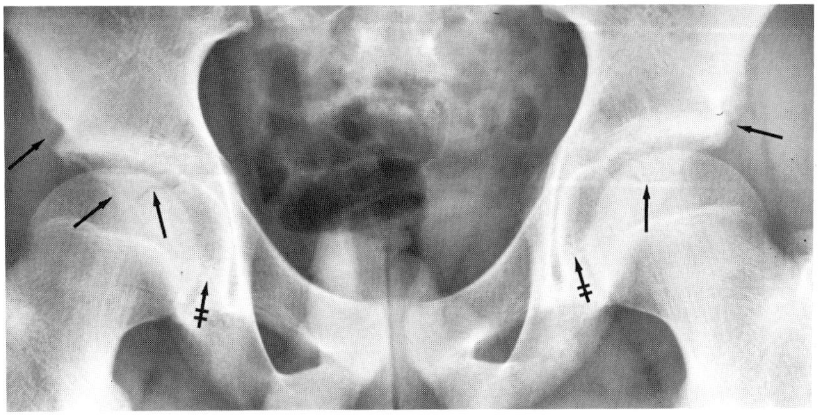

Abb. 6-61: Partielle Verschmelzung eines sekundären Ossifikationszentrums des Azetabulums bei einem Heranwachsenden (→). Beachten Sie auch den in diesem Alter noch weiten medialen Hüftgelenkspalt (⇻).

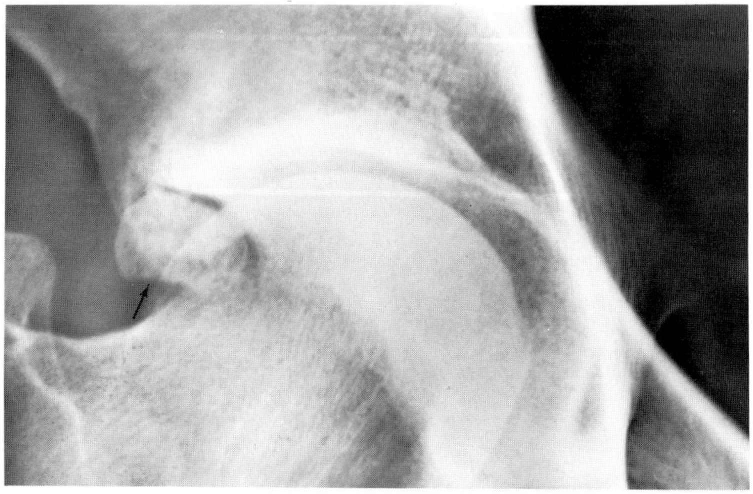

Abb. 6-62: Os acetabuli marginalis superius, das als separates Knöchelchen bis ins Erwachsenenalter persistierte.

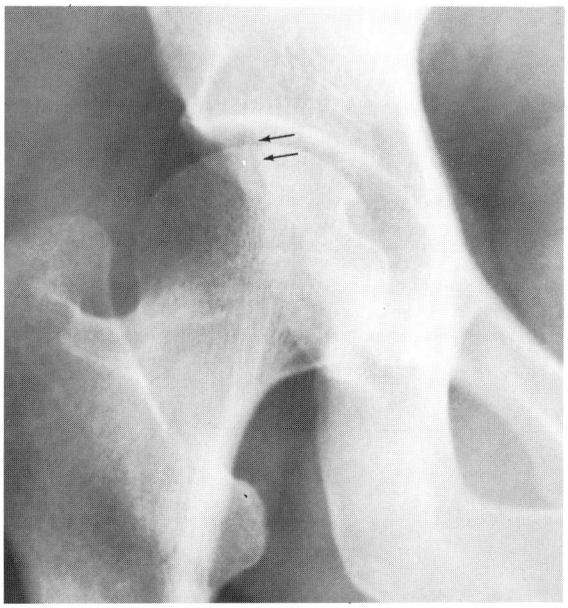

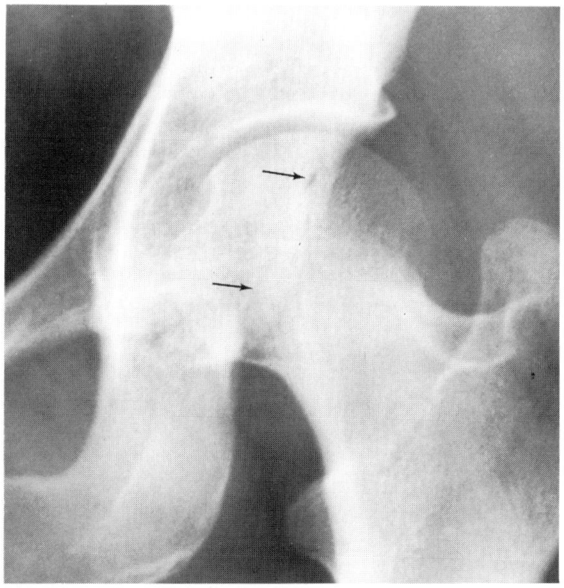

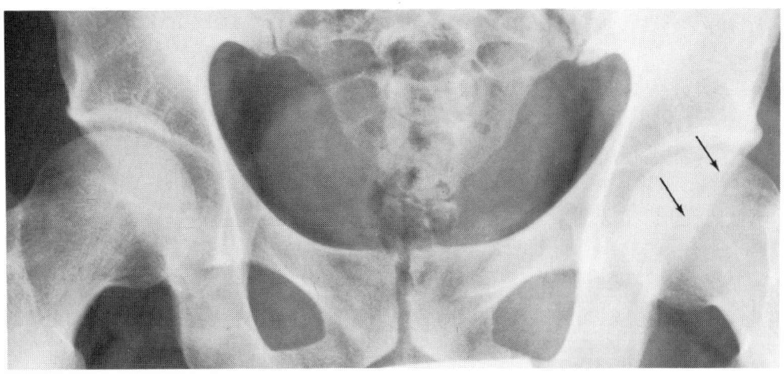

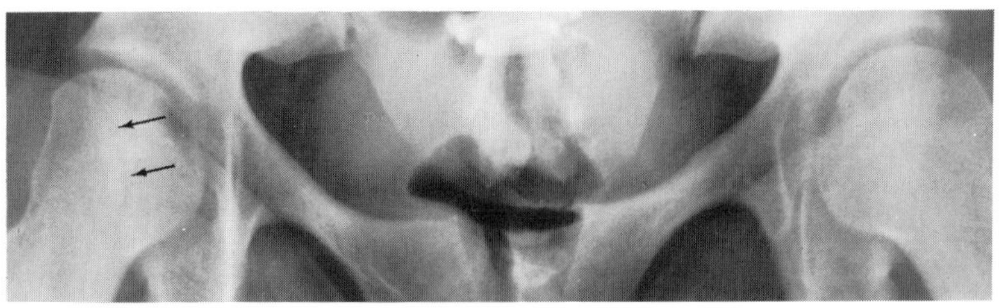

Abb. 6-63: Vier Beispiele für das Persistieren aller Anteile sekundärer Ossifikationszentren des Azetabulums bei Erwachsenen, welche mit Frakturen verwechselt werden können.

7
Extremitäten

K.K. Wallace jun.

Anatomische Betrachtungen

Entwicklung und Form des Skeletts beeinflussen die Diagnose einer Knochenverletzung und einer Knochenerkrankung. Wir geben für jede Region eine kurze Beschreibung der Wachstumszentren und der Anatomie. Sie finden an anderen Stellen in diesem Buch ausgezeichnete Literaturstellen zum Thema der anatomischen Varianten. Diese Beschreibungen heben diejenigen Punkte besonders hervor, die bei den verschiedenen Verletzungsmustern des Skeletts wichtig sind. So können sich Frakturen lediglich durch eine Deformierung der normalen Knochengestalt zu erkennen geben. Manchmal, so bei den plastischen Frakturen, ist überhaupt keine Bruchlinie nachweisbar. Die Abbildung 7-1 zeigt eine Mittelhandfraktur, die sich fast nur durch eine Knochendeformität äußert. Leichte Verschiebungen in den Beziehungsverhältnissen benachbarter Knochen können das einzige Zeichen einer Luxation sein. Normale Strukturen können mit krankhaften Veränderungen verwechselt werden. Es braucht wohl nicht extra gesagt zu werden, daß man sowohl mit der Anatomie des Skeletts als auch mit den Mustern des Knochenwachstums vertraut sein sollte, besonders was die Ossifikationszentren angeht.

Vergleichsaufnahmen

Die routinemäßige Durchführung von Vergleichsaufnahmen der Gegenseite ist ein oft verlockender Notbehelf. Man sollte diese Praxis aber aus mehreren Gründen ablehnen: Zeigen die Röntgenaufnahmen an der verletzten Seite ganz eindeutig eine Fraktur, dann sind Vergleichsaufnahmen schlichtweg überflüssig. Das Muster des Knochenwachstums muß nicht unbedingt symmetrisch ausgebildet sein (Abb. 7-2), so daß Vergleichsaufnahmen dann auch einmal eher irreführen können. Da sich solche Erwägungen in aller Regel vorwiegend bei Kindern ergeben, ist es besonders wichtig, gerade hier eine unnötige Strahlenbelastung zu vermeiden. Daneben erfordert natürlich die doppelseitige Untersuchung auch einen wesentlich höheren Zeitaufwand und höhere Kosten – letzteres wenn schon nicht vom Patienten selbst, so doch zumindest von der Versichertengemeinschaft.
Selbstverständlich wird es Situationen geben, wo hinsichtlich der Integrität einer besonderen Knochenstruktur die letzte Sicherheit fehlt, doch wird ein gründliches Wissen um die Anatomie und die Entwicklung dies minimal halten. Es gibt auch mehrere Alternativen zur kompletten Untersuchung der Gegenseite. Der Vergleich mit anderen Epiphysenlinien in der gleichen Region kann womöglich einen Unterschied in der relativen Weite der Epiphysenplatten aufzeigen, der wiederum klinisch wichtig ist. Der Patient kann aber auch bereits eine frühere Untersuchung dieser Gegend hinter sich haben, die dann die interessierende Stelle zum Vergleich zeigt. Nicht selten kommt es bei Unfallpatienten vor, daß sich in der Röntgenbildmappe Voraufnahmen der gleichen Region finden. Ferner kann eine Thoraxaufnahme das Schultergelenk bzw. eine Abdomenaufnahme das Hüftgelenk zeigen. Darüber hinaus zeigt sich die Problemstellung um eine ganz bestimmte Region häufig nur in einer einzigen Einstellung – genau diese Einstellung sollte man denn auch zum Vergleich auf der Gegenseite wählen und dann diese Aufnahme ganz besonders sorgsam vornehmen.

Gefäßfurchen/Gefäßkanäle

Gefäßfurchen/-kanäle sind ganz normal vorkommende Strukturen, die aber diagnostische Probleme aufwerfen können. Es gibt zwei Merkmale hierfür, die eine Abgrenzung gegenüber einer Bruchlinie ermöglichen: Da die Kortikalis sowohl die Oberfläche des in der Furche gelegenen Knochens wie auch die Oberfläche dieser Furche selbst bildet, stellt sie sich auf dem Röntgenbild als feine Linie von vermehrter Dichte zu beiden Seiten einer Aufhellungslinie dar. Eine solche Kortikalisgrenze an einer Frakturlinie wäre ein klares Hinweiszeichen für eine ausbleibende Fragmentvereinigung und würde wahrscheinlich kein diagnostisches Problem darstellen. Darüber hinaus wird sich eine Frakturlinie, weil sie eine echte, wenn auch nur kleine Diastase des Knochens ist, als eine strahlentransparentere Linie zeigen als eine Gefäßfurche vom gleichen Durchmesser (Abb. 7-3).

Verletzungsmuster des Knochens

Will man in der Lage sein, Extremitätenverletzungen vollständig abzuklären, dann muß man sich mehrere Knochenverletzungsarten vor Augen halten. In einer jeden Region kommen gewisse Frakturen und Luxationen besonders häufig vor. Diese können durch den Verletzungsmechanismus, z. B. direktes oder indirek-

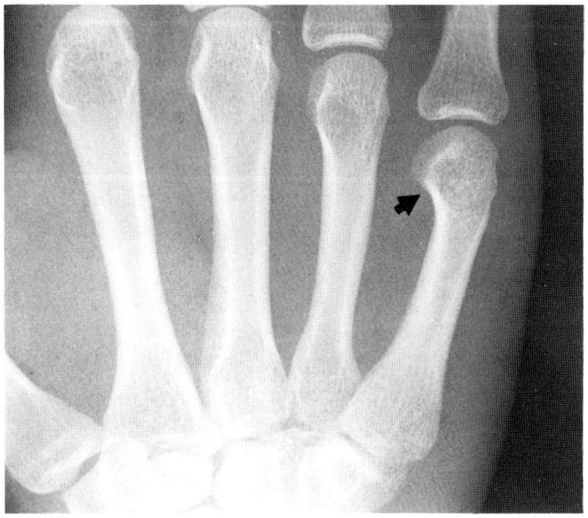

Abb. 7-1: Eine Fraktur das Os metacarpale V, die sich fast ausschließlich durch eine Formveränderung des Knochens manifestiert.

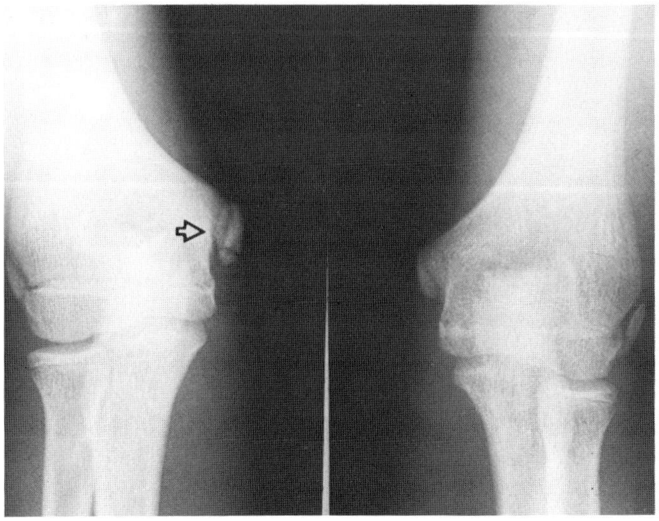

Abb. 7-2: Normale Ellbogen. Beachten Sie hier das zweiteilig angelegte Knochenzentrum des medialen Humeruskondylus auf der rechten Seite.

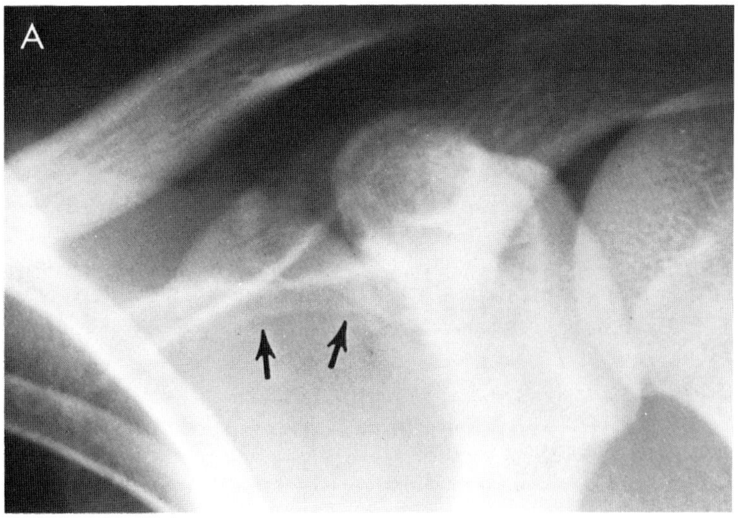

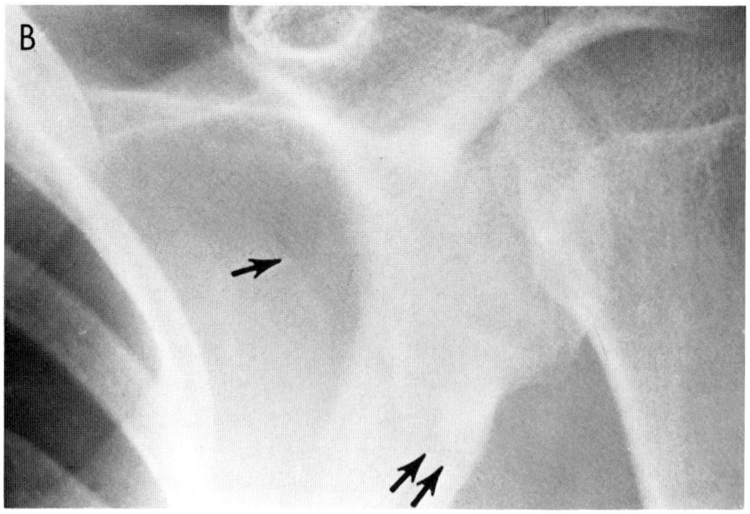

Abb. 7-3: A. Gefäßfurche in der Skapula. Beachten Sie die feine Linie mit gesteigerter Dichte, die an ein Aufhellungsband angrenzt, welches wiederum weniger strahlentransparent ist als Regionen ohne Knochen.

B. Skapulafraktur mit ähnlicher Lokalisation. Hier fehlt die verstärkte Knochendichte beiderseits der Aufhellungslinie. Obwohl diese Aufhellungslinie hier schmaler als die Gefäßrinne ist, zeigt sie sich ebenso stark geschwärzt wie die Filmanteile ohne Knochen.

tes Trauma, gewisse Modifikationen erfahren. Auch hat das Alter des Patienten einen bestimmten Einfluß. Beispielsweise wird der gleiche Mechanismus, der beim Kinde zu einer Schlüsselbeinfraktur führt, beim Erwachsenen eine Fraktur des Collum chirurgicum des Humerus verursachen können. Besondere Aufmerksamkeit sollte man den Gegenden widmen, von denen bekannt ist, daß sie für Frakturen prädisponiert sind.

An Unterarm und Unterschenkel finden sich jeweils zwei parallel angeordnete Knochen, die relativ fest direkt durch Bandhaften oder indirekt durch andere Strukturen miteinander verbunden sind. Führt eine Verletzung zur Verkürzung oder Luxation *eines* der beiden Knochen, so wird häufig der andere luxieren oder frakturieren. Deshalb ist es immer ratsam, an Unterarm und Unterschenkel beide Knochen über deren gesamte Länge darzustellen. Geschieht dies nicht schon routinemäßig, dann sollte man auf jeden Fall bei solchen Verletzungen Zusatzaufnahmen vornehmen.

Sieht man eine Fraktur ohne Fehlstellung, bei der die Bruchlinie senkrecht zur Kortikalisrichtung verläuft, so sollte man diese Linie immer über den gesamten Knochen hinweg verfolgen; auf diese Weise kann der Untersucher auf eine wesentlich ernstere Verletzung aufmerksam gemacht werden, als er ursprünglich vermutet hatte (Abb. 7-4).

Zur Beschreibung der Epiphysenfrakturen verwenden wir die Salter-Harris-Klassifikation, die erstellt wurde, um bei der Prognose behilflich zu sein. Mit steigender Klassifikationszahl (I–V) verschlechtert sich die Prognose. Die Salter-Harris I-Fraktur betrifft allein die Epiphysenplatte ohne Begleitverletzung der Metaphyse oder des Epiphysenzentrums. Salter-Harris II ist eine Fraktur der Metaphyse, die sich bis in die Epiphysenplatte ausdehnt. Bei Salter-Harris III handelt es sich um eine Fraktur des Epiphysenzentrums mit Ausdehnung in die Epiphysenplatte hinein mit oder ohne Fehlstellung der Epiphyse. Salter-Harris IV ist eine Fraktur der Epiphyse, der Epiphysenplatte und der Metaphyse. Und schließlich stellt die Salter-Harris V-Fraktur eine Kompressionsfraktur des Epiphysenzentrums dar (Abb. 7-5).

Muster der Knochenheilung

Selbst bei sorgfältiger Technik und Befundung können manche Frakturen anfangs unsichtbar bleiben. Gerade die Rippen sind in dieser Hinsicht besonders widerspenstige Kandidaten. In diesen Fällen liefern Spätaufnahmen nach sieben bis zehn Tagen frühe Hinweise zur Heilung und erlauben ex post die Diagnose einer Fraktur. Nach einer Fraktur werden die Frakturränder resorbiert; dies bewirkt eine Erweiterung der strahlentransparenten Bruchlinie. Anschließend wird an den Bruchrändern unterhalb des Periosts neuer Knochen gebildet (Abb. 7-6). Diese röntgendichten Schatten akzentuieren dann die Fraktur. Aus diesen Gründen kann eine verschobene Aufnahme zur Diagnose führen. In der Regel genügen zehn Tage Aufschub, um diese röntgenologischen Zeichen nachzuweisen, und sie werden den Patienten nicht über Gebühr durch eine Immobilisation ohne Diagnose belasten.

Röntgenologische Untersuchungstechnik

Eine sorgfältige Röntgendiagnose erfordert eine gute radiologische Technik. Hier ist aber nicht der Rahmen, dies im Einzelnen zu besprechen. Jede Röntgenabteilung hat bestimmte routinemäßige Untersuchungsgänge festgelegt und so spezifiziert, daß eine bestimmte Anforderung auf dem Anmeldezettel automatisch eine ganz bestimmte Aufnahme oder mehrere Einstellungen nach sich zieht. Diese werden in der Regel so ausgewählt sein, daß die interessierende Region am besten und mit der geringsten Strahlenbelastung des Patienten dargestellt wird. Wegen der Dreidimensionalität einer jeden anatomischen Struktur ist es wichtig, mindestens zwei Projektionen einzustellen, die vorzugsweise zueinander senkrecht stehen; oft werden diese dann auch durch Schrägaufnahmen ergänzt (Abb. 7-7). Das Kahnbein der Handwurzel, die Patella am Knie und das Fersenbein stellen solche besonderen Situationen dar. Wie wir noch an konkreten Beispielen zeigen werden, können Frakturen dieser Knochen sich nur schlecht – oder überhaupt nicht – zeigen, wenn man Routineaufnahmen wählt. Darüber hinaus kann unter Umständen keine dieser Aufnahmen die Frakturebene so offenlegen, daß sie sichtbar wird. In diesen Fällen können zusätzliche Projektionen, wie z.B. Schrägaufnahmen, wünschenswert sein, sei es weil der klinische Verdacht besonders stark ist oder weil indirekte radiologische Zeichen dafür sprechen. Bei der Besprechung einer jeden Extremität werden wir denn auch die geeigneten Aufnahmen angeben. Es scheint uns jedoch wichtig, daß der Untersucher eine generelle Vorstellung davon hat, welche Aufnahmen ein vernünftiges Untersuchungsprogramm für eine bestimmte Region darstellen.

Der Untersucher sollte die Qualität einer jeden Röntgenaufnahme beurteilen. Die gewählten Projektionsrichtungen sollten auch geeignet sein, die gewünschte Region zu zeigen. Über- oder unterbelichtete Filme können dazu führen, daß tatsächlich vorhandene Pathologika übersehen werden (Abb. 7-8). Daneben kann auch eine Bewegungsunschärfe zum Detailverlust und zum Übersehen einer Fraktur führen (Abb. 7-9).

Radiologische Spezialuntersuchungen

Die moderne Radiologie beinhaltet viele verschiedene Untersuchungsverfahren. Dieses Kapitel stellt zwar die konventionelle Röntgendiagnostik in den Vordergrund, doch können andere Untersuchungsverfahren zusätzliche Informationen beitragen. Kompliziertere Methoden setzt man im allgemeinen dann ein, wenn die konventionelle Diagnostik noch Fragen offen läßt, besonders wenn die Diagnose ungewiß bleibt oder wenn die

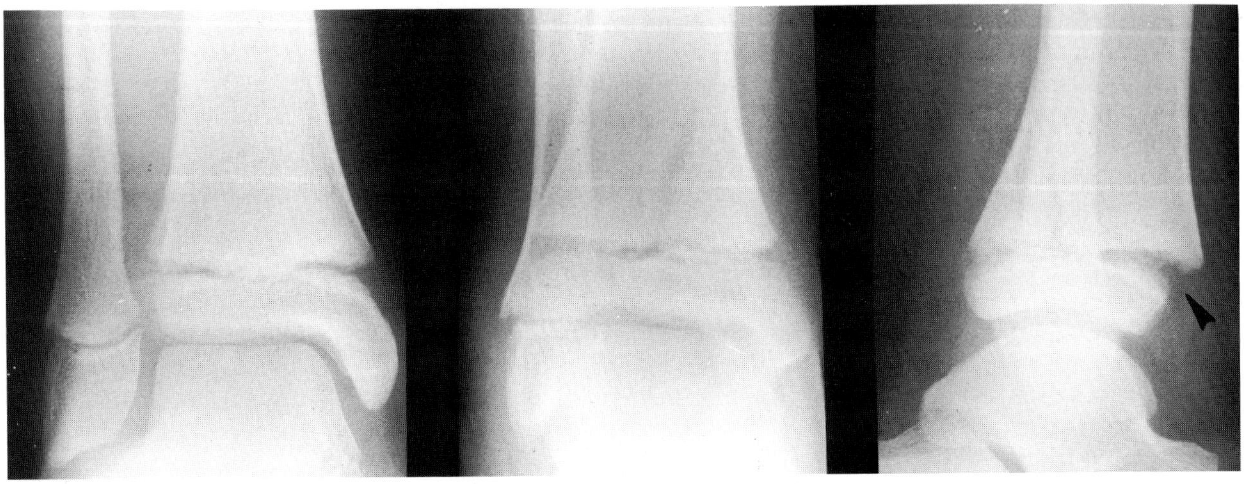

Abb. 7-4: Metaphysenfraktur der Tibia. Auf den Aufnahmen im sagittalen und schrägen Strahlengang erscheint diese als relativ harmlose und nicht fehlgestellte Fraktur. Auf der Seitaufnahme erkennt man eine Fraktur durch die Epiphysenplatte mit Fehlstellung der Epiphyse.

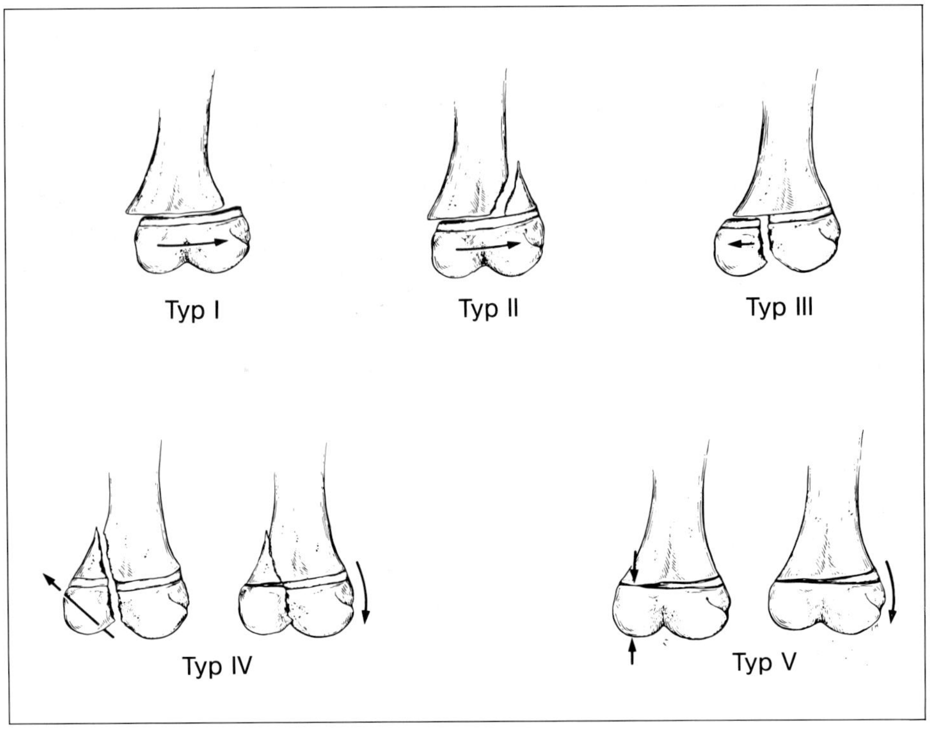

Abb. 7-5: Einteilung der Epiphysenfrakturen nach Salter-Harris.

Abb. 7-6: Diese anfangs unsichtbare Fraktur der Fibula manifestiert sich jetzt durch eine kleinräumige Kallus- und eine subperiostale Knochenneubildung.

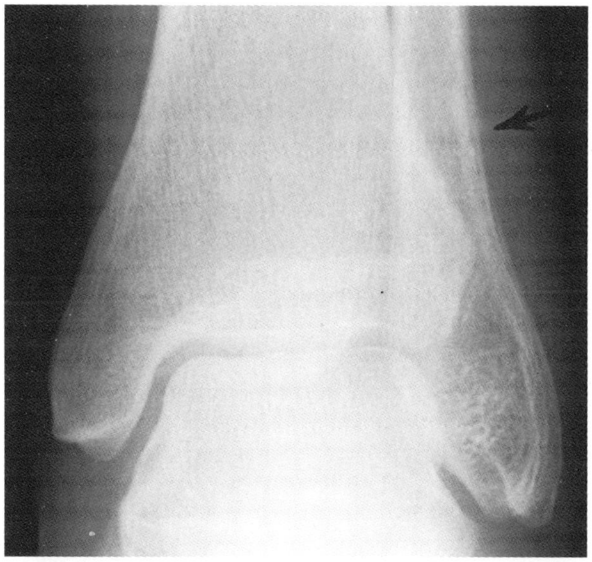

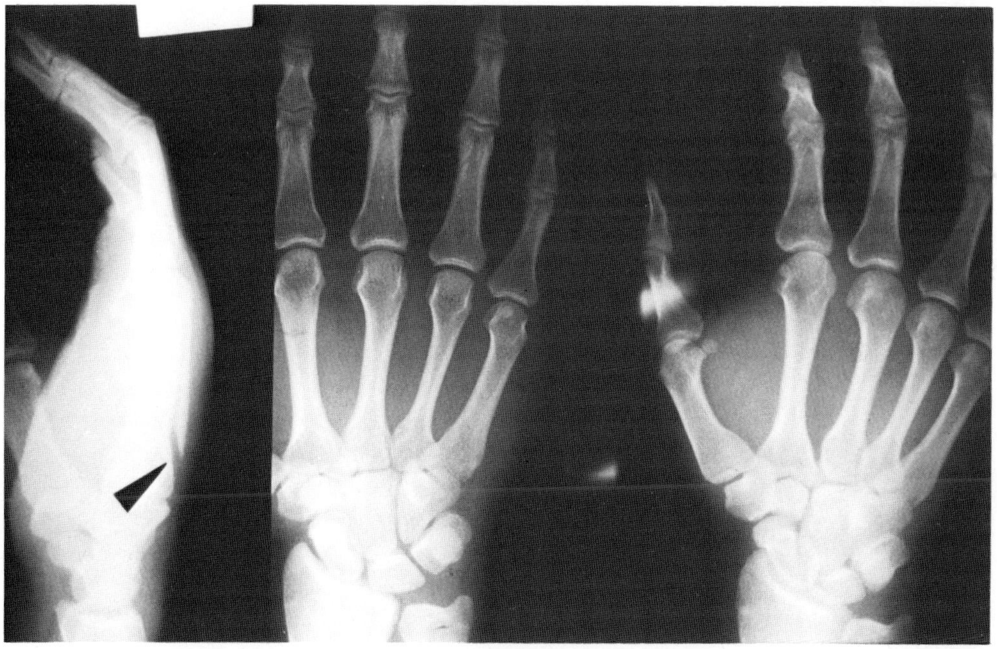

Abb. 7-7: Diese Fraktur des rechten Metakarpale III ist auf der dorsopalmaren und der Schrägaufnahme nicht sichtbar, deutlich dagegen auf der Seitaufnahme.

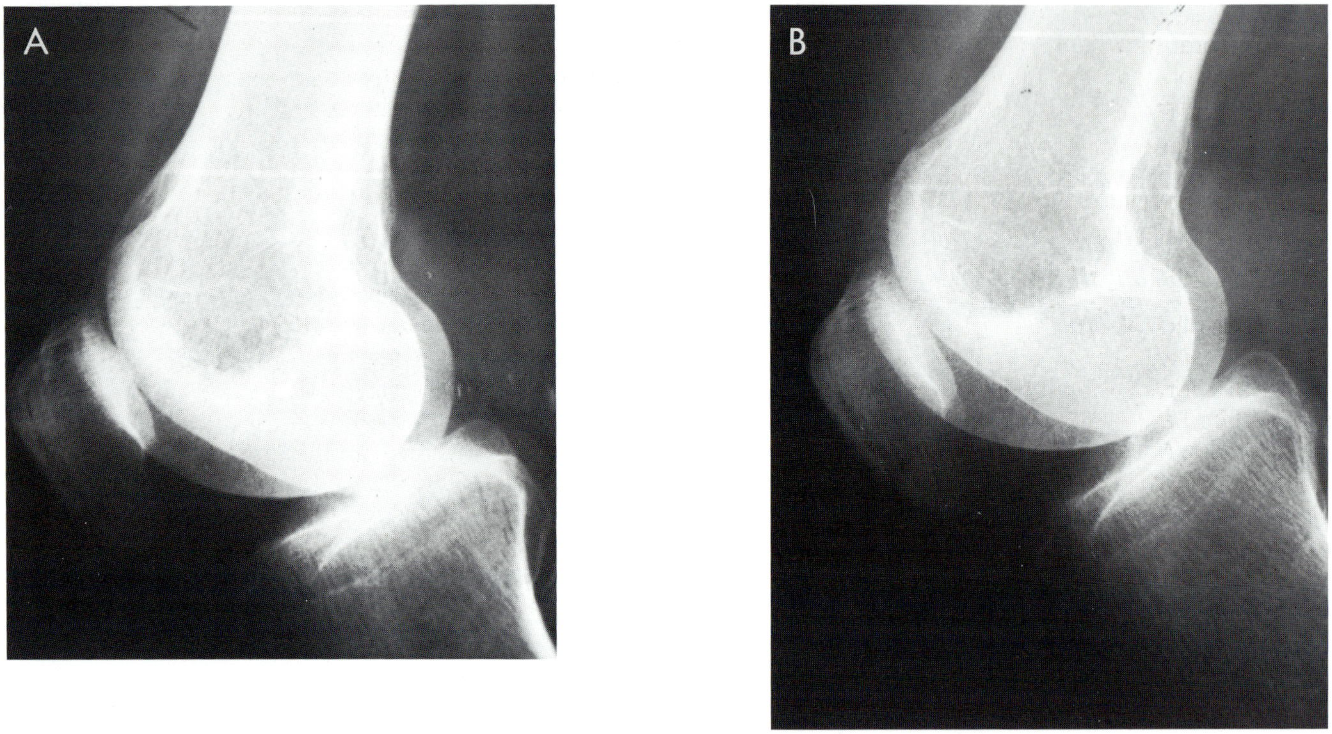

Abb. 7-8: Belichtungstechnik. **A.** Die Patellafraktur ist auf der überbelichteten Aufnahme unsichtbar. **B.** Ein Film mit exakter Belichtung zeigt diese Fraktur deutlich.

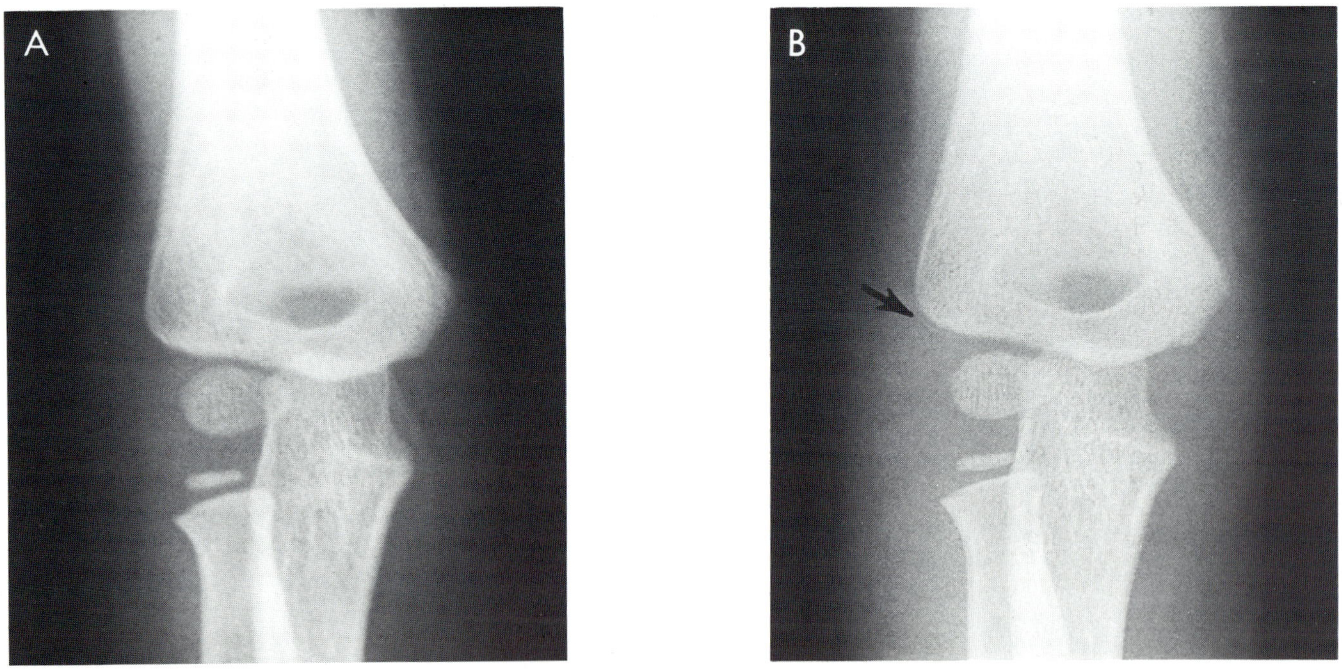

Abb. 7-9: Aufnahmetechnik. **A.** Die Details dieser Erstaufnahme sind durch leichte Bewegung etwas unscharf gezeichnet. **B.** Die Wiederholungsaufnahme deckt eine anfangs nicht sichtbare minimale suprakondyläre Humerusfraktur auf.

Behandlung von der weiteren Festlegung der Verletzung oder der Krankheit abhängt. Unter Notfallbedingungen werden diese bildgebenden Verfahren aber zur Abklärung des peripheren Skeletts, also der Extremitäten, nur selten eingesetzt.

Gehaltene Aufnahmen (Streßaufnahmen, Belastungsaufnahmen)

Gehaltene oder Belastungsaufnahmen verwendet man, um eine Bänderverletzung bildlich darzustellen. Bei einer solchen Aufnahme besteht das Risiko, daß man dadurch eine bereits verletzte Struktur weiter traumatisiert oder ein vorbestehendes Leiden verschlimmert. Der Patient erhält eine höhere Strahlenbelastung, ebenso die/der MTRA oder jeweilige Helfer. Die Schmerzen können die zur Diagnose nötige Belastung unmöglich machen (vgl. Abb. 7-48). Aus diesen Gründen sollten Sie nur dann gehaltene Aufnahmen veranlassen, wenn deren Ergebnis ganz wesentlich die Therapie berühren wird. Die Haltekraft sollte immer jemand aufbringen, der sich all dieser Faktoren bewußt ist, damit ein möglichst hoher Zuverlässigkeitsgrad beim Bildergebnis auch erreicht wird.

Arthrographie

Durch die Injektion von Kontrastmittel kann man Informationen zu den Knorpelteilen, den Bändern und anderen Strukturen eines Gelenkes erhalten. Meist kommt die Arthrographie bei Patienten mit chronichen Skelettbeschwerden unter Beteiligung von Gelenken zum Einsatz.

Angiographie

Beim Notfallpatienten führt man dann eine Arteriographie durch, wenn man nach einer Verletzung die Intaktheit des Gefäßsystems nachweisen will, aber auch zur Abklärung einer akuten Gefäßinsuffizienz. Die Phlebographie setzt man ein, um eine Venenthrombose abzuklären.

Sonographie

Die diagnostische Sonographie wird dazu verwendet, Patienten mit dem Verdacht auf eine tiefe Venenthrombose abzuklären. Sie ist weniger invasiv, aber auch weniger detailgenau als die Phlebographie mit Kontrastmittel.

Konventionelle Tomographie

Die konventionelle Tomographie kann die Untersuchung auf eine bestimmte Ebene begrenzen, wobei sie dann überlagernde störende Strukturen zum Verschwinden bringt. Dieses Merkmal der Tomographie ist besonders bei größeren Knochen und in komplexen Regionen von Nutzen. Sie erfordert aber einen kooperativen Patienten wie auch zusätzlichen Zeitaufwand und eine vermehrte Strahlenbelastung.

Skelettszintigraphie

Hierbei injiziert man Radiopharmaka, um einen Knochen mit gesteigertem Stoffwechsel ausfindig zu machen. Die hierfür geeigneten Substanzen suchen vorzugsweise Regionen eines vermehrten Knochenstoffwechsels, wie z. B. heilende Frakturen. Nahezu ausnahmslos wird eine Fraktur im Szintigramm nach wenigen Tagen positiv werden und dann monatelang bleiben. Eine solche «positive» Region ist aber nicht für eine Fraktur spezifisch. Zwar setzt man die Skelettszintigraphie in der Regel bei fraglichen Befunden an Wirbelsäule und Hüfte ein, sie eignet sich aber bei dieser Fragestellung für einen jeden Knochen. Ein Skelettszintigramm führt zu einer Strahlenbelastung des gesamten Körpers und erfordert einen Zeitaufwand von alles in allem mehreren Stunden.

Computertomographie

Die Computertechnologie kombiniert ein Röntgengerät mit einem Rechner, um ein Querschnittsbild eines Körperteils zu erzeugen. Diese einzigartige Fähigkeit zur Erstellung axialer Aufnahmen macht die CT für die Abklärung von Skelettverletzungen sehr nützlich (insbesondere an Wirbelsäule und Becken; Anm. d. Übers.). Die CT liefert eine hervorragende Kontrastauflösung, die bei der Abgrenzung pathologischer Veränderungen von hohem Nutzen ist.

Kernspintomographie (MRI: Magnetic Resonance Imaging)

Die hervorragende Weichteildarstellung wird die Kernspintomographie bei der Skelettuntersuchung zunehmend wichtiger werden lassen. Die im Röntgenbild normalerweise unsichtbaren Strukturen Knorpel, Sehnen und Bänder lassen sich so untersuchen; darüber hinaus kann die Kernspintomographie Bilder in jeder gewünschten Ebene liefern. CT und MRI erfordern jedoch ein hohes Maß an Mitarbeit vom Patienten. Viele technische Überlegungen machen es schwierig, Schwerverletzte oder schwerkranke Patienten mittels der Kernspintomographie zu untersuchen.

Allgemeine Überlegungen

Bestimmte Einflußfaktoren können bei der Beurteilung von Röntgenaufnahmen ablenken. Jede offenkundige Verletzung kann die Aufmerksamkeit von einer weiteren geringeren Verletzung ablenken. Die gleiche Wirkungen können Markierungen (Striche, Pfeile etc.) auf dem Film haben. Auf keinen Fall sollte man nicht wieder löschbare Markierungen verwenden, da sie eben ablenken. Sie zerstören auch den Lehrwert einer Aufnahme und sind besonders dann störend, wenn sie auf normale Strukturen oder Fehldiagnosen weisen.
Starke Lichtquellen wie eine Irisblendenleuchte sind hilfreich, wenn man die Weichteile oder andere stärker geschwärzte Filmpartien befunden will, sie sind aber natürlich kein Ersatz für eine korrekte Belichtung. Vergrößerungslupen sind nicht oft notwendig; sie vergrößern auch das Filmkorn bis zu dessen Sichtbarkeit und steuern so nur wenige Details auf einem konventionellen Film bei. Dagegen sind die Irisblendenlampe und die Vergrößerungsgläser nützlich, um die Konzentration des Untersuchers auf ein kleines Gebiet zu lenken.

Klinische Untersuchung des Patienten

Bevor überhaupt eine Röntgenuntersuchung angefordert wird, sollte zunächst einmal die verletzte Körpergegend bestimmt sein und dann eine Untersuchung in Auftrag gegeben werden, die die Verletzungsstelle adäquat und ohne unnötige Strahlenbelastung anderer Gewebe darstellt. Zusätzlich sollte man auch überlegen, ob die Verletzung womöglich einen der Skelettanteile betrifft, die bei einer Routineuntersuchung nicht zur Gänze einsehbar gemacht werden. Bei der Röntgenbildbefundung muß man zunächst einmal sicherstellen, daß der Film wirklich die Region des klinischen Interesses darstellt. Die klinische Untersuchung wird dann auf den Teil der Röntgenuntersuchung weisen, dem man die vorrangige Aufmerksamkeit widmen sollte. Die Röntgenuntersuchung muß mit den Beschwerden und klinischen Symptomen des Patienten abgestimmt werden. Wenn nun die Röntgenuntersuchung tatsächlich nicht das klinische Bild erklären kann, so mag dies Anlaß sein, gezielt zusätzliche Aufnahmen anzufertigen.
Röntgenuntersuchungen werden durchgeführt, um zusätzliche objektive Informationen über den Zustand des Patienten zu erhalten. Auch wenn man das Ergebnis der Röntgenuntersuchung immer mit der klinischen Information korrelieren sollte, so darf man sich umgekehrt nicht von den klinischen Befunden unbotmäßig beeinflussen lassen. Eine überstarke Bezugnahme auf die klinische Information kann leicht zur radiologischen «Überdiagnostizierung» führen! Im Umkehrschluß ist es ebenso wichtig einzusehen, daß es leichtfertig ist, eine radiologische Diagnose ohne jede klinische Information zu stellen. Das Muster, wie man sucht, sollte auf die klinische Situation abgestimmt sein.

Die folgende «Checkliste» deckt die wesentlichen Elemente ab, die man braucht, um Röntgenaufnahmen der Extremitäten zu beurteilen. Das Einhalten dieser Checkliste oder einer anderen systematischen Betrachtungsweise wird die Irrtumswahrscheinlichkeiten wohl verringern. Zu den meisten Fehlinterpretationen kommt es dann, wenn ein Teil dieses systematischen Vorgehens vorsätzlich oder zufällig außer acht gelassen wird. Natürlich kann der klinische Zustand des Patienten ein verkürztes Prozedere erzwingen, doch sollten diese Situationen wann immer möglich vermieden werden. Im Verlaufe des Vorgehens wird dem Untersucher die Wichtigkeit der verschiedenen Einzelpunkte dieser Checkliste deutlich werden. Die meisten Punkte dieser Leitschiene beziehen sich allgemein auf eine Extremitätenverletzung. Das sorgsame Einhalten dieser Grundsätze wird dem Untersucher mit einer verbesserten Genauigkeit seiner Diagnostik belohnt werden.

Checkliste

1. Handelt es sich wirklich um Aufnahmen des fraglichen Patienten? Stellen diese die richtige Seite dar?
2. Zeigen die Aufnahmen die Region des Interesses? Es kann in der Informationskette ein Übertragungsfehler passiert sein!
3. Wurden die richtigen Einstellungen verwendet? Man sollte bedenken, ob die Verletzungsstelle eine Struktur erfaßt hat, die Spezialaufnahmen erforderlich macht, wie z. B. die Patella, das Kahnbein der Hand oder das Fersenbein, was dann noch besondere Projektionen erfordert.
4. Sind die Aufnahmen angemessen belichtet? Ist die Detaildarstellung adäquat!
5. Stehen die Knochenstrukturen in korrekten Nachbarschaftsbeziehungen zueinander? Zeigt einer der Knochen eine ungewöhnliche Kontur? Zeigen sich scharf begrenzte Abwinkelungen oder abrupte Unterbrechungen von Konturen?
6. Verfolgen Sie den Kortikalisrand eines jeden dargestellten Knochens vollständig! Suchen Sie auch das Innere eines jeden Knochens ab! Sehen Sie durch jeden Knochen hindurch auf andere, die von diesem überlagert sind! Besonderen Nachdruck sollte man bei der Suche auf das klinisch interessierende Gebiet legen und auf Gebiete, die besonders Verletzungen gegenüber prädisponiert sind.
7. Suchen Sie nach Hinweiszeichen seitens der Weichteilgewebe! Finden sich solche, dann wiederholen Sie Ihre Suche, und ziehen Sie dann auch Zusatzaufnahmen bzw. Nachuntersuchungen in Erwägung!
8. Liegt eine ganz offensichtliche Verletzung vor, dann stellen Sie diese zunächst einmal hintan, bis Sie den gesamten Film betrachtet haben. Die Konzentration auf eine evidente Verletzung kann die Aufmerksamkeit von anderen Befunden abziehen. In ähnlicher Weise kann eine Markierung auf dem Film, z. B. um eine Verletzung zu demonstrieren, die Aufmerksamkeit von wichtigen Anomalien ablenken.

9. Schreiben Sie Ihre persönliche Meinung nieder. Ihre Befunde sollten das klinische Bild erklären können. Ist dies nicht der Fall, so wünschen Sie dann vielleicht Zusatzaufnahmen oder fordern eine Nachkontrolle an. Die Aufzeichnung dessen, was Sie gesehen haben, kann für spätere Untersucher, die den Patienten noch betreuen werden, von unschätzbarem Wert sein. Außerdem strengen wir uns alle mehr bei unserer Arbeit an, wenn wir wissen, daß sie einer ständigen Aufzeichnung unterliegt.

Schulter

Die Schulter umfaßt zwei Gelenke und Anteile von drei Knochen. Diese Tatsache macht die Schulter zusammen mit ihrer nahezu uneingeschränkten Beweglichkeit zum Gegenstand einer Vielzahl verschiedener Verletzungen.

Anatomie

In der Entwicklung finden sich getrennte Wachstumszentren für den Humeruskopf und das Tuberculum maius humeri. Im Alter von sechs Jahren verschmelzen diese beiden Zentren und bilden ein gemeinsames Epiphysenzentrum des proximalen Humerus. Eine weitere Epiphyse existiert für das Akromion und den Rabenschnabelfortsatz (Processus coracoideus). Zusätzlich findet sich ein weiteres Zentrum für das Labrum glenoidale der Skapula, welches bis ins frühe Erwachsenenalter hinein unfusioniert bleiben und so eine Abrißfraktur vortäuschen kann. Die Klavikelepiphyse befindet sich am medialen Schlüsselbeinende. All diese Strukturen sind in Abb. 7-10 dargestellt.

Aufnahmetechnik

Oft wird die Schulter im sagittalen Strahlengang bei maximal innenrotiertem Humerus geröntgt. Diese Bilder liefern orthograde Projektionen des Humerus, nicht aber der anderen Strukturen. Als Warnhinweis sei hier besonders herausgestellt, daß solche Innenrotationsbewegungen eine Fraktur des Humerus verschlimmern oder aber auch gelegentlich einmal eine Luxation verringern (oder gar reponieren) können. In Gegenwart einer Fraktur oder einer Luxation kann die Bewegung eingeschränkt und somit eine konventionelle Aufnahme nicht erreichbar sein.
Bei Unfallpatienten haben wir den Einsatz von je zwei Schrägprojektionen übernommen. Diese liefern eine echte frontale (= tangentiale Glenoidaufnahme, Abb. 7-13B) und seitliche Aufnahme (= Y-Aufnahme der Skapula) (vgl. Abb. 7-11). Diese Aufnahmen lassen sich ohne Manipulationen am Humerus vornehmen. Aufnahmen, die rechtwinklig zur Frontalebene stehen, lassen sich auf zwei Wegen erreichen: Eine transthorakale Aufnahme zeigt die Schulter in seitlicher Projektion. Da die Ebene des Glenohumeralgelenks nur selten parallel zur Sagittalebene steht, wird diese Aufnahme keine exakt seitliche Darstellung davon liefern; in der Regel zeigt diese Gelenkebene um etwa 30° nach vorne. Die transthorakale Aufnahme ist wegen der Überlagerung von Rippen und Wirbeln nur schwierig zu interpretieren. Die axiale bzw. axilläre Projektion liefert eine weitere Projektion, die senkrecht zur Frontalebene steht; sie erfordert aber unvermeidlich ein stärkeres Manipulieren am Oberarm als jede andere Aufnahme. Bei nichttraumatisierten Patienten liefert die transaxilläre Aufnahme zusammen mit einer im sagittalen Strahlengang bei Außenrotation die nützlichsten Informationen.

Luxationen

Die Lagebeziehung zwischen der Ebene des Glenohumeralgelenks und der Sagittalebene wurde bereits oben beschrieben. Sehr wichtig ist diese bei der Festlegung, ob der Humeruskopf luxiert ist, und bei der Bestimmung der Art der Luxation. Da der ventrale Anteil der Glenoidlippe weiter medial steht als der hintere, wird der nach vorne luxierte Humeruskopf sich auch nach medial verlagern. Anstelle einer schmalen Ellipse, mit der der Humeruskopf das Glenoid überlagert, überlagert sich jetzt der überwiegende Anteil des Humeruskopfes. In manchen Fällen kann auf einer Sagittalaufnahme sogar der gesamte Kopf medial von der Fossa glenoidalis zu liegen kommen. Da in diesem Falle der Humeruskopf sich direkt unterhalb des Processus coracoideus befindet, nennt man diesen Luxationstyp auch «subkorakoidal». Der Abstand zwischen Humeruskopf und Akromionfortsatz, der normalerweise etwa zehn Millimeter beträgt, ist dann vergrößert (Abb. 7-12). Diese Situation ist auf den beiden Schrägaufnahmen deutlich sichtbar: Der Humeruskopf überlappt dann das Glenoid auf der Tangentialaufnahme und liegt auf der Y-Skapula-Aufnahme ventral der Gelenkpfanne (Abb. 7-13).
Patienten mit Schulterluxationen zeigen oft Einstauchungsfrakturen des Humeruskopfes, die durch das Eintreiben des Kopfes in das Glenoid zustandekommen (sog. Hill-Sachs-Deformität). Die hinteren Schulterluxationen sind wesentlich seltener und machen insgesamt weniger als fünf Prozent der Schulterluxationen aus – sie sind aber wesentlich schwieriger zu diagnostizieren. Untersuchungen haben ergeben, daß bis zu 50% anfangs übersehen werden! Bei Aufnahmen im sagittalen Strahlengang wird ein nach hinten luxierter Humeruskopf gegenüber seiner normalen Lage etwas weiter lateral zu liegen kommen, da die hintere Glenoidlippe weiter lateral steht als die vordere. Die Entfernung zwische Humeruskopf und Processus coracoideus, die in der Regel etwa 15 Millimeter beträgt, nimmt dann zu. Auch nimmt die Distanz zwischen der Glenoidvorderlippe und dem Humeruskopf auf einer Seitaufnahme zu (Normalwert circa 8 mm) (Pfannenrandzeichen; rim sign). Im Gegensatz zur normalerweise leicht elliptischen Überlappung kann man jetzt auch auf einer Aufnahme im sagittalen Strahlengang frei durch den Schultergelenkspalt sehen (im Amerikanischen wird dieses

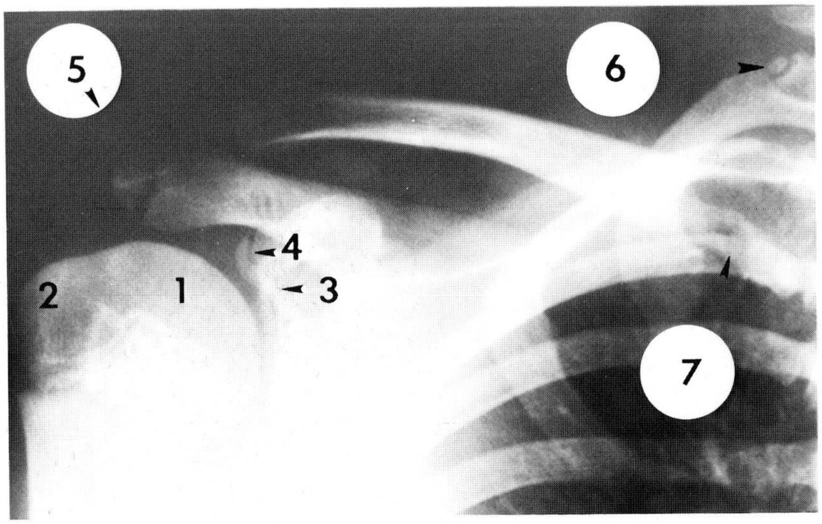

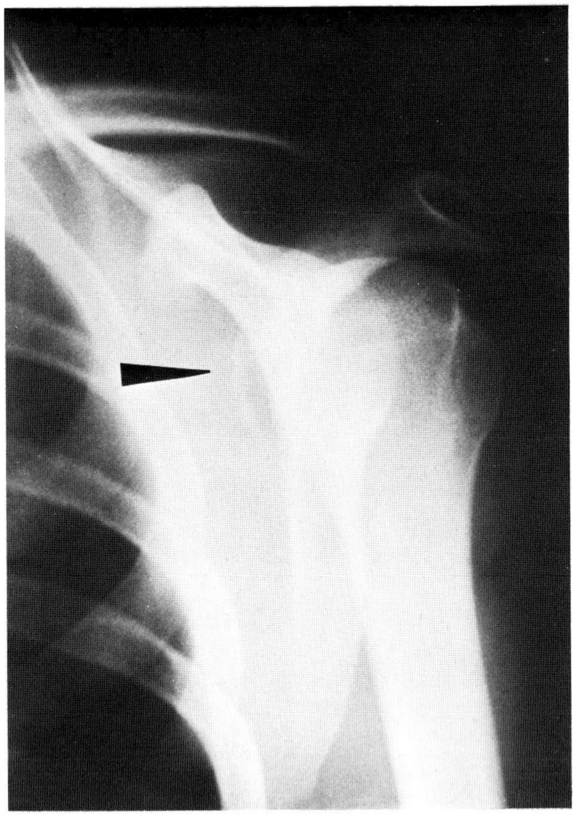

Abb. 7-10 (oben): Normale Schulter eines elfjährigen Knaben. Beachten Sie die Knochenkernverschmelzung des Kopfes (1) und des Tuberculum maius des Humerus (2), das Labrum glenoidale (3), den Processus coracoideus (4), den Processus acromialis (Akromion) (5) und den Querfortsatz des ersten Brustwirbels (6). Die Fossa rhomboidea ist eine normale anatomische Variante (7).

Abb. 7-11 (rechts): Abrißfraktur des vorderen Anteils des Labrum glenoidale auf einer Skapula-Y-Aufnahme der Schulter.

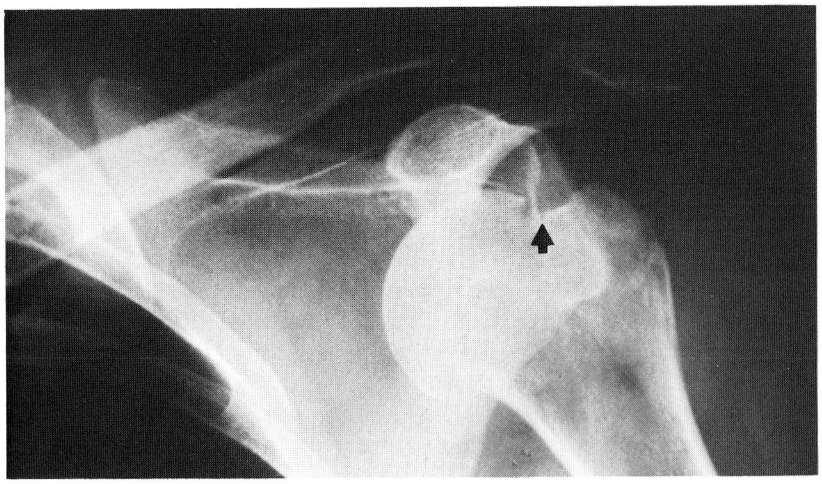

Abb. 7-12: Vordere Luxation (unter das Korakoid) der Schulter auf einer herkömmlichen a.-p. Aufnahme der Schulter. Der Humeruskopf ist nach medial verschoben. Beachten Sie den vergrößerten Abstand zwischen dem Humeruskopf und dem Akromion sowie die Deformität durch die Einstauchungsfraktur (Pfeil).

Phänomen recht anschaulich als «daylight» bezeichnet). Der Humerus befindet sich in Innenrotation; in der Tat gilt auch die Faustregel, daß keine hintere Schulterluxation vorliegt, wenn der Humerus außenrotiert werden kann. Daneben kann eine Einstauchungsfraktur an der Vorderseite der Humeruskopf-Gelenkfläche vorliegen, die zu einer Doppelkonturierung des Humeruskopfes führt (Trog- oder Mulden- bzw. Rinnenzeichen). Auf einer transthorakalen Aufnahme sieht man den Humeruskopf hinter der Fossa glenoidalis gelegen (Abb. 7-14). Auch auf einer Y-Aufnahme steht der Humeruskopf hinter der Fossa glenoidalis. Auf einer Tangentialaufnahme dagegen überlappen sich Humeruskopf und Gelenkpfanne (Abb. 7-15).

Skapula

Aufnahmetechnik

Die Skapula sollte man mittels einer a.-p. und einer Seitaufnahme untersuchen. Die Seitaufnahme läßt sich mit einer Schrägposition um 60° von vorne bei weitestgehend angehobenem Arm vornehmen.

Frakturen

Schulterblattbrüche werden fast immer durch eine direkte Gewalteinwirkung verursacht und äußern sich in der Regel als Aufhellungslinien. Man sollte immer alle drei Skapularänder betrachten sowie auf die Kontinuität der Spina scapulae achten. Skapulafrakturen können sich als strahlentransparente Linien zu erkennen geben, die leicht mit normalen Bogenlinien verwechselbar sind (Abb. 7-16 und 7-17).

Klavikula

Wegen ihrer Lokalisation überlagert sich die Klavikel auf dem Röntgenbild im sagittalen Strahlengang unvermeidlich mit den Rippen und weiteren Strukturen. Wegen ihrer direkten Nachbarschaft zur Thoraxwand ist es unmöglich, die wünschenswerten Aufnahmen in zwei zueinander senkrecht stehenden Ebenen zu erhalten. Zusätzlich zur Aufnahme im p.-a. Strahlengang fertigt man eine zweite Aufnahme durch Kippung der Röhre nach kaudal im p.-a. und nach kranial im a.-p. Strahlengang an. Diese Aufnahme projiziert dann die Klavikel deutlich von den Nachbarschaftsstrukturen weg (Abb. 7-18). Eine Röntgendarstellung der Articulatio sternoclavicularis erhält man, indem man entweder den Patienten oder die Röhre kippt. In einigen Fällen haben wir diese Strukturen auch computertomographisch untersucht. Die Articulatio acromioclavicularis untersucht man zunächst mit einer Aufnahme ohne Zugbelastung (die man nach einer möglichen Fraktur absucht) und anschließend durch eine Aufnahme im Stehen in gleicher Projektion, wobei der Patient ein möglichst schweres Gewicht in seiner Hand hält (~ 15 kg; Anm. d. Übers.) (Abb. 7-19 und 7-20.)

Luxationen und Subluxationen

Bei Verdacht auf eine Diastase des Akromioklavikulargelenks (Schultereckgelenksprengung) ist es bei der Beurteilung wichtig, eine Aufnahme ohne Zugbelastung anzufertigen, weil eine Fraktur des lateralen Klavikelendes klinisch das gleiche Aussehen haben kann. Unter den gleichen Umständen zeigen Kinder häufiger eine Sprengung des Akromioklavikulargelenks als eine Fraktur des Klavikelendes. Es ist wichtig, die Zugbelastung durch ein Gewicht so hoch wie nur irgendwie möglich zu machen, weil eine gute Kondition oder Muskelspasmen selbst dann noch das Gelenk zusammenhalten können, wenn bereits ein Ligament gerissen ist. Da die Klavikelspitze höher stehen kann als die Akromionspitze, sollte man darauf achten, daß der untere Kortikalisrand des Akromions zusammen mit dem unteren Kortikalisrand der Klavikel eine kontinuierliche Linie beschreiben sollte. Bei einigen Menschen kann der Klavikelunterrand höher oder tiefer liegen, was den Vergleich mit der Gegenseite ganz wesentlich macht.
Wenn es zu einer Luxation des Sternoklavikulargelenks gekommen ist, luxiert das mediale Klavikelende meist nach vorne. Erfolgt die Luxation nach hinten, so muß dies als eine sehr ernste Verletzung erachtet werden, da hierbei eine erhebliche Gefährdungsmöglichkeit vitaler Strukturen des oberen Mediastinums besteht (Abb. 7-21).

Ellbogen

Anatomie

Der Ellbogen umfaßt zwei verschiedene Gelenke: Ein Scharniergelenk zwischen der Trochlea humeri und der Ulna sowie ein Rotations-Scharnier-Gelenk zwischen dem Radius und dem Caput radii. Das Capitulum humeri und die Gelenkrolle des Humerus zeigen gegenüber dem Humerusschaft um circa 45° nach vorne, so daß eine durch die Mitte der Knochenmarkshöhle des Humerus gezogene Linie hinter diesen beiden Strukturen zu liegen kommt. Eine Linie durch die vordere Kortikalis des Humerus sollte die Mitte des Ossifikationszentrums des Capitulum humeri durchsetzen (Abb. 7-22). Die Gelenkkapsel des Ellbogens werden wir weiter unten besprechen. Der distale Kapselansatz ist am Radiusköpfchen. Hinsichtlich des Epiphysenwachstums ist die Ellenbogenregion ein äußert komplexes Thema: Es bestehen Wachstumszentren für das Radiusköpfchen und das Olekranon. Als erstes sekundäres Wachstumszentren am Humerus erscheint das des Capitulum humeri.

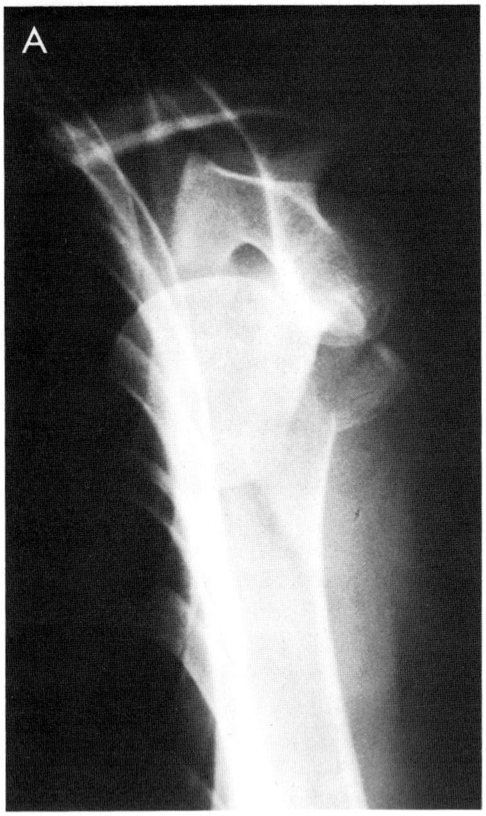

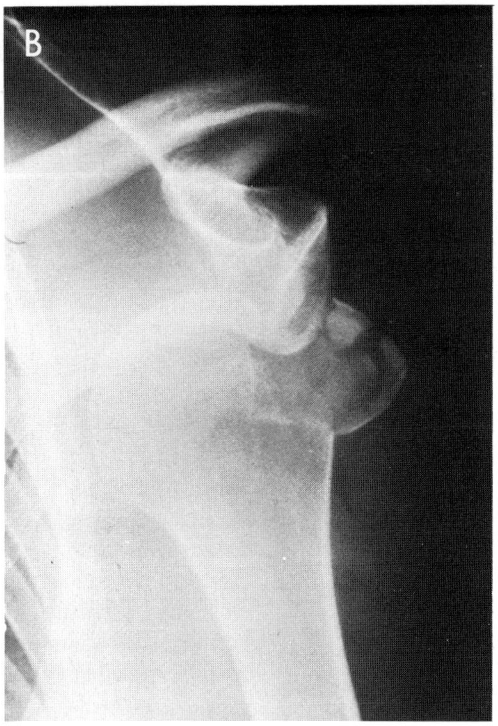

Abb. 7-13: Vordere (subkorakoidale) Humeruskopfluxation mit Trümmerfraktur des Tuberculum maius des Humerus.
A. Skapula-Y-Aufnahme.
B. Tangentialaufnahme.

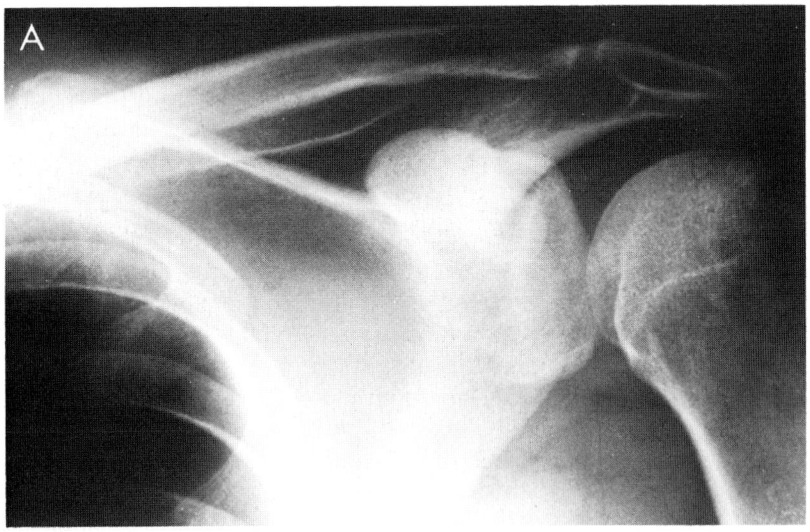

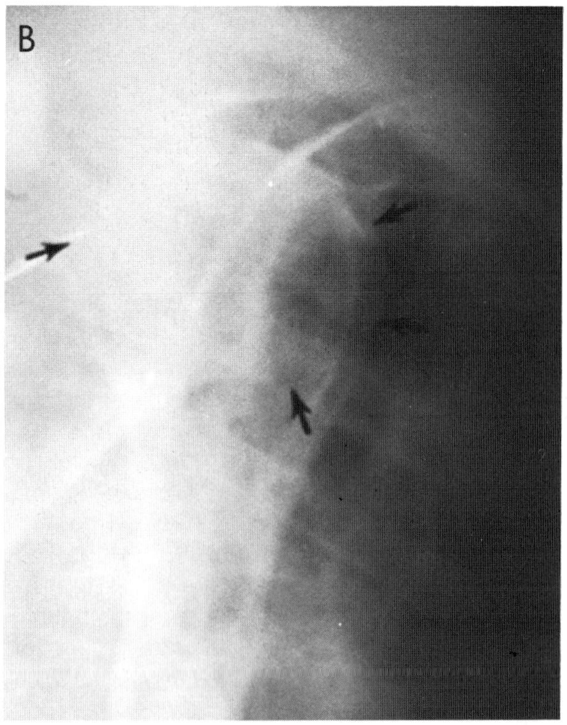

Abb. 7-14: Hintere Schulterluxation. **A.** Auf der Frontalaufnahme erscheint der Humeruskopf nach lateral verschoben. **B.** Die transthorakale Aufnahme zeigt den Humeruskopf (linker Pfeil) hinter dem Labrum glenoidale (rechte Pfeile) gelegen.

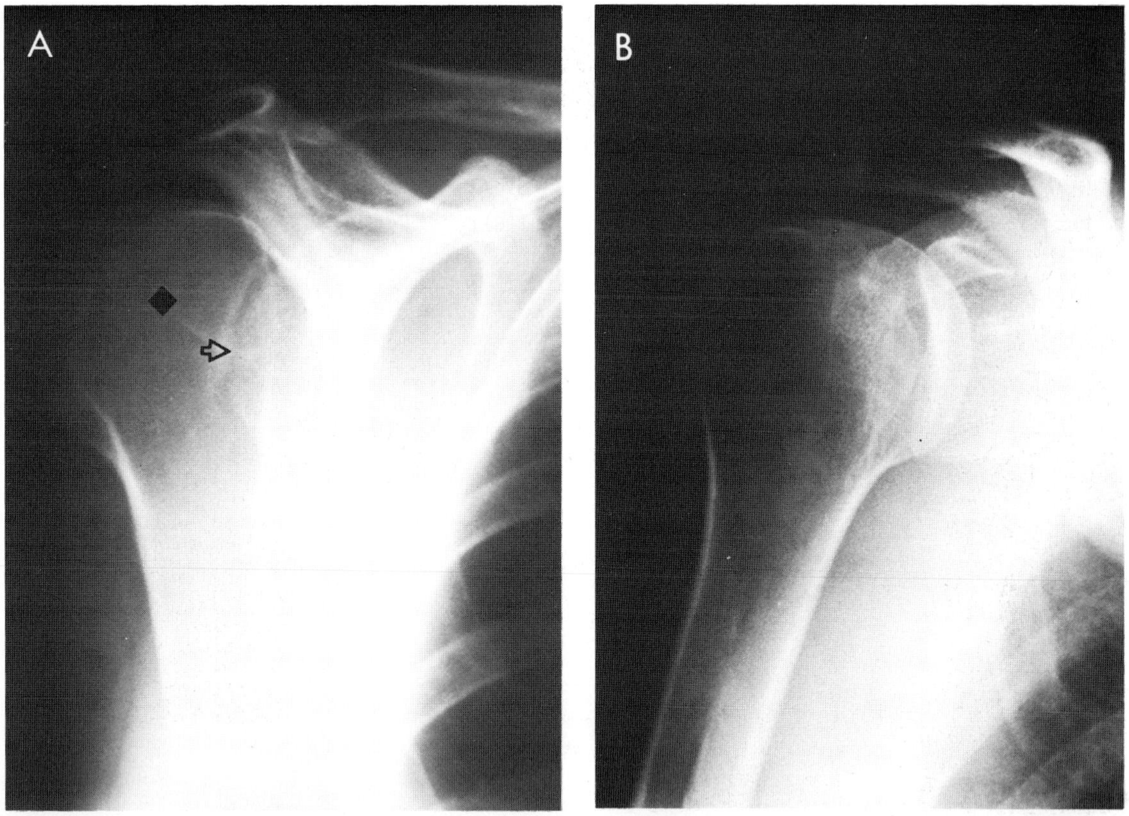

Abb. 7-15: Hintere Schulterluxation. **A.** Skapula-Y-Aufnahme des Humeruskopfes (Raute) und des Labrum glenoidale (Pfeil). **B.** Tangentialaufnahme, die die Überlappung des luxierten Humeruskopfes zeigt.

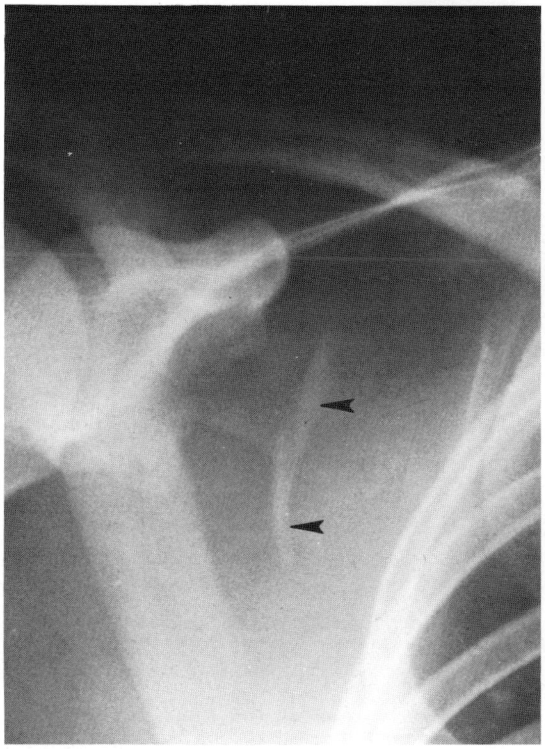

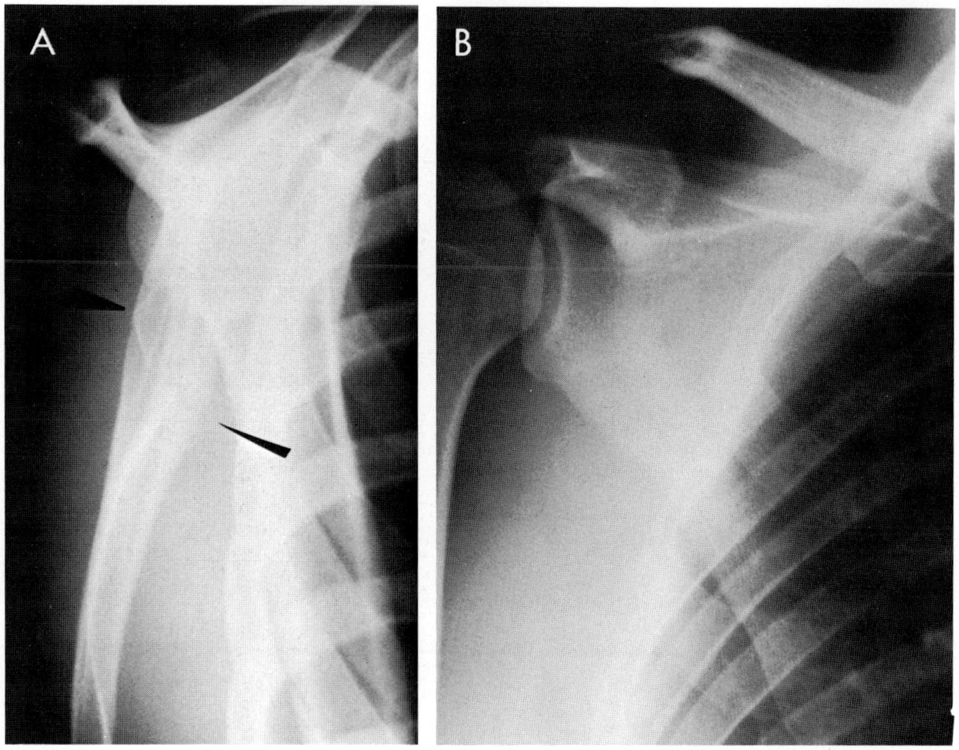

Abb. 7-16 (links): Skapulafraktur, die sich aufgrund der Einstauchung oder der Überlappung der Fragmente nicht durch eine röntgendichte Linie zu erkennen gibt.

Abb. 7-17 (Mitte und rechts): Man erkennt die Skapulafraktur nur auf der Seit- **(A)**, nicht aber auf der a.-p. Aufnahme **(B)**.

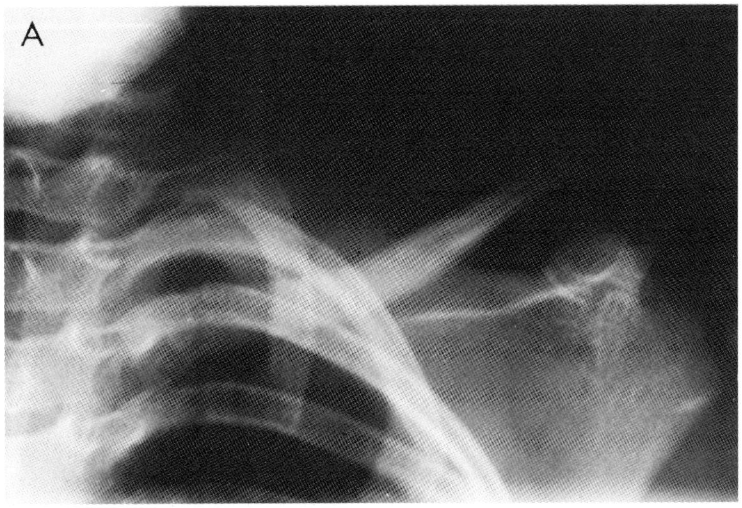

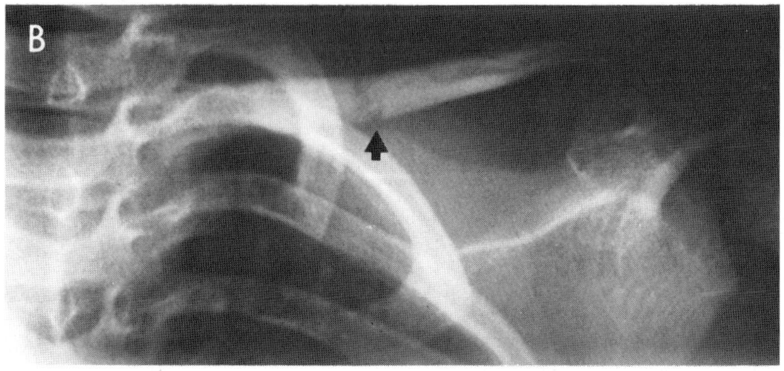

Abb. 7-18: Wegen der Überlagerung erkennt man diese Klavikelfraktur auf der normalen a.-p. Aufnahme nicht **(A)**. Die Klavikelaufnahme zeigt dagegen die Fraktur deutlich **(B)**.

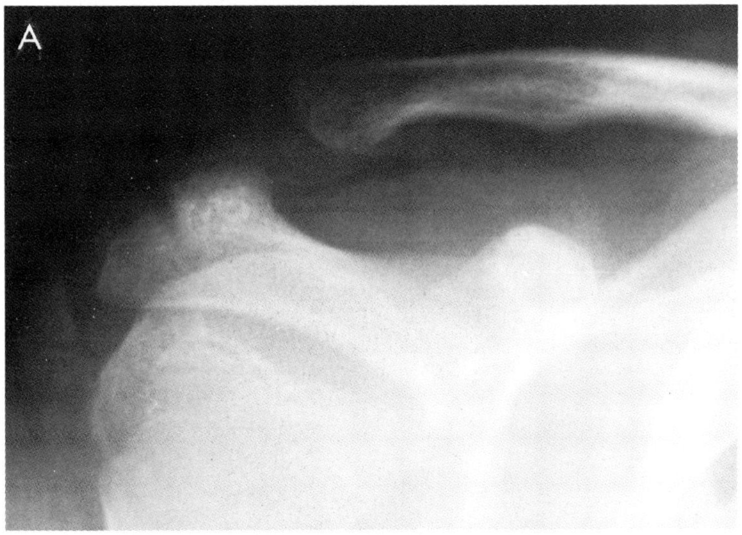

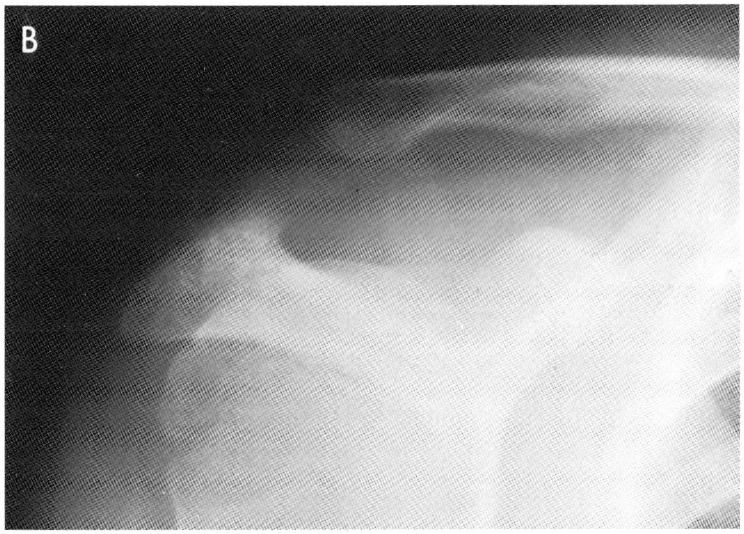

Abb. 7-19: Sprengung der Akromioklavikularverbindung. **A.** Bei der Erstaufnahme zeigt sich ein normal weiter Gelenkspalt. **B.** Eine Aufnahme mit Zugbelastung des Armes sichert die Diagnose.

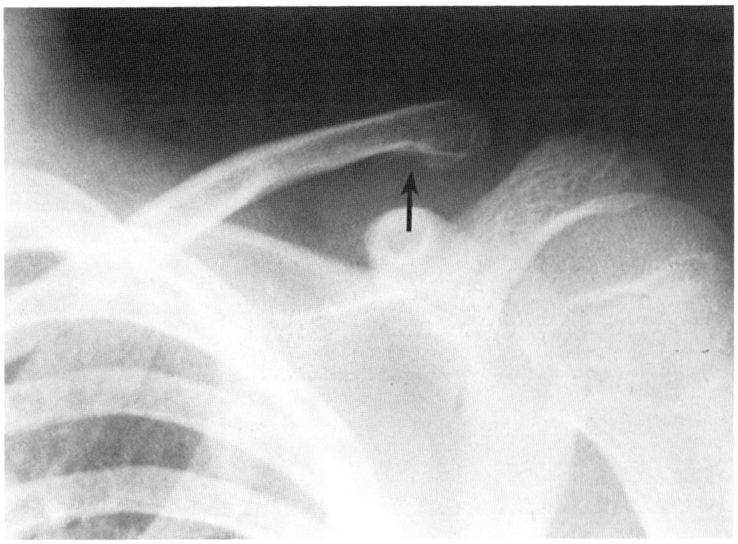

Abb. 7-20: Schlüsselbeinfraktur, bereits erkennbar auf der Erstaufnahme des Patienten, bei dem eine akromioklavikuläre Sprengung vermutet wurde. Eine weitere Aufnahme unter Zugbelastung des Armes ist hier unnötig.

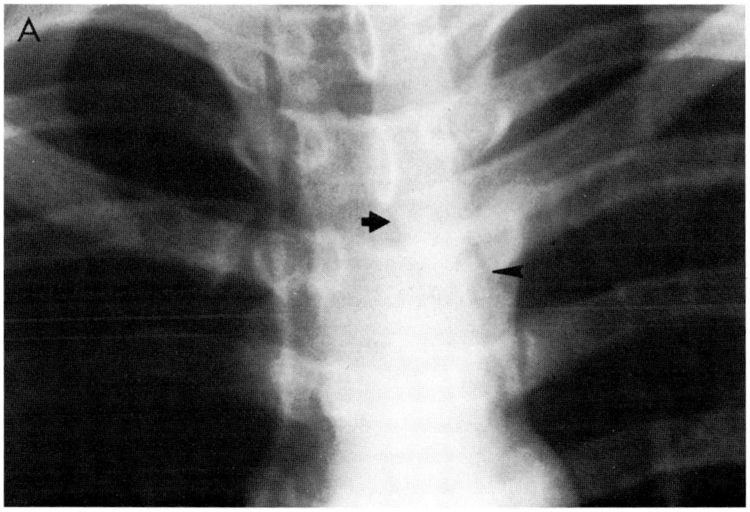

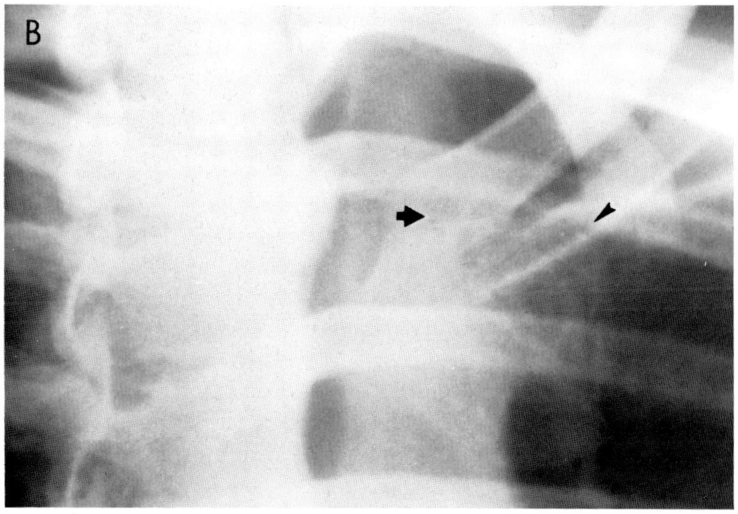

Abb. 7-21: Luxation des medialen Klavikelendes. Auf der a.-p. Aufnahme überlappt die linke Klavikel (Pfeil) das Sternum (Pfeilspitze). Die Schrägaufnahme zeigt die Klavikel gegenüber der sternalen Gelenkfläche nach dorsal verschoben.

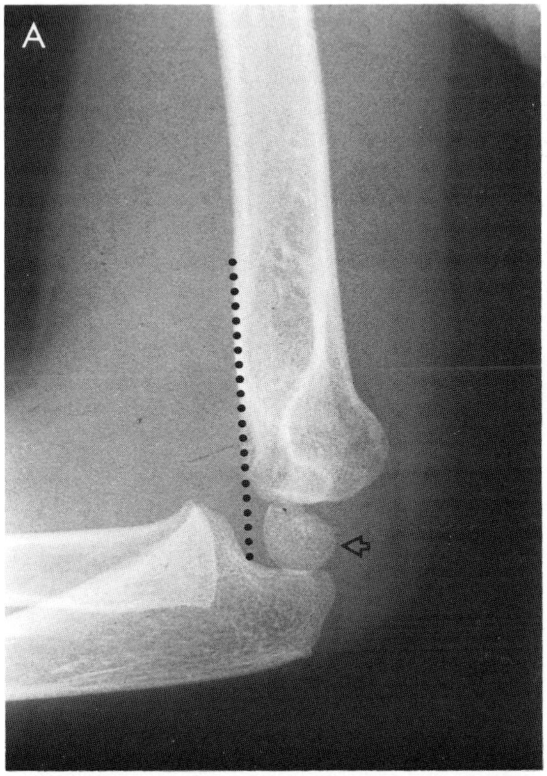

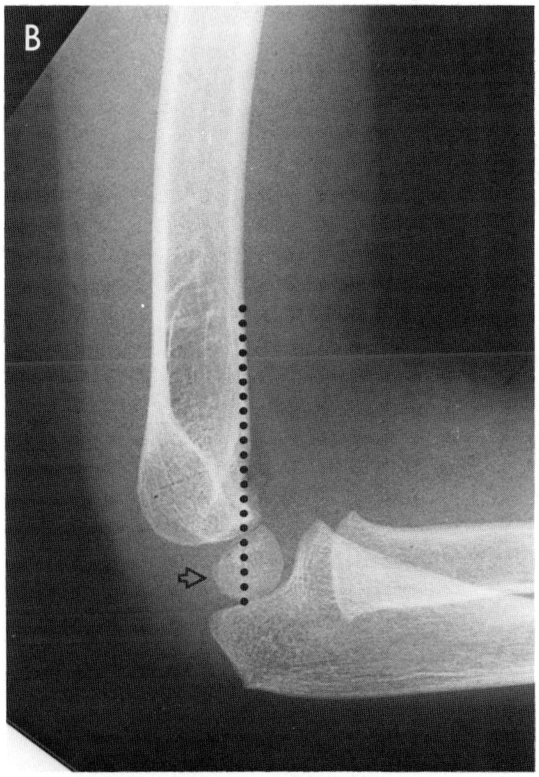

Abb. 7-22: **A.** Fraktur des suprakondylären Humerusanteils, die sich fast nur durch eine Dorsalverschiebung des Capitulum humeri zu erkennen gibt. Eine längs der Kortikalisvorderfläche des Humerus gezogene Linie sollte einen deutlichen Vorderanteil des Capitulum humeri durchsetzen (Pfeil). **B.** Zum Vergleich hier die normale Gegenseite.

Später treten dann auch weitere Wachstumszentren für den Condylus medialis und lateralis humeri und die Trochlea humeri auf (s. Abb. 7-2).

Aufnahmetechnik

In der Regel genügen für die Untersuchung des Ellbogens Aufnahmen im sagittalen (a.-p.) und im lateralen Strahlengang. Wegen der Vielfalt der Wachstumszentren und deren höchst variablem Erscheinungsbild sind am Ellbogen Vergleichsaufnahmen häufiger nötig denn in jeder anderen Extremitätenregion. Da hier auch recht subtile Frakturen geschehen können, verwendet man Schrägaufnahmen zur Ergänzung der Routineprojektionen. Tangentialaufnahmen kann man bei Verletzungen der Ellbogenrückseite (Abb. 7-23) einsetzen oder aber bei Patienten, die den Ellbogen nicht strecken können.

Luxationen

Die Lagebeziehung zwischen der konkaven Gelenkfläche des Olekranons der Ulna und der entsprechenden Trochleaportion des Humerus ist so augenfällig, daß man hier Luxationen leicht erkennt. Nützliches Diagnosekriterium ist hierbei die Achse des Radiusschafts: In allen Projektionen sollte eine durch die Radiusschaftmitte gezogene Linie auch das Zentrum des Capitulum humeri durchqueren (Abb. 7-24).
Die Luxation des Radiusköpfchens ist Teilkomponente der Monteggia-Fraktur, die wir weiter unten besprechen werden. Die Luxation des Radiusköpfchens aus dem Ligamentum anulare radii heraus hält man für die Ursache des sogenannten Kindermädchen-Ellbogens (Chassaignac-Syndrom). Diese Luxation hat ihre Ursache in der Regel in einem plötzlichen und harten Zug am Unterarm sehr junger Kinder beim Spazierengehen. Oft wird diese Luxation spontan oder aber durch Manipulationen vor der Röntgenuntersuchung reponiert. Vor der Reposition kann man diese durch Beachten der oben genannten Radiusschaftlinie diagnostizieren.

Hinteres Fettpolster-Zeichen (Fat pad sign)

Die Fettpolster um den Ellbogen herum sind wertvolle Indikatoren eines Traumas. Sowohl an der Vorder- wie auch an der Rückseite des distalen Humerus finden sich Freiräume, die Fett enthalten. Das hintere Fettpolster kann man normalerweise auf seitlichen Röntgenaufnahmen nicht sehen, dagegen einen kleinen Anteil des vorderen Fettpolsters als schmalen dreiecksförmigen Schatten. Die Ellbogengelenkskapsel setzt direkt neben dem distalen Ende dieser Fettpolster am Knochen an. Wird die Ellbogenkapsel durch eine Einblutung oder einen Gelenkerguß gedehnt, so drückt dies die Fettpolster nach oben und außen. Dann wird das hintere Fettpolster, das normalerweise unsichtbar ist (s. o.), erkennbar und stellt so das «hintere Humerusfettpolster-Zeichen» dar. Gleichzeitig wird das vordere Fettpolster deutlicher sichtbar als normal. Man sollte sich nicht durch die große Formenvielfalt des vorderen Fettpolsters verwirren lassen; denken Sie daran, daß es allein wichtig ist, das hintere Fettpolster zu erkennen, das als Befund immer pathologisch ist.
Bei einem Unfallpatienten wird ein Ellbogen mit einem positiven hinteren Fettpolster-Zeichen fast immer eine Fraktur aufweisen. Deshalb muß man auch dann, wenn keine Fraktur sichtbar ist, immer daran denken, daß ein subtiler Bruch vorliegt, und genauer hinsehen oder aber Zusatzaufnahmen, wie z. B. Schrägprojektionen, anfertigen (Abb. 7-25). Ist die Fraktur nicht sofort sichtbar, dann handelt es sich in aller Regel um eine Radiusköpfchenfraktur beim Erwachsenen oder aber um eine suprakondyläre Humerusfraktur beim Kind (Abb. 7-26). Entdeckt man nach Ausschöpfung aller genannten Methoden dennoch keine Fraktur, dann sollte man trotzdem nicht versäumen, dem Patienten mitzuteilen, daß mit hoher Wahrscheinlichkeit eine Fraktur vorliegen kann und eine Nachuntersuchung wünschenswert ist.

Frakturen

Die Abrißfraktur des Ossifikationszentrums des medialen Humerusepikondylus ist eine bei Kindern häufige Verletzung und wird auch leicht übersehen. Da diese Verletzung die Gelenkkapsel zerreißen kann, mag das Fettpolster-Zeichen durchaus negativ sein, doch wird man in der Regel eine Weichteilschwellung an der Gelenkinnenseite erkennen, und feststellen, daß das Wachstumszentrum nicht an seiner normalen Stelle gelegen ist (Abb. 7-27). Hier wird eine Vergleichsaufnahme der Gegenseite am ehesten weiterhelfen.
Zu einer Fraktur des Processus coronoideus ulnae (Abb. 7-28) kann es unabhängig von einer Luxation des Ellbogengelenks kommen. Oft kann man das Fragment nur dann sehen, indem man auf der Seitaufnahme durch den darüberliegenden Radius hindurchschaut.

Unterarm

Anatomie

Die Beziehungen zwischen den proximalen Enden von Radius und Ulna sowie dem distalen Humerusende wurden bereits im Abschnitt «Ellbogen» beschrieben. Es besteht eine kleine Kante dicht unterhalb des halbmondförmigen Grübchens der Ulna, die mit der Medialseite des Radiusköpfchens artikuliert. Die Tuberositas radii an der Medialseite der Speiche dicht unterhalb des Radiusköpfchens ist die Insertionsstelle des Musculus biceps brachii. Sieht man diese en face, so kann sie den täuschenden Eindruck einer strahlentransparenten pathologischen Aufhellung (Zyste, Lyse) des Radius erwecken (Abb. 7-29).

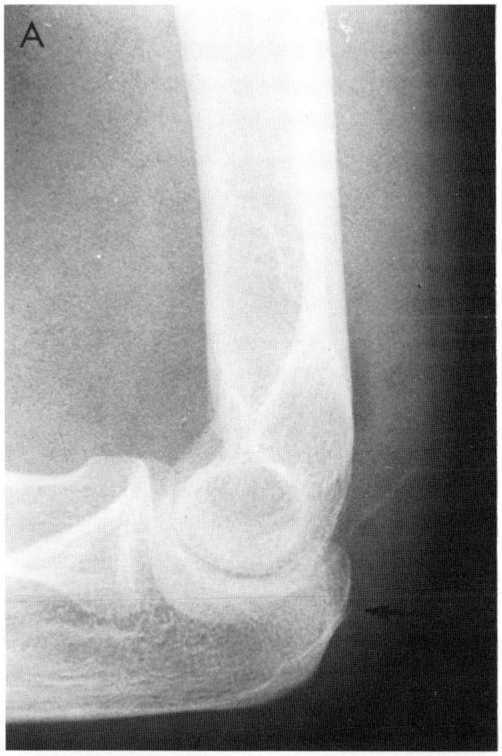

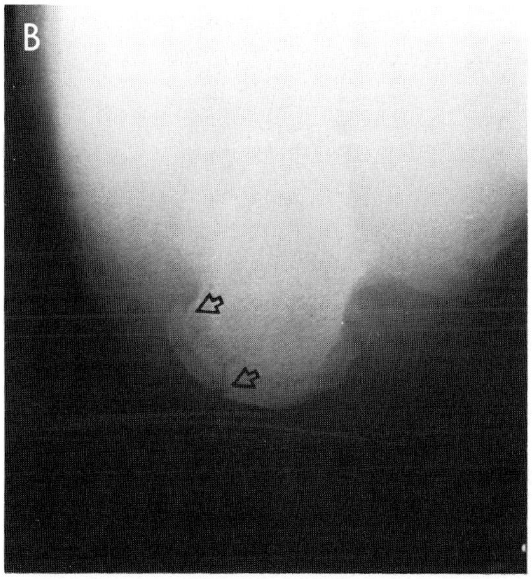

Abb. 7-23: Olekranonfraktur der Ulna. **A.** Es findet sich eine leichte Unregelmäßigkeit an der Olekranonrückseite. **B.** Eine Tangentialaufnahme sichert diese auf der a.-p. Aufnahme nicht sichtbare Fraktur.

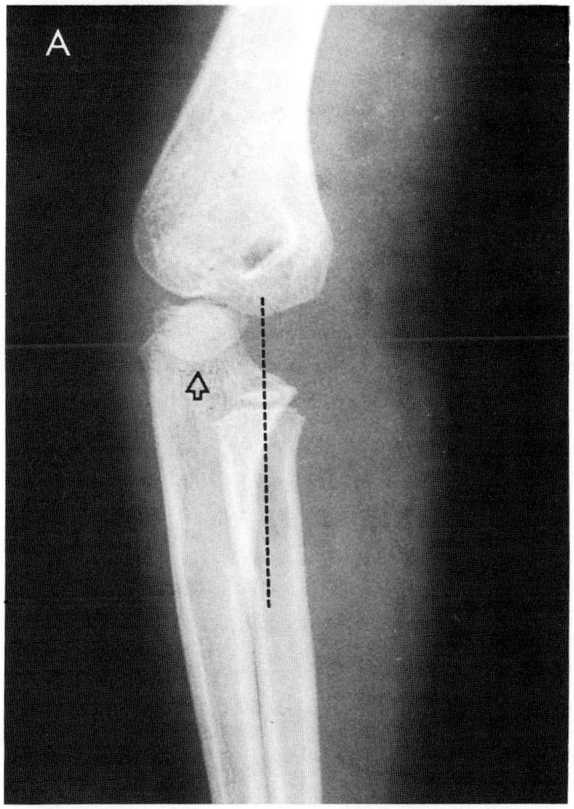

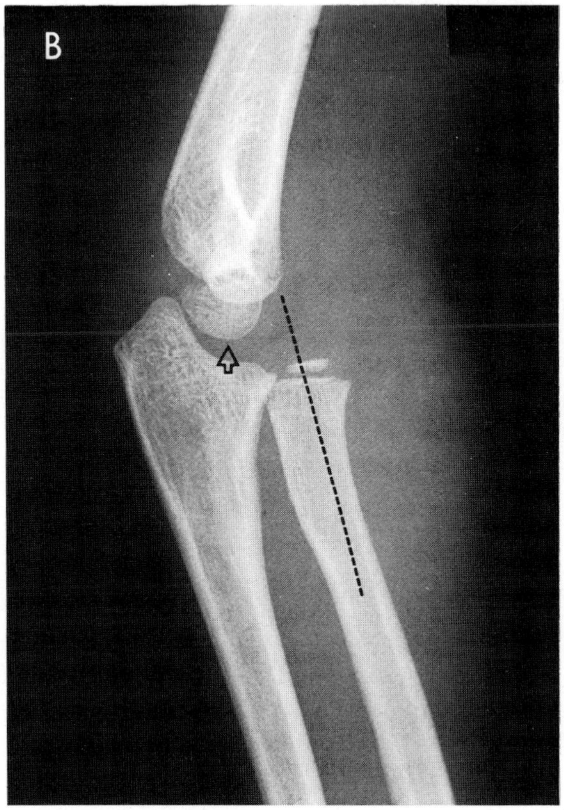

Abb. 7-24: Luxation des Radiusköpfchens. In beiden Projektionen liegen Radiusschaft und Radiuskopf nicht auf einer Linie mit dem Capitulum humeri, dem größten kindlichen Knochenzentrum am Ellenbogen.

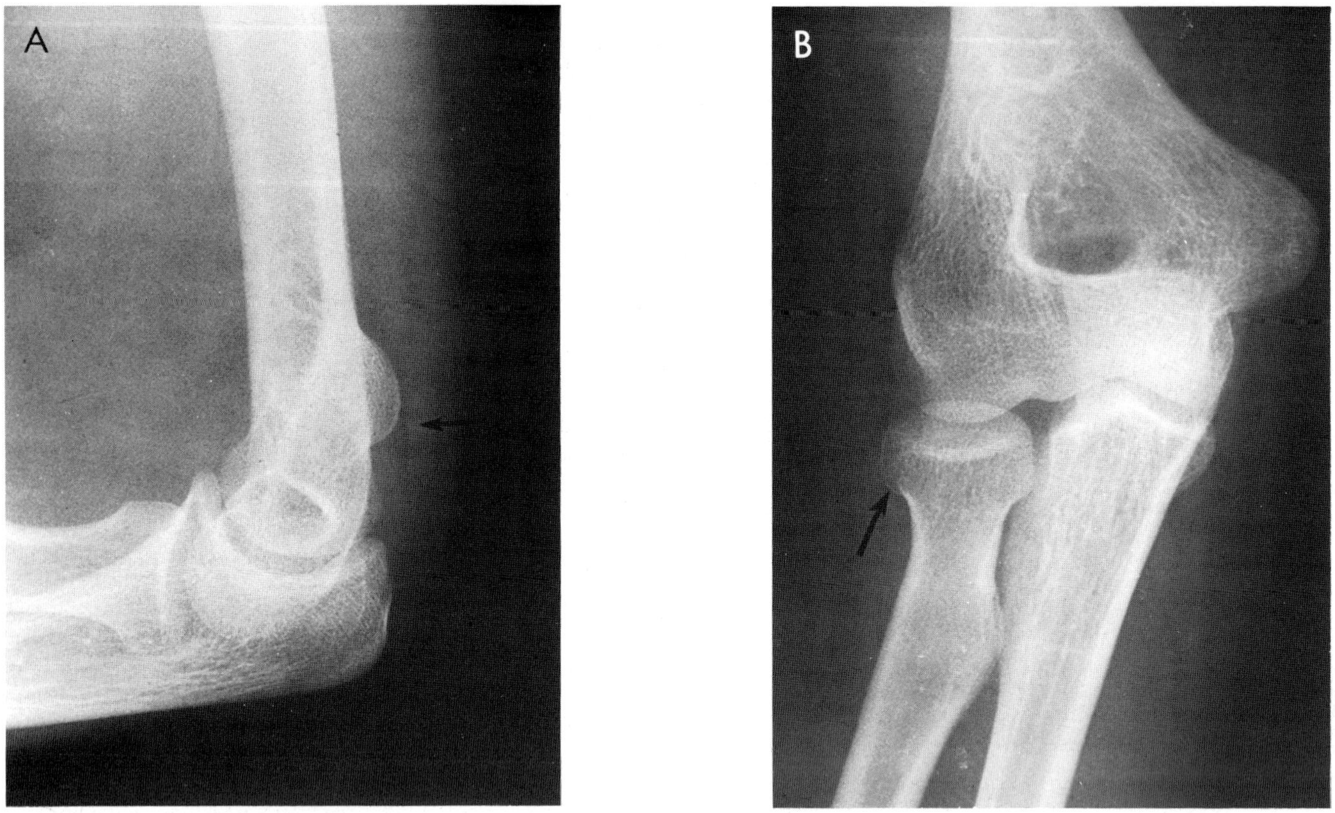

Abb. 7-25: A. Ellenbogenverletzung mit positivem Fettpolsterzeichen (fat pad sign) an der Rückseite (Pfeil). Keine sichere Fraktur an der Seitaufnahme erkennbar.
B. Die Schrägaufnahme zeigt eine Radiuskopffraktur.

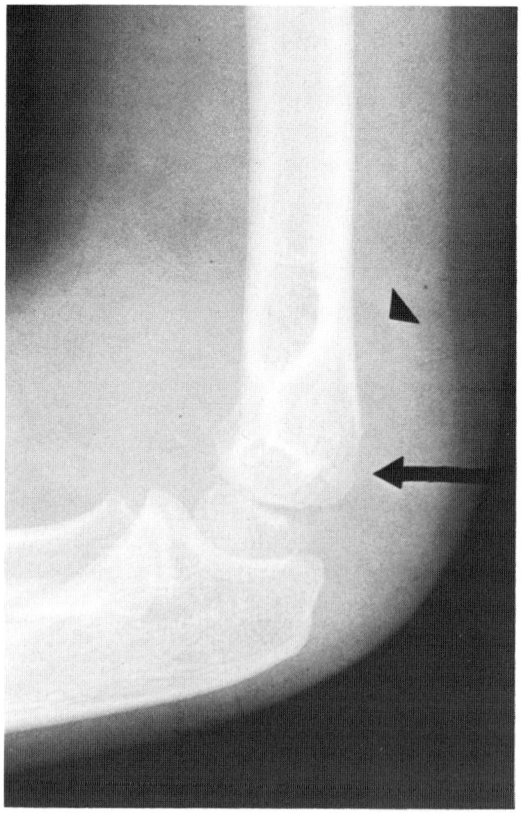

Abb. 7-26: Positives hinteres Fettpolsterzeichen bei einem sechsjährigen Kind. Die genauere Betrachtung ergibt eine Deformität an der hinteren Kortikalis, die eine suprakondyläre Humerusfraktur anzeigt.

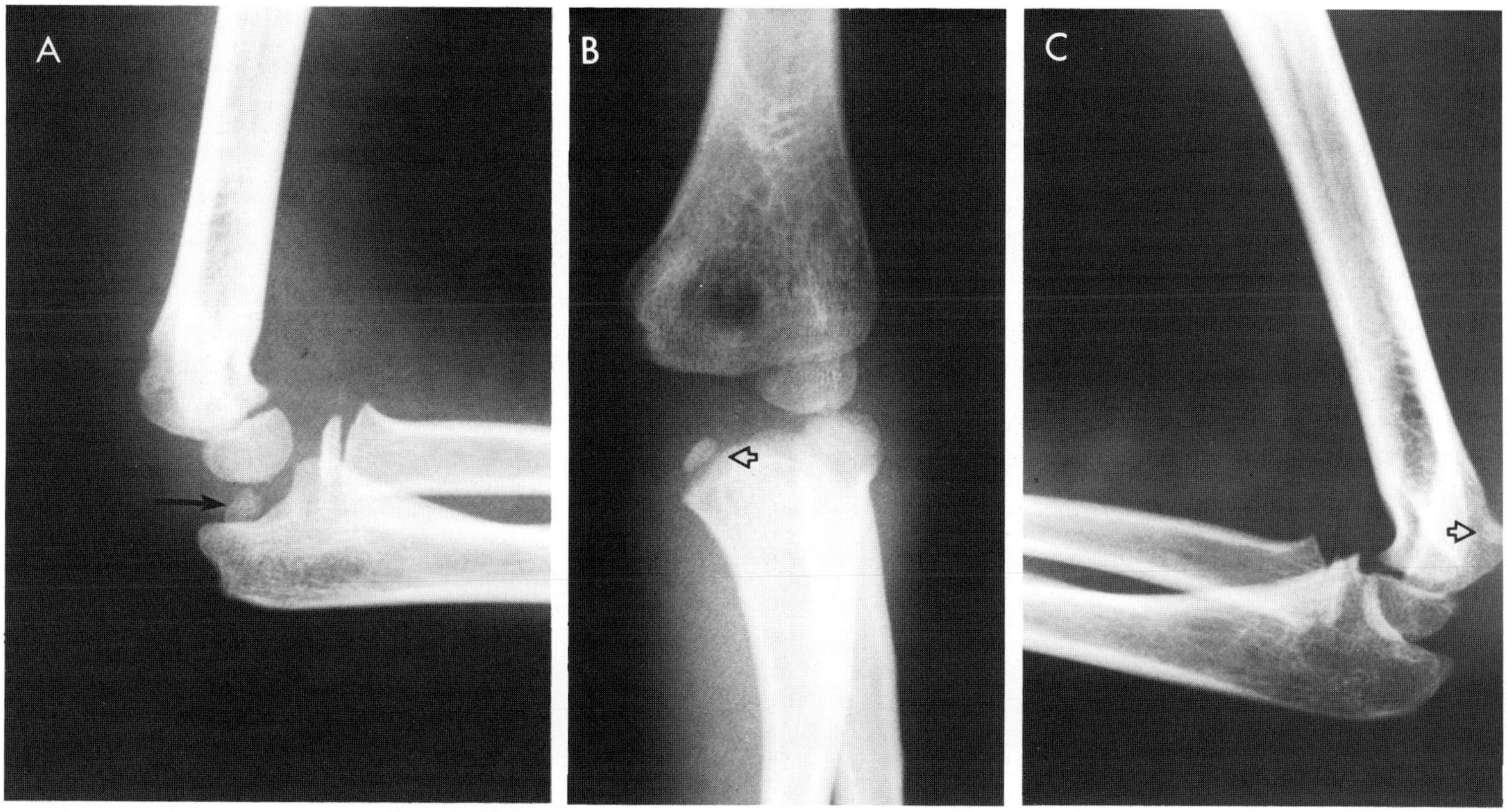

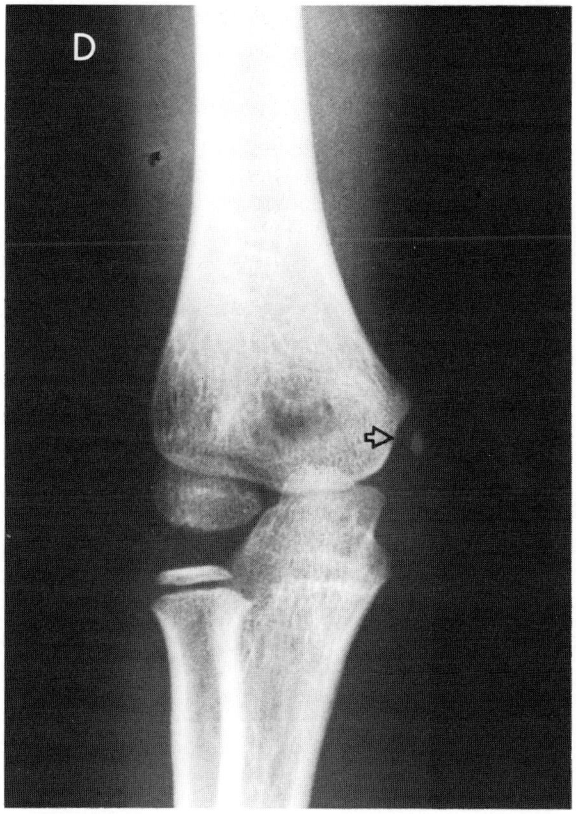

Abb. 7-27: **A** und **B.** Abriß des Ossifikationszentrums des Epicondylus medialis humeri. Der ausgerissene Knochenkern ist in den Gelenkspalt hinein luxiert und hat diesen erweitert. **B.** Zum Vergleich die normale Gegenseite (**C** und **D**).

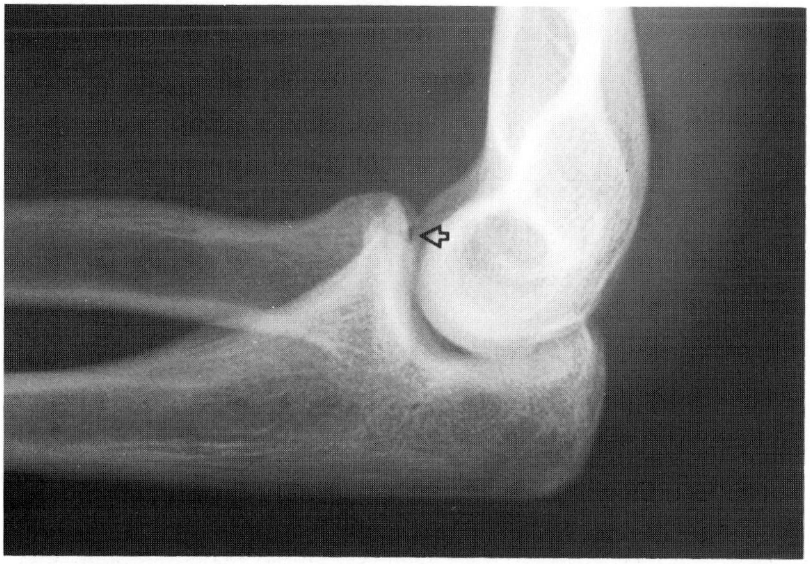

Abb. 7-28: Fraktur des Processus coronoideus ulnae.

Außer einer kleinen intrakapsulären Artikulation zwischen Radius und Ulna besteht die knöcherne Gelenkverbindung des proximalen Handgelenks in erster Linie aus der Gelenkfläche des Radius und der der proximalen Handwurzelknochenreihe. Die distale Ulna artikuliert mit der röntgenologisch unsichtbaren Cartilago triangularis. Die Ulna ist am Ellbogen straff mit dem Humerus verbunden, der Radius wiederum straff am Handgelenk mit der proximalen Handwurzelknochenreihe am Handgelenk. So werden die Knochen jeweils an ihren Enden fest miteinander gekoppelt. Dies ist die Grundlage einer wichtigen Überlegung, wenn man Frakturen am Unterarm befundet: Eine Fraktur eines dieser paarigen Knochen mit Abknickung, die die Entfernung beider Knochenenden zueinander eindeutig verkürzt, muß auch den anderen Paarlingsknochen durch Fraktur oder aber durch Luxation verkürzen.

Entwicklung

Die Epiphyse des Olekranons erscheint ungefähr im zehnten Lebensjahr und fusioniert etwa mit dem sechzehnten Lebensjahr; das Wachstumszentrum des Capitulum radii tritt etwa im vierten Lebensjahr auf und verschmilzt erst circa im Alter von 20 Jahren. Die Ossifikation des Radiusköpfchens beginnt etwa mit dem fünften Lebensjahr, mit einer Verschmelzung etwa im siebten Lebensjahr. Das Zentrum des distalen Radius erscheint im zweiten Lebensjahr und verschmilzt erst mit circa 20 Jahren.

Aufnahmetechnik

Aufnahmen im sagittalen und frontalen Strahlengang genügen praktisch immer. Da es sich um gekoppelte paarige Knochen handelt, ist es wichtig, beide Knochenenden von Radius und Ulna einzusehen, besonders bei einer abgeknickten Fraktur eines der beiden Knochen.

Frakturen

Neben der häufigeren Fraktur beider Knochen gibt es zwei Frakturtypen, die den Bruch eines der beiden mit gleichzeitiger Luxation des anderen beinhalten. Bei der Monteggia-Fraktur handelt es sich um einen Bruch der proximalen oder mittleren Ulna mit Luxation des Radiusköpfchens bei gleichzeitiger Luxation des Capitulum radii (Abb. 7-30). Die Galeazzi-Fraktur ist ein Bruch des distalen oder mittleren Radius mit einer Luxation der distalen Ulna. Bei Kindern kann man auch sehen, daß eine Fraktur eines oder beider Knochen sich nur durch eine Verbiegungsdeformität zu erkennen gibt. Solche Frakturen kann man leicht übersehen, es sei denn, man veranlaßt wegen des dringenden Verdachts eine Vergleichsaufnahme der Gegenseite. In dieser Hinsicht ist auch eine seitliche Aufnahme besonders nutzvoll.

Handgelenk

Anatomie

Auf jeder Aufnahme sollte man hier sorgsam die Beziehungen der Knochen der Handgelenksregion betrachten. Die Unterlassung dieses Grundsatzes ist die häufigste Quelle diagnostischer Irrtümer. Besonders wichtig erscheint es uns, an dieser Stelle festzuhalten, daß auf einer sauber eingestellten seitlichen Aufnahme die Kortikalishinterflächen des Radius und der Ulna zueinander parallel sind und eine gerade oder leicht gekrümmte Kontur aufweisen. Die distale Gelenkfläche des Radius zeigt ganz leicht nach palmar, und zwar fast rechtwinklig zur Schaftachse des Radius. Auf der Seitaufnahme sollte die Radiusschaftachse durch das Zentrum der proximalen und der distalen Karpalknochenreihe und die Mitte der vier medial gelegenen Metakarpalknochen ziehen. Besonders wichtig: Stellen Sie fest, ob das Os lunatum, das leicht identifizierbar ist, der Gelenkfläche des Radius richtig aufliegt und ob das Os capitatum mit der Konkavität des Mondbeins artikuliert (Abb. 7-31A). Die Kortikalisflächen beider Karpalknochenreihen bilden zueinander parallele Bögen (Abb. 7-31B).

Entwicklung

Die Skelettreifung des distalen Radius und der distalen Ulna wurde im Abschnitt über den Unterarm beschrieben. Die Epiphysenfugen von Radius und Ulna verschließen sich gleichzeitig etwa im zwanzigsten Lebensjahr. Die Ossifikationszentren der Karpal- und Metakarpalknochen treten im Verlauf der ersten Lebensjahre auf. Das Schema ihres zeitlichen Erscheinens liefert einen ganz gut tauglichen Maßstab zur Bestimmung der Skelettreifung.

Aufnahmetechnik

Die Routineuntersuchung des Handgelenks umfaßt Aufnahmen in der a.-p. und der seitlichen Projektion sowie Schrägaufnahmen. Letztere erhält man im dorsopalmaren Strahlengang mit der Handfläche nach unten und in einer Supinationsstellung der Hand von etwa 45°. Diese Untersuchung läßt sich durch eine Aufnahme mit der Handfläche nach oben und einer Pronationsstellung der Hand von 45° ergänzen (Abb. 7-32). Bei Verdacht auf eine Kahnbeinfraktur ist eine Navikulare-Spezialaufnahme am hilfreichsten. Diese fertigt man in einer p.-a. (= dorsopalmaren) Projektion mit der Hand in Ulnardeviation bei einer Röhrenkippung ellenbogenwärts an (Abb. 7-33).

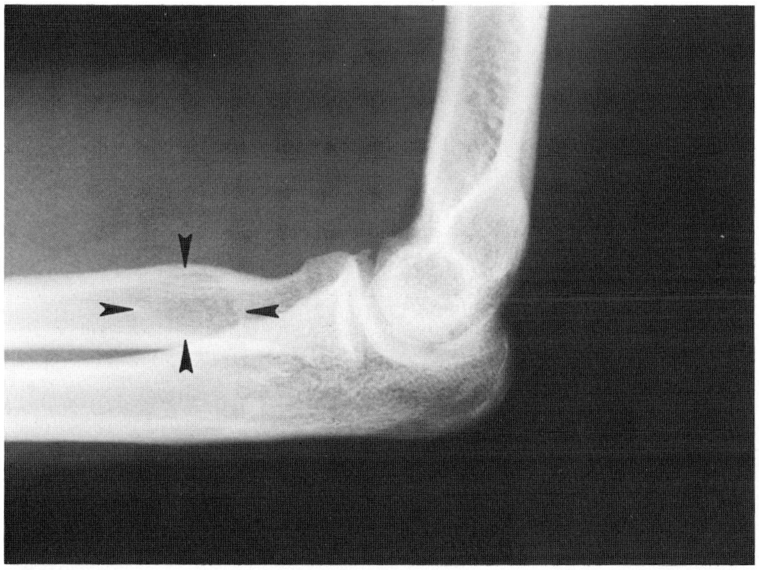

Abb. 7-29: Normaler Ellenbogen. Die En-face-Projektion der Tuberositas radii täuscht eine Knochendestruktion vor.

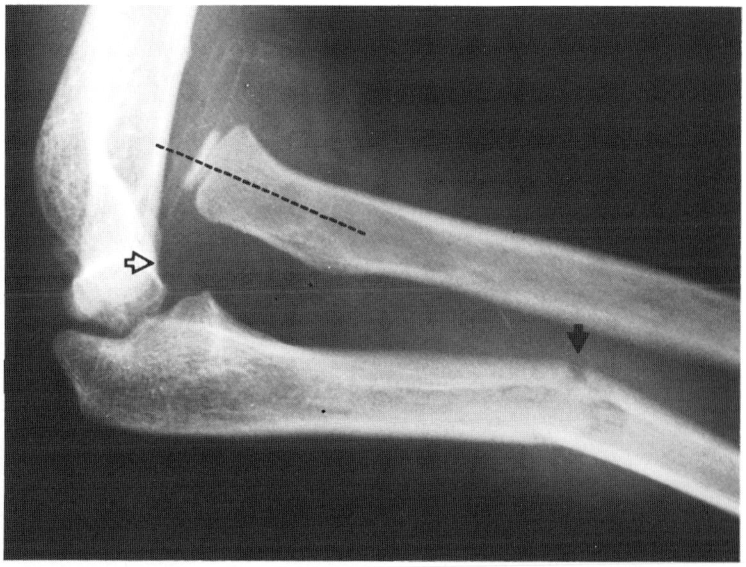

Abb. 7-30: Monteggia-Fraktur. Durch die Abknickungsfraktur der Ulna ist diese insgesamt verkürzt. Durch diese Verkürzung ist der Radius am Ellenbogen luxiert.

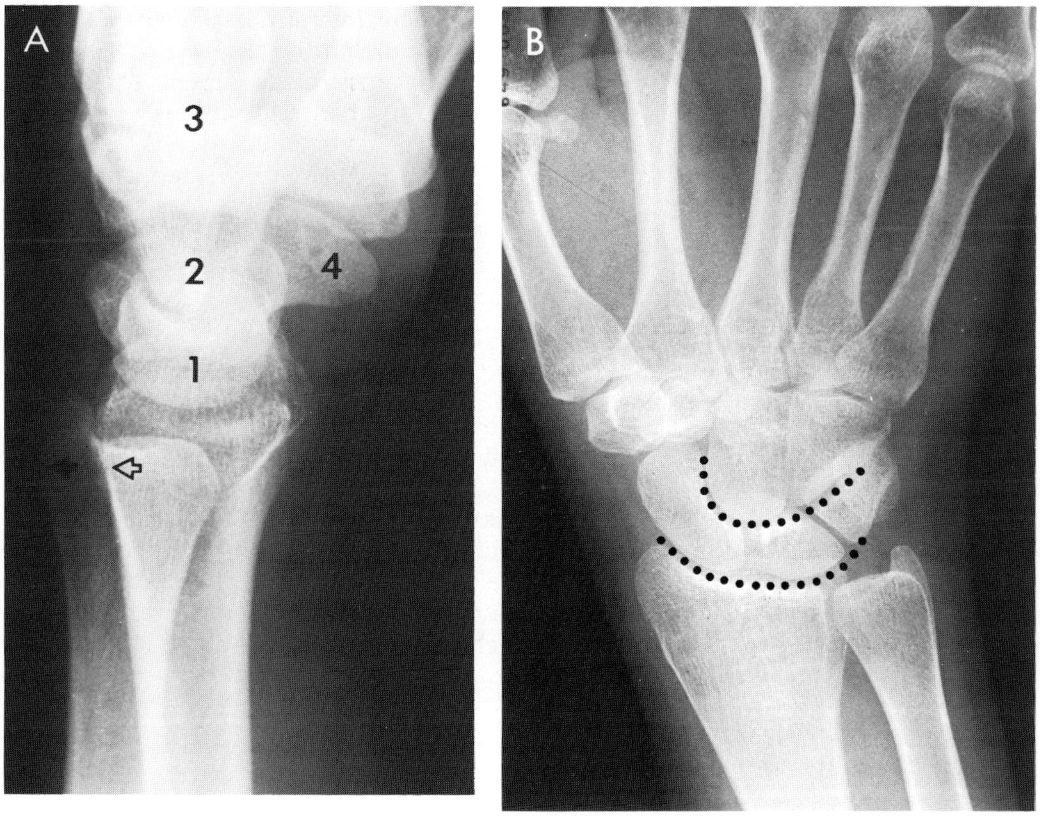

Abb. 7-31: Normales Handgelenk. **A.** Die Kortikalishinterräder von Radius (weißer Pfeil) und Ulna (schwarzer Pfeil) verlaufen parallel und ebenmäßig flach gebogen. Beachten Sie die Anordnung längs einer gedachten Geraden von Radiusschaftachse, proximaler Handwurzelknochenreihe (1 = Os lunatum), distaler Handwurzelknochenreihe (2 = Os capitatum) und Metakarpallängsachsen (Metakarpalia II–V) (3). 4 = Os multangulum maius. **B.** Die proximalen Ränder der Handwurzelknochen formen zwei kontinuierliche Bögen.

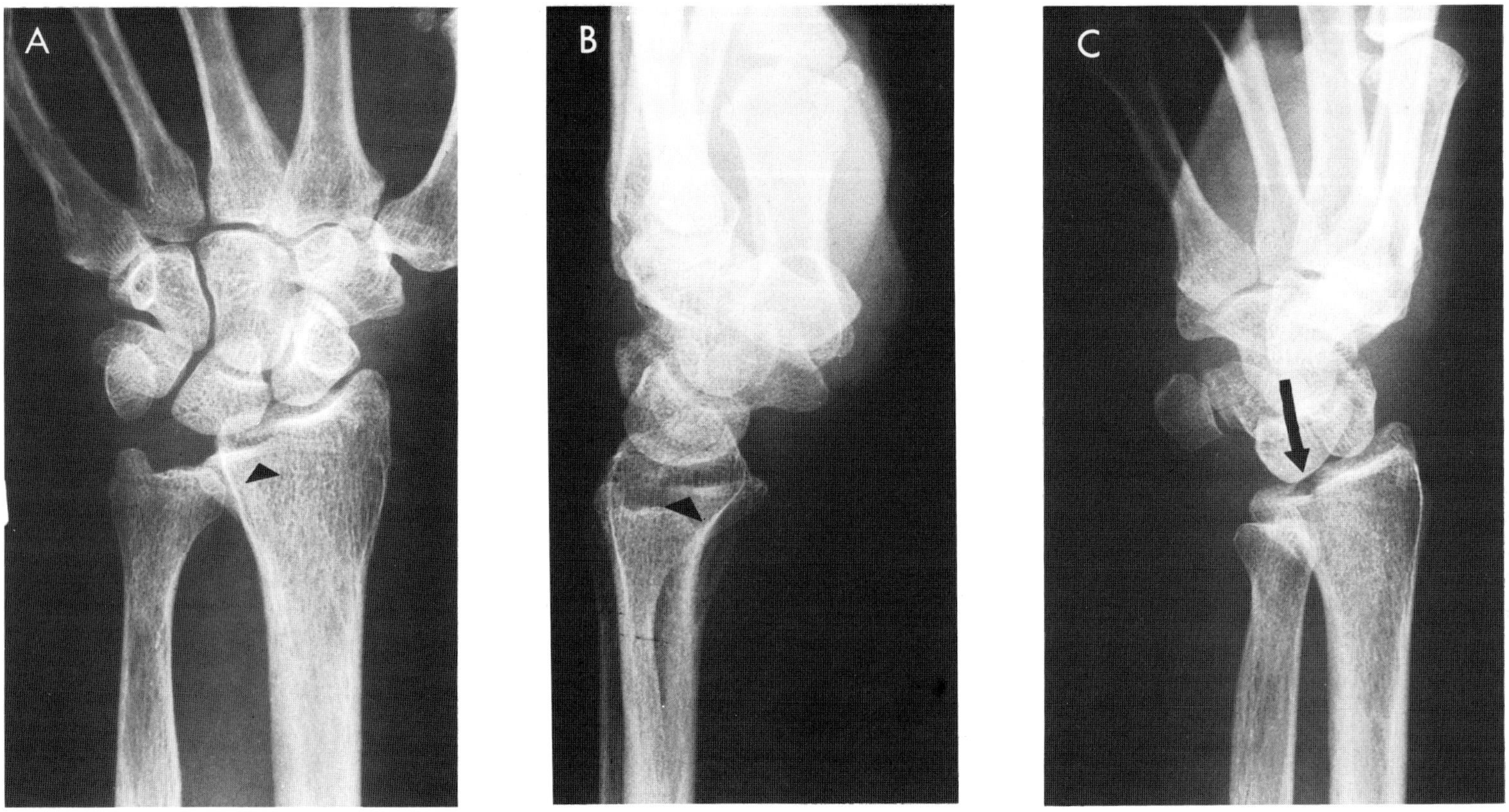

Abb. 7-32: Längsfraktur des distalen Radius. Sie ist auf der a.-p. und der Seitaufnahme sichtbar (**A** und **B**), am besten jedoch auf einer umgekehrten Schrägaufnahme **(C)**.

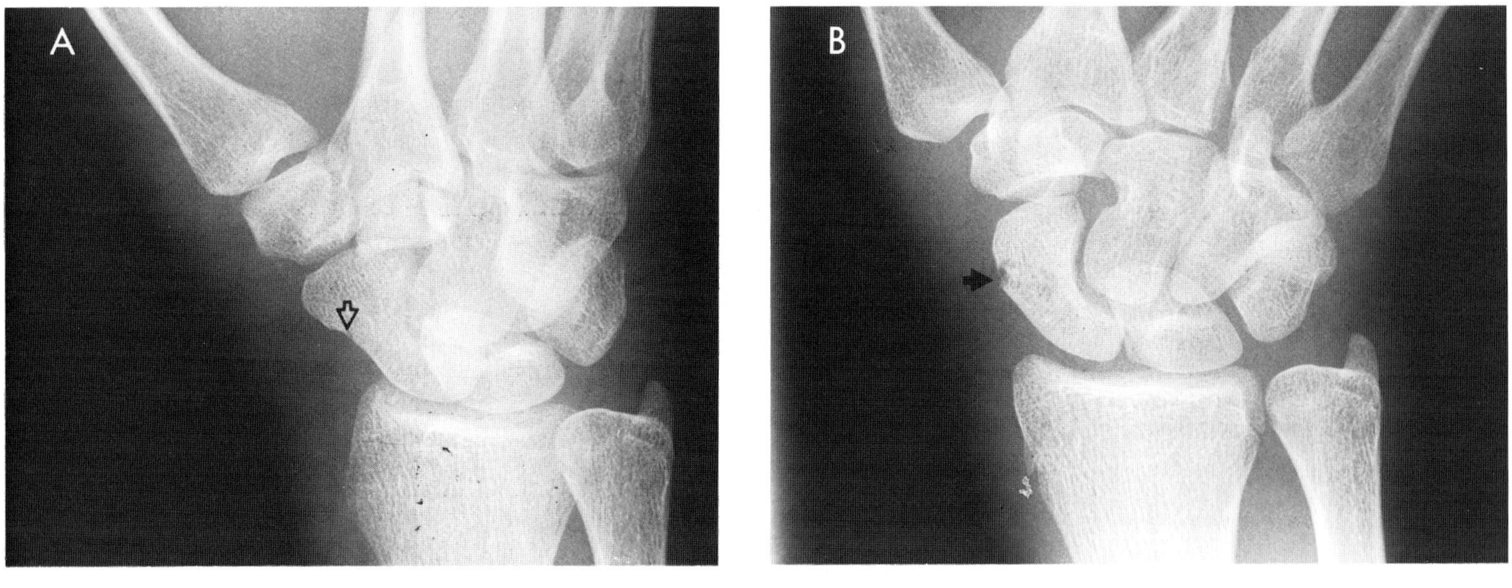

Abb. 7-33: A. Fraktur des Os naviculare. Diese beiden Bilder demonstrieren die bessere Sichtbarkeit der Fraktur auf einer speziellen Kahnbeinaufnahme **(B)**.

Luxationen

Die Kenntnis der oben beschriebenen Nachbarschaftsverhältnisse ist die Grundlage zur Diagnose von Luxationen. Am häufigsten ist die perilunäre Luxation des Karpus (= Luxation aller Karpalia gegenüber dem in situ verbleibenden Mondbein); hierbei verbleibt das Mondbein in seiner Beziehung zum distalen Radiusende, und das Os capitatum wird gegenüber seiner normalen Lage in der Konkavfläche des Mondbeins nach hinten (= dorsal) verschoben. Nahezu immer besteht eine Begleitfraktur des Kahnbeins. Das mediale Navikularefragment bleibt an das Mondbein angeheftet, das laterale Fragment bleibt in Verbindung mit den restlichen Karpalknochen, die gegenüber dem Mondbein luxieren (Abb. 7-34). Selten einmal können auch das Mond- oder das Kahnbein isoliert luxieren (Abb. 7-35).
Scheinbare Luxationen des distalen Ulnaendes sieht man, wenn eine laterale Aufnahme in Pronationsstellung der Hand und nicht so sehr durch die Bewegung des gesamten Unterarmes angefertigt wird (Abb. 7-36). Dieses nicht wünschenswerte Vorgehen verursacht eine frontale und laterale Aufsicht des Radius, aber nur frontale Aufsichten auf die Ulna.

Frakturen

Distale Frakturen von Radius und Ulna sind die häufigsten Brüche im Handgelenksbereich. Die klassische Colles-Fraktur ist ein Einstauchungsbruch des distalen Radiusendes mit einer Dorsalabknickung des distalen Fragments (der distalen Fragmente), was zu einer sog. Gabel-Deformität führt. Sie geht mit einer Abrißfraktur des Griffelfortsatzes der Ulna einher. Oft manifestieren sich Radiusbrüche aber nur durch eine geringe Konturveränderung der Kortikalis des distalen Radius (Abb. 7-37).
Nützlich bei der Aufdeckung von geringen Verletzungen ist das dorsale Fettpolsterzeichen: Ist dieses Fettpolster-Zeichen positiv, dann ist der normalerweise sichtbare Fettstreifen über dem Musculus pronator quadratus durch eine Blutung oder eine andere Schwellung abgedrängt (Abb. 7-38).
Das nächsthäufige Ereignis ist die Fraktur des Os naviculare, die bei Kindern recht selten ist. Die Verlegung des normalerweise sichtbaren Navikularefettstreifens (Abb. 7-39) ist Zeichen eines Kahnbeinbruches. Eine Navikulare-Spezialaufnahme kann nötig werden, um bei subtilen Frakturen die Diagnose zu stellen (Abb. 7-33).
Eine Fraktur des Os multangulum maius (Os trapezium) kann man diagnostizieren, wenn man bereits nur eine irreguläre Aufhellung innerhalb dieses Knochens sieht; hierbei können Unterbrechungen der Kortikalis unsichtbar bleiben. Am besten stellt man diesen Knochen auf einer Seitenaufnahme dar, wobei der Daumen im Grundgelenk gebeugt wird (Abb. 7-40).
Kleine Abrißfrakturen an der Dorsalfläche der proximalen Karpalknochenreihe betreffen fast immer das Os triquetrum. Da ein solches kleines Fragment der Beobachtbarkeit entgeht, wenn die Hand in die Frontalposition verdreht wird (p.-a. Aufnahme), muß man sich auf die klinische Zuordnung verlassen, um den betroffenen Knochen zu identifizieren (Abb. 7-41).
Frakturen der verbleibenden Karpalknochen sind recht selten; meist sind sie eher das Resultat direkter als übertragener Verletzungskräfte (Abb. 7-42). Frakturen des Hamulus ossis hamati (Haken des Hakenbeins) kann man besonders bei Basketballern und bei den Spielern der sog. Racket-Sportarten (Tennis, Hockey etc.) sehen. Klassisches Röntgenzeichen ist das Verschwinden dieser Struktur in einer dorsopalmaren Aufnahme; bestätigen läßt sich dies durch eine tangentiale Handgelenksaufnahme (Abb. 7-43).

Hand

Anatomie

Auf einer Seitaufnahme sollten die Schaftachsen der Metakarpalia II bis V direkt in Verlängerung einer Linie durch den Radiusschaft und des Lunatum sowie des Kapitatum zu liegen kommen. Das Os metacarpale I (Mittelhandknochen des Daumens) artikuliert mit dem Os multangulum maius. Die Epiphysen der Metakarpalia II bis V sind an deren jeweils distalem Ende, dagegen liegt die des Metakarpale I an dessen proximalen Ende. Eine häufig zu beobachtende Variante ist das Auftreten einer zusätzlichen Epiphysenlinie am distalen Ende des Os metacarpale I.

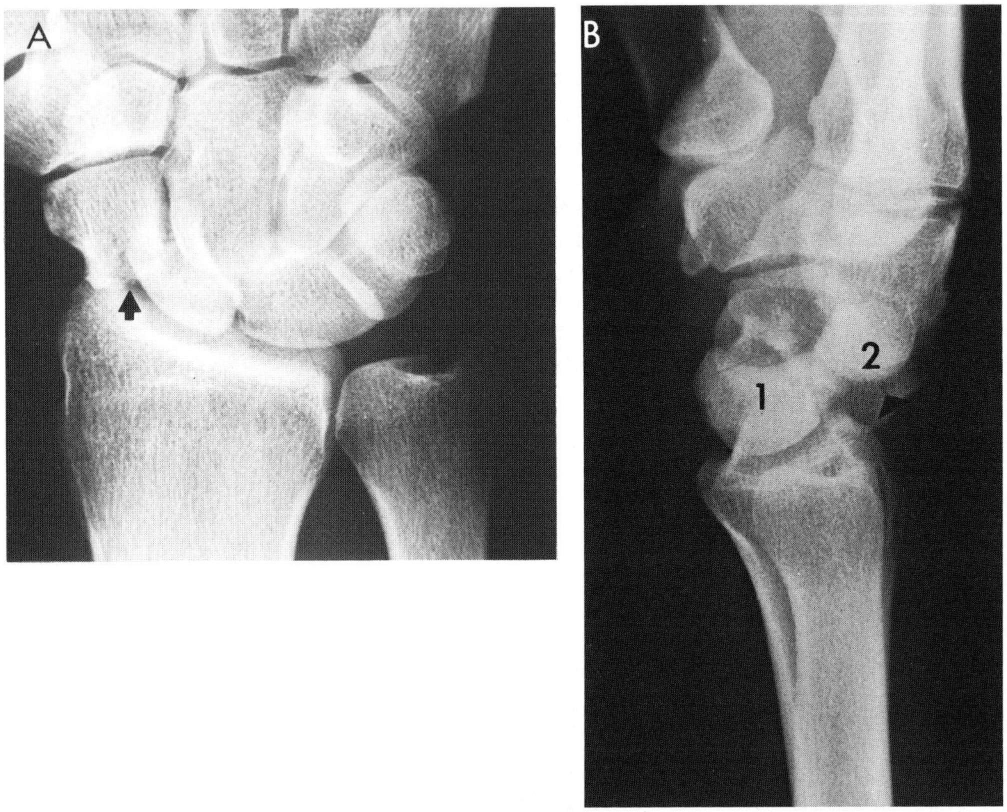

Abb. 7-34: Perilunäre Handwurzelluxation mit Kahnbeinfraktur (Pfeil). **A.** In der dorsopalmaren Aufnahme erkennt man eine Unterbrechung der bogenförmigen Anordnung der distalen Anteile der proximalen Karpalknochenreihe und eine Überlappung der distalen Reihe. **B.** Auf der Seitaufnahme hat das Mondbein seine normale Lagebeziehung zum Radius beibehalten, doch ist hier das Os capitatum (2) gegenüber seiner normalen Artikulationsstelle in der konkaven Mondbeinfläche (1) nach dorsal luxiert.

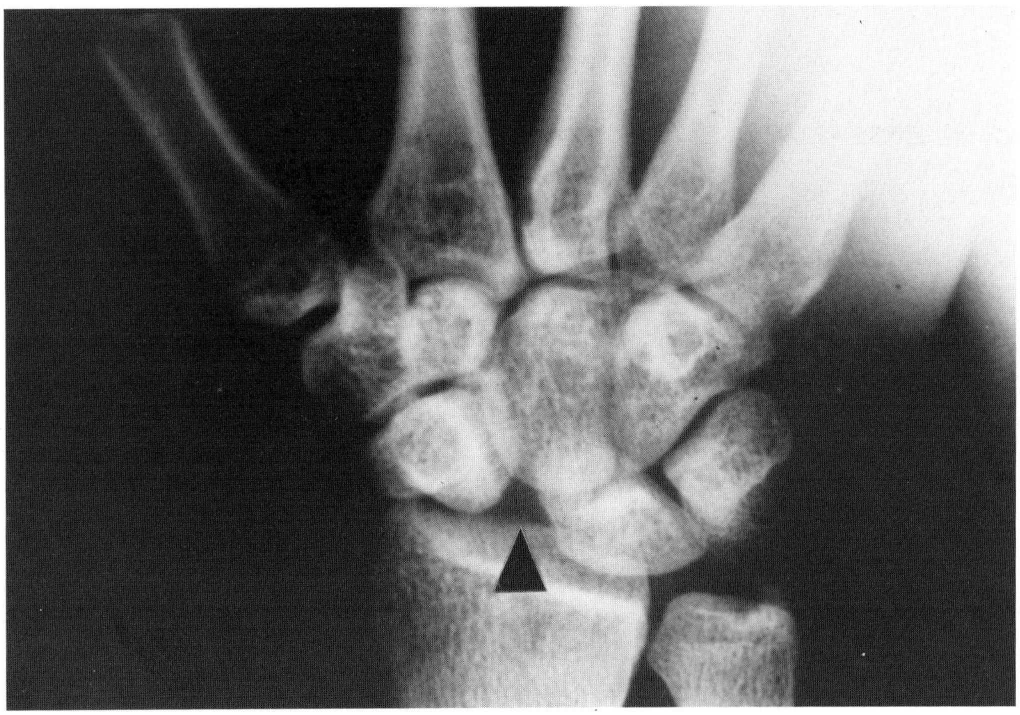

Abb. 7-35: Rotationsluxation des Kahnbeins. In der dorsopalmaren Projektion ist der Zwischenraum zwischen Mondbein und Kahnbein abnorm breit (auch nach dem britischen Schauspieler Terry-Thomas-Zeichen genannt; Anm. d. Übers.).

Aufnahmetechnik

Gewöhnlich untersucht man die Hand mittels einer p.-a., einer Seit- und einer Schrägaufnahme. Auch wenn die vier lateralen (= ulnaren) Metakarpalia auf einer Seitaufnahme übereinanderprojiziert werden, erhält man doch wertvolle Informationen (Abb. 7-7). Gelegentlich kann eine umgekehrte Schrägaufnahme diese Einstellungen ergänzen.

Frakturen

Man sollte die Aussagekraft der Seitaufnahme der Hand und der Finger nie vernachlässigen. Kleine Frakturen der Gelenkflächen der Phalangen kann man oft nur in dieser Aufnahmerichtung erkennen; mitunter erkennt man auch eine Radiusschaftfraktur in dieser Projektion am besten. Die Bennett-Fraktur, eine Luxationsfraktur des proximalen Endes des Daumenmetakarpalknochens, ist sehr ernst, weil durch den Muskelzug an dieser Stelle die Fragmente nur schwer in richtiger Stellung zu halten sein können. Deshalb sollte man nie leichtfertig eine kleine Kortikalisunterbrechung am proximalen Ende des ersten Metakarpale übersehen. Mißlingt die sichere Fixation dieser Fraktur, so entwickelt sich hieraus eine zunehmende Behinderung (Abb. 7-44).

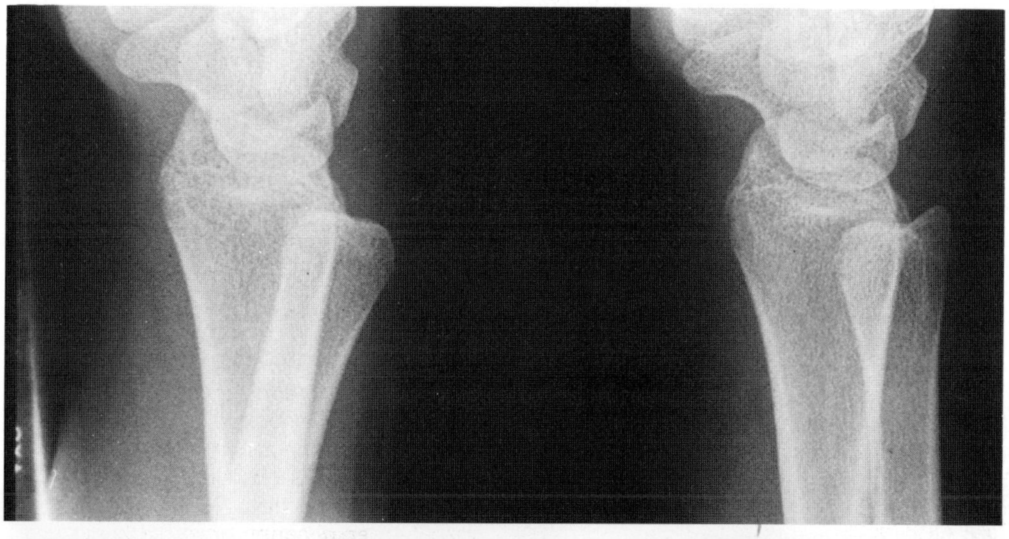

Abb. 7-36: Scheinbare Luxation der distalen Ulna. Diese Seitaufnahme wurde in Pronationsstellung der Hand angefertigt. Eine exakt seitliche Einstellung zeigt keinerlei Luxation.

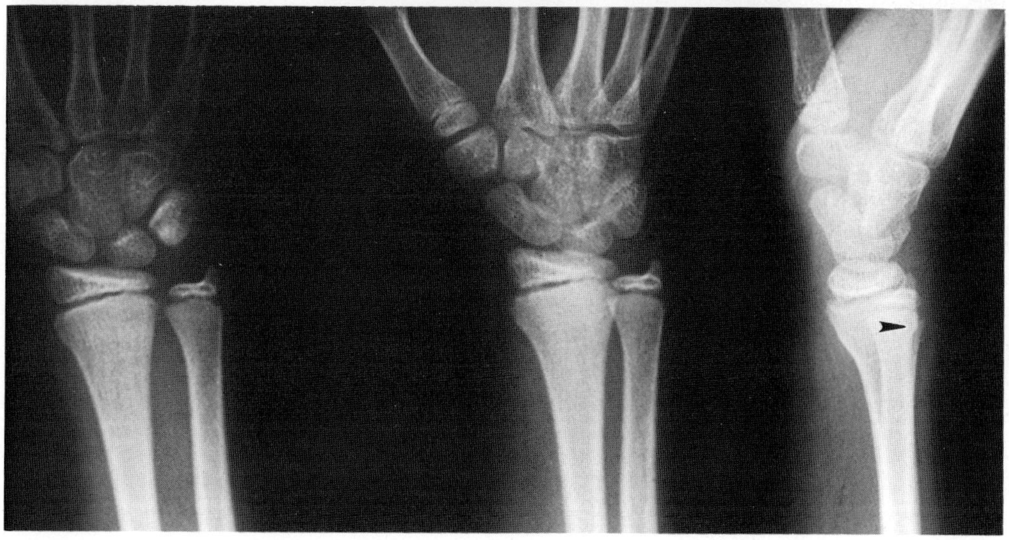

Abb. 7-37: Distale Radiusfraktur. Beachten Sie, daß die Fraktur nur auf der exakt seitlichen Aufnahme sichtbar ist. Eine genaue Lagerung und Einstellung ist daher bei dieser Verletzungsart von höchster Wichtigkeit.

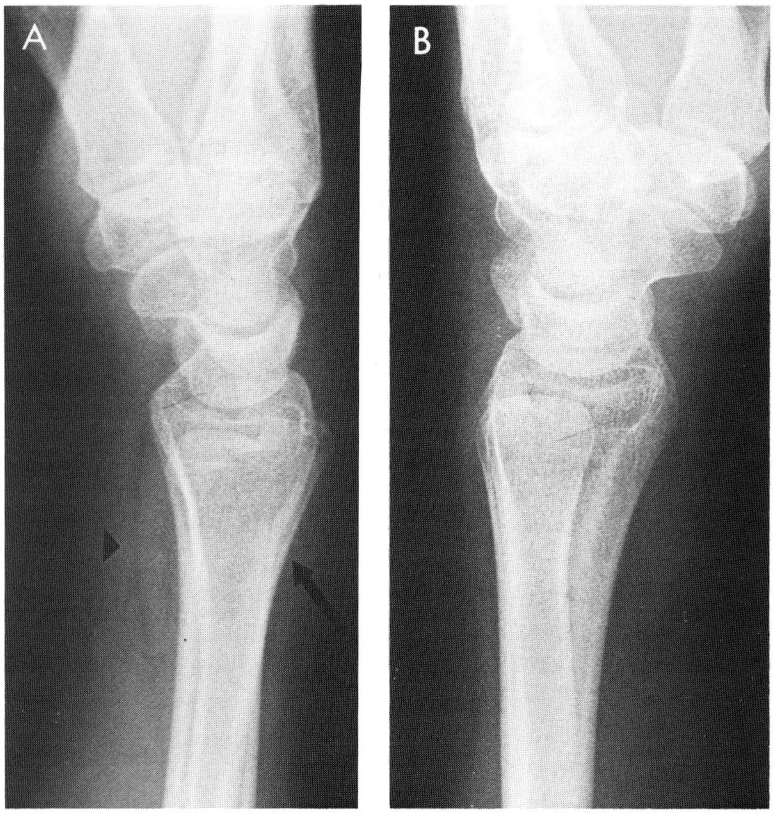

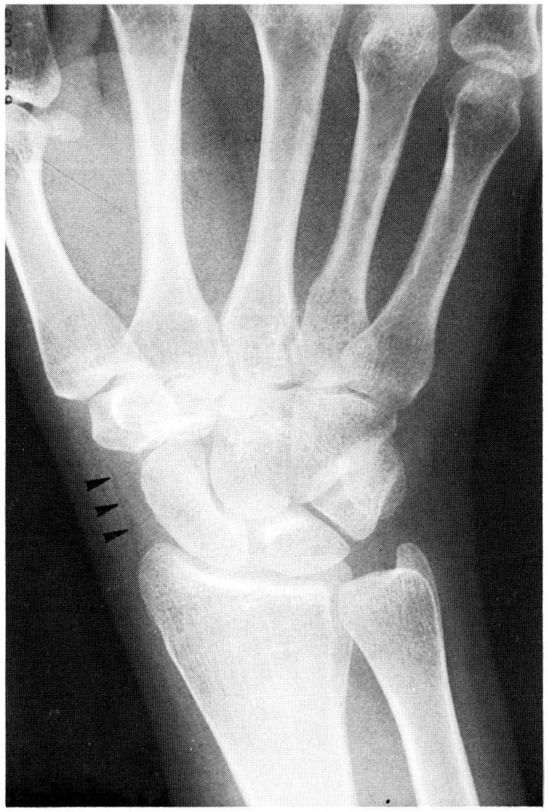

Abb. 7-38 (oben links und Mitte): Distale Radiusfraktur. **A.** Minimale Vorbukkelung der distalen Kortikalis mit geringer Aufhellung. Das Fettpolster der Pronatoren ist verschoben. **B.** Zum Vergleich ist hier die Gegenseite gezeigt.

Abb. 7-39 (oben rechts): Normaler Navikularefettstreifen. Eine Verlegung dieses Streifens ist Zeichen einer Navikularefraktur.

Abb. 7-40 (unten links und rechts): Fraktur des Os multangulum maius.

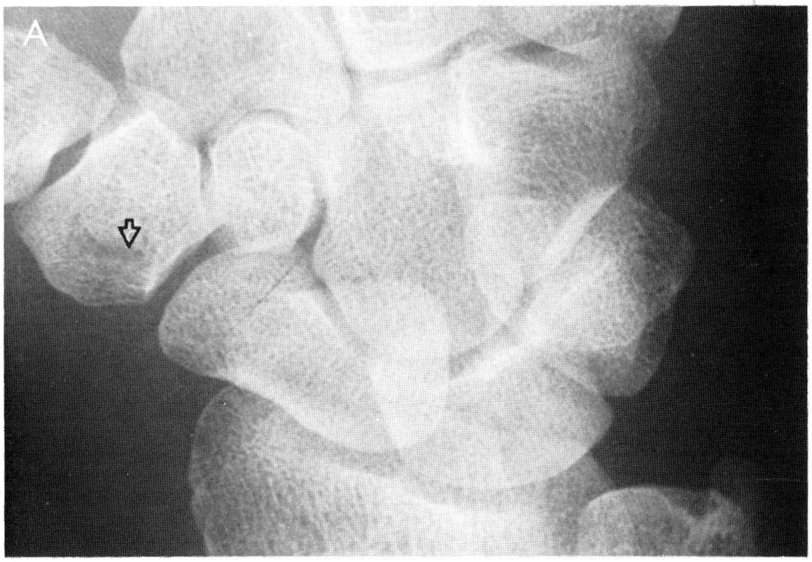

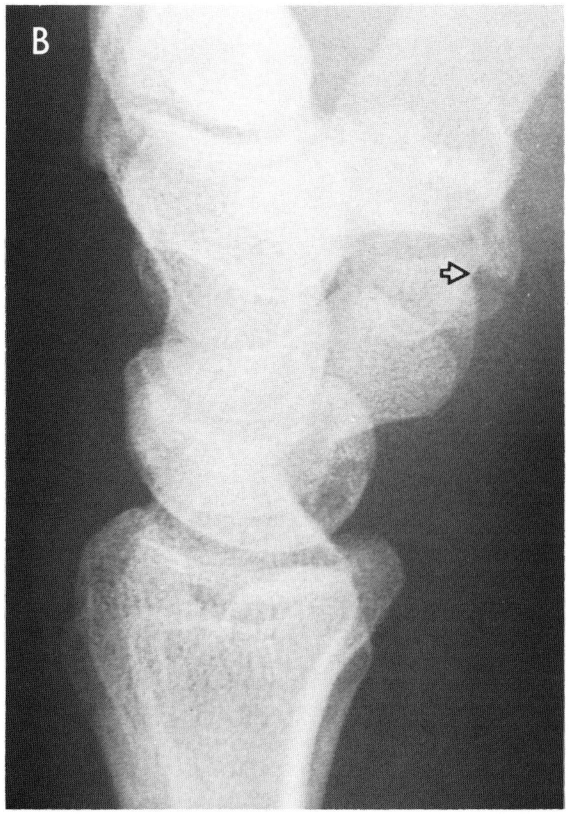

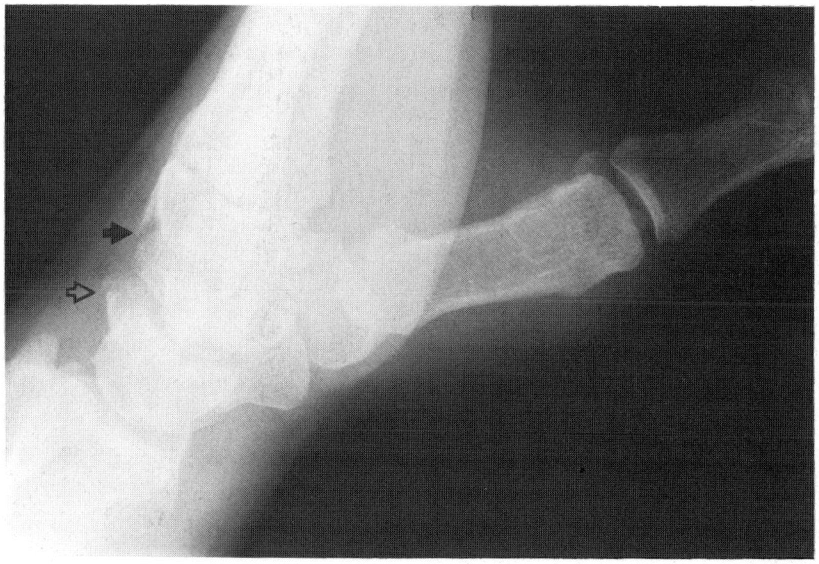

Abb. 7-41: Frakturen von Os triquetrum und Os hamatum.

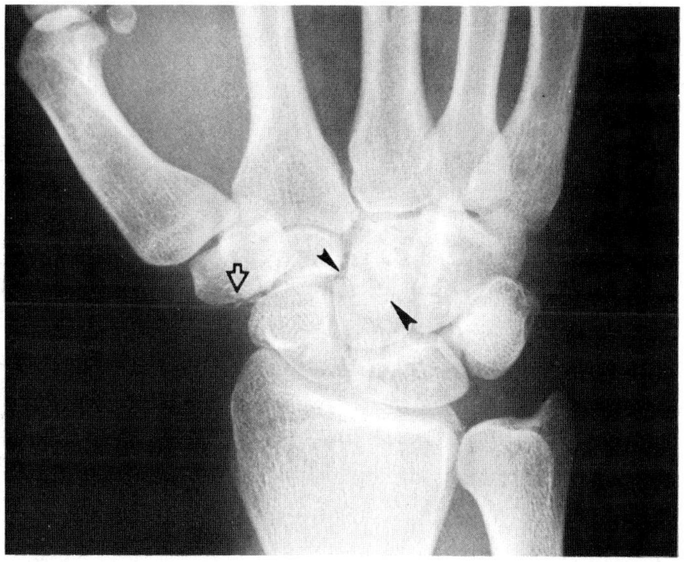

Abb. 7-42: Fraktur des Os capitatum. Daneben aber auch eine gerade noch sichtbare Fraktur des Os multangulum maius.

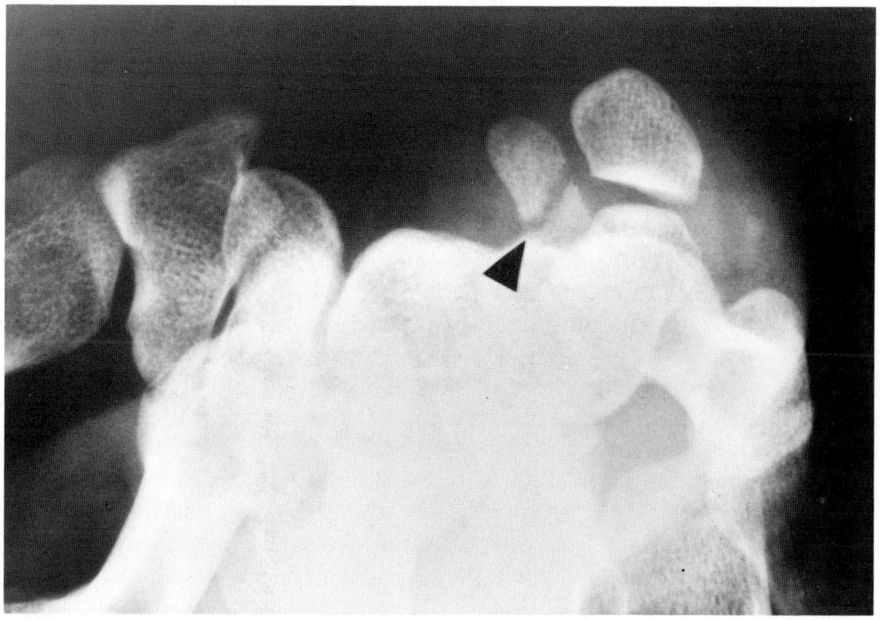

Abb. 7-43 (unten links): Mit einer Karpaltunnelaufnahme nachgewiesene Fraktur des Hamulus ossis hamati.

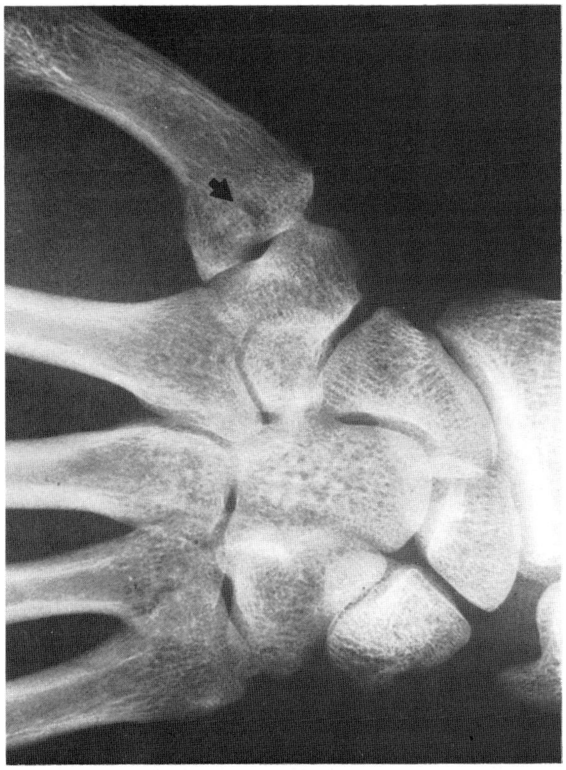

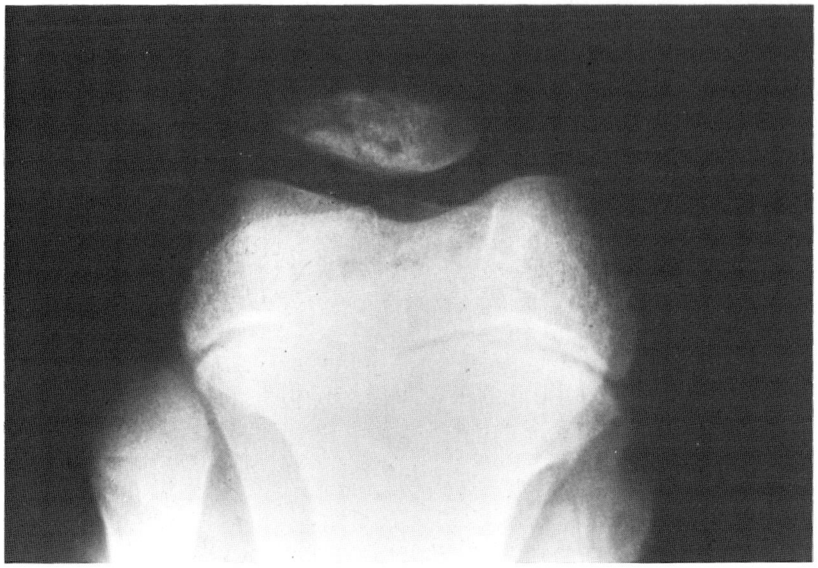

Abb. 7-45: Normale unregelmäßige Patellaossifikation. Der Knochen der unverletzten Seite ist ebenso unregelmäßig wie der der verletzten.

Abb. 7-44: Bennett-Fraktur – Luxationsfraktur des Daumenmittelhandknochens. Das kleinere Fragment hat seine Lagebeziehung zum Os multangulum maius beibehalten, während das größere nach lateral abgerutscht ist und das kleinere überlappt.

Knie

Anatomie

Die Patella wird in einer Vertiefung zwischen den beiden Femurkondylen zentriert. Mediales und laterales Tibiaplateau sollten die gleiche Ebenenstellung wie diese aufweisen und rechtwinklig zur Schaftachse der Tibia verlaufen.

Entwicklung

Die untere Femurepiphyse ossifiziert im letzten Schwangerschaftstrimenon. Die obere Tibiaepiphyse verknöchert dagegen erst zum Zeitpunkt der Geburt. Die (inzwischen obsolete) Identifikation dieser Zentren auf Aufnahmen des mütterlichen Abdomens wurde früher als fetales Reifezeichen verwendet. Das Ossifikationszentrum der Tibiaapophyse ist normalerweise einer großen Variationsbreite unterworfen. Die Patella ossifiziert erst zwischen dem zweiten und dem sechsten Lebensjahr, wobei das Muster bei Kindern sehr unregelmäßig ist und manchmal gar alarmierend aussieht (Abb. 7-45). Die Patella kann sich auch aus mehr als einem Zentrum heraus entwickeln, was zu einer Patella bipartita oder tripartita (oder gar multipartita) führt. Die dadurch gebildete strahlentransparente Spalte verläuft in der Regel schräg über die Patella (bei der Patella bipartita über die obere äußere Region), wohingegen Frakturen die Kniescheibe meist senkrecht oder quer durchsetzen. Darüber hinaus entspricht der kleinere Knochenanteil auch nicht so exakt der Kontur des offensichtlichen Defekts wie bei einer Fraktur. Normal entwickelte Erwachsene können auch eine Streifung der Patella aufweisen.

Die Kniegelenkskapsel besitzt einen Ausläufer nach kranial, den Recessus suprapatellaris, der zwischen zwei Fettpolster eingebettet ist und auf einer Seitaufnahme gut sichtbar wird, wenn dieser mit Flüssigkeit (Erguß) oder Blut (Hämarthros) gefüllt ist. Bei einem Gesunden ist der Rezessus nicht sichtbar, hier verschmelzen die beiden Fettkörper und bilden eine einzige Aufhellung vor dem distalen Ende des Femurschafts.

Aufnahmetechnik

Die Routineuntersuchung des Knies umfaßt im Regelfall nur eine Aufnahme im sagittalen und im seitlichen Strahlengang. Wir verwenden auch routinemäßig eine interkondyläre Aufnahme, die besonders bei Patienten mit chronischen Beschwerden recht nützlich ist, da sie den Kniegelenkspalt und die Femurkondylen besser zeigt (sog. Frik-Aufnahme oder Tunnelaufnahme; Anm. d. Übers.). Bei Verdacht auf eine Patellaverletzung ist eine tangentiale («Sonnenaufgangs»-)Aufnahme* indiziert. Senkrecht verlaufende Frakturen der Patella werden auf sagittalen und seitlichen Aufnahmen leicht kaschiert (Abb. 7-46). Dagegen kann eine Patellaquerfraktur auf der Spezialaufnahme unsichtbar bleiben; man erkennt diese am besten auf der Seitaufnahme. Schrägaufnahmen des Kniegelenks sind dann indiziert, wenn man eine Tibiaplateaufraktur vermutet, aber die Routineaufnahmen negativ oder verdächtig geblieben sind. Seitaufnahmen mit horizontalem Strahlengang können Blut-Fett-Spiegel im Recessus suprapatellaris des Kniegelenks zeigen (Abb. 7-47). Dies deutet auf eine Fraktur hin, die es ermöglicht hat, daß Fett aus der Knochenmarkshöhle in das Gelenk eindringt.

Gehaltene Aufnahmen des Kniegelenks** kann man durchführen, um die Intaktheit oder die Verletzung der Bänder des Kniegelenks (oder auch anderer Gelenke) zu prüfen (Abb. 7-48). Die zugehörigen Überlegungen zu diesen Aufnahmen wurden bereits eingangs diskutiert (s. S. 415).

* Anmerkung des Übers.: Diese Aufnahme wird auch axiale Patellaaufnahme genannt und ist auf zweierlei Weise zu erhalten: a) Der Patient ist in Rückenlage, das Knie gebeugt, der Zentralstrahl zeigt vom Fuß her auf die Patella, die tangential durchstrahlt wird; dabei hält der Patient die Kassette, dicht oberhalb des Knies auf den Oberschenkel gestützt, selbst. b) Der Patient ist in Bauchlage (falls zumutbar), das Knie wird maximal gebeugt; der Zentralstrahl geht p.-a. durch die tangential (axial) getroffene Patella senkrecht auf die unter dem Knie liegende Kassette.

** Diese Aufnahmen lassen sich manuell oder mit Haltegeräten durchführen. Genannt sei als Beispiel die Halteapparatur nach Professor Scheuba (Gerät: telos), welche sich mit wenigen Handgriffen für Belastungsaufnahmen von Knie- und Sprunggelenk in zwei Ebenen einstellen läßt. Vorteile sind die exakte Anzeige der Belastung (in Kilopond) und der Wegfall der Strahlenbelastung für den haltenden Arzt. Selbstverständlich geht einer solchen Provokation immer erst der Ausschluß einer Fraktur voraus. (Anm. d. Übers.).

Frakturen

Das Vorliegen einer Blutung oder eines Ergusses im Kniegelenkraum sollte immer eine Fraktursuche nach sich ziehen. Da jedoch die meisten Kniegelenksergüsse ihre Ursache in einer Weichteilverletzung haben, sollte dieses Zeichen nicht als genauso signifikant wie das Fettpolster-Zeichen am Ellbogen gewertet werden. Dagegen ist ein Blut-Fett-Spiegel hochgradig spezifisch für eine Fraktur.

Frakturen des Tibiaplateaus können ziemlich subtil sein. Man sollte hier auf eine jegliche Verdichtungszone im Bereich des Tibiaplateaus achten, da es auf Routineaufnahmen das einzige Zeichen einer Einstauchungsfraktur sein kann. Möglicherweise kann auch nur eine Unterbrechung in einem Teil der Kortikalis vorliegen. Schrägaufnahmen sind dann womöglich bei der Aufdeckung von nur kleinen Tibiaplateaufrakturen wertvoll (Abb. 7-49).

Eine Knorpel-Knochen-Fraktur, die dadurch entsteht, daß durch ein Trauma die Patella gegen diese Struktur gepreßt wird, kann sehr schwierig zu sehen sein (Abb. 7-50). Patellafrakturen wurden bereits in den obigen Abschnitten über «Anatomie» und «Aufnahmetechnik» besprochen. Der Pellegrini-Stieda-Schatten ist ein Verkalkungs- oder Ossifikationsgebiet in Projektion auf den medialen Femurkondylus und an der Ansatzstelle des Musculus adductor magnus (Abb. 7-51). Er beruht auf einer chronischen Belastung und stellt keine Fraktur dar. Ein Ausriß der Quadrizepssehne oder der Kreuzbänder kann mit einem Ausriß von deren knöchernen Ansatzstellen verbunden sein (Abb. 7-52).

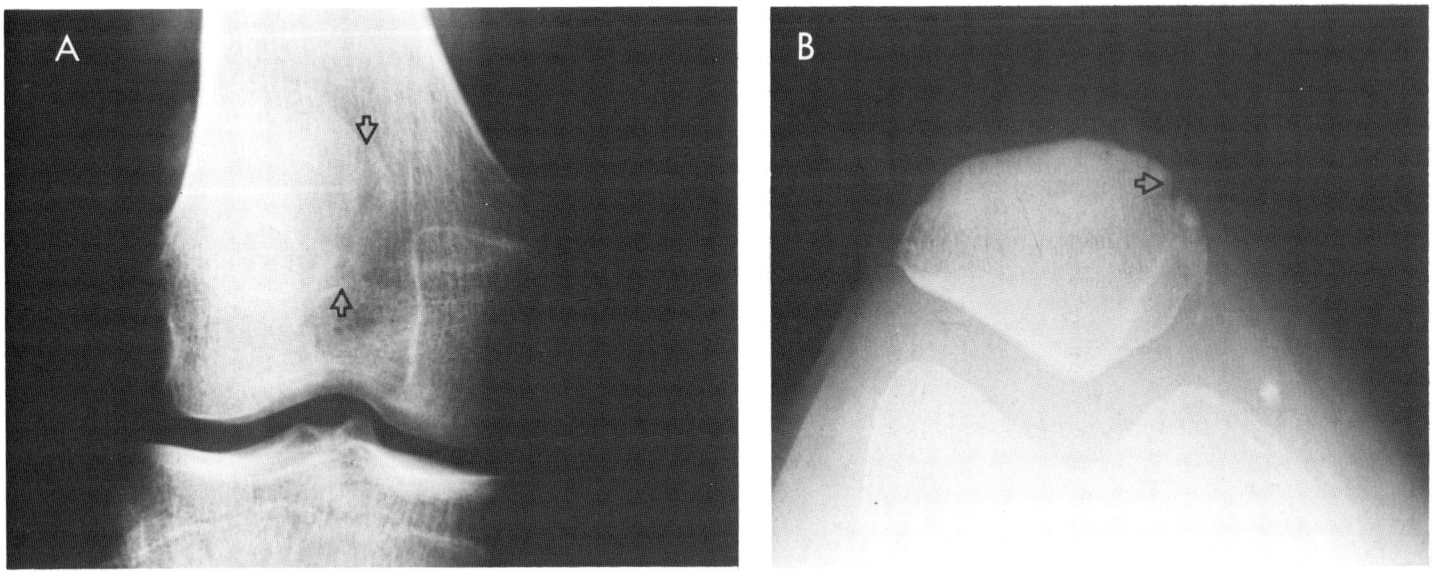

Abb. 7-46: Patellalängsfraktur. Auf der Frontalaufnahme **(A)** ist diese Fraktur kaum, dagegen auf der Patellatangentialaufnahme (axiale Aufnahme) **(B)** gut zu erkennen (englische Bezeichnung dieser Projektion: «Sonnenaufgangs-Aufnahme»).

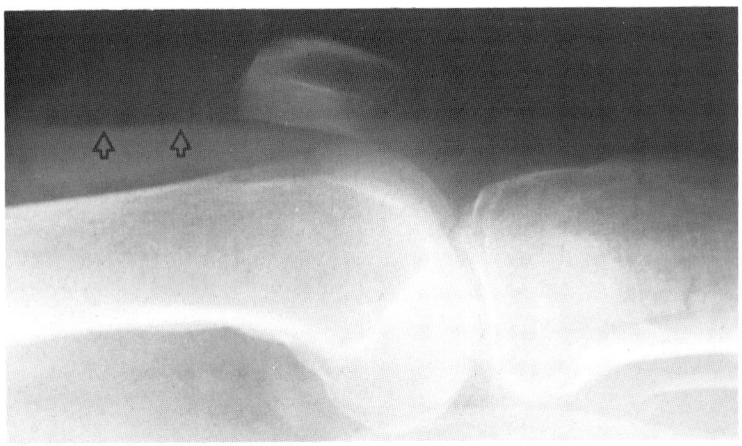

Abb. 7-47 (oben): Fett-Blut-Grenzlinie auf der Seitaufnahme im horizontalen Strahlengang. Die Fraktur hat eine Verbindung zwischen der Knochenmarkshöhle der Tibia und der Kniegelenkhöhle verursacht.

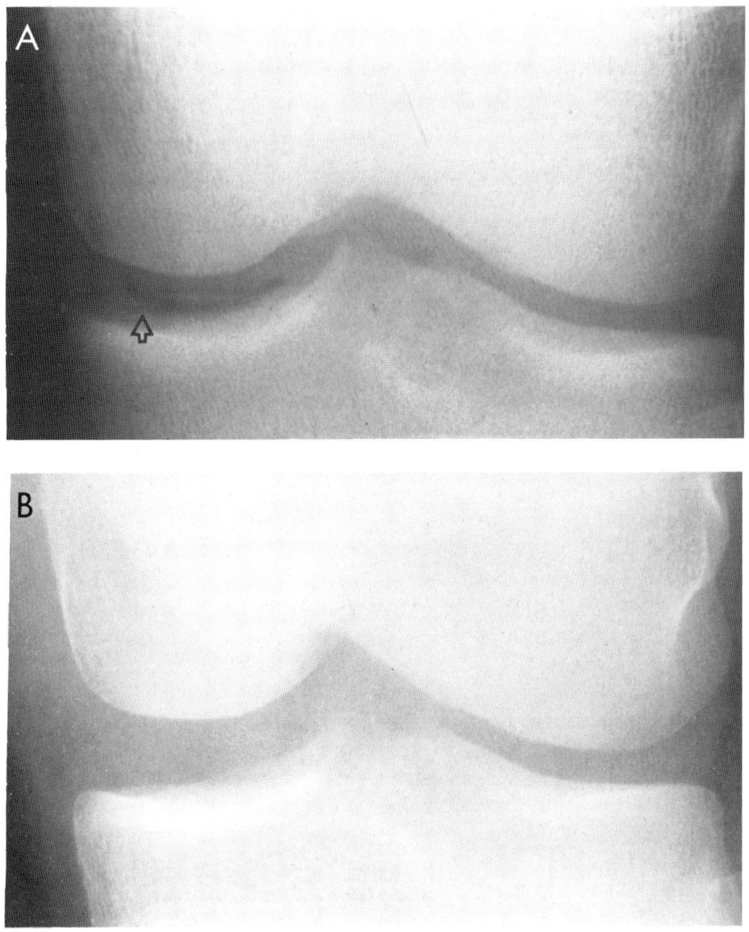

Abb. 7-48 (rechts): Riß des inneren Knielängsbandes. Gehaltene Aufnahmen des Kniegelenks (Belastungsaufnahmen). **A.** Beim ersten Versuch wurde das Klaffen des Gelenksspalts nicht dargestellt, obwohl genügend Kraft aufgebracht wurde, um eine Vakuumspalte zu erzeugen. Der Rand des Innenmeniskus ist erkennbar. **B.** Der zweite Versuch zeigt die mediale Gelenkspalterweiterung jetzt deutlich.

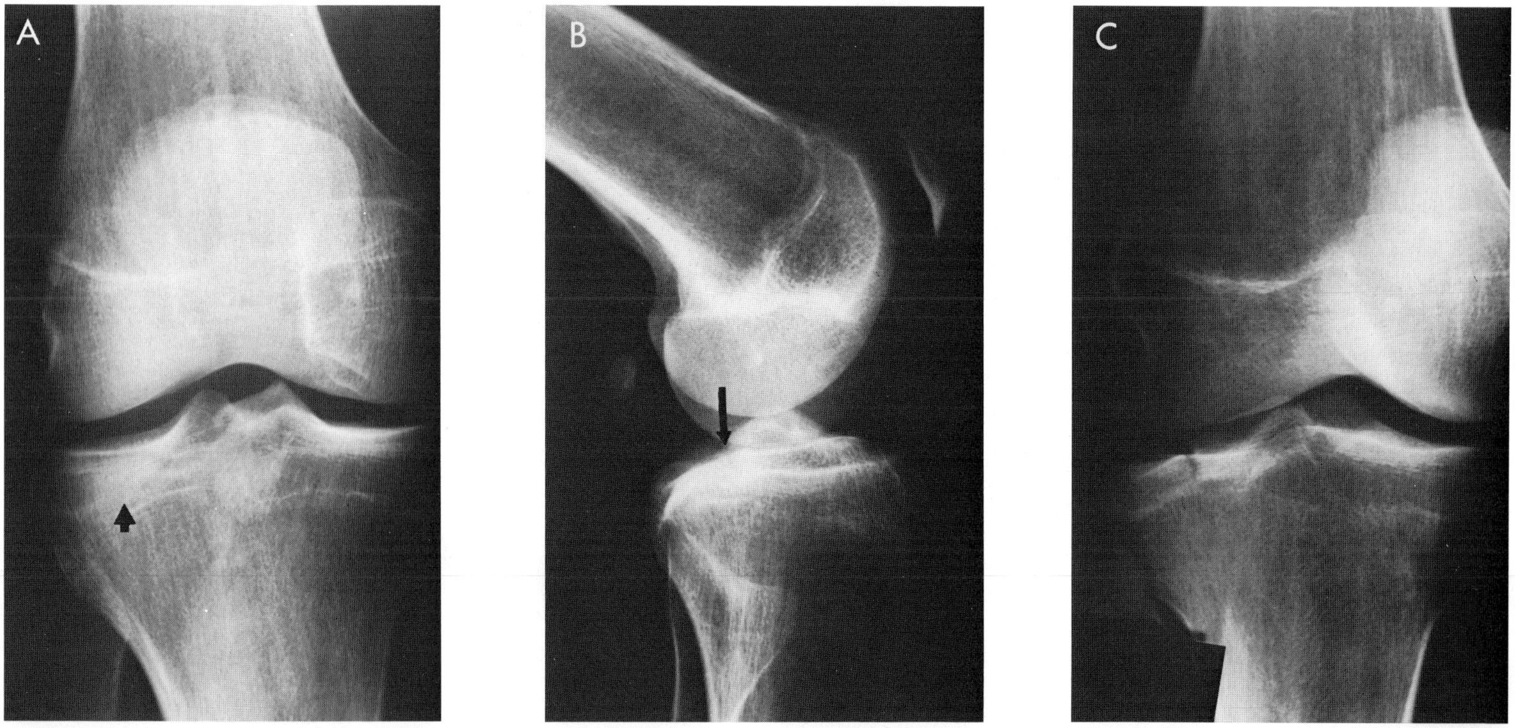

Abb. 7-49: Fraktur des Tibiaplateaus. **A.** Die Fraktur äußert sich durch eine Dichtevermehrung an der proximalen Tibiaaußenseite und eine kleine Konturunterbrechung der Kortikalis auf der Seitaufnahme (**B**). Die Schrägaufnahme (**C**) zeigt, daß das Fragment herabgedrückt und gelockert ist.

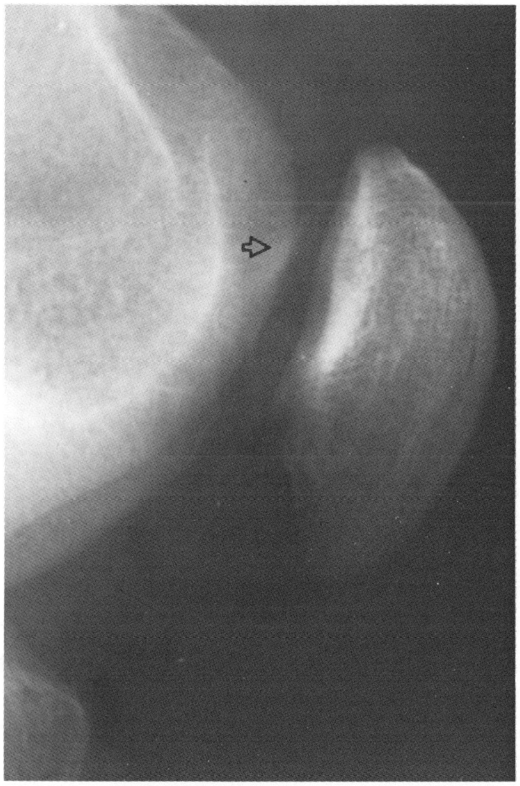

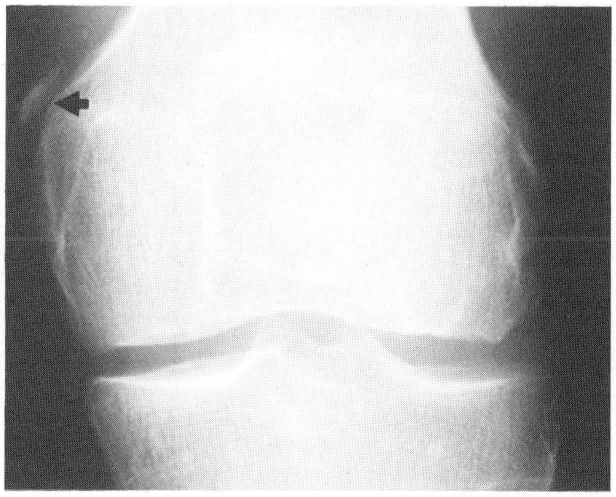

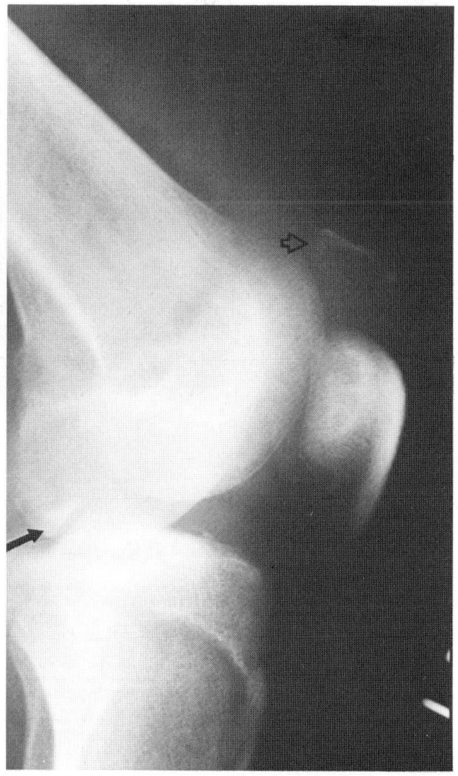

Abb. 7-50 (links): Knochen-Knorpel-Fraktur des Knies. Der Pfeil weist auf das kleine Fragment der Gelenkfläche des Femurs.

Abb. 7-51 (oben): Pellegrini-Stieda-Schatten, eine Verkalkung des inneren Längsbandes, direkt neben dem Innenkondylus des Femurs.

Abb. 7-52 (rechts): Ausrißfraktur des Quadrizepssehnenansatzes (umrahmter Pfeil) und des hinteren Kreuzbandes (Pfeil). Diese kleinen Fragmente zeigen eine erhebliche Knieverletzung an.

Unterschenkel

Da über das Knie und über das Sprunggelenk in anderen Abschnitten berichtet wird, wollen wir hier nur kurz den Tibia- und den Fibulaschaft besprechen.
Röntgenaufnahmen in zwei Ebenen werden in den meisten Fällen genügen. Da Tibia und Fibula oft länger sind als das Filmformat, sind auf den Aufnahmen oft deren Enden ein- oder beidseitig abgeschnitten. Bevor man eine solche Teiluntersuchung akzeptiert, muß man bedenken, daß es sich um Paarlingsknochen handelt, die an beiden Enden relativ starr miteinander verbunden sind. Deshalb wird mit hoher Wahrscheinlichkeit dann, wenn eine Verletzung einen der beiden Knochen verkürzt oder abgewinkelt hat, auch eine Verletzung des anderen vorliegen. Sieht man dagegen eine solche Komplementärverletzung bereits auf der Erstaufnahme, dann ist der Fall abgeklärt; ist diese Bedingung nicht erfüllt, muß man immer an die Möglichkeit einer solchen Verletzung des anderen Paarlings denken. Diese Kompensationsverletzung oder -luxation kann auch am entgegengesetzten Knochenende gelegen sein, so daß die gesamte Länge der Knochen abgebildet sein sollte.

Sprunggelenk

Anatomie und Entwicklung

Die Ossifikation der distalen Wachstumszentren von Tibia und Fibula beginnt im zweiten Lebensjahr. Beide Zentren verschmelzen erst etwa im achtzehnten Lebensjahr. Meist entwickelt sich der Innenknöchel als Teil der distalen Tibiaepiphyse, er kann jedoch auch ein eigenes Ossifikationszentrum besitzen (Abb. 5-53B). Tibia und Fibula werden fest durch die Membrana interossea aneinandergebunden. An ihren distalen Enden artikuliert eine konvexe Fläche der Fibula mit einer konkaven der Tibia. Auf der Seitaufnahme bildet die Vertiefung aus dem Außenknöchel (der Fibula), dem Innenknöchel (der Tibia) und der Gelenkfläche der Tibia das Dach für den Talus: die Sprunggelenksgabel.

Aufnahmetechnik

Man sollte für die Untersuchung des Sprunggelenks Aufnahmen in sagittaler, seitlicher und schräger Zentralstrahlrichtung heranziehen. Die Schrägaufnahme erfolgt bei einer Einwärtsdrehung des Fußes um etwa 30° bis 45°. Nur selten wird auch einmal die umgekehrte Schrägprojektion erforderlich werden. Fersenbeinfrakturen stellen sich auf Sprunggelenksaufnahmen nur schlecht oder überhaupt nicht dar. Für gehaltene Aufnahmen des Sprunggelenks gelten die gleichen Anmerkungen wie für das Kniegelenk (s. S. 437). Die Sprunggelenksarthrographie weist Bänderrisse nach und ist für die Festlegung der entsprechenden Behandlung recht nützlich. Diese Untersuchung ist leicht durchführbar und auch nur mit einer geringen Morbidität verbunden; sie deckt aber Bänderrisse nur innerhalb der ersten 24 Stunden auf. In der Regel gibt sie nur Auskunft darüber, ob ein Band rupturiert ist, nicht aber über das Ausmaß dieser Verletzung.

Frakturen

Der Bruch der distalen Fibula (Außenknöchel) ist die häufigste Fraktur in der Sprunggelenksregion überhaupt; er kann erst sichtbar werden, wenn man drei Aufnahmen anfertigt. Nicht selten erkennt man eine solche Fibulafraktur nur auf der Seitaufnahme durch Tibia und Talus hindurch. Frakturen der distalen Fibula können sehr subtil sein, besonders in der Entwicklungszeit. Eine Fraktur des distalen Fibulaendes kann sich hier nur dadurch zu erkennen geben, daß der Fibulaepiphysenspalt weiter ist als der der Tibia (Abb. 7-54). Beide Epiphysenspalten sollten die gleiche Weite besitzen. Ist die Sprunggelenksgabel erweitert oder asymmetrisch, sollte man immer an die Möglichkeit einer okkulten Fraktur denken. Eine Fraktur des Innenknöchels kann zwar als isoliertes Ereignis vorkommen, ist aber doch in der Regel mit einer Fraktur des Außenknöchels und möglicherweise des Malleolus posterior (die rückwärtige Gelenkfläche der Tibia) vergesellschaftet (Abb. 7-55). Frakturen der Tibiavorderfläche sind seltener (Abb. 7-56).
Frakturen von Tibia und Fibula erkennt man fast immer spontan; zu Irrtümern kann es dann kommen, wenn man nicht feststellt, daß ein oder mehrere Kochen in der Nachbarschaft frakturiert sind. Ein und derselbe Mechanismus einer Inversionsverletzung kann entweder einen Innenknöchelbruch oder aber statt dessen eine Ausrißfraktur an der Außenseite des Talus unterhalb des Außenknöchels verursachen (Abb. 7-57). Bei der klinischen Aufnahmeuntersuchung können ernstere Verletzungen, wie beispielsweise ein Fersenbeinbruch oder eine Fraktur der Talusrolle, als Sprunggelenksverletzungen fehlgedeutet werden (Abb. 7-58). Deshalb ist immer eine gründliche Untersuchung der Nachbarknochen angebracht, die man eventuell mit Zusatzaufnahmen abklärt. Eine Fersenbeinfraktur kann, insbesondere wenn sie doppelseitig ist, mit einem Wirbelsäulenbruch verbunden sein.

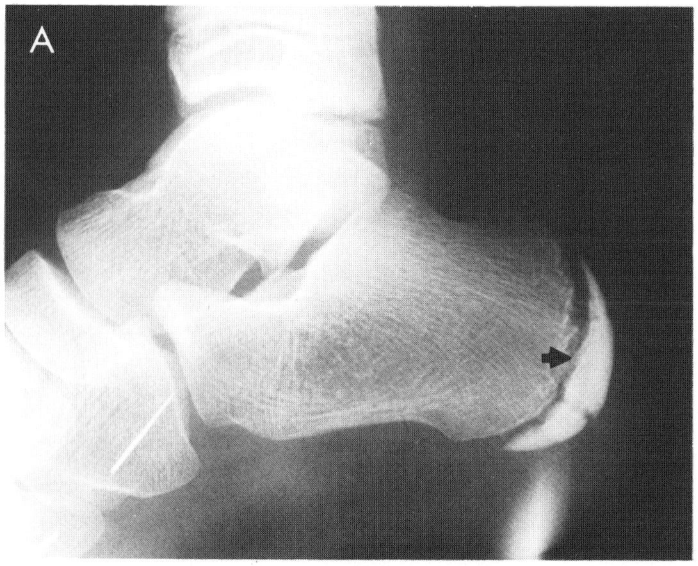

Abb. 7-53: Normales Sprunggelenk (untersucht wegen der Suche nach einem Fremdkörper). **A.** Es bestehen drei dichte Ossifikationszentren der Apophyse des Tuber calcanei (Pfeil). **B.** Zusätzlicher akzessorischer Knochenkern des Malleolus medialis (Pfeil).

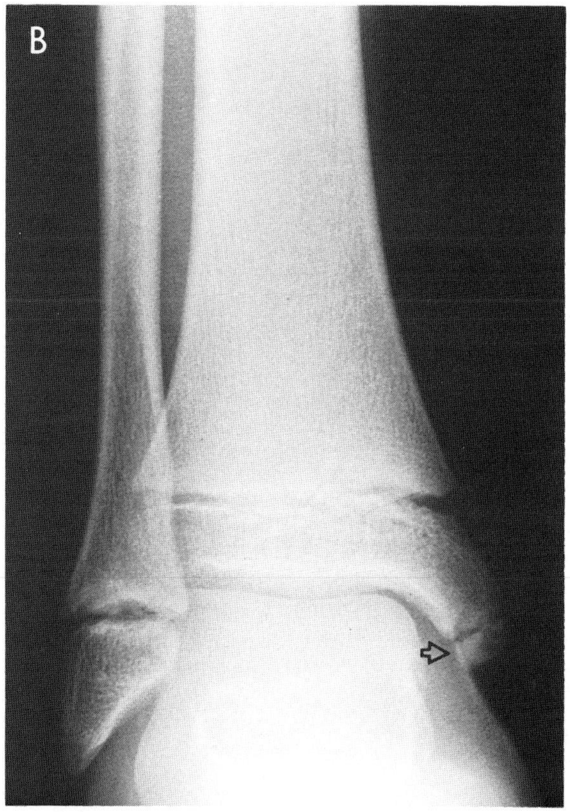

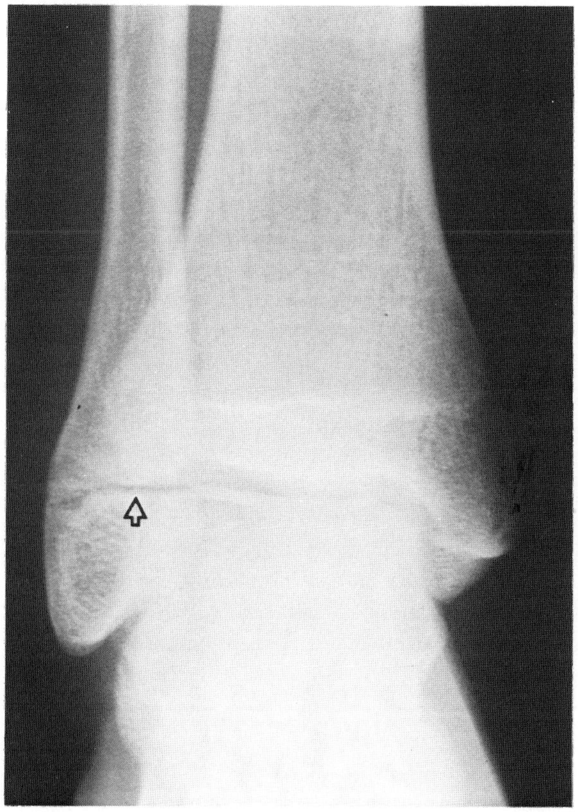

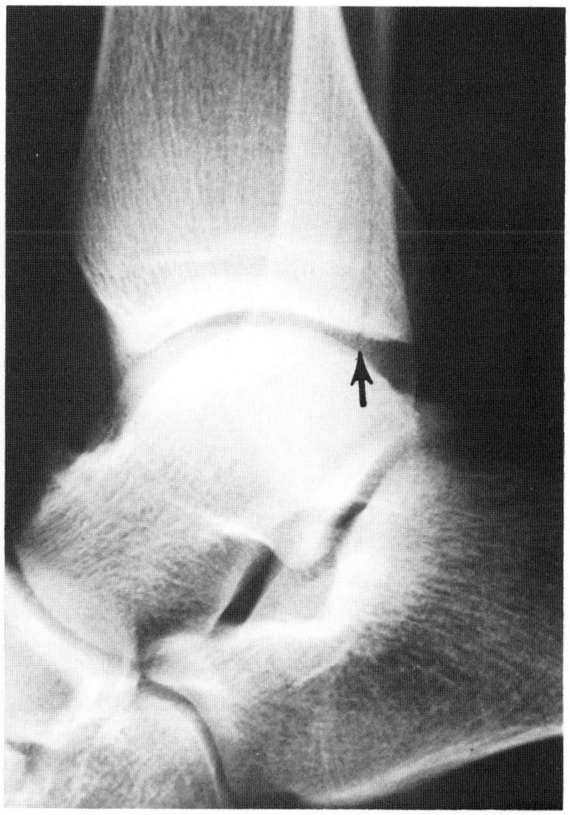

Abb. 7-54 (unten links): Salter I-Fraktur der distalen Fibula. Die Epiphysenlinien von Tibia und Fibula sollten die gleiche Weite aufweisen. Hier liegt eine traumatische Diastase der distalen Fibulaepiphyse vor.

Abb. 7-55 (unten rechts): Nicht dislozierte Fraktur des «Malleolus tertius». Die Fraktur ist nur auf der Seitaufnahme erkennbar.

Fuß

Anatomie

Die anatomischen Beziehungen zwischen den Fußknochen erkennt man am besten auf einer Seitaufnahme. Die obere Talusgelenkfläche hat eine kuppelförmige Gestalt. Vor dieser findet sich eine kerbenartige Vertiefung, die den Talushals darstellt. Vor dieser wiederum geht die nach oben zeigende Grenzfläche des Talus kontinuierlich in die von Os naviculare tarsi und Os cuneiforme sowie die der Metatarsalia über. Der Talus besitzt drei Gelenkflächen zum Fersenbein. Der Kalkaneus wiederum artikuliert mit dem Os cuboideum, das sich lateral der Gelenkfläche vorwölbt und eine Kontinuitätsunterbrechung vortäuschen kann. Das genaue Durchmustern dieser Region wird aber zeigen, wo die Gelenkfläche endet. Die Gelenkflächen von Kalkaneus und Os cuboideum sollten in Form und Lage übereinstimmen. Eine ähnliche Lagebeziehung gilt für die Gelenkverbindung zwischen Kuboid und Os metatarsale V. Das proximale Ende des fünften Mittelfußknochens überragt die Gelenklinie deutlich nach lateral. Auf der Seit- und der Schrägaufnahme verbindet eine mehr oder weniger fließende Linie die Knochenoberränder auf dem Fußrücken und an der Fußinnenseite. Diese Oberfläche ist zwar rauh, aber geradlinig – etwa wie das Relief einer Kopfsteinpflasterstraße (Abb. 7-59).

Entwicklung

Bereits bei der Geburt sind die primären Ossifikationszentren von Phalangen, Kalkaneus, Talus und Kuboid vorhanden. Die Zentren der anderen Tarsalia wie auch die sekundären Zentren von Kalkaneus, Metatarsalia und Phalagen erscheinen bis zum zehnten Lebensjahr.

Das sekundäre Ossifikationszentrum des Tuber calcanei ist von besonderem Interesse, da es auch aus mehreren Zentren bestehen kann. Beim Gesunden zeigt es ein extrem dichtes Erscheinungsbild, welches man nicht mit einer aseptischen Nekrose verwechseln sollte (Abb. 7-53A).

Der fünfte Mittelfußknochen besitzt zwei sekundäre Ossifikationszentren (= Apophysen). Zusätzlich zu dem am distalen Ende (wie auch bei den Metatarsalia II bis IV) existiert ein weiteres für die Tuberositas ossis metatarsalis V an der Außenseite des proximalen Endes (an dessen Basis). Dieses Zentrum ist so angelegt, daß die daraus resultierende Aufhellungslinie zwischen der Apophyse und dem Schaft nahezu parallel zum Mittelfußknochenschaft verläuft; sie sollte aber nicht mit einer Fraktur verwechselt werden, die dann meist quer zum Schaft verläuft (Abb. 7-60).

Aufnahmetechnik

A.-p. (dorsoplantare), seitliche und Schrägaufnahme sind routinemäßiges Vorgehen bei der Röntgenuntersuchung des Fußes. Indem man den Zentralstrahl auf der dorsoplantaren (d.-p. oder a.-p.) Aufnahme etwas nach hinten richtet, kann man die Gelenkspalten im Bereich des Fußzentrums besser darstellen. Vermutet man eine Fraktur des Fersenbeins oder liegen darauf verdächtige Befunde in anderen Aufnahmen vor, so sollte man eine Fersenbein-Spezialaufnahme (sog. Harris-Aufnahme; Anm. d. Übers.) anfertigen, da Kalkaneusbrüche auf den Routineaufnahmen unsichtbar bleiben können. (Abb. 7-61).

Luxationen

Die meisten Luxationen am Fuß sind solche der Interphalangeal- oder der Metatarsophalangealgelenke. Luxationen der Fußwurzel sind meist das Ergebnis eines direkten Traumas. Die Lisfrancsche Luxationsfraktur des Vorfußes kommt überwiegend bei Kindern vor und resultiert in der Regel aus einem Sprung oder einem Fall. Hier sollte man sorgfältig auf die Kontinuität der Knochenanordnung am Fuße achten – besonders aber auf die Anordnung zwischen der Außenfläche des Os metatarsale I und dem Os cuneiforme I, die auf einer sagittalen Aufnahme kontinuierlich übergehen sollten (vgl. Abb. 7-59). Eine Unterbrechung dieser Anordnung ist oft der einzige Hinweis auf eine klinisch bedeutsame Luxation (Abb. 7-62). Diese Frakturen können schwierig zu bestimmen sein. Deshalb wird zur Abklärung solcher Brüche jetzt auch die CT mit ihren axialen Bildern eingesetzt.

Frakturen

Die häufigsten Frakturen am Fuß sind die von Phalangen und Metatarsalia. Bei einem Trauma an der Fußaußenkante ist die Fraktur an der Basis des fünften Metatarsale am häufigsten. Meist verläuft die Bruchlinie quer zur Schaftzentralachse dieses Knochens und nur in seltenen Fällen auch einmal schräg zu ihr. Die Aufhellungslinie zwischen der Apophyse der Tuberositas ossis metatarsalis V verläuft parallel zur Schaftachse. Ereignet sich diese Fraktur bei noch offener Apophysenspaltlinie, so kommt es zu einer kreuzförmigen Aufhellungsfigur (vgl. Abb. 7-60).

Eine Vielzahl komplexer Frakturebenen macht die Darstellung von Brüchen der Fußwurzelknochen schwierig. Die sorgsame Betrachtung der Oberflächen des Fußes kann Konturunterbrechungen durch eine Fragmentverschiebung aufdecken. Hier kann der Vergleich mit Röntgenaufnahmen eines normalen Fußes von unschätzbarem Wert sein (Abb. 7-61).

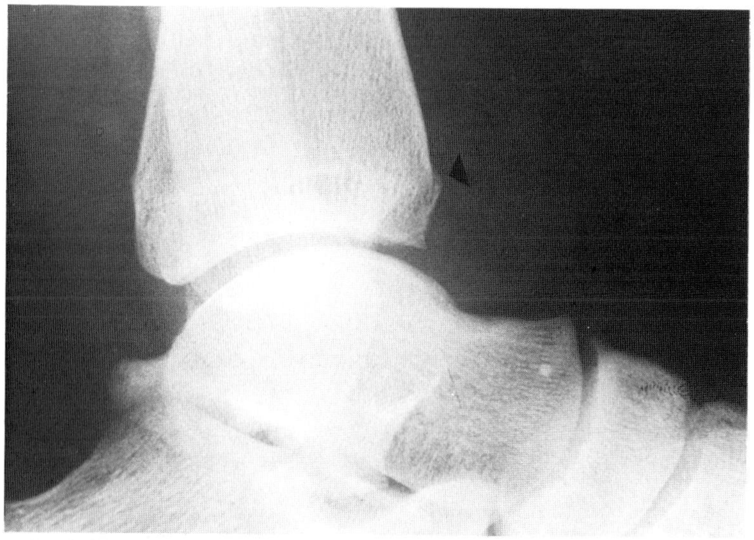

Abb. 7-56: Fraktur der unteren Tibiagelenkfläche. Die Kortikalis ist vorne vorgebuckelt.

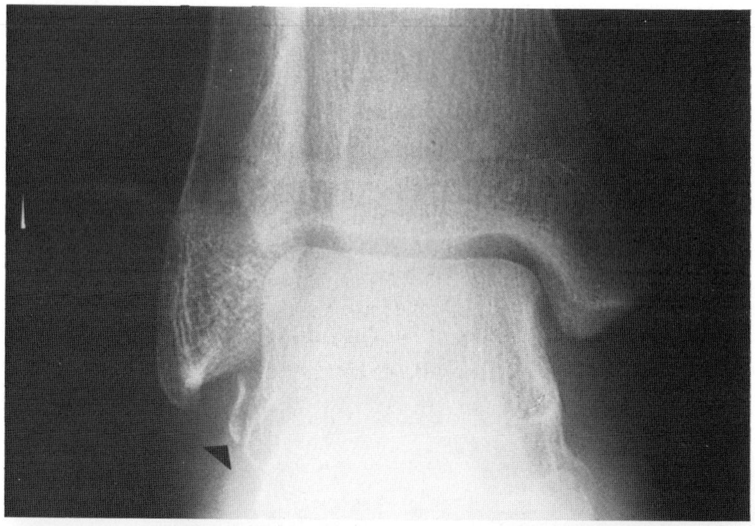

Abb. 7-57 (Mitte links): Abrißfraktur an der Talusaußenseite.

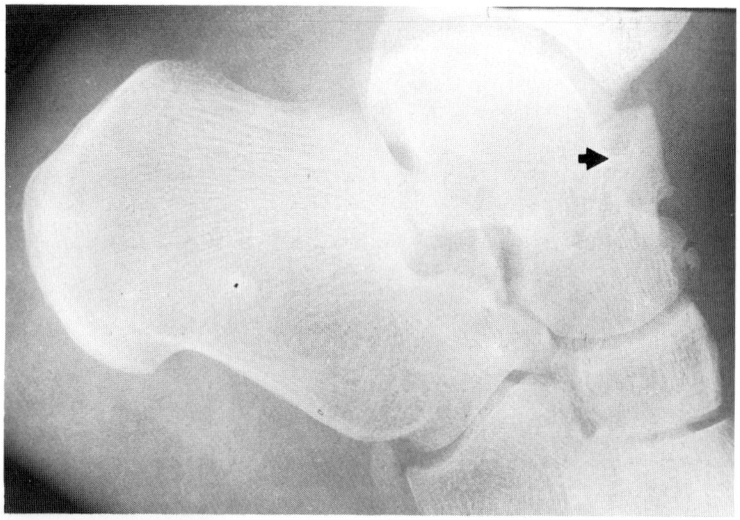

Abb. 7-58 (oben): Talushalsfraktur.

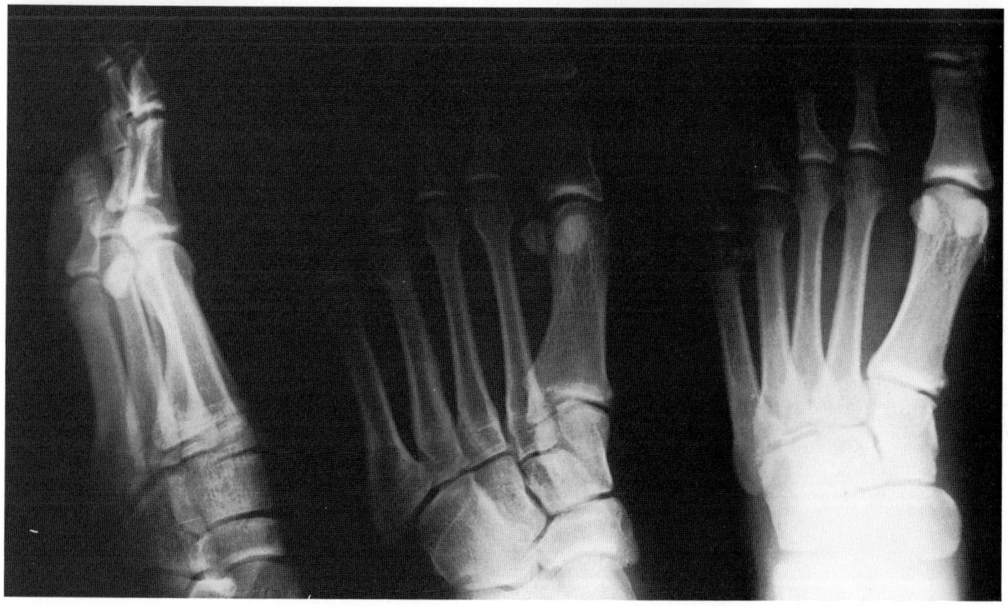

Abb. 7-59: Normaler Fuß.

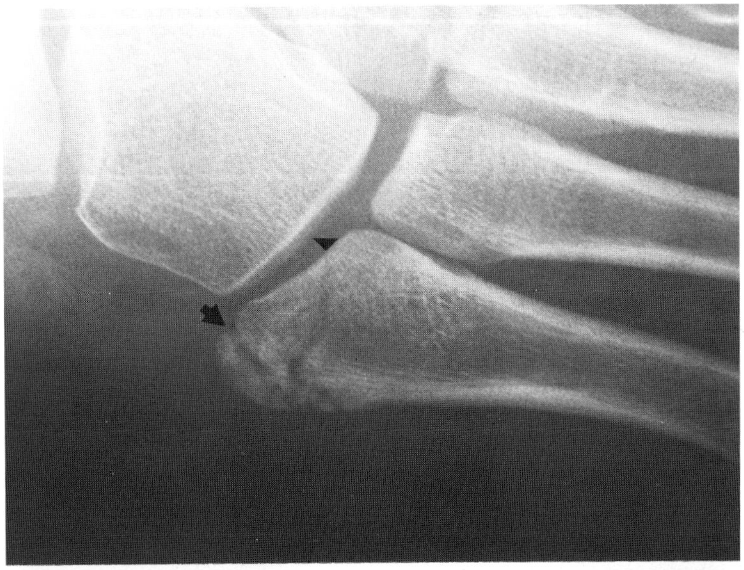

Abb. 7-60: Fraktur des fünften Mittelfußknochens (Pfeilspitze) bei einem Patienten mit einer noch nicht fusionierten Tuberositas ossis metatarsalis V. Letztere projiziert sich im Bild als eine zur Metatarsalachse parallele Aufhellungslinie (Pfeil).

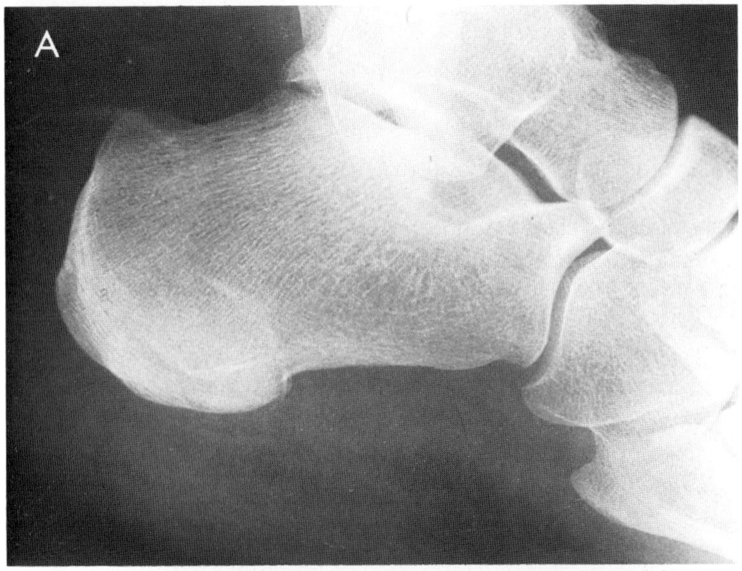

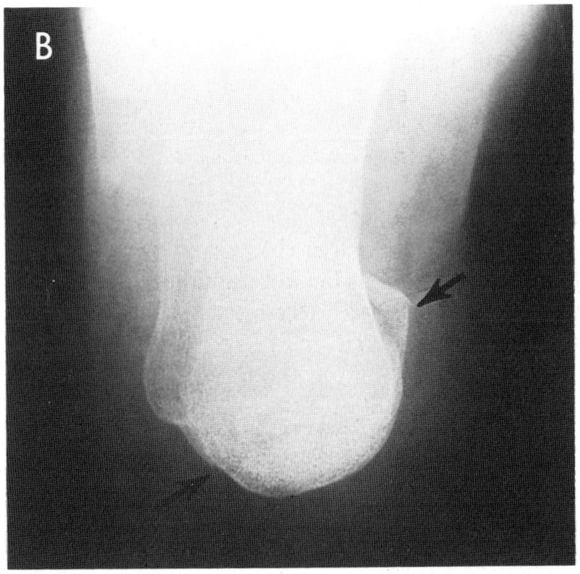

Abb. 7-61 (Mitte links und rechts): Fersenbeinfraktur. Die Fraktur ist auf den anfangs angefertigten konventionellen Aufnahmen des Fußes nahezu unsichtbar **(A)**. Die Kalkaneusaufnahme zeigt sie hingegen recht deutlich **(B)**.

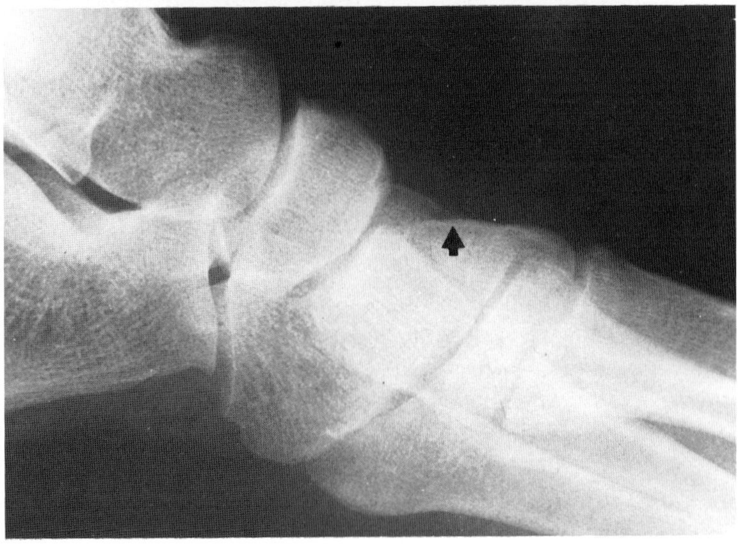

Abb. 7-62: Vorfußluxation. Beachten Sie die Aufhebung der normalen Anordnung der Tarsalia. Das Os cuneiforme II ist sichtlich nach unten gedrückt (Pfeil).

Fremdkörper

Retinierte Fremdkörper sind eine wesentliche mögliche Quelle krankhafter Folgezustände nach einem Trauma. Ihre Entdekkung ist meist dann einfach, wenn die Fremdkörper genügend strahlendicht sind, um röntgenologisch sichtbar zu werden. Erhebliche Schwierigkeiten kann aber ein Fremdkörper aufwerfen, der etwa die gleiche spezifische Dichte wie das umliegende Gewebe besitzt und damit kontrastarm ist. Zusätzliche Schwierigkeiten ergeben sich durch die Verdeckung seitens normaler Körperstrukturen, insbesondere von Knochen. Hier sind Geduld und Einfallsreichtum des Untersuchers besonders gefordert. Ziel der Untersuchung sollte es sein, einen Fremdkörper entweder auszuschließen oder aber bei seinem Nachweis die genaue Lokalisation zu demonstrieren. Die Lage sollte auch bezüglich der Eintrittsstelle gezeigt werden, wobei man, falls es nötig wird, eine röntgendichte Markierung anbringt, die die Tiefe unterhalb der Oberfläche anzeigt. Während dies zwei zueinander senkrechte Aufnahmen leisten können, sind aber eventuell auch Tangential- oder Spezialaufnahmen erforderlich (Abb. 7-64).
Bei der Suche nach vermuteten Fremdkörpern kann man auch die Xeroradiographie einsetzen. Das durch ein spezielles Verfahren entwickelte Bild liefert eine hohe Detailfeinzeichnung und Kontrastauflösung; daneben zeigt die Xeroradiographie eine Randstrukturbetonung zwischen Objekten verschiedener Dichte. Bei der Durchstrahlung kleiner Körperregionen ist auch die Strahlenbelastung geringer als bei konventionellen Aufnahmen. Dagegen wird die Dosis bei größeren Körperteilen, wie z.B. Ellbogen oder Knie gleich groß oder gar höher. Es schränken heute aber noch mehrere Faktoren die allgemeine Verfügbarkeit der Xeroradiographie ein. Da diese Methode eine gewisse Aufwärmzeit erfordert, ist sie nicht jederzeit sofort einsatzbereit; daneben verlangt die Ausstattung doch einen nicht unbeträchtlichen Erhaltungsaufwand. Viele Röntgenabteilungen sind deshalb wieder auf spezielle andere Verfahren anstelle der Xeroradiographie ausgewichen und haben diese Methode gänzlich verlassen. Glücklicherweise kann man alle Details einer xeroradiographischen Aufnahme auch meist auf hochauflösenden Filmen erkennen.
Ein Fremdkörper kann weit entfernt von seiner Eintrittsstelle zu liegen kommen; offensichtlich können Geschosse mit hoher Geschwindigkeit im Körper auch Umwege nehmen, wenn sie entlang von inneren Oberflächen vordringen oder gar von starren Strukturen abgelenkt werden. Es kann auch dazu kommen, daß sich ein solcher Fremdkörper innerhalb von Gefäßen weiterbewegt. Auch haben wir schon die Bewegung innerhalb des Rückenmarkkanals gesehen. Ein Fremdkörper kann auch in einer beweglichen Struktur, wie z.B. einem Muskel oder einer Sehne, steckenbleiben und so bei verschiedenen aufeinanderfolgenden Untersuchungen eine inkonstante Lage aufweisen. Ein tief eindringender Fremdkörper kann abbrechen oder andere Fremdmaterialen mit sich reißen.

Ermüdungsfraktur

Ermüdungsfrakturen treten bei ungewöhnlichen Belastungen eines Knochens auf. Der betroffene Knochen und die Art der Belastung bestimmen dann, wo es zu einer solchen Fraktur kommen wird. Am häufigsten sieht man diese Frakturen am Fuß und an anderen Stellen der unteren Extremität. Viele Ermüdungsfrakturen sind mindestens eine Woche bis zehn Tage lang unsichtbar. Die empfindlichste diagnostische Untersuchung ist dann in diesen Fällen das Knochenszintigramm (Abb. 7-65). Ermüdungsfrakturen imponieren als Zonen vermehrter Dichte im Knochen, die oft von einer gesteigerten lokalen subperiostalen Knochenneubildung und gelegentlich auch von einer geringen Kallusbildung begleitet werden (Abb. 7-66).

Nicht traumatische Krankheitsbilder

Mit der Zeit sieht man praktisch alle bekannten Krankheitsbilder auch in einer Notaufnahmeeinheit – sei es primär oder zufällig. Unabhängig von der Erfahrung des Arztes ist es unmöglich, all diese Leiden zu kennen. In der Konfrontation mit dieser Situation ist es nötig, das vorrangige Problem (die Probleme) zu erfassen und den Patienten zur späteren Untersuchung der Zufallsbefunde wiederkommen zu lassen. Besonders aufmerksam sollte man sein, wenn sich unerwartete radiologische Befunde einstellen. Die Abb. 7-67 und 7-68 zeigen solche Befunde erheblicher Krankheiten, die zufällig im Rahmen eines Traumas aufgedeckt wurden.

Osteomyelitis

Die Osteomyelitis entsteht durch hämatogene Streuung oder durch direkte Inokulation von Mikroorganismen; letzteres kann durch Punktionsverletzungen geschehen, so z.B. als Komplikation durch verunreinigte Instrumente, oder aber durch Keimwanderung von einem benachbarten Gebiet aus. Während es zur Inokulationsform der Osteomyelitis in praktisch jeder Region eines Knochens kommen kann, beginnt die hämatogene Infektion im Gefäßversorgungsbereich der Metaphysenregion, insbesondere bei Kindern.
Röntgenologische Knochenveränderungen brauchen eine Woche bis zu zehn Tagen, um sichtbar zu werden, dagegen kann sich eine Weichteilschwellung schon früh zeigen. Erstes Zeichen hiervon wird der Verlust der Fettlinien in den Weichteilen sein. Frühestes Röntgenzeichen seitens des Knochens ist ein Dichteverlust im Infektionsbereich. Dieser schreitet bei einer Aufbrauchung der Trabekelstruktur und dann der Kortikalis bis zur Knochendestruktion fort (Abb. 7-69). Ein Teil des Knochens kann seiner Gefäßversorgung beraubt und dann vom übrigen

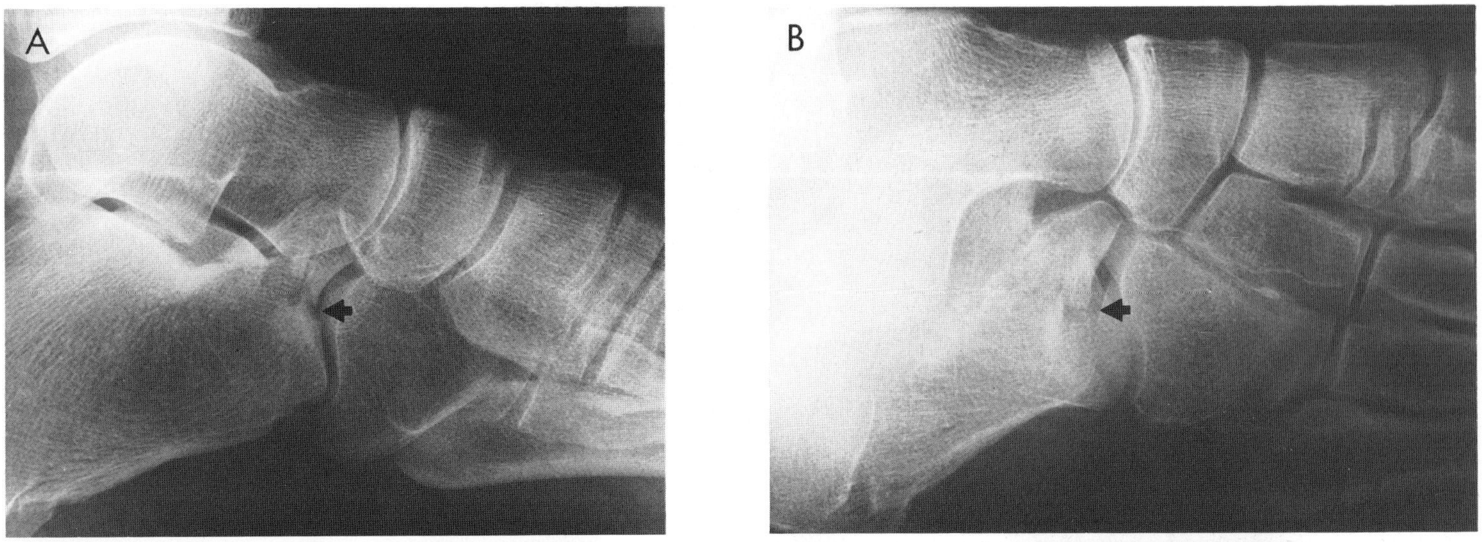

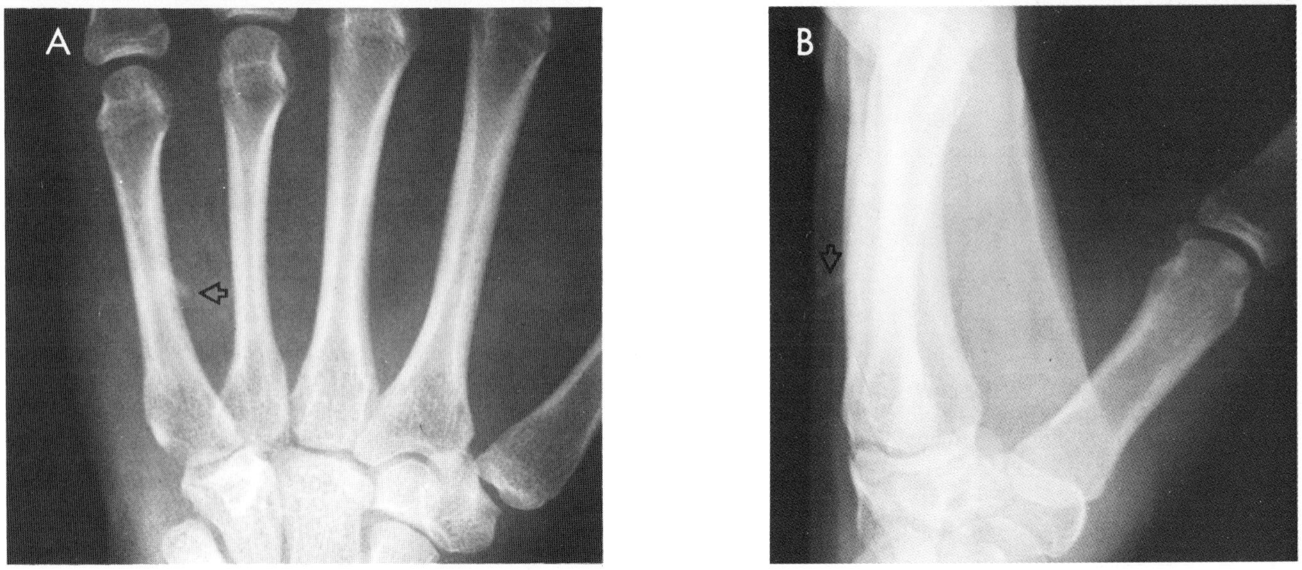

Abb. 7-63 (oben links und rechts): Fraktur der vorderen Gelenkfläche des Fersenbeins (sog. Entenschnabelfraktur).

Abb. 7-64 (Mitte links und rechts): Fremdkörper (Bleistiftminenspitze). Nur die Tangentialaufnahme zeigt die Größe des Fremdkörpers und dessen Lage genau.

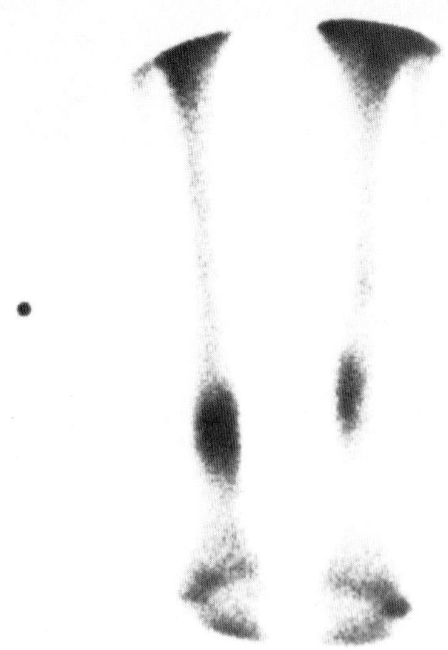

Abb. 7-65 (rechts): Ermüdungsfrakturen der Tibia. Sehr anschauliche Darstellung im Knochenszintigramm bei röntgenologisch stummen Ermüdungsfrakturen.

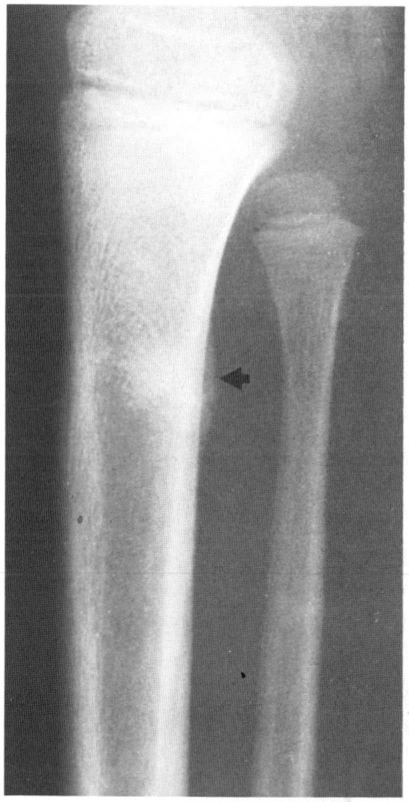

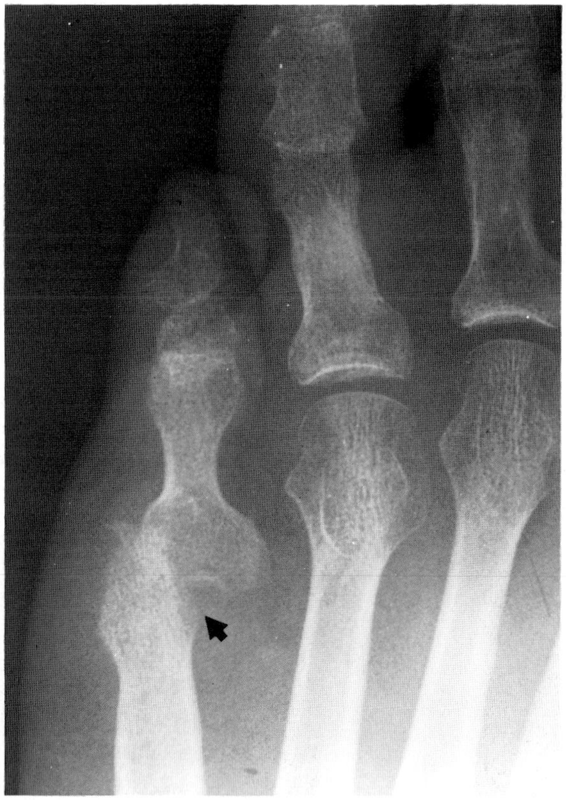

Abb. 7-66 (links): Ermüdungsfraktur der Tibia. Sklerosezone in der Tibia mit subperiostaler Knochenneubildung.

Abb. 7-67 (Mitte): Diabetische Osteoarthropathie. Umfassende Zerstörung in der Umgebung des linken Kleinzehgrundgelenks. Zufallsbefund bei einem Patienten nach einer Fußverletzung.

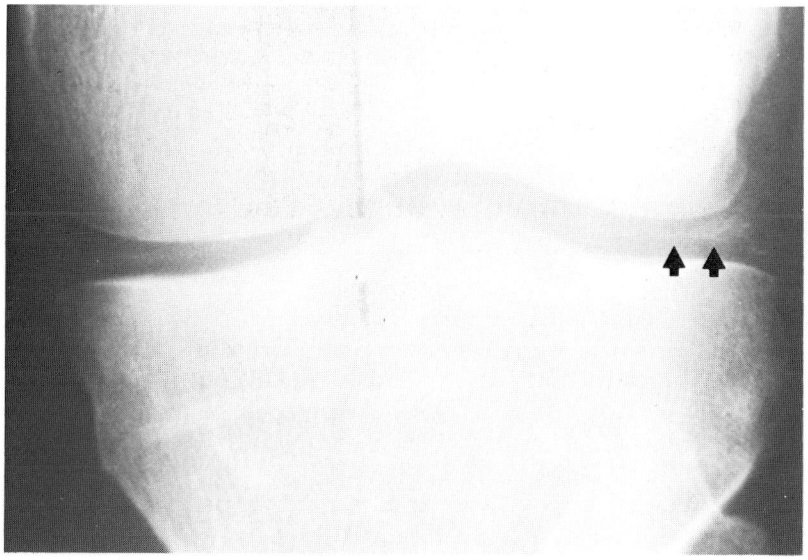

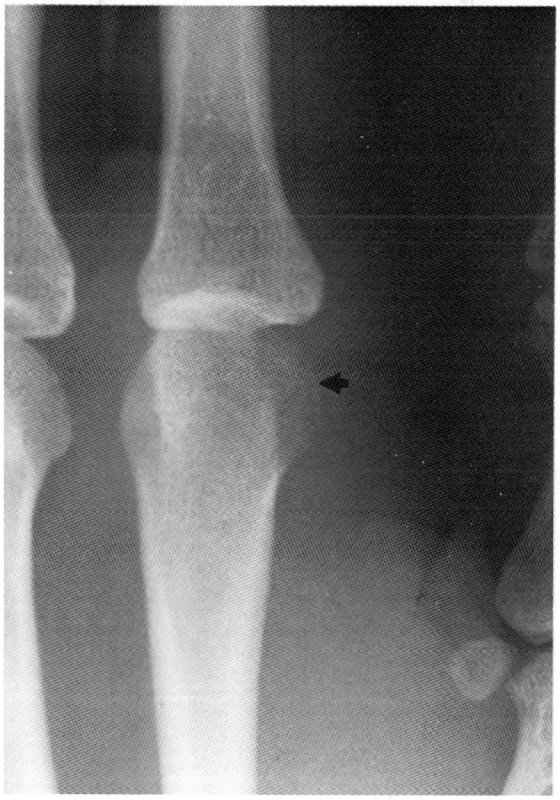

Abb. 7-68 (oben): Chondrokalzinose als Teilaspekt der Calciumpyrophosphatspeicherkrankheit (= CPPD), hier als Zufallsbefund bei einer Knieverletzung entdeckt.

Abb. 7-69 (rechts): Osteomyelitis des zweiten Metatarsalköpfchens mit Zerstörung der Trabekelstruktur und Kortikalisunterbrechung.

Knochen abgetrennt werden (sequestriert werden = Sequester). Die subperiostale Knochenneubildung ruft eine feine dichte Linie hervor, die parallel zur Kortikalis verläuft. Eine nicht erkannte Osteomyelitis der Metaphyse kann in das Nachbargelenk einbrechen und zu einer eitrigen Arthritis führen.
Wenn die Abgrenzung der Osteomyelitis gegenüber einem malignen Tumor nur auf einer einzigen Röntgenuntersuchung basiert, kann diese Differentialdiagnose recht schwierig sein. Es gibt jedoch einige Unterscheidungskriterien: Bei einer akuten Osteomyelitis werden aber Anamnese und klinischer Befund doch meist charakteristisch sein. Knochentumoren zeigen in der Mehrzahl eine mehr umschriebene Knochendestruktion und größere Weichteilmassen. Selten nur überschreitet ein Knochentumor ein Gelenk. Das eosinophile Granulom, das sich auch in einer umschriebenen Knochenzerstörung äußert, kann mit einer Osteomyelitis verwechselt werden; auch kann das Ewing-Sarkom, ein maligner Knochentumor, dem Bild einer Osteomyelitis ähneln.

Arthritis

Die röntgenologische Differentialdiagnose der Gelenkkrankheiten ist ein sehr komplexer Gegenstand. Während sich arthritische Leiden unter einem akuten Krankheitsbild präsentieren können, sind aber deren Röntgenfrühzeichen meist unspezifisch; diese sieht man in aller Regel erst bei Patienten mit langdauerndem Krankheitsgeschehen.
Eine akute septische Arthritis kann Anzeichen einer Flüssigkeitsansammlung innerhalb der Gelenkkapsel und den Verlust der umgebenden Fettlinien durch ein Ödem dieser benachbarten Weichteile aufweisen. Übersehene oder erfolglos behandelte Fälle können bis zur Zerstörung des Gelenkknorpels mit Verlust des Gelenkspalts und eventuell auch der Zerstörung der gelenkbildenden Knochenanteile fortschreiten.
Wie auch bei der klinischen Diagnose fließen Allgemeinfaktoren wie Alter und Geschlecht des Patienten sowie die Verteilung des Gelenkbefalls in die Überlegungen zur Röntgendiagnostik arthritischer Leiden ein. Wichtiger Hinweis ist z. B., ob der Krankheitsprozeß eine eher zufällige oder aber eine symmetrische Seitenverteilung zeigt. Beispielsweise würde dieses Kriterium helfen, eine Gichtarthropathie gegenüber einer rheumatoiden Arthritis abzugrenzen. Man sollte das Röntgenbild auch aus der Entfernung inspizieren, um das allgemeine Erscheinungsbild zu studieren. Dies kann dazu beitragen, daß man das Muster einer Weichteilschwellung oder einer Knochendemineralisation aufdeckt (Abb. 7-70 und 7-71).

Neoplasmen

Knochentumoren können im Rahmen einer Akutaufnahme auch als echte Zufallsbefunde entdeckt werden. Doch kann ebenso ein Tumor der zugrundeliegende pathologische Prozeß für eine pathologische Fraktur sein. Meist sind es Knochenmetastasen, die zu dieser Komplikation führen. Unter den Bedingungen der Notaufnahme ist es hier der kritische Punkt zu erkennen, daß die Symptome des Patienten oder eine Fraktur ihre Ursache in einem Knochentumor haben. Ist die Diagnose eines Knochentumors erst einmal gestellt, dann sollte der Arzt entscheiden, ob diese Läsion eine Gefährdung der Stabilität des «Wirtsknochens» darstellt und ob die betroffene Extremität bis zur endgültigen Diagnose und Therapie geschützt werden muß.
Im allgemeinen sind benigne Knochentumoren durch einen scharf begrenzten, sklerotischen Rand mit einer darüberliegenden intakten Kortikalis und durch das Fehlen von Weichteilmassen charakterisiert (Abb. 7-72). Maligne Tumoren neigen dazu, den Knochen zu infiltrieren, die Kortikalis aufzubrechen und in die benachbarten Weichteilgewebe einzuwachsen. Eine periostale Knochenneubildung ohne Vorliegen einer Fraktur ist ein ausgesprochenes Verdachtszeichen eines malignen Geschehens (Abb. 7-73 und 7-74).
Es gibt eine Gruppe von Krankheitsbildern einschließlich der Myositis ossificans (Abb. 7-75), bei denen die radiologischen Befunde mit einem Knochentumor verwechselt werden können. In den meisten Fällen kommt es zu solchen Verwechslungen durch eine Fehldeutung normaler Wachstumsphänomene oder aber von Normvarianten. Mit diesem Thema beschäftigt sich der anschließende Abschnitt «Normvarianten».

Literaturempfehlungen

1. Edeiken J.: Roentgen Diagnosis of Diseases of Bone. Bd. 1 und 2. 3. Aufl. Baltimore, Williams & Wilkins Co., 1981.
2. Harris J.H. jun., Harris W.H.: The Radiology of Emergency Medicine. Baltimore, Williams & Wilkins Co., 1975.
3. Keats T.E.: Atlas of Normal Roentgen Variants That May Simulate Disease. 4. Aufl. Chicago, Year Book Medical Publishers, 1988.
4. Rogers L.F.: Radiology of Skeletal Trauma. Bd. 1. u. 2. New York, Churchill Livingstone, 1982.

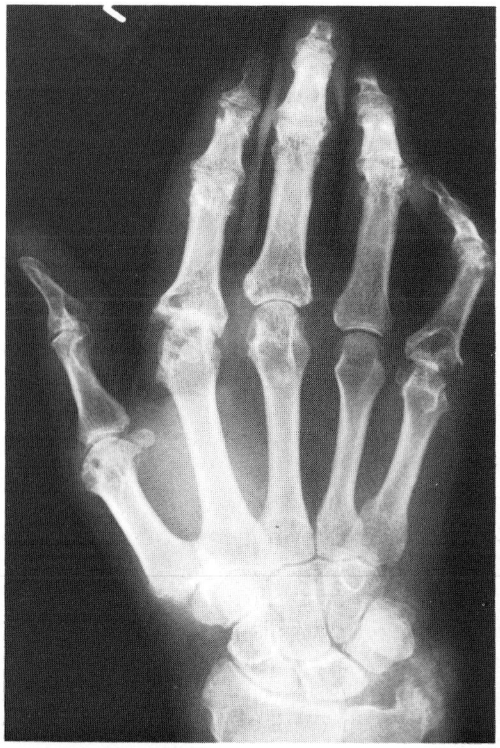

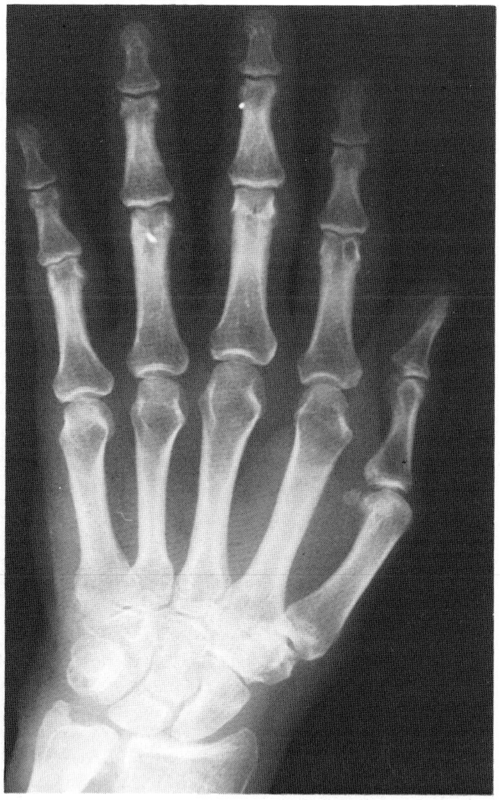

Abb. 7-70 (links): Gichtarthropathie (Arthritis urica). Beachten Sie die Zufallsverteilung der paraartikulären Destruktionen. Am Handgelenk findet sich eine partiell verkalkte Weichteilveränderung als Ausdruck eines Gichttophus.

Abb. 7-71 (Mitte): Rheumatoide Arthritis. Beachten Sie hier die symmetrisch angeordneten Weichteilschwellungen an den proximalen Interphalangealgelenken. Eine Einzelerosion findet sich am distalen Ende der Zeigefingergrundphalanx.

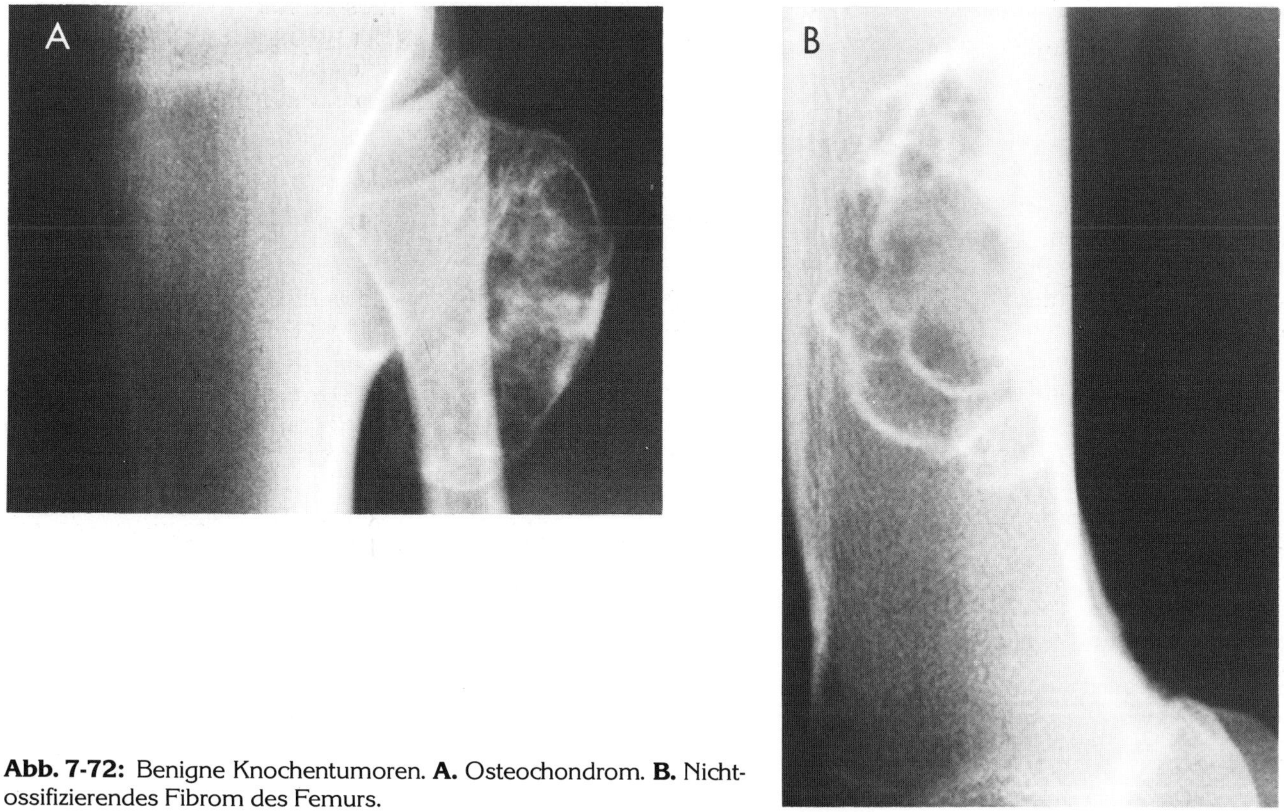

Abb. 7-72: Benigne Knochentumoren. **A.** Osteochondrom. **B.** Nichtossifizierendes Fibrom des Femurs.

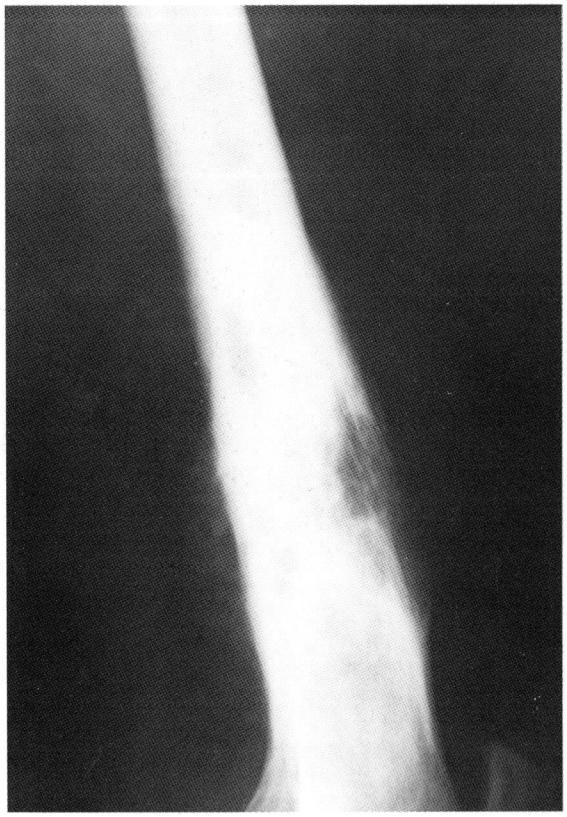

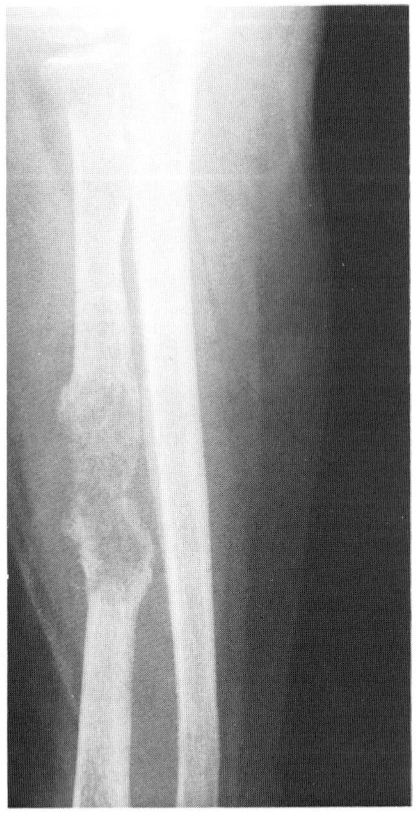

Abb. 7-73 (Mitte): Osteosarkom des Femurs. Beachten Sie die schalenförmige subperiostale Knochenneubildung und die dorsal gelegene verkalkte Weichteilmasse.

Abb. 7-74 (rechts): Metastase eines Nierenkarzinoms im Radius. Beachten Sie die schlechte Abgrenzbarkeit von Tumor und normalem Knochen.

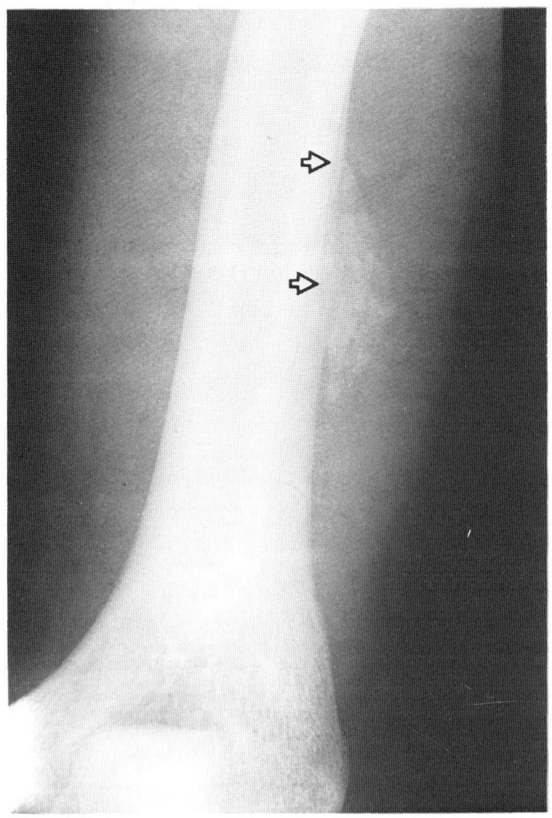

Abb. 7-75: Myositis ossificans. Pyramidenförmig gestaltete Knochenbildung im Muskel mit subperiostaler Knochenneubildung. Manchmal wird dieses Krankheitsbild mit einem Osteosarkom verwechselt. Beachten Sie auch die charakteristische Aufhellung zwischen dieser Veränderung und dem Knochen selbst (Pfeile), welche die Myositis ossificans gegenüber einem Sarkom abgrenzen läßt.

Normvarianten

Theodore E. Keats

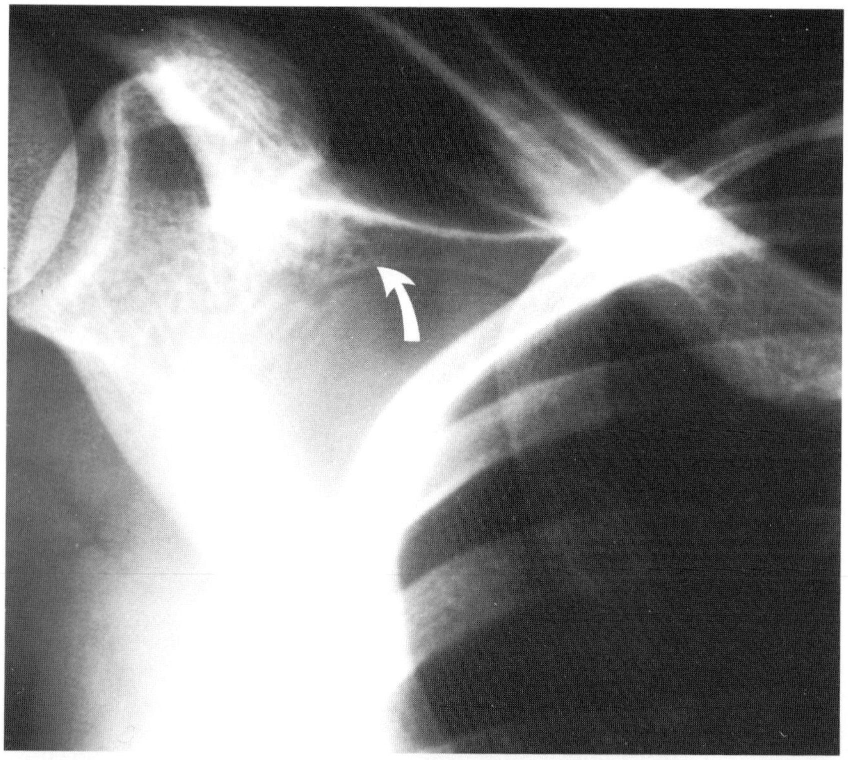

Abb. 7-76 (oben links): Gefäßkanal (Pfeil) der nutritiven Arterie des Schulterblattes, welchen man nicht mit einer Fraktur verwechseln sollte.

Abb. 7-77 (unten links): Sekundäres Ossifikationszentrum der Fovea glenoidalis (Pfeil), das nicht mit einer Fraktur verwechselt werden sollte.

Abb. 7-78 (unten rechts): Axiale (oder transaxilläre) Schulteraufnahme. Der Rabenschnabelfortsatz entwickelt sich als isolierter Knochenkern (Pfeil), der bis zum Alter von 18 bis 20 Jahren persistieren kann und dann nicht für eine Fraktur angesehen werden sollte.

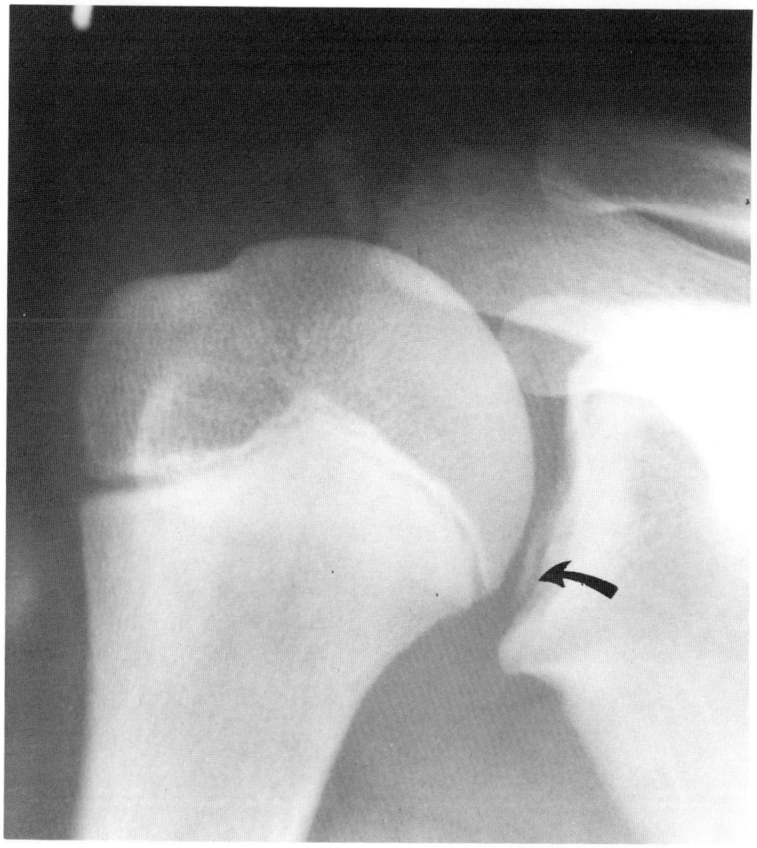

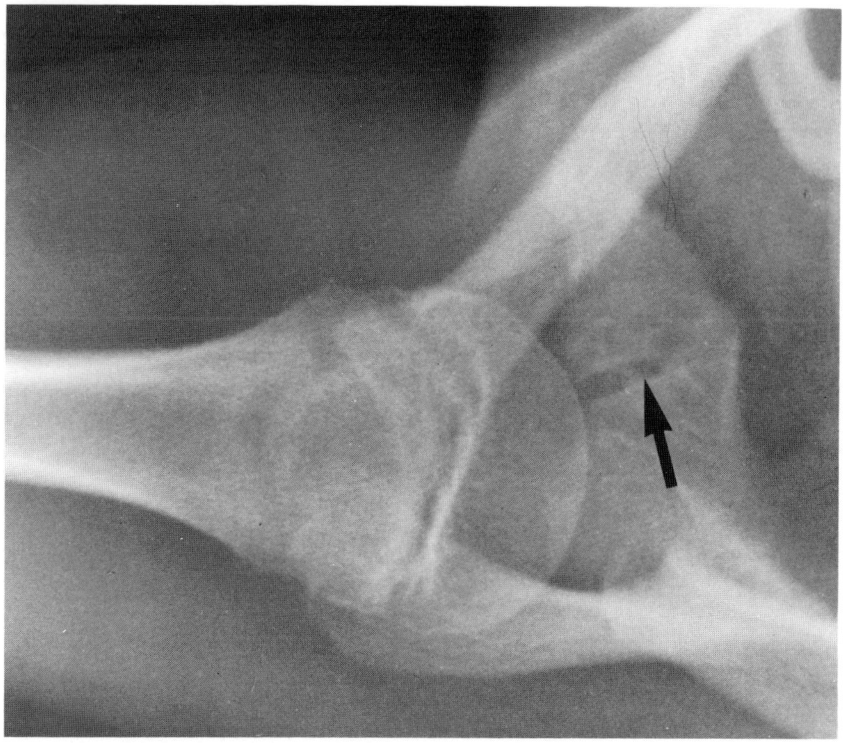

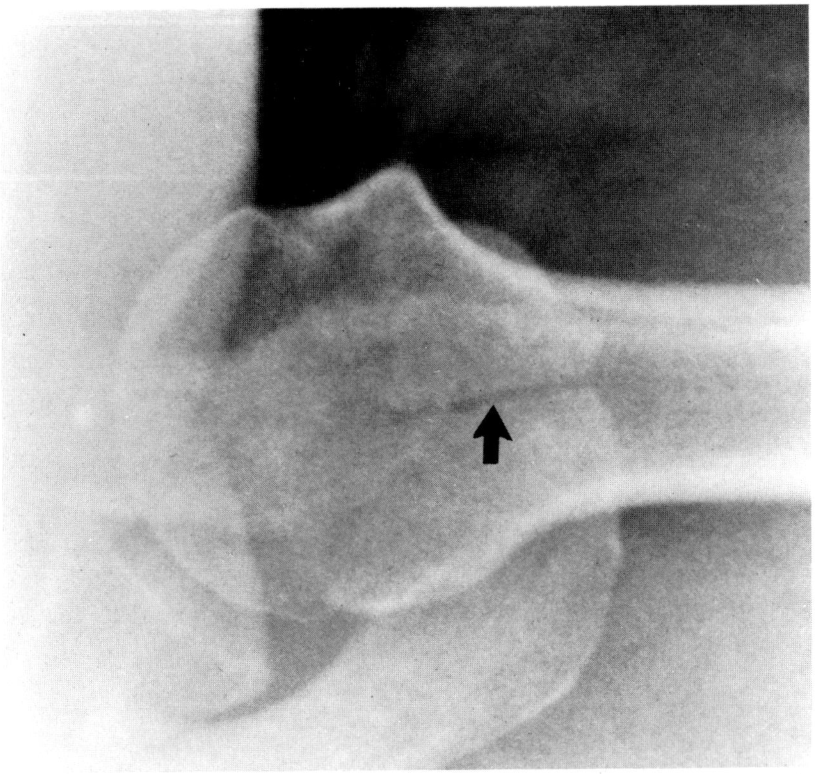

Abb. 7-79 Die Axialaufnahme der Schulter zeigt ein Os acromiale (Pfeil). Dieses sekundäre Ossifikationszentrum verbleibt bis ins Erwachsenenalter ein isolierter Knochen und kann dann fälschlich für eine Fraktur des Akromions gehalten werden. Meist, aber nicht gesetzmäßig, kommt dieses beiderseitig vor.

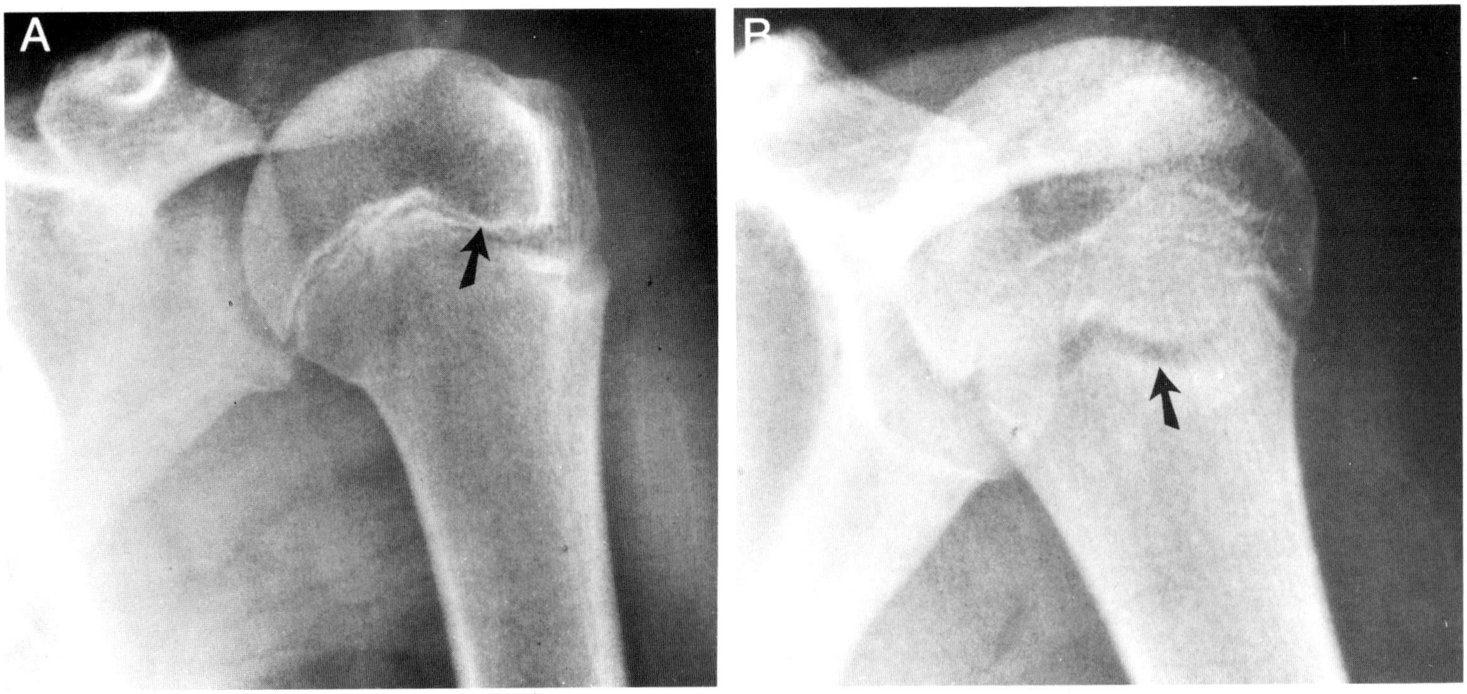

Abb. 7-80 Normale Wachstumsfuge (Pfeil) des proximalen Humerus bei einem 17jährigen jungen Mann. **A.** Außenrotation. **B.** Innenrotation. In dieser Projektion wird die Physe manchmal mit einer Fraktur verwechselt.

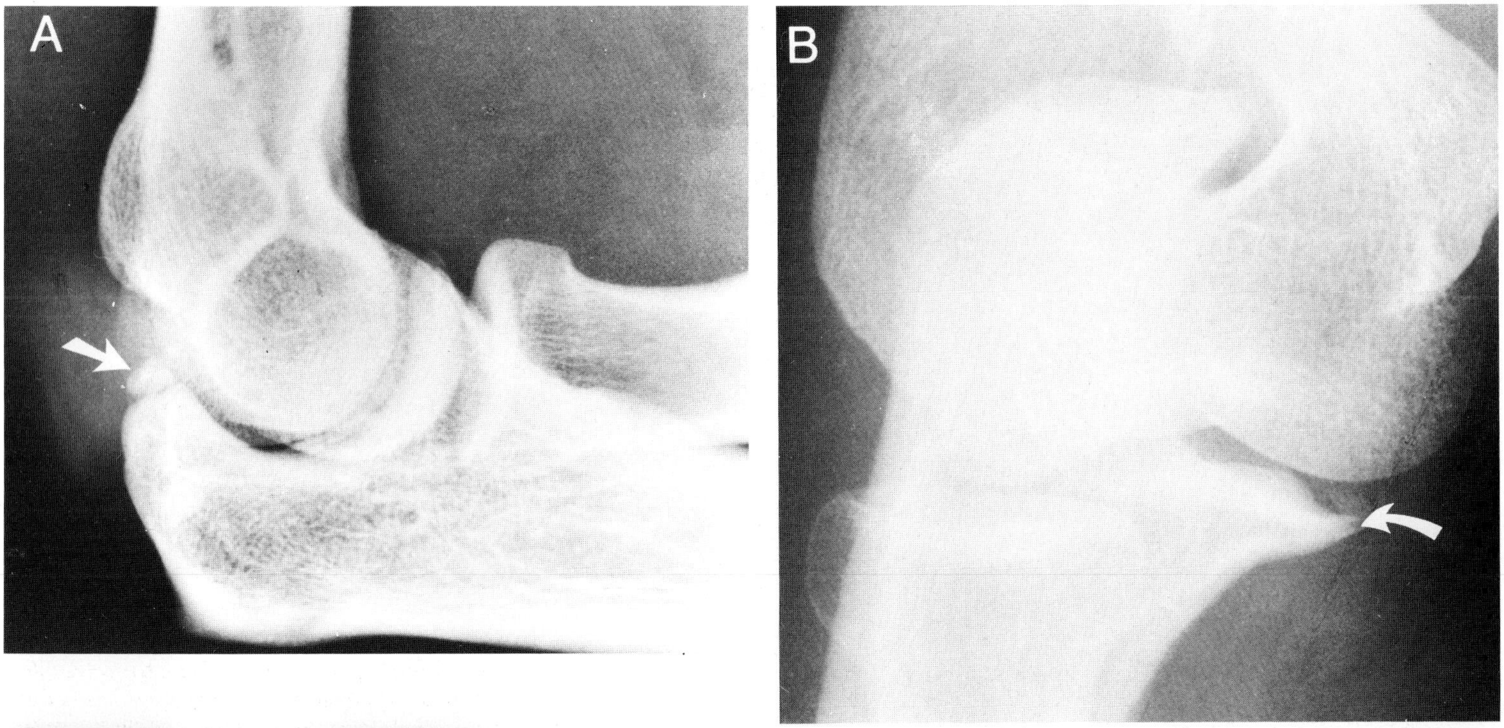

Abb. 7-81 (oben links und rechts): **A.** Unverschmolzener getrennter Knochenkern des Olekranonfortsatzes (Pfeil), den man als Fraktur ansehen könnte. **B.** Persistierendes Ossifikationszentrum des Processus coronoideus ulnae (Pfeil), das eine Fraktur vortäuscht.

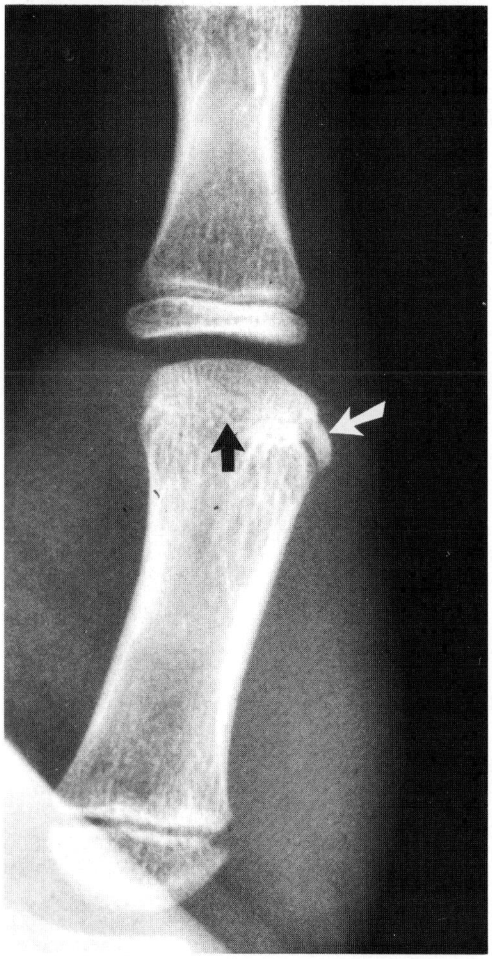

Abb. 7-82 (unten links): Akzessorisches Ossifikationszentrum am distalen Ende des ersten Mittelhandknochens (Pfeil) mit einem entwicklungsbedingten Epiphysensporn am medialen Rand (weißer Pfeil).

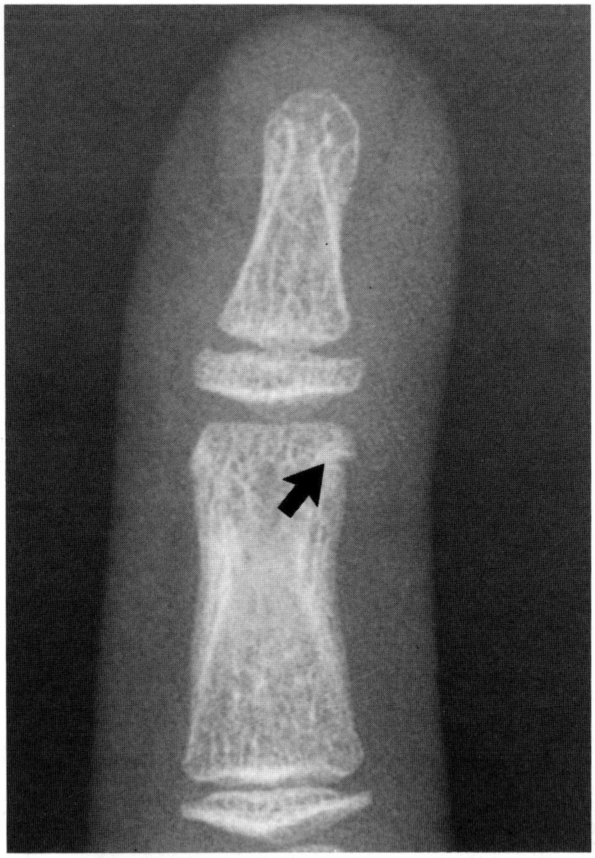

Abb. 7-83 (oben links): Normale helle «Fissuren» (Pfeil) in den Epiphysen eines Heranwachsenden, die mit Frakturen verwechselbar sind.

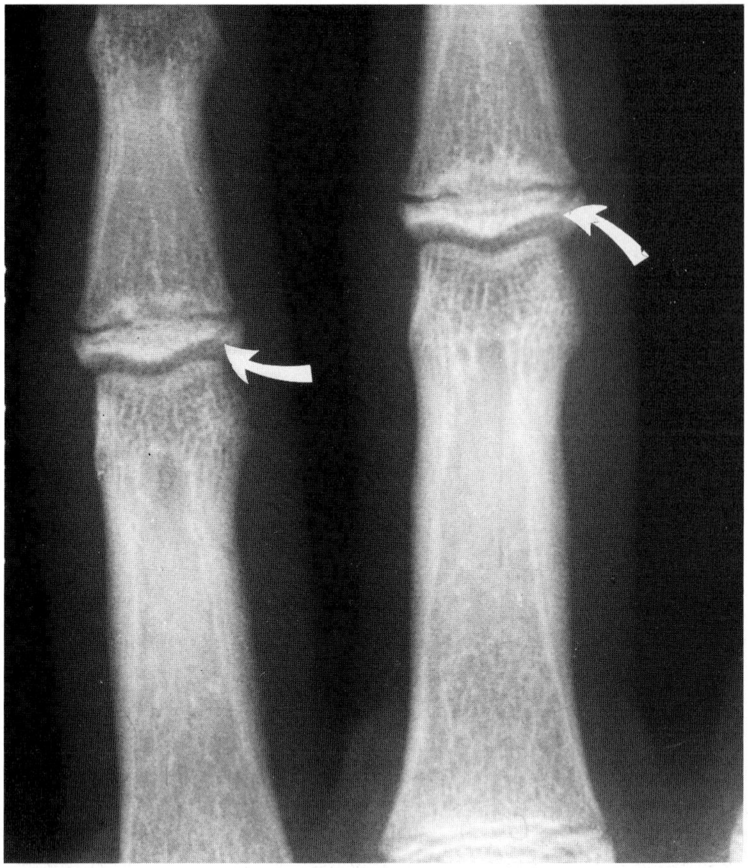

Abb. 7-84 (oben rechts): Versuch der Natur, ein akzessorisches Ossifikationszentrum (Pfeil) am distalen Ende des Fingermittelgliedes bei einem zehnjährigen Jungen auszubilden. Dies könnte man für eine inkomplette Fraktur halten.

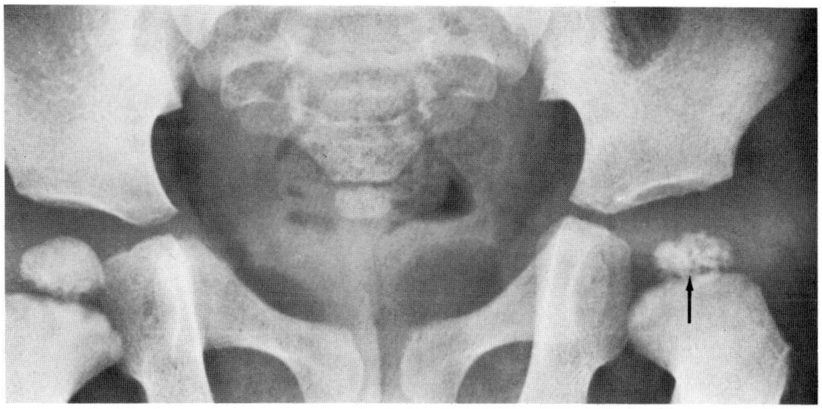

Abb. 7-85: Normale unregelmäßige Mineralisation des Ossifikationszentrums in einem der beiden Femurköpfe. Dieses Bild in einem einzigen Ossifikationszentrum bei einem jungen Kinde bedeutet nicht unbedingt einen krankhaften Prozeß. (Quelle: Caffey, J.: Pediatric X-Ray Diagnosis. 8. Aufl. Year Book Medical Publishers, Chicago 1985, S. 787.)

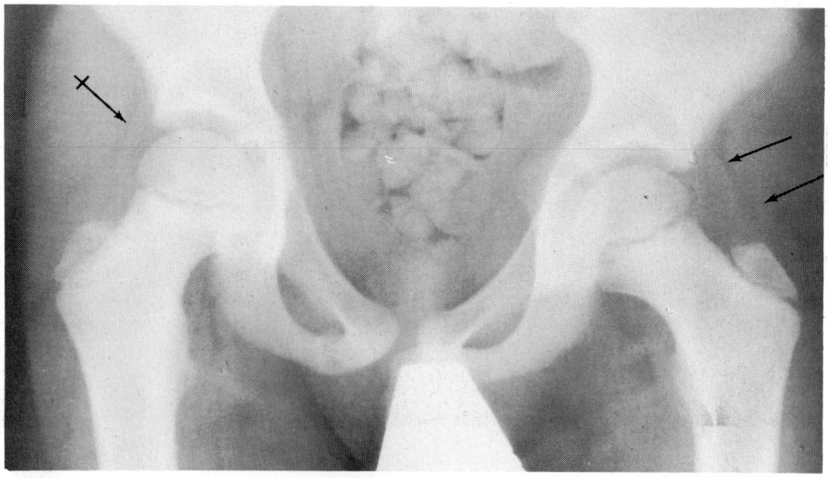

Abb. 7-86: Eine offensichtliche Vorwölbung der Hüft«kapsel», die an eine Synovitis oder ein Hämarthros denken läßt, kann durch die Aufnahme bei Hüftabduktion oder Innenrotation entstehen, so wie hier bei diesem sechsjährigen Knaben gezeigt (→). Beachten Sie die normalen Fettpolsterlinien auf der Gegenseite (↛). (Quelle: Brown, I.: A study of the «capsular» shadow in disorders of the hip in children. J. Bone Joint Surg. 57B: 175, 1975.)

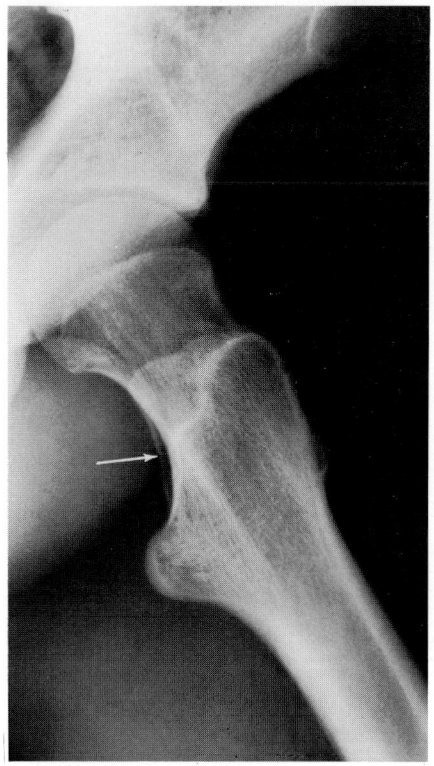

Abb. 7-87: Vortäuschung einer Periostitis des Schenkelhalses durch die Überlagerung mit dem Trochanter maior.

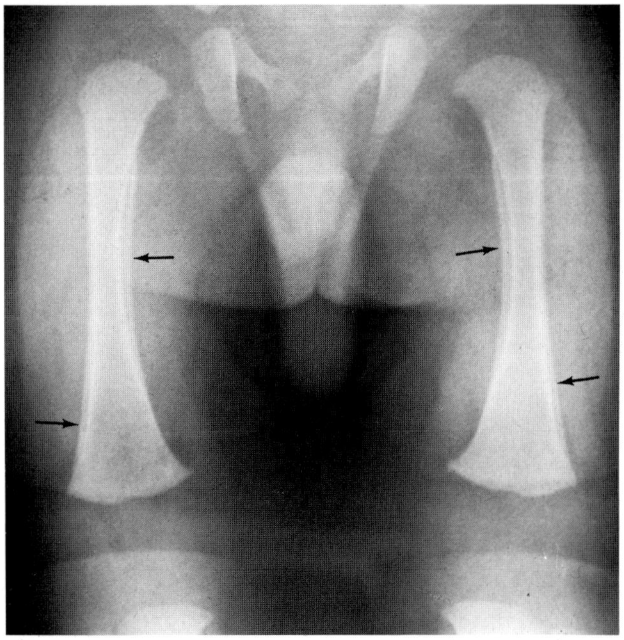

Abb. 7-88: Physiologische «Periostitis» des Neugeborenen. Diese sieht man erst nach dem ersten Lebensmonat; sie ist in der Verteilung symmetrisch, aber nicht unbedingt konzentrisch und kann auch nur in einer einzigen Projektion sichtbar sein. (Quelle: Shopfner, C.E.: Periosteal bone growth in normal infants: A preliminary report. Am. J. Roentgenol. 97: 154, 1966.)

Abb. 7-89: Typische benigne juvenile Kortikalisdefekte. Diese sind sehr häufig im distalen Femur gelegen, klinisch jedoch völlig belanglos. (Quelle: Caffey, J.: Pediatric X-Ray Diagnosis. 8. Aufl. Year Book Medical Publishers, Chicago 1985, S. 857.)

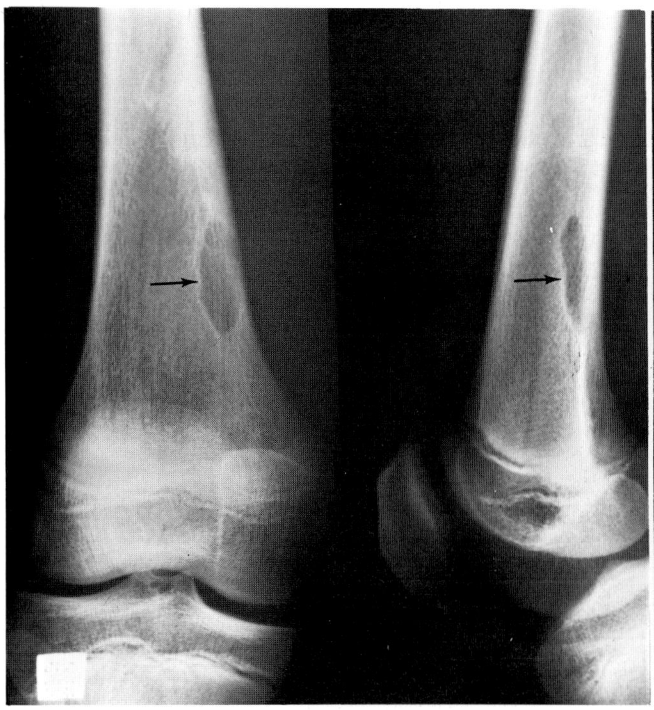

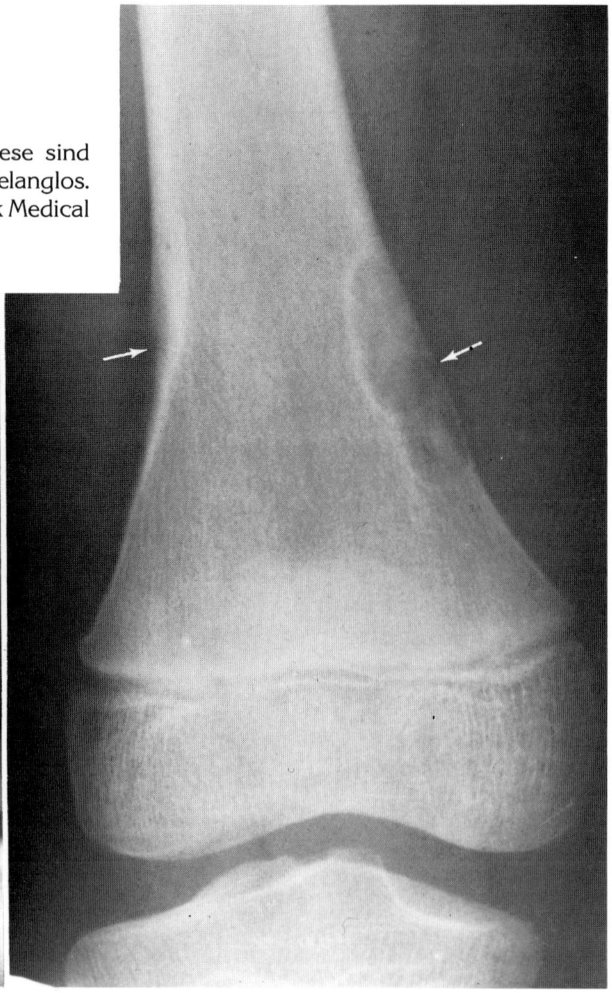

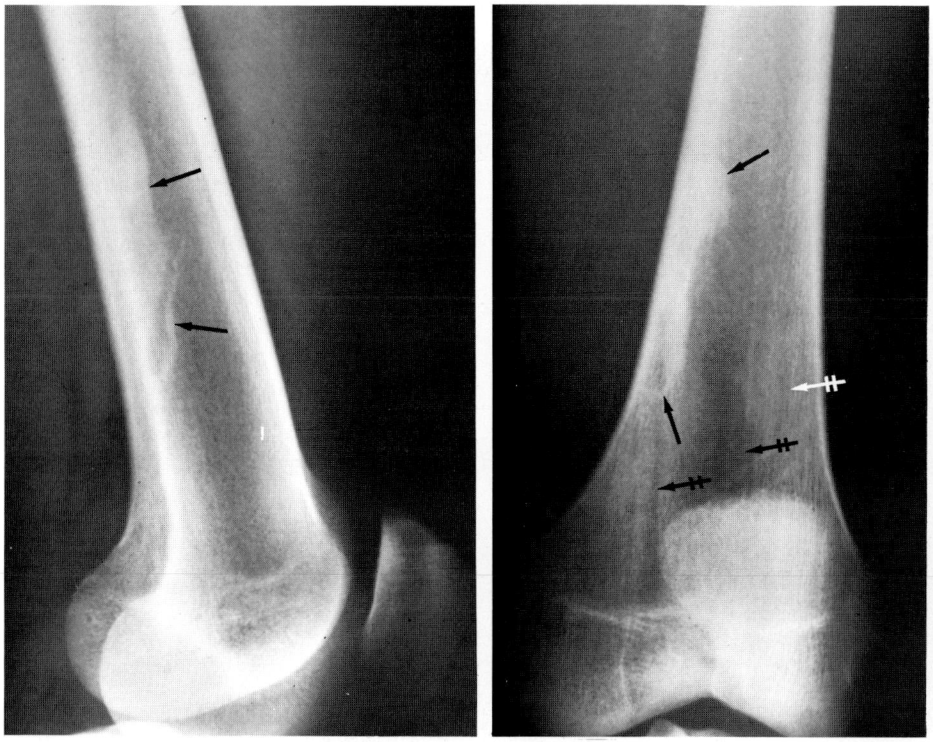

Abb. 7-90 (oben links und Mitte): Sklerosiert verheilter benigner Kortikalisdefekt (→) bei einem 17jährigen. Beachten Sie hier auch die Längsstreifung der Metaphysen, ein bei Jugendlichen häufiger Befund (⇸).

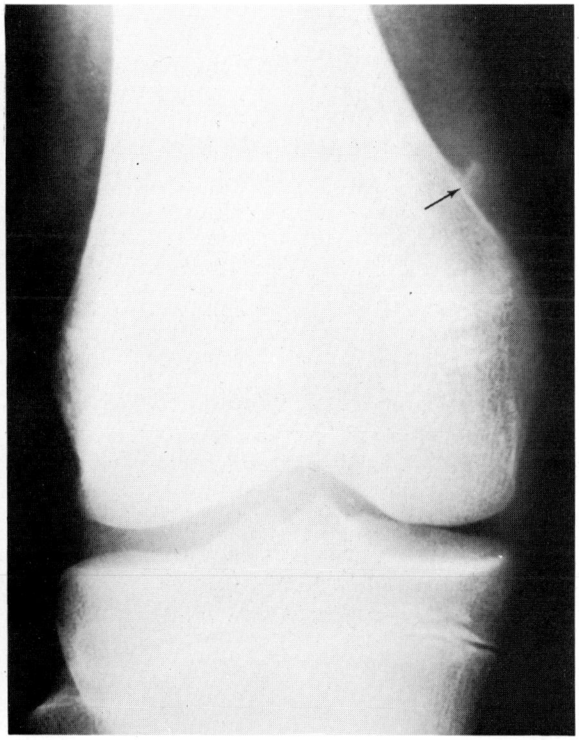

Abb. 7-91 (oben rechts): Insertionstendopathie an der unteren Medialseite des distalen Femurs bei einem Adoleszenten mit Knochenbildung an der Insertionsstelle des M. adductor magnus. (Quelle: Barnes, G.R. jr., Gwinn, J.L.: Distal irregularities of the femur simulating malignancy. Am. J. Roentgenol. 122: 180, 1974.)

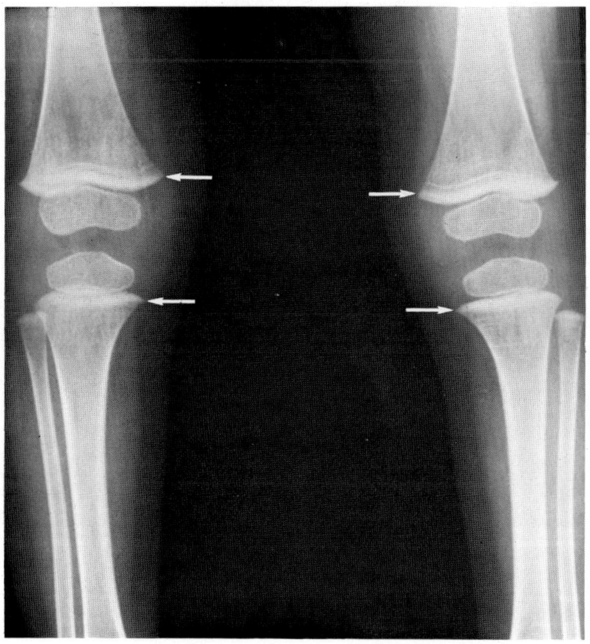

Abb. 7-92: Die dichten Zonen der provisorischen Verkalkung werden oft als die Linien einer Schwermetallvergiftung fehlgedeutet. Diese Zonen variieren in ihrer Stärke bei verschiedenen Kindern und auch bei ein und demselben Kind in verschiedenen Lebensaltern erheblich. Sie sind eher vom zweiten bis zum fünften Lebensjahr kräftiger. (Quelle: Caffey, J.: Pediatric X-Ray Diagnosis. 8. Aufl. Year Book Medical Publishers, Chicago 1985, S. 781.)

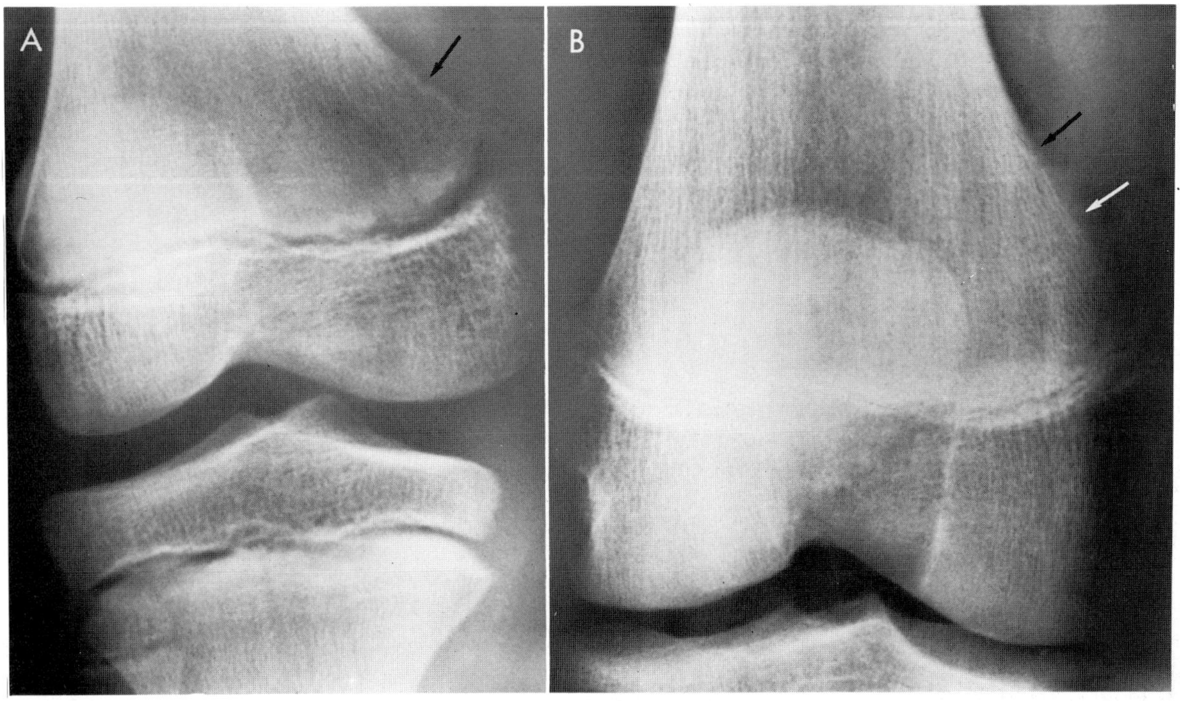

Abb. 7-93: Ein irregulärer Kortikalisdefekt an der Hinterseitenfläche des distalen Femurs ist im Alter zwischen 12 und 16 Jahren ein häufiger Befund. Dies ist in der Regel ein Wachstumsphänomen und weist oft eine feine lamellenartige Spikulabildung des Knochens auf **(B)**; oft wird dies als maligner Knochentumor fehlgedeutet. Sie erscheint in ihrem Wesen entwicklungsbedingt und verschwindet wieder mit zunehmendem Alter. (Quellen: Brower, A.C., et al.: The histological nature of the cortical irregularity of the medial posterior distal femoral metaphysis in children. Radiology 99: 389, 1971; ferner: Barnes, G.R. jr., Gwinn, J.L.: Distal irregularities of the femur simulating malignancy. Am. J. Roentgenol. 122: 180, 1974.)

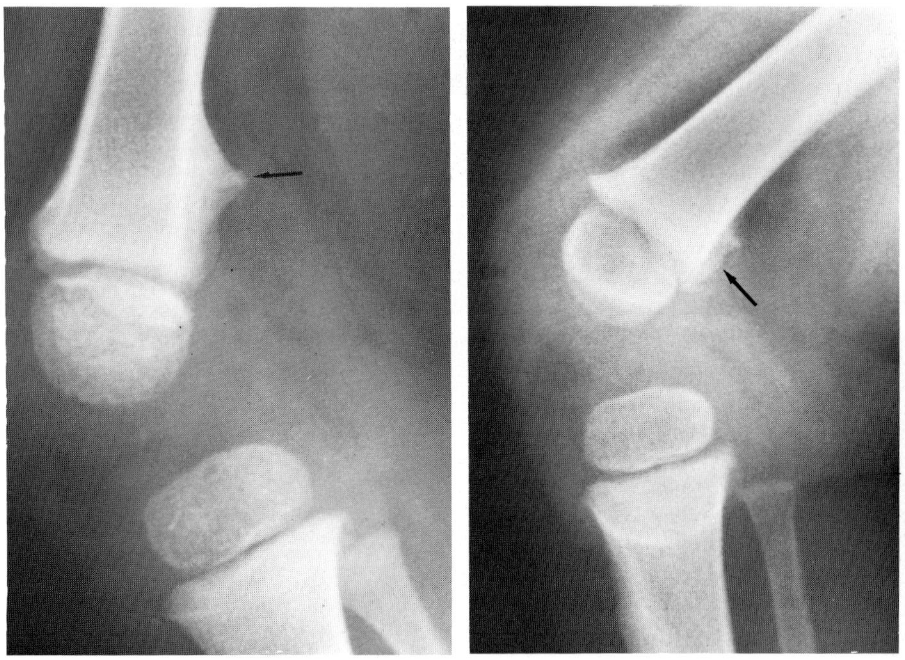

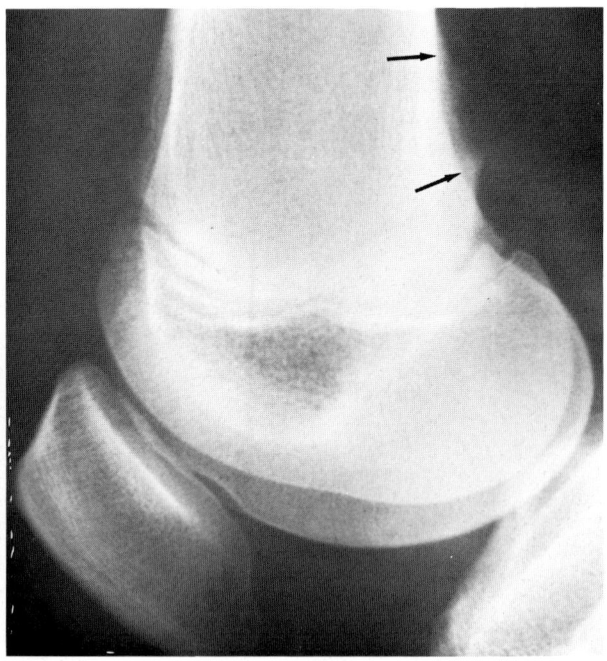

Abb. 7-94 (unten links und Mitte): Zwei Beispiele einer normalen Unregelmäßigkeit in der Ossifikation an der distalen Femurhinterfläche bei zweijährigen Kindern.

Abb. 7-95 (unten rechts): Die Unregelmäßigkeit der distalen Femurhinterfläche bei Heranwachsenden ist ein häufiger Befund, der mitunter als Knochenneubildung bei einem malignen Tumor fehlgedeutet wird. Es wurde diskutiert, daß dies mit einer Abrißläsion zusammenhängen könnte, wahrscheinlich handelt es sich aber wohl um das gleiche Phänomen, wie in Abb. 7-93 diskutiert. (Quelle: Bufkin, W.J.: The avulsive cortical irregularity. Am. J. Roentgenol. 112: 487, 1971.)

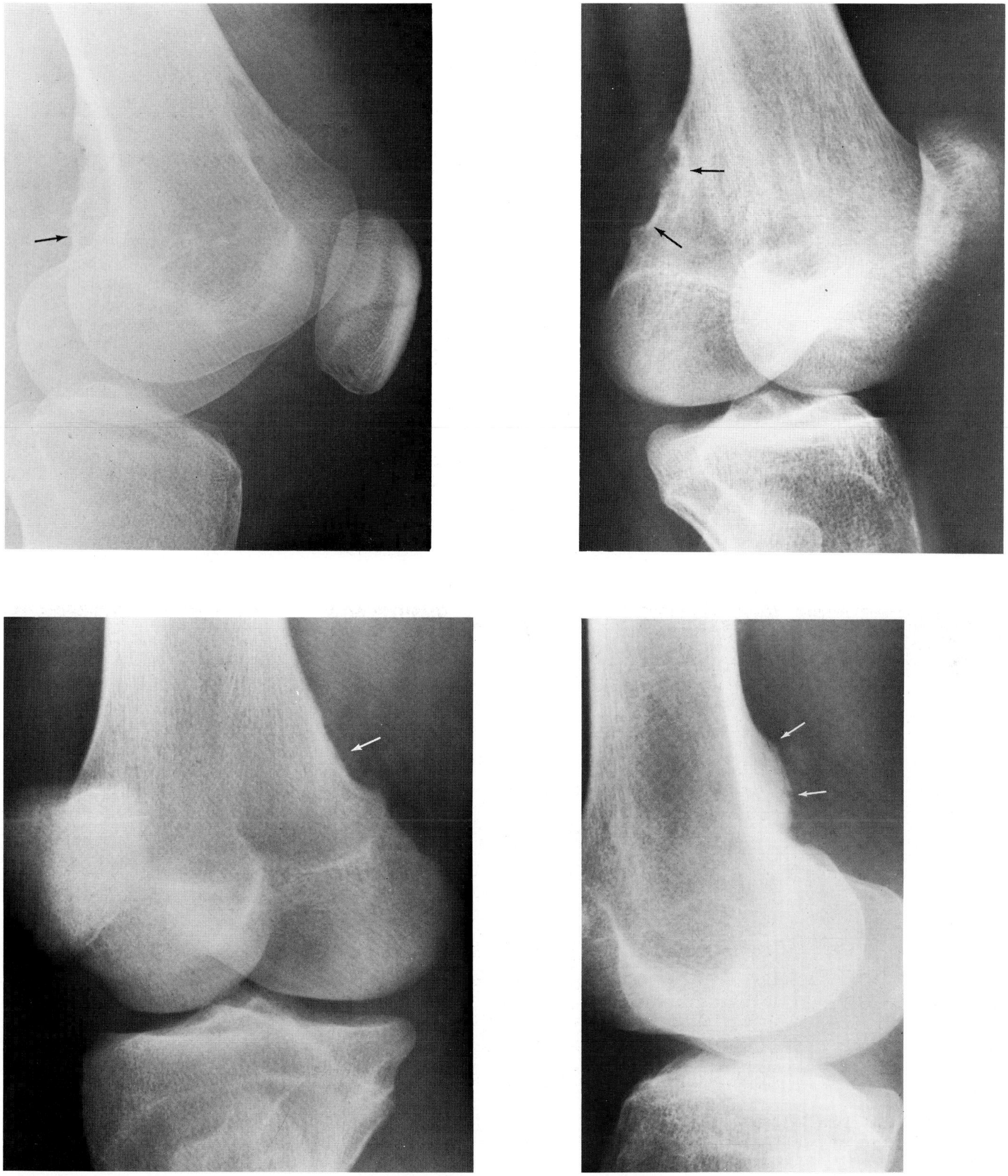

Abb. 7-96: Vier Beispiele von Kortikalisunregelmäßigkeiten an der distalen Femurrückfläche, die persistierten. Wahrscheinlich sind sie das Endstadium des in Abb. 7-95 gezeigten Vorgangs. Diese Defekte sind nur deshalb wichtig zu erkennen, damit man sie nicht mit bedeutsamen pathologischen Veränderungen verwechselt.

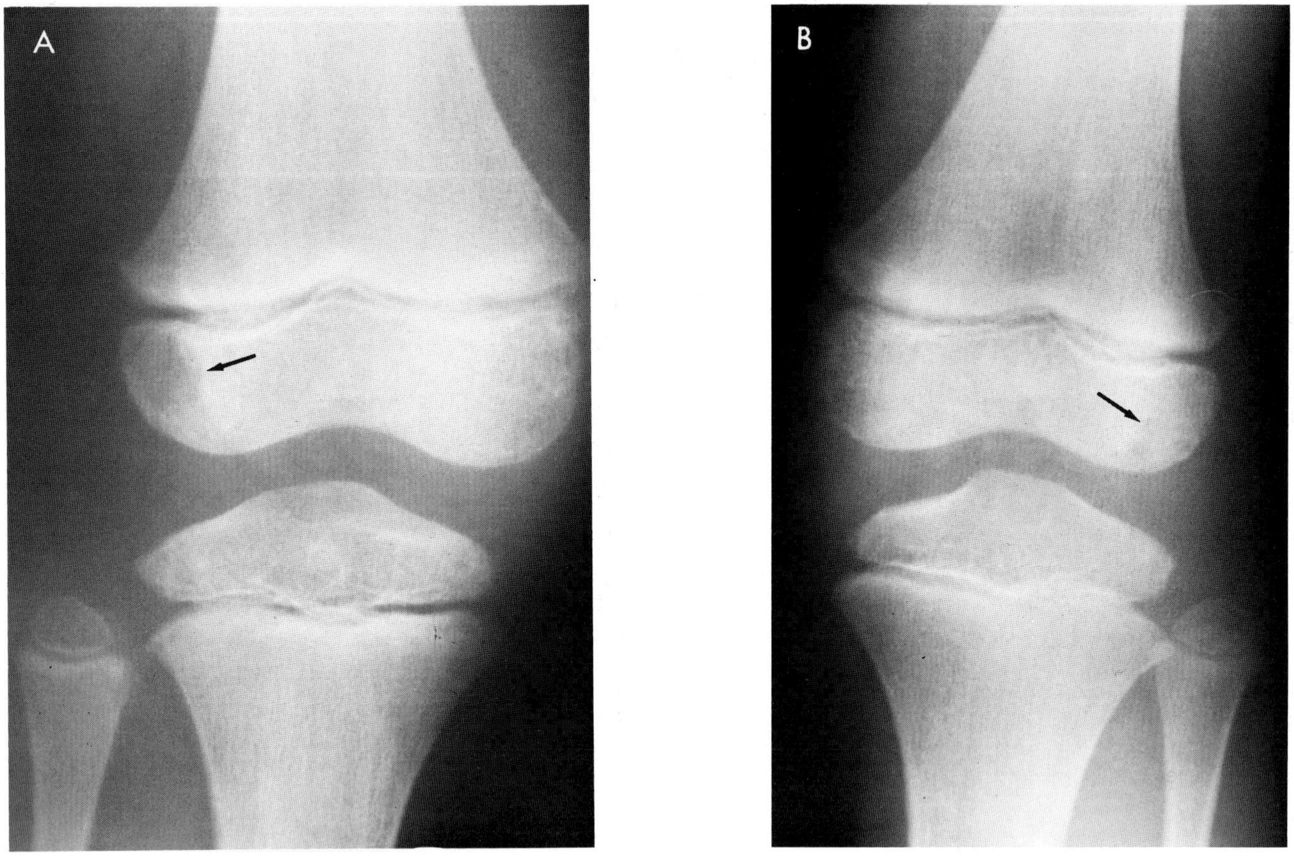

Abb. 7-97: A. Normale entwicklungsbedingte Aufhellung an der Außenseite der distalen Femurepiphyse, die bei diesem sechsjährigen Knaben eine Knochendestruktion vortäuscht.

B. Ähnliche, wenn auch weniger ausgeprägte Veränderungen finden sich auch an der anderen Gliedmaße.

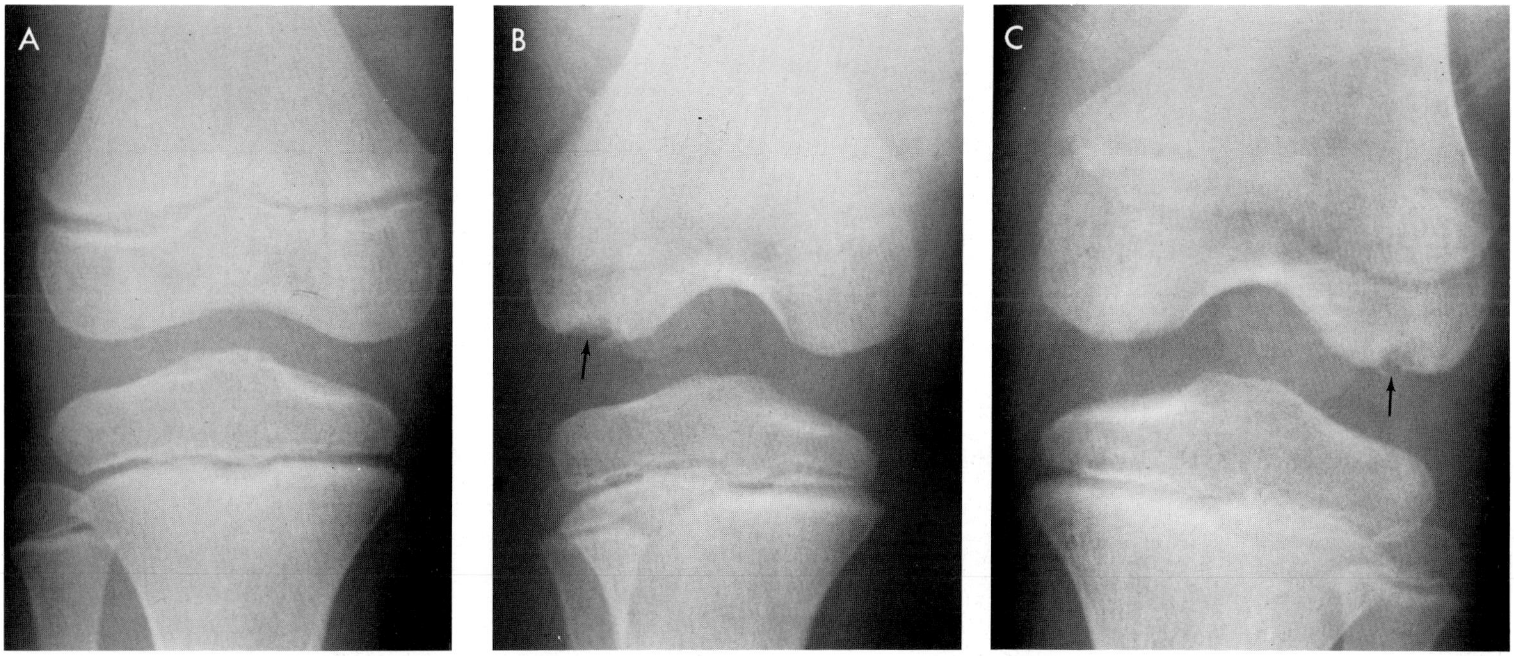

Abb. 7-98: Normale Unregelmäßigkeiten der Femuraußenkondylen bei einem siebenjährigen Knaben. Sie sind dorsal gelegen, und man erkennt sie auf einer Tunnelaufnahme beider Knie (**B** und **C**), nicht aber in der herkömmlichen a.-p. Projektion (**A**). Solche Unregelmäßigkeiten sollten nicht als Osteochondrosis dissecans beurteilt werden. (Quelle: Caffey, J., et al.: Ossification of the distal femoral epiphysis. J. Bone Joint Surg. 40A: 647, 1958.)

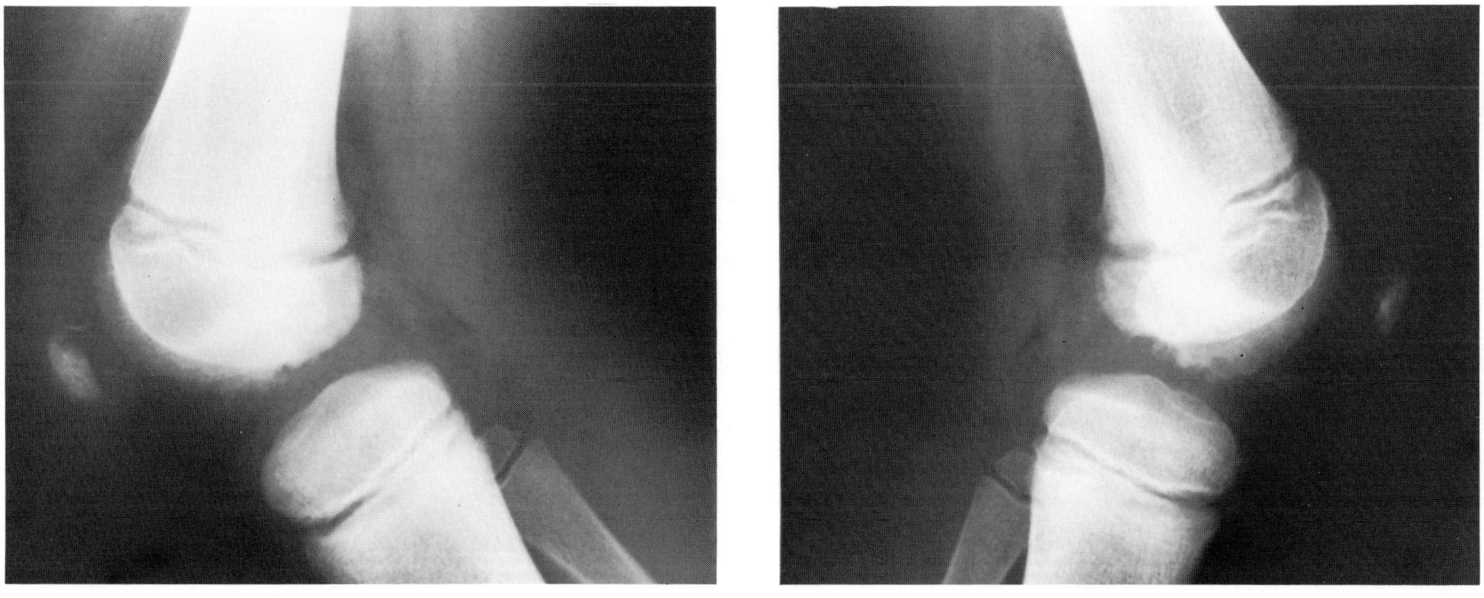

Abb. 7-99: Ein hervorragendes Beispiel der normalen Unregelmäßigkeit der distalen Femurepiphysen bei einem achtjährigen Mädchen, welches auch die irreführenden Schatten erklärt, die man auf sagittalen Aufnahmen der Knie von Kindern in dieser Altersgruppe sieht.

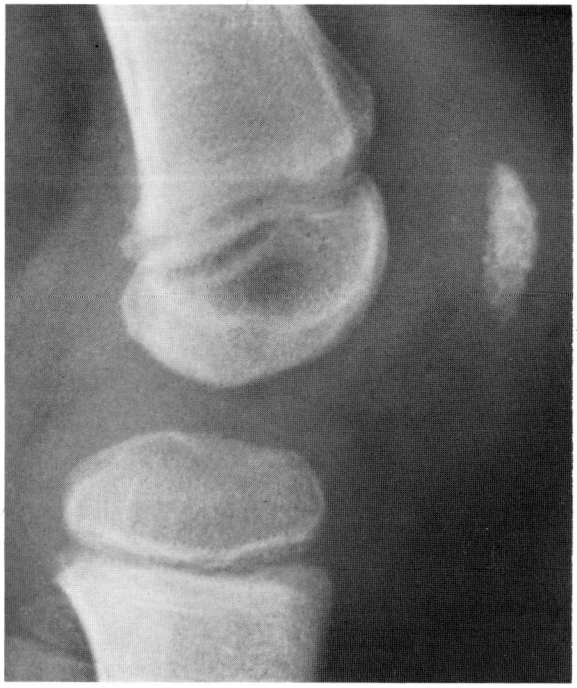

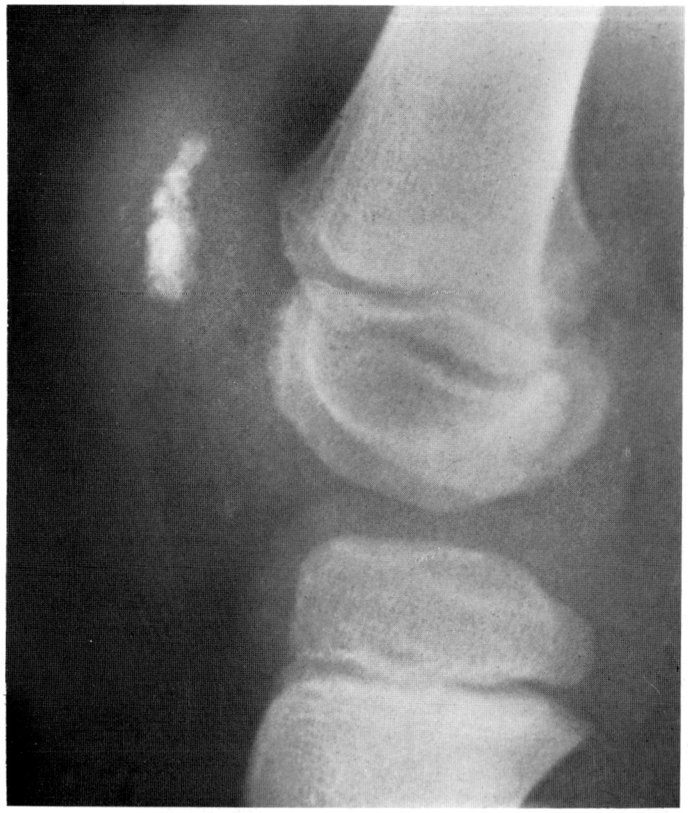

Abb. 7-100: Normale Unregelmäßigkeit der wachsenden Patella bei einem sieben Jahre alten Jungen.

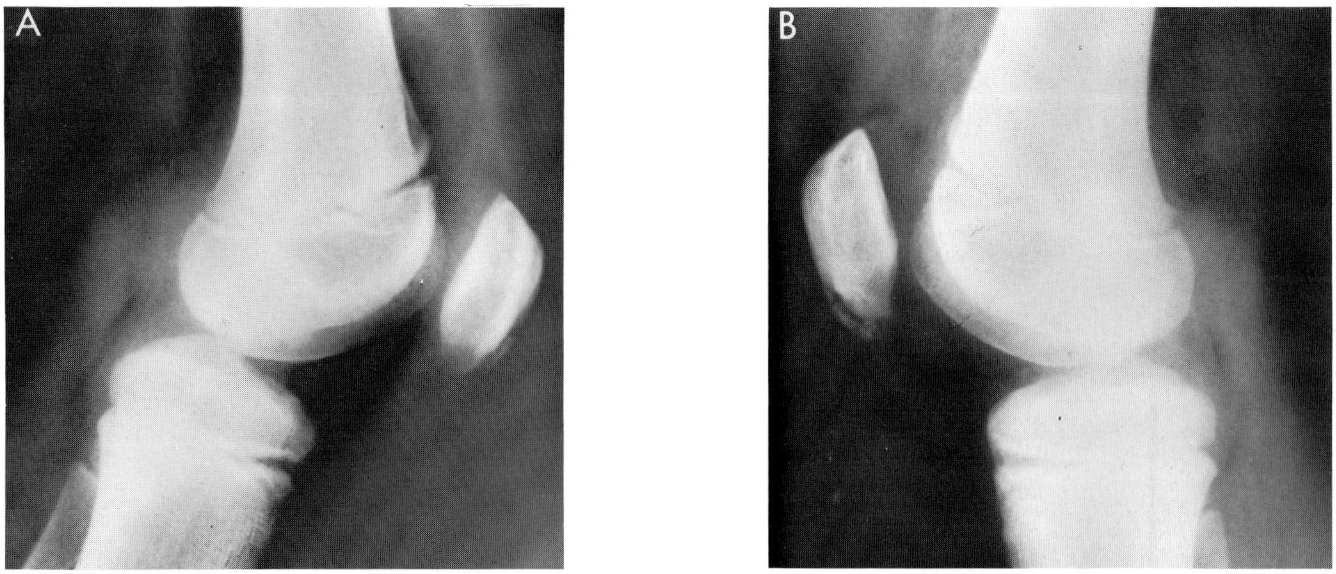

Abb. 7-101: Normale asymmetrische Entwicklung der akzessorischen Ossifikationszentren bei einem neunjährigen Kind. Beachten Sie die Fragmentation des unteren Patellapols in der Abb. **B**.

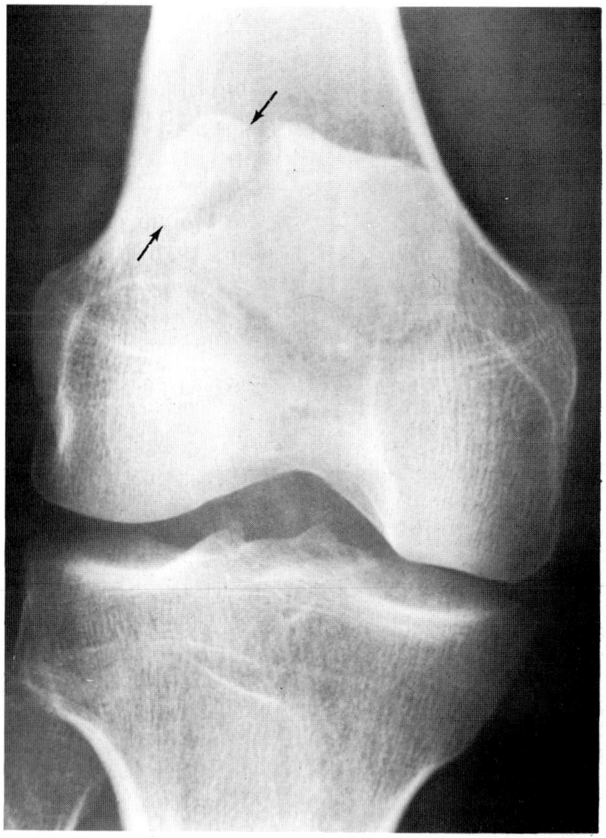

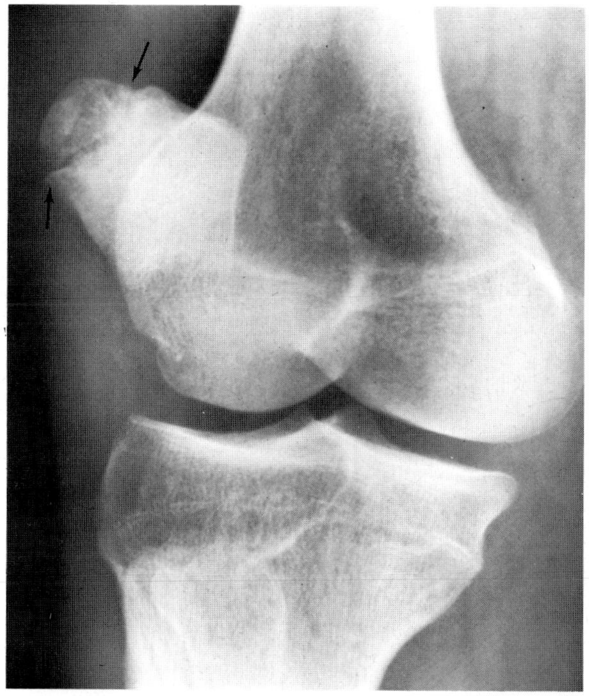

Abb. 7-102: Patella bipartita, die leicht mit einer Fraktur verwechselt wird. Beachten Sie den gut abgrenzbaren Gelenkspalt zwischen dem größeren und dem kleineren Element.

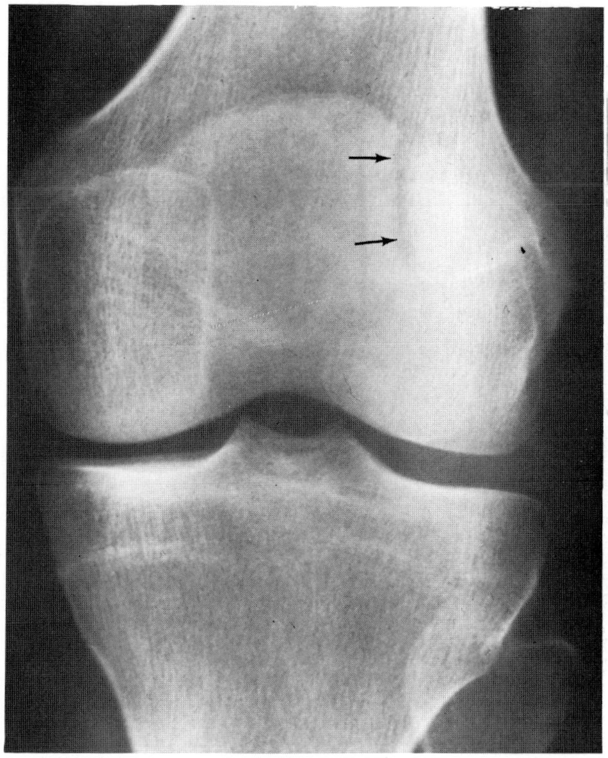

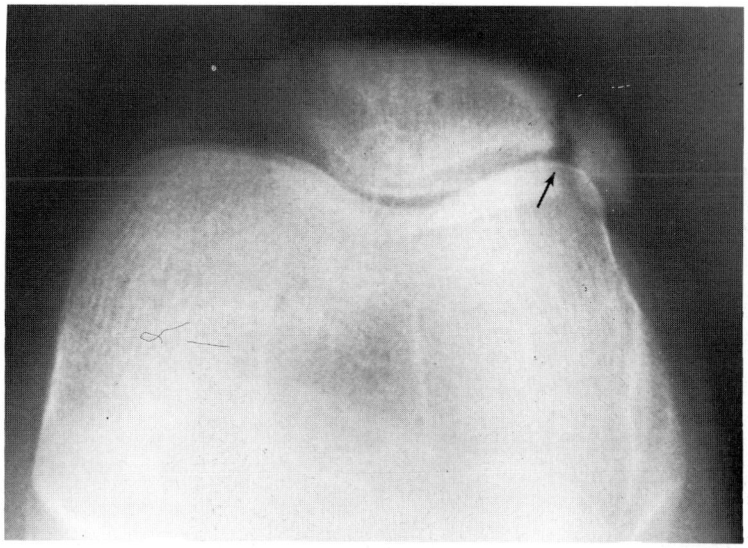

Abb. 7-103: Weiteres Beispiel einer Patella bipartita, hier gut im tangentialen Strahlengang gezeigt. Für die Differentialdiagnose gegenüber einer Fraktur ist die runde Kontur der Einzelelemente, so wie man es hier sehen kann, sehr nützlich.

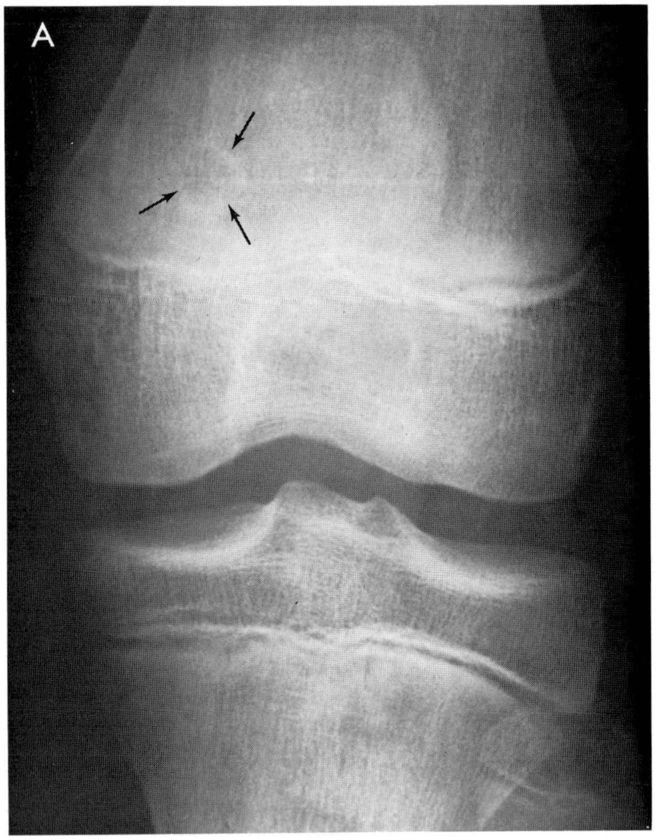

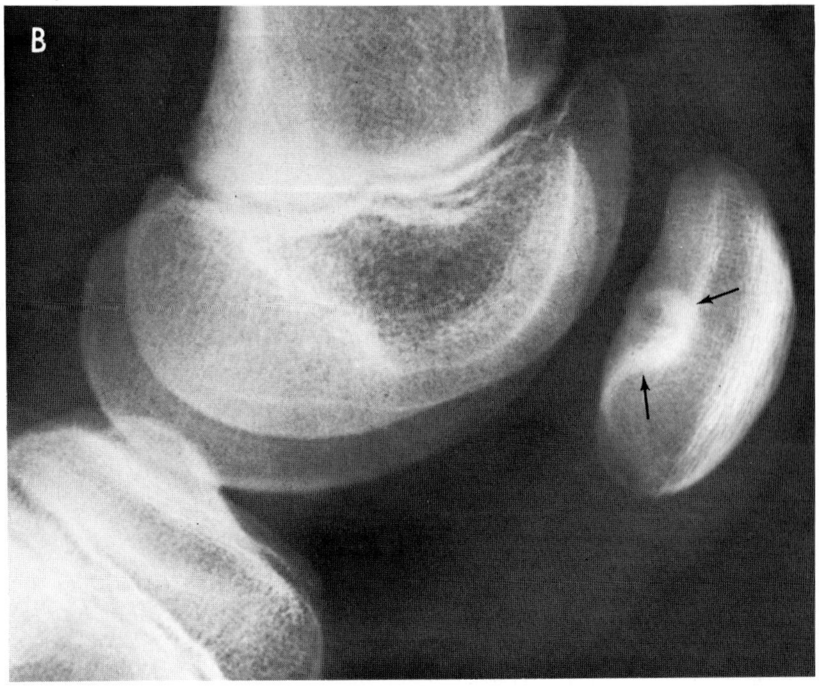

Abb. 7-104: A und **B.** Kortikalisaufhellungen bei einem 13jährigen Jungen, die im Wachstumsverlauf der Patella einen Normalbefund darstellen. Sie haben keinerlei klinische Bedeutung. **C.** Ein Jahr danach Sklerosierung und Heilung. **D.** Zwei Jahre später völliges Verschwinden. (Quelle: Haswell, D.M., et al.: The dorsal defect of the patella. Pediatr. Radiol. 4: 238, 1976.)

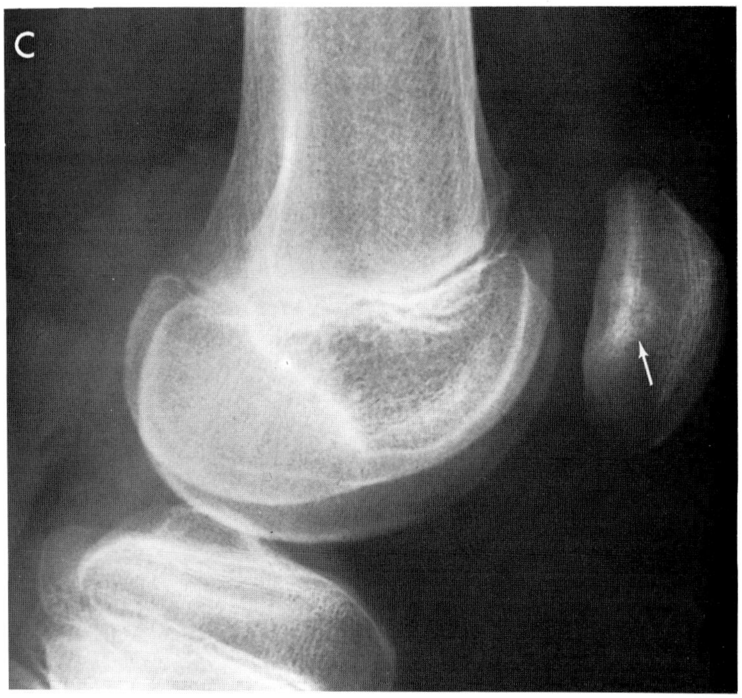

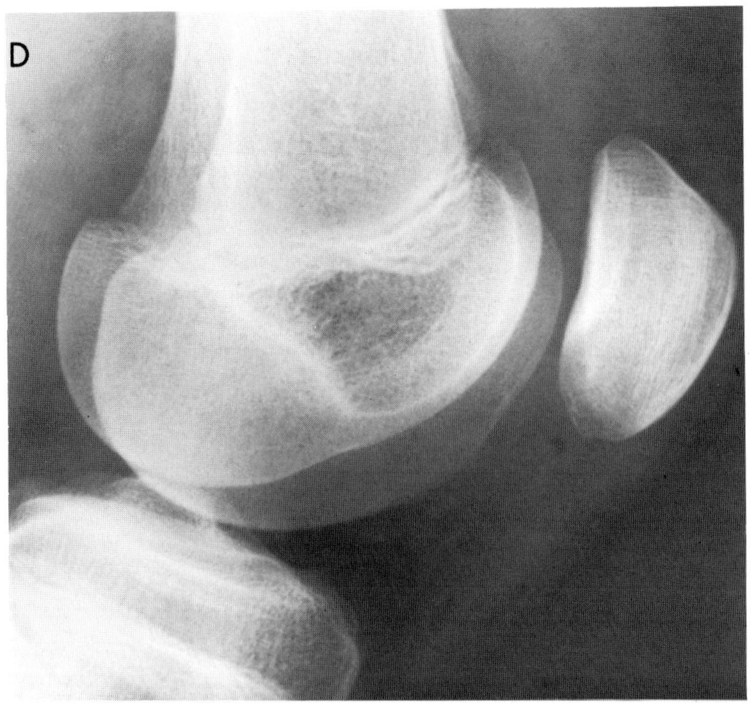

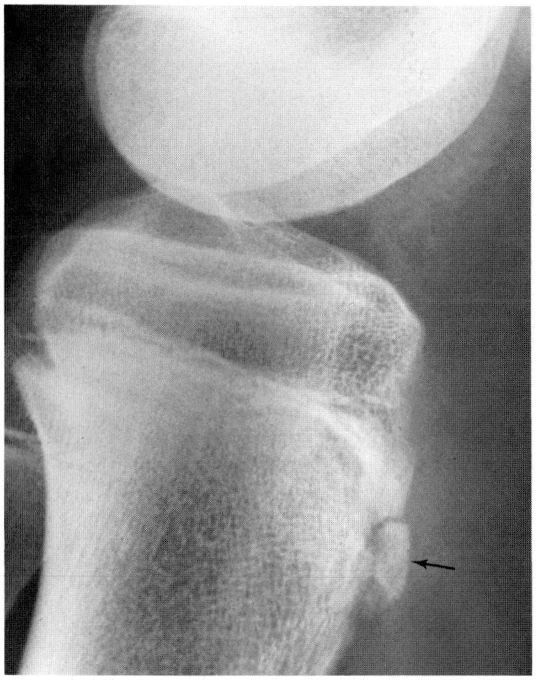

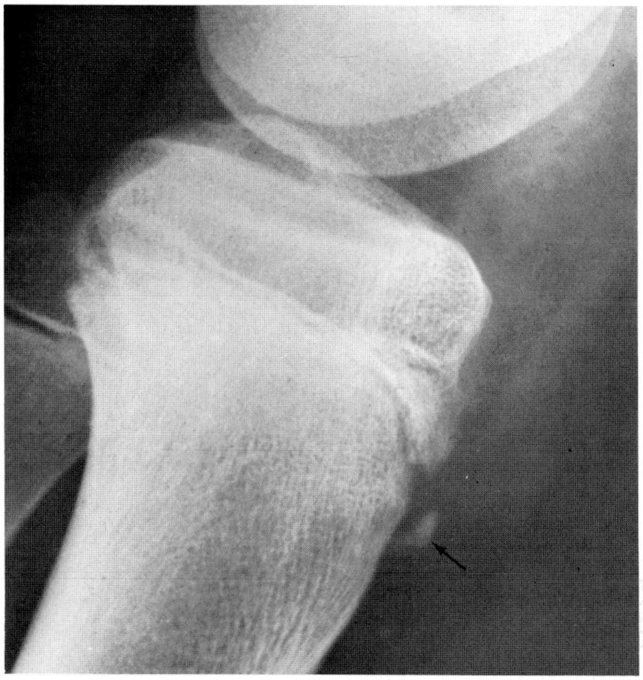

Abb. 7-105 (oben links und rechts): Normale Variation im Erscheinungsbild des Ossifikationszentrums der Tuberositas tibiae beim Heranwachsenden, die als Osteochondrose oder traumatischer Abriß fehlgedeutet werden könnte.

Abb. 7-106 (unten links und rechts): Spornbildungen an der proximalen Fibulametaphyse, die man nicht mit einem Osteochondrom verwechseln sollte. Sie entstehen unter dem Zug des M. soleus.

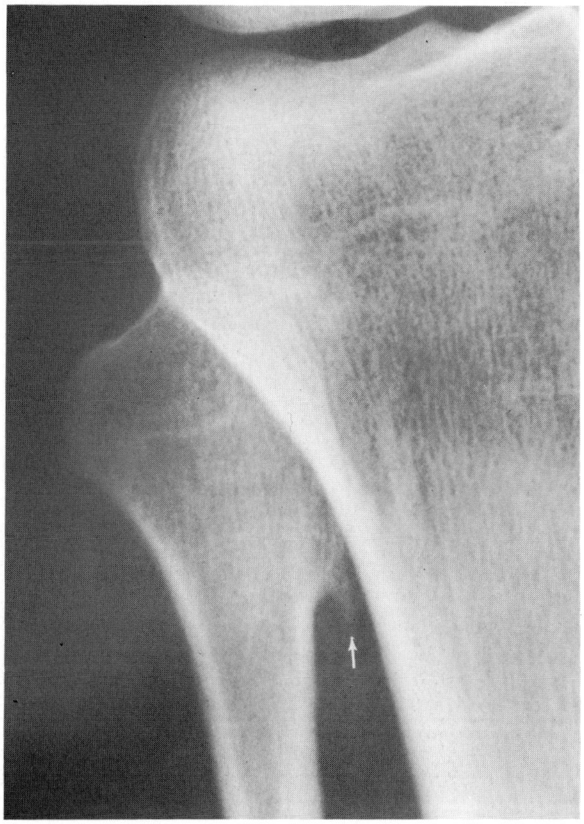

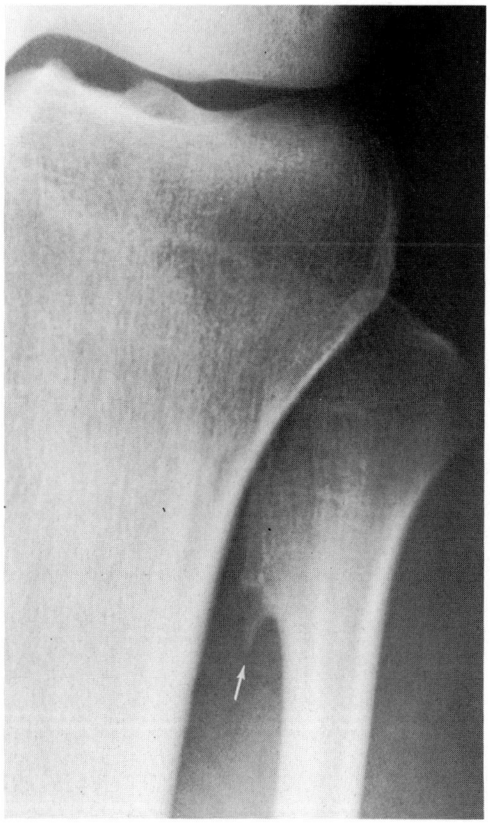

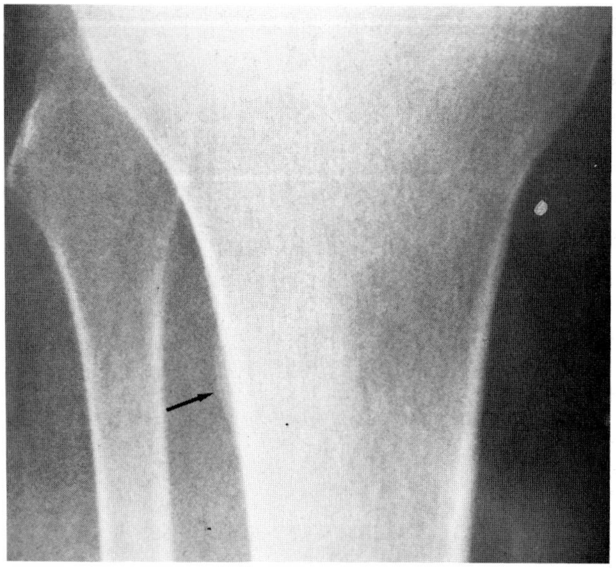

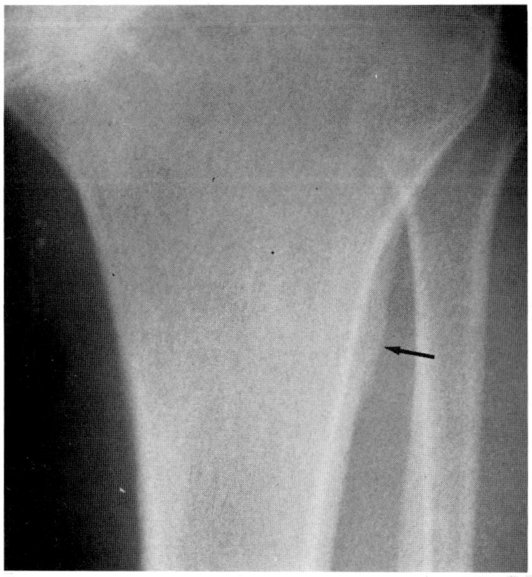

Abb. 7-107: Zwei Beispiele für die Vortäuschung einer Periostitis durch die Tuberositas tibiae (→). (Quelle: Köhler, A., Zimmer, E.A.: Borderlands of the Normal and Early Pathologic in Skeletal Roentgenology. 11. Aufl. Grune & Stratton, New York 1968, S. 442.)

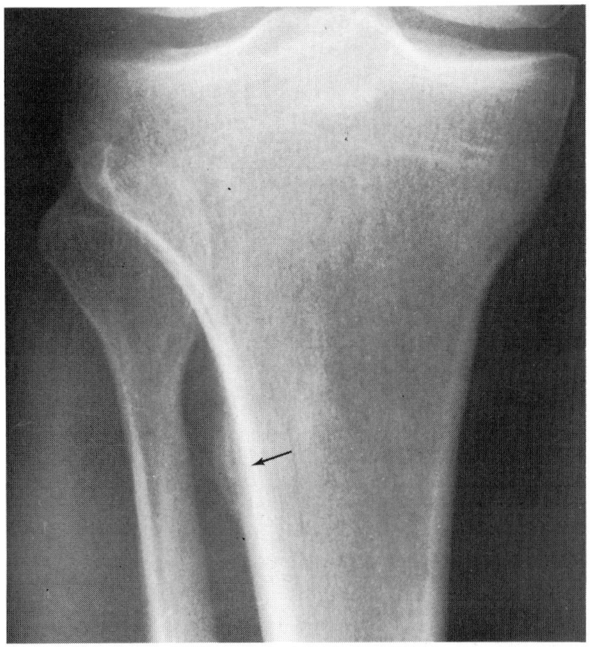

Abb. 7-108: Lamellenartiges Erscheinungsbild der Tuberositas tibiae, nicht zu verwechseln mit einer periostalen Knochenneubildung.

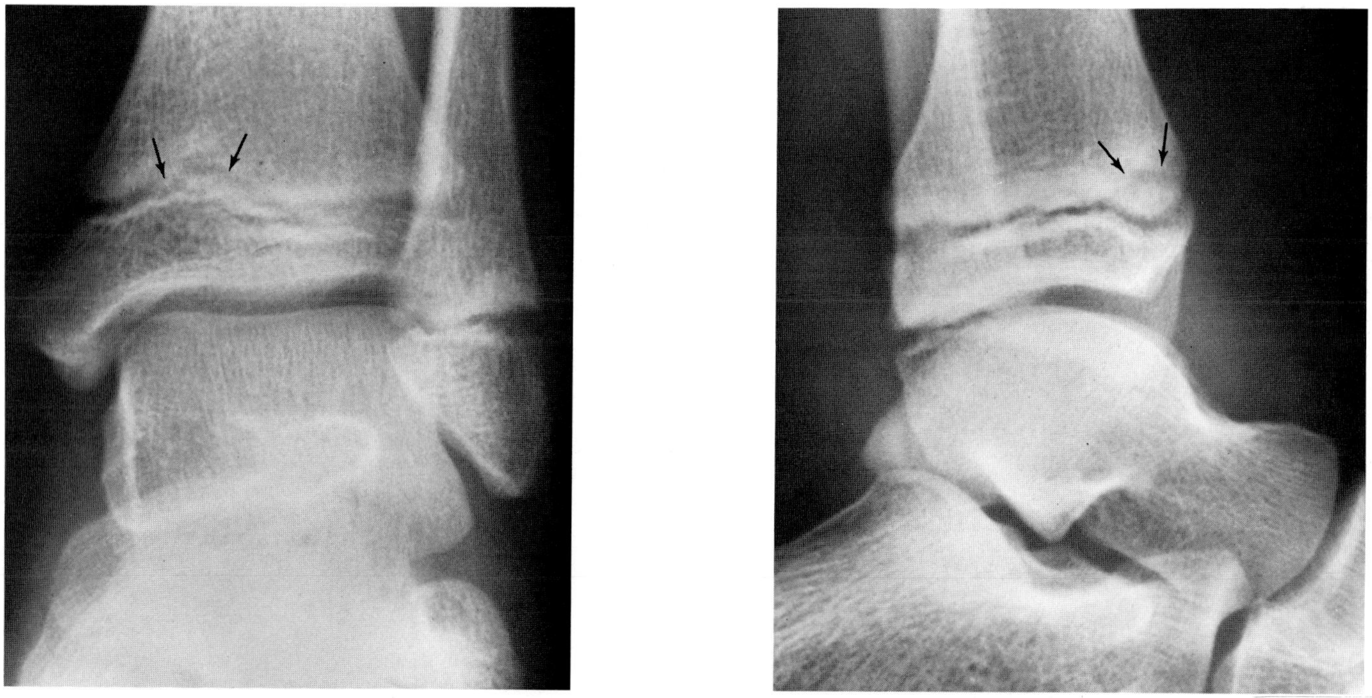

Abb. 7-109: Normal lokalisierte Knickbildung der distalen Epiphysenplatte der Tibia bei einem elfjährigen Knaben.

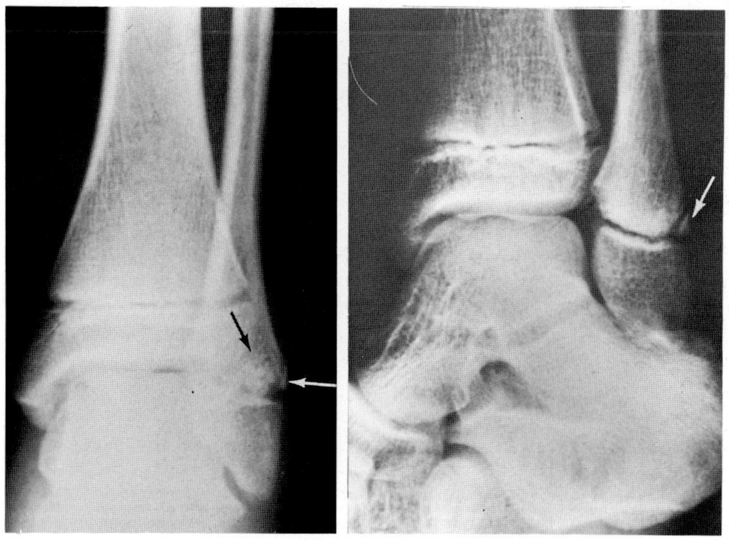

Abb. 7-110: Ossiculum fibulare, ein erkerartiges Ossifikationszentrum im Epiphysenspalt, das eine Fraktur vortäuscht.

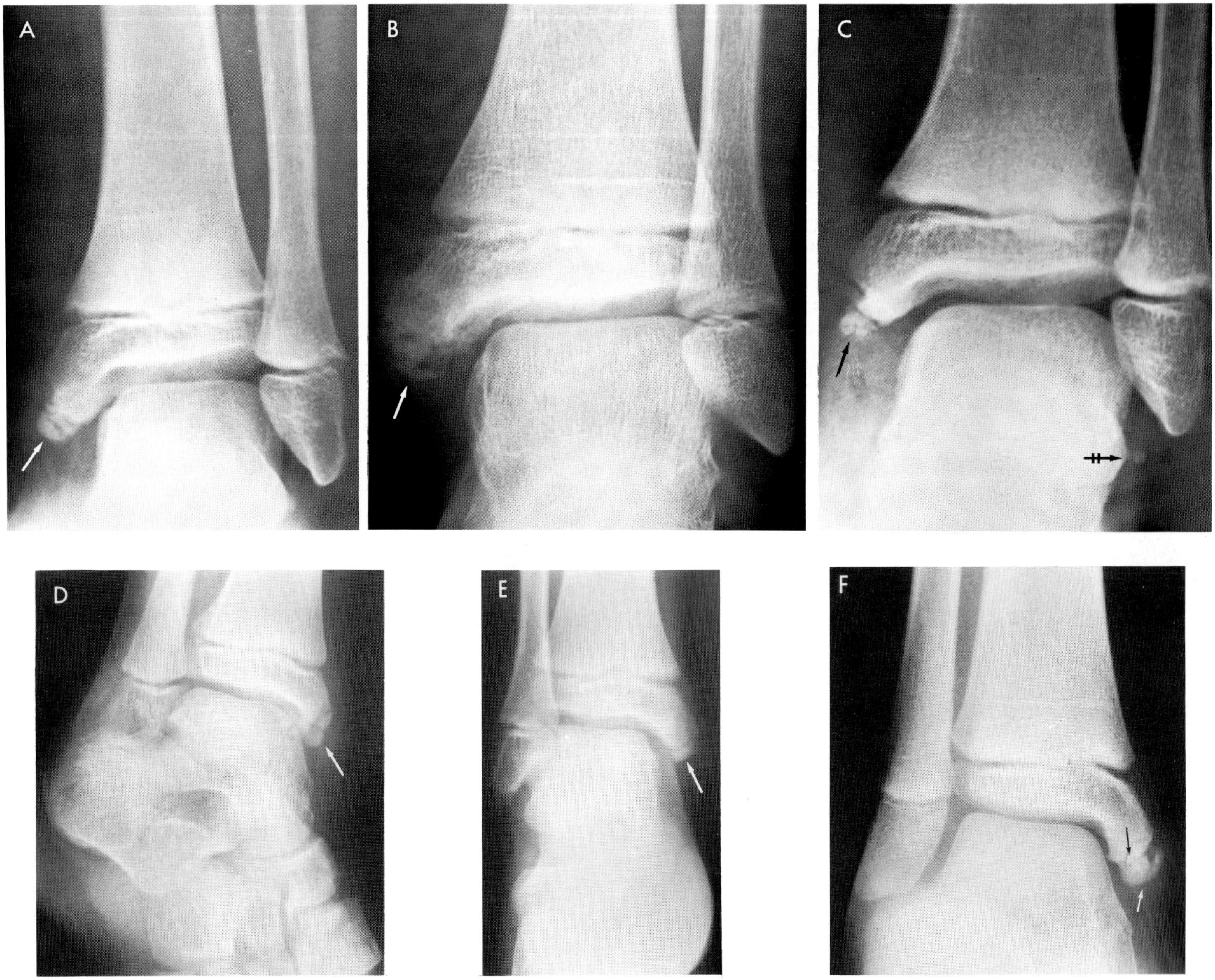

Abb. 7-111: Normale unregelmäßige Ossifikation der Spitze des Innenknöchels bei einem heranwachsenden Kind. In **C** sieht man ein zusätzliches Knöchelchen zwischen dem Kalkaneus und dem Außenknöchel, welches das Os trochleare calcanei darstellt (⇸) (auch Calcaneus accessorius genannt).

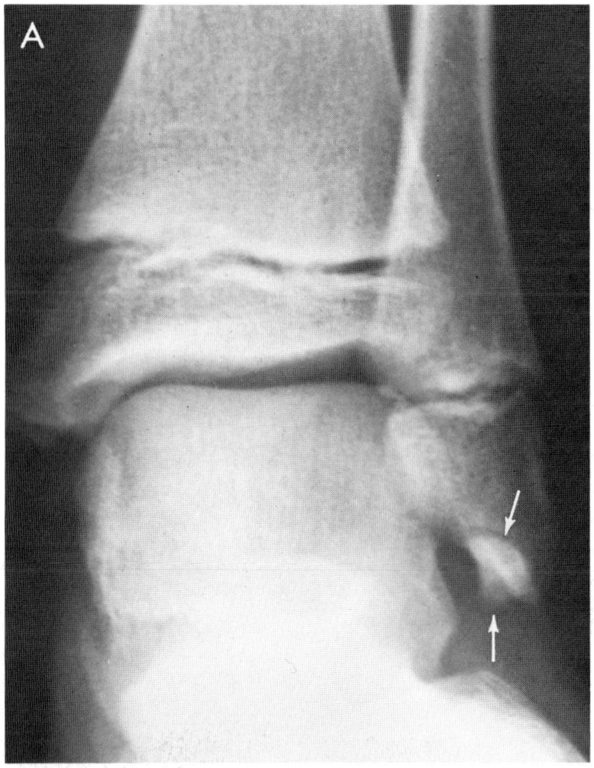

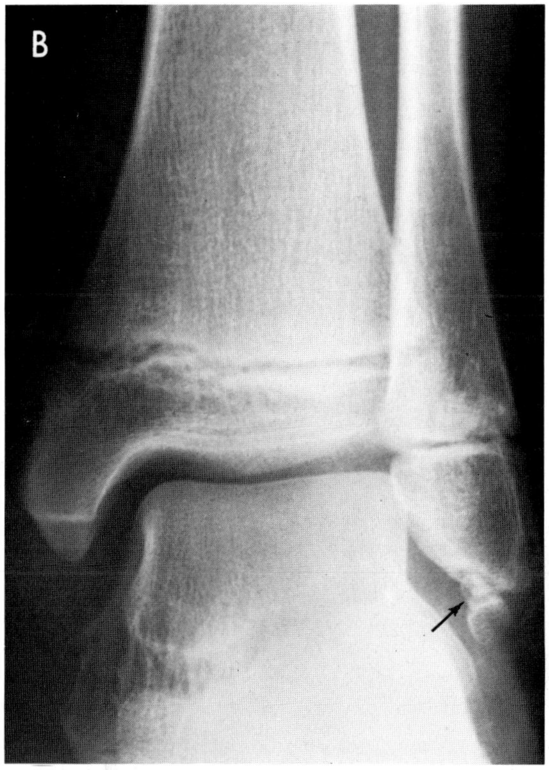

Abb. 7-112: Großes Os subfibulare. **A.** Elfjähriger Knabe. **B.** 14jähriger Junge.

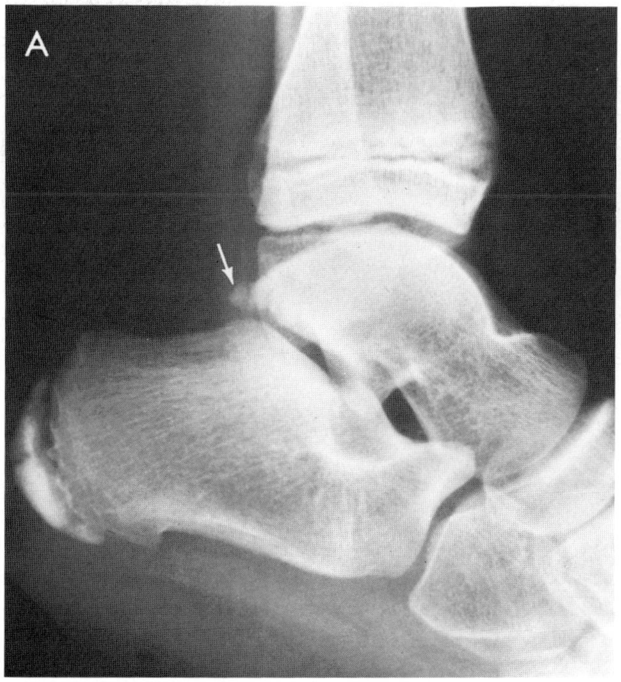

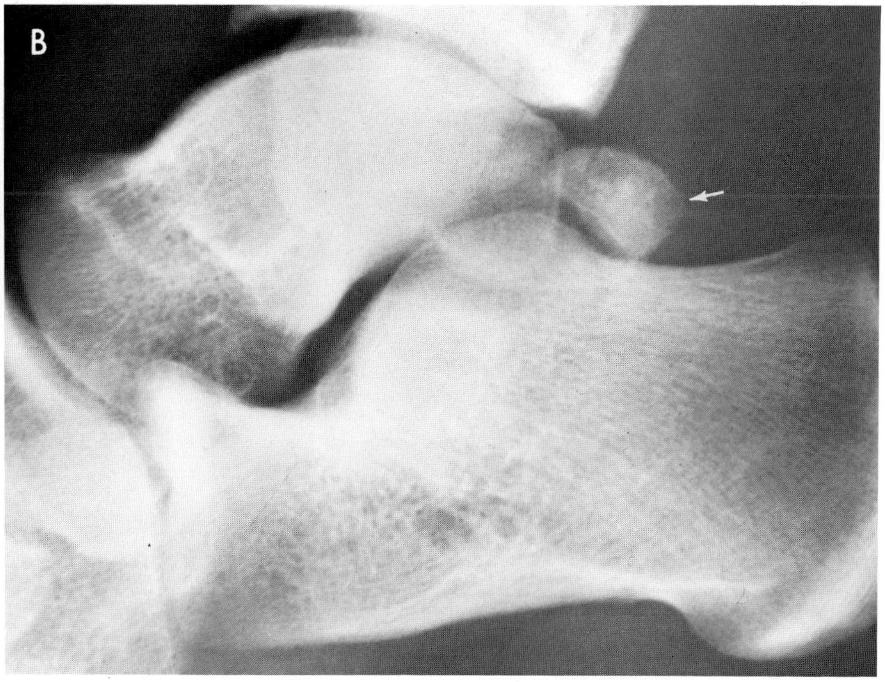

Abb. 7-113: Unterschiedliches Erscheinungsbild des Trigonum (Crus intermedium). Das multizentrische Auftreten in **A** kann als Fraktur fehlinterpretiert werden.

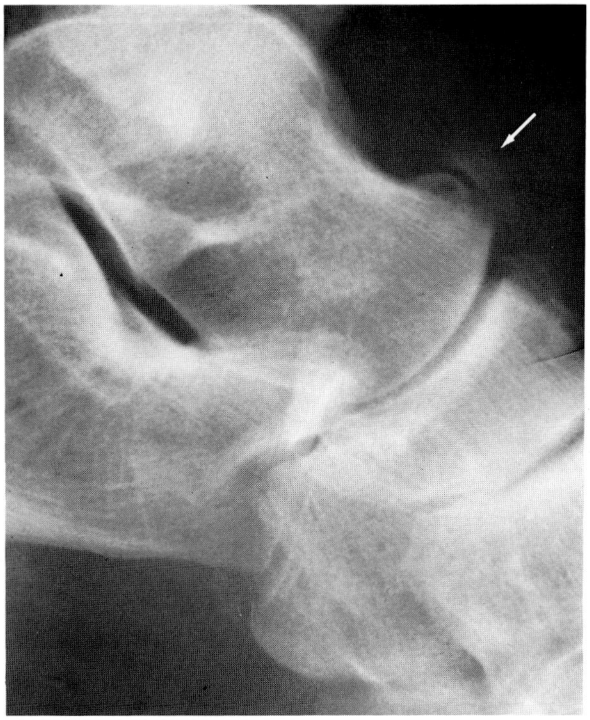

Abb. 7-114: Os supratalare.

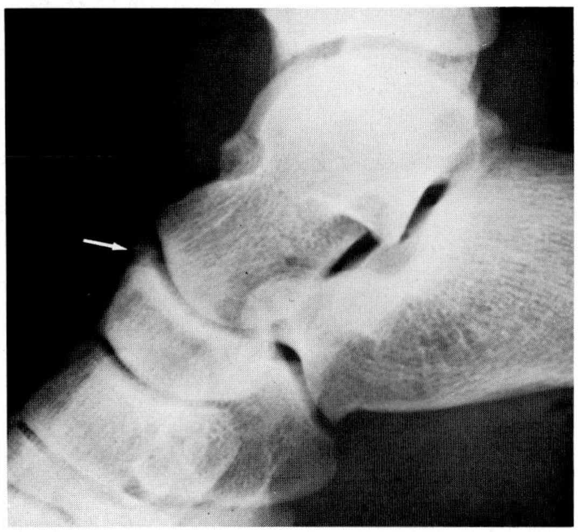

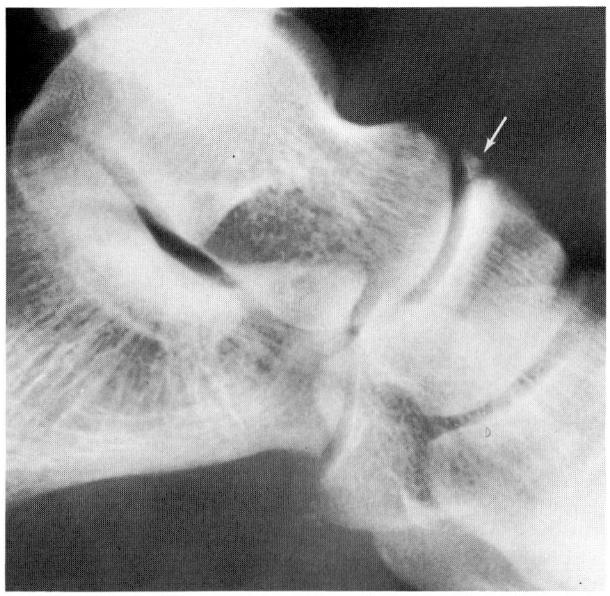

Abb. 7-115: Zwei Beispiele des Os supranaviculare. Dieses Knöchelchen wird oft mit einer Abrißfraktur verwechselt.

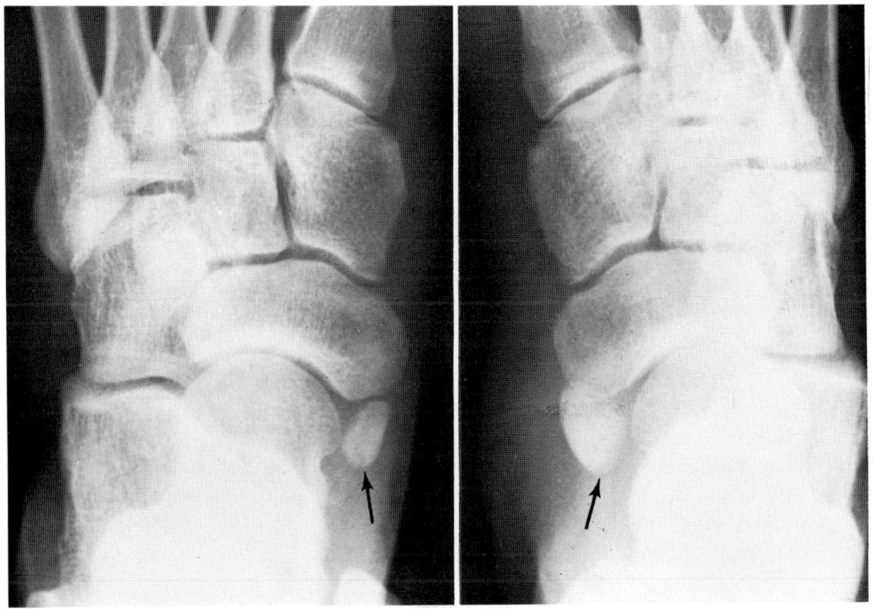

Abb. 7-116 (links und Mitte): Großes beidseitiges Os tibiale externum.

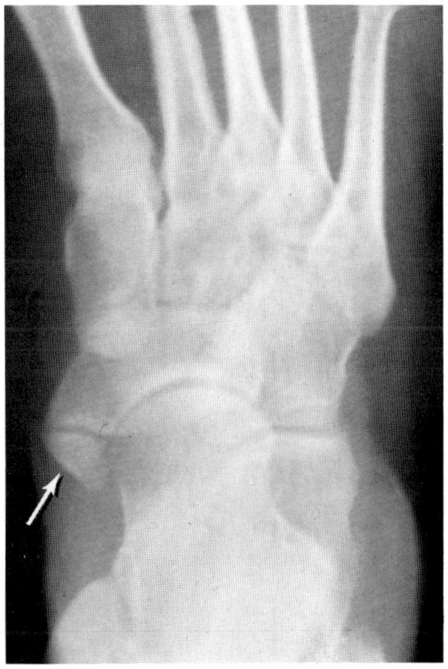

Abb. 7-117 (rechts): Teilweise verschmolzenes Os tibiale externum.

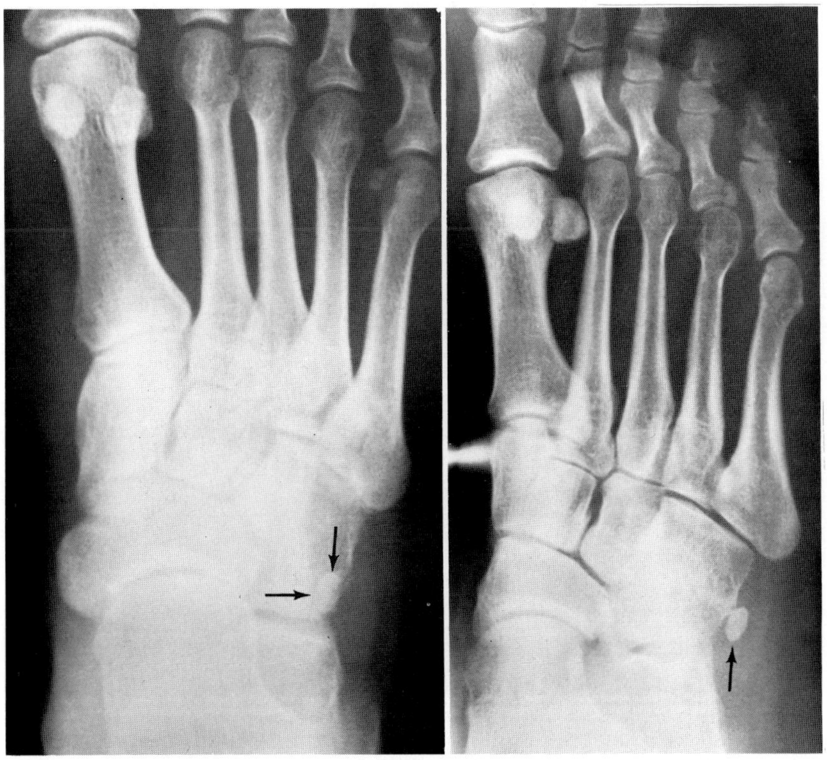

Abb. 7-118 (links und Mitte): Os peroneum.

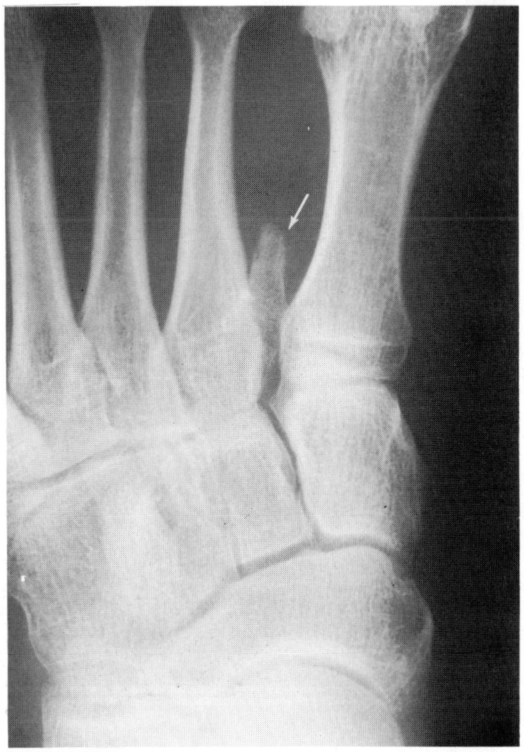

Abb. 7-119 (rechts): Os intermetatarseum.

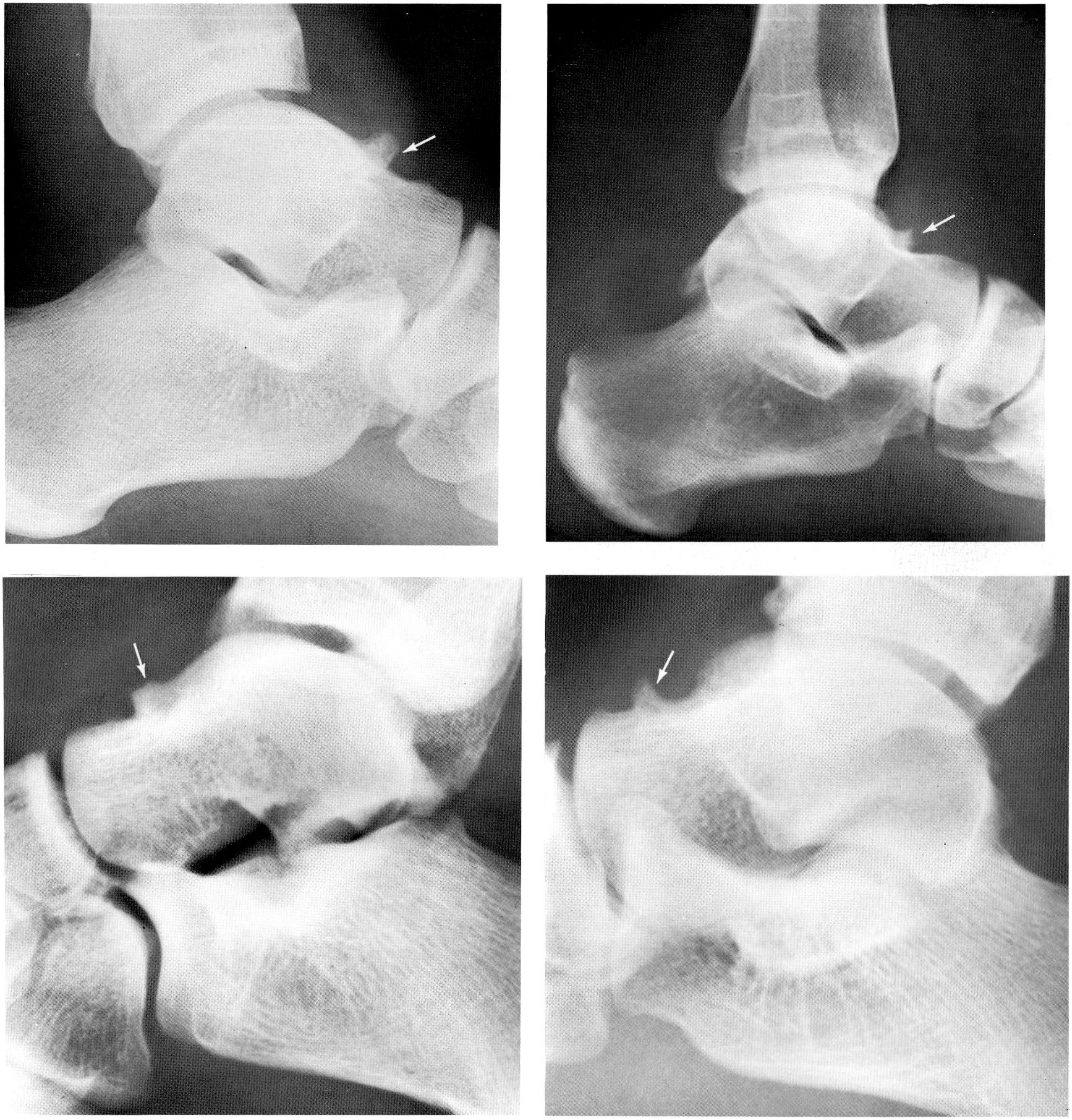

Abb. 7-120 (oben): Zwei Beispiele für die Variationsbreite des Talusschnabels, auch Talusnase genannt. Diese Struktur ist eine Entwicklungsvariante und sollte nicht mit einer hypertrophischen Spornbildung verwechselt werden, wie man sie am Talonavikulargelenk sieht. Unten: Zwei weitere Beispiele der Talusnase.

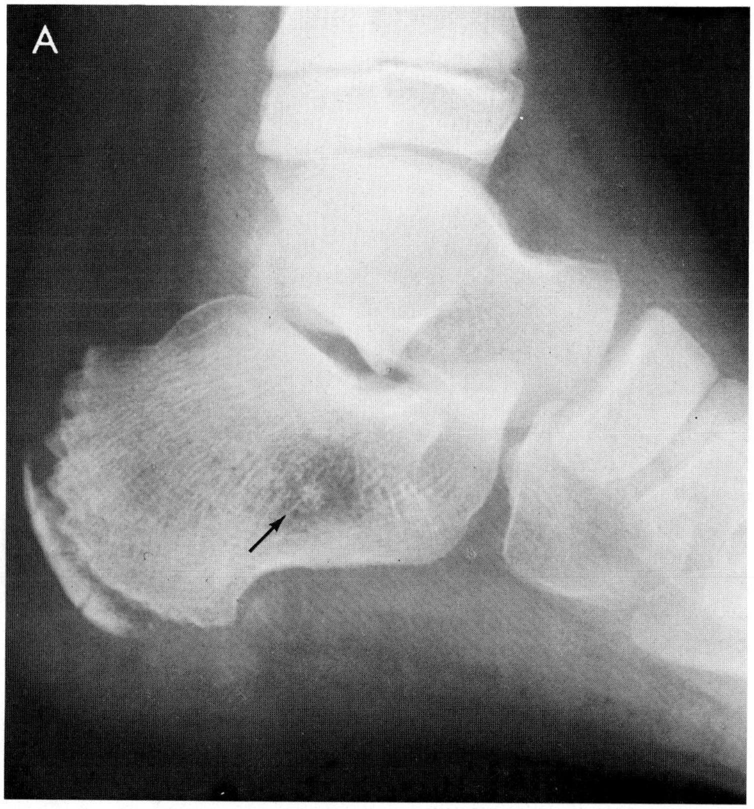

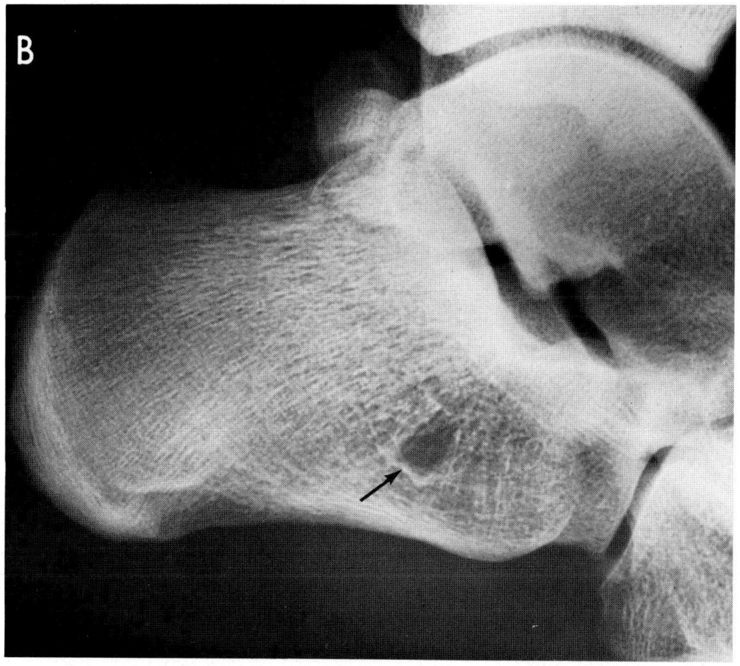

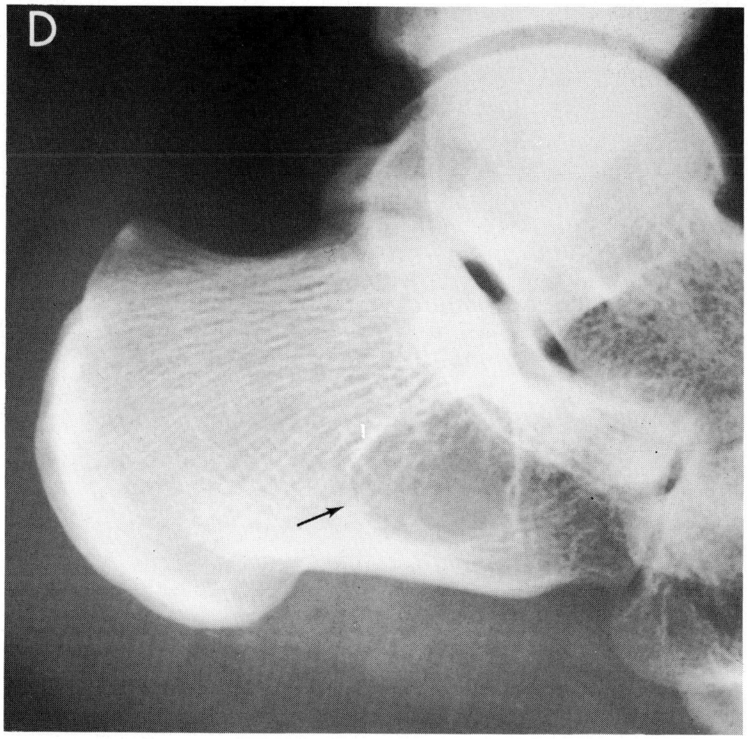

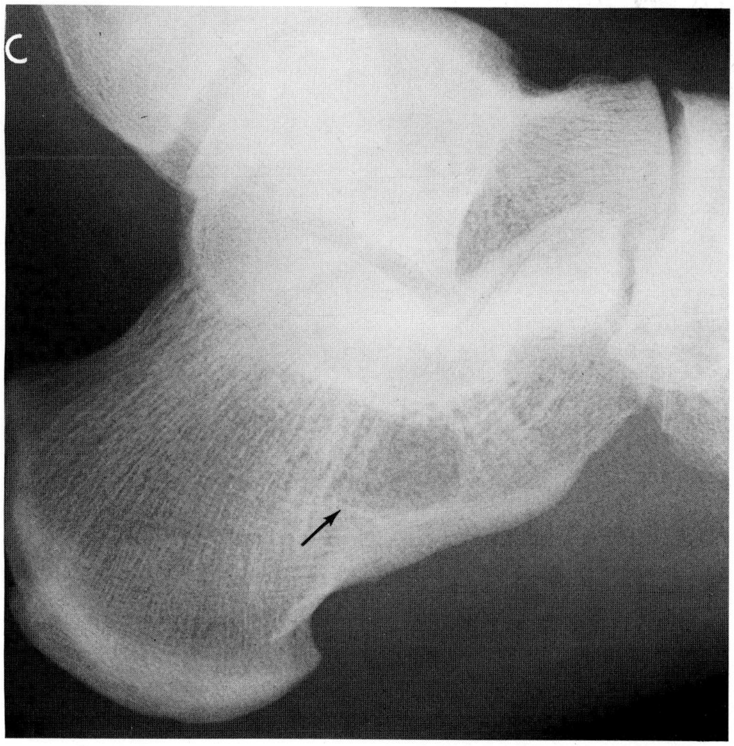

Abb. 7-121: Vier Beispiele für die Vortäuschung einer Kalkaneuszyste durch die normale Anordnung des Trabekelmusters in dieser Gegend. Das Vorhandensein eines nutritiven Gefäßkanals innerhalb der «Zyste», wie in **A** gezeigt, ist ein nützliches Zeichen, um dieses Bild als Pseudozyste zu sichern. Diese Variante wird mitunter mit den echten Kalkaneuszysten verwechselt. (Quelle: Köhler, A., Zimmer, E. A.: Borderlands of the Normal and Early Pathologic in Skeletal Roentgenology. 11. Aufl. Grune & Stratton, New York 1968, S. 482.)

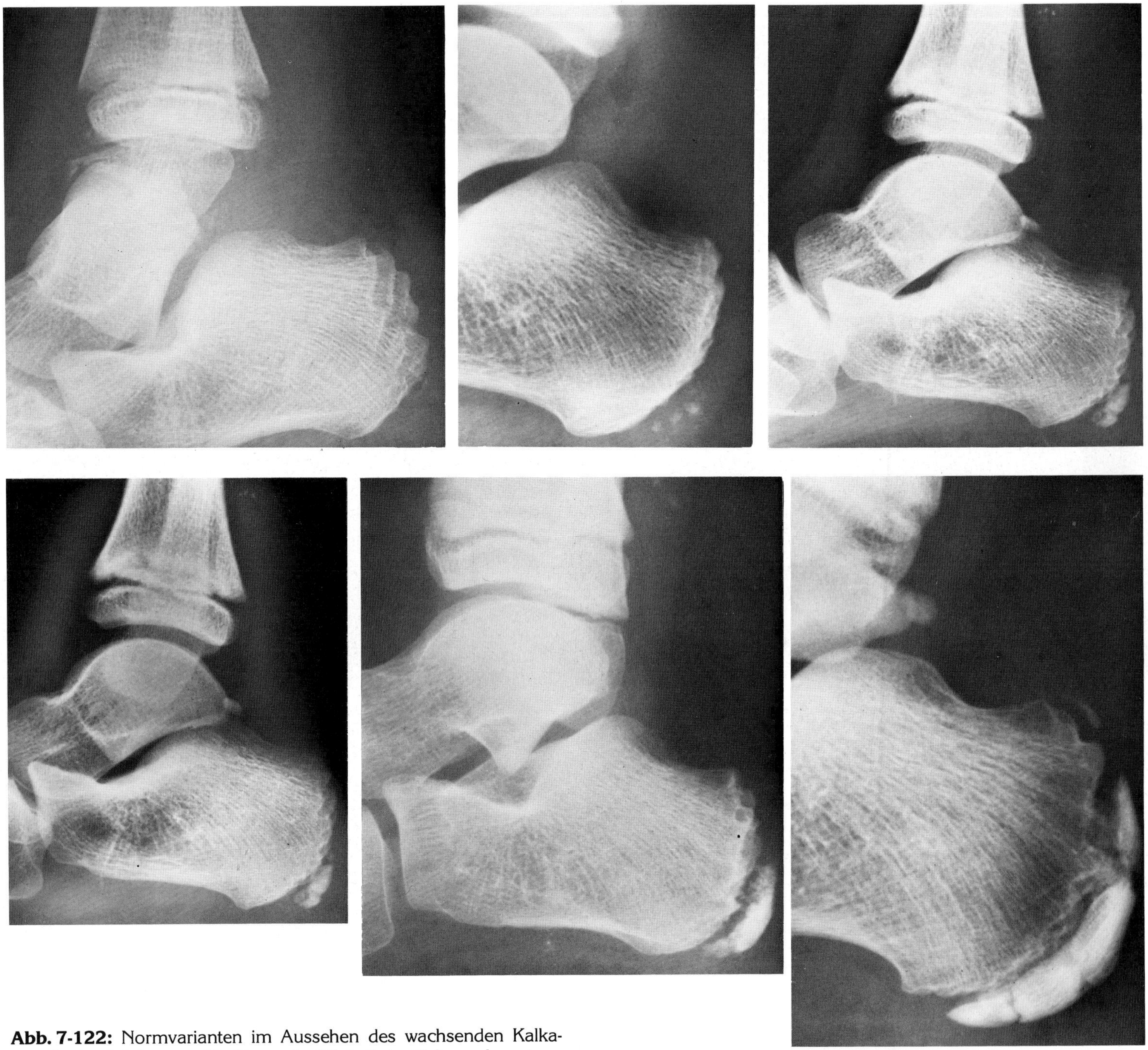

Abb. 7-122: Normvarianten im Aussehen des wachsenden Kalkaneus in der Adoleszenz. Die Unregelmäßigkeit des Tuber calcanei vor der Verschmelzung des sekundären Ossifikationszentrums wie auch die Dichte und die Fragmentation des sekundären Ossifikationszentrums sind normale Manifestationen unter dem Wachstum.

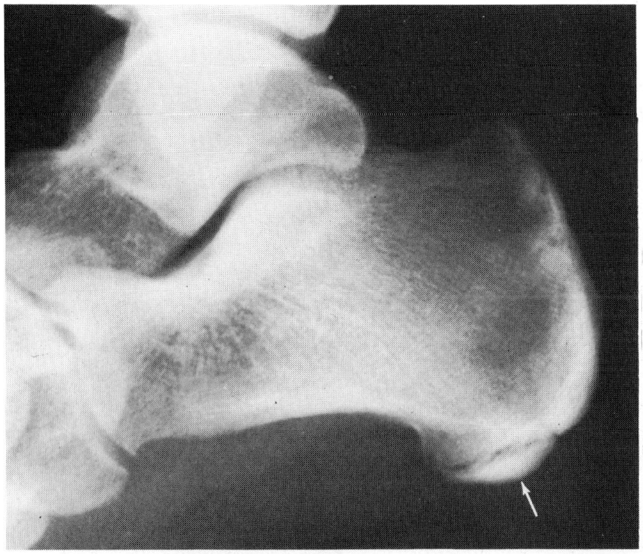

Abb. 7-123: Unvollständiger Verschluß des distalen Anteils der Kalkaneusapophyse bei einem 15jährigen Knaben.

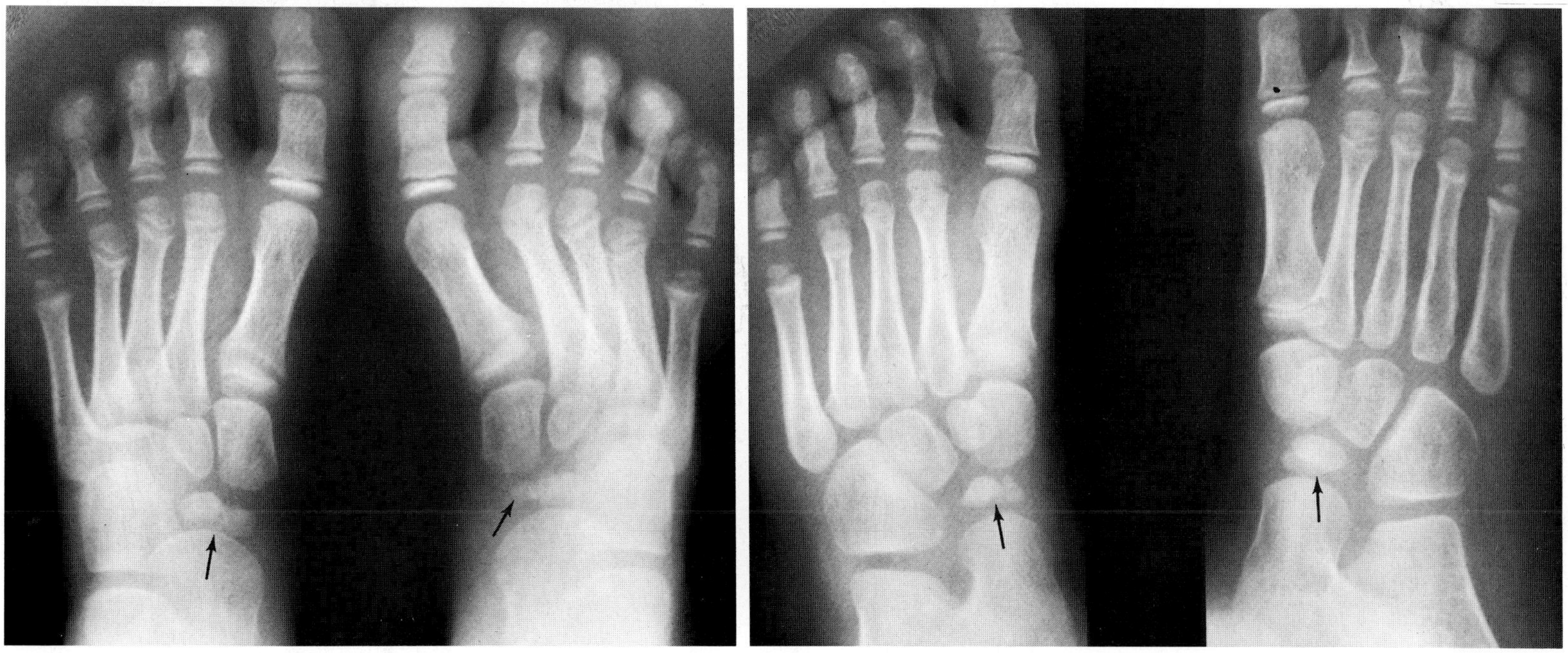

Abb. 7-124: Normale Ossifikation des Os naviculare aus multiplen Knochenanlagen bei einem achtjährigen Jungen. Dieses Bild sollte nicht mit einer Osteochondrose oder einer Fraktur verwechselt werden.

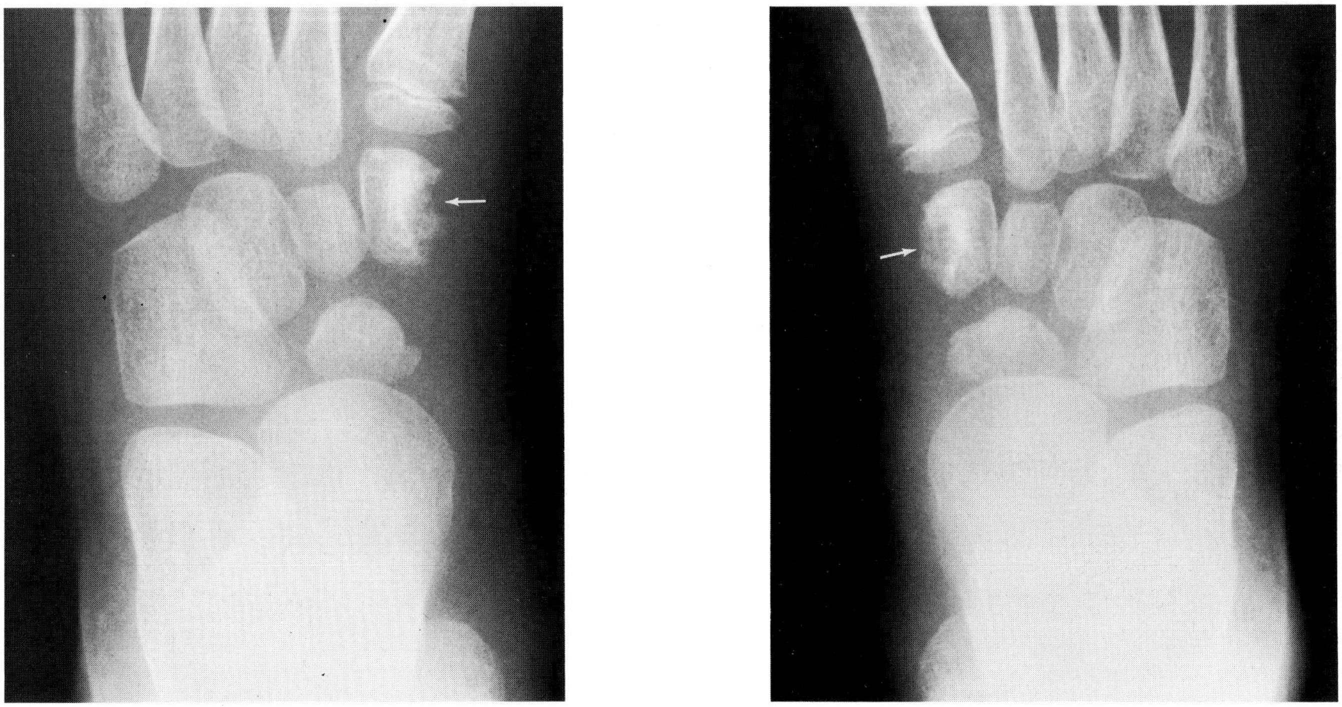

Abb. 7-125: Unregelmäßige Mineralisation des Os cuneiforme I bei einem sechsjährigen Knaben.

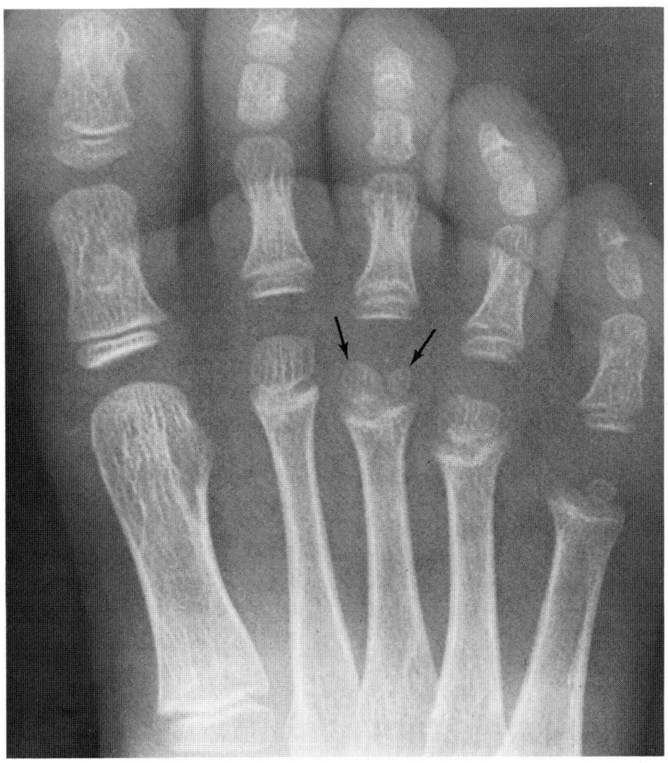

Abb. 7-126: Doppelt angelegtes Ossifikationszentrum des Metakarpalköpfchens III. Keine Fraktur!

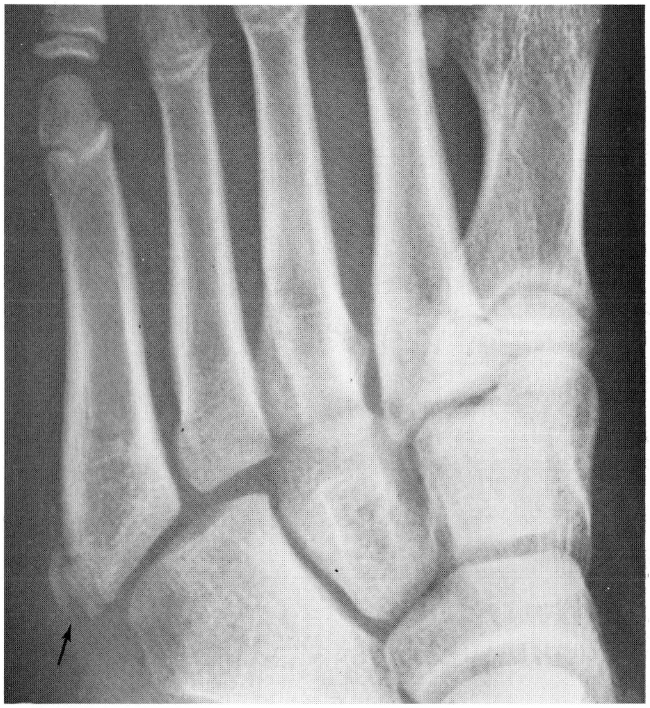

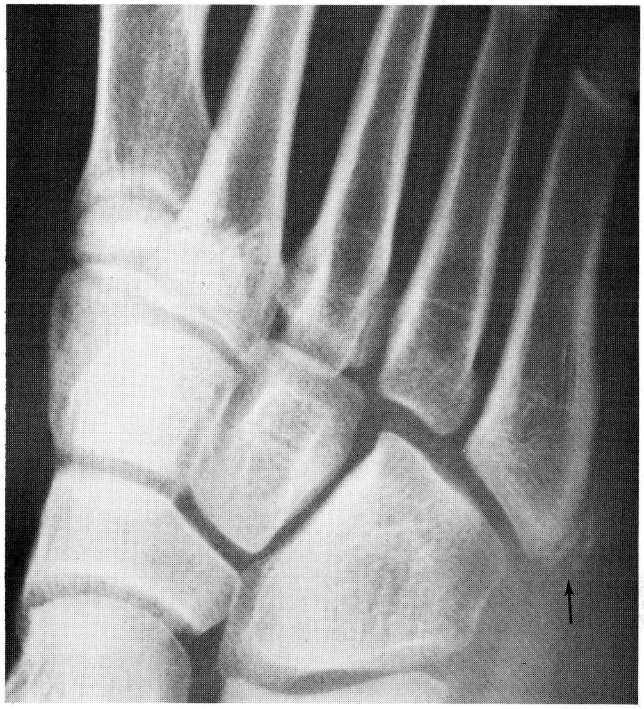

Abb. 7-127: Multizentrische Ossifikation der Tuberositas des fünften Metatarsale bei einem zwölfjährigen Mädchen, die eine Fraktur vortäuscht.

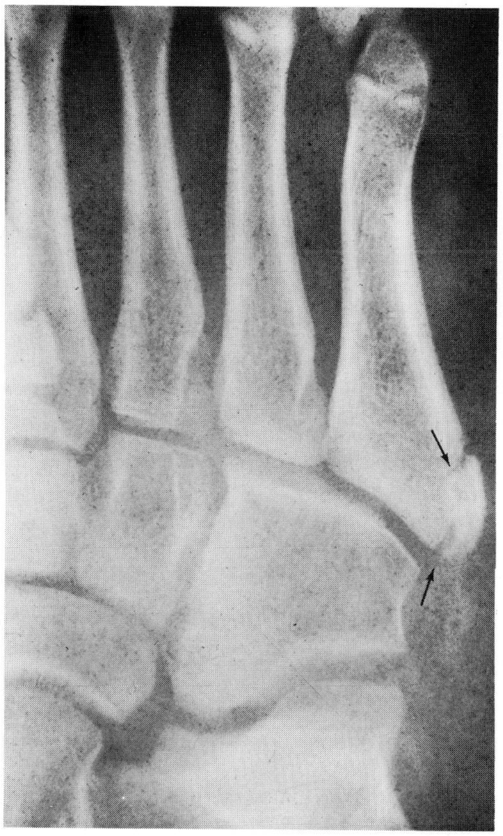

Abb. 7-128: Normale Apophyse der Tuberositas der Basis des Os metatarsale V, die einer Fraktur ähnelt. Die meisten Frakturen dieser Gegend verlaufen eher horizontal als vertikal.

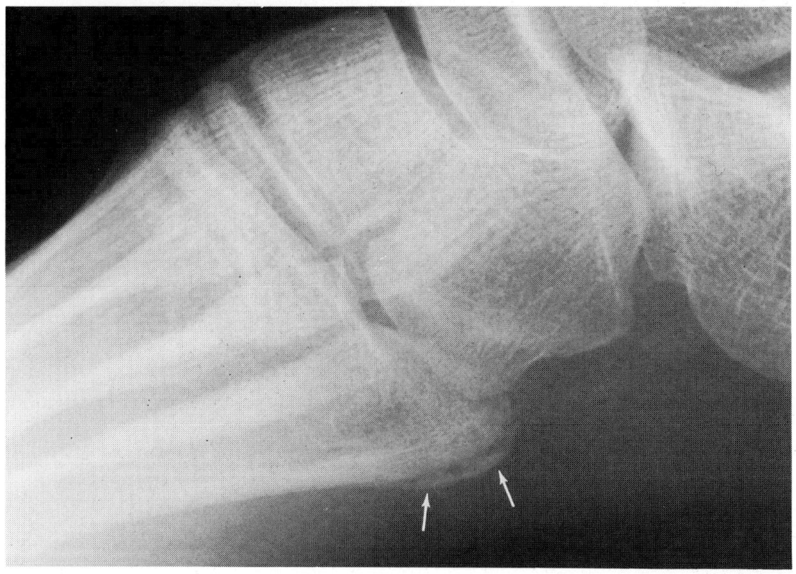

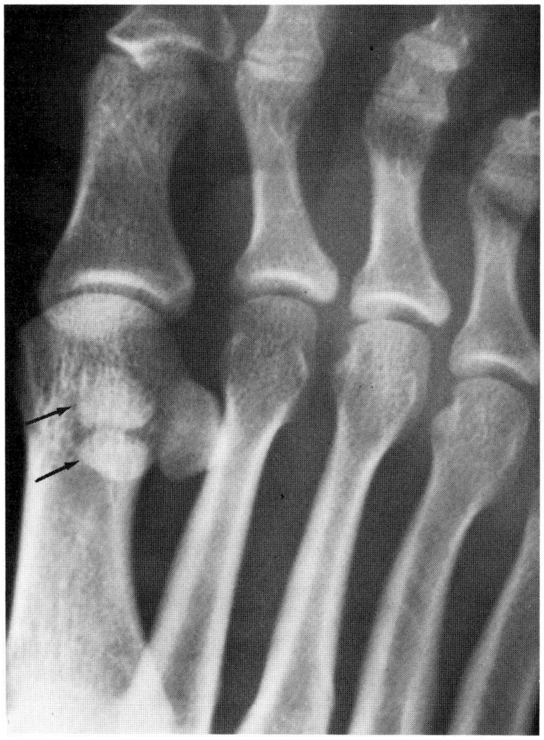

Abb. 7-129: Symmetrische und zweiteilige, oval geformte Sesambeine der Großzehe.

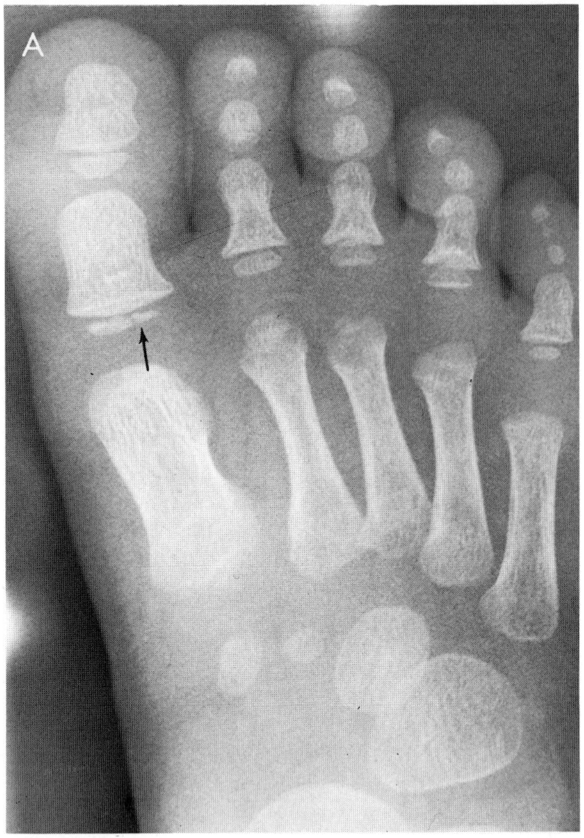

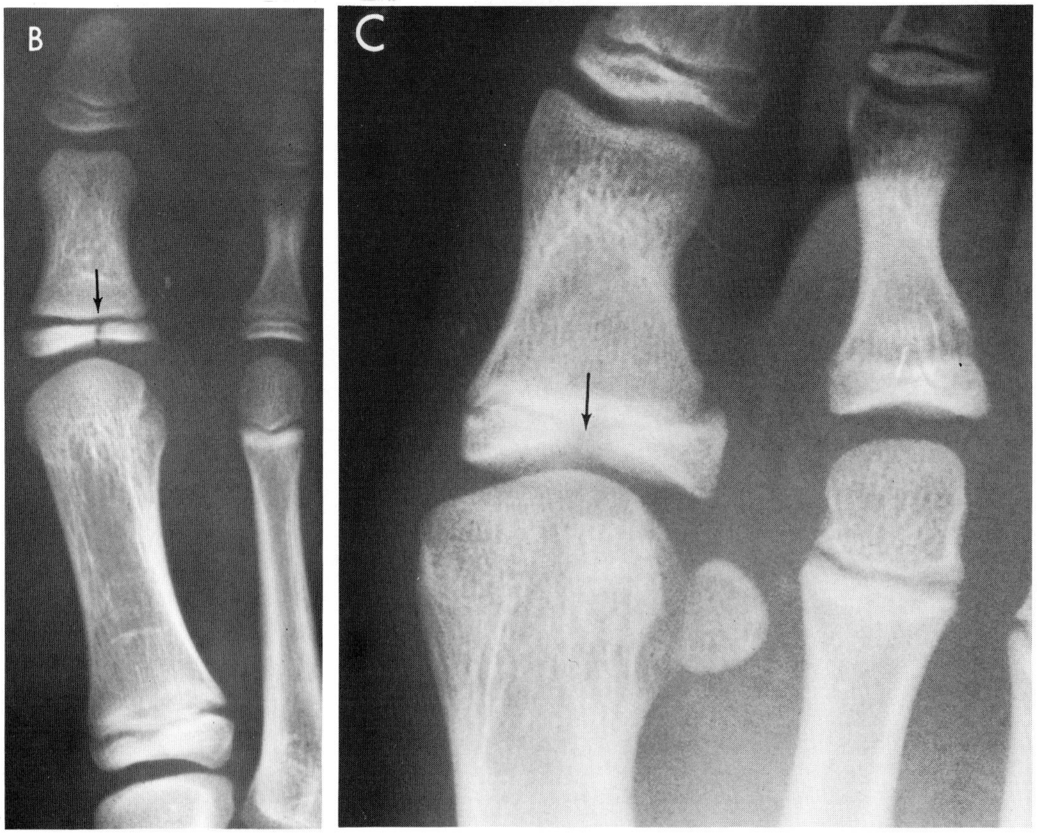

Abb. 7-130: Geteilte Epiphyse an der Großzehengrundphalanx, nicht aber eine Fraktur. **A.** Dreijähriger Knabe. **B.** Elfjähriger Junge. **C.** 13jähriger Junge.

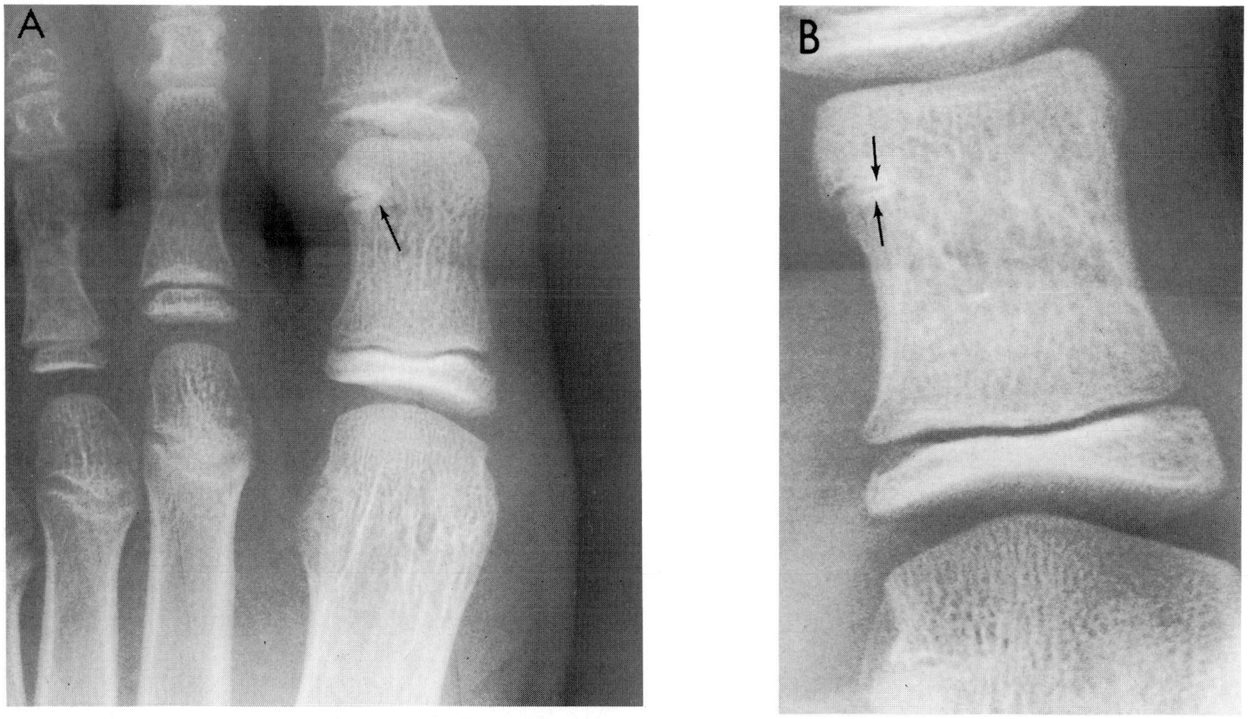

Abb. 7-131: Inkomplette entwicklungsbedingte Spaltbildung durch die Großzehengrundphalanx. **A.** Zehnjähriger Knabe. **B.** Zwölfjähriger Knabe.

8
Der pädiatrische Patient

W. Gray Mason jun.

«Kinder sind nicht eben kleine Erwachsene.»
Diese Feststellung ist zwar ein Klischee, doch unterscheiden sich kindliche Notfälle und deren röntgenologische Befunde in der Tat von denen der Erwachsenen. Den kindlichen Körper befallen andere Krankheiten, und unterschiedliche strukturelle Charakteristika führen zu unterschiedlichen Reaktionen auf ein Trauma. Oftmals wird auch in einer Notaufnahme erstmalig eine Kindsmißhandlung beurteilt.
In vieler Hinsicht dienen Röntenaufnahmen bei diesen Patienten als eine Erweiterung der körperlichen Untersuchung, wobei sie bei einem jungen Patienten, der seine Beschwerden noch nicht beschreiben kann, krankhafte Veränderungen klar erkennen lassen. Diese Untersuchungen können auch besorgte Eltern beruhigen, indem sie zeigen, daß eine nichtsprachlich geäußerte Klage ihres Kindes, wie z. B. ein andauerndes Hinken oder ein unbeeinflußbares Weinen oder Schreien, keine Gefahr für Leib und Leben des Kindes darstellen.
Am besten setzt man die Röntgenuntersuchungen bei Kindern an klinischen «Aufzweigungspunkten» des Entscheidungsbaumes ein. Der Arzt, der ein fieberndes und hustendes Kind mit nur wenigen körperlichen Befunden vor sich hat, steht vor solch einem Verzweigungspunkt: Sollte dieses Kind Antibiotika erhalten? Die Thoraxaufnahme kann dann normal ausfallen und somit nahelegen, daß eine symptomatische Behandlung hinreichend ist. Sie kann aber auch ein pneumonisches Infiltrat nachweisen, das anzeigt, daß Antibiotika nötig sind.
Als Gegenbeispiel ist die Situation nach Abschluß einer zweiwöchigen Antibiotikabehandlung ein wesentlich unwichtigerer Entscheidungspunkt. Die Thoraxverlaufskontrolle des gleichen Kindes ohne Fieber oder weitere Symptome wird nur mit geringer Wahrscheinlichkeit die Behandlungsart ändern: Ein Normalbefund ist zwar zu erwarten, doch können Restzeichen einer Pneumonie schlicht nur eine langsame Lösung der Pneumonie widerspiegeln und werden viel weniger wahrscheinlich bedeuten, daß eine neue Erkrankung eine zusätzliche Behandlung erfordert.

Technische Probleme

Ein Kind zu röntgen, ist nun oft recht schwierig: Die einzelnen Strukturen sind klein, die Knochen noch unvollständig mineralisiert, und oft ist das Kind auch unkooperativ.
Dabei sind die Kleinkinder im Alter von 12 bis 36 Monaten am schwierigsten. Jüngere Säuglinge sind meist kein Problem, weil sie sich entweder nicht sträuben oder oft durch Füttern/Stillen oder den Schnuller besänftigen lassen. Ältere Kinder lassen sich in der Regel durch gutes Zureden zur Mitarbeit bewegen. Nach meiner eigenen Erfahrung funktioniert hier reichlich Lob («Was für ein großer Junge! Ich kann ja gar nicht glauben, wie gut du stillhältst!») besser als Kritik oder Kommandos.
Kleinkinder dagegen sind bereits alt genug, um eine unabhängige Meinung zu haben («Ich gehe nicht dahin!»), aber wiederum zu jung, um von irgendetwas beeinflußt zu werden, was ihnen vom Personal einer Röntgenabteilung gesagt wird. Das Wort von den schrecklichen Zweijährigen («terrible two's») trifft gewiß auf die Kinderradiologie zu.
Manchmal können die Eltern mithelfen, wenn auch die Gegenwart eines mitfühlenden Erwachsenen das Problem nur verschlimmert, weil das Kind erwartet, daß Mutter oder Vater es aus dieser unerfreulichen Situation herausholen. Ist ein Kind in Gegenwart eines Elternteils unbeherrschbar, dann bitten wir die Mutter oder den Vater, außerhalb des Untersuchungsraumes zu warten. Dann ist das Wieder-Zusammenkommen mit Mutter oder Vater die Belohnung des Kindes für eine erfolgreich beendete Untersuchung.
Selbst die erfahrensten kinderradiologischen Abteilungen müssen wegen der starken körperlichen Gegenwehr von Kleinkindern manchmal zu «Gewaltmaßnahmen» greifen. Zwar gibt es im Handel erhältliche Ruhigstellungshilfen, doch wird in aller Regel ein eng um die Arme und den Rumpf des Kleinkindes (wie um eine Mumie) gewickeltes Bettuch eine angemessene Ruhigstellung bewirken.
Ferner ist es wichtig, die jeweils geeigneten Aufnahmen für eine jede Untersuchung auszuwählen. Die Routineeinstellungen sollten die untersuchte Region auch angemessen darstellen. Wir versuchen hier Gründlichkeit mit einer geringstmöglichen vertretbaren Strahlenbelastung zu kombinieren.
Zwar ist heute das Strahlenrisiko in der modernen diagnostischen Radiologie extrem gering, doch sind die schädlichen Auswirkungen der Strahlung bei Kindern eben am bedeutendsten. Die Karzinogenese ist erst eine Spätauswirkung der Strahlung, und sie tritt auch erst 10 bis 15 Jahre nach der Strahlenexposition ein. Ein strahleninduziertes Krebsleiden ist deshalb bei einem Kind mit einer Lebenserwartung von noch 70 oder gar 80 Jahren viel mehr von Belang als bei älteren Menschen. In gleicher Weise sind die genetischen Wirkungen, die in Form von

Mutationen auf folgende Generationen übertragen werden, bei Kindern, die einer Strahlenbelastung unterzogen werden, viel mehr von Belang, weil sie dann in der Reproduktionsphase ihres Lebens die Bürde ihrer Strahlenbelastung mich sich tragen.
Um all diese Überlegungen gegeneinander abzuwägen, werden am Wolfson Children's Hospital die in der Tabelle 8-1 aufgelisteten Standardprojektionen verwendet. Einige dieser Untersuchungen beinhalten weniger Einzelaufnahmen als vergleichbare Untersuchungen Erwachsener, doch werden unsere Radiologen und Notaufnahmeärzte durchaus angehalten, diese Basisuntersuchung durch Zusatzaufnahmen zu ergänzen, wenn diese weiterhelfen können. So würde z. B. eine Schädelserie bei einem Patienten mit dem Verdacht auf einen Fremdkörper in der Kopfschwarte die Standardprojektionen beinhalten, könnte dann aber durch eine tangentiale Weichteilaufnahme der verdächtigen Kopfschwartenregion ergänzt werden, um damit nach einem schattengebenden Fremdkörper zu suchen.
Weil die Weichteile bei Kindern einen großen Informationsgehalt tragen, werden unsere Aufnahmen der Extremitäten und des Schädels etwas weniger stark belichtet als in Aufnahmen von Erwachsenen. Oft hilft eine helle Irisblendenlampe beim Studium der Weichteile solcher Aufnahmen, besonders wenn sie in herkömmlicher Weise belichtet wurden.

Schädel

Die Knochennähte machen die Röntgenaufnahmen des kindlichen Schädels zu einer echten Herausforderung. Sie ahmen Frakturen nach, und so muß man aufpassen, daß man nicht eine Normvariante für eine Fraktur ansieht und auch umgekehrt. Zusätzlich ist es oft recht schwierig sich festzulegen, ob die Schädelsuturen normal weit sind; es gibt leider keine völlig zuverlässigen Meßwerte. Gewiß helfen Ihnen die Abbildungen der Normvarianten in diesem Buch zu entscheiden, was nun eine Fraktur ist und was nicht. Auch sind hier die Standardbücher der röntgenologischen Normalanamtomie von Nutzen.

Normaler Schädel

Bei Babies sind die Schädelnähte noch weit, und die vordere Fontanelle bleibt die ersten 18 Lebensmonate noch offen. Zusätzlich zu den größeren Nähten (Pfeilnaht, Kranznaht, Lambdanaht und Temporalnaht) können bei normalen Säuglingen noch zusätzliche Nähte vorhanden sein. Die Sutura metopica zwischen beiden Stirnbeinhälften, zusätzliche Suturen in den Scheitelbeinen und die Sutura mendosa (wie auch weitere Nähte) im Hinterhauptsbein können hier möglicherweise irreführen.
Normalerweise erscheinen die Suturen im Alter von 12 Monaten verzahnt. Die Sagittalnaht verschmilzt im Alter von etwa sechs Jahren, die Kranz- und die Lambdanaht im Alter von 10 bzw. von 14 Jahren.

Suturensprengung

Der kindliche Schädel paßt sich den Veränderungen des intrakraniellen Volumens noch besser an als der des Erwachsenen. Vor der Nahtfusion kann eine intrakranielle Raumforderung oder jeder andere Anstieg des intrakraniellen Volumens noch die Suturen sprengen.
Ein schneller Anstieg des intrakraniellen Volumens in jeder beliebigen Hirnregion wirkt sich auf alle noch offenen Schädelnähte aus. Bei einem Kind mit noch offenen Schädelnähten wird eine Raumforderung in der hinteren Schädelgrube die Kranznaht wie auch die Sagittal- und die Lambdanaht in Mitleidenschaft ziehen.
Die Abbildung 8-1 zeigt einen Schädel mit Nahtsprengungen. Leider gibt es keine verläßlichen Bestimmungsmöglichkeiten einer normalen Suturenweite. Die eigene Erfahrung und Vergleichskontrollen «normaler» Kinder sind hier die besten Kriterien; auch muß das Alter des Kindes in Rechnung gestellt werden. Eine bei einem Neugeborenen noch normale Weite der Nähte würde bei einem dreijährigen Kind bereits eine deutliche Nahtdiastase darstellen.

Frakturen

Geradlinige Schädelfrakturen ähneln Gefäßrinnen und Nähten. Einige Unterscheidungskriterien hierzu sind in der Tabelle 8-2 aufgelistet.[2]
Einige Schädelfrakturen sind komplexer als die nur linearen Frakturen. Eine schweres Schädeltrauma kann unter Beteiligung mehrerer Schädelknochen zum Bild einer «zersprungenen Kugel» führen (Abb. 8-2).

Wirbelsäule

Pathologische Veränderungen sind bei Kindern und Erwachsenen recht ähnlich. Die hauptsächlichen Fallgruben betreffen hier unerkannte Normvarianten.
Zwei Aspekte bedürfen jedoch besonderer Erwähnung: Die kindliche Wirbelsäule kann schwierig zu untersuchen sein; ferner werden mit der Einführung gesetzlicher Vorschriften zur Verwendung von Sicherheitsgurten und Kindersitzen in Pkw Verletzungen durch diese Fixationsmaßnahmen zunehmend häufiger.

Tab. 8-1: Standardprojektionen der Röntgenaufnahmen

Schädel	a.-p./p.-a., seitlich, Hinterhauptsaufnahme halbaxial nach Towne
Nasennebenhöhlen/ Gesichtsschädel	Im Stehen nach Waters (unter 5 Jahren); Waters-Aufnahme, p.-a. und seitlich alle im Stehen (5 Jahre und älter)
Halswirbelsäule	Seitlich (stehend), a.-p., Densspezialaufnahme a.-p.
Halsweichteile	Seitlich und a.-p., beide im Stehen
Thorax	p.-a. und seitlich, wenn möglich im Stehen
Abdomen	Im Stehen a.-p., in Rückenlage a.-p., auf Wunsch Thorax p.-a.
Becken	a.-p.
Hüfte	Becken a.-p. unter Einschluß beider Hüften; Lauenstein bei symptomatischer Hüfte
Femur	a.-p. und seitlich
Knie	a.-p. und seitlich; Tunnelaufnahme nach Frik
Unterschenkel	a.-p. und seitlich
Sprunggelenk	a.-p., Sprunggelenksgabelaufnahme und seitlich
Fuß	a.-p. und seitlich (unter 2 Jahren); a.-p., seitlich und schräg dorsoplantar (über 2 Jahren)
Schlüsselbein	a.-p., a.-p. 20° nach kranial gekippt
Schulter	a.-p. in Innenrotation, a.-p. in Außenrotation, seitliche Skapulaaufnahme
Schulterblatt	a.-p. durch den Thorax hindurch, seitlich
Humerus	a.-p. und seitlich unter Einschluß beider Knochenenden
Ellenbogen	Seitlich, a.-p. und schräg a.-p.
Unterarm	a.-p. und seitlich
Handgelenk	a.-p. und seitlich (unter 5 Jahren; a.-p., seitlich und Schrägaufnahmen des Kahnbeins (5 Jahre und älter)
Hand und Finger	a.-p. und seitlich der verletzten Region

Halswirbelsäule (HWS)

Die nutzbringendsten Aufnahmen der HWS bei Kindern sind die Seitaufnahme, die a.-p. Aufnahme und die Densaufnahme. Wie bei den erwachsenen Patienten, so sollten auch hier alle sieben Halswirbel dargestellt sein, doch kann dieses Unterfangen mitunter recht schwierig sein, so daß die/der MT(R)A zu Spezialaufnahmen greifen muß. Die «Schwimmeraufnahme», welche auf den HWS-BWS-Übergang zentriert wird und bei der ein Arm über den Kopf hochgeschlagen wird und der andere in Richtung Fuß herabreicht, kann sehr nützlich sein, um die untere HWS sowie die obere BWS darzustellen. Gelegentlich wird auch die Computertomographie erforderlich.

Tab. 8-2: Unterscheidung: Fraktur gegen Gefäßkanal bzw. Naht

Befund	Fraktur	Gefäß	Naht
Weichteilschwellung	ja	nein	nein
Symmetrie	nein	möglich	ja
Verzweigung	möglich	ja	nein
Dichter Rand	nein	ja	nein

Eine wichtige Normvariante liegt in Höhe C 2/C 3 vor: Wenn das Kind seinen Kopf nach vorne neigt, dann kann der Axis gegenüber dem dritten Halswirbel nach ventral subluxiert erscheinen. Glücklicherweise bewahren dabei die hinteren Wirbelanteile ihre normale Anordnung untereinander, was dann als Leitschnur dient. Wenn in dieser Situation die Verbindungslinie der vorderen Kortikalisbegrenzung der hinteren Wirbelelemente am Ansatz des Dornfortsatzes (sog. spinolaminäre Linie; Anm. des Übers.) durch die vordere Kortikalis des Dornfortsatzes des Axis verläuft, dann liegt eine normale Anordnung der HWS vor, wie die Abbildung 8-3 dies zeigt.
Bricht jedoch eine HWS-Fraktur den oberen HWS-Ring auf oder ermöglicht diese eine vordere Subluxation des Axis, dann verläuft die hintere Wirbelsäulenoberfläche dorsal ihrer normalen Anordnung (Abb. 8-4).
Ein Wort noch zur Warnung: Bei Kindern hat das Zeichen der spinolaminären Linie nur Gültigkeit, wenn die HWS bei der Inklination eine «Pseudosubluxation» aufweist. Wenn die Halswirbel korrekt auf Linie stehen, dann wird die spinolaminäre Linie nicht immer regelhaft verlaufen.

Sicherheitsgurtverletzungen

Alle Bundesstaaten der USA haben inzwischen Gesetze eingeführt, die die Verwendung von Kindersitzen bzw. von Sicherheitsgurten für Kinder vorschreiben. Während der plötzlichen Abbremsung eines Automobils beim Aufprall auf einen anderen Wagen oder ein unbewegliches Objekt verletzt der Sicherheitsgurt das Kind. (Allerdings käme es zweifellos zu noch schwereren Verletzungen, wenn das Kind nicht angeschnallt wäre.)
Im typischen Falle handelt es sich dann um eine Flexionskompressionsverletzung der Lendenwirbelsäule. Die vordere Frakturkomponente besteht dann in einer Kompressionsfraktur der vorne gelegenen Wirbelkörper. Hinten ermöglicht dann die Bandzerreißung eines Facettengelenksluxation und eine Distraktion der hinteren Wirbelelemente, wobei die radiologischen Befunde nur sehr subtil sein können (Abb. 8-5). Die vorne gelegenen Kompressionsfrakturen können schwierig zu sehen sein, doch weist die Vergrößerung der Zwischenwirbellöcher in der Seitaufnahme auf eine Verletzung hin.

Atemwege

Atemwegserkrankungen sind in der Kindheit quasi allgegenwärtig. In aller Regel begrenzen sich diese Krankheiten selbst und sind gutartig; dabei sind leichtes Fieber und Husten die

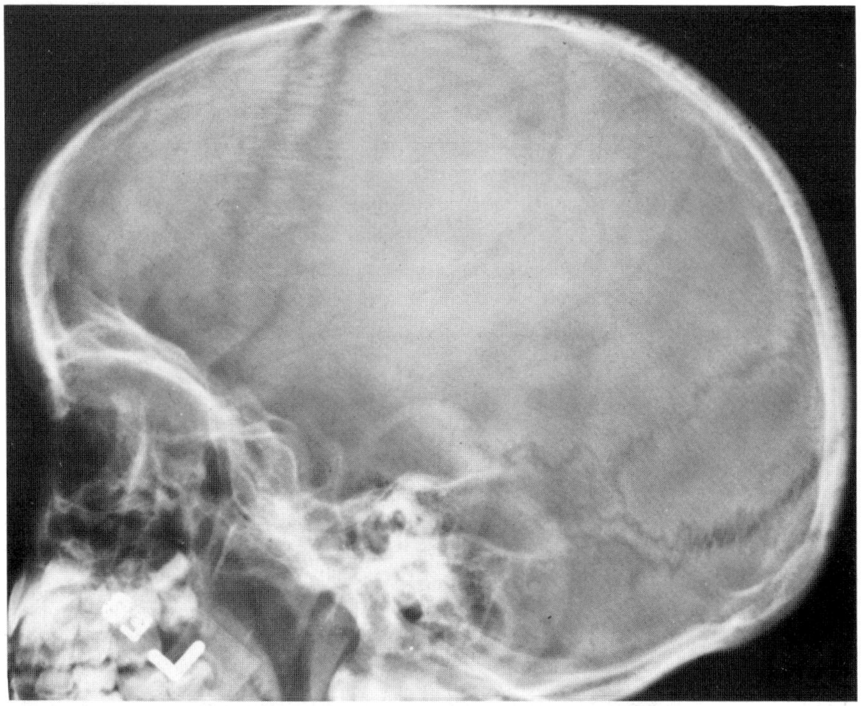

Abb. 8-1: Nahtsprengung. Bei diesem vierjährigen Knaben mit einer Ataxie und morgendlichem Erbrechen sind die Schädelnähte gesprengt. Beachten Sie die weite Kranznaht, die sich beiderseits senkrecht vom Schädeldach bis herab zu den Augenhöhlen erstreckt. Auch die Lambdanaht ist in beiden Hälften erweitert. Das CT ergab ein großes Kleinhirnastrozytom der hinteren Schädelgrube und belegt so, daß eine intrakranielle Raumforderung zu einer ganz diffusen Nahtsprengung führt, und nicht nur zu einer solchen der benachbarten Suturen.

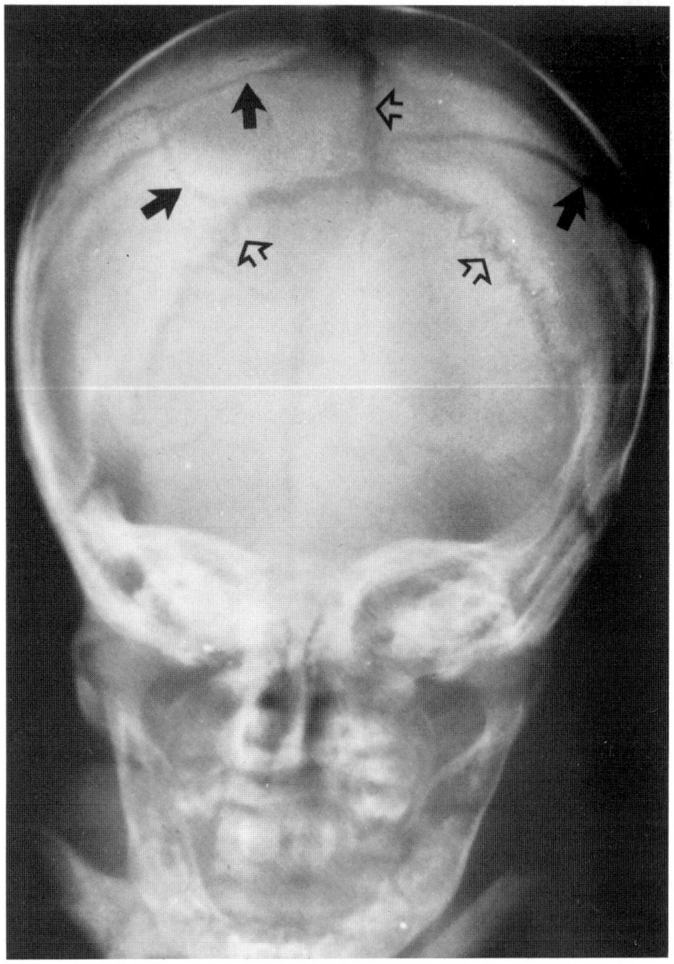

Abb. 8-2: Schädelfrakturen und Schädelnähte. Die Frakturen (dicke schwarze Pfeile) unterscheiden sich bei diesem dreijährigen Kind, das von einem Auto angefahren wurde, von den Suturen (offene Pfeile). Die Schädelnähte verlaufen an den zu erwarteten Stellen und zeigen die feinen Verkerbungen, besonders der linken Lambdanahthälfte. Die Frakturen verlaufen geradliniger, verzweigen sich und sind ihrem Verlauf nach untypisch für Schädelnähte.

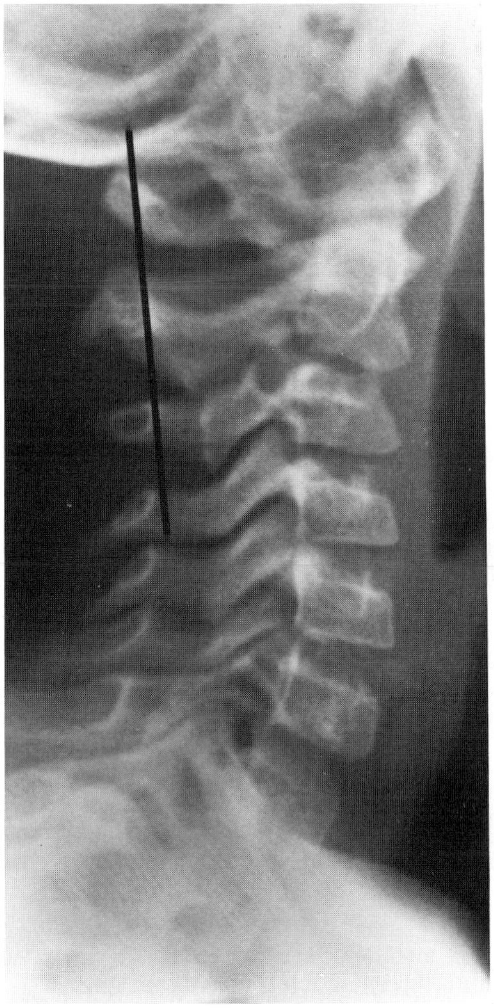

Abb. 8-3: Pseudosubluxation des Axis gegenüber dem dritten Halswirbel (C 3). Obwohl C 2 gegenüber C 3 etwas nach vorne verkippt erscheint, verläuft doch die Linie, die die hinteren Bogenanteile miteinander verbindet, auch durch den Bogenanteil von C 2; dies ist ein Normalbefund und nicht Zeichen einer Fraktur.

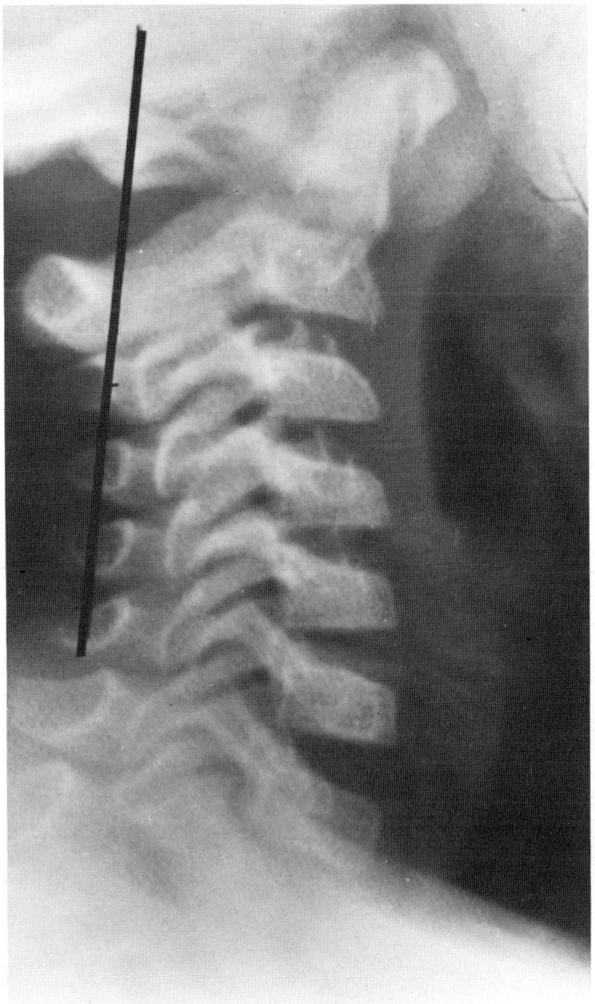

Abb. 8-4: Halswirbelsäulenfraktur mit einem positiven Zeichen der «spinolaminären Linie». Die Dreijährige erlitt eine Subluxation der oberen HWS, doch verläuft hier die spinolaminäre Linie nicht durch den hinteren Bogenanteil des Axis (1 mm Distanz). Die Densfraktur ermöglichte eine vordere Subluxation des Atlas gegenüber dem Atlas um mehr als einen Millimeter, wobei die spinolaminäre Linie die Unterbrechung des normalen anatomischen HWS-Aufbaus bestätigt.

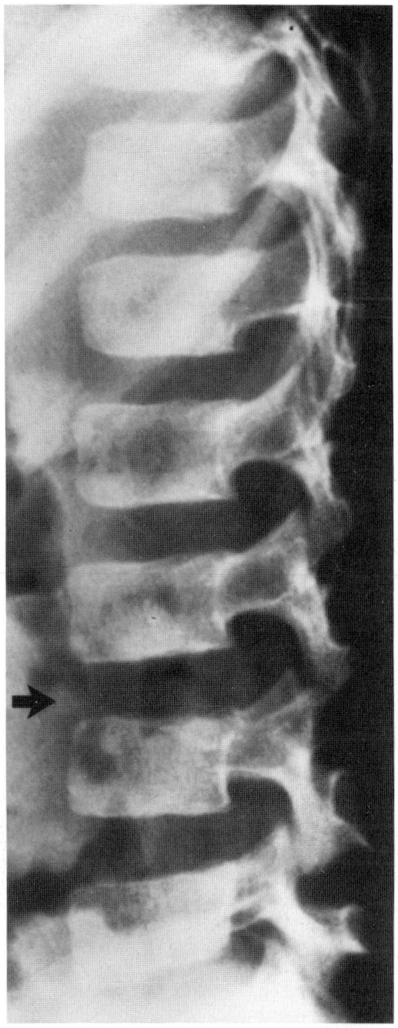

Abb. 8-5: «Sicherheitsgurtfraktur» der LWS durch einen queren Beckengurt. Die akute Hyperflexionsverletzung der LWS hat den hinteren Bandapparat der LWS zerreißen lassen und ermöglicht so die Distraktion der hinteren Wirbelelemente von L 3 und L 4 (Pfeil). Beachten Sie hier bitte, daß der Bandscheibenraum hinten weiter als vorne ist und daß dadurch die Zwischenwirbellöcher größer geworden sind. (Wiedergabe mit freundlicher Erlaubnis von Dr. George Taylor, Department of Radiology, Children-s Hospital National Medical Center, Washington, DC, USA.)

häufigsten Symptome. Doch ist die Epiglottitis, die ähnliche Symptome aufweisen kann, eine potentiell lebensbedrohende Erkrankung.
Klinisch präsentiert sich die Epiglottitis unter einem etwas anderen Bild als der Croup/Pseudocroup (Tab. 8-3), doch sind diese Unterschiede im echten Leben nicht immer so klar wie in den Lehrbüchern. Um alles noch weiter zu verschlimmern, kann die körperliche Untersuchung von Kindern mit einer Epiglottitis die Atemwegsverlegung gar noch verschlechtern. Infolgedessen sind Weichteilaufnahmen des Halses bei der Abklärung von Erkrankungen der oberen Luftwege ganz entscheidend.[3]
Zwar ist die Anatomie des Hypopharynx problemlos zu verstehen und sind die Röntgenbefunde einer Epiglottitis in aller Regel ganz eindeutig, dennoch bereitet die Befundung dieser Aufnahmen vielen Ärzten in der Notaufnahme und auch manchem Radiologen Unbehagen.

Tab. 8-3: Erkrankungen der Luftwege

Kriterien	Epiglottitis	Croup
Alter(sgipfel)	3–4 Jahre	1–2 Jahre
Beginn	sehr schnell	allmählich
Haltung des Kindes	aufrecht	Rückenlage
Sabbern	ja	nein
Fieber	hohes Fieber	geringes Fieber
Husten	nicht sehr auffällig	bellender Husten
Stimme	weich, gedämpft	rauh

Röntgentechnik

Wir verwenden zum routinemäßigen Studium der Halsweichteile eine seitliche und eine a.-p. Aufnahme des Halses. Leidet der Patient an schwerer Atemnot, dann kann auch schon eine Seitaufnahme allein hinreichend sein, um eine Epiglottitis nachzuweisen oder auszuschließen. Im Idealfall sollte der kleine Patient dabei aufrecht sitzen oder stehen und die HWS gestreckt halten. Die Aufnahmen sollten bei Inspiration und wenn der Patient gerade nicht schluckt, angefertigt werden, doch ist die genaue zeitliche Abschätzung solcher Aufnahmen oft recht schwierig. Sind die oberen Luftwege auf der Seitaufnahme durch Weichteile verschattet, dann sollte eine solche Aufnahme wiederholt werden.

Normale Anantomie

Um eine Weichteilaufnahme des Halses zu «lesen», identifizieren Sie bitte zunächst die wichtigen anatomischen Strukturen (Abb. 8-6). Auf der seitlichen Halsaufnahme ist in aller Regel das vorne gelegene Zungenbein leicht zu finden. Der Luftraum hinter dem Zungenbein und oberhalb davon ist die Vallecula. Oberer und vorderer Rand der Vallecula ist der Zungengrund. Der Hinterrand der Vallecula ist die Epiglottis. Meist ist die Epiglottis wie eine Schneide geformt, wobei der obere Anteil schmäler als die Basis ist. Es existiert jedoch eine erhebliche Variationsbreite; der Spitzenteil der Epiglottis ist zwar flach, er kann sich aber beiderseits so verbreitern, daß er wie der griechische Buchstabe «Omega» geformt ist. Diese Seitenlappen können manchmal eine Vergrößerung der Epiglottis vortäuschen.
Die normale Epiglottis stellt sich gegen die Luft in der Vallecula und der supraglottischen Region dar, dabei ist sie schmal, gleich ob die omegaartigen Seitenlappen vorhanden sind oder nicht.
Das Aussehen der aryepiglottischen Falten ist bei der Diagnose einer Epiglottitis ganz entscheidend. Diese Falten verlaufen von der oberen Rückfläche der Epiglottis nach unten und hinten zu den Arytenoidknorpeln. Die Stimmlippengegend und der Kehlkopfventrikel liegen unterhalb der aryepiglottischen Falten über dem oberen Luftröhrenende. Oberhalb der Falten erkennt man die Uvula, die Adenoide und die retropharyngealen Weichteile.
Eine a.-p. Aufnahme zeigt die Gestalt des oberen Luftwegs. Die Luftsäule in der Trachea sollte sich beiderseits bei einem Gesunden nach innen zu den echten Stimmlippen hin verschmälern.

Epiglottitis

Die Epiglottitis, die sich meist im Gefolge einer Infektion mit Haemophilus influenzae in den Weichteilen oberhalb der Glottis entwickelt, wird nach der hellroten und entzündeten Epiglottis benannt, die so laryngoskopisch sichtbar ist. Tatsächlich beruht diese lebensbedrohende Luftwegsverlegung aber auch auf einem Ödem der aryepiglottischen Falten, die die Glottisöffnung flankieren. Einige Koryphäen auf diesem Gebiet bezeichnen diesen Zustand denn auch als «Supraglottitis».
Patienten mit einer Epiglottitis weisen zwei wichtige röntgenologische Befunde auf, auf die man zu achten hat (Abb. 8-7): Am zuverlässigsten ist eine Schwellung der aryepiglottischen Falten. Deren weichteildichte Verschattung überbrückt den Luftweg oberhalb der Glottis. Im Normalfall sind diese Falten zwar nur sehr zarte segelartige Strukturen, angeschwollen können die aryepiglottischen Falten dagegen bis zu mehreren Millimetern stark werden.
Der zweite Befund ist die Schwellung der Epiglottis selbst. Die angeschwollene Epiglottis ist rund wie eine Fingerkuppe. Innerhalb der Silhouette der Epiglottis ist dann die supraglottische Luftsäule nicht mehr zu erkennen. Manchmal verlegt die angeschwollene Epiglottis sogar die Vallecula.
Eine Aufblähung («Ballonierung») des Hypopharynx kann man auch bei diesen Patienten beobachten, doch ist dieses Zeichen unspezifisch und dabei noch von der Atemlage abhängig.
Hüten Sie sich bitte davor, sich allein auf die Größe der Epiglottis zu verlassen, ohne dabei auf die aryepiglottischen Falten zu achten. Die oben beschriebene omegaförmige Epiglottis kann eine Schwellung imitieren. Handelt es sich um eine echte Epiglottis, dann wird die Luftsäule innerhalb der Silhouette einer entzündeten Epiglottis durch ein Ödem verlegt sein, und die aryepiglottischen Falten sollten als Weichteilverschattung erscheinen, die den Luftweg oberhalb der Glottis kreuzt.

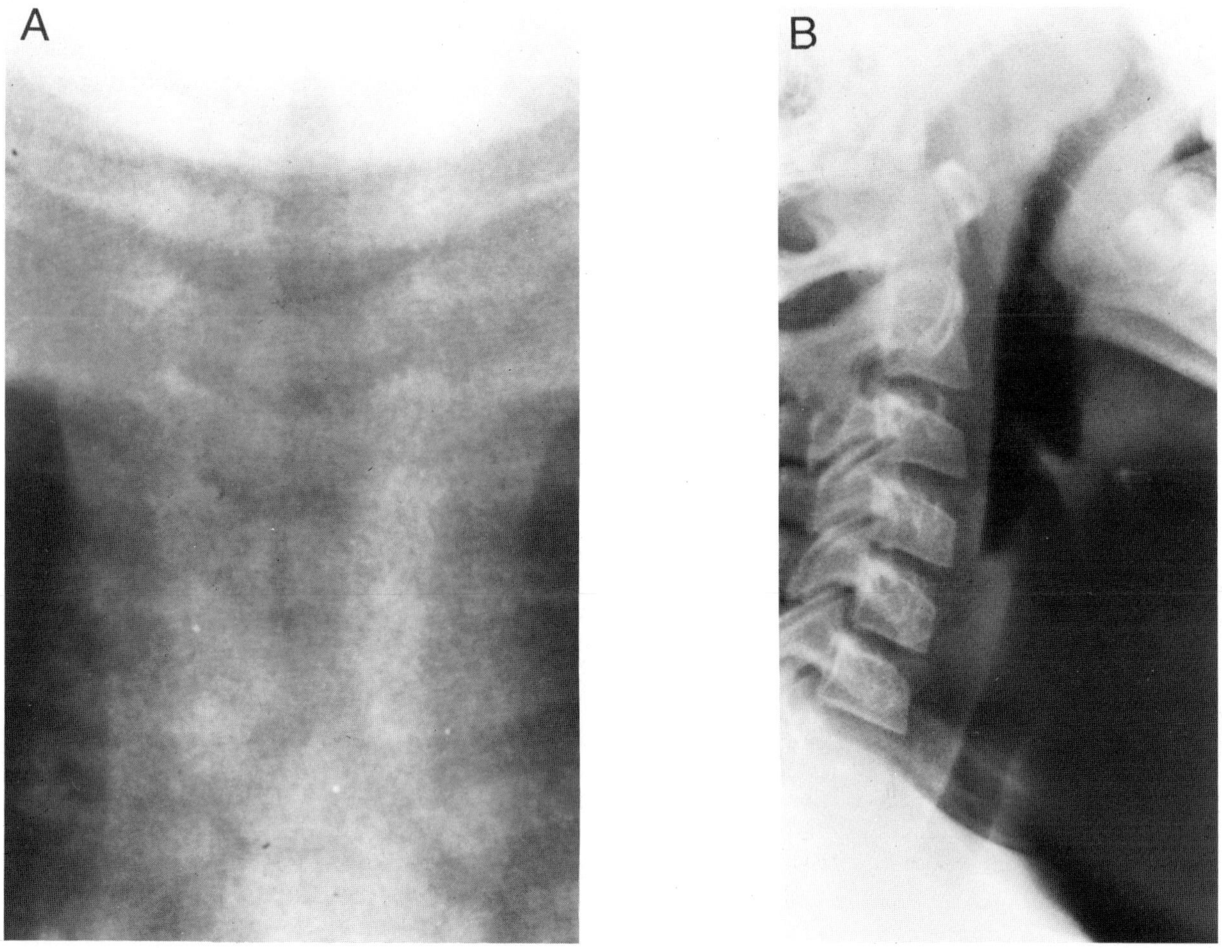

Abb. 8-6: Normale Luftwege. **A** und **B.** Die Epiglottis befindet sich direkt hinter dem horizontalen Zungenbeinanteil. Obwohl der Schatten der Epiglottis abgerundet erscheint, umgibt doch Luft deren Rückfläche. Zusätzlich ist der Luftweg zwischen der Glottis und den Aryte-noidknorpel frei. Die aryepiglottischen Falten sind so dünn, daß sie auf diesem Röntgenbild unsichtbar sind.

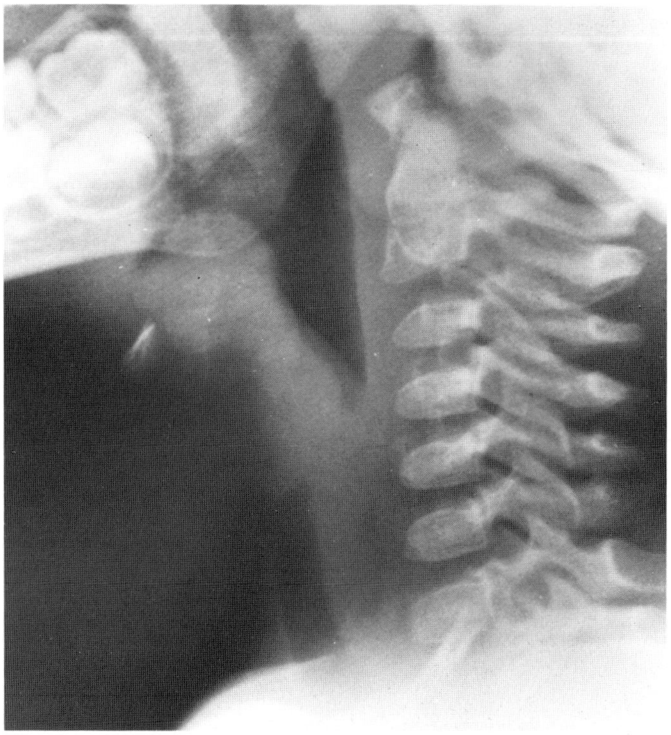

Abb. 8-7: Epiglottitis. Dieses Röntgenbild eines $2\frac{1}{2}$jährigen Mädchens mit Fieber und Atemnot zeigt die beiden Leitmerkmale der Epiglottitis. Zunächst einmal erscheint der Luftweg oberhalb der Stimmlippen völlig durch die angeschwollenen aryepiglottischen Falten verlegt. Die Epiglottitis zieht hier auch die supraglottischen Strukturen in Mitleidenschaft; die Anschwellung dieser Falten ist für die Luftwegsverlegung denn auch verantwortlich. Zum zweiten ist die Epiglottis selbst vergrößert. Innerhalb des Schattens der Epiglottis ist keine Luftsäule feststellbar, ein Befund, der die Epiglottitis gegen die omegaförmige Epiglottis abgrenzen läßt.

Abb. 8-8: Die Form des Luftröhrenschattens. Diese beiden Weinflaschen illustrieren die Tracheaform bei Gesunden und beim Croup. Die Rotweinflasche links hat Schultern ähnlich dem normalen Erscheinungsbild der Luftröhre. Die Weißweinflasche rechts dagegen verschmälert sich nach oben zu wie der Luftweg bei einer Laryngotracheobronchitis (Croup).

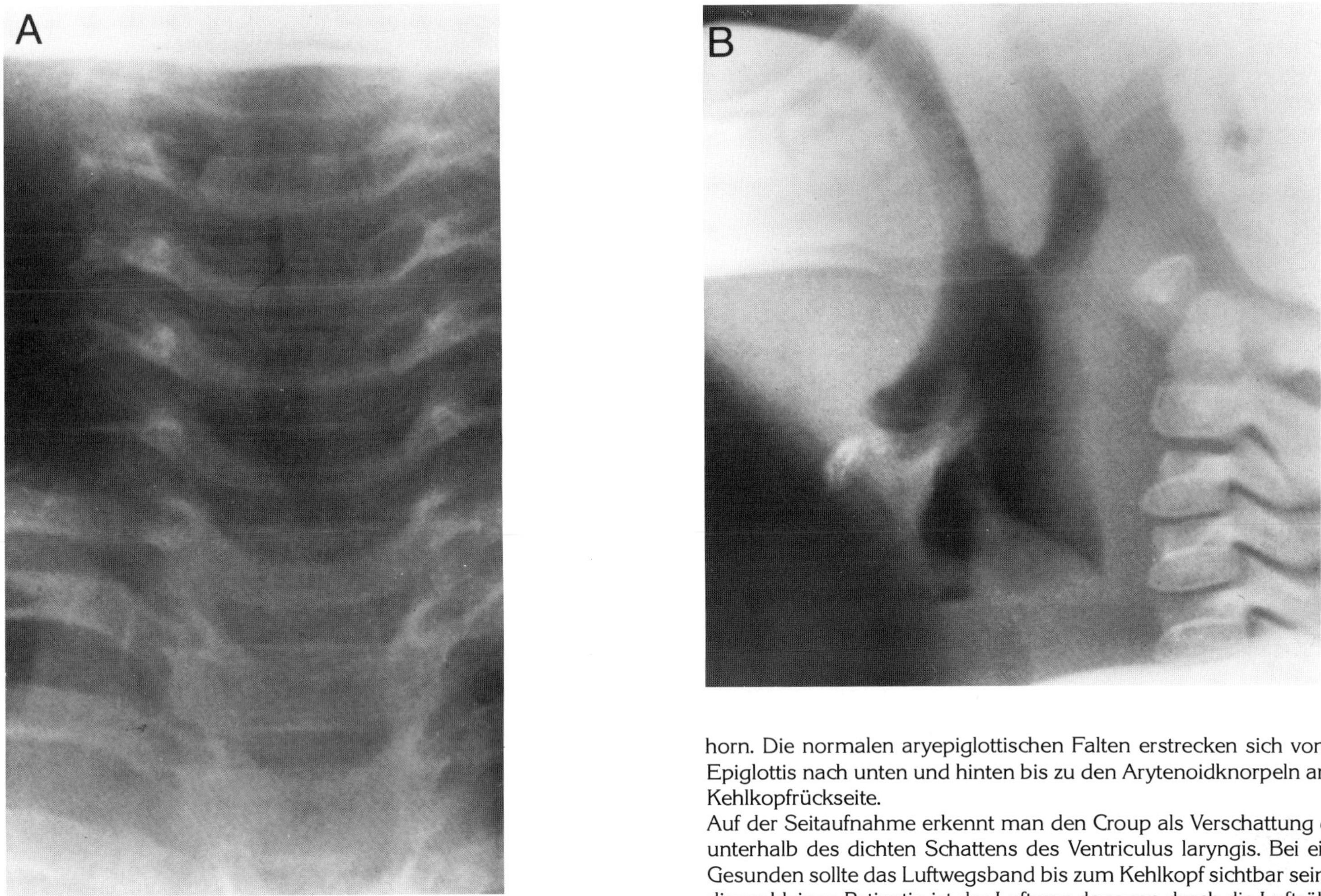

Abb. 8-9: Croup-Syndrom. Der supraglottische Anteil des Luftwegs ist bei diesem 13 Monate alten Mädchen mit einem Croup normal. Achten Sie auf die schlank erscheinende Epiglottis hinter dem Zungenbeinhorn. Die normalen aryepiglottischen Falten erstrecken sich von der Epiglottis nach unten und hinten bis zu den Arytenoidknorpeln an der Kehlkopfrückseite.
Auf der Seitaufnahme erkennt man den Croup als Verschattung dicht unterhalb des dichten Schattens des Ventriculus laryngis. Bei einem Gesunden sollte das Luftwegsband bis zum Kehlkopf sichtbar sein. Bei dieser kleinen Patientin ist der Luftweg dagegen durch die Luftröhrenentzündung nahezu verlegt.
Die Seitaufnahme zeigt die Verschmälerung des oberen Luftröhrenanteils ähnlich dem Flaschenhalsprofil der Chablis-Weißweinflasche in Abb. 8-8.

Patienten mit einer Epiglottitis bedürfen in aller Regel einer Intubation und der antibiotischen Therapie.

Pseudocroup (virale Laryngotracheobronchitis)

Die häufigste Erkrankung der Luftwege, die zu Husten und einer Obstruktion des oberen Luftweges führt, ist die virale Laryngotracheobronchitis oder der Pseudocroup. Patienten mit einem Pseudocroup haben oft einen charakteristischen Husten und sind meist jünger als Patienten mit einer Epiglottitis; dabei bedürfen sie nur selten einer Intensivbehandlung.
Beim Pseudocroup-Syndrom verursacht eine Einengung des subglottischen Luftweges durch ein Ödem der Luftröhrenschleimhaut die Symptome seitens der Atemwege. Diese Einengung ist in einer a.-p. Aufnahme als konische Verschmälerung der Luftsäule der oberen Trachealanteile zu sehen. Der Luftweg ähnelt beim Pseudocroup dem sich allmählich nach oben hin verschmälernden Hals einer Weißweinflasche. Im Gegensatz dazu ist der normale Luftweg dem schulterartigen Halsteil einer Bordeaux-Rotweinflasche ähnlich (Abb. 8-8).
Auf der Seitaufnahme erscheint die subglottische Einengung – hier ist der Ventriculus laryngis die anatomische Grenzmarke – als weichteildichte Verschattung, die sich mit zunehmender Aufweitung des Luftwegs nach unten zu immer mehr aufhellt (Abb. 8-9). Auch kann man eine Aufweitung des Hypopharynx mit vermehrtem Luftgehalt sehen, besonders wenn es sich um schwere Fälle handelt.
Die röntgenologischen Zeichen sind beim Pseudocroup leider nicht so zuverlässig wie bei der Epiglottitis. Patienten mit den

Symptomen eines Pseudocroup-Syndroms bieten oft nur wenige radiologische Befunde, gelegentlich kann auch einmal ein asymptomatischer Patient eine Subglottisform wie beim Pseudocroup bieten.
In aller Regel bedürfen Patienten mit einer Laryngotracheobronchitis lediglich einer symptomatischen Behandlung; nur selten haben diese Patienten eine schwerere Atemwegsbehinderung, die eine Intubation erforderlich macht.

Thorax

Thoraxaufnahmen sind bei Kindern die häufigste Röntgenuntersuchung, und doch stellen diese Aufnahmen immer wieder eine technische Herausforderung dar. Die Ruhigstellung der Kinder ist schwierig, die Belichtungsautomaten mancher Röntgengeräte kommen mit den kurzen Belichtungszeiten und den geringen Strahlendosen, die die pädiatrische Thoraxdiagnostik erfordert, nicht zurecht.
Wenn keine Spezialausrüstung verfügbar ist, sehen die meisten Röntgenanlagen für die sagittale und die seitliche Röntgenthoraxaufnahme bei Kindern, die zu klein oder zu zappelig sind, um für eine konventionelle «Erwachsenenaufnahme» zu stehen, Aufnahmen in Rücken- oder Seitenlage vor. Oft muß dann ein Elternteil das Kind in der jeweiligen Stellung für die Aufnahmen halten und dabei Sandsäcke verwenden, um die herumschlagenden Arme und Beine zu immobilisieren.
Die Röntgenuntersuchung des Thorax sollte auch eine seitliche Aufnahme einschließen, die besonders dabei hilft, die Zwerchfelle und die Unterlappen zu beurteilen und pathologische Prozesse zu lokalisieren, die in einer sagittalen Aufnahme sichtbar sind.
Idealerweise sollten beide Aufnahmen bei vollständiger Einatmung vorgenommen werden. Exspirationsaufnahmen können nämlich eine Pneumonie vortäuschen (Abb. 8-10).

Normale Anatomie

Natürlich ist ein kindlicher Thorax kleiner als der eines Erwachsenen, daneben gibt es aber noch weitere Unterschiede.
Auffälligster Unterschied ist oftmals der Thymus. Beim Kind ist der normale Thymus relativ größer als beim Erwachsenen; bei Kindern unter zwei Jahren kann er sogar so groß sein, daß er den Herzschatten völlig überlagert. Bei älteren Kindern kann er noch immer sichtbar sein. Der Thymus ist ein vorne gelegenes Organ und verlagert die Luftröhre nicht. Als weiche und anpassungsfähige Struktur kann er sich manchmal längs der Lappenspalten ausdehnen, dabei besonders in den kleinen Lappenspalt auf der rechten Seite, und dadurch zu sonderbaren mediastinalen und paramediastinalen Verschattungen führen. Der wellige Rand des Thymus, hervorgerufen durch den Kontakt mit den Interkostalmuskeln, ist das übliche Erkennungszeichen, um eine solche benigne «Raumforderung» zu identifizieren (s. Abb. 8-12).
Ein weiterer Unterschied zwischen Babies und Erwachsenen liegt in der stärkeren Lordosierung des Thorax auf sagittalen Aufnahmen. In der a.-p. Aufnahme projizieren sich die Schlüsselbeine in typischer Weise oberhalb der Lungenfelder. Zusätzlich kann das Herz beim Kinde proportional größer als beim Erwachsenen wirken.
Die Zwerchfelle sind ein guter Indikator für die Lungenbelüftung bei Kindern. Bei einem Kind mit normal belüfteten Lungen erscheinen die Zwerchfelle weich gekrümmt. Dabei scheint das Herz auf der Zwerchfellsilhouette zu ruhen und ähnelt dabei einem Softball, der auf einem Kissen liegt.
Die Luftröhre ist in der Kindheit eine noch recht biegsame Struktur. Atmen, Schreien bzw. Weinen und Sich-Krümmen können allesamt zu einer betonten Krümmung in der sagittalen oder der seitlichen Aufnahme führen. Selbst rechtwinklige Trachealabknickungen der Luftröhre sind bei Kindern unter drei Jahren noch normal. Wiederholungsaufnahmen in einer anderen Lage oder Stellung sollten in solchen Fällen dann die Biegsamkeit der Luftröhre aufzeigen.

Bronchiolitis und «Viruspneumonie»

Infektionen der unteren Luftwege sind bei weitem die häufigste Lungenerkrankung, die man in einer allgemeinpädiatrischen Klinik antrifft. Diese Infektionen neigen zu saisonalem Auftreten und sind dabei im Herbst und im Winter schlimmer. Kinder unter zwei Jahren sind besonders empfänglich dafür, weil ihre Bronchien noch sehr klein sind, die Schleimproduktion noch stärker ist und die Luftwege noch stärker reagieren.
Klinisch sind diese Kinder krank. Sie haben Fieber, Husten und Tachypnoe. Wegen des Hustens hatten sie und deshalb wohl auch ihre Eltern bereits mehrere Nächte lang nur wenig Schlaf gehabt.
Röntgenologisch bieten diese kleinen Patienten unterschiedliche Befunde, in der Regel durch die Bronchialobstruktion gefangene Luft (= air trapping), Atelektasen, eine Hiluslymphknotenschwellung und ein interstitiell betontes Zeichnungsmuster der Lungen (Abb. 8-11).
Air trapping und Atelektase sind nun zwei Aspekte von ein und demselben pathologischen Vorgang. Die Bronchiolen sind bei Kindern eng. Wenn die Schleimhautauskleidung dieser Luftwege sich durch ein Ödem verdickt, dann verschmälert sich der Luftweg und setzt so dem Luftfluß bei der Exspiration einen größeren Widerstand entgegen als bei der Inspiration. Die Luftwegsverlegung gegenüber der Ausatmung führt zum air trapping. Mit fortschreitender Erkrankung verlegt die ödematöse Schleimhaut die Bronchiolen, oder sie sind durch Schleim verstopft, so daß das nicht mehr belüftete Lungensegment atelektatisch wird.
Im Röntgenbild ist der Zwerchfellschatten einer der besten Indikatoren eines air trapping. Während das normale Zwerchfell

bogig verläuft, stehen die Zwerchfellhälften beim air trapping tiefer und sind abgeflacht. Bei überblähten Lungen scheint das Herz eher einer Bergspitze aufzusitzen als auf einem normalen Kissen aufzuliegen.
Eine Atelektase imponiert bei diesen Kindern als streifige Verdichtung mit unterschiedlichem Verlauf (Abb. 8-12). Die meisten Atelektasen entstehen in der Hilusregion und dehnen sich nach peripher aus. Meist handelt es sich hierbei um wechselnde Befunde, die abrupt entstehen und sich ebenso schnell wieder lösen. Gelegentlich kann auch ein ganzer Lungenlappen atelektatisch werden.
Eine Virusinfektion der unteren Luftwege, die durch ein betontes air trapping charakterisiert ist, wird Bronchiolitis genannt; sie wird häufig durch das Respiratory-Syncytial-Virus verursacht.
Die interstitiellen Infiltrate bei Kindern mit Virusinfektionen der unteren Luftwege sind am häufigsten perihilär gelegen. Sowohl das Lungeninterstitium als auch die Bronchialwände sind hierbei beteiligt; am Ergebnis führt dies zu einem verwaschenen Bild. Die Hili und der Herzrand können dann unscharf werden.
Ein weiterer häufiger Befund bei diesen Patienten ist eine Lymphknotenschwellung, wobei die Hili mitunter sehr groß werden. Die Lymphadenopathie ist zwar auch ein Zeichen bei der Tuberkulose, bei Lymphomen, bei der Histiozytosis X und der Sarkoidose, doch sind die üblichen Viruserkrankungen weitaus häufiger die Ursache.
Typischerweise bieten Kinder mit einer Viruspneumonie keine Lungeninfiltration. Meist stellen Verschattungen der Lunge bei Patienten mit dem typischen klinischen Bild einer Viruspneumonie eine kollaptische Lunge dar. Die Atelektase sollte immer von einem Lungeninfiltrat unterschieden werden, welches einen Lungenanteil darstellt, der durch entzündliche Flüssigkeit etwas aufgetrieben ist.

Runde Pneumonie

Diese meist durch Streptococcus pneumoniae verursachten Pneumonien sind kugelförmige Infiltrate (Abb. 8-13). Kinder mit einer runden Pneumonie haben weniger schwere Symptome, aber höheres Fieber als Kinder mit Viruserkrankungen der unteren Luftwege; körperliche Befunde können sogar völlig fehlen. Die klinischen Konsequenzen sind bei einer runden Pneumonie die gleichen wie bei einer Lappeninfiltration.
Es handelt sich hier insofern um wichtige Veränderungen, als sie als bakteriell bedingt erkannt werden sollten, weshalb sie auch einer antibiotischen Behandlung bedürfen. Zusätzlich sollte man bei diesen Kindern eine Kontrollaufnahme anfertigen, um die Lösung der Pneumonie zu dokumentieren. Was anfangs als eine runde Pneumonie erscheinen mag, kann sich später als Raumforderung herausstellen (Abb. 8-14)!

Asthma bronchiale

Das Asthma bronchiale ist ein bei Kindern häufiges Problem. Es handelt sich um ein bronchospastischen Leiden, das durch eine Vielzahl von Stoffen und Umständen hervorgerufen wird.
Im Röntgenbild ist ein beiderseitiges air trapping das häufigste Merkmal eines akuten Asthmaanfalls. Ähnlich der Bronchiolitis bei jüngeren Patienten führt das Lungenasthma zu einer Zwerchfellabflachung und zu vermehrt strahlentransparenten Lungenfeldern. Das Herz wirkt dabei, als stünde es auf einer Bergkuppe und nicht so sehr, als ruhte es auf einem Kissen (Abb. 8-15).
Schleimpfröpfe in Bronchien und Bronchiolen sind ein häufiges Merkmal des Asthma bronchiale, die Folge sind linienartige oder plattenförmige Atelektasen. Solche Atelektasen sehen streifig aus und nehmen ihren Ursprung oft am Lungenhilus. Sie sind flüchtige Erscheinungen, lösen sich sehr schnell wieder auf und erscheinen schnell wieder anderswo in der Lunge. Diese Verschattungsstreifen stellen keine pneumonischen Infiltrate dar (s. Abb. 8-15).
Während eines Asthmaanfalls kann Luft aus den Luftwegen austreten und über das Lungeninterstitium in das Mediastinum gelangen. Meist erkennt man ein Pneumomediastinum als einen feinen Pleurastreifen längs der mediastinalen Lungenoberfläche in einer a.-p. Aufnahme. Gelegentlich kann das Pneumomediastinum Anschluß an die Halsweichteile finden (sog. Pneumokollum; Anm. d. Übers.) (vgl. Abb. 8-15) oder Anschluß in den Bauchraum. Meist sind aber diese Leckagen klinisch unbedeutend.
Die wahrscheinlich wichtigste Aufgabe, die eine Thoraxaufnahme bei einem Patienten mit einem Asthmaanfall erfüllt, ist der Ausschluß einer pneumonischen Infiltration. Eine bakterielle Pneumonie kann einen Asthmaanfall bei einem dafür empfänglichen Individuum auslösen. Das Vorliegen einer pneumonischen Infiltration auf dem Boden eines Asthmas ist eine Indikation für Antibiotika wie auch für Bronchodilatatoren, die der Bronchospasmus erfordert.
Es gibt viele ähnliche Befunde in den Röntgenbildern von Babies und Kleinkindern mit einer Bronchiolitis und denen älterer Kinder mit einem Asthma bronchiale. Beide Krankheitsbilder sind durch interstitielle pulmonale Verschattungen, beiderseitig gefangene Luft, Bronchialwandverdickung und Atelektasen gekennzeichnet. Beide können mit einer Virusinfektion der unteren Luftwege einhergehen, aber die Bronchiolitis der Babies und der Kleinkinder reagiert nicht so gut auf Beta-Sympathomimetika. Die Bronchiolitis hat meist eine virale Ätiologie, während es sich bei den Auslösern des Asthma um Bakterien handelt. Eine Bronchiolitis bei einem Säugling oder einem Kleinkind bedeutet nicht, daß das Kind später im Leben ein Asthmatiker sein wird. Wegen der Überlappung beider Krankheiten stellen viele Pulmologen die Diagnose eines Asthma bronchiale nicht vor Ende des zweiten Lebensjahres.

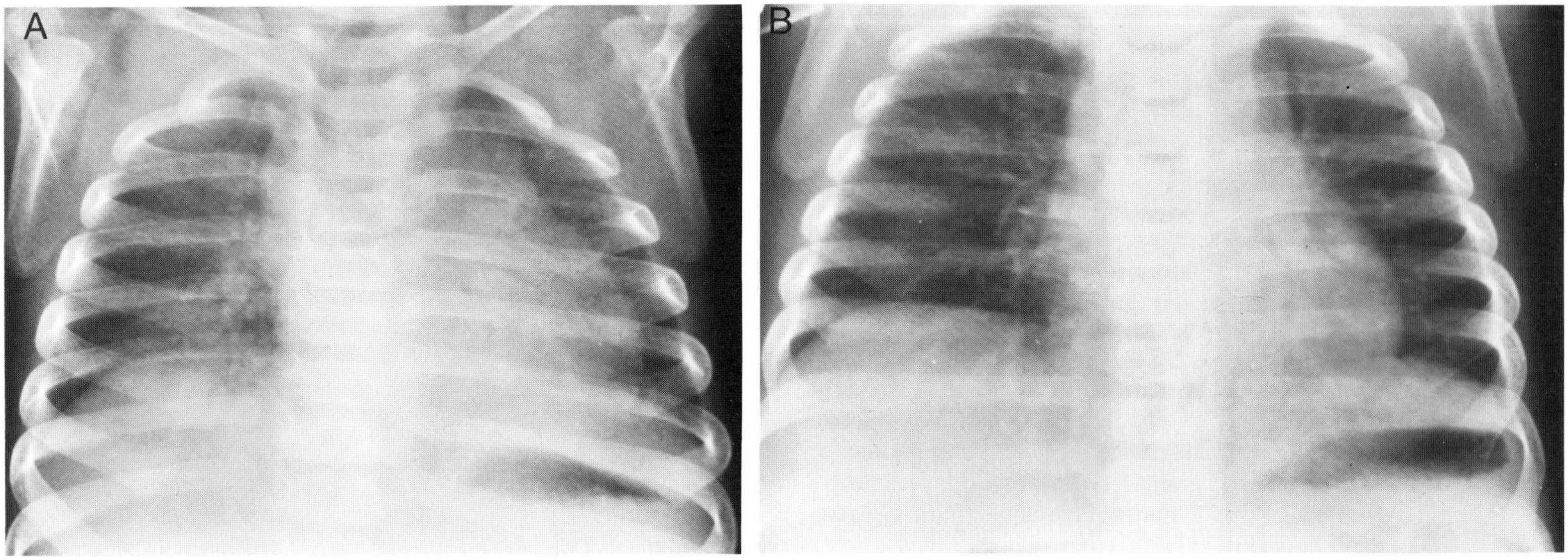

Abb. 8-10: Inspiratorische und exspiratorische Thoraxaufnahme. Diese nur wenige Minuten nacheinander aufgenommenen Thoraxbilder zeigen den erheblichen Unterschied zwischen einer Aufnahme in Ausatmung **(A)** und einer in Einatmung **(B)**. Die exspiratorische Aufnahme läßt an eine Pneumonie denken, und das Herz erscheint verbreitert. Die Wiederholungsaufnahme in Einatmung zeigt normale Lungen und eine normale Herzgröße.

Fremdkörper in den Atemwegen

Die Aspiration eines Fremdkörpers ist bei Kindern ein häufiges Geschehnis. Dabei ist der verschluckte Gegenstand meist nicht schattengebend. Am häufigsten werden Erdnüsse aspiriert.
Oft wird in der vorliegenden Anamnese der plötzliche Beginn von Husten oder ein anfallsartiges Würgen erwähnt. Gelegentlich führt die spezifische Vorgeschichte mit der Angabe eines Verschluckens in den falschen Weg den Kliniker auf die richtige Fährte.
Ist der Fremdkörper schattengebend, dann ist er auch leicht zu sehen. Leider ist er im typischen Fall strahlentransparent, so daß dann die sekundären Auswirkungen auf die Lunge den Schlüssel zu Diagnose liefern. Röntgenologisch können endobronchiale Fremdkörper zu verschiedenen Erscheinungsbildern führen.
Ein endobronchialer Fremdkörper kann das Bild eines gleichseitigen air trapping abgeben (Abb. 8-16). Dazu kommt es, weil sich die Bronchien während der Inspiration durch den Unterdruck in der Lunge leicht erweitern; dabei kann noch etwas Luft um den Fremdkörper herum vorbeigepreßt werden. Bei der Ausatmung werden die Bronchien nicht erweitert, so daß die gefangene Luft nur schwer aus den Atemwegen entweichen kann. Es handelt sich hier um einen «Kugelventil»- oder «Klappenventil»-Mechanismus.
Die überblähte Seite kann eine Zwerchfellabflachung aufweisen, ferner eine Spreizung der Pulmonalarterien und eine Mediastinalabdrängung zur normalen Seite (bei der Inspiration oder der Neutralstellung). Der unterschiedliche Höhenstand beider Zwerchfellhälften auf der Seitaufnahme ist hierfür ein hilfreicher

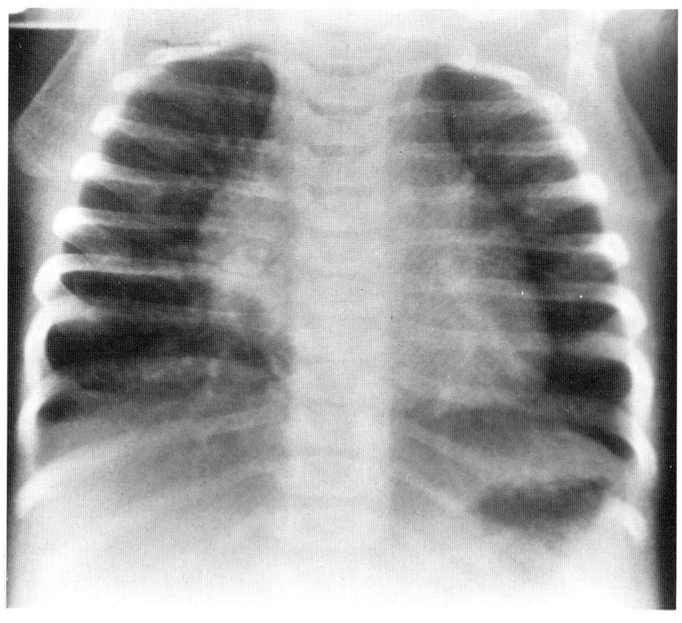

Abb. 8-11: Viruserkrankung der unteren Luftwege. Dieses 9 Monate alte Mädchen hatte leichtes Fieber, eine «laufende» Nase und schweren Husten. Die Thoraxaufnahme zeigt eine beiderseitige Zwerchfellabflachung. Beide Lungenhili sind vergrößert. Die Lungenfelder erscheinen gegenüber einem normalen Thorax (vgl. Abb. 8-10 B) weniger strahlentransparent.

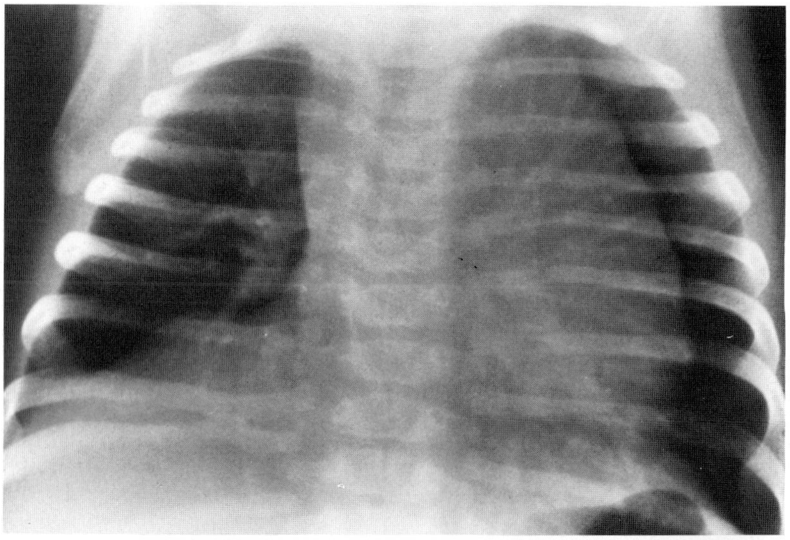

Abb. 8-12: Bronchiolitis mit einer Atelektase des rechten Ober- und des linken Unterlappens. Dieser 4 Monate alte Säugling mit Tachypnoe und Husten zeigt die typischen Röntgenbefunde einer Viruserkrankung der unteren Luftwege. Außer der Zwerchfellabflachung liegen beiderseits Atelektasen vor. Die keilförmige Verschattung im medialen Anteil des rechten Lungenoberlappens stellt den Kollaps der medialen Anteile des rechten Oberlappens dar. Subtiler ist dagegen eine lineare Aufhellung im linken Lungenunterlappen hinter dem Herzschatten. Beide Befunde waren in einer Kontrollaufnahme nicht mehr nachweisbar.
Daneben sehen Sie zwei Zufallsbefunde: Eine Fusion der achten und neunten Rippe rechts und einen links sich deutlich vorwölbenden Thymus.

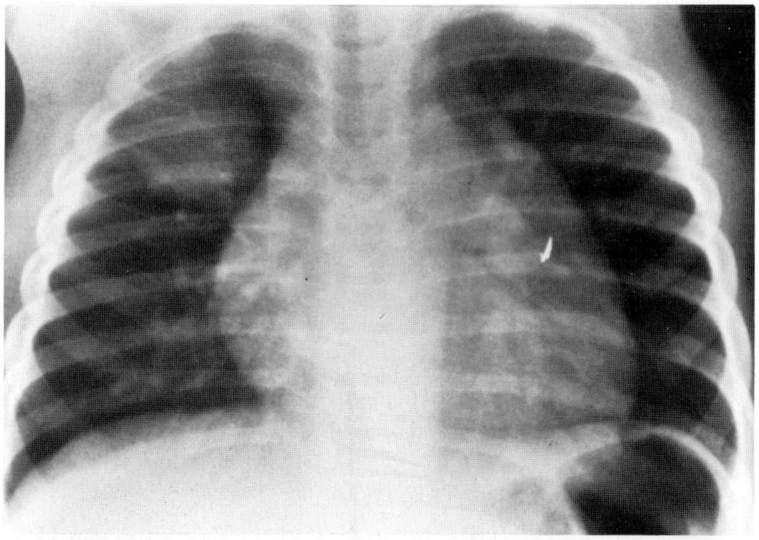

Abb. 8-13: «Runde» Pneumonie. Die kugelförmige Verschattung im rechten Oberlappen ist eine runde Pneumonie, die meist durch Pneumokokken verursacht wird (Streptococcus pneumoniae). Der weiße Streifen im linken Hilus ist ein Filmartefekt.

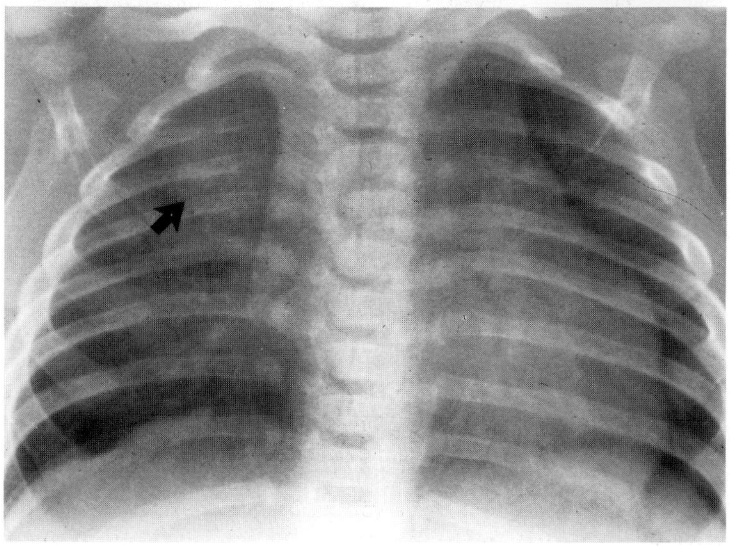

Abb. 8-14: Als runde Pneumonie getarnter Tumor. Die subtile rundliche Verschattung im rechten Oberlappen (Pfeil) ähnelt der Pneumonie von Abb. 8-13. Die nähere Betrachtung enthüllt aber eine Störung der zweiten und dritten Rippe rechts. Dieser Rundherd war ein Ganglioneuroblastom. Wegen dieser gelegentlichen Möglichkeit eines als Pneumonie getarnten Tumors empfiehlt sich eine Kontrolle zum Nachweis der Auflösung einer Pneumonie.

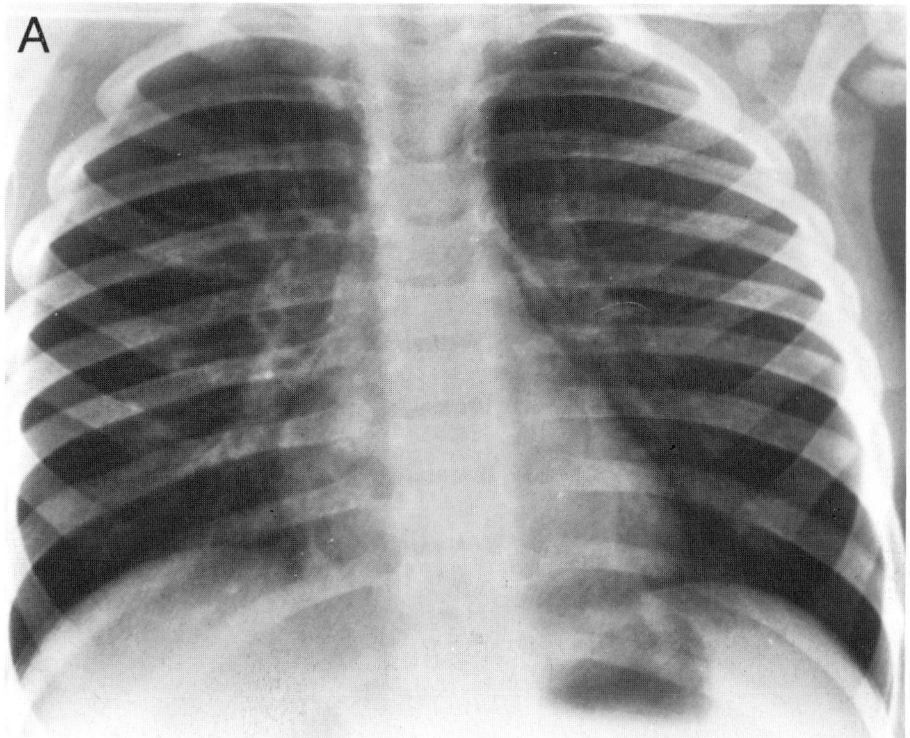

Abb. 8-15: Asthma bronchiale. Dieser 16 Monate alte Knabe hatte bereits mehrfache frühere Asthmaanfälle. Die Eingangsuntersuchung des Thorax **(A** und **B)** zeigt eine Abflachung der Zwerchfellhälften durch ein sog. air trapping, Bronchialwandverdickungen und eine kleine flekkige Atelektase an der rechten Lungenbasis sowie ein kleines Pneumomediastinum am linken Lungenhilus.

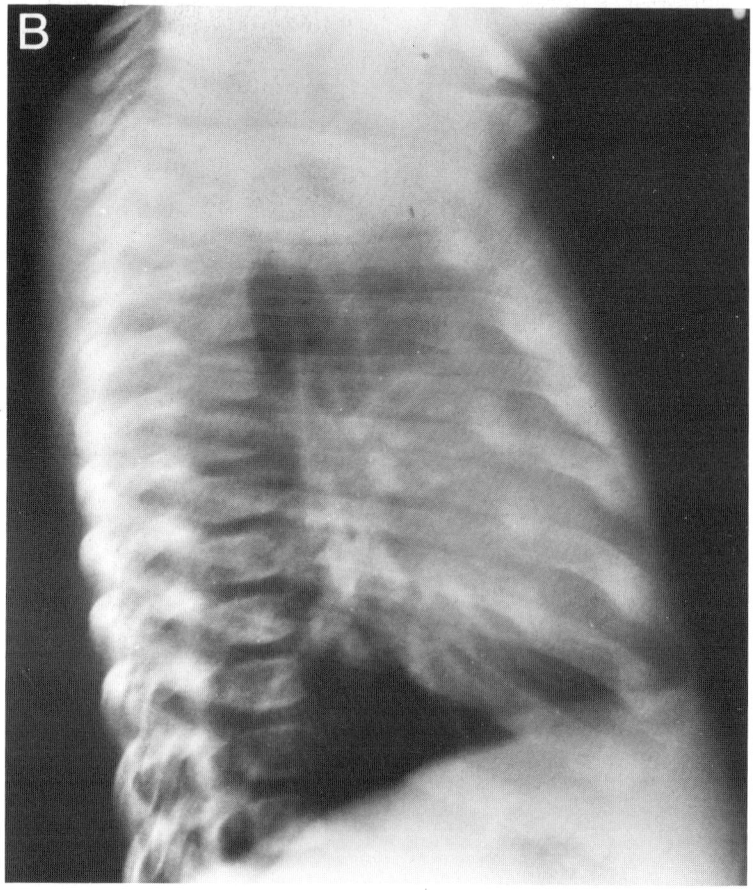

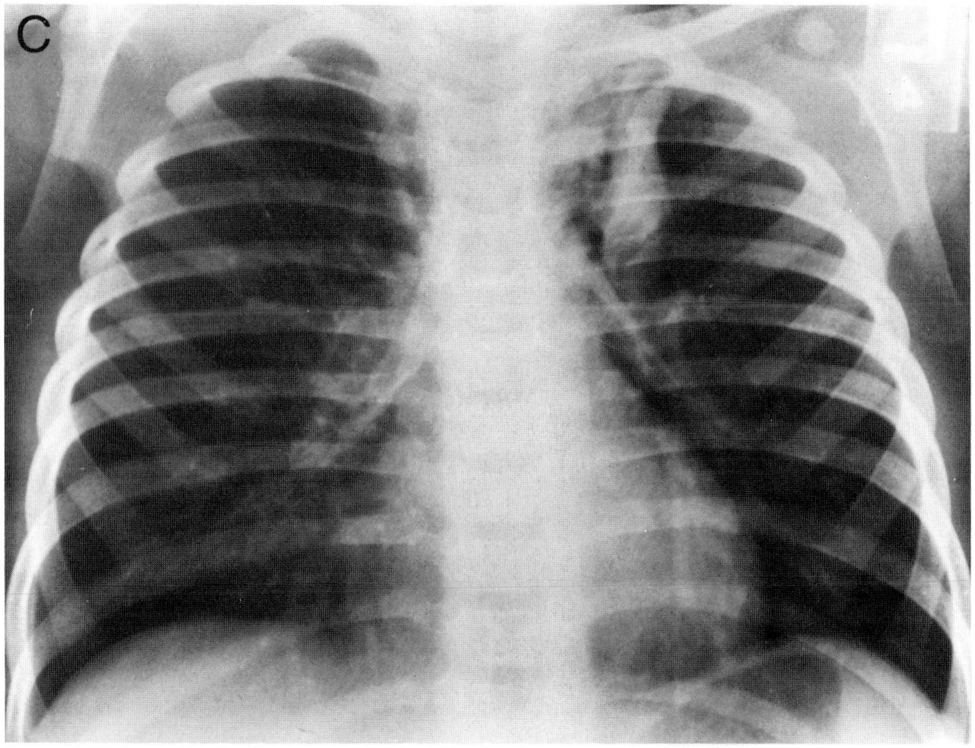

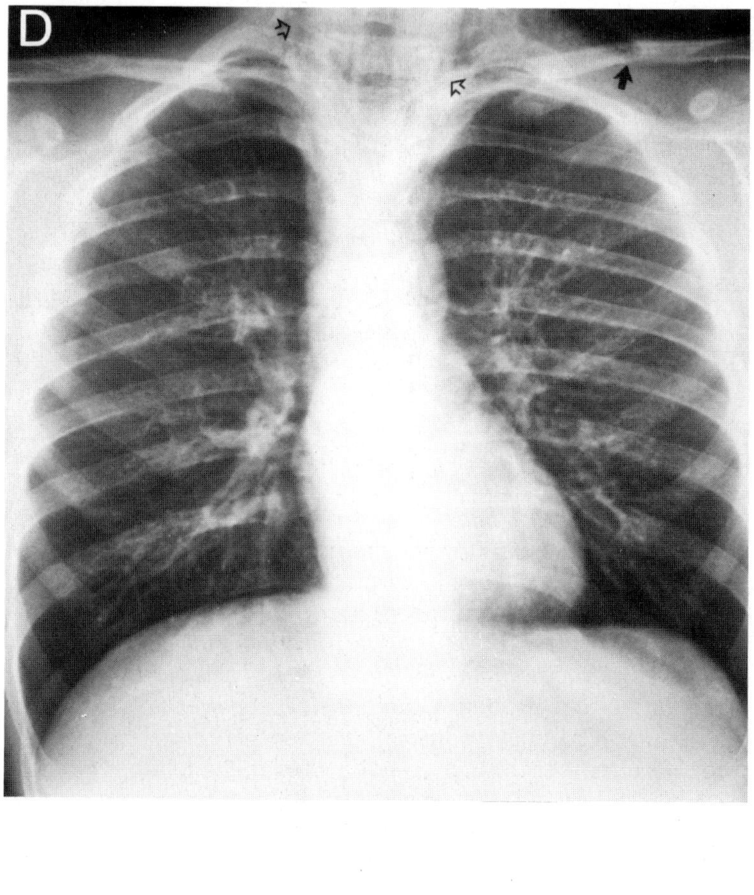

(**Abb. 8-15**, Forts.)
Eine Kontrollaufnahme am Folgetag **(C)** zeigt, wie schnell sich eine Atelektase verändern kann. Der kleine Fleckschatten an der rechten Lungenbasis hat sich aufgelöst, aber jetzt sieht man eine größere keilförmige Atelektase im linken Oberlappen. **D.** Ein älterer Patient mit Asthma bronchiale zeigt eine Dissektion von Luft in das Mediastinum und in die Halsweichteile (offene Pfeile) sowie ein subkutanes Thoraxwandemphysem (solide Pfeile) während eines bronchospastischen Anfalls.

Schlüssel. Manchmal sind diese Befunde bereits in einer normalen Thoraxaufnahme so auffällig, daß sie die Diagnose nahelegen.
Normalerweise verleihen jedoch erst röntgenologische Zusatzuntersuchungen dieser Diagnose eine größere Sicherheit. Wenn ein Durchleuchtungsgerät zur Verfügung steht, dann ist der geschilderte Kugelventilmechanismus auf dem Fernsehmonitor leicht zu sehen. Das betroffene Zwerchfell bewegt sich dann nicht so prompt wie das der gesunden Seite. Das Mediastinum wird sich unter der Einatmung paradox zur kranken Seite hin bewegen (während die gesunde Lunge sich ausdehnt), dagegen während der Ausatmung zur gesunden Seite (während die gesunde Lunge sich entleert).
Ist ein Durchleuchtungsgerät (oder ein Radiologe) nicht verfügbar, dann können Seitenlageaufnahmen des Thorax (sog. Mastranda-Aufnahmen; Anm. d. Übers.) weiterhelfen. Eine Seitenlageaufnahme ist eine a.-p. oder p.-a. Aufnahme im horizontalen Strahlengang bei auf der Seite liegendem Patienten. Diese Technik beruht darauf, daß bei einem Gesunden Herz und Mediastinum schwer genug sind, um die schwerkraftabhängige (unten gelegene) Lunge zu komprimieren. Liegt aber ein endobronchialer Fremdkörper vor, dann ist die gesunde Seite komprimierbar, während aber die überblähte Lunge auch überbläht bleibt. Ein Vergleich beider Seiten zeigt dann meist den Unterschied.

Abdomen

Zur Befundung von Abdomenaufnahmen empfiehlt sich ein systematisches Vorgehen, welches immer die Wahrscheinlichkeit erhöht, daß man Normabweichungen auch erkennt. Der Autor zitiert hierfür im Original ein studentisches Merksprüchlein, das wegen seiner Kürze und Prägnanz hier auch wiedergegeben werden soll: «Bones, stones – mass, gas ...»
Knochen sind zwar in jeder Abdomenaufnahme mit dargestellt, sie werden jedoch leicht «übersehen». Bei Unfallverletzten sind manchmal Frakturen des Beckens und der Lendenwirbelsäule Zufallsbefunde in Abdomenübersichten. Bei den Steinen kann es sich um Gallenblasenleiden handeln (insbesondere bei Kindern mit Hämoglobinopathien), um Nieren(becken)steine oder um Koprolithen bei einer Appendizitis. Raumforderungen bei Kindern können stark gefüllte Hohlorgane (Magen, Harnblase), Neoplasmen (Wilms-Tumor, Neuroblastom, Leber- oder Ovarialtumoren) oder pathologische Obstruktionen sein (Darminvagination, Einengung des Nierenbecken-Ureter-Übergangs). Schließlich kann das Gasmuster der diagnostische Schlüssel für das Vorliegen eines Darmverschlusses oder eines paralytischen Ileus sein.
Die in diesem Abschnitt besprochenen Krankheitsbilder sind bei Kindern häufiger anzutreffen als bei Erwachsenen.

Darminvagination

Der klassische Patient mit einer Darminvagination ist zwischen 6 und 30 Monaten alt, litt in letzter Zeit an einer Viruserkrankung und bot zuletzt anamnestisch Erbrechen, Bauchschmerz und blutige Stühle. Das Aussehen dieser Stühle wird oft wie das von Johannisbeermarmelade beschrieben, die Stühle seien dunkelrot und gelatineartig. Ferner wird der klassische Patient eine Raumforderung in Bauchmitte bei einem «leeren» rechten Unterbauchquadranten bieten.
Pathologisch-anatomisch betrifft die Darminvagination meist die ileokolische Gegend als Ausgangspunkt. Nur ein kleinerer Anteil der Invaginationen ist ileoileal (wobei dies meist postoperativ vorkommt) oder jejunojejunal.
Im Röntgenbild kann eine Darminvagination praktisch jedes beliebige Bild bieten, wobei gerade diese Unspezifität uns nicht von weiteren Untersuchungen abhalten sollte, wenn das klinische Bild auf eine Invagination hindeutet (Abb. 8-17).
Bei Patienten mit einer «festen» oder fixierten Invagination kann man auch das Bild eines mechanischen Ileus sehen. «Lockere» Invaginationen können aber auch ohne Ileusbild vorkommen. Paradoxerweise bieten manchmal gerade die Patienten mit der längsten Symptomdauer die lockersten Invaginationen; vermutlich werden denn auch Kinder mit einer komplett das Lumen verlegenden Invagination schneller krank.
In seltenen Fällen kann man die Invagination bereits auf den Abdomenleeraufnahmen erkennen.
Wird eine Darminvagination klinisch oder röntgenologisch vermutet, dann ist ein Kolonkontrasteinlauf erforderlich. Standardtechnik in den USA wie auch bei uns ist hierbei der Kontrasteinlauf mit Bariumsulfat, auch wenn heute einige pädiatrische Radiologen wegen der zwar seltenen, dann aber schwerwiegenden Komplikation einer Darmperforation wasserlösliche Kontrastmittel bevorzugen. In letzter Zeit haben einige Zentren eine Technik aus der Volksrepublik China übernommen, bei der Luft oder Kohlendioxid als Kontrastmittel verwendet wird.
Das Ziel des Koloneinlaufes ist sowohl die Diagnose als auch die Therapie der Darminvagination. Den invaginierten Darmabschnitt (das Intussuszeptum) erkennt man als runde Verschattung im Kolon, die vom Kontrastmittel umrahmt wird. Im weiteren Verlauf der Untersuchung drückt der hydrostatische Druck (oder der Luftdruck) den invaginierten Darm nach proximal zurück. Bei etwa zwei Dritteln aller Fälle läßt sich so mit dieser Methode die ileokolische Darminvagination vollständig beheben; die Zahlenangaben in der Literatur hierzu schwanken zwischen 40% bis zu 85%.
Zwar bedürfen die Patienten, deren Invaginationen mittels des Koloneinlaufes behoben wurden, keiner Operation, doch wird ein geringer Prozentsatz dieser Patienten während dieser Prozedur eine Darmperforation erleiden, dies meist in einer nekrotischen Darmgegend. Aus diesem Grund ist es immer umsichtig, den chirurgischen Kollegen mitzuteilen, daß der Patient eventuell einer Operation bedarf.

Fremdkörper

Kinder stecken alle möglichen Gegenstände in den Mund – Münzen, kleine Kugeln, Batterien, Sicherheitsnadeln, kleine Spielzeuge und Rasierklingen. Es hat schon praktisch ein jeder Gegenstand den Weg in den Mund eines Kindes gefunden. Oft werden diese Fremdkörper dann auch verschluckt.
Bei der Vorstellung in der Klinik berichtet meist ein Elternteil davon, daß das Kind einen Gegenstand in den Mund genommen und verschluckt hat, doch kommen einige Kinder auch mit einem plötzlich beginnenden Speichellaufen und einer Dysphagie zur Aufnahme.
Die Röntgenuntersuchung schließt sich schleunigst an. Erforderlich sind zunächst eine sagittale Übersicht von Thorax und Abdomen. Ist darauf kein Fremdkörper sichtbar, dann schließt eine Seitaufnahme der Halsregion (wenn der Hals auf den anderen Aufnahmen nicht dargestellt ist) einen Fremdkörper im Rachenraum aus.
Liegt ein Fremdkörper vor, dann hängt das weitere Prozedere von dessen Lokalisation ab. Der Übergang von der Speiseröhre zur Kardia ist der «Isthmus» des Verdauungstraktes (Abb. 8-18). Fremdkörper, die diese Stelle passieren und in den Magen übertreten, werden meist per Vias naturales wieder ausgeschieden. Zwar passieren selbst geöffnete Sicherheitsnadeln und Rasierklingen ohne jeden Zwischenfall, doch fertigen wir hier Kontrollaufnahmen an, um die Passage des Fremdkörpers auch zu dokumentieren. Wiederholungsaufnahmen sind auch dann geboten, wenn ein Fremdkörper nicht innerhalb einer Woche im abgesetzten Stuhl wiedergefunden wird. Gelegentlich können bizarr geformte Gegenstände, die sich im Verdauungskanal einklemmen können, die operative Entfernung erforderlich machen.
Andererseits verbleiben Fremdkörper im Ösophagus, die nicht in den Magen übertreten, auch dort bis zu deren Entfernung (Abb. 8-19). Strahlendichte Gegenstände, wie z. B. Münzen, sind leicht sichtbar; strahlentransparente Gegenstände (Knöpfe, Abziehringe von Getränkedosen) können auch erst durch eine Untersuchung mit Bariumsulfat sichtbar werden. Die drei Stellen der häufigsten Einklemmung von Fremdkörpern in der Speiseröhre sind der obere Ösophagus direkt unterhalb des Musculus cricopharyngeus (Ösophagusmund), die Gegend direkt oberhalb des Aortenbogens und die Ösophagusampulle oberhalb des Speiseröhren-Magen-Übergangs. Die häufigsten Speiseröhrenfremdkörper sind verschluckte Münzen.
In der Speiseröhre eingeklemmte Gegenstände lassen sich meist unter Durchleuchtungskontrolle mit einem Foley-Katheter entfernen. Das Kind wird gut festgehalten (oder anders immobilisiert), anschließend der nicht aufgeblasene Foley-Katheter durch den Mund des Kindes – und *nicht* durch die Nase – eingeführt. Uns hat es sich als sehr hilfreich erwiesen, ein in Gazebandagen eingewickeltes Zungendepressorium zu verwenden, um sicherzustellen, daß der Mund des Kindes offen bleibt. Dann wird der Katheter über den Fremdkörper hinaus eingeführt und mit Luft aufgeblasen. Beim Zurückziehen des Katheters greift der aufgeblasene Ballon die Münze und zieht sie mit nach oben und schließlich ganz heraus. Beim Rückzug des Katheters legt man das Kind auf die Seite, damit die Münze leicht aus dem Mund herausfallen kann.
Im unteren Ösophagus eingeklemmte Münzen lassen sich manchmal einfacher in den Magen vorschieben; dies ist eine akzeptable Alternative, weil eben Fremdkörper, die den Magen erreichen, in der Regel auch über das Rektum ausgeschieden werden.

Erbrechen beim Neugeborenen

Neugeborene haben noch einen schlecht ausgebildeten gastroösophagealen Sphinkter. Einige Babies regurgitieren auch nach jeder Mahlzeit. Dem Autor ist sogar ein Pädiater bekannt, der eine «Buttermilch-Klinik» hat, weil dies die einzige Nahrung ist, nach der die Kleidung der Babies dann nicht riecht.
Doch kann Erbrechen, speziell von gerade erst eingenommener Nahrung, auch Zeichen einer ernsteren Erkrankung sein. Bei Babies, die ohne eine Darmverlegung zur Welt gekommen sind, sind die häufigsten Ursachen die hypertrophische Pylorusstenose, ein Dünndarmvolvulus und Hernien.
Im typischen Falle tritt die Pylorusstenose bei Babies im Alter von vier bis zwölf Wochen auf; bei frühreifen Babies ist sie dagegen selten. Das Verhältnis von Knaben zu Mädchen beträgt dabei vier zu eins. Ein Baby mit einer Pylorusstenose hat ein unstillbares Erbrechen und ist sehr hungrig. Die körperliche Untersuchung erbringt die «Olive» oder den Pylorustumor, doch können selbst erfahrene Ärzte Schwierigkeiten dabei haben, dieses Zeichen sicher zu erkennen.
Abdomenaufnahmen können die Magenblähung zeigen, dies selbst dann, wenn das Baby gerade erbrochen hat (Abb. 8-20). Darüber hinaus enthalten die weiter distal gelegenen Darmschlingen oft nur wenig Gas. Zwar sind diese Zeichen leider bei weitem auch nicht narrensicher, doch sind sie von Nutzen, um die weitere Abklärung zu leiten. Wenn die Abdomenübersichtsaufnahmen auf einer Pylorusstenose hindeuten, dann wird das Kind von einem erfahrenen Kinderchirurgen sorgfältig untersucht und die Diagnose bei den Fällen sonographisch bestätigt, bei denen die Olive schwierig zu tasten ist. Die Sonographie zeigt den Pylorustumor gut und umgeht auch die Bariumgabe bei einem Patienten, dem wahrscheinlich eine Operation bevorsteht. Wenn nun andererseits die Abdomenübersichten nicht auf eine Obstruktion hindeuten (keine Überblähung des Magens, viel Gas in Dünndarm- und Dickdarmschlingen), dann ist die Untersuchung des oberen Verdauungstraktes mit Bariumsulfat angebracht, weil dann ein gastroösophagealer Reflux viel wahrscheinlicher ist.
Der Dünndarmvolvulus ist eine seltenere Form des mechanischen Ileus. Ist die Verlegung im Jejunum oder im Ileum, dann können die Befunde der Abdomenübersichtsaufnahmen unspezifisch ausfallen. Häufigstes Erscheinungsbild hierbei ist das eines mechanischen Dünndarmileus. Liegt die Obstruktion wei-

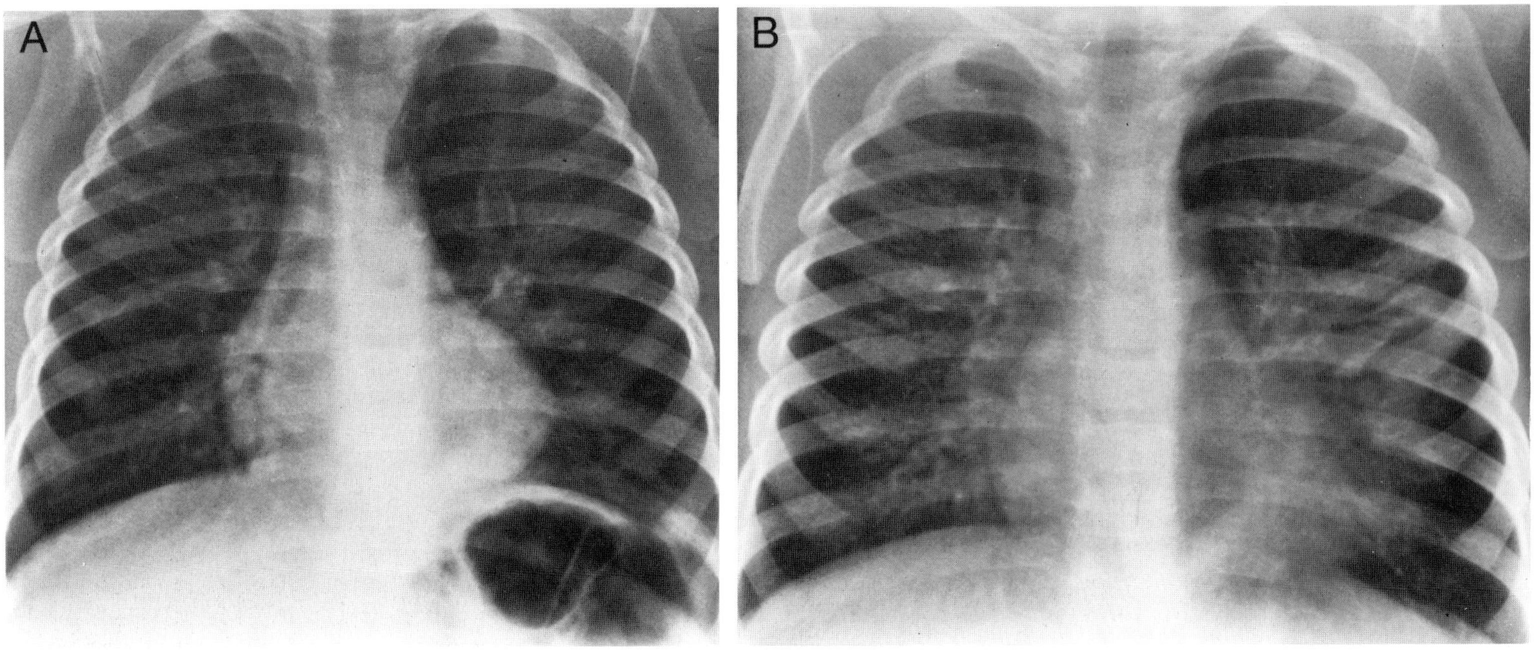

Abb. 8-16: Endobronchialer Fremdkörper. Diese Kleinkind begann plötzlich zu husten. Die anfängliche Thoraxaufnahme **(A)** zeigte eine Unterlappenpneumonie links. Zwar wurde es auf diesem Bild eingangs nicht erkannt, doch erscheint die linke Lunge dunkler als die rechte. 36 Stunden später kam das Kind ohne jede Besserung wieder in die Notaufnahme. Die zweite Thoraxaufnahme **(B)** zeigte wiederum eine vermehrt strahlentransparente linke Lunge mit einer Zunahme des Infiltrats und der Atelektase des linken Unterlappens. Die Durchleuchtung ergab eine paradoxe Bewegung des Mediastinums; bei der anschließenden Bronchoskopie wurde eine Erdnuß aus dem linken Hauptbronchus entfernt.

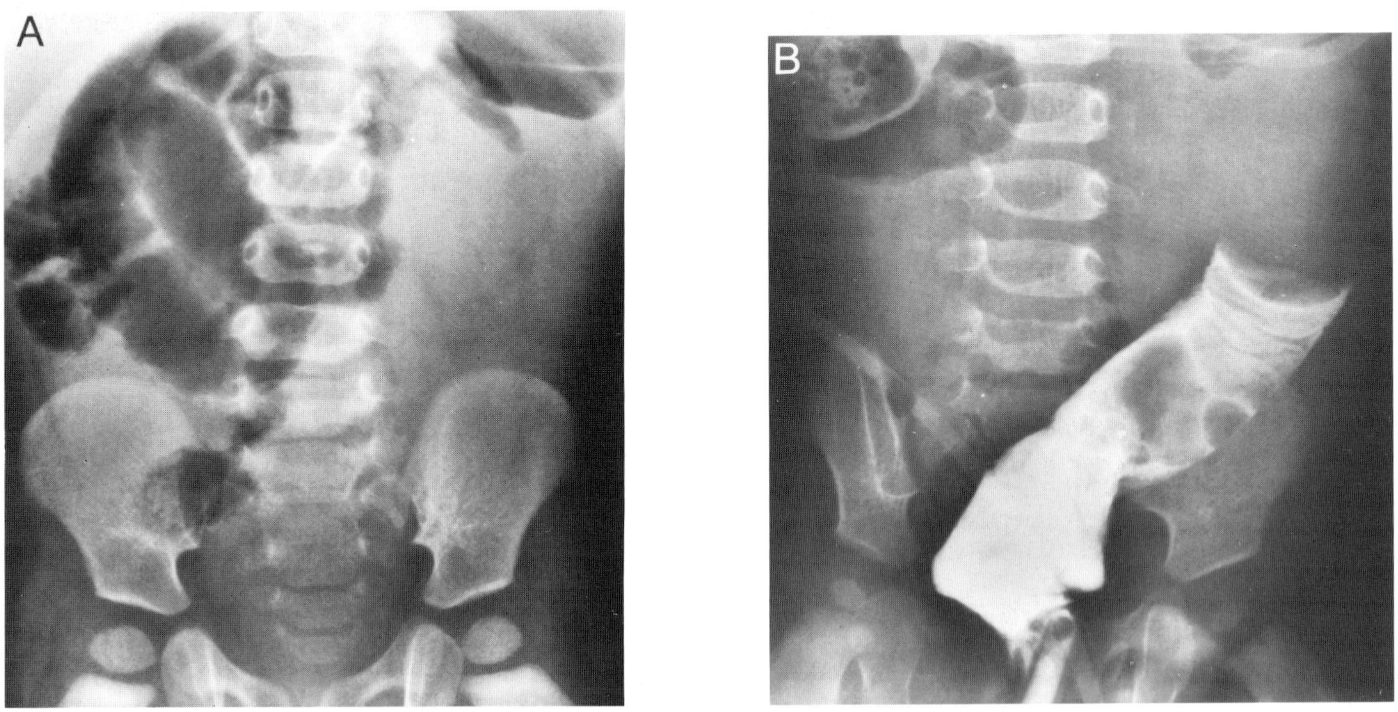

Abb. 8-17: Darminvagination (Intussuszeption). Eine Abdomenübersicht kann zwar bereits bei dilatierten Dünndarmschlingen als Ausdruck einer Obstruktion den Verdacht auf eine Invagination lenken **(A)**, doch diagnostiziert man diese erst sicher durch einen Koloneinlauf **(B)**, der in vielen Fällen dann auch therapeutisch ist.

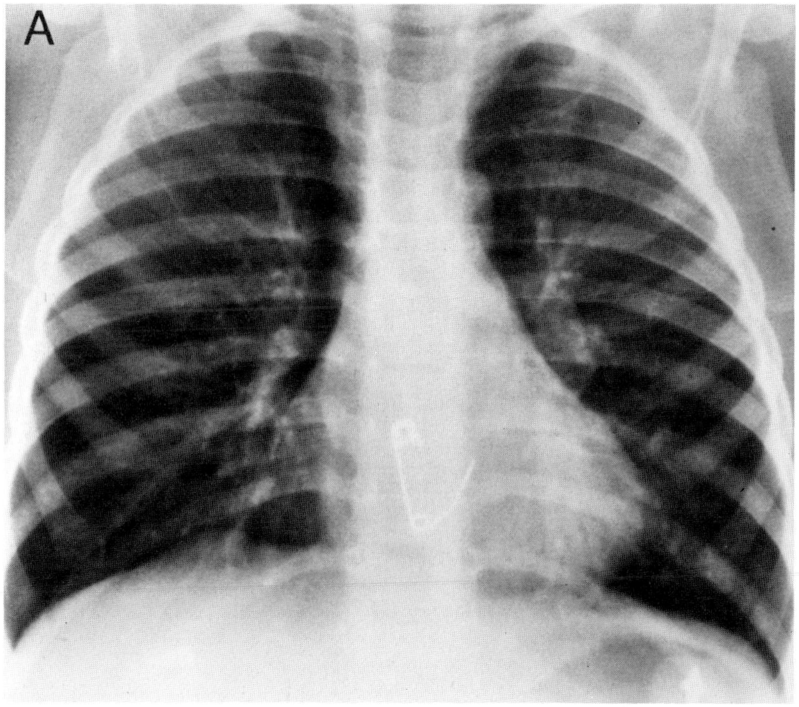

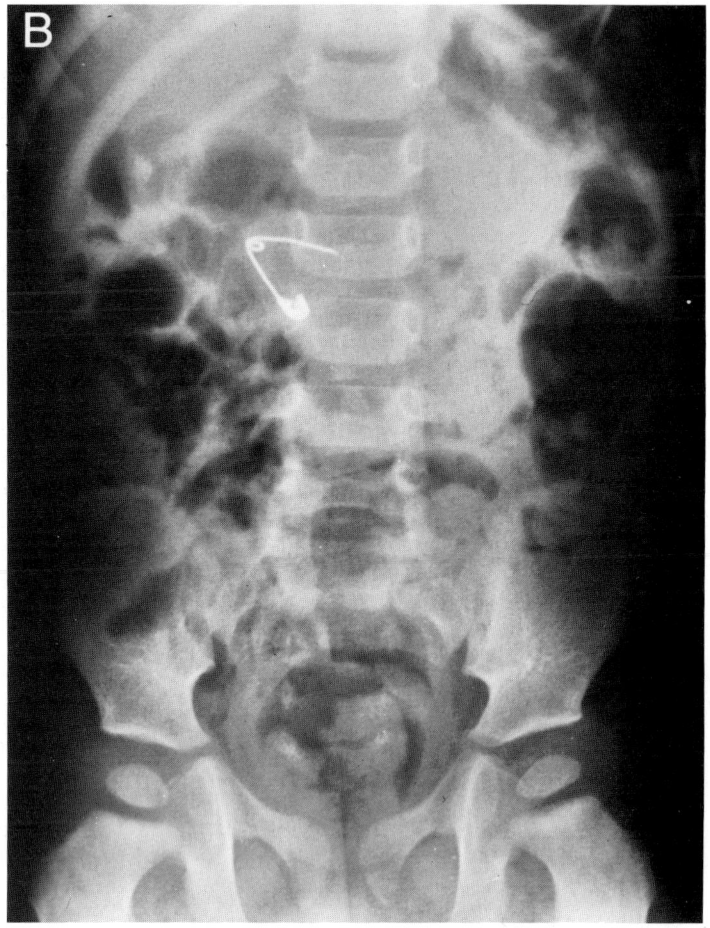

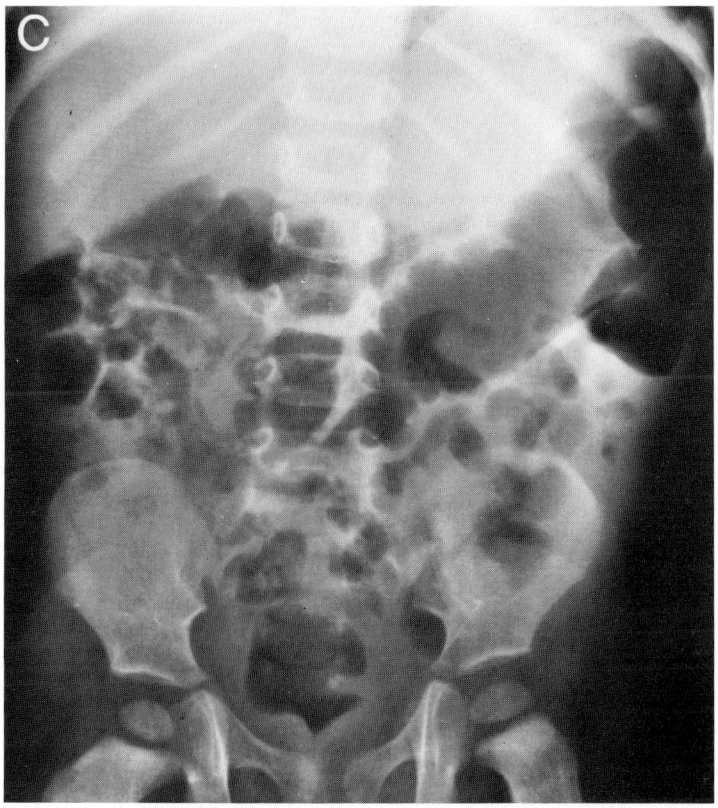

Abb. 8-18: Fremdkörperpassage. Zunächst sieht man die geöffnete Sicherheitsnadel am gastroösophagealen Übergang **(A)**. Die chirurgische Entfernung wurde geplant, doch ist wenige Stunden später die Sicherheitsnadel in den Magen weitergewandert **(B)**. Da Fremdkörper, die in den Magen hineingelangen, fast immer auch per vias naturales den Körper verlassen, wurde das Kind nur beobachtet. 48 Stunden später wurde die geöffnete Sicherheitsnadel dann auch ohne jedes Vorkommnis ausgeschieden **(C)**.

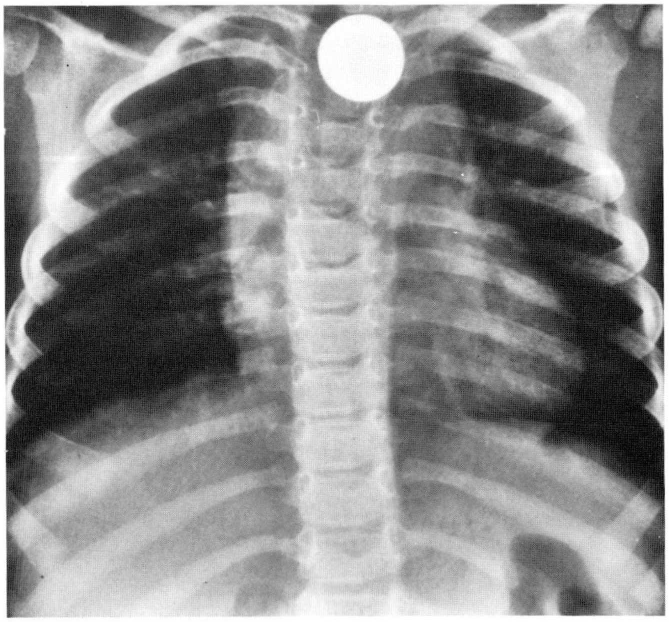

Abb. 8-19: Fremdkörper im Ösophagus. Dieses Kleinkind sabberte stark und brachte nach dem Verschlucken einer Münze keine Nahrung mehr hinunter. Fremdkörper in der Speiseröhre passieren oft nicht bis in den Magen und müssen entweder chirurgisch oder endoskopisch oder mit einem Foley-Katheter entfernt werden.

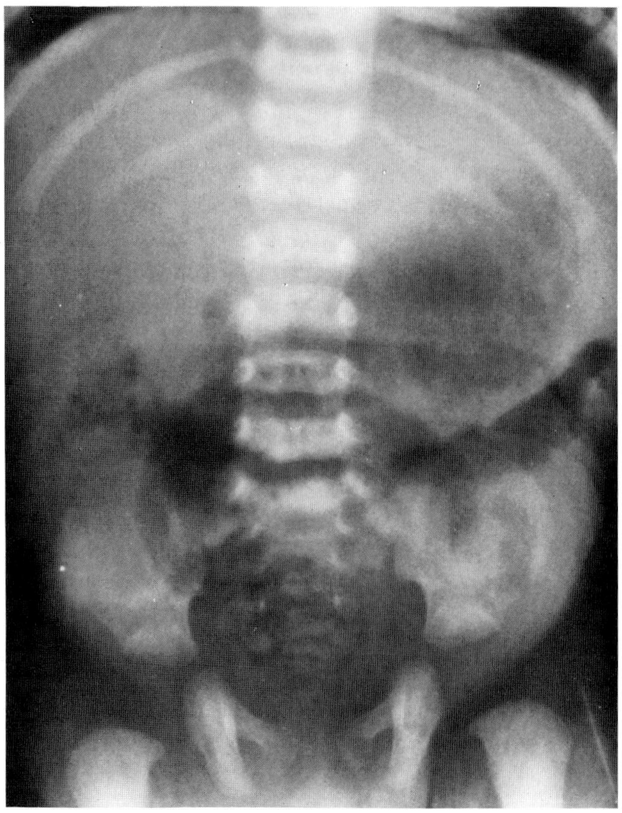

Abb. 8-20: Pylorusstenose. Die Abdomenaufnahme dieses 5 Wochen alten Knaben mit starkem Erbrechen zeigt den typischen Röntgenbefund der Pylorusstenose im Übersichtsbild. Der Magen im linken oberen Bauchquadranten ist dilatiert, in Dünndarm und Dickdarm findet sich nur spärlich Darmgas. Diese Befunde lassen sich durch die körperliche Untersuchung bestätigen (tastbare Olive), aber auch durch die Sonographie des Pylorus oder durch einen Bariumsulfatschluck, der die Kontur der Magenausgangsstenose zeigt.

ter proximal, dann werden die Übersichten vermutlich eine Magenüberblähung zeigen. Zur weiteren Aufarbeitung können dann die Untersuchung des oberen Verdauungstraktes mit Bariumsulfat oder ein Kolonkontrasteinlauf gehören. Es braucht sicher nicht besonders betont zu werden, daß ein Volvulus ein chirurgischer Notfall sein kann, vor allem dann, wenn ihn eine Darmnekrose begleitet.
Schließlich können auch noch Hernien zu einem Darmverschluß führen. Die Abdomenleeraufnahmen zeigen dann im typischen Fall das Muster eines mechanischen Dünndarmileus, doch achten Sie hier auch bitte genau auf die Filmrandpartien, damit nicht die Gasblase in einer Leistenhernie Ihrer Aufmerksamkeit entgeht.

Becken und Hüfte

Zu den relativ häufigen Hüfterkrankungen beim Kinde zählen die vorübergehende Synovialitis (Coxitis fugax; manchmal auch «toxische Synoviitis» genannt), die septische Arthritis, der Morbus Perthes (auch Morbus Legg-Perthes oder Morbus Legg-Calvé-Perthes genannt) und das Femurkopfepiphysengleiten (Epiphysiolysis capitis femoris).
Die Hüfte ist das einzige Gelenk, das zur Routinebeurteilung des Seitenvergleichs bedarf. Auch wenn nur eine Hüfte schmerzhaft ist, sollte die a.-p. Aufnahme das gesamte Becken und die Hüfte der Gegenseite mit einschließen. Nur dieses Vorgehen erlaubt die Beurteiung der Ossifikation beider Femurköpfe sowie den Vergleich der Azetabulumform; schließlich liefert die beschwerdefreie Seite auch den Kontrollwert bei der Messung der Gelenkspaltweite.
Zur Ausmessung der (röntgenologischen) Gelenkspaltweite markieren Sie bitte den medialen Epiphysenrand und die Azetabulumwand. Ähnlich messen Sie die Distanz von der Kuppe der Epiphyse lotrecht zum Azetabulumrand. Bei Patienten mit gesunden Hüften sollten diese Meßwerte nicht mehr als einen Millimeter voneinander abweichen. Wenn dieses Zeichen vorhanden ist, ist es zwar sehr hilfreich, es kann aber auch ein Gelenkerguß oder ein Pyarthros mit einer nur sehr geringen Hüftspaltverbreiterung vorhanden sein.

Normale Anatomie

Bei Neugeborenen sind die Femurköpfe normalerweise noch nicht verknöchert. Die Femurköpfe werden erst im Alter von drei bis sechs Monaten im Röntgenbild sichtbar. Mit 18 Monaten ist dann die Form der Femurkopfossifikationszentren zu der des knorpligen Kopfanteils kongruent.
Bei einem normalen Patienten sollte das Azetabulum den Hüftkopf vollständig überdachen. Das Zentrum des Hüftkopfes sollte deutlich medial des Azetabulumaußenrandes liegen. Eine weitere laterale Position des Femurkopfes deutet auf eine Bänderschlaffheit (die man bei neuromuskulären Leiden mit Hüftbeteiligung sehen kann) oder auf eine Hüftluxation hin. Weiter ist die Shenton-Menard-Linie ein nützlicher Indikator der Gelenkanordnung. Der Bogen der medialen Femurhalskortikalis sollte ebenmäßig nach oben (Hüftkopf) und innen weiterverlaufen. Der Bogenverlauf sollte dann mit dem Unterrand des oberen Schambeinastes zusammenfallen. Ist dieser Bogen unterbrochen, dann ist die Stellung der Hüfte gegenüber dem Azetabulum abnorm.

Vorübergehende Synovialitis (Coxitis fugax)

Dieses mitunter auch «toxische Synoviitis» genannte Krankheitsbild ist extrem häufig die Ursache einer schmerzhaften Hüfte bei Kindern unter zehn Jahren. Wahrscheinlich wird diese Synovialitis durch ein Virus verursacht; sie ist immer schmerzhaft genug, um den Gang zu behindern. Der Beginn ist plötzlich und der Verlauf gutartig. Typischerweise begrenzt sich diese Krankheit selbst und erfordert nur eine symptomatische Behandlung. Im Röntgenbild ist der einzige Befund am betroffenen Gelenk eine Gelenkspaltverbreiterung, die man bei etwa der Hälfte aller Fälle vorfindet (Abb. 8-21).
Die Coxitis fugax ist gegenüber anderen und ernsteren Erkrankungen abzugrenzen. Auch die septische Arthritis zeigt sich mit einer schmerzhaften Hüfte und einer Gelenkspaltverbreiterung. Fieber und eine Leukozytose sind hier ebenso vorhanden. Wegen der drohenden Gelenkschädigung durch eine septische Arthritis sollte man eine schmerzhafte Hüfte in Begleitung von klinischen Befunden, die für eine Gelenkinfektion sprechen, immer punktieren.

Morbus (Legg-Calvé-) Perthes

Die Ursache dieser aseptischen Nekrose des Femurkopfes ist unbekannt. Knaben sind sechsmal häufiger betroffen als Mädchen; der Altersgipfel liegt zwischen sechs und acht Jahren, obschon diese Erkrankung auch bei jüngeren und älteren Kindern vorkommt. Klinisch äußert sie sich als schmerzhaftes Hinken mit einer Dauer von bislang wenigen Wochen.
Das früheste Röntgenzeichen der Perthesschen Krankheit ist der Hüftgelenkserguß. Dieses erste Stadium kann bis zu zwei Wochen dauern, während dieser Zeit ist dieses Krankheitsbild denn auch nicht von der Coxitis fugax zu unterscheiden.
Die Frühzeichen einer aseptischen Femurkopfnekrose liefern dann den ersten Anhaltspunkt für einen Morbus Perthes (Abb. 8-22). Die Dichtezunahme des betroffenen Femurkopfes im Vergleich zur Gegenseite zeigt eine Durchblutungsminderung an. Vermutlich liegt hier eine leichte Demineralisierung des Skeletts vor, doch zeigt sich der nicht mehr durchblutete Femurkopf davon unbeeinflußt.
Die subchondrale Infraktion, eine zum Gelenkspalt parallel verlaufende Aufhellungslinie im Femurkopf, ist bereits ein späteres

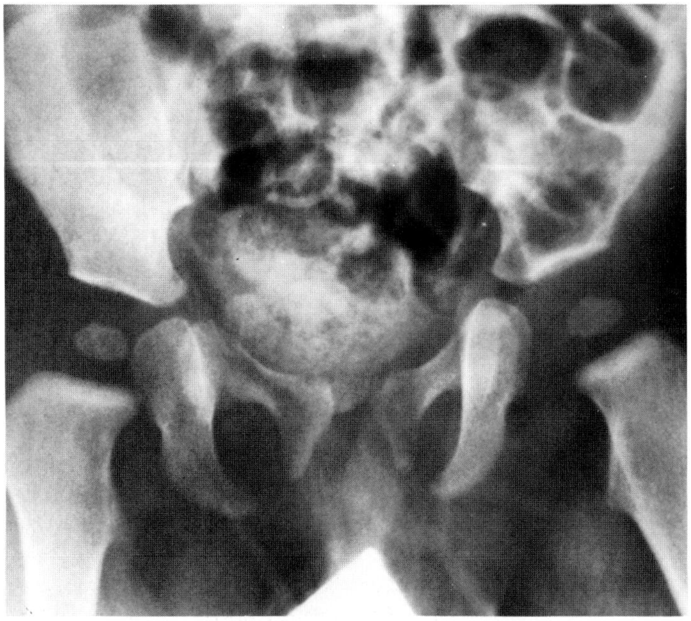

Abb. 8-21: Vorübergehende Synovialitis (Coxitis fugax). Dieser 15 Monate alte Knabe weigerte sich, auf dem linken Bein zu laufen. Die körperliche Untersuchung wies auf eine schmerzhafte linke Hüfte hin; die Röntgenaufnahme des Beckens sichert eine Seitverschiebung des Femurkopfes. Hier ist der Vergleich mit der Hüfte der Gegenseite von Wert.

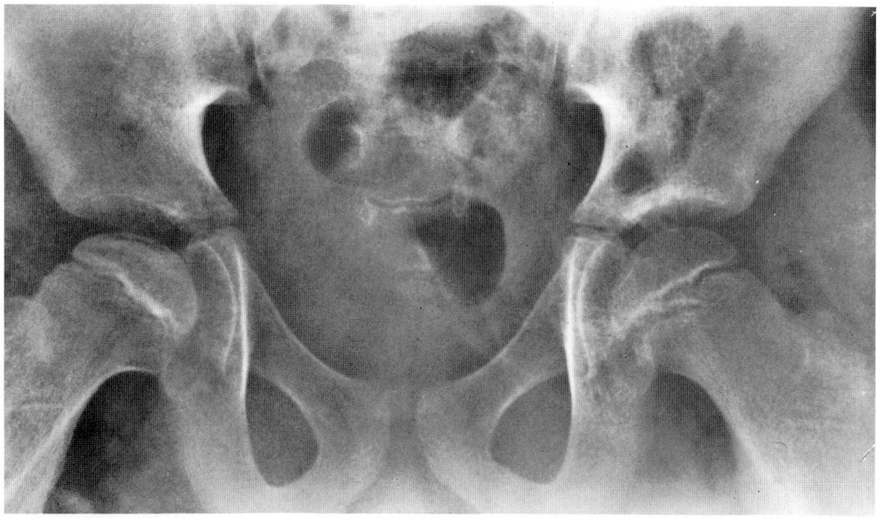

Abb. 8-22: Morbus Perthes. Der rechte Femurkopf dieses achtjährigen Knaben erscheint dichter als der linke, ferner sieht man eine Aufhellungssichel (= subchondrale Infraktion) dicht unterhalb der Grenzlamelle. Dies sind klassische Zeichen der idiopathischen aseptischen Hüftkopfnekrose oder der Perthesschen Krankheit.

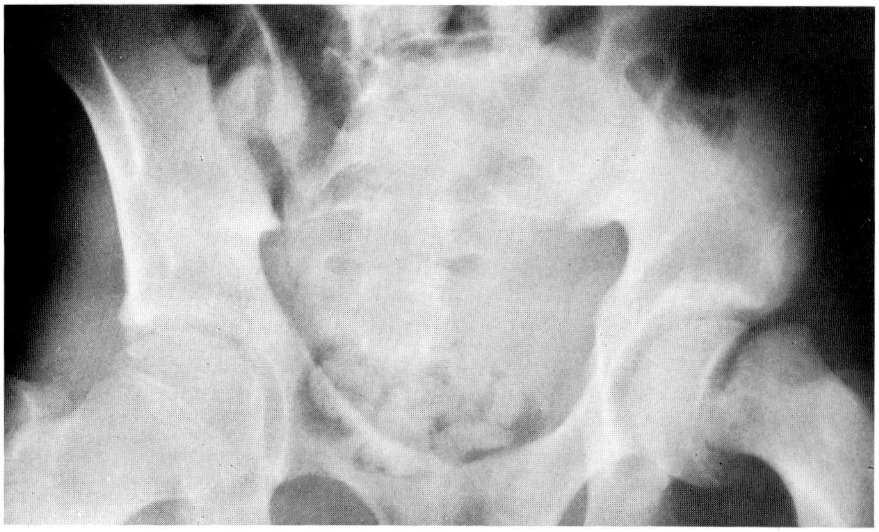

Abb. 8-23: Epiphysiolysis capitis femoris. Die linke Femurkopfepiphyse ist bei diesem 14jährigen Jungen mit Hüftschmerzen nach medial und unten verschoben. Oft ist die Lauenstein-Projektion am besten geeignet, diese Normabweichung aufzuzeigen.

Zeichen der avaskulären Nekrose. Läuft das Kind weiter auf der Hüfte herum, dann kann es zu einer Fragmentation und Abflachung des Femurkopfes kommen.
Einige Patienten kommen bereits mit Frühestzeichen zum Arzt, doch werden einige erst mit einer schweren Femurkopfdeformierung medizinisch auffällig.

Epiphysiolysis capitis femoris

Das Epiphysengleiten des Hüftkopfes tritt im frühen Teenageralter auf, betrifft Knaben dreimal so häufig wie Mädchen und ist meist doppelseitig. Es kann eine avaskuläre Nekrose des Femurkopfes, eine Gelenkknorpelverschmälerung, eine Bewegungseinschränkung und möglicherweise auch eine degenerative Hüftgelenkserkrankung hervorrufen.
Eine Epiphysiolyse des Femurkopfes kann schwierig zu entdekken sein. Oft erkennt man das Abgleiten auf einer Lauenstein-Aufnahme besser (Abb. 8-23). Unterschiede der Hüften auf einer a.-p. Aufnahme können Hinweise auf das Abgleiten geben. Eine subtile Veränderung der Epiphyse oder der Stellung des Femurkopfes zum Schenkelhals werden häufig erst im Vergleich mit der normalen Gegenseite bemerkt.

Skelettnotfälle bei Kindern

Das kindliche Skelett ist sehr von dem des Erwachsenen verschieden. Die relative Stärke der verschiedenen kindlichen Skelettanteile weicht von der des Erwachsenen ab. Das Skelett ist noch im Wachsen begriffen, die Enden der noch formbaren langen Röhrenknochen bedeckt ein strukturell noch weicher Knorpel. Die Bänder sind noch die kräftigsten Teile des kindlichen Skeletts; eine Epiphysenfraktur oder ein knöcherner Bandausriß sind deshalb noch wahrscheinlicher als ein reiner Bänderriß. Deshalb wird eine Verletzung, die bei einem 23jährigen zu einer Außenbandzerrung führen wird, bei einem Zwölfjährigen wahrscheinlich eine Epiphysenfraktur verursachen.

Technische Faktoren

Die Weichteile sind bei der Röntgendiagnostik von Skelettverletzungen bei Kindern wichtig. An Ellenbogen, Kniegelenk und Sprunggelenk kann ein Gelenkerguß einen wichtigen Schlüssel zur Diagnose einer Verletzung liefern (Abb. 8-24). Einige Frakturen ohne Fehlstellung können als einzigen Hinweis auf eine Verletzung lediglich eine Weichteilschwellung bieten.
Weil eben die Weichteile so wichtig sind, sollte die Belichtung der Röntgenaufnahmen so sein, daß die Weichteile gut sichtbar sind. Beim Betrachten der Röntgenaufnahmen ist dann eine helle (Irisblenden-) Lampe oft hilfreich; dabei muß man aber aufpassen, daß nicht der Film durch die Hitze der Lampe beschädigt wird.
Die genaue Beachtung technischer Faktoren ist bei der Lagerung ebenso wichtig. So muß beispielsweise eine seitliche Ellenbogenaufnahme ganz präzis eingestellt werden. Eine schräg eingestellte Aufnahme kann einen vorhandenen Erguß nämlich maskieren.
Weil das kindliche Skelett eine Fülle von normalen Aufhellungen aufweist, die Frakturen verstecken können, sollte auf eine unauffällige Untersuchung hin nach 10 bis 14 Tagen eine Kontrolle erfolgen, wenn die Beschwerden des Patienten anhalten. Manchmal übersehen selbst sehr erfahrene Untersucher Frakturen, die sich dann erst zeigen, wenn der Heilungsprozeß sichtbar wird. Eine Spätaufnahme kann bei einer verborgenen Fraktur eine Periostreaktion, eine Sklerose durch die Frakturstelle hindurch und eine Osteoporose des Restknochens zeigen.
Schließlich gibt es unterschiedliche Meinungen zu den Vergleichsaufnahmen. Die Verfügbarkeit einer handlichen «Vergleichsbasis» muß man hier gegen den zusätzlichen Aufwand und die zusätzlichen Kosten sowie gegen die Strahlenbelastung eines gesunden Körperteils abwägen. Gewiß bedürfen einige Körperteile eines Vergleichs; die a.-p. Aufnahme einer schmerzhaften Hüfte muß die Hüfte der Gegenseite mit einschließen, weil hier ein unterschiedlich weiter Gelenkspalt Kriterium eines Gelenkergusses ist. Im allgemeinen sind jedoch Vergleichsaufnahmen unnötig. Ein Atlas der Normvarianten ersetzt in unserer Abteilung die meisten Vergleichsaufnahmen[4]; wir lassen auch nur selten Vergleichsaufnahmen anfertigen, es sei denn die Aufnahmen des verletzten Körperteils sind sehr verwirrend.

Epiphysenfrakturen

Die Salter-Harris-Klassifikation der Epiphysenfrakturen (Abb. 8-25) beschreibt das Spektrum dieser Verletzungen. Frakturen mit höherer Klassifikationsziffer tragen das höhere Risiko eines schlechten Ergebnisses in sich, wobei Gliedmaßenverkürzung und Fehlstellungen an der Frakturstelle die wahrscheinlichsten Komplikationen sind.
Frakturen vom Typ I durchsetzen die Epiphysenplatte. Haben diese Frakturen keine Fehlstellung, dann kann eine Weichteilschwellung das einzige Zeichen im Röntgenbild sein.
Frakturen vom Typ II sind die häufigsten Epiphysenfrakturen. Ein metaphysäres Fragment verbleibt fest an der Epiphysenfuge. Die Epiphyse und das metaphysäre Fragment sind dann in Fehlstellung.
Bei Frakturen vom Typ III durchsetzt die Frakturebene die Epiphyse in Längsrichtung. Die Metaphyse bleibt dabei intakt; ein Teil der Epiphyse und der Wachstumsfuge bleibt weiter fest mit der Metaphyse verbunden. Das abgetrennte Fragment besteht aus einem Teil der Epiphyse, der disloziert ist.
Frakturen vom Typ IV erstrecken sich quer über die Wachstumsfuge und haben sowohl ein metaphysäres als auch ein epiphysäres Fragment.
Beim Typ V handelt es sich um eine Kompressionsverletzung mit Einstauchung der gesamten Wachstumsfuge oder eines

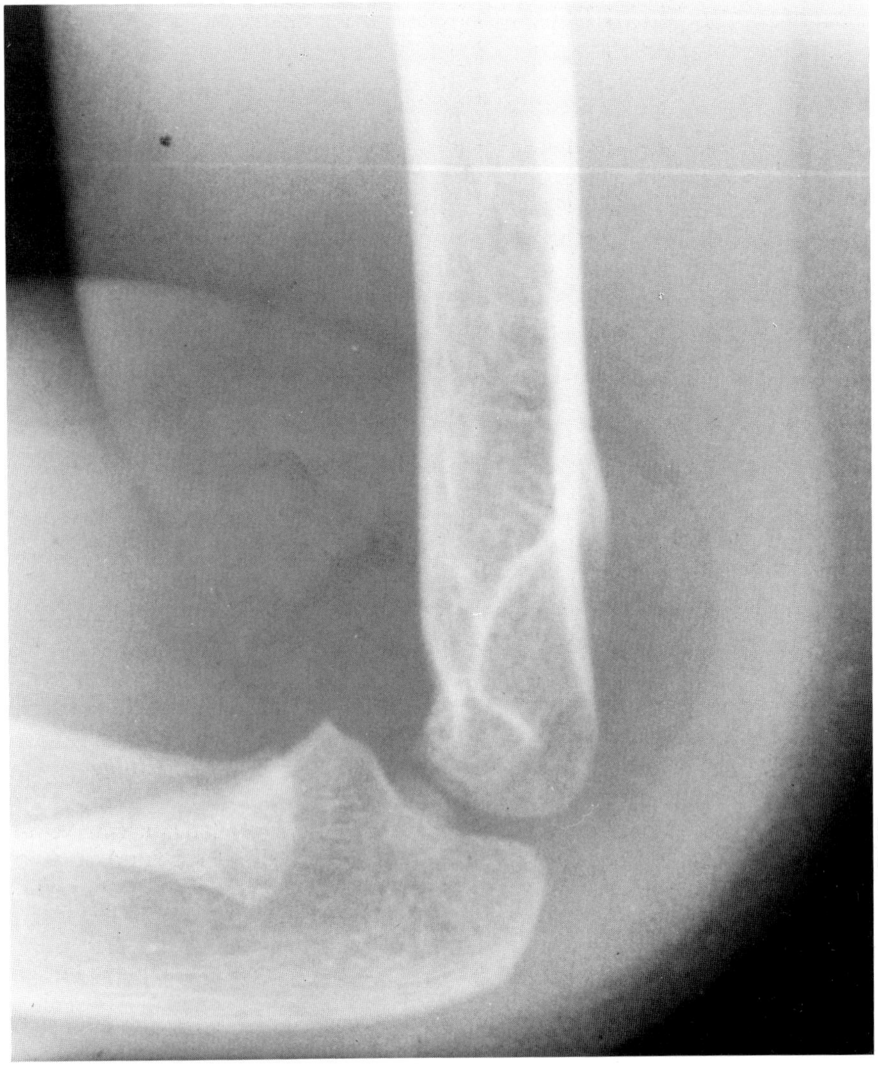

Abb. 8-24: Ellenbogengelenkserguß. Diese Seitaufnahme eines kindlichen Ellenbogens zeigt sowohl das vordere als auch das hintere Fettpolster. Im Normalfall sollte das hintere periartikuläre Fettpolster nie sichtbar sein; meist ist es in der Fossa olecrani versteckt. Das vordere Fettpolster liegt dagegen dem distalen Humerus an. Erscheint es, wie bei diesem Patienten, nach vorne vorgewölbt, weist es aber auch auf einen Erguß hin. Bei einem unfallverletzten Patienten bedeutet ein positives Fettpolsterzeichen immer bis zum Beweis des Gegenteils eine Fraktur.

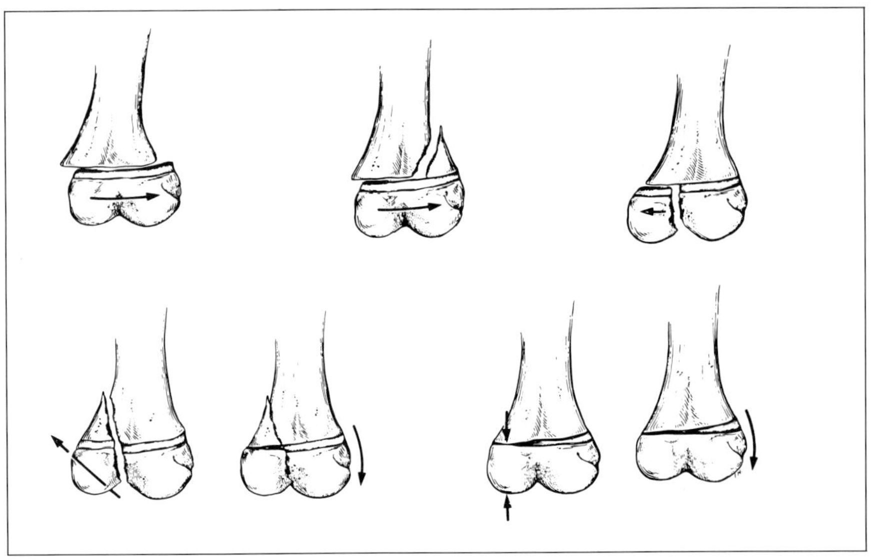

Abb. 8-25: Salter-Harris-Einteilung der Epiphysenfrakturen. Die Fraktur vom Typ I bedeutet die Abscherung der kompletten Epiphyse. Ohne Dislokation ist eine Fraktur dieses Typs möglicherweise recht schwer zu entdecken. Frakturen vom Typ II durchsetzen die Wachstumsfuge, nehmen aber ein metaphysäres Fragment mit. Dies ist der häufigste Typ der Epiphysenfraktur. Typ III betrifft die Epiphyse selbst, wobei die Bruchlinie in die Physe hineinzieht. Bei Typ IV durchsetzt die Bruchlinie Metaphyse und Epiphyse. Typ V beinhaltet eine Kompressionsverletzung der Wachstumsfuge.
Im allgemeinen verschlechtert sich die Prognose mit ansteigender Typziffer. Brüche vom Typ V tragen eine hohe Wahrscheinlickeit einer Restdeformität in sich, entweder in Form von Wachstumsstillstand oder Wachstum mit Abwinkelung.

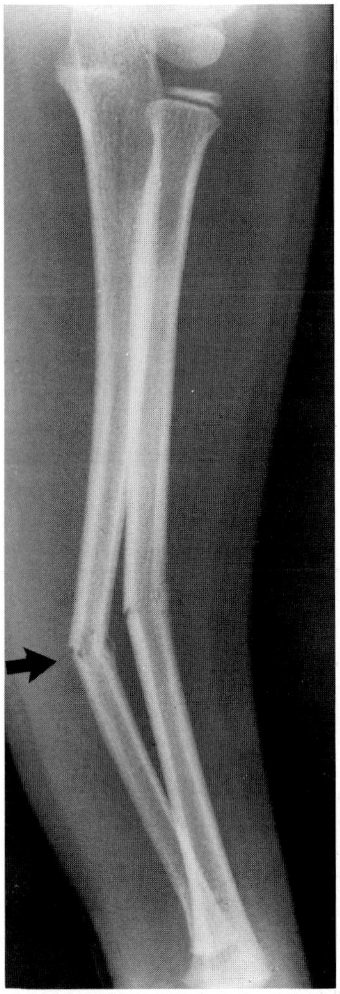

Abb. 8-26: Grünholzfraktur.

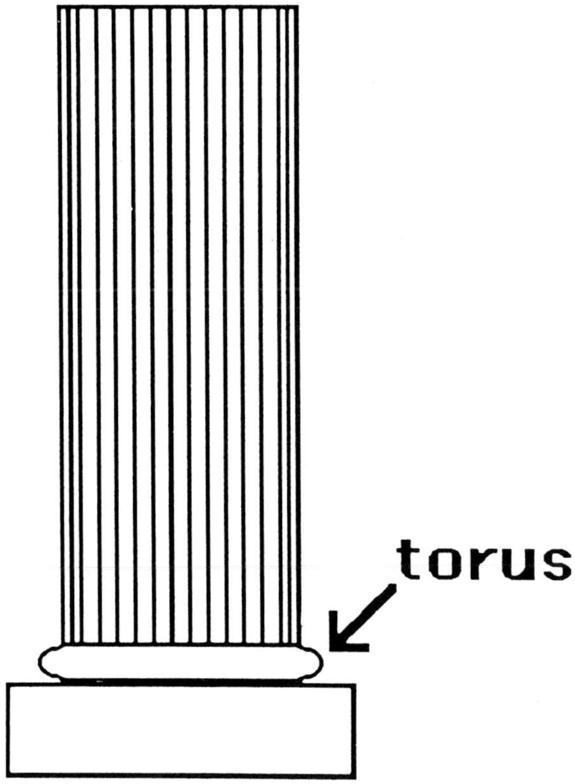

Abb. 8-27: Der «Torus» in der griechischen Architektur (zur Veranschaulichung des Begriffs der Torusfraktur oder Ringfraktur).

Teils der Fuge durch eine Einstauchung in Längsrichtung des Knochens. Diese Bruchart führt meist zu einem Wachstumsstillstand oder, wenn nur ein Teil der Wachstumsfuge geschädigt wurde, zu einem knickförmigen Wachstum mit einer nachfolgenden Deformität.

Grünholzfraktur, Torusfraktur (= Ringfraktur) und plastische Fraktur

Der kindliche Knochen ist viel weniger spröd als der des Erwachsenen. Infolgedessen wird ein kindlicher Knochen mit geringerer Wahrscheinlichkeit splittern. Der Begriff «Grünholz» beschreibt anschaulich die Plastizität des kindlichen Skeletts (Abb. 8-26). Eine kindliche Schaftfraktur zeigt oft eine Unterbrechung an der konvexen Kortikalisoberfläche und eine Biegung an der Konkavseite. Wie der Name schon sagt, sieht eine solche Fraktur wie ein gebrochenes Grünholz aus.

Zu einer ähnlichen Fraktur kann es an der Metaphyse langer Röhrenknochen kommen. Wegen der Kompressionskraft kann sich dann die Oberfläche der Metaphyse vorbuckeln. Diese Art von Fraktur wird «Torus»- oder «Ringfraktur» genannt. In der griechischen Architektur ist der Torus die ringartige Vorwölbung an der Säulenbasis (Abb. 8-27); dieser Frakturtyp ähnelt denn auch diesem Ring (Abb. 8-28).
Ein dritter Frakturtyp, der die Biegsamkeit des kindlichen Skeletts aufzeigt, ist die Biegungsfraktur. Wenn die den Knochen deformierende Kraft stark genug ist, um zu einer Krümmung zu führen, aber nicht stark genug, den Knochen durchzubrechen, dann kann sich der Knochen verbiegen (Abb. 8-29). Häufig kommt dieser Frakturtyp an Radius, Ulna und Tibia vor. Die bereits normale Krümmung dieser Knochen kann sehr verwirrend sein; eine Vergleichsaufnahme kann weiterhelfen, sich hier festzulegen, ob eine irritierende Krümmung eines verletzten Knochens eine Fraktur darstellt oder nicht. Weist ein langer Röhrenknochen eine Verbiegung auf, dann wird diese als eine

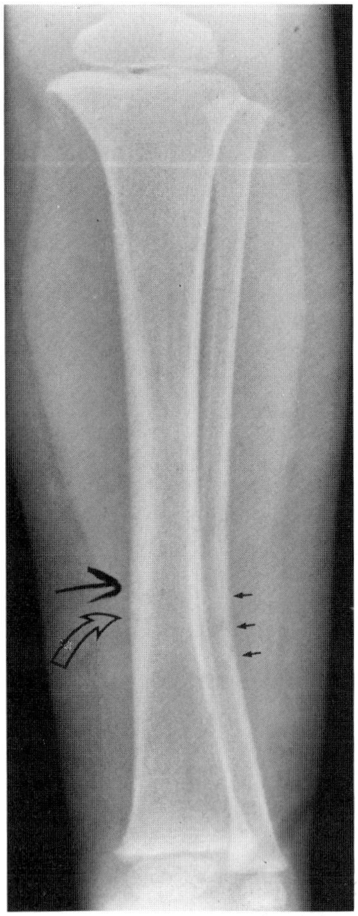

Abb. 8-28: Torusfraktur.

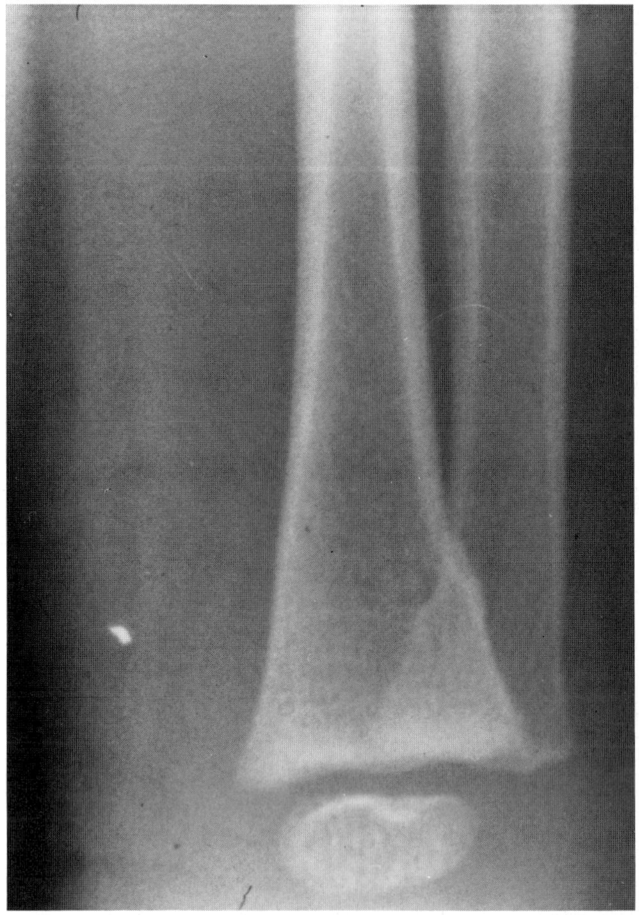

Abb. 8-29: Plastische Biegungsfraktur. Die kleinen Pfeile zeigen die Verbiegung der Fibula, eine plastische Deformität durch Mikrofrakturen. Zusätzlich ist auch die Tibia gebrochen (gekrümmter offener Pfeil). Der große schwarze Pfeil hat keinerlei Bedeutung.

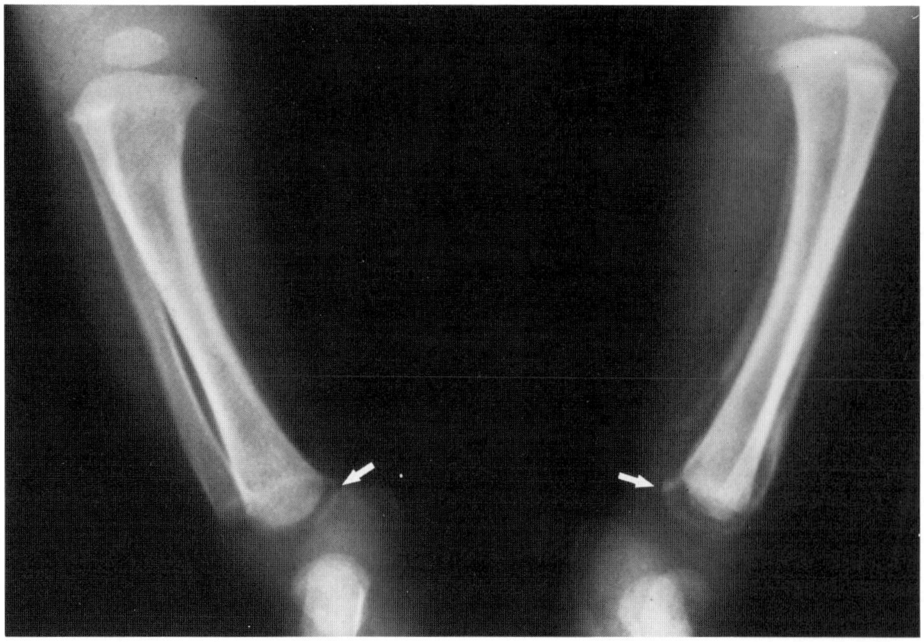

Abb. 8-30: «Eimerhenkelfrakturen» (oder metaphysäre Kantenbrüche) bei Kindsmißhandlung. Beachten Sie den dichten Saum am distalen Tibiaende beidseits. Dies ähnelt Eimerhandgriffen (die Metaphyse ist dabei der Eimer). Solche Frakturen weisen schon sehr auf eine Kindsmißhandlung hin. Zusätzlich überzieht eine Periostreaktion die linke Tibia, ein Hinweis darauf, daß die Verletzung vor einer Woche oder noch früher vor dieser Röntgenaufnahme geschah.

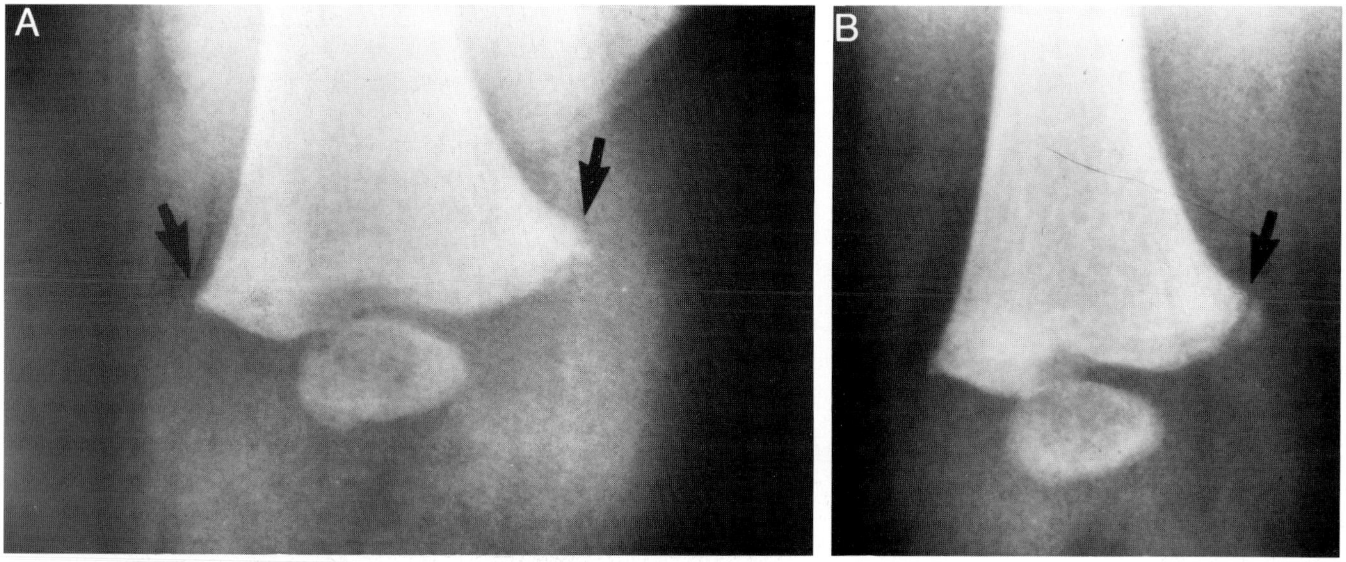

Abb. 8-31: Ecken- oder Kantenfrakturen bei Kindsmißhandlung. Das distale Femur dieses Säuglings weist Kantenfrakturen auf. In der a.-p. Aufnahme sind beide Metaphysenränder beteiligt (Pfeile in **A**), während auf der Seitaufnahme sich nur die Hinterkante gebrochen zeigt (Pfeil in **B**). Tatsächlich handelt es sich bei diesen Kantenbrüchen nur um eine einzige Fraktur, die um das Metaphysenende herumläuft. Pathologisch-anatomisch sind solche Kantenbrüche mit den Eimerhenkelfrakturen identisch.

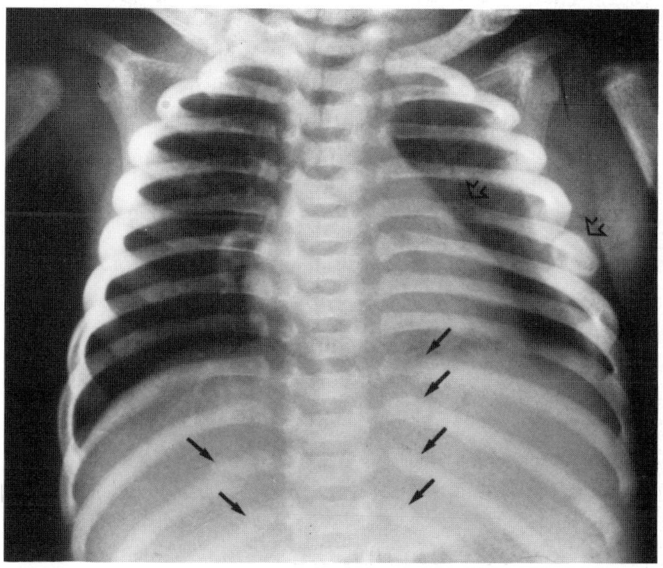

Abb. 8-32: Rippenfrakturen bei Kindsmißhandlung. Frakturen der hinteren Rippenanteile weisen sehr deutlich auf eine Kindsmißhandlung hin (solide Pfeile). Oft sind sie nur subtil, doch hilft der Kallus um die unteren Frakturen herum, sie besser sichtbar zu machen. Weiter lateral gelegene Frakturen sind für die Kindsmißhandlung nicht mehr so spezifisch, doch sollten auch sie als verdächtig gelten.

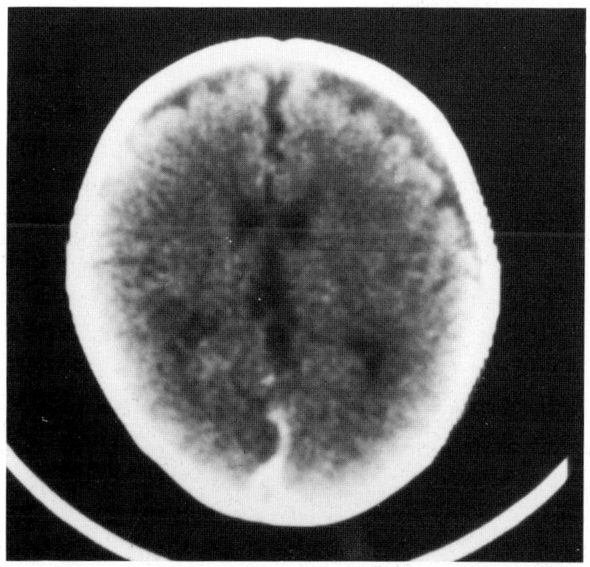

Abb. 8-33: Subduralhämatom durch heftiges Schütteln. Dieses CT-Bild eines mißhandelten Säuglings zeigt an den hinteren Falxanteilen eine vermehrte Dichte. Eine akute Blutung erscheint im CT dicht (40–80 HE; Anm. d. Übers.). Die Lage im Interhemisphärenspalt ist typisch für subdurale Hämatome, die dadurch zustande kommen, daß das Baby heftig in sagittaler Richtung nach vorne und hinten geschüttelt wird. Die geringere Dichte vorne an den Frontallappenpolen am oberen Bildrand stellt ältere (verflüssigte) Hämatome dar.

Fraktur behandelt. Ist diese Verformung beträchtlich, so kann sie auch eine Korrektur erforderlich machen.

Kindsmißhandlung

Zur Diskussion erst die Definition: Kindsmißhandlung in diesem Sinne ist die körperliche Gewaltanwendung der Eltern oder Fürsorgepersonen gegen das Kind. Das Problem der Kindsmißhandlung ist sicherlich nicht neu, doch seine Medizingeschichte erst relativ kurz: Im Jahre 1946 richtete ein Artikel von John Caffey erstmals das Interesse auf Kinder mit charakteristischen Frakturen und Subduralhämatomen.[5] In einem wichtigen Übersichtsbeitrag von Kempe und Mitarbeitern wurde der Begriff «Battered-child-Syndrom» aufgebracht und erneut die Aufmerksamkeit auf dieses unerfreuliche Thema gelenkt.[6]
Nun ist die Häufigkeit der Kindsmißhandlungen schwierig abzuschätzen; im Jahre 1983 wurden in den USA den zuständigen Stellen etwa eine Million Fälle gemeldet, aber diese Zahl unterschätzt wohl noch das wahre Ausmaß dieses Problems.
In der Notaufnahme können Sie Befunde antreffen, die sehr stark auf eine Kindsmißhandlung hinweisen.

Skelettverletzungen durch Kindsmißhandlung

Frakturen ereignen sich nur bei einer Minderheit der mißhandelten Kinder, sie sind hier aber bei Kindern unter drei Jahren häufiger. Natürlich kann nun eine jede Verletzung auf eine Kindsmißhandlung zurückgehen, doch kommen einige Frakturen fast ausschließlich bei der Kindsmißhandlung vor, und der Befund solcher Frakturen weist dann auch in aller Regel auf ein «Battered-child-Syndrom» hin (Tab. 8-4).
Metaphysäre Verletzungen, insbesondere und spezifisch die Ecken- oder Kantenfrakturen und die «Eimerhenkel»-Frakturen, sind nach Kleinman «praktisch beweisend für eine Kindsmißhandlung».[7] Diese Läsionen sind zwei Gesichter der gleichen Verletzung. Die Fraktur stellt die Trennfläche zwischen der Metaphyse und der Wachstumsfuge des sich entwickelnden Knochens dar. Das distale Fragment – die Epiphyse und die knorplige Wachstumsfuge – hat einen dichten peripheren Rand. Wird dieser periphere Rand schräg dargestellt, ähnelt er dem Drahthandgriff eines Eimers (Abb. 8-30). Wird die gleiche Verletzung seitlich abgebildet, dann ist nur der Anteil peripher der Metaphyse sichtbar, so daß er dann wie eine Ecke aussieht (Abb. 8.-31). Oft sieht man Kantenfrakturen sowohl in der a.-p. als auch in der Seitaufnahme, was anzeigt, daß die Kanten rundum betroffen sind.
Diese Frakturen unterscheiden sich von den Salter-Frakturen. Bei diesen metaphysären Frakturen ist das Periost intakt und die Fehlstellung nur sehr gering. Der Verletzungsmechanismus besteht in einer Torsion und im auf die Gliedmaße ausgeübten Zug, während das Kind gewaltsam geschüttelt wird. Femur und Humerus sind am häufigsten betroffen, oft aber auch in gleichem Maße Tibia und Radius.
Dorsal gelegene Rippenfrakturen weisen auch auf eine Kindsmißhandlung hin (Abb. 8-32). Babies erleiden bei einem Zufallstrauma nur selten Rippenfrakturen. Bei solchen Säuglingen sind diese Frakturen in aller Regel das Ergebnis einer Thoraxkompression während des Schüttelns, dagegen können bei älteren Kindern Rippenfrakturen auch durch einen direkten Schlag gegen die Brust oder durch den Aufprall entstehen, wenn sie gegen eine Wand oder gegen einen festen Gegenstand geschleudert werden.
Direkt nach ihrer Entstehung sind Rippenfrakturen oft nur schwierig zu sehen. Erst nach der Kallusbildung werden sie dann besser sichtbar. Schrägaufnahmen des Thorax können diese Frakturen besser darstellen als die herkömmlichen Aufnahmen.
Seitliche Rippenfrakturen sind seltener und auch weniger spezifisch für eine Kindsmißhandlung als hintere Rippenfrakturen. Das Vorliegen lateraler Rippenfrakturen erfordert die sorgfältige Untersuchung der hinteren Rippenanteile und auch, daß man überhaupt an eine Kindsmißhandlung denkt. In seltenen Fällen kann auch einmal eine kardiopulmonale Wiederbelebung bei Kindern zu Rippenfrakturen führen.
Das Schulterblatt ist ein weiterer häufiger Ort von Frakturen, die sehr für eine Kindsmißhandlung sprechen. Diese Frakturen sind ungewöhnlich und oft auch schwer zu sehen, doch stellt dann ein Schulterblattbruch ohne einen vorherigen direkten Schlag nahezu sicher eine vorsätzliche Verletzung dar. Skapulafrakturen entstehen wahrscheinlich durch den Zug von Sehnen und Bändern, wenn das Kind gewaltsam geschüttelt wird. Sind solche Brüche vorhanden, dann oft in Begleitung mit typischen Kindsmißhandlungsbrüchen an anderen Stellen des Skeletts.
Weitere Merkmale von Frakturen deuten auch auf eine Kindsmißhandlung hin, sie sind aber nicht so spezifisch hierfür wie die drei bislang genannten Frakturtypen. Brüche unterschiedlichen Alters weisen auf eine fortwährende Kindsmißhandlung hin.

Tab. 8-4: Skelettverletzungen bei der Kindsmißhandlung

1. **Frakturen, die eine Kindsmißhandlung anzeigen**
   «Eimerhenkel-Fraktur» oder metaphysäre Kantenfrakturen
   Frakturen der hinteren Rippenteile
   Schulterblattfrakturen
2. **Auf eine Kindsmißhandlung verdächtige Frakturen**
   Multiple Frakturen unterschiedlichen Alters
   Frakturen von Fingern und Zehen
   Komplexe Schädelfrakturen
3. **Bei Kindern häufige, aber nicht für Kindsmißhandlung spezifische Frakturen**
   Schlüsselbeinfrakturen
   Diaphysäre Frakturen
   Lineare Schädelfrakturen

Liegt anamnestisch kein Zufallstrauma vor, dann sollte beim Anblick unterschiedlich alter Frakturen beim Untersucher «die rote Fahne hochgehen»! Auch beiderseitige Frakturen weisen auf Kindsmißhandlung hin, da die Frakturen des Alltags meist nur einseitig sind. Auch sind Frakturen der Hände und der Füße sowie komplexe Wirbelfrakturen sehr verdächtig, besonders wenn in der Anamnese die Entstehung dieser Brüche nicht einleuchtend wiedergegeben wird.

ZNS-Verletzungen durch Kindsmißhandlung

Wird ein Säugling gewaltsam an den Armen oder am Rumpf geschüttelt, dann bewegt sich der Kopf gegenüber dem Hals als Drehpunkt sehr schnell nach vorne und nach hinten. Diese rotierende Beschleunigung und Abbremsung kann die Brükkenvenen zwischen der Hirnoberfläche und der Dura zum Zerreißen bringen, was zu subduralen Hämatomen führt. Die Erstveröffentlichung von Caffey beinhaltete zwar auch schon die subduralen Hämatome, doch sind konventionelle Schädelaufnahmen mit einer ausgedehnten Blutung oft unauffällig. Häufigste Normabweichung ist die Suturensprengung, sie kann aber, besonders bei jungen Säuglingen, schwierig zu entdecken sein. Die heute allgemeine Verfügbarkeit der Computertomographie war und ist ein großer Fortschritt bei der Aufdeckung dieses Verletzungstyps.
Im CT-Bild erscheint eine akute Blutansammlung weiß, sie unterscheidet sich ganz deutlich von der Dichte des Hirngewebes. Wenn das geronnene Blut bereits älter ist, wird es zunehmend weniger dicht; bereits nach drei bis vier Tagen kann es dann die gleiche Dichte wie Hirngewebe aufweisen. Nach ein bis zwei Wochen wird es schließlich sogar weniger dicht sein.
Eines der häufigsten Erscheinungsbilder bei einem Baby, das gewaltsam geschüttelt wurde, ist ein breiter Streifen zwischen den Hirnhemisphären, der ein altes Subduralhämatom längs der Falx darstellt (Abb. 8-33). Bei normalen Säuglingen ist die Falx dichter als das Hirngewebe, echte Subduralhämatome lassen sich jedoch von einer breiten Falx dadurch abgrenzen, daß sie eine fleckige Dichte aufweisen, sich über das Tentorium oder die Oberfläche der Großhirnhemisphären ausbreiten oder zur Falx asymmetrisch sind.
Kleine Subduralhämatome sind über der Konvexität des Hirns schwierig erkennbar, weil hier die Nachbarschaft des dichten Knochens der Kalotte deren abnorme Dichte maskieren kann. CT-Schnitte in Schädelapexnähe können diese dann besser als in tieferen Schnitten aufzeigen; das Verstreichen der Hirnoberflächenfurchen an der betroffenen Seite kann ein nützlicher diagnostischer Schlüssel sein.
Die Kernspintomographie bietet gegenüber der CT Vorteile in der Darstellung kleiner subduraler und subakuter Hämatome, sie kann auch verwirrende CT-Befunde abklären.
Zeigt die CT-Untersuchung sowohl akute als auch subaktue Subduralhämatome, so ist diese Befundkonstellation sehr verdächtig auf eine Kindsmißhandlung. Sieht das Hämatom eher wie die Folge eines Einzeltraumas aus, so muß dieser Befund gegen Anamnese und Klinik abgewogen werden. Bei Säuglingen kann auch das Geburtstrauma eine subdurale Blutung verursachen, so daß das Vorliegen eines Subduralhämatoms in den ersten Lebenswochen nur wenig spezifisch ist.

Empfehlungen zum Vorgehen beim Verdacht auf Kindsmißhandlung

Offensichtlich sollte man die Diagnose einer Kindsmißhandlung nicht auf die leichte Schulter nehmen. Einerseits steht hier das Wohlergehen des Kindes auf dem Spiel, andererseits aber wird eine ungerechtfertigte Anklage wegen einer Kindsmißhandlung ernsthafte juristische Folgen seitens der Eltern oder der anderen Sorgeberechtigten nach sich ziehen.
Im Anfangsstadium der diagnostischen Abklärung ist eine Skelettübersicht der erste röntgenologische Schritt. Nun sind Knochenaufnahmen in aller Regel der erste Schritt, doch bevorzugen manche Institute die skelettszintigraphische Untersuchung. Liegen Retinablutungen, verdächtige Frakturen oder Symptome seitens des ZNS vor, so ist eine computertomographische Nativuntersuchung des Schädels indiziert.

Literatur und Literaturempfehlungen

1. Steiner, G. M.: Essential Pediatric Radiology. London, Blackwell Scientific Publishers, 1983.
2. Swischuk L. E.: Emergency Radiology of the Acutely Ill or Injured Child. Baltimore, Williams & Wilkins Co., 1986, S. 536.
3. Battaglia J. A.: Severe Croup: The child with fever and upper airway obstruction. *Pediatrics in Review* 7:227–233, 1986.
4. Keats, T. E., Smith T.: An Atlas of Normal Developmental Roentgen Anatomy. Chicago, Year Book Medical Publishers, 1982.
5. Caffey J.: Multiple fractures in the long bones of infants suffering from chronic subdural hematoma. *A.J.R.* 56:163–173, 1946.
6. Kempe, C. H., Silverman F. N., Steele B. F., et al.: The battered-child syndrome. *JAMA* 181:105–112, 1962.
7. Kleinman, P.: Diagnostic Imaging of Child Abuse. Baltimore, Williams & Wilkins Co., 1987, S. 10.

Sachregister